KB266140

칼빈 주석

22

칼빈 주석

22

라 틴 어 원 전 완 역 본

갈라디아서·에베소서·빌립보서·골로새서

요한 칼빈 지음 ㅣ 박문재 옮김

CH북스
크리스천
다이제스트

목차

갈라디아서 ··· 5

에베소서 ··· 211

빌립보서 ··· 401

골로새서 ··· 519

갈라디아서

헌사

비르템베르크의 공작이시고 몽벨리아의 백작이신
지극히 고명하신 크리스토퍼 대공께

지극히 고명하신 대공께서는 개인적으로 나를 모르시지만, 그럼에도 불구하고 나는 내 작품들 중 하나를 주저함 없이 대공께 헌정하고자 합니다. 어떤 사람들은 이것이 너무 무모하고 경솔한 일이라고 비난하며 해명을 요구할지도 모르겠습니다. 해명하는 것은 어렵지 않은 일이고, 몇 마디 말로 충분할 것입니다. 내가 이 책을 대공께 헌정하며 헌사를 쓰는 이유는 주로 두 가지입니다.

대공께서는 사실 지금까지 큰 용기로 과감하게 옳은 길을 추구해 오셨습니다. 하지만 나는 대공의 뜻과 의지를 적잖이 견고하게 해 줄 책을 대공께서 직접 읽어 보시도록 권하는 것이 쓸데없는 일이 되지는 않을 것이라고 생각하였습니다. 왜냐하면, 하나님께서는 대공에게 오늘날의 대부분의 귀족들에게 결여되어 있는 한 가지 이점을 주셨기 때문입니다. 대공께서는 어려서부터 교양 교육을 받으셔서 라틴어를 아시기 때문에, 유익하고 경건한 서적들을 읽으시는 데 여가 시간을 활용할 수 있으십니다. 경건한 가르침으로부터 위로를 받아야 할 때가 있다고 한다면, 지금이 바로 그 때입니다. 지금은 교회가 고난을 받고 있을 뿐만 아니라, 더 크고 무거운 환난들을 앞두고 있어서, 아무리 영웅적인 정신을 지닌 사람들조차도 그러한 위로 외에는 다른 그 어떤 것으로도 위로를 받을 수 없기 때문입니다.

그러므로 끝까지 요동하지 않고 서고자 하는 자는 누구든지 그러한 위로를 전적으로 의지하여야 하고, 확실한 보호하심을 얻고자 하는 자는 누구든지 이 피난처로 피하는 법을 배워야 합니다. 게다가, 내가 이제 대공께 헌정하고자 하는 이 네 서신에 대한 강해들 속에서, 고명하신 대공께서는 오늘날의 상황에서 위로가 될 수 있는 지극히 적절한 많은 주제들을 발견하시게 될 것입니다. 하지만 그런 것들은 그것들이 원래 있는 자리에서 대공과 만나야만 훨씬 더 유익한 효과를 나타낼 것이기 때문에, 나는 지금 여기에서는 그것들에 대해서 더 구체적으로 말씀드리지 않을 것입니다.

이제 나는 이 책을 대공께 헌정하는 두 번째 이유를 말씀드리고자 합니다. 현재의 혼란의 와중에서 어떤 이들은 심하게 흔들리고 어떤 이들은 완전히 무너져 버렸지만, 지금까지 불어 닥친 온갖 폭풍우 가운데서도 대공께서는 놀라울 정도의 침착함과 절제를 보여주시는 가운데 꿋꿋하게 대처해 오셨습니다. 그러므로 나는 모든 사람이 본받아야 마땅한 모범으로 대공을 분명하게 드러내는 것이 온 교회에 큰 유익이 될 것이라고 생각합니다. 왜냐하면, 하나님의 아들께서는 자기를 따르는 모든 자들에게 그들 모두가 예외 없이 세상과 벗하여 승승장구하기보다는 십자가 군기 아래에서 싸우는 쪽을 택하라고 명하셨지만, 그런 종류의 싸움에 기꺼이 뛰어들어서 실제로 싸우는 자는 극소수이기 때문입니다. 이런 때에 대공 같은 분들의 그런 이례적인 모범들을 보고서 자극과 가르침을 받아서 자신들의 나약함을 고치는 것은 정말 꼭 필요한 일입니다.

나의 주석서들에 대해서 자화자찬하는 것은 합당하지 않지만, 단지 내가 말할 수 있는 것은 그것들 속에는 우리가 생각하는 것 그 이상의 것들이 들어 있을 것이라는 것입니다. 하지만 그 점에 대해서는 대공께서 직접 읽으시고 판단해 주시기를 나는 원합니다. 지극히 고명하신 대공께, 작별인사를 고합니다. 주 예수께서 자신과 자신의 교회를 위하여 대공을 오래도록 지켜 주시고, 자신의 성령으로 대공을 인도해 주소서!

1548년 2월 1일 제네바에서

서론

갈라디아인들이 아시아의 어느 지역에 거주하였고, 그들의 땅의 경계들은 어떠하였는지는 잘 알려져 있지만, 그들이 원래 어디로부터 왔는지에 대해서는 역사가들 사이에서 견해가 일치하지 않는다. 대체적인 견해는 그들은 "갈리아인들"(이들은 켈트족이었다 – 역주)이었고, 그래서 "갈리아계-그리스인들"이라는 명칭으로 불렸다는 것이다. 그러나 그들이 갈리아(지금의 프랑스와 벨기에, 서부 독일, 북부 이탈리아 일부 – 역주)의 어느 지역으로부터 왔는지는 분명하지 않다.

스트라보(Strabo: 1세기 그리스 지리학자·역사가)는 텍토사게스인들(Tectosages, 주전 232년경에 갈라디아 지방에 정착한 켈트족의 일파)이 갈리아 나르보넨시스(Gallia Narbonensis, 지금의 프랑스 남동부 지방)로부터 왔고, 나머지는 다른 켈트족이었다고 생각하였고, 이 견해는 일반적으로 받아들여져 왔다. 그러나 플리니우스(Plinius: 1세기 로마 박물학자)는 암비아네스인들(Ambiani, 켈트족의 일파였던 벨기에인들)을 텍토사게스인들의 한 족속으로 열거하고 있고, 그들이 톨리스토보게스인들(Tolistobogi)과 동맹을 맺고 있었다고 보는 것이 대체적인 견해이다. 암비아네스인들은 라인 강변에 거주하고 있었다고 하지만, 나는 그들이 벨기에인들이었고, 그들의 영토는 라인 강을 따라 영국해협까지 아주 광범위한 지역에 걸쳐 있었을 가능성이 높다고 본다. 톨리스토보게스인들은 지금은 클레베스(Cleves)와 브라반트(Brabant)라 불리는 지역에 거주하고 있었다.

나는 이런 식으로 해서 오류가 생겨나게 된 것이라고 생각한다. 텍토사게스인들 중 한 무리가 갑자기 갈리아 나르보넨시스로 침입해서 점령한 그 지역에 자신들의 명칭을 붙였다. 아우소니우스(Ausonius: 4세기 로마 시인·집정관)가 다음과 같이 말한 것 속에 그것이 암시되어 있다: "튜토사게스인들(Teutosagi)은 원래 이름이 벨기에인들이었다." 그는 그들을 벨기에인들이라고 부르고서는, 그들이 원래는 튜토사게스인들로 불리다가 나중에 텍토사게스로 불렸다고 말한다. 실제로 카이사르(Caesar: BC 1세기 로마 군인·정치가)는 텍토사게스인들이 헤르키니아(Hercynia) 삼림(현재의 독일 남서부 흑림에서부터 루마니아와 우크라이나에 이르기까지의 대삼림 지대 – 역주)에 거주한다고 말하였다. 하지만 나는 그 말이 나오는 문맥이 보여주듯이, 그들은 원래 거기에 살았던 것이 아니라 이주한 것이라고 생각한다.

우리의 현재의 본문과 관련해서는 이 민족의 기원을 이 정도 살펴본 것만으로도 충분할 것이다. 플리니우스는 자기 민족의 명칭을 따서 그 이름을 붙인 아시아의 그 지역, 즉 갈라디아 지방에 거주하였던 갈라디아인들은 텍토사게스, 톨리스토보게스, 트로크메스, 이렇게 세 개의 주된 족속들로 나뉘어서, 세 개의 주된 성읍들을 차지하고 있었다는 것을 우리에게 알게 해 준다. 한때 그들의 세력은 아주 커서, 비호전적이었던 이웃 민족들을 정복해서, 소아시아의 상당 부분으로부터 조공을 받았다. 하지만 마침내 예전의 용맹성을 상실하고, 쾌락과 사치에 빠진 그들은 로마 총독이었던 크나이우스 만리우스(Cneius Manlius)가 이끄는 로마군과의 전쟁에서 패하여 별 어려움 없이 손쉽게 정복당하였다.

사도 바울의 시대에 그들은 로마인들의 지배 아래 있었다. 그는 그들에게 순전하고 신실하게 복음을 가르쳤다. 그러나 그가 없는 동안에 거짓 사도들이 교회에 들어와서 거짓되고 잘못된 교설들로 참된 말씀의 씨앗을 부패시켜 버렸다. 그들은 율법의 예법(의식)들을 지키는 것이 여전히 필수적이라고 가르쳤다. 그들에게 이것은 사소한 문제인 것처럼 보였을 것이다. 그러나 바울은 그러한 교설은 기독교 신앙의 근본적인 신조를 뒤흔드는 심각한 문제라고 말하였고, 그의 이러한 인식은 지극히 합당한 것이었다. 복음의 빛을 꺼버리고, 양심에 올무를 놓으며, 구약과 신약 간의 차이와 구별을 제거해 버리는 것은 결코 작은 해악이 아니었기 때문이다. 그는 이러한 오류들도 칭의를 얻는 방식과 관련한 악하고 위험한 견해와 연결되어 있다는 것을 알아 차렸다. 이것이 그가 그 거짓 사도들의 교설과 그토록 진지하고 격렬하게 싸운 이유였다. 우리는 이 논쟁이 얼마나 중요하고 심각한 것인지를 그를 통해서 알았기 때문에, 더 큰 주의를 기울여서 이 서신을 읽는 것이 우리의 마땅한 도리이다.

오리게네스와 히에로니무스의 주석서들을 통해서 이 주제에 관한 바울의 견해들을 접근하는 사람들은 왜 바울이 외적인 예법들을 가지고 이토록 야단법석을 떠는 것인지 의아해 하게 될 것이다. 그러나 이 문제의 근본이 되는 것을 들여다보는 사람들은 누구나 바울이 갈라디아 교인들을 그토록 심하게 책망하는 이유를 수긍하게 될 것이다. 그들은 거짓 사도들의 말을 지나치게 쉽게 믿었기 때문에, 아니 그들 자신의 경박함과 어리석음으로 인해서 바른 길을 벗어나 버리고 말았다. 그래서 바울은 그들을 더 호되게 책망한다. 어떤 이들은 갈라디아 교인들이 아둔해서 잘 깨닫지 못하는 자들이었기 때문에, 바울이 그들에게 호되고 가혹한 언사를 사용하고 있는 것이라고 주장하지만, 나는 그런 주장에 동의하지 않는다. 에베소 교인들과 골로새 교인들도 동일한 시험들을 받았었다. 만일 실제로 그들이 거짓 교사들의 말에 솔깃해서 그 말을 따라갔다면, 과연 바울은 그들에 대해서는 훨씬 더 온유하게 말하였을 것이라고 생각하는가? 결코 그렇지 않았을 것이다. 바울이 갈라디아 교인들을 호되고 가혹하게 나무라고 책망한 것은 그들이 아둔해서 잘 깨닫지 못하는 그런 사람들이었기 때문이 아니라, 그들이 거짓 사도들의 잘못된 교설을 받아들인 것이 너무나 심각하고 중대한 문제였기 때문이었다.

우리는 바울이 이 서신을 쓴 이유를 살펴보았기 때문에, 이제는 이 서신에서 그가 이 주제를 다룬 순서, 즉 이 서신의 배열에 대해서 알아보기로 하자. 그는 처음 두 장에서는 주로 자신의 사도직의 권위에 대하여 집중적으로 다루고, 단지 2장의 끝부분에 가서는 자신의 주된 논점인 "칭의" 문제를 부수적으로 다룬다. 하지만 이 칭의 문제에 대한 논증은 3장에 가서야 비로소 본격적이고 분명하게 전개된다. 처음 두 장에서 그는 많은 목적들을 염두에 두고 있는 것처럼 보이지만, 사실 그의 유일한 목적은 자기는 가장 큰 사도들과 동등하기 때문에, 자기가 그들과 동일한 사도로서의 고귀한 반열에 있는 것으로 여겨지지 않을 이유가 전혀 없다는 것을 증명하는 것이다.

그러나 여기에서 중요한 것은 그가 자신이 진정한 사도이고 거기에 걸맞는 존중을 받는 것이 마땅하다는 것을 증명하는 데 그토록 애를 쓰고 있는 이유를 아는 것이다. 그리스도가 다스리고, 그리스도의 가르침이 오염되지 않고 순전하게 보전되기만 한다면, 그가 베드로보다 그 지위가 높든 낮든, 또는 두 사람의 지위가 동등하든, 그런 것이 무엇이 중요하겠는가? 사람은 모두 "쇠하여야" 하고, 오직 그리스도만이 "흥하여야" 한다면(요 3:30), 사람들 서로 간의 지위를 논하는 것은 쓸데없는 짓일 뿐이다. 또한, 우리는 이런 질문들을 던질 수 있다: 왜 바울은 굳이 자기 자신과 다른 사도들을 비교하는 것인가? 그가 베드로와 야고보와 요한을 상대로 해서 어떤 문제로 다투었던 것인가? 정서에 있어서 연합되어 있고 아주 긴밀한 교제 가운데 있는 그들과의 충돌을 밝히는 것이 무슨 유익이 있다는 것인가?

나의 대답은 거짓 사도들은 갈라디아 교인들을 속였고, 자신들이 예루살렘의 사도들로부터 권한을 위임받은 것처럼 위장함으로써 갈라디아 교인들의 환심을 사고자 애썼다는 것이다. 그들이 행사한 주된 영향력은 그들이 사도들을 대표해서 메시지를 전하는 것이라고 갈라디아 교인들이 믿은 것으로부터 생겨났다. 그리고 그들은 다른 한편으로는 바울에 대하여 사도라는 명칭과 권위를 사용하는 것을 거부하였다. 그들이 편 반론들은 바울은 우리 주님에 의해서 열두 사도 중 한 명으로 택함 받지 않았고, 사도들의 무리에 의해서 사도로 인정받은 적이 없었으며, 바울의 가르침은 그리스도로부터 온 것도 아니고, 사도들로부터 온 것도 아니라는 것이었다. 그들의 이 모든 반론들은 단순히 사도로서의 바울의 권위를 깎아내리려는 것이 아니라, 그가 사도가 아니라 교회의 평신도들 중의 한 명일 뿐임을 밝혀서, 이러한 반론들을 편 그들보다 훨씬 아래에 있는 자로 만들어 버리기 위한 것이었다.

만일 이것이 단지 사적인 문제였다면, 바울은 자기가 한 명의 평범한 제자 취급을 받는 것에 대하여 별로 신경을 쓰지 않았을 것이다. 그러나 그는 자신의 가르침이 갈라디아 교인들 가운데서 그 무게와 권위를 잃기 시작하는 것을 보고서는, 이 일에 대해서 더 이상 침묵할 수 없었고, 그들을 정면으로 반박하지 않으면 안 되었다. 하나님의 가르침을 공개적으로 공격하지 않고, 간접적인 공격들을 통해서 그 가르침의 영향력을 훼손시키고자 하는 것은 사탄의 전형적인 술수이다. 그러므로 우리는 그들이 바울을 공격한 것은 곧 복음을 공격한 것이라는 사실을 명심하여야 한다. 왜냐하면, 만일 바울의 사도직이 부정되고 사도로서의 그의 존귀함이 제거된다면, 그는 원래 자기에게 속하지 않은 지위와 존귀를 자신의 것이라고 참칭한 것이 되고, 그의 그러한 거짓된 행태는 그의 모든 언행을 의심 받게 만들 것이었기 때문이다. 또한, 그의 가르침에 대한 평가도 거기에 달려 있었다. 왜냐하면, 만일 바울이 사도가 아니라는 것이 밝혀진다면, 그들은 그 즉시 그의 가르침을 그리스도의 사도로부터 온 것이 아니라 평범한 한 명의 제자로부터 온 것으로 여기기 시작할 것이었기 때문이다.

다른 한편으로, 바울은 큰 이름들의 광채에 의해서 압도되고 있었다. 거짓 사도들은 베드로와 야고보와 요한을 자랑스럽게 들먹이며 자신들이 사도적인 권위를 지니고 있는 체하였다. 만일 바울이 그러한 거짓된 자랑에 용감하게 저항하지 않았다면, 그것은 거짓에 굴복하는 것이 되었을 것이고, 하나님의 진리는 그로 말미암아 짓밟히게 되었을 것이다. 그래서 그는 두 가지, 즉 자기가 주님에 의해서 임명된 사도라는 것과 자기는 그 어떤 점에서도 다른 사도들보다 못하지 않고, 사도라는 동일한 칭호를 수여받았을 뿐만 아니라, 권위와 지위에 있어서도 그들과 대등하다는 것을 온 힘을 다해 역설한다. 실제로 그는 거짓 사도들이 베드로와 야고보와 요한으로부터 파송을 받았거나 어떤 위임을 받았다고 말한 것이 거짓이라고 공격했을 수도 있다. 그러나 그는 그렇게 하지 않고, 그런 것보다 훨씬 더 높은 근거, 즉 자기는 다른 사도들과 비교해서 그 어떤 점에서도 못한 것이 전혀 없다는 사실을 제시한다. 만일 그가 그렇게 하지 않았다면, 그는 자신의 가르침을 스스로 부정한 것으로 여겨졌을 것이다.

당시에 예루살렘 교회는 모든 교회들의 어머니, 즉 모교회였다. 복음이 거기로부터 나와서 온 세상으로 퍼져 나갔기 때문에, 예루살렘 교회는 그리스도의 나라의 본산이라고 할 수 있었다. 예루살렘 교회로부터 온 사람은 누구든지 각 교회들에서 극진한 대접을 받았다. 그러나 예루살렘 교회에 속한 신자들 중에는 어리석게도 자신들이 사도들과 교제를 나누고 있거나, 적어도 사도들에게서 가르침을 받았다는 것에 대하여 자부심을 가지고서 그 마음이 높아져 있는 사람들이 많았다. 그래서 그들은 자신들이 예루살렘 교회에서 본 것들 외에는 그 어떤 것에 대해서도 기뻐하거나 만족하지 않았기 때문에, 예루살렘 교회에서 행해지지 않아 온 것들이 다른 교회들에서 행해지고 있는 경우에는, 그것이 무엇이었든지 간에 못마땅해했을 뿐만 아니라 가차없이 단죄하였다. 한 교회에서 행해지고 있는 것을 모든 교회에서 행해야 할 보편적인 법으로 강요하고자 할 때, 그러한 편협한 태도는 대단히 위험스러운 것이 되고 만다. 우리가 종종 어떤 "교사"나 어떤 "곳"에 지나치게 경도되어 있을 때에는, 우리는 우리 자신의 분별력을 통해서 심사숙고함이 없이 막무가내로 한 사람의 견해를 모든 사람에게 적용되어야 할 기준으로 삼아 버리고, 한 곳에서 행해지고 있는 것들을 다른 모든 곳에서 행해져야 할 것들로 여기게 되는데, 이것은 잘못된 열심에서 생겨나고, 거기에는 언제나 야심도 작용한다. 실제로 지나친 편협함은 언제나 야심으로부터 나온다.

다시 거짓 사도들의 경우로 돌아가 보자. 만일 단지 그들이 자신들의 왜곡되고 악한 경쟁심으로 인해서 예루살렘 교회에서 행해지고 있던 예법들을 모든 교회에 도입하고자 시도한 것이라면, 그것만으로도 결코 작은 범죄가 아니었을 것이다. 왜냐하면, 어떤 것을 막무가내로 하나의 법으로 바꾸어 버리는 것은 부당하고 잘못된 것이기 때문이다. 그러나 더 심각하고 중대한 악은 그들의 악하고 위험한 교설에 있었다. 왜냐하면, 그들은 자신들의 교설을 통해서 칭의가 예법들의 준수에 의해 좌지우지되게 함으로써, 갈라디아 교인들의 양심을 신앙이라는 미명 하에 예법들로 결박해서 종으로 삼아 버렸기 때문이다. 바울이 자신의 사도직을 그토록 온 힘을 다해 변호하고, 자기 자신을 다른 나머지 사도들과 비교해서 못한 점이 전혀 없다는 것을 역설한 이유가 거기에 있었다.

그는 이 주제를 2장의 끝부분까지 전개해 나가다가, 그 끝부분에서는 우리가 율법의 행위에 의해서가 아니라 하나님이 값없이 거저 주시는 은혜로 말미암아 하나님 앞에서 의롭다 하심을 얻는다는 이신칭의에 관한 가르침을 잠시 부수적으로 논증한다. 그의 논증은 이런 것이다: 예법들은 사람들에게 칭의를 수여하는 능력을 가지고 있지 않기 때문에, 예법들을 지키는 것은 불필요하다. 하지만 우리가 유의해야 할 것은 바울은 오로지 예법들에만 자신의 논증을 국한시키는 것이 아니라, "행위" 일반을 다루고 있다는 것이다. 만일 그런 것이 아니라면, 그의 논증 전체는 시시한 것이 되고 말 것이다.

우리가 이런 식으로 이 문제를 너무 지나치게 확대시키고 있다고 생각하는 사람이 있다면, 나는 그가 다음과 같은 두 가지 이유를 주목해 보기를 바란다. 첫 번째는 이 문제는 우리가 하나님이 값없이 거저 주시는 은혜로 말미암아 의롭다 하심을 얻는다는 일반적인 원리를 전제함이 없이는 해결될 수 없다는 것이다. 그리고 예법들만이 아니라 온갖 종류의 행위들도 이 원리를 훼손시키고 부정한다. 두 번째는 바울은 예법들을 지키는 것 자체를 염려한 것이 아니라, 행위로 말미암아 구원을 얻을 수 있다는 악한 교설을 염려한 것이었다는 사실이다. 그러므로 우리는 그가 근본으로 돌아가서 말한 데에는 그럴 만한 이유가 있었다는 것을 알아야 한다. 그는 근본으로 돌아가서, 자신의 독자들에게 이 논쟁은 별로 중요하지 않은 사소한 일이 아니라, 그 어떤 문제보다도 가장 중요한 문제인 구원을 얻는 방식과 관련되어 있다는 것을 경고하는 것이 반드시 필요하였다.

그러므로 사도가 여기에서 전적으로 예법에 관한 특별한 문제에 국한해서 논증을 펴고 있다고 생각하는 것은 잘못이다. 예법 문제는 그 자체로는 해결될 수 없는 것이었다. 우리는 이것과 비슷한 사례가 사도행전 15장에 보도되고 있는 것을 본다. 거기를 보면, 예루살렘 교회에서 예법들을 반드시 지켜야 하느냐 그렇지 않으냐 하는 문제를 놓고 다툼과 분쟁이 일어났다. 이 문제를 논의하는 과정에서, 사도들의 견해는 인간은 율법의 멍에를 감당할 수 없기 때문에, 하나님은 사람들로 하여금 자신이 값없이 거저 주는 은혜로 죄 사함을 얻게 하였다는 데로 모아진다. 그들이 이런 결론을 내린 목적은 무엇이었는가? 겉보기에 그러한 결론은 당시에 쟁점이 되고 있던 것과는 한참이나 동떨어진 어리석은 결론인 것처럼 보인다. 그러나 전혀 그렇지 않았다. 왜냐하면, 당시어 구체적으로 쟁점이 되었던 예법 논쟁과 관련된 오류는 보편적인 원리를 전제함이 없이는 만족스럽게 반박될 수 없었기 때문이다. 예컨대, 나에게 고기를 먹지 말라는 금령이 잘못되었음을 반박해 보라고 한다면, 나는 단지 음식에 대해서만 말하는 것이 아니라, 양심을 구속하는 사람들의 전통이 과연 권위를 지니고 있는 것인가 하는 일반적인 원리도 다루게 될 것이다. 나는 사람을 구원하거나 멸할 권세는 오직 율법을 주신 자에게만 있다고 말하는 구절을 인용할 것이다. 요컨대, 바울은 여기에서 일반적인 명제를 부정함으로써 그 일반적인 것의 특수한 경우에 대하여 말하고 있는 명제를 부정하는 식으로 논증해 나가는데, 이것은 가장 자연스럽고 통상적인 추론 방법이다. 우리가 오직 하나님의 은혜로 말미암아 의롭다 하심을 얻는가는 이 원리를 바울이 어떠한 증거들과 논거들을 사용해서 증명하는지에 대해서는 우리가 해당 본문에서 살펴보게 될 것이다. 그는 이 주제를 3장 끝까지 다룬다.

4장이 시작되는 부분부터는 예법들의 고유하고 적절한 사용, 그리고 예법들이 제정된 이유에 대한 탐구가 시작되고, 아울러 이제는 예법들이 폐기되었다는 것도 보여준다. 왜냐하면, 일부 사람들이 게기할 수도 있는 다음과 같은 어리석고 실없는 반론을 잠재우는 것도 꼭 필요한 일이었기 때문이다: 그렇다면, 하나님이 사람들에게 예법들을 주신 목적은 무엇이었는가? 그것들은 쓸데없는 것들이었다는 말인가? 조상들은 그런 쓸데없는 예법들을 지키느라고 헛고생을 했다는 것인가?

바울은 이러한 질문들에 대하여 짤막하게 두 가지로 대답해 주는데, 하나는 그들의 시대에는 예법들이 쓸데없고 불필요한 것이 아니었다는 것이고, 다른 하나는 그리스도가 오심으로써 이제는 예법들이 폐기되었다는 것이다. 그리스도는 그 예법들이 나타내 왔던 "참 것"이었기 때문에 그 예법들에 대하여 "마침"이 되었다. 바울은 이런 식으로 우리가 그리스도 안에 머물러야 한다는 것을 보여준다. 그는 우리의 상태와 조상들의 상태 간의 차이를 간략하게 보여주면서, 거짓 사도들의 교설은 옛 그림자들이 분명하게 지시해 주는 복음을 가리고 어둡게 하기 때문에 악하고 위험하다는 결론을 도출해 낸다. 사도의 가르침은 이제 몇몇 감동적인 권면들과 뒤섞여 있다. 이 장의 끝부분에 나오는 그의 논증은 아름다운 알레고리로 생생하게 장식된다.

5장에서는 바울은 갈라디아 교인들에게 그리스도의 피로 말미암아 얻게 된 자유를 굳게 붙잡고, 그들의 양심이 사람들의 생각이나 말의 유혹에 넘어가서 훼손되지 않게 하라고 권면한다. 아울러, 그는 그 자유를 어떤 식으로 합당하게 사용할 수 있는지를 그들에게 일깨워 준다. 그런 후에, 그는 그리스도인들에게 합당한 일들이 무엇인지를 제시하면서, 그들이 예법들에 쓸데없이 시간을 낭비하느라고 진정으로 중요한 일들을 소홀히 하는 일이 있어서는 안 된다고 말한다.

제1장

¹사람들에게서 난 것도 아니요 사람으로 말미암은 것도 아니요 오직 예수 그리스도와 그를 죽은 자 가운데서 살리신 하나님 아버지로 말미암아 사도 된 바울은 ²함께 있는 모든 형제와 더불어 갈라디아 여러 교회들에게 ³우리 하나님 아버지와 주 예수 그리스도로로부터 은혜와 평강이 있기를 원하노라 ⁴그리스도께서 하나님 곧 우리 아버지의 뜻을 따라 이 악한 세대에서 우리를 건지시려고 우리 죄를 대속하기 위하여 자기 몸을 주셨으니 ⁵영광이 그에게 세세토록 있을지어다 아멘(1:1-5).

1. 사람들에게서 난 것도 아니요 사람으로 말미암은 것도 아니요 … 사도 된 바울은. 바울은 자신의 서신들을 시작하면서 가장 먼저 행하는 인사말들 속에서 "사도"라는 명칭을 사용해서 자신을 지칭하곤 하였는데, 우리가 이미 이전에 여러 번 지적하였듯이, 그가 그렇게 한 것은 사도로서의 자신의 권위를 활용해서 자신의 가르침을 견고하게 하기 위한 것이었다. 이 권위는 사람들의 판단이나 견해에 의거한 것이 아니라, 오로지 하나님의 부르심에 의거한 것이었다. 그러므로 그는 자기가 "사도"라는 것을 근거로 해서 사람들에게 자신이 하는 말들을 들을 것을 요구한다. 우리가 늘 명심해야 할 것은 교회에서 우리는 오직 하나님, 그리고 하나님이 우리의 선생으로 세우신 예수 그리스도가 말씀하시는 것만을 들어야 한다는 것이다. 우리를 가르치는 선생이 되고자 하는 자는 누구든지 하나님 또는 그리스도의 이름으로 말하여야 한다.

그러나 사도로서의 바울의 부르심은 다른 곳들에서보다도 갈라디아 교인들 가운데서 더 심한 논란거리가 되었기 때문에, 그는 다른 서신들에서보다도 갈라디아 교회에 보낸 서신 속에서 그것을 한층 더 강력하게 단언한다. 왜냐하면, 그는 단지 자기가 하나님에 의해서 부르심을 받았다고만 천명하고 있는 것이 아니라, 그것이 "사람들에게서 난 것도 아니요 사람으로 말미암은 것도" 아니라고 명시적으로 단언하고 있기 때문이다. 우리는 그의 이러한 단언은 "통상적인 목회직"이 아니라 "사도직"에 적용되고 있다는 것을 주목할 필요가 있다. 갈라디아 교회에서 활동하며 바울을 끌어내리고자 하였던 자들조차도 감히 그에게서 그리스도인 사역자로서의 존귀까지 완전히 빼앗아 버리고자 하지는 못하였고, 그에게서 단지 사도라는 직함과 권위만을 빼앗고자 하였다.

우리는 지금 여기에서 말하고 있는 것은 가장 고유하고 엄밀한 의미에서의 "사도직"이다. 왜냐하면, 이 단어는 두 가지 서로 다른 방식으로 사용되기 때문이다. 종종 "사도"라는 말은 그들이 어떤 부류에 속한 사람들인지와는 상관없이 복음을 전하는 자들을 가리키는 데 사용된다. 하지만 여기에 언급된 "사도"는 특별히 교회에서 최고의 직위에 있는 자들을 구별해서 일컫는 말이다. 그런 의미에서 바울은 자기가 베드로를 비롯한 열두 사도와 대등한 "사도"라고 말한다.

그가 사람들로부터 부르심을 받은 것이 아니라고 말하고 있는 첫 번째 구절은 그를 비롯한 그리스도의 모든 참된 사역자들에게 공통되는 것이었다. "이 존귀는 아무도 스스로 취하지 못하고"(히 5:4), 사람들에게는 자기가 선택한 자에게 이 부르심을 수여할 수 있는 권세가 없다. 이 권세는 오직 홀로 교회를 다스리시는 하나님께만 속해 있다. 그러므로 하나님으로부터 나오지 않은 부르심은 합법적인 것일 수 없다. 교회에서 선한 양심에 의해서가 아니라 불경건한 동기들에 의해서 사역을 하게 된 사람일지라도 정상적으로 하나님의 부르심을 받은 사람일 수 있다. 그러나 바울은 자신의 부르심은 너무나 확실해서 한 점의 의심도 있을 수 없기 때문에 자신의 사도직을 반대하는 것은 절대로 있을 수 없다는 의미로 여기에서 자신의 부르심에 대하여 말하고 있는 것이다.

거짓 사도들도 흔히 그런 식의 동일한 종류의 자랑을 통해서 자신들의 자부심을 과시하지 않는가 하는 반론이 여기에서 있을 수 있다. 그들이 그렇게 한다는 것을 나도 인정한다. 그들은 주의 종들보다 한 술 더 떠서 오만방자하게 그런 말들을 하며 돌아다니면서 자신들을 자랑하고 과시한다. 그러나 그들에게는 바울이 자기 자신에 대하여 단언하고 있는 하늘로부터의 저 실제적인 부르심이 결여되어 있다.

그가 사람들에 의해서 부르심을 받은 것이 아니라는 두 번째 구절은 특별히 사도들에게 해당되는 말이다. 왜냐하면, 통상적인 목회자들의 경우에는 그렇게 말하는 것이 잘못된 것이 아니기 때문이다. 바울 자신도 바나바와 함께 여러 도시들을 돌아다니면서 신자들의 투표에 의해 "각 교회에서 장로들을 택하여" 세웠고(행 14:23), 디도와 디모데에게도 그렇게 하라고 명하였다(딤전 5:17; 딛 1:5, "내가 너를 그레데에 남겨 둔 이유는 남은 일을 정리하고 내가 명한 대로 각 성에 장로들을 세우게 하려 함이니"). 이것은 목회자들을 세우는 통상적인 방법이었다. 왜냐하면, 우리는 이 일에 있어서 하나님이 자신이 택하신 자들의 이름을 하늘로부터 계시할 때까지 기다릴 필요는 없기 때문이다.

만일 목회직과 마찬가지로 사도직을 세우는 것도 사람들이 행하는 것이 부적절하지 않고 심지어 권장할 만한 것이었다면, 바울이 자기가 그런 식으로 사도가 된 것이 아니라고 강력하게 거부할 이유는 전혀 없지 않았겠는가? 앞에서 나는 이미 바울이 여기에서 증명하고자 한 것은 자기가 목회자라는 것, 또는 자기가 복음의 사역자들 중의 하나에 속한다는 것이 아니라 그 이상의 것이었다는 사실을 지적한 바 있다. 왜냐하면, 그와 관련해서 쟁점으로 부각된 것은 그가 복음의 사역자나 목회자라는 것이 아니라 그의 사도직이었기 때문이다. 사도들은 다른 목회자들과 동일한 방식이 아니라, 주에 의해서 직접 세움을 받는 것이 필수적이었다. 그래서 그리스도 자신이 열두 사도를 친히 부르셨고(마 10:1), 가룟 유다로 인하여 결원이 생겨서 승계할 자를 세우고자 할 때, 교회는 감히 투표로 한 사람을 택할 엄두를 낼 수 없어서 제비를 뽑아 정하였다(행 :26). 목회자들을 택할 때에는 제비를 뽑아 정하는 방법이 사용되지 않았다는 것은 분명하다. 하지만 맛디아를 사도로 정할 때에는 왜 제비를 뽑는 방식을 택하였는가? 그것은 제비를 뽑아서 하나님의 뜻을 확인하기 위한 것이었고, 그런 식으로 하나님의 뜻을 따라 사도가 세워지게 함으로써, 사도들을 다른 사역자들과 구별하는 것이 합당하였기 때문이었다. 그래서 바울은 자기가 평범한 목회자들의 반열에 속한 사람이 아니라는 것을 보여주기 위해서, 자신의 부르심은 하나님으로부터 직접 나온 것임을 역설한다.

그러나 누가는 바울과 바나바가 안디옥 교회에 의해서 부르심을 받았다고 기록하고 있는데(행 13:2-3), 어떻게 바울은 자기가 사람들로 말미암아 부르심을 받은 것이 아니라고 단언할 수 있었는가? 어떤 이들은 그는 그 이전부터 사도로서의 직무들을 이미 수행하고 있었기 때문에, 그의 사도직은 안디옥 교회에서 이방 선교를 위해서 그를 세워 안수한 것에 토대를 둔 것이 아니었다고 대답해 왔다. 그러나 여기에서 또다시 바울이 갈라디아인들을 포함한 이방인들의 사도로 처음으로 지칭되고 있는 것이 바로 그가 안디옥에서 이방 선교를 위해 세움을 받을 때였지 않느냐는 반론이 있을 수 있다. 좀 더 올바르고 분명한 답변은, 바울은 여기에서 안디옥 교회에 의한 부르심을 완전히 부정하고자 하는 것이 아니라, 단지 자신의 사도직이 "이전의 더 큰 택하심"에 의거한 것임을 보여주고자 한 것이라는 설명이다. 이것은 옳다. 왜냐하면, 안디옥에서 바울에게 안수한 사람들조차도 그들 자신의 자발적인 뜻을 따라서가 아니라 하늘로부터의 명시적인 계시에 순종해서 그렇게 한 것이었기 때문이다. "주를 섬겨 금식할 때에 성령이 이르시되 내가 불러 시키는 일을 위하여 바나바와 사울을 따로 세우라 하시니 이에 금식하며 기도하고 두 사람에게 안수하여 보내니라"(행 13:2-3). 따라서 바울은 하나님의 계시로 말미암아 부르심을 받았고, 성령에 의해서 이방인들의 사도로 선언되고 세움을 받은 것이기 때문에, 거기에 나중에 통상적인 임직식이 더해졌다고 하더라도, 그가 사람들에 의해서 사도로 세움 받은 것은 아니었다.

여기에서 바울은 자신과 거짓 사도들을 간접적으로 대비시키고자 하고 있는 것이라고 누가 생각한다면, 나는 그런 견해에 반대하지 않을 것이다. 왜냐하면, 거짓 사도들은 "사람들의 이름"을 자랑하는 것이 몸에 밴 자들이었기 때문이다. 따라서 바울이 말하고자 하는 것은 이런 것이다: "다른 사람들이 자기가 이런저런 유명한 사람들에 의해서 파송을 받았다고 자랑한다고 할지라도, 나는 그들보다 더 우월하다. 왜냐하면, 나는 하나님과 그리스도로부터 직접 파송을 받은 자이기 때문이다."

오직 예수 그리스도와 …… 하나님 아버지로 말미암아. 바울은 "하나님 아버지"와 "예수 그리스도"가 자신의 사도직의 원천이라고 말한다. "예수 그리스도"의 이름을 먼저 말한 것은 우리를 파송하는 것은 그리스도의 대권이고, 우리는 그의 대사들이기 때문이다. 그러나 이 진술을 더 온전하게 하기 위해서, 그는 "하나님 아버지"의 이름도 언급한다. 그는 이렇게 말한 것과 같다: "그리스도의 이름으로도 공경하고 경외하는 마음이 생기지 않는 자가 있다면, 내가 나의 사도직을 하나님 아버지로부터도 받았다는 사실을 명심하여야 할 것이다."

그를 죽은 자 가운데서 살리신. 그리스도의 부활은 그의 통치의 시작이기 때문에, 현재의 주제와 밀접하게 연결되어 있다. 거짓 사도들은 그리스도가 이 땅에 계실 때에 바울은 그와 단 한 번도 교제한 적이 없었다는 사실을 들이밀며 그를 모욕하였다. 반면에, 바울은 그리스도는 자신의 부활에 의해서 영광을 받으셨고, 그 이후에는 자신의 교회를 다스리는 데 실제로 권세를 행사해 오셨다는 사실을 지적한다. 그러므로 그리스도가 이 땅에 계실 때에 바울이 사도로 부르심을 받고 세우심을 받지 못하였다고 하더라도, 그가 부활하신 그리스도에 의해서 부르심을 받은 것이 그에게는 더 영광스러운 일이었다. 우리는 이 사실을 주목할 필요가 있다. 왜냐하면, 바울은 "그리스도를 죽은 자 가운데서 살리신" 바로 그 동일한 하늘의 아버지께서 자기를 그의 권능의 역사를 알릴 전령으로 세우신 것인 까닭에, 그의 권위를 부정하고자 하는 것은 그리스도의 부활에서 나타난 하나님의 놀라운 능력을 악의적으로 공격하는 것이나 다름없는 것임을 암시하고 있기 때문이다.

2. 함께 있는 모든 형제와 더불어. 바울은 자신의 혼자의 이름으로만 써 보낸 서신은 무시하는 자일지라도 다수의 사람들, 특히 온 회중의 이름으로 보낸 서신은 멸시하지 않을 것이라고 판단해서, 대체로 많은 사람들의 이름으로 서신을 써서 보낸 것으로 보인다. 그의 통상적인 관례는 자기와 함께 있는 형제들을 서신의 공동 저자들로 소개하고 그들의 문안인사들을 전하는 것을 서신의 앞부분이 아니라 끝부분에서 하는 것이다. 적어도, 그는 서신의 앞부분에서는 아무리 많아야 두 사람의 이름을 언급할 뿐이고, 그것도 아주 잘 알려져 있는 사람들의 이름을 언급한다. 그러나 여기에서는 "모든 형제"를 포함시킴으로써, 정반대의 방법을 채택한다. 물론 그렇게 하는 데에는 그럴 만한 이유가 있었다. 이렇게 아주 많은 경건한 사람들을 서신의 첫 부분에 한꺼번에 등장시킨 것은 분명히 갈라디아 교인들의 마음을 누그러뜨려서 자신의 교훈을 받아들이게 하는 데 상당한 영향을 미쳤을 것임에 틀림없다.

갈라디아 여러 교회들에게. "갈라디아"는 광활한 지역이었기 때문에, 많은 교회들이 여러 곳에 흩어져 있었다. 그러나 언제나 믿음으로 하나되어 연합된 공동체라는 의미를 함축하고 있는 "교회"라는 명칭을 바울이 그리스도에게 거의 전적으로 반기를 든 갈라디아 교인들을 지칭하는 데 사용하고 있다는 것이 이상하지 않은가? 나의 대답은 그들은 기독교 신앙을 고백하고, 한 분 하나님을 예배하며, 성례전들을 행하고, 모종의 복음 사역을 누리는 등, "교회"의 표지들(ecclesiae insignia)을 여전히 지니고 있었다는 것이다. 우리는 교회들 속에서 우리가 바라는 정도만큼의 순전함을 언제나 발견할 수 있는 것은 아니다. 아무리 순전한 교회들이라고 할지라도 흠들과 결점들이 있고, 어떤 교회들은 몇몇 흠과 점만 있는 것이 아니라 전체적으로 기형화되어 있기도 하다. 어떤 회중의 가르침들과 행위들이 모든 점에서 우리가 원하는 것들을 충족시키지 못한다고 해서, 우리는 그 결점들이 이제부터는 그 회중을 교회로 지칭하지 말아야 할 충분한 이유라고 즉각적으로 선언해서는 안 된다. 바울은 여기에서 그런 식의 태도와는 완전히 다른 온유함을 나타내야 한다는 것을 우리에게 가르쳐 준다. 그럼에도 불구하고, 우리는 한편으로는 결점들로 뒤덮인 회중들이 그리스도의 교회들이라는 것을 인정할지라도, 이와 동시에 그 회중들 속에 존재하는 잘못들에 대해서는 단죄하는 것이 마땅하다. 왜냐하면, 어떤 교회가 존재할 때, 우리는 온전한 교회에 요구되는 온갖 합당한 것들이 그 교회에 갖추어져 있기를 기대할 수는 없는 노릇이기 때문이다.

내가 이 점을 특히 지적하는 이유는, 로마 교회의 상황과 사정은 갈라디아에 존재한 교회들의 상황이나 사정과 많이 다름에도 불구하고, 교황주의자들은 단수형의 "교회"에 집착해서, 그들이 우리에게 명하는 모든 것들은 확정적인 것으로 여겨져서 모든 교회들이 일사불란하게 따라야 한다고 생각하기 때문이다. 만일 바울이 오늘날까지 살아 있다면, 그는 처참하고 끔찍하게 산산조각이 나 버린 교회의 잔해들만을 볼 수 있을 뿐이고, 하나로 연결된 큰 집으로서의 교회를 보지는 못할 것이다. 요컨대, "교회"라는 단어는 부분으로 전체를 나타내는 비유법에 따라서 흔히 "교회"를 이루고 있는 한 회중을 가리키는 데에도 사용되고, 교회라는 이름에 온전히 걸맞지 않은 모습을 한 그런 회중에 대해서도 사용된다는 것이다.

3. 우리 하나님 아버지와 주 예수 그리스도로로부터 은혜와 평강이 있기를 원하노라. 이 정형화된 형태의 인사말은 다른 서신들에도 등장하고, 나는 거기에서 이러한 인사말에 대하여 설명하였는데, 나의 그러한 설명은 여기에도 그대로 적용된다. 여기에서 바울은 갈라디아 교인들이 하나님과 교제를 통해서 온갖 복을 받기를 기원한다. 하나님의 은총은 우리가 온갖 복을 받는 원천이기 때문이다. 그가 "은혜와 평강," 이 두 가지를 아버지 하나님에게만이 아니라 예수 그리스도에게도 간구하는 이유는 그리스도 밖에서는 그 어떤 "은혜"도 있을 수 없고 그 어떤 "형통"도 있을 수 없기 때문이다.

4. 그리스도께서 …… 우리 죄를 대속하기 위하여 자기 몸을 주셨으니. 바울은 갈라디아 교인들로 하여금 그리스도를 떠올리고 주목하게 하기 위하여 먼저 "그리스도의 은혜"를 거론하기 시작한다. 왜냐하면, 만일 그들이 이 "구속의 은혜"를 제대로 올바르게 인식하기만 하였다면, 이런 식으로 신앙에 대한 정반대의 견해들로 떨어지는 일은 결코 일어나지 않았을 것이었기 때문이다. 그리스도를 제대로 올바르게 아는 사람은 간절하게 그를 바라고 가장 열렬한 사랑으로 그를 껴안으며 그를 묵상하는 데 착념하고 그 외의 다른 것을 원하지 않는다. 우리의 마음을 온갖 종류의 오류나 미신으로부터 정결하게 해 줄 최고의 치유책은 그리스도께서 우리에게 행하신 일들과 그가 우리에게 베풀어 주신 것들을 늘 기억하는 것이다.

"우리 죄를 대속하기 위하여 자기 몸을 주셨으니"라는 이 어구는 갈라디아 교인들에게 엄청나게 중요한 가르침을 전하기 위한 것이었는데, 그것은 그리스도께서 아버지 하나님께 자기 자신을 드린 저 희생제사와 견줄 만한 합법적으로 드려진 대속의 제사는 있을 수 없기 때문에, 우리의 죄를 위한 "대속"과 우리의 "온전한 의"는 오직 그리스도 안에서만 찾아야 하고, 그가 우리를 대속하기 위하여 행한 일을 생각할 때에 우리의 마음속에서 지극히 큰 경외심이 생겨나는 것이 마땅하다는 것이다. 바울이 여기에서 그리스도에게 돌리고 있는 것은 성경의 다른 곳들에서는 아버지 하나님에게 돌리고 있는 것으로서, 이것은 두 분 모두에게 똑같이 합당하게 적용된다. 왜냐하면, 한편으로는 아버지 하나님께서 영원한 뜻을 따라 이 대속을 작정하시고, 우리에 대한 자신의 사랑을 보여주시기 위하여, "자기 아들을 아끼지 아니하시고 우리 모든 사람을 위하여 내주신" 것이고(롬 8:32), 다른 한편으로는 그리스도께서 우리를 하나님과 화목하게 하시기 위하여 자기 자신을 화목제물로 내어 주신 것이기 때문이다. 그리스도의 죽으심은 우리의 죄를 대속하시기 위한 것이었다는 결론이 이것으로부터 도출된다.

이 악한 세대에서 우리를 건지시려고. 또한, 바울은 그리스도께서 우리를 대속하신 목적이 그의 죽으심으로 말미암아 우리를 자신의 소유로 사시기 위한 것이었다고 밝힌다. 이것은 우리가 세상으로부터 분리될 때에 일어난다. 왜냐하면, 우리가 세상에 속해 있는 동안에는 그리스도에게 속해 있는 것이 아니기 때문이다. 여기에서 "세대"라는 단어는 세상에 있는 쿠패와 타락을 나타낸다. 동일한 맥락에서 요한일서에서는 "온 세상은 악한 자 안에 처한 것"이라고 말하고(요일 5:19), 그리스도께서는 복음서에서 "내가 비옵는 것은 그들을 세상에서 데려가시기를 위함이 아니요 다만 악에 빠지지 않게 보전하시기를 위함이니이다"(요 17:15)라고 말씀하신다. 왜냐하면, 거기에서 "세상"은 현세의 삶을 가리키기 때문이다.

그렇다면, 이 구절에서 "세상"은 무엇을 의미하는가? 그것은 하나님의 나라와 그리스도의 은혜로부터 분리된 사람들을 의미한다. 사람이 스스로의 힘으로 살아가는 동안에는 철저하게 정죄된다. 그러므로 본성이 은혜와 대비되고, 육신이 성령과 대비되는 것과 마찬가지로, "세상"은 "중생"과 대비된다. 세상으로부터 난 자들은 죄와 악 외에 다른 것을 지니고 있지 않는데, 그것은 원래 그렇게 창조되었기 때문이 아니라, 부패와 타락에 의한 것이다. 그러므로 그리스도께서 우리의 죄를 위하여 죽으신 것은 우리를 세상으로부터 속량하시기 위하여, 또는 분리하시기 위한 것이었다.

바울은 "세대"라는 단어에 "악한"이라는 수식어를 덧붙임으로써, 자기가 하나님이 창조하신 것들이나 육신을 지닌 삶에 대하여 말하고자 하는 것이 아니라, 죄로부터 생겨난 부패와 타락에 대하여 말하고자 하는 것임을 보여주고자 하였다. 하지만 그는 이 한 단어로써 마치 벼락처럼 인간의 모든 교만을 낮춘다. 왜냐하면, 이것은 그리스도의 은혜에 의해서 이루어지는 본성의 새로워짐 없이는 우리 속에는 선이 조금도 섞여 있지 않은 순도 백퍼센트의 악 외에는 아무것도 존재하지 않는다는 것을 분명하게 선언하는 것이기 때문이다. 우리는 세상에 속해 있고, 그리스도께서 우리를 세상으로부터 구해 내실 때까지는, 세상은 우리 안에서 왕 노릇 하고, 우리는 세상의 종이 되어서 세상에 대하여 살아간다. 사람들이 자신을 어떤 식으로 대단하다고 생각해서 의기양양해하며 우쭐해한다고 할지라도, 그들은 온전히 타락하고 부패하여 철저하게 무가치하고 쓸데없는 자들일 뿐이다. 물론, 사람들은 자신들이 그런 존재라고 절대로 생각하지 않지만, 우리에게는 하나님께서 바울의 입을 통해서 그렇게 선언하고 계신다는 사실만으로도 그것은 충분히 확실하고 분명하다.

하나님 곧 우리 아버지의 뜻을 따라. 바울은 은혜의 원래의 근원이 하나님의 "뜻"이라는 것을 지적한다: "하나님이 세상을 이처럼 사랑하사 독생자를 주셨으니"(요 3:16). 그러나 우리가 유의해야 할 것은 바울은 하나님의 작정하심은 인간 편에서의 모든 공로들을 배제하는 것으로 말하곤 한다는 것이다. 따라서 여기에서 "뜻"은 일반적으로 하나님이 "기뻐하시는 것"이라고 불리는 것을 의미한다. 따라서 바울이 이 단어를 사용해서 말하고자 하는 것은 그리스도께서 우리를 위하여 죽으신 것은 우리가 그럴 만한 가치가 있는 자들이거나, 그리스도께서 우리를 위해 그런 일을 기꺼이 하고자 하시는 마음을 불러일으킬 정도의 어떤 일을 우리가 행하였기 때문이 아니라, 오로지 "하나님의 뜻"에 따라 그렇게 하신 것일 뿐이라는 것이다. "하나님 곧 우리 아버지"라는 표현은 "우리의 아버지이신 하나님"이라는 의미이다.

5. 영광이 그에게 세세토록 있을지어다. 바울이 여기에서 이렇게 갑자기 하나님께 감사와 찬송을 드리는 것은 자신의 독자들을 강력하게 일깨워서, 그들로 하여금 자신들이 하나님으로부터 받은 저 이루 말할 수 없이 큰 은혜를 깊이 묵상하게 하고, 그렇게 함으로써 자신의 교훈을 받아들일 수 있도록 그들의 마음을 좀 더 온전히 준비시키기 위한 것이다. 아울러, 이것은 하나님의 은혜를 기억할 때마다 그 즉시 하나님께 감사하는 마음으로 영광을 돌리는 것이 마땅하다고 권면하는 것이

기도 하다.

[6]그리스도의 은혜로 **너희를** 부르신 이를 이같이 속히 떠나 다른 복음을 따르는 것을 내가 이상하게 여기노라 [7]다른 복음은 없나니 다만 어떤 사람들이 **너희를** 교란하여 그리스도의 복음을 변하게 하려 함이라 [8]그러나 우리나 혹은 하늘로부터 온 천사라도 우리가 **너희에게** 전한 복음 외에 다른 복음을 전하면 저주를 받을지어다 [9]우리가 전에 말하였거니와 내가 지금 다시 말하노니 만일 누구든지 너희가 받은 것 외에 다른 복음을 전하면 저주를 받을지어다(1:6-9).

6. 떠나 다른 복음을 따르는 것을 내가 이상하게 여기노라. 바울은 책망하고 나무라는 것으로 시작한다. 물론, 이 책망은 그들이 받아 마땅한 정도의 책망에 비해서는 상당히 온건하다. 그러나 그의 이 대단히 호된 질책의 언어는, 앞으로 보게 되겠지만, 거짓 사도들을 향한 것이다. 그는 그들이 자신이 전한 "복음"만이 아니라 "그리스도"에게서도 등을 돌리고 떠났다고 책망한다. 왜냐하면, 그리스도께서 은혜로 우리를 율법의 종살이로부터 건져 주신 것을 인정할 때에만 그리스도에게 붙어 있다고 말할 수 있는데, 그리스도인들도 반드시 율법의 예법들을 지켜야만 구원 받을 수 있다고 주장한 거짓 사도들의 교설을 받아들였다는 것은 그것을 정면으로 부정한 것이기 때문이었다. 그들이 그리스도로부터 떠났다는 것은 그들이 기독교 신앙을 완전히 배척하고 거부하였다는 것을 의미하는 것이 아니라, 거짓되고 잘못된 교설을 받아들임으로써, 오직 빈껍데기뿐인 명목상의 "그리스도"만이 그들에게 남아 있게 되었다는 것을 의미한다.

　이렇게 오늘날에도 교황주의자들은 그리스도를 난도질하여 자신들이 원하는 부분만을 취하고 나머지는 버렸기 때문에 실제로 "그리스도를 떠났다." 그들에게는 참된 그리스도를 정면으로 거스르는 미신들이 가득하다. 우리는 그리스도의 중보 자직과 양립할 수 없는 것을 받아들이는 것은 "그리스도를 떠나는" 것임을 명심하여야 한다. 왜냐하면, 빛은 어둠과 섞일 수 없고 사귈 수 없기 때문이다.

　동일한 이유에서 바울은 그것을 "다른 복음," 즉 참된 복음과 다른 복음이라고 부른다. 거짓 사도들은 자신들이 그리스도의 복음을 전한다고 공언하였지만, 그들이 전한 복음에는 그들 자신이 고안해 낸 것들이 뒤섞여 있어서, 참된 복음이 원래 지니고 있던 효능이 파괴되어 있었기 때문에, 그것은 거짓되고 부패한 가짜 복음이었다. 바울은 "너희가 떠나"라고 현재시제를 사용해서 말함으로써, 그들이 완전히 떠난 것이 아니라 지금 떠나가고 있는 중이라는 것을 보여주는 것으로 보인다. 즉, 그는 이렇게 말한 것과 같다: "아직은 나는 너희가 완전히 떠났다고 말하고 싶지 않다. 만일 너희가 완전히 떠났다면, 원래의 길로 다시 되돌아오는 것은 더 어려웠을 것이다. 그러나 천만다행으로 너희는 지금 떠나가고 있는 가운데 있기 때문에, 나는 너희가 더 이상 멀리 가지 말고 그 자리에서 즉시 돌이키기를 바란다."

그리스도의 은혜로 너희를 부르신 이를. 어떤 이들은 이 어구를 "그리스도의 은혜로 너희를 부르신 이를"로 읽어서, 갈라디아 교인들이 "아버지 하나님"을 떠난 것으로 이해하지만, 우리가 따르고 있는 읽기(칼빈은 여기에서 "은혜로 너희를 부르신 그리스도를"로 읽는다 – 역주)가 더 명료하다. 바울이 여기에서 "그리스도께서 너희를 은혜로 부르셨다"고 말한 것은 그들이 얼마나 배은망덕한 범죄를 저지르고 있는 것인지를 더욱 부각시키기 위한 것이다. 어떤 상황에서라도 하나님의 아들에게 반기를 들고 떠나는 것은 그 자체가 옳지 않고 부끄러운 일이지만, 은혜로 우리를 부르셔서 구원을 주신 하나님의 아들을 배신하는 것은 은혜를 모르는 몰염치하고 뻔뻔스러운 일이기 때문에 한층 더 극악무도한 죄이다. 왜냐하면, 우리에게 베풀어 주신 그리스도의 은혜가 크면 클수록 그 은혜를 저버리는 것은 더욱더 중대하고 심각한 죄가 되기 때문이다.

이같이 속히. 바울은 갈라디아 교인들이 믿음을 가진 지 얼마 되지도 않은 이 시점에서 꾸준하고 변함없는 믿음을 보여주지는 못할 망정 이토록 "속히" 그리스도를 배신하고 떠난 것은 그들의 죄악을 더욱더 중죄로 만들고 있다는 점을 강조한다. 물론, 그리스도를 떠나는 데 있어서 적절한 때라는 것은 있을 수 없다. 그러나 바울이 갈라디아를 떠나자마자, 갈라디아 교인들이 마치 기다렸다는 듯이 모든 것을 배신하고 진리로부터 떠난 것은, 한층 더 큰 비난을 받아 마땅한 일이었다. 바울이 그리스도께서 그들을 은혜로 부르셨다는 것을 강조한 것이 그들의 배은망덕함을 부각시키기 위한 것이었듯이, 여기에서 그가 그들이 그리스도와 그 복음을 떠난 시점을 언급한 것은 그들의 경솔함과 변덕스러움을 부각시키기 위한 것이다.

7. 다른 복음은 없나니 다만 어떤 사람들이 너희를 교란하여. 어떤 이들은 이 어구를 이렇게 설명한다: "다른 복음은 없지만." 이것은 마치 바울이 여기에서 자기가 전한 참된 복음 외에 다른 복음들이 있다고 생각하는 자들의 잘못된 생각을 고쳐 주기 위하여 이렇게 말한 것이라고 이해하는 것이다. 하지만 나는 이 어구를

좀 더 간단명료하게 이해하여야 한다고 본다(여기에서 칼빈은 이 어구를 "그것은 다른 것이 아니라"로 읽는다 - 역주). 왜냐하면, 바울은 여기에서 거짓 사도들의 교설에 대하여 경멸적으로 말하면서, 그들의 교설은 오직 혼란과 멸망을 가져다줄 뿐이라고 말하고 있는 것이기 때문이다(칼빈의 읽기에 의하면, 이 절은 이렇게 번역된다: "그것은 다른 것이 아니라, 다만 어떤 사람들이 너희를 교란하여 그리스도의 복음을 변하게 하려는 것뿐이라" - 역주). 즉, 그는 이렇게 말한 것과 같다: "이 사람들이 그런 주장을 하는 속셈이 무엇인지를 너희는 아는가? 그들이 무슨 이유로 내가 전한 가르침을 공격하는 것인지를 너희는 아는가? 그들은 단지 너희를 괴롭히려는 것일 뿐이고 복음을 무너뜨리기 위한 것일 뿐이다. 그들의 의도는 이것이 전부이다." 그러나 이 구절에서 "다른 것"을 "다른 복음"으로 이해한다고 해도, 결국 그 의미는 똑같다. 왜냐하면, 이 단어는 그가 앞에서 이미 말한 "다른 복음"을 다른 식으로 표현한 것임을 나도 인정하기 때문이다. 즉, 바울은 거짓 사도들의 교설은 "복음"이 아니라 단지 "어지럽히는 것"일 뿐이라고 분명하게 밝힌다. 내가 이 단어와 관련해서 말하고자 하는 것은 내 생각에는 "다른"이라는 단어는 "다른 것"을 의미한다는 것이고, 이것은 우리가 흔히 "이것은 당신이 생각하는 것과 달리"라고 말하는 것과 아주 흡사한 표현이라는 것이다.

그리스도의 복음을 변하게 하려 함이라. 바울은 그들이 그리스도의 복음을 무너뜨리고자 함으로써 그리스도에게 해악을 입히는 추가적인 범죄를 저지르고 있다고 책망한다. 복음을 무너뜨리는 것은 엄청나게 중대한 범죄이다. 그것은 복음을 부패시키는 것보다 더 악한 범죄이다. 바울이 이런 식으로 그들을 책망하는 데에는 그럴 만한 이유와 근거가 있었다. 사람들을 의롭다고 하실 수 있는 분은 오직 하나님이시기 때문에, 그 영광은 오직 하나님께만 돌려야 하는데도 다른 것에 돌리고, 사람들의 양심에 덫을 놓아서 그들을 사로잡아 종으로 만들어 버린다면, 구주는 더 이상 설 자리를 잃게 되고, 복음의 가르침은 무너지게 된다. 그렇게 되지 않으려면, 우리는 늘 복음의 주된 신조들을 굳게 붙잡아야 한다. 그 주된 신조들을 공격하는 자는 복음을 무너뜨리는 자이다.

바울은 "복음"이라는 말에 "그리스도의"를 덧붙이는데, 이것은 두 가지로 설명될 수 있다. 이것은 첫째로 복음은 그 원천이신 그리스도로부터 나온 것이라는 의미일 수도 있고, 둘째로 복음은 순전히 그리스도를 우리에게 계시해 준다는 의미일 수도 있다. 그러나 그가 "그리스도의"를 덧붙인 의도가 오직 참되고 진정한 복음이라고 할 수 있는 것이 무엇인지를 설명하기 위한 것임은 의심의 여지가 없다.

8. 그러나 우리나 …… 우리가 너희에게 전한 복음 외에 다른 복음을 전하면. 바울은 엄청난 담대함으로 자신의 가르침의 권위를 계속해서 옹호해 나간다. 먼저, 그는 자기가 전한 가르침이 유일한 복음이기 때문에, 그것을 무너뜨리고자 하는 것은 이루 말할 수 없이 큰 극악무도한 범죄라는 것을 분명하게 선언한다. 하지만 그는 거짓 사도들이 다음과 같이 반론을 제기할 것을 알고 있었다: "복음을 아무런 손상 없이 그대로 고스란히 보존하고자 하는 마음에서나, 복음에 대한 우리의 경외심에 있어서 우리도 당신에게 결코 뒤지지 않는다." 이것은 오늘날 교황주의자들도 마찬가지여서, 그들은 자신들이 복음을 지극히 거룩하게 여기고, 가장 깊은 경외심을 품고서 그 이름에 거룩한 입맞춤을 행하고 있는지는 삼척동자도 다 아는 일이라고 공언한다. 하지만 그들의 실제 행위를 보면, 그들은 순전하고 분명한 복음의 가르침을 맹렬하게 박해하는 자들이다. 그래서 바울은 앞에서 일반적으로 "복음"이라고 말한 것으로 만족하지 않고, 거기에서 더 나아가 자기가 앞에서 말한 복음이 무엇이고, 그 복음은 무엇을 담고 있는지를 구체적으로 밝히기 위해서, 자기가 그들에게 전한 가르침이 바로 참된 복음이라고 못을 박고, 그렇기 때문에 다른 곳에서 복음을 찾아서는 안 된다는 것을 분명히 말한다.

복음이 무엇인지도 알지 못하면서 복음을 믿고 경외한다고 공언하는 것이 무슨 소용이 있겠는가? 교황주의자들은 복음을 알지 못해도 암묵적인 믿음만 있으면 그것으로 충분하다고 주장하지만, 그리스도인들은 "지식"이 없는 곳에는 "믿음"도 없다고 말한다. 바울은 갈라디아 교인들이 복음에 기꺼이 순종하고자 하는 마음이 있음에도 불구하고, 거짓 사도들이 자신들에게 전한 교설이 복음이 아니라면 도대체 어디에서 복음을 찾아야 하는가 하고 갈피를 잡지 못하고 방황하며 혼란에 빠질 우려가 있었기 때문에, 그런 일을 미연에 방지하기 위해서, 그들에게 자신이 그들에게 전한 가르침에 굳게 서면 그들은 참된 복음에 굳게 서는 것이 될 것임을 분명하게 보여준다. 그는 그들이 주저함 없이 자신의 가르침을 굳게 믿도록 하기 위해서, 감히 자신의 가르침에 반대하고 도전하는 모든 자들에게 저주를 선언한다.

여기에서 주목할 만한 것은 바울은 이 저주를 선언함에 있어서 자기 자신으로부터 시작하고 있다는 것이다. 그는 자신의 대적들이 자기에 대하여 "당신은 당신으로부터 나오는 모든 것은 단지 당신 자신의 것이라는 이유로 옳다고 하고 다른 사람들이 그 모든 것을 한 치의 주저함도 없이 다 받아들이기를 바라는 것이 아닌가"

라고 비방할 것임을 충분히 예상할 수 있었던 까닭에 그렇게 하여야만 하였다. 따라서 그는 자신의 대적들의 비방이 전혀 근거없는 것임을 보여주기 위해서, 가장 먼저 자기 자신을 언급하면서, 자기라도 자기가 이미 갈라디아 교인들에게 가르친 것들과 다른 것을 가르친다면 저주를 받게 될 것이기 때문에, 자기도 그 가르침을 수정할 권한이 없다는 것을 분명히 한다. 이렇게 그는 참된 복음과 관련해서 오직 하나님의 말씀에 복종하여야 하는 것에는 자기 자신도 다른 사람들과 다를 바가 없고, 자신에게 어떤 특권이 주어져 있는 것이 아닌 까닭에, 자신을 비롯한 모든 사람은 오직 하나님께서 계시해 주신 복음에 복종하는 것만이 마땅하다는 것을 역설한다.

혹은 하늘로부터 온 천사라도 …… 저주를 받을지어다. 바울은 거짓 사도들의 오만방자한 주장을 좀 더 완벽하게 무너뜨리기 위해서 여기에서 "천사들"까지 거론한다. 이것은 단지 설령 천사들이 갈라디아 교인들에게 다른 복음을 가르친다고 할지라도, 그 가르침조차도 받아들여서는 안 된다고 말하는 것일 뿐만 아니라, 그런 경우에는 천사들도 다른 복음을 전한 죄로 인해서 저주를 받아 마땅하다고 말하는 것이다. 바울이 자신의 가르침을 둘러싼 논쟁에 천사들까지 개입시킨 것은 전적으로 잘못된 것이었다고 생각할 사람들도 있을지 모르겠지만, 이것을 제대로 올바르게 살펴본 사람이라면 누구나 바울이 그렇게 하여야 했고, 그렇게 한 것이 합당한 것이었다는 것을 인정하게 될 것이다. 하늘로부터 온 천사들이 하나님의 확실한 진리 이외의 다른 것을 가르친다는 것은 분명히 불가능하다. 그러나 바울은 하나님이 사람들의 구원에 관하여 이미 계시하신 가르침에 대한 믿음과 관련된 논쟁이 벌어진 경우에는, 사람들의 판단을 배제해서 사람들이 개입할 여지를 없애는 것만으로는 충분하지 않고, 더 깊은 통찰력이 있다고 하는 천사들의 판단조차도 배제해서 천사들이 개입할 여지조차 막아 버리는 것이 마땅하다고 여긴 것이었다.

이렇게 바울이 천사들이라도 자기가 전한 가르침과 다른 복음을 가르칠 때에는 그들에게 저주가 있을 것이라고 선언한 것은 불가능한 일을 가정한 논증이긴 하지만, 결코 불필요한 것이 아니었다. 왜냐하면, 이렇게 과장된 표현은 바울이 전한 가르침에 대한 갈라디아 교인들의 신뢰감을 한층 더 강화시키는 데 도움이 되었을 것임에 틀림없기 때문이다. 그의 대적들은 "유명한 이들"의 이름을 들먹이며 그와 그의 가르침을 공격하였기 때문에, 그는 유명한 사도들이 아니라 천사들일지라도 자기가 전한 복음을 뒤집을 권한이 없다고 못을 박는다. 이것은 천사들을 폄하하거나 모욕하는 것이 아니었다. 천사들은 모든 가능한 수단들을 사용해서 하나님의 영광을 드러내도록 하기 위한 목적으로 지음 받았다. 따라서 천사들이 자신들이 지음 받은 그러한 원래의 목적을 어길 경우에는 저주를 받을 것이라고 경건한 의도를 가지고 말했다면, 그것은 천사들의 권위와 존귀를 훼손하는 것일 수 없다. 도리어, 그러한 말은 하나님의 말씀의 위엄을 인상적인 방식으로 드러내 줄 뿐만 아니라, 우리가 하나님의 말씀을 의지하기만 한다면, 천사들이 그 말씀에 어긋나는 것들을 말할 때에는 그런 천사들까지도 당당하게 꾸짖을 수 있다는 것을 보여줌으로써, 우리의 믿음을 한층 더 견고하게 붙들어 주는 역할을 한다.

바울이 "저주를 받을지어다"라고 말한 것은 "너희는 그런 자는 저주를 받게 될 것으로 여겨라"는 의미임에 틀림없다. 여기에 언급된 "저주"라는 단어에 대해서는 우리가 고린도전서 12:3을 다룰 때에 이미 살펴본 바 있다. 여기에서 이 단어는 "저주를 받는 것"을 가리키고, 히브리어의 '헤렘'(חרם)에 해당한다.

9. 우리가 전에 말하였거니와 내가 지금 다시 말하노니 만일 누구든지 너희가 받은 것 외에 다른 복음을 전하면 저주를 받을지어다. 바울은 앞에서 말한 내용 중에서 "우리나 혹은 하늘로부터 온 천사"에 대한 언급은 뺀 채로, 거기에서 말한 것의 핵심, 즉 그 누구라도 그들이 가르침 받은 것과 어긋나는 것을 가르치는 것은 불법이라는 것을 다시 한 번 반복해서 역설한다. "너희가 받은"이라는 표현을 주목하라. 왜냐하면, 이것은 그들이 복음은 공중에 떠 있는 것처럼 불확실해서 그들이 잘 모르는 것으로 여겨서는 안 되고, 자기가 그들에게 전해서 그들이 받아들인 바로 그것이 그리스도의 참된 복음이라는 것을 굳게 확신하고 진정으로 믿어야 한다는 것을 계속해서 일관되게 역설하는 것이기 때문이다. "믿음"과 가장 양립될 수 없는 것은 확신을 갖지 못하고 이리저리 휩쓸리고 요동하는 것이다. 그렇다면, 어떤 사람이 복음이 무엇이고 어떤 성격의 것인지를 알지 못해서 어쩔 줄 몰라 한다면, 그 결과는 어떻게 되겠는가? 그래서 바울은 갈라디아 교인들에게 감히 자기가 전한 것과 다른 복음을 전하는 자들이 있다면 그들을 마귀들로 여기라고 명한다. 여기에서 "다른 복음"은 참된 복음에 사람들이 고안해 낸 다른 것들을 첨가한 것을 가리킨다. 왜냐하면, 거짓 사도들의 교설은 바울이 전한 가르침과 완전히 반대되거나 다른 것이 아니었고, 참된 복음에 거짓된 것들을 더해서 변질시킨 것이었기 때문이다.

교황주의자들이 바울이 전한 말씀들을 회피하기 위하여 제시하는 핑계들이나 구실들은 참으로 유치하기 짝이 없다. 먼저, 그들은 바울의 가르침 전체가 지금 우리에게 전해져서 현존하는 것이 아니기 때문에, 그 가르침을 받은 갈라디아 교인들이 죽은 자들로부터 다시 살아나서 증인들이 되어 주지 않는다면, 거기에 무엇이 담겨 있었는지는 우리가 알 수 없다고 말하고, 다음으로는 바울은 온갖 종류의 첨가를 금지한 것이 아니라, 단지 그가 "다른 복음들"로 단죄한 것들만을 금지한 것이라고 말한다. 우리가 알 필요가 있는 것과 관련해서는, 바울의 가르침이 무엇이었는가 하는 것은 그가 쓴 글들로부터 충분히 분명하게 알 수 있다. 따라서 교황주의 전체는 이 복음을 무너뜨리고 있는 무시무시한 교설이라는 것도 분명하다. 끝으로, 문제의 성격으로부터 분명한 것은 바울의 선포와 다른 모든 교설은 가짜라는 것이다. 따라서 교황주의자들이 발뺌하기 위하여 제시하는 핑계들은 아무 소용이 없을 것이다.

¹⁰이제 내가 사람들에게 좋게 하랴 하나님께 좋게 하랴 사람들에게 기쁨을 구하랴 내가 지금까지 사람들의 기쁨을 구하였다면 그리스도의 종이 아니니라 ¹¹형제들아 내가 너희에게 알게 하노니 내가 전한 복음은 사람의 뜻을 따라 된 것이 아니니라 ¹²이는 내가 사람에게서 받은 것도 아니요 배운 것도 아니요 오직 예수 그리스도의 계시로 말미암은 것이라 ¹³내가 이전에 유대교에 있을 때에 행한 일을 너희가 들었거니와 하나님의 교회를 심히 박해하여 멸하고 ¹⁴내가 내 동족 중 여러 연갑자보다 유대교를 지나치게 믿어 내 조상의 전통에 대하여 더욱 열심이 있었으나(1:10-14).

바울은 아주 확신에 차서 자신 있고 담대하게 자신의 가르침이 참된 복음이라고 치켜세웠기 때문에, 이제 여기에서는 그것이 결코 실없거나 헛된 자랑이 아니었다는 것을 보여준다. 그는 자기가 앞에서 한 그러한 단언을 두 가지 논거를 통해서 밑받침한다. 첫 번째는 자기는 사람들에게 잘 보이기 위하여 어떤 야심이나 아부나 그런 비슷한 동기로 그렇게 말한 것이 아니었다는 것이다. 두 번째이자 훨씬 더 강력한 논거는 자기는 복음의 창시자가 아니라, 자기가 하나님으로부터 받은 것을 충성스럽게 전한 것일 뿐이라는 것이다.

10. 이제 내가 사람들에게 좋게 하랴 하나님께 좋게 하랴. 이 구절의 헬라어 구문은 모호하게 되어 있어서 여러 가지 다양한 해석을 낳아 왔다. 어떤 이들은 "이제 내가 사람들을 설득하랴 하나님을 설득하랴"로 번역하고, 어떤 이들은 "하나님"

과 "사람들"이라는 단어들이 각각 하나님의 기준과 사람들의 기준을 의미하는 것으로 해석한다. 후자의 해석은 본문의 단어들과 너무 동떨어진 것이 문제이지만, 만일 그런 문제가 없다면, 문맥 자체에는 아주 잘 들어맞는다. 내가 채택한 해석이 좀 더 자연스럽다(칼빈은 "이제 내가 사람들을 따라 설득하랴 하나님을 따라 설득하랴"로 해석한다 - 역주). 왜냐하면, 헬라어에서는 전치사 '카타'("~을 따라")를 생략하는 것이 흔한 일인 까닭에, 이 구절에 그 전치사를 보충해서 읽는 것은 자연스러운 일이기 때문이다.

바울이 여기에서 말하고 있는 것은 자기가 전한 가르침에 관한 주제에 대한 것이 아니라, 자신의 마음의 동기와 목적에 대한 것이다. 즉, 그는 자기가 갈라디아 교인들에게 가르침을 전한 목적은 사람들이 아니라 하나님과 관련되어 있다고 말하고자 한다. 우리는 가르치는 사람의 동기와 의도가 그의 가르침에 어느 정도 영향을 미칠 수 있다는 것은 인정하여야 한다. 야심이나 탐욕이나 그 밖의 다른 죄악된 동기나 목적에서 나온 가르침은 부패하고 변질된 것이 되고, 올바른 양심에서 나온 가르침은 그 속에 순전함과 진리를 지니게 된다. 따라서 바울은 자기는 사람들을 만족시켜 주기 위하여 자신의 가르침을 수정하지 않았기 때문에, 그의 가르침은 올바른 것이라고 말하고 있는 것이다.

사람들에게 기쁨을 구하랴. 이 두 번째 구절은 첫 번째 구절과 많이 다른 것은 아니지만 약간 다르다. 왜냐하면, 바울이 거기에서 "사람들을 따라"라고 말한 것은 사람들로부터 환심을 사기 위한 동기를 보여주는 것이기 때문이다. 그러한 야심이 우리의 마음속을 지배해서, 사람들의 환심을 사고자 하는 방향으로 우리가 하는 말들을 조절하고자 할 때, 우리의 가르침들은 진실할 수 없다. 그러므로 여기에서 바울은 자기에게는 그런 야심이 전혀 없었기 때문에, 그런 것으로 책 잡힐 일도 전혀 없다고 분명하게 선언하면서, 그러한 비방과 중상모략을 더욱 단호하게 차단하기 위해서 의문문을 사용하여 반문하는 형식으로 말한다. 왜냐하면, 반문을 사용하는 것은 자신의 대적들에게 자기가 한 말에 대하여 할 말이 있으면 해 보라고 답변의 기회를 제공한다는 점에서 일반적인 서술문보다 더 강력한 힘과 무게를 지니기 때문이다. 바울이 이렇게 한 것은 자신의 선한 양심의 증언으로부터 생겨난 큰 담대함을 표현한 것이다. 그가 그런 불순한 의도로 일을 하고 가르쳤다는 비방을 받을 이유가 전혀 없는 방식으로 자기에게 주어진 일들을 수행해 왔다는 것을 그의 양심은 너무나 잘 알고 있었기 때문이다(행 23:1; 고후 1:12).

내가 지금까지 사람들의 기쁨을 구하였다면 그리스도의 종이 아니니라. 이것은 야심이 있는 사람들, 즉 사람들로부터 칭찬과 박수갈채를 추구하고 갈구하는 자들은 그리스도를 섬길 수 없다고 말하고 있는 것이라는 점에서 주목할 만한 진술이다. 바울은 자기는 그리스도를 섬기는 데에만 자기 자신을 온전히 헌신하기 위해서, 사람들의 평가나 사람들의 환심을 사는 것에는 전혀 관심을 두지 않았다고 말한다. 그리고 그는 자신의 과거의 삶의 모습과 현재의 삶의 모습을 비교한다. 그는 과거에는 가는 곳마다 최고의 존경을 받고 큰 박수갈채를 받는 삶을 살았었다. 그러므로 만일 그가 사람들을 기쁘게 하는 삶을 계속해서 살고자 하였다면, 그는 자신의 삶의 모습을 바꿀 필요가 없었다. 우리는 이것으로부터 내가 앞에서 말한 일반적인 교훈, 즉 그리스도를 충성되기 섬기기로 결단한 사람들은 사람들의 환심을 얻고자 하는 것을 철저하게 멸시하는 담대함을 가져야 한다는 교훈을 이끌어 낼 수 있다.

여기에서 "사람들"이라는 단어는 제한된 의미로 사용되고 있다. 왜냐하면, 그리스도의 사역자들은 의도적으로 사람들을 불쾌하게 하고 화나게 해서는 안 되기 때문이다. 그러나 여러 부류의 사람들이 있다. 그리스도께서 기뻐하시는 자들은 우리가 그리스도 안에서 기쁘게 해 주고자 애써야 하는 사람들이다. 반면에, 참된 가르침을 희생시켜서 그들 자신의 목적을 이루고자 하는 자들은 우리가 기쁘게 해 주고자 하고 흡족하게 해 주고자 해서는 안 될 사람들이다. 경건하고 바른 목회자들은 모든 일에서 그들 자신이 원하는 것들을 충족시키고자 하는 자들의 불만과 분노에 맞서 싸울 필요가 있다는 것을 늘 발견하게 된다. 왜냐하면, 교회 속에는 늘 하나님의 말씀보다 그들 자신의 정욕과 욕망들을 앞세우고자 하는 외식하는 자들과 악한 자들이 있기 마련이기 때문이다. 그리고 선한 자들이라고 할지라도 무지로 말미암아, 또는 어떤 연약함으로 인해서 종종 마귀의 시험에 넘어가서 자신들의 목회자들이 그들에게 주는 신실한 경고들에 대하여 불쾌해하거나 분노하는 일이 생긴다. 그러므로 사람들이 우리를 못마땅해하그 그 어떤 모욕을 가하더라도, 그런 것을 참고 감당하는 것이 연약한 믿음을 지닌 사람들의 마음속에 그리스도에 대한 불신을 불러일으키는 결과를 가져오지만 않는다면, 그렇게 하는 것이 우리의 도리이다.

많은 이들은 이 구절을 다음과 같은 취지로 해석해서 "양보"의 의미를 내포하고 있는 것으로 본다: "내가 사람들을 기쁘게 하였다고 할지라도, 나는 그리스도의 종이 아니냐. 내가 사람들을 기쁘게 하였다는 것을 인정하지만, 그것을 가지고 누가 나를 비난할 수 있겠는가? 내가 사람들의 환심을 사고자 한 것이 아니라는 것을 누가 알지 못하겠는가?" 그러나 나는 앞에서 말한 해석, 즉 바울은 자기가 그리스도를 섬기는 일에 자기 자신을 헌신하기 위해서 사람들의 평가는 아랑곳하지 않아 왔다고 말하고 있는 것이라는 해석을 더 선호한다.

11. 형제들아 내가 너희에게 알게 하노니 내가 전한 복음은 사람의 뜻을 따라 된 것이 아니니라. 여기에서 바울이 자기가 전한 복음은 사람들로부터 받은 것이 아니고, 하나님이 계시해 주신 것이라고 한 말은 이 문제의 주축을 이루는 가장 강력한 논거이다. 사람들은 이것을 부정할 수도 있을 것이었기 때문에, 그는 그 증거로 여러 가지 사실들을 열거한다. 자신의 그러한 선언에 더 큰 무게를 부여하기 위해서, 그는 먼저 이것은 의심스러운 문제인 것이 아니고, 자기가 이제부터 기꺼이 보증하고 증명할 준비가 되어 있는 그런 문제라는 것을 못 박아 말하는데, 이러한 서론은 이와 같이 중대한 문제에 잘 어울린다. 그는 자신이 전한 복음은 "사람을 따른" 것이 아니라고 단언하는데, 이것은 그 복음 속에는 인간적인 냄새를 풍기는 것은 전혀 없다는 의미이거나, 그 복음은 인간이 고안해 낸 것이 아니라는 의미이다. 이것을 증명하기 위해서, 그는 계속해서 이 복음과 관련해서 자기가 세상에 속한 그 어떤 선생에 의해서도 가르침을 받은 적이 없다는 말을 덧붙인다.

12. 이는 내가 사람에게서 받은 것도 아니요 배운 것도 아니요. 바울은 여기에서 왜 이런 말을 하는 것인가? 어떤 사람이 다른 사람으로부터 하나님의 말씀에 대하여 가르침을 받아서 나중에 그 자신이 선생이 되어 다른 사람들에게 그 말씀을 가르친다고 해서, 그 사람이 가르치는 말씀의 권위가 줄어드는 것은 아니지 않은가? 하지만 우리는 거짓 사도들이 바울을 공격할 때에 사용하였던 무기들을 늘 염두에 두고 고려하지 않으면 안 된다. 왜냐하면, 바울은 이름도 알려져 있지 않은 어떤 보잘것없는 무명의 선생으로부터 복음을 배워서는, 자신이 잘못 알고 있는 그 복음을 경솔하고 성급하게 사람들에게 전한 것이기 때문에, 그가 전한 복음은 결함이 있는 가짜라는 것이 그들이 그를 공격할 때에 주로 사용하였던 무기였기 때문이다. 반면에, 그들 자신에 대해서는 그들은 자신들은 하나님의 교회에서 가장 지위가 높은 유명한 사도들로부터 직접 가르침을 받아서 그들의 가르침을 아주 철저하게 배운 사람들이라고 자랑하였다. 그러므로 바울은 자기는 어느 사람의 문하에서 복음을 배운 것이 아니라, 하나님으로부터 직접 계시를 받아서 복음을 알게 되었다는 것을 증명해서, 온 세상의 반대에 맞서 그러한 근거 위에 자신의 가르침을 우뚝

세우지 않으면 안 되었다. 그렇게 하지 않고서는 그는 다른 방식으로는 거짓 사도들의 비방과 중상모략으로부터 벗어날 수 없었을 것이다.

"아나니아"(행 9:10)가 바울의 선생이었다는 반론에 대해서는 쉽게 대답할 수 있다. 왜냐하면, 하나님께서 바울로 하여금 이방인들의 사도로서의 사역을 할 수 있게 준비시키시기 위하여, 친히 계시와 말씀들을 통해서 그를 가르치셨을 뿐만 아니라, 이와 동시에 사람들을 사용해서 그를 가르치게 하셨다고 해서, 그것이 그가 복음을 사람에게서 받거나 배운 것이라고 말할 수 없기 때문이다. 우리는 그가 하나님에 의해서 친히 말씀으로 부르심을 받았으면서도, 안디옥 교회에서 사람들의 투표와 공식적인 인정을 통해서 임직을 받은 것은 결코 서로 양립할 수 없거나 모순되는 것이 아니라는 것을 이미 앞에서 살펴본 바 있다.

13. 내가 이전에 유대교에 있을 때에 행한 일을 너희가 들었거니와 하나님의 교회를 심히 박해하여 멸하고. 이 이야기 전체는 바울의 논증의 일부로서 더해진 것이다. 그는 자신의 과거의 모든 삶 속에서 복음을 지독하게 혐오하고 싫어해서, 복음의 철천지원수이자 기독교 신앙의 이름을 박멸하고자 애쓰는 자로 살았었다는 사실을 들려준다. 이러한 사실로부터 우리는 그의 회심은 하나님으로 말미암은 것이었다는 결론을 도출해 낼 수 있다. 바울은 "너희가 들었거니와"라고 말함으로써, 갈라디아 교인들을 이 일에 대한 증인들로 호출해서, 자기가 지금 말하고 있는 것이 한 치의 의심이나 논란의 여지가 있을 수 없는 진실이라는 것을 분명히 한다.

14. 내가 내 동족 중 여러 연갑자보다 유대교를 지나치게 믿어 내 조상의 전통에 대하여 더욱 열심이 있었으나. 여기에서 "연갑자"는 바울의 동년배들을 가리킨다. 만일 그가 자기보다 더 나이가 많은 사람들과 자기 자신을 비교하였다면, 그것은 부적절한 일이 되었을 것이다. 그는 여기에서 "조상의 전통"이라고 말하는데, 이것은 유대인들이 하나님의 율법에 여러 가지 것들을 덧붙여서 변질시켜 만든 유대교 율법을 가리키는 것이 아니라, 그가 어릴 때부터 교육을 받아서 그의 부모와 조상들로부터 물려받은 하나님의 율법 자체를 가리킨다. 그는 이렇게 자기 조상들의 관습들을 아주 강하게 붙들고 있었기 때문에, 만일 주님이 이적을 통해서 그를 빼내지 않았다면, 그가 그 관습들로부터 빠져나오는 것은 쉽지 않은 일이었을 것이다.

¹⁵그러나 내 어머니의 태로부터 나를 택정하시고 그의 은혜로 나를 부르신 이가 ¹⁶

그의 아들을 이방에 전하기 위하여 그를 내 속에 나타내시기를 기뻐하셨을 때에 내가 곧 혈육과 의논하지 아니하고 [17]또 나보다 먼저 사도 된 자들을 만나려고 예루살렘으로 가지 아니하고 아라비아로 갔다가 다시 다메섹으로 돌아갔노라 [18]그 후 삼 년 만에 내가 게바를 방문하려고 예루살렘에 올라가서 그와 함께 십오 일을 머무는 동안 [19]주의 형제 야고보 외에 다른 사도들을 보지 못하였노라 [20]보라 내가 너희에게 쓰는 것은 하나님 앞에서 거짓말이 아니로다 [21]그 후에 내가 수리아와 길리기아 지방에 이르렀으나 [22]그리스도 안에 있는 유대의 교회들이 나를 얼굴로는 알지 못하고 [23]다만 우리를 박해하던 자가 전에 멸하려던 그 믿음을 지금 전한다 함을 듣고 [24]나로 말미암아 하나님께 영광을 돌리니라(1:15-24).

15. 그러나 내 어머니의 태로부터 나를 택정하시고 그의 은혜로 나를 부르신 이가. 이 "택정하심"은 하나님의 뜻이고, 이 택정하심으로 말미암아 바울은 자기가 이 세상에 태어난 것을 알기도 전에 사도직으로 세우심을 입었다. 그리고 그런 후에 나중에 적절한 때가 되어서 주께서 그에 대한 자신의 뜻을 알게 하시고, 그에게 그 일을 행하라고 명하셨을 때, 그 부르심은 현실화되었다. 하나님이 창세 전에 자신의 은밀한 계획을 따라서 우리 각자와 관련해서 무엇을 행하실 것인지, 그리고 우리 각자에게 어떤 자리를 배정하실 것인지를 작정해 놓으셨다는 것은 의심의 여지가 없다. 그러나 성경의 기자들은 흔히 다음과 같은 세 가지 단계로 구분한다: 하나님의 영원하신 예정, 모태로부터의 택정하심, 이 둘의 결과이자 성취로서의 부르심.

예레미야에게 임하였던 여호와의 말씀은 이 본문에 나오는 것과는 약간 다르게 표현되어 있기는 하지만 그 의미는 전적으로 동일하다. "내가 너를 모태에 짓기 전에 너를 알았고 네가 배에서 나오기 전에 너를 성별하였고 너를 여러 나라의 선지자로 세웠노라"(렘 1:5). 이 두 사람은 심지어 존재하기도 전에, 예레미야는 선지자직으로, 바울은 사도직으로 세움을 입었다. 그러나 성경에서 하나님이 우리를 모태로부터 구별하시고 택정하셨다고 말하는 것은, 우리가 이 세상에 보내심을 받는 목적이 하나님이 우리 안에서 그가 작정하신 일을 이루시기 위한 것이기 때문이다. 이 부르심은 하나님이 우리에게 수행하라고 명하시는 그 직무와 관련해서 우리를 적절하게 준비시키실 때까지 연기된다.

그러므로 바울이 여기에서 한 말은 이런 식으로 읽을 수 있다: "하나님이 전에 나를 택정하시고 나를 부르셔서 나를 통해서 그의 아들을 나타내시기를 기뻐하셨을 때.” 이것은 바울이 자신의 부르심은 하나님의 은밀한 택정하심에 의한 것이고, 그가 사도로 세우심을 받은 것은 자기가 열심히 애쓰고 노력해서 그토록 높은 직분을 감당하기에 적합한 자로 스스로를 준비하였기 때문도 아니고, 하나님이 그를 그 직분을 수여할 만한 가치가 있는 자로 여겼기 때문도 아니며, 오직 그가 태어나기도 전에 하나님이 그 은밀한 계획을 따라 자기를 사도로 구별하셨기 때문이라고 단언하고자 한 것이었다.

이렇게 바울은 늘 자신의 부르심은 하나님의 기뻐하시는 뜻에 의한 것임을 강조하는데, 우리는 이것을 주의깊게 주목할 필요가 있다. 왜냐하면, 이것은 우리가 택함을 받고 하나님의 자녀들이 되어서 영원한 생명을 얻게 된 것뿐만 아니라, 아무 짝에도 쓸모없는 우리를 하나님이 부르시고 일을 맡기셔서 우리로 하여금 하나님을 섬길 수 있게 하시는 것도 다 하나님의 은혜 덕분이라는 것을 우리에게 보여주기 때문이다. 이 일은 바울이 태어나기도 전에 작정된 일인데, 그가 태어나기 전에 이렇게 높은 존귀를 받을 만한 일을 했을 리가 만무하다는 점에서 전적으로 하나님의 은혜로 이루어진 일이라는 것은 너무나 당연하지 않겠는가? 마찬가지로, 우리는 우리가 하나님의 교회를 다스리도록 부르심을 받은 것이 우리 자신의 노력의 결과가 아니라 전적으로 하나님의 은혜의 선물이라는 것을 믿어야 한다.

어떤 주석자들은 “택정하다”라는 단어를 근거로 삼아서 지나치게 교묘한 추론을 해 왔는데, 그러한 추론은 여기에서 전적으로 이질적이고 부적절한 것이기 때문에 잘못된 것이다. 성경에서 하나님이 우리를 구별하시고 택정하셨다고 할 때, 그것은 하나님이 우리에게 다른 사람들과는 구별되는 어떤 특별한 성정을 우리 속에 주입시켰다는 것을 의미하는 것이 아니라, 자신의 뜻과 목적을 따라서 우리를 택하시고 세우셨다는 것을 의미한다. 바울은 하나님이 자기를 모태로부터 택정하셨다고 말할 때에 이미 자신의 부르심을 하나님의 은혜로 돌리고 있다는 것은 너무나 분명하지만, 여기에서 또다시 “그의 은혜로 나를 부르셨다”고 명시적으로 말하는 이유는, 한편으로는 하나님의 은혜를 찬양함으로써 자신이 자신의 사도직을 자랑할 수 있는 이유가 전혀 없다는 것을 보여주기 위한 것이고, 다른 한편으로는 자기가 하나님께 감사하고 있음을 증언하기 위한 것이다. 그는 거짓 사도들과의 논쟁을 하기 전에도 언제나 지속적으로 그렇게 해 왔다.

16. 그의 아들을 이방에 전하기 위하여 그를 내 속에 나타내시기를 기뻐하셨

을 때에. 이것은 이 이야기의 두 번째 부분으로서 그의 기적적인 회심에 대하여 다룬다. 그는 먼저 하나님이 자기로 하여금 이방인들 가운데서 그리스도를 전하도록 하시기 위하여 은혜로 자기를 부르신 것이라고 말하고, 다음으로는 자기는 그렇게 부르심을 받은 후에 사도들과 만나서 상의하려고 하지 않고, 하나님이 자기에게 복음을 전하는 일을 당장 시작하라고 명하셨다는 확신이 있었기 때문에 망설임 없이 즉시 그 일을 시작하였다고 말한다. 에라스무스 판본과 불가타 역본은 이 절의 문장 구성에서 서로 다르다. 에라스무스는 다음과 같이 문장을 구성한다: "하나님이 나로 하여금 이방인들 가운데서 그리스도를 전하게 하는 것을 기뻐하셨을 때에 나를 통해서 그를 나타내시기 위하여 그러한 목적으로 나를 부르셨을 때." 그러나 나는 옛 번역을 선호한다. 왜냐하면, 하나님께서는 바울에게 그리스도를 전하라고 명하시기 이전에 먼저 그에게 그리스도를 계시하신 것이기 때문이다. 설령 에라스무스가 '엔 에모이'를 "나를 통해서"라고 번역한 것이 옳다고 하더라도, 하나님이 "나로 하여금 전하게" 하고자 한 것은 하나님이 "나를 통해서 그리스도를 나타내고자" 한 것의 목적으로 덧붙여진 것이라는 사실은 여전히 변하지 않는다.

바울의 추론은 처음 보았을 때에는 그리 강력해 보이지 않는다. 왜냐하면, 그는 기독교 신앙으로 회심하였을 때에 사도들과 상의하지 않고 그 즉시 복음을 전하는 직무를 수행하기는 하였지만, 그렇다고 해서 그가 그리스도의 계시로 말미암아 그 직무에 세우심을 받은 것이라는 결론이 거기로부터 도출되는 것은 아니기 때문이다. 그러나 그는 여러 가지 사고의 흐름들에 의거해 있고, 우리가 그 흐름들을 모두 한데 모을 때에는, 그것들은 강력한 논증을 구성하게 된다. 즉, 그는 먼저 자기가 하나님의 은혜로 부르심을 받았다는 것을 논증하고, 다음으로는 자신의 사도직은 다른 사도들에 의해서 인정을 받은 것이었다는 것을 논증하며, 그런 후에 다른 논증들이 뒤따른다. 그러므로 독자들은 이 이야기 전체를 바라보고서, 그 개별적인 부분들로부터가 아니라 그 전체로부터 결론을 도출해 내야 한다는 것을 명심하여야 한다.

그를 내 속에 나타내시기를. 우리가 이 어구를 "나를 통해서 나타내다"로 읽는다면, 그것은 그리스도를 사람들에게 나타내어 알게 하는 것이 하나님이 그를 사도직에 세우신 목적이자 의도라고 말하는 것이 된다. 그렇다면, 그 목적은 어떤 식으로 성취되어야 하였는가? 그것은 그리스도를 이방인들 가운데서 전함으로써 이루어질 수 있었는데, 거짓 사도들은 그렇게 하는 것은 범죄로 취급하였다. 그러나 나는 '엔 에모이'라는 헬라어 어구는 "내게"를 뜻하는 히브리어 관용구를 표현한 것이라고 생각한다. 왜냐하면, 히브리어를 아는 모든 사람은 잘 알고 있듯이, 히브리어에서는 흔히 중복되는 의미를 지닌 단어들을 겹쳐서 사용하는 일이 흔하기 때문이다. 그러므로 이 어구의 의미는 하나님이 자기 아들 그리스도를 바울에게 나타내시고 계시하셨다는 것이다. 물론, 하나님이 바울에게 그렇게 하신 목적은 그가 혼자서만 조용히 그리스도를 아는 지식을 마음속에 품고서 누리게 하시기 위한 것이 아니라, 그런 식으로 그리스도를 알게 된 그로 하여금 이방인들 가운데서 그리스도를 전하도록 하시기 위한 것이다.

내가 곧 혈육과 의논하지 아니하고. "혈육과 의논하지 아니하였다"는 것은 사람들과 상의하지 않았다는 의미이다. 이 어구의 의미와 관련해서 그가 말하고자 하는 것은 그가 그리스도와 그의 복음을 알게 된 것은 사람들과는 절대적으로 상관없는 일이었다는 것이다. 문맥으로부터 곧 밝혀지게 될 것이지만, 여기에서 "혈육"이라는 표현은 모든 사람과 그들이 지니고 있는 모든 지혜나 분별력을 다 포괄하는 의미를 지닌다. 바울은 심지어 자신이 전한 복음과 가르침이 전적으로 하나님의 직접적인 부르심과 계시로 말미암은 것임을 좀 더 강력하게 부각시키고자 하는 명시적인 목적으로 "사도들"도 아무런 상관이 없었다는 것을 직접적으로 언급하기까지 한다. 즉, 그는 하나님의 계시를 받자가자 그 즉시 오직 하나님의 권위만을 의지해서, 그 어떤 사람과도 상의함이 없이 복음을 전하는 일을 시작하였다는 것이다.

17. 또 나보다 먼저 사도 된 자들을 만나려고 예루살렘으로 가지 아니하고. 바울은 자기가 방금 앞에서 말한 것을 이제 좀 더 자세하게 설명한다. 그는 이렇게 말한 것과 같다: "나는 그 어떤 사람의 권위나 보증도 구하지 않았는데, 그 사람이 사도들이라고 할지라도 말이다." 따라서 바울이 여기에서 따로 사도들에 대하여 언급하고 있는 것으로 보아서, 그가 앞에서 "내가 혈육과 의논하지 아니하고"라고 말하였을 때에 그 "혈육"에는 사도들은 포함되지 않는다고 주장하는 자들은 잘못 생각하고 있는 것이다. 왜냐하면, 그는 여기에서 새로운 어떤 내용을 덧붙이고 있는 것이 아니라, 단지 앞에서 모호하게 말했던 것을 좀 더 분명하게 보충설명 하고 있는 것일 뿐이기 때문이다. 또한, 그가 여기에서 사용한 표현 속에는 사도들을 폄하하거나 모욕하고자 하는 의도는 전혀 없다. 그는 저 불한당 같은 거짓 사도들이 사도들의 권위를 들먹이며 거짓 주장들을 늘어 놓고 있었기 때문에, 단지 자신이 사도로서의 직무를 수행하게 된 데에는 인간적인 권위 같은 것은 전혀 개입되어

있지 않다는 것을 보여주기 위하여 어쩔 수 없이 사도들의 권위와 하나님의 권위를 대비시킨 것일 뿐이다. 어떤 사람을 하나님과 비교해서 말할 때에는, 그 사람을 아무리 비천하고 무익한 존재로 묘사하고 비하하는 것처럼 말한다고 할지라도, 그것은 그 사람을 모욕하는 것이 아니다.

아라비아로 갔다가 다시 다메섹으로 돌아갔노라. 누가는 사도행전에 모든 것을 다 기록해 둔 것이 아니기 때문에, 바울이 아라비아로 가 있던 이 3년에 대한 이야기는 거기에 빠져 있다. 따라서 사도행전에 이 이야기가 생략되어 있는 것을 빌미로 바울의 이야기가 신빙성이 없다고 중상모략하는 것은 근거가 희박하다. 경건한 독자들이라면 바울의 이 말 속에서 그가 사역 초기부터 심한 시련을 겪어야 했다는 것을 알아차려야 한다. 그는 어제까지만 해도 대제사장의 명령을 받고서 사람들을 이끌고 그리스도인들을 붙잡으려고 기세등등하게 다메섹으로 파견되지 않았던가. 그런 그가 지금은 마치 유배 보내진 자처럼 이국땅인 아라비아를 떠돌지 않으면 안 되었다. 그러나 그는 담대함을 잃지 않는다.

18. 그 후 삼 년 만에 내가 게바를 방문하려고 예루살렘에 올라가서 그와 함께 십오 일을 머무는 동안. 바울은 사도직을 시작한 지 "삼 년"이 지나서야 예루살렘으로 올라갔다. 따라서 그의 사도직은 사람들에 의해서 임명되거나 수여된 것이 아니었다. 그러나 그는 그 삼 년 동안에 사도들과는 다른 별개의 관심사들을 갖고 있어서 사도들의 무리를 의도적으로 피한 것이 아니라는 것을 보여주기 위해서, 자기가 "삼 년" 후에는 사도들을 만나 보려고 예루살렘으로 올라가서 베드로를 만났다는 것을 명시적으로 밝힌다. 그는 다른 사도들의 재가를 받아서 사도직을 수행하기 시작한 것은 아니었지만, 그가 사도직을 갖고 그 직무를 행한 것은 다른 사도들의 뜻을 거스른 것이 아니었고 도리어 다른 사도들의 동의와 인정을 받았다. 그는 자기가 다른 사도들과 불화한 적이 없었고, 지금도 역시 사도들과 모든 생각을 전적으로 같이하고 있다는 것을 보여주고자 한다. 또한, 그는 자기가 예루살렘에서 베드로와 함께 머문 기간이 "십오 일"로 짧은 기간이었다는 것을 언급함으로써, 자기가 예루살렘에 간 것은 가르침을 받기 위한 것이 아니라 단지 서로 교제하기 위한 것이었음을 분명히 한다.

19. 다른 사도들을 보지 못하였노라. 바울은 자신의 예루살렘 여정이 오직 한 가지 목적, 즉 다른 사도들과 교제하고자 하는 목적뿐이었음을 더욱 분명히 하기 위하여, 자기는 베드로와 주의 형제 야고보 외에는 "다른 사도들을 보지" 못하였다

는 사실을 강조한다.

주의 형제 야고보 외에. 우리는 여기에서 바울이 언급한 "야고보"가 누구였는지를 좀 더 살펴보아야 한다. 거의 모든 옛 저술가들은 그는 제자들 중의 한 사람으로서, "오블리아스"(Oblias) 또는 "의인"이라는 별칭을 지니고 있던 인물이었고, 예루살렘 교회를 주재하였다고 이구동성으로 말한다. 어떤 이들은 그가 요셉이 또 다른 아내에게서 얻은 아들이었다고 생각하고, 어떤 이들은 그가 마리아의 여형제의 아들로서 그리스도의 사촌이었다고 생각하는데, 이 마지막 견해가 더 유력하다. 하지만 그는 여기에서 사도들 중의 하나로 언급되고 있기 때문에, 나는 그러한 견해에 동의하지 않는다. 왜냐하면, "사도"라는 명칭은 열두 사도 외에 다른 사람들에게도 종종 주어졌다고 한 히에로니무스의 주장은 별로 설득력이 없고, 여기에서 바울은 예루살렘 교회에서 최고의 직위에 있던 인물들에 대하여 말하고 있으며, 잠시 후에 우리는 야고보가 예루살렘 교회의 주요 "기둥들" 중의 한 사람으로 언급되고 있는 것을 보게 될 것이기 때문이다. 따라서 내가 보기에는 바울이 여기에서 말한 "야고보"는 "알패오의 아들 야고보"를 가리키는 것일 가능성이 대단히 높다.

바울이 다른 사도들을 만나볼 수 없었던 것은 나머지 사도들은 여러 지역으로 흩어져서 사역을 하고 있었기 때문이었던 것으로 보인다. 사도들은 별 일이 없는데도 한 장소에 계속해서 머물러 있었던 것이 아니라, 일이 있는 곳들을 찾아서 여기저기로 옮겨 다녔다. 누가는 바나바가 바울을 이끌고 "사도들에게"로 갔다고 말한다(행 9:26-27, "사울이 예루살렘에 가서 제자들을 사귀고자 하나 다 두려워하여 그가 제자 됨을 믿지 아니하니 바나바가 데리고 사도들에게 가서 그가 길에서 어떻게 주를 보았는지와 주께서 그에게 말씀하신 일과 다메섹에서 그가 어떻게 예수의 이름으로 담대히 말하였는지를 전하니라"). 하지만 우리는 거기에서 말한 "사도들"은 열두 사도 전부를 가리키는 것이 아니라, 그 때에 예루살렘에 머물고 있던 두 명의 사도, 즉 베드로와 야고보를 가리키는 것으로 이해하여야 한다.

20. 보라 내가 너희에게 쓰는 것은 하나님 앞에서 거짓말이 아니로다. 이 단언은 이 이야기 전체에 미친다. 바울은 오직 심각하고 중대한 경우들에만 사용하게 되어 있던 "맹세"를 여기에서 사용해서, 자기가 하는 이야기에 한 치의 거짓도 없다는 것을 역설한다. 그가 이 이야기가 거짓말이 아니라는 것에 대하여 이토록 강조하고 역설하는 것은 전혀 이상한 일이 아니다. 왜냐하면, 거짓 사도들이 바울에게서 사도로서의 직함과 존귀를 박탈하기 위해서 어떤 식으로 비방하고 중상모략

을 하였는지를 우리는 이미 앞에서 다 보았기 때문이다. 우리는 여기에서 성도들은 어떤 형태의 맹세를 사용하여야 하는지를 배워야 한다. 즉, 우리는 오직 우리의 말들과 행위들이 참되고 신실하다는 것을 하나님의 판단에 맡기고 의뢰하는 형태의 맹세를 사용하여야 한다는 것이다. 우리의 맹세를 지배하는 것은 하나님을 두려워하고 경외하는 마음이어야 한다.

22. 그리스도 안에 있는 유대의 교회들이 나를 얼굴로는 알지 못하고. 바울은 자기를 비방하고 중상모략하는 자들이 악하고 악의적이라는 것을 좀 더 분명하게 보여주고 강조하기 위해서 이 말을 덧붙이고 있는 것으로 보인다. "유대의 교회들"은 바울에게 일어난 일에 대해서 말로만 듣고도, 하나님께서 바울 안에서 그토록 놀라운 일을 행하신 것에 대하여 하나님께 영광을 돌렸다면, 갈라디아 사람들이 바울을 통해서 하나님이 행하신 놀라운 역사들을 직접 눈으로 보았으면서도 그렇게 하지 않고 있는 것은 얼마나 부끄러운 일이겠는가? 유대의 교회들은 단지 소문을 듣는 것만으로도 충분하였는데, 갈라디아 교인들은 직접 그들의 두 눈으로 생생하게 보았는데도 무엇이 또 아직도 부족하단 말인가?

23. 다만 우리를 박해하던 자가 전에 멸하려던 그 믿음을 지금 전한다 함을 듣고. 여기에서 "전에 멸하려던 그 믿음"이라고 말한 것은 "믿음" 자체가 실제로 멸해질 수 있다는 것을 의미하는 것이 아니라, 바울이 연약한 자들의 마음속에서 "믿음"의 영향력을 없애 버리려고 했다는 것을 의미한다. 게다가, 이 어구가 표현하고자 하는 것은 믿음이 실제로 멸해졌다는 것이 아니라 단지 그런 시도가 있었다는 것이다.

24. 나로 말미암아 하나님께 영광을 돌리니라. 이것은 바울의 사역이 "유대의 모든 교회들"에 의해서 인정을 받았다는 것을 보여주는 분명한 증거였다. 그들은 하나님의 놀라운 능력을 찬송하고 높이는 것으로 바울의 사역을 인정하였다. 이렇게 그는 사도들도 바울의 사도직 속에서 하나님의 영광이 밝게 빛나고 있다는 것을 공개적으로 인정하였기 때문에, 갈라디아 교인들이 그를 적대시하고 그의 사도직을 비방하는 것은 하나님의 영광을 가리는 일일 뿐임을 지적함으로써, 그들이 지닌 악의를 간접적으로 책망한다.

이것은 우리에게 주의 성도들을 어떤 시각에서 보는 것이 마땅한지를 일깨워 준다. 하나님의 은사들을 풍성하게 수여받은 사람들을 보았을 때, 우리가 그러한 은사들을 그에게 주신 하나님을 생각하지 않고, 오직 그 사람들을 신들로 숭배하는 반응을 보인다면, 그것은 우리가 철저하게 타락해 있고 배은망덕하게 행하고 있으며 미신에 빠져 있다는 것을 보여주는 것이다. 반면에, 이 말씀은 그런 경우에 우리는 우리의 눈을 들어서 그 모든 은사들과 역사들의 원천이신 하나님을 바라보고 모든 영광을 하나님께 돌려야 한다는 것을 일깨워 주고, 이와 동시에 바울이 그리스도의 "원수"에서 그리스도의 "종"으로 변화된 것은 하나님께 영광을 돌려야 하는 일이었다는 것을 우리에게 가르쳐 준다.

제2장

¹십사 년 후에 내가 바나바와 함께 디도를 데리고 다시 예루살렘에 올라갔나니 ² 계시를 따라 올라가 내가 이방 가운데서 전파하는 복음을 그들에게 제시하되 유력한 자들에게 사사로이 한 것은 내가 달음질하는 것이나 달음질한 것이 헛되지 않게 하려 함이라 ³그러나 나와 함께 있는 헬라인 디도까지도 억지로 할례를 받게 하지 아니하였으니 ⁴이는 가만히 들어온 거짓 형제들 때문이라 그들이 가만히 들어온 것은 그리스도 예수 안에서 우리가 가진 자유를 엿보고 우리를 종으로 삼고자 함이로되 ⁵그들에게 우리가 한시도 복종하지 아니하였으니 이는 복음의 진리가 항상 너희 가운데 있게 하려 함이라(2:1-5).

1. 십사 년 후에 내가 바나바와 함께 디도를 데리고 다시 예루살렘에 올라갔나니. 이것이 누가가 사도행전 15장에서 언급한 바로 그 여정인지는 확실하지 않다(행 15:1-4, "어떤 사람들이 유대로부터 내려와서 형제들을 가르치되 너희가 모세의 법대로 할례를 받지 아니하면 능히 구원을 받지 못하리라 하니 바울 및 바나바와 그들 사이에 적지 아니한 다툼과 변론이 일어난지라 형제들이 이 문제에 대하여 바울과 바나바와 및 그 중의 몇 사람을 예루살렘에 있는 사도와 장로들에게 보내기로 작정하니라……예루살렘에 이르러 교회와 사도와 장로들에게 영접을 받고 하나님이 자기들과 함께 계셔 행하신 모든 일을 말하매"). 역사를 살펴보면, 우리는 도리어 그 정반대의 결론에 도달한다. 사도행전에서는 바울이 예루살렘에 네 번 올라간 것으로 기록하고 있다. 그 첫 번째 여정에 대해서는 우리가 이미 앞에서 살펴본 바 있고, 두 번째 여정은 바울이 헬라와 아시아 지역의 교회들로부터 모은 구제헌금을 가지고서 바나바와 함께 예루살렘을 방문한 것으로서, 이것은 사도행전 12장의 끝부분에 기록되어 있다.

나는 여러 가지 근거에 의거해서, 이 두 번째 여정이 바로 현재의 본문에서 언급하고 있는 것이라고 믿는다. 그렇지 않고 현재의 본문이 사도행전에 언급된 다른 여정을 말하고 있는 것으로 보게 되면, 바울의 증언과 누가의 기록을 서로 조화시키는 것은 불가능하다.

또한, 바울이 안디옥 교회에서 베드로를 책망한 일은 그가 거기에 머물고 있던 때에 일어난 것으로 추정하는 것이 옳다. 그런데 그 일은 율법의 할례와 예법들을 둘러싸고 일어난 논쟁을 해결하기 위하여 교회들이 바울과 바나바를 예루살렘으로 보내기 이전에 일어났다. 만일 바울과 바나바가 예루살렘으로 가서 사도들과 논의한 끝에 마침내 사도들의 칙령이 공포되어 이 논쟁이 일단락된 후였다면, 베드로가 안디옥 교회에서 이방인들을 상대하면서 그러한 이중적인 태도를 보이지 않았을 것이라고 보는 것이 합리적이다. 하지만 바울은 여기에서 자기가 예루살렘으로 갔다고 말하고 나서, 나중에 가서야 자기가 이방인들에 대한 베드로의 이중적인 태도를 꾸짖은 일을 덧붙이는데, 만일 그 때에 이 문제가 아직 어떻게 해야 하는지 확정되지 않아서 의심스러운 문제가 아니었다면, 베드로는 분명히 그런 이중적인 태도를 취하지 않았을 것이다.

또한, 바울이 여기에서 말하고 있는 것이 사도행전 15장에 기록된 것이라면, 그 여정은 모든 신자들의 동의 아래 수행된 것이었기 때문에, 그 여정의 계기와 거기에서 얻어진 주목할 만한 결과에 대하여 언급함이 없이, 그 모든 것들을 다 생략한 채로 이렇게 말하지는 않았을 것이다 이 서신이 언제 씌어졌는지는 사실 확실하지 않다. 헬라 교부들은 이 서신이 로마에서 씌어졌다고 추정하고, 라틴 교부들은 이 서신이 에베소에서 씌어졌다고 말한다. 나는 이 서신이 바울이 로마로 가기 전에 씌어졌을 뿐만 아니라, 예루살렘에서 공의회가 열려서, 사도들이 율법의 예법(의식)들의 준수와 관련한 결정을 내리기 이전에 씌어졌다고 생각한다. 바울의 대적들은 자신들이 사도들의 지지를 등에 업고 있다고 하는 거짓 주장을 일삼으며, 바울을 곤경에 빠뜨리기 위해서 온갖 짓을 다 자행하였는데, 만일 그들의 그런 주장들을 정면으로 부정하는 사도들의 칙령이 이방 교회들 가운데서 이미 유포되어 있었다면, 어떻게 그들이 그런 무모한 언행을 일삼을 수 있었겠으며, 갈라디아 교인들이 그들의 주장을 받아들일 수 있었겠는가? 그런 상황이었다면, 바울은 다음과 같은 단 한 마디 말로 그들의 말문을 막아 버릴 수 있었을 것임은 의심의 여지가 없다: "너희는 사도들을 들먹이며 나를 공격하는데, 그들이 결정해서 내려 보낸 칙령에 무슨 내용이 씌어 있는지를 정녕 모르는 것인가? 그러므로 너희는 부끄러운 줄도 모르고 뻔뻔스럽게 거짓말을 하고 있는 것임에 틀림없다. 너희는 사도들의 이름으로 이방인 신자들에게 율법을 지킬 것을 강요하고 있지만, 사도들이 내린 칙령에는 사람들의 양심을 율법의 예법으로부터 자유롭게 한다는 결정이 기록되어 있지 않느냐."

게다가, 바울은 이 서신의 첫머리에서 갈라디아 교인들이 자기가 그들에게 전한 복음을 그토록 속히 떠난 것에 대하여 책망하는 말을 하였었다. 이것으로부터 우리는 그들이 복음을 받아들인지 얼마 되지 않아서 예법 논쟁이 일어났다는 것을 쉽게 알 수 있다. 따라서 나는 이 본문에 언급된 "십사 년 후에"라는 말은 예루살렘에 한 번 갔다가 십사 년 후에야 또 다시 예루살렘에 가게 되었다는 뜻이 아니라, 바울이 회심하고 나서 십사 년이 경과한 후를 가리킨다. 이렇게 보면, 그의 두 번째 여정은 그가 첫 번째로 예루살렘에 올라간 때로부터 11년이 경과한 때에 이루어진 것이 된다.

2. 계시를 따라 올라가. 바울은 이제 계속해서 자신의 사도직과 자신의 가르침을 단지 "역사들"만이 아니라 아울러 "하나님의 계시"에 의거해서도 확증해 나간다. 바울의 가르침을 확증하기 위한 예루살렘으로의 여정을 하나님이 친히 계시를 통해서 명하신 것은 그의 가르침이 단지 사람들의 동의와 인정에 의해서만이 아니라 하나님의 권위에 의해서도 확증되었다는 것을 보여주는 것이다. 이것은 사도들의 이름을 들먹이며 바울을 공격해서 곤경에 빠뜨리고자 했던 자들의 완강한 반대를 압도하기에 충분한 논거였을 것이다. 왜냐하면, 지금까지는 논란의 여지가 조금은 남아 있었을지라도, 하나님의 계시는 모든 논란에 종지부를 찍었기 때문이다.

내가 이방 가운데서 전파하는 복음을 그들에게 제시하되. 우리가 가장 먼저 주목해야 할 것은 "제시하였다"는 단어이다. 왜냐하면, 이것은 사도들이 바울에게 그가 무엇을 가르쳐야 하는지를 말해 준 것이 아니라, 바울이 자기가 이방인들에게 어떤 복음을 전하고 가르쳤는지를 보고한 내용을 경청한 후에 그의 사도직과 그가 전한 복음을 인정하고 동의한 것임을 보여주는 것이기 때문이다.

그러나 바울의 대적들은 그가 많은 점들에서 교활한 속임수들을 통해서 사도들의 환심을 산 것일 뿐이라고 비방하고도 남을 자들이었기 때문에, 그는 그 점을 고려해서 자기가 사도들에게 제시한 복음은 그동안 이방인들 가운데서 자기가 전한 바로 그 복음이었다는 사실을 명시적으로 분명히 밝힘으로써, 자기가 거짓이나 위선을 통해서 사도들을 기만하였을지도 모른다는 온갖 의구심을 제거한다.

우리는 조금 후에 바울의 말을 통해서 그 결과가 어떠하였는지를 보게 될 것이지만, 사도들은 바울이 자신들의 재가나 허락을 받지 않고서 그런 사역을 행한 것을 잘못이라고 생각하지 않았고, 도리어 그 어떤 논란이나 이의 제기 없이 그가 이방인들 가운데서 행한 것을 인정해 주었는데, 그러한 결과는 바울을 이끌어서 그들에게로 오게 한 바로 그 동일한 성령의 지시하심과 감동에 의한 것이었다. 따라서 그는 예루살렘의 사도들에 의해서 사도가 된 것이 아니었고, 단지 사도라는 것을 인정받은 것이었다. 이 점에 대해서는 나중에 좀 더 자세하게 살펴보게 될 것이다.

유력한 자들에게 사사로이 한 것은 내가 달음질하는 것이나 달음질한 것이 헛되지 않게 하려 함이라. 그렇다면, 쿠엇인가? 하나님의 말씀이 사람들의 증언에 의해서 밑받침되지 않는다면, 그것은 하나님의 말씀이 아니게 되는 것인가? 결코 그렇지 않다. 설령 온 세상이 다 하나님의 말씀을 믿지 않는다고 하여도, 하나님의 진리는 여전히 전혀 요동함이 없이 굳건하다. 하나님의 명령에 따라 복음을 가르치는 자들은 그들의 수고로 인한 열매를 전혀 거두지 못하는 경우에도 결코 헛수고를 하거나 시간을 낭비하는 것이 아니다. 그러나 바울이 여기에서 말하고자 하는 것은 그런 것이 아니다. 하나님의 말씀을 듣고도 의심하고 주저하는 사람들을 상대로 해서 말씀을 전하는 것은 아무 소용이 없는 일이기 때문에, 말씀을 통한 적절한 덕 세움이 일어나지 않는 경우에는, 사역자들의 입장에서는 쓸데없이 무익한 일을 한 것이 되는 까닭에, 자기가 "달음질한 것"이 "헛되었다"고 말할 수 있다.

게다가, 거짓 사도들은 바울이 전한 가르침은 사도들의 가르침과 다르다고 하는 거짓말로 갈라디아 교인들을 기만하였고, 그러한 술수는 약한 양심들을 뒤흔들어서 요동하게 하는 데 만만치 않은 힘을 지닌 공성퇴여서, 실제로 많은 신자들이 그 무기로 공격을 받아 무너졌다. 믿음의 확실성은 사실 사람들의 지지나 반대에 의해서 좌지우지되지 않는다. 도리어 그런 것과는 정반대로, 오직 하나님의 진리만을 그대로 믿고 의지함으로써, 사람들이나 천사들이 힘을 합쳐 우리의 믿음을 공격해 온다고 해도 전혀 요동하지 않을 수 있게 되어야 하는 것이 우리의 본분이고 도리이다. 하지만 복음에 대하여 무지한 자들이나, 바른 교훈을 거의 맛보지 않은 자들이나, 바른 교훈이 아직은 자신들의 뼈와 골수에까지 침투하지는 않은 자들에게는, 교회에서 "유력한 자들" 사이에서 복음이나 가르침과 관련해서 서로 이견이 있다는 것을 아는 것은 거의 감당하기 어려운 치명적인 시험거리가 된다. 사탄은 종종 교회에서 한마음으로 한 목소리를 내야 마땅한 자들 간에 분쟁과 분파가 있다는 것을 보여줌으로써, 믿음이 강한 신자들조차도 뒤흔들어 놓기도 한다. 그리스도가 성찬에 어떻게 임재해 계시느냐를 둘러싼 통탄스러운 논쟁의 와중에서 이 아주 중요한 문제와 관련해서 교회에서 아주 높은 지위에 있는 사람들이 서로 편을 갈라 다투고 싸우는 바람에, 얼마나 많은 신자들이 복음으로부터 떠났고, 얼마나 많은 사람들의 신앙이 크게 요동하고 흔들렸는지는 말하기조차 어렵다. 반면에, 교회에서 가르치는 모든 자들이 다 한마음과 한 뜻으로 신자들을 가르친다면, 그것은 믿음을 견고히 세우는 데 강력한 힘을 발휘한다.

이렇게 사탄은 아주 교활한 술수로 복음의 진보를 가로막고자 애를 쓰고 있었기 때문에, 바울은 사탄에게 반격을 가하기로 결심하고 사도들을 만나려고 예루살렘으로 올라간 것이었다. 실제로 그가 전하는 가르침이 다른 모든 사도들이 전하는 것과 일치한다는 것을 분명하게 보여준 후에는, 모든 장애물은 일거에 제거되었다. 믿음이 약한 제자들이 도대체 누구를 따라야 하느냐고 하소연하며 갈피를 잡지 못하고 곤혹스러워하는 일도 이제는 더 이상 일어나지 않았다. 따라서 바울이 이 구절을 통해서 말하고자 한 것은 다음과 같이 요약해 볼 수 있다: "나는 나의 이전의 모든 수고들이 다 무너져서 쓸모없게 되어 버리는 일이 생기지 않도록 하기 위해서, 많은 사람들을 곤혹스럽게 해 왔던 문제, 즉 나와 베드로 중에서 누구를 믿고 따라야 하느냐 하는 문제를 매듭지으려고, 내가 지금까지 가르쳐 왔던 모든 것이 베드로가 가르쳐 온 것과 완전히 일치한다는 것을 분명하게 보여주고자 하였다."

3. 그러나 나와 함께 있는 헬라인 디도까지도 억지로 할례를 받게 하지 아니하였으니. 이것은 사도들의 가르침이 바울의 가르침과 똑같았다는 것을 증명해 주는 추가적인 논거이다. 왜냐하면, 바울이 사도들에게 할례 받지 않은 "디도"를 데려갔는데도, 그 사도들이 디도를 형제로 받아 주고 인정해 주는 데 주저하지 않았다는 것이 바로 그 증거였기 때문이다. 바울은 자기가 "헬라인 디도"에게 할례를 받지 않게 한 이유를 제시하는데, 할례라는 것은 구원과는 무관한 것이어서 구체적인 경우에 덕을 세우는 것이 되느냐 안 되느냐에 따라서 받아도 되고 안 받아도 되는 것이라는 것이 그 이유였다. 왜나하면, 우리가 어떤 일을 행할 때에 언제나 지켜야 하는 원칙은 우리에게는 "모든 것이 가하기는" 하지만, "모든 것이 덕을 세우는 것은 아닌" 까닭에(고전 10:23), 어떻게 하는 것이 덕을 세우는 것인지를 물어서 거기에 따라 행하여야 한다는 것이기 때문이다. 따라서 바울은 디모데의 경우에는 그가 할례를 받지 않는 것이 약한 믿음을 지닌 사람들에게 걸림돌이 될 것임을 고려해서 그로 하여금 할례를 받게 한다(행 16:3). 그 때에 그는 믿음이 약한 자들을 상대하고 있었고, 그들의 덕을 세우는 것을 가장 우선적으로 고려하여야 했기 때문이

다. 만일 디도의 경우가 디모데의 경우와 같았다면, 바울은 기꺼이 디도에게도 할례를 받게 하였을 것이다. 바울은 "약한 자들을 지지해" 주는 일에 있어서 지침이 없는 사람이었다.

그러나 이 두 사람의 경우에는 서로 사정이 달랐다. 왜냐하면, 몇몇 "거짓 형제들"이 바울의 가르침을 비방하고 중상모략할 기회를 호시탐탐 노리고 있었던 까닭에, 만일 바울이 디도로 하여금 할례를 받게 하였다면, 그들은 그 기회를 놓치지 않고 그 즉시 다음과 같은 소문을 퍼뜨리고 다녔을 것이었기 때문이다: "사람들이여, 보라! 사도들 앞에서는 그토록 용맹스럽게 목소리를 높여서 율법으로부터의 자유를 외쳤던 이 사람이, 무지한 자들 가운데서는 그런 담대하고 용감한 모습은 온 데 간 데 없이 자기가 아끼는 제자에게조차 강제로 할례를 받게 하는 너무나 비굴하고 이중적인 모습을 보이고 있지 않느냐!" "약한 자들의 약점"과 연약한 것들을 "담당하는"(롬 15:1) 것은 우리의 마땅한 도리이지만, "우리가 가진 자유를 엿보고" 어떻게든 "우리를 종으로 삼고자" 호시탐탐 노리는 감추어진 적들에 대해서는 담대하게 맞서는 것이 마땅하다. 이웃들에 대한 "사랑"의 의무가 "믿음"에 해로운 것이 되게 해서는 안 된다. 그러므로 신앙과 무관한 중립적인 일들에 있어서는 "사랑"이 우리의 최고의 지침이자 인도자가 되어야 하지만, 그럼에도 불구하고 우리가 최우선적으로 주의를 기울여야 할 것은 언제나 "믿음"이다.

4. 이는 가만히 들어온 거짓 형제들 때문이라 그들이 가만히 들어온 것은 그리스도 예수 안에서 우리가 가진 자유를 엿보고 우리를 종으로 삼고자 함이로되. "이는 가만히 들어온 거짓 형제들 때문이라"는 구절은 두 가지로 해석될 수 있다. 하나는 "거짓 형제들"이 디도가 할례를 받지 않은 것을 악한 고소의 명분으로 삼아서 디도로 하여금 억지로 할례를 받게 만들려고 애를 썼다는 의미로 이해하는 것이고, 다른 하나는 바울은 자기가 디도로 하여금 의도적으로 할례를 받게 하는 경우에는, "거짓 형제들"이 그 즉시 그것을 바울을 비방하고 중상모략하는 빌미로 삼게 될 것임을 알았다는 의미로 이해하는 것이다. "거짓 형제들"은 이 두 가지 목적 중 하나를 이루기 위해서 바울의 일행 속으로 슬쩍 합류하였었다. 한편으로는, 만약 바울이 공개적으로 할례를 멸시한다면, 그들은 유대인들을 부추기고 선동해서 바울을 대적하게 만들 것이다. 다른 한편으로는, 만약 바울이 자신이 지닌 "자유"를 사용하는 것을 완전히 포기한다면, 그들은 그가 말로는 율법으로부터의 자유를 외치고 다니면서 뒤로는 자신의 가르침과는 모순되게 율법을 준수하는 이중

적이고 위선적인 행태를 보이고 있다고 이방인들 가운데서 의기양양하게 떠들고 다님으로써, 그에게 모욕과 수치를 안겨주는 것은 물론이고 그의 가르침의 권위를 철저하게 훼손할 심산이었다.

나는 두 번째 해석을 선호한다. 즉, 바울은 "거짓 형제들"이 어떤 덫을 놓고 기다리고 있는지를 알고 있었기 때문에, 디도에게 할례를 받지 않게 하기로 결심하였다는 것이다. 그가 "억지로"라는 표현을 사용한 것은 그의 독자들로 하여금 할례는 그 자체로 악한 것으로 정죄되어서는 안 된다는 것, 그리고 그렇다고 해서 꼭 할례를 받을 필요는 없다는 것을 동시에 알게 하고자 한 것이다. 따라서 그는 이렇게 말한 것과 같다: "만일 더 중요한 문제들이 개입되어 있지 않았다면, 나는 기꺼이 디도로 하여금 할례를 받게 하였을 것이다." 이 일과 관련해서 거짓 형제들의 의도는 바울의 행동을 빌미 삼아서 신자들에게 율법을 강요하고자 한 것이었고, 바울이 이 일을 그런 식으로 결정하고 처리한 것은 그들의 그런 강요에 굴복하지 않기 위한 것이었다.

5. 그들에게 우리가 한시도 복종하지 아니하였으니. 바울이 끝까지 변함없이 디도로 하여금 할례를 받게 하지 않은 것은 그의 가르침이 옳다는 것을 인치는 것이었다. 왜냐하면, 거짓 형제들은 단지 바울을 고소할 빌미를 얻기 위해서 그가 허점을 보이기만을 호시탐탐 노리고 있었는데, 바울이 디도의 문제와 관련해서 요지부동으로 변함없는 태도로 일관하였을 때, 그가 사도들을 속이고 기만하였다는 비방이 아무런 근거가 없는 것이 되어 버릴 것이었고, 따라서 사람들이 그의 가르침에 의문을 제기할 여지도 더 이상 없게 될 것이었기 때문이다. 바울은 자기가 그들에게 "한시도 복종하지" 않았다고 단언한다. 즉, 율법을 지키라는 그들의 요구에 굴복해서 자기에게 주어져 있는 "자유"를 포기하는 일은 단 한순간도 하지 않았다는 것이다. 반면에, 다른 모든 일에서는 얼마든지 그는 자신의 목숨이 다하는 그 순간까지도 기꺼이 모든 사람에 대하여 "온유함과 관용함"을 보여줄 용의가 있었다.

이는 복음의 진리가 항상 너희 가운데 있게 하려 함이라. 바울은 설령 자기가 그 거짓 형제들의 요구를 들어 준다고 할지라도 실제로 자신의 자유를 잃을 위험은 전혀 없었다. 그러나 그의 본보기는 다른 사람들에게 해로운 영향을 미칠 것이었다. 그래서 그는 어떻게 하는 것이 사람들에게 유익을 끼치는 일이 될 것인지를 지혜롭게 숙고하였다. 이것은 우리가 믿음이나 구원과 무관한 모든 중립적인 일들에서는 다른 사람들에게 걸림돌이 될 일을 피하고, 도리어 사람들의 덕을 세우는 쪽으로 행하는 것이 얼마나 중요한지를 잘 보여준다. 바울이 여기에서 말하고자 하는 요지는 이런 것이다: "우리는 형제들의 종들이지만, 우리 모두는 주를 섬기는 자들이기 때문에, 우리의 양심의 자유가 늘 손상을 입지 않게 하여야 한다는 사실을 늘 염두에 두는 것이 마땅하다." 따라서 거짓 형제들이 성도들에게서 자유를 빼앗아 버리고 그들을 율법의 종으로 삼고자 하는 경우에는, 그들의 요구를 들어 주지도 말아야 하고 그들에게 복종하지도 말아야 하는 것이 성도들의 마땅한 도리이다.

여기에서 "복음의 진리"는 복음의 참된 순전함, 또는 복음의 순전하고 바른 교훈을 가리키는 것으로 이해하여야 한다. 왜냐하면, 거짓 형제들은 참된 복음을 완전히 폐기해 버린 것이 아니라, 복음에 그들 자신의 생각들을 뒤섞어 변질시켜서 거짓되고 왜곡된 복음으로 만들어 버린 것이었기 때문이다. 우리가 "그리스도를 향하는 진실함과 깨끗함에서" 조금이라도 떠나는 경우에는(고후 11:3), 늘 그런 일이 발생하게 된다.

그러므로 교황주의자들은 자신들이 고안해 낸 수많은 것들로 복음을 타락시켰을 뿐만 아니라, 많은 불경건한 교리들을 뒤섞어서 참된 복음을 변질시켜 놓고도, 자신들이 전하는 것이 참 복음이라고 자랑하고 있는 것은 얼마나 뻔뻔스럽고 후안무치한 일이겠는가! 우리는 복음이라는 이름과 그 교훈들의 대략적인 내용을 지니고 있다고 할지라도, 복음의 참된 순전함을 아무런 훼손 없이 보존하고 있지 않다면, 그것만으로는 충분하지 않다는 것을 명심하여야 한다. 어떤 사람들은 겸손과 겸양을 가장해서, 신앙의 교훈이 마치 물건이나 땅을 매매하는 일처럼 얼마든지 타협과 흥정의 여지가 있는 것처럼 여겨서, 우리를 교황주의자들과 화해시키려고 애쓰지만, 우리는 바울이 그런 종류의 거래를 얼마나 혐오하였을지를 안다. 왜냐하면, 여기에서 그는 순전한 복음이 아니면 참된 복음이 아니라고 단호하게 말하고 있기 때문이다.

[6]유력하다는 이들 중에 (본래 어떤 이들이든지 내게 상관이 없으며 하나님은 사람을 외모로 취하지 아니하시나니) 저 유력한 이들은 내게 의무를 더하여 준 것이 없고 [7]도리어 그들은 내가 무할례자에게 복음 전함을 맡은 것이 베드로가 할례자에게 맡음과 같은 것을 보았고 [8]베드로에게 역사하사 그를 할례자의 사도로 삼으신 이가 또한 내게 역사하사 나를 이방인의 사도로 삼으셨느니라 [9]또 기둥 같이 여기는 야고보와 게바와 요한도 내게 주신 은혜를 알므로 나와 바나바에게 친교의 악

수를 하였으니 우리는 이방인에게로, 그들은 할례자에게로 가게 하려 함이라 [10]다만 우리에게 가난한 자들을 기억하도록 부탁하였으니 이것은 나도 본래부터 힘써 행하여 왔노라(2:6-10).

6. 유력하다는 이들 중에. 바울은 자기가 베드로와 사도들로부터 배운 것이 전혀 없었다는 사실을 갈라디아 교인들이 깨닫게 될 때까지는 여전히 만족할 수 없었다. 포리피리우스(Porphyrius)와 율리아누스(Julianus)는 바울이 여기에서 자기는 다른 사람들로부터 아무것도 배울 필요가 없을 정도로 너무나 대단한 사람이라고 자부하고, 그 어떤 스승이나 조력자 없이 스스로 선생이 된 것을 자랑하며, 자기가 그 누구보다도 열등하게 보이지 않기 위하여 발버둥을 치고 있다고 생각해서, 이 거룩한 사람을 교만한 자라고 단죄한다. 하지만 바울이 여기에서 이렇게 말할 수밖에 없었을 뿐만 아니라, 반드시 그렇게 말하여야 하였다는 것을 아는 자들이라면 누구나, 이것은 대단히 칭찬 받을 만한 거룩한 자랑이었다는 것을 인정하게 될 것이다. 왜냐하면, 만일 바울이 자기가 사도들을 만나서 많은 것을 배웠고 많은 유익을 얻었다고 말하였다면, 그는 자신의 대적들에게 그를 비난하고 고소할 두 가지 빌미를 주게 되었을 것이기 때문이다.

그들은 즉시 이렇게 말했을 것이다: "이제야 마침내 당신이 어느 정도 진보를 이루어서, 당신의 지난날의 오류들을 바로잡고, 당신의 지난날의 경솔함을 반복하지 않게 되었구려." 이렇게 해서, 첫 번째로는, 그가 이전에 사람들에게 가르쳤던 모든 것은 의심을 받고, 그가 그동안에 쌓아 왔던 모든 것도 다 무너지게 될 것이었다. 두 번째로는, 그는 자기가 사도들로부터 가르침을 받은 평범한 제자라는 것을 인정한 것이기 때문에, 이후로는 사도로서의 권위를 주장할 수 없게 될 것이었다.

따라서 우리는 바울이 이렇게 말한 것은 자기 자신의 명예나 자존심을 위한 것이 아니었고, 오로지 자기가 지금까지 가르쳤던 모든 것을 굳건하게 세워야 할 필요성으로 인한 것이었기 때문에, 그의 이 말을 "거룩한 자랑"이라고 불러야 한다는 것을 알게 된다. 그가 이렇게 말한 것은 사도로서의 지위와 권위와 존귀함과 관련해서 자기가 베드로를 비롯한 사도들을 능가한다고 주장하고자 한 것이 아니기 때문에 "야심"으로 말미암은 다툼이 결코 아니었다. 바울은 단지 자신의 사도직을 굳게 세우는 것이 자기가 사람들에게 가르쳐 온 모든 가르침의 모든 권위를 굳게 세우는 것이었기 때문에, 아무리 유명하고 훌륭한 사람들일지라도, 설령 그들이 베드로를 비롯한 열두 사도들이라고 할지라도, 자신의 사도직을 부정하는 도구로 사용될 수 없다는 것을 분명히 한 것이었다. 이것이 저 개들을 침묵시키는 데는 충분하지 않을지라도, 바울의 입장에서는 그들이 짖는 소리에 자기가 충분한 답변을 한 것이다.

본래 어떤 이들이든지 내게 상관이 없으며. 이것은 별개의 구절로 읽어야 한다. 왜냐하면, 이 삽입문은 바울이 자신의 원수들에게 자기는 사람들의 견해나 생각에는 아무런 관심도 없다는 것을 보여주기 위하여 여기에 첨가된 것이기 때문이다. 이 구절은 여러 가지로 다양하게 해석되어 왔다.

암브로시우스(Ambrosius)는 바울은 이 삽입문을 통해서 거짓 사도들이 예루살렘의 사도들을 들먹이면서 그를 깎아내리고자 하는 것이 얼마나 어리석은 일인지를 지나가는 말로 지적하고자 한 것이라고 보고서, 그가 이렇게 말한 것이라고 생각한다: "너희가 그런 식으로 말한다면, 나도 마찬가지로 나는 어릴 적부터 가말리엘의 문하에서 고등 교육을 받은 자인 반면에, 그 사도들은 교육도 제대로 받지 못한 무식하고 비천한 자들이었다고 얼마든지 반박할 수 있다. 하지만 나는 하나님께서는 사람을 외모로 보지 않으시는 분이시라는 것을 알기 때문에, 그 모든 것들을 다 무시하고 있는 것이다."

크리소스토모스(Chrysostomus)와 히에로니무스(Ieronimus)는 바울이 여기에서 한 말에 대해서 한층 더 가혹한 견해를 피력해서, 이것은 지극히 유력한 사도들을 간접적으로 위협한 것이라고 말한다. "유력하다고 하는 자들이 누구이든, 그들이 자신들의 본분과 도리에서 벗어나게 행한다면, 그들도 당연히 하나님의 심판을 피하지 못할 것이다. 그들이 맡은 직분이 아무리 높고 존귀하고, 그들에 대한 사람들의 평가가 아무리 좋아도, 그런 것들이 그들에게 면죄부가 되어 주지는 못할 것이다."

하지만 그런 것들과는 다른 또 하나의 해석이 내게는 더 단순명료해 보일 뿐만 아니라, 바울의 의도에도 더 부합하는 것으로 보인다. 즉, 바울은 시간적으로는 자기보다 먼저 사도들이 되었다는 사실은 인정하면서도, 그것이 그가 지위에 있어서 그들보다 못하다는 것을 증명해 주는 근거가 될 수는 없다는 것을 논증하고 있다는 것이다. 그는 그들이 현재 사도들이라는 것이 자기에게는 아무것도 아니라고 말하는 것이 아니라, 그들은 이미 사도들이었던 반면에 자기는 그리스도를 믿는 믿음 밖에 있었던 지난날에 대해서 말하고 있다. 요컨대, 여기에서 그는 예루살렘에 있는 사도들이 자기보다 먼저 사도가 되었다는 사실만으로 모든 것을 판단해서는 안 된다고 말하면서, 시간적으로 먼저인 자가 최고의 권리를 가진다는 속담을 거부하고 있는 것이다.

하나님은 사람을 외모로 취하지 아니하시나니. 내가 앞에서 언급한 해석들 외에, 세 번째 해석이 합리적인 것으로 보이는데, 그것은 세상 나라의 통치에서는 사람들 간에 지위의 고하가 존재하지만, 그리스도의 신령한 나라에는 그런 것이 존재할 수 없다는 것이다. 이것은 그럴 듯해 보이기는 하지만, 여호와 하나님께서 "너희는 재판할 때에 외모를 보지 말고 귀천을 차별 없이 듣고 사람의 낯을 두려워하지 말 것이며"(신 1:17)라고 말씀하신 것은 바로 다름 아닌 세상 나라를 통치하는 것과 관련된 것이었다. 그러나 이 문제는 이 본문을 해석하는 데 영향을 미치지 않기 때문에, 나는 이 문제를 놓고 논쟁을 하고 싶지는 않다.

바울이 여기에서 말하고자 하는 것은 단지 사도들이 고귀한 지위를 차지하고 있었다고 해도, 그것이 그가 하나님의 부르심을 받아서, 무명의 인물에서 갑자기 그들과 대등한 사도가 되는 것을 가로막을 수는 없었다는 것이다. 그들과 그의 차이가 사람들이 보기에는 아무리 커 보인다고 할지라도, 그런 것들은 하나님이 보시기에는 아무것도 아니다. 하나님은 사람들을 "외모로" 보시는 분이 아니시고, 하나님에 의한 부르심은 사람들의 그런 "외모"에 의해서 영향을 받지 않는다.

그러나 이러한 견해도 마찬가지로 반론의 여지가 있어 보인다. 왜냐하면, 하나님이 우리와 교제하실 때에는 우리의 "외모"를 보지 않으신다는 것은 참된 말씀이고, 우리가 견고하게 붙잡아야 할 진리라는 것을 인정한다고 하더라도, 베드로를 비롯한 사도들은 단지 그 지위에 있어서만이 아니라 참된 거룩함과 신령한 은사들로 말미암아 존경 받을 만한 자들이었는데, 이 말씀이 그들에게도 적용된다고 생각하는 것은 어려워 보이기 때문이다. 여기에서 말하는 "외모"는 하나님을 경외하는 것 및 선한 양심과 대비된다. 그리고 이것이 성경에서 이 단어가 지닌 통상적인 의미이다 (행 10:34; 벧전 1:17). 그러나 사도들의 경건, 의로운 열심, 거룩함, 그리고 그 밖의 다른 비슷한 은사들은 그들로 하여금 존경과 공경을 받게 해 준 주된 근거들이었다. 그런데도 바울은 마치 사도들이 사도라는 외적인 지위와 권위 외에는 아무것도 소유하고 있지 않다는 듯이 그들에 대하여 경멸적으로 말하고 있다.

나의 대답은 이러하다: 여기에서 바울은 실제의 사도들에 대해서가 아니라, 자신의 대적들이 사도들을 들먹이며 쓸데없이 자랑하고 있는 것에 대하여 평가하고 있다는 것이다. 그 대적들은 자신들이 아무런 근거도 없이 그들 자신을 높이고 위세를 과시한 것을 밑받침하고, 어떻게 해서든지 바울을 깎아내려서 그 자리를 자신들이 차지하기 위하여, 베드로와 야고보와 요한 같은 사도들이 모든 교회에서 존경과 공경을 받고 있는 것을 최대로 이용해서, 그들을 한껏 치켜세우고 입에 침이 마르도록 칭송하여 대단한 인물들로 포장함으로써, 자신들이 그 사도들로부터 파송을 받아서 예루살렘 교회로부터 온 자들이라는 것을 부각시켜서 사도들의 후광을 입어서 그들 자신을 높이고자 하였다. 여기에서 바울의 목적은 자신의 대적들과의 논쟁과는 관계없이 사도들이 어떤 사람들이고, 신자들은 사도들을 어떻게 보아야 하는가를 다루는 것이 아니라, 자신의 대적들인 거짓 사도들이 쓰고 있는 가면들을 벗겨 내는 것이었다. 그러므로 그는 나중에 할례를 다룰 때에, 할례의 진정한 의미가 아니라, 그 대적들이 할례에 대하여 지니고 있던 거짓되고 불경건한 개념을 다루고 있는 것과 마찬가지로, 지금 여기에서도 사도들의 진정한 의미가 아니라, 자신의 대적들이 그들 자신을 높이기 위한 후광으로 이용하기 위하여 도가 지나치게 치켜세우고 있는 바로 사도들에 대하여 말하면서, 사도들이 사람들의 눈에는 대단해 보이지만 하나님이 보시기에는 아무것도 아니라는 것을 지적하고 있는 것이다. 그리고 이것은 바울이 한 말들을 보면 분명하게 드러난다. 바울의 대적들이 열두 사도를 바울보다 더 높이 친 이유는 무엇이었는가? 그것은 그들이 바울보다 먼저 사도들이 되었기 때문이다. 하지만 그것은 단지 그 대적들이 사도들을 높임으로써 그들 자신도 덩달아 높임을 받기 위해서 동원한 하나의 구실일 뿐이었다. 사도 바울은 두드러지게 지극히 겸손한 인물이었기 때문에, 사도들이 시간적으로 먼저 사도가 되었다는 것을 제외한 다른 모든 면들에 있어서도 기꺼이 자기보다 그 사도들이 훨씬 존경 받을 만한 자들이라는 것을 인정했을 것이고, 하나님이 그들 안에 나타내신 온갖 은사들에 대해서도 기꺼이 인정하였을 것이다. 실제로 그는 다른 곳에서 자기는 "사도 중에 가장 작은 자"이고, 그렇게 존귀한 직분을 맡을 만한 자격이 없는 자였다는 것을 기꺼이 인정한다: "나는 사도 중에 가장 작은 자라 나는 하나님의 교회를 박해하였으므로 사도라 칭함 받기를 감당하지 못할 자니라"(고전 15:9).

저 유력한 이들은 내게 의무를 더하여 준 것이 없고. 이것은 "저 유력한 이들은 나와 나눈 것이 전혀 없었다"로 읽을 수도 있다. 이것은 그가 앞에서 이미 두 번이나 사용하였던 단어이다. 그 의미는 동일하다. 사도들은 바울로부터 그가 이방인들 가운데서 전한 복음의 내용을 들었을 때, 거기에 반대하거나 이의를 제기하기 위하여 어떤 말을 한 것이 아니었고, 단지 그의 설명에 만족을 표시하고서는, 그의 가르침을 주저 없이 받아들이고 인정해 주었다(이것은 보통 다른 사람이 말한 것을 더 낫고 온전한 것으로 인정할 때에 보이는 반응이다). 따라서 사도들과 바울은 서로가 전한 복음과 가르침이 전적으로 동일한 것이었기 때문에 거기에 대해서 단 한 마디의 말도 서로 주고받을 필요가 없었다. 또한, 바울이 마치 자기가 사도들보다 우월한 것처럼 여기고서는, 사도들과 자신의 회합에서 어떤 형태로 논의할 것인지를 자기가 결정해서 그 자리를 주도해 나간 것도 아니었다. 그는 단지 온갖 안 좋은 소문이 무성했던 자기가 전한 복음과 가르침을 사도들에게 있는 그대로 설명했고, 사도들은 그가 설명한 복음과 가르침을 그대로 인정한 것일 뿐이었다.

7. 도리어. 바울에게서 그가 이방인들에게 전한 복음에 대해서 들은 사도들은 "도리어" 즉시 그에게 "친교의 악수를 하였다." 그러므로 그들은 바울의 가르침이 합당한 것을 그 어떤 유보나 망설임도 없이 즉각적으로 인정하고 증언한 것이었다. 왜냐하면, 만일 바울의 설명 중에서 논란이 될 만한 내용들이 있었다면, 그들은 그것들에 대하여 이의를 제기하는 어떤 말들을 하였을 것인데, 실제로는 그들과 그가 전한 복음이 동일하였던 까닭에, 어떤 말도 할 필요가 없이 그저 서로 악수를 하는 것으로 충분하였기 때문이었다. 이런 식으로 그들은 바울이 자신들의 동료, 즉 사도로서의 존귀와 지위를 지니고 있다는 것을 확인해 주었다. 이 회합에서 그들과 바울이 합의해야 할 것은 오직 그들 사이에 선교 지역들을 어떻게 분배할 것이냐 하는 것뿐이었다. 그들과 바울은 모두 대등한 사도들이었고, 따라서 바울은 그들을 자기보다 우월한 자들로 여기고 그들의 지시를 따를 필요는 전혀 없었다. "친교의 악수"를 하였다는 것은 여기에서 그들 모두가 서로 대등한 사도들로서 복음의 일에서 함께 협력할 것을 약속하였다는 것을 의미한다.

그들은 내가 무할례자에게 복음 전함을 맡은 것이 베드로가 할례자에게 맡음과 같은 것을 보았고. 바울은 자기가 사도들의 뜻과 호의에 의해서 그들 덕분에 사도가 되었다는 것을 부인하고, 하나님이 베드로를 사도로 세우신 것처럼 그의 경우에도 이미 그를 사도로 세우신 것을 알고서는, 하나님이 하신 일을 그들이 폐할 수는 없었기 때문에, 자신의 사도직을 인정해 주었다고 말한다. 그는 언제나 자기가 하나님의 은사와 세우심에 의해서 사도가 되었다는 것을 강조하지만, 여기에서는 예루살렘의 사도들에 의해서도 자기가 사도로 인정을 받았다는 사실을 덧붙인다. 따라서 이것은 저 무뢰배 같은 거짓 사도들은 예루살렘의 사도들조차도 감히 하지 못했던 것, 즉 하나님이 바울을 사도로 택하여 세우신 것을 부정하고 반대하는 일을 서슴지 않은 것임을 보여준다.

그리고 여기에서 바울은 다른 사도들과는 달리 하나님이 자기에게 특별히 맡기신 것이 있는데, 그것은 "무할례자들"의 사도직이었다는 것을 비로소 밝힌다. 바울과 바나바는 이방인들의 사도들로 따로 세움을 받았다는 점에서 다른 사도들과 달랐다. 이것은 하나님의 계시에 의해서 행해졌고, 사도들은 단지 그것을 수동적으로 받아들인 것이 아니라, 하나님의 결정에 불순종하는 것은 불경건한 일이 될 것이었기 때문에, 적극적으로 그것을 인정하고 재가하였다. 그러므로 우리는 사도들이 자신들의 직무를 서로 어떤 식으로 배분하게 되었는지를 알게 되는데, 그것은 하나님의 계시를 따라 이루어졌다. 즉, 바울과 바나바는 이방인들의 사도들이 되고, 다른 사도들은 유대인들의 사도들이 되는 것이 하나님의 뜻이었다는 것이다.

그러나 이것은 그리스도께서 열두 사도에게 온 세상으로 가라고 명하신 것과 모순되는 것처럼 보인다. 거기에 대한 나의 대답은 그 명령은 각각의 사도들에게 개별적으로 주어진 명령이 아니라, 사도의 직무를 일반적으로 설명한 것이었다는 것이다 즉, "사도"의 임무는 모든 민족에게 복음을 전하고 가르침으로써 구원을 선포하는 것임을 보여준 것이었다는 것이다. 왜냐하면, 사도들이라고 해서 모두가 온 세상을 돌아다니며 복음을 전한 것이 아니라는 것은 분명하기 때문이다. 아니, 열두 사도들 중에서는 유럽에 가서 복음을 전한 사람은 단 한 사람도 없었다. 어떤 이들은 베드로가 그렇게 하였다고 주장하지만, 내가 아는 바로는 그것은 꾸며낸 이야기일 뿐이고, 신빙성이 거의 없다.

하지만 모든 사도들은 이방인들과 유대인들 모두를 상대로 사역을 하였다는 반론이 제기될 수 있다. 그들은 기회가 주어진 경우에는 그렇게 하였다는 것을 나도 인정한다. 모든 사도에게는 유대인들만이 아니라 이방인들 가운데서도 복음을 전할 책무가 맡겨져 있었다. 왜냐하면, 그러한 구분은 나라나 관할권이나 영지처럼 아주 철저하게 구분되고 고정되어 있어서 절대로 넘어서는 안 되는 확고한 경계 같은 것이 아니었기 때문이다. 우리는 바울도 소아시아를 전도하면서 가는 곳마다 먼저 유대인들을 상대로 수고하고 사역하는 것이 그의 관례였다는 것을 본다. 이렇게 바울에게 이방인들에게만이 아니라 유대인들에게도 사도와 교사로서 행할 권한이 주어져 있었던 것과 마찬가지로, 다른 사도들에게도 기회가 있을 때마다 얼마든지 이방인들을 그리스도께로 인도할 수 있는 권한이 주어져 있었다. 우리는 베드로가 이방인이었던 고넬료 등에게도 복음을 전하는 모습을 본다(행 10:1). 그러나 이방인들은 별로 없고 거의 전부가 유대인들이 거주하고 있던 지역들에는 다른 사도들이 있었기 때문에, 특별히 이방인들의 사도로 세움을 받은 바울은 주로 이방인들이 거주하던 아시아와 헬라, 그리고 다른 먼 지역들을 돌아다니며 복음을 전하였다. 주께서는 바울을 따로 구별하여 세우라고 명하셨을 때, 그에게 안디옥과 수리아를 떠나서 이방인들에게 복음을 전하기 위하여 먼 나라들로 가서 사역할 것을 지시하셨다. 그러므로 바울은 통상적인 경우에는 이방인들의 사도였고, 특별한 경우에만 유대인들의 사도였다. 그러나 다른 사도들은 주로 유대인들을 상대로 해서 사역하였고, 오직 기회가 닿을 때에만 이방인들에게 복음을 전하였는데, 후자의 사역은 그들에게는 통상적이지 않은 특별한 사역이었다.

그러나 베드로의 사도직이 특히 유대인들을 대상으로 한 것이었기 때문에, 교황주의자들은 무슨 근거로 자신들이 베드로에게서 교회의 수장권을 물려받았다고 말하는 것인지를 자문해 보아야 한다. 왜냐하면, 로마의 교황이 자기가 베드로의 후계자인 까닭에 교회의 수장이라고 주장하는 것이라면, 그는 그 수장권을 유대인들에 대해서 행사하는 것이 마땅하기 때문이다. 바울은 여기에서 그 누구보다도 우선적으로 자기가 이방인들의 사도라고 분명하게 선언하고 있는데도, 교황주의자들은 바울이 로마의 감독이었다는 것을 부정한다. 그러므로 교황이 자기가 베드로를 계승한 교회의 수장이라고 주장하고 싶다면, 유대인들을 불러 모아다가 교회들을 만들어서 그들 위에 수장으로 군림하는 것이 합당하다. 왜냐하면, 우리는 성령의 지시하심과 모든 사도들의 동의하에 이방인들의 사도로 공개적으로 선포된 바울을 이방 교회들의 수장으로 인정하는 것이 마땅하기 때문이다. 그러한 권위를 바울에게서 빼앗아서 베드로에게 넘기는 자들은 하나님과 모든 사도들이 정한 것을 뒤집는 것이다.

여기에서 "할례"와 "무할례"(개역개정에는 "할례자"와 "무할례자")라는 단어들이 유대인들과 이방인들을 가리키는 잘 알려져 있던 은유라는 것은 여기에서 굳이 설명할 필요가 없을 것이다.

8. 베드로에게 역사하사 그를 할례자의 사도로 삼으신 이가 또한 내게 역사하사 나를 이방인의 사도로 삼으셨느니라. 바울은 이방인들에게 복음을 전하는 일이 자기에게 주어진 사명이라는 것은 자기가 이방인들 가운데서 사역할 때에 주께

서 그 능력을 나타내 보이신 것이 증명해 준다고 선언한다. 우리가 자주 보아 왔듯이, 어떤 사람의 사역 속에서 하나님의 능력이 나타났다는 것은 그 사람이 맡은 직분과 그 가르치는 일이 하나님으로부터 온 것이 확실하다는 것을 확증해 주고 인쳐 주는 것과 같다. 하지만 바울이 여기에서 하나님이 "역사하셨다"고 말할 때, 그것이 그가 복음을 전할 때에 하나님이 뜬사하셔서 사람들로 하여금 회개하고 믿게 하셨다는 것을 의미하는 것인지, 아니면 그렇게 믿은 신자들에게 성령의 여러 은사들과 은혜들이 주어진 것을 의미하는지는 확실하지 않다. 나는 바울의 이 말이 단지 자신의 전도 사역이 성공적으로 진행되어서 많은 사람들이 복음을 믿게 되었다는 것만을 가리키는 것이 아니라, 그가 다른 곳에서도 언급하였듯이 그가 복음을 전할 때에 실제로 성령의 능력과 역사가 나타난 것을 가리키는 것이라고 본다(고전 2:4, "내 말과 내 전도함이 설득력 있는 지혜의 말로 하지 아니하고 다만 성령의 나타나심과 능력으로 하여"). 바울이 여기에서 말하고자 하는 요지는 베드로가 유대인들의 사도가 된 것과 마찬가지로, 자기가 이방인들의 사도가 된 것도 사도들이 함께 모여서 인간적으로 타협해서 나온 결과물이 아니라 하나님이 인치신 결정이었다는 것이다.

9. 또 기둥 같이 여기는 야고보와 게바와 요한도 내게 주신 은혜를 알므로 나와 바나바에게 친교의 악수를 하였으니 우리는 이방인에게로, 그들은 할례자에게로 가게 하려 함이라. 여기에서 바울은 사도로서의 자신의 권위와 가르침을 멸시하는 자들은 사실은 하나님의 은혜를 멸시하는 자들임을 보여준다. 왜냐하면, 교회의 "기둥들"이었던 저 유명한 사도들도 하나님이 그에게 은혜를 주신 것을 알고서 그를 이방인들의 사도로 인정하고 존중하였는데, 그것을 무시하고 멸시하는 것은 그에게 주어진 하나님의 은혜를 멸시하고 오만방자하게 행하는 것 이외에 다른 것이 아니기 때문이다. 사도들이 처음부터 알고 인정하였던 것을 그들이 몰랐다는 것은 말이 되지 않는다는 점에서, 그들은 처음부터 그런 사실을 알고서도 모른 체하고 자신들의 목적을 이루기 위하여 위선적으로 행하여 바울을 비방하고 중상모략을 한 것이었다. 이것은 우리가 어디에서든 하나님의 은혜가 있는 것을 보는 경우에는, 의도적으로 성령과 싸우고자 하는 것이 아니라면, 기꺼이 그것을 인정하고 거기에 순복하여야 한다는 것을 보여준다. 왜냐하면, 성령은 자신이 사람들에게 주신 선물들이 무익하게 되는 것을 원하지 않기 때문이다. 사도들이 바울과 바나바에게서 본 하나님의 은혜는 그들의 마음을 움직여서 이 두 사람의 사역을 인정하고

받아들이게 만들었다.

나는 여기에 언급된 "야고보"는 "알패오의 아들 야고보"였다는 것을 이미 앞에서 말한 바 있다. 이 "야고보"가 헤롯에 의해서 얼마 전에 죽임을 당한 "요한의 형제 야고보"(행 12:2) 를 가리킨다는 것은 불가능하다. 그리고 "요한의 형제 야고보"는 제자들 중 한 사람이었다가 사도들보다 더 우위로 올라서서 교회의 기둥들 중 한 사람이 되었다는 것은 내 생각에는 터무니없어 보인다. 또한, 누가도 "알패오의 아들 야고보"가 사도들 가운데서 중요한 지위에 있었고, 예루살렘에서 열린 공의회에서도 논의된 사안을 한데 모아 요약해서 제시한 후에 결론을 도출해 내는 역할을 맡았다는 것을 보여주고 있고(행 15:13), 나중에 바울이 야고보를 만나러 갔을 때에는 예루살렘 교회의 모든 장로들이 야고보와 함께 있었다고 말한다(행 21:18).

바울이 "기둥 같이 여기는"이라고 말한 것은 사람들이 이 세 사도를 "기둥들"로 여기는 것을 우습게 여기고 경멸해서 그렇게 말한 것이 아니고, 단지 사람들의 전체적인 의견을 여기에서 그대로 인용해서, 사람들이 이렇게 중시하는 이 세 사도가 자기에게 행한 것을 가볍게 보아서는 안 된다는 것을 간접적으로 시사한 것이다. 바울이 여기에서 교회의 "기둥들"로 여겨지고 있던 세 사도의 이름을 언급할 때, 야고보를 베드로("게바")보다 먼저 언급한 것은 다소 의외로 생각될 수 있다. 그러나 그렇게 한 이유는 아마도 야고보가 예루살렘 교회를 주재하고 있었기 때문일 것이다. "기둥"이라는 단어와 관련해서, 우리는 능력이나 지혜로움이나 그 밖의 다른 은사들에 있어서 뛰어난 사람들이 더 큰 권위를 소유하는 것이 당연하다는 것을 안다. 마찬가지로, 하나님의 교회에서도 하나님으로부터 더 큰 은혜를 받은 사람이 바로 그러한 이유 때문에 더 높은 존귀를 받는 것이 마땅하다. 왜냐하면, 하나님의 성령이 은사들을 나타내셨는데도, 성령이 자신이 나타낸 그 은사들을 통해서 드러낸 뜻을 존중하고 받들지 않는다면, 그것은 배은망덕함이 되고 불경이 될 수밖에 없기 때문이다. 신자들의 무리가 모였을 때에는 그들을 돌볼 목회자가 없어서는 안 되는 것과 마찬가지로, 목회자들의 모임에도 그 모임을 전체적으로 이끌어 나가고 중재할 사람이 필요한 것은 당연하다. 그러나 모든 경우에서 다음과 같은 원칙과 규범이 지켜져야 한다: "너희 중에 큰 자는 너희를 섬기는 자가 되어야 하리라"(마 23:11).

10. 다만 우리에게 가난한 자들을 기억하도록 부탁하였으니 이것은 나도 본래부터 힘써 행하여 왔노라. 유대에 있던 형제들은 극도의 빈곤 가운데 힘든 삶

을 살고 있었던 것으로 보인다. 만일 그렇지 않았다면, 사도들은 다른 교회들에 부담을 주는 일을 부탁하지 않았을 것이다. 예루살렘 교회의 형제들이 이렇게 극도의 빈곤 속에서 살게 된 이유는 부분적으로는 유대 민족 전체에 임한 여러 가지 재난들 때문이었을 것이고, 부분적으로는 유대인들이 그리스도인들에 대하여 극도로 분노해서 그리스도인들의 재산을 닥치는 대로 빼앗아 가 버렸기 때문이었을 것이다. 이방 그리스도인들은 유대 그리스도인들에게 이루 말할 수 없이 큰 복인 복음을 빚진 자들이었다는 점에서, 유대 형제들이 이방 형제들로부터 도움을 받는 것은 사실 공평한 일이었다. 바울은 사도들이 자기에게 부탁한 일을 자기가 지금까지 성심성의껏 수행해 왔다고 말함으로써, 자신의 대적들에게 자기를 비방할 빌미를 아예 처음부터 제거해 버린다.

[11]게바가 안디옥에 이르렀을 때에 책망 받을 일이 있기로 내가 그를 대면하여 책망하였노라 [12]야고보에게서 온 어떤 이들이 이르기 전에 게바가 이방인과 함께 먹다가 그들이 오매 그가 할례자들을 두려워하여 떠나 물러가매 [13]남은 유대인들도 그와 같이 외식하므로 바나바도 그들의 외식에 유혹되었느니라 [14]그러므로 나는 그들이 복음의 진리를 따라 바르게 행하지 아니함을 보고 모든 자 앞에서 게바에게 이르되 네가 유대인으로서 이방인을 다르고 유대인답게 살지 아니하면서 어찌하여 억지로 이방인을 유대인답게 살게 하려느냐 하였노라 [15]우리는 본래 유대인이요 이방 죄인이 아니로되 [16]사람이 의롭게 되는 것은 율법의 행위로 말미암음이 아니요 오직 예수 그리스도를 믿음으로 말미암는 줄 알므로 우리도 그리스도 예수를 믿나니 이는 우리가 율법의 행위로써가 아니고 그리스도를 믿음으로써 의롭다 함을 얻으려 함이라 율법의 행위로써는 의롭다 함을 얻을 육체가 없느니라(2:11-16).

11. 게바가 안디옥에 이르렀을 때에 …… 내가 그를 대면하여 책망하였노라. 나는 모든 상황들을 주의 깊고 면밀하게 살펴 본 사람이라면 누구나, 이 일은 사도들이 예루살렘에서 공의회를 열어서 이방인들이 율법의 예법(의식)들을 지킬 필요가 없다고 결정하기(행 15:28, "성령과 우리는 이 요긴한 것들 외에는 아무 짐도 너희에게 지우지 아니하는 것이 옳은 줄 알았노니") 이전에 일어났을 것임에 틀림없다는 나의 생각에 동의할 것이라고 믿는다. 왜냐하면, 만일 그런 결정이 이미 내려진 후였다면, 베드로는 야고보 또는 "야고보에게서 온 어떤 이들"과의 충돌을 염려해서

그런 충돌을 피하기 위해서 "이방인들과 함께 먹다가 그 자리에서 떠나 물러나는" 행동은 할 필요가 전혀 없었을 것이기 때문이다. 그러나 실제로는 베드로는 그런 이중적인 행태를 보였고, 바울은 "복음의 진리"를 견고하게 세우기 위해서 베드로의 그러한 위선적인 행동을 책망할 수밖에 없었다.

앞서 바울은 첫째로 복음의 진리는 베드로와 사도들에 의해서 좌지우지 되는 일은 결코 있을 수 없고, 그들의 판단에 의해서 서거나 넘어지는 일도 절대로 있을 수 없다고 분명하게 말하였었고, 둘째로는 자기가 전한 복음은 모든 사람에 의해서 그 어떤 예외나 반대 없이 인정을 받아 왔고, 특히 교회에서 가장 높은 지위에 있는 것으로 여겨져 온 세 사도들에 의해서 인정을 받아 왔다고 말하였었다. 이제 바울은 거기에서 한 걸음 더 나아가서, 내가 방금 앞에서 말한 것처럼, 베드로가 그러한 "복음의 진리"를 거슬러서 행하는 것을 보고서, 자기가 그를 호되게 책망하였다고 말하고, 이 기회를 활용해서 그런 일이 발생하게 된 원인에 대해서 계속해서 얘기해 나간다.

이것으로부터 우리는 바울의 가르침이 얼마나 확고한 것인지를 알게 된다. 그는 자기가 전한 복음에 대한 사도들의 자발적인 동의와 인정을 얻어냈을 뿐만 아니라, 어떤 일로 인해서 베드로와 충돌하게 되었을 때에 자신이 전한 "복음의 진리"를 토대로 한 논쟁에서 그 어떤 변명도 할 수 없을 정도로 완벽하게 베드로를 이기기까지 하였다. 이제 이런 상황에서 어떻게 바울이 전한 "복음"을 의심할 여지 없이 확실한 "진리"로 받아들이는 것을 주저하고 망설일 이유가 아직도 남아 있을 수 있겠는가?

아울러, 여기에서 바울은 또 다른 비방에 대하여 대답해 주는데, 그 비방이라는 것은 바울은 그의 주장과는 달리 사도가 아니라, 사도보다 훨씬 그 지위가 낮은 평신도 제자에 불과한 자라는 것이었다. 하지만 바울이 베드로를 면전에서 책망한 것은 그가 베드로와 대등한 지위에 있는 인물이라는 것을 보여주는 증거였다. 물론, 아무리 높은 지위에 있는 자라고 할지라도 가장 지위가 낮은 자에 의해서 책망을 받을 수 있기 때문에, 바울이 베드로를 책망하였다고 해서, 두 사람의 지위가 대등하였다는 결론을 이끌어 낼 수는 없다는 말에 나도 동의한다. 왜냐하면, 하나님께서는 지위가 낮은 사람에게도 지위가 높은 사람을 책망할 자유를 허락하셨기 때문이다. 그러나 우리는 여기에서 책망의 "성격"을 주목해서 볼 필요가 있다. 바울은 단지 한 형제가 다른 형제를 책망하는 것 같이 베드로를 책망한 것이 아니라, 본문이 잘 보여주듯이, 자기가 지닌 사도즈 의 권한으로 공식적으로 베드로를 책망한 것이었다.

여기에서 로마 가톨릭의 교황제도는 또 하나의 벼락을 맞고 무너진다. 특히, 이것은 로마에 있는 적그리스도가 자신이 한 행위들에 대해서는 그 어떤 이유도 제시할 필요가 없고, 보편 교회의 판단으토부터도 자유롭다고 주장하는 것이 얼마나 뻔뻔스러운 짓인지를 책망하는 것이다. 우리는 여기에서 바울이라는 한 사람이 오직 하나님이 허락하신 권위와 권세를 사용해서 그 어떤 경솔함이나 불법적인 무모함이 없는 가운데 온 교회가 보는 앞에서 베드로를 책망하고, 베드로는 그 책망과 경책 앞에 무릎을 꿇고 순종하는 모습을 본다. 이 두 가지 점에 대한 논쟁 전체는 교황주의자들이 하나님의 권위를 빌려 세워 놓은 저 폭압적인 교황제를 완전히 무너뜨리고도 남는 것이다. 만일 그들이 계속해서 하나님을 교황제의 창시자로 모시고 싶어 한다면, 그들은 새로운 성경을 써야 할 것이다. 만일 그들이 하나님을 자신들의 공개적인 대적으로 삼고자 하지 않는다면, 그들은 성경에서 이 두 장을 찢어 없애 버려야 할 것이다.

책망 받을 일이 있기로. 헬라어 수동분사인 '카테그노스메노스'($\kappa\alpha\tau\epsilon\gamma\nu\omega\sigma\mu\acute{\epsilon}\nu o\varsigma$)는 "책망 받은"이라는 의미이기 때문에, 이 어구는 직역하면 "그가 책망 받았기 때문에"가 되지만, 나는 이 단어가 마땅히 책망을 받아야 할 자를 가리키는 명사 대신에 사용된 것임을 의심하지 않기 때문에, 이 어구는 "그가 책망 받아야 할 자였기 때문에"로 해석되어야 한다고 본다. 크리소스토모스(Chrysostomus)는 베드로에 대한 이의제기와 고발이 다른 사람들에 의해서 먼저 제기되었기 때문에, 바울은 이렇게 "그가 책망 받았기 때문에"라고 표현한 것으로 해석하지만, 그렇게 해석할 만한 근거는 대단히 빈약하다. 헬라인들은 분사를 명사의 의미로 사용하는 것이 관례였고, 그러한 관용적인 용법이 이 어구에 적용되고 있다는 것은 누구나 알 수 있을 것이다. 따라서 히에로니무스(Ieronimus)와 크리소스토모스가 이 일은 사도들이 서로 사전에 짜고서 사람들 앞에서 연출한 일종의 연극이었다고 제멋대로 자신들의 머릿속에서 고안해 내서 해석한 것이 얼마나 부적절한 것인지는 우리가 쉽게 알 수 있다. 그들의 그러한 주장이나 해석은 '카타 프로소폰'($\kappa\alpha\tau\grave{\alpha}\ \pi\rho\acute{o}\sigma\omega\pi o\nu$)이라는 어구에 의해서 반박된다. 이 어구는 "~의 면전에서" 또는 "~가 있는 앞에서"를 의미하고, 이 구절은 바울이 사람들 앞에서가 아니라 베드로의 면전에서, 또는 베드로 앞에서 그를 책망하였고, 베드로가 그 책망 앞에서 아무 말도 하지 못하였다는 것을 보여주기 때문이다.

크리소스토모스는 정말 바울과 베드로 간에 어떤 이견이 있었다면, 그들은 추문을 피하기 위해서 사적인 대화로 이 문제를 풀었을 것이라고 말하는데, 그것은 하나만 알고 둘은 모르는 말이다. 왜냐하면, 어떤 문제로 인해서 교회가 쪼개질 수 있고 그리스도인들의 자유가 위험에 처할 수 있으며 그리스도의 은혜에 관한 가르침이 무너질 수 있다면, 바로 그 문제가 가장 위험한 추문이 될 것인 까닭에, 그런 경우에는 베드로가 아무리 유명하고 권위 있는 사도라고 할지라도, 베드로가 책망을 받는 작은 추문은 감수하는 것이 마땅하기 때문이다. 그래서 바울은 교회를 가장 큰 위험에 빠뜨릴 수 있는 이 문제를 공개적으로 바로잡기 위해서 베드로를 공개적으로 책망할 수밖에 없었다.

히에로니무스가 가장 자신 있게 제시하는 논거도 빈약하기 짝이 없다. 그는 이렇게 반문한다: "바울은 '내가 유대인과 같이 된 것은 유대인들을 얻고자 함'이라고 말하면서(고전 9:20), 자기가 그렇게 한 것을 자랑스러워한 사람인데, 그 일을 자기 자신과 관련해서는 자랑스러워한 반면에, 다른 사람과 관련해서는 정죄할 이유가 어디 있었겠는가?" 나의 대답은 베드로가 행한 것과 바울이 행한 것은 완전히 다른 것이었다는 것이다. 바울은 오직 그리스도인이 가진 자유에 부합하고 그 자유가 허용하는 한에서만 전도의 목적으로 유대인들에게는 자기도 유대인과 같이 된 것일 뿐이었다. 그런 까닭에, 또 다른 경우에 디도로 하여금 할례를 받게 하는 경우에는, 복음의 진리가 손상되거나 훼손되는 일이 일어날 것이었기 때문에, 그는 그런 경우에는 디도가 할례 받는 것을 끝까지 거부하였다. 반면에, 베드로는 이방인들도 구원을 받기 위해서는 율법을 지켜야 한다는 유대주의자들의 주장이 마치 옳고 이미 이의를 제기할 수 없을 정도로 완전히 확정된 가르침인 것처럼 행함으로써, 이방인들에게 율법의 종이 되도록 강요하는 행동을 보여준 것이었다. 따라서 베드로는 율법의 예법과 관련해서 그리스도인으로서의 합당한 한계 내에서 행한 것이 결코 아니었다. 왜냐하면, 그는 그리스도인들 전체의 덕을 세우려고 하기보다는 유대주의자들을 기쁘게 해 주려고 했고, 그리스도의 몸인 교회 전체에 무엇이 유익할지를 생각해서 행하기보다는 어떻게 해야 유대인들이 만족해 할 것인지를 고려해서 행한 것이었기 때문이다. 아우구스티누스(Augustinus)가 이것은 미리 짜여진 각본을 따라 연출된 것이 아니었고, 바울은 베드로의 행동이 교회에 크게 해로울 것임을 알고서, 그리스도인으로서의 열심에 의해서 베드로의 죄악되고 앞뒤가 맞지 않는 이중적인 행동을 책망한 것이었다고 본 것은 한층 더 일리가 있다.

12-13. 야고보에게서 온 어떤 이들이 이르기 전에 게바가 이방인과 함께 먹다가 그들이 오매 그가 할례자들을 두려워하여 떠나 물러가매 남은 유대인들도 그와 같이 외식하므로 바나바도 그들의 외식에 유혹되었느니라. 바울은 여기에서 이 일이 일어나게 된 배경을 설명한다. 즉, 베드로가 이방인들과 교제하다가, 예루살렘으로부터 온 유대인들 때문에 그들을 떠나 물러가 버린 것이 이 일의 발단이 되었다는 것이다. 베드로의 이러한 행동은 어떤 유대인들의 주장처럼 이방인들이 복음의 자유를 포기하고 율법의 멍에를 메지 않는 경우에는 교회의 친교에 참여할 수 없다고 공개적으로 선언한 것이나 마찬가지였다. 따라서 만일 바울이 여기에서 침묵하였다면, 그가 지금까지 가르쳐 온 모든 가르침은 다 무너지고, 그가 지금까지 사도로서 사역하며 행해 온 모든 덕 세움도 송두리째 무너져 버릴 것이었다. 그러므로 그는 몸을 사리지 않고 과감하게 나서서 담대하고 결연하게 싸우지 않으면 안 되었다. 이것은 우리가 사람들을 기쁘게 해 주거나 사람들의 기분이 상하지 않게 말하고 행하는 것을 지나치게 고려하다 보면 바른 길에서 벗어날 수 있기 때문에, 사람들의 생각이나 요구를 들어 주는 것에 아주 신중을 기해야 한다는 것을 보여준다. 이런 일이 베드로에게도 일어날 수 있었다면, 우리가 정말 정신을 바짝 차리고서 극도로 주의하지 않는다면, 우리에게 그런 일이 일어나는 것은 얼마나 쉬운 일이겠는가!

14. 그러므로 나는 그들이 복음의 진리를 따라 바르게 행하지 아니함을 보고. 어떤 이들은 이것은 바울이 이방인들, 즉 베드로의 행동을 보고서는 자신들이 지금까지 배워 온 복음을 포기하고 율법을 지키려는 움직임을 보인 이방인들에게 한 말이라고 설명한다. 그러나 여기에서 "그들"은 베드로와 바나바를 비롯해서 이 두 사람을 따라서 똑같이 행한 자들을 가리키는 것이라고 보는 것이 더 자연스럽고 문맥에도 더 잘 어울린다. "복음의 진리를 따라 바르게 행하는" 것, 즉 복음의 진리로 가는 합당한 길은 이방인들과 유대인들이 서로 하나가 되어 힘을 합쳐서 참된 가르침을 손상 없이 지키고 따르는 것이다. 반면에, 경건한 사람들의 양심을 율법을 지켜야 한다는 의무로 묶고 속박해서 그리스도인에게 주어진 자유에 관한 가르침을 소리 없이 매장시켜 버리는 방식으로 유대인들과 이방인들을 하나로 연합시키는 것은 너무나 비싼 대가를 치르는 것이었다.

바울은 여기에서 "복음의 진리"라는 어구를 앞에서와 동일한 의미로 사용해서,

베드로를 비롯한 유대인들이 "외식함으로" 복음을 왜곡시킨 것과 대비시킨다. 따라서 이 싸움은 바울에게 있어서 의심할 여지 없이 중대하고 심각한 것이었다. 베드로와 바울은 두 사람 다 참된 가르침이 무엇인지에 대해서 완벽하게 동일한 생각을 지니고 있었고, 서로 간에 이견은 전혀 없었다. 그러나 베드로가 지금 그 참된 가르침을 버리고서, 예루살렘으로부터 온 유대인들에게 지나치게 굴종적인 태도를 취하여 그들의 견해에 굴복하였기 때문에, 바울은 베드로가 겉과 속이 다른 이중적인 행동, 즉 "외식"을 행하였다고 책망한 것이었다. 어떤 이들은, 한편으로는 베드로는 "할례자의 사도"로서 유대인들의 구원을 더 생각하고 챙겨야 할 책무가 있었다는 이유를 들어서 베드로를 옹호하고, 다른 한편으로는 이와 동시에 바울도 "무할례자의 사도"로서 이방인들의 구원을 위하여 그들이 율법에 속박될 이유가 없다는 것을 단호하게 옹호할 책무가 있었기 때문에 베드로를 책망한 것은 옳은 일이었다는 것을 인정한다. 그러나 성령이 바울의 입을 통해서 정죄한 것을 옹호하거나 비호하는 것은 어리석은 짓이다. 왜냐하면, 이 일은 단순히 인간적인 문제가 아니라 복음의 순수함을 지키는 것과 관련된 중대한 문제이기 때문이다. 베드로가 한 행동은 유대인들의 "누룩"으로 순수한 복음을 더럽히고 오염시킬 위험성이 있었다.

모든 자 앞에서 게바에게 이르되. 바울이 베드로를 "모든 자 앞에서" 책망한 것은 하나의 모범으로서, 이것은 공적으로 범죄한 자들에 대해서는 교회 앞에서 공개적으로 징계하고 책망하여야 한다는 것을 우리에게 가르쳐 준다. 그렇게 하는 목적은 그런 자들의 죄를 교회에서 벌하지 않고 그냥 넘어가게 되는 경우에는 다른 사람들에게도 악영향을 끼쳐서 그런 죄를 지어도 아무렇지도 않다고 생각해서 그런 자들을 본받아 범죄하게 되는 것을 막기 위한 것이다. 다른 곳에서 바울은 장로로서 범죄한 자들과 관련해서 이 원칙을 적용해서, "장로에 대한 고발은 두세 증인이 없으면 받지 말 것이요 범죄한 자들을 모든 사람 앞에서 꾸짖어 나머지 사람들로 두려워하게 하라"(딤전 5:19-20)고 명시적으로 말하는데, 이것은 그들이 맡은 직분으로 인해서 그들의 악한 모범은 교회와 신자들에게 더 큰 해악을 끼치게 되기 때문이다. 바울이 자신은 선한 교훈을 위한 싸움에서는 한 치의 주저함이나 양보도 있을 수 없다는 것을 아주 분명하게 보여주는 데에는, 모든 사람들과 관련된 선한 교훈을 많은 사람들이 보는 앞에서 공개적으로 옹호하는 것이 특히 유익한 것이었다.

네가 유대인으로서 이방인을 따르고 유대인답게 살지 아니하면서 어찌하여 억지로 이방인을 유대인답게 살게 하려느냐 하였노라. 바울이 베드로를 책망할 때에 한 말은 두 부분으로 이루어져 있다. 먼저, 그는 베드로 자신은 율법으로부터 자유롭게 되어서 율법을 지키면서 살고자 하지 않으면서도, 이방인 신자들에게는 율법을 지키라고 강요하는 것은 부당하고 불의하다는 것을 지적한다. 베드로가 모든 신자들에게 율법을 지키라고 명한 경우에 그 명령이 과연 합당한 것인가 하는 문제는 일단 그만두고라도, 그가 자기 자신은 율법을 지키지 않으면서, 이방인들에게는 율법을 지키며 유대인처럼 살라고 강요한다면, 그것 자체가 위선적인 것으로서 더 큰 범죄가 된다는 것이다. 왜냐하면, 율법은 이방인들에게 주어진 것이 아니라 유대인들에게 주어진 것이기 때문이다. 이렇게 바울은 여기에서 작은 것을 들어서 큰 것을 논증하는 방식을 사용한다. 게다가, 베드로가 이방인 신자들에게 그것을 강요한 방식은 너무나 가혹하고 폭압적인 것이었다. 왜냐하면, 그는 이방인 신자들과의 친교를 행하는 도중에 그들을 떠나 물러나는 행동을 함으로써, 이방인 신자들이 율법의 멍에를 받아들이지 않는다면, 그들과 교제를 거부할 것이라는 실질적인 메시지를 보낸 것이었고, 이것은 방금 전과 백팔십도로 반대되는 부당하고 불의한 조건을 일방적으로 강요한 것이었기 때문이다. 사실, 바울이 베드로를 책망한 말의 모든 요지는 이 말 속에 들어 있는데, 이것은 크리소스토모스나 히에로니무스가 눈치 채지 못한 사실이었다. 그리스도인으로서 가지고 있는 자유를 신자들에게서 빼앗거나, 복음에 의해서 자유롭게 된 어떤 속박 아래 신자들을 다시 두지 않는 것인 한, 율법의 예법들을 신자들의 덕을 세우기 위한 목적으로 사용하는 것은 전혀 문제가 없는 것이었다.

15. 우리는 본래 유대인이요 이방 죄인이 아니로되. 어떤 이들은 여기에서 바울은 자신의 대적들이 유대인들은 이방인들보다 더 큰 특권들을 지닌 사람들이라고 반론을 제기할 것이라고 미리 예상하고서, 거기에 대한 대답으로 이 말을 한 것이라고 생각한다는 것을 나는 안다. 즉, 여기에서 바울은 유대인들은 자신들과 이방인들을 구별하는 표징으로서의 율법을 하나님으로부터 수여받은 자들이기 때문에, 그런 그들이 율법으로부터의 자유를 주장한다는 것은 있을 수 없는 일이라는 자신의 대적들의 주장을 예상하고서, 일단 그들의 그런 주장을 받아들이고 인정하고 있다는 것이다. 곧 드러나게 되겠지만, 나는 그러한 해석을 전적으로 거부하고자 하지도 않고, 그렇다고 해서 전적으로 받아들이고자 하지도 않는다. 어떤 이들

은 이것은 바울 자신의 말로서 다음과 같은 의미를 담고 있는 것이라고 본다: "너희가 유대인들에게 율법의 짐을 지우고자 한다면, 율법은 본래부터 그들의 것이었기 때문에, 그렇게 하는 것은 더 일리가 있을 것이다." 하지만 나는 이 견해에 대해서도 동의하지 않는다.

바울은 여기에서 베드로를 책망하는 말의 두 번째 부분으로 계속해서 나아가면서, 자신의 대적들의 반론을 미리 예상하는 말로 이 부분을 시작한다. 이방인들은 속되고 부정한 자들이었던 반면에, 유대인들은 하나님에 의해서 그의 백성으로 택함을 받아서 거룩한 자들이 되었다는 점에서, 유대인들과 이방인들 간에는 분명한 차이와 구별이 존재하였다. 따라서 유대인들이 이러한 사실을 근거로 해서 자신들의 우월성을 주장하는 것은 어쩌면 너무나 당연한 일이었다. 그러나 바울은 영리하게도 예상되는 그러한 반론을 미리 여기로 가져와서 정반대의 결론을 이끌어 내는 데 활용한다. 즉, 하나님으로부터 온갖 특권들을 수여받아서 이방인들과는 근본적으로 구별되는 위치에 있는 유대인들조차도 오직 그리스도를 믿는 믿음을 의지하여 구원을 받아야 했다면, 그런 특권들을 하나도 수여받지 못한 이방인들은 더더욱 믿음으로 말미암아 구원을 받는 길을 택할 수밖에 없지 않았겠는가?

따라서 바울이 여기에서 말하고자 하는 것은 이런 것이다: "우리 유대인들은 이방인들보다 더 뛰어난 민족인 것처럼 보이고, 언약의 은택으로 말미암아 늘 하나님을 가까이 해 왔는데도 불구하고, 그럼에도 불구하고 오로지 그리스도를 믿음으로써 구원을 얻는 것 외에는 다른 길을 발견할 수 없었다. 그렇다면, 그런 우리가 이방인들에게 구원을 위하여 믿음 이외의 다른 길을 제시한다는 것이 말이 되겠는가? 왜냐하면, 만일 율법을 지키는 것이 구원을 위해 꼭 필요하거나 유익한 것이었다면, 하나님으로부터 율법을 수여받은 자들은 바로 우리 유대인들인 까닭에, 누구보다도 우리 자신이 율법으로 말미암은 구원을 추구하는 것이 합당한 일이었을 것이기 때문이다. 그러나 우리는 결국 율법으로는 구원을 받을 수 없다는 것을 깨닫고서 율법을 버리고 그리스도 앞으로 나아가서 오직 믿음으로 구원을 얻었다. 그런데도 이방인들에게 오직 믿음으로 구원을 받는 길을 버리고 율법으로 말미암는 구원을 주장하며 율법을 지키기를 강요한다면, 그것은 얼마나 터무니없는 일이겠는가."

여기에서 "죄인"은 다른 곳에서 흔히 그러하듯이 하나님을 떠나서 속되게 살아가는 자를 가리키는데, 하나님과 아무런 교제도 없이 살아갔던 이방인들이 바로 그런 자들이었다. 반면에, 유대인들은 하나님이 그들을 양자로 삼으심으로써 거룩하게 구별되어 하나님의 자녀들로 살아가는 자들이었다. 바울이 "본래"라고 말할 때, 그것은 유대인들이 원래부터 본성적으로 인류의 부패와 타락으로부터 자유로운 자들이었다는 것을 의미하지는 않는다. 아브라함의 자손이었던 다윗도 자기가 날 때부터 부정한 자라는 것을 고백한다(시 51:5, "내가 죄악 중에서 출생하였음이여 어머니가 죄 중에서 나를 잉태하였나이다"). 그러나 그들이 날 때부터 지니고 있던 부패한 본성은 하나님이 그들을 위해 준비하신 성별의 은혜라는 치유책에 의해서 씻음을 받고 거룩하게 되었다. 그리고 하나님의 약속으로 말미암아 그러한 복은 대대로 모든 유대인들에게 적용되었기 때문에, 바울은 이 은택을 본래적인 것이라고 부른다. 이것은 그가 로마서에서 그들이 "거룩한 뿌리"에서 났다고 말한 것과 같다(롬 11:16). 따라서 바울이 "우리는 본래 유대인이요"라고 말할 때, 그것은 이렇게 말한 것과 같다: "우리는 거룩한 자들로 태어났다. 이것은 우리 자신의 공로 때문이 아니라, 하나님이 우리를 택하셔서 그의 백성으로 삼으셨기 때문이다. 이렇게 우리는 본래 그런 유대인이었는데, 그런 우리가 무엇을 하였는가? 우리는 예수 그리스도를 믿었다. 우리가 그리스도를 믿은 목적이 무엇이었는가? 그것은 우리가 그리스도를 믿는 믿음으로 말미암아 의롭다 함을 얻기 위한 것이었다. 그렇다면, 우리는 왜 그렇게 하였는가? 그것은 우리가 사람이 율법의 행위로는 의를 얻을 수 없다는 것을 확신하였기 때문이다."

바울은 믿음의 성격과 결과를 토대로 해서, 유대인들은 결코 율법으로 말미암아서는 의롭다 함을 얻을 수 없다는 결론을 도출해 낸다. 즉, 자신의 의를 굳게 세우고자 하는 자들은 하나님의 의에 굴복하지 않은 자들인 것과 마찬가지로, 반대로 그리스도를 믿는 자들은 자신들이 죄인이라는 것을 고백하고 행위로 말미암는 의를 부정한다는 것이다. 여기에는 이미 주된 쟁점이 내포되어 있다. 아니, 이 단일한 명제 속에는 여기에서 벌어지고 있는 논쟁의 거의 전부가 담겨 있다. 그러므로 우리는 이 구절을 좀 더 주의깊고 세심하게 검토하고 살펴볼 필요가 있다.

16. 사람이 의롭게 되는 것은 율법의 행위로 말미암음이 아니요. 가장 먼저 주목해야 할 것은 우리는 행위로는 의롭다 함을 얻을 수 없기 때문에 그리스도를 믿는 믿음으로 말미암는 의를 구하여야 한다는 것이다. 여기에서 문제가 되는 것은 "율법의 행위"가 무엇을 의미하느냐 하는 것이다. 교황주의자들은 오리게네스(Origenes)와 히에로니무스(Ieronimus)에 의해서 오도되어서, 이 논쟁은 그림자들과

관계된 것이라고 단정하고서는, "율법의 행위"는 율법의 예법(의식)들을 가리키는 것이라고 해석함으로써, 바울이 여기에서 그리스도로 말미암아 우리에게 값없이 거저 주어지는 의를 다루고 있다는 사실을 애써 외면해 버린다. 왜냐하면, "그 누구도 율법의 행위로 말미암아 의롭다 함을 얻지 못하는" 반면에, 행위로 인한 공로로 말미암아 하나님 앞에서 의롭다 함을 받는다고 말하는 것은 그들에게는 전혀 불합리하지도 않으며 이상하지도 않은 것이기 때문이다. 요컨대, 그들은 이 구절이 도덕적인 행위들을 가리키는 것이 아니라고 보는 것이다. 그러나 문맥상으로 보면, "율법의 행위"라는 말 속에는 도덕법도 포함되어 있다는 것이 분명하게 드러난다. 왜냐하면, 바울이 이어서 말하고 있는 거의 모든 것들은 율법 중에서 예법(의식)이 아니라 도덕법과 관련된 것들이기 때문이다. 또한, 그는 계속해서 "율법의 의"를 하나님이 은혜로 우리를 값없이 받아 주신 것과 대비시킨다.

그런데도 우리의 대적들은, 만일 바울이 "행위"라는 말을 통해서 특정한 종류의 행위가 아니라 모든 일반적인 행위를 가리키고자 하였다면, 그는 "행위"라는 말에 "율법의"라는 말을 덧붙이지 않고 사용하였을 것이라고 반론을 제기한다. 그러한 반론에 대한 나의 대답은 바울이 거기에 "율법의"라는 어구를 덧붙인 데에는 꼭 그렇게 해야 할 이유가 있었기 때문이라는 것이다. 즉, 만일 어떤 사람이 거룩함에 있어서 모든 천사들보다도 뛰어난 삶을 산다고 하더라도, 하나님께서 거기에 대하여 상을 주시겠다고 약속하신 것이 아니라면, 그 사람이 자신의 거룩한 행위로 말미암아 상을 받게 되는 일은 결코 없을 것이다. 그러므로 율법에 대한 온전한 순종이 "의"로 여겨지고, 하나님으로부터 영생의 상을 받게 되는 것은, 오로지 율법을 지켜 행하며 산 자들은 "살게" 될 것이라고 하나님이 약속하셨기 때문이다. 우리는 나중에 적절한 곳에서 이 점에 대하여 좀 더 자세하게 다루게 될 것이다. 게다가, 유대인들과의 논쟁도 율법에 대한 것이었다. 그러므로 바울은 핵심적인 쟁점을 정면으로 다루지 않고 그저 주변부에서 변죽만 울림으로써, 마치 자신의 가르침에 대한 확신을 갖지 못하고 있어서 정면대결을 회피한다는 오해를 사지 않기 위해서, 유대인들의 앞마당으로 곧장 쳐들어가서 그들의 가장 핵심적인 주장을 쟁점화해서 정면으로 다루는 쪽을 선택한 것이었다. 그래서 그는 "율법"을 놓고 그들과 치열한 논쟁을 펼치기로 결심한다.

그들의 두 번째 반론은 여기에서 문제되고 있었던 것은 오직 율법의 예법(의식)들에 관한 것이라는 것이다. 갈라디아 교회에서 문제의 발달은 율법의 예법(의식)

에 관한 것이었다는 것에 대해서는 나도 인정한다. 그런데 이런 반론을 제기하는 자들은 이렇게 말한다: "그런데 바울이 특수한 것으로부터 일반적인 것으로 넘어갈 이유가 어디 있었겠는가?" 즉, 그들은 바울이 철저하게 율법의 "예법"만을 문제 삼았고 모든 논의를 거기에 집중했다는 것이다. 이것이 오리게네스와 히에로니무스로 하여금 이 대목을 잘못 해석하게 만든 유일한 원인이었다. 그들은 거짓 사도들이 오직 그리스도인들도 율법의 예법들을 지켜야 구원을 받을 수 있다고 주장하였기 때문에, 바울이 율법의 예법들을 뛰어넘어서 일반적인 "행위들"까지 포괄해서 논의를 진행하고 있다고 생각하는 것은 앞뒤가 맞지 않는 것이라고 생각한 것이었다. 그러나 그들의 그러한 생각은, 바울이 이 문제를 너무나 심각하고 중대한 것으로 인식해서 그토록 치열하게 논쟁한 이유는 율법의 예법에 관한 거짓 사도들의 교설이 사람들이 처음 보거나 생각한 것보다 더 심각하고 치명적인 결과들을 초래할 것임을 알았기 때문이라는 사실을 전혀 고려하지 않은 것이었다. 즉, 바울은 신자들이 단순히 율법의 예법들을 지키는 것 자체를 우려한 것이 아니라, 사람이 "행위로 말미암아" 구원을 얻을 수 있다고 착각해서 구원의 확신과 영광을 "행위"에 돌리는 일이 벌어지게 될 것을 염려한 것이었다. 이것은 어떤 특정한 날들에 고기를 먹지 말아야 하느냐 먹어도 되느냐를 놓고 벌이는 논쟁 속에서, 우리는 그 금령 자체를 우려하는 것이 아니라, 그 금령이 사람들의 양심에 올무가 되는 것을 우려하는 것과 같다.

그러므로 거짓 사도들은 오직 율법의 예법들에 대해서만 말하였는데도, 바울이 그것을 율법 전체에 관한 논쟁으로 확대시켰다고 해서, 그것이 본래의 주제나 쟁점으로부터 벗어난 것은 결코 아니다. 왜냐하면, 거짓 사도들이 갈라디아 교인들에게 예법들을 지키라고 강요한 목적은 사람들로 하여금 율법을 지킴으로써 거기로부터 생겨나는 공로를 의지해서 구원을 받고자 하게 하기 위한 것이었던 까닭에, 바울은 그들의 그러한 목적을 정면으로 반박하면서, 율법의 예법은 말할 것도 없고 율법의 도덕법까지 포함해서 율법 전체를 지키는 것으로는 사람이 구원을 받을 수 없고 오로지 그리스도의 은혜로만 구원을 받을 수 있다는 것을 논증한 것이기 때문이다. 하지만 이 서신 전체 속에서 그러한 포괄적이고 폭넓은 논의가 전개되고 있는 것은 아니다. 바울은 이렇게 근본적이고 일반적인 "행위" 문제를 다룬 후에는 결국에는 "예법"과 관련된 구체적이고 특정한 문제로 되돌아온다. 그럼에도 불구하고, 이 쟁점의 핵심은 사람이 "의"를 얻을 수 있는 것이 행위로 말미암는 것이냐,

아니면 믿음으로 말미암는 것이냐 하는 문제에 있었기 때문에, 그는 먼저 이 문제를 해결해야만 하였다. 오늘날 교황주의자들은 우리가 이 본문으로부터 사람이 오직 믿음으로 말미암아 의롭다 함을 얻는다는 가르침을 이끌어 내는 것을 좋아하지 않기 때문에, 바울이 말한 "율법의 행위" 속에는 도덕법도 포함된다는 것을 인정하기를 주저하면서, 그들 중에서 다수는 자신들에게는 히에로니무스의 해석이라는 든든한 버팀목이 있기 때문에, 자신들이 취하고 있는 입장에는 아무런 문제가 없다고 생각한다. 하지만 문맥은 이 어구가 도덕법을 가리키고 있다는 것을 분명하게 보여주고 있다.

오직 예수 그리스도를 믿음으로 말미암는 줄 알므로 우리가 그리스도 예수를 믿나니. 바울은 단지 "예법들"이나 온갖 "행위들"은 믿음의 조력이 없이는 우리가 의롭게 되는 데 충분하지 않다고 말하고자 하는 것이 아니라, 그런 것들로는 절대로 우리가 의롭게 될 수 없다고 말하고 있는 것이다. 그는 이렇게 말한 것과 같다: "사람이 의롭게 되는 것은 오직 그리스도를 믿는 믿음으로만 가능하고 행위로는 불가능하다." 만일 이렇게 해석하지 않는다면, 바울이 한 이 말은 현재의 쟁점과 아무 상관이 없는 쓸데없는 말이 되고 말 것이다. 왜냐하면, 거짓 사도들은 그리스도나 믿음을 완전히 부정하거나 배척한 것이 아니었고, 단지 거기에 예법을 추가해야 한다고 주장한 것이었기 때문이다. 만일 바울이 그러한 결합을 인정하였다면, 그것은 그들과 완전히 똑같은 생각을 갖고 있는 것이었을 것이기 때문에, 그가 이렇게 갈라디아 교인들에게 그들을 책망하는 서신을 보낼 이유나 필요도 없었을 것이다. 따라서 바울이 이 구절에서 우리는 믿음 이외의 다른 방식으로는 의롭다 함을 얻을 수 없다고, 즉 똑같은 말이지만 우리는 오직 믿음으로만 의롭다 함을 얻을 수 있다고 말하는 것임은 너무나 확실하다.

이것은 오늘날 교황주의자들이 우리가 "오직 예수 그리스도를 믿음으로"라고 말함으로써 본문에도 없는 "오직"이라는 단어를 제멋대로 덧붙이고 있다고 시비를 거는 것이 얼마나 어리석은 짓인지를 분명하게 보여준다. 바울은 교황주의자들의 신학, 즉 사람은 믿음으로 의롭다 함을 얻기는 하지만 그러한 칭의에는 사람의 "행위"도 부분적으로 기여한다고 주장하는 신학을 알지 못하였다. 바울은 믿음 또는 은혜로 말미암는 칭의와 행위로 말미암는 칭의를 적당히 섞어 놓은 "의"를 전혀 알지 못하였다. 즉, 그는 우리가 행위로는 의롭다 함을 얻을 수 없기 때문에 믿음으로 말미암아 의롭다 함을 얻는다고 말했을 때, 우리에게는 우리 자신의 의가 없다는 것을 인정하지 않고서는 그리스도의 의를 의지해서 의롭다 함을 얻을 수 없다는 것을 당연한 것으로 전제하고 있는 것이다. 따라서 우리는 우리로 하여금 의롭다 함을 얻게 해 주거나 구원을 얻게 해 주는 것을 반드시 "믿음"이나 "행위" 중에서 어느 한 쪽이라고 말해야 하고, 이 둘 모두라고 해서는 안 된다. "의롭다 함을 얻다" 또는 "칭의"라는 단어, 그리고 "믿음"이 어떻게 그 원인이 되는지에 대해서는 나중에 살펴보게 될 것이다.

율법의 행위로써는 의롭다 함을 얻을 육체가 없느니라. 바울은 이미 앞에서 베드로를 비롯한 유대인들의 양심에 호소하였었다. 이제 여기에서 그는 "율법의 행위"로는 그 누구도 "의"를 얻을 수 없다는 진리를 천명함으로써, 자기가 앞에서 한 말들을 좀 더 분명하게 확증한다. 우리가 우리 자신의 의를 벗어 버리는 것이 하나님으로부터 은혜로 값없이 주어지는 의를 받는 토대가 된다. 또한, 그가 "율법의 행위로써는" 아무도 "의롭다 함을 얻을" 수 없다고 단언할 때, 그것은 모든 사람은 "율법의 의"로부터 배제되어 있기 때문에, 그 누구도 율법의 의에 도달할 수 없다고 말한 것과 같다.

17만일 우리가 그리스도 안에서 의롭게 되려 하다가 죄인으로 드러나면 그리스도께서 죄를 짓게 하는 자냐 결코 그럴 수 없느니라 18만일 내가 헐었던 것을 다시 세우면 내가 나를 법법한 자로 만드는 것이라 19내가 율법으로 말미암아 율법에 대하여 죽었나니 이는 하나님에 대하여 살려 함이라 20내가 그리스도와 함께 십자가에 못 박혔나니 그런즉 이제는 내가 사는 것이 아니요 오직 내 안에 그리스도께서 사시는 것이라 이제 내가 육체 가운데 사는 것은 나를 사랑하사 나를 위하여 자기 자신을 버리신 하나님의 아들을 믿는 믿음 안에서 사는 것이라 21내가 하나님의 은혜를 폐하지 아니하노니 만일 의롭게 되는 것이 율법으로 말미암으면 그리스도께서 헛되이 죽으셨느니라(2:17-21).

17. 만일 우리가 그리스도 안에서 의롭게 되려 하다가 죄인으로 드러나면 그리스도께서 죄를 짓게 하는 자냐. 바울은 이제 갈라디아 교인들에게로 다시 향한다. 우리는 이 구절을 마치 바울이 베드로에게 한 말의 일부인 것처럼 앞의 구절과 연결시키지 않도록 주의하여야 한다. 왜냐하면, 바울이 베드로에게 이와 같은 말을 할 필요는 전혀 없었을 것이기 때문이다. 그럼에도 불구하고, 바울이 이 말을 갈라

디아 교인들을 향해 한 말이냐, 아니면 베드로에게 한 말이냐 하는 것은 이 구절에 대한 해석에서 별 상관이 없거나 아무런 상관이 없기 때문에, 독자들은 어느 쪽으로 선택해도 된다.

또한, 어떤 이들(그 중에서도 특히 크리소스토모스)은 이 구절을 의문문이 아니라 긍정문으로 읽고서, 이 구절이 다음과 같은 것을 의미하는 것으로 해석한다: "우리가 그리스도 안에서 의롭게 되려 하다가 온전히 의롭게 되지를 못하고 여전히 부정한 채로 있게 되어서, 그리스도가 우리의 의를 위하여 충분하지 않다면, 우리는 그리스도는 사람들을 죄 안에 그대로 두는 가르침을 베푼 자라는 결론을 내릴 수밖에 없게 된다." 이러한 해석은 여기에서 바울이 "의"의 일부를 율법에 돌리는 자들을 옳다고 가정해서 추론해 나가게 되면, 그리스도의 대속이 우리의 칭의나 구원에 불충분하다는 결론이 나온다는 것을 보여줌으로써, 그런 자들은 신성모독을 저지르고 있는 자들이라고 고소하고 있는 것이라고 보는 것이다. 하지만 이 구절 다음에는 바울이 오직 의문문들 뒤에서만 사용하는 "결코 그럴 수 없느니라"는 단호한 부정의 말이 즉시 뒤따라 나오는 것으로 보아서, 나는 바울이 자기가 오직 그리스도를 믿음으로 말미암아 의롭다 함을 얻을 수 있다고 말한 것 속에 내포되어 있는 것처럼 보이는 모순을 제거하기 위해서 이 말을 한 것이라고 생각한다. 그래서 그는 여느 때처럼 자기가 한 말에 이의를 제기하는 의문문을 자신의 대적들의 입을 빌려서 여기에 제시한다: "당신 말대로 사람이 믿음으로 의롭다 함을 얻는 것이라면, 그것은 모태로부터 성별되어서 거룩하게 태어난 유대인들조차도 타락한 죄인으로 간주하는 것이고, 죄의 권세가 하나님의 백성인 유대인들을 지배하고 있다고 말하는 것이기 때문에, 우리는 그리스도가 죄를 만들어 내고 죄의 권세를 비호하는 장본인이라고 말해야 하지 않겠는가?" 이러한 의구심은 바울이 앞에서 유대인 신자들도 그리스도를 믿음으로써 율법의 의를 포기하였다고 말한 것으로부터 생겨났다. 왜냐하면, 유대인들은 자신들은 그리스도를 믿고 안 믿고를 떠나서, 모태로부터 타락한 죄인으로 태어나는 이방인들과는 달리 하나님의 약속에 의해서 성별되어서 태어날 때부터 하나님의 거룩한 백성인 까닭에 어떤 의미에서는 본래부터 "죄인"에 속하지 않은 자들이라고 여겼기 때문이었다. 그런데 바울의 말대로 유대인이나 이방인이나 누구나 의롭게 되는 것이 은혜에 속하고 그리스도를 믿는 믿음으로 말미암는다면, 유대인들은 이방인들과 전혀 다를 바 없는 것이 되고, 유대인들도 이방인들과 똑같이 본래부터 죄인이라는 것이 된다. 이것이 "우리조차도"(개역개정에는 번역되지 않음 - 역주)라는 불변화사의 취지이다. 바울의 대적들은 "우리조차도 죄인으로 발견된다면"이라고 말하고 있는 것이기 때문에, 여기에서 "우리"는 이방인과 유대인을 포괄하는 모든 사람들을 가리키는 것이 아니라, 오직 그들 자신을 "죄인"이 아니라고 여긴 유대인들만을 가리킨다.

결코 그럴 수 없느니라. 바울은 그러한 반론을 즉각적으로 단호하게 거부한다. 왜냐하면, 그리스도는 은폐되어 있던 죄를 드러내는 것일 뿐인 까닭에, 마치 유대인들에게서 그들에게 본래부터 있던 "의"를 박탈해서 그들을 죄 속으로 몰아넣어 죄를 짓게 만들거나 그들에 대한 죄의 지배를 강화시키는 장본인으로 모는 것은 부당하기 때문이다. 그리스도 밖에서는 의로움이나 거룩함이 존재할 수 없기 때문에, 유대인들이 그리스도 밖에 있으면서도 자신들이 거룩하다고 주장한 것 자체가 잘못된 것이었고, 그들은 그런 잘못된 오해로 인해서 다음과 같이 이의를 제기하였다: "만일 당신이 한 말이 옳다면, 그것은 그리스도가 우리 유대인들에게 와서 우리로부터 율법의 의를 빼앗아가 버렸고 성도들인 우리를 타락한 죄인들로 만들어 버렸으며 우리를 죄와 죄책에 종속시켜 버린 것이 아닌가?" 바울은 그러한 반론을 즉시 부인하고, 그런 말을 하는 것은 끔찍한 신성모독을 범하는 것이라며 손사래를 친다. 그리스도는 그들로 하여금 죄를 짓게 하신 것이 아니라, 그들에게 원래부터 있던 죄를 드러내신 것일 뿐이다. 그리스도는 그들이 지니고 있던 의를 제거해 버리신 것이 아니라, 유대인들로부터 그들의 거짓된 허울을 벗겨내신 것일 뿐이다.

18. 만일 내가 헐었던 것을 다시 세우면 내가 나를 범법한 자로 만드는 것이라. 유대인들의 반론에 대한 바울의 대답은 두 부분으로 이루어져 있다. 첫 번째 부분인 이것은 간접적인 것으로서, 그들의 그러한 생각은 자신의 가르침 전체와 다른 것임을 우리에게 말해 준다. 왜냐하면, 그는 그리스도를 믿음이 죄를 멸하는 것이라고 가르쳐 왔기 때문이다. 요한은 그리스도는 "죄"의 왕국을 건설하기 위해서가 아니라, "마귀의 일을 멸하려" 오신 것이라고 가르친다(요일 3:8). 마찬가지로, 바울은 여기에서 자기가 복음을 전한 것은 참된 의를 회복해서 죄를 멸하기 위한 것이었다고 분명하게 밝힌다. 이렇게 바울은 자기는 죄를 "헐어서" 멸하기 위해서 그리스도를 전한 것인데, 그런 자기가 죄의 권세를 "세우고" 되살리고 있다고 하는 것은 있을 수 없는 일이기 때문에, 그러한 비방과 중상모략은 말도 안 되는 것이라고 배척한다.

19. 내가 율법으로 말미암아 율법에 대하여 죽었나니. 이제 두 번째 부분인 직

접적인 대답이 나오는데, 여기에서 바울은 우리는 본래부터 율법에 속한 일을 그리스도께로 돌려서는 안 된다고 말한다. 즉, 율법 자체가 자기를 추종하는 자들을 죽이기 때문에, 그리스도께서는 굳이 나서서 "율법의 의"를 제거하고 없애 버릴 필요조차 없었다는 것이다. 이것은 이렇게 말한 것과 같다: "너희는 사람은 율법으로 말미암아 살아야 하고 살 수 있다고 가르침으로써, 그러한 거짓되고 잘못된 가르침으로 가련한 자들을 속여서, 그러한 미명 아래 그들을 율법 안에 묶어 두고 있다. 그러면서도 너희는 사람이 율법으로 말미암아 지니게 된 '의'를 복음이 멸하고 있다고 율법을 공격한다. 그러나 정작 사람들을 죽이는 것은 율법 자신이다. 왜냐하면, 율법은 우리에게 의를 주기는커녕 우리를 죽이겠다고 위협하고, 우리에게 오직 절망만을 안겨 주면서, 우리로 하여금 율법을 의지하지 못하게 쫓아내 버리기 때문이다."

이 구절은 로마서 7장과 비교해 보면 더 잘 이해할 수 있다. 거기에서 바울은 율법 아래 있는 자는 누구든지 죽을 수밖에 없고, 오직 율법에 대하여 죽은 자만이 율법의 모든 권세와 역사로부터 벗어날 수 있다는 것을 기가 막히게 잘 설명한다. 왜냐하면, 율법은 우리 안에서 살아 움직이기 시작하는 순간 우리에게 치명적인 상처를 가하게 되어서, 우리는 율법에 대하여 죽게 되고, 그와 동시에 이미 죄에 대하여 죽은 자에게는 생명이 숨 쉬게 되기 때문이다. 그러므로 율법에 대하여 살아 있는 자들은 율법의 권능을 느낀 적이 없거나 율법이 무엇이라는 것을 맛본 적이 없는 자들이다. 왜냐하면, 율법이 무엇이라는 것을 진정으로 알게 되면, 우리는 율법에 대하여 죽게 되기 때문이다. 죄는 그리스도로부터 나오는 것이 아니라, 이렇게 율법으로부터 나오고 율법에 의해서 그 힘을 얻게 된다.

"율법에 대하여 죽는다"는 것은 율법을 버리고 그 지배로부터 자유로워지는 것으로서, 우리가 더 이상 율법을 의지하여 살지 않음으로써, 율법이 우리를 포로로 붙잡아서 종살이의 멍에 아래 살게 하지 못하게 하는 것을 의미하는 것일 수도 있고, 율법이 우리 모두를 멸망에 내어 주어서, 우리가 율법 안에서 그 어떤 생명도 발견하지 못하는 것을 의미하는 것일 수도 있는데, 여기에서는 후자가 더 잘 어울리는 것으로 보인다. 왜냐하면, 바울은 여기에서 율법이 사람들을 살리는 것이 아니라 죽인다는 것을 보여줌으로써, 그리스도가 죄와 멸망을 가져다주는 장본인이라는 것을 부인하고자 하는 것이기 때문이다. 율법은 그 자체 속에 우리를 죽이는 저주를 지니고 있다. 그런 까닭에, 율법이 가져다주는 죽음은 정말 치명적인 것이라는 결론이 도출된다. 이 죽음은 생명을 가져다주는 또 다른 죽음, 즉 그리스도의 십자가에 참여하여 죽는 죽음과 대비된다. 바울은 자기가 "하나님에 대하여 살기" 위해서, 그리스도와 함께 십자가에 못 박혔다고 말한다. 이 본문에 대한 통상적인 끊어 읽기는 이 본문의 의미를 모호하게 만드는데, 이 본문은 통상적으로 이렇게 읽는다: "내가 율법으로 말미암아 율법에 대하여 죽었나니 이는 하나님에 대하여 살려 함이라." 그러나 "나는 율법으로 말미암아 율법에 대하여 죽었고"에서 끊어서 읽고, "내가 하나님에 대하여 살기 위하여 그리스도와 함께 십자가에 못 박혔다"를 함께 붙여서 읽으면, 문맥이 더 잘 통한다.

이는 하나님에 대하여 살려 함이라. 바울은 거짓 사도들이 자신의 가르침을 공격하는 빌미로 삼고 있는 "죽음"은 바람직한 것임을 여기에서 보여준다. 왜냐하면, 그는 우리가 "율법에 대하여 죽는 것"은 죄에 대하여 살고자 하는 것이 아니라 "하나님에 대하여 살려" 하는 것이라고 갈하고 있기 때문이다. "하나님에 대하여 산다"는 것은 종종 하나님의 뜻을 따라 우리의 삶을 영위함으로써 우리의 모든 삶 속에서 하나님에 의해서 인정을 받는 것 이외의 다른 것을 추구하지 않는 것을 의미하지만, 여기에서는 하나님이 주시는 생명으로 살아가는 것을 의미한다. 그렇게 해석하는 것이 바울이 여기에서 사용하고 있는 대비에 부합한다. 왜냐하면, 그는 죄에 대하여 죽는 것과 하나님에 대하여 사는 것을 서로 대비시키고 있는 까닭에, 죄에 대하여 죽는 것이 무슨 의미이든, 하나님에 대하여 사는 것은 그 반대의 의미를 지니기 때문이다. 요컨대, 바울은 이 죽음이 우리에게 해로운 것이 아니라, 더 나은 삶의 시작이라는 것을 우리에게 말해 주고자 하는 것이다. 즉, 하나님께서는 율법이 난파해서 죽게 된 우리를 건지셔서, 그의 은혜로 우리에게 또 다른 생명을 주시고자 하신다는 것이다. 내게는 이것이 사도가 이 본문을 통해서 진정으로 말하고자 하는 것으로 보이기 때문에, 나는 다른 해석들에 대해서는 언급하지 않고자 한다.

20. 내가 그리스도와 함께 십자가에 못 박혔나니. 바울이 자기가 그리스도와 함께 십자가에 못 박혔다고 말할 때, 그것은 율법에 대하여 죽은 우리가 어떻게 해서 하나님에 대하여 살게 되는지를 설경하고 있는 것이다. 가지가 뿌리로부터 자양분을 흡수하듯이, 우리는 그리스도의 죽음에 접붙인 바 되어서, 거기로부터 은밀한 능력을 가져 온다. 또한, 그리스도께서는 "우리를 거스르고 불리하게 하는 법조문으로 쓴 증서를 지우시고 제하여 버리사 십자가에 못 박으셨다"(골 2:14). 그러므로 우리는 그리스도와 함께 십자가에 못 박혔을 때, 율법의 모든 저주와 죄책으로부터

벗어나서 자유롭게 된다. 그러한 "건짐"을 옆으로 제쳐놓거나 폐기처분하고자 하는 것은 그리스도의 십자가를 헛되이 하고자 하는 것이다. 그러나 우리가 명심해야 할 것은, 가지가 뿌리와 한 본성 안에서 자라갈 때에만 뿌리로부터 자양분을 흡수할 수 있듯이, 우리도 오직 그리스도와 하나가 될 때에만 율법의 멍에로부터 건짐을 받게 된다는 것이다.

그런즉 이제는 내가 사는 것이 아니요 오직 내 안에 그리스도께서 사시는 것이라. "죽음"이라는 단어는 사람들에게 언제나 좋지 않은 것으로 인식된다. 그래서 바울은 앞에서 "우리가 그리스도와 함께 십자가에 못 박혔다"고 말한 후에, 여기에서는 곧바로 우리가 그렇게 죽었기 때문에 살아나게 된 것이라는 말을 덧붙인다. 아울러, 그는 "하나님에 대하여 산다"는 것이 무엇을 의미하는지를 설명한다. 즉, 율법에 대하여 죽은 자들은 이제는 더 이상 그들 자신의 생명으로 말미암아 사는 것이 아니라, 그리스도의 은밀한 능력으로 말미암아 살게 되기 때문에, 그리스도께서 우리 안에 사시는 것이라고 말할 수 있다는 것이다. 영혼이 육신을 살아 움직이게 하는 것과 마찬가지로, 그리스도는 자신의 지체들에게 생명을 나누어 주신다. 신자들은 그들 자신 밖에서, 즉 그리스도 안에서 살아가는 것이라는 말씀은 주목할 만한데, 그것은 오직 그들이 그리스도와의 참되고 진정한 교통 가운데 있을 때에만 가능하다. 그리스도는 두 가지 방식으로 우리 안에 사신다. 하나는 그리스도께서 자신의 영으로 우리를 다스리시고 우리의 모든 행위들을 지도하시는 것이고, 다른 하나는 그리스도께서 우리로 하여금 그의 "의"에 참여하게 하셔서, 우리로 하여금 우리 자신의 힘으로는 아무것도 할 수 없게 하심으로써 하나님 앞에 열납되게 하시는 것이다. 첫 번째는 중생과 관련되어 있고, 두 번째는 값없이 거저 주시는 은혜로 말미암은 칭의와 관련되어 있다. 이 구절은 후자의 의미로 이해할 수 있지만, 이 두 가지 모두가 이 구절에 적용할 수 있다고 생각하는 것이 더 좋을 것이라고 보는 사람들이 있다면, 나는 그들의 견해에도 기꺼이 동의할 것이다.

이제 내가 육체 가운데 사는 것은 …… 하나님의 아들을 믿는 믿음 안에서 사는 것이라. 이 구절만큼 여러 가지 다양한 해석들에 의해서 찢겨져 온 구절도 거의 없을 것이다. 어떤 이들은 여기에서 언급된 "육체"가 부패하고 타락한 본성을 가리키는 것이라고 설명하지만, 바울은 단지 육신을 입고 살아가는 삶을 말하고자 하는 것이다. 만일 그렇지 않다면, 다음과 같은 반론이 제기될 수 있을 것이다: "너희는 육신을 입고 살아가는 삶을 살고 있다. 그러나 그 삶이 이 썩어질 육신이 여전히 그

역할들을 수행하고 먹고 마시는 것에 의해서 밑받침되는 그런 삶이라면, 그것은 하늘에 속한 그리스도의 생명을 따라 살아가는 삶이라고 할 수 없다. 그렇다면, 너희가 사람의 통상적인 삶의 방식을 따라 살아가면서도, 너희의 삶이 너희 자신의 삶이 아니라고 단언하는 것은 앞뒤가 맞지 않는 말일 뿐이다."

바울은 그 삶은 믿음으로 살아가는 삶이고, 사람의 지각으로부터는 감추어진 비밀에 속하는 삶이라고 대답한다. 그러므로 우리가 믿음으로 말미암아 얻는 생명은 우리의 눈에는 보이지 않고, 성령의 능력으로 말미암아 우리의 양심 속에서 내면적으로 지각될 뿐이다. 따라서 육신을 입고 살아가는 삶은 우리가 믿음으로 말미암아 하늘에 속한 생명으로 살아가는 것을 방해하지 못한다. 다른 곳에서 바울은 하나님이 우리를 그리스도와 "함께 일으키사 그리스도 예수 안에서 함께 하늘에 앉히셨다"(엡 2:6)고 말하기도 하고, "이제부터 너희는 외인도 아니요 나그네도 아니요 오직 성도들과 동일한 시민이요 하나님의 권속이라"(엡 2:19)고 말하기도 하며, "우리의 시민권은 하늘에" 있다고 말하기도 한다(빌 3:20). 바울의 글들은 이와 같이 우리가 이 세상에서 살고 있지만, 동시에 하늘에서도 살고 있다고 말하는 구절들로 가득하다. 이것은 단지 우리의 머리이신 그리스도께서 하늘에 계시기 때문이 아니라, 우리가 그리스도와의 연합으로 인하여 그리스도의 생명에 참여하고 있기 때문이다(요 14:23).

나를 사랑하사. 바울은 믿음의 권능을 표현하기 위해서 이 어구를 덧붙인다. 왜냐하면, 바울이 여기에서 "믿음 안에서 사는 것"에 대하여 말하는 것을 들었을 때, 그 즉시 누구에게나 "도대체 믿음이 무엇이기에 그리스도의 생명이 하나님에 의해서 우리에게 주어질 정도로 그토록 강력한 힘을 발휘한단 말인가"라는 의문이 생길 수밖에 없기 때문이다. 그래서 바울은 "믿음"의 토대를 이루는 것은 그리스도의 "사랑"과 죽음이라는 것을 분명히 밝힌다. 왜냐하면, 믿음의 효력, 또는 믿음으로 말미암아 이루어지는 모든 것은 바로 그 "사랑"으로부터 나오기 때문이다. 어떻게 해서 우리는 그리스도를 믿는 믿음으로 살아가게 되었는가? 그것은 그리스도께서 우리를 사랑하셔서 우리를 위하여 자기 자신을 내어 주셨기 때문이다. 그리스도께서 우리를 품으신 바로 그 사랑이 그로 하여금 우리와 하나가 되게 하였고, 이 연합은 그의 죽으심으로 완성되었다. 그리스도는 우리를 위하여 자기 자신을 주심으로써 우리 대신에 고난을 당하신 것이었다.

또한, 믿음은 우리로 하여금 우리가 믿음으로 말미암아 그리스도 안에서 발견하는 모든 것에 참여할 수 있게 해 준다. 바울이 여기에서 "사랑"을 언급한 것은 요한이 "사랑은 여기 있으니 우리가 하나님을 사랑한 것이 아니요 하나님이 우리를 사랑하사 우리 죄를 속하기 위하여 화목 제물로 그 아들을 보내셨음이라"(요일 4:10)고 말한 것과 동일한 취지이다. 만일 우리의 어떤 공로로 인해서 그리스도께서 마음이 움직이셔서 우리를 대속하신 것이라면, 바울은 그 원인을 반드시 밝혔을 것이다. 그러나 그런 것이 아니었기 때문에, 그는 이 모든 것을 "사랑"으로 돌린다. 그러므로 이 모든 것은 전적으로 은혜로 말미암아 거저 주어진 것이다. 우리는 여기에서 바울이 "나를 사랑하사 나를 위하여 자기 자신을 버리신"이라고 말함으로써, "사랑"을 먼저 언급한 것을 주목하여야 한다. 즉, 그는 이렇게 말한 것과 같다: "그리스도께서 우리를 위하여 죽으신 데에는 그가 우리를 사랑하신 것 외에는 다른 이유가 없었다." 다른 곳에서 그는 "우리가 원수 되었을 때에"(롬 5:10) 그리스도께서 우리를 위하여 죽으셨다고 말한다.

나를 위하여 자기 자신을 버리신. 이 어구가 말하고자 하는 것은 그 어떤 말로도 제대로 표현할 수 없다. 왜냐하면, 하나님의 아들의 탁월성을 선포하기에 적합한 언어를 찾아내는 것은 불가능한 일인데, 우리를 대속하기 위한 속전으로 자기 자신을 내어 주신 이가 바로 그 하나님의 아들이기 때문이다. 속죄, 깨끗하게 함, 대속을 비롯해서 우리가 그리스도의 죽으심으로부터 받을 수 있게 된 온갖 은택들이 "나를 위하여 자기 자신을 버리신"이라는 어구 속에 다 들어 있다. 여기에서는 "나를 위하여"라는 어구가 대단히 강조되고 있다. 어떤 사람이 그리스도께서 세상의 구원을 위하여 죽으셨다는 사실을 아무리 깊이 묵상하고 경탄한다고 할지라도, 그의 죽으심을 그 사람 자신을 위한 것으로 받아들여서 그 결과들을 직접 경험하지 않는다면, 그 사람은 그 죽으심을 진정으로 알고 있다고 할 수 없다.

21. 내가 하나님의 은혜를 폐하지 아니하노니. 이 구절에는 상당한 무게가 실려 있다. 왜냐하면, 바울은 하나님의 은혜는 그 자체로도 이루 말할 수 없이 귀하고 소중한 것인데다가, 하나님의 아들의 죽으심이라는 엄청난 대가를 치르고서 우리에게 주어진 것인데, 그런 하나님의 은혜를 멸시하고 "폐한다면," 그것은 얼마나 끔찍하고 극악무도한 배은망덕함이 되겠느냐고 말하는 것이기 때문이다! 또한 이것은 거짓 사도들이 바로 그러한 끔찍한 신성모독을 저지르고 있다고 고소하는 것이기도 하다. 왜냐하면, 그들은 그렇게 해서 우리에게 주어진 그리스도만으로 만족하지 못하고, 구원을 위한 다른 수단들을 도입함으로써, 하나님의 그러한 엄청난

은혜를 저버리고 폐하여 버린 것이기 때문이다. 구원을 위하여 다른 모든 것들을 버리고 오직 그리스도만을 붙잡지 않는 것은 하나님의 은혜를 거부하는 것이다. 그리고 하나님의 은혜를 거절함으로써 그 은혜를 받지 못하게 된 사람에게는 무엇이 남아 있겠는가?

만일 의롭게 되는 것이 율법으로 말미암으면 그리스도께서 헛되이 죽으셨느니라. 여기에서 "헛되이"는 그리스도의 죽음이 아무 소용이 없게 되었을 것이라는 것, 또는 그리스도께서 아무런 성과도 없이 죽으신 것이 되었을 것이라는 의미이다. 왜냐하면, 그리스도의 죽으심의 성과는 우리의 죄를 대속하심으로써 우리를 아버지 하나님과 화목하게 만든 것이기 때문이다. 이것으로부터 도출되는 결론은 우리가 "행위"가 아니라 하나님의 "은혜"로 말미암아 의롭다 함을 얻는다는 것이다. 교황주의자들은 여기에서 "율법"이 율법 중에서 예법만을 가리킨다고 해석한다. 그러나 여기에 언급된 "율법"이 율법 전체를 가리킨다는 것은 누구나 다 알 수 있는 사실이 아닌가? 왜냐하면, 바울은 이렇게 말한 것과 같기 때문이다: "만일 우리가 우리 자신의 의를 만들어 낼 수 있다면, 그리스도께서는 헛되이 죽으신 것이 된다. 그리스도는 우리로 하여금 의롭다 함을 얻게 하기 위하여 죽으신 것이기 때문이다." 만일 우리가 우리 자신으로부터 의를 얻어 낼 수 있다면, 굳이 다른 곳에서 우리의 의를 구할 이유가 어디 있겠는가? 하지만 그리스도의 죽으심이 우리의 속량이라면, 우리는 죄의 종이 되어 있었던 것이 된다. 그리스도의 죽으심이 속전이라면, 우리는 빚진 자들이었던 것이 된다. 그리스도의 죽으심이 속죄라면, 우리는 죄인들이었던 것이 된다. 그리스도의 죽으심이 우리를 깨끗하게 한 것이라면, 우리는 부정한 자들이었던 것이 된다. 그러므로 자신이 깨끗하게 된 것과 죄 사함 받은 것과 속죄와 의와 구원을 자신의 "행위"에 돌리는 자가 있다면, 그 사람은 그리스도의 죽으심을 헛것으로 만들어 버리는 것이다.

여기에서 아마도 어떤 사람들은 그러한 논증은 그리스도의 은혜를 완전히 폐하는 것이 아니라 거기에 행위로 말미암는 의를 덧붙이고자 하는 자들에게는 전혀 해당되지 않는다는 반론을 제기할 것이다. 그리고 거짓 사도들이 바로 그러한 반론을 제기하였을 것이라는 것도 의심의 여지가 없다. 그들은 우리는 율법으로 말미암아 "의"를 얻는다는 것과 그리스도의 죽으심으로 말미암아 구속을 받는다는 것, 이 두 가지 가르침은 얼마든지 공존할 수 있다고 주장한다. 만일 "의"의 일부는 율법으로 말미암아 얻어지고, 일부는 은혜로부터 온다는 것을 인정한다면, 우리는 그렇게 말할 수 있을 것이다. 그러나 그러한 가르침과 신학은 바울은 알지 못하였던 것이었다. 그리고 우리는 그것을 쉽게 증명할 수 있다. 자신의 대적들에 대한 바울의 논증은 적절한 것이거나, 아니면 어리석고 잘못된 것이거나 둘 중의 하나이다. 신성모독을 자행하는 자들이 감히 바울을 비방하고 중상모략을 하고자 한다면, 우리에게는 즉시 바울을 강력하게 옹호할 수 있는 논거가 있는데, 그것은 하나님 앞에 의롭다 함을 얻을 수 있는 것은 우리 인간이 생각하는 그런 "의"로는 어림없고, 절대적으로 온전한 의라야 한다는 것이다.

그러나 우리가 지금 해야 할 일은 성령을 거슬러 신성모독을 저지르는 자들에 맞서서 바울의 입장을 옹호하는 것이 아니라, 교황주의자들에게 맞서는 것이다. 왜냐하면, 우리가 바울의 논증을 그대로 받아들여서, "의"가 행위로부터 온다면, 그리스도는 헛되이 죽으신 것이라고 말하면, 그들은 우리의 그런 말을 조롱하고 비웃기 때문이다. 그들은 그들 편인 궤변론자들이 그들에게 제공해 준 아주 훌륭한 대답을 가지고 있다고 생각한다. 즉, 그리스도는 우리를 위하여 "최초의 은혜"를 하나님으로부터 얻어서, 우리로 하여금 "공로를 쌓을 수 있게 해 주는 통로"를 열어 놓았고, 이렇게 해서 매일매일의 죄 사함을 위해서는 그리스도의 죽으심으로 인한 "공로"와 우리의 행위들로 인한 "보속"이 동시에 필요하다는 것이다. 우리는 바울이 한 말을 그대로 인용하여 말하고 있는 것인 까닭에, 그들이 우리를 비웃는 것은 곧 바울의 말을 비웃는 것이다. 따라서 그들은 우리를 반박하기 전에 먼저 바울을 반박하여야 한다. 우리는 바울이 이 말을 할 당시에 상대해야 했던 사람들은 그리스도의 은혜를 온전히 배제하고 부정한 자들이 아니라 단지 구원의 절반을 "행위"에 돌린 자들이었다는 것을 알고 있다. 바울은 그런 자들에 반대해서, 만일 "의"가 율법으로 말미암는다면, 그리스도는 헛되이 죽으셨다고 말함으로써, "행위"를 통해서는 단 한 방울의 "의"도 얻을 수 없다는 것을 분명히 한다. 교황주의자들의 논리는 당시의 거짓 사도들의 논리와 조금도 다름이 없기 때문에, 우리는 교황주의자들을 반박하는 데 바울의 논증을 그대로 사용할 수 있다.

제3장

¹어리석도다 갈라디아 사람들아 예수 그리스도께서 십자가에 못 박히신 것이 너희 눈 앞에 밝히 보이거늘 누가 너희를 꾀더냐 ²내가 너희에게서 다만 이것을 알려 하노니 너희가 성령을 받은 것이 율법의 행위로냐 혹은 듣고 믿음으로냐 ³너희가 이같이 어리석으냐 성령으로 시작하였다가 이제는 육체로 마치겠느냐 ⁴너희가 이같이 많은 괴로움을 헛되이 받았느냐 과연 헛되냐 ⁵너희에게 성령을 주시고 너희 가운데서 능력을 행하시는 이의 일이 율법의 행위에서냐 혹은 듣고 믿음에서냐(3:1-5).

1. 어리석도다 갈라디아 사람들아 …… 누가 너희를 꾀더냐. 바울은 자신의 가르침 속에 책망을 함께 끼워 넣는다. 어떤 이들은 바울이 이 문제와 관련해서 가르칠 것들을 다 가르친 후에 끝에 가서 그들을 책망하면 훨씬 자연스러울 텐데 실제로는 그렇게 하지 않는 것에 대해서 다소 의외라고 생각할지도 모르겠지만, 바울은 그들이 저지른 매우 심각하고 중요한 잘못들을 언급하는 과정에서 감정이 격해져서 그들을 이렇게 호되게 질책하는 말이 나오게 된 것임에 틀림없다. 갈라디아 교인들이 하나님의 아들과 그가 그들에게 베풀어 주신 모든 은택들을 배척함으로써, 그리스도의 죽으심을 "헛되이" 만들어 버렸다는 것을 지적하는 대목에서, 경건한 심령을 지닌 사람이라면 거룩한 분노를 느끼는 것은 너무나 당연한 일이 아니겠는가? 그러므로 바울은 그러한 극악무도한 범죄에 휘말려든 자들은 "제정신이 아닌"(ἀνόητοι - '아노에토이') 자들임에 틀림없다고 선언한다. 즉, 그는 그들이 거짓 사도들에 의해서 속아 넘어갔을 뿐만 아니라, 모종의 주술적인 주문에 홀려서 넋이 나가 버린 것이라고 말하는데, 후자는 전자보다 한층 더 호된 책망이다. 이것은 그들이 거짓 사도들에게 넘어가서 복음을 떠난 것은 "어리석었기" 때문이라기보다는 "미쳤기" 때문이라고 말한 것과 같다.

어떤 이들은 바울이 갈라디아 교인들의 성품, 즉 그들이 야만인 출신이어서 가르치고 훈련시키기가 어렵다는 것을 지적한 것이라고 생각한다. 그러나 나는 바울이 단지 이 일 자체와 관련해서 그들이 정신 나간 짓을 한 것이라고 말한 것으로 생각한다. 그들이 복음을 아주 분명하게 체험하였으면서도, 그런 후에 사탄의 속임수에 넘어가 미혹된 것은 이성이 있는 제정신인 자들에게는 도저히 일어날 수 없는 일이라는 것이다. 바울이 그들이 홀려서 정신이 나갔다고 말한 것은 단지 그들이 진리에 순종하지 않았기 때문이 아니라, 그토록 분명하고 확실하며 강력하게 복음을 가르침 받고 체험했으면서도, 그토록 빨리 복음으로부터 떨어져 나갔기 때문이었다.

에라스무스(Erasmus)는 "누가 너희를 꾀어 진리를 순종하지 못하게 하더냐"(개역개정에는 "누가 너희를 꾀더냐"로 되어 있다 – 역주)라는 어구를 "누가 너희를 꾀어 진리를 믿지 못하게 하더냐"로 번역한다. 나는 그러한 번역을 단도직입적으로 틀리다고 말하지는 않겠지만, 바울은 여기에서 그들이 처음부터 복음을 거부한 것을 책망하고 있는 것이 아니라 계속해서 복음에 순종하지 않은 것을 책망하고 있는 것이라는 점에서, 전자의 번역이 문맥에 더 맞는다고 본다.

예수 그리스도께서 십자가에 못 박히신 것이 너희 눈 앞에 밝히 보이거늘. 내가 앞에서 이미 잠깐 언급했듯이, 이것은 그들의 죄책을 분명하게 드러내기 위한 것이다. 왜냐하면, 그리스도를 더 잘 알고 있었을수록, 그리스도를 떠난 죄는 더 중대한 것이 되기 때문이다. 그러므로 바울은 그들에게 자신의 가르침은 너무나 분명하게 생생해서, 단순한 가르침이 아니라 그리스도의 살아 있는 모습을 그들의 눈 앞에 보여준 것과 같았다고 말한다.

따라서 갈라디아 교인들은 십자가에 못 박히신 그리스도의 모습을 마치 자신들의 눈으로 본 것 같은 그런 지식을 지니고 있었다. '프로에그라페'(προεγράφη, 개역개정에는 "밝히 보이거늘")라는 단어에 대한 아우구스티누스(Augustinus)의 해석은 조악하고 바울의 의도와는 거리가 멀다. 그는 이 단어는 그리스도가 마치 그들의 눈 앞에 금방이라도 튀어나올 것 같이 묘사되었다는 것을 의미하는 것이라고 말한다. 다른 이들은 "그들의 눈 앞에 묘사되었다"로 해석하는데, 이것이 "그들 앞에서 생생하게 선포되었다"는 의미로 그렇게 말하고 있는 것이라면, 문맥에서 벗어난 해석은 아니다. 헬라인들은 어떤 물건을 팔고자 한다는 것을 알리기 위해서 누구나 볼 수 있게 제작한 광고판을 가리키는 데 이 동사에서 파생된 명사인 '프로그람마타'(προγράμματα)를 사용하였다. '프로에그라페'를 "그려졌다"로 번역하는 것은 덜 모호하다는 점에서, 내 생각에는 가장 적절한 것으로 보인다. 바울은 자신이 그들에게 베푼 가르침이 얼마나 강력한 것이었는지를 보여주기 위해서, 여기에서 먼저 자신의 가르침을 그리스도의 초상화를 그들의 눈 앞에 생생하게 보여준 그림에 비유한다.

그런 후에, 그는 그러한 비유로 만족하지 않고, "그리스도께서 너희 가운데서 십자가에 못 박히셨다"는 말을 덧붙이는데, 이것은 그들이 그리스도께서 십자가 위에 죽으신 모습을 직접 두 눈으로 보았다고 할지라도, 자기가 그들에게 가르친 것보다 덜 생생했을 것이라고 말한 것과 같다. 어떤 이들은 여기에서 바울은 갈라디아 교인들이 순전한 복음으로부터 떠나고, 적어도 그리스도를 십자가에 못 박은 거짓된 자들을 신뢰하고 그들의 말에 귀를 기울임으로써, 그리스도를 다시 한 번 십자가에 못 박고 조롱거리로 만들어 버렸다고 말한 것이라고 해석하지만, 내가 보기에는 억지스럽다. 따라서 우리는 바울은 여기에서 자기는 마치 갈라디아 교인들이 그리스도께서 십자가에 못 박혀 계시는 모습을 그들의 눈 앞에 직접 본 것처럼 그들에게 그리스도에 대하여 그림 같이 생생한 가르침을 베풀었었다고 말하고 있는 것으로 이해하고자 한다. 만일 바울이 고린도전후서에서 말한 바 있는 "성령의 능력"이 그와 함께 하지 않았다면, 설령 그가 아무리 뛰어난 언변이나 "설득력 있는 지혜의 말"(고전 2:4)을 사용했다고 하더라도, 그가 그리스도에 대하여 그들에게 그 정도로 생생하게 전하는 것은 불가능했을 것이다.

복음 사역을 담당하고자 하는 자들은 열변을 토하며 복음을 전하는 것만이 아니라, 사람들의 양심을 꿰뚫고 들어가서, 그들로 하여금 십자가에 못 박히신 그리스도를 보고 그의 피가 흐르는 것을 볼 수 있게 하는 법을 제대로 배워야 한다. 교회에 그렇게 생생하게 그리스도를 전하는 자들이 있을 때에는, 나무와 돌로 만든 죽은 우상들이 필요하지 않게 될 것이고, 그 어떤 성화도 필요로 하지 않게 될 것이다. 분명히 기독교회에 우상들과 성화들이 처음으로 도입된 것은, 목회자들이 말 못하는 우상들이 되어 버려서, 강단에서 아주 냉랭하고 피상적인 것들만을 전할 뿐이고, 그들의 사역 속에서 성령의 능력과 역사가 완전히 소멸되어 버린 때였을 것임에 틀림없다.

2. 내가 너희에게서 다만 이것을 알려 하노니 너희가 성령을 받은 것이 율법의 행위로냐 혹은 듣고 믿음으로냐. 바울은 이제 새로운 논증들을 통해서 자신의 가르침이 옳은 것임을 확증한다. 첫 번째 논증은 갈라디아 교인들의 체험을 토대로 한 것이다. 그는 그들이 처음에 복음을 받아들였을 때에 어떤 일이 있었는지를 그들에게 상기시킨다. 그들은 "복음을 들었고," 그 때에 "성령을 받았다." 따라서 그들이 성령을 받는 복을 누리게 된 것은 율법으로 말미암은 것이 아니라 믿음으로

말미암은 것이었다. 베드로는 무할례자들에게 세례를 베풀 때, 형제들 앞에서 이것과 동일한 논증을 사용해서 자기가 그렇게 하는 것이 옳다는 것을 논증하였다(행 10:47, "베드로가 이르되 이 사람들이 우리와 같이 성령을 받았으니 누가 능히 물로 세례 베풂을 금하리요 하고"). 바울과 바나바는 이 문제와 관련해서 예루살렘에서 열린 공의회에서 토론할 때에도 여기에서와 동일한 논리를 폈다(행 15:12). 그러므로 갈라디아 교인들이 바울이 전한 가르침을 듣고서 성령을 받는 복을 누리게 되었음에도 불구하고, 이제 와서는 그 가르침을 버리고 떠난 것은 분명히 배은망덕한 짓이었다. 하지만 바울이 그들에게 답변할 기회를 주고 있는 것은 그들을 의심하고 있는 것이 아니라 도리어 신뢰하고 있음을 보여주는 증표이다. 왜냐하면, 그는 그들이 자신들의 이전의 체험을 다시 한 번 상기하고서는 자신들의 잘못을 깨닫고 그의 가르침이 참되다는 것을 인정할 수밖에 없으리라는 것을 확신하고 있었기 때문이었다.

여기에서 "믿음"은 환유법으로서 "복음"을 가리킨다. 다른 곳에서 복음은 "믿음의 법"(롬 3:27)이라 불리는데, 그것은 복음은 행위의 공로와는 상관 없이 그리스도 안에서 값없이 거저 주어지는 하나님의 은혜를 우리에게 계시해 주기 때문이다. 또한, 나는 여기에 언급된 "성령"은 모든 신자들에게 공통적으로 주어지는 중생의 은혜를 가리키는 것으로 본다. 하지만 이것이 바울이 복음을 전하였을 때에 하나님이 그 복음을 듣는 자들에게 나누어 주신 성령의 특별한 은사들을 가리키는 것으로 이해하고자 하는 사람이 있다면, 나는 그러한 해석에 반대하지는 않을 것이다.

여기에서 성령의 은사들은 복음을 듣고 믿은 모든 사람에게 주어진 것은 아니지 않는가 하는 반론이 제기될 수 있다. 나의 대답은 바울이 갈라디아 교인들을 가르칠 때에 성령의 능력이 나타났고, 신자들 중 일부가 교회의 덕을 세우기 위해서 성령의 은사들을 수여받았다는 것을 그들이 아는 것만으로 여기에서 바울이 이 말을 한 목적을 달성하는 데에는 충분하였다는 것이다. 또한, 그러한 성령의 은사들은 양자됨을 보여주는 확실한 증표들이 아니기 때문에, 현재의 문제에 적용될 수 없다고 하는 반론이 제기될 수도 있는데, 거기에 대한 나의 대답은 주께서 자신의 영의 가시적인 은사들을 통해서 바울의 가르침을 확증한 것만으로 충분하였다는 것이다. 한층 더 간단명료한 해석은 바울은 여기에서 거짓 사도들이 와서 무엇을 더하기 이전에 이미 갈라디아 교인들이 모두 하나님의 자녀들이 되는 특권을 받아 누리고 있었다는 것을 지적하고 있다는 것이다. 그는 에베소 교인들에게 이렇게 말한

다: "그 안에서 너희도 진리의 말씀 곧 너희의 구원의 복음을 듣고 그 안에서 또한 믿어 약속의 성령으로 인치심을 받았으니"(엡 1:13).

3. 너희가 이같이 어리석으냐 성령으로 시작하였다가 이제는 육체로 마치겠느냐. 여기에서도 해석자들은 "성령"과 "육체"가 무엇을 가리키느냐를 놓고 의견이 분분하다. 내 생각으로는, 이 절에 언급된 "성령"은 바울이 앞 절에서 말한 "성령"을 가리키는 것으로 보인다. 따라서 그는 이렇게 말한 것이다: "복음의 가르침이 너희에게 성령을 가져다주었다는 점에서 너희의 시작은 신령한 것이었다. 그러나 지금은 너희가 좋지 않은 상태로 떨어졌기 때문에, 너희는 성령으로부터 육체로 떨어진 것이라고 할 수 있다." 여기에서 "육체"는 (그들로 하여금 그리스도를 떠나게 만든) 예법들 같은 외적이고 사라져 없어질 것들을 가리키는 것이거나, 연약하고 죽은 가르침을 가리킨다. 그들이 대단하고 영광스럽게 시작하였다가 그 이후에 진보를 보이지 않은 것은 정말 앞뒤가 맞지 않는 이상하고 잘못된 일일 수밖에 없었다.

4. 너희가 이같이 많은 괴로움을 헛되이 받았느냐 과연 헛되냐. 이것은 앞에 나온 것과는 다른 별개의 논증이다. 바울은 그들이 복음을 위하여 아주 많은 고난을 겪어 왔는데, 그렇게 해서 지켜 온 복음을 이렇게 한순간에 잃어버려도 괜찮은 것이냐고 반문한다. 그는 그들이 믿음을 위하여 지금까지 수많은 싸움들을 싸워 오면서 놀라운 승리들을 통해 얻은 노략물을 다 잃고자 하는 것이냐고 그들에게 책망하듯이 묻는다. 만일 바울이 그들에게 전한 것이 참된 믿음이 아니라면, 그들이 지금까지 겪은 고난과 괴로움들은 거짓된 것을 지키고 옹호하기 위하여 쓸데없이 헛수고한 것이 될 것이다. 그러나 그들은 대적들로부터 박해를 받는 과정에서 하나님의 임재를 경험해 왔다. 그래서 그는 거짓 사도들이 악의를 가지고서 갈라디아 교인들로부터 그들이 지금까지 얻은 소중하고 영광스러운 노략물들을 탈취하고자 하는 것이라고 말한다. 하지만 그는 자기가 말을 좀 심하게 했다고 생각했는지, 그 심한 정도를 완화시키기 위해서, "과연 헛되냐"라는 말을 덧붙임으로써, 그들에게는 그들이 지금까지 겪은 고난과 괴로움이 헛되지 않게 할 방법이 얼마든지 있고, 실제로 지금이라도 회개한다면 그런 일은 일어나지 않을 것이라고 여지를 둔다. 왜냐하면, 모든 징계와 책망의 목적은 사람들을 절망으로 모는 것이 아니라 그들을 격려해서 더 나은 길로 돌이키기 위한 것이기 때문이다.

5. 너희에게 성령을 주시고 너희 가운데서 능력을 행하시는 이의 일이 율법의 행위에서냐 혹은 듣고 믿음에서냐. 바울은 이제 여기에서는 갈라디아 교인들에게

주어진 중생의 은혜에 대해서가 아니라, 그들 가운데 주어진 성령의 다른 은사들에 대하여 말한다. 왜냐하면, 이 절부터는 앞에서와는 다른 주제가 다루어지고 있고, 그것은 여기에서 새로운 논증이 시작되고 있음을 분명하게 보여주기 때문이다. 이제 바울은 갈라디아 교인들 가운데 풍성하게 주어진 성령의 모든 은사들은 복음, 즉 자신의 입으로 그들 가운데서 전한 복음의 열매들이라고 말한다. 그런데 그들은 바울이 전한 복음을 떠나서 "다른 복음"을 받아들임으로써, 그들에게 주어진 그러한 성령의 은사들을 빼앗아가 버렸다. 그러므로 그들이 자신들에게 주어진 "은사들"(사도는 거기에 "이적들"을 덧붙인다)을 진정으로 소중히 여긴다면, 바울이 전한 복음을 굳게 붙잡고 놓지 말아야 한다.

바울은 여러 가지 사실들과 경험에 호소해서 갈라디아 교인들을 반박하였기 때문에, 이제 여기에서는 성령의 증언들로 향한다. 먼저, 그는 아브라함의 예를 제시한다. 사례들을 들어서 전개해 나가는 논증들이 언제나 결정적인 것이 되는 것은 아니지만, 여기에서 바울이 든 아브라함의 예는 "주제"나 "사람"에 있어서 그 어떤 예외도 있을 수 없는 것이라는 점에서 가장 강력한 논증이 된다. 왜냐하면, "의"에 이르는 길은 여러 가지가 있는 것이 아니고 단지 하나밖에 없고, "아브라함"은 모든 사람에게 공통적으로 적용되는 "본"이어서 "믿는 모든 자의 조상"(롬 4:11)이라 불리기 때문이다. 사실, 하나님께서는 아브라함이라는 인물을 통해서 우리에게 "의"를 얻는 보편적인 원리를 보여주셨다.

⁶아브라함이 하나님을 믿으매 그것을 그에게 의로 정하셨다 함과 같으니라 ⁷그런즉 믿음으로 말미암은 자들은 아브라함의 자손인 줄 알지어다 또 하나님이 이방을 믿음으로 말미암아 의로 정하실 것을 성경이 미리 알고 먼저 아브라함에게 복음을 전하되 모든 이방인이 너로 말미암아 복을 받으리라 하였느니라 ⁹그러므로 믿음으로 말미암은 자는 믿음이 있는 아브라함과 함께 복을 받느니라(3:6-9).

6. 아브라함이 하나님을 믿으매 그것을 그에게 의로 정하셨다 함과 같으니라. 바울은 앞에서 의문문을 통해서 반문한 후에, 그 질문에 대하여 어떠한 대답을 할지를 주저하고 망설이지 못하게 하기 위하여, 여기에서는 그런 여지를 일거에 제거하고자 하는 것이기 때문에, 우리는 "도리어" 같은 접속어를 여기에 보충해서 해석하는 것이 좋을 것이다. "~함과 같으니라"로 번역된 단어(καθώς - '카토스')는 오

직 그들이 "듣고 믿음"으로 성령의 은사들과 이적들을 경험하였다고 말한 앞 절에만 걸린다. 따라서 바울은 이렇게 말한 것과 같다: "너희가 성령의 은사들과 이적들을 경험한 것은 아브라함이 하나님을 믿고서 의롭다 함을 받은 것과 분명히 같은 것이었다."

바울은 "아브라함이 하나님을 믿으매 그것을 그에게 의로 정하셨다"는 인용문을 여기에서와 로마서 4장에서 사람이 믿음으로 말미암아 의롭다 함을 얻는다는 것을 증명하는 데 사용한다("성경이 무엇을 말하느냐 아브라함이 하나님을 믿으매 그것이 그에게 의로 여겨진 바 되었느니라," 롬 4:3). 우리는 바울이 여기에서 말한 것들 중에서 첫 번째로는 "믿음," 두 번째로는 "의," 세 번째로는 왜 믿음이 칭의의 원인으로 여겨지는 것인지를 간략하게 살펴볼 필요가 있다. "믿음"이라는 것은 사람이 하나님에 대하여 지닐 수 있는 온갖 종류의 확신을 가리키는 것이 아니다. 가인은 자신의 잘못을 깨닫지 못하고 자기에게 벌을 내리신 하나님을 비난하긴 하였지만, 하나님이 계시다는 것과 능력이 많으시다는 것 등등을 철석같이 믿고 있었다. 그러나 가인의 그러한 믿음은 "의"를 얻는 데에는 아무 소용이 없었다. 반면에, 아브라함이 믿음으로 말미암아 의롭다 함을 얻을 수 있었던 것은 그는 하나님이 아버지 같은 자애로움으로 그에게 약속을 주셨을 때에 그 약속을 확실한 것으로 받아들였기 때문이었다. 그러므로 믿음은 사람들로 하여금 하나님을 믿고 의뢰할 수 있게 해 주는 하나님의 어떤 약속과 관련되어 있다.

"의"라는 단어와 관련해서는 우리는 모세의 표현 방식을 주목해 볼 필요가 있다. 모세는 "아브라함이 하나님을 믿었고, 그것이 그에게 의로 여겨졌다"고 말하는데, 이것은 하나님 앞에서 "의로운 것"으로 여겨지는 자가 의로운 자라는 것을 의미한다. 사람들은 자기 자신 속에 "의"를 지니고 있는 것이 아니기 때문에, 하나님이 그들의 "믿음"을 "의"로 여기셔서 받아즈실 때에 "전가"의 방식으로 "의"를 얻게 된다는 것이다. 그러므로 우리가 믿음으로 말미암아 의롭다 함을 얻는다는 것은, 우리가 믿을 때에 "의"라는 성품이나 속성이 우리 속으로 주입된다는 의미가 아니라, 우리가 믿음으로 말미암아 하나님에 의해서 받아들여지고 열납된다는 의미이다.

그렇다면, 왜 우리의 칭의의 원인이라 불리는 그런 영광이 "믿음"에 주어지는 것인가? 먼저, 우리는 "믿음"은 단지 도구적 원인일 뿐이라는 것을 알아야 한다. 엄밀하게 말하자면, 우리의 "의"는 하나님이 우리를 값없이 거저 받아 주시는 것 외에 다른 것이 아니고, 우리의 구원은 바로 거기에 토대를 두고 있다. 그러나 주께서는 복음 안에서 자신의 사랑과 은혜를 증언하시는 방식으로, 내가 말한 그 "의"를 우리에게 제시하시기 때문에, 우리는 복음 안에서 우리에게 제시된 그 "의"를 믿음으로 받아들여야만 한다. 이렇게 우리가 사람의 칭의를 "믿음"에 돌릴 때, 그것은 칭의의 일차적 원인에 대해서 말하는 것이 아니라, 단지 사람이 참된 의에 이르는 길을 지적하는 것일 뿐이다. 왜냐하면, 이 "의"는 사람들 속에 내재되어 있는 속성이 아니라, 순전히 하나님의 선물로서 오직 믿음으로만 얻을 수 있는 것이고, 그렇게 주어지는 "의"는 우리의 믿음에 대한 정당한 대가나 상이 아니라, 단지 하나님이 값없이 거저 주시는 것을 "믿음"이라는 수단을 통해서 받는 것일 뿐이기 때문이다. 따라서 다음과 같은 모든 표현들은 모두 동일한 것에 대하여 말하고 있는 것이다: 우리는 하나님의 은혜로 말미암아 의롭다 함을 얻는다; 그리스도는 우리의 "의"이시다; 하나님의 긍휼하심은 우리의 "의"의 원인이다; 우리에게 주어지는 "의"는 그리스도의 죽으심과 부활에 의해서 확보된 것이다; "의"는 복음을 통해서 우리에게 수여된다; 우리는 믿음으로 말미암아 의를 얻는다.

　이것은 우리가 "믿음"으로 말미암아 의롭다 함을 얻는다는 명제와 우리가 "행위"로 말미암아 의롭다 함을 얻는다는 명제를 둘 다 받아들여서 서로 조화시키려고 하는 것이 얼마나 어리석고 우스꽝스러운 잘못인지를 보여준다. 왜냐하면, 믿음으로 말미암아 의롭다 함을 얻는 자는 자기 자신의 "의"를 다 비우고서 오로지 하나님의 은혜만을 의지하기 때문이다. 그리고 이것이 바울이 로마서에서 아브라함은 믿음으로 말미암아 의를 얻었기 때문에 하나님 앞에서 자랑할 수 없었다고 결론을 내리고 있는 이유이다(롬 4:2, "만일 아브라함이 행위로써 의롭다 하심을 받았으면 자랑할 것이 있으려니와 하나님 앞에서는 없느니라"). 거기에서 바울은 하나님께서 아브라함의 "믿음"을 보시고 아브라함의 "의"를 부분적으로 인정해 주셨다고 말하는 것이 아니고, 그 "믿음"을 그의 "의" 전부로 여기셨다고 말한다. 즉, 아브라함의 "믿음"은 곧 그의 "의"였다. 게다가, 믿음은 오로지 하나님의 은혜와 우리를 위하여 죽었다가 다시 살아나신 그리스도만을 바라본다. 그러므로 바울은 모든 "의"를 "믿음"에 돌리고 있기 때문에, 거기에서 칭의의 원인으로서의 행위로 말미암는 "공로"라는 개념은 철저하게 배제된다. 왜냐하면, "믿음"은 복음 안에서 우리에게 값없이 거저 주어지는 하나님의 은혜, 그리스도와 그의 모든 은택들, 양자됨 같은 것들을 모두 담고 있다는 점에서, 율법, 행위로 말미암는 공로, 인간의 어떤 가치라는 개념과는 전면적으로 대비되기 때문이다. 바울은 여기에서 단지 믿음을 율법의 예법들과만 대비시키고 있다는 교황주의자들의 궤변이 잘못되었다는 것은 문맥을 통해서 별 어려움 없이 신속하게 증명할 수 있다. 그러므로 우리는 믿음으로 의롭다 함을 얻어서 의롭게 된 자들은 그들 자신의 밖에서, 즉 그리스도 안에서 의로운 것임을 명심하여야 한다.

또한, 이것은 바울이 말하고자 하는 것을 교묘하게 회피하고자 하는 자들의 저 어이없는 궤변에 대한 반박이기도 하다. 그들은 모세가 여기에서 "의"라고 말한 것은 사실은 "올바름"을 의미하는 것이라고 해석한다. 따라서 그들은 모세는 단지 아브라함이 하나님을 믿었기 때문에 올바른 사람으로 여김을 받았다고 말하고 있는 것일 뿐이라고 주장한다. 오늘날에도 사탄은 그런 자들과 비슷한 경박한 자들을 일으켜서, 성경 본문들을 은근히 간접적으로 비방해서 성경의 확실성을 훼손하려고 애를 쓴다. 그러나 바울은 모세가 어린 아이들에게 문법을 가르치고 있는 것이 아니라, 하나님의 포고에 대해서 말하고 있기 때문에, "의"라는 단어를 신학적으로 해석하는 것이 가장 적절하다는 것을 알고 있었다. 왜냐하면, 우리가 하나님 앞에서 "의"로 여김을 받았다는 것은 사람들 가운데서 대체로 올바르고 선하게 살아서 사람들이 보기에 올바르고 선한 자로 인정을 받았다는 것과 똑같은 의미인 것이 아니라, 오직 우리가 율법에 온전히 순종하며 살 때에만 적용되는 표현이기 때문이었다. "의"는 율법을 조금이라도 범하는 것과 대비된다. 우리는 스스로의 힘으로는 그러한 "의"를 얻을 수 없다. 따라서 그러한 "의"는 오직 하나님에 의해서 우리에게 값없이 거저 주어질 때에만, 우리는 그러한 "의"를 얻을 수 있게 된다.

그러나 여기에서 유대인들은 바울이 자신의 목적과 의도에 맞추어서 모세가 한 말을 왜곡하고 있다고 비난한다. 즉, 모세는 그리스도나 영생에 대하여 말하고 있는 것이 아니라, 단지 이 땅에서의 약속에 대하여 말하고 있는 것일 뿐이라는 것이다. 교황주의자들도 유대인들의 생각과 별로 다르지 않다. 그들은 감히 바울을 비난하지는 못하지만, 바울의 의도를 철저하게 파괴해 버린다. 나의 대답은 바울은 그리스도인들에게 절대적인 진리라는 의미에서의 "공리"인 것, 즉 주께서 아브라함에게 행하신 모든 약속들은 가장 먼저 그에게 주어졌던 약속, 즉 "나는 너의 하나님이고 너의 지극히 큰 상급이며 너의 씨 안에서 모든 민족이 복을 받게 될 것"이라는 약속에 종속되어 있는 부가적인 것들이었다는 것을 당연한 것으로 전제한다는 것이다. 따라서 아브라함은 하나님으로부터 "네 씨가 크게 번성하여 하늘의 별과 같고 바닷가의 모래와 같게 하리니"(창 22:17)라는 약속을 들었을 때, 단지 그 약속의 말씀 하나만을 붙잡은 것이 아니라, 하나님이 그의 하나님이 되시고 그를 양자로 삼는 은혜를 베풀어 주실 것에 관한 약속 전체에 그 약속을 그 일부로 포함시켰다. 마찬가지로, 그는 다른 모든 약속도 구원에 대한 그의 소망을 더욱 강화시켜 주시기 위하여 하나님이 아버지로서 그에게 베풀어 주시는 사랑에 대한 증언으로 받아들였다. 불신자들도 하나님이 베풀어 주시는 은택들을 누리기는 하지만, 그것들을 짐승처럼 욕심으로 먹어 치울 뿐이고 그 이상의 것을 바라보지 않는다는 점에서 하나님의 자녀들과 다르다. 반면에, 하나님의 자녀들은 그 모든 은택들이 하나님의 약속들에 의해서 주어진 것임을 알고서, 그 은택들 속에서 하나님을 자신들의 아버지로 인정한다. 그래서 그들은 언제나 영생에 대한 소망을 바라본다. 왜냐하면, 그들은 모든 것의 토대가 되는 약속, 즉 하나님이 그들을 양자로 삼으셨다는 믿음에서 시작하기 때문이다. 하나님께서 아브라함을 의롭다 하신 것은 단지 그가 하나님이 그의 자손을 번성하게 해 주실 것임을 믿었기 때문이 아니라, 하나님이 자기에게 주신 은혜를 받아들이고서, 바울이 다른 곳에서 "하나님의 약속은 얼마든지 그리스도 안에서 예가 되니 그런즉 그로 말미암아 우리가 아멘 하여 하나님께 영광을 돌리게 되느니라"(고후 1:20)고 말한 것처럼, 하나님이 약속하신 모든 것들을 이루실 중보자이신 그리스도를 바라보았기 때문이었다.

7. 그런즉 믿음으로 말미암은 자들은 아브라함의 자손인 줄 알지어다. "알지어다"로 번역된 동사는 "너희는 알고 있다"로 번역할 수도 있다. 이 헬라어 동사의 변화형인 '기노스케테'(γινώσκετε)는 둘 중 어느 쪽으로도 번역될 수 있기 때문이다. 여러분이 어느 쪽으로 읽든, 의미는 동일하기 때문에, 이것은 별로 중요한 문제는 아니지만, 내가 여기에서 채택하고 있는 고(古)라틴어역본의 읽기("알지어다")가 더 힘이 있다. 바울은 "행위"를 의지하는 것을 철저하게 포기하고서 오로지 하나님의 약속만을 의지하는 자들이 바로 "믿음으로 말미암은 자들"이라고 말한다. 우리가 무슨 권위로 그런 식으로 해석하느냐고 누가 묻는다면, 나는 바울 자신의 말을 근거로 해서 그렇게 해석하는 것이라고 말할 것이다. 왜냐하면, 바울은 로마서에서 이렇게 말하기 때문이다: "일하는 자에게는 그 삯이 은혜로 여겨지지 아니하고 보수로 여겨지거니와 일을 아니할지라도 경건하지 아니한 자를 의롭다 하시는 이를 믿는 자에게는 그의 믿음을 의로 여기시나니"(롬 4:4-5). 그러므로 "믿음으로 말미암는다"는 것은 자신의 의와 구원에 대한 소망을 하나님의 은혜에 둔다는 것이다. 바울은 앞에서 한 말에 의거해서, 그런 자들이 바로 "아브라함의 자손"이

라고 결론을 내린다. 왜냐하면, 아브라함이 믿음으로 말미암아 의롭다 함을 얻었다면, 그의 자손이 되고자 하는 자들도 마찬가지로 믿음에 굳게 서야 하는 것은 당연한 일이기 때문이다. 바울은 여기에서 한 가지 말을 생략하고 있다. 우리는 그 말을 쉽게 보충해 넣을 수 있는데, 그것은 교회에는 아브라함의 자손이 아닌 자가 있을 자리가 없다는 것이다.

8. 또 하나님이 이방을 믿음으로 말미암아 의로 정하실 것을 성경이 미리 알고 먼저 아브라함에게 복음을 전하되 모든 이방인이 너로 말미암아 복을 받으리라 하였느니라. 바울은 자기가 앞에서 일반적으로 한 말을 이제 여기에서는 이방인들에게 명시적으로 적용한다. 이방인들의 부르심은 새롭고 이례적인 것이었고, 그들이 부르심을 받게 되는 방식에 대해서도 의구심이 존재하였다. 할례와 율법의 준수가 그들에게도 요구되는 것처럼 보였그, 그들이 그렇게 하지 않는 경우에는 언약에 참여하는 것이 차단될 것으로 보였다. 반면에, 바울은 이방인들도 믿음으로 말미암아 이 복을 받게 되기 때문에, 믿음을 통해서 아브라함의 권속에 접붙여져야 한다는 것을 보여준다. 그렇다면, 그는 이것을 어떤 식으로 증명하는가? 그는 그 열쇠를 "모든 이방인이 너로 말미암아 복을 받으리라"는 말씀 속에서 찾는다. 이 말씀이 유대인이든 이방인이든 모든 사람이 아브라함과 동일한 방식으로 복을 받아야 한다는 것을 상기시켜 주고 있다는 것은 의문의 여지가 없다. 왜냐하면, 아브라함은 모든 사람이 따라야 할 보편적인 모본, 아니 원리이기 때문이다. 그런데 아브라함은 믿음으로 말미암아 복을 얻었기 때문에, 모든 사람도 동일한 방식으로 믿음으로 복을 얻어야 한다.

9. 그러므로 믿음으로 말미암은 자는 믿음이 있는 아브라함과 함께 복을 받느니라. 여기에서는 "믿음이 있는 아브라함"이라는 단어가 대단히 강조되고 있다. 이것은 이렇게 말한 것과 같다: "아브라함은 오직 믿음이 있어서 복을 받은 것이기 때문에, 할례를 받은 자들이나 율법의 행위를 자랑하는 자들이나 히브리인의 혈통을 내세우는 자들이 아니라, 믿음으로 말미암은 자들이 아브라함과 함께 복을 받게 된다." 여기에서는 어떤 사람의 출신이나 성품이나 자질 같은 그 사람에게 속한 모든 것은 전혀 고려되지 않고, 오직 "믿음"만이 고려된다. "복"이라는 단어는 성경에서 다양한 의미로 사용되지만, 여기에서는 하나님의 자녀가 되어서 영생을 기업으로 받게 되는 것을 가리킨다.

[10]무릇 율법 행위에 속한 자들은 저주 아래에 있나니 기록된 바 누구든지 율법 책에 기록된 대로 모든 일을 항상 행하지 아니하는 자는 저주 아래에 있는 자라 하였음이라 [11]또 하나님 앞에서 아무도 율법으로 말미암아 의롭게 되지 못할 것이 분명하니 이는 의인은 믿음으로 살리라 하였음이라 [12]율법은 믿음에서 난 것이 아니니 율법을 행하는 자는 그 가운데서 살리라 하였느니라 [13]그리스도께서 우리를 위하여 저주를 받은 바 되사 율법의 저주에서 우리를 속량하셨으니 기록된 바 나무에 달린 자마다 저주 아래에 있는 자라 하였음이라 [14]이는 그리스도 예수 안에서 아브라함의 복이 이방인에게 미치게 하고 또 우리로 하여금 믿음으로 말미암아 성령의 약속을 받게 하려 함이라(3:10-14).

10. 무릇 율법 행위에 속한 자들은 저주 아래에 있나니 기록된 바 누구든지 율법 책에 기록된 대로 모든 일을 항상 행하지 아니하는 자는 저주 아래에 있는 자라 하였음이라. 이것은 동일한 샘에서 뜨거운 물과 찬 물이 동시에 나올 수 없는 것처럼, 어떤 하나의 명제가 참이라는 밝혀진 또 하나의 명제와 모순된다는 것을 드러냄으로써, 그 명제가 거짓임을 증명해 나가는 논증이다. 율법은 모든 사람을 그 저주 아래 묶어 둔다. 그러므로 율법 속에서 "복"을 구하는 것은 소용없는 짓이다. 바울은 율법의 행위들을 통해서 구원을 얻고자 하는 자들을 "율법 행위에 속한 자들"이라고 부른다. 왜냐하면, 그러한 표현방식들은 언제나 해당 문맥 속에서 무엇이 문제가 되고 있느냐에 비추어서 해석되어야 하는데, 우리는 지금 여기에서 논쟁이 되고 있는 것이 "의"의 원인에 대한 것임을 알고 있기 때문이다. 바울은 율법의 행위를 의지해서 의롭다 함을 얻고자 하는 모든 자들은 저주를 받게 될 것이라고 분명하게 단언한다. 그렇다면, 그는 그것을 어떤 식으로 증명하는가? 율법이 선언하는 것은 율법의 한 부분이라도 범한 자는 누구든지 저주를 받게 되리라는 것이다. 따라서 우리는 율법을 온전히 다 지키면서 살아갈 수 있는 사람이 과연 있느냐를 확인하지 않으면 안 된다. 그런데 확실한 것은 그런 사람은 지금까지 단 한 사람도 없었고, 실제로는 결코 있을 수 없다는 것이다. 여기에서 바울은 모든 사람이 죄 아래에 있다고 말한다. 그의 논증에는 소전제와 결론이 생략되어 있는데, 이 삼단논법 전체를 재구성해 보면 이렇게 될 것이다: "율법의 어느 한 부분에서라도 부족함이 보이는 자는 누구든지 저주 아래 있게 된다. 모든 사람은 어떤 식으로든 죄를 지을 수밖에 없다. 그러므로 모든 사람이 저주 아래 있다." 만일 우리에게 율법을

온전히 지켜 행할 수 있는 충분한 능력이 있다면, 소전제가 성립되지 않을 것이기 때문에, 바울의 이러한 논증 전체는 성립할 수 없게 될 것이다. 따라서 바울의 추론이 틀린 것이거나, 사람이 율법을 온전히 지켜 행하는 것이 불가능한 것이 된다.

다음과 같은 반론을 제기하는 사람이 반드시 있을 것이다: "나는 율법을 범한 모든 자들이 저주 아래 있게 된다는 것을 인정한다. 그러나 그것이 무슨 상관이란 말인가? 사람들 중에는 율법을 온전히 지켜 행하는 자들도 있기 마련이다. 왜냐하면, 사람들은 선과 악을 자유롭게 선택해서 행할 수 있는 자유의지를 지니고 있기 때문이다." 그러나 바울은 여기에서 오늘날 교황주의자들이 진저리나게 혐오하는 가르침, 즉 사람에게는 율법을 행할 힘이 결여되어 있다는 가르침을 이론의 여지가 없게 아주 단호하게 제시한다. 즉, 그는 모든 사람은 율법을 온전히 지키도록 명령을 받았기 때문에 저주 아래 있는데, 그것은 지금 우리가 지니고 있는 본성이 타락하고 부패되어 있어서 율법을 지킬 수 있는 힘이 우리에게 없기 때문이라고 담대하게 결론을 내린다. 그러므로 우리는 율법이 사람에게 선언하는 "저주"는 율법의 본질로부터 떼어낼 수 없는 영속적인 것이기는 하지만, 필연적인 것이 아니라 부수적인 것이라는 결론을 도출해낼 수 있다. 왜냐하면, 율법은 우리에게 "복"을 주고자 하지만, 우리는 우리의 타락한 본성으로 말미암아 그 복을 받을 수 없게 되었고, 그 결과 우리에게는 오직 저주만이 남게 된 것이기 때문이다.

11. 또 하나님 앞에서 아무도 율법으로 말미암아 의롭게 되지 못할 것이 분명하니. 바울은 여기에서도 또다시 서로 모순되는 두 명제를 대비시키는 방식으로 논증을 전개해 나간다: 우리가 믿음으로 말미암아 의롭게 되는 것이라면, 그것이 율법으로 말미암지 않는다는 것은 분명하다. 그런데 우리는 믿음으로 말미암아 의롭게 된다. 따라서 우리가 의롭게 되는 것은 율법으로 말미암지 않는다. 여기에서 그는 소전제인 "우리는 믿음으로 말미암아 의롭게 된다"는 것을 로마서 1:17에서도 인용하고 있는 하박국서에 나오는 본문(합 2:4)에 의거해서 증명하고, 대전제는 칭의의 방법에 있어서의 차이에 의거해서 증명한다. 왜냐하면, 율법은 그 계명들을 모두 지켜 행하는 자를 의롭다고 하는 반면에, 믿음은 행위로 말미암는 공로를 주장하지 않고 오로지 그리스도만을 의지하는 자들을 의롭다고 하는데, 우리 자신의 공로로 말미암아 의롭게 되는 것과 다른 이의 은혜로 말미암아 의롭게 되는 것은 서로 양립할 수 없는 모순된 명제들인 까닭에, 어느 한 쪽이 참이면 다른 쪽은 반드시 거짓일 수밖에 없게 되기 때문이다. 이것이 이 논증의 개요이고, 우리는 이제 각

각의 명제들을 살펴볼 필요가 있다.

이는 의인은 믿음으로 살리라 하였음이라. 우리는 로마서의 해당 본문에서 이 구절을 이미 설명하였기 때문에, 여기에서 그 내용을 되풀이하는 것은 불필요할 것이다. 하박국 선지자는 이 본문을 통해서 육체를 의지하고 신뢰하는 교만함과 참된 믿음을 대비시키고 있음에 틀림없다. 그가 "의인은 믿음으로 살리라"고 말할 때에 "살리라"는 것은 의인들이 믿음으로 말미암아 한동안 지지를 받다가 장차 몰려오는 폭풍우에 휩쓸려갈 수도 있다는 것을 의미하는 것이 아니라, 의인들이 계속해서 살게 될 것이고, 심지어 그들에게 죽음이 닥쳐도 그들이 사는 것은 영원히 계속될 것임을 의미한다. 그러므로 우리의 대적들이 하박국 선지자는 여기에서 사용한 "믿음"이라는 단어는 바울이 이 본문에서 사용한 것보다 더 폭넓은 의미를 지닌다고 주장하면서, 우리의 해석을 조롱하며 일축해 버리는 것은 아무런 근거가 없다. 선지자가 말하고 있는 "믿음"은 오직 의인들의 양심이 잠잠히 하나님만을 바라고 변함없이 의지하는 것을 의미하기 때문에, 바울은 여기에서 구약의 적절한 본문을 인용한 것이다.

12. 율법은 믿음에서 난 것이 아니니. 율법이 믿음과 상충되지 않는다는 것은 분명하다. 만일 그렇지 않다면, 하나님께서는 하나님답게 행하신 것이 아니게 될 것이다. 따라서 우리는 바울은 구체적인 문제와 상황에 맞추어서 표현을 달리 하고 있다는 사실을 다시 한 번 고려하여야 한다. 즉, 그가 여기에서 율법과 믿음을 서로 모순되는 것으로 대비시키고 있는 것은 오직 "칭의의 원인"과 관련해서만이다. 그는 사람이 믿음으로 말미암아 의롭게 된다는 것과 율법으로 말미암아 의롭게 된다는 두 명제를 서로 조화시키는 것은 불과 물을 서로 조화시키는 것보다 더 어려운 일일 것이라고 말한다. "율법은 믿음에서 난 것이 아니다." 즉, 사람을 의롭게 하는 방법이라는 측면에서는, 율법은 믿음과는 완전히 다른 원리라는 것이다.

율법을 행하는 자는 그 가운데서 살리라 하였느니라. 칭의의 원리로서의 율법이 믿음과 다른 점은 사람은 율법을 온전히 지켜 행할 때에만 율법의 의에 의해서 의롭다 함을 얻을 수 있다는 사실에 있다. 바울은 이것을 모세의 글에서 가져온 인용문으로 증명한다(레 18:5, "너희는 내 규례와 법도를 지키라 사람이 이를 행하면 그로 말미암아 살리라 나는 여호와이니라"). 그렇다면, 믿음의 의는 무엇인가? 그는 그것을 로마서 10:9에서 정의한다: "네가 만일 네 입으로 예수를 주로 시인하며 또 하나님께서 그를 죽은 자 가운데서 살리신 것을 네 마음에 믿으면 구원을 받으리라."

하지만 그렇다고 해서, 믿음으로 말미암는 의에 대한 정의를 토대로 해서, 믿음은 아무 일도 하지 않아도 된다거나, 믿는 자들은 선한 일들을 행해야 할 의무로부터 벗어나 있다는 결론을 내려서는 안 된다. 왜냐하면, 바울이 지금 다루고 있는 문제는 믿는 자들은 자기가 할 수 있는 한 율법을 지켜야 하느냐 그렇지 않으냐 하는 것이 아니라(이것은 의심할 여지 없이 너무나 당연한 일이어서 문제조차도 되지 않는다), 사람이 행위로 말미암아 의를 얻을 수 있느냐 그렇지 않으냐 하는 것이다. 그리고 그 대답은 사람이 행위로 말미암아서는 의롭게 될 수 없다는 것이다. "하나님은 율법을 행하는 자들에게 생명을 약속하셨는데, 왜 바울은 사람이 율법의 행위로 의롭게 될 수 있다는 것을 부정하는 것이냐"고 누가 반문한다면, 거기에 대해 대답하는 것은 쉬운 일이다. 아무도 율법의 행위로 말미암아 의롭게 될 수 없는 이유는 율법을 온전히 지켜 행할 수 있는 자가 아무도 없기 때문이다. 우리는 만일 율법을 온전히 행하는 자가 있다면, 그가 율법의 행위로 말미암아 의롭게 될 수 있다는 것을 인정한다. 그러나 그것은 어디까지나 사람이 율법을 온전히 행할 수 있다는 조건이 충족되는 경우에만 거기에 동의한다는 것인데, 실제로는 그 누구도 율법을 온전히 지켜 행할 수 없기 때문에, 사람은 율법의 행위로 말미암은 의를 얻을 수도 없고 생명을 얻을 수도 없다. 여기에서 우리는 내가 앞에서 이미 말한 것, 즉 율법을 행한다는 것은 율법의 일부를 지켜 행하는 것이 아니라 율법의 의에 속한 모든 것을 빠짐없이 다 지켜 행하는 것을 의미한다는 것을 명심하여야 한다. 그리고 모든 인간은 율법 전부를 온전히 지켜 행하는 것과는 너무나 거리가 멀다.

13. 그리스도께서 우리를 위하여 저주를 받은 바 되사 율법의 저주에서 우리를 속량하셨으니. 바울은 앞에서 율법 아래 있는 모든 자들은 저주 아래 있다고 선언한 바 있다. 여기에서 율법 아래 있던 유대인들은 자신들이 율법의 저주로부터 어떻게 벗어날 수 있는지를 알 수 없다는 큰 난관에 부딪치게 된다. 그래서 바울은 여기에서 그 해결책을 제시함으로써 그 난관을 타개한다. 그리고 이것은 그가 말하고자 하는 것을 한층 더 확증해 준다. 왜냐하면, 우리가 율법의 저주로부터 벗어나는 것이 구원을 받는 것이라고 한다면, 그것은 우리의 "의"가 율법으로 말미암지 않는다는 것을 분명하게 보여주는 것이기 때문이다. 그런 후에, 바울은 우리가 어떻게 해서 율법의 저주로부터 벗어나게 되었는지를 보여주는 말을 덧붙인다.

기록된 바 나무에 달린 자마다 저주 아래에 있는 자라 하였음이라. 그리스도께서는 "나무에 달리셨다." 그러므로 그는 "저주 아래" 놓여 있게 되신 것이었다.

그러나 그리스도께서 자신의 죄로 인해서 그러한 저주를 받으신 것이 아니라는 것은 너무나 분명하다. 따라서 그리스도께서는 헛되이 십자가에 못 박히신 것이거나, 우리를 율법의 저주로부터 건져 내시기 위하여 우리의 저주를 대신 짊어지시고 저주 아래로 들어가신 것이거나 둘 중의 하나이다. 그런데 바울은 그리스도께서 저주 아래 놓이셨다거나 저주를 받으셨다고 말하는 것이 아니라, 거기에서 한 걸음 더 나아가서, 그리스도는 "저주"이셨다고 말함으로써, 모든 사람에 대한 저주가 그리스도에게 두어졌다는 것을 보여준다(사 53:6, "우리는 다 양 같아서 그릇 행하여 각기 제 길로 갔거늘 여호와께서는 우리 모두의 죄악을 그에게 담당시키셨도다"). 하나님의 아들이신 그리스도께서 "저주"이셨다고 말하는 것은 너무한 것이 아니냐고 항변하고자 하는 사람이 있다면, 그는 그리스도께서 십자가에 달리신 것도 부끄러워하여야 한다. 하지만 우리는 그리스도의 십자가를 자랑한다. 하나님은 자기 아들이 어떠한 죽음으로 죽을 것인지를 미리 아셨기 때문에, 자신의 율법에서 "나무에 달린 자는 하나님께 저주를 받았음이니라"(신 21:23)고 말씀하신 것이었다.

그러나 어떤 사람들은 하나님 아버지께서 자신의 사랑하는 아들로 하여금 저주를 받게 하는 일이 어떻게 일어날 수 있는 것인가 하고 반문할 것이다. 나의 대답은, 우리가 이것과 관련해서 고려해야 할 것이 두 가지가 있는데, 하나는 그리스도라는 인격이고, 다른 하나는 그리스도의 "인성"이라는 것이다. 그리스도의 인격으로 말하자면, 그는 복과 은혜로 충만하신 흠 없으신 하나님의 어린 양이셨다. 그리스도의 인성으로 말하자면, 그는 죄가 없으신 분이었음에도 불구하고 우리와 같이 죄인이 되셔서, 자신의 죄로 인해서 저주를 받으신 것이 아니라, 우리의 죄를 대신 짊어지시고서 우리가 받아야 할 저주를 대신 받으셨다. 그리스도는 하나님의 은혜 밖에 계실 수 없으신 분이셨는데도, 우리가 받아야 할 하나님의 진노를 대신 받으셨다. 만일 그리스도께서 우리가 받아야 할 하나님의 미움과 진노를 우리를 대신해서 받으심으로써 우리의 죄와 그 죄로 인한 저주를 해결하지 않으셨다면, 어떻게 아버지 하나님을 우리와 화해시킬 수 있으셨겠는가? 그러므로 우리는 그리스도께서 그렇게 하신 것은 "하나님 아버지를 기쁘시게 하는 일"이었다는 결론을 내릴 수 있다(요 8:29, "나를 보내신 이가 나와 함께 하시도다 나는 항상 그가 기뻐하시는 일을 행하므로 나를 혼자 두지 아니하셨느니라"). 또한, 만일 그리스도께서 우리가 받아야 할 하나님의 진노를 자신이 담당하지 않으셨다면, 어떻게 우리를 하나님의 진노로부터 벗어날 수 있게 해 주실 수 있으셨겠는가? 이렇게 그리스도는 우리의 죄 때문에 죽임을 당하셨고, 하나님을 진노의 심판자로 상대하셔야 했다(사 53:5, "그가 찔림은 우리의 허물 때문이요 그가 상함은 우리의 죄악 때문이라 그가 징계를 받으므로 우리는 평화를 누리고 그가 채찍에 맞으므로 우리는 나음을 받았도다"). 이것이 세상의 모든 지혜를 능가하고 삼켜 버리는 "십자가의 미련한 것"(고전 1:18)이고 "천사들도 살펴 보기를 원하는 것"(벧전 1:12)이다.

14. 이는 그리스도 예수 안에서 아브라함의 복이 이방인에게 미치게 하고. 바울은 앞에서 우리가 그리스도로 말미암아 율법의 저주로부터 벗어나게 되었다고 말한 것을 이제 여기에서는 자기가 논증하고자 하는 것에 좀 더 구체적으로 적용한다. 즉, 아브라함에게 약속된 "복"은 이 일에 토대를 두고 있고, 이 일로 인해서 그 "복"이 이방인들에게로 흘러들어가게 되었다는 것이다. 아브라함의 "복"의 상속자들이 되기 위해서는 유대인들도 율법으로부터 벗어나야 한다면, 그 무엇이 이방인들이 그 "복"의 상속자들이 되는 것을 방해할 수 있겠는가? 그리고 그 "복"이 오직 그리스도 안에 있는 것이라면, 우리로 하여금 그 "복"에 참여하는 자들이 되게 해 주는 것은 오직 그리스도를 믿는 믿음뿐일 수밖에 없다.

또 우리로 하여금 믿음으로 말미암아 성령의 약속을 받게 하려 함이라. 나는 "성령의 약속"이라는 어구를 히브리어의 관용어법으로 보고서 "신령한 약속"을 의미하는 것으로 해석하고자 한다. 물론, "내가 내 영을 만민에게 부어 주리니"(욜 2:28)라는 약속이 새 언약과 관련이 있는 것은 사실이지만, 바울은 이 본문에서 그것과는 다른 주제를 다루고 있다. 내 생각에는 여기에서 "성령"은 모든 외적인 것들, 즉 단지 예법들만이 아니라 육신적인 혈통과도 대비되는 것으로서 사람의 "외모"가 끼어들 여지를 남겨 놓지 않는 표현인 것으로 보인다. 바울은 "약속"의 성격상 이 약속을 받는 데에는 유대인과 이방인이 아무런 차이가 없다는 것을 보여준다. 왜냐하면, 이 약속이 "신령한" 것이라면, 그것은 오로지 "믿음"으로만 받을 수 있을 것이기 때문이다.

15형제들아 내가 사람의 예대로 말하노니 사람의 언약이라도 정한 후에는 아무도 폐하거나 더하거나 하지 못하느니라 16이 약속들은 아브라함과 그 자손에게 말씀하신 것인데 여럿을 가리켜 그 자손들이라 하지 아니하시고 오직 한 사람을 가리켜 네 자손이라 하셨으니 곧 그리스도라 17내가 이것을 말하노니 하나님께서 미리 정하신 언약을 사백삼십 년 후에 생긴 율법이 폐기하지 못하고 그 약속을 헛되게 하지 못하리라 [18]만일 그 유업이 율법에서 난 것이면 약속에서 난 것이 아니리라 그러나 하나님이 약속으로 말미암아 아브라함에게 주신 것이라(3:15-18).

15. 형제들아 내가 사람의 예대로 말하노니. 바울이 이런 표현을 써서 말한 것은 갈라디아 교인들을 부끄럽게 하기 위한 것이었다. 왜냐하면, 이것은 하나님의 권위가 그들 가운데서 죽을 수밖에 없는 유한한 존재인 사람보다도 더 못한 대접을 받고 있다는 것을 은연중에 지적하고 있는 것이고, 그들의 그러한 모습은 그리스도인으로서 얼굴을 들지 못할 정도로 부끄럽고 창피한 일이었기 때문이다. 여기에서 바울이 그들에게 하나님의 거룩한 언약을 평범한 사람들이 한 약속 정도로는 대접해 주어야 하지 않느냐고 말하였다고 해서, 그것이 하나님을 사람들과 동격으로 놓은 것은 결코 아니다. 하나님과 사람 간에는 무한한 거리가 있다는 것은 여전히 당연한 것으로 전제되고 있다.

사람의 언약이라도 정한 후에는 아무도 폐하거나 더하거나 하지 못하느니라. 이것은 작은 것을 들어서 큰 것을 증명하는 논증방식이다. 사람들 간의 계약도 구속력이 있는 것으로 여겨진다. 그런데 하물며 하나님이 언약으로 정하신 것이 구속력이 있을 것임은 두말할 필요도 없지 않겠는가? 게다가, 여기에서 "언약"으로 번역된 단어는 바울이 사용한 헬라어로는 '디아테케'(διαθήκη)인데, 헬라인들은 이 단어를 종종 모든 종류의 계약을 가리키는 데에도 사용하기는 하지만 "유언"이라는 의미로 더 자주 사용하고, 후자의 의미로 사용하는 경우에는 복수형을 사용하는 것이 좀 더 일반적이다. 현재의 본문에서는 이 단어를 "계약"으로 번역하느냐, 아니면 "유언"으로 번역하느냐 하는 것은 별로 중요하지 않다. 히브리서의 경우에는 사정이 여기에서와는 달라서, 거기에서는 사도가 "유언"을 가리키는 데 이 단어를 사용하고 있다는 것은 의심의 여지가 없다(히 9:16-17, "유언은 유언한 자가 죽어야 되나니 유언은 그 사람이 죽은 후에야 유효한즉 유언한 자가 살아 있는 동안에는 효력이 없느니라"). 하지만 여기에서는 나는 이 단어가 하나님이 주신 "언약"을 가리키는 것으로 해석하고자 한다. 왜냐하면, 사도가 이 유비를 사용해서 행하고 있는 논증은 "언약"에는 정확히 적용되지만 "유언"에는 그렇게 엄밀하게 적용되지 않기 때문이다. 사도는 사람들 간의 계약에 적용되는 것을 가져와서, 하나님이 아브라함과 맺으신 저 엄숙한 언약에 적용하는 것으로 보인다. 사람들 간의 계약도 한 번 확정된 후에는 "아무도 폐하거나 더하거나 하지" 못하는데, 하물며 하나님이 아브라함과 맺으신 언약이 어떻게 폐해지거나 수정될 수 있겠는가?

16. 이 약속들은 아브라함과 그 자손에게 말씀하신 것인데. 바울은 자신의 논증을 본격적으로 전개하기 전에, 하나님이 언약을 통해서 아브라함에게 주신 모든 약속들은 처음부터 오직 "그리스도"에게 달려 있었다는 것을 보여준다. 그리고 그리스도가 이 언약의 토대라면, 그 모든 약속들은 값없이 거저 주어지는 것이라는 결론이 도출된다. 그리고 이것이 바울이 "약속"이라는 단어를 사용한 의도이기도 하다. 왜냐하면, "율법"은 사람들을 상대로 하고 사람들의 행위를 상관하는 반면에, "약속"은 하나님의 "은혜" 및 사람들의 "믿음"과 결부되기 때문이다.

여럿을 가리켜 그 자손들이라 하지 아니하시고 오직 한 사람을 가리켜 네 자손이라 하셨으니 곧 그리스도라. 바울은 하나님이 아브라함에게 주신 약속들 가운데서 그리스도에 대하여 말씀하셨다는 것을 증명하기 위해서, 아브라함의 "자손"을 말씀하실 때에 단수형을 사용하셨다는 사실을 환기시킨다. 나는 그리스도인들이 이 본문이 유대인들에 의해서 너무나 무례하게 왜곡되는 것을 보고도, 마치 이것을 논란의 여지가 있을 수 없는 영역으로 치부해서 그냥 가볍게 넘겨 버리고, 좀 더 단호하게 그들과 맞서지 않는 것을 보고서는 종종 이상하게 여겨 왔다. 왜냐하면, 유대인들은 아주 교묘하게 반론을 제기하고 있어서, 그들의 반론은 참으로 그럴 듯하게 들리는 까닭에, 그냥 넘겨 버려서는 안 될 것으로 생각되기 때문이다. 그들은 여기에서 "자손"이라는 단어(직역하면, "씨")는 집합명사이기 때문에, 바울이 이 단어가 단수형으로 되어 있다는 이유만으로, 그것을 근거로 삼아서 그리스도를 가리키는 것이라고 결론을 내린 것은 옳지 않다고 말하면서, 이 단어가 아브라함의 모든 자손들을 가리킨다는 것은 우리가 앞에서 이미 인용한 "내가 네게 큰 복을 주고 네 씨가 크게 번성하여 하늘의 별과 같고 바닷가의 모래와 같게 하리니"(창 22:17)라는 구절에서 분명하게 드러난다고 주장하고, 마치 우리의 논증에는 움직일 수 없는 명확한 오류가 있다는 것이 증명되었다는 듯이 의기양양해 한다.

하지만 내게는 우리 진영에서 그들의 그러한 주장에 대하여 아무 말도 못하고 침묵하고 있는 것이 더 이상하고 놀랍다. 왜냐하면, 우리에게는 그들의 그러한 잘못된 비방을 반박하고 일축하기에 충분한 근거가 있기 때문이다. 아브라함의 아들들 가운데서 이미 분리가 시작되어서, 그들 중의 한 명이 아브라함의 권속으로부터 배제되었다. "이삭에게서 나는 자라야 네 씨라 부를 것임이니라"(창 21:12). 이렇게 해서 이스마엘은 배제된다. 이제 두 번째 단계로 나아가 보자. 유대인들은 에서의 후손들이 "복된 자손"이라는 것을 인정하는가? 결코 그렇지 않다. 그들은 에서는 장자였지만 아브라함의 권속에서 제외되었다고 말할 것이다. 그리고 아브라함의 자손들로부터 생겨난 얼마나 많은 민족들이 이 "부르심"에서 배제되어 분깃을 얻지 못하였던가? 결국 열두 족장들이 열두 우두머리들이 되었는데, 그것은 그들이 아브라함의 혈통에서 태어난 자손들이었기 때문이 아니라, 하나님의 특별한 택하심에 의해서 그렇게 세움을 입었기 때문이었다. 열 지파가 포로로 끌려간 이래로, 그들 중에서 얼마나 많은 사람들이 철저하게 타락하고 떨어져 나가서, 더 이상 아브라함의 "자손"의 일원이 되지 못하게 되었던가? 끝으로, 유다 지파는 큰 시험을 당해서, 오직 적은 수만이 아브라함의 "복"을 진정으로 계승하게 된 자들이 되었을 뿐이었다. 그리고 그것은 이사야 선지자가 예언한 것이었다: "이스라엘이여 네 백성이 바다의 모래 같을지라도 남은 자만 돌아오리니"(사 10:22).

지금까지 내가 말한 것들 중에서 유대인들이 인정하지 않는 것은 아무것도 없다. 그렇기 때문에, 그들은 이제 내가 묻는 것들에 대답하여야 한다: 이스마엘 족속이나 에돔 족속이 아니라 열두 족장으로부터 생겨난 열세 지파가 아브라함의 "자손"이 된 것은 어떻게 된 일인가? 왜 그들은 오직 그들만이 아브라함의 자손이라고 말하고, 똑같이 아브라함의 후손들인 다른 족속들에 대해서는 아브라함의 참된 자손이 아닌 가짜 자손이라고 말하며 배척하는 것인가? 그들은 틀림없이 자신들은 그들 자신의 공로를 통해서 아브라함의 자손이 된 것이라고 자랑할 것이다. 그런데 그들의 주장과는 정반대로, 성경은 모든 것이 하나님의 부르심에 의한 것이었다고 선언한다. 왜냐하면, 이 모든 것은 "이삭에게서 나는 자라야 네 씨라 부를 것임이니라"(창 21:12)는 하나님의 최초의 택하심에 의거한 것이고, 그 택하심의 특권을 토대로 해서 이루어진 일들이기 때문이다. 이러한 택하심은 그리스도가 오실 때까지 계속해서 중단 없이 행해져 왔음에 틀림없다. 왜냐하면, 여호와 하나님께서는 아브라함에게 주신 약속을 후대에 다윗에게도 그대로 되풀이해서 주고 계시기 때문이다. 그러므로 바울은 단지 "자손"(또는, "씨")이라는 단수형 명사에 의거해서, 이 약속이 한 사람 그리스도에 대한 것임을 증명하고 있는 것이 아니라, "자손"이라는 명사가 육신을 따라 아브라함에게서 태어난 자들 중에서도 하나님이 자신의 약속을 이루시기 위하여 부르셔서 택하신 자를 가리킨다는 것을 보여주고자 한 것이다. 유대인들이 이것을 거부하고 부인한다면, 그것은 그들의 완악함과 완고함으로 인하여 그들 자신을 웃음거리로 만드는 것밖에 되지 않을 것이다.

또한, 바울은 하나님이 아브라함에게 주신 이 약속의 말씀을 근거로 해서, 이 언약이 그리스도 안에서, 또는 그리스드와 관련해서 주어진 것이라는 결론을 이끌어내고 있기 때문에, 우리는 "네 씨로 말미암아 천하 만민이 복을 받으리니"(창 22:18)라는 표현이 무엇을 의미하는지를 살펴볼 필요가 있다. 유대인들은 "네 씨로 말미암아"라는 어구를 "비교"의 의미로 해석해서, 우리가 소돔 또는 이스라엘처럼 저주를 받을 것이라고 말할 때, 거기에서 "소돔"이나 "이스라엘"이 온갖 재난과 저주의 본보기로 예시되고 있는 것처럼, 여기에서도 아브라함의 "씨"(또는, "자손")가 모든 민족이 복을 받는 것과 관련해서 하나의 본보기가 될 것이라고 하나님이 말씀하신 것으로 이해한다. 나는 여기에서 "~로 말미암아"로 번역된 전치사가 그렇게 해석되는 경우가 있다는 것은 인정하지만, 언제나 그런 식으로 해석되지는 않는다. 왜냐하면, 유대인들이 인정하듯이, 하나님에 의해서 복을 받는 것은 완전히 다른 문제이기 때문이다. 따라서 이 어구는 그 의미가 모호해서 어떤 때에는 "원인"을 가리키기도 하고 어떤 때에는 "비교"를 의미하기도 하기 때문에, 전후 맥락을 살펴서 그 의미를 정하여야 한다. 우리는 우리 모두가 본성적으로 저주 아래 있다는 것과 아브라함의 복이 모든 민족에게 약속되었다는 것을 확인하였다. 그렇다면, 모든 사람이 아무런 차별 없이 그 복을 받을 수 있는 것인가? 분명히 그렇지 않다. 오직 메시아에게로 모여 온 자들만이 그 복을 받는다(사 66:18, "내가 …… 때가 이르면 뭇 나라와 언어가 다른 민족들을 모으리니 그들이 와서 나의 영광을 볼 것이며"). 왜냐하면, 그들은 모여 와서 그리스도의 통치와 지휘 아래에서 한 몸이 될 때에 한 백성이 될 것이기 때문이다. 그러므로 논쟁하는 것이 목적이 아니라 진정으로 진리를 찾고자 하는 자들은 누구든지 "네 씨로 말미암아 천하 만민이 복을 받으리니"라는 구절은 단순한 "비교"가 아니라 "원인"을 나타낸다는 것을 기꺼이 인정할 것이다. 그랬을 때, 바울이 이 언약이 그리스도 안에서, 또는 그리스도와 관련해서 주어졌다고 말한 것이 타당한 것이었다는 결론이 도출된다.

17. 내가 이것을 말하노니 하나님께서 미리 정하신 언약을 사백삼십 년 후에 생긴 율법이 폐기하지 못하고 그 약속을 헛되게 하지 못하리라. 오리게네스와 히에로니무스와 모든 교황주의자들은 "율법의 행위"가 행위 전반이 아니라 오직 율법의 "예법들"만을 의미한다고 주장하였지만, 우리는 이 본문을 통해서 그들의 그러한 주장을 쉽게 반박할 수 있다. 바울은 여기에서 이렇게 논증한다: "아브라함에게 약속이 주어진 것은 율법이 주어지기 사백삼십 년 전이었다. 따라서 나중에 주

어진 율법이 먼저 주어진 약속을 폐기할 수 없다. 그러므로 율법의 예법들은 꼭 필요한 것이 아니다.” 바울이 이러한 논증에 대해서, 성례전들은 믿음을 보존하기 위해서 주어진 것이라는 반론이 제기될 수 있고, 그러한 반론은 일리가 있다. 그렇다면, 바울은 왜 굳이 성례전들을 약속으로부터 분리시켜서 말하고 있는 것인가? 그것은 지금 바울이 다루고 있는 쟁점에 대해서 말하기 위해서 그렇게 하고 있는 것이다. 즉, 그는 예법들을 좀 더 근본적이고 중요한 문제, 곧 거짓 사도들이 예법에 돌렸던 칭의의 효과, 그리고 예법으로 양심을 구속한 것과 연결시켜서 고찰하고자 하는 것이다. 실제로 그는 예법들을 “믿음과 행위”에 관한 주제 전체를 다룰 계기로 사용한다. 만일 여기에서 다루어지고 있는 쟁점이 “의”를 얻는 것, 행위로 말미암는 공로, 양심에 올무를 놓는 것과 연결되어 있지 않았다면, 예법들은 약속과 얼마든지 양립할 수 있을 것이었기 때문에, 바울은 이렇게 예법들을 약속으로부터 분리시켜서 말할 필요도 없었을 것이다.

사도는 여기에서 율법으로 “언약”을 폐기하는 것에 대하여 반박하고 있는데, 그렇다면 그가 이런 말을 하게 된 배경은 무엇인가? 그것은 거짓 사도들은, 하나님께서 사람들에게 구원을 값없이 거저 주시겠다고 약속하셨고, 그 약속에 따라서 사람들은 오직 믿음으로 말미암아 구원을 얻을 수 있게 되었다는 것을 부정하였고, 우리가 곧 보게 되겠지만, 구원을 얻기 위해서는 반드시 율법의 예법들을 지켜야 한다고 주장하였기 때문이었다. 이것에 대해서 바울 자신이 어떻게 말하고 있는지를 직접 들어 보자. 그는 이렇게 말한다: “율법은 약속보다 시간적으로 더 늦게 주어졌다. 그러므로 율법은 약속을 폐기하지 못한다. 왜냐하면, 일단 언약이 맺어졌다면, 그 언약은 깨뜨려지지 않고 지켜져야 하기 때문이다.” 내가 다시 한 번 되풀이해서 말하지만, 우리가 이 약속이 값없이 거저 주어진 것이라고 보지 않는다면, 바울의 이러한 논증은 아주 공허한 것이 될 수밖에 없다는 것이다. 왜냐하면, 율법과 복음은 칭의와 관련해서 율법은 행위로 말미암은 공로에 의거해서 사람을 의롭다 하는 반면에, 약속은 사람들에게 “의”를 값없이 거저 수여한다는 점을 제외한다면 서로 대립되는 것이 전혀 없기 때문이다. 바울은 이 약속을 그리스도에 토대를 둔 “언약”이라고 부름으로써 그 점을 한층 더 분명히 한다.

그러나 여기에서 교황주의자들은 들고 일어나서 우리의 논증에 대하여 트집을 잡고 싸움을 걸어 온다. 왜냐하면, 그들에게는 우리의 이러한 논증을 교묘하게 빠져 나갈 길이 준비되어 있기 때문이다. 그들은 이렇게 말한다: “우리는 이제 더 이상 옛 예법들을 필요로 하지 않고, 우리에게는 그런 것들은 없어도 된다. 그럼에도 불구하고, 사람은 도덕법에 의해서 의롭다 함을 얻을 수 있다. 왜냐하면, 그러한 도덕법은 인간이 창조될 때부터 있어 왔고, 하나님이 아브라함과 맺으신 언약보다 앞서 주어진 것이기 때문이다. 그러므로 바울의 논증이 타당하기 위해서는, 그가 말한 율법은 율법 중에서 예법에 관한 것만을 의미한다고 보아야 한다.” 나의 대답은 바울은 하나님과의 언약으로 말미암지 않고는 우리의 행위는 그 어떤 상도 받을 수 없고, 우리의 행위에 어떤 상이 주어진다면, 그것은 오로지 그 언약으로 말미암는 것이라는 사실을 고려하였다는 것이다. 따라서 설령 우리가 율법으로 말미암아 의롭게 될 수 있다고 할지라도, 율법이 주어지기 이전에는 행위로 말미암은 의에 대한 언약이 존재하지 않았기 때문에, 사람은 행위로 말미암아 구원을 얻을 수 없었다. 지금 여기에서 내가 하고 있는 말들은 모두 스콜라주의 신학자들이 인정하고 허용하는 것들이다. 그들은 사람의 행위 속에는 사람을 구원하기에 충분한 공로가 본래부터 내재되어 있는 것이 아니라, 단지 하나님이 “언약”을 통해서 그렇게 약속하셨기 때문에 사람의 행위에 대하여 그런 공로가 인정되는 것이라고 가르친다. 따라서 하나님이 율법을 지키는 사람의 행위를 공로로 인정하고 받아 주시겠다고 하는 “언약”이 없는 곳에서는, 사람의 행위는 “의”를 이루는 데 충분할 수 없다. 그러므로 바울의 논증은 전적으로 이치에 맞다. 그는 하나님이 사람과 이중의 “언약”을 맺었다고 말한다. 첫 번째는 아브라함을 통해서 주신 언약이었고, 두 번째는 모세를 통해서 주신 언약이었다. 전자의 언약은 그리스도 위에 토대를 둔 것으로서 값없이 거저 은혜로 주어질 것이었다. 그러므로 그 후에 주어진 율법은 “은혜” 없이 따로 단독적으로 사람에게 구원을 가져다줄 수 없었다. 왜냐하면, 만일 율법이 단독적으로 사람에게 구원을 가져다줄 수 있다면, 율법보다 앞서 주어진 “약속”은 폐기된 것이 되고 말 것이기 때문이다. 이것이 바울이 여기에서 말하고자 한 것임은 그가 곧바로 이어서 말하고 있는 것들에 의해서 분명하게 드러난다.

18. 만일 그 유업이 율법에서 난 것이면 약속에서 난 것이 아니리라 그러나 하나님이 약속으로 말미암아 아브라함에게 주신 것이라. 바울은 자신의 대적들이 하나님의 “언약”을 폐기하거나 무효로 만들고자 하는 것은 자신들의 의도와는 너무나 거리가 먼 것이라고 발뺌하면서 온갖 핑계들을 둘러댈 것을 미리 예상하고서, 율법으로 말미암는 구원과 약속으로 달미암는 구원은 서로 상반되기 때문에, 어느 한 쪽이 참이면 다른 한 쪽은 거짓이 될 수밖에 없다고 못 박아서 말한다. 그가 여

기에서 하나님의 "약속"에 의거해서 값없이 거저 주어지는 구원에 대하여 말하면서, 그런 것과 반대되는 모든 것들을 "율법"이라는 말로 표현하고 있다는 것이 분명한데, 누가 감히 여기에서 그가 말한 "율법"은 단지 예법들만을 가리킨다고 주장하고자 하는 것인가? 그가 여기에서 "율법"과 "약속"을 대비시킴으로써 온갖 종류의 "행위들"을 "율법"으로 대표해서 표현하고 있고, 그렇게 함으로써 구원을 얻거나 의롭다 함을 얻는 것과 관련해서 온갖 종류의 행위를 배제하고 있다는 것은 의심의 여지가 없다. 바울은 로마 교인들에게 이렇게 말한다: "만일 율법에 속한 자들이 상속자이면 믿음은 헛것이 되고 약속은 파기되었느니라"(롬 4:14). 왜 그런가? 율법으로 구원을 얻는 것이 왜 믿음을 헛것으로 만들고 약속을 폐기하는 것이 되는 것인가? 그것은 만일 율법을 지켜 행함으로써 구원을 얻을 수 있다면, "믿음"이나 "약속"은 아무런 소용이 없게 되기 때문이다. 그래서 그는 즉시 뒤이어서 이렇게 결론을 맺는다: "그러므로 상속자가 되는 그것이 은혜에 속하기 위하여 믿음으로 되나니 이는 그 약속을 그 모든 후손에게 굳게 하려 하심이라"(롬 4:16). 우리는 바울이 "약속"과 "율법"을 대비시키면서, 어느 한 쪽이 견고히 서면 다른 한 쪽은 무너져 내릴 수밖에 없다고 말하는 이유를 정확히 알아야 한다. 그 이유는 약속은 "믿음"과 결부되어 있고, 율법은 "행위"와 결부되어 있기 때문이다. 믿음은 값없이 거저 주어지는 것을 받는 것인 반면에, 행위에는 그 공로에 대한 대가가 주어진다. 본문에서 바울은 하나님이 아브라함에게 모종의 대가를 요구함이 없이 전에 약속하신 대로 값없이 거저 "유업"을 주셨다는 말을 즉시 덧붙인다. 만일 하나님이 아브라함에게 "유업"을 주신 것이 어떤 것에 대한 대가로 주신 것이라면, 바울은 여기에서 '케카리스타이'(κεχάρισται, 개역개정에는 "주신")라는 단어를 사용할 수 없었을 것이다. 왜냐하면, 이 단어는 값없이 거저 주는 것을 의미하기 때문이다.

[19]그런즉 율법은 무엇이냐 범법하므로 더하여진 것이라 천사들을 통하여 한 중보자의 손으로 베푸신 것인데 약속하신 자손이 오시기까지 있을 것이라 [20]그 중보자는 한 편만 위한 자가 아니나 하나님은 한 분이시니라 [21]그러면 율법이 하나님의 약속들과 반대되는 것이냐 결코 그럴 수 없느니라 만일 능히 살게 하는 율법을 주셨더라면 의가 반드시 율법으로 말미암았으리라 [22]그러나 성경이 모든 것을 죄 아래에 가두었으니 이는 예수 그리스도를 믿음으로 말미암는 약속을 믿는 자들에게 주려 함이라(3:19-22).

　율법이 사람에게 칭의를 가져다주는 데 무력하다는 말을 듣게 되면, 율법은 아무 소용이 없다는 것인가, 아니면 율법은 하나님의 언약과 반대된다는 것인가 등등과 같은 여러 가지 생각들이 우리의 뇌리에 즉시 떠오르게 된다. 또한, 우리는 이렇게 생각할 수도 있다: "예레미야 선지자가 하나님이 이스라엘에게 이전에 주신 가르침의 연약함을 보완하고 온전하게 하기 위하여 나중에 그들에게 '새 언약'(렘 31:31)을 주실 것이라고 예언한 것이 바로 이 율법의 연약함을 두고 말한 것인가 보다." 바울은 갈라디아 교인들의 의구심을 해소해 주기 위해서, 그런 생각들에 대하여 대답을 해 주어야 했다. 그래서 먼저 그는 율법의 용도가 무엇인지를 묻는다. 약속이 주어진 한참 후에 율법이 주어졌기 때문에, 사람들은 율법은 약속의 결함들을 보완하기 위하여 주어진 것이라고 생각할 여지는 충분하였다. 그리고 적어도 사람들은 율법의 도움이 없다면, 약속은 이루어질 수 없는 것이 아닌가 하는 의구심을 품을 여지가 있었다. 그러나 우리가 유념해야 할 것은 바울은 단지 도덕법에 대해서만 말하고 있는 것이 아니라, 모세가 맡은 직분과 연결되어 있던 모든 것에 대하여 말하고 있다는 것이다. 모세에게 특별히 주어졌던 저 직분은 사람들의 삶과 예법에서 하나님을 예배할 때에 지켜야 할 규범을 제시하고, 그 규범에 약속들과 경고들을 더하는 것이었다. 모세의 글들 속에서는 하나님이 값없이 거저 주시는 은혜 및 그리스도와 관련된 많은 약속들이 나오고, 그러한 약속들은 믿음에 속한다. 그러나 바울은 여기에서 "율법"과 "은혜의 교훈"을 대비시키고 있는 것이기 때문에, 모세의 글들 속에서 발견되는 그러한 약속들은 부수적인 것으로서 여기에서 논쟁이 되고 있는 것과는 아무 상관이 없는 것으로 여겨져야 한다. 우리는 여기에서 제기되고 있는 쟁점은 다음과 같은 것임을 명심하여야 한다: "이미 약속이 주어져 있는데도, 왜 모세는 나중에 '너희는 내 규례와 법도를 지키라 사람이 이를 행하면 그로 말미암아 살리라'(레 18:5)고 말하고 '이 율법의 말씀을 실행하지 아니하는 자는 저주를 받을 것이라'(신 27:26)고 말하는 율법 언약을 추가한 것인가?" 그것은 "약속"의 언약보다 더 낮고 온전한 것을 가져다주기 위한 것이었는가?

　19. 그런즉 율법은 무엇이냐 범법하므로 더하여진 것이라. 율법은 많은 용도들을 지니고 있지만, 여기에서 바울은 자신의 현재의 논증과 관련된 것만을 한정해서 언급한다. 왜냐하면, 그는 여기에서 율법이 사람에게 얼마나 다양한 방식으로 유익한지를 말하고자 하는 것이 아니었기 때문이다. 독자들은 이 점을 반드시 유의하여야 한다. 왜냐하면, 지금까지 아주 많은 사람들이 바울이 이 구절에서 명시적

으로 말하고 있는 것 외에는 율법이 지닌 다른 용도들이나 유익들을 인정하고자 하지 않는 오류에 빠져 왔기 때문이다. 바울 자신이 다른 곳에서 율법의 가르침들이 "교훈에 유익하다"고 말한다(딤후 3:16-17, "모든 성경은 하나님의 감동으로 된 것으로 교훈과 책망과 바르게 함과 의로 교육하기에 유익하니 이는 하나님의 사람으로 온전하게 하며 모든 선한 일을 행할 능력을 갖추게 하려 함이라"). 따라서 바울이 여기에서 제시한 율법의 용도에 대한 정의는 율법의 모든 용도를 다 열거한 것이 아니기 때문에, 율법이 지닌 다른 유익들을 일체 인정하기를 거부하는 자들은 잘못하고 있는 것이다.

그렇다면, "범법하므로"라는 어구의 의미는 무엇인가? 심지어 철학자들조차도 법은 악을 행하는 자들을 억제하기 위하여 제정된 것이라고, 여기에서와 비슷하게 말한다. 또한, "선한 법들은 악한 도덕에서 나온다"는 옛 속담도 있다. 그러나 바울이 여기에서 말하고자 하는 것은 이 어구가 표면적으로 전달하고자 하는 것처럼 보이는 것보다 더 심오하다. 왜냐하면, 그는 율법이 주어진 것은 사람들의 "범법들"을 명확하게 드러내서 사람들로 하여금 자신들의 죄를 인정하지 않을 수 없게 만들기 위한 것이라고 말하고자 하는 것이기 때문이다. 사람은 본성적으로 온갖 교묘한 핑계들을 대며 자기가 한 행위들을 합리화하고 정당화하는 데 이골이 난 자들이기 때문에, 율법이 그들의 죄를 구체적으로 생생하게 상기시켜 주고 일깨워 줄 때까지는, 그들의 양심은 그런 달콤한 핑계들에 취하여 잠들어 있게 된다. 그래서 바울은 "죄가 율법 있기 전에도 세상에 있었으나 율법이 없었을 때에는 죄를 죄로 여기지 아니하였느니라"(롬 5:13)고 말한다. 율법이 와서 잠자는 자들을 깨웠다. 왜냐하면, 그것이야말로 진정으로 그리스도의 길을 준비하는 것이었기 때문이다. "율법으로는 죄를 깨달음이니라"(롬 3:20). 왜 그러한가? "이는 계명으로 말미암아 죄로 심히 죄 되게" 하는 것이 가능해지기 때문이다(롬 7:13). 이렇게 율법은 "범법하므로," 즉 사람들의 "범법함들"의 진면목을 드러내기 위해서 "더하여진 것"이다. 바울은 이것을 로마 교인들에게는 이렇게 말한다: "율법이 들어온 것은 범죄를 더하게 하려 함이라"(롬 5:20).

이 본문은 오리게네스를 당혹스럽게 만들었지만, 사실 그가 그렇게 당혹할 이유는 전혀 없었다. 왜냐하면, 사람들이 범법을 하고 살아가면서도 거기에서 죄책을 느끼는 것이 아니라 도리어 즐거움을 느끼는 것을 보시고서는, 하나님께서 사람들에게 율법을 주셔서, 그들의 양심을 자신의 법정으로 불러 세워서, 그들로 하여금 자신들의 범법함 속에서 죄를 깨닫고서 죄책감을 느끼게 하심으로써 그들을 낮추시고, 하나님의 심판에 대한 모든 두려움을 말살해 버린 그들의 영적 무감각을 깨뜨리셔서, 위선의 동굴 속에 도둑처럼 숨어 있던 그들의 죄를 빛으로 끌어 내심으로써 그들의 진면목을 알게 하신 것 속에는, 우리가 이해할 수 없거나 우리를 당혹스럽게 만드는 것은 조금도 있을 수 없기 때문이다. 여기에서 다음과 같은 반론이 제기될 수도 있을 것이다: "율법은 경건하고 거룩한 삶을 살도록 하기 위한 규범이라는 점에서, 하나님께서 사람들로 하여금 '지켜 행하게 하기 위하여' 율법을 주신 것이라고 말해야 옳을 것 같은데, 바울이 '범법하므로'라고 말한 것은 이상한 것이 아닌가?" 나의 대답은 아무리 율법이 사람들에게 참된 의를 생생하고 분명하게 보여준다고 할지라도, 우리의 부패한 본성으로 인해서 우리는 율법의 계명들을 지킬 수 없기 때문에, 중생의 성령이 오셔서 우리의 마음에 율법을 기록하실 때까지는, 우리의 범법함은 계속해서 더 늘어날 수밖에 없는데, 성령은 율법에 의해서 주어지는 것이 아니라 믿음으로 말미암아 주어지는 까닭에, 하나님께서는 율법을 지켜 행하라고 사람들에게 율법을 주신 것이 아니라, 도리어 그들의 죄를 분명하게 드러내심으로써, 장차 '약속하신 자손'인 그리스도가 오셨을 때에, 사람들로 하여금 자신들의 죄를 인정하고 믿음으로 그리스도를 영접하게 하기 위한 준비로서 율법을 주셨다는 것이다. 독자들은 바울의 이 말은 철학적이거나 정치적인 성격을 띤 말이 아니라, 세상이 결코 알지 못했던 율법의 목적을 분명하게 보여준 것임을 명심하여야 한다.

약속하신 자손이 오시기까지 있을 것이라. 바울이 여기에서 말하고 있는 "자손"은 하나님이 아브라함에게 약속하신 "복"의 토대가 되는 것이었기 때문에, 이 "자손"은 그 "약속"을 배제하는 것이 아니라, 도리어 밀접하게 연결되어 있었다. 여기에서 "~까지"로 번역된 단어는 이 "자손"을 기다리는 "동안에 한해서"를 의미한다. 이것으로부터 도출되는 결론은 율법은 "약속"을 섬기는 보조수단일 뿐이었고, 주된 것이 아니었다는 것이다. 율법은 사람들을 일깨워서 그들로 하여금 그리스도를 대망하도록 하게 하기 위하여 주어진 것이었다. 그러나 우리는 여기에서 율법은 오직 그리스도께서 오실 때까지만 지속되게 되어 있었던 것인가 하는 질문을 제기할 수 있다. 왜냐하면, 정말 그런 것이라면, 그리스도께서 오신 지금에 있어서는 율법은 이미 폐기된 것이라고 결론을 내릴 수 있기 때문이다. 나의 대답은 율법의 경륜 전체는 한시적인 것이었고, 옛 사람들로 하여금 그리스도를 믿는 믿음을 계속해서 붙잡게 하기 위한 목적으로 주어진 것이었다는 것이다. 하지만 나는 그리스도께서 오심으로써 율법 전체가 폐기되었다는 데에는 동의하지 않는다. 사도가 여기에서 말하고자 한 것은 그런 것이 아니었고, 단지 하나님께서 율법을 주시고서 율법의 경륜을 시작하신 이래로 그러한 경륜을 통해 이루고자 하셨던 것이 약속의 성취이신 그리스도의 오심으로 말미암아 마침내 이루어졌다는 것이었다. 우리는 이 주제에 대해서는 나중에 좀 더 자세하게 살펴보게 될 것이다.

천사들을 통하여. 율법이 천사들을 통하여 주어졌다고 말한 것은 율법의 존귀함을 드러내어서 율법을 높임으로써 율법을 함부로 폄하하는 것을 막기 위한 것이었다. 스데반도 율법에 대해서 이렇게 말한다: "너희는 천사가 전한 율법을 받고도 지키지 아니하였도다"(행 7:53). 어떤 이들은 여기에서 바울이 말한 "천사들"은 모세와 아론과 제사장들을 가리키는 것이라고 해석하는데, 그러한 해석은 기발하기는 하지만 근거 없는 주장일 뿐이다. 게다가, 하나님께서는 자신의 어떤 아주 작은 복을 우리에게 주실 때에도 천사들을 사용하시는데, 그런 하나님이 율법을 반포하실 때에 천사들로 하여금 거기에 참석하여 증인들이 되게 하신 것은 전혀 이상한 일이 아니다.

한 중보자의 손으로 베푸신 것인데. "손"은 통상적으로 "사역"을 나타내지만, 하나님께서는 율법을 주실 때에 천사들을 자신의 사역자들로 삼으셨기 때문에, 나는 "한 중보자의 손"은 이 사역에서 "한 중보자"에게 최고의 직무가 맡겨진 것을 가리키는 것으로 해석한다. 왜냐하면, 이 "중보자"는 율법을 반포하는 일을 맡은 천사들의 우두머리로서, 천사들을 대동하고서 이 사역을 감당한 인물이었기 때문이다. 어떤 이들은 여기에서 "한 중보자"는 모세를 가리키는 것으로 보고서, 바울이 여기에서 모세와 그리스도를 대비시키고 있는 것이라고 해석한다. 그러나 나는 "한 중보자"는 그리스도를 가리키는 것이라고 본 옛 해석자들의 견해에 동의한다. 그렇게 해석하는 것이 문맥에 더 부합하기 때문이다. 하지만 이 단어의 의미에 대해서는 나는 옛 해석자들과 견해를 달리 한다. 그들은 여기에서 "중보자"는 디모데전서 2:5("하나님은 한 분이시요 또 하나님과 사람 사이에 중보자도 한 분이시니 곧 사람이신 그리스도 예수라")에서 말하고 있는 것과 같이 하나님과 사람 사이에서 중보를 담당한 분을 의미하는 것이라고 생각하지만, 나는 율법을 반포하는 데 사용된 "사자"를 의미한다고 본다.

여기에서 우리는 창세 이래로 하나님께서는 오직 자신의 영원하신 지혜 또는 아들의 "중보"를 통해서만 사람들과 교통해 오셨다는 것을 알게 된다. 그래서 베드로는 거룩한 선지자들이 "그리스도의 영"으로 말한 것이라고 밝히고(행 2:25), 바울은 그리스도가 광야에서 이스라엘 백성을 인도하신 분이었음을 밝힌다(고전 10:4). 그리고 모세에게 나타난 "여호와의 사자-"도 그리스도 이외의 다른 어떤 천사일 수 없다(출 3:2, "여호와의 사자가 떨기나무 가운데로부터 나오는 불꽃 안에서 그에게 나타나시니라"). 왜냐하면, 그 사자는 피조물들에게는 절대로 주어질 수 없고 오직 하나님만이 고유하게 본질적으로 지닐 수 있는 이름을 자기 자신에게 적용하기 때문이다. 그리스도는 우리가 하나님에 의해서 받아들여지게 해 주신 "화목의 중보자"이시고, 우리로 하여금 아무런 거리낌 없이 담대하게 아버지 하나님의 이름을 부를 수 있는 길을 열어 주신 "중보기도의 중보자"이신 것과 마찬가지로, 하나님께서는 늘 그리스도로 말미암아 자기 자신을 사람들에게 계시하셨다는 점에서 항상 "모든 가르침의 중보자"이시다. 바울은 은혜 언약의 토대이신 그리스도가 사람들에게 율법을 수여하는 일과 관련해서도 가장 높은 책임자의 직무를 맡으셨다는 것을 갈라디아 교인들에게 알게 할 목적으로, 여기에서 그 점을 명시적으로 밝히고자 한 것이었다.

20. 그 중보자는 한 편만 위한 자가 아니나 하나님은 한 분이시니라. 어떤 이들은 마치 바울이 여기에서 그리스도의 두 본성이 본질에 있어서 하나가 아니라는 것을 말하고자 한 것이라는 듯이 궤변을 늘어놓지만, 바울이 여기에서 말하고자 하는 것이 "쌍방의 당사자"에 대한 것임은 건전한 판단력을 지닌 사람이라면 누구나 인정할 수밖에 없을 것이다. 흔히 그들은 여기에서는 쌍방의 당사자가 어떤 것을 놓고서 서로 거래하는 것을 다루는 것이 아니기 때문에 "중보자"라는 개념이 끼어들 여지가 없다는 것을 근거로 제시한다. 그러나 바울이 여기에서 왜 이런 말을 하게 된 것인지를 아는 것은 분명히 대단히 중요하고 세심하게 살펴보아야 할 것인데도, 그들은 그런 것에 대해서는 말하지 않고 그냥 넘어가 버린다. 그가 이 말을 하게 된 이유는 아마도 하나님이 율법 및 약속과 관련해서 계획을 변경하신 것에 대하여 생겨날 수 있는 어떤 악한 생각을 미리 예상하였기 때문일 것이다. 즉, 바울이 앞에서 말한 것에 대하여 다음과 같이 말하는 사람들이 있을 것이었다: "사람들이 자기가 이미 맺은 계약과 관련해서 마음이 바뀌는 경우에는 그 계약을 철회하곤 하는 것처럼, 하나님의 언약들과 관련해서도 그런 일이 일어난 것이로구나." 만일 그들의 말이 옳다면, 여기에서 바울은 계약의 한 쪽 당사자인 사람들은 언제든지 자

기가 이미 맺은 계약을 변경할 수 있는 반면에, 하나님은 늘 동일하시고 일관되시는 분이신 까닭에 사람들의 그러한 변덕스러움과는 무관하시고, 따라서 하나님의 언약은 변할 수도 없고 바뀔 수도 없다고 말한 것이 될 것이다.

그러나 나는 이 구절을 좀 더 면밀하게 살펴본 후에, 이것은 유대인과 이방인 간의 차이와 관련이 있는 말이라고 생각하게 되었다. 외적인 상황과 관련해서 그리스도의 중보를 통해서 하나님이 언약을 맺으시는 자들 사이에는 서로 차이가 있기 때문에, 그리스도는 어느 한 쪽의 중보자가 아니시다. 따라서 바울은 우리는 하나님의 언약이 서로 상충된다거나 사람들에 따라서 달라진다는 식으로 판단할 권리가 없다고 단호하게 말한다. 이제 바울이 여기에서 한 말의 의미가 분명해진다. 그리스도께서는 전에 유대인들과 언약을 맺음으로써 하나님을 유대인들과 화해하게 하셨던 것처럼, 이제는 이방인들의 중보자가 되셨다. 유대인들은 이방인들과는 크게 다르다. 왜냐하면, 할례와 예법들은 이 둘 사이에 "중간에 막힌 담"(엡 2:14)을 세웠기 때문이다. 유대인들은 하나님께 "가까웠고," 이방인들은 하나님으로부터 "멀리" 있었지만(엡 2:13), 하나님은 늘 동일하시고 일관되시다. 그리스도께서 전에는 서로 달랐던 유대인들과 이방인들을 "한 하나님"께로 인도하셔서 한 몸 안에서 연합되게 하셨을 때, 그것은 명백해졌다. 하나님께서는 늘 한결같으시고, 자기가 한 번 세우신 뜻은 조금도 바꾸지 않으시고 언제까지나 불변하며 끝까지 이루신다는 점에서, 하나님은 "하나"이다.

21. 그러면 율법이 하나님의 약속들과 반대되는 것이냐 결코 그럴 수 없느니라. 하나님의 뜻이 확고하고 불변하다는 것을 인정한다고 하더라도, 우리는 결과들을 보면 그런 것 같지 않다는 결론을 내릴 수밖에 없는데, 이것은 율법과 은혜 언약이 겉으로는 서로 모순되는 것처럼 보이는 데서 필연적으로 생겨나는 것으로서 여전히 해결하기 어려운 문제였다. 여기에서 바울의 절규가 나온다. 그는 자기가 앞에서 말한 것을 통해서 율법과 은혜 언약이 서로 반대되는 것이 아니라는 것을 한 점의 의혹도 없이 다 해결하였기 때문에, 이제 더 이상은 그런 말을 해서는 절대로 안 된다는 마음에서, "이제 누가 감히 율법과 약속들 사이에 어떤 불일치가 있는 것처럼 생각할 수 있겠느냐"고 절규하는 심정으로 반문한다. 그러나 그렇다고 해서, 바울은 그 문제는 앞에서 이미 다 해명해서 그렇지 않다는 것이 추호의 의심도 없이 확인되었기 때문에 더 이상 할 말이 없다고 치부해 버리는 것이 아니라, 이 문제와 관련해서 여전히 생겨날 수 있는 난점들을 계속해서 제거해 나가고자 한다.

바울은 이 문제에 대답하기 전에, 여느 때와 마찬가지로 율법과 은혜 언약이 반대된다고 생각하는 것은 말도 안 되는 터무니없는 것이라고 단호하게 딱 잘라서 무시해 버리는데, 이것은 경건한 자들이 하나님을 모욕하는 그 어떤 언행이나 생각에 대해서도 분명하게 드러내 보여야 할 혐오감을 표현한 것이다. 그러나 우리는 여기에서 바울로 하여금 그러한 혐오감을 드러내게 만든 또 다른 동기도 주목하여야 한다. 즉, 여기에서 바울은 자신의 대적들이 하나님을 앞뒤가 안 맞는 언행을 하고 계시는 분으로 만들고 있는 것을 고발하고자 하는 것이다. 왜냐하면, 율법과 약속들은 둘 다 하나님으로부터 나온 것이 분명한 까닭에, 이 둘 간에 어떤 모순이 있다고 주장하는 자들은 누구든지 하나님에 대하여 신성모독을 자행하는 것이기 때문이다. 하지만 만일 율법이 사람을 의롭기 할 수 있다면, 정말 이 둘은 모순될 수밖에 없게 된다. 따라서 바울이 "결코 그럴 수 없느니라"고 한 것은 자신의 대적들이 그런 식으로 거짓되게 하나님을 비방하그 모독하는 것이 잘못된 것임을 단호하게 지적한 것이라는 점에서 대단히 적절한 것이었다.

만일 능히 살게 하는 율법을 주셨더라면 의가 반드시 율법으로 말미암았으리라. 바울의 이 대답은 간접적인 것으로서, 율법과 약속들 간에 모순이 전혀 없다고 직설적으로 단언하지 않고서도, 그러한 모순이 개입될 여지를 완전히 제거하는 데 필요한 모든 것을 담고 있다. 바울의 이 대답을 들었을 때, 우리는 이 대답은 문맥에 맞지도 않고, 현재의 문제에 대한 대답으로서는 전혀 적절하지 않다고 말할지도 모른다. 그러나 사실은 그렇지 않다. 만일 율법이 사람을 의롭게 할 수 있는 힘을 지니고 있다면, 율법은 약속들과 반대될 것이다. 왜냐하면, 그런 경우에는 사람이 의롭게 되는 두 가지 상반되는 방법이 존재하게 될 것이고, 의에 도달하는 두 가지 상반되는 길이 존재하는 것이 될 것이기 때문이다. 그러나 바울은 율법은 사람을 의롭게 할 수 있는 방법이나 길이 다니라고 말함으로써, 율법과 약속들 간에 존재하는 것처럼 보이는 반대나 모순을 게거해 버린다. 그는 이렇게 말한다: "만일 율법 안에서 구원을 발견할 수 있다면, 나는 의가 율법으로 말미암는다는 것을 인정할 것이다. 하지만 실제로는 사람은 율법 안에서 구원을 얻을 수 없기 때문에, 의는 율법으로 말미암을 수 없다."

22. 그러나 성경이 모든 것을 죄 아래에 가두었으니. 바울이 여기에서 "성경"이라고 한 것은 일차적으로 "율법" 자체를 가리킨다. 율법은 모든 사람을 "죄 아래에 가두었다." 그러므로 율법은 사람들에게 의를 주는 것이 아니라 도리어 의를 제

거해 버린다. 바울이 여기에서 보여주는 논증은 대단히 강력하다. "너희는 율법에서 의를 구한다. 그러나 율법 자체는 성경 전체와 마찬가지로 사람들을 정죄할 뿐이고, 정죄 이외의 다른 것들을 사람들에게 주지 않는다. 왜냐하면, 모든 사람과 그들의 행위는 불의한 것으로 정죄되기 때문이다. 그런데 누가 율법으로 말미암아 살 수 있겠는가?" 바울은 여기에서 "사람이 이를 행하면 그로 말미암아 살리라"(레 18:5)는 말씀을 염두에 두고 있다. 그는 이렇게 말한다: "율법은 우리의 죄를 드러내서 생명으로 나아가는 길을 차단해 버릴 뿐이기 때문에, 우리가 율법으로 말미암는 구원을 구해 보아야, 그것은 헛된 일이 될 뿐이다." 그가 "모든 사람"이라고 말하지 않고 "모든 것"이라고 말한 것에는 더 깊은 의미가 담겨 있다. 왜냐하면, "모든 것" 속에는 단지 모든 사람들만이 아니라, 사람들이 소유하고 있거나 이루어 낸 모든 것도 포함되기 때문이다.

이는 예수 그리스도를 믿음으로 말미암는 약속을 믿는 자들에게 주려 함이라. 모든 것이 죄 아래에 있게 된 상황에서, 행위로 말미암는 의를 내던져 버리고서 그리스도를 믿는 믿음을 붙잡는 것 외에는 그 어떤 해결책도 존재하지 않는다. 행위를 붙잡을 때, 그 결과는 뻔하다. 우리가 행위로 판단을 받고자 한다면, 우리는 모두 정죄 아래 있을 수밖에 없다. 그러므로 우리는 그리스도를 믿는 믿음으로 말미암아 값없이 거저 "의"에 이르러야 한다. 이 구절은 진정한 위로로 가득하다. 왜냐하면, 이 구절은 우리는 율법이 우리를 정죄하는 것을 들을 때마다, 그리스도 안에서 우리에게 예비된 도우심이 있는 까닭에, 우리가 그리스도를 믿음으로 붙잡기만 하면, 그 정죄에서 벗어날 수 있다고 우리에게 말해 주기 때문이다. 하나님이 아무 말씀도 하지 않으셨을지라도, 우리는 정죄를 받아 멸망하게 될 것이었다. 그렇다면, 왜 하나님께서는 그토록 자주 우리가 멸망 가운데 있다는 것을 분명하게 말씀해 주시는 것인가? 그것은 우리로 하여금 영원한 멸망을 당하게 내버려두지 않으시고, 그러한 무시무시하고 두려운 말씀을 통해서 우리에게 충격을 주시고 우리를 당혹스럽게 만드셔서, 믿음으로 그리스도를 찾게 하여 "사망에서 옮겨 생명으로 들어가게" 하시기 위한 것이다(요일 3:14). 어떤 것을 담고 있는 것을 내세워서 거기에 담겨 있는 것을 나타내는 수사법을 사용해서, 여기에서 바울은 우리가 예수 그리스도를 믿었을 때에 그 믿음으로 말미암아 "약속된 것"을 나타내는 데 "약속"이라는 말을 사용한다.

²³믿음이 오기 전에 우리는 율법 아래에 매인 바 되고 계시될 믿음의 때까지 갇혔느니라 ²⁴이같이 율법이 우리를 그리스도께로 인도하는 초등교사가 되어 우리로 하여금 믿음으로 말미암아 의롭다 함을 얻게 하려 함이라 ²⁵믿음이 온 후로는 우리가 초등교사 아래에 있지 아니하도다 ²⁶너희가 다 믿음으로 말미암아 그리스도 예수 안에서 하나님의 아들이 되었으니 ²⁷누구든지 그리스도와 합하기 위하여 세례를 받은 자는 그리스도로 옷 입었느니라 ²⁸너희는 유대인이나 헬라인이나 종이나 자유인이나 남자나 여자나 다 그리스도 예수 안에서 하나이니라 ²⁹너희가 그리스도의 것이면 곧 아브라함의 자손이요 약속대로 유업을 이을 자니라(3:23-29).

23. 믿음이 오기 전에 우리는 율법 아래에 매인 바 되고 계시될 믿음의 때까지 갇혔느니라. 바울은 앞에서 제기된 주제를 이제 여기에서는 좀 더 자세하게 말한다. 즉, 그는 율법의 용도, 그리고 율법이 한시적일 수밖에 없는 이유, 이 두 가지를 분명하게 설명한다. 왜냐하면, 만일 그 이유가 해명되지 않는다면, 유대인들에게는 율법이 주어지고 이방인들에게는 주어지지 않은 것은 언제나 이치에 맞지 않는 일인 것처럼 보였을 것이기 때문이다. 유대인들과 이방인들로 이루어진 오직 하나의 교회가 존재하는 것이라면, 하나님께서 유대인들과 이방인들에 대하여 서로 다르게 행해 오신 이유는 도대체 무엇이란 말인가? 유대인들의 조상들이 율법 아래 매어 있었는데, 이 새로운 자유는 어디로부터 온 것이고, 어떤 권위에 의거한 것이란 말인가? 그러므로 바울은 유대인과 이방인에 대한 하나님의 경륜에 있어서의 그러한 차이는 교회의 연합과 화합을 가로막는 것이 아니었다는 것을 우리에게 알게 해 준다.

독자들이 다시 한 번 명심해야 할 것은, 바울은 여기에서 단지 예법들이나 도덕법에 대해서만이 아니라, 하나님이 구약 아래에서 자기 백성을 다스렸을 때의 경륜 전체에 대해서 포괄적으로 말하고 있다는 것이다. 왜냐하면, 여기에서 논쟁의 주제는 모세에 의해서 대표되는 경륜이 의를 이루는 데 어떤 영향을 가지고 있느냐의 여부에 대한 것이었기 때문이다. 바울은 이 율법을 처음에는 "감옥"에 비유하고, 다음에는 "초등교사"에 비유한다. 이 두 비유가 분명하게 보여주듯이, 오직 한시적으로만 효력이 있고, 그 기간이 지나면 아무런 효력도 발휘할 수 없는 것이 바로 율법의 본질이었다.

여기에서 "믿음"은 율법이라는 그림자들의 어둠 아래에서 감추어져 있던 것들이 온전히 계시되어 드러나게 된 것을 가리킨다. 왜냐하면, 바울은 율법 아래에서 살았던 조상들에게는 "믿음"이 없었다고 말하고자 하는 것이 아니기 때문이다. 그는 이미 아브라함의 "믿음"에 대해서 말한 바 있고, 다른 조상들의 믿음에 대해서는 히브리서의 저자가 말하고 있다. 요컨대, "믿음"에 관한 가르침이 구약에 이미 존재하였다는 것은 모세를 비롯한 모든 선지자들이 증언해 주고 있다. 그러나 당시에는 믿음의 내용이 신약 때처럼 그렇게 공개적이고 선명하게 드러나지 않았기 때문에, 바울은 신약시대를 믿음이 온 때라고 부르지만, 그것은 절대적인 의미에서가 아니라 상대적인 의미에서 그렇게 부르고 있는 것이다. 이것이 그가 여기에서 말하고자 하는 것임은 그가 곧이어서 덧붙이고 있는 말, 즉 "계시될 믿음의 때까지 갇혔느니라"는 말로부터 분명하게 드러난다. 왜냐하면, 그 말은 율법 아래 갇혀 있던 자들이 그 동일한 믿음에 참여하는 자들이 되었다는 의미를 내포하고 있기 때문이다. 율법은 율법 아래 있던 자들에게서 믿음을 빼앗은 것이 아니었고, 도리어 그들이 믿음의 테두리 밖에서 방황하지 않도록 하기 위해서 그들을 꼭 붙들어 두고 있었다. 또한, 여기에는 바울이 앞에서 말한 것, 즉 "성경이 모든 것을 죄 아래에 가두었다"는 것에 대한 우아한 암시가 존재한다. 즉, 그들은 저주에 의해서 사방으로 포위되어 있었지만, 율법은 그들을 감옥에 가두어 둠으로써 저주로부터 보호하였다는 것이다. 이렇게 바울은 율법이라는 감옥이 사실은 영적으로는 유익한 것이었음을 보여준다.

구약 시대에 믿음이 아직 계시되지 않았다고 해서, 조상들에게 "빛"이 완전히 결여되어 있었던 것이 아니고, 단지 우리보다 더 희미했을 뿐이었다. 왜냐하면, 예법들은 당시에 부재하였던 그리스도를 개략적으로 보여주었던 반면에, 우리에게는 그리스도가 임재해 계시기 때문이다. 이렇게 그들이 거울을 통해서 본 것을 우리는 오늘날 실체를 마주하고 보고 있다. 율법 아래에서 어둠이 아무리 컸다고 할지라도, 조상들은 자신들이 걸어 가야 할 길을 모르지 않았다. 그들에게 있던 빛은 정오처럼 밝은 것은 아니었을지라도, 길을 가는 데에는 충분하였다. 이것은 여행자들이 해가 완전히 다 뜰 때까지 기다렸다가 길을 떠나는 것이 아닌 것과 같았다. 그들에게 있던 빛은 새벽 미명 같은 것이었지만, 그들이 모든 오류로부터 그들 자신을 지키고, 그들을 영원히 복된 곳으로 인도해 주는 데에는 충분하였다.

24. 이같이 율법이 우리를 그리스도게로 인도하는 초등교사가 되어. 이것은 두 번째 비유로서, 바울의 의도와 취지를 한층 더 분명하게 보여준다. 여기에서 "초

등교사”로 번역된 헬라어 ‘파이다고고스’(παιδαγωγός)의 어원이 함축하고 있듯이, “초등교사”는 어떤 사람을 평생 동안 돌보는 자가 아니라, 오직 어린 시절에만 돌보는 자이다. 게다가, 초등교사가 어린 아이를 훈육하는 목적은 어린 시절의 교육을 통해서 어른이 되어서 제대로 살아가도록 준비시키기 위한 것이다. 이러한 비유는 두 가지 측면에서 율법에 적용되고 있는데, 하나는 율법의 권위는 특정한 기간 동안으로 한정되어 있다는 것이고, 다른 하나는 율법은 어린 학생들에게 초보적인 가르침들을 베풀어서 어른이 되었을 때에 그 다음의 좀 더 수준 높은 교육을 받을 수 있도록 준비를 시키는 것이 그 목적이라는 것이다. 그래서 바울은 “그리스도께로”라고 말한다. 문법 교사들은 어린 아이를 교육시킨 후에, 수사학을 비롯한 좀 더 수준 높은 학문들을 통해서 그의 언어 실력을 갈고 닦게 해 줄 다른 교사에게 넘겨 준다. 이렇게 율법은 어린 학생들에게 초보적인 것들을 가르친 후에, 그 가르침을 완성하기 위하여 그들에게 믿음의 교훈을 가르쳐 줄 수 있는 이에게로 넘기는 것이 그 역할이었다. 이런 식으로 바울은 유대인들을 성장 과정 중에 있는 어린 아이들에 비유한다.

그렇다면, 여기에서 우리는 이 “초등교사”가 가르치거나 교육한 것은 무엇인가 하는 질문을 제기할 수 있다. 먼저, 율법은 하나님의 공의를 드러냄으로써 사람들로 하여금 그들이 불의하다는 것을 깨닫게 해 주었다. 왜냐하면, 사람들은 하나님의 계명들이라는 거울에 자신들의 모습을 비추어 보았을 때, 자신들이 참된 의로부터 얼마나 멀리 떨어져 있는지를 알 수 있었기 때문이다. 이렇게 해서, 그들은 “의”를 그들 자신에게서가 아니라 다른 어떤 곳에서 찾아야 한다는 것을 깨달을 수 있었다. 율법의 약속들도 사람들로 하여금 다음과 같이 생각하도록 이끎으로써 동일한 목적에 기여할 수 있었다: “우리가 우리 자신의 행위나 율법을 온전히 지켜 행함으로써 의를 얻을 수 없다면, 우리는 무엇인가 전혀 다른 새로운 길을 찾아야 한다. 우리의 연약함으로는 결코 의에 도달하지 못할 것이 분명하다. 우리가 아무리 원하고 애쓴다고 할지라도, 의에 도달하고자 하는 목적을 이루는 데에는 우리는 너무나 역부족이다.” 또한, 율법의 경고들은 사람들을 압박해서 하나님의 진노와 저주로부터 피할 길을 찾게 만들었다. 실제로 율법은 그들이 어쩔 수 없이 자기 자신의 의를 포기하고 그리스도의 은혜를 구하게 될 때까지 그들에게 쉴 틈을 주지 않고 그들을 몰아부쳤다.

이것은 모든 예법들의 목적이기도 하였다. 희생제사들과 정결예법들을 통해서 사람들에게 끊임없이 그들의 부정함과 죄악됨을 일깨워 준 것 속에 그런 목적 외에 어떤 다른 목적이 있었겠는가? 어떤 사람이 자신의 부정함을 목전에서 보고, 아무 죄도 없는 짐승이 자기 대신에 피를 흘리며 죽어 가는 것을 보면서도, 어떻게 죄악 가운데서 잠들어 있을 수 있겠는가? 죄를 지으면 죽음과 저주와 심판뿐인 데도, 자신은 매일 같이 죄를 짓고 살아갈 수밖에 없다는 것을 그 예법들을 통해서 수시로 깨우침을 받는 사람이 어떻게 자기를 구원해 달라고 하나님께 간절히 기도하지 않을 수 있겠는가? 이렇게 예법들은 사람들의 양심에 경종을 울리고 낮출 뿐만 아니라, 그들로 하여금 장차 오실 구속주를 믿는 믿음으로 몰아감으로써 그 목적을 이루었다는 것은 의심의 여지가 없다. 사람들의 눈앞에서 생생하게 행해진 모세의 모든 엄숙한 예법들은 그 하나하나가 "그리스도"로 각인되어 있었다. 요컨대, 율법은 그 예배자들의 손을 잡아 이끌어서 그리스도께로 인도하는 아주 다양한 통로들에 다름 아니었다.

우리로 하여금 믿음으로 말미암아 의롭다 함을 얻게 하려 함이라. 바울은 앞에서 이미 율법을 "초등교사"에 비유함으로써 율법의 온전성을 부인하였다. 만일 율법이 사람들에게 의를 수여하였다면, 율법은 사람들을 온전하게 할 수 있었을 것이다. 그러나 실제로 율법은 그렇게 할 수 없었다. 그렇다면 이제 "믿음"이 율법을 대신하는 것 외에 어떤 다른 방법이 남아 있겠는가? 그리고 우리가 우리 자신에게 의가 없다는 것을 깨닫고서 우리 자신의 의를 추구하는 것을 포기하고서 그리스도의 의로 덧입을 때, 바로 그런 일이 일어난다. 즉, 우리는 믿음으로 말미암아 의롭다 함을 얻게 된다. 이렇게 해서, "주리는 자를 좋은 것으로 배불리셨으며"(눅 1:53)라는 말씀이 성취된다.

25. 믿음이 온 후로는 우리가 초등교사 아래에 있지 아니하도다. "믿음이 왔다"는 것이 무엇인지에 대해서는 우리가 이미 앞에서 설명한 바 있는데, 그것은 성전의 휘장이 찢겨진 후에(마 27:51) "은혜"가 더 밝히 계시된 것을 가리킨다. 그리고 우리는 이것이 그리스도의 나타나심에 의해서 이루어졌다는 것을 안다. 바울은 그리스도의 통치 아래 있게 되면, 이제 더 이상 어린 아이가 아니기 때문에, "초등교사" 아래에 있을 필요가 없게 되고, 그 결과 율법은 자신의 소임을 다하고 물러나게 된다고 분명하게 말한다. 이것은 이 비유의 또 다른 적용이다. 그가 증명하고자 한 것이 두 가지가 있었는데, 하나는 율법은 그리스도를 준비하기 위한 것이었다는 것이고, 다른 하나는 율법은 한시적인 것이었다는 것이다. 그러나 여기에서 또다시

다음과 같은 질문이 생겨날 수 있다: "그렇다면, 율법은 이제 폐기된 것이고 우리와는 아무 상관이 없게 된 것인가?" 나의 대답은 율법은 삶의 규범이라는 면에서는 여전히 우리로 하여금 계속해서 하나님을 경외하게 하는 "재갈"이자, 우리의 육신의 방종을 바로잡는 "박차"로서, "교훈과 책망과 바르게 함과 의로 교육하기에 유익해서" 믿는 자들로 하여금 "하나님의 사람으로 온전하게 하며 모든 선한 일을 행할 능력을 갖추게" 해 줄 수 있기 때문에(딤후 3:16-17), 그런 측면에서는 여전히 이전과 다름없는 효력을 그대로 지니고 있다는 것이다.

그렇다면, 어떤 점에서 율법은 폐기된 것인가? 앞에서 말했듯이, 바울은 율법이 몇몇 속성들을 소유하고 있다고 보는데, 그 속성들을 열거해 보자면 이런 것들이다. 율법은 우리의 행위들을 상벌과 결부시키는 속성을 지닌다. 즉, 율법은 그 모든 계명들을 지키는 자들에게는 생명을 약속하고, 어기는 자들에게는 저주를 경고한다. 또한, 율법은 사람들에게 가장 높은 수준의 완전함과 가장 엄격한 순종을 요구한다. 율법은 더하거나 감하는 것이 없이 곧이곧대로 집행하고, 그 어떤 죄 사함도 베풀지 않기 때문에, 아무리 작은 죄에 대해서도 반드시 그 책임을 물어 가혹한 형벌을 선고한다. 율법은 공개적으로 그리스도와 그의 은혜를 드러내는 것이 아니라, 단지 예법들 속에 감추어진 그리스도를 희미하게 가리킬 뿐이다. 바울은 율법이 지닌 이러한 모든 속성들이 폐기되었고, 따라서 외형상으로 은혜 언약과 다른 모세의 직분도 이제 끝이 났다고 우리에게 말해 준다.

26. 너희가 다 믿음으로 말미암아 그리스도 예수 안에서 하나님의 아들이 되었으니. 율법이 믿는 자들을 영원히 자기에게 묶어 두어서 영속적으로 자신의 종으로 살게 하는 것이라면, 그것은 부당한 것이고 지극히 불합리한 일이 되고 말 것임을 바울은 믿는 자들은 다 하나님의 자녀들이라는 추가적인 논증을 통해서 증명한다. 그는 어린 아이에서 어른이 되었다고 해서 자동적으로 종의 상태에서 벗어나는 것이 아닌 까닭에, 우리가 이제 어린 아이에서 벗어나서 어른이 되었다고 말하는 것으로는 충분하지 않다는 것을 알고서는, 여기에 우리가 다 율법의 종살이에서 벗어나 자유인들, 즉 "하나님의 자녀들"이 되었다는 말을 덧붙인다. 왜냐하면, 그들이 "하나님의 자녀들"이라는 사실은 그들의 자유를 증명해 주기 때문이다. 그렇다면, 그들이 어떻게 자유인들이 되고 하나님의 자녀들이 된 것인가? 그것은 "믿음으로 말미암아 그리스도 예수 안에서" 된 것이었다. 왜냐하면, 그리스도를 믿는 모든 자들에게는 하나님의 아들들이 되는 특권이 주어지기 때문이다(요 1:12, "영접하는

자 곧 그 이름을 믿는 자들에게는 하나님의 자녀가 되는 권세를 주셨으니"). 그러므로 우리가 믿음으로 말미암아 하나님의 자녀들이 된 것과 믿음으로 말미암아 자유를 얻게 된 것은 동시에 일어난 일이었다.

27. 누구든지 그리스도와 합하기 위하여 세례를 받은 자는 그리스도로 옷 입었느니라. 하나님의 자녀들이 되었다는 것은 너무나 굉장하고 대단히 영광스러운 일이지만, 그것은 우리의 지각으로 느끼기 힘든 것이기 때문에, 그것을 사실로 믿는다는 것은 한층 더 어려운 일이다. 그래서 바울은 우리가 하나님의 아들과 연합되어 하나가 된 것이 무엇을 의미하는지를 몇 마디로 간략하게 설명하는 말을 여기에 덧붙임으로써, 그런 식으로 해서 그리스도께 속한 것들이 우리에게도 주어진 것임을 분명히 하여 모든 의심을 제거해 준다. 그는 "의복"의 비유를 사용해서, 갈라디아 교인들이 "그리스도로 옷 입었다"고 말한다. 바울이 비유를 사용해서 이렇게 말한 것은 그들이 그리스도와 연합되어 하나가 되었기 때문에, 그들은 그리스도의 이름과 인격을 지니게 되었고, 그 결과 하나님께서는 그들을 그들의 모습대로 보시는 것이 아니라 그리스도 안에서 그들을 보시게 되었다는 것을 의미한다. "의복"과 관련된 이 비유는 자주 등장하기 때문에, 우리가 다른 곳에서 이미 살펴 본 바 있다.

그러나 그들이 세례를 받았기 때문에 그리스도로 옷 입게 된 것이라고 하는 바울의 논증은 설득력이 약한 것처럼 보일 수 있다. 왜냐하면, 세례를 받았다고 해서 다 효력이 있는 것은 아니기 때문이다. 성령의 은혜를 외적인 징표와 이토록 밀접하게 결부시키는 것이 과연 타당한 것인가? 성경의 일관된 가르침은 물론이고 경험상으로도 그렇게 말하는 것은 옳지 않은 것으로 보인다. 이러한 문제점에 대한 나의 대답은 바울은 성례전들에 대해서 두 가지 방식으로 말하는 것이 관례라는 것이다. 즉, 한편으로 그는 외적인 징표를 자랑하는 외식하는 자들을 다룰 때에는 외적인 징표 자체는 헛되고 무가치하다는 것을 큰 소리로 선포하고, 그런 자들의 어리석은 자부심을 강력한 어조로 규탄한다. 그런 경우들에 있어서 그는 하나님의 규례로서의 성례전들에 대해서가 아니라, 악한 자들이 성례전들을 악용하는 것을 염두에 두고서 그렇게 말하는 것이다. 반면에, 다른 한편으로 그는 외적인 징표들을 적절하고 합당하게 사용하는 믿는 자들에게 말할 때에는, 성례전들이 원래 상징하고 있는 진리를 염두에 두고서 거기에 의거하여 성례전들에 대하여 말한다. 이 경우에 바울은 외식이나 자랑을 위해서 악용되거나 거짓되게 이용된 세례가 아니라, 외적인 예법으로서의 세례가 진정으로 상징하고 있는 것을 염두에 두고 이렇게 말하고 있는 것이다. 그런 경우에는 하나님이 정하신 바에 따라서, 그러한 외적인 징표들은 진리와 결합되게 된다.

하지만 아마도 어떤 사람들은 이렇게 물을지도 모른다: "그렇다면, 사람들의 잘못으로 인해서 하나님이 어떤 성례전에 정하신 효력이 이루어지지 못하는 것이 가능하다는 말인가?" 거기에 대한 대답은 쉽다. 즉, 악한 자들은 성례들로부터 그 어떤 유익도 얻을 수 없을지라도, 성례전들의 본질과 효력 자체에는 그 어떤 손상이나 감소도 일어나지 않는다. 성례전들은 선한 자들에게나 악한 자들에게나 하나님의 은혜를 제시한다. 성례전들이 성령의 은혜를 약속하고 있는 것에는 그 어떤 속임이나 거짓도 존재하지 않는다. 그렇기 때문에, 믿음으로 성례전들에 참여하는 자들은 그 성례전이 제시하는 것을 받아서 누리게 된다. 불경건한 자들은 성례전들이 주고자 하는 것들을 거부함으로써, 그것들이 그들에게 무익하게 만들어 버리지만, 그렇다고 해서 하나님의 신실하심과 성례전들의 참된 의미를 파괴할 수는 없다. 따라서 바울이 믿는 자들을 대상으로 말하면서, 그들이 세례를 받음으로써 그리스도로 옷 입었다고 말한 것은 지극히 합당하다. 이것은 그가 로마서에서 "만일 우리가 그의 죽으심과 같은 모양으로 연합한 자가 되었으면 또한 그의 부활과 같은 모양으로 연합한 자도 되리라"(롬 6:5)고 말한 것과 같다. 이런 식으로 외적인 징표와 하나님의 역사는 서로 구별되어 있지만, 성례전들에는 효력이 있기 때문에, 성례전들을 아무런 의미도 없는 공허한 의식에 불과한 것으로 치부할 수 없다. 이것은 하나님의 귀한 규례들을 악용해서 그들 자신에게 무익한 것으로 만들어 버릴 뿐만 아니라 그들 자신의 멸망까지 자초하는 죄를 자행하는 자들은 얼마나 악하고 배은망덕한 자들인지를 우리에게 일깨워 준다.

28. 너희는 유대인이나 헬라인이나 종이나 자유인이나 남자나 여자나 다 그리스도 예수 안에서 하나이니라. 이 구절의 의미는 세례를 받아서 그리스도와 합하여 그리스도로 옷 입는 것과 관련해서는 사람들의 "외모"는 전혀 문제가 되지 않기 때문에, 어떤 사람이 어느 민족 출신인지, 사회적으로 어떤 신분에 있는지, 할례를 받았는지 받지 않았는지, 그 사람의 성별 같은 것들은 전혀 중요하지 않다는 것이다. 그렇다면, 왜 그런가? 바울은 그것은 그리스도께서 그들을 모두 "하나"로 만드시기 때문이라고 말한다. 그들이 이전에 서로 어떤 차이가 있었든지 간에, 오직 그리스도는 그들 모두를 하나로 연합시킬 수 있으시다. "너희는 하나이다. 모든 구별

과 차이는 이제 제거되었다.” 사도가 이렇게 말하는 목적은 양자됨의 은혜와 구원의 소망은 율법에 달려 있지 않고, 오직 그리스도 안에 담겨 있기 때문에, 그 모든 것은 한 분 그리스도에게 달려 있다는 것을 보여주고자 하는 것이다. 여기에서 “헬라인”은 여느 경우와 마찬가지로 이방인을 가리키는데, 이것은 그 일부로써 전체를 나타내는 수사법이다.

29. 너희가 그리스도의 것이면 곧 아브라함의 자손이요 약속대로 유업을 이을 자니라. 이것은 “아브라함의 자손”이 되는 것이 “그리스도의 지체”가 되는 것보다 더 낫다고 말하고자 하는 것이 아니라, 오직 자신들만이 하나님의 백성인 것처럼 선민으로서의 자신들의 특권을 자랑하던 유대인들의 교만을 억제하기 위한 것이다. 그들은 아브라함의 자손에 속했다는 사실보다 더 대단한 것은 없는 것으로 여겼다. 그래서 바울은 그리스도를 믿는 모든 자들이 바로 “아브라함의 자손”이라고 선언한다. 이러한 결론은 다음과 같은 논거, 즉 우리가 앞에서 이미 말했듯이, 그리스도는 아브라함의 모든 자손으로 하여금 자기 안에서 하나가 되게 하는 아브라함의 저 복된 “자손”이라는 사실에 의거한 것이다. 바울은 그들 모두에게 공통의 “유업”이 주어지게 될 것이라는 사실을 근거로 해서 이것을 증명한다. 왜냐하면, 그들이 모두 다 공통의 “유업”을 이어받게 될 자들이라면, 거기로부터 도출되는 결론은 그들은 아브라함의 자손들로서 “약속”에 참여하고 있는 자들이라는 것이기 때문이다. 여기에서 우리가 주목할 것은 이렇게 “약속”은 언제나 “믿음”과 결합되어 있다는 것이다.

제4장

¹내가 또 말하노니 유업을 이을 자가 모든 것의 주인이나 어렸을 동안에는 종과 다름이 없어서 ²그 아버지가 정한 때까지 후견인과 청지기 아래에 있나니 ³이와 같이 우리도 어렸을 때에 이 세상의 초등학문 아래에 있어서 종 노릇 하였더니 ⁴때가 차매 하나님이 그 아들을 보내사 여자에게서 나게 하시고 율법 아래에 나게 하신 것은 ⁵율법 아래에 있는 자들을 속량하시고 우리로 아들의 명분을 얻게 하려 하심이라(4:1-5).

1-2. 내가 또 말하노니 유업을 이을 자가 모든 것의 주인이나 어렸을 동안에는 종과 다름이 없어서 그 아버지가 정한 때까지 후견인과 청지기 아래에 있나니.
이 서신의 장절을 구분한 사람은 이 단락을 앞 단락으로부터 분리해 버리는 잘못을 저질렀지만, 이 단락은 앞 단락을 이은 결론적인 단락으로서, 여기에서 바울은 우리와 옛 사람들 간의 차이를 설명하고 예시한다. 그렇게 함에 있어서 그는 후견인 제도에서 가져온 세 번째 비유를 사용한다. "유업을 이을 자"는 비록 그가 자유인이고 자기 아버지의 가문을 다스릴 '주인'이지만, 아직 미성년자로서 성년이 되지 않아서 후견인의 지도 아래 있는 까닭에 마치 "종"처럼 살아간다. 그러나 후견인 아래에서의 이러한 종과 같은 삶은 오직 아버지가 정한 때까지만 지속되고, 그 후에는 이 "유업을 이을 자"는 자유를 누리게 된다. 마찬가지로, 옛 언약 아래에 살았던 조상들도 하나님의 아들들로서 자유인이었다. 그러나 율법이 마치 후견인처럼 그들을 율법의 멍에 아래 두었기 때문에, 그들은 실제로 자유를 누리지는 못하였다. 율법 아래에서의 종살이는 하나님이 정하신 때까지 지속되었고, 그 때는 그리스도께서 오심으로써 끝이 났다. 법률가들은 후견 상태를 끝내는 여러 가지 방법들을 열거한다. 그러나 바울은 여기에서 후견인 비유를 사용할 때, 그 모든 방법들 중에서 오직 한 가지 방법, 즉 "아버지가 정한 때"까지만 후견 상태가 유효하고 그 후에는 그 효력이 끝나게 하는 방법만을 여기에 적용한다.

이제 각각의 구절들을 살펴보자. 어떤 이들은 이 비유를 개개인들에게 적용하지만, 여기에서 바울은 두 민족에 대하여 말하고 있는 것이다. 그들이 말하는 것은 그 자체로는 옳다는 것을 나도 인정하지만, 현재의 본문과는 아무런 상관이 없다. 그들은 이렇게 말한다: 택함 받은 자들은, 비록 모태로부터 하나님의 자녀들이지만, 그럼에도 불구하고 믿음으로 말미암아 자유를 누리게 될 때까지는 계속해서 율법 아래에서 종처럼 살 수밖에 없었다. 그러나 일단 그리스도를 알게 되었을 때, 그들은 이제 더 이상 그런 종류의 후견을 필요로 하지 않게 되었다. 나는 그 모든 것이 옳다는 것을 다 인정하지만, 그럼에도 불구하고 바울이 여기에서 개개인들에 대하여 말하고 있다는 것에 대해서도 동의하지 않고, 바울이 불신앙의 때와 믿음으로 부르심을 받은 때를 구별하고 있다는 것에 대해서도 동의하지 않는다. 여기에서 쟁점은 이런 것이었다: 하나님의 교회는 "하나"인데, 어떻게 우리의 상황과 옛 이스라엘 사람들의 상황이 서로 다를 수 있는 것인가? 우리는 믿음으로 말미암아 자유를 누리고 있는데, 어떻게 그들은 우리와 똑같은 믿음을 지니고 있었음에도 불구하고 우리와 마찬가지로 동일한 자유에 참여할 수 없었던 것인가? 우리는 모두 똑같이 하나님의 자녀들인데, 어떻게 그들은 율법의 멍에를 멜 수밖에 없었던 반면에, 우리는 오늘날 그러한 멍에를 메지 않아도 되는 것인가? 여기에서의 논쟁과 논증은 바로 이러한 문제들에 대한 것이고, 우리가 믿음으로 말미암아 율법의 종살이로부터 자유를 얻게 되기 전에는, 율법이 우리 각자를 주관하고 있었던 것은 왜 그런 것인가에 대한 것이 아니다. 우리가 무엇보다도 먼저 분명하게 알아야 할 것은 바울은 여기에서 옛 언약 아래에서 존재하였던 이스라엘 교회와 현재의 기독 교회를 비교함으로써, 우리로 하여금 우리가 그들과 어떤 점들에서 같고 어떤 점들에서 다른지를 알게 하려고 하고 있다는 것이다. 이러한 비교는 매우 유익하고 풍부한 교훈을 담고 있다.

첫째로, 우리는 오늘날의 우리가 옛 언약 아래에서 살았던 조상들과 동일한 "유업"에 대한 소망을 가지고 살아가고 있는 것임을 배운다. 왜냐하면, 그들도 우리와 동일하게 하나님의 자녀들이 된 자들로서 "유업을 이을 자들"이기 때문이다. 여기에서 바울은 하나님께서 "유업을 이을 자들"로 그들을 택하신 것은 단지 우리에게 "하나님의 백성"이 무엇인지를 모형과 예표로서 보여주기 위한 것일 뿐이었다(일부 광신자들, 특히 세르베투스[Servetus]가 이런 주장을 폈다)고 가르치는 것이 아니라, 그들도 우리와 함께 하나님의 자녀들이라고 가르친다. 그는 아브라함에게 약속된 신령한 복이 우리에게와 마찬가지로 그들에게도 속한다는 것을 명시적으로 선언한다.

둘째로, 우리는 그들이 외적으로는 종살이를 하고 있었음에도 불구하고, 그들의 양심은 자유로웠다는 것을 배운다. 율법을 지켜야 하는 의무가 그들에게 부과되어 있었다고 해도, 그것은 모세와 다니엘, 모든 경건한 왕들과 선지자들, 그리고 많은 믿는 자들의 무리가 영적인 자유 가운데서 살아가는 것을 방해하지는 못하였다. 그들은 율법의 멍에를 자신들의 어깨에 메어야 했지만, 그럼에도 불구하고 자유로운 심령으로 하나님을 예배하고 섬겼다. 좀 더 구체적으로 말하자면, 그들은 자신들의 죄가 값없이 거저 사함 받았다는 것에 대하여 가르침을 받았고, 그들의 양심은 죄와 사망의 폭정으로부터 건짐을 받았다. 그러므로 우리는 그들도 우리와 동일한 가르침을 받았고, 믿음으로 말미암아 우리와 진정으로 연합되어 있었으며, 우리와 마찬가지로 한 분 중보자를 의지하였고, 하나님을 그들의 아버지라고 불렀으며, 동일한 성령의 지배를 받았다고 말하지 않을 수 없다. 이 모든 것은 우리와 옛 조상들 간의 차이는 본질적인 것이 아니라 부수적인 것들에 있었다는 결론으로 귀결된다. 우리와 그들 간에는 "언약"의 모든 주된 내용들과 관련해서는 차이가 없고, 단지 예법들과 경륜들 같은 부수적인 것들에 있어서만 차이가 있을 뿐이다. 또한, 우리는 옛 언약에 속한 시대는 교회의 유년기였던 반면에, 그리스도께서 오신 후인 지금에 있어서야 비로소 교회가 성년의 상태에 도달하였다는 것도 유념하여야 한다.

바울이 여기에서 말하고자 하는 것은 분명하지만, 그가 서로 모순되어 보이는 말들을 하고 있는 것처럼 보인다는 점에서 어려움이 생겨난다. 그는 에베소서 4:13에서는 우리에게 날마다 신앙에서 진보하여 "온전한 사람을 이루어 그리스도의 장성한 분량이 충만한 데까지" 이르라고 권면하고, 고린도전서 3:1-2에서는 고린도 교인들이 "어린 아이들" 같아서 "내가 너희를 젖으로 먹이고 밥으로 아니하였노니 이는 너희가 감당하지 못하였음이거니와 지금도 못하리라"고 말한다. 그리고 갈라디아서에서도 그는 조금 후에 갈라디아 교인들을 어린 아이들에 비유한다(갈 4:19). 이 문제에 대한 나의 대답은 바울은 거기에서는 개개인들과 그들의 개별적인 신앙을 다루고 있는 반면에, 여기에서는 개개인들과는 상관없이 옛 언약에 속한 자들과 새 언약에 속한 자들이라는 두 '무리'에 대하여 일반적으로 말하고 있다는 것이다. 이러한 대답은 우리가 훨씬 더 어려운 난제를 푸는 데 도움이 될 것이다. 왜냐하면, 우리는 우리와는 상대가 되지 않을 정도로 깊은 아브라함의 믿음과 거룩한 선지자들의 놀라운 지각을 보면서, 감히 우리가 그들보다 더 우월하다고 자랑할 수는 없을 것이기 때문이다. 도리어, 우리는 그들이 신앙에 있어서 영웅들이라면, 우리는 어린 아이들이라고 말하는 것이 옳지 않겠는가? 우리 자신은 말할 것도 없고, 갈라디아 교인들 중에서 아브라함이나 거룩한 선지자들과 같은 인물들이 있었다고 과연 말할 수 있을 것인가?

그러나 내가 이미 말하였던 것처럼 여기에서도 다시 한 번 말해 두고자 하는 것은 바울은 여기에서 개개인들을 다루고 있는 것이 아니라, 두 민족의 보편적인 상황에 대하여 설명하고 있다는 것이다. 몇몇 사람들은 더 큰 은사들을 수여받았지만, 모두가 아니라 소수만이 그랬다. 설령 그런 자들의 수가 많았다고 할지라도, 우리는 그들이 내적으로 어떤 사람들이었는지가 아니라, 그들을 지배하고 있던 하나님의 경륜이 무엇이었는지를 물어야 한다. 그리고 그들에게 적용되고 있었던 하나님의 경륜은 분명히 '파이다고기아'($\pi\alpha\iota\delta\alpha\gamma\omega\gamma\acute{\iota}\alpha$), 즉 어린 아이들을 교육하기 위한 체계였다. 그렇다면, 지금 우리를 다스리고 있는 하나님의 경륜은 무엇인가? 이제 하나님께서는 옛 경륜을 지배하고 있던 그러한 족쇄들을 깨뜨리셨고, 지금은 자신의 교회를 좀 더 그러한 엄격한 구속으로 속박하지 않으시고 좀 더 자유롭고 너그러운 방식으로 다스리고 계신다. 아울러, 우리가 부수적으로 알아야 할 것은 그들에게 아무리 많은 지식이 주어졌다고 할지라도, 그 지식은 그 시대를 지배하고 있던 경륜에 의해서 제약을 받을 수밖에 없었다는 것이다. 왜냐하면, 그들에게 주어졌던 계시 위에는 어두운 구름이 늘 머물러 있었기 때문이다. 그래서 그리스도께서는 이렇게 말씀하셨다: "너희가 보는 것을 보는 눈은 복이 있도다 내가 너희에게 말하노니 많은 선지자와 임금이 너희가 보는 바를 보고자 하였으되 보지 못하였으며 너희가 듣는 바를 듣고자 하였으되 듣지 못하였느니라"(눅 10:23-24). 우리는 이제 옛 언약에 속한 자들 중에서 우리보다 훨씬 뛰어난 자들이었다고 할지라도, 우리가 그들보다 더 나은 것이 있다는 것을 알게 되었다. 왜냐하면, 우리가 어떤 점에서 그들보다 더 나은 것은, 개개인들이라는 측면에서 나은 것이 아니라, 전적으로 하나님의 경륜과 관련된 것이기 때문이다.

이것은 교황주의자들이 내세우는 유일한 영광인 "예법들"로 말미암은 모든 자랑과 자부심을 부수고 무너뜨리는 대단히 강력한 공성퇴이다. 왜냐하면, 오늘날 순진한 사람들의 눈을 현혹시켜서 교황의 지배를 찬양하게 하거나, 적어도 교황제도에 대하여 어느 정도 존중하는 마음을 갖게 만들고 있는 것은 다른 것이 아니라 교황주의자들이 무지한 자들을 압도하기 위한 분명한 목적을 가지고 고안해 낸 웅장하고 거창한 예법들과 예식들, 그리고 저의를 위한 온갖 장치들과 연출된 행위들이기 때문이다. 이 본문은 그러한 것들이 교회를 기형적으로 왜곡시키는 거짓된 가식들이라는 것을 보여준다. 나는 지금 그들이 하나님께 드리는 예배라는 미명 하에 더 중대하고 더 큰 저주를 받아 마땅한 부패하고 타락한 짓들을 고안해 내서, 마치 그런 것들이 사람들로 하여금 구원을 받게 해 줄 수 있는 공로를 만들어 내는 힘을 지니고 있는 것처럼 날조해서, 하나님의 거룩한 법보다 더 엄격하게 지킬 것을 사람들에게 강요하고 있는 "실상"에 대하여 말하고 있는 것이 아니고, 단지 오늘날 하나님의 일꾼들이라고 자처하는 자들이 그러한 무수한 가증스러운 일들을 자행하면서 내세우는 허울 좋은 "구실"에 대해서 말하고 있는 것이다. 그들은 대다수의 사람들은 옛적의 이스라엘 백성들보다도 훨씬 더 무지하기 때문에, 그들로 하여금 신앙생활을 영위해 나가도록 하기 위해서는 많은 보조수단들이 필요하다고 강변한다. 하지만 그들이 그런 것을 근거로 해서, 옛적에 이스라엘 백성들 가운데 존재하였던 것과 비슷한 '파이다고기아'가 지금도 있어야 한다는 것을 증명할 수는 없을 것이다. 왜냐하면, 나는 언제나 하나님이 정하신 것은 그들이 주장하는 것과는 완전히 다르다는 반론을 그들 앞에 제기할 것이기 때문이다.

그들이 그렇게 하는 것이 사람들에게 유익하기 때문에 "편의상" 자신들이 그렇게 하는 것이라고 주장한다면, 나는 무엇이 사람들에게 유익하고 편의를 봐주는 것인지를 판단함에 있어서 그들이 하나님보다 더 잘 판단할 수 있는 자들이라고 생각하는 것이냐고 그들에게 묻고 싶다. 우리는 하나님이 결정하신 것이 가장 정확하고 가장 유익한 것이라는 견고한 확신을 가져야 한다. 그러므로 사람들이 제멋대로 생각해서 고안해 낸 것들이 아니라, 그들의 연약함을 돕기 위해서 필요하고 합당한 것이라면 의심할 여지 없이 단 한 가지도 빼놓지 않고 늘 우리에게 주어 오셨던 하나님이 정하신 것들이 바로 무지한 자들에게 꼭 필요한 보조수단들이다. 다음과 같은 말은 우리로 하여금 온갖 반론들을 물리칠 수 있게 해 주는 충분한 방패가 된다: "주께서 달리 정하셨다면, 이유여하를 막론하고 우리에게는 주께서 정하신 것만으로 충분하다. 하나님께서 친히 우리에게 주셨다가 나중에 이제는 쓸모없다고 생각하시고서 폐기처분 하신 보조수단들을 사람들이 지금도 유익한 것이라고 여기고서 사용하는 것이 어떻게 합당할 수 있겠는가!" 바울은 단지 전에 유대인들에게 주어졌던 멍에가 이제 우리에게는 제거되어서, 우리가 지금은 예법들을 사용하는 데 자유롭게 되었다고만 말하는 것이 아니라, 하나님이 그들과 우리를 다스리심에 있어서 사용하신 경륜의 차이를 명시적으로 설명하고 있다는 것을 우리는 세심하게 주목할 필요가 있다. 나는 오늘날 우리가 모든 외적인 것들과 관련해서 자유롭다는 것을 인정한다. 하지만 기독교를 유대교화 하는 것을 원하지 않는다면, 우리는 그러한 자유를 교회에 적용해서, 교회에도 예법들과 관련해서 자유가 주어져 있기 때문에, 교회가 많은 예법들을 사용해도 문제 될 것은 없다는 결론을 내려서는 안 된다. 우리가 그렇게 해야 하는 이유에 대해서는 나중에 적절한 곳에서 다시 살펴보기로 하자.

3. 이와 같이 우리도 어렸을 때에 이 세상의 초등학문 아래에 있어서 종 노릇 하였더니. 여기에서 "초등학문"으로 번역된 단어는 문자적으로 외적이고 유형적인 것들을 가리키는 것일 수도 있고, 비유적으로 초보적인 것들을 가리키는 것일 수도 있는데, 나는 후자를 선호한다. 그러나 바울은 왜 영적인 의미를 지닌 그러한 것들을 "이 세상"에 속한 것이라고 말하고 있는 것인가? 그는 이렇게 말한 것과 같다: "우리는 진리를 있는 그대로 누리지 못했고, 세상에 속한 것들에 싸여 있는 형태로 진리를 누렸다." 그래서 그는 외적인 것들 속에 하늘에 속한 비밀이 숨겨져 있었기는 하지만, 그 외적인 것들은 하늘에 속한 비밀 자체가 아니고 세상에 속한 것들이었기 때문에 "초등학문"에 "이 세상의"라는 수식어를 덧붙인 것이다.

4. 때가 차매. 여기에서 바울은 후견인 제도와 관련된 비유를 계속해 나가면서, 앞에서 말한 "아버지가 정한 때"를 자신이 말하고자 하는 것에 적용함으로써, 하나님의 섭리에 의해서 정해진 때가 가장 적절한 때였다는 것을 보여준다. 하나님의 섭리에 의해서 정해진 때와 방법이 가장 적절한 때이고 가장 좋은 방법이다. 그러므로 언제 하나님의 아들을 이 세상에 보내어 나타내실 것인지는 오직 하나님이 홀로 판단하시고 결정하셨다. 따라서 우리는 모든 호기심을 버리고, 하나님이 판단하시고 결정하셔서 실행하신 것이 가장 적절하고 좋은 것이었음을 그대로 인정하고 받아들이는 것이 마땅하다. 하나님의 비밀한 계획에 대하여 불만을 표하면서, 그리스도께서 더 일찍 이 세상에 오셔도 되었을 터인데, 하나님은 왜 그렇게 하지 않으신 것이냐고 따지는 사람이 있어서는 안 된다. 이 주제에 대하여 좀 더 자세하게 알고자 하는 독자들은 내가 로마서의 결론부에서 쓴 내용을 참조하면 될 것이다.

하나님이 그 아들을 보내사 여자에게서 나게 하시고. 이 몇 마디 안 되는 말 속에 많은 것들이 들어 있다. 하나님이 이 땅에 보내신 "아들"은 그 이전부터 존재하셨음에 틀림없다. 이것으로부터 그리스도의 영원한 신성이 증명된다. 그러므로 그리스도는 하늘로부터 보내심을 받은 하나님의 아들이다. 바울은 바로 이 동일한 "아들"이 "여자에게서 지음 받으셔서" 우리와 같은 본성을 입으셨다고 말한다. 이 것은 그리스도가 두 본성을 지니고 계신다는 것을 의미한다. 일부 사본들에서는 "나게 하시고"로 읽지만, "지음 받게 하시고"라는 읽기가 더 많이 받아들여지고 있고, 내 생각에는 더 적절하기도 하다. 왜냐하면, 바울은 그리스도께서 사람이 되신 것을 이런 식으로 표현함으로써, 나머지 다른 사람들은 남자와 여자의 성적 결합을 통해서 태어나는 반면에, 그리스도는 오직 "여자"인 어머니로부터만 지음 받았다는 것을 보여주고, 출생에 있어서 그리스도와 다른 사람들 간의 차이를 구별하고자 한 것이기 때문이다. 따라서 "여자에게서 지음 받게 하시고"라는 어구를 이런 의미 외의 다른 의미로 해석하는 것은 바울이 말하고자 하는 것과는 다른 이질적인 것을 여기에 도입하고자 하는 것이 될 것이다. 여기에서 "여자"는 성별 상으로 "여자" 일반을 나타낸다.

율법 아래에 나게 하신 것은. 이 어구를 직역하면, "율법 아래에서 지음 받게 하신 것은"이 된다. 하지만 나는 바울이 이 어구를 통해서 말하고자 하는 것을 좀 더 분명하게 표현하기 위해서 "율법 아래에 종속되게 하신 것은"이라고 번역하였다. 하나님의 아들 그리스도는 본성적으로 원래부터 그 어떤 것에 종속되실 수 없는 분 이신데도 자기 자신을 율법에 종속시키셔서 율법 아래에 두셨다. 그 이유는 무엇이 었는가? 그것은 그리스도께서 우리를 대신해서 우리를 위하여 율법으로부터의 자 유를 얻어 내시기 위한 것이었다. 자유인은 자신을 보증이자 담보로 세움으로써 노 예를 속량하였다. 즉, 자기가 대신 쇠사슬에 묶임으로써 노예를 쇠사슬로부터 해방 시켜 줄 수 있었다. 그것과 동일한 방식으로, 그리스도께서는 우리를 율법으로부터 벗어나 자유를 얻게 하시기 위하여, 자기 자신이 율법의 멍에를 메기로 작정하셨 다. 우리를 위한 것이 아니었다면, 그는 율법의 멍에를 멜 필요가 전혀 없었다. 왜냐 하면, 그는 자기 자신을 위하여, 또는 자기 자신으로 인하여 율법의 멍에를 멘 것이 결코 아니었기 때문이다.

5. 율법 아래에 있는 자들을 속량하시고. 우리가 여기에서 명심해야 할 것은 우리가 그리스도로 말미암아 율법으로부터 벗어나게 되었다고 해서, 그것이 우리 는 이제 더 이상 율법의 가르침에 순종할 필요가 없고, 우리가 하고 싶은 대로 할 수 있게 되었다는 것을 의미하지는 않는다는 것이다. 왜냐하면, 율법은 선하고 거 룩한 삶을 위한 영속적인 규범이기 때문이다. 바울은 여기에서 율법과 거기에 부수

된 모든 것들에 대하여 말하고 있다. 우리가 저 율법에 종속되어 있던 상태로부터 속량함을 받은 것은 그리스도께서 오신 후로는 율법은 이전과 같은 역할이나 효력을 지닐 수 없는 새로운 상황이 시작되었기 때문이었다. 이제 휘장은 찢어졌고(마 27:51), 자유가 밝히 드러났다. 이것이 바울이 이제 곧이어서 말하고자 하는 것이다.

우리로 아들의 명분을 얻게 하려 하심이라. 옛 언약 아래에서 살아갔던 조상들은 자신들이 하나님의 아들들이 되었다는 것을 확신하였지만, 아직은 "아들"로서의 특권을 온전히 누리지는 못하였다. "우리로 아들의 명분을 얻게 한다"는 것은, 로마서 8:23에서 우리가 나중에 "양자 될 것 곧 우리 몸의 속량"이라는 양자됨의 열매를 누리게 될 것에 대해서 말하고 있는 것과 마찬가지로, 지금 여기에서 우리로 하여금 실제로 "아들"로서의 열매들을 받아 누리게 하는 것을 의미한다. 즉, 우리는 마지막 날에 우리의 양자됨의 열매로서 "우리 몸의 속량"이라는 열매를 받게 될 것이지만, 지금에 있어서도 우리의 양자됨으로 인한 여러 가지 열매들을 받아 누리고 있는데, 그리스도께서 오시기 전에 살았던 우리의 거룩한 조상들은 그런 것들을 누리지 못하였다. 그러므로 지금 교회에 과도한 예법들의 짐을 지우는 자들은 교회가 양자됨으로 인하여 정당하게 누려야 할 것들을 누리지 못하게 하는 악을 자행하고 있는 것이다.

⁶너희가 아들이므로 하나님이 그 아들의 영을 우리 마음 가운데 보내사 아빠 아버지라 부르게 하셨느니라 ⁷그러므로 네가 이 후로는 종이 아니요 아들이니 아들이면 하나님으로 말미암아 유업을 받을 자니라 ⁸그러나 너희가 그 때에는 하나님을 알지 못하여 본질상 하나님이 아닌 자들에게 종 노릇 하였더니 ⁹이제는 너희가 하나님을 알 뿐 아니라 더욱이 하나님이 아신 바 되었거늘 어찌하여 다시 약하고 천박한 초등학문으로 돌아가서 다시 그들에게 종 노릇 하려 하느냐 ¹⁰너희가 날과 달과 절기와 해를 삼가 지키니 ¹¹내가 너희를 위하여 수고한 것이 헛될까 두려워하노라 (4:6-11).

6. 너희가 아들이므로 하나님이 그 아들의 영을 우리 마음 가운데 보내사. 바울은 여기에서 시작되는 논증을 통해서 자기가 앞에서 말한 "아들의 명분," 즉 양자됨이 갈라디아 교인들에게 속해 있다는 것을 증명한다. 하나님이 우리를 "아들"로 삼으시는 것은 성령이 우리가 "아들"이라는 것을 증언하는 것보다 선행하지만,

결과는 원인이 존재함을 보여주는 증표가 된다. 갈라디아 교인들이 하나님을 "아버지"라고 부를 수 있는 것은 오직 그리스도의 영이 그들 속에 계셔서 그들로 하여금 하나님을 그렇게 부르도록 감동을 주고 부추기기 때문이다. 그러므로 갈라디아 교인들이 하나님의 아들들이라는 것은 확실하다. 바울이 다른 곳에서 종종 가르치듯이, 이것은 성령은 우리가 하나님의 아들들이 되었다는 것을 보증하는 담보이기 때문에, 우리는 하나님이 우리의 아버지시라는 확신을 갖게 된다는 것을 의미한다 (고후 1:22, "그가 또한 우리에게 인치시고 보증으로 우리 마음에 성령을 주셨느니라"; 고후 5:5, "곧 이것을 우리에게 이루게 하시고 보증으로 성령을 우리에게 주신 이는 하나님이시니라").

그러나 다음과 같은 반론이 제기될 수 있을 것이다: "악인들도 제멋대로 경솔하게 자신들이 하나님의 아들들이라고 생각하고서는 하나님을 아버지라고 부르지 않느냐? 때로는 그들이 진정으로 믿는 자들보다도 더 큰 담대함으로 하나님이 자신의 아버지라고 자랑하지 않느냐?" 나의 대답은 바울은 여기에서 하나님의 아들들이 아닌데도 제멋대로 자기가 하나님의 아들이라고 생각하거나 자랑하는 자들에 대해서 말하는 것이 아니라, 중생을 통해서 얻게 된 경건한 양심의 참된 증언에 대해서 말하고 있다는 것이다. 여기에서의 바울의 논증은 오직 진정으로 믿는 자들에게만 해당되는 것이다. 왜냐하면, 불경건한 자들은 이러한 확신을 경험할 수 없기 때문이다. 그래서 주께서는 친히 이렇게 선언하신다: "그는 진리의 영이라 세상은 능히 그를 받지 못하나니 이는 그를 보지도 못하고 알지도 못함이라 그러나 너희는 그를 아나니 그는 너희와 함께 거하심이요 또 너희 속에 계시겠음이라"(요 14:17). 이것은 바울이 여기에서 "하나님이 그 아들의 영을 우리 마음 가운데 보내사"라고 한 말 속에 함축되어 있다. 하나님의 아들들인 자들이 하나님을 "아버지"라 부르게 되는 것은 그들이 스스로 자신들의 육신적인 어리석은 판단에 따라서 자신들이 하나님의 아들들이라고 믿고서 하나님을 아버지라고 부르는 것을 가리키는 것이 아니라, 하나님께서 그들의 마음 속에서 자신의 영으로 말미암아 선언하시는 것을 따라 그들이 그렇게 하는 것을 가리킨다. "그 아들의 영"이라는 표현은 바울이 여기에서 사용할 수 있었던 다른 그 어떤 표현보다도 현재의 문맥에 더 잘 부합한다. 우리가 하나님의 아들들인 것은 하나님의 아들과 동일한 영을 수여받았기 때문이다.

우리가 주목해야 할 것은 바울은 이것을 모든 그리스도인들에게 공통적으로 돌리고 있다는 것이다. 왜냐하면, 우리에 대한 하나님의 사랑을 증명해 주는 "보증" 또는 "담보"가 없는 곳에는 "믿음"도 존재하지 않을 것이 분명하기 때문이다. 그러므로 교황주의자들이 자기에게 하나님의 영이 있다고 말하는 자들은 불경죄를 저지르는 것이라고 정죄하는 것만 보더라도, 그들이 지니고 있다고 하는 기독교 신앙이 어떤 것인지가 분명하게 드러난다. 그들은 "하나님의 영"도 없고 "확신"도 없는 신앙을 상정한다. 그들이 그러한 교리를 견고하게 붙잡고 있다는 것은 그 한 가지 만으로도 이미 교황주의자들이 포진해 있는 모든 곳에서 불신앙의 아비인 마귀가 지배하고 있다는 것을 보여주는 분명한 증거이다. 나는 그들이 사람의 양심이라는 것은 끊임없이 의심하고 요동할 수밖에 없는 것이라고 가르치는 것을 알고 있는데, 그러한 가르침은 단지 인간의 본성적인 지각이 경험하고 이해하는 것만을 반영한 것일 뿐이다. 사람들에게 진정으로 필요한 것은 바울의 이 가르침, 즉 성령의 가르침을 받아서 하나님을 아버지라고 부르는 자 외에는 그리스도인이 아니라는 것을 명심하게 하는 것이다.

아빠 아버지라 부르게 하셨느니라. 나는 바울이 좀 더 큰 담대함을 표현하기 위해서 여기에서 "소리쳐 부르다"(한글개역개정에는 "부르게")라는 분사를 사용하고 있는 것이라고 생각한다. 우리에게 확신이 결여되어 있을 때에는, 입을 크게 벌려서 말하지 못하고, 입을 조금만 벌리고서는 불분명한 소리로 들리는 둥 마는 둥 띄엄띄엄 말하기 마련이다. 반면에, "소리쳐 부르는" 것은 그 어떤 것에도 흔들릴 수 없는 확고부동한 확신이 있음을 보여주는 증표이다. "너희는 다시 무서워하는 종의 영을 받지 아니하고 양자의 영을 받았으므로 우리가 아빠 아버지라고 부르짖느니라"(롬 8:15).

바울이 여기에서 "아빠 아버지"라는 단어들을 사용하고 있는 것은 사람들은 어떤 언어를 사용하든 공통적으로 하나님을 "아버지"라고 불러야 한다는 것을 보여주기 위한 것임을 나는 의심하지 않는다. 왜냐하면, 하나님이 히브리인들 가운데서나 헬라인들 가운데서나 "아버지'라는 이름으로 불린다는 것은 현재의 주제에 속하기 때문이다. 이사야 선지자도 "모든 혀가 내 이름을 고백하리라"(사 45:23, 개역개정에는 "모든 혀가 맹세하리라")고 예언하였다. 이것은 이방인들이 하나님의 아들들로 여김을 받게 될 것임을 보여주는 것이기 때문에, 하나님의 아들됨이 율법의 공로로 말미암아 되지 않고 믿음의 은혜로 말미암아 된다는 것은 너무나 분명하다.

7. 그러므로 네가 이후로는 종이 아니요 아들이니 아들이면 하나님으로 말미

암아 유업을 받을 자니라. 이것은 기독교회 내에는 이제 더 이상 "종"의 신분은 존재하지 않고, 오직 자유인인 "자녀"만이 존재한다는 것이다. 율법 아래에서 살아갔던 조상들이 어떤 점에서 "종들"이었는지에 대해서는 앞에서 이미 말한 바 있다. 그들도 우리와 마찬가지로 하나님의 아들들이었지만, 아들로서 그들이 마땅히 누려야 할 자유는 아직 나타나지 않았고, 율법이라는 외형과 멍에 아래 감추어져 있었다. 바울은 여기에서 또다시 옛 언약과 새 언약 간의 차이에 대해서 말한다. 옛 사람들도 그리스도로 말미암아 하나님의 아들들이었고 "유업을 이을 자들"이었다. 하지만 우리는 그들과 다른 방식으로 하나님의 아들들이고 "유업을 이을 자들"이다. 왜냐하면, 우리에게는 그리스도께서 임재해 계시고, 그 결과 우리는 그리스도가 우리에게 주시는 복들을 현재적으로 누리고 있기 때문이다. 이 모든 것들은 로마서에서 좀 더 자세하게 다루어진다. 따라서 여러분이 내가 쓴 로마서 주석을 본다면, 내가 여기에서 생략한 많은 것들을 거기에서는 발견하게 될 것이다.

8. 그러나 너희가 그 때에는 하나님을 알지 못하여 본질상 하나님이 아닌 자들에게 종 노릇 하였더니. 이것은 추가적인 논증을 통해서 갈라디아 교인들을 가르치고자 하는 것이 아니라, 실질적으로 그들을 책망하는 것이다. 바울은 이미 앞에서 자기가 말하고자 하는 것을 아주 자세하고도 충분히 증명하였기 때문에, 이제 더 이상 그의 말이 옳다는 것에 대해서 그 어떤 의심도 남아 있을 수 없었다. 따라서 갈라디아 교인들은 그의 책망을 피할 수 없게 되었다. 여기에서 바울의 목적은 그들의 과거와 현재를 비교함으로써 그들이 현재 그리스도를 배반하고 복음으로부터 떠나 있다는 것을 분명하게 부각시키고 강조하는 것이다. 그는 하나님에 대한 무지가 지배하고 있는 곳에서는 사람들의 눈은 끔찍할 정도로 멀어 있기 때문에, 그들이 전에 "본질상 하나님이 아닌 자들"을 하나님으로 섬긴 것은 이상한 일이 아니라고 말한다. 그 때에 그들은 어둠 속에서 헤매고 방황하였지만, 그것은 그들이 하나님을 알지 못하여 그렇게 한 것이었기 때문에, 어쩌면 그렇게 부끄러운 일이 아닐 수 있다. 하지만 지금은 사정이 다르다. 이제 그들은 빛 가운데 있는데도, 마치 완전히 눈 먼 사람들처럼 엄청난 오류들 속으로 빠져든 것이기 때문에, 그것은 너무나 부끄럽고 창피한 일일 수밖에 없다. 그러므로 이것으로 도출되는 결론은 갈라디아 교인들이 지금 복음을 변질시켜 버리는 행태를 보이고 있는 것은 그들이 전에 우상숭배를 했던 것보다 더 변명의 여지가 없고 더 책망 받아 마땅한 일이라는 것이다. 이것이 이 구절의 요지이다. 그러나 우리가 주목해야 할 것은 바울은 여기에

서 우리가 빛을 받아서 한 분 하나님을 아는 참된 지식을 갖게 될 때까지는, 우리의 거짓된 신앙을 그 어떤 것으로 위장하고 덮으려고 할지라도, 우리는 언제나 우상들을 섬길 수밖에 없다고 말하고 있다는 것이다. 그러므로 하나님을 제대로 올바르게 예배하고 섬기기 위해서는 하나님을 참되게 아는 확실한 "지식"이 선행되어야 한다. 여기에서 "본질상"은 "실체에 있어서" 또는 "실질적으로"를 의미한다. 즉, 우상들은 그 실체에 있어서 하나님이 아니라는 것이다. 사람들이 예배하고 섬기기 위하여 만들어 낸 온갖 대상들은 사람들이 자신들의 생각에서 고안해 낸 것들에 불과하다. 사람들의 망상 속에서 우상들은 신들일 수 있겠지만, 그 실체에 있어서는 우상들은 아무 것도 아니다.

9. 이제는 너희가 하나님을 알 뿐 아니라 더욱이 하나님이 아신 바 되었거늘. 일단 하나님을 안 후에 다시 하나님을 떠나는 것이 얼마나 비열한 배은망덕함인지는 그 어떤 말로도 표현할 수가 없다. 그것은 빛이시고 생명이시며 모든 복의 근원이신 분을 자원해서 버리고 떠나는 것이 아니고 무엇이겠는가? 그래서 하나님께서는 예레미야 선지자를 통해서 친히 이렇게 탄식하신다: "내 백성이 두 가지 악을 행하였나니 곧 그들이 생수의 근원되는 나를 버린 것과 스스로 웅덩이를 판 것인데 그것은 그 물을 가두지 못할 터진 웅덩이들이니라"(렘 2:13). 바울은 먼저 "너희가 하나님을 안다"고 말했다가, 그들이 한 짓이 얼마나 책망 받아 마땅한 짓인지를 한층 더 강조하고 부각시키기 위해서, 자신이 한 말을 수정해서, "너희는 하나님이 아신 바 된 자들"이라고 고쳐 말한다. 왜냐하면, 하나님이 우리에게 베푸신 은혜가 크면 클수록, 우리가 그 큰 은혜를 멸시하고 저버린다면, 그 죄는 한층 더 무거울 것임에 틀림없기 때문이다. 바울은 갈라디아 교인들에게 하나님을 아는 지식이 어디로부터 그들에게 온 것인지를 상기시킨다. 즉, 그는 그들이 그 지식을 그들 자신의 노력이나 영리함이나 근면함을 통해서 얻은 것이 아니라, 그들이 하나님에 대해서 전혀 생각하지 않고 있을 때, 하나님이 먼저 그들에게 찾아 오셔서 은혜와 자비를 베푸심으로써 그들이 하나님을 알게 된 것이라고 말한다. 바울이 여기에서 갈라디아 교인들에 대하여 말한 것은 모든 사람들에게 그대로 다 적용된다. 왜냐하면, 그것은 이사야 선지자가 다음과 같이 예언한 것이 성취된 것이기 때문이다: "나는 나를 구하지 아니하던 자에게 물음을 받았으며 나를 찾지 아니하던 자에게 찾아냄이 되었으며 내 이름을 부르지 아니하던 나라에 내가 여기 있노라 내가 여기 있노라 하였노라"(사 65:1). 우리의 부르심은 하나님이 값없이 거저 은혜로 우리를 택정

하신 것에서 시작된다. 즉, 하나님께서는 우리가 태어나기도 전에 우리에게 영원한 생명을 주시기로 예정하셨고, 그렇게 정하심에 따라서 나중에 우리의 부르심이 현실화된다는 것이다. 우리의 부르심이나 우리의 믿음이나 우리의 구원의 성취는 모두 다 그 택정하심과 예정하심에 의거해 있다.

어찌하여 다시 약하고 천박한 초등학문으로 돌아가서 다시 그들에게 종 노릇하려 하느냐. 갈라디아 교인들은 단 한 번도 율법의 예법들을 행한 적이 없었기 때문에, 그들이 다시 그 예법들로 되돌아간다는 것은 있을 수 없는 일이었다. 따라서 바울이 여기에서 "다시 …… 돌아가서"라고 말한 것은 부정확한 표현을 사용한 것이고, 그는 단지 마치 그들이 하나님의 진리를 전혀 받은 적이 없었다는 듯이, 악한 미신들로 다시 빠져들어서 완전히 어리석게 되어 버렸다고 말하고자 한 것일 뿐이다. 그가 율법의 예법들을 "천박한 초등학문"이라고 부른 것은 그런 것들이 그리스도 밖에 있는 것들, 아니 실제로는 그리스도와 반대되는 것들로 본 것이다. 옛적의 조상들에게 예법들은 단지 유익한 것들이자 경건에 도움이 되는 것들이었을 뿐만 아니라, 은혜를 받는 효과적인 통로들이기도 하였다. 그러나 예법들이 지닌 그러한 힘과 능력은 모두 그리스도로 말미암은 것이었고 하나님의 정하심에 따른 것이었다. 그런데도 거짓 사도들은 하나님의 "약속들"을 무시해 버리고서, 마치 사람들이 구원을 받는 데에는 그리스도만으로는 충분하지 않다는 듯이, 예법들을 그리스도의 경쟁자로 등장시키고자 하였다. 바울이 예법들을 무가치한 것으로 여긴 것은 이상한 일이 아니고, 나는 그것에 대해서는 앞에서 이미 설명한 바 있다. "종 노릇"이라는 단어 속에는, 그리스도 안에서 자유인이 된 그들이 스스로 율법의 멍에를 메고 종이 된 것을 책망하는 의미가 담겨 있다.

10. 너희가 날과 달과 절기와 해를 삼가 지키니. 바울은 여기에서 "초등학문" 중의 한 종류인 "날들을 지키는 것"을 예로 든다. 그러나 우리는 그가 절기들을 통상적으로 지키는 것을 정죄하고 있는 것이 아니라는 것을 유의하여야 한다. 자연의 질서는 고정되어 있고 영속적이다. 하나님께서 정하신 것이 아니라면, 어떻게 해와 달의 운행을 통해서 달들과 해들을 계산할 수 있겠으며, 여름과 겨울, 봄과 가을의 구별이 있을 수 있겠는가? 하나님께서는 "땅이 있을 동안에는 심음과 거둠과 추위와 더위와 여름과 겨울과 낮과 밤이 쉬지 아니하리라"(창 8:22)고 말씀하심으로써, 이런 것들이 세상 끝날까지 계속될 것이라고 약속하셨다. 이렇게 통상적으로 날과 달과 절기와 해를 지키는 것은 농업과 공적인 일들에 도움이 될 뿐만 아니라, 교회

의 치리에도 영향을 미친다. 그렇다면, 바울은 어떤 식으로 날과 달과 절기와 해를 지키는 것을 책망한 것인가? 그것은 그가 로마서에서 "어떤 사람은 이 날을 저 날보다 낫게 여기고 어떤 사람은 모든 날을 같게 여기나니"(롬 14:5)라고 말한 것처럼, 마치 하나님을 예배하는 데 꼭 필요한 일인 것처럼, 어떤 종교적인 명분을 붙여서 날과 달과 절기와 해를 구별해서, 그러한 것들로 사람들의 양심을 속박하는 것을 책망한 것이었다.

어떤 특정한 날들을 그 자체로 거룩한 것이라고 하거나, 종교적인 근거들 위에서 어느 날을 다른 날과 구별하거나, 성일들을 지키는 것을 하나님의 예배의 일부로 여긴다면, 그것은 날들을 부적절하게 지키는 것이다. 거짓 사도들은 안식일과 초하루와 그 밖의 다른 절기들을 지키는 것을 율법을 지키는 것이기 때문에, 그러한 것들을 반드시 지켜야 한다고 강력하게 주장하였다. 오늘날 우리는 날들을 구별한다고 할지라도, 그 날들을 그 자체로 거룩한 것으로 여겨서 꼭 지켜야 하는 것으로 말함으로써, 사람들의 양심에 올무를 놓지도 않고, 어느 한 날을 다른 날보다 더 거룩한 것으로 여기지도 않으며, 날들을 지키는 것을 하나님을 예배하는 것이나 신앙을 지키는 것과 동일시하지도 않는다. 우리는 단지 질서와 조화를 위하여 그렇게 하는 것일 뿐이다. 따라서 우리가 오늘날 날들을 지키는 것은 모든 미신으로부터 벗어나 있는 것으로서, 그리스도인에게 주어진 자유를 따라 우리의 유익을 위하여 자유롭게 사용하고 있는 것일 뿐이다.

11. 내가 너희를 위하여 수고한 것이 헛될까 두려워하노라. 이 표현은 상당히 과격해서, 갈라디아 교인들을 크게 놀라게 하고 두렵게 하였을 것임에 틀림없다. 왜냐하면, 만일 바울이 그들 가운데서 수고한 것들이 정말 헛수고가 되어 버린다면, 그들에게는 아무런 소망도 남아 있지 않게 될 것이었기 때문이다. 어떤 이들은 갈라디아 교인들이 날들을 지킨 것을 가지고서, 바울이 이토록 예민하게 반응해서, 그것으로 인해서 복음 전체가 거의 붕괴될 것처럼 말한 것은 지나친 것이 아니냐고 말하면서 이상하게 생각한다. 그러나 우리가 이 문제 전체를 좀 더 주의 깊고 올바르게 헤아려 본다면, 우리는 바울이 그런 반응을 보인 것이 지극히 합당하였다는 것을 알게 될 것이다. 왜냐하면, 거짓 사도들은 단지 갈라디아 교회의 목에 유대교의 율법의 멍에를 메어서 갈라디아 교인들을 종으로 삼고자 한 것에서 그친 것이 아니라, 그들의 마음을 악한 미신들로 가득 채웠기 때문이다. 그리스도인들로 하여금 억지로 유대교에 복종하게 하는 것은 그 자체가 이미 결코 작은 해악이 아니었

다. 그런데 그들이 갈라디아 교인들에게 성일들을 지키는 것이 구원을 위한 공로가 되는 행위라고 가르치고, 하나님을 그런 식으로 예배하여야 하나님의 은총을 제대로 받을 수 있다고 현혹시켜서, 그리스도의 은혜를 의지하는 것이 아니라 행위로 말미암는 공로를 의지하여 구원을 얻고자 하는 것을 하나의 제도로서 정착시키고자 한 것은 훨씬 더 심각하고 중대한 해악을 교회에 끼치는 것이었다. 그러한 가르침들이 받아들여졌을 때, 하나님의 예배는 변질되고, 그리스도의 은혜는 공허한 것이 되며, 양심의 자유는 억압될 수밖에 없었다.

그런데도 우리는 바울이 자신의 수고가 헛된 것이 되어 버릴 것을 걱정한 것은 지나친 기우로 치부해 버리고서, 그의 그런 반응을 이상한 것으로 여길 수 있겠는가? 갈라디아 교인들이 거짓 사도들의 가르침을 따라서 날과 달과 절기와 해를 지키고 있는 상황에서, 이제 그들에게 복음은 아무런 가치도 지니지 않는 것이 되어 버린 것이 아닌가? 오늘날 교황주의자들도 당시에 거짓 사도들이 가르쳤던 것과 동일한 것들을 가르치며 동일한 불경건을 조장하고 있다. 그렇다면, 이 교황주의자들은 도대체 어떤 그리스도와 어떤 복음을 믿고 있는 것인가? 그들은 모세에 비해서 결코 뒤떨어지지 않을 정도로 믿는 자들에게 날들을 지킬 것을 엄격하게 강요하여 그들의 양심을 속박하고 있다. 그들은 거짓 사도들이 그랬던 것처럼 거룩한 성일들을 지키는 것이 하나님을 예배하는 것의 일부라고 가르치고, 심지어 그런 식으로 날들을 지키는 것을 저 마귀적인 사상인 "공로"와 연결시키기까지 한다. 그러므로 교황주의자들은 갈라디아 교회에서 활동하였던 저 거짓 사도들만큼이나 책망받아 마땅한 자들일 뿐만 아니라, 사실 더 악한 자들이다. 왜냐하면, 거짓 사도들은 하나님의 율법에서 정한 날들을 지키라고 가르친 반면에, 교황주의자들은 자신들이 제멋대로 어떤 날들을 골라서 성일들로 지정하고서는, 믿는 자들에게 그 날들을 성일로 지키라고 강요하기 때문이다.

¹²형제들아 내가 너희와 같이 되었은즉 너희도 나와 같이 되기를 구하노라 너희가 내게 해롭게 하지 아니하였느니라 ¹³내가 처음에 육체의 약함으로 말미암아 너희에게 복음을 전한 것을 너희가 아는 바라 ¹⁴너희를 시험하는 것이 내 육체에 있으되 이것을 너희가 업신여기지도 아니하며 버리지도 아니하고 오직 나를 하나님의 천사와 같이 또는 그리스도 예수와 같이 영접하였도다 ¹⁵너희의 복이 지금 어디 있느냐 내가 너희에게 증언하노니 너희가 할 수만 있었더라면 너희의 눈이라도 빼어 나에

게 주었으리라 ¹⁶그런즉 내가 너희에게 참된 말을 하므로 원수가 되었느냐 ¹⁷그들이 너희에게 대하여 열심 내는 것은 좋은 뜻이 아니요 오직 너희를 이간시켜 너희로 그들에게 대하여 열심을 내게 하려 함이라 ¹⁸좋은 일에 대하여 열심으로 사모함을 받음은 내가 너희를 대하였을 때뿐 아니라 언제든지 좋으니라 ¹⁹나의 자녀들아 너희 속에 그리스도의 형상을 이루기까지 다시 너희를 위하여 해산하는 수고를 하노니 ²⁰내가 이제라도 너희와 함께 있어 내 언성을 높이려 함은 너희에 대하여 의혹이 있음이라(4:12-20).

12. 형제들아 내가 너희와 같이 되었은즉 너희도 나와 같이 되기를 구하노라.
바울은 지금까지는 호되고 강하게 책망하는 말투로 말해 왔다면, 이제 여기에서는 어조를 부드럽게 해서 좀 더 온건하게 말하기 시작한다. 이것은 그들이 저지른 악은 너무나 극악무도한 것이어서 호되게 책망 받는 것이 마땅한 일이었기는 하지만, 바울은 그들을 선한 쪽으로 이끄는 것이 목적이었던 까닭에, 어떻게든 그들을 달래고 회유하기 위해서 여기에서는 부드러운 어조로 바꾸어서 말해 나가고자 하였기 때문이다. 사람들이 잘못을 저질렀을 때에 무조건적으로 그들의 잘못에는 어느 정도의 책망과 추궁이 필요한지를 따져서 그들을 책망하는 것이 아니라, 어떻게 하면 그들을 다시 올바른 길로 되돌릴 수 있는지를 고려해서 책망하는 것은 지혜로운 목회자들이 해야 할 일 중의 하나이다. 바울은 다른 곳에서 디모데에게 "때를 얻든지 못 얻든지 항상 …… 범사에 오래 참음과 가르침으로 경책하며 경계하며 권하라"(딤후 4:2)고 명한다. 그는 자기가 디모데에게 명한 그 방식을 따라서, 먼저 호되게 경책하고 경계한 후에는 권하고 달래는 쪽으로는 방향을 튼다. 그는 자기가 지금까지 그들을 책망한 말들 속에는 그 어떤 독기도 들어 있지 않았다는 것을 그들에게 확증해 주기 위해서, 그들을 "형제들아"라고 부르고, "내가 너희에게 간청한다"(개역개정에는 "내가 …… 구하노라")고 말한다.

"내가 너희와 같이 되었은즉 너희도 나와 같이 되기를" 구한다는 것은 무슨 의미인가? "내가 너희와 같이 되었다"는 것은 그들에 대한 바울의 심정과 태도를 가리킨다. 즉, 바울은 지금 자기는 그들의 사정을 헤아려서 어떻게든 그들과 화해하고자 애를 쓰고 있는데, 그들도 자기에게 그런 마음과 태도를 보여주었으면 좋겠다고 말하고 있는 것이다. 왜냐하면, 그것은 "내가 너희와 같이 되었기" 때문이다. 그는 이렇게 말한 것과 같다: "나는 오직 너희가 잘되기만을 바라는 마음뿐이다. 그러므로 너희도 나에 대한 마음을 바꾸고 누그러뜨려서 내가 하는 말을 진심으로 받아들여서 너희에 대한 나의 가르침들을 받아들여 순종하는 것이 마땅하다." 여기에서도 또다시 바울은 목회자들은 가능한 한 자신을 낮추고 사람들의 눈높이로 내려가서 자신이 대하는 사람들에게로 다가가 그들의 마음을 헤아림으로써, 그들로 하여금 마음을 열고 다가오게 해야 한다는 것을 일깨워 준다. "사랑을 받으려면 먼저 사랑하여야 한다"는 속담은 언제나 참되기 때문이다.

너희가 내게 해롭게 하지 아니하였느니라. 여기에서 바울은 갈라디아 교인들로 하여금 앞서 자기가 그들을 책망했던 말들에 동의하지 못하게 만들 수도 있었던 어떤 의구심을 제거하고자 한다. 왜냐하면, 우리는 어떤 사람이 우리가 전에 그에게 행한 잘못이나 그와의 사적인 다툼에 대하여 앙심을 품고 우리에게 복수하고자 하는 것이라고 생각하게 되면, 그 사람에 대하여 우리의 마음을 완전히 닫아 버리고서, 그가 무슨 말을 하든지, 그 말을 왜곡해서 나쁜 쪽으로 해석하게 되기 때문이다. 그래서 바울은 미리 선수를 쳐서, 갈라디아 교인들에게 이렇게 말한다: "나로서는 너희에게 대하여 그 어떤 악감도 가지고 있지 않다. 내가 이렇게 너희를 책망하는 것은 내 자신을 위해서도 아니고, 내가 너희에 대하여 미워하는 마음을 가지고 있기 때문도 아니다. 그러므로 내가 너희를 호되게 질책하였다고 해도, 그것은 너희에 대하여 분노하거나 너희를 미워하는 마음에서 그렇게 한 것이 절대로 아니다."

13. 내가 처음에 육체의 약함으로 말미암아 너희에게 복음을 전한 것을 너희가 아는 바라. 바울은 자기가 "처음에" 그들에게 복음을 전하였을 때, 그들이 친근하고 공경하는 태도로 자기를 영접하였다는 사실을 그들에게 상기시킨다. 여기에서 그가 이렇게 하는 데에는 두 가지 이유가 있었다. 첫 번째는 자기가 그들을 사랑하였다는 것을 그들로 하여금 알게 해서, 그들이 자기가 하는 모든 말들을 기꺼이 경청하게 하기 위한 것이었다. 두 번째는 그들의 시작이 아주 좋았다는 것을 일깨워 줌으로써, 앞으로도 시작할 때와 마찬가지로 계속해서 선한 쪽으로 행하여 유종의 미를 거둘 수 있게 하기 위한 것이었다. 바울이 갈라디아 교인들이 지난날에 공경하고 사랑하는 마음으로 자기를 영접하고 환대해 주었다는 사실을 회상하며 그들에게 일깨워 주고 있는 것은 자기가 그들을 사랑으로 선하게 대하였다는 것을 보여주기 위한 것이기도 하지만, 그들로 하여금 자기에게 이전과 똑같이 대해 주기를 권하고자 하는 의도도 있다.

바울이 말한 "육체의 약함"은 다른 곳들에서와 마찬가지로 여기에서도 사람들로 하여금 그를 보잘것없고 형편없는 자로 여겨서 멸시하게 만들 수도 있는 것들을 의미한다. "육체"는 밖으로 드러난 그의 겉모습을 의미하고, "약함"은 미천함을 의미한다. 즉, 바울은 갈라디아 사람들에게 처음으로 왔을 때, 세상적인 존귀함이나 높은 신분과 지위를 과시하며 겉보기에 화려하고 웅장하며 그럴 듯한 모습으로 온 것이 아니라, 사람들의 눈으로 보았을 때에 미천하고 보잘것없으며 초라한 모습으로 왔다는 것이다. 그런데 이 모든 것에도 불구하고, 갈라디아 교인들은 지극히 공경하는 마음으로 바울을 영접하였었다. 이렇게 그들이 처음에 그를 그토록 진심으로 공경함 가운데서 환대하였었다는 사실은 여기에서 그가 전개해 나가고 있는 논증에 아주 강력한 힘을 실어 주는 것이었다. 왜냐하면, 바울에게는 그들이 공경하거나 존중할 만한 다른 요인들은 전혀 없었다는 점을 감안하면, 그들이 바울을 그렇게 대한 것은 오로지 그가 복음을 전할 때에 성령의 능력이 강하게 역사하였던 까닭이었고, 따라서 그들이 이제 와서 바울을 멸시하는 것은 결국 성령의 능력을 멸시하는 것이라는 점에서, 그들의 그러한 행태에 대해서는 그 어떤 변명이나 핑계도 통할 수 없다는 것이 너무나 분명하였기 때문이다. 다음으로, 바울이 그들이 처음에 진정으로 공경하는 마음으로 자기를 영접하였다는 사실을 일깨워 준 것은 그들의 변덕스러움을 책망하는 것이기도 하였다. 왜냐하면, 바울이 그들에게 복음을 전한 이후에도, 그의 삶 속에서는 사람들의 눈으로 보았을 때에 그로 하여금 존경을 받게 해 줄 어떤 변화가 일어나지 않았고, 그의 처지는 이전과 비교해서 별로 달라진 것이 없었기 때문이다. 그러나 바울은 이런 것들을 그들에게 직설적으로 말하지 않고, 단지 지난날을 그들에게 상기시키는 방식으로 간접적으로만 암시함으로써, 그들로 하여금 그들 자신을 스스로 깊이 생각해 볼 수 있는 기회를 제공해 주는 것으로 만족한다.

14. 너희를 시험하는 것이 내 육체에 있으되 이것을 너희가 업신여기지도 아니하며 버리지도 아니하고. 바울은 여기에서 이렇게 말하고 있다: "너희는 세상적인 관점에서 볼 때에 내가 미천한 사람이라는 것을 보았으면서도 나를 배척하지 않았다." 그가 세상적으로 자기가 미천하다는 것을 "시험하는 것"이라고 말한 것은, 야심이 있는 자들은 자신의 보잘것없음을 부끄러워해서 사람들로부터 숨기는 것이 보통이지만, 자기는 자신의 미천함을 숨기거나 감추려고 하지 않았던 까닭에, 갈라디아 교인들은 그의 미천함을 있는 그대로 분명하게 알고 있었고, 이것은 그들에게 시험거리가 되었기 때문이었다. 칭송을 받을 자격이 없는 자들이 자신의 형편

없는 모습을 감춘 대로 사람들로부터 칭송을 받다가, 얼마 지나지 않아서 그들의 진면목이 벌거벗은 것처럼 드러나서, 사람들로부터 창피와 모욕을 당한 후에 퇴장하는 일이 비일비재하게 일어난다. 그러나 바울의 경우는 완전히 달랐다. 그는 세상적으로 볼 때에 보잘것없이 보였던 자신의 모습을 갈라디아 교인들에게 전혀 숨기지 않은 채로 그들에게 다가가서, 자신의 있는 모습 그대로를 그들에게 솔직하게 보여주는 가운데 그들 가운데서 복음을 전하였다.

오직 나를 하나님의 천사와 같이 또는 그리스도 예수와 같이 영접하였도다. 하나님의 참된 일꾼들은 모두 "하나님의 천사"로 대접받는 것이 마땅하다. 왜냐하면, 하나님께서는 천사들의 사역을 통해서 우리에게 자신의 은혜들을 베풀어 주시는 것과 마찬가지로, 경건한 교사들은 하나님이 친히 세우셔서, 모든 복들 중에서 가장 놀랍고 탁월한 복인 저 영원한 구원에 관한 가르침을 우리에게 베풀게 하시는 것이기 때문이다. 그러므로 하나님께서 우리에게 그러한 "보화"를 우리에게 나누어 주시기 위하여 사용하시는 자들을 "천사들"에 비유한 것은 부적절하다고 할 수 없고 도리어 지극히 합당한 것이라고 할 수 있다. 왜냐하면, 그런 사람들은 하나님께서 우리에게 말씀하실 때에 자신의 "입"으로 사용하시는 하나님의 "사자들"이기 때문이다. 이런 식의 논증은 말라기에서도 발견된다: "제사장의 입술은 지식을 지켜야 하겠고 사람들은 그의 입에서 율법을 구하게 되어야 할 것이니 제사장은 만군의 여호와의 사자가 됨이거늘"(말 2:7).

바울은 갈라디아 교인들이 자기를 "하나님의 천사"와 같이 대접했을 뿐만 아니라, 거기에서 한층 더 나아가서 심지어 자기를 "그리스도 예수"와 같이 대접했다는 말을 덧붙인다. 실제로 주께서는 "너희 말을 듣는 자는 곧 내 말을 듣는 것이요 너희를 저버리는 자는 곧 나를 저버리는 것이요"(눅 10:16)라고 말씀하심으로써, 자신의 일꾼들을 대하는 것이 곧 자기를 대하는 것임을 보여주시며, 그들을 마치 자기를 대하는 것처럼 대하라고 명하신다. 또한, 이것이 전혀 이상하거나 놀라운 일이 아닌 이유는 그들은 그리스도를 대신해서 그의 "대사"가 되어 일을 수행하는 것이기 때문이다. 따라서 사람들은 그들을 그들 자신의 신분에 따라 대접해서는 안 되고, 그들이 대신해서 일하고 있는 분인 그리스도의 신분에 따라 대접하는 것이 마땅하다. 그들을 보내신 "그리스도 예수"와 같이 영접할 때, 그것을 통해서 그리스도께서 찬송을 받으시고, 복음의 위엄이 서며, 복음의 사역이 존중을 받게 된다. 그리스도께서 자신의 일꾼들을 마치 자기인 것처럼 영접하고 공경하라고 명하신 것이라면, 그 일꾼들을 멸시하는 것은 마귀의 부추김과 선동으로부터 오는 것이 분명하다. 하나님의 말씀을 공경하는 한, 그 일꾼들을 멸시하는 일은 결코 있을 수 없다. 그러나 교황주의자들이 바울의 이러한 논증을 자신들에게 적용해서 자신들은 사람들로부터 그런 대접을 받는 것이 마땅하다고 주장하는 것은 잘못이다. 왜냐하면, 그들은 그리스도의 원수들임이 분명한데, 그런 자들이 그리스도의 종들이라는 감투를 훔쳐 쓰고서, 마치 자신들이 진정으로 그리스도의 종들인 것처럼 행세하며 거기에 걸맞은 대접을 받고자 하는 것은 정말 어처구니없는 일이기 때문이다. "천사"와 같이 공경을 받고자 하는 자들은 진정으로 "천사"로서의 직무를 충성되게 수행하여야 하고, "그리스도 예수"와 같이 대접을 받고자 하는 자들은 그리스도의 순전한 말씀을 사람들에게 신실하게 전하여야 한다.

15. 너희의 복이 지금 어디 있느냐. 바울은 그들이 전에 그들에게 하나님의 복을 전해 주는 도구였던 자기를 거기에 합당한 사랑과 공경함으로 영접하였을 때, 그들은 진정으로 복 받은 자들이었지만, 지금은 그들이 그리스도로 말미암는 모든 복을 그들에게 전해 주는 통로였던 자신의 사역을 거부함으로써 그러한 복들을 상실한 상태에 있다는 것을 보여준다. 이 말을 통해서 그는 그들의 현재의 처지가 어떠한지를 통렬하게 지적하고 책망함으로써, 그들로 하여금 자신들이 지금 어떤 상황에 처해 있는지를 뼈아프게 되돌아보게 하고자 하였다. "너희는 지금 어떻게 하려고 하는 것이냐? 너희가 지금까지 누려 왔던 모든 복들을 다 잃어버려도 괜찮다는 것인가? 내가 전한 그리스도로 말미암아 너희가 얻은 복을 이제 너희는 전부 무익한 것으로 돌려 버리겠다는 것인가? 너희가 나로 말미암아 믿음에 굳게 서게 된 것을 이제는 다 헛된 것으로 만들어 버리고자 하는 것인가? 너희가 이제 이런 식으로 떨어져 나감으로써, 너희가 전에 하나님께 순종하여 얻은 영광이 다 없어져 버려도 괜찮다는 것인가?" 요컨대, 여기에서 바울은 그들이 전에 받아들였던 순전한 가르침을 멸시하는 것은, 그 가르침으로 인하여 그들이 얻었던 복들을 제 발로 차 버리고서, 스스로 멸망의 길을 택하여 비참한 파멸을 자초하고 있는 것임을 보여주고 있는 것이다.

내가 너희에게 증언하노니 너희가 할 수만 있었더라면 너희의 눈이라도 빼어 나에게 주었으리라. 목회자들을 공경하는 것만으로는 충분하지 않고, 거기에 목회자들을 사랑하는 것도 더해져야 한다. 이 두 가지가 다 필요하다. 그렇지 않은 경우에는, 그들의 가르침은 달콤한 것으로 느껴지지 않게 될 것이다. 그래서 바울은 갈

라디아 교인들은 전에 자기에게 이 두 가지를 다 진심으로 보여주었다고 분명하게
밝힌다. 그들이 그를 공경하는 마음으로 영접하였다는 것은 이미 앞에서 말하였기
때문에, 이제 여기에서는 그들이 자기를 사랑한 것에 대하여 말한다. 필요한 경우
에는 "눈이라도 빼어" 주고자 하였다는 것은 기꺼이 목숨을 바치고자 하는 것보다
도 더 강력하고 매우 이례적이며 특별한 사랑으로 그들이 그를 사랑하였다는 것을
보여주는 증거였다.

16. 그런즉 내가 너희에게 참된 말을 하므로 원수가 되었느냐. 바울은 앞에서
"그들이" 전에 자기를 얼마나 공경하고 사랑하였는지를 말한 후에, 이제 여기에서
는 "자기 자신"에 대하여 언급하면서, 자신에 대한 그들의 마음과 태도가 변한 것
이 자신의 잘못 때문이 아니라고 말한다. "참된 말," 즉 진리가 미움을 낳는다는 말
은 흔히 들을 수 있는 말이기는 하지만, 사실은 오직 진리를 듣는 자들이 자신들의
악과 악의로 인해서 그 진리를 감당할 수 없는 경우에만 진리는 미움을 받게 된다.
그러므로 바울은 갈라디아 교인들과 자신 사이의 다툼에서 자신의 책임이나 잘못
은 전혀 없다고 말함으로써, 그들이 자기를 미워하고 공격하는 것은 "적반하장"이
라는 것을 간접적으로 지적하며 책망한다. 하지만 그들에 대한 바울의 충고 속에는
여전히 그들에 대한 그의 따뜻한 우의와 간곡한 사랑이 깃들어 있다. 즉, 그는 그들
은 그들이 전에 그토록 공경하고 사랑하였던 자기가 사랑 받을 만한 자격이 있다는
것을 알고 있을 것이기 때문에, 그들의 사도를 경솔하게 함부로 내치는 일이 있어
서는 절대로 안 된다고 간곡하게 충고한다. "참된 말"이 듣기 싫다고 해서 친구에
게 등을 돌리고 "원수" 취급하는 것보다 더 일을 그르치는 것이 어디에 있겠는가?
그러므로 그가 여기에서 이렇게 말하고 있는 것은 그들을 책망하고 질책하는 것이
라기보다는 그들의 마음을 움직여서 회개하게 하기 위한 것이라고 보아야 한다.

17. 그들이 너희에게 대하여 열심 내는 것은 좋은 뜻이 아니요. 바울은 이제
마침내 거짓 사도들에 대하여 언급하면서, 그들을 구체적으로 거명하지 않고 단지
"그들"이라고 애매하게 말함으로써, 그들에 대한 자신의 혐오감을 한층 더 강력하
게 드러낸다. 왜냐하면, 우리는 우리가 지독하고 혐오하는 자들에 대해서 말할 때
에는, 그 이름을 거론하는 것조차도 괴롭고 화가 나는 까닭에, 그런 자들을 애매하
게 지칭하는 것이 보통이기 때문이다. 바울은 갈라디아 교인들이 특히 거짓 사도들
의 "열심"에 의해서 미혹되었다는 것을 알고 있었기 때문에, 그들의 "열심"은 진정
으로 선한 열심이 아니라, 열심이라는 겉모습으로 포장된 "야심"이라고 경고한다.

그는 거짓 사도들이 갈라디아 교인들에게 열심을 내는 것을 행실이 나쁜 부도덕하고 음탕한 여자들이 남자들에게 꼬리를 치며 유혹하는 것에 비유한다. 즉, 그는 이렇게 말하고 있는 것이다: "그들이 너희에게 열렬히 구애하는 것에 너희는 속아 넘어가서는 안 된다. 왜냐하면, 그들은 올바른 열심으로 그렇게 하는 것이 아니고, 너희 가운데서 명성을 얻고자 하는 악한 욕망으로 인해서 그렇게 하는 것이기 때문이다." 바울은 고린도 교인들에게 진정으로 거룩한 열심과 악한 열심을 대비시켜서 이렇게 말한다: "내가 하나님의 열심으로 너희를 위하여 열심을 내노니 내가 너희를 정결한 처녀로 한 남편인 그리스도께 드리려고 중매함이로다 그러나 나는 뱀이 그 간계로 하와를 미혹한 것 같이 너희 마음이 그리스도를 향하는 진실함과 깨끗함에서 떠나 부패할까 두려워하노라"(고후 11:2-3).

오직 너희를 이간시켜 너희로 그들에게 대하여 열심을 내게 하려 함이라. 바울은 거짓 사도들의 비열한 술수를 한층 더 분명하게 드러내기 위해서, 앞에서 자기가 한 말을 조금 바꾸어서, 여기에서 좀 더 구체적으로 다시 한 번 제시한다. 즉, 그는 이렇게 말하고 있는 것이다: "그들은 단지 너희에게 구애하고 있는 것이 아니라, 다른 방법으로는 자신들이 너희를 장악할 수 없다는 것을 알기 때문에, 너희를 부추겨서 '너희와 나' 사이를 이간시키고 서로 다투게 해서, 내가 너희와 소원해지고 결국에는 너희를 떠나게 만들어서, 너희가 그들에게 붙어서 그들을 떠받들게 만들려고 하는 것이다. 왜냐하면, 그들은 너희와 나 사이에 경건한 화목함이 존재하는 한, 그들이 끼어들 자리가 없다는 것을 잘 알기 때문이다." 사람들을 그들의 목회자와 이간시켜서 서로의 사이를 갈라놓은 후에 자신들에게로 오게 하고자 하는 것, 즉 말하자면 경쟁자를 제거하고서 그 자리를 대신 차지하고자 하는 것은, 사탄의 모든 일꾼들이 공통적으로 사용하는 전술이다. 사려 깊고 주의 깊게 살펴보기만 한다면, 우리는 그들이 늘 그런 식으로 시작한다는 것을 분명하게 알 수 있다.

18. 좋은 일에 대하여 열심으로 사모함을 받음은 내가 너희를 대하였을 때뿐 아니라 언제든지 좋으니라. 바울이 여기에서 자기 자신에 대하여 말하고 있는 것인지, 아니면 갈라디아 교인들에 대하여 말하고 있는지는 불확실하다. 선한 일꾼들은 자신들에게 맡겨진 교회를 "정결한 처녀로 한 남편인 그리스도께 드리려고"(고후 11:2) 하는 거룩한 열심으로 불타오르는 것이 마땅하다. 우리가 이 말을 바울 자신에 대한 것으로 본다면, 그 의미는 이런 것이 될 것이다: "나도 너희에 대하여 열심이 있다는 것을 고백하지만, 그것은 거짓 사도들의 열심과는 그 목적과 의도가

다르다. 이것은 내가 너희와 함께 있을 때이든 너희를 떠나 있을 때이든 마찬가지이다. 왜냐하면, 나는 내 자신의 유익을 구하는 것이 아니기 때문이다.” 그러나 나는 이 말이 갈라디아 교인들에 대한 것으로 보는 것이 더 나을 것이라고 생각한다 ― 물론, 그렇게 보는 경우에는, 여러 가지 해석이 가능하기는 하지만. 따라서 우리는 이 구절을 다음과 같이 해석할 수 있다: “그들은 사실 너희와 나 사이를 갈라놓아서, 나로 하여금 너희를 떠나게 하여, 너희가 홀로 남겨졌을 때에 그들을 추종하게 하려고 애쓰고 있는 것이다. 그러나 너희는 내가 너희와 함께 있을 때에 나를 사랑하였다. 그러므로 이제 내가 너희에게서 떠나 있을지라도 나를 사랑하라.” 그러나 좀 더 정확한 설명이 되기 위해서는, 바울이 여기에서 ‘젤루스타이’(ζηλοῦσθαι, “열심을 내다”)라는 단어를 이용해서 단어 유희라는 수사법을 사용하고 있다는 것을 고려하여야 한다. 왜냐하면, 그는 앞에서 거짓 사도들이 갈라디아 교인들을 악으로 유혹하기 위하여 “구애한다”는 나쁜 의미에서 이 단어를 사용하였던 것처럼, 여기에서는 다른 사람의 미덕들을 본받기 위하여 애쓴다는 좋은 의미에서 이 단어를 사용하고 있기 때문이다. 즉, 그는 악하고 잘못된 열심을 단죄하고 나서, 이제 여기에서는 갈라디아 교인들에게 자기가 그들로부터 떠나 있는 동안에 그런 것과는 다른 종류의 선한 열심을 내라고 권면하고 있는 것이다.

19. 나의 자녀들아. 바울은 앞에서는 갈라디아 교인들을 “형제들아”(12절)라고 불렀는데, 이제 여기에서는 “형제들”이라는 말보다 더 친근하고 부드러우며 애정어린 “자녀들”이라는 말을 사용해서, 그들을 “나의 자녀들아”라고 부른다. 여기에서는 축소사가 사용되고 있기 때문에, 이 단어는 단순히 “자녀들”이 아니라 “어린 자녀들”이라는 뜻이 된다. 이 표현은 아직은 다 자라지 않아서 앞으로 더 성장해서 어른이 되어 가야 하는 어린이들이라는 의미를 내포하고 있기는 하지만(히 5:12, “때가 오래 되었으므로 너희가 마땅히 선생이 되었을 터인데 너희가 다시 하나님의 말씀의 초보에 대하여 누구에게서 가르침을 받아야 할 처지이니 단단한 음식은 못 먹고 젖이나 먹어야 할 자가 되었도다”), 멸시와 경멸이 아니라 사랑스러움과 애정의 뉘앙스가 담긴 표현이다. 감정이 북받칠 때에 터져 나오는 말들이 그렇듯이, 이 구절의 문체는 부드럽게 이어지지 못하고 갑작스럽다. 우리의 마음에서 강렬한 감정이 일어날 때에는, 그 감정을 말로 제대로 표현할 수가 없고, 강력한 감정이 우리를 압도해서 말문을 막아 버려서, 우리가 하는 말들은 물 흐르듯이 나오지 못하고 뚝뚝 끊어져서 문법에 잘 맞지도 않은 어색한 문체가 되어 버리고 만다.

너희 속에 그리스도의 형상을 이루기까지 다시 너희를 위하여 해산하는 수고를 하노니. 여기에서 바울은 자기가 갈라디아 교인들을 위하여, 어머니가 자신의 자녀를 낳기 위해서 감내해야 하는 "해산하는 수고"를 감당하고 있다고 말함으로써, 그들에 대한 자신의 사랑이 얼마나 크고 강한 것인지를 다시 한 번 그들에게 보여준다. 또한, 이것은 자기가 그들을 어떻게 하려고 이렇게 애써서 그들을 설득하고 가르치고 있는 것인지를 보여주는 것이기도 하다. 왜냐하면, "여자가 해산하게 되면 그 때가 이르렀으므로 근심하나 아기를 낳으면 세상에 사람 난 기쁨으로 말미암아 그 고통을 다시 기억하지" 않기 때문이다(요 16:21). 즉, 바울은 자기가 그들에 대하여 이렇게 근심하고 염려하며 권하고 책망하는 이유가 그들을 해산하기 위한 것이라고 말하고 있는 것이다. 사실 그는 갈라디아 교인들을 복음으로 이미 잉태해서 낳기까지 하였다. 그러나 그들이 그에게 등을 돌리고서 복음으로부터 떨어져 나갔기 때문에, 그는 이제 다시 두 번째로 그들을 낳기 위하여 "해산하는 수고"를 하지 않으면 안 되었다.

하지만 바울은 "너희 속에 그리스도의 형상을 이루기까지"라는 말을 덧붙임으로써, 자기가 그들에게 하고 있는 이 말이 그들에게 줄 수도 있을 거부감을 감소시킨다. 왜냐하면, 이 말을 통해서 그는 그들이 이전에 태어난 것을 모두 완전히 무효로 돌리고자 하는 것이 아니라, 마치 그들이 제대로 된 형상을 이루지도 못한 채로 미숙아로 태어난 자들인 것처럼, 그들을 다시 모태에 품어서 그들에게 자양분을 공급하여 제대로 된 건강한 아기로 태어나게 하고자 하는 것임을 보여주는 것이기 때문이다. "너희 속에 그리스도의 형상을 이룬다"는 것은 "우리가 그리스도 안에서 형상을 이룬다"는 것과 동일한 의미이다. 왜냐하면, 한편으로 우리는 그리스도 안에서 새로운 피조물이 되어 태어나는 것이고, 다른 한편으로는 그리스도께서 우리 안에서 형성되셔서, 우리가 태어났을 때에는, 우리는 그리스도의 삶을 살아가는 것이기 때문이다. 거짓 사도들의 가르침에 의해서 갈라디아 교인들 속에 형성된 미신들로 말미암아 그들에게 존재하였던 그리스도의 참된 형상은 기형적으로 왜곡되어 버렸기 때문에, 바울은 자기가 그 형상을 그들 속에 다시 회복시켜서, 그리스도의 형상이 그들 안에서 아무런 흠이나 점도 없이 환하게 빛을 발하게 하기 위하여 애를 쓰고 있다고 말한다. 복음의 일꾼들은 믿는 자들에게 어떤 때에는 "젖"을 주고 어떤 때에는 "단단한 음식"을 주어서 그렇게 하여야 한다(히 5:13-14). 실제로, 그들이 복음을 전하고 가르치는 모든 과정 중에 그런 일이 일어나야 한다. 하지만 여기에서 바울은 자신을 "해산하는 여인"에 비유한다. 왜냐하면, 갈라디아 교인들은 아직 완전히 태어난 것이 아니기 때문이다.

　이것은 복음 사역의 효능을 보여준다는 점에서 주목할 만한 본문이다. 우리가 잉태되어 태어나는 것은 하나님이 하시는 일이지만, 하나님께서는 복음 사역자와 복음 전도를 그러한 목적을 위한 자신의 도구들로 사용하시기 때문에, 자기가 하시는 일을 그들에게 돌리심으로써, 하나님의 영의 능력과 사람의 사역이 서로 합쳐져서 이러한 "해산"이 이루어지는 것으로 갈쓸하신다. 우리는 이렇게 사람들의 구원과 관련해서 하나님께서는 자기가 하시는 일을 복음 사역자들에게 돌리시는 것일 뿐이고, 사실은 모든 일을 하나님의 역사라는 것을 명심하고서, 복음 사역자를 하나님과 대비시켜서 말하는 경우에는, 그 사역자는 아무것도 아니고, 아무것도 할 수 없으며, 전적으로 무익하다는 것을 늘 유념하여야 한다. 그럼에도 불구하고, 성령이 복음 사역자들을 통해서 역사를 일으키는 경우에는, 마치 그 사역자가 그 일을 한 것으로 여겨져서 칭송을 받는다. 하지만 사실 그 일은 그 사역자가 스스로의 힘으로, 또는 하나님을 떠나서 할 수 있었거나 한 일이 아니라, 하나님께서 그 사역을 통해서 행하신 일일 뿐이다. 사역자들이 진정으로 애쓰고 수고해야 할 일은 사람들의 마음속에 그들 자신의 가르침을 심어 주려고 하는 것이 아니라, "그리스도의 형상을 이루고자" 하는 것이다. 여기에서 바울은 근심과 염려로 기진맥진해서 말을 다 끝맺지도 못하고 문장이 완성되지도 않았는데 중도에 말을 그쳐 버린다.

20. 내가 이제라도 너희와 함께 있어 내 언성을 높이려 함은 너희에 대하여 의혹이 있음이라. 이것은 자신의 아들들이 제멋대로 자기 기분 내키는 대로 행하여 돌이킬 생각을 하지 않고 온갖 비행을 저지르고 있는 것을 본 아버지가 너무나 기가 막히고 황당해서, 그들에게 지금 그들이 무슨 짓을 하고 있는 것이냐고 언성을 높여서 아주 호되게 질책하고 있는 것과 같다. 바울은 그들과 마주 앉아서 마음을 터놓고 허심탄회하게 대화할 기회를 갖기를 원하는 자신의 심정을 피력한다. 왜냐하면, 함께 마주 앉아서 직접 얼굴을 보고 얘기하면, 상대방이 자기 말에 대하여 어떤 반응을 보이는지, 그가 자신의 말에 대하여 고분고분한지 아니면 자신의 말을 전혀 받아들이지 않고 완고한 태도를 보이는지에 따라서 어떻게 말해야 할지를 그때그때 알아서 유연하게 조절해서 말할 수 있어서, 더 좋은 결과를 얻어낼 수 있기 때문이다. 하지만 바울은 "내 목소리를 변하려"(개역개정에는 "내 언성을 높이려") 한다고 말함으로써, 자기가 그들과 대면해서 말하고자 하는 것은 단순히 그런 이유

때문만은 아니라는 것을 보여준다. 즉, 그는 자기가 지금은 서신을 통해서 그들에게 이렇게 말하고 있지만, 그들을 만나서 얘기를 해 본 후에는, 필요한 경우에는 그 어떤 조치라도 취할 준비가 되어 있고, 심지어는 그들에 대해서 지금과는 완전히 다른 태도를 취할 수도 있다고 말하고 있는 것이다. 이것은 목회자들이 명심해야 할 말이다. 왜냐하면, 목회자들은 하나님의 일들에서 올바른 길에서 벗어나서 사람들의 환심을 사려고 해서는 안 되지만, 그들 자신의 생각에만 빠져 있거나, 자기가 알고 있는 것들만을 고집해서는 안 되고, 모든 일에서 유연하게 대처하여, 사정이 허락하는 한 최대한으로 사람들의 사정을 헤아려서 거기에 그들 자신을 맞추는 것이 마땅하기 때문이다.

²¹내게 말하라 율법 아래에 있고자 하는 자들아 율법을 듣지 못하였느냐 ²²기록된 바 아브라함에게 두 아들이 있으니 하나는 여종에게서, 하나는 자유 있는 여자에게서 났다 하였으며 ²³여종에게서는 육체를 따라 났고 자유 있는 여자에게서는 약속으로 말미암았느니라 ²⁴이것은 비유니 이 여자들은 두 언약이라 하나는 시내 산으로부터 종을 낳은 자니 곧 하갈이라 ²⁵이 하갈은 아라비아에 있는 시내 산으로서 지금 있는 예루살렘과 같은 곳이니 그가 그 자녀들과 더불어 종 노릇 하고 ²⁶오직 위에 있는 예루살렘은 자유자니 곧 우리 어머니라(4:21-26).

21. 내게 말하라 율법 아래에 있고자 하는 자들아 율법을 듣지 못하였느냐. 바울은 이러한 권면들을 통해서 그들과 감성적으로 소통한 후에, 이제 다시 하나의 기가 막히게 훌륭한 예시를 통해서 자신의 이전의 가르침을 계속해서 이어나간다. 이것은 하나의 논증으로서는 그리 강력한 것은 아니지만, 그의 이전의 일련의 강력한 논증들을 확증하는 것으로서는 상당히 주목할 만한 가치가 있다.

여기에서 "율법 아래에 있다"는 것은, 하나님께서 율법 언약에 따라서 그들을 다루실 것이기 때문에, 그들이 그들 자신을 율법의 속박 아래 두어서 율법을 지킬 의무를 지는 방식으로 율법의 멍에 아래 들어 가는 것을 의미한다. 이것과는 다른 의미에서 모든 믿는 자들은 "법 아래" 있기는 하지만, 이미 앞에서 말하였듯이, 사도가 여기에서 말하는 "율법"은 그런 법이 아니라 유대교의 율법과 거기에 부속되어 있던 것들을 가리킨다.

22. 기록된 바 아브라함에게 두 아들이 있으니 하나는 여종에게서, 하나는 자

유 있는 여자에게서 났다 하였으며. 선택권이 있는 사람이라면, "자유"를 포기하고 "종살이"를 택하는 정신 나간 짓을 하지는 않을 것이다. 그런데 여기에서 사도는 율법 아래에 있는 자들은 "종들"이라고 우리에게 가르친다. 하나님께서 그들에게 자유를 주시겠다고 하시는데도, 자원해서 종살이 하는 쪽을 택하는 자들은 정말 어처구니없는 자들임에 틀림없다! 바울은 이것을 설명하기 위해서 "아브라함의 두 아들"의 예를 드는데, 그 중 한 아들은 자기 어머니의 신분에 따라서 "종"의 아들이었고, 다른 한 아들은 "자유 있는 여자"의 아들로서 "유업"을 이을 자였다. 나중에 바울은 이 이야기 전체를 자신이 말하고자 하는 주제에 적용해서, 자기가 말하고자 하는 것을 우아한 방식으로 예시한다.

바울은 자신의 대적들이 율법의 권위로 무장을 하고 있었기 때문에, 무엇보다도 먼저 "율법"을 다른 측면에서 인용한다. "율법"은 통상적으로 모세가 쓴 다섯 권의 책들에 붙여진 이름이었다. 그가 인용한 이야기는 문자 그대로 보면 이 문제와 아무 상관이 없는 것처럼 보인다. 하지만 그는 그 이야기를 알레고리적으로 해석한다. 사도는 여기에서 이 이야기가 알레고리화된 것이라고 분명하게 말하고 있는데 ("이것은 비유니," 24절), 오리게네스(Origenes)를 비롯한 많은 이들은 그것을 빌미로 삼아서, 알레고리적인 해석 방법을 성경에 전면적으로 적용해서 온갖 가능한 방식으로 성경이 말하고자 한 참된 의미를 왜곡시켜 왔다. 즉, 그들은 성경의 문자적인 의미는 너무 보잘것없고 형편없기 때문에, 분명히 문자라는 껍데기 밑에는 알레고리적인 해석 방법으로 쳐부수기 전에는 추출해낼 수 없는 알맹이인 더 심오한 비밀들이 감추어져 있을 것이라고 생각하였다. 그리고 그들의 그러한 해석 방법은 사람들에게 별 어려움 없이 잘 먹혀 들어갔다. 왜냐하면, 세상은 언제나 분명하고 확고한 가르침보다는 그럴 듯해 보이는 독창적인 사변들을 더 선호해 왔기 때문이다.

알레고리적인 해석 방법이 일단 인정을 받게 되자, 그런 식으로 성경을 제멋대로 왜곡시키는 정도는 점점 더 심해졌고, 이 해석 방법으로 성경을 가지고 희롱한 자들은 벌을 받지 않은 것은 말할 것도 없고, 도리어 사람들로부터 최고의 찬사를 받기까지 하였다. 오랜 세월 동안 하나님의 거룩한 말씀을 교묘하게 변형시키고 변질시키는 교활함과 무모함을 갖춘 자들이 득세함으로써, 성경을 있는 그대로 단순명료하게 해석하는 자들은 성경을 제대로 해석할 줄 모르는 자들로 치부되었다. 이것은 성경의 권위를 훼손해서, 사람들이 성경을 읽어서 거기로부터 그 어떤 참된 유익도 얻을 수 없도록 하기 위한 사탄의 궤계였다는 것은 의심의 여지가 없다. 이렇게 거짓된 해석들로 인해서 성경의 순전한 의미가 묻히게 되자, 하나님께서는 성경을 그런 식으로 왜곡한 것을 의로운 심판으로 벌하셨다.

알레고리적인 해석을 하는 자들은 성경은 그 땅이 비옥해서 여러 가지 다중적인 의미를 지니고 있다고 말한다. 나는 성경이 모든 지혜의 원천으로서 지극히 풍부하고 결코 마르지 않는 샘이라는 것을 인정하지만, 누구라도 제멋대로 성경에 여러 가지 다양한 의미를 갖다 붙일 수 있다는 것을 성경의 비옥함이라고 부르는 것은 인정할 수 없다. 그러므로 우리는 "자연스럽고 단순명료한 의미"야말로 성경의 참된 의미라는 것을 알아야 하고, 바로 그러한 의미를 흔들림 없이 굳게 붙잡고 견지하여야 한다. 따라서 우리는 우리로 하여금 "성경의 문자적인 의미"로부터 멀어지게 만드는 해석들은 단지 의심스러운 것들로 치부하여 무시해 버리는 것이 아니라, 성경을 치명적으로 왜곡하고 변질시키는 것들로 여겨서 과감하게 배척하는 것이 마땅하다.

그렇다면, 우리는 여기에서 바울이 행한 알레고리적인 성경 해석에 대해서는 어떤 반응을 보여야 하는가? 바울은 모세가 처음부터 의도적으로 이 이야기를 알레고리적으로 해석하도록 썼다고 말하고자 하는 것이 아니라, 이 이야기가 현재의 주제와 어떤 식으로 연결되어 있는지를 보여주고자 하는 것일 뿐이다. 즉, 우리는 모세가 아브라함의 두 아들에 대하여 쓴 이야기 속에서 현재의 교회의 모습을 비유적으로 묘사하고 있는 것을 볼 수 있다는 것이다. 아브라함의 권속에 관한 이야기를 이런 식으로 신비적으로 해석해서 현재의 교회에 대한 비유로 보는 것은 그 이야기의 문자적이고 참된 의미와 양립될 수 없는 것이 아니다. 왜냐하면, 아브라함의 권속은 당시에 참된 교회였다는 점에서, 거기에서 일어난 아주 중요하고 기억할 만한 사건들은 현재의 교회의 모습을 보여주는 모형들이었기 때문이다. 그러므로 당시의 할례와 희생제사들과 레위인 제사장 제도 전체가 오늘날의 교회에서 행해지는 성례전들에 대한 알레고리였던 것처럼, 아브라함의 권속과 관련된 일들도 마찬가지였기 때문에, 바울이 여기에서 보여준 이러한 해석은 성경의 문자적인 의미에서 떠난 해석이 아니다. 한 마디로 말해서, 바울은 여기에서 아브라함의 두 아내에 대한 설명은 "두 언약"에 대한 비유이고, 그의 두 아들에 대한 설명은 "두 민족"에 대한 비유라고 말하고 있는 것과 같다. 그리고 크리소스토모스(Chrysostomus)는, 바울이 여기에서 이것이 "알레고리"라고 분명하게 밝힌 것은 자신의 현재의 해석이 성경의 자연스럽고 문자적인 의미와 다르다는 것을 인정한 것이라고 말한 것은 지극히 옳다.

23. 여종에게서는 육체를 따라 났고 자유 있는 여자에게서는 약속으로 말미암았느니라. 이삭과 이스마엘은 둘 다 똑같이 육신적으로는 아브라함에게서 태어난 아들들이었다. 그러나 이삭은 은혜의 약속을 지니고 태어났다는 점에서 이스마엘과 달랐다. 이스마엘에게는 본성을 뛰어넘는 그 어떤 것도 없었지만, 이삭에게는 하나님의 택하심이 있었다. 그리고 이것은 이삭의 출생 자체가 통상적이지 않고 이적에 의한 것이었다는 사실에 의해서 드러난다. 하지만 그것은 하나님께서 장차 이방인들을 부르시고 유대인들을 배척하실 것임을 보여주는 것이었다. 왜냐하면, 유대인들은 자신들의 육신적인 혈통을 자랑하였던 반면에, 이방인들은 그 어떤 인간적인 것의 개입 없이 영적으로 아브라함의 자손들이 된 것이기 때문이다.

24. 이것은 비유니 이 여자들은 두 언약이라 하나는 시내 산으로부터 종을 낳은 자니 곧 하갈이라. 나는 여기에서 바울이 사용한 "비교"의 장점을 그대로 보존하기 위해서, "언약"이라는 단어를 라틴어로 '테스타멘툼'(testamentum)으로 번역하지 않고 '팍티오'(pactio)로 번역하는 쪽을 택하였다. 왜냐하면, 바울은 "두 언약"을 두 어머니와 비교하고 있는데, 중성 명사인 '테스타멘툼'을 사용하면, 이 비교가 어색하게 되는 까닭에, 여성 명사인 '팍티오'를 사용하는 것이 더 적절해 보이기 때문이다. 하지만 내가 그렇게 한 데에는 우아함보다는 명료성을 더 고려하였다.

바울은 이제 창세기에 나오는 아브라함의 집에 관한 이야기가 하나의 "비유"라고 공식적으로 선언한다. 아브라함의 집에 "두 어머니"가 있었던 것처럼, 하나님의 교회에도 "두 언약"이 있다. 하나님의 가르침은 하나님이 우리를 낳기 위해 사용하시는 "어머니"이다. 그 가르침은 두 종류가 있는데, 하나는 율법이고 다른 하나는 복음이다. 율법이 낳은 자녀들은 모두 종들이다. 그런 까닭에, 율법은 "하갈"로 대표된다. 반면에, "사라"에게서 태어난 자녀들은 자유인들이기 때문에, 사라는 "복음"을 대표한다. 하지만 사실 바울은 한층 더 근원적인 것에서 시작해서, 우리의 첫 번째 어머니인 "하갈"을 "시내 산"에 비유하고, 우리의 두 번째 어머니인 "사라"를 "예루살렘"에 비유한다. 따라서 바울은 여기에서 이 비유를 한층 더 세부적으로 파고들어서, 율법으로부터 난 자손들은 시내 산의 자녀들이고, 복음으로부터 난 자손들은 예루살렘의 자녀들이라고 말하고 있는 것이지만, 이것은 현재의 논증 자체와는 아무 상관이 없다. 현재의 논증과 관련해서는, "두 언약"은 두 어머니와 같아서, 각각의 언약으로부터 태어난 자녀들은 서로 다른 신분으로 태어난다는 것을 아는 것만으로 충분하다. 즉, 율법 언약은 "종들"을 낳고, 복음 언약은 "자유인들"을 낳는다는 것이다.

그러나 이 모든 것은 처음 볼 때에는 터무니없어 보일 수 있다. 왜냐하면, 하나님의 자녀로 태어난 자들 중에서 자유를 지니지 않은 사람은 아무도 없는 까닭에, 이러한 비유는 적용되지 않는 것으로 보이기 때문이다. 이러한 의구심에 대한 나의 대답은 바울이 여기에서 말하고 있는 것은 두 가지 측면에서 옳다는 것이다. 율법은 전에 자신의 제자들(즉, 거룩한 선지자들과 그 밖의 다른 믿는 자들)을 낳았고, 그들은 율법 아래에서 종살이를 하였다. 그것은 영속적인 종살이는 아니었고, 단지 하나님께서 그들을 한동안 "초등교사" 아래에 두셨기 때문이었다. 그들이 지니고 있던 자유는 그들을 지배하고 있던 경륜 전체와 율법의 예법들이라는 휘장 아래에 감추어져 있었다. 그래서 겉보기에는 그들의 모습은 영락없이 "종들"로서 종살이 하는 모습이었다. 바울은 로마 교인들에게도 이것과 동일한 것을 말한다: "너희는 다시 무서워하는 종의 영을 받지 아니하고 양자의 영을 받았으므로 우리가 아빠 아버지라고 부르짖느니라"(롬 8:15). 저 거룩한 조상들은 내적으로는 하나님 앞에서 자유인들이었지만, 그럼에도 불구하고 외적으로는 자신들의 "어머니"의 신분과 연결되어서 "종들"과 다름이 없었다. 반면에, 복음의 가르침은 자신의 자녀들이 태어나자마자 그들에게 온전한 자유를 수여해서 자유함 가운데서 그들을 양육한다.

하지만 문맥이 보여주듯이, 여기에서 바울은 내가 방금 앞에서 말한 그런 부류의 자녀들에 대해서 말하고 있는 것이 아니다. 나중에 설명하겠지만, "시내 산의 자녀들"은 외식하는 자들, 즉 적어도 하나님의 교회로부터 쫓겨나서 "유업"을 박탈당한 자들을 가리킨다. 그렇다면, 바울이 지금 말하고 있는 종들로 태어나서 종살이를 하고 있다고 말하고 있는 자녀들은 어떤 자들인가? 그들은 율법을 악용해서 사람들을 율법의 종으로 만들어서 종살이 하게 하고자 하는 자들을 가리킨다. 그들은 옛 언약 아래에서 살았던 경건한 조상들을 가리키는 것이 아니다. 왜냐하면, 이 경건한 조상들은 비록 육신적으로는 율법 아래에서 종으로 태어났었어도, 얼마든지 영적으로는 "위에 있는 예루살렘"을 자신들의 어머니로 삼을 수 있었기 때문이다. 반면에, 율법은 단지 그들을 그리스도께로 인도해 주는 "초등교사"라는 것을 알지 못하고, 오직 율법을 끝까지 붙잡고 고집함으로써, 도리어 율법이 그리스도께로 가는 것을 방해하는 장애물이 되게 만들어 버리는 자들이 바로 "종들"로 태어난 이스마엘 족속들이다.

여기에서 또다시 다음과 같은 반론이 제기될 수 있을 것이다: "그렇다면, 사도는 왜 그런 자들이 하나님의 언약으로부터 태어나서 교회에 속해 있는 자들인 것처럼 말하고 있는 것인가?" 나의 대답은 그들은 엄밀하게 말해서 하나님의 자녀들이 아니고 타락하고 부패한 사생아들로서, 하나님은 그들을 자신의 자녀들이 아니라고 말씀하시지만, 그들이 스스로 망상 속에서 하나님을 자신들의 아버지라고 부르는 것일 뿐이라는 것이다. 바울이 여기에서 그런 자들이 마치 교회에 속한 자들인 것처럼 말하는 것은, 그들이 진정으로 교회의 지체들이기 때문이 아니라, 단지 그들이 믿는 자들로 자처하며 가면을 쓰고 사람들을 속이고 있기 때문이다. 즉, 사도는 여기에서 이 세상에 존재하는 모습 그대로의 교회를 염두에 두고 있는 것이다. 이것에 대해서는 우리가 나중에 다시 살펴보게 될 것이다.

25. 이 하갈은 아라비아에 있는 시내 산으로서 지금 있는 예루살렘과 같은 곳이니 그가 그 자녀들과 더불어 종 노릇 하고. 나는 여기에서 다른 사람들의 견해들을 반박하는 일로 시간을 낭비하는 길은 하지 않으려 한다. 왜냐하면, "시내 산"은 두 가지 이름을 가지고 있었다고 하는 히에로니무스의 추측은 아무 짝에도 쓸데없는 것이고, "시내 산"과 "예루살렘"이라는 두 명칭은 동일한 곳을 가리키는 것이었다는 크리소스토모스의 궤변도 주목할 만한 가치가 없기 때문이다. 바울이 시내 산을 하갈이라고 부르는 것은 시내 산이 하나의 모형 또는 예표였기 때문인데, 이것은 유월절이 그리스도의 모형 또는 예표였던 것과 마찬가지이다. 그는 시내 산이 있는 곳을 경멸적인 언어로 표현한다. 즉, 그는 시내 산은 "영원한 유업"의 예표였던 저 거룩한 땅의 경계 밖에 있는 "아라비아"에 자리하고 있다고 말한다. 내가 정말 이상하게 여기는 것은 히에로니무스나 크리소스토모스 같은 사람들이 너무나 잘 알려져 있고 분명한 문제에 있어서 그토록 터무니없고 어이없는 오류를 범하고 있다는 것이다.

여기에서 "지금 있는 예루살렘과 같은 곳이니"로 번역된 어구(편의상 개역개정의 번역을 그대로 사용함 - 역주)는 불가타 역본에서는 "지금 있는 예루살렘에 인접해 있는 곳이니"로 번역하고 있고, 에라스무스는 "지금 있는 예루살렘과 경계를 접하고 있는 곳이니"로 번역한다. 나는 모호함을 피하기 위해서 "다른 한편으로는 지금 있는 예루살렘과 상응하는 곳이니"로 번역하였다. 왜냐하면, 사도는 "시내 산"이 예루살렘과 가깝다고 말함으로써 시내 산과 예루살렘의 상대적인 위치를 보여주고자 한 것이 아니라, 현재의 "비교"와 관련해서 이 둘이 서로 닮은 꼴로 상응하는 것임을 보여주려고 하는 것이 분명하기 때문이다. 내가 "상응하다"로 번역한 '수스토이카'(σύστοιχα)라는 단어는 두 가지가 서로 간의 상관관계 속에서 배열되어 있는 것을 가리키고, 이것과 비슷한 단어인 '수스토이키아'(συστοιχία)는 나무들이나 그 밖의 다른 어떤 사물들과 관련하여 사용된 경우에는 그것들이 어떤 정해진 순서를 따라 잇따라 등장한다는 개념을 지닌다. 따라서 "시내 산"이 "지금 있는 예루살렘과 상응한다(συστοιχεῖν - '수스토이케인')"는 것은 아리스토텔레스(Aristoteles)가 수사학은 변증학의 "대구"라고 말한 것과 동일한 의미인데, 이것은 시를 지을 때에 노래하기에 좋도록 통상적으로 "대구"를 사용한 것으로부터 가져온 비유였다. 요컨대, 바울이 여기에서 사용한 '수스토이케이'("대등되다")라는 단어는 "시내 산"과 "예루살렘"이 동일한 부류에 속하는 것들이라는 것을 의미할 뿐이다.

그렇다면, 바울은 왜 여기에서 "지금 있는 예루살렘"을 "시내 산"과 비교하고 있는 것인가? 나는 한때는 크리소스토모스와 암브로시우스의 견해와 반대되는 입장을 취하기도 했지만, 지금은 그들의 견해에 동의한다. 그들은 여기에 언급된 "예루살렘"은 사람들을 종들로 만들어서 종살이 하게 만드는 가르침과 예배로 변질되고 타락해 버린 땅에 있는 예루살렘을 가리킨다고 설명한다. 이것이 바울이 "지금 있는"이라는 수식어를 예루살렘 앞에 붙인 이유이다. 땅에 있는 예루살렘은 하늘에 있는 예루살렘의 모습을 이 땅에 재현해서 생생하게 보여주는 곳이 되는 것이 마땅한 일이었다. 그러나 "지금 있는" 예루살렘은 그러한 원래의 소임을 저버리고 타락되고 변질되어서 "시내 산"과 같이 되어 버렸다는 것이다. 시내 산과 예루살렘은 서로 아주 멀리 떨어져 있었지만, 그 모든 중요한 특질들에 있어서 서로가 너무나 흡사한 곳들이 되어 버렸다. 이것은 은혜로부터 떨어져 나간 유대인들을 호되게 질책하는 것이었다. 이제 그들의 진정한 어머니는 사라가 아니라, 하갈의 쌍둥이 자매인 변질되고 타락한 가짜 예루살렘이었다. 그러므로 그들은 자신들이 아브라함의 자손들이라고 오만하게 자랑하였지만, 사실은 "여종"에게서 태어난 "종들"에 지나지 않았다.

26. 오직 위에 있는 예루살렘은 자유자니 곧 우리 어머니라. 바울이 "위에 있는" 또는 "하늘에 있는" 것이라고 말하고 있는 예루살렘은 하늘 안에 갇혀 있는 것이 아니기 때문에, 우리는 그 예루살렘을 세상 밖에서 찾아서는 안 된다. 왜냐하면, 교회는 온 세상에 퍼져 있고, 이 땅에서 순례길을 가고 있는 순례자이기 때문이다. 그렇다면, 바울은 여기에서 왜 예루살렘을 "위에 있는 예루살렘"이라고 말하고 있

는 것인가? 왜냐하면, 예루살렘은 하늘의 은혜에 의해서 생겨나기 때문이다. 하나님의 자녀들은 "혈통으로나 육정으로나 사람의 뜻으로 나지 아니하고 오직 하나님께로부터 난 자들"(요 1:13)이고, 성령의 능력으로 말미암아 난 자들이다. 하늘로부터 기원해서 믿음으로 말미암아 위에 거하는 하늘의 예루살렘은 믿는 자들의 어머니이다. 왜냐하면, 이 어머니는 자신 속에 썩지 않는 생명의 씨를 지니고 있어서, 그 씨로 우리를 형성해서 자신의 태에 품고 이 세상에 낳기 때문이다(벧전 1:23, "너희가 거듭난 것은 썩어질 씨로 된 것이 아니요 썩지 아니할 씨로 된 것이니 살아 있고 항상 있는 하나님의 말씀으로 되었느니라"). 또한, 이 어머니는 우리를 낳고 나서도 계속해서 자신의 자녀들인 우리에게 "젖"과 "단단한 음식"을 공급해 주어서 우리를 양육해 나간다.

이것이 교회를 믿는 자들의 어머니라고 부르는 이유이다. 교회의 아들이 되기를 거부하는 사람은 하나님을 자신의 아버지로 섬기고 싶어도 그럴 수 없다는 것은 분명하다. 왜냐하면, 하나님께서는 오직 교회의 사역을 통해서만 자신의 자녀들을 낳으시고, 그 자녀들이 유년기와 청년기를 거쳐 온전한 성인이 되도록 계속해서 양육해 나가시기 때문이다. 바울은 교회를 "우리 어머니"라고 부르는데, 이러한 호칭은 교회에 최고의 존귀를 돌리고 있는 것이다. 하지만 교황주의자들이 이것을 근거로 삼아서 우리를 괴롭히는 것은 유치하다 못해 어리석고 사악하기 짝이 없는 짓이다. 왜냐하면, 그들의 어머니는 사망을 위하여 마귀의 자녀들을 낳고 있는 "간음한 여인"이기 때문이다. 그런데도 그들은 하나님의 자녀들에게 자신들의 어머니인 그 간음한 여인에게 복종할 것을 요구해서 참혹한 사지로 몰아넣고 있으니, 그것은 얼마나 어리석고 사악한 짓인가! 오늘날의 교황주의자들에 비하면, 당시의 "사탄의 회당"(계 2:9)은 훨씬 더 그럴 듯해 보이는 것들을 내세워서 그들 자신을 자랑할 수 있었다. 하지만 우리는 여기에서 바울이 그들의 모든 허울뿐인 자랑들을 낱낱이 다 발가벗겨서, 그들이 하갈의 자녀들이라는 것을 분명하게 드러내고 있는 것을 본다.

²⁷기록된 바 잉태하지 못한 자여 즐거워하라 산고를 모르는 자여 소리 질러 외치라 이는 홀로 사는 자의 자녀가 남편 있는 자의 자녀보다 많음이라 하였으니 ²⁸형제들아 너희는 이삭과 같이 약속의 자녀라 ²⁹그러나 그 때에 육체를 따라 난 자가 성령을 따라 난 자를 박해한 것 같이 이제도 그러하도다 ³⁰그러나 성경이 무엇을 말하느냐 여종과 그 아들을 내쫓으라 여종의 아들이 자유 있는 여자의 아들과 더불어

유업을 얻지 못하리라 하였느니라 [31]그런즉 형제들아 우리는 여종의 자녀가 아니요 자유 있는 여자의 자녀니라(4:27-31).

27. 기록된 바 잉태하지 못한 자여 즐거워하라 산고를 모르는 자여 소리 질러 외치라 이는 홀로 사는 자의 자녀가 남편 있는 자의 자녀보다 많음이라 하였으니. 바울은 교회의 합법적인 아들들, 즉 적통자들은 약속을 따라 난 자들이라는 것을 이사야서에서 가져온 인용문을 통해서 증명한다. 이 인용문은 이사야서 54장에 나오는데, 거기에서 선지자 이사야는 "잉태하지 못한 자"와 "홀로 사는 자," 즉 과부에게 많은 자녀들이 생겨날 것이라고 약속함으로써, 그리스도의 나라와 하나님이 이방인들을 그 나라로 부르실 것에 대하여 예언한다. 선지자 이사야는 이것을 근거로 삼아서, 교회를 향하여 노래하고 즐거워하라고 권한다. 사도가 이렇게 이사야서의 이 본문을 인용한 목적을 주의 깊게 살펴보면, 우리는 유대인들로부터 선지자 이사야가 예언한 저 "신령한 예루살렘"과 관련된 모든 권리를 박탈하는 데 그 목적이 있다는 것을 알게 된다. 선지자 이사야는 이 자녀들은 땅의 모든 족속으로부터 모여 올 것인데, 이 일은 그들에게 어떤 자격이 있거나 그들의 어떤 노력에 의해서가 아니라, 하나님이 값없이 거저 주시는 은혜와 복으로 말미암아 이루어질 것이라고 말한다.

28. 형제들아 너희는 이삭과 같이 약속의 자녀라. 바울은 이제 이 비유를 마무리하면서, 우리는 "이삭의 모범을 따라서"(κατά Ἰσαάκ - '카타 이사악') 약속으로 말미암아 하나님의 자녀들이 된 것이고, 그 밖의 다른 방법으로 이러한 영광과 존귀를 얻게 된 것이 아니라고 결론을 맺는다. 성경을 잘 모르거나 익숙하지 않은 독자들에게는 이러한 추론과 결론이 설득력이 없어 보일 수 있다. 왜냐하면, 그들은 메시아에 토대를 둔 모든 약속들은 값없이 거저 주어진다는 것을 추호의 의심도 있을 수 없는 지극히 확실한 원리로 받아들이지 않기 때문이다. 바울이 아무런 거리낌이나 두려움 없이 담대하게 "약속"과 "율법"을 대비시킨 것은 바로 그러한 원리를 당연한 것으로 전제하였기 때문이었다.

29. 그러나 그 때에 육체를 따라 난 자가 성령을 따라 난 자를 박해한 것 같이 이제도 그러하도다. 바울은 거짓 사도들이 오로지 그리스도만을 온전히 믿고 의지하는 경건한 자들을 오만방자하게 짓밟으며 모욕하고 있는 것이 얼마나 뻔뻔스러운 짓인지를 여기에서 분명하게 드러내고, 그들이 그렇게 하고 있는 것의 실체가

무엇인지를 보여준다. 왜냐하면, 참된 믿음을 가지고 살고 있으면서도 거짓 사도들에 의해서 박해를 당함으로써 당혹해하고 있던 경건한 자들을 위로해 줄 필요가 있었고, 아울러 그러한 박해의 실체를 드러냄으로써 거짓 사도들의 폭압을 제어할 필요가 있었기 때문이다. 바울은 율법의 자녀들이 옛적에 그들의 조상인 이스마엘이 자기가 아브라함의 장자로 태어났다는 이 점을 악용해서 진정한 상속자였던 이삭을 박해하였듯이 오늘날에도 똑같은 짓을 자행하고 있는 것은 이상한 일이 아니라고 말한다. 이스마엘의 자손들은 자신들에게 있는 외적인 예법들과 할례를 비롯해서 율법의 온갖 의식들을 악용해서 그런 것들을 빌미로 그들 자신을 높이고 자랑하며, 자신들과 같이하지 않는 하나님의 참된 자녀들을 멸시하며 괴롭히고 박해한다. 바울은 여기에서 또다시 "성령"과 "육체," 즉 하나님의 부르심과 인간의 "외모"를 대비시킴으로써, 율법과 행위를 따르는 자들에게는 겉보기에는 참된 것들로 보이지만 사실은 가짜인 것들만이 허락되는 반면에, 오직 하나님의 부르심만을 의지하고 하나님의 은혜만을 의지하는 자들에게는 참된 것들이 주어진다는 것을 보여준다.

바울은 여기에서 "박해하였다"는 표현을 사용하고 있지만, 구약성경에는 그런 말이 나오지 않고, 단지 이스마엘이 이삭을 "놀렸다"는 말만 나온다(창 21:9). 이 분사는 이스마엘이 자기 동생인 이삭을 조롱하였다는 것을 의미한다. 어떤 유대인들은 이것은 단지 미소지었다는 의미일 뿐이라고 설명하지만, 그러한 설명은 전혀 이치에 맞지 않는다. 정말 이스마엘이 이삭을 보고 미소를 지은 것일 뿐이라면, 그것을 본 사라가 불같이 화를 내며 아브라함에게 가서 "이 여종과 그 아들을 내쫓으라"(창 21:10)고 말한 것은 너무나 잔인한 처사가 될 것이기 때문이다. 따라서 이스마엘이 어린 이삭에게 악의적으로 심하게 조롱하고 모욕하는 말을 해서 큰 상처를 주었을 것임은 의심의 여지가 없다.

그렇다고 해도 그것은 "박해"와는 거리가 먼 것이 아닌가! 그러나 바울이 그것을 "박해"라고 말한 것은 실없이 또는 부주의하게 과장하고 부풀린 것이 아니었다. 왜냐하면, 악한 자들이 하나님에 의한 우리의 부르심을 폄하하여 조롱하고 모욕하는 말을 하는 방식으로 박해하는 것은 우리의 육신을 괴롭히는 방식으로 박해하는 것 못지않게 우리에게 큰 괴로움을 주는 것이기 때문이다. 그리스도께서는 "그가 하나님을 신뢰하니 하나님이 원하시면 이제 그를 구원하실지라 그의 말이 나는 하나님의 아들이라 하였도다"(마 27:43)라고 자신을 모독하는 말을 들으셨을 때, 빰을 맞거나 채찍질을 당하거나 못 박히거나 가시 면류관에 찔릴 때만큼이나 극심한 고통을 느끼셨다. 이 말 한 마디 속에는 온갖 박해들 속에 들어 있는 것보다 더 많은 독이 들어 있다. 이 덧없는 목숨을 잃는 것보다는 하나님의 자녀가 되는 은혜를 빼앗기는 것이 우리에게는 훨씬 더 고통스럽고 괴로운 일이 아니겠는가? 이스마엘은 자기 동생 이삭을 칼로 박해한 것은 아니었지만, 이삭에게 주어진 하나님의 약속을 발로 짓밟음으로써 이삭을 더 악하고 오만방자하게 대한 것이었다. 우리는 그러한 주목할 만한 예를 가인과 아벨에 관한 이야기 속에서 본다.

이것은 신앙의 원수들이 불과 칼로 우리를 죽이거나 감옥에 가두고 고문하거나 채찍질하는 등 외적으로 박해할 때뿐만 아니라, 우리가 하나님의 약속들을 의지하는 것을 무너뜨리기 위하여 신성모독적인 말들로 우리를 짓밟거나 듣기만 해도 끔찍한 말들로 우리의 구원과 복음을 조롱하고 비웃을 때에도, 우리는 소름끼치는 공포에 휩싸일 수밖에 없다는 것을 보여준다. 사람들이 하나님을 멸시하고 하나님의 은혜를 조롱하는 말보다, 우리의 마음에 깊은 상처를 안겨 주는 것은 없고, 영혼의 구원을 공경하는 말보다, 우리의 영혼에 더 치명적인 박해는 없다. 교황의 폭압으로부터 벗어난 우리는 오늘날 불경건한 자들의 칼에 의해서 공격을 당하지는 않는다. 그러나 우리가 그들에 의해서 영적인 박해를 받고 있다는 것을 느끼지 못한다면, 우리는 영적으로 둔하기 짝이 없는 자들임에 틀림없다. 그들은 우리의 생명줄인 가르침을 박멸하기 위해서 사방으로 온갖 수단들을 동원해서 애를 쓰고 있고, 온갖 신성모독적인 말들로 우리의 신앙을 공격하고 있으며, 우리 중에서 신앙을 제대로 잘 모르는 일부 사람들을 흔들어 놓고 있다. 나로서는 교황주의자들보다도 에피쿠로스주의자들의 광분함이 훨씬 더 걱정이다. 그들은 공개적으로 무력을 사용해서 우리를 공격하지 않는다. 그러나 내게는 하나님의 이름이 내 자신의 목숨보다 더 소중하기 때문에, 그들이 자신들의 마귀적인 공모를 통해서, 하나님에 대한 모든 경외심과 예배를 박멸하고자 하고, 그리스도에 대한 기억을 뿌리째 뽑아 버리고자 하며, 하나님의 이름과 복음 신앙을 모든 사람들 앞에서 웃음거리로 만들고자 하는 것을 볼 때마다, 내 마음은 너무나 고통스럽고 괴로울 수밖에 없다. 그것은 온 나라가 한꺼번에 불길에 휩싸이는 것을 보는 것보다도 더 괴로운 일이다.

30. 그러나 성경이 무엇을 말하느냐 여종과 그 아들을 내쫓으라 여종의 아들이 자유 있는 여자의 아들과 더불어 유업을 얻지 못하리라 하였느니라. 우리가 우리 조상 이삭의 분깃에 참여하고 있는 것이라는 사실을 아는 것은 우리에게 적지

않은 위로가 된다. 하지만 외식하는 자들과 그들의 모든 자랑은 설 자리를 잃게 되고, 영적인 아브라함의 권속으로부터 쫓겨나게 되는 것 외에는 그 어떤 것도 얻을 수 없을 것이기 때문에, 그들이 한동안 아무리 우리를 모욕하고 괴롭힌다고 할지라도, 결국에는 "유업"은 오직 우리만이 얻을 수 있게 될 것이라고 성경이 분명하게 말하고 있는 것은 우리에게 한층 더 큰 위로가 된다. 믿는 자들은 이스마엘 족속의 폭압이 영원히 지속되지는 못할 것이라는 사실을 위로로 삼고 기뻐하여야 한다. 그들은 장자들로서 자신들이 하나님의 나라를 장악하고 거기에서 모든 높은 자리들을 다 차지하고 있는 것으로 착각하여 우리를 무시하고 멸시하고 있다. 하지만 언젠가는 그들이 하갈의 자손들이고 종의 자녀들로서 유업을 이을 자격이 없는 자들이라는 것이 분명하게 선언될 것이다.

이 아름다운 본문은 외식하는 자들이 지금 교회에서 일시적으로 모든 요직들을 독차지하고 위세를 떨치고 있다고 할지라도, 결국 그들은 멸망하게 될 것이기 때문에, 우리는 "악을 행하는 자들 때문에 불평하지 말며 불의를 행하는 자들을 시기하지" 말고(시 37:1), 그 때를 인내하며 기다려야 한다는 것을 가르쳐 준다. 많은 외식하는 자들이 그리스도인으로 행세하며 교회에서 요직들을 차지하고 있으면서도 믿음을 굳게 붙잡지는 않는다. 그런 자들은 이스마엘이 처음에는 자신의 장자권을 자랑하며 이삭 위에 군림하였지만, 나중에는 아브라함의 권속으로부터 쫓겨나서 외인처럼 되어 버렸듯이, 그 많은 외식하는 자들의 운명도 이스마엘과 같이 될 것이다. 어떤 영리한 체하는 자들은 바울이 여기에서 한낱 여인에 불과한 "사라"가 이스마엘과 이삭 간에 벌어진 사소한 시비를 보고서 화가 나서 아브라함에게 가서 하갈과 이스마엘을 내쫓으라고 한 것을 하나님의 심판과 비교하고 있는 것은 순진한 것이라고 비웃는다. 그러나 그런 자들은 하나님께서 아브라함에게 나타나셔서 이 모든 일이 하늘의 섭리에 의해서 지배되고 있다는 것을 분명하게 말씀해 주신 것(창 21:12)을 간과하고 있는 것이다. 하나님께서 아브라함에게 "사라가 네게 이른 말을 다 들으라"고 명하신 것은 분명히 대단히 이례적인 일이다. 이것으로부터 우리가 도출해낼 수 있는 결론은 하나님께서는 자신의 약속을 이루시기 위하여 사라로 하여금 아브라함에게 그렇게 요구하게 하셨다는 것이다. 한 마디로 말해서, 이스마엘이 쫓겨난 것은 하나님의 약속이 성취된 일 이외에 다른 것이 아니었다는 것이다. 하나님께서는 이스마엘이 아니라 "이삭에게서 나는 자라야 네 씨라 부를 것임이니라"고 분명하게 말씀하신다. 그러므로 비록 이 일이 여인이 자기 아들이 괴롭힘을 당하는 것을 보고서 분개하게 된 것이 발단이 되었다고 할지라도, 하나님께서는 교회의 모형이었던 사라의 입을 통해서 자신의 뜻이 무엇인지를 알게 하신 것이었다.

31. 그런즉 형제들아 우리는 여종의 자녀가 아니요 자유 있는 여자의 자녀니라. 이제 바울은 갈라디아 교인들에게 그들이 하나님의 은혜로 말미암아 자유를 위하여 거듭난 자들이라는 것을 상기시켜 줌으로써, 하갈의 자녀들로 살아가는 것이 아니라 사라의 자녀들로 살아가는 쪽을 택하여서, 처음 거듭났을 때와 똑같은 상태로 계속해서 살아가는 것이 마땅하다고 권면한다. 우리가 교황주의자들을 이스마엘 족속이자 하갈 족속이라고 부르고, 우리가 적통을 이은 적자들이라고 말하면, 그들은 우리를 비웃을 것이다. 하지만 바울이 여기에서 다루고 있는 두 부류의 자녀들에 대한 설명을 공정하게 비교해 본다면, 아무리 무지한 사람이라고 할지라도 누가 적자이고 누가 사생아인지를 결정하는 데 조금도 주저하지 않을 것이다.

제5장

¹그리스도께서 우리를 자유롭게 하려고 자유를 주셨으니 그러므로 굳건하게 서서 다시는 종의 멍에를 메지 말라 ²보라 나 바울은 너희에게 말하노니 너희가 만일 할례를 받으면 그리스도께서 너희에게 아무 유익이 없으리라 ³내가 할례를 받는 각 사람에게 다시 증언하노니 그는 율법 전체를 행할 의무를 가진 자라 ⁴율법 안에서 의롭다 함을 얻으려 하는 너희는 그리스도에게서 끊어지고 은혜에서 떨어진 자로다 ⁵우리가 성령으로 믿음을 따라 의의 소망을 기다리노니 ⁶그리스도 예수 안에서는 할례나 무할례나 효력이 없으되 사랑으로써 역사하는 믿음뿐이니라(5:1-6)

1. 그리스도께서 우리를 자유롭게 하려고 자유를 주셨으니 그러므로 굳건하게 서서 다시는 종의 멍에를 메지 말라. 바울은 앞에서 그들이 "자유 있는 여자"의 자녀들이라고 말한 후에, 이제 여기에서는 이 자유는 대단히 소중한 것이라고 말하면서, 그토록 소중한 이 자유를 멸시하거나 가볍게 여겨서는 안 될 것이라고 경고한다. 이 자유는 우리가 목숨을 바쳐서라도 싸워서 지켜 내야 할 정도로 이루 말할 수 없이 큰 복이라는 것은 분명하다. 왜냐하면, 이 자유는 단지 우리가 이 땅에서 살아가는 것과 관련된 것이 아니라, 우리의 영원한 운명과 결부되어 있는 것이기 때문이다. 오늘날 많은 사람들은 이것을 생각하지 못하고, 단지 우리가 외적인 문제들과 관련해서 교황의 횡포에 반대해서 신앙의 자유를 얻어내기 위하여 그토록 과격하고 집요하게 싸우는 것이라고 생각하고서는, 우리가 지나치게 무례하게 우리 자신의 입장만을 내세워서 고집을 부리고 있다고 우리를 정죄한다. 우리의 대적들은 마치 우리가 자유롭고 방탕한 삶을 살기 위하여 우리에게 부과된 온갖 속박들을 느슨하게 해 주기를 요구하는 것이 우리의 모든 싸움의 목적인 것처럼 호도해서, 무지한 사람들이 우리에 대하여 악감정을 가지고서 우리를 나쁘게 보게 만들고자 한다. 그러나 경험이 많고 지혜로운 사람들은 우리가 구하는 "자유"가 구원에 관한 가르침에서 가장 중요한 문제들 중의 하나라는 것을 안다. 왜냐하면, 그것은 이런저런 음식을 먹어도 되는지 안 되는지, 특정한 날을 지켜야 하는지 무시해

도 되는 것인지에 관한 문제가 아니라(많은 사람들이 어리석게도 이렇게 생각하고 있고, 그 중 일부는 그런 이유를 우리를 비난하기까지 한다), 하나님 앞에서 무엇이 허용되는지, 구원을 위해서는 무엇이 필요한지, 어떤 것을 빼먹는 것이 잘못된 것인지에 관한 문제이기 때문이다. 요컨대, 이 논쟁은 하나님의 심판대 앞에 섰을 때의 "양심"의 문제와 결부되어 있다.

바울이 여기에서 말하고 있는 "자유"는 거짓 사도들이 구원에 꼭 필요한 것으로 요구하였던 율법의 예법(의식)들을 지키는 것으로부터의 자유를 의미한다. 그러나 이것과 아울러서 독자들이 명심해야 할 것은 그러한 자유는 그리스도께서 우리를 위하여 얻어 내신 것들 중의 단지 일부일 뿐이라는 것이다. 왜냐하면, 만일 그리스도께서 우리를 단지 율법의 예법들로부터만 해방시켜 주신 것이라고 한다면, 그가 우리에게 주신 자유는 너무나 하찮은 것이 되고 말 것이기 때문이다. 예법으로부터의 자유는 더 깊은 근원으로부터 흘러나온 하나의 물줄기일 뿐이다. 즉, 이 자유가 우리에게 주어지게 된 것은 그리스도께서 우리 대신에 "저주"가 되셔서 우리를 율법의 저주로부터 구속하셨기 때문이고, 율법의 권능을 폐기하셔서 율법이 우리로 하여금 하나님의 심판을 받고서 영원한 사망의 고통 속으로 떨어지지 못하게 하셨기 때문이다. 한 마디로 말해서, 이 자유는 그리스도께서 우리를 죄와 사탄과 사망의 폭정으로부터 구해 내신 것으로부터 흘러나오는 물줄기라는 것이다. 여기에서 이렇게 바울은 그리스도께서 우리를 위하여 이루신 자유 전체를 그 일부인 특정한 자유를 통해서 표현하고 있다. 이것에 대해서는 우리가 골로새서를 다룰 때에 말하게 될 것이다.

우리가 이 자유를 얻게 된 것은 그리스도께서 십자가 위에서 우리를 대신하여 죽으셨기 때문이고, 우리는 그 죽으심의 열매인 이 자유를 복음을 통해서 받아 누리고 있다. 그러므로 바울이 갈라디아 교인들에게 "다시는 종의 멍에를 메지 말라"고 말함으로써, 그들의 양심으로 하여금 율법이라는 올무에 걸려들지 않게 하라고 경고한 것은 합당하다. 왜냐하면, 사람들이 우리의 어깨에 부당한 짐을 올려 놓는다면, 우리는 그 짐을 질 수 있지만, 그들이 우리의 양심을 옭아매어서 종으로 삼고자 한다면, 우리는 목숨을 바쳐서라도 죽기까지 단호하게 저항하는 것이 마땅하기 때문이다. 만약 우리가 사람들이 우리의 양심을 옭아매는 것을 허용한다면, 우리는 그리스도께서 우리에게 주신 이루 말할 수 없이 귀한 복을 발로 차버리는 것이 될 것이고, 이와 동시에 그러한 "자유"의 원천이신 그리스도께 심한 모욕을 가하는 것이 될 것이다.

한편, 갈라디아 교인들은 율법 아래에서 단 한 번도 살아 본 적이 없는 사람들이 었는데도, 바울이 여기에서 "다시는"이라고 말한 이유는 무엇인가? 우리는 "다시는"이라는 말을 "또다시"라는 의미로 해석해서는 안 되고, "마치 그들이 그리스도의 은혜로 말미암아 구속함을 받은 자들이 아닌 것처럼"이라는 의미를 지니는 것으로 해석하여야 한다. 왜냐하면, 율법은 유대인들에게 주어졌고 이방인들에게는 주어지지 않았지만, 유대인이나 이방인이나 그리스도를 떠나서는 그 어떤 자유도 누릴 수 없고 오직 종살이를 할 수밖에 없기 때문이다.

2. 보라 나 바울은 너희에게 말하노니 너희가 만일 할례를 받으면 그리스도께서 너희에게 아무 유익이 없으리라. 바울은 여기에서 자기가 갈라디아 교인들에게 줄 수 있는 경고 중에서 가장 강도 높은 경고를 그들 앞에 제시한다. 왜냐하면, 그들이 그리스도의 은혜로부터 완전히 배제될 것이라고 경고하는 것보다 더 심각한 경고는 없을 것이기 때문이다. 그렇다면, 할례를 받는 모든 자들에게는 그리스도가 아무 유익이 없을 것이라는 말은 무엇을 의미하는가? 그리스도가 아브라함에게 아무런 유익도 없었는가? 분명히 그렇지 않았다. 왜냐하면, 아브라함은 그리스도께서 자기에게 유익이 되게 하기 위하여 할례를 받은 것이기 때문이다. 아브라함의 경우는 그리스도께서 오시기 이전이었기 때문에 할례를 받는 것이 유효하고 유익이 있었던 것이라고 한다면, 우리는 디모데가 할례를 받은 것에 대해서는 무엇이라고 말해야 하는가? 우리가 유념해야 할 것은 바울이 여기에서 "할례를 받는다"고 말했을 때, 그것은 할례라는 외적인 행위 또는 예식을 가리키는 것이 아니라, 거짓 사도들의 악한 가르침, 즉 할례를 받는 것이 하나님을 예배하고 섬기는 데 꼭 필요한 일부이고, 그것은 공로의 행위가 되어서 우리의 구원의 근거가 된다고 하는 가르침을 따라 할례를 받는 것을 가리킨다는 것이다. 거짓 사도들의 그러한 마귀적인 가르침은 갈라디아 교인들로 하여금 그리스도로 말미암은 유익을 얻을 수 없게 만들어 버렸다. 거짓 사도들은 그리스도를 부인한 것도 아니었고, 구원과 관련해서 그리스도를 완전히 제쳐두고자 한 것도 아니었다. 그들이 그러한 가르침을 통해서 행한 것은 그리스도의 은혜와 율법의 행위를 구별해서, 구원의 오직 절반만을 그리스도께로 돌린 것이었다. 바울은 그리스도는 그런 식으로 나뉠 수 있는 것이 아니기 때문에, 우리가 오직 그리스도만을 온전히 영접하고 받아들일 때에만, 그리스도께서 우리에게 유익이 될 수 있다고 단언한다.

오늘날 교황주의자들은 "할례" 대신에 그들 자신이 고안해 낸 온갖 것들을 구원에 필요한 것으로 우리에게 강요한다. 그들의 가르침 전체의 취지를 요약하자면, 그것은 그리스도의 "은혜"와 행위로 말미암는 "공로들"을 뒤섞는 것인데, 실제로 그렇게 해서 구원을 얻는 것은 불가능하다. 왜냐하면, 그리스도를 절반만 향유하고자 하는 자들은 누구든지 그리스도 전체를 잃게 되기 때문이다. 그런데도 교황주의자들은 자신들은 행위로 말미암은 공로를 말하기는 하지만, 반드시 그리스도의 중보의 은혜에 의거해서 행위에 공로를 돌리는 것이고, 그 은혜를 떠나서는 그 어떤 행위도 공로로 인정하지 않는다고 우리에게 말하는 아주 영악한 모습을 보인다. 그들이 행하고 있는 것들이 갈라디아 교인들이 저질렀던 오류와 무엇이 다르다는 말인가? 갈라디아 교인들도 그들처럼 자신들이 그리스도에게서 떠난 것이라거나 그리스도의 은혜를 부인하고 있는 것이라고 믿지 않았다. 하지만 복음의 교훈 중에서 가장 중요한 가르침이 변질되었을 때, 그들은 그리스도를 완전히 잃을 수밖에 없었다.

"보라 나 바울은"이라는 표현은 대단히 강조되어 있다. 왜냐하면, 그는 지금부터 자기가 하는 말에는 추호의 의심이나 주저함도 없다는 것을 보여주기 위해서, 그들에게 이 말을 하기 전에 자신의 이름을 먼저 분명하게 제시하고 있는 것이기 때문이다. 바울은 자신의 권위가 갈라디아 교인들 가운데서 많이 줄어든 것은 사실이지만, 그럼에도 불구하고 "바울"이라는 이름은 자신의 모든 대적들을 제압하기에 충분한 힘을 지니고 있다는 확신을 보여준다.

3. 내가 할례를 받는 각 사람에게 다시 증언하노니 그는 율법 전체를 행할 의무를 가진 자라. 바울은 여기에서 서로 모순되는 두 개의 명제 중에서 어느 한 쪽의 명제가 거짓이라는 것을 보여줌으로써 다른 한 쪽의 명제가 참이라는 것을 밝혀내는 증명법을 사용하기 시작한다. "율법 전체를 행할 의무를 가진 자"는 절대로 사망을 피하지 못하고, 언제나 죄인으로 발견될 것이다. 왜냐하면, 율법 전체를 다 지켜 행할 수 있는 사람은 있을 수 없기 때문이다. 그러므로 그런 의무를 짊어지는 자는 스스로 멸망을 자초하는 것을 의미하고, 그런 자에게는 그리스도가 그 어떤 유익도 될 수 없다. 따라서 우리는 두 개의 명제, 즉 우리가 그리스도의 은혜에 참여하는 자들이라는 명제와 우리가 율법 전체를 행할 의무를 진다는 명제는 서로 모순되는 성질을 지닌다는 것을 알게 된다. 하지만 여기에서 다음과 같은 의문이 제기될 수 있다: "그렇다면, 율법을 지키며 살아 간 거룩한 조상들은 아무도 구원받지

못하였다는 결론이 도출되는 것이 아닌가? 또한, 바울이 디모데로 하여금 할례를 받게 하였기 때문에(행 16:3), 디모데도 구원을 받지 못하고 멸망에 처해지게 된 것이 아닌가? 할례가 존재하는 곳에는 율법 전체를 지켜 행할 의무도 존재한다는 점에서, 우리가 율법으로부터 완전히 자유롭게 되기 전까지는 우리에게 화로다."

그러나 여기에서 우리가 유념해야 할 것은, 어느 정도 주의를 기울여서 바울의 글들을 읽은 사람이라면 누구가 쉽게 알 수 있듯이, 그는 "할례"에 대해서 두 가지 방식으로 말하곤 한다는 것이다. 로마서에서 그는 아브라함이 받은 할례를 "믿음으로 된 의를 인친 것"이라고 부름으로써(롬 4:11), 그리스도와 값없이 거저 주어질 구원에 대한 약속을 "할례" 아래로 포함시킨다. 반면에, 여기에서는 할례를 단지 행위로 말미암은 공로를 통해서 구원을 얻기 위하여 율법 전체를 지키겠다고 약속하는 것으로 보고서, 그리스도와 믿음과 복음과 은혜와 대비시킨다.

이것으로부터 분명한 것은, 내가 이기 앞에서 말하였듯이, 바울은 할례에 대해서 언제나 동일한 방식으로 말하고 있지 않다는 것이다. 따라서 우리는 그가 할례에 대해서 이렇게 서로 다른 방식으로 말하는 이유가 무엇인지를 알아야 한다. 그는 할례를 그 자체로 바라보는 경우에는, 할례는 은혜의 표징이라고 말한다. 왜냐하면, 하나님께서 원래 주신 할례는 그런 의미를 지니고 있었기 때문이었다. 반면에, 거짓 사도들이 할례를 악용해서 복음을 파괴하고자 한 경우에는, 그는 하나님이 원래 정하신 그대로의 할례의 의미가 아니라, 사람들에 의해서 변질되고 왜곡된 할례의 의미를 다루고, 그런 의미에서의 할례를 공격한다.

매우 주목할 만한 예가 여기에 나온다. 그리스도, 값없이 거저 주어지는 의와 영원한 구원에 관한 약속이 아브라함에게 주어졌을 때, 할례는 그 약속을 확증하기 위해 더해진 것이었다. 이렇게 하나님께서 정하신 바에 의하면, 할례는 믿음을 돕기 위한 성례전이었다. 그런데 거짓 사도들이 갈라디아 교회에 와서, 할례는 공로가 있는 행위라고 주장하면서, 율법을 지켜 행하여야만 구원을 받을 수 있다고 가르치고, 할례를 받는 것을 율법에 복종해서 율법 전체를 지켜 행하겠다는 것을 처음으로 서약하는 의식으로 삼아서, 갈라디아 교인들에게 할례를 받게 하였다. 사도는 여기에서 하나님이 원래 정하신 할례에 대해서 말하고 있는 것이 아니고, 거짓 사도들이 고안해 낸 할례에 대한 비성경적인 견해를 공격하고 있는 것이다.

여기에서 불경건한 자들이 하나님의 거룩한 규례들을 아무리 어떤 식으로 악용하고 왜곡한다고 할지라도, 그 규례들은 그 어떤 손상도 입지 않는 것이 아니냐는 반론이 제기될 수 있다. 나의 대답은 할례는 단지 하나님의 한시적인 규례였을 뿐이라는 것이다. 그리스도께서 오신 후로는, 할례라는 이 성례전은 하나님이 제정하신 제도로서의 유효성을 상실하였고, 세례가 그 자리를 대신하였다. 그렇다면, 디모데는 왜 할례를 받은 것인가? 그가 할례를 받은 것은 그 자신을 위한 것이 아니었고, 할례에 대한 이러한 지식이 없어서, 그가 할례를 받지 않는 경우에는 믿음이 약한 형제들이 시험에 들어 넘어질 우려가 있었기 때문에, 순전히 그 형제들을 위해서 할례를 받은 것이었다.

교황주의자들의 가르침과 바울이 여기에서 반대하고 있는 것이 대단히 흡사하다는 것을 좀 더 분명하게 알기 위해서 우리가 명심해야 할 것은, 우리가 믿음을 의지해서 진실한 마음으로 성례전들을 받는 경우에는, 성례전들은 엄밀하게 말해서 사람들의 행위가 아니라 하나님의 역사라는 것이다. 세례나 성찬에서 우리는 아무것도 하지 않고, 단지 은혜를 받기 위해서 하나님 앞에 나아갈 뿐이다. 세례는 우리 쪽에서 볼 때에는 우리가 적극적으로 무엇을 행하는 것이 아니라 단지 "수동적으로 받는 것"(opus passivum)일 뿐이다. 우리는 세례에 나아갈 때에 모든 것을 그리스도께 맡기고 의지하는 "믿음" 외에 아무것도 가지고 나아가지도 않고, 우리의 공로가 될 만한 어떤 행위를 하지도 않는다. 그러나 교황주의자들은 무엇이라고 말하는가? 그들은 "사효성"(opus operatum)이라는 개념을 고안해 내어서, 사람들은 성례전들을 행하고 참여하는 행위 그 자체를 공로로 인정받아서 하나님의 은혜를 받게 된다고 가르친다. 이것은 성례전의 진리를 철저하게 파괴하는 것이 아니고 무엇이겠는가? 우리가 세례와 성찬을 행하는 것은 그리스도께서 우리에게 그러한 성례전들을 세상 끝날까지 행하기를 원하셨고, 그것이 그리스도의 뜻이기 때문이다. 그런데 교황주의자들은 성례전들을 행하고 참여하는 행위를 구원을 위하여 "공로"를 쌓는 일이라고 가르치고 있기 때문에, 우리는 그러한 사악하고 어리석은 가르침을 혐오하고 단호하게 거부하는 것이 마땅하다.

4. 율법 안에서 의롭다 함을 얻으려 하는 너희는 그리스도에게서 끊어지고 은혜에서 떨어진 자로다. 바울이 여기에서 말하고자 하는 것은 이런 것이다: "너희가 율법의 행위 속에서 조금이라도 '의'를 구하고자 한다면, 그리스도는 너희와 아무 상관이 없게 될 것이고, 너희는 은혜로부터 분리될 것이다." 갈라디아 교인들은 오직 율법을 지키는 것을 통해서만 의롭게 될 수 있다고 믿는 엄청난 잘못을 저지르지 않았고, 단지 그리스도를 율법과 섞고자 하였을 뿐이었다. 만일 우리가 바울

이 그런 그들에게 이렇게 경고한 것이라고 보지 않는다면, 여기에 나오는 그의 경고는 아무런 의미도 지니게 못하게 될 것이다. 왜냐하면, 만일 그들이 오직 율법 안에서만 의롭게 되고자 하는 것을 추구하였다면, 그들은 이미 그리스도와 그 은혜를 그들로부터 스스로 끊어내 버렸을 것인 까닭에, 바울의 이런 말은 공허한 것이 되고 말 것이었기 때문이다. 이렇게 그는 그리스도와 율법을 적당히 섞어서 구원을 얻고자 한 그들에게 이렇게 말한다: "너희는 지금 너희가 무슨 짓을 하고 있는 것인 줄을 알고 있기나 한 것이냐? 너희가 그렇게 하는 것은 그리스도를 너희에게 무익하게 만드는 것이고, 그리스도의 은혜를 무효로 만드는 것이다." 따라서 우리는 율법을 의지해서 조금이라도 의를 얻고자 한다면, 그것은 그리스도와 그의 은혜를 전면적으로 부인하고 폐기하는 것임을 알게 된다.

5. 우리가 성령으로 믿음을 따라 의의 소망을 기다리노니. 이것은 바울이 그들의 마음속에서 쉽게 떠오를 수 있는 다음과 같은 반론을 예상하고 한 말이다: "그렇다면, 할례는 아무 짝에도 소용이 없다는 것인가?" 바울은 이렇게 대답한다: "그리스도 안에서는 할례는 아무런 소용이 없다. 의는 믿음에 있기 때문에, 우리는 예법을 지킴이 없이 성령으로 말미암아 믿음을 따라 의를 얻는다." "의의 소망을 기다린다"는 것은 우리에게 의를 가져다줄 것을 소망하는 가운데 이런저런 것을 믿고 의지하거나 결단하는 것을 의미한다. 그러나 이 어구는 우리가 소망 가운데서 믿음으로 인내하여야 한다는 것을 권면하는 것일 가능성도 크다: "우리는 우리가 믿음으로 얻는 의의 소망 가운데 변함없이 계속해서 머물러 있어야 한다." 바울이 우리가 믿음으로 의를 얻는다고 말할 때, 그것은 우리에게와 우리의 조상들에게도 똑같이 적용된다. 성령이 증언하고 있듯이, 우리의 조상들은 모두 믿음으로 말미암아 하나님을 기쁘시게 한 사람들이었다(히 11:5-6, "믿음으로 에녹은 죽음을 보지 않고 옮겨졌으니 하나님이 그를 옮기심으로 다시 보이지 아니하였느니라 그는 옮겨지기 전에 하나님을 기쁘시게 하는 자라 하는 증거를 받았느니라 믿음이 없이는 하나님을 기쁘시게 하지 못하나니"). 그러나 그들의 믿음은 예법들이라는 휘장 안에 감싸여서 감추어져 있었다. 그래서 바울은 외적인 그림자들인 예법들과 대비되는 "성령"이라는 말을 덧붙임으로써 우리와 그들을 구별한다. 이것은 지금은 의를 얻는 데에는 순전히 믿음, 즉 화려하고 장엄한 예법들로 장식된 믿음이 아니라, 오직 하나님을 영적으로 예배하는 것으로 만족하는 믿음만으로 충분하다는 것을 말하고자 하는 것이다.

6. 그리스도 예수 안에서는 할례나 무할례나 효력이 없으되. 믿는 자들이 이제 그리스도 안에 있는, 즉 그리스도의 나라 또는 기독교회 내에 있는 의를 성령으로 말미암아 소망하는 이유는 할례와 거기에 부속된 것들이 폐지되었기 때문이다. 여기에서는 일부로써 전체를 나타내는 제유법이 사용되고 있어서, "할례"는 예법 전체를 의미한다. 바울은 예법들이 우리를 의롭게 하는 데 이제 더 이상 아무런 효력이 없다고 분명하게 밝히기는 하지만, 그 예법들이 언제나 무익하고 아무 소용이 없었다고 말하고 있는 것은 아니다. 왜냐하면, 그는 예법들이 그리스도께서 나타나신 후에야 비로소 무효가 되었다고 말하고 있기 때문이다. 아울러, 이것은 다음과 같은 또 다른 문제를 해결해 준다: 왜 여기에서 바울은 할례에 대하여 마치 그것이 아무런 가치가 없는 것처럼 그토록 경멸적으로 말하고 있는 것인가? 그 이유는 할례가 한때 성례전이었다는 사실은 지금 여기에서는 전혀 고려되고 있지 않기 때문이다. 여기에서 다루어지고 있는 문제는 폐지되기 전의 할례의 효력은 무엇이었는가 하는 것이 아니다. 바울은 그리스도께서 오심으로써 율법의 예법들의 효력은 상실되었기 때문에, 그리스도의 나라에서는 할례는 무할례와 마찬가지라고 선언한다.

사랑으로써 역사하는 믿음뿐이니라. 바울이 여기에서 예법들과 사랑의 행위를 대비시키고 있는 것은, 유대인들이 그들 자신을 지나치게 대단한 것으로 생각해서, 마치 자신들은 특별해서 이방인들보다 더 우월한 것처럼 착각하지 않게 하기 위한 것이다. 왜냐하면, 그는 여기에서는 "할례나 무할례나 효력이 없으되 사랑으로써 역사하는 믿음뿐이니라"고 말하고 있는 반면에, 이 서신의 끝부분에서는 그런 구절 대신에 "할례나 무할례가 아무 것도 아니로되 오직 새로 지으심을 받는 것만이 중요하니라"고 말하기 때문이다. 따라서 바울은 여기에서 이렇게 말한 것과 같다: "하나님께서는 오늘날 우리를 예법들 아래에 묶어 두고서 우리에게 예법들을 지켜 행하라고 명하고 계시지 않기 때문에, 우리는 사랑 안에서 행하는 것만으로 충분하다." 하지만 그렇다고 해서 이것은 "믿음"에 도움이 되는 보조수단들인 우리의 성례전들을 아무 필요가 없는 것으로 여겨서 폐기처분 하고 있는 것은 아니고, 단지 그가 앞에서 하나님을 영적으로 예배하여야 한다고 가르친 것을 다시 한 번 짧막하게 요약해서 부각시키고 있는 것일 뿐이다.

만일 교황주의자들이 이 본문을 악의적으로 왜곡해서, 행위로 말미암는 의에 대한 자신들의 주장을 밑받침해 주는 증거 본문으로 사용하지 않았다면, 실제로 이 본문을 이해하고 해석하는 데에는 아무런 난점도 없기 때문에, 우리는 이 본문에 대하여 왈가왈부할 필요가 없을 것이다. 하지만 그들은 사람이 오직 믿음으로 말미암아 의롭다 함을 얻는다는 우리의 가르침을 반박하고자 할 때에 이 본문을 왜곡해서 다음과 같은 논거를 제시한다: "바울은 여기에서 우리로 하여금 의롭다 함을 얻게 해 주는 것은 '믿음'이 아니라 '사랑으로써 역사하는 믿음'이라고 말하고 있기 때문에, 우리가 오직 믿음만으로는 의롭다 함을 얻을 수 없다는 것은 분명하다." 나의 대답은 그들은 자신들이 얼마나 어리석기 짝이 없는 말을 하고 있는 것인지를 깨닫지 못할 뿐만 아니라, 우리가 한 말들의 진정한 의미는 더더욱 깨닫지 못하고 있다는 것이다. 우리가 사람은 오직 믿음만으로 의롭게 된다고 가르치고 있는 것은 맞지만, 우리가 말하는 "믿음"은 반드시 선한 행위들이 수반되는 믿음이다. 우리는 그런 의미에서 사람이 의롭다 함을 받는 데에는 오직 믿음만으로 충분하다고 사람들에게 가르친다. 반면에, 교황주의자들은 마치 살인자들처럼 "믿음"을 갈기갈기 찢어서, 어떤 때에는 사랑이 빠져 있는 공허한 것으로 만들어 버리고, 어떤 때에는 구체적인 행위들을 믿음이라고 말한다. 반면에, 우리는 참된 믿음은 중생의 성령과 분리될 수 없다고 말하지만, 칭의를 논할 때에는 모든 행위를 배제하고, 오직 믿음으로만 의롭게 될 수 있다고 말한다.

현재의 본문에서 바울은 사람을 의롭게 함에 있어서 "사랑"이 "믿음"과 공조하느냐의 여부에 대해서 논하고 있는 것이 아니라, 그리스도인들은 오직 믿음만 가지고 있고 목석 같이 아무 일도 하지 않아도 의롭다 함을 얻을 수 있다는 것이냐는 반론이 제기되는 것을 미연에 방지하기 위해서, 믿는 자들의 "믿음"에는 반드시 "사랑"의 행위들이 수반된다는 것을 보여주고자 한 것이다. 우리는 칭의 문제를 논할 때에는 "사랑"이니 "행위"니 하는 말들을 거기에 개입시키지 않도록 주의하고, 그런 모든 것들을 단호하게 배제한 채로 오직 "믿음"만을 칭의와 결부시켜야 한다. 하지만 여기에서 바울은 칭의를 다루고 있는 것도 아니고, "사랑"이 칭의의 일부분에 기여하고 있다고 말하고자 하는 것도 아니다. 만일 그가 그런 식의 논리를 편 것이라면, 이 동일한 논리는 이전 시대의 할례나 예법들에도 그대로 적용되어서, 그러한 것들도 죄인으로 하여금 의롭다 함을 얻게 하는 데 한 몫을 했다는 것도 그는 인정하는 것이 마땅할 것이다. 왜냐하면, 그가 그리스도 예수 안에서 "믿음"에 "사랑"을 요구하고 있는 것처럼, 그리스도께서 오시기 전에는 "믿음"은 예법을 요구하였기 때문이다. 그러나 교황주의자들도 인정하고 있듯이, 이 본문은 의를 얻는 것과는 아무런 상관이 없다. 그러므로 우리는 여기에서 언급된 "사랑"도 의를 얻는 것과 아무런 상관이 없는 것으로 여겨야 한다.

⁷너희가 달음질을 잘 하더니 누가 너희를 막아 진리를 순종하지 못하게 하더냐 ⁸그 권면은 너희를 부르신 이에게서 난 것이 아니니라 ⁹적은 누룩이 온 덩이에 퍼지느니라 ¹⁰나는 너희가 아무 다른 마음을 품지 아니할 줄을 주 안에서 확신하노라 그러나 너희를 요동하게 하는 자는 누구든지 심판을 받으리라 ¹¹형제들아 내가 지금까지 할례를 전한다면 어찌하여 지금까지 박해를 받으리요 그리하였으면 십자가의 걸림돌이 제거되었으리니 ¹²너희를 어지럽게 하는 자들은 스스로 베어 버리기를 원하노라(5:7-12).

7. 너희가 달음질을 잘 하더니 누가 너희를 막아 진리를 순종하지 못하게 하더냐. 바울이 여기에서 갈라디아 교인들의 이전의 "달음질"에 대한 칭찬과 현재의 변절에 대한 책망을 섞어 놓은 것은, 그들로 하여금 그들의 현재의 모습에 대하여 부끄러움을 느끼고서 좀 더 신속하게 바른 길로 돌아오게 하기 위한 것이다. 또한, 그가 정색을 하고서, 누가 그들을 유혹해서 바른 길에서 벗어나게 한 것이냐고 물은 것도 그들을 부끄럽게 하기 위한 것이다. 나는 '페이테스타이'(πείθεσθαι)를 "믿다"가 아니라 "순종하다"로 번역하는 쪽을 택하였는데, 이 단어는 그들이 처음으로 복음 진리를 믿는 것을 가리키는 것이 아니라, 그들이 이미 전에 순전한 복음을 받아들였다가 거기에 불순종하고 떠난 것을 가리키기 때문이다.

8. 그 권면은 너희를 부르신 이에게서 난 것이 아니니라. 바울은 앞에서 이미 여러 가지 논증들을 통해서 갈라디아 교인들과 싸웠기 때문에, 이제 마침내 여기에서는 자신의 권위를 사용해서, 그들이 거짓 사도들로부터 받아서 믿고 있는 가르침은 하나님으로부터 온 것이 아니라고 선언한다. 이러한 경고는 경고하는 사람의 권위에 의해서 밑받침되지 않는 경우에는 그렇게 큰 무게를 지닐 수 없다. 그러나 바울은 그들에게 처음으로 복음을 전한 사람이었고, 그들은 바울이 전한 복음으로 말미암아 하나님의 부르심을 받을 수 있었다. 이것이 그가 그들에게 이토록 담대하게 말할 수 있었던 이유였다. 그래서 그는 여기에서 "하나님"이라는 이름을 사용해서 직설적으로 말하는 것이 아니라, 하나님을 "그들을 부르신 이"라고 표현한다. 그는 이렇게 말한 것과 같다: "하나님은 이랬다저랬다 하시거나 이 때에는 이렇게 말씀

하시고 저 때에는 저렇게 말씀하시는 그런 분이 아니시다. 그리고 나의 복음 전도를 통해서 너희를 구원으로 부르신 이가 바로 그 하나님이시다. 그러므로 너희가 받아들인 새로운 가르침은 하나님으로부터 온 것이 아니라 다른 곳으로부터 온 것이다. 따라서 전에 너희를 부르신 분이 하나님이시라고 생각한다면, 너희에게 새로운 가르침을 강요하는 자들을 청종하지 않도록 주의하라.”“부르다”를 의미하는 헬라어 분사 ‘칼룬토스’(καλοῦντος)가 현재 시제로 되어 있다는 것을 나도 인정하지만, 나는 모호함을 제거하기 위해서 “너희가 부르시는”이 아니라 “너희를 부르신”으로 번역하는 것을 선호해 왔다.

9. 적은 누룩이 온 덩이에 퍼지느니라. 나는 바울이 여기에서 말한 “누룩”은 거짓 사도들을 가리키는 것이 아니라 그들의 가르침을 가리키는 것이라고 본다. 따라서 그의 이 말은 부패하고 변질된 가르침이 얼마나 큰 해악을 끼치는지를 갈라디아 교인들에게 경고해서, 그들로 하여금 이런 일은 흔하게 일어나는 일로서 별 위험이 없거나 전혀 위험이 없는 것이라고 치부해 버리지 않게 하기 위한 것이다. 사탄은 아주 교활하게 역사하기 때문에, 복음 전체를 대놓고 공개적으로 멸하고자 하지 않고, 거짓되고 부패한 가르침들로 복음의 순전함을 오염시키고자 하는 전략을 사용한다. 그래서 많은 사람들이 사탄의 그러한 역사가 끼치는 해악이 심각하지 않을 것이라고 생각해서 단호하게 결연하게 저항하지 않게 된다. 반면에, 사도는 하나님의 진리가 일단 부패하고 변질되면, 거기에는 바른 진리는 하나도 남아 있지 않게 된다는 것을 분명하게 단언한다. 그는 여기에서 “누룩”에 관한 비유를 사용한다. 왜냐하면, 누룩은 그 양이 아주 적은 데도, 순식간에 “온 덩이”를 시큼하게 만들어 버리기 때문이다. 따라서 우리는 복음의 순전한 가르침에 그 어떤 것도 더해지지 않게 하는 데 극도의 주의를 기울이는 것이 마땅하다.

10. 나는 너희가 아무 다른 마음을 품지 아니할 줄을 주 안에서 확신하노라. 바울의 모든 분노는 또다시 거짓 사도들을 향한다. 그는 이러한 해악의 발단과 근원이 거짓 사도들에게 있다는 것을 갈라디아 교인들에게 상기시키고, 그들이 심판을 받게 될 것이라고 경고한다. 그는 갈라디아 교인들이 자원해서 신속하게 참된 믿음으로 돌이키게 될 것이라는 선한 소망과 확신을 자기가 가지고 있다는 것을 그들에게 분명하게 보여준다. 이것은 사역자들이 우리에 대하여 선한 소망을 품고 있다는 사실을 알게 해 줌으로써, 우리에게 담대함과 용기를 준다. 그러나 믿음의 순전한 가르침으로부터 등을 돌리고 떠난 갈라디아 교인들을 다시 그 순전한 가르침

으로 돌아오게 하는 것은 사람이 할 수 있는 일이 아니라 "하나님의 역사"였다. 그래서 바울은 자기가 "주 안에서"(ἐν κυρίῳ - '엔 퀴리우') 그들에 대한 확신을 지니고 있다고 말한다. 그는 이 어구를 통해서 회개는 하늘로부터 주어지는 선물이기 때문에, 그들은 그것을 하나님께 구하여야 한다는 것을 그들에게 상기시킨다.

그러나 너희를 요동하게 하는 자는 누구든지 심판을 받으리라. 바울은 이 일과 관련된 책임의 상당 부분을 갈라디아 교인들을 속이고 미혹시켰던 저 거짓 사도들에게 이렇게 간접적으로 돌림으로써, 자기가 방금 앞에서 말한 것, 즉 자기는 갈라디아 교인들이 다시 신속하게 참된 믿음으로 돌아오게 될 것을 확신한다고 한 말을 확증한다. 여기에서 그는 갈라디아 교인들은 별 책임이 없고, 거의 전적으로 거짓 사도들에게 책임이 있다는 듯이 말하고, 그 거짓 사도들에게 "심판"을 선언한다. 교회들에 분란을 야기시켜서 믿음으로 말미암은 하나 됨을 깨뜨리고 형제들 간의 우애와 사랑을 파괴하는 모든 자들은 바울이 한 이 말을 경청해서, 그들에게 조금이라도 들을 귀가 있다면, 이 말을 듣고 두려워 떠는 것이 마땅하다. 왜냐하면, 하나님께서는 바울의 입을 빌려서 이렇게 잘못된 가르침으로 교회를 뒤흔들어 놓고 사람들을 실족하게 하는 자는 반드시 심판을 받게 될 것임을 분명하게 선포하고 계시기 때문이다. "~하는 자는 누구든지"는 강조된 표현이다. 거짓 사도들은 권위를 강조하는 화법으로 무지한 무리들을 두렵게 하였던 까닭에, 바울은 그들과 동일하게 권위를 강조하는 화법으로 자신의 가르침을 선포하면서, 자신의 그러한 가르침에 대하여 감히 반대하는 목소리를 내는 자는 지위고하를 막론하고 심판을 받게 될 것이라고 선언할 필요가 있었기 때문이었다.

11. 형제들아 내가 지금까지 할례를 전한다면 어찌하여 지금까지 박해를 받으리요. 이 논증은 최종적인 원인에 의거한 것이다. 그는 이렇게 말한다: "만일 내가 예법들과 그리스도를 뒤섞어서 복음을 전하기만 한다면, 나는 사람들로부터의 미움과 온갖 위험과 박해를 얼마든지 피할 수 있을 것이다. 내가 그들과 이렇게 치열하게 싸우는 것은 내 자신을 위한 것이거나 내 자신의 이익을 위한 것이 아니다." 그러나 그렇다고 해서 그의 가르침이 참되다는 결론이 거기로부터 도출되는 것인가? 나의 대답은 가르치는 자의 올바른 태도와 순전한 양심은 사람들의 동의를 얻어 내는 데 큰 역할을 한다는 것이다. 게다가, 어떤 사람이 제정신이라면 스스로 괴로움과 고난을 자초한다는 것은 있을 수 없는 일이다. 끝으로, 이 말을 통해서 그는 자신의 대적들이 할례를 전하는 것은 그리스도를 충성되게 섬기기 위한 것이 아니

라, 그들 자신의 편안함과 이익을 추구하기 위한 것일 가능성이 많다는 의구심을 제기한다. 요컨대, 바울은 자기는 순전한 복음을 한 치라도 벗어나느니, 차라리 사람들로부터 환심을 사고 박수갈채를 받는 것을 멸시하고, 많은 사람들의 박해와 분노를 한 몸에 받는 쪽을 택하였고, 그것은 야심이나 탐욕이나 개인적인 이익을 추구하는 것은 자기와는 아무 상관이 없었다는 것을 보여주는 것이라고 말하고 있는 것이다.

그리하였으면 십자가의 걸림돌이 제거되었으리니. 바울은 복음이 지닌 미천함과 소박함을 인간적인 "지혜"나 "의"가 지닌 거창함과 비교하고자 할 때에는, 거리낌 없이 복음을 "십자가" 또는 "십자가의 도"라고 부른다. 유대인들은 자신들의 "의"에 대한 잘못된 자부심으로 교만해져서, 헬라인들은 자신들의 "지혜"에 대한 어리석은 맹신으로 말미암아, 복음이 지닌 미천하고 보잘것없는 모습을 멸시하였기 때문이다. 그러므로 그가 여기에서 자기가 할례를 전한다면, "십자가의 걸림돌"이 더 이상 존재하지 않게 될 것이라고 말할 때, 그것은 유대인들로부터의 그 어떤 괴롭힘이나 박해를 받음이 없이 복음을 전할 수 있게 되고, 유대인들도 복음을 아무런 거부감 없이 받아들이게 될 것이라는 의미이다. 왜냐하면, 유대인들은 모세와 그리스도를 뒤섞은 가짜 복음 속에서는 자신들이 기존에 지니고 있던 이방인들에 대한 자신들의 우월성을 그대로 유지할 수 있게 될 것인 까닭에, 그런 복음을 굳이 반대할 이유가 사라져서, 그런 식으로 혼합된 복음이 전파되는 것을 용납하게 될 것이기 때문이다.

12. 너희를 어지럽게 하는 자들은 스스로 베어 버리기를 원하노라. 바울의 분노는 더욱 커져서, 갈라디아 교인들을 속이고 미혹하였던 저 거짓 사도들에게 멸망이 임하기를 기도한다. 여기에서 "베어 버리다"라는 표현은 그들이 갈라디아 교인들에게 강요하였던 "할례"를 염두에 둔 것으로 보인다. 크리소스토모스는 이 표현에 대하여 이렇게 말한다: "그들은 할례로 인해서 교회를 갈기갈기 찢어 놓았다. 나는 그들이 완전히 베어져 나가게 되기를 원한다." 그러나 그러한 저주는 사도가 마땅히 지녀야 할 온유함과 부합하지 않는 것으로 보일 수 있다. 왜냐하면, 모름지기 사도는 모든 사람이 구원을 받고 단 한 사람도 멸망하지 않기를 바라는 것이 마땅하기 때문이다. 나는 오직 사람들 그 자체만을 놓고 생각할 때에는 그렇게 말하는 것이 옳다는 것을 인정한다. 왜냐하면, 그리스도께서 온 세상의 죄들을 위하여 고난을 겪으셨던 것처럼, 우리도 한 사람의 예외도 없이 모든 사람이 구원 받기를 바

라는 것이 하나님의 뜻이기 때문이다. 그러나 경건한 사람들은 종종 사람들에 대한 고려를 뛰어넘어서 하나님의 영광과 그리스도의 나라에 자신의 시선을 고정하여야 한다. 왜냐하면, 하나님의 영광은 사람들의 구원보다 더 우선하는 까닭에, 우리는 전자와 후자가 서로 경합하는 경우에는 전자를 더 존중하고 고려하는 것이 마땅하기 때문이다. 믿는 자들은 하나님의 영광을 드러내는 데 진심으로 매진하여야 하고, 하나님의 영광이 조금이라도 훼손되는 것을 막기 위해서라면 사람들과 세상들을 잊어야 하고, 온 세상이 다 멸망한다고 하더라도 그렇게 하여야 한다.

우리는 이 기도는 사람들을 전혀 고려하지 않고 오직 하나님만을 바라본 결과로 나온 것임을 명심하여야 한다. 따라서 마치 바울이 사랑이라고는 전혀 없는 잔인한 사람인 것처럼 매도해서는 안 된다. 게다가, 한 사람 또는 여러 사람과 교회 중에서 어느 한 쪽을 선택해야 한다면, 교회는 한 사람이나 여러 사람보다 무한히 더 귀하기 때문에, 우리는 마땅히 교회를 선택하여야 한다. 그런 경우에, 온 교회를 버리고 한 사람이나 여러 사람을 선택하는 것은 "잔인하기 짝이 없는 자비"가 될 것이다. 한 쪽에서는 하나님의 양 무리가 위험에 처해 있고, 다른 쪽에서는 사탄의 사주를 받고서 그 양 무리를 공격하려고 하는 "이리"가 있다면, 우리는 하나님의 교회를 구하여야 한다는 일념에 사로잡혀서 이리를 죽이고서 그 양 무리를 구해 내지 않겠는가? 하지만 그런 경우에 우리는 단 한 사람도 그런 식으로 멸망하게 되기를 원하는 마음을 포기한 것이 아니라, 단지 교회를 사랑하고 염려하는 마음으로 인해서 일종의 무아지경 속으로 들어가서, 다른 것들에 대한 생각은 전혀 들지 않고, 오로지 양 무리를 구하고자 하는 마음에 사로잡혀 그렇게 한 것일 뿐이다. 교회의 모든 참된 목자들은 그러한 열심으로 불타오르는 것이 당연하다. "베어 버리다"로 번역된 헬라어는 어떤 지위나 신분을 제거하는 것을 의미한다. 바울은 강조를 나타내는 '카이'(καὶ)라는 단어를 사용함으로써, 거짓 사도들이 파면될 뿐만 아니라 완전히 분리되어서 베어져 나가게 되기를 원하는 자신의 심정을 한층 더 강력하게 부각시킨다.

¹³형제들아 너희가 자유를 위하여 부르심을 입었으나 그러나 그 자유로 육체의 기회를 삼지 말고 오직 사랑으로 서로 종 노릇 하라 ¹⁴온 율법은 네 이웃 사랑하기를 네 자신 같이 하라 하신 한 말씀에서 이루어졌나니 ¹⁵만일 서로 물고 먹으면 피차 멸망할까 조심하라 ¹⁶내가 이르노니 너희는 성령을 따라 행하라 그리하면 육체의 욕

심을 이루지 아니하리라 ¹⁷육체의 소욕은 성령을 거스르고 성령은 육체를 거스르나니 이 둘이 서로 대적함으로 너희가 원하는 것을 하지 못하게 하려 함이니라 ¹⁸너희가 만일 성령의 인도하시는 바가 되면 율법 아래에 있지 아니하리라(5:13-18).

13. 형제들아 너희가 자유를 위하여 부르심을 입었으나. 바울은 이제 그리스도인들에게 주어진 "자유"를 어떻게 사용하여야 하는지를 보여준다. 고린도전서에서 우리는 "자유"와 그 사용은 별개의 문제라는 것을 지적한 바 있다. "자유"는 양심에 있고, 하나님을 바라본다. 반면에, "자유"의 사용은 외적인 일들에 있고, 하나님이 아니라 오직 사람들을 고려한다. 바울은 갈라디아 교인들에게 그들의 자유를 훼손시키는 그 어떤 것도 허용하지 말라고 권면하였기 때문에, 이제 여기에서는 그들에게 그 자유를 절제해서 사용하라그 명한다. 또한, 그는 이 "자유"를 방탕한 삶의 "기회" 또는 구실로 변질시켜서는 안 된다고 말함으로써, 이 "자유"의 합법적인 사용을 위한 기준을 제시한다. 육체는 멍에의 속박 아래에 두는 것이 합당하기 때문에, 이 "자유"는 육체에 주어진 것이 아니고, 사람들의 "양심"에 주어져서 영적인 은택을 누릴 수 있게 해 주는 것인데, 그러한 신령한 은택은 오직 경건한 심령을 지닌 자들만이 누릴 수 있다.

그러나 그 자유로 육체의 기회를 삼지 말고 오직 사랑으로 서로 종 노릇 하라. 바울은 이 "자유"가 육체의 방탕한 삶을 위한 기회가 되는 것을 막는 길은 그 "자유"로 하여금 "사랑"의 지배를 받게 하는 것이라고 설명한다. 우리는 그가 여기에서 우리가 하나님 앞에서 어떻게 자유로운지를 다루는 것이 아니라, 우리의 자유를 사람들 가운데서 어떻게 사용해야 하는지를 다루고 있는 것임을 늘 유념하여야 한다. 선하고 바른 양심은 그 어떤 종살이도 거부하지만, 그리스도인으로서의 "자유"를 지닌 우리가 외적으로 종살이를 하는 것, 또는 그 자유의 사용을 포기하는 것은 위험한 일이 아니다. 한 마디로 말해서, 우리가 "사랑으로 서로를 섬긴다면," 그것은 늘 다른 사람들을 고려하고 배려하는 것이고, 우리 이웃의 유익과 구원을 위하여 하나님의 은혜를 사용하는 것이기 때문에, 우리는 점점 더 제멋대로 행하게 되거나 방자하게 되지 않고, 도리어 더 깊은 은혜 속으로 들어가게 된다.

14. 온 율법은 네 이웃 사랑하기를 네 자신 같이 하라 하신 한 말씀에서 이루어졌나니. 우리는 이 절에서 바울이 비록 명시적으로 말하고 있지는 않지만, 자신의 권면과 거짓 사도들의 가르침을 대비시키고 있다는 것은 분명하게 알 수 있다.

거짓 사도들은 오직 예법들을 지켜 행할 것을 고집하였던 반면에, 바울은 그리스도 인들에게 주어진 실제적인 도리와 본분을 여기에서 지나가는 말로 언급한다. 그가 여기에서 율법 전체를 집약한 것이 바로 "사랑"이라고 말하는 것은 "사랑"이 그리스도인의 "완전"의 가장 중요한 부분이라는 것을 갈라디아 교인들에게 가르쳐 주기 위한 것이다. 그러나 우리는 율법의 모든 계명들이 "사랑" 아래에 포괄되는 이유가 무엇인지를 알아야 한다. 율법은 두 개의 돌판으로 되어 있는데, 첫 번째 돌판에 적힌 것들은 하나님에 대한 예배와 경건의 의무들을 가리키고, 두 번째 돌판은 이웃 사랑을 가르친다. 그렇기 때문에, 바울이 여기에서 두 번째 돌판의 강령인 "이웃 사랑"을 통해서 율법 전체의 강령을 나타내는 제유법을 사용하고 있다고 보는 것은 적절하지 못하다. 그래서 어떤 이들은 첫 번째 돌판은 우리의 온 마음을 다하여 하나님을 사랑하라는 것 외에 다른 것을 담고 있지 않다고 말함으로써 이러한 난점을 회피하고자 한다. 그러나 바울은 여기에서 명시적으로 "이웃 사랑"이 율법 전체의 강령이라고 말하고 있기 때문에, 우리는 좀 더 설득력 있는 해법을 찾지 않으면 안 된다.

　나는 하나님을 향한 경건이 형제 사랑보다 더 우선한다는 것을 인정한다. 그러므로 하나님이 보시기에는 첫 번째 돌판을 지키는 것이 두 번째 돌판을 지키는 것보다 더 소중하다. 그러나 하나님은 눈에 보이지 않으시는 분이시기 때문에, "경건"도 인간의 지각으로부터 숨겨져 있다. 사람들로 하여금 자신의 경건을 증언하도록 하기 위하여 예법들이 마련되고 주어져 있기는 하지만, 예법들은 확실한 증거들은 아니다. 사실, 외식하는 자들만큼 예법들을 지키는 일에 더 큰 열심을 보이고 꼼꼼하게 지키는 사람도 별로 없다. 그러므로 하나님께서는 우리에게 형제 사랑을 명하셔서, 형제들에 대한 우리의 사랑을 통해서 하나님에 대한 우리의 사랑을 증언하기를 원하신다. 이것이 여기에서만이 아니라 로마서 13:8("피차 사랑의 빚 외에는 아무에게든지 아무 빚도 지지 말라 남을 사랑하는 자는 율법을 다 이루었느니라")과 10절("사랑은 이웃에게 악을 행하지 아니하나니 그러므로 사랑은 율법의 완성이니라")에서도 "사랑"을 "율법의 완성"이라고 부르는 이유이다. 즉, 이웃 사랑을 율법의 완성이라고 하는 것은 이웃 사랑이 하나님에 대한 예배와 경건보다 우선하기 때문이 아니라, 도리어 그 예배와 경건이 참되다는 것을 보여주는 증거이기 때문이다. 앞에서 말했듯이, 하나님은 우리의 눈에 보이지 않는다. 하지만 하나님께서는 형제들 속에서 자기 자신을 우리에게 나타내시고, 우리가 하나님께 마땅히 해야 할 것들을 그 형제들에게 행할 것을 요구하신다. 사람들에 대한 사랑은 오직 하나님을 공경하고 사랑하는 마음으로부터만 나온다. 그러므로 "결과"이자 부분인 형제 사랑을 내세워서 그 "원인"이자 근본인 하나님 사랑까지 포괄해서 나타내는 제유법이 여기에서 사용되고 있는 것은 결코 이상한 일이 아니다. 따라서 하나님 사랑과 이웃 사랑은 서로 분리되는 것이 아니기 때문에, 이 둘을 분리하고자 하는 것은 잘못된 것이다.

네 이웃 사랑하기를 네 자신 같이 하라. 사랑하는 자는 모든 사람에게 각자에게 합당한 대우를 해 주고, 그 누구에게드 해악을 끼치지 않으며, 자기가 할 수 있는 한 모든 사람에게 선을 행한다. 십계명의 두 번째 돌판 속에 이것 외에 다른 어떤 것이 포함되어 있겠는가? 이것도 바울이 로마서에서 사용하는 논증이다(롬 13:10, "사랑은 이웃에게 악을 행하지 아니하나니"). "이웃"이라는 단어는 살아 있는 모든 사람들을 포함한다. 왜냐하면, 이사야 선지자가 우리가 사람들을 돌보는 것을 회피하지 않는 것이 "네 골육을 피하여 스스로 숨지 아니하는 것"(사 58:7)임을 우리에게 상기시켜 주고 있듯이, 우리는 모두 하나의 공통의 본성으로 묶여 있고 결합되어 있기 때문이다. 특히 "하나님의 형상"이 우리 모두를 하나로 묶는 거룩한 끈임에 틀림없다. 이렇게 여기에서는 친구와 적을 구별하지 않는다. 왜냐하면, 사람들의 악성도 본성으로 말미암은 권리를 무효화할 수는 없기 때문이다.

"네 자신 같이"라는 어구는 각 사람이 육체의 충동과 본능에 의해서 자기 자신을 사랑하는 것과 마찬가지로, 이웃에 대한 사랑은 하나님이 우리에게 명하신 것임을 의미한다. 가톨릭의 모든 박사들은 여기에서, 바울은 우리가 우리 자신을 사랑하는 것을 근거로 해서 이웃 사랑을 말하는 것이고, 어떤 근거로 어떤 일을 명한 경우에는, 그 근거가 되는 것이 그것을 근거로 해서 명해진 일보다 더 중요하기 때문에, 우리 자신에 대한 사랑이 이웃 사랑보다 언제나 우선한다는 결론을 도출해 낸다. 그들은 고집 세고 아둔한 자들로서, 그들 속에는 단 한 점의 사랑의 불꽃도 존재하지 않는다. 왜냐하면, 만일 우리 자신을 사랑하는 것이 "근거"로 삼을 수 있는 어떤 것이라면, 그것은 하나님으로부터 인정을 받은 거룩하고 옳은 것이라는 결론이 도출되는데, 사실은 우리가 우리 자신을 사랑하는 것을 버릴 때까지는, 우리는 우리 주님의 기준에 맞게 진실하게 이웃을 사랑할 수 없기 때문이다. 자기 자신을 사랑하는 것과 이웃을 사랑하는 것은 서로 상반되고 모순되는 것이다. 왜냐하면, 우리 자신을 사랑하게 되면 다른 사람들을 소홀히 하고 멸시하게 되기 때문이다. 자기 자신에 대한 사랑은 잔인함을 낳고, 탐욕과 폭력과 속임과 온갖 종류의 악덕들의 원천이며, 우리를 참을 수 없게 만들어서 복수하고자 하는 마음과 앙심을 품게 만든다. 그래서 우리 주님께서는 우리 자신을 사랑하는 마음을 우리 이웃을 사랑하는 마음으로 변화시키라고 명하신다.

15. 만일 서로 물고 먹으면 피차 멸망할까 조심하라. 우리는 이 구절과 이 주제의 성격을 토대로 해서, 갈라디아 교인들 사이에서는 서로가 인정하는 교리들이 달라서, 교리 문제를 놓고 분쟁들과 다툼들이 있었다는 것을 추정해 볼 수 있다. 바울은 이제 그러한 분쟁의 결과를 미리 예상함으로써, 결국에는 그러한 악이 교회에서 얼마나 파괴적인 결과를 가져오게 될지를 보여준다. 그들이 거짓 가르침을 받아들이게 된 것은 그들의 야심과 교만과 그 밖의 다른 죄들에 대한 하나님의 벌이었을 가능성이 높은데, 우리는 하나님이 베푸시는 섭리들 속에서 그런 일들이 자주 일어난다는 사실과 모세가 자신의 손으로 직접 명시적으로 기록한 다음과 같은 말씀을 통해서 그러한 결론을 내릴 수 있다: "너는 그 선지자나 꿈 꾸는 자의 말을 청종하지 말라 이는 너희의 하나님 여호와께서 너희가 마음을 다하고 뜻을 다하여 너희의 하나님 여호와를 사랑하는 여부를 알려 하사 너희를 시험하심이니라"(신 13:3).

바울이 여기에서 사용한 "물고 먹는다"는 표현은, 내 생각에는, 비방과 고소와 언쟁을 비롯한 온갖 종류의 말싸움들, 그리고 속임수나 폭력으로 생겨나는 불의한 행동들을 가리키는 것으로 보인다. 그리고 그 끝은 무엇인가? 바울은 "멸망하는" 것이라고 말한다. 반면에, 사랑의 속성은 서로를 보호해 주고 서로에게 인자하게 행하는 것이다. 마귀가 우리를 유혹해서 분쟁이나 논쟁을 일으키고자 할 때, 우리가 늘 기억해야 할 것은, 교회 내에서 지체들 간의 다툼은 결국 교회라는 몸 전체의 파멸과 멸망으로 귀결될 수밖에 없다는 것이다. 동일한 몸의 지체들인 우리가 자발적으로 서로 공모해서 몸 전체를 멸망으로 몰아가는 것은 얼마나 정신 나간 짓이고 얼마나 참담한 일인가!

16. 내가 이르노니 너희는 성령을 따라 행하라 그리하면 육체의 욕심을 이루지 아니하리라. 이제 바울은 여기에서 해결책을 제시한다. 교회가 멸망하게 하는 것은 너무나 큰 일이기 때문에, 교회를 그렇게 만들 소지가 있는 것들에는 그것이 무엇이든지 단호하고 결연하게 맞서서 막아 내지 않으면 안 된다. 그렇다면, 어떤 방법으로 그런 것을 막아 내야 하는 것인가? 바울은 육체가 우리 안에서 지배하지

못하게 하고, 우리가 하나님의 성령의 지시하심에 복종하는 것이 그 방법이라고 말한다. 여기에서 이 말을 통해서 그는 갈라디아 교인들이 하나님의 성령을 따라 행하지 않고 육신을 따라 살아가고 있고, 그것은 그리스도인으로서는 합당하지 않은 삶이라는 것을 간접적으로 말하고 있다. 그들이 서로를 비방하고 공격하는 것을 일삼음으로써 "서로 물고 먹는" 행태를 자행하고 있는 것이 "육체의 욕심"을 따라 행하는 것이 아니면 무엇이겠는가? 바울은 그들의 그러한 행태가 그들이 성령을 따라 행하고 있지 않음을 보여주는 증거라고 말하고 있는 것이다.

우리는 "이루다"라는 단어를 주목할 필요가 있다. 이 단어를 통해서 바울은 하나님의 자녀들은 육체의 무거운 짐 아래에서 신음하고 있는 동안에는 죄를 짓게 되기는 하지만, 그렇다고 해서 죄의 신민들이거나 종들이 아니기 때문에, 죄에 맞서서 죄를 물리치려고 애를 써야 한다고 말하고자 한다. 신령한 자들이라고 해서 "육체의 정욕들"(또는, "육체의 욕심들")로부터 자유로울 수 없기 때문에 자주 그 공격을 받는 것은 어쩔 수 없는 일이지만, 죄에 의해서 완전히 장악을 당해서 지배를 받는 지경이 되어서는 안 되는데, 이것이 "육체의 정욕들을 이룬다"는 것의 의미이다. 이 주제에 대한 자세한 것은 로마서 8장을 보는 것이 적절할 것이다.

17. 육체의 소욕은 성령을 거스르고 성령은 육체를 거스르나니. 바울은 믿는 자들이라고 해서 아무런 싸움도 없이 살아갈 수 있는 것이 아니고, 그들도 끊임없이 싸우는 삶을 살아가지 않으면 안 된다는 것을 갈라디아 교인들에게 경고하기 위해서, 그 싸움의 본질이 무엇인지를 여기에서 그들에게 보여준다. 즉, 믿는 자들의 삶 속에 존재하는 어려움은 우리의 본성이 성령을 "거스른다"는 사실로부터 생겨난다는 것이다. "육체"라는 단어는, 우리가 로마서를 다룰 때에 이미 살펴보았듯이, 인간의 본성을 가리킨다. 궤변론자들은 여기에서 바울이 말한 "육체"는 우리 인간의 본성 중에서 "저급한 감각들"만을 가리키는 것이라고 제한적으로 해석하지만, 그들의 그러한 해석은 성경의 여러 본문들에 의해서 반박된다. 그리고 바울이 "육체"와 "성령"을 서로 대립되는 것으로 설명하고 있는 것 하나만으로도 모든 의심은 제거된다. 왜냐하면, "성령"이 새로워진 본성, 또는 중생의 은혜를 의미한다면, "육체"는 "옛 사람"(롬 6:6; 엡 4:22; 골 3:9) 외의 다른 것을 가리키는 것은 불가능하기 때문이다. 하나님의 성령에 대한 불순종과 반역은 인간의 본성 전체에 침투해 있다. 성령에 순종하고자 한다면, 우리는 우리의 온 힘을 다해서 고군분투하지 않으면 안 되고, 자기 부인을 시작하지 않으면 안 된다. 여기에서 우리는 하나님께서

우리의 본성을 어떻게 평가하시는지를 분명하게 알 수 있는데, 그것은 우리의 본성과 "의"가 양립할 수 없는 것은 불과 물이 함께 할 수 없는 것보다도 훨씬 더하다는 것이다. 우리가 하나님의 성령을 거스르는 어떤 것을 "선"이라고 부르지 않는 한, 우리의 "자유의지" 속에서는 단 한 방울의 "의"도 찾아볼 수 없다. 이것이 로마서 8:7에서 "육신의 생각은 하나님과 원수가 되나니"라고 말하고 있는 것의 의미이다.

이 둘이 서로 대적함으로 너희가 원하는 것을 하지 못하게 하려 함이니라. 이 것이 이미 중생한 자들의 삶에 대하여 말하고 있는 것임은 의심의 여지가 없다. 육신적인 자들에게는 자신들의 타락하고 부패한 정욕들과의 싸움이라는 것 자체가 존재하지 않고, 하나님의 의를 진정으로 이루고자 하는 마음도 존재하지 않는다. 이렇게 바울은 여기에서 믿는 자들을 향하여 말하고 있는 것이다. 따라서 "너희가 원하는 것들"은 우리의 본성이 원하는 것들이 아니라, 하나님이 은혜로 우리에게 주시는 거룩한 소원들을 가리키는 것임에 틀림없다. 그러므로 그는 믿는 자들은 이 땅에서 살아가고 있는 동안에는 아무리 노력하고 애쓴다고 할지라도, 늘 죄에 대하여 완벽하게 승리를 거두는 가운데 온전히 하나님을 섬기는 삶을 살 수는 없다고 선언하고 있는 것이다. 죄와의 싸움에서 고군분투하여 최고의 성과를 거두었다고 할지라도, 그것은 그들이 "원하고" 소원하는 것에 미칠 수 없다. 이 본문에서 말하고 있는 것에 대해서는 내가 로마서 7:15에 대한 주석에서 이미 자세하게 설명했기 때문에, 그 자세한 것에 대해서는 독자들은 나의 로마서 주석의 해당 부분을 참조해 주기 바란다.

18. 너희가 만일 성령의 인도하시는 바가 되면 율법 아래에 있지 아니하리라. 믿는 자들은 하나님의 길을 가는 동안에 얼마든지 넘어질 수 있지만, 그렇다고 해서 거기에 낙심해서, 율법의 요구를 이루고자 하는 소원을 포기해서는 안 되고, 도리어 바울이 여기에서 말하고 있는 것, 즉 "너희는 율법 아래에 있지 않다"(이 말씀은 로마서 6:14에도 나온다)는 말씀 속에서 위로를 받고 다시 힘을 내는 것이 마땅하다. 왜냐하면, 그들이 "율법 아래에 있지 않다"는 것은, 하나님께서는 그들이 행한 것들 중에서 율법에 비추어 보았을 때에 잘못되고 부족한 많은 것들에 대한 책임을 그들에게 물어서 그들을 심판하고 벌하시는 것이 아니라, 그들이 행하는 모든 것들을 마치 모든 점에서 완벽하고 온전한 것처럼 여기시고서 받아 주고 계신다는 것을 의미하는 것이기 때문이다. 바울은 여기에서 앞에서부터 다루어 왔던 것, 즉 "자유"에 관한 논쟁을 계속해서 이어가고 있다. 왜냐하면, 여기에서 그가 믿는 자들

을 인도하시는 성령에 대하여 말할 때, 이 성령은 그가 다른 곳에서 "아들의 영"(롬 8:15)이라고 부른 바로 그 성령으로서, 사람들을 율법의 멍에로부터 해방시켜서 자유를 얻게 해 주는 영이기 때문이다. 따라서 바울은 이렇게 말한 것과 같다: "너희는 너희가 지금 나와 논쟁하고 있는 이 문제를 단번에 끝내기를 원하는 것이냐? 그렇다면, 성령을 따라 행하라. 그렇게만 한다면, 너희는 율법의 지배로부터 해방되고 자유를 얻게 되어서, 율법은 이제 더 이상 너희의 양심을 속박하지는 않고, 단지 하나님의 길과 관련해서 너희에게 자상하게 권면하고 경고해 주는 선생 역할만을 하게 될 것이다." 또한, 율법의 정죄가 저거되면, 그 필연적인 결과로서 예법들로부터의 자유도 뒤따르게 된다. 왜냐하면, 예법들은 종살이를 하고 있음을 보여주는 증표들이기 때문이다.

¹⁹육체의 일은 분명하니 곧 음행과 더러운 것과 호색과 ²⁰우상 숭배와 주술과 원수 맺는 것과 분쟁과 시기와 분냄과 당 짓는 것과 분열함과 이단과 ²¹투기와 술 취함과 방탕함과 또 그와 같은 것들이라 전에 **너희**에게 경계한 것 같이 경계하노니 이런 일을 하는 자들은 하나님의 나라를 유업으로 받지 못할 것이요(5:19-21).

19. 육체의 일은 분명하니. 바울은 앞에서 믿는 자들이 무엇을 목표로 삼아야 하는지를 제시했었는데, 그것은 믿는 자들은 성령에 순종하여 육체에 대적하여야 한다는 것이었다. 그리고 그러한 목표를 이루기 위해서는 온 힘을 다해서 고군분투하지 않으면 안 된다는 것도 말하였었다. 따라서 이제 여기에서는 "육체"의 정욕들을 따를 때에 이루어지는 일들과 "성령'을 따라 행할 때에 맺어지는 열매들이 무엇인지를 구체적으로 설명해 나간다. 만일 사람들이 그들 자신을 잘 안다면, 사실 바울은 굳이 사람은 단지 "육체" 이외의 다른 것이 아니라는 것을 이렇게 그 구체적인 결과들과 열매들을 일일이 열거하는 방식을 통해서 증명할 필요가 없었을 것이다. 그러나 "외식하는 것" 또는 "위선"은 우리의 타고난 본성에 속하는 것이어서, 마치 열매를 보고서 어떤 나무인지를 알듯이(마 7:16; 눅 6:44), 우리는 우리의 행위의 열매들을 보기 전까지는, 우리가 얼마나 타락하고 부패해 있는지를 결코 알지 못한다.

곧 음행과 더러운 것과 호색과. 그래서 바울은 우리가 육체를 따라 살지 않게 하기 위하여, 우리가 맞서 싸워야 하는 그러한 죄들을 이제 우리에게 말해 준다. 여기에서 그는 이 목록의 끝에서 스스로 밝히고 있듯이, 육체를 따라 살 때에 생겨나게 되는 모든 죄들을 다 열거하고 있는 것이 아니지만, 우리는 그가 여기에 제시하고 있는 죄들로부터 그 밖의 다른 죄들도 쉽게 유추해낼 수 있다. 바울은 "음행"(adulterium - 이것은 결혼한 자가 다른 사람과 성적인 관계를 맺는 "간음"을 의미한다 - 역주)과 "더러운 것"(scortatio - 이것은 결혼하지 않은 자가 다른 사람과 성적인 관계를 맺는 것을 가리키는 "음행"을 의미한다 - 역주)을 가장 먼저 언급하고, 그 다음으로 성적으로 깨끗하지 못한 온갖 종류의 것들을 가리키는 "호색"(immunditia - 앞에서 말한 "간음"과 "음행"을 제외한 온갖 "음란한 행위들"을 의미한다 - 역주)을 언급한다. 그리고 "방탕함"(lascivia)은 헬라어 '아셀게이아'(ἀσέλγεια)를 번역한 것으로서 제멋대로 방탕하게 살아가는 삶을 가리키는 부차적인 용어인 것으로 보인다(개역개정에는 이 "방탕함"이 여기에 나오지 않고 21절에 마지막으로 언급되는데, 이것은 성적인 것과 꼭 연관되어 있지 않고, 성적으로 방종한 것을 포함한 전체적으로 방탕한 삶을 의미하기 때문에, 칼빈은 이것을 앞의 세 가지와는 다른 부차적인 것으로 여긴다 - 역주). 이 네 가지는 "간음하지 말라"는 제7계명을 어기는 죄들을 가리킨다.

20. 우상 숭배와 주술과 원수 맺는 것과 분쟁과 시기와 분냄과 당 짓는 것과 분열함과 이단과. 바울은 앞에서 열거한 성적인 죄악들에 "우상 숭배"를 덧붙이는데, 여기에서 말하는 "우상 숭배"라는 용어는 사람들이 보는 앞에서 공공연하게 심하게 미신적인 것들을 믿고 행하는 것을 가리키는 데 사용되고 있다. 그 뒤로 열거되고 있는 일곱 가지 종류의 죄악들은 서로 밀접하게 결부되어 있고, 다른 두 가지 죄악들은 나중에 덧붙여진다. "분냄"(irae)과 "분쟁"(concertationes)은 동일한 종류의 죄악이지만, 분내는 것은 일시적인 것인 반면에 분쟁은 오래 지속된다는 것이 주된 차이이다. "시기"(aemulationes)와 "투기"(invidiae)는 "원수 맺는 것"(inimicitiae)의 원인이다. 아리스토텔레스(Aristoteles)는 자신의 저서인 수사학 제2권에서 이러한 것들의 차이를 다음과 같이 설명한다: "'시기하는' 자는 다른 사람이 자기보다 더 뛰어나다는 것에 대해서 근심하지만, 그것은 그 다른 사람이 뛰어난 것이 자기에게 해악이 되기 때문이 아니라, 자기가 그 사람보다 더 뛰어나고자 하기 때문이다. 반면에, '투기하는' 자는 다른 사람보다 자기가 더 뛰어나고자 하는 마음은 없으면서, 단지 다른 사람이 자기보다 더 뛰어나다는 것 자체를 근심한다." 따라서 아리스토텔레스의 말에 의하면, 미천하고 보잘것없는 자들은 "투기"를 하

는 반면에, 지체가 높고 고상한 자들은 "시기"를 하는 것이 된다. 거기에 바울은 육체의 질병으로 "분열함"(seditiones)과 "이단"(haereses)을 추가한다. "분냄"과 "원수 맺는 것"으로부터 서로 싸우고 다투며 당을 지어 "분열함"이 생겨난다. 또한, 바울은 "살인"과 "주술"도 "육체"를 따라 행할 때에 생겨나는 "일들"이라고 말한다.

21. 투기와 술 취함과 방탕함과 또 그와 같은 것들이라. 끝으로, 바울은 술에 취하여 방탕하게 살아 가는 삶에 대하여 언급한다. 그것은 자신의 온갖 욕구들을 절제하지 못하고 방탕하고 방종하게 살아가는 것을 의미한다. 또한, 우리는 바울이 "이단"을 "육체의 일들" 중의 하나로 여기고 있다는 것을 주목할 필요가 있다. 그것은 궤변론자들이 착각하고 있는 것과는 달리, 여기에서 "육체"라는 단어가 인간의 저급한 감각들을 가리키는 것이 아니라, 좀 더 폭넓은 의미를 지니고 있음을 분명하게 보여준다. 왜냐하면, "이단"은 야심에서 생겨나는데, 야심은 인간의 저급한 감각들에 자리하고 있는 것이 아니라, 가장 고상한 "마음"에 자리하고 있는 것이기 때문이다. 바울이 이러한 일들은 분명하고 현저하다고 못 박는 이유는 자기가 애매모호한 언사를 통해서 문제의 핵심을 회피하고 자신의 목적을 이루고자 하는 것이라고 생각하지 못하게 하기 위한 것이다. 열매를 통해서 어떤 나무인지가 분명하게 드러날 때에 그것을 부정할 수 없는 것과 마찬가지로, 바울이 육체를 따라 살아갈 때에 생겨나는 열매들을 이렇게 분명하게 제시하고 있고, 그러한 열매들이 그들 속에 존재하는 것이 확인된다면, 그들이 육체가 그들을 지배하고 있다는 것을 아무리 부인하려고 해도 아무 소용이 없을 것이기 때문이다.

전에 너희에게 경계한 것 같이 경계하노니 이런 일을 하는 자들은 하나님의 나라를 유업으로 받지 못할 것이요. 바울이 여기에서 이렇게 엄중한 경고를 하고 있는 것은 단지 갈라디아 교인들에게 경각심을 불어 넣기 위한 것이 아니라, 사람들에게 훨씬 더 유익한 가르침들을 내팽개친 채로 아무 짝에도 쓸데없는 예법 논쟁에만 몰두해 온 거짓 사도들을 간접적으로 책망하기 위한 것이다. 이와 동시에, 그는 자신의 모범을 통해서 우리에게 "크게 외치라 목소리를 아끼지 말라 네 목소리를 나팔 같이 높여 내 백성에게 그들의 허물을, 야곱의 집에 그들의 죄를 알리라"(사 58:1)는 말씀을 따라서 사람들에게 부지런히 권면하고 경고하여야 한다는 것을 가르쳐 준다. 육체를 따라 행하는 자들은 하나님의 나라에 들어 갈 수 없게 될 것이라는 경고보다 우리에게 더 무시무시하고 두려운 경고가 어디 있겠는가? 하나님께서 그토록 미워하시고 가증스럽게 여기시는 죄악들을 우리가 가볍게 여긴다는 것이 말이 되는 것이겠는가?(렘 44:4-6, "내가 나의 모든 종 선지자들을 너희에게 보내되 끊임없이 보내어 이르기를 너희는 내가 미워하는 이 가증한 일을 행하지 말라 하였으나 그들이 듣지 아니하며 귀를 기울이지 아니하고 다른 신들에게 여전히 분향하여 그들의 악에서 돌이키지 아니하였으므로 나의 분과 나의 노여움을 쏟아서 유다 성읍들과 예루살렘 거리를 불살랐더니 그것들이 오늘과 같이 폐허와 황무지가 되었느니라")

하지만 바울의 이 말은 우리 모두에게는 구원의 소망이 전혀 없다는 말로 들릴 수 있다. 왜냐하면, 우리 중에서 그가 여기에 열거한 많은 죄악들 중에서 한두 가지 죄악에 종종 빠지거나 거기에서 잘 벗어나지 못함으로써 근심하고 괴로워하지 않는 사람은 아무도 없을 것이기 때문이다. 나의 대답은 바울은 이런 죄악들을 저지른 모든 자들은 남김없이 다 하나님의 나라에서 배제되어 그 나라에 들어가지 못하게 될 것이라고 말하는 것이 아니라, 단지 이런 죄들을 저지르고도 회개하지 않는 모든 자들은 장차 하나님의 나라에 들어가지 못하게 될 것이라고 경고하는 것일 뿐이라는 것이다. 성도들도 종종 자기가 원하는 것이 아닌데도 심각하고 중대한 죄악들에 빠져들지만(롬 7:15, "내가 행하는 것을 내가 알지 못하노니 곧 내가 원하는 것은 행하지 아니하고 도리어 미워하는 것을 행함이라"), 그렇다고 해서 거기에 굴복해서 계속해서 그렇게 살아가는 것이 아니라, 결국에는 회개하고 "의"의 길로 돌아오기 때문에, 그들은 바울이 여기에서 말하는 하나님의 나라를 유업으로 받지 못하게 될 그런 부류의 사람들에 속하지 않는다. 성경에서 하나님의 심판에 대하여 경고하는 모든 말씀들은 우리를 회개로 이끌기 위한 것이고, 우리가 그 경고를 듣고서 회개한 경우에는, 하나님께서는 기꺼이 우리의 죄악들을 사해 주신다는 약속이 언제나 그 경고의 말씀들 속에 포함되어 있다. 반면에, 우리가 하나님의 경고의 말씀을 듣고도 회개할 생각을 하지 않고, 계속해서 완악함을 보이며 죄악 가운데서 살아간다면, 그 경고의 말씀들은 하나님께서 장차 심판하실 때에 우리에게 불리한 증언들이 될 것이다. 바울은 여기에서 "유업으로 받다"(κληρονομεῖν - 클레로노메인)라는 단어를 사용함으로써, 우리가 상속권에 의거해서 하나님의 나라를 받게 될 것이라고 말하는데, 이것은 다른 곳에서 우리가 이미 살펴보았듯이, 우리가 영생을 얻는 것은 오로지 하나님께서 우리를 자기 자녀들로 삼아 주신 덕분이라는 것을 보여주는 것이다.

²²오직 성령의 열매는 사랑과 희락과 화평과 오래 참음과 자비와 양선과 충성과 ²³ 온유와 절제니 이같은 것을 금지할 법이 없느니라 ²⁴그리스도 예수의 사람들은 육체와 함께 그 정욕과 탐심을 십자가에 못 박았느니라 ²⁵만일 우리가 성령으로 살면 또한 성령으로 행할지니 ²⁶헛된 영광을 구하여 서로 노엽게 하거나 서로 투기하지 말지니라(5:22-26).

22-23. 오직 성령의 열매는 사랑과 희락과 화평과 오래 참음과 자비와 양선과 충성과 온유와 절제니. 바울은 앞에서 인간의 본성 전체는 오로지 악하고 무가치한 열매들 외에는 아무것도 낳을 수 없다고 정죄한 후에, 이제 여기에서는 모든 미덕들과 온갖 합당하고 잘 다스려진 감정이나 정서들은 성령으로부터, 즉 하나님의 은혜로부터 나오고, 우리가 그리스도로 말미암아 지니게 되는 새로워진 본성으로부터 나온다는 것을 우리에게 알게 해 준다. 그는 이렇게 말한 것과 같다: "사람으로부터는 악한 것 외에는 아무것도 나올 수 없고, 성령으로부터는 오직 선한 것만 나온다." 중생하지 않은 자들도 종종 주목할 만한 정도의 "자비와 양선과 충성과 온유와 절제"를 보여주는 것 같지만, 사실 그 모든 것들은 단지 겉보기만 그럴 뿐인 위장된 것들이고 진정한 것들은 아니다. 쿠리우스(Curius)와 파브리키우스(Fabricius)는 담대함과 용기로 유명하였고, 카토(Cato)는 절제로 유명하였으며, 스키피오(Scipio)는 온유와 자비로 유명하였고, 파비우스(Fabius)는 인내로 유명하였다. 그러나 그들이 그런 것들로 유명했던 것은 단지 시민 사회의 일원들로서 사람들이 보기에 그랬던 것일 뿐이다. 하나님이 보시기에는 모든 순전함의 원천인 "성령"으로부터 나오는 것 외에는 그 어떤 것도 순전한 것은 존재하지 않는다.

나는 여기에서 바울이 말한 "희락"은 로마서 14:17("하나님의 나라는 먹는 것과 마시는 것이 아니요 오직 성령 안에 있는 의와 평강과 희락이라")에 언급된 것과 동일한 의미가 아니라, 사람들을 무뚝뚝하고 퉁명스럽게 대하는 것과 반대되는 것으로서, 사람들을 상대할 때에 "상냥한 태도"(hilaritas)로 대하는 것을 가리키는 것이라고 본다. "충성"은 교활함이나 속임이나 거짓과 반대되는 것으로서의 "참됨"을 의미한다. "화평"은 다투고 싸우며 분쟁하는 것과 반대되는 것이다. "오래 참음"은 온유한 마음으로서, 이 마음을 가진 자는 모든 것을 좋은 쪽으로 바라보기 때문에, 쉽게 화를 내지 않게 된다. 여기에 언급된 다른 용어들은 그 의미가 분명하기 때문에 굳이 따로 설명할 필요가 없다.

바울은 여기에서 우리의 마음 상태가 어떠한지는 우리의 외적인 행위들이라는 열매들을 통해서 드러난다는 것을 보여준다. 하지만 여기에서 우리는 악한 자들과 우상 숭배자들이면서도, 바울이 여기에서 열거한 것과 놀라울 정도로 비슷한 미덕들을 자신의 삶 속에서 보여주는 자들에 대해서는 어떻게 판단하고 평가하여야 하는지를 물을 수 있다. 왜냐하면, 그런 자들은 그들이 삶 속에서 보여주는 열매인 행실들만을 본다면 신령한 자들인 것처럼 보이기 때문이다. 나의 대답은 육신적인 사람들이라고 해도 그들에게서 육체의 모든 일들이 드러나는 것이 아니고, 그런 자들의 육욕(canality)은 이런저런 악덕에 의해서 드러나기 때문에, 그런 자들이 부분적으로 미덕들을 행한다고 해서, 그것만을 보고서 그들을 신령한 자들이라고 말할 수는 없다는 것이다. 그런 자들은 때때로 자신들이 행하는 어떤 악덕들을 통해서 그들을 지배하고 있는 것이 성령이 아니라 육체라는 것을 분명하게 드러내는데, 우리는 내가 방금 언급한 모든 자들에게서 그것을 쉽게 볼 수 있다.

23. 이같은 것을 금지할 법이 없느니라. 어떤 이들은 이 구절은 단지 사람들의 악한 행실들로 말미암아 선한 율법이 주어진 것이기 때문에, 율법은 선한 행실들을 금지하고자 하는 것이 아니라는 것을 의미하는 것이라고 이해한다. 그러나 바울이 이 구절에서 말하고자 하는 것은 겉으로 보는 것보다 더 깊은 것으로서, 성령이 지배하는 곳에서는 율법의 지배는 더 이상 존재할 수 없다는 것이다. 하나님께서는 우리의 본성을 새롭게 하셔서 우리의 심령이 하나님의 의를 따르게 하심으로써, 저 가혹한 율법의 지배로부터 우리를 건져 내셨기 때문에, 율법 언약은 이제 더 이상 우리를 지배할 수 없고, 우리의 양심이 율법의 정죄 아래 두어져서 속박당하는 일도 있을 수 없게 되었다. 율법은 완전히 폐기된 것이 아니라, 지금도 여전히 우리를 가르치고 권면하는 자신의 직무를 계속해서 수행한다. 그러나 하나님께서 우리를 자신의 자녀들로 삼으셔서 아들의 영을 우리 속에 주셨기 때문에, 우리는 이제 더 이상 율법 아래 있지 않고, 율법은 우리를 지배할 수 없다. 바울은 이런 식으로 말함으로써, 거짓 사도들이 그들 자신에 대해서는 율법의 멍에로부터 자유롭게 되기 위해서 애를 쓰면서도, 갈라디아 교인들에 대해서는 율법의 멍에를 메라고 강요하는 것이 얼마나 어처구니없는 것인지를 드러내 보이며, 그들을 조롱하고 비웃는다. 바울은 사람이 율법의 지배로부터 벗어날 수 있는 유일한 길은 하나님의 성령의 지배를 받을 때뿐이라는 것을 우리에게 말해 준다. 이것으로부터 우리가 내릴 수 있는 결론은 거짓 사도들은 신령한 "의"를 얻는 것에 대해서는 아무런 관심도 없었

고, 그런 것은 전혀 그들의 안중에 없었다는 것이다.

24. 그리스도 예수의 사람들은 육체와 함께 그 정욕과 탐심을 십자가에 못 박았느니라. 바울이 이 말을 덧붙이고 있는 것은, 그리스도인들은 "육체"를 버린 자들이기 때문에, 모든 그리스도인들이 이 "자유"를 누리고 있다는 것을 보여주기 위한 것이다. 또한, 이 말을 통해서 그는 갈라디아 교인들에게 그들이 거짓으로 자신들이 그리스도인들로 자처하는 것이 아니라면, 참된 기독교 신앙이 삶 속에서 어떤 식으로 나타나는 것인지를 일깨워 준다. 그가 여기에서 "십자가에 못 박았다"는 표현을 사용한 것은 육체를 죽이는 것이 그리스도의 십자가의 효과라는 것을 보여주기 위한 것이다. 육체를 죽이는 일은 사람이 할 수 있는 일이 아니다. 그리스도의 은혜로 말미암아 "우리가 그의 죽으심과 같은 모양으로 연합한 자"가 되었을 때에만(롬 6:5), 우리는 더 이상 우리 자신에 대하여 살지 않게 된다. 우리는 참된 자기 부인과 옛 사람을 멸하는 것을 통해서 그리스도와 함께 장사되었을 때에만, 하나님의 자녀들로서의 특권을 누리게 된다. 우리 속에서 "육체"가 완전히 멸해진 것은 아니지만, 우리가 성령의 지배를 받기만 한다면, "육체"는 이제 더 이상 우리를 지배할 수 없다. 여기에서 "육체"와 그 "정욕들"은 뿌리와 열매들을 가리킨다. "육체"는 사람의 타락하고 부패한 본성 자체를 가리키는데, 거기로부터 온갖 악들이 흘러나온다. 이제 그리스도의 성령에 의해서 중생한 모든 자들은 율법 아래에서의 종살이로부터 해방되어 그리스도의 지체들이 된 자들이지만, 그런데도 불구하고 그들이 그리스도를 떠나서 율법 아래에서 종살이 하는 쪽을 다시 택한다면, "육체와 함께 그 정욕과 탐심"이 그들 속에서 역사하여 그들에게 해악을 끼치게 될 것임이 분명해졌다.

25. 만일 우리가 성령으로 살면 또한 성령으로 행할지니. 바울은 통상적으로 그렇게 해 왔던 것처럼 여기에서도 "가르침"으로부터 실천적인 "권면"을 이끌어낸다. 즉, "육체"가 죽어서 "육체"를 따라 살아가는 삶이 끝났다면, 이제부터는 성령을 따라 살아가는 것은 당연한 일이라는 것이다. 이제 하나님의 성령이 우리 안에 내주하셔서 살아가고 계시게 되었으니, 우리는 성령이 우리의 모든 행위들을 지배하시게 해 드리는 것이 마땅하다. 자기가 성령으로 살아가고 있다고 무모하고 거짓되게 자랑하는 자들이 늘 많이 있기 때문에, 바울은 그들에게 그들이 성령으로 살아가고 있다는 사실을 그들의 행위들을 통해서 증명할 것을 요구한다. 영혼이 사람의 몸에서 아무 일도 안 하고 빈둥거리며 지내는 것이 아니고, 몸의 모든 지체와

부분에 활력을 불어 넣어서 움직이게 하는 것과 마찬가지로, 하나님의 성령도 우리 안에 내주해 계시면서 온갖 외적인 것들을 통해서 자기 자신을 드러내신다. 여기에서 "성령으로 산다"는 것은 성령의 능력이 우리의 내면에 존재하는 것을 가리키고, "성령으로 행한다"는 것은 그 능력이 행위들을 통해서 외적으로 표출되는 것을 가리킨다. 바울은 "행하다"는 단어를 자주 비유적으로 사용해서, 신령한 삶을 보여 주는 증거들로서의 행위들을 가리키는 데 사용한다.

26. 헛된 영광을 구하여 서로 노엽게 하거나 서로 투기하지 말지니라. 바울은 갈라디아 교인들에게 꼭 필요하였던 특별한 권면들을 이 서신에서 하고 있는 것이지만, 그러한 권면들은 오늘날 우리에게도 꼭 필요한 것들이다. 오늘날 우리 사회 전반, 특히 교회에 존재하는 수많은 악들 중에서 으뜸가는 악, 즉 모든 악들의 "어머니"라고 할 수 있는 것은 "야심"이다. 그러므로 여기에서 바울은 바로 우리에게 "야심"을 조심하라고 경고하고 있는 것이다. 왜냐하면, 바울이 여기에서 말하고 있는 "헛된 영광"(κενοδοξία - '케노독시아')은 다른 모든 사람들보다 더 뛰어나고자 하는 "야심"(φιλοτιμία - '필로티미아'), 또는 다른 그 어떤 사람보다도 더 존귀하게 대접받고 존경받고자 하는 욕망에 다름 아니기 때문이다.

이방 철학자들은 영광을 구하는 모든 경우를 다 단죄하지는 않는다. 반면에, 그리스도인들 가운데서는 자신의 영광을 탐하는 자들은 누구든지 참된 영광을 구하지도 않고 참된 영광으로부터 떠나 있는 것이기 때문에 헛되고 어리석은 야심을 지닌 자들로 정죄받는 것이 마땅하다. 우리에게는 오로지 하나님 안에서 영광을 구하는 것만이 합당하기 때문에, 하나님 밖에서 영광을 구하는 것은 언제나 단지 헛된 것일 뿐이다. "서로 노엽게 하거나 서로 투기하는" 것은 "야심"이라는 어머니가 낳은 딸들이다. 가장 높은 지위에 오르고자 하는 야심을 지닌 자는 필연적으로 다른 모든 사람들을 시기할 수밖에 없기 때문에, 다른 사람들을 깎아내리고 욕하며 온갖 비방과 중상모략으로 가득한 독기 어린 말들로 공격하는 것은 피할 수 없는 결과이다.

제6장

¹형제들아 사람이 만일 무슨 범죄한 일이 드러나거든 신령한 너희는 온유한 심령으로 그러한 자를 바로잡고 너 자신을 살펴보아 너도 시험을 받을까 두려워하라 ²너희가 짐을 서로 지라 그리하여 그리스도의 법을 성취하라 ³만일 누가 아무 것도 되지 못하고 된 줄로 생각하면 스스로 속임이라 ⁴각각 자기의 일을 살피라 그리하면 자랑할 것이 자기에게는 있어도 남에게는 있지 아니하리니 ⁵각각 자기의 짐을 질 것이라(6:1-5).

1. 형제들아 사람이 만일 무슨 범죄한 일이 드러나거든 …… 온유한 심령으로 그러한 자를 바로잡고. "야심"이 특히 해롭고 심각해서 경각심을 가져야 할 악인 것과 마찬가지로, "지나치게 엄한 것"도 흔히 교회에 대하여 야심에 못지않은 큰 해악을 끼친다. 이러한 지나치게 엄함은 "열심"이라는 그럴 듯한 이름으로 행해지지만, 그것은 많은 경우에 "교만"으로부터 나오고, 교만으로 말미암아 형제들을 싫어하고 멸시하는 데서 나온다. 대부분의 사람들은 형제들이 잘못을 저지르면, 그것을 그 형제들을 잔인하고 모욕적인 말들로 질책해서 모멸감을 안겨 주는 기회로 삼는데, 그 이유는 그 형제들을 바로잡아 주고자 하는 것이 아니라, 그저 야단치고 책망하는 데서 즐거움을 얻고자 하기 때문이다. 만약 그들이 잘못한 형제들을 바로잡아 바른 길로 인도하고자 한다면, 그들이 그 형제들을 책망하는 방식은 분명히 달라질 것이다. 죄를 지은 형제들을 바로잡기 위해서 심하고 호된 책망이 꼭 필요한 경우가 종종 있다. 그러므로 죄를 지은 형제들이 수치를 느끼는 한이 있더라도, 그들이 저지른 죄를 제대로 알려 주고 따끔하게 야단을 치는 것은 합당한 일이지만, 식초에 기름을 섞는 것을 빼먹어서는 안 된다.

이것은 형제들의 잘못을 온유함으로 바로잡아야 한다는 것과, "온유한 심령"을 특징으로 하는 경건한 기독교 신앙이 책망을 할 때에는 적용되지 않는다고 생각해서는 안 된다는 것을 우리에게 가르쳐 준다. 바울은 이러한 것을 우리에게 가르쳐 주기 위해서, 경건한 책망의 목적이 무엇인지를 여기에서 설명해 준다. 즉, 그는 경건한 책망의 목적은 죄를 지은 형제를 원래의 바른 상태로 회복시키는 것이라고 말한다. 그러한 목적은 폭력이나 비난하고 고소하고자 하는 마음, 또는 거칠고 가혹한 태도나 언어로는 결코 이루어지지 않을 것이다. 따라서 죄를 지은 형제를 진정으로 고치고자 한다면, 우리는 온유하고 너그러운 심령을 나타내 보여야 한다. 바울은 외적으로 온유한 모습을 보이는 것으로 만족해서는 안 된다는 것을 보여주기 위해서, "온유한 심령"을 요구하는데, 이것은 죄를 지은 형제를 진심으로 불쌍히 여기고 따뜻하게 품어 주고자 하는 마음을 지닌 자들만이 그 형제를 징계하기에 합당하다는 것을 말하고자 하는 것이다.

죄를 지은 형제들을 바로잡을 때에 온유함을 보여야 하는 또 하나의 이유는 "사람이 만일 어떤 잘못에 붙잡혀 있다면"(개역개정에는 "사람이 무슨 범죄한 일이 드러나거든")이라는 어구에 담겨 있다. 어떤 사람이 생각이나 사려가 부족해서, 또는 속이는 자의 교활한 술수에 넘어가서 잘못을 저지르게 되었다면, 그런 사람을 가혹하고 엄하게 벌하는 것은 잔인한 일이 될 것이다. 우리는 마귀가 우리로 하여금 죄에 빠지게 하기 위하여 늘 어디에서든지 매복하고서 호시탐탐 노리고 있고, 우리를 죄에 빠지게 할 무수한 술수들을 가지고 있다는 것을 안다. 따라서 어떤 형제가 자신이 원하지도 않았는데 죄를 짓게 되었다는 것을 알았을 때, 우리는 그가 사탄의 올무에 빠진 것이라고 생각하여야 하고, 그를 불쌍히 여겨서 너그럽게 용서할 마음을 가지는 것이 마땅하다. 연약함이나 실수로 인해서 잘못을 저지르거나 죄를 짓게 된 것은 하나님을 악의적으로 고집스럽게 멸시하는 마음으로부터 뿌리 깊은 범죄들을 자행하는 것과는 구별되어야 한다. 하나님을 근본적으로 대적하는 그러한 악의적이고 완악한 마음에서 저지르는 죄악들은 좀 더 호되고 엄하게 다루어져야 한다. 그런 죄악들에 대해서 온유함과 관용함을 베푼다고 해서 무슨 유익이 있겠는가? 바울이 이 구절에서 "~라고 할지라도"(개역개정에는 번역되지 않음 - 역주)를 의미하는 불변화사를 사용하고 있는 것 속에는, 믿음이 약한 자들이 시험을 받은 경우만이 아니라 그러한 시험에 넘어가서 죄를 짓게 된 경우에도 용서해 주어야 한다는 의미가 담겨 있다.

신령한 너희는. 바울은 반어법을 사용해서 이렇게 말하고 있는 것이 아니다. 왜냐하면, 그들이 아무리 "신령한" 자들이라고 할지라도, 그들은 여전히 성령으로 온전히 충만한 자들인 것은 아니기 때문이다. 죄를 지은 자들을 일으켜 세우는 것은 "신령한" 자들이 해야 할 일에 속한다. 그들이 하나님으로부터 더 깊은 은혜들을 많이 받아서 "신령한" 자들이 되었다고 해도, 자신의 그러한 신앙으로 형제들의 구원을 돕고 유익을 끼치지 않는다면, 그들의 신령함이 무슨 소용이 있겠는가? 하나님의 은혜를 더 깊이 그리고 더 많이 받은 사람일수록, 하나님의 은혜를 덜 받은 자들의 덕을 세우는 일에 있어서 더 많은 책임이 있다. 그러나 우리는 너무나 어리석어서, 우리에게 주어진 최고의 일들에서조차도, 즉 죄를 지은 형제를 바로잡아 원래의 바른 길로 인도하는 너무나 귀한 일에 있어서조차도 실패하기 쉽기 때문에, 사도는 우리에게 육신적인 생각으로 일을 그르치는 일이 없어야 한다고 경고하고 있는 것이다.

너 자신을 살펴보아 너도 시험을 받을까 두려워하라. 사도가 지금까지는 "너희"라는 복수형을 사용하다가 여기에서는 갑자기 "너"라는 단수형을 사용하는 데에는 이유가 없지 않다. 즉, 여기에서 그는 갈라디아 교인들 한 사람 한 사람을 상대로 이 말을 해서, 그 한 사람 한 사람에게 자기 자신을 주의 깊게 들여다보라고 명함으로써, 그들에 대한 자신의 경고와 권면에 한층 더 큰 힘을 더하고 있다. 그는 이렇게 말한다: "다른 사람들을 책망하는 소임이 네게 맡겨졌다면, 네가 누구든지, 너는 네 자신을 살펴야 한다." 우리 자신의 연약함을 인정하거나 살피는 것은 그 어떤 일보다도 더 어렵다. 우리가 다른 사람들의 잘못을 찾아내는 데에는 신출귀몰한 영민함을 지니고 있다고 할지라도, 속담에서 말하고 있듯이, "우리 자신의 등 뒤에 걸려 있는 지갑"을 볼 수는 없다. 그러므로 바울은 우리 자신을 살피는 일에 더욱 더 큰 경각심을 갖게 하기 위해서, 여기에서 "너 자신"이라는 단수형으로 바꾸어서 사용하고 있는 것이다.

바울이 여기에서 한 말은 두 가지 의미로 해석될 수 있다. 이것은 우리가 우리 자신이 쉽게 죄에 빠질 수 있다는 것을 인정하게 되면, 장차 우리가 죄에 빠지게 되는 경우에도 용서를 받고자 하는 마음에서, 죄를 지은 다른 형제들을 좀 더 너그럽고 기꺼이 용서해 주고자 하게 될 것이라는 의미일 수 있다. 어떤 이들은 이 구절을 다음과 같이 그런 의미로 해석한다: "너도 죄인으로서, 다른 형제들로부터 불쌍히 여김을 받을 필요가 있는 존재이기 때문에, 죄를 지은 다른 형제들을 가혹하고 엄하게 대하는 것은 합당하지 않다." 그러나 나는 이 말은 우리가 다른 사람들을 바로잡고자 할 때, 우리 스스로가 그 일에서 죄를 범하지 않도록 조심해야 한다는 바울의 경고라고 해석하는 쪽을 택하고자 한다. 죄를 지은 다른 형제를 바로잡는 일은 그 일을 하는 우리 자신도 죄를 짓기 쉬운 위험한 일이기 때문에, 그런 일을 할 때에는 아주 조심하고 주의해서 우리 자신을 살펴야 하고, 그렇게 하지 않는 경우에는 쉽게 죄에 빠져들게 된다. 왜냐하면, 형제들을 바로잡으려고 책망하는 과정에서 적정한 한계를 넘어서기가 너무나 쉽기 때문이다. 하지만 이 구절에서 "시험을 받다"라는 단어는 삶 전체와 관련되어 있는 것으로 넓게 해석하는 것이 합당할 것이다. 우리에게 다른 사람을 비판하고 책망해야 할 일이 생겼을 때에는, 먼저 우리 자신을 살피는 것으로부터 시작해서, 우리 자신의 연약함을 깨닫고, 잘못을 저지른 다른 사람을 지나치게 대하지 않도록 하여야 한다.

2. 너희가 짐을 서로 지라. 사람들은 "연약함들"이나 "죄들" 아래에서 신음하며 살아가고 있고, 그러한 것들은 무거운 "짐들"로 불리기 때문에, 여기에서 바울이 "너희가 짐을 서로 지라"고 권면하고 있는 것은 지극히 적절하다. 왜냐하면, 우리의 본성은 우리에게 그러한 무거운 짐들 아래에서 신음하는 자들의 짐을 덜어 줄 것을 명하기 때문이다. 바울은 우리에게 그들의 짐을 지라고 명하는데, 이것은 우리가 형제들을 짓누르고 있는 죄들에 우리 자신도 빠지거나 그 죄들을 간과해서는 안 되고, 그 죄의 짐들을 덜어 주어야 한다는 것을 의미한다. 그리고 그것은 오직 그들을 사랑하고 불쌍히 여기는 "온유한 심령"으로 바로잡고자 할 때에만 가능하다. 많은 간음하는 자들은 그리스도를 자신의 포주로 삼고자 하고, 도둑들은 그리스도를 자신의 경리로 삼고자 하며, 온갖 부류의 악한 범죄자들은 그리스도를 자신의 공범으로 삼고자 한다. 그들은 모두 자신들의 짐을 믿는 자들의 어깨에 짊어지게 하고자 한다. 그러나 바울이 여기에서 "짐을 지라"고 한 것은 형제들이 죄를 저질렀을 때에 그 형제들을 바로잡아서 원래의 바른 길로 돌아오게 하는 것을 의미하는 것이기 때문에, 그런 악한 자들이 그리스도인들에게 요구하는 것들은 여기에서 바울이 말하고 있는 것에 해당하지 않는다는 것은 너무나 분명하다.

그리하여 그리스도의 법을 성취하라. 여기에서 그리스도에게 적용된 "법"이라는 단어는 바울이 지금 하고 있는 말들이 갈라디아 교인들에 대한 논증의 성격을 지니고 있음을 보여주는 역할을 한다. 즉, 여기에는 그리스도의 법과 모세의 율법 간의 대비가 함축되어 있다. 그는 이렇게 말한 것과 같다: "너희가 정말로 법을 지키고자 한다면, 그리스도께서 너희에게 다른 모든 것들보다 더 꼭 지켜야 할 것으로 명한 법, 즉 서로에 대하여 온유한 심령을 품으라고 명한 법을 지켜라. 그러한 심령을 지니지 않은 자는 그 어떤 법도 지키지 않는 자이다." 또한 다른 한편으로, 바울은 자신의 이웃을 불쌍히 여기는 마음으로 돕는 자는 누구든지 "그리스도의 법”을 성취하는 자라는 것을 우리에게 말해 준다. 이 말을 통해서 그는 사랑으로부터 나오지 않은 모든 것은 무익하고 쓸데없는 것임을 보여준다. 여기에서 “성취하다”로 번역된 헬라어 ‘아나플레로사테’($\dot{\alpha}\nu\alpha\pi\lambda\eta\rho\acute{\omega}\sigma\alpha\tau\epsilon$)라는 복합어는 “절대적인 완전함”이라는 의미를 지니기 때문이다. 즉, 사람이 바울이 여기에서 요구하고 있는 그대로 행하지 않는다면, 그것은 완전함과는 거리가 먼 행위일 뿐이라는 것이다. 따라서 사랑으로부터 나오지 않은 어떤 행위가 사람들이 보기에는 너무나 완벽하고 완전해 보인다고 할지라도, 그런 행위는 하나님이 보시기에는 완전한 행위와는 너무나 거리가 멀 수밖에 없다.

3. 만일 누가 아무 것도 되지 못하고 된 줄로 생각하면 스스로 속임이라. 구문상으로는 모호한 점이 있기는 하지만, 바울이 여기에서 말하고자 하는 것은 분명하다. “누가 아무 것도 되지 못하고 된 줄로 생각하면”라는 구절은 처음 볼 때에는 “실제로는 아무 것도 아닌 자가 마치 자기가 무엇이라도 된 것처럼 주장한다면”이라는 것을 의미하는 것으로 보일 수 있다. 사실 그런 일은 실제로는 아무 것도 아닌 사람들이 어리석은 망상에 빠져서 자기가 대단한 인물이라도 되는 양 생각할 때에 많이 일어난다. 그러나 이 말의 요지는 좀 더 일반적인 것으로서, 다음과 같이 설명해 볼 수 있을 것이다: “모든 사람은 아무 것도 아닌 존재이기 때문에, 자기가 무엇이라도 된 것처럼 생각이 든다면, 그 사람은 자기 자신을 속이고 있는 것이다.”

따라서 첫 번째로 여기에서 바울은 우리가 아무 것도 아니라고 선언하고 있는 것이다. 이것은 우리는 우리가 자랑할 수 있는 그 어떤 것도 가지고 있지 않고, 우리에게는 선한 것이라고는 단 하나도 존재하지 않는다는 것을 의미한다. 두 번째로, 그는 그러한 사실을 근거로 해서, 마치 자기 자신에게 어떤 선한 것이 있는 것처럼 주장하는 자들은 그들 자신을 속이고 있는 것이라고 말한다. 우리는 우리가 다른 사람들에게 속는 것을 가장 기분 나쁘게 생각한다. 따라서 우리가 우리 자신을 속인다면, 그것은 너무나 어리석고 어이없는 일일 것인데, 자기가 무엇이라도 된 것처럼 생각하는 자가 바로 그런 자라는 것이다. 이러한 사실을 깊이 묵상하게 되면, 우리는 다른 사람들을 훨씬 더 공평하게 대하게 될 것이다. 왜냐하면, 다른 사람들에게 심한 모욕을 주거나 오만하고 위압적인 태도로 엄하고 대하는 것은, 자기가 다른 사람들보다 더 낫다고 생각해서 교만하게 되어 다른 사람들을 무시하고 멸시하는 것으로부터 생겨나는 것이기 때문이다. 우리에게서 오만하고 교만한 마음이 사라지면, 우리는 다른 사람들을 지극히 온유한 마음으로 대하게 될 것이다.

4. 각각 자기의 일을 살피라 그리하면 자랑할 것이 자기에게는 있어도 남에게는 있지 아니하리니. 바울은 이미 앞에서 한 방의 강력한 펀치를 날려서 인간의 교만을 쓰러뜨렸다. 그러나 우리 자신을 다른 사람들과 비교했을 때, 다른 사람들이 우리에 비해서 보잘것없고 형편없다는 생각이 우리의 마음속에 들게 되면, 우리는 우리 자신이 괜찮은 사람이라고 생각하게 되어서, 우리의 마음이 높아져 교만하게 되는 일이 흔히 일어난다. 그래서 바울은 여기에서 그런 식으로 우리 자신을 다른 사람들과 비교하는 것 자체가 용납될 수 없는 일이라고 선언한다. 그는 이렇게 말한다: "그 누구도 다른 사람을 기준으로 삼아서 자기 자신을 판단해서도 안 되고, 다른 사람들이 자기보다 못한 것처럼 보인다고 생각해서 기뻐해서도 안 된다. 각 사람은 다른 사람들에 비추어서 자기 자신을 판단하는 모든 것을 버리고서, 철저하게 자신의 양심만을 있는 그대로 살펴야 하고, 자기가 행한 일이 과연 잘한 일인지 아니면 잘못한 일인지만을 따져야 한다." 진정으로 칭찬받을 수 있는 것은, 우리 자신이 다른 사람들과 비교해서 더 나을 때가 아니라, 그 어떠한 비교도 없이 우리 자신만을 두고 보았을 때에 우리에게 칭찬받을 만한 어떤 것이 있을 때이다.

어떤 이들은 바울이 반어법으로 말하고 있는 것이라고 생각한다: "너는 다른 사람들이 잘못한 것을 보고서, 거기에 비해서 네 자신이 낫다고 여긴다. 그러나 너의 모습을 있는 그대로 볼 때에만, 그 때에야 너는 네가 마땅히 받아야 할 칭찬을 받게 될 것이다." 달리 말하면, 그는 "모든 사람은 실제로는 아주 작은 칭찬이라도 받을 만한 자격이 없기 때문에, 네 자신을 있는 그대로 볼 때에는, 너는 조금도 칭찬 받지 못하게 될 것이다"라고 말한 것이라는 것이다. 그들은 그러한 해석에 의거해서, 바울이 바로 이어서 "각각 자기의 짐을 질 것이라"(5절)이라고 말한 것은 각 사람이 자신의 짐을 지는 것은 당연한 일이라고 말한 것으로 이해한다. 그러나 이 구절이 보여주는 분명하고 직접적인 의미가 사도의 논증에 더 잘 부합한다: "다른 사람들과 비교해서 네 자신을 보지 않고, 네 자신만을 놓고 볼 때에만, 너는 칭찬을 받게 될 것이다." 나는 이 절 직후에 나오는 구절에서 사도가 인간의 모든 자랑을 폐하고 있다는 것을 근거로 해서, 그들이 이 구절을 반어법으로 해석하고자 한다는 것을 잘 알고 있다. 그러나 이 구절이 다루고 있는 자랑은, 하나님께서 자기 백성들에게 허락하시는 자랑으로서, "선한 양심"을 자랑하는 것이고, 실제로 바울은 다른 곳에서 자신의 "선한 양심"을 아주 생생하고 분명한 언어로 자랑한다: "바울이 공회를 주목하여 이르되 여러분 형제들아 오늘까지 나는 범사에 양심을 따라 하나님을 섬겼노라 하거늘"(행 23:1). 이렇게 "선한 양심"을 자랑하는 것은 하나님의 은혜를 인정하는 것 외에 다른 것이 아니기 때문에, 사람을 자랑하는 것은 전혀 없고, 오로지 하나님께 모든 영광을 돌리는 것이다. 바울이 여기에서 "자랑할 것이 자기에게 있다"고 말하는 이유가 거기에 있다. 이렇게 경건한 자들은 다른 사람들과의 비교를 통해서가 아니라, 오직 자기 자신 속에서만 과연 자기가 "선한 양심"을 따라 행하였는지를 알 수 있고, 그렇게 해서 "자랑할 것"이 자기 속에 있다면, 그것을 그들 자신의 공로가 아니라 하나님의 풍성하신 은혜에 돌리는 것이 마땅하다. 바울은 다른 곳에서 이렇게 말한다: "우리가 세상에서 특별히 너희에 대하여 하나님의 거룩함과 진실함으로 행하되 육체의 지혜로 하지 아니하고 하나님의 은혜로 행함은 우리 양심이 증언하는 바니 이것이 우리의 자랑이라"(고후 1:12). 우리의 주님께서도 친히 우리에게 이렇게 가르치신다: "너는 기도할 때에 네 골방에 들어가 문을 닫고 은밀한 중에 계신 네 아버지께 기도하라 은밀한 중에 보시는 네 아버지께서 갚으시리라"(마 6:6). 엄밀하게 말해서, 바울은 사람이 자기보다 못한 사람들과의 비교를 통해서가 아니라, 오직 자기 자신만을 살펴보았을 때에 자기에게서 자랑할 만한 것이 있다면, 그것을 자랑하는 것은 진정으로 자기에게 있는 것을 자랑하는 것이기 때문에 합당한 것임을 직설적으로 단언하고 있지만, 우리로 하여금 그러한 결론을 내리도록 유도하고 있다고 할 수 있다. 그러므로 우리는 바울의 이 말을 조건적인 것으로 이해해야 하기 때문에, 그는 이렇게 말한 것과 같다: "다른 사람들과 비교함이 없이 그 사람만을 놓고 보았을 때에 그 사람에게 자랑할 만한 것이 있지 않다면, 그 사람은 선한 자라고 할 수 없다."

5. 각각 자기의 짐을 질 것이라. 바울은 우리의 나태함과 교만을 없애기 위해서, 장차 우리에 대한 하나님의 심판이 어떻게 이루어질 것인지를 상기시킨다. 즉, 그 때에 하나님 앞에서 각 사람은 다른 사람들과의 비교를 통해서가 아니라 오직 자기가 이 땅에서 살아 온 삶에 대하여 책임을 지게 되리라는 것이다. 다른 사람들과의 비교를 통해서 자기 자신을 평가하고자 하는 것은 자기 자신을 속이는 것이다. 왜냐하면, 눈이 하나뿐인 사람이라도 두 눈이 다 먼 맹인들만 있는 곳에서는 자기가 아주 잘 본다고 생각하게 되고, 황색 인종에 속한 사람도 흑인들 사이에서는 자신의 피부가 희다고 생각하게 되기 때문이다. 사도는 우리가 그런 식으로 다른 사람들과 비교해서 자기 자신에 대하여 평가하여 내린 거짓된 결론들은 장차 있을 하나님의 심판에서는 전혀 통하지 않게 될 것이라고 단언한다. 왜냐하면, "각각 자

기의 짐을 질” 것이고, 그 누구도 다른 사람들과의 비교를 통해서 자신의 죄를 사함 받는 일은 없을 것이기 때문이다. 이것이 이 구절의 참된 의미이다.

⁶가르침을 받는 자는 말씀을 가르치는 자와 모든 좋은 것을 함께 하라 ⁷스스로 속이지 말라 하나님은 업신여김을 받지 아니하시나니 사람이 무엇으로 심든지 그대로 거두리라 ⁸자기의 육체를 위하여 심는 자는 육체로부터 썩어질 것을 거두고 성령을 위하여 심는 자는 성령으로부터 영생을 거두리라 ⁹우리가 선을 행하되 낙심하지 말지니 포기하지 아니하면 때가 이르매 거두리라 ¹⁰그러므로 우리는 기회 있는 대로 모든 이에게 착한 일을 하되 더욱 믿음의 가정들에게 할지니라(6:6-10).

6. 가르침을 받는 자는 말씀을 가르치는 자와 모든 좋은 것을 함께 하라. 당시에 갈라디아 교인들은 “말씀을 가르치는 자들”과 말씀 사역자들을 제대로 대접하거나 돌보는 일을 소홀히 하였을 가능성이 높다. 그들의 그러한 태도는 대단히 비열한 배은망덕함을 보여주는 것이었다. 그들의 영혼에 양식을 공급해 주고 그들의 영혼이 잘되도록 돌보아 주는 자들을 부양하는 일을 소홀히 해서, 그들이 먹고 살기가 힘들어서 궁핍하고 제대로 먹지도 못하는 삶을 살아가도록 내버려 둔다면, 그것은 “가르침을 받는 자들”의 수치일 수밖에 없다. “말씀을 가르치는 자들”로부터 하늘의 양식을 받아먹고 살아가면서도, 땅의 양식으로 그들을 부양하기를 소홀히 한다면, 그것은 배은망덕한 짓일 수밖에 없기 때문이다. 하지만 사탄의 일꾼들에게는 온갖 귀한 것들을 다 아낌없이 갖다 바쳐서 호사를 누릴 수 있게 해 주는 반면에, 경건한 목회자들에게는 꼭 필요한 양식조차도 공급해 주지 않는 것은 세상이 늘 해 왔던 일이다. 그렇다고 해서, 우리가 그러한 처사에 대하여 지나치게 불평하거나 우리의 권리를 지나치게 주장하는 것은 합당하지 않지만, 바울은 갈라디아 교인들에게 그들이 반드시 해야 할 도리들에 속하는 이 일을 일깨워주고 권면해야 하는 위치에 있었기 때문에, 여기에서 그들에게 이렇게 권면한 것이었다. 게다가, 그는 이 문제와 관련해서 사적인 이득을 취하고자 한 것이 아니라, 자기 자신의 유익과는 아무 상관 없이 교회 전체의 유익을 생각한 것이었기 때문에, 더욱더 담대하게 이렇게 권면할 수 있었다. 그는 하나님의 “말씀” 자체가 갈라디아 교인들 가운데서 멸시를 받고 있었기 때문에, 말씀을 가르치는 사역자들도 홀대를 받고 있다는 것을 알았다. 왜냐하면, 말씀을 진정으로 높이고 소중히 여기는 곳에서는, 말씀을

가르치는 사역자들도 어김 없이 귀한 대접을 받는 법이기 때문이다. 경건한 목회자들이 교회로부터 부양을 받지 못하게 만드는 것은 교회에서 말씀 사역자들을 사라지게 하기 위한 사탄의 궤계들 중의 하나이다. 그래서 복음 사역이 계속해서 보존되기를 바라는 간절한 소원이 바울로 하여금 갈라디아 교인들에게 선하고 충성된 목회자들을 제대로 대접하고 물질적으로도 잘 부양하라고 권면하게 한 것이었다.

바울은 여기에서 경건에 관한 가르침 전체를 "말씀"으로 표현하고, "말씀"으로 가르침을 받는 자들은 "말씀"을 가르치는 자들을 부양하는 것이 마땅하다고 분명하게 말한다. 그리스도의 가르침과는 아무 상관이 없이 입을 다물고서 "미사"만을 올리는 사나운 들짐승 같은 불한당들인 교황주의자들이 바울이 여기에서 "말씀"을 가르치는 자들의 권리라고 얘기하는 것을 주장하며 자신들의 배를 채우는 것은 참으로 어처구니없는 일이 아니겠는가?

바울은 "모든 좋은 것들을 함께 하라"고 말한 것은, 말씀을 가르치는 자들에게 온갖 것들을 차고 넘치게 공급해 주어서 풍족한 삶을 살게 해 주어야 한다는 의미가 아니라, 단지 그들이 이 땅에서 삶을 살아가는 데 꼭 필요한 것들이 그들에게 결핍되지 않게 해 주어야 한다는 의미이다. 사역자들 편에서는, 소박하고 검소한 삶을 살아가는 것으로 만족해야 하고, 그들을 사치와 안일함에 빠지게 만들 위험성을 안고 있는 풍족한 삶은 경계하는 것이 마땅하다. 한편, 믿는 자들 편에서는, 사역자들에게 꼭 필요한 것들을 공급하기 위한 것이라면, 경건하고 거룩한 교사들이 쓸 수 있도록 자신의 소유에 속한 그 어떤 것이라도 자원해서 기쁜 마음으로 하나님께 드리는 것이 마땅하다. 만일 그렇게 하지 않는다면, 말씀을 가르치는 자들의 사역을 통해서 영원한 생명이라는 이루 말할 수 없이 귀한 보화를 얻게 된 믿는 자들이 다른 무엇으로 그들에게 보답할 수 있겠는가?

7. 스스로 속이지 말라 하나님은 업신여김을 받지 아니하시나니. 바울이 이 말을 여기에 덧붙인 이유는 사람들이 흔히 제기하는 궁색한 변명들에 대답하기 위한 것이다. 어떤 사람들은 자신들에게는 부양해야 할 가족이 있다고 변명하고, 또 어떤 사람들은 남들에게 후하게 나누어 줄 정도로 자신들이 가진 것이 풍족하지 않다는 것을 강조한다. 그 결과, 많은 사람들이 그런 식으로 변명하며 사역자들을 부양하는 일을 하지 않는 가운데, 자신들의 도리를 다해야 한다고 믿고서 무슨 일이 있어도 그 도리를 다하고자 하는 소수의 사람들이 사역자들을 부양하게 되기 때문에, 사역자들이 자신들에게 꼭 필요한 만큼의 부양을 받을 수 없게 되는 것이 보통이

다. 바울은 세상이 거의 생각하지 못하는 이유, 즉 사역자들을 부양하는 일은 하나님을 상대로 하는 일이라는 이유를 들어서, 그러한 변명들이나 핑계들은 일고의 가치도 없다고 일축한다. 즉, 말씀 사역자들을 부양한 것은 단순히 궁핍한 사람들에게 양식을 공급해서 구제하는 그런 문제가 아니라, 말씀으로 가르침을 받는 자들이 얼마나 그리스도와 그의 복음을 귀히 여기고 존중하느냐 하는 문제라는 것이다. 이 본문은 충성되고 신실한 사역자들을 멸시하고 홀대하는 일은 우리 시대에서 시작된 것이 아니라 그 뿌리가 깊다는 것을 증언해 준다. 그러나 말씀을 가르치는 자들에 대한 불경건한 자들의 그러한 조롱과 멸시는 장차 반드시 심판을 받게 될 것이다.

사람이 무엇으로 심든지 그대로 거두리라. 사람들이 자기가 가진 것들을 남들에게 후하게 나누어 주는 것을 꺼리게 만드는 것은 일단 다른 사람들의 손으로 넘어간 것은 이제는 자신의 것이 아니게 되고 자신은 오직 그것들을 잃고 손해를 보는 것이라는 생각, 그리고 이 세상에서 살아가는 동안에 자신에게 무슨 일이 벌어질지 모르기 때문에 미래를 대비해서 재물을 축적해 놓아야 한다는 그런 불안감과 염려가 주된 요인들이다. 바울은 남들에게 베풀고 나누어 주는 것은 "씨를 심는 것"과 같다는 비유를 들어서 사람들의 그러한 생각들은 잘못된 것이라고 반박한다. 이 주제에 대해서 우리는 이 동일한 비유가 사용된 고린도후서의 해당 본문을 설명할 때에 이미 살펴볼 기회를 가졌었다. 우리가 이 진리를 굳게 믿고서 우리의 마음속에 깊이 새길 수만 있다면, 그것은 우리에게 진정으로 복된 일이 될 것이다. 그렇게만 된다면, 우리는 장차 있을 추수기에 대한 소망을 품고서 거기에 고무되어서, 우리의 이웃들에게 우리가 가진 "재물"만 아니라 우리 "자신까지도" 너무나 기쁜 마음으로 아주 기꺼이 내어 주게 되지 않겠는가(고후 12:15)! 농부들에게 있어서는 추수기에 열매를 거둘 소망이 있기 때문에, 씨를 심는 것이 다른 그 어떤 일들보다도 가장 기쁜 일이다. 그들은 단지 "썩을 양식"에 지나지 않는 것들을 얼마나 거두게 될지도 모르면서도 그 곡식을 거두게 될 것이라는 소망으로 인해서 씨를 심고 아홉 달을 인내로써 기다리는 것이지만, 우리가 다른 사람들에게 우리의 것을 나누어 주는 것, 특히 말씀 사역자들을 부양하는 것은 너무나 확실한 저 복된 영생의 소망을 품고서 씨를 심는 것이다.

8. 자기의 육체를 위하여 심는 자는 육체로부터 썩어질 것을 거두고. 바울은 "씨를 심는 것"과 관련된 일반적인 원리를 말한 후에, 이제 여기에서는 그것을 두

종류로 나누어서 좀 더 구체적으로 설명하기 시작한다. "육체를 위하여 심는다"는 것은 내세의 삶에 대해서는 전혀 아랑곳하지 않고 오로지 현세의 삶에서 필요한 것들만을 얻기 위하여 일하는 것을 의미한다. 그렇게 하는 자들은 그들이 심은 씨에 걸맞는 열매를 거두게 될 것이다. 즉, 그들은 결국에는 다 흔적도 없이 사라지게 될 것들을 거두고 쌓아 두게 될 것이다. 어떤 이들은 여기에서 "육체를 위하여 심는다"는 것은 육체의 정욕들에 빠져서 살아가는 것을 의미하고, "썩어질 것"은 멸망을 의미한다고 생각한다. 그러나 우리가 방금 앞에서 설명한 것이 문맥에 더 잘 부합한다. 불가타 역본과 에라스무스 역본이 "육체 안에서 심다"로 번역한 것을 내가 "육체에 대하여 심다"로 고쳐서 번역한 것은 결코 경솔하게 행한 것이 아니다. "자기 육체를 위하여 심는 자"로 번역된 헬라어 본문은 '호 스페이론 에이스 텐 사르카 헤아우투'(ὁ σπείρων εἰς τὴν σάρκα ἑαυτοῦ)인데, 이것은 직역하면 "자기 육체 속으로 심는 자"가 된다. 그리고 이것은 우리가 오로지 완전히 "육체"에만 몰두해서 "육체"가 원하고 기뻐하는 것들을 충족시키기 위하여 우리의 모든 힘을 쏟는 것 외에 다른 무엇을 의미할 수 있겠는가?

성령을 위하여 심는 자는 성령으로부터 영생을 거두리라. 나는 여기에서 "성령"은 신령한 삶을 가리키는 것이라고 이해한다. 즉, 땅의 것이 아니라 하늘의 것을 더 생각하고, 하나님의 나라에 가고자 하는 동기가 그 삶을 지배하고 있는 자들은 "성령을 위하여 심는 자들"이라고 말할 수 있다. 그리고 그런 자들은 자신들이 이 땅에서 행한 신령한 일들로 말미암아 장차 천국에서 썩지 않는 열매를 거두게 될 것이다. 그들이 하는 일들은, 지금 여기에서 다루어지고 있는 경우처럼, 목회자들을 부양하는 것 같은 육신과 관련된 외적인 일들이라고 할지라도, 그들의 목적과 의도로 인해서 신령한 일들이 된다. 교황주의자들이 그들이 늘 그렇게 해 왔듯이 이 본문의 말씀을 근거로 삼아서 행위로 말미암는 의를 주장하려고 한다면, 우리는 그들의 그러한 시도가 터무니없고 어처구니없다는 것은 아주 쉽게 드러난다는 것을 이미 앞에서 살펴본 바 있다. "영생"은 성령을 위하여 심는 자들에게 하나님이 주시는 "상"이라는 것은 분명하지만, 그렇다고 해서 우리가 행위로 말미암아 의롭다 함을 얻는다거나, 우리의 행위들이 구원을 위한 공로들이 된다는 결론이 거기로부터 도출되는 것은 아니다. 하나님께서는 자신의 은혜를 주셔서 우리로 하여금 성령을 위하여 심게 하시는 것이기 때문에, 우리가 성령을 위하여 심는 것이나 그렇게 해서 거두는 것은 모두 전적으로 하나님의 은혜로 말미암는 것일 뿐인 까닭에, 우리는 거기에 대하여 상을 받을 자격이 전혀 없는데도, 우리가 그렇게 했을 때에 우리에게 "영생"의 상을 주시는 것은, 하나님이 자신의 이루 말할 수 없이 큰 은혜로 우리를 대하시는 것임을 너무나 극명하게 보여주는 것일 뿐이다.

이 문제에 대한 더 온전한 해법이 요구되는가? (1) 우리는 우리 자신의 힘으로 하나님으로부터 상을 받을 만한 선한 일을 한 것이 전혀 없기 때문에, 하나님이 우리에게 상을 주신다면, 그 상은 전적으로 하나님의 은혜로 말미암아 주어지는 것일 뿐이다. (2) 우리가 성령의 인도하심과 지도하심을 따라 선한 일들을 하였다면, 그것들은 하나님이 우리를 자기 자녀들로 삼아 주셨기 때문에, 거기로부터 생겨난 열매들인데, 우리가 하나님의 자녀들이 된 것은 전적으로 하나님이 값없이 거저 주신 은혜로 인한 것이다. (3) 우리가 행한 선한 일들이라고 하는 것들은 언제나 많은 오점들로 얼룩져 있기 때문에, 하나님으로부터 아주 작고 보잘것없는 상이라도 받을 만한 것들이 전혀 아니고, 도리어 전적으로 정죄 받아 마땅한 것들이다. 우리가 행한 선한 일들은 그렇게 더러운 것들인데, 어떻게 하나님 앞에서 상을 받을 만한 일들이라고 할 수 있겠는가? (4) 하나님께서 우리의 그러한 행위들에 대하여 상을 주시겠다고 무수히 약속하셨다고 할지라도, 그것은 우리가 율법을 온전히 지켜 행하였기 때문에 마땅히 받아야 할 그런 상이 절대로 아니다. 우리가 행한 일들은 그것이 무엇이 되었든 "온전함"과는 너무나 거리가 멀기 때문이다! 행위로 말미암는 공로를 의지해서 막무가내로 천국에 들어가려고 하는 교황주의자들은 그들의 뜻대로 그렇게 하도록 내버려 두라. 하지만 우리는 바울 및 성경 전체가 말하고 있는 것을 기쁜 마음으로 그대로 받아들여서, 우리는 하나님이 값없이 거저 주시는 은혜로 말미암지 않고는 그 어떤 선한 일도 행할 수 없고, 따라서 우리가 행한 선한 일들은 전적으로 하나님의 은혜로 된 것인데도, 하나님께서는 우리가 그렇게 은혜를 의지해서 행한 일들에 대해서 "상"이라는 이름을 붙이셔서 우리에게 "영생"을 주시는 것임을 인정한다.

9. 우리가 선을 행하되 낙심하지 말지니. 여기에서 "선($\tau\grave{o}$ $\kappa\alpha\lambda\grave{o}\nu$ - '칼론')을 행한다"는 것은 단순히 우리에게 주어진 도리와 본분을 다한다는 의미가 아니라, 우리 자신의 것들을 다른 사람들에게 나누어 주고 베푸는 일을 행하는 것을 가리킨다. 바울은 우리의 이웃들을 돕고, 선한 직무들을 행하며, 사람들에게 나누어 주고 베푸는 일을 하다가 피곤하고 지쳐서 낙심하는 일이 있어서는 안 된다고 가르친다. 이러한 가르침은 우리에게 너무나 절실하게 필요한 교훈이다. 왜냐하면, 우리는 본

성적으로 형제 사랑의 도리들을 행하는 것을 달가워하지 않고, 그 일들을 행하는 과정에서도 아무리 그 일에 열심이 있는 사람들조차도 냉랭해지게 만들기 쉬운 많은 불미스러운 일들이 생겨나기 때문이다. 우리는 그러한 일을 하는 도중에서 도와주고 구제할 가치가 없는 것처럼 보이는 사람들과 고마워할 줄 모르는 배은망덕한 사람들을 많이 만나게 된다. 궁핍한 사람들이 너무 많아서 우리의 힘으로 감당하기 어려워 보이고, 사방에서 빗발치는 요구들을 들어주다 보면 우리의 인내심도 바닥을 드러내게 된다. 우리가 처음에 가지고 있던 열심과 뜨거움도 다른 사람들의 냉랭함으로 말미암아 점점 식어간다. 요컨대, 우리가 바른 길을 가고자 하면, 세상은 무수한 장애물들로 우리의 길을 가로막아서, 우리로 하여금 그 바른 길을 가지 못하게 만든다는 것이다. 그러므로 여기에서 바울이 우리가 선을 행하다가 지치고 낙심해서 나가떨어지는 일이 없게 하기 위하여, 무슨 일이 있어도 남들에게 베푸는 일을 중단 없이 해 나가라고 우리에게 권면하고 있는 것은 지극히 합당하다.

포기하지 아니하면. 바울은 "끝까지 견디는 자"(마 10:22)는 하나님이 약속하신 열매를 거두게 될 것이라고 말한다. 이 일을 끝까지 하지 않는 자들은, 쟁기로 밭을 갈고서 씨를 심은 후에는 일을 놓아 버리고서, 씨가 새들에 의해서 쪼아 먹히거나 뜨거운 태양에 의해서 타버리거나 추위에 의해서 얼어 죽지 않도록 하는 데 꼭 필요한 조치들을 하지 않는 게으른 농부들과 같다. 우리가 선한 일을 시작했다고 하여도, 그 열매를 맺을 때까지 계속해서 일하지 않는다면, 우리가 시작한 일들은 아무 소용이 없게 되어 버린다.

때가 이르면 거두리라. 바울은 우리가 씨를 심고 나서 "때"가 이르기도 전에 현세의 삶 속에서 열매를 거두고자 한다면, 장차 내세에서 신령한 열매를 거두지 못하게 될 것이기 때문에, 그런 식으로 "때"를 기다리지 못해서 "거두지" 못하는 자들이 있어서는 안 된다고 말한다. 믿는 자들은 하나님이 약속하시고 자신들이 원하는 것을 얻기 위해서는 "소망"으로써 힘을 얻고 "인내"로써 절제하는 것이 마땅하다.

10. 그러므로 우리는 기회 있는 대로 모든 이에게 착한 일을 하되 더욱 믿음의 가정들에게 할지니라. 바울이 앞에서 사용하였던 비유는 여기에서도 계속된다. 밭을 쟁기로 갈거나 씨를 심는 것은 아무 때나 할 수 있는 일이 아니다. 지혜롭고 부지런한 농부들은 게으름을 피우다가 그 "때"를 놓쳐서 낭패를 보는 일이 없다. 마찬가지로, 하나님께서는 현세에서의 우리의 삶 전체 중에서 쟁기로 밭을 갈거나 씨

를 심는 때를 따로 정해 놓으셨기 때문에, 우리는 그 "때"를 이용해서 쟁기질을 하거나 씨를 심어야 하고, 우리의 나태함이나 소홀함으로 인해서 그 "때"를 놓쳐서 쟁기질을 하지도 못하고 씨를 심지도 못하는 일이 있어서는 안 된다. 바울은 앞에서는 믿는 자들에게 자신들의 것을 나눠 주고 베풀어서 복음 사역자들을 부양하는 것이 마땅하다고 가르쳤는데, 이제 여기에서 그 가르침을 좀 더 폭넓게 적용해서, 모든 사람에게 선을 행하라고 권면하면서도, 우리와 동일한 권속에 속하는 "믿음의 가정들" 또는 믿는 자들을 특별히 더 신경을 쓰라고 말한다. 바울이 여기에서 이 비유를 사용한 것은 동일한 권속에 속한 지체들 사이에서는 서로 유무상통 하는 것이 마땅하다는 것을 강조해서, 우리로 하여금 그렇게 하도록 권하기 위한 것이다. 모든 사람은 다 동일한 본성을 지닌 자들이기 때문에, 우리에게는 모든 사람에게 선을 행해야 하는 의무가 주어지지만, 믿는 자들은 하나님이 세우신 더 거룩한 관계이기 때문에, 우리에게는 믿는 자들에게 더욱더 선을 행하여야 할 의무가 주어져 있다.

¹¹내 손으로 너희에게 이렇게 큰 글자로 쓴 것을 보라 ¹²무릇 육체의 모양을 내려 하는 자들이 억지로 너희에게 할례를 받게 함은 그들이 그리스도의 십자가로 말미암아 박해를 면하려 함뿐이라 ¹³할례를 받은 그들이라도 스스로 율법은 지키지 아니하고 너희에게 할례를 받게 하려 하는 것은 그들이 너희의 육체로 자랑하려 함이라(6:11-13).

11. 내 손으로 너희에게 이렇게 큰 글자로 쓴 것을 보라. 헬라어 동사 '이데테'(ἴδετε)는 명령법이나 직설법 중 어느 쪽으로도 해석될 수 있기 때문에(개역개정에는 "보라"로 해석한 반면에, 칼빈은 "너희는 보고 있다"로 해석한다 – 역주), 어떻게 해석해야 할지가 대단히 불분명하기는 하지만, 그것은 이 구절의 의미에 전혀 또는 거의 영향을 미치지 않는다. 바울은 자기가 그들을 얼마나 염려하고 크게 신경을 쓰고 있는지를 갈라디아 교인들에게 좀 더 확실하게 부각시키고, 이와 동시에 그들로 하여금 이 서신을 더욱 주의 깊게 읽게 하기 위해서, 자기가 이 긴 서신을 직접 자신의 손으로 썼다는 사실을 언급한다. 왜냐하면, 자기가 얼마나 심혈을 기울여서 이 서신을 썼는지를 그들이 안다면, 그들은 이 서신을 피상적으로 대충 읽지 않고 주의를 집중해서 아주 꼼꼼하게 읽게 될 가능성이 높아질 것이었기 때문이다.

12. 무릇 육체의 모양을 내려 하는 자들이 억지로 너희에게 할례를 받게 함은.
여기에서 바울은 "육체 안에서 모양을 내려 하는 자들"(개역개정에는 "육체의 모양
을 내려 하는 자들")은 사람들의 덕을 세우는 것에는 아무런 관심이 없고, 많은 사람
들로부터 인정을 받고 칭송과 높임을 받고자 하는 야심으로 행하는 자들이라고 말
한다. 헬라어 동사 '유프로소페사이'(εὐπροσωπῆσαι, 개역개정에는 "모양을 내다")
는 아주 풍부한 뉘앙스를 지닌 단어로서, 사람들을 기쁘게 할 목적으로 인자하고
온유하고 점잖은 표정을 짓고 사람들이 듣기 좋아하는 달콤한 말들을 하는 것을 가
리킨다. 바울은 거짓 사도들이 자신들의 "야심"을 이루기 위한 목적으로 갈라디아
교인들에게 그렇게 하고 있다고 고소한다. 그는 이렇게 말한 것과 같다: "그자들은
마치 할례가 구원에 꼭 필요한 것처럼 너희에게 할례를 받으라고 강제하고 있는데,
너희는 그자들이 어떤 자들이고, 그들이 추구하는 목적이 무엇인지를 알고 싶은
가? 만일 너희가 그들은 경건한 열심에 사로잡혀서 그렇게 하고 있는 것이라고 생
각한다면, 그것은 큰 착각이다. 그들이 할례를 고집하는 유일한 목적은 그렇게 함
으로써 사람들의 환심을 사기 위한 것이다."

거짓 사도들은 유대인들이었기 때문에, 그들 자신의 민족으로부터 환심을 사기
위해서, 또는 적어도 유대인들의 적대감을 완화시키기 위해서 이런 방법을 쓴 것이
었다. 자신의 출세에 영향을 미칠 수 있는 사람들 앞에서 자기를 낮추고 비위를 맞
추고 알랑거리며 그 사람들이 좋아하는 것들을 골라서 행함으로써 그 사람들의 환
심을 사두었다가, 적당한 때에 자기보다 더 나은 사람들이 요직에서 물러나게 되었
을 때, 그 사람들을 등에 업고 그 요직을 꿰차고서 전권을 휘두르고자 하는 것은 야
심으로 움직이는 자들이 통상적으로 사용하는 수법이다. 바울은 갈라디아 교인들
로 하여금 그러한 거짓 사도들을 조심하도록 하기 위해서, 그자들의 악한 목적을
그들에게 분명하게 밝힌다.

그들이 그리스도의 십자가로 말미암아 박해를 면하려 함뿐이라. 바울은 여기
에서 또다시 복음을 순전하게 전하는 것을 "그리스도의 십자가"로 지칭한다. 그러
나 이것은 "십자가" 없는 그리스도를 전하고자 하는 거짓 사도들의 음모를 간접
적으로 드러내고자 하는 것이기도 하다. 유대인들이 바울에 대하여 격분해서 그를
죽이고자 한 것은 그가 율법의 예법들을 무시하는 것을 그들이 견딜 수 없었기 때
문이었다. 그래서 거짓 사도들은 유대인들의 요구를 들어주어서 환심을 삼으로써
"박해"를 피하고자 하였다. 만일 거짓 사도들이 갈라디아 교인들에게 율법을 지키

라고 강요하지 않고, 그들 스스로만 율법을 지켰다면, 그것은 좀 더 용납될 수 있는 일이 되었을 것이다. 그러나 그들은 자신들의 야심을 이루기 위해서 갈라디아 교회 전체를 발칵 뒤집어 놓았고, 갈라디아 교인들의 양심에 폭압적인 멍에를 짊어지게 해서 육체에 속한 것들로 그들을 속박하여, 그들에게 주어져 있던 그리스도인으로서의 자유를 빼앗아 버리는 일을 서슴지 않았다. "그리스도의 십자가"로 인한 박해의 공포가 거짓 사도들로 하여금 "그리스도의 십자가"를 전하는 참된 복음을 변질시키도록 만든 것이었다.

13. 할례를 받은 그들이라도 스스로 율법은 지키지 아니하고 너희에게 할례를 받게 하려 하는 것은 그들이 너희의 육체로 자랑하려 함이라. 여기에서 불가타 역본과 에라스무스는 "할례를 받은 자들"이라고 번역한다. 그러나 바울은 여기에서 오직 거짓 사도들만을 가리키는 것으로 보이고, "할례를 받은 자들"이라는 번역은 할례를 받은 모든 자들을 다 포함하는 의미를 지니기 때문에, 나는 모호함을 피하기 위해서 "할례를 고집하는 자들"이라고 번역하는 쪽을 택하였다. 따라서 바울이 여기에서 말하고자 하는 것은 이런 것이다: "거짓 사도들이 너희를 예법의 멍에로 속박하고자 하는 것은 율법에 대한 강한 애착 때문이 아니다. 왜냐하면, 그들은 그들 자신이 할례를 받았음에도 불구하고, 율법을 지키지 않기 때문이다. 그들은 분명히 율법을 구실로 해서 너희에게 할례를 받을 것을 요구하고 있다. 하지만 그들은 할례를 받은 자들인데도, 너희들에게는 율법을 지키라고 하면서 자신들은 율법을 지키지 않는 모순된 행태를 보이고 있다."

바울은 여기에서 거짓 사도들이 율법을 지키지 않고 있다고 말하고 있지만, 이것이 율법 전체를 가리키는 것인지, 아니면 율법 중에서 예법만을 가리키는 것인지는 확실하지 않다. 어떤 이들은 바울이 여기에서 율법은 사람이 감당할 수 없는 무거운 짐이기 때문에, 거짓 사도들도 율법의 요구들을 만족시키고 있지 않다고 말하고 있는 것으로 이해한다. 그러나 바울은 여기에서 거짓 사도들의 이중적이고 위선적인 행태를 고소하고 있는 것으로 보아야 한다. 즉, 그들은 자신들의 목적에 부합할 때에만 율법을 들먹이며, 마치 자신들이 율법의 수호자들인 것처럼 말하고 행하지만, 실제로 율법을 지키지 않아도 남들의 눈총을 받지 않는 경우에는 율법을 무시하고 율법으로부터 자유로운 자들처럼 행하였다는 것이다.

이러한 질병은 오늘날 도처에서 맹위를 떨치고 있다. 우리는 우리 시대에 많은 사람들이 교황 제도의 폭정을 옹호하는 목적이 "양심" 때문이 아니라 "야심" 때문이라는 것을 안다. 지금 나는 부엌에서 풍겨 나오는 진수성찬의 달콤한 향기에 매료되어서, 교황이 내린 거룩한 로마 고회의 칙령들을 공경하는 마음으로 받들어서 행하여야 한다고 권위 있는 어조로 선언하는 고상하고 점잖은 주교들에 대하여 말하고 있다. 그렇게 말하는 그들이 지금까지 내내 해 온 일은 무엇인가? 그들은 로마 교황청에서 내린 온갖 결정이나 칙령들을 나귀의 시끄러운 울음소리 정도로밖에는 생각하지 않기 때문에, 그들에게는 그것들을 지킬 마음이 추호도 없고, 그들의 모든 관심은 오로지 자신들의 지위와 안위를 지켜 내는 데에만 있다. 요컨대, 우리가 오늘날 복음을 고백하고 믿는다고 하면서도 자신들의 안위를 위하여 그리스도와 교황은 하나라는 기괴한 주장을 옹호하는 위선자들과 싸우고 있듯이, 바울은 당시에 자신들의 안위를 위하여 결코 섞일 수 없는 율법과 복음을 혼합한 가짜 복음을 갈라디아 교인들에게 강요하면서도 그들 스스로는 율법을 지키지 않는 위선적인 거짓 사도들과 싸우고 있었다는 것이다. 그러므로 바울은 그 거짓 사도들은 정직하게 행하지 않고 이중적으로 행하는 자들이고, 그들이 갈라디아 교인들에게 할례를 강요하는 유일한 목적은 그렇게 해서 율법의 종으로 만든 자들을 유대인 앞에서 자신들의 공로로 자랑하기 위한 것임을 분명하게 밝힌다. 이것이 바울이 "그들이 너희의 육체로 자랑하려 함이라"고 한 말의 취지이다. 그는 이렇게 말하고 있는 것이다: "그들은 너희를 자신들의 출서의 제물로 삼고자 한다. 즉, 그들은 할례를 받은 너희를 율법을 옹호하는 거짓된 자들에게 평화와 화합의 제물로 바쳐서, 그들로부터 인정을 받고 그들의 환심을 사서 출세의 발판을 만들고자 하고 있다."

[14]그러나 내게는 우리 주 예수 그리스도의 십자가 외에 결코 자랑할 것이 없으니 그리스도로 말미암아 세상이 나를 대하여 십자가에 못 박히고 내가 또한 세상을 대하여 그러하니라 [15]할례나 무할례가 아무 것도 아니로되 오직 새로 지으심을 받는 것만이 중요하니라 [16]무릇 이 규례를 행하는 자에게와 하나님의 이스라엘에게 평강과 긍휼이 있을지어다 [17]이 후로는 누구든지 나를 괴롭게 하지 말라 내가 내 몸에 예수의 흔적을 지니고 있노라 [18]형제들아 우리 주 예수 그리스도의 은혜가 너희 심령에 있을지어다 아멘(6:14-18).

14. 그러나 내게는 우리 주 예수 그리스도의 십자가 외에 결코 자랑할 것이 없으니. 바울은 이제 자기가 앞에서 말한 거짓 사도들의 이중적이고 위선적인 행태

를 자신의 정직성과 대비시킨다. 그는 이렇게 말한 것과 같다: "거짓 사도들은 십자가를 짊어져야 하는 것을 피하기 위해서 그리스도의 십자가를 부인하고, 너희를 다시 율법의 종으로 만들어서 자신들의 전리품으로 삼아 개선함으로써 사람들로부터 인정을 받고 자신들의 출세의 발판을 마련하고자 해 왔다. 반면에, 나의 이김과 나의 자랑은 오직 하나님의 아들의 십자가에 있다." 만일 갈라디아 교인들에게 조금이라도 제정신이 남아 있었더라면, 그들은 연약한 자신들을 이용해서 자신들의 야심을 채우고자 한 자들을 혐오하고 거부하였을 것임에 틀림없지만, 실제로는 그렇지 못하였다.

"그리스도의 십자가를 자랑한다"는 것은 십자가에 못 박히신 그리스도를 자랑한다는 것을 의미하기는 하지만, 그것보다 더 많은 의미를 함축하고 있다. 즉, 그리스도는 우리를 대신해서 하나님으로부터 저주를 받아 수치와 모멸로 가득한 십자가의 죽음을 죽으셨고, 사람들은 그러한 죽음을 혐오와 경멸의 눈으로 바라보았지만, 바울은 자기는 그리스도의 그 십자가의 죽음 속에서 온전한 복을 발견하였기 때문에, 사람들로부터 멸시받는 그리스도의 그러한 죽음을 자랑한다는 의미가 거기에 담겨 있다. 사람들은 자기가 가장 소중히 여기는 것을 자랑한다. 그렇다면, 바울은 왜 자신의 자랑을 다른 곳에서 찾고 있지 않은 것인가? 물론, 우리의 구원은 그리스도의 십자가로 말미암는 것이기는 하지만, 그리스도의 부활도 있지 않은가? 그러므로 바울은 "십자가"가 아니라 그리스도의 부활을 자랑한다고 말할 수도 있지 않았겠는가? 나의 대답은 "십자가"에는 우리의 구속과 관련된 모든 것들이 담겨 있는 반면에, 그리스도의 부활은 우리를 "십자가"로부터 멀어지지 않게 하는 역할만을 한다는 것이다. 우리가 여기에서 주목해야 할 것은 바울은 "그리스도의 십자가"를 자랑하는 것을 제외하고 그 밖의 다른 것을 자랑하는 것을 사형에 해당하는 범죄로 여기고서 배척하고 있다는 것이다. 그래서 그는 하나님께서 우리가 그러한 무시무시한 죄를 범하여 끔찍한 재난을 당하지 않도록 지켜 주시기를 바란다고 말하는데, 이것이 그가 자주 사용하는 "그럴 수 없느니라"는 어구의 의미이다(이 어구는 개역개정에는 제대로 나타나지 않지만, 이 구절을 직역하면 "그러나 그럴 수 없느니라 내게는 우리 주 예수 그리스도의 십자가 외에는 결코 자랑할 것이 없으니"가 된다 - 역주).

그리스도로 말미암아 세상이 나를 대하여 십자가에 못 박히고 내가 또한 세상을 대하여 그러하니라. "십자가"를 뜻하는 헬라어인 '스타우로스'(σταυρὸς)는 남성 명사이기 때문에, 이 구절에서 사용된 남성 관계대명사는 앞에 나오는 "그리스도"와 "십자가" 중에서 어느 쪽을 받는 것으로 해석해도 문법적으로 아무런 문제가 없게 된다. 하지만 내 생각에는, "십자가"를 받는 것으로 해석하는 것이 더 합당한 것으로 보인다(개역개정에는 "그리스도"를 받는 것으로 되어 있다 – 역주). 왜냐하면, 엄밀하게 말하자면, 우리는 "십자가"로 말미암아 세상에 대하여 죽은 것이기 때문이다. 그렇다면, "세상"은 무엇을 의미하는가? 여기에서 "세상"이 "새로 지으심을 받는 것"(15절)과 대비되고 있다는 것은 의심의 여지가 없다. 그리스도의 영적인 나라와 반대되는 모든 것들은 "옛 사람"에 속하는 것이라는 점에서 "세상"이다. 또는, 한 마디로 말해서, 세상은 옛 사람이 지향하는 대상이고 목적이다.

바울은 "세상이 나를 대하여 십자가에 못 박히고"라고 말한다. 이것은 그가 다른 경우에 사용한 표현과 정확히 일치한다: "그러나 무엇이든지 내게 유익하던 것을 내가 그리스도를 위하여 다 해로 여길뿐더러 또한 모든 것을 해로 여김은 내 주 그리스도 예수를 아는 지식이 가장 고상하기 때문이라 내가 그를 위하여 모든 것을 잃어버리고 배설물로 여김은 그리스도를 얻고"(빌 3:7-8). 세상을 십자가에 못 박는다는 것은 세상을 멸시하고 무가치하게 여긴다는 것을 의미한다.

바울은 "내가 세상을 대하여 못 박혔다"는 말을 덧붙인다. 이것은 자기 자신을 이 세상에서 고려해야 할 가치가 없는 자, 그러니까 실제로는 마치 이 세상에 전혀 존재하지 않는 자처럼 여겼다는 의미이다. 왜냐하면, 이 세상에서 죽은 자는 이 세상과는 아무런 상관이 없는 자임을 의미하기 때문이다. 어쨌든 그가 여기에서 말하고자 하는 것은 자신의 "옛 사람"이 죽었기 때문에 자기는 이 세상과는 상관이 없는 자라는 것이다. 어떤 이들은 이 말의 의미를 다음과 같이 이해한다: "세상이 나를 저주받고 버림받은 자로 여긴다면, 나는 세상이 정죄받고 저주받은 것으로 여긴다." 내게는 그러한 해석이 억지스러워 보이기는 하지만, 모든 판단은 독자들에게 맡긴다.

15. 할례나 무할례가 아무 것도 아니로되 오직 새로 지으심을 받는 것만이 중요하니라. 바울이 세상에 대하여 십자가에 못 박히고 세상이 그에 대하여 십자가에 못 박힌 이유는, 그가 영적으로 연합되어 있는 그리스도 안에서는 오직 "새로 지으심을 받는 것"만이 소용이 있고, 그 밖의 다른 것들은 아무 소용이 없기 때문이다. 다른 모든 것들은 언젠가는 사라져 없어질 덧없는 것들이기 때문에 버리는 것이 마땅하다. 여기에서 내가 "다른 모든 것들"이라고 했을 때, 그것은 성령의 새롭

게 하시는 역사를 방해하는 모든 것들을 가리킨다. 그는 "누구든지 그리스도 안에 있으면 새로운 피조물이라"(고후 5:17). 즉, 그리스도의 나라에 속한 자로 여김을 받고자 하는 자는 누구든지 하나님의 성령에 의해서 새롭게 지음받아야 되고, 더 이상 자기 자신이나 세상에 대하여 살아가는 것이 아니라, 그리스도와 함께 죽었다가 다시 살리심을 받아서 "새 생명 가운데서"(롬 6:4) 행하여야 한다는 것이다. 바울이 "할례나 무할례"는 전혀 중요하지 않다고 말하는 이유들에 대해서는 우리가 이미 앞에서 살펴본 바 있다.

16. 무릇 이 규례를 행하는 자에게와 하나님의 이스라엘에게 평강과 긍휼이 있을지어다. "그들이 모든 형통함과 복을 누리게 되기를 기원한다"는 것은 단순히 복을 빌어 주는 "기도"가 아니라 "인정"을 나타내는 증표이다. 그러므로 바울이 여기에서 말하고자 하는 것은 이 가르침을 가르치는 자들은 모든 공경과 존중을 받을 가치가 있는 자들인 반면에, 이 가르침을 배척하는 자들의 말은 들을 가치조차 없다는 것이다. "규례"라는 단어는 모든 경건한 복음 사역자들이 언제나 마땅히 따라야 하는 바른 길을 의미한다. 건축자들은 건물들을 세울 때에 적절한 형태와 바른 비율을 유지하는 데 도움을 받기 위해서 "본"을 사용한다. 사도는 말씀 사역자들에게 그러한 "본"(κανόνα - '카노나')을 제시한다. 따라서 사역자들은 자신들에게 그가 보여준 "본을 따라" 교회를 세워 나가야 한다(히 8:5). 하나님께서는 충성되고 바른 교사들, 그리고 이 "규례를 행하는" 모든 자들에게 바울의 입을 빌려서 특별한 복을 선언하고 계시기 때문에, 그런 자들은 이 본문으로부터 큰 위로와 담력을 얻을 수 있다. 하나님께서는 하늘로부터 우리에게 "평강과 긍휼"을 약속하고 계시기 때문에, 우리는 교황의 우렛소리를 두려워할 필요가 없다. "행하는"이라는 단어는 여기에서는 주로 사역자들을 가리키는 것이기는 하지만, 사역자들과 하나님의 백성들 모두에 적용될 수 있다. "행하다"라는 동사의 미래 시제(ὅσοι στοιχήσουσιν - '호소이 스토이케수신')를 사용해서 직역하면 "무릇 이 규례를 행할 자"라고 한 것은 지금만이 아니라 앞으로도 계속해서 끝까지 행하여야 한다는 것을 표현하기 위한 것이다.

바울이 여기에서 "하나님의 이스라엘"이라고 한 것은 자신들이 육신을 따라 아브라함의 자손들이라는 것을 대단한 자랑으로 여겼던 거짓 사도들의 헛된 자랑을 간접적으로 비웃고 조소한 것이다. 즉, "이스라엘"이라는 이름을 지닌 무리가 두 부류가 존재하는데, 하나는 사람들의 눈에 이스라엘인 것처럼 보이는 가짜 이스라엘이고, 다른 하나는 "하나님의 이스라엘"이다. 할례는 사람들 앞에서 자신이 이스라엘인 것처럼 보이게 하려고 위장하기 위한 "가면"이었던 반면에, 중생은 하나님 앞에서 참된 이스라엘임을 나타내는 증표이다. 한 마디로 말해서, 바울은 앞에서 자기가 말했던 믿음으로 말미암아 아브라함의 자손이 된 자들(갈 3:29)에게 "하나님의 이스라엘"이라는 호칭을 수여하고 있는데, 거기에는 유대인이든 이방인이든 하나의 교회로 연합되어 있는 모든 믿는 자들이 포함된다. 반면에, "이스라엘"이라는 이름과 혈통만을 유일한 자랑으로 여기는 자들은 육신을 따른 이스라엘이다. 그러한 근거 위에서 사도는 로마서에서 "이스라엘에게서 난 그들이 다 이스라엘이 아니요 또한 아브라함의 씨가 다 그의 자녀가 아니라"(롬 9:6-7)는 논증을 전개한다.

17. 이후로는 누구든지 나를 괴롭게 하지 말라. 이제 바울은 자신의 대적들을 제압하기 위해서 권위가 실린 목소리로 말한다. 왜냐하면, 그는 교회에서 최상위의 직분인 사도로서의 권위와 권세를 가지고서, "내가 복음을 전하는 길을 가로막는 짓은 이제 그만 그치라"고 명하고 있기 때문이다. 그는 교회를 위해서라면 그 어떤 어려움과 난관도 다 감수할 각오가 되어 있었지만, 쓸데없는 분규에 휩싸여서 자신의 복음 전파가 방해받는 것을 원하지 않았다. "괴롭게 한다"는 것은 그를 반대하고 걸고넘어짐으로써 복음을 전하는 그의 일이 진보를 이룰 수 없게 방해하는 것을 의미한다.

바울은 여기에서 "나머지에 대해서는"($\tau o \tilde{u}$ $\lambda o \iota \pi o \tilde{u}$ - '투 로이푸,' 개역개정에는 "이후로는")이라는 어구를 덧붙이고 있는데, 이것은 "새로 지으심을 받는 것" 외의 다른 모든 것을 가리킨다. 이 어구를 통해서 그가 말하고자 하는 것은 이런 것이다: "단 한 가지만으로 내게는 충분하다. 다른 것들은 전혀 중요하지 않기 때문에, 나는 그런 것들에는 전혀 관심이 없다. 그러므로 그런 것들에 대해서는 그 누구도 내게 질문하지 말라." 이렇게 바울은 자신을 다른 모든 사람들 위에 두고서, 그 누구에게도 자신의 사역을 공격할 권한을 인정하지 않는다. 이 어구를 문자적으로 직역하면, "나머지에 대해서는"이 되는데, 에라스무스(Erasmus)는 이 어구를 "시간"과 결부시켜서 "이후로는"으로 번역하고 있는데, 내 생각에는 부적절한 번역인 것으로 여겨진다.

내가 내 몸에 예수의 흔적을 지니고 있노라. 여기에서 바울은 자기가 왜 갈라디아 교인들에게 그토록 권위를 가지고 담대하게 말할 수 있는지, 그 이유를 설명해 주는데, 그것은 자기 몸에 그리스도의 흔적을 지니고 있기 때문이라고 말한다. 그렇다면, 그가 말하는 "흔적들"이라는 것은 무엇이었는가? 그것들은 그가 복음을 증언하다가 감옥에 갇히고 사슬에 묶이고 채찍질을 당하고 매를 맞고 돌팔매질을 당하는 등 온갖 고초를 겪으면서 얻게 된 상처들을 가리킨다. 어떤 병사가 세상적인 싸움에서 전공을 세우면, 대장은 많은 사람들이 보는 앞에서 그 병사에게 훈장을 수여하여 그 병사의 용맹성을 치하하는 것과 마찬가지로, 우리의 대장이신 그리스도께서도 자기를 따라 고난을 당한 자들에게 자신의 훈장들을 수여하여 그들에게 영광과 존귀를 더하신다. 하지만 그리스도께서 주시는 훈장들은 한 가지 중요한 점에서, 즉 그 훈장들은 "십자가"에 참여함으로써 얻는 것으로서, 세상 사람들의 눈에는 수치스러운 것으로 보인다는 점에서 세상에서 주는 훈장과 다르다. 바울이 그 훈장들을 '스티그마타'(στίγματα, "흔적들")라고 부르는 것이 그것을 잘 보여준다. 왜냐하면, "흔적들"이라는 것은 문자적으로 직역하면 야만인 노예들이나 도망자들이나 행악자들의 몸을 인두로 지져서 만드는 "낙인들"을 가리키기 때문이다. 그러므로 여기에서 바울이 그리스도께서 자신의 가장 뛰어난 군사들을 높이기 위하여 주시곤 하시는 "훈장들"은 세상 사람들의 눈에는 수치스럽고 욕된 것으로 보이지만, 하나님과 천사들 앞에서는 세상의 모든 영광과 존귀를 훨씬 뛰어넘는 영광스러운 것이라고 자랑하고 있는 것은 결코 비유를 사용해서 말하고 있는 것이라고 할 수 없다.

18. 형제들아 우리 주 예수 그리스도의 은혜가 너희 심령에 있을지어다 아멘.
바울은 여기에서 단지 갈라디아 교인들에게 일반적인 의미에서의 "주 예수 그리스도의 은혜"가 주어지기를 기도하고 있는 것이 아니라, 그들이 주 예수 그리스도께서 주신 은혜를 그들의 "심령" 속에서 제대로 올바르게 느끼게 되기를 기도하고 있는 것이다. 이렇게 "은혜"가 우리의 "심령"에 도달할 때에야, 비로소 우리는 그 은혜를 진정으로 누릴 수 있게 된다. 그러므로 우리는 그 은혜가 우리의 심령 속에 거할 수 있도록 하나님께서 우리의 심령을 준비시켜 주시기를 간구하는 것이 마땅하다. 아멘.

에베소서

서론

역사적으로 여러 가지 다양한 이름으로 잘 알려져 있는 에베소는 소아시아의 매우 유명한 도시였다. 바울의 수고로 말미암아 하나님께서 거기에서 자기 백성을 어떤 식으로 얻으셨는지, 그리고 에베소 교회가 어떻게 시작되어서 발전하게 되었는지에 관한 내용은 누가가 사도행전에서 우리에게 들려준다. 나는 이 자리에서는 단지 이 서신의 주제와 직접적으로 관련되어 있는 것들만을 언급하고자 한다. 에베소 교인들은 바울에게서 복음의 순전한 고훈에 대하여 가르침을 받았었다. 나중에, 그는 로마에 갇혀 있는 동안에, 그들의 신앙을 굳건하게 해 줄 필요가 있다는 것을 알고서, 그러한 목적으로 현재의 서신을 그들에게 써 보냈다.

처음 세 장은 주로 하나님의 은혜를 칭송하는 내용으로 채워져 있다. 그는 1장을 시작하면서 문안인사를 전한 후에 곧바로 하나님이 우리를 값없이 거저 택정하신 것에 대하여 얘기함으로써, 에베소 교인들이 태어나기도 전에 생명으로 택정함을 받았기 때문에, 지금 그들이 하나님의 나라로 부르심을 받은 것임을 알게 해 준다. 그가 사람들에게 주어진 구원의 본래의 진정한 근원, 즉 하나님이 사람들을 자신의 자녀들로 값없이 거저 택정하신 것이 사람들의 구원의 근원이라는 것을 밝힐 때, 거기에서 하나님의 놀랍고 경이로운 자비와 은혜가 생생하게 드러난다. 그러나 바울은 사람들의 심령은 그러한 놀랍고 고귀한 신비를 받아들이는 데 부적합하다는 것을 알기 때문에, 하나님께서 에베소 교인들에게 빛을 비추어 주셔서 그리스도를 온전히 알게 해 주시라고 기도하는 모습을 보인다.

2장에서는 하나님의 자녀가 되기 이전과의 "대비"를 통해서 하나님의 은혜가 얼마나 풍성한지를 아주 뚜렷하고 생생하게 조명한다. 먼저, 그는 에베소 교인들이 그리스도께로 부르심을 받기 이전에는 얼마나 비참한 상태로 살아갔었는지를 그들에게 상기시킨다. 우리는 이전에 우리가 "그리스도 밖에"(엡 2:12) 있을 때에 얼마나 비참하고 참담한 상태에 있었는지를 보게 될 때까지는, 우리가 그리스도께 얼마나 큰 빚을 지고 있는지를 결코 제대로 느낄 수가 없고, 우리를 향하신 그리스도의 인자하심과 사랑을 충분히 평가할 수 없다. 다음으로, 그는 이방인들은 하나님이 자신의 뜻을 따라 오직 유대인들에게만 수여하셨던 영생의 약속들에 대하여 "외인들"이었다는 사실을 지적한다.

3장으로 넘어 와서는, 바울은 자기가 특별히 이방인들의 사도로 세우심을 받았다는 사실을 밝히고, 이방인들은 오랜 세월 동안 "외인들과 나그네들"(엡 2:19)이었지만, 이제는 하나님의 백성에 접붙임을 받게 되었다고 말한다. 이것은 이례적인 사건이었고, 너무나 새롭고 생각지도 못한 의외의 일이어서, 많은 사람들의 마음속에 불편함을 야기하였기 때문에, 바울은 그것을 "그리스도의 비밀"이라고 지칭하면서, "이제 그의 거룩한 사도들과 선지자들에게 성령으로 나타내신 것 같이 다른 세대에서는 사람의 아들들에게 알리지 아니하신" 것이라고 말하고(엡 3:4-5), 그것은 하나님께서 자기에게 맡기신 "은혜의 경륜"(엡 3:2)이라고 밝힌다.

3장의 끝부분에서 바울은 또다시 하나님께서 에베소 교인들로 하여금 그리스도를 제대로 올바르게 알게 해 주셔서 그 밖의 다른 것들은 알고 싶지도 않게 해 주실 것을 기도한다. 그가 이렇게 기도한 목적은 단지 그들로 하여금 하나님이 그들에게 주신 수많은 은혜들에 대하여 감사하고, 전적으로 헌신하여 하나님을 온 마음을 섬김으로써 그 감사하는 마음을 표현하도록 하기 위한 것이라기보다는, 그의 부르심에 대한 모든 의심을 제거하기 위한 측면이 더 강하다. 바울은 거짓 사도들이 에베소 교인들에게 그들은 단지 반쪽짜리 가르침만을 받았을 뿐이라는 생각을 주입시켜서 그들의 신앙을 흔들어 놓게 되지는 않을까 걱정하였던 것 같다. 그들은 이방인들이었다. 따라서 그들은 율법의 예법들이나 할례에 대해서는 그 어떤 말도 듣지 않은 상태로, 순전한 기독교 신앙을 받아들였다. 그런데 믿음으로 말미암아 그리스도인이 된 신자들도 율법을 지켜야 한다고 주장했던 모든 자들은, 할례를 받지 않고 하나님의 교회 속으로 들어온 자들은 속되고 부정한 자들로 여겨야 한다고 목소리를 높였다. 그들은 할례를 받지 않은 자는 누구든지 하나님의 백성이 될 자격을 갖추지 못한 것이고, 하나님의 백성이 되기 위해서는 모세가 정한 모든 예식들과 예법들을 반드시 지켜야 한다고 늘 노래를 부르고 다녔다. 따라서 그들은 그것을 근거로 삼아서, 그리스도는 이방인들과 유대인들 모두의 구주라고 전하고 다닌다는 이유로 바울을 단죄하고 고소하였다. 그들은 바울은 스스로를 사도로 자처하며, 악인들에게도 천국의 문을 활짝 열어 주어서 그들도 무차별적으로 은혜 언약에 참여할 수 있게 하고 있기 때문에, 그의 사도직은 하늘의 가르침을 모독하는 것이라고 주장하였다.

바울은 에베소 교인들이 그러한 비방과 중상모략으로 공격을 당하였을 때에 거기에 굴복하지 않도록 하기 위해서 미리 그들에게 서신을 보내어서 경고하는 조치를 취하기로 결심하였다. 그는 한편으로는 그들이 복음으로 부르심을 받게 된 것은 창세 전에 택함을 받았기 때문이라는 사실을 역설하고 논증하면서도, 다른 한편으로는 복음이 사람들의 뜻에 의해서 우연히 그들에게 전해진 것이라거나, 어쩌다 보니 복음이 그들에게 우연히 흘러들게 된 것이라고 생각해서는 안 된다고 경고하면서, 그리스도께서 그들 가운데서 전파된 것은 하나님께서 영원 전부터 작정하신 것이 그들에게 전파된 것에 다름 아니라는 것을 역설한다. 바울은 에베소 교인들이 그리스도를 믿기 전에 살았던 삶이 얼마나 비참한 삶이었는지를 그들에게 보여 주면서, 그와 동시에 하나님께서 그들을 그토록 깊은 구덩이에서 건져 주심으로써, 하나님의 특별하고 놀라운 은혜와 자비가 그들 가운데 나타나게 되었다는 사실도 일깨워 준다. 그는 자기가 이방인들의 사도로서의 사명을 받았다는 사실을 그들에게 선언하면서, 그들은 하나님의 허락하심에 의해서 교회의 친교 속으로 들어오게 된 것이라는 사실을 들어서, 그들이 전에 받아들였던 믿음에 굳게 서라고 권면한다. 하지만 우리는 이 장에 나오는 모든 구절들을 에베소 교인들에게 하나님께 감사할 것을 촉구하기 위한 권면들로 보아야 한다.

4장에서 바울은 주께서 어떤 방식으로 자신의 교회를 다스리시고 보호하시는지에 대하여 설명하면서, 그것은 사람들에 의해서 전파된 복음을 통해서라고 말한다. 이것으로부터 도출되는 결론은, 복음에 의거함이 없이는 다른 방법으로는 교회를 온전히 순전하게 지켜낼 수 없다는 것이고, 교회가 목표로 하는 것은 참된 온전함이라는 것이다. 사도가 이렇게 말하는 목적은 에베소 교인들에게 제대로 된 복음 사역이 교회 내에서 행하여져서 하나님이 그들 가운데서 다스리게 하라고 권면하는 것이다. 나중에 그는 교회 내에서 복음이 제대로 선포되었을 때에는 믿는 자들 가운데서 거룩한 삶과 온갖 경건의 의무들이 제대로 행해지는 열매가 맺어진다고 좀 더 구체적으로 말한다. 또한, 그는 그리스도인들이 어떻게 살아야 하는지를 일반적인 표현들로 설명하는 데 만족하지 않고, 여러 가지 다양한 사회 관계들에 맞춰서 구체적인 권면들을 제시한다.

제1장

¹하나님의 뜻으로 말미암아 그리스도 예수의 사도 된 바울은 에베소에 있는 성도들과 그리스도 예수 안에 있는 신실한 자들에게 편지하노니 ²하나님 우리 아버지와 주 예수 그리스도로부터 은혜와 평강이 너희에게 있을지어다 ³찬송하리로다 하나님 곧 우리 주 예수 그리스도의 아버지께서 그리스도 안에서 하늘에 속한 모든 신령한 복을 우리에게 주시되 ⁴곧 창세 전에 그리스도 안에서 우리를 택하사 우리로 사랑 안에서 그 앞에 거룩하고 흠이 없게 하시려고 ⁵그 기쁘신 뜻대로 우리를 예정하사 예수 그리스도로 말미암아 자기의 아들들이 되게 하셨으니 ⁶이는 그가 사랑하시는 자 안에서 우리에게 거저 주시는 바 그의 은혜의 영광을 찬송하게 하려는 것이라(1:1-6).

1. 하나님의 뜻으로 말미암아 그리스도 예수의 사도 된 바울은 에베소에 있는 성도들과 그리스도 예수 안에 있는 신실한 자들에게 편지하노니. 여기에 나오는 것과 동일하거나 적어도 별 차이가 없는 문안인사가 바울의 모든 서신들에서 발견되기 때문에, 여기에서 우리가 이전에 설명했던 것들을 또다시 되풀이해서 말하는 것은 쓸데없는 일이 될 것이다. 바울은 자기 자신을 "그리스도 예수의 사도"라고 부른다. 왜냐하면, 화목하게 하는 사역, 또는 화해 사역을 위하여 세움을 받은 모든 자들은 그리스도 예수의 "대사들"이기 때문이다. 사실, "사도"라는 단어는 그 이상의 의미를 지닌다. 우리가 나중에 보게 되겠지만(엡 4:11), 복음 사역자라고 해서 모두가 "사도"라고 부를 수 있는 것은 아니기 때문이다. 하지만 나는 이 주제에 대해서는 갈라디아서를 주석할 때에 이미 자세하게 설명한 바 있기 때문에, 여기에서는 생략하고자 한다(갈라디아서 1:1에 대한 주석을 보라).

바울은 여기에서 "하나님의 뜻으로 말미암아"라는 어구를 덧붙인다. 왜냐하면, "이 존귀는 아무도 스스로 취하지 못하고," 합법적인 복음 사역자가 되기 위해서는 누구든지 "하나님의 부르심"을 기다려야 하기 때문이다(히 5:4). 이런 식으로 그는 자기는 "하나님의 뜻으로 말미암아" 사도가 된 것임을 분명하게 밝힘으로써, 자신의 사도직을 부정하고 조롱하고 야유하였던 악한 자들을 하나님의 권위에 의지해서 반박함과 동시에, 자신의 사도직을 둘러싼 온갖 논쟁이 아무 짝에도 쓸데없는 것임을 보여준다.

바울은 나중에 자기가 "그리스도 예수 안에 있는 신실한 자들"이라고 부를 자들에게 "성도"라는 호칭을 수여한다. 그러므로 어떤 사람이 진정으로 그리스도 예수를 믿는 자라면, 그는 "성도"이기도 하다. 또한, 반대로 그리스도 예수를 믿지 않는 자는 누구든지 결코 "성도"가 될 수 없다. 대부분의 헬라어 사본들에는 "에베소에 있는 성도들"로 되어 있지만, 내가 사용한 사본에는 "에베소에 있는 모든 성도들"로 되어 있어서, 나는 "모든"이라는 수식어를 굳이 빼고자 하지 않았다. 왜냐하면, 결국 내용상으로 보면, 이 어구 속에는 "모든 성도들"이라는 의미가 내포되어 있기 때문이다.

3. 찬송하리로다 하나님 곧 우리 주 예수 그리스도의 아버지께서 그리스도 안에서 하늘에 속한 모든 신령한 복을 우리에게 주시되. 바울이 여기에서 고귀하고 장엄한 표현들을 사용해서, 하나님께서 에베소 교인들에게 베풀어 주신 은혜를 찬송하고 있는 것은, 그들로 하여금 자신들이 지금까지 받은 너무나 귀하고 풍성한 은혜들을 생각하게 함으로써, 그들의 마음이 하나님께 감사하는 마음으로 넘쳐나서 뜨겁게 불타오르게 하기 위한 것이다. 왜냐하면, 자기 자신 속에서 하나님의 선하심을 보여주는 지극히 풍성하고 절대적으로 완전한 증거들을 발견해서, 그것들을 진지하게 묵상하는 자들은, 그들이 그들 자신 속에서 너무나 강력하게 느끼고 있는 그 하나님의 은혜를 가리고자 하는 새로운 가르침들을 결코 받아들이거나 용납하려고 하지 않을 것이기 때문이다. 그러므로 사도가 여기에서 에베소 교인들에게 주어진 하나님의 풍성한 은혜를 천명하는 목적은, 거짓 사도들이 그들에게 와서 마치 그들이 정말 부르심을 받은 것인지 의심스럽다거나, 그들이 이전에 들었던 것과는 다른 방식으로 구원을 찾아야 하는 것처럼 말할 때, 그들의 신앙이 흔들리는 것을 막기 위한 것이었다. 이와 동시에, 그는 장래에 우리 성도들에게 주어지게 될 복의 온전한 확실성은 하나님이 그리스도 안에서 우리에 대한 자신의 사랑을 나타내셨다는 사실에 있고, 바로 그러한 사실을 우리에게 보여주는 것이 "복음"이다. 그러나 이러한 사실을 좀 더 분명히 확증하기 위해서, 그는 이 모든 것의 근원인 제1원인으로 거슬러 올라가서, 우리가 태어나기도 전에 우리를 자신의 자녀들로 택하신 하나님의 영원한 택정하심에 대하여 말한다. 이것은 에베소 교인들의 구원이

어떤 우연이나 예기치 않았던 일에 의해서가 아니라, 하나님의 영원하고 변할 수 없는 작정하심에 의해서 이루어졌다는 것을 분명하게 보여준다.

여기에서 "찬송하다"로 번역된 헬라어는 하나님이나 사람들과 관련해서 두 가지 이상의 의미로 사용된다. 나는 성경에서 이 단어가 네 가지 서로 다른 의미로 사용되고 있는 것을 본다. (1) 우리가 하나님의 선하심으로 인하여 하나님께 찬송을 드릴 때, 우리는 "하나님을 찬송한다"고 말한다. (2) 하나님께서 우리에게 자신의 선하심을 베풀어서 우리가 하는 일들을 잘되게 하셔서, 우리에게 복과 형통을 선사하실 때, 우리는 하나님이 우리에게 "복을 주신다"고 말하는데, 그 이유는 우리는 하나님의 선하시고 기뻐하시는 뜻 안에서만 복을 받게 되기 때문이다. 바울은 여기에서 교회와 개별 신자들을 위한 큰 능력이 바로 하나님의 말씀 자체 속에 있다는 것을 에베소 교인들에게 환기시킨다. (3) 사람들은 기도를 통해서 다른 사람들을 "축복해서" 그들의 복을 빌어 준다. (4) 제사장의 축도는 단순한 기도가 아니라, 하나님의 복 주심에 대한 증언이자 보증이다. 왜냐하면, 제사장들은 주의 이름으로 축복할 소임을 부여받은 자들이기 때문이다. 그러므로 여기에서 바울은 하나님께서 우리에게 복을 주셨기 때문에, 즉 "하늘에 속한 모든 신령한 복"과 은혜를 우리에게 풍성하게 부어 주셨기 때문에, 하나님을 찬송하고 송축하고 있는 것이다.

크리소스토모스(Chrysostomus)는 "모든 신령한 복들로 우리를 복주시되"(개역개정에는 "모든 신령한 복을 우리에게 주시되")라는 어구에서 "신령한"이라는 표현 속에는, 모세로 인한 복과 그리스도로 인한 복을 대비시키고자 하는 의미가 함축되어 있다고 말하는데, 나는 그의 견해에 굳이 반대하지 않는다. 율법은 그 나름대로의 복들을 지니고 있었지만, 완전한 복은 오직 그리스도 안에서만 발견된다. 왜냐하면, 오직 그리스도만이 우리를 직접 천국으로 이끌어 줄 하나님 나라에 관한 완전한 계시를 우리에게 주시기 때문이다. 본체 자체가 계시되었을 때에는, 모형들이나 예표들은 이제 더 이상 필요하지 않게 된다.

여기에서 "하늘에 속한"으로 번역된 단어가 "하늘이라는 장소에 있는"을 의미하는 것인지, 아니면 "하늘에 속한 속성을 지닌"을 의미하는 것인지는 별로 중요하지 않다. 왜냐하면, 바울이 이 표현을 사용한 의도는 오직 우리가 그리스도로 말미암아 받는 저 은혜는 지극히 탁월한 것임을 나타내고자 하는 것일 뿐이기 때문이다. 그리스도로 말미암은 은혜가 우리에게 수여하는 복은 이 세상에 있는 것이 아니라, 하늘과 영원한 생명에 있다. 사도가 다른 곳에서 가르치고 있듯이(딤전 4:8, "육체의 연단은 약간의 유익이 있으나 경건은 범사에 유익하니 금생과 내생에 약속이 있느니라"), 기독교 신앙에는 현세에 관한 약속만이 아니라 내세에 관한 약속도 들어 있다. 그러나 이러한 은혜가 주어지는 목적은 "신령한 복"을 위한 것이다. 왜냐하면, 그리스도의 나라는 "신령한" 나라이기 때문이다. 바울은 그리스도를 유대교의 모든 징표들과 대비시킨다. 율법 아래에서의 복은 그러한 징표들에 담겨 있었다. 그러나 그리스도가 임재해 계시는 곳에서는, 이제 그러한 모든 징표들은 불필요하고 전혀 쓸데가 없다.

4. 곧 창세 전에 ······ 우리를 택하사. 여기에서 바울은 하나님의 영원한 택정하심이 우리의 부르심과 우리가 하나님으로부터 받는 모든 은택들의 토대이자 제1원인이라는 것을 분명하게 선언한다. 왜 하나님께서 우리를 부르셔서 복음을 향유하게 하셨고, 왜 우리에게 그토록 무수한 복들을 날마다 베풀어 주시고 계시며, 왜 우리에게 천국의 문을 열어 놓고 계시는 것이냐고 우리가 묻는다면, 그러한 모든 질문들에 대한 대답은 늘 다음과 같은 근원적인 사실, 즉 하나님께서 창세 전에 우리를 택하셨다는 사실에서 발견될 수 있다. 그 택정하심이 일어난 때가 "창세 전"이라는 사실은 그 택정하심이 순전히 값없이 거저 된 것임을 증명해 준다. 왜냐하면, 세상이 창조되기 이전에 우리가 이미 존재해 있어서, 하나님으로부터 택함을 받을 만한 어떤 성품을 지니고 있었거나 공로를 세웠을 리는 만무하기 때문이다. 그런데도 어떤 이들은 "우리가 택함 받은 것은 우리가 그럴 만한 가치가 있는 자들이었기 때문이고, 하나님께서 우리가 그런 가치가 있는 자들일 것임을 미리 아셨기 때문이다"라는 궤변을 통해서, 하나님에 의한 택정하심이 전적으로 은혜로 된 일이라는 것을 반박하고자 하는 것은 너무나 유치하기 짝이 없다. 왜냐하면, 우리는 모두 아담 안에서 타락해서 멸망에 처해질 운명에 놓여 있었던 까닭에, 만일 하나님께서 값없이 거저 우리를 창세 전에 택정하신 것을 토대로 해서, 먼저 우리를 멸망으로부터 건져내지 않으셨다면, 설령 우리가 우리 자신이 가치 있는 자들임을 입증할 수 있는 힘이 있었다고 할지라도, 그런 기회는 아예 처음부터 주어지지조차 못했을 것이고, 따라서 하나님께서 우리가 어떤 자들이 될 것임을 미리 내다보신 것이라는 말도 아예 처음부터 성립될 수 없기 때문이다. 하나님이 우리를 "창세 전에" 택정하셨다는 이러한 논증은 로마서에서도 사용되고 있는데, 거기에서 바울은 야곱과 에서에 대하여 언급하면서, "그 자식들이 아직 나지도 아니하고 무슨 선이나 악을 행하지 아니한 때에 택하심을 따라 되는 하나님의 뜻이 행위로 말미암지 않고 오

직 부르시는 이로 말미암아 서게 하려 하사”(롬 9:11)라고 말한다. 여기에서 “소르본느 대학의 궤변론자들”(소르본느 대학은 가톨릭 교리를 창안해 내고 유지하기 위한 총본산으로서, 거기에서 많은 교황주의자들인 가톨릭 신학자들이 교황 체제를 떠받치기 위한 온갖 이론을 정립하였다 – 역주)은 “에서와 야곱은 아직 태어나지도 않았고, 따라서 실제로 무엇을 행한 것은 아니었지만, 하나님은 그들이 장차 태어나서 어떻게 행할지를 미리 아셨다”고 말할 것이다. 하지만 타락한 인간의 본성을 고려하면, 그러한 반론은 전혀 설득력이 없다. 와냐하면, 인간의 타락한 본성으로부터 나오는 행위들은 오직 멸망에 합당한 것들인 까닭에, 하나님이 보시기에 선하거나 인간의 공로가 될 만한 것은 그 본성으로부터는 결코 생겨날 수 없기 때문이다.

그리스도 안에서. 이것은 하나님이 우리를 택정하신 것이 값없이 거저 된 일이라는 것을 보여주는 두 번째 증거이다. 왜냐하면, 우리가 그리스도 안에서 택하심을 받은 것이라면, 그 택하심은 우리 자신에게 있는 어떤 것에 의거해서 이루어진 것이 아니기 때문이다. 우리가 하나님에 의해서 택하심을 받게 된 것은 우리에게 그럴 만한 어떤 자격이나 공로가 있는 것을 하나님이 아셨거나 미리 내다보셨기 때문이 아니라, 오로지 하늘에 계신 우리 아버지께서 값없이 우리를 자신의 자녀들로 삼으시기로 미리 정하신 후에, 때가 되어 그리스도의 몸에 속한 지체들이 되게 하셨기 때문이다. 요컨대, “그리스도”라는 이름은 모든 공로를 배제하고, 인간이 스스로 가지고 있는 모든 것을 배제한다. 왜냐하면, 바울이 우리가 “그리스도 안에서” 택함을 받았다고 말할 때, 거기로부터 도출되는 결론은, 우리로 하여금 하나님에 의해서 택함 받게 해 줄 수 있는 그 어떤 것도 우리 자신 속에는 존재하지 않는다는 것이기 때문이다.

우리로 …… 거룩하고 흠이 없게 하시려고. 여기에서 바울은 하나님이 우리를 창세 전에 택하신 것의 “일차적인” 목적이 아니라 “직접적인” 목적을 언급한다. 하나의 동일한 일에 두 가지 목적이 존재하는 것은 전혀 이상한 것이 아니다. 집을 건축하는 목적은 집을 완성하는 것이다. 따라서 집을 완성하는 것이 건축의 “직접적인” 목적이다. 하지만 집을 건축하는 “궁극적인” 목적은 그렇게 집을 완성해서 그 집에 들어가서 편안하게 사는 것이다. 따라서 이것이 “일차적인” 목적이고 “궁극적인” 목적이다. 바울은 여기에서 하나님의 택정하심과 관련해서 먼저 이러한 “직접적인” 목적을 지나가는 말로 언급할 필요가 있었는데, 그 이유는 곧이어서 그 일차적이고 궁극적인 목적인 “하나님의 영광”에 대하여 언급하여야 했기 때문이다. 하지만 그가 여기에서 그렇게 하고 있는 것에는 전혀 모순이 없다. 왜냐하면, "하나님의 영광"이 최고의 목적이고, 우리가 거룩하게 되는 것은 그 최초의 목적에 종속되어 있기 때문이다.

이 모든 것으로부터 우리가 얻게 되는 결론은 사람들 안에서 발견되는 거룩함과 순결함을 비롯해서 온갖 탁월한 것들은 "택정하심"의 열매라는 것이다. 이렇게 해서 바울은 또다시 "공로"를 고려하는 온갖 사변들을 명시적으로 배제한다. 만일 하나님께서 우리를 택하실 만한 어떤 가치 있는 것을 우리 안에서 미리 내다보신 것이라면, 바울은 여기에서 지금 우리에게 들려주고 있는 것과는 정반대의 표현들을 사용해서 그것에 대하여 말하였어야 하는데, 실제로는 그렇게 하고 있지 않고, 이것은 우리의 삶의 모든 거룩함과 순결함은 오로지 하나님의 택정하심으로부터 오는 것임을 분명하게 보여준다. 그렇다면, 어떤 사람들은 신앙을 가지고 경건하게 하나님을 경외하는 삶을 살아가는 반면에, 어떤 사람들은 아무런 거리낌 없이 자기 자신을 온갖 악에 내어주며 살아가는 것은 어떻게 된 일인가? 바울이 여기에서 우리에게 들려주는 말을 우리가 믿는다면, 그러한 일이 일어나는 유일한 이유는 후자에 속한 사람들은 자신들의 타고난 본성에 따라 살아가기 때문이고, 전자에 속한 사람들은 하나님의 택정하심을 받아서 거룩한 삶을 살아가기 때문이라는 것이다. 원인이 결과보다 앞선다는 것은 분명하다. 그러므로 바울이 여기에서 선언하고 있듯이, 하나님의 택정하심이 "원인"이고, 거기로부터 의로운 행위들이라는 "결과"가 나오는 것이지, 행위로 말미암은 "의"가 원인이고 하나님의 택정하심이 그 "결과"인 것이 아니다.

또한, 우리는 바울이 여기에서 하나님이 그리스도 안에서 우리를 택하신 것은 우리로 하여금 "거룩하고 흠이 없게" 하시기 위한 것이라고 말한 것으로부터, 하나님의 택정하심은 우리에게 방탕하게 살 수 있는 기회를 주는 것이 아니라는 것을 알게 된다. 따라서 악한 자들이 "하나님의 택정하심이 사실이라면, 하나님이 우리를 택하셨다면, 우리는 어떻게 살아도 결국 구원을 받게 될 것이고, 하나님이 우리를 택하지 않으셨다면, 우리가 아무리 노력하고 애를 써도 반드시 멸망하게 될 것이기 때문에, 우리는 마음 내키는 대로 어떤 식으로 살아도 아무 상관이 없을 것이다"라고 말하는 것이 얼마나 지독하게 신성모독적인 말인지도 우리는 알게 된다. 바울은 그런 자들에게 그들이 믿는 자들의 거룩한 삶과 은혜로 말미암은 하나님의 택정하심이 마치 분리될 수 있는 것처럼 말하는 것은 사악한 짓일 뿐이라는 것을 분명하게 말해 준다. 왜냐하면, 하나님께서는 "미리 정하신 그들을 또한 부르시고 부르신 그들을 또한 의롭다" 하시기 때문이다(롬 8:30). 한편, 카타리파(중세 유럽에서 활동했던 금욕주의자들)나 카일레스티누스 수도회(베네딕투스 수도회의 일파로서 1244년에 창시됨)나 도나투스파(주후 4-5세기에 로마의 아프리카 식민지에서 번성했던 이단)가 이 말씀을 근거로 해서 믿는 자들은 현세의 삶 속에서 완전함에 도달할 수 있다고 주장한 것도 근거가 없다. 바울이 여기에서 말하고 있는 것은 우리가 일생 동안 지향해야 할 목표이기는 하지만, 현세에서의 우리의 경주를 다 마쳤을 때에 도달할 수 있는 목표는 아니다.

예정론이 우리가 이해하기 불가한 미궁 같은 가르침이라고 해서 두려워하고 피하고자 하거나, 무익하고 위험하기까지 한 것이라고 믿는 것은 옳지 않다. 예정론은 올바르고 주의 깊게 사용하기만 한다면, 다른 그 어떤 가르침보다도 더 유익하다. 바울은 여기에서 하나님의 무한한 선하심을 예시해서, 에베소 교인들에게 그런 하나님께 감사하는 것이 마땅하다는 것을 보여주는 데 예정론을 사용함으로써, 우리에게 그 모범을 보여준다. 예정론은 우리로 하여금 우리를 향한 하나님의 지극히 크신 은혜와 긍휼하심에 대한 제대로 된 지식을 길어 올릴 수 있게 해 주는 참된 원천이다. 사람들이 예정론을 회피하고자 한다면, 우리에 대한 하나님의 택하심은 입을 다물게 될 것이고, 그들은 지금까지 그들이 하나님으로부터 받아 왔던 온갖 은혜와 복을 계속해서 받을 수 있는 모든 근거를 잃어버리고 그 어떤 것도 주장할 수 없게 되고 말 것이다. 우리는 바울이 여기에서 예정론을 다루고 있는 이유와 목적을 명심하지 않으면 안 된다. 왜냐하면, 그는 우리가 예정론과는 다른 논리를 주장함으로써 치명적으로 잘못된 위험한 길들로 빠져 들어가는 것을 막기 위해서 여기에서 예정론을 다루는 것이기 때문이다.

사랑 안에서 그 앞에. "하나님 앞에서 거룩하다"는 것은 순전한 양심의 거룩함을 의미한다. 왜냐하면, 하나님은 사람들과는 달리 외적인 가식에 의해서 속으시는 분이 아니시고, "믿음," 또는 같은 말이지만 마음의 진실함을 보시기 때문이다. "사랑"이라는 단어가 하나님에 대한 것으로 본다면, "사랑 안에서"라는 어구는 하나님이 우리를 택하신 유일한 이유는 인간에 대한 하나님의 사랑이었다는 뜻이 될 것이다. 그러나 나는 이 어구를 이 절의 후반부와 연결시켜서, 믿는 자들의 완전함은 "사랑"에 있다는 것을 의미하는 것으로 해석하는 쪽을 선호한다. 하나님께서는 단지 믿는 자들에게 하나의 덕목으로서의 "사랑"을 요구하시는 것이 아니다. "사랑"

은 믿는 자들이 하나님을 경외하고 율법 전체에 순종하고 있음을 보여주는 증거이다.

5. 그 기쁘신 뜻대로 예정하사 예수 그리스도로 말미암아 자기의 아들들이 되게 하셨으니. 바울이 계속해서 말해 나가고 있는 내용들도 에베소 교인들이 자신들에게 베푸신 하나님의 은혜가 얼마나 큰 것인지를 깨닫고서 하나님을 찬송하는 것이 마땅하다는 것을 한층 더 부각시키고 역설하기 위한 것이다. 바울이 에베소 교인들에게 그들이 그리스도로 말미암아 값없이 하나님의 자녀들이 되었다는 것과 그들이 하나님의 자녀들이 되기 전에 이미 창세 전에 하나님의 영원한 택정하심이 존재하였다는 것을 이토록 열심으로 강조하고 역설하는 이유가 무엇이었는지에 대해서는 우리가 이미 앞에서 살펴본 바 있다. 하지만 이 구절은 하나님의 은혜와 자비에 대하여 그 어디에서보다도 더 고상한 언어로 표현하고 있기 때문에, 우리는 이 구절을 좀 더 주의 깊게 살펴볼 필요가 있다. 바울은 여기에서 우리의 구원의 근거가 되는 세 가지 원인들을 언급한 후에, 나중에 네 번째 원인은 짤막하게 덧붙인다. 우리의 구원의 "실효적" 원인은 "하나님의 선하시고 기뻐하시는 뜻"이고, "실질적" 원인은 예수 그리스도이며, 우리의 구원의 "목적적" 원인은 우리로 하여금 "하나님의 은혜의 영광을 찬송하게 하기 위한 것"이다. 우리는 이제 바울이 이 각각의 원인에 대하여 말하고 있는 것을 살펴보고자 한다.

바울이 이 절에서 말하고 있는 것 전체, 즉 하나님께서 자신의 선하시고 기뻐하시는 뜻을 따라 자기 안에서 우리를 예정하셔서, 자기의 아들들이 되게 하셨고, 우리로 하여금 그의 은혜로 말미암아 받아들여지게 하셨다고 말하고 있는 것은 모두 첫 번째의 "실효적" 원인에 속한다. 우리는 "예정하다"라는 단어 속에서 또다시 "순서"에 주목하여야 한다. 하나님이 우리를 예정하실 때, 우리는 존재하고 있지 않았고, 우리의 "공로"라는 것도 존재하지 않았다. 그러므로 우리의 구원의 원인은 우리로부터 나온 것이 아니라, 오직 하나님으로부터 나온 것이다. 하지만 바울은 이러한 설명으로 만족하지 않고, 거기에 "자기 안에서"라는 어구를 덧붙인다. "자기 안에서"로 번역된 이 헬라어 어구는 '에이스 아우톤'(εἰς αὐτὸν)인데, '엔 아우토'(ἐν αὐτῷ)와 동일한 의미를 지닌다. 바울이 이 어구를 덧붙인 의도는 하나님께서는 우리의 구원의 원인을 "자기 밖에서" 찾으신 것이 아니라 "자기 안에서" 찾으셨다는 것을 나타내고자 한 것이었다. 즉, 그는 하나님께서는 "자기 안에서 그 기쁘신 대로" 우리를 예정하신 것이었다고 말하고자 한 것이다.

바울이 "자기 안에서"라고 말한 후에 이어서 "그 기쁘신 뜻대로"라고 말함으로써, 이것은 한층 더 분명해진다. "뜻"이라는 단어는 그것을 보여주기에 충분하였다. 왜냐하면, 통상적으로 바울은 사람들이 하나님의 마음이나 생각에 영향을 미칠 수 있다고 생각하기 쉬운 온갖 외적인 원인들에 의해서 어떤 일이 일어난 것이 아니라, 그 일과 관련해서 오로지 하나님만이 그 유일한 원인이라는 것을 나타내고자 할 때에 하나님의 "뜻"이라는 단어를 사용하기 때문이다. 하지만 바울은 한 점의 의심도 남기지 않기 위해서 "기쁘신"이라는 단어를 덧붙이는데, 이 단어는 인간의 온갖 "공로"를 명시적으로 배제하는 의미를 지닌다. 그러므로 하나님께서는 우리가 어떤 자인지, 그리고 우리에게 어떤 가치나 공로가 있는지를 보시고서, 우리를 "자기의 아들들"로 예정하신 것이 결코 아니다. 하나님이 우리를 창세 전에 "자기의 아들들"로 예정하실 때에 유일한 원인으로 작용하였던 것은 오로지 하나님의 영원하시고 기뻐하시는 뜻뿐이었다. 그렇다면, 바울이 우리가 하나님의 자녀들이 된 데에는 오로지 하나님의 기쁘신 뜻만이 작용하고, 그 밖의 다른 어떤 것도 원인으로 작용하지 않는다고 이렇게 강력하게 역설하고 있는데도, 저 궤변론자들은 "하나님의 뜻" 외에 여러 다른 요인들도 작용하고 있다고 뻔뻔스럽게 주장하면서 전혀 부끄러워하지 않는 이유는 도대체 무엇인가?

6. 이는 그가 사랑하시는 자 안에서 우리에게 거저 주시는 바 그의 은혜의 영광을 찬송하게 하려는 것이라. 바울은 하나님의 예정 및 택하심과 관련해서 말해야 할 것을 하나라도 빼놓지 않기 위해서 여기에 '에카리토센 엔 토 에가페메노'("그가 사랑하시는 자 안에서 거저 주시는")라는 어구를 덧붙이는데, 이것은 우리가 아직 태어나기도 전에 하나님께서 오로지 자신의 선하시고 기뻐하시는 "뜻"에 의거해서 우리를 택하신 것은, 하나님이 그 어떤 대가를 토대로 해서가 아니라 순전히 값없이 거저 우리에게 "사랑"과 은총을 베푸신 것임을 의미한다.

먼저, 바울은 여기에서 하나님의 영원하신 "택정하심"과 지금 우리에게 나타난 "사랑"의 실질적 원인이 "사랑하시는 자" 그리스도라는 것을 보여준다. 그가 그리스도를 "사랑하시는 자"라고 부른 것은 하나님의 "사랑"이 그리스도로 말미암아 우리에게 부어졌다는 것을 우리에게 상기시키기 위한 것이다. 우리가 그리스도로 말미암아 하나님과 화해하고 화목하게 될 수 있었던 것은 그리스도께서 하나님의 사랑을 받는 "사랑하시는 자"이셨기 때문이다. 다음으로, 여기에서 그는 우리의 구원의 최고의 목적이자 궁극적인 목적은 하나님의 지극히 풍성하신 은혜의 영광이 찬송을 받는 것이라는 말을 즉시 덧붙인다. 그러므로 이 영광을 가리는 자는 누구든지 하나님의 영원하신 계획을 무너뜨리고자 하는 것이다. 소르본느의 궤변론자들의 가르침이 바로 그런 것이다. 왜냐하면, 그들은 우리의 구원과 관련된 바울의 이 모든 가르침들을 완전히 다 무너뜨려서, 우리의 구원과 관련된 모든 영광이 오직 하나님에게만 돌려지는 것을 철저하게 가로막고 방해하기 때문이다.

[7]우리는 그리스도 안에서 그의 은혜의 풍성함을 따라 그의 피로 말미암아 속량 곧 죄 사함을 받았느니라 [8]이는 그가 모든 지혜와 총명을 우리에게 넘치게 하사 [9]그 뜻의 비밀을 우리에게 알리신 것이요 그의 기뻐하심을 따라 그리스도 안에서 때가 찬 경륜을 위하여 예정하신 것이니 [10]하늘에 있는 것이나 땅에 있는 것이 다 그리스도 안에서 통일되게 하려 하심이라 [11]모든 일을 그의 뜻의 결정대로 일하시는 이의 계획을 따라 우리가 예정을 입어 그 안에서 기업이 되었으니 [12]이는 우리가 그리스도 안에서 전부터 바라던 그의 영광의 찬송이 되게 하려 하심이라(1:7-12).

7. 우리는 그리스도 안에서 …… 속량 곧 죄 사함을 받았느니라. 바울은 여기에서도 계속해서 우리의 구원의 "실질적" 원인에 대하여 말하고 있다. 왜냐하면, 그는 우리가 그리스도로 말미암아 하나님과 화목하게 된 방식, 즉 그리스도께서 자신의 죽으심으로 말미암아 우리로 하여금 아버지 하나님으로부터 속량, 곧 죄 사함을 받고서 하나님의 은총을 다시 회복할 수 있게 해 주셨다는 것을 여기에서 말하고 있기 때문이다. 그러므로 우리는 우리로 하여금 하나님의 은혜를 얻을 수 있게 만들어 준 수단인 "그리스도의 피"를 늘 묵상하는 것이 마땅하다. 바울은 우리가 그리스도의 피로 말미암아 속량을 얻었다고 말하고 나서는, 즉시 우리가 속량을 받았다는 것은 "죄 사함"을 받은 것을 의미한다는 말을 덧붙이는데, 이것은 우리가 속량을 받았다는 것은 하나님이 우리의 죄를 우리에게 돌리지 않은 것을 의미하는 것임을 보여주기 위한 것이다. 이것으로부터 도출되는 결론은, 우리는 우리로 하여금 하나님께 받아들여질 수 있게 해 주고 마귀와 사망의 사슬들로부터 벗어날 수 있게 해 준 "의"를 하나님이 값없이 거저 주신 은혜로 말미암아 얻었다는 것이다. 우리는 바울이 여기에서 우리의 속량 자체와 우리가 그 속량을 얻게 된 방식을 밀접하게 연결시키고 있는 것을 주목할 필요가 있다. 왜냐하면, 우리가 하나님의 심판을 받을 수밖에 없는 존재로 계속해서 남아 있는 한, 우리는 비참한 사슬에 묶여

있는 것이고, 따라서 그것은 속량일 수 없기 때문이다. 그러므로 우리가 죄책으로부터 놓여나게 된 것은 이루 말할 수 없이 귀한 "자유"이다.

그의 은혜의 풍성함을 따라. 바울은 이 어구를 통해서 우리의 구원의 "실효적" 원인이 무엇이었는지를 보여준다. 즉, 우리를 향한 하나님의 지극히 크신 인자하심이 하나님으로 하여금 우리의 구속주로 그리스도를 우리에게 주시게 만들었다는 것이다. 여기에 언급된 "풍성함"이라는 단어와 이것과 상응하는 것으로서 다음 절에 나오는 "넘치게 하다"라는 단어는 하나님이 우리에게 얼마나 아낌없이 은혜를 베푸신 것인지를 우리에게 알게 하기 위한 것이다. 여기에서 바울은 우리를 향한 하나님의 선하심을 제대로 송축할 수 있는 길이 자기에게는 없다는 것을 느끼고서는, 사람들이 온 마음을 다하여 그 선하심을 묵상함으로써, 그들의 마음속에서 하나님을 송축하고 찬양하고자 하는 소원이 차고 넘치게 되기만을 바란다. 바울이 여기에서 찬송하고 있는 "그의 은혜의 풍성함"을 사람들이 자신들의 심령 깊은 곳에서 깊이 느낌으로써, 차고 넘치는 찬송이 그들의 중심에서 터져 나온다면, 그것은 얼마나 바람직한 것이겠는가! 그렇게만 된다면, 세상 사람들이 마치 그리스도의 피는 말라붙어서 이제 더 이상 온전한 구원의 효력을 발휘할 수 없기 때문에 다른 보조수단들이 반드시 필요한 것처럼 생각해서, 자신들의 속량과 구원에 필요한 것들로 이런저런 헛된 것들을 내어 미는 일은 흔적도 없이 자취를 감추게 될 것이다.

8. 이는 그가 모든 지혜와 총명을 우리에게 넘치게 하사. 바울은 이제 하나님의 선하심이 우리에게 흘러넘치게 해 주는 수단이자 "형식적" 원인인 복음 전도에 대하여 말한다. 우리는 믿음으로 그리스도를 영접하고, 그리스도로 말미암아 하나님께 나아가서 "아들"로서의 특권을 향유하게 된다. 바울은 복음을 "지혜와 총명"이라는 엄청난 명칭들로 부르는데, 이것은 에베소 교인들로 하여금 "복음"을 거스르는 온갖 가르침들을 멸시하도록 하기 위한 것이다. 거짓 사도들은 자신들은 바울보다 훨씬 더 권위 있는 자들로서, 당연히 바울이 전하였던 초보적인 교훈들보다 더 고상하고 수준 높은 것들을 가르치는 것처럼 행세하였다. 그리고 마귀는 우리의 신앙을 훼손하기 위해서 할 수만 있다면 복음을 폄훼하려고 애쓴다. 반면에, 바울은 믿는 자들이 요동하지 않는 확고한 신뢰를 가지고서 복음을 의지하게 하기 위하여 복음의 권위를 굳게 세운다. "모든 지혜"는 온전한 지혜 또는 완전한 지혜를 의미한다.

9. 그 뜻의 비밀을 우리에게 알리신 것이요 그의 기뻐하심을 따라. 어떤 사람

들은 바울의 가르침이 너무나 새로운 것에 대하여 깜짝 놀라서 경계심을 드러내었기 때문에, 그가 여기에서 그러한 사람들을 염두에 두고서, 자신이 전한 복음을 "하나님의 뜻의 비밀," 즉 하나님이 지금은 우리에게 계시하시기를 기뻐하신 "비밀"이라고 지칭한 것은 대단히 적절하다. 그는 앞에서 하나님의 영원하신 택정하심을 하나님의 선하시고 기뻐하시는 "뜻"에 돌렸던 것처럼, 이제 여기에서는 믿는 자들의 부르심을 마찬가지로 하나님의 "뜻"에 돌린다. 그가 이런 식으로 말하는 이유는, 에베소 교인들이 그들에게 전파된 복음을 통해서 그리스도를 알게 된 것이, 그들이 그럴 만한 자들이었기 때문이 아니라, 오로지 하나님이 그렇게 하시기를 기뻐하셨기 때문이라는 것을 알게 하기 위한 것이다(칼빈은 이 구절을 "그의 기뻐하심을 따라 그 뜻의 비밀을 우리에게 알리신 것이요"로 번역한다 – 역주).

그리스도 안에서 …… 예정하신 것이니. 하나님의 뜻에 따라 모든 것이 지혜롭고 합당하게 안배되었다. 하나님께서 사람들이 알지 못하는 자신의 계획들을 사람들에게는 숨기시고 오직 자신만이 알고 계시기로 하신 것은 지극히 합당한 것이었고, 자신의 계획들을 이루실 때를 자신의 뜻과 능력 안에 두신 것도 지극히 합당한 것이었다. 바울은 이방인들을 자신의 자녀들로 삼고자 작정하신 계획은 지금까지는 오직 하나님의 마음속에 숨겨져 있었다고 선언한다. 즉, 하나님께서는 그 계획을 사람들에게 계시하셔서 드러내실 때까지는 자기 자신 속에만 간직해 두셨다는 것이다. 전에는 "세상에서 하나님도 없는 자들"(엡 2:12)이었던 이방인들이 교회 속으로 받아들여지게 된 것을 전례가 없는 새로운 일이라고 불평하는 자는, 하나님이라고 해서 사람들이 모르는 것을 알고 있어서는 안 된다고 억지를 부리는 뻔뻔스러운 자가 아니겠는가?

때가 찬 경륜을 위하여. 바울은 어떤 사람들이 자신들의 호기심으로 인해서, 하나님이 그리스도를 이 땅에 보내서 이방인들의 구원을 이루시기로 작정하신 자신의 뜻을 구체적으로 실행하신 때가 왜 꼭 그 때여야 했고 다른 때는 안 되는 것이었느냐고 의문을 제기하게 될 것을 미리 예상하고서, 그들의 그러한 반문을 원천적으로 차단하기 위해서, 자기가 이전의 서신에서 그랬듯이(갈 4:4, "때가 차매 하나님이 그 아들을 보내사 여자에게서 나게 하시고 율법 아래에 나게 하신 것은"), 여기에서도 하나님이 정하신 바로 그 때를 "때의 충만"(개역개정에는 "때가 찬"), 즉 모든 여건이 다 무르익어서 가장 적절하고 합당한 때라고 부른다. 우리 인간은 주제넘게 마치 우리 자신이 구원에 관한 일들의 순서를 다 계획하고 그 일들이 일어날 때들을 다 정할 수 있는 것처럼 생각하지 말고, 그 모든 일들의 순서와 시기를 하나님의 판단과 섭리에 맡기고 거기에 순종하는 것이 마땅하다. 우리는 그 동일한 가르침을 "경륜"이라는 단어를 통해서 얻을 수 있다. 왜냐하면, "경륜"이라는 것은 하나님께서 모든 일들을 주관하시고 자신의 판단에 따라서 안배하셔서 순차적으로 이루어 나가시는 것을 가리키기 때문이다.

10. 하늘에 있는 것이나 땅에 있는 것이 다 그리스도 안에서 통일되게 하려 하심이라. 여기에서 "통일되게 하다"로 번역된 단어는 불가타 역본에서는 "회복하다"로 번역하였고, 에라스무스는 거기에 "포괄적으로"라는 단어를 추가하였다. 나는 헬라어 '아나케팔라이오사스타이'(ἀνακεφαλαιώσασφαι)의 의미를 그대로 살려서 "한데 모으다"로 번역하는 쪽을 택하였는데, 그렇게 번역하는 것이 문맥에 더 맞는다고 판단하였기 때문이다. 내 생각에는, 이 구절을 통해서 바울은 만물이 그리스도 밖에서는 무질서하게 존재하고 있었는데, 그리스도로 말미암아 질서를 회복하게 되었다는 것을 말하고자 하는 것으로 보인다. 사실 우리는 그리스도가 없는 이 세상 속에서 오직 폐허더미 외에 무엇을 볼 수 있겠는가? 우리는 죄로 말미암아 하나님으로부터 멀어져 있는데, 산산이 부서져서 이리저리 흩어져 있는 모습 외에 다른 어떤 모습을 보일 수 있겠는가? 피조물들이 원래 보여야 할 합당한 모습은 하나님께 꼭 붙어 있는 것이다. 사도는 우리가 원래의 합당한 질서로 회복되어서 "한데 모이게 된 것"(ἀνακεφαλαίωσις - '아나케팔라이오시스')이 그리스도 안에서 이루어졌다고 우리에게 말해 준다. 우리는 "한 몸"을 이루어 하나님과 연합되었고 서로와 밀접하게 연결되었다. 반면에, 그리스도 없는 온 세상은 형체를 이루지 못하는 "혼돈"이고 끔찍한 "혼란" 그 자체이다. 우리는 오로지 그리스도로 말미암아서만 진정으로 하나가 될 수 있다.

그런데 바울은 왜 "하늘에 있는 것들"을 여기에 포함시키고 있는 것인가? 천사들은 결코 하나님을 떠나지 않고 하나님으로부터 분리되지 않았기 때문에, 흩어졌다고 말할 수도 없다. 어떤 이들은 이것을 다음과 같이 설명한다: 사람들은 이제는 천사들과 한데 연합되었고, 이 복된 연합으로 인해서 천사들과 함께 하나님을 섬길 수 있게 되었기 때문에, 사도는 이 "한데 모이게 된 것"에 천사들을 포함시킨 것이다. 이러한 표현방식은 우리가 흔히 사용하는 표현방식, 즉 우리는 어떤 건물의 많은 부분들이 낡거나 부서졌을 때에는, 비록 그 일부가 튼튼하고 전혀 손상이 없는 상태로 있다고 할지라도, 그 건물 전체를 보수하거나 수선한다고 말하는 것과 같은 것으로 여겨진다.

그러한 설명이 합당하다는 것은 의심의 여지가 없다. 천사들이 단 한 번도 하나님을 떠나지 않았고 흩어지지 않았으며, 지금도 하나님 옆에 꼭 붙어서 오직 하나님만을 섬기고 있으며, 그들의 그러한 상태는 영원히 변하지 않을 것이라고 해서, 바울이 여기에서 그리스도 안에서 만유가 통일된 것에 대하여 말할 때, 천사들을 뺄 이유는 전혀 없지 않겠는가? 피조물들은 창조주와는 달리 중보자의 개입 없이는 결코 완전할 수 없다. 따라서 천사들도 피조물들이기 때문에, 만일 그리스도의 구속 사역이 없었다면, 변질되어서 타락할 수 있는 가능성이 상존하는 까닭에, 결코 영원히 복된 존재들로 남아 있을 수 없을 것이었다. 그러므로 사람들만이 아니라 천상들도 그리스도의 은혜로 말미암아 영원히 변하지 않은 질서로 회복되었다는 사실을 누가 부인할 수 있겠는가? 사람들은 이미 타락해서 멸망에 처해질 위험 속에 놓여 있었다고 한다면, 천사들은 자신들도 언제든지 그럴 위험이 상존한 가운데 살아가고 있었다고 할 수 있다. 그리스도께서는 이 둘을 하나로 연합시켜서 자신의 몸이 되게 함으로써, 그들을 아버지 하나님과 연합시켜서, 하늘과 땅이 하나로 통일되게 하신 것이었다.

11. 우리가 예정을 입어 그 안에서 기업이 되었으니. 바울은 지금까지는 모든 택함 받은 자들에 대하여 전체적으로 말해 왔지만, 이제는 택함 받은 자들을 두 부류로 나누어서, 그 각각의 부류에 대하여 말하기 시작한다. 여기에서 그가 "우리가 예정을 입어 그 안에서 기업이 되었으니"라고 말할 때, 이것은 바울 자신과 유대인들, 또는 좀 더 정확하게 말한다면 기독교 신앙의 첫 열매들인 모든 사람들에 대하여 말하고 있는 것이다. 따라서 그는 에베소 교인들에 대해서는 이후에 말하게 될 것이다. 여기에서 바울이 교회에서 장자들이라고 할 수 있는 유대인들 및 그 밖의 다른 믿는 자들 속에 자기도 끼어 있음을 보여준 것은 에베소 교인들의 믿음을 견고히 하는 데 적지 않은 도움이 되었다. 그는 이렇게 말한 것과 같다: "모든 경건한 사람들의 상황도 너희의 상황과 동일하고 전혀 다른 것이 없다. 왜냐하면, 하나님에 의해서 처음으로 부르심을 받은 우리의 경우에도 우리가 하나님께 받아들여지게 된 것은 순전히 하나님의 영원하신 택정하심 덕분이기 때문이다." 이렇게 그는 모든 믿는 자들은 다 한결같이 하나님의 영원하신 택정하심에 따라서 값없이 거저 하나님의 자녀들이 되었다는 점에서, 처음부터 끝까지 오로지 은혜로 말미암아 구원을 얻었다는 것을 보여준다.

모든 일을 그의 뜻의 결정대로 일하시는 이의 계획을 따라. 바울이 여기에서 지존자를 우회적으로 완곡하게 표현하고 있는 것을 주목할 필요가 있다. 이러한 우회적인 표현을 통해서, 그는 하나님을 모든 일을 자신의 뜻대로 행하시고 인간이 개입할 수 있는 여지를 전혀 남기지 않으시는 유일하신 행위자임을 보여준다. 그러므로 인간은 그 어떤 점에서도 마치 자신들이 어떤 일을 스스로의 힘으로 해냈다는 듯이 자랑할 수 있는 가능성은 추호도 용납되지 않는다. 하나님께서는 자기 자신 외부의 어떤 것을 보시고서 사람들을 택하신 것이 아니다. 사람들을 택정하심에 있어서 작용한 유일한 원인은 오로지 "하나님의 뜻의 결정"뿐이다. 이것은 하나님의 역사들 속에서 자신들이 생각하는 합당한 이유를 발견할 수 없을 때마다, 그 역사들은 하나님의 뜻이 아니라고 아우성을 치며 공격하기를 결코 그치지 않는 자들이 얼마나 잘못되고 제정신이 아닌 자들인지를 여실히 보여준다.

12. 우리가 …… 그의 영광의 찬송이 되게 하려 하심이라. 여기서 또다시 바울은 구원의 최종적인 목적을 언급한다. 왜냐하면 우리가 하나님의 긍휼의 그릇 외의 다른 것이 아니라면, 우리는 결국 하나님의 영광을 드러내는 자들이 될 수밖에 없기 때문이다. '영광'이라는 단어는, 탁월함을 표현하는 방식으로(κατ᾽ ἐξοχὴν - '카트 엑소켄') 하나님의 선하심과 관련해서 빛남을 강조한다. 선하심보다 더 하나님에게 고유한 것은 없고, 또한 하나님은 다른 무엇보다도 특히 자신의 선하심을 통해 영광 받기를 원하시기 때문이다.

[13]그 안에서 **너희도 진리의 말씀 곧 너희의 구원의 복음을 듣고 그 안에서 또한 믿어 약속의 성령으로 인치심을 받았으니** [14]이는 우리 기업의 보증이 되사 그 얻으신 것을 속량하시고 그의 영광을 찬송하게 하려 하심이라(1:13-14).

13. 그 안에서 너희도 진리의 말씀 곧 너희의 구원의 복음을 듣고. 이제 바울은 에베소 교인들을 기독교 신앙의 첫 열매들인 자기 자신 및 유대인들에 합류시킨다. 왜냐하면, 여기에서 그는 에베소 교인들도 자기 자신 및 유대인들과 동일한 방식으로 그리스도를 믿었다고 말하고 있기 때문이다. 그가 이렇게 말하는 목적은 이 둘이 동일한 믿음을 지니고 있다는 것을 보여주는 것이다. 그래서 그는 12절에 나온 "믿은"이라는 단어를 여기에서 다시 반복해서 사용한다(개역개정에는 12절이 "이는 우리가 그리스도 안에서 전부터 바라던 그의 영광의 찬송이 되게 하려 하심이

라"로 되어 있지만, 칼빈은 "바라던"이 아니라 "믿은"이라고 읽는 사본을 채택해서 "이는 먼저 그리스도를 믿은 우리로 그의 영광의 찬송이 되게 하려 하심이라"로 번역한다 - 역주). 나중에, 그는 그들도 복음을 받아들임으로써 그러한 소망을 갖게 되었다는 말을 덧붙인다.

바울은 여기에서 복음을 두 가지로 지칭하는데, 하나는 "진리의 말씀"이고, 다른 하나는 "너희의 구원의 복음"이다. 우리는 이 둘 모두를 주의해서 살펴볼 필요가 있다. 왜냐하면, 사탄이 그 무엇보다도 더 심혈을 기울여서 애쓰는 것은 우리로 하여금 어떻게든 복음을 "의심"하거나 "멸시"하게 만드는 것이기 때문이다. 그래서 바울은 우리로 하여금 그 두 가지 시험을 물리치는 데 유용한 두 개의 방패를 우리에게 제공해 준다. 먼저, 우리는 온갖 의심에 맞서서, 복음은 단지 우리를 결코 속일 수 없는 어떤 참된 것에 지나지 않는 것이 아니라, 다른 무엇보다도 "진리의 말씀," 즉 엄밀하게 말해서 복음 외에는 그 어떤 진리도 없는 "유일한 진리"라는 이 증언을 제시하는 법을 배워야 한다. 다음으로, 복음을 멸시하거나 싫어하게 만드는 어떤 시험이 닥친다면, 우리는 복음의 능력과 효력이 우리 믿는 자들을 구원에 이르게 한 것 속에서 명백하게 드러났다는 사실을 기억하여야 한다. 사도는 다른 곳에서 "내가 복음을 부끄러워하지 아니하노니 이 복음은 모든 믿는 자에게 구원을 주시는 하나님의 능력이 됨이라 먼저는 유대인에게요 그리고 헬라인에게로다"(롬 1:16)라고 선언하였지만, 여기에서는 그 이상의 것을 표현하고 있다. 왜냐하면, 그는 에베소 교인들에게 그들이 구원에 참여한 자들이 됨으로써 그 "능력"을 스스로 체험하여 아는 자들이 되었다는 것을 상기시켜 주고 있기 때문이다. 세상 사람들이 일반적으로 그러하듯이, 복음을 멸시하고서 허황된 망상들에 빠져서 수많은 샛길들을 누비고 다니느라고 고생은 고생대로 다 하면서도, "항상 배우나 끝내 진리의 지식에 이를 수" 없거나(고후 3:7) 생명을 얻지 못하는 자들은 정말 불행하고 비참한 자들이다! 반면에, 복음을 듣고 받아들여서 무슨 일이 있어도 굳게 붙잡고 놓지 않는 자들은 복된 자들이다. 왜냐하면, 복음은 의심할 여지 없이 확실한 "진리"이고 "생명"이기 때문이다.

그 안에서 또한 믿어 약속의 성령으로 인치심을 받았으니. 바울은 앞에서 복음이 확실한 진리라고 말한 후에, 이제 여기에서는 그 증거를 제시한다. 즉, 복음은 "성령으로 인치심"을 받은 것인데, 이것보다 더 확실한 보증이 어디 있겠느냐는 것이다. "방금 나는 복음을 진리의 말씀이라고 지칭하였는데, 그것을 사람들의 권위를 빌려서 증명하고자 하지 않는다. 왜냐하면, 너희는 복음이 참되다는 것을 너희의 마음에 인친 하나님의 성령의 증언을 갖고 있기 때문이다." 이 우아하고 고상한 비유는 "인"이 사람들 사이에서 의심을 제거하는 효과를 지니고 있다는 사실에 근거한 것이다. "인"은 계약이나 유언에 유효성을 부여하는 역할을 한다. 고대에서 "인"은 어떤 서신을 누가 썼는지를 확인해 주고 알 수 있게 해 주는 주된 수단이었다. 요컨대, "인"은 참되고 확실한 것을 거짓되고 가짜인 것과 구별해 준다. 바울은 단지 여기에서만이 아니라 이 서신의 또 다른 부분에서(엡 4:30, "하나님의 성령을 근심하게 하지 말라 그 안에서 너희가 구원의 날까지 인치심을 받았느니라")와 고린도후서에서도(고후 1:22, "그가 또한 우리에게 인치시고 보증으로 우리 마음에 성령을 주셨느니라") "성령"이 그러한 "인"과 같은 역할을 한다고 말한다. 성령이 하나님의 진리를 우리에게 확증해 주시기 전까지는, 우리의 마음이 하나님의 진리에 굳게 서서 사탄의 모든 시험들을 물리치는 것은 불가능하다. 믿는 자들이 하나님의 말씀과 그들 자신의 구원과 신앙 전반에 대하여 갖게 되는 참된 확신은 육신의 느낌이나 판단, 인간적이고 철학적인 논증들로부터 오는 것이 아니라, "성령의 인치심," 즉 성령이 그들의 양심에 확신을 주어서 모든 의심을 제거해 줄 때에 생겨난다. 만일 우리의 믿음이 인간의 지혜에 의거해 있다면, 그 믿음의 토대는 허약하고 불안정할 수밖에 없을 것이다. 그러므로 복음 전도가 사람들로 하여금 믿음을 갖게 하기 위한 도구라고 한다면, 성령은 그 복음 전도에 능력을 부여하여 역사가 일어날 수 있게 해 준다.

그러나 여기에서는 우리의 "믿음"이 성령으로 말미암아 인침을 받는 것이라고 말하고 있는 것이 아닌가? 만일 그렇다면, 믿음이 성령의 인침보다 선행한다는 말이 되는 것이 아닌가? 나의 대답은 믿음이 두 가지 주된 부분으로 이루어져 있는 것과 상응해서 믿음과 관련된 성령의 역사도 두 가지가 있다는 것이다. 즉, 성령의 역사에는 우리의 마음을 조명하는 역사가 있고, 우리의 마음을 견고하게 해 주는 역사가 있다. 믿음의 시작은 "지식"이고, 믿음의 완성은 그 어떠한 반대나 의심도 용납하지 않는 견고하고 변함없는 "확신"이다. 내가 방금 말했듯이, 이 두 가지는 모두 성령의 역사이다. 그러므로 바울이 이미 믿음으로 말미암아 복음의 진리를 받은 에베소 교인들이 성령의 인침으로 말미암아 그 믿음에서 견고해졌다고 말한 것은 전혀 이상한 일이 아니다.

여기에서 바울은 성령이 에베소 교인들에게 가져다준 결과에 의거해서 성령을

"약속의 성령"이라고 부른다. 즉, 하나님이 우리에게 주신 구원의 약속이 성령으로 말미암아 우리에게 이루어졌다는 것이다. 하나님께서는 전에 자신의 "말씀"을 통해서 "너희에게 아버지가 되고 너희는 내게 자녀가 되리라"(고후 6:18)고 우리에게 약속하셨는데, 이제는 "성령"으로 말미암아 우리가 하나님의 자녀들이 되었다는 사실을 우리에게 증언해 주고 계신다.

14. 이는 우리 기업의 보증이 되사 그 얻으신 것을 속량하시고. 바울은 이 구절을 다른 서신에서 두 번 사용한다(고후 1:22, "그가 또한 우리에게 인치시고 보증으로 우리 마음에 성령을 주셨느니라"; 5:5, "곧 이것을 우리에게 이루게 하시고 보증으로 성령을 우리에게 주신 이는 하나님이시니라"). 이 비유는 거래 관행으로부터 가져온 것인데, "보증"이 되는 것을 주고받으면 특정한 거래 계약이 확정이 되고, 그 후에는 그 계약을 변경할 수 없게 된다. 마찬가지로, 우리가 하나님의 성령을 받았을 때, 우리에 대한 하나님의 약속은 확정되어서, 그 약속이 철회되거나 취소될 것을 두려워하거나 걱정할 필요가 이제 더 이상 없게 된다. 사실 하나님의 약속들은 그 자체만으로도 이미 확실하고 우리에게 확정된 것이지만, 우리는 성령의 증언에 의해서 밑받침될 때까지는, 결코 요동하지 않는 확신을 가지고서 그 약속들을 의지할 수 없다. 그러므로 성령은 우리의 "속량"이 완성되는 그 날이 도래할 때까지 우리에게 주어진 영생의 "기업"에 대한 "보증"으로서의 역할을 한다. 우리가 이 세상에서 살아가는 동안에 싸우는 싸움은 소망에 의해서 지탱되기 때문에, 우리에게는 그러한 보증이 꼭 필요하다. 그러나 우리가 마침내 "기업"을 얻게 되었을 때에는, "보증"은 더 이상 불필요하고 소용없게 될 것이다.

거래 계약을 맺은 두 당사자가 그 거래를 다 끝마쳤을 때에는, "보증"은 더 이상 존재할 이유가 없어지게 된다. 그래서 바울은 나중에 "너희가 구원의 날까지 인치심을 받았느니라"(엡 4:30)는 말을 덧붙이는데, 여기에서 구원의 날 또는 구속의 날은 심판의 날을 의미한다. 우리는 이미 그리스도의 피로 속량을 받았기는 하지만, 그 속량의 열매는 아직 나타나지 않았다. "그 바라는 것은 피조물도 썩어짐의 종 노릇 한 데서 해방되어 하나님의 자녀들의 영광의 자유에 이르는 것이니라 피조물이 다 이제까지 함께 탄식하며 함께 고통을 겪고 있는 것을 우리가 아느니라 그뿐 아니라 또한 우리 곧 성령의 처음 익은 열매를 받은 우리까지도 속으로 탄식하여 양자 될 것 곧 우리 몸의 속량을 기다리느니라"(롬 8:21-23). 이렇게 우리는 소망으로 구원을 얻었을 뿐이고, 온전한 구원을 얻은 것은 아니다. 그러나 장차 그리스도께서 세상을 심판하시기 위하여 이 땅에서 다시 나타나실 때, 우리는 그 구원을 실체로서 얻게 될 것이다. 이것이 우리가 여기에서 로마서로부터 인용한 본문과 우리 주께서 "이런 일이 되기를 시작하거든 일어나 머리를 들라 너희 속량이 가까웠느니라"(눅 21:28)고 하신 말씀 속에 나오는 "속량"이라는 단어의 의미이다.

여기에서 "그 얻으신 것"으로 번역된 헬라어 '페리포이에시스'(περιποίησις)는 천국이나 저 복된 영원히 죽지 않는 삶이 아니라 교회를 가리킨다. 바울은 에베소 교인들이 그리스도께서 다시 오실 날까지 계속해서 소망을 품고 살아가는 것을 힘든 일이라고 생각하거나, 자신들이 하나님께서 약속하신 "기업"을 아직 얻지 못한 것에 대하여 실망하지 않도록 하기 위하여, 그들을 위로하고자 하는 목적으로 여기에 이 단어를 덧붙인 것이다. 즉, 그것은 단지 에베소 교인들만이 아니라 교회 전체에 주어진 공통된 운명이기 때문에, 힘들다고 생각하거나 실망할 필요가 없다는 것이다.

그의 영광을 찬송하게 하려 하심이라. 여기에 나오는 "찬송하다"라는 단어는 12절("이는 우리가 그리스도 안에서 전부터 바라던 그의 영광의 찬송이 되게 하려 하심이라")에서와 마찬가지로 "알게 하다" 또는 "선포하다"를 의미한다. 하나님의 영광은 종종 은폐될 수도 있고 불완전하거나 모호하게 나타날 수도 있다. 그러나 하나님께서는 에베소 교인들 가운데서는 자신의 선하심을 보여주는 뚜렷한 증거들을 나타내셨는데, 이것은 그들로 하여금 그의 영광을 송축하고 널리 선포하게 하시기 위한 것이었다. 그러므로 에베소 교인들의 부르심을 멸시하는 자들은 하나님의 영광을 미워하고 멸시하는 잘못을 저지르는 것이기도 하다.

우리는 바울이 하나님의 영광을 자주 언급하고 있는 것을 불필요하고 쓸데없는 것이라고 생각해서는 안 된다. 왜냐하면, 하나님의 영광에 대해서는 우리가 아무리 많이 말한다고 할지라도, 여전히 우리는 너무 적게 말하는 것이 될 수밖에 없기 때문이다. 이것은 우리가 하나님의 은혜를 찬송할 때에 특히 더욱더 그러하다. 모든 경건한 사람들은 하나님의 은혜를 표현하기에 적절한 언어를 발견할 수 없다는 것을 늘 느끼기 때문에, 다른 사람들이 듣고자 하는 것보다 더 많이, 그리고 더 자주 하나님의 은혜에 대하여 표현하고자 애쓴다. 왜냐하면, 사람들과 천사들이 자신들이 표현할 수 있는 모든 언어를 동원해서 하나님의 은혜에 대해서 수천수만 번을 말한다고 할지라도, 하나님의 그 크신 은혜를 표현하는 데에는 턱없이 부족하기 때문이다. 또한, 우리는 악인들이 기회가 있을 때마다 하나님의 영광을 가리려고 하는 것에 맞서서 그들보다 더 자주 하나님의 영광을 드러내는 것이야말로, 악인들의 시도를 무력화시키고 그들의 입을 막을 수 있는 가장 효과적인 방법이라는 것도 알아야 한다.

[15]이로 말미암아 주 예수 안에서 **너희 믿음**과 모든 성도를 향한 사랑을 나도 듣고 [16]내가 기도할 때에 기억하며 **너희**로 말미암아 감사하기를 그치지 아니하고 [17]우리 주 예수 그리스도의 하나님, 영광의 아버지께서 지혜와 계시의 영을 너희에게 주사 하나님을 알게 하시고 [18]너희 마음의 눈을 밝히사 그의 부르심의 소망이 무엇이며 성도 안에서 그 기업의 영광의 풍성함이 무엇이며 [19]그의 힘의 위력으로 역사하심을 따라 믿는 우리에게 베푸신 능력의 지극히 크심이 어떠한 것을 너희로 알게 하시기를 구하노라(1:15-19).

15. 이로 말미암아 주 예수 안에서 너희 믿음과 모든 성도를 향한 사랑을 나도 듣고. 여기에서 바울은 단순히 에베소 교인들의 믿음과 사랑을 전해 듣고서 그들에게 자신의 감사를 전하고 그들에 대한 자신의 열렬한 사랑을 증언하는 것이 아니라, 그들이 그리스도인으로서 그토록 바람직한 모습을 보여 온 것을 자기가 전해 듣고서는 하나님 앞에서 늘 기억하고 감사 기도를 드려 왔다고 말한다. 우리가 여기에서 주목해야 할 것은 바울은 그리스도인으로서의 탁월한 성품 전체를 "믿음"과 "사랑"으로 집약해서 표현하고 있다는 것이다. 그는 그리스도가 믿음의 목표이자 대상이기 때문에, "주 예수를 믿는 너희의 믿음"(개역개정에는 "주 예수 안에서 너희 믿음")이라는 표현을 사용한다. "사랑"은 모든 사람을 포괄하는 것이 마땅하지만, 여기에서는 특히 "성도"만 언급된다. 그 이유는 제대로 된 "사랑"은 성도에게서 시작되어서, 그런 후에 모든 사람들에게로 확대되기 때문이다. 우리의 사랑은 하나님을 바라보는 것이 마땅하기 때문에, 우리는 하나님께 더 가까이 나아간 사람들에게 더 큰 사랑을 보여야 한다는 것은 의심의 여지가 없다.

16. 내가 기도할 때에 기억하며 너희로 말미암아 감사하기를 그치지 아니하고. 바울은 늘 그래 왔듯이 여기에서도, 단순히 하나님께 감사하는 것에서 그치지 않고, 에베소 교인들로 하여금 신앙의 진보를 이루는 데 더욱더 분발하게 해 달라는 "기도"를 덧붙인다. 에베소 교인들은 자신들이 이미 바른 길로 들어서서 달려가고 있다는 사실을 깨달을 필요가 있었다. 하지만 그들은 자신들이 어떤 새로운 교

훈에 이끌려서 엉뚱한 길로 가거나, 계속해서 신앙의 진보를 이루어 나가는 데 무관심해서는 안 된다는 것도 알 필요가 있었다. 왜냐하면, 이미 받은 영적인 은혜들에 만족해서 거기에 안주하는 것보다 더 위험한 일은 없기 때문이다. 그러므로 우리의 신앙이 어느 정도로 진보하였든지 간에, 우리는 늘 거기에서 더 앞으로 나아가서 진보를 이루려고 애를 써야 한다.

17. 우리 주 예수 그리스도의 하나님, 영광의 아버지께서 지혜와 계시의 영을 너희에게 주사 하나님을 알게 하시고. 그렇다면, 바울은 한편으로는 에베소 교인들의 현재의 상태에 대해서 하나님께 감사하면서도, 그들이 앞으로 어떤 식으로 더 신앙의 진보를 이루어 나가게 되기를 원하고 있는 것인가? 그가 그들을 위하여 하나님께 기도한 것은 "지혜의 영"과 "마음의 눈"(또는, "지각의 눈")이 밝아지는 것이었다. 그들은 그러한 것들을 이미 소유하고 있는 것이 아닌가? 물론, 그렇다. 하지만 아울러 그들은 성령을 더 충만하게 받고 점점 더 밝아져서, 그들에게 이미 주어져 있는 은택들이 어떤 것들인지를 더 분명하게 온전하게 깨달을 필요가 있었다. 왜냐하면, 경건한 자들은 처음부터 순전하고 흠 없는 지식을 갖고 있는 것이 아닌 까닭에, 어느 정도의 침침함이나 모호함이 그들의 영적인 시야를 덮고 있어서, 그런 것들을 차차 제거해 나가야 하기 때문이다. 그러면, 이 절에서 바울이 말하고 있는 내용들을 자세하게 살펴보기로 하자.

우리 주 예수 그리스도의 하나님. 하나님의 아들은 사람이 되셨기 때문에, 하나님은 우리의 하나님이신 것과 마찬가지로 그 아들 예수 그리스도의 하나님이셨다. 주님은 "내가 내 아버지 곧 너희 아버지, 내 하나님 곧 너희 하나님께로 올라간다"(요 20:17)고 말씀하신다. 그리고 하나님이 우리의 하나님이신 이유는 하나님이 그리스도의 하나님이시고, 우리는 그리스도의 지체들이기 때문이다. 하지만 우리는 이것은 그리스도의 인성에 대해서만 적용된다는 것을 명심하여야 한다. 그러므로 그리스도께서 자신의 인성과 관련해서 하나님께 복종하신다고 해도, 그리스도의 영원하신 신성은 조금도 훼손되지 않는다.

영광의 아버지. 이 명칭은 바로 앞에 나온 "우리 주 예수 그리스도의 하나님"이라는 명칭으로부터 나온다. 왜냐하면, "아버지"로서의 하나님의 "영광"은 자기 아들을 우리와 같은 사람이 되게 하셔서 그 아들로 말미암아 우리의 하나님이 되신 것에 있기 때문이다. "영광의 아버지"는 "영광스러운 아버지"를 가리키는 잘 알려진 히브리어 관용어구이다. 어떤 이들은 이 본문을 다음과 같이 끊어 읽어서 두 구절을 서로 연결시키고 있는데, 나는 그러한 읽기에 굳이 반대하고 싶지는 않다: "우리 주 예수 그리스도의 영광스러운 아버지이신 하나님께서 지혜와 계시의 영을 너희에게 주사 하나님을 알게 하시고."

지혜와 계시의 영. 바울은 여기에서 어떤 사물의 속성을 통해서 그 사물을 나타내는 환유법을 사용해서, 하나님께서 자신의 성령을 통해서 우리에게 수여하시는 "은혜"를 "지혜와 계시의 영"으로 표현하고 있다. 그러나 우리가 유의해야 할 것은 성령의 은사들은 본성의 은사들이 아니라는 것이다. 우리의 "마음의 눈"은 하나님께서 열어 주실 때까지는 닫혀 있어서 아무것도 보지 못하고, 우리가 아는 모든 것은 성령이 우리의 교사가 되어 주실 때까지는 어리석음과 무지일 뿐이며, 하나님에 의한 부르심에 대한 우리의 지식은 하나님의 성령이 은밀한 계시를 통해서 우리에게 알게 해 주실 때까지는 우리 자신의 지각의 한계를 뛰어넘는다.

하나님을 알게 하시고. 이 어구는 "그리스도를 알게 하시고"로 해석될 수도 있다. 이 두 가지 해석은 둘 다 문맥과 잘 부합한다. 왜냐하면, "아들"을 아는 자는 "아버지"도 아는 것이기 때문이다. 나는 헬라어 본문인 '엔 에피그노세이 아우투'(ἐν ἐπιγνώσει αὐτοῦ, "그를 알게 하시고")에서 대명사 '아우투'가 그리스도를 가리키는 것으로 보는 것이 더 자연스럽다고 본다.

18. 너희 마음의 눈을 밝히사 그의 부르심의 소망이 무엇이며. "너희 마음의 눈"은 불가타 역본의 번역으로서 일부 헬라어 사본들의 지지를 받고 있지만, 나는 이 어구를 "너희 지각의 눈"으로 번역하였다. 이 두 번역의 차이는 그리 중요하지 않다. 왜냐하면, 여기에서 "마음"이나 "지각"으로 번역된 단어는 좀 더 엄밀하게 말해서 감성의 자리로서, 우리 심령의 여러 기능들 중에서 주로 의지나 소원을 나타내기는 하지만, 히브리인들은 흔히 우리 심령의 이성적인 능력을 가리키는 데 이 단어를 사용하기 때문이다("마음"은 감정이 강조된 표현이고, "지각'은 지성이 강조된 표현이다 – 역주). 여기에서 나는 통상적인 번역인 "너희 지각의 눈"을 택하였다.

성도 안에서 그 기업의 영광의 풍성함이 무엇이며. 바울은 "풍성함"이라는 단어를 사용해서, 우리가 그러한 고상한 지식을 받아서 알기에 얼마나 적합하지 않은 존재인지를 우리에게 상기시킨다. 왜냐하면, 하나님의 능력은 너무나 엄청난 것이기 때문이다. 그는 이 큰 능력이 에베소 교인들에게 아주 강력하게 역사하였고, 그렇게 해서 그들이 하나님의 부르심을 늘 변함없이 따라야 할 의무 아래 놓이게 된 것이라고 말한다. 이렇게 그는 하나님이 그들에게 베푸신 하나님의 은혜가 얼마나 엄청난 것이었는지를 보여주고 찬양함으로써, 그리스도인으로서의 합당한 도리와 본분들을 멸시하거나 싫어하는 것을 각고자 하였다. 또한, 이것은 "믿음"이 그토록 놀랍고 경이로운 하나님의 역사이자 선물이라는 것을 대단한 찬사들을 통해서 우리에게 선포함으로써, 하나님의 그러한 은혜는 그 어떤 말로도 충분히 표현할 수 없다는 것을 우리에게 일깨워 주는 것이기도 하다. 바울은 아무 때나 생각 없이 함부로 과장법을 사용하는 사람이 아니다. 그런 그가 여기에서 온 세상을 얻는 것보다도 더 귀한 믿음에 대하여 말할 때에는, 우리를 분발시켜서 하나님의 놀라운 능력을 찬양하게 만든다.

19. 그의 힘의 위력으로 역사하심을 따라 믿는 우리에게 베푸신 능력의 지극히 크심이 어떠한 것을 너희로 알게 하시기를 구하노라. 어떤 이들은 "그의 힘의 위력으로 역사하심을 따라"라는 어구가 오직 그 바로 앞에 나오는 "믿는"이라는 단어에만 걸리는 것으로 생각한다. 하지만 나는 바울이 앞에서 말한 "능력의 지극히 크심"을 강조하고 부각시키기 우해서, 그 능력이 어떠한 것이었는지를 보여주는 하나의 예시 또는 증거로서 이 어구를 추가적으로 덧붙인 것이라고 본다. "능력"(δυνάμεως – '뒤나메오스')이라는 단어를 반복해서 사용한 것은 불필요한 군더더기인 것처럼 보이지만, "믿는 우리에게 베푸신 능력"은 오직 한 부류, 즉 믿는 자들에게 하나님이 베푸신 능력만을 가리키는 반면에, "그의 힘의 위력으로"이라는 어구에 나오는 "위력"은 하나님이 일반적으로 지니고 계시는 능력을 가리킨다는 점에서 서로 차이가 있다. 우리는 바울이 자기가 그리스도인의 부르심을 가능하게 한 하나님의 능력에 대해서 제대로 충분히 설명할 수 있다고 결코 생각하지 않고 있음을 발견한다. 우리가 사망에서 생명으로 옮겨지고, 지옥의 자식들에서 하나님의 자녀들이자 영생의 상속자들이 될 때, 하나님의 놀랍고 경이로운 능력이 역사하였다는 것은 너무나 분명하다.

어리석은 자들은 바울이 여기에서 하고 있는 말이 터무니없이 과장되어 있다고 생각할지도 모른다. 그러나 날마다 내면의 부패와 접전하고 있는 경건한 자들은 여기에서 바울이 사용한 단어들 중에서 합당하지 않거나 부적절하게 사용된 단어는 단 하나도 없다는 것을 아는 데 아무런 어려움도 느끼지 못할 것이다. 여기에서 바울이 이렇게 과장으로 보일 정도로 지극히 고상하고 장엄한 언어를 사용해서 이 주제를 표현하고 있는 것은, 한편으로는 이 주제가 아무리 강조해도 여전히 부족할 정도로 중요한 것이었기 때문이고, 다른 한편으로는 우리의 불신앙과 배은망덕함이 도가 지나쳐서, 우리는 복음 안에서 우리에게 계시된 "보화"에 대하여 제대로 올바르게 인식할 수도 없고, 어느 정도 인식한다고 하더라도, 우리에게는 복음이 말하고 있는 것들을 해낼 수 있는 힘이 없고, 도리어 우리에게 있는 모든 것은 그 정반대라는 것을 아는 까닭에, 우리가 복음에서 말하는 것들을 할 수 있다고 확신할 수 없기 때문이다. 그러므로 바울의 목적은 에베소 교인들에게 하나님의 은혜가 얼마나 엄청난 것인지를 깊이 깨닫게 해 줄 뿐만 아니라, 그리스도의 나라의 영광이 얼마나 대단한 것인지를 인식하게 해 주는 것이었다. 그는 그들이 그들 자신이 형편없다는 사실에 낙심하고 포기하지 않도록 하기 위해서, 그들에게 하나님의 능력을 잘 생각해 보라고 권면한다. 그는 이렇게 말한 것과 같다: "너희가 거듭난 것은 하나님의 평범한 역사가 아니라, 하나님의 능력이 놀라울 정도로 강력하게 나타난 것이다."

그의 힘의 위력으로 역사하심을 따라. 바울이 여기에서 사용한 이 어구에 나오는 세 가지 단어에 대해서 짤막하게 설명을 해 둘 필요가 있는데, "힘"은 뿌리에 해당하고, "위력"(또는, "능력")은 나무에 해당하며, "역사"는 열매에 해당하는데, 하나님이 자신의 팔을 뻗으셔서 행하시는 것이 곧 "역사하심"이다.

[20]그의 능력이 그리스도 안에서 역사하사 죽은 자들 가운데서 다시 살리시고 하늘에서 자기의 오른편에 앉히사 [21]모든 통치와 권세와 능력과 주권과 이 세상뿐 아니라 오는 세상에 일컫는 모든 이름 위에 뛰어나게 하시고 [22]또 만물을 그의 발 아래에 복종하게 하시고 그를 만물 위에 교회의 머리로 삼으셨느니라 [23]교회는 그의 몸이니 만물 안에서 만물을 충만하게 하시는 이의 충만함이니라(1:20-23).

20. 그의 능력이 그리스도 안에서 역사하사 죽은 자들 가운데서 다시 살리시고 하늘에서 자기의 오른편에 앉히사. 여기에서 "역사하였다"로 번역된 헬라어는 '에네르게센'(ἐνέργησεν)이고, 거기에서 '에네르게이아'(ἐνέργεια)라는 단어가 파생되었다. 따라서 "그의 능력이 그리스도 안에서 역사하사"라는 어구는 "하나님이 그리스도 안에서 역사하신 능력을 따라"로 번역될 수 있다. 그러나 나는 "하나님이 그 능력으로 그리스도 안에서 역사하사"로 번역하였는데, 이러한 번역이 앞서의 번역과 동일한 의미이면서도 문장이 더 자연스럽기 때문이다.

바울이 우리에게 그리스도 안에서 역사한 이 "능력"에 대하여 묵상하라고 명하고 있는 것은 너무나 적절하다. 왜냐하면, 그 "능력"은 지금까지 우리 안에서 드러나지 않고 감추어져 있기 때문이다. 다른 곳에서 그는 "내 능력이 약한 데서 온전하여짐이라"(고후 12:9)고 말한다. 이것 외에 우리가 세상의 자녀들보다 더 뛰어난 것이 무엇이 있는가? 세상 사람들의 눈으로 볼 때, 우리의 처지는 그들의 처지보다 더 못해 보이는 것이 현실이 아닌가? 죄는 우리를 지배하고 있지는 않지만, 여전히 계속해서 우리 안에 거하고, 사망도 여전히 우리 안에서 강력하게 역사한다. 우리가 장차 누리게 될 저 복된 삶은 아직은 현실이 되지 못하고 소망 가운데만 있어서, 세상은 그것을 알지 못한다. 성령의 능력은 육과 혈은 알지 못한다. 그렇기 때문에, 우리가 날마다 겪는 무수한 환난들로 인해서 우리는 다른 사람들보다도 더 멸시를 받게 된다.

그러므로 오직 그리스도만이 우리가 십자가의 "거치는 것"으로 인해서 제대로 분명하게 보지 못하는 것들을 우리로 하여금 볼 수 있게 해 주는 거울이다. 우리의 마음속에서 "의"와 구원과 영광에 대한 소망이 생겨날 때, 우리는 그리스도를 바라보는 법을 배워야 한다. 우리는 여전히 사망의 권세 아래 놓여 있지만, 그리스도께서는 하나님의 능력으로 말미암아 죽은 자 가운데서 일으키심을 받아서 사망을 이기시고 생명으로 왕 노릇 하고 계신다. 우리는 죄의 속박 아래에서 끝없는 괴로움들에 둘러싸여서 힘든 싸움을 하고 있지만(딤전 1:18), 그리스도께서는 "아버지"의 오른편에 앉으셔서 하늘과 땅에서 최고의 통치권을 행사하고 계시고, 자신이 쳐부수시고 굴복시키셨던 원수들을 지배하고 계신다. 우리는 이 땅에서 미천하고 멸시받는 자들로 살아가고 있지만, 그리스도의 "이름"은 천사들과 사람들이 지극히 공경하는 이름이 되었고, 마귀들과 악인들은 그 "이름" 앞에서 두려워서 벌벌 떤다. 우리는 이 땅에서 우리에게 주어진 은사들이 희소해서 눌리며 살아가고 있지만, 아버지 하나님께서는 그리스도를 모든 복을 나누어 주시는 유일한 분배자로 세우셨다. 이런 이유들로 인해서, 우리는 그리스도를 바라봄으로써 유익을 발견하게 된다. 왜냐하면, 우리는 그리스도를 거울로 삼아서, 우리에게는 아직 나타나지 않은 하나님의 은혜의 영광스러운 보화들과 이루 헤아릴 수 없이 크신 하나님의 능력을 그리스도 안에서 볼 수 있기 때문이다.

이 구절은 "하나님의 오른편"이 무엇을 의미하는지를 다른 어느 본문보다도 더 분명하게 보여준다. 그것은 어떤 특정한 "장소"를 의미하는 것이 아니라, 아버지 하나님이 그리스도에게 수여하신 "능력"을 의미한다. 즉, 하나님께서 그리스도에게 능력을 수여하셔서, 그로 하여금 그의 이름으로 하늘과 땅을 다스리게 하신 것을 의미한다. 그러므로 어떤 이들처럼, 스데반은 부활하신 그리스도께서 하늘에 "서서" 계시는 것을 보았다고 한 반면에(행 7:55), 바울이 여기에서 그리스도께서 하나님의 오른편에 "앉아" 계시는 것으로 설명한 것은 서로 모순된다고 트집을 잡는 것은 쓸데없는 짓이다. 왜냐하면, 바울이 여기에서 그리스도께서 "하나님의 오른편에 앉아" 계신다고 말한 것은 그리스도께서 하늘에서 어떤 자세로 계시는지를 보여주기 위한 것이 아니라, 하나님이 그리스도께 하늘과 땅을 다스리는 최고의 권세를 수여하셨다는 것을 보여주고자 한 것이기 때문이다. 이것은 그가 곧 뒤이어서 "모든 통치와 권세와 능력과 주권과 이 세상뿐 아니라 오는 세상에 일컫는 모든 이름 위에 뛰어나게 하시고 또 만물을 그의 발 아래에 복종하게 하시고"(21-22절)라고 말하고 있는 것과 부합한다. 왜냐하면, 그러한 설명 전체는 "하나님의 오른편"의 의미를 좀 더 자세하게 보충설명 하기 위해서 그가 추가적으로 덧붙인 것이기 때문이다.

바울이 아버지 하나님이 그리스도를 다시 살리셔서 "자기의 오른편에" 앉히셨다고 한 것은 하나님이 그리스도로 하여금 자신의 통치권에 참여하게 하셨다는 것을 의미한다. 왜냐하면, 그리스도께서는 하나님에 의해서 위임을 받아서 자신의 모든 능력을 행하시는 것이기 때문이다. 이 비유는 세상의 임금들이 전쟁에서 승리한 장군들에게 자기 옆에 앉는 최고의 영예를 수여한 관행으로부터 빌려온 것이다. 하나님의 "오른편"은 하늘과 땅을 충만히 채우고 있다는 점에서, 그리스도의 나라와 권세도 마찬가지로 하늘과 땅 전체에 미친다는 결론이 도출된다. 그러므로 그리스도께서 "하나님의 오른편에" 앉아 계신다는 것을 근거로 삼아서, 그리스도는 오직 하늘에만 계신다는 것을 증명하고자 하는 것은 잘못된 것이다. 물론, 그리스도의 인성이 하늘에 계시고 땅에 있지 않다는 것은 사실이지만, 그러한 논증은 이 본문에서 말하고자 하는 취지와는 전혀 상관이 없다. "하늘에서"라는 표현이 여기에 추가되어 있다고 해서, 바울이 하늘이라는 제한된 장소를 나타내기 위해서 "하나님의 오른편"이라는 표현을 사용한 것은 결코 아니다. 이 표현을 통해서 그는 우리에게 우리 주 예수 그리스도께서는 하늘의 영광 중에 거하시고, 저 복된 영원히 죽지 않는 삶을 누리고 계시며, 천사들보다 더 높임을 받으셔서 천사들조차 다스리고 계신다는 것을 보여주고자 한 것이다.

21. 모든 통치와 권세와 능력과 주권과. 여기에 열거되고 있는 모든 이름들이

천사들을 지칭하는 것임은 의심의 여지가 없다. 천사들이 그렇게 불리는 것은 하나님께서 그 천사들을 통해서 자신의 권세와 능력과 주권을 행사하시기 때문이다. 하나님은 천사들로 하여금 피조물들이 감당할 수 있는 한계 내에서 하나님 자신에게 속한 것들에 참여하는 것을 허락하시고, 그들에게 심지어 자신의 이름까지도 수여하신다. 왜냐하면, 우리는 성경에서 천사들을 '엘로힘'(אֱלֹהִים, "신들")이라고 부르고 있는 것을 발견하기 때문이다. 우리는 여기에서 열거된 다양한 명칭들을 통해서 천사들 가운데도 서열이 존재한다는 결론을 얻게 된다. 그러나 천사들 가운데 존재하는 직위들의 종류와 수, 그리고 각각의 역할과 정확한 서열을 확정하고자 한다면, 그것은 단지 어리석은 호기심을 드러내는 것으로서, 경솔하고 악하며 위험한 시도가 될 뿐이다.

그렇다면, 바울이 여기에서 간단하게 "천사들"이라고 하지 않고, 이렇게 천사들의 직분의 명칭들을 열거한 이유는 무엇인가? 나의 대답은 바울은 이렇게 대단한 명칭들을 지닌 천사들의 온갖 직분을 나열함으로써, 하늘에서 하나님의 오른편에 앉게 되신 그리스도의 영광이 그런 천사들보다도 훨씬 뛰어난 것임을 보여주고자 하였다는 것이다. 따라서 그는 이렇게 말한 것과 같다: "하나님께서는 하늘에서 그 어떤 뛰어나고 대단한 이름으로 불리는 존재라고 하더라도, 그리스도의 위엄에 굴복하지 않는 존재는 아무도 없게 하셨다." 유대인들과 이방인들 사이에서는, 사람들의 마음을 하나님과 참된 중보자로부터 떼어 놓고 멀어지게 하기 위해서, 하나님께 속한 수많은 것들을 거짓되게 천사들에게 돌리는 미신이 옛적부터 존재하였다. 바울은 그런 식으로 천사들에게 허구적인 가공의 광채를 부여해서 사람들의 눈을 현혹시키거나 그리스도의 광채를 가리는 것을 막기 위해서 끊임없이 애를 쓴다. 하지만 그가 아무리 최선을 다해도, 이 문제와 관련해서 "마귀의 간계"(엡 6:11)가 사람들 사이에서 성공을 거두는 것을 각을 수는 없었다. 이렇게 우리는 어떻게 세상이 잘못된 미신에 사로잡혀서 천사들을 두려워하여 그리스도에게서 떠났는지를 보게 된다. 천사들에 관한 허황된 미신이 횡행하게 되었을 때, 사람들이 그리스도를 아는 순전한 지식으로부터 멀어지게 되는 것은 피할 수 없는 일이었다.

이 세상뿐 아니라 오는 세상에 일컫는 모든 이름 위에 뛰어나게 하시고. 여기에서 "이름"은 위대함이나 탁월함을 가리키는 데 사용되고 있다. 따라서 "일컫다"는 자신의 이름을 날리며 칭송을 받고 있다는 것을 의미한다. 바울이 여기에서 "오는 세상"을 명시적으로 언급한 이유는 하나님께서 그리스도에게 주신 높은 지위는 한시적이거나 일시적인 것이 아니라 영원한 것이고, "이 세상"에만 국한된 것이 아니라 장차 하나님의 나라에서도 밝게 빛나게 될 것임을 보여주기 위한 것이다. 이런 이유에서 이사야 선지자도 그리스도를 "영존하시는 아버지"(사 9:6)라고 부른다. 요컨대, 그리스도의 영광은 사람들과 천사들의 모든 영광과는 비교가 되지 않을 정도로 높이 우뚝 서서 감히 범접할 수 없는 빛을 발하게 되리라는 것이다.

22. 또 만물을 그의 발 아래에 복종하게 하시고 그를 만물 위에 교회의 머리로 삼으셨느니라. 하나님께서는 만물을 다스리는 권세를 그리스도께 주시고, 거기에 더하여 그리스도를 "만물 위에 교회의 머리"로 삼으셨다. 바울은 이것이 단지 명예직이 아니라, 만유를 다스리고 호령하는 실질적인 권세였다는 것을 보여준다. "머리"라는 비유는 최고의 권위와 권세를 가리킨다. 나는 "머리"라는 단어를 가지고 논쟁할 생각이 없지만, 로마의 우상에게 아부하는 자들의 비열한 도발에 의해서 어쩔 수 없이 "머리"와 관련된 그들의 주장을 언급하지 않을 수 없다. 오직 그리스도만이 "머리"로 불리기 때문에, 다른 모든 것들은 천사들이든지 아니면 사람들이든지 상관없이 지체들로서의 지위를 지니고 있음에 틀림없다. 그렇기 때문에, 어떤 사람이 모든 사람들 중에서 가장 좋은 지위를 차지하고 있다고 할지라도, 그는 여전히 한 동일한 몸의 지체들 중 하나일 뿐이다. 그런데도 교황주의자들은 만일 이 땅의 교회에 그리스도 외에 또 다른 "머리"가 없다면, 교회는 "머리" 없는 존재가 되고 말 것이라고 공공연하게 주장하는 것을 부끄러워하지 않는다. 그들은 그리스도를 공경하는 마음이 없기 때문에, 아버지 하나님께서 그리스도에게 수여하신 영광과 존귀 중에서 일부를 교회가 다른 것들에 돌리지 않고 오로지 그리스도에게만 돌린다면, 교회는 기형적인 모습이 될 것이라고 주장한다. 이것은 대단히 지독한 신성모독죄와 불경죄를 저지르는 것이다. 사도의 말을 들어 보라. 여기에서 그는 교회는 그리스도의 몸이기 때문에, 그리스도께 복종하기를 거부하는 자들은 교회의 친교에 참여할 자격이 없다고 선언한다. 왜냐하면, 교회의 연합은 오로지 그리스도 한 분에 달려 있기 때문이다.

23. 교회는 그의 몸이니 만물 안에서 만물을 충만하게 하시는 이의 충만함이니라. 하나님의 아들이 우리와 연합될 때까지는 자신은 어느 정도 불완전하다고 여기시는 것은 교회에게는 지극히 큰 영광이다. 그리스도께서 우리와 함께 하실 때에야 비로소 자신의 모든 부분들을 다 갖추시고 온전하게 되신 것으로 여기신다는 것을 아는 것은 우리에게 얼마나 큰 위로인가! 그런 까닭에, 바울은 고린도전서(고

전 12:12-31)에서 주로 사람의 몸에 관한 비유를 사용해서 교회에 대하여 말할 때, "그리스도"라는 하나의 이름 아래 교회 전체를 포함시킨다(고전 12:12, "몸은 하나인데 많은 지체가 있고 몸의 지체가 많으나 한 몸임과 같이 그리스도도 그러하니라").

　바울은 만일 그리스도께서 우리로부터 분리되면, 그리스도 안에 실제로 어떤 결함이 존재하게 될 것이라고 사람들이 생각하는 것을 경계하기 위하여, 여기에 "모두 안에서 모두를 충만하게 하시는"(개역개정에는 "만물 안에서 만물을 충만하게 하시는")이라는 어구를 덧붙인다. 그리스도께서 충만하게 되고자 하시는 것, 그리고 어떤 점들에서는 우리 안에서 온전하게 되고자 하시는 것은 그리스도 안에 존재하는 어떤 결핍으로부터 생겨나는 것이 아니다. 왜냐하면, 우리를 비롯한 모든 피조물들 속에 있는 선한 것들은 하나도 빠짐없이 전부 다 그리스도께서 주신 선물들이기 때문이다. 그리스도께서 우리를 "므"로부터 일으켜 세우셔서 우리 안에 거하시고 살아가신다는 사실은 오직 그리스도의 선하심만을 한층 더 부각시킬 뿐이다. 여기에 나오는 "모두"(개역개정에는 "만물")를 현재의 맥락에만 국한시켜서 오직 교회에 적용되는 것으로 해석하는 것은 전혀 무리가 아니다. 왜냐하면, 그리스도께서는 자신의 뜻과 능력을 통해서 만물을 다스리시지만, 바울은 여기에서 특히 그리스도께서 교회를 영적으로 다스리시는 것에 대하여 말하고 있는 것이기 때문이다. 물론, "모두"를 "만물"로 이해해서, 이 어구가 그리스도께서 만물을 다스리시는 것을 가리키는 것으로 해석해도 전혀 문제될 것은 없지만, 오직 그리스도와 교회의 관계에 대해서 말하는 것으로 해석하는 것이 더 나은 것으로 보인다.

제2장

¹그는 허물과 죄로 죽었던 너희를 살리셨도다 ²그 때에 너희는 그 가운데서 행하여 이 세상 풍조를 따르고 공중의 권세 잡은 자를 따랐으니 곧 지금 불순종의 아들들 가운데서 역사하는 영이라 ³전에는 우리도 다 그 가운데서 우리 육체의 욕심을 따라 지내며 육체와 마음의 원하는 것을 하여 다른 이들과 같이 본질상 진노의 자녀이었더니(2:1-3).

1. 그는 허물과 죄로 죽었던 너희를 살리셨도다. 이것은 앞에서 말한 것들을 좀 더 분명하게 하기 위하여 예시를 통해서 보충설명하는 것이다. 바울은 하나님의 은혜에 관한 일반적인 가르침을 에베소 교인들에게 좀 더 생생하고 효과적으로 전달하기 위해서, 그들에게 그들의 이전의 상태를 상기시킨다. 하나님의 은혜에 관한 가르침의 이 구체적인 적용은 두 부분으로 이루어져 있다: "너희는 전에 타락하여 장차 멸망에 처해질 운명에 놓여 있었다. 그러나 이제 하나님께서는 자신의 은혜로 말미암아 너희를 멸망으로부터 건져 내셨다." 우리가 여기에서 유의해야 할 것은 바울은 이 두 부분을 각각 강조하기 위하여, 치환법을 사용해서 자신의 논증의 흐름을 의도적으로 끊어 놓고 있다는 것이다. 그 결과, 구문은 조금 난해하게 되었지만, 그럼에도 불구하고 의미는 분명하다. 첫 부분과 관련해서, 바울은 그들이 죽어 있었다고 말하고, 이와 동시에 그 죽음의 원인이 "허물과 죄"였다고 밝힌다. 그는 그들이 단지 죽을 위험에 처해 있었다고 말하는 것이 아니라, 그리스도를 믿기 전의 그들에게는 사망이 임해서, 그들은 확실하게 죽어 있었다고 선언한다. 영적인 죽음은 우리의 영혼이 하나님을 떠나 있는 것에 다름 아니기 때문에, 우리는 모두 "죽은 자들"로 태어나서, 그리스도의 생명에 참여하는 자들이 될 때까지는 계속해서 "죽은 자들"로 살아 간다. 이것은 우리 주님이 다음과 같이 하신 말씀과 일치한다: "진실로 진실로 너희에게 이르노니 죽은 자들이 하나님의 아들의 음성을 들을 때가 오나니 곧 이 때라 듣는 자는 살아나리라"(요 5:25).

교황주의자들은 모든 기회를 활용해서 어떻게든 하나님의 은혜를 깎아내리는 데 혈안이 되어 있는 자들이기 때문에, 우리가 그리스도 밖에 있는 동안에는 반쯤 죽어 있다고 말한다. 그러나 우리 주님과 사도 바울은 우리가 아담 안에 있는 동안에는 우리에게는 전혀 생명이 없고, 우리 영혼은 중생을 통해서 새 생명을 얻어 죽은 자 가운데서 다시 살아나게 된다고 분명하게 선언하시는데, 그러한 선언을 폐기처분하고 수정해서 말할 권한은 우리에게 있지 않다. 물론, 우리가 그리스도로부터 떠나 있는 동안에도, 우리 안에는 도종의 생명이 존재한다는 것은 나도 인정한다. 왜냐하면, 불신앙이 외적인 지각들이나 의지, 또는 영혼의 그 밖의 다른 기능들을 몽땅 다 파괴해 버리는 것은 아니기 때문이다. 그러나 그러한 생명이 하나님의 나라와 무슨 상관이 있다는 말인가? 마음의 모든 정서와 의지의 모든 행위가 죽음일 뿐인데, 그러한 상태에서 그러한 생명을 지니고 있다고 해서, 그것이 복된 삶과 무슨 상관이 있다는 것인가? 그러므로 우리는 우리 영혼이 하나님과 연합된 것이 참되고 유일한 생명이라는 것, 그리고 우리가 그리스도 밖에 있을 때에는, 사망의 원인인 죄가 우리를 지배하기 때문에, 우리는 완전히 죽어 있는 자들이라는 것을 한 치의 의심도 없이 틀림없는 진리로 확고하게 붙들어야 한다.

2. 그 때에 너희는 그 가운데서 행하여 이 세상 풍조를 따르고. 바울은 그들이 전에 행하였던 것들의 결과들 또는 열매들로부터, 죄가 전에 그들을 지배하였다는 것을 증명해 주는 증거를 이끌어 낸다. 왜냐하면, 죄가 외적인 행위들로 드러날 때까지는, 사람들은 죄의 권세를 제대르 알지 못하기 때문이다. 그는 "이 세상 풍조를 따르고"라는 어구를 덧붙임으로써, 자기가 방금 앞에서 언급한 "죽음"은 인간의 본성 속에서 맹위를 떨치는 보편적인 질병이라는 것을 간접적으로 보여준다. 그가 "이 세상 풍조"라고 한 것은 하나님이 정하신 "세상의 질서," 또는 하늘과 땅과 공기 같은 "요소들"을 가리키는 것이 아니라, 우리 모두가 감염되어 있는 부패와 타락을 가리키는 것이기 때문에, 이것은 죄가 특정한 소수에게만 국한된 것이 아니라, 온 세상에 다 깊숙이 침투해 있는 것임을 보여준다.

공중의 권세 잡은 자를 따랐으니 곧 지금 불순종의 아들들 가운데서 역사하는 영이라. 이제 바울은 에베소 교인들이 전에는 "이 세상 풍조"를 따라서 죄악된 삶을 살았다고 말한 것에서 한 걸음 더 나아가서, 우리의 부패하고 타락한 삶의 원인이 마귀가 우리를 지배하고 우리 가운데서 역사하였기 때문이라고 설명한다. 인류를 정죄하는 말 중에서 이것보다 더 혹독한 말은 있을 수 없을 것이다. 왜냐하면, 여기에서 바울은 우리가 그리스도의 나라 밖에서 사는 동안에는 사탄의 노예들이 되어서 사탄의 뜻에 복종하여 살아가는 자들이라고 분명하게 선언함으로써, 우리에게 그 밖의 다른 여지를 전혀 남겨 두지 않고 있기 때문이다. 그러므로 많은 사람들이 바울의 그러한 말을 인정하지 않고 도리어 비웃으며 우리 인간의 처지는 아무 문제가 없다고 주장할지라도, 우리는 우리의 처지가 그토록 끔찍하다는 것을 깨닫고 두려워하는 것이 마땅하다. 그런데도, 교황주의자들이 자유의지나 이성의 인도나 도덕적인 미덕 같은 것을 그토록 입에 침이 마르도록 강조하는 것은 어떻게 된 것인가? 우리 인류가 이렇게 마귀의 폭정 아래에서 살아가는데, 거기에 순전하거나 거룩한 것이 도대체 어디에 있다는 것인가? 그래서 그들은 이 주제와 관련해서 바울이 여기에서 가르치고 있는 것을 최악의 이단으로 단죄하고 가증스러운 것으로 여기고 싶은 마음이 굴뚝같지만, 영악스럽게도 그렇게 말하는 것을 극도로 자제한다. 반면에, 나는 사도가 여기에서 하고 있는 말 속에는 그 어떤 모호함도 없다고 말한다. 왜냐하면, 그는 세상을 따라 살아가는 모든 사람들, 즉 육신의 소욕을 따라 살아가는 자는 누구든지 사탄의 지배 아래에서 살아가는 것이라고 말하고 있는 것이기 때문이다.

성경의 영감 받은 기자들이 그러하듯이, 바울은 여기에서 "공중의 권세 잡은 자," 곧 "마귀"를 단수형으로 언급한다. 하나님의 자녀들에게 하나의 "머리"가 있듯이, 악인들의 경우도 마찬가지이다. 왜냐하면, 이 두 부류는 각각 서로 다른 하나의 몸을 형성하고 있기 때문이다. 사도는 모든 악한 존재들을 지배하는 권세를 "마귀"에게 돌림으로써, 불경건이라는 것이 분산되어 있지 않고 하나의 덩어리로 존재하는 것으로 묘사한다. 우리는 사도가 마귀를 "공중의 권세 잡은 자"라고 한 것에 대해서는 6장에 가서 살펴보기로 하고, 여기에서는 단지 마니교도들의 터무니없고 황당한 주장만을 잠깐 살펴보고자 한다. 그들은 이 본문을 근거로 해서, 마치 사탄이 하나님의 허락 없이 무엇을 할 수 있다는 듯이, "두 원리"의 존재를 증명하고자 한다. 하지만 바울은 오직 하나님만이 가지고 계시는 최고의 권위와 권세를 마귀에게 돌리고 있는 것이 아니라, 단지 하나님께서 마귀에게 허락하신 폭정에 대해서 말하고 있다. 사탄은 하나님의 허락 하에서 인간의 배은망덕함을 벌하는 형집행관일 뿐이다. 이것은 바울이 사탄이 지배할 수 있는 것은 오직 믿지 않는 자들에게만 국한되어 있고, 하나님의 자녀들에게는 사탄의 권능이 미치지 못한다고 말하고 있는 것 속에 함축되어 있다. 이것이 사실이라면, 사탄은 자신의 상관이신 하나님의 뜻과 주관하심 아래에서만 활동할 수 있고, 하나님의 허락 없이는 아무것도 할 수 없기 때문에, 무제한적인 권세를 지닌 독재자가 아니라는 결론이 도출된다.

또한, 우리가 이 본문으로부터 도출해 낼 수 있는 또 하나의 결론은 불경건한 자들은 사탄에게 붙잡혀서 온갖 종류의 범죄들을 저지르는 것에 대해서 그 어떤 변명도 할 수 없다는 것이다. 왜냐하면, 그들이 사탄에게 붙잡혀서 그의 폭정 아래 놓여서 그의 노예가 되어 행하게 된 것은 그들이 하나님을 반역하여 하나님으로부터 떠난 까닭이기 때문이다. 오직 하나님을 섬기기를 거부하고 하나님의 권위에 순복하기를 거절한 자들만이 사탄의 노예들이 되는 것이라면, 그들이 그토록 잔인하고 냉혹한 주인을 섬기게 된 것은 순전히 그들의 책임일 수밖에 없다. "불순종의 아들들"은 히브리어 관용어법에 따르면 "완악한 자들"을 의미한다. 불순종은 언제나 "불신앙"에서 나오기 때문에, 불신앙은 불순종의 근원이고 모든 완악함의 어머니이다.

3. 전에는 우리도 다 그 가운데서 우리 육체의 욕심을 따라 지내며. 바울은 자기가 지금까지 한 말이 에베소 교인들이 믿기 전에 지니고 있던 성품을 비방하면서, 그들이 얼마나 형편없는 자들이었는지 아느냐고 하며 모욕을 주고자 하거나, 유대인으로서의 자부심을 은근히 드러내며 이방인들인 에베소 교인들을 열등한 민족으로 폄하하며 수치를 주고자 한 것으로 오해를 받지 않도록 하기 위해서, 자기 자신을 비롯한 모든 유대인 그리스도인들도 전에는 에베소 교인들과 똑같이 그런 자들이었다는 말을 곧바로 덧붙인다. 이것은 실제로는 그렇게 생각하지 않으면서 단지 외식으로 짐짓 그런 것처럼 말하고 있는 것이 아니라, 자신을 비롯한 모든 유대인들도 똑같은 처지였다는 것을 진정으로 고백함으로써, 모든 영광을 하나님께 돌리고 있는 것이다. 하지만 그가 여기에서 자기가 "육체의 욕심들 안에서" 행하였다고 말하고 있는 것이 우리에게는 왠지 낯설고 생소하게 느껴질 수 있다. 왜냐하면, 그는 다른 곳들에서는 자기는 지금까지 살아오면서 부끄럽거나 책망 받을 짓을 한 적이 없었다고 자랑하기 때문이다. 그는 자기가 "율법의 의로는 흠이 없는 자"(빌 3:6)라고 말하기도 하고, "우리가 너희 믿는 자들을 향하여 어떻게 거룩하고 옳고 흠 없이 행하였는지에 대하여 너희가 증인이요 하나님도 그러하시도다"(살전 2:10)라고 말하기도 한다. 나의 대답은 바울이 여기에서 한 말은 아직 그리스도의 영에 의해서 중생하지 않은 모든 자들에게만 적용된다는 것이다. 어떤 사람들의 삶이 겉보기에는 아무리 칭찬 받을 만한 것으로 보일지라도, 그것은 그들의 "육체의 욕심들"이 사람들이 볼 수 있게 겉으로 드러나지 않았기 때문에 그렇게 보이는 것

일 뿐이다. 왜냐하면, 모든 순전함의 원천이신 하나님으로부터 나오지 않은 순전함이나 거룩함은 결코 존재할 수 없기 때문이다.

육체와 마음의 원하는 것을 하여. 바울은 자기가 앞에서 "육체의 욕심들을 따라" 행하였다고 말한 것이 무엇을 의미하는지를 여기에서 정의한다. 즉, 그는 그것은 "육체와 마음의 원하는 것들을 이루는 것," 즉 우리의 본성적인 성향과 우리의 생각의 인도와 지도를 따라 살아가는 것이라고 정의한다. 여기에서 "육체"는 성향, 또는 본성의 이끌림을 의미한다. 바울은 거기에 "생각"으로부터 나오는 것을 의미하는 '톤 디아노이온'(τῶν διανοιῶν)을 덧붙인다. "생각"(개역개정에는 "마음")은 본성적으로 인간 속에 존재하는 "이성"을 포함한다. 따라서 "육체의 욕심들"은 단지 인간의 감각적인 부분이라 불리는 열등한 욕망들만을 가리키는 것이 아니라, 인간 전체에 미친다.

다른 이들과 같이 본질상 진노의 자녀이었더니. 바울은 여기에서 유대인이든 이방인이든 모든 인간은 그리스도에 의해서 속량을 받기 전까지는 한 사람의 예외도 없이 죄인이라고 선언한다(갈 2장). 따라서 그리스도 밖에서는 "의"나 구원이 존재하지 않는다. 요컨대, 그리스도 밖에서는 그 어떤 선한 것도 존재하지 않는다는 말이다. "진노의 자녀들"은 타락하여 영원한 사망에 처해지게 될 자들을 가리킨다. "진노"는 하나님의 심판을 의미하기 때문에, "진노의 자녀들"은 하나님 앞에서 정죄를 받은 자들이다. 바울은 유대인들이라고 해도 그리스도를 믿기 전에는 모두 그런 자들이었고, 지금 그리스도 안에 있는 모든 뛰어나고 훌륭한 자들도 전에는 그런 자들이었으며, 그들은 "본질상," 즉 그들이 이 세상에 태어난 때로부터, 아니 그들의 모태로부터 그런 자들이었다고 말한다.

이것은 펠라기우스주의자들을 비롯해서 "원죄"를 부정하는 모든 자들의 주장과 반대된다는 점에서 주목할 만한 본문이다. 모든 사람 속에 본성적으로 존재하는 것은 인간에게 원래부터 존재하고 있었던 것임이 분명하다. 그런데 바울은 우리가 모두 "본성적으로"(개역개정에는 "본질상") 정죄받은 자들이라고 선언한다. 그러므로 죄는 우리 속에 본성적으로 존재한다. 왜냐하면, 하나님께서는 무죄한 자들을 정죄하시는 분이 아니기 때문이다. 펠라기우스주의자들은 죄가 아담으로부터 온 인류에게 퍼지게 된 것은 "출생"에 의해서가 아니라 "모방"에 의해서라고 궤변을 늘어놓는다. 그러나 바울은 마치 뱀들이 모태로부터 독을 지닌 채로 태어나듯이, 우리도 모두 죄를 가지고 태어난다고 천명한다. 이것이 진정으로 죄라는 것을 부정하는 자들은 바울이 여기에서 말하고 있는 것을 정면으로 부정하는 것이다. 왜냐하면, 정죄가 있는 곳에 죄도 있다는 것은 틀림없기 때문이다. 하나님께서는 죄 없는 자들에게 진노하시는 것이 아니라, 죄 있는 자들에게 진노하신다. 또한, 우리가 우리의 부모로부터 물려받은 죄성과 부패와 타락이 하나님 앞에서 죄로 여겨지는 것도 이상한 일이 아니다. 왜냐하면, 우리 안에 있는 죄의 씨앗들이 발아하지 않아서 아직 겉으로 드러나지 않았다고 할지라도, 하나님께서는 그 씨앗들 속에 내재되어 있는 죄성을 아시고 정죄하시는 것이기 때문이다.

하지만 여기에서 한 가지 질문이 생겨난다. 유대인들은 사실 복된 자손들인데도 불구하고, 왜 바울은 유대인들을 이방인들과 똑같이 진노와 저주에 종속되어 있는 것으로 묘사하고 있는 것인가? 나의 대답은 유대인들도 이방인들과 마찬가지로 인간으로서의 공통된 본성을 지니고 있기 때문이다. 유대인들은 하나님께서 그들에게 은혜를 베푸서서 그들을 멸망으로부터 건져 주시겠다고 하신 약속을 가지고 있다는 점 외에는 이방인들과 조금도 다르지 않다. 그런데 그 약속은 유대인들이 원래 가지고 있던 질병을 치료해 주시겠다는 약속이기 때문에, 유대인들이 이방인들과 마찬가지로 "진노의 자녀들"로 태어났다는 사실에는 변함이 없다. 여기에서 또 한 가지 질문이 생겨난다: "하나님은 우리 인간의 본성을 지으신 분이시기 때문에, 우리가 본성적으로 멸망에 처해 있게 된 것이라면, 그 책임은 하나님이 지시는 것이 마땅한 것인데, 왜 하나님께서는 그것에 책임을 지지 않으시는 것인가?" 나의 대답은 인간의 본성에는 두 종류가 존재한다는 것이다. 하나는 하나님이 지으신 본성이고, 다른 하나는 타락한 본성이다. 그러므로 바울이 여기에서 말하는 정죄는 하나님이 지으신 본성이 아니라 타락한 본성에 대한 것이다. 왜냐하면, 우리는 아담이 처음에 지음받았을 때처럼 "순전한 참 종자"(렘 2:21)로서 죄 없이 태어나는 것이 아니라, 타락하고 죄악된 아담의 자손으로서 이미 죄에 물든 상태로 태어나기 때문이다.

⁴긍휼이 풍성하신 하나님이 우리를 사랑하신 그 큰 사랑을 인하여 ⁵허물로 죽은 우리를 그리스도와 함께 살리셨고 (너희는 은혜로 구원을 받은 것이라) ⁶또 함께 일으키사 그리스도 예수 안에서 함께 하늘에 앉히시니 ⁷이는 그리스도 예수 안에서 우리에게 자비하심으로써 그 은혜의 지극히 풍성함을 오는 여러 세대에 나타내려 하심이라(2:4-7).

4. 긍휼이 풍성하신 하나님이 우리를 사랑하신 그 큰 사랑을 인하여. 바울은 계속해서 하나님의 은혜에 관한 가르침을 구체적으로 적용해서 두 가지로 설명하고 있는데, 이제 여기에서는 두 번째 적용이 시작되고, 그 내용은 에베소 교인들은 전에 그리스도를 믿기 전에는 장차 멸망에 처해질 자들로 살아갔었는데, 하나님께서는 그런 에베소 교인들을 멸망에서 건져 주셨다는 것이다. 하지만 그가 여기에서 사용하고 있는 단어들은 앞의 첫 번째 적용에서 사용한 것과 다르다. 그는 "긍휼이 풍성하신 하나님이 너희를 그리스도와 함께 살리셨다"고 말한다. 이것은 그리스도께서 우리의 영혼 속에 불어 넣어 주신 생명 외에 그 밖의 다른 생명은 존재하지 않기 때문에, 우리는 오직 그리스도께 접붙인 바 되어서 그리스도와 똑같은 생명을 향유할 때에만 사망에서 벗어나 진정으로 살 수 있게 된다는 것이다. 이것으로부터 우리는 그가 앞에서 "죽었던 너희"(1절)라고 말한 것이 무슨 의미인지를 알 수 있게 된다. 왜냐하면, 그가 앞에서 말한 "죽음"과 여기에서 말하고 있는 "부활"은 서로 반대되기 때문이다. 우리가 하나님의 아들을 죽은 자 가운데서 다시 살리신 그 동일한 성령에 의해 다시 살리심을 받아서 하나님의 아들의 생명에 참여하는 자들이 되는 것은 이루 헤아릴 수 없이 큰 은택이고 특권이다.

바울은 그러한 사실에 근거해서 "하나님의 긍휼"을 찬송한다. 그는 하나님께서는 에베소 교인들을 멸망에서 건져내 주시는 일에서 너무나 차고 넘치게 긍휼을 베풀어 주셨기 때문에, 여기에서 하나님이 베푸신 "긍휼"이 "풍성하였다"고 말한다. 여기에서 그는 우리의 구원 전체를 하나님의 "긍휼"에 돌린다. 하지만 그는 곧이어서 "우리를 사랑하신 그 큰 사랑을 인하여"라는 말을 덧붙이는데, 이것은 이 모든 일이 오로지 하나님이 값없이 거저 베풀어 주신 은혜로 말미암아 된 일이라는 것을 한층 더 분명하게 명시적으로 선언하고 있는 것이다. 왜냐하면, 그는 하나님을 움직여서 이 모든 일을 하시게 한 유일한 동기는 "우리를 사랑하신" 하나님의 "큰 사랑"이었다는 것을 분명히 하고 있는 것이기 때문이다. 요한도 "사랑은 여기 있으니 우리가 하나님을 사랑한 것이 아니요 하나님이 우리를 사랑하사 우리 죄를 속하기 위하여 화목 제물로 그 아들을 보내셨음이라 …… 우리가 사랑함은 그가 먼저 우리를 사랑하셨음이라"(요일 4:10, 19)고 말한다.

5. 허물로 죽은 우리를 그리스도와 함께 살리셨고 (너희는 은혜로 구원을 받은 것이라). "허물로 죽은 우리를"(직역하면, "우리가 허물로 죽어 있었던 바로 그 때에")이라는 어구는 로마서에 나오는 비슷한 표현들과 마찬가지로 강조되어 있다.

즉, "우리가 아직 연약할 때에 기약대로 그리스도께서 경건하지 않은 자를 위하여 죽으셨도다"(롬 5:6)라는 구절에서 "우리가 아직 연약할 때에"라는 어구는 직역하면 "우리가 아직 연약할 바로 그 때에"가 되고, "우리가 아직 죄인 되었을 때에 그리스도께서 우리를 위하여 죽으심으르 하나님께서 우리에 대한 자기의 사랑을 확증하셨느니라"(롬 5:8)는 구절에서 "우리가 아직 죄인 되었을 때에"라는 어구는 직역하면 "우리가 아직 죄인 되었을 바로 그 때에"가 된다.

"너희는 은혜로 구원을 받은 것이라"는 구절이 다른 사람의 손에 의해서 나중에 삽입된 것인지의 여부에 대해서는 내가 알지 못하지만, 이 구절은 문맥에 전적으로 부합하기 때문에, 나는 이 구절은 나중에 다른 사람에 의해서 삽입된 것이 아니라 바울이 쓴 것으로 기꺼이 인정하고자 한다. 이 구절은 바울은 자기가 아무리 많은 말을 해도 여전히 하나님의 은혜의 풍성함을 충분히 전할 수 없다는 것을 늘 느끼고 있었고, 그래서 우리의 구원과 관련된 모든 것들이 전적으로 하나님의 은혜에 의해서 이루어진 것이라는 이 동일한 진리를 기회만 주어지면 여러 가지 다양한 방식들로 표현하고 전하고자 하였다는 것을 우리에게 보여준다. 사람들의 배은망덕함이 어떠함을 잘 아는 자들은 분명히 이 삽입문이 불필요하고 쓸데없다고 불평하지 않을 것임에 틀림없다.

6. 또 함께 일으키사 그리스도 예수 안에서 함께 하늘에 앉히시니. 바울은 여기에서 하나님께서 우리를 다시 살리셔서 하늘에 앉히셨다고 말하고 있지만, 우리의 그러한 부활과 하늘에 앉아 있는 것은 사람의 눈으로는 아직 볼 수 없다. 하지만 마치 우리가 그러한 복들을 지금 누리고 있는 것처럼, 그는 우리가 그러한 것들을 이미 받아서 향유하고 있다고 말함으로써, 우리가 아담에 속했던 상태에서 그리스도께 속한 상태로 옮겨졌을 때, 우리의 상태에 어떤 변화가 일어났는지를 보여준다. 그것은 마치 가장 깊은 지옥에서 끌어 올려져서 가장 높은 하늘로 올라가게 된 것과 같다는 것이다. 그리고 우리 자신의 입장에서 볼 때에는, 우리의 구원은 여전히 소망의 대상이기는 하지만, 그리스도 안에서는 우리는 이미 저 복된 영원한 생명과 영광을 소유하고 있다는 것은 분명하다. 그래서 그는 "그리스도 예수 안에서"라는 어구를 덧붙인다. 이러한 부활과 하늘에 앉게 된 것은 아직까지는 오직 "머리"에서만 나타났고, 그 "지체들"에게는 나타나지 않고 있지만, "지체들"과 "머리" 간에 존재하는 비밀한 연합으로 인해서 그러한 일들은 이미 지체들에게도 일어난 일들이라는 것은 의심의 여지가 없다. 어떤 이들은 여기에서 "그리스도 예수 안에

서"로 번역된 어구를 "그리스도 예수로 말미암아"로 번역하지만, 내가 방금 앞에서 말한 이유로 인해서 "그리스도 예수 안에서"라는 통상적인 번역을 그대로 유지하는 편이 더 나을 것이다. 이렇게 바울은 우리가 이미 그리스도 예수 안에서 부활하여 그리스도 예수와 함께 하늘에 앉아 있는 자들이라고 선언하면서, 아직 그것이 우리에게 온전히 실현되지는 않았지만, 그리스도 예수가 그 확실한 보증이자 첫 열매로 우리 앞에 주어져 있다고 말함으로써, 우리에게 이루 말할 수 없이 큰 위로를 전해 준다.

7. 이는 그리스도 예수 안에서 우리에게 자비하심으로써 그 은혜의 지극히 풍성함을 오는 여러 세대에 나타내려 하심이라. 바울이 에베소 교인들의 구원과 관련된 궁극적이고 참된 원인이 "하나님의 영광"이라는 것을 여기에서 또다시 언급하는 것은 그들로 하여금 이것을 부지런히 묵상하고 살핌으로써 그들의 구원에 대하여 좀 더 온전한 확신을 갖게 하기 위한 것이다. 아울러, 그는 인간의 모든 세대가 하나님의 지극히 크신 은혜와 선하심을 기억하게 하는 것이 하나님의 목적이었다는 말도 덧붙인다. 이것은 하나님께서 이방인들을 값없이 거저 부르셨다는 것을 부정하고 공격하는 자들이 얼마나 가증스러운 짓을 하고 있는 것인지를 한층 더 생생하게 보여준다. 왜냐하면, 그런 자들은 하나님께서 인간의 모든 세대에서 기억하게 하고자 하신 바로 그 일을 완전히 박살내서 사람들의 기억 속에서 완전히 지워 버리고자 애를 쓰고 있는 것이기 때문이다. 하지만 바울은 하나님께서 우리 조상들을 자기 백성으로 삼으시기를 기뻐하신 일은 하나님께서 자신의 풍성하신 긍휼을 차고 넘치게 베풀어 주신 일로서, 우리가 영원히 기억하는 것이 마땅한 일이라는 것을 우리에게 가르쳐 준다. 하나님이 이방인들을 부르신 일은 하나님의 선하심을 보여주는 경천동지할 일이기 때문에, 부모들에게서 자녀들에게로, 자녀들에게서 손자들에게로, 자자손손 대대로 전해져서, 인류 가운데서 늘 회자되게 하여야 하고, 결코 이 일이 잊혀져서 사람들의 기억 속에서 사라지게 해서는 안 된다.

여기에서 바울은 "그리스도 예수 안에서 우리에게 자비하심으로써"라는 표현을 사용함으로써, 하나님께서 그리스도 안에서 우리에게 베풀어 주신 사랑의 원천이 하나님 자신의 "자비하심" 또는 "긍휼하심"에 있었다는 것을 다시 한 번 분명하게 선언한다. 그는 하나님께서 우리에게 이렇게 사랑을 베풀어 주신 것은 "그 은혜의 지극히 풍성함"을 나타내시기 위한 것이었다고 말한다. 하나님은 우리에게 베풀어 주신 은혜가 지극히 풍성하다는 것을 어떤 식으로 나타내신 것인가? 그 열매를 보고서 어떤 나무인지를 알 수 있듯이, 그것은 하나님이 우리에게 베풀어 주신 "자비하심"을 통해서 나타났다. 그러므로 그는 단지 하나님의 사랑이 값없이 거저 우리에게 주어졌다고만 말하는 것이 아니라, 하나님께서는 우리에게 베풀어 주신 사랑을 통해서, 우리에게 주신 자신의 은혜가 이루 말할 수 없이 차고 넘치게 풍성하였다고 선언한다. 한편, 우리는 "그리스도"의 이름이 반복적으로 언급되고 있는 것도 주목할 필요가 있다. 왜냐하면, 그리스도의 중보 없이는, 우리는 하나님으로부터 그 어떤 은혜나 사랑도 기대해서는 안 되기 때문이다.

8너희는 그 은혜에 의하여 믿음으로 말미암아 구원을 받았으니 이것은 너희에게서 난 것이 아니요 하나님의 선물이라 9행위에서 난 것이 아니니 이는 누구든지 자랑하지 못하게 함이라 10우리는 그가 만드신 바라 그리스도 예수 안에서 선한 일을 위하여 지으심을 받은 자니 이 일은 하나님이 전에 예비하사 우리로 그 가운데서 행하게 하려 하심이니라(2:8-10)

8. 너희는 그 은혜에 의하여 믿음으로 말미암아 구원을 받았으니 이것은 너희에게서 난 것이 아니요 하나님의 선물이라. 이것은 앞에서 한 말들로부터 자연스럽게 도출된 결론이다. 바울은 앞에서 에베소 교인들의 택정하심과 실효적인 부르심에 대하여 말한 후에, 이제 여기에서는 그들이 오직 믿음으로 말미암아 구원을 받은 것이라는 이러한 일반적인 결론을 제시한다. 먼저, 그는 에베소 교인들의 구원은 전적으로 하나님의 역사, 즉 하나님의 은혜의 역사였다고 단언한다. 하지만 그들은 그 때에 그 은혜를 "믿음으로 말미암아" 얻었다. 우리는 한편으로는 하나님을 보아야 하고, 다른 한편으로는 사람을 보아야 한다. 하나님께서는 자기는 우리에게 빚진 것이 아무것도 없기 때문에, 구원은 대가나 보상이 아니라 전적인 은혜라고 선언하신다. 그렇다면, 다음으로 제기되는 질문은 이런 것이다: "사람들은 하나님의 손에 의해서 그들에게 주어지는 저 구원을 어떤 식으로 받게 되는 것인가?" 거기에 대한 대답은 "믿음으로 말미암아"이다. 그런 까닭에, 바울은 우리의 구원에 우리 자신이 기여하는 것은 아무것도 없다는 결론을 내린다. 우리의 구원이 하나님 편에서 볼 때에 오직 "은혜"로 이루어지는 일이고, 우리는 "믿음" 외에는 하나님 앞에 가지고 나아가는 것이 없다면, 이것은 우리의 구원을 위하여 우리가 할 수 있는 일은 전혀 없다는 것을 의미하기 때문에, 구원은 전적으로 오로지 하나님으로부

터 오는 것이라는 결론이 도출된다.

그렇다면, 우리는 자유의지라거나 선한 의도라거나 구원을 위한 어떤 준비들이라거나 공로라거나 보속이라고 하는 것들에 대해서 침묵하는 것이 마땅하지 않겠는가? 그러한 것들 중에서 인간의 구원에 기여했다는 말을 들을 자격이 있는 것은 아무것도 없다. 만일 그런 것들 중에서 단 하나라도, 그리고 아주 조금이라도 인간의 구원에 기여했다면, 바울이 여기에서 보여주고 있는 것과는 달리, 인간의 구원과 관련된 모든 영광은 하나님의 은혜에 돌려지지 않게 될 것이다. 바울은 인간의 편에서 보자면, 구원을 받고자 할 때에 사람이 할 수 있는 유일한 것은 오직 "믿음" 뿐이라고 말함으로써, 사람들이 구원을 받고자 할 때에 의지하곤 하는 다른 모든 수단들을 배제시킨다. 그러므로 사람은 모든 것을 다 비운 채로 오직 믿음만을 가지고서 하나님 앞에 나아갔을 때, 그리스도로 말미암은 복들로 충만하게 될 수 있다. 그래서 바울은 "이것은 너희에게서 난 것이 아니요 하나님의 선물이라"는 말을 덧붙이는데, 이것은 에베소 교인들이 자신들의 구원에 그들이 기여한 것은 아무것도 없기 때문에, 오직 하나님만이 그들의 구원의 원천이시고, 그들의 구원이 전적으로 하나님이 값없이 거저 주신 선물이라는 것을 인정하여야 한다고 말하는 것이다.

9. 행위에서 난 것이 아니니 이는 누구든지 자랑하지 못하게 함이라. 바울은 앞에서 그들의 구원이 "은혜"에 의한 것이라고 말하였는데, 이제 여기에서는 그렇게 말하는 대신에, 그것이 "하나님의 선물"이라고 말한다. 또한, 그는 앞에서는 "너희에게서 난 것이 아니요"라고 말하였는데, 이제 여기에서는 그렇게 말하는 대신에, "행위에서 난 것이 아니니"라고 말한다. 따라서 우리는 바울은 사람이 구원을 받는 데 있어서 사람이 기여할 여지를 전혀 남겨 놓지 않고 있는 것을 본다. 그는 로마서와 갈라디아서에서 자신이 길게 전개해 나간 논증 전체의 내용을 여기에서 세 개의 어구로 요약한다. 즉, 그는 "의"는 오직 하나님이 우리에게 베푸시는 긍휼로부터 우리에게 임한다는 것을 "너희에게서 난 것이 아니요"라는 어구로 요약하고, "의"는 복음을 통해서 그리스도 안에서 우리에게 주어진다는 것을 "이것은 하나님의 선물이요"라는 어구로 요약하며, "의"는 행위로 말미암는 공로 없이 오직 믿음으로 말미암아 얻어진다는 것을 "행위에서 난 것이 아니니"라는 어구로 요약한다.

이 본문은 교황주의자들이 우리가 행위 없이 의롭다 함을 얻는다는 진리를 회피하기 위해서 늘어놓는 저 헛된 궤변을 쉽게 반박할 수 있는 근거를 우리에게 제공해 준다. 그들은 바울이 말하는 "행위"라는 것은 오직 예법(의식)들만을 가리킨다고 주장한다. 그러나 이 본문에서 바울이 어떤 특정한 종류의 행위만 국한해서 말하고 있는 것이 아니라, 인간이 자신의 의를 주장하기 위해서 스스로의 힘으로 행하는 모든 행위를 말하고 있고, 사람의 구원이 그러한 행위에서 나는 것이 아니라고 말하고 있다는 것은 너무나 분명하다. 우리는 그가 여기에서 "하나님"과 "사람"을 대비시키고, "은혜"와 "행위"를 대키시키고 있다는 것을 주목하여야 한다. 만일 교황주의자들의 주장처럼, 바울이 여기에서 단지 예법들만을 다루고 있는 것이라면, 그가 하나님과 사람을 대비시킬 이유는 전혀 없지 않겠는가?

교황주의자들도 바울이 우리의 구원과 관련된 모든 영광을 하나님의 영광에 돌리고 있다는 것을 인정하지 않을 수 없지만, 또 다른 샛길을 고안해 내서 그러한 인정을 무력화시키고자 시도한다. 즉, 그들은 바울이 여기에서 그런 식으로 말하고 있는 것은 오직 하나님이 우리에게 "최초의 은혜"를 수여하는 것에만 해당되고, 그 이후에는 우리가 행위로 말미암은 공로를 쌓아가야만 구원에 이를 수 있다고 주장한다. 그들이 그런 식의 논리를 전개하는 것이 통할 수 있다고 생각한다면, 그것은 정말 어리석은 생각이다. 왜냐하면, 바울은 구원이 개시되는 때만이 아니라 장차 온전한 구원을 얻게 되기까지의 전 과정에 걸쳐서 사람의 모든 행위를 배제하고 있기 때문이다.

하지만 그러한 샛길을 고안해 낸 것보다 한층 더 황당하고 어이없는 것은 교황주의자들은 사도가 "이는 누구든지 자랑하지 못하게 함이라"고 못 박아서 결론을 내리고 있는 것을 들은 체도 하지 않는다는 것이다. 하나님의 "은혜" 이외에 다른 어떤 것이 조금이라도 인간의 구원에 하나의 공로로 개입되는 경우에는, 인간에게는 여전히 자랑할 여지가 남아 있게 된다는 것은 두말할 필요가 없다. 우리의 구원과 관련된 모든 영광이 오직 하나님과 하나님의 긍휼에 돌려지지 않는다면, 여기에서 바울이 가르치고 있는 것은 무너질 수밖에 없다. 우리는 많은 사람들이 이 구절을 해석함에 있어서 아주 흔하게 범하는 오류가 있는데, 그것은 "하나님의 선물"을 한정적으로 이해해서 오직 "믿음"만을 가리키는 것이라고 해석하는 것이다. 하지만 바울이 그 구절에서 말하고자 하는 것은 "믿음"이 "하나님의 선물"이라는 것이 아니고, 구원이 하나님에 의해서 우리에게 주어진다는 것, 또는 우리가 하나님의 선물로 구원을 받는다는 것이다.

10. 우리는 그가 만드신 바라. 바울은 우리가 행하는 모든 선한 행위들은 중생의 열매이기 때문에, 우리는 스스로의 힘으로 행한 그 어떤 행위로 말미암은 공로를 의지해서 구원을 얻을 수 없다는 것을 보여줌으로써, 우리가 행위로 말미암아 구원을 얻는다는 반대 명제가 틀렸음을 증명하고, 거기에 의해서 우리가 은혜로 말미암아 구원을 얻는다는 명제가 참되다는 것을 증명한다. 이것으로부터 도출되는 결론은 선한 "행위들" 자체가 은혜의 일부라는 것이다. 바울이 "우리는 그가 만드신 바라"고 말할 때, 그것은 하나님께서 인간을 창조하셨다는 사실을 가리키는 것이 아니다. 우리가 "새로운 피조물들"이라 불리는 것은 우리가 우리 자신의 힘에 의해서가 아니라 그리스도의 영에 의해서 "의"를 위하여 지음받았기 때문이다. 이것은 오직 믿는 자들에게만 적용된다. 그들은 전에는 아담의 자손들로서 타락한 악한 자들이었지만, 그리스도의 은혜로 말미암아 영적으로 새롭게 되어서 새 사람들이 되었다. 그러므로 우리 안에 있는 모든 선한 것은 우리의 본성에서 나오는 것이 아니라 그 본성을 뛰어넘어서 하나님이 우리에게 주신 선물이다. 그가 이 구절을 통해서 무엇을 말하고자 하는 것인지는 문맥을 통해서 분명하게 드러난다. 우리는 아담 안에서가 아니라 그리스도 예수 안에서, 온갖 종류의 삶을 위해서가 아니라 "선한 일을 위하여" 지음받았기 때문에, "그가 만드신 바"이다.

우리로부터 나오는 모든 선한 행위들이 하나님의 영의 선물들이라는 것이 인정된다면, 교황주의자들이 말하는 "자유의지"가 끼어들 여지가 어디 있겠는가? 경건한 독자들은 사도가 하는 말을 주의 깊게 잘 살펴보아야 한다. 그는 우리가 하나님의 도움을 받고 있다고 말하지 않는다. 그는 하나님께서 우리에게 자유의지를 주셨고, 그런 후에는 그 자유의지를 발휘하여 선한 일들을 하게 하셨다고 말하지도 않는다. 그는 하나님께서 우리에게 바르고 선한 것들을 선택할 힘을 수여하셨고, 그런 후에는 우리로 하여금 스스로의 힘으로 선한 일들을 선택해서 행해 나가도록 맡기셨다고 말하지도 않는다. 그런 것들은 온 힘을 다해서 하나님의 은혜를 깎아내리고자 하는 자들이 늘어놓는 말도 안 되는 궤변들일 뿐이다. 그런 자들의 말들과는 반대로, 바울은 우리는 하나님이 지으신 자들이고, 우리 안에 있는 모든 선한 것들은 하나님이 만들어 내시는 것들이라고 단언한다. 그의 이러한 말들은 하나님은 중생을 통해서 자신의 영으로 믿는 자들을 전인적으로 선한 자들로 다시 지으셨다는 것이다. 하나님께서는 단순히 바르고 선한 것을 선택하는 능력을 우리 안에 지으신 것이거나, 말로 설명하기는 힘들지만 우리 속에서 역사하셔서 우리로 하여금 선을 행할 수 있도록 어떤 준비를 시키신 것이거나, 우리 안에 우리가 선을 행할 수 있도록 돕는 힘을 지으신 것이 아니라, 바르고 선한 의지 자체를 지으셨다. 만일 그렇지 않다면, 여기에서 바울이 전개하고 있는 논증은 아무런 의미도 없게 될 것이다. 왜냐하면, 그는 사람은 어떤 식으로든 스스로의 힘으로는 구원을 얻을 수 없고, 오직 하나님이 값없이 거저 주시는 선물로만 구원을 얻을 수 있을 뿐이라는 것을 증명하고자 하는 것이기 때문이다. 그가 증명한 것은 사람은 하나님의 은혜 없이는 그 어떤 선도 행할 수 없다는 것이다. 그러므로 하나님의 은혜와는 상관없이 사람이 조금이라도 선을 행할 수 있다고 주장하는 자는 누구든지 사람은 스스로 구원을 얻을 수 있는 능력이 있다고 주장하는 것이다.

그리스도 예수 안에서 선한 일을 위하여 지으심을 받은 자니. 믿음으로 말미암는 "의"를 훼손하기 위한 목적으로 이 본문을 왜곡하는 자들은 바울의 의도에서 한참이나 멀리 가 있는 자들이다. 그들은 우리가 믿음으로 말미암아 의롭다 함을 얻는 것이 아니라고 분명한 말로 단언하면, 자신들이 얻을 수 있는 것이 하나도 없다는 것을 알기 때문에, 단도직입적으로 이신칭의를 부정하는 것을 꺼려 해서, 그들 자신을 보호하기 위해서 다음과 같이 교묘하게 둘러서 말하는 위장전술을 사용한다: "믿음은 우리로 하여금 하나님의 은혜를 받아서 의롭다 함을 얻을 수 있게 해 주는 시발점이라는 의미에서, 우리는 믿음으로 말미암아 의롭다 함을 얻는다. 그러나 우리가 중생으로 말미암아 의롭게 되는 것은 우리가 그리스도의 영으로 말미암아 새롭게 되어서 선한 일들을 행하기 때문이다." 이런 식으로 그들은 "믿음"을 "의"로 들어가는 문으로 만들어 버리고, 우리는 우리의 행위들로 말미암아 의를 얻는다고 생각하거나, 아니면 적어도 "의'는 사람이 새롭게 지음을 받아서 거룩한 삶을 살아감으로써 얻게 되는 저 "올바름"이라고 정의한다. 나는 이러한 오류가 얼마나 오래된 것인지에 대해서는 관심이 없다. 그러나 그들이 이 본문을 근거로 해서 그런 주장을 하는 것은 터무니없이 잘못된 것이다.

우리는 바울의 의도를 살펴야 한다. 여기에서 그가 보여주고자 하는 것은, 우리가 구원을 얻기 위해서 우리 자신의 힘으로 이룬 어떤 것을 가지고 하나님 앞으로 나아가서, 하나님으로 하여금 우리를 의롭다 하시고 우리에게 구원을 수여하실 수밖에 없게 만드는 것은 절대로 불가능하다는 것이다. 그리고 그는 심지어 우리가 행하는 선한 행위들조차도 하나님으로부터 온 것임을 보여준다. 이것으로부터 도출되는 결론은 우리는 하나님의 전적인 은혜 없이는 우리의 구원과 관련해서 아무 것도 할 수 없다는 것이다. 그런데도 어떤 자들은 우리의 칭의의 절반이 우리의 행위들로부터 생겨난다고 주장하는데, 그런 주장이 바울이 여기에서 말하고자 하는 것이나 다루고 있는 주제와 무슨 상관이 있다는 말인가? 바울이 여기에서 하나님께서는 그리스도의 은혜로 말미암아 자신의 영을 통해서 우리를 지으셔서 모든 선한 일을 행하게 하셨기 때문에, 우리가 행하는 모든 선한 일들은 우리 자신에게서 나온 것이 아니라고 가르치는 것은, 우리가 어떻게 해서 의롭다 함을 얻고 구원을 받는가 하는 문제와는 전혀 별개의 문제이다. 바울은 칭의의 원인에 대하여 말할 때에는, 우리의 양심은 죄 사함을 받게 될 때까지는 결코 평안을 누리지 못한다는 사실을 주로 집중적으로 다루는데, 현재의 본문 속에는 그런 것은 암시조차 되어 있지 않다. 여기에 나오는 바울의 논증 전체의 목적은 우리가 현재의 우리가 된 것은 오로지 전적으로 하나님의 은혜로 된 것임을 증명하는 것이다(고전 15:10, "내가 나 된 것은 하나님의 은혜로 된 것이니").

이 일은 하나님이 전에 예비하사 우리로 그 가운데서 행하게 하려 하심이니라. 우리는 펠라기우스주의자들처럼 이 구절을 율법의 가르침에 적용해서, 마치 바울이 여기에서 말하고자 하는 것이 하나님께서 의로운 일들을 명하시고, 사람들에게 합당한 삶의 규범을 제시하셨다는 것인 듯이 해석하지 않도록 조심하여야 한다. 바울은 여기에서 그렇게 말하고자 하는 것이 아니라, 자기가 지금까지 예시해 온 가르침, 즉 구원은 우리 자신으로부터 나오지 않는다는 것에 대하여 계속해서 말하고 있는 것이다. 그는 우리가 태어나기 전에, 선한 일들이 하나님에 의해서 준비되었다고 말하는데, 이것은 우리는 스스로의 힘으로는 거룩한 삶을 영위할 수 없고, 오직 하나님의 손에 의해서 다시 새롭게 지음받을 때에만 선한 일들을 행할 수 있다는 의미이다. 하나님의 은혜가 우리에게 임하기 전에는 우리가 선한 일들을 행할 수 없었는데, 그 은혜가 임한 후에는 우리가 선한 일들을 행할 수 있게 되었다면, 우리가 우리 자신을 자랑할 수 있는 근거나 이유는 완전히 제거된다. 우리는 "예비하사"라는 단어를 주의 깊게 주목해 볼 필요가 있다. 바울은 단지 사건들의 "순서"라는 한 가지 근거 위에서, 우리가 행하는 선한 일들과 관련해서 하나님께서는 우리에게 빚지신 것이 전혀 없다는 것을 증명한다. 어째서 그러한가? 그것은 우리가 행하였다고 하는 그 선한 일들은 하나님께서 오래 전부터 자신의 창고에서 "예비해" 두셨다가, 때를 따라 꺼내셔서, 자기가 부르셔서 의롭다 하시고 거듭나게 하신 자들에게 주신 것이기 때문이다.

11그러므로 생각하라 너희는 그 때에 육체로는 이방인이요 손으로 육체에 행한 할례를 받은 무리라 칭하는 자들로부터 할례를 받지 않은 무리라 칭함을 받는 자들이라 12그 때에 너희는 그리스도 밖에 있었고 이스라엘 나라 밖의 사람이라 약속의 언약들에 대하여는 외인이요 세상에서 소망이 없고 하나님도 없는 자이더니 13이제는 전에 멀리 있던 너희가 그리스도 예수 안에서 그리스도의 피로 가까워졌느니라 (2:11-13).

11. 그러므로 생각하라. 바울은 자기가 다루고 있는 주제를 단 한 번도 시아에서 결코 놓치지 않고, 그 주제를 분명하게 드러내며, 논증이 진행되어 갈수록 점점 더 집요하게 그 주제를 파고든다. 이 단락에서 그는 또다시 에베소 교인들에게 그들이 부르심을 받기 전에 어떤 자들이었는지를 기억해 보라고 권면한다. 그들이 그것을 기억해서 다시 상기해 보기만 한다면, 그것은 그들에게 그들이 교만할 이유가 전혀 없다는 것을 깨닫게 해 주는 데 적절한 것이었다. 나중에, 그는 그들이 오직 그리스도 한 분만으로 만족하고, 그들의 구원을 위해서 다른 보조수단들이 반드시 필요하다고 생각하지 않도록 하기 위해서, 그들이 하나님과 어떤 식으로 화해를 이루게 되었는지를 그들에게 보여준다. 우리는 첫 번째에 대해서는 다음과 같이 요약할 수 있을 것이다: "너희가 할례를 받지 않은 자들이었을 때를 기억해 보라. 그 때에 너희는 그리스도, 구원의 소망, 교회와 하나님의 나라와는 전혀 상관없는 자들이어서, 하나님과의 그 어떤 교제도 없었던 자들이었다." 또한, 우리는 두 번째에 대해서는 이렇게 요약할 수 있을 것이다: "그러나 이제 너희는 그리스도에게 접붙임되었고, 아울러 하나님과 화해를 이루게 되었다." 이 각각의 내용 속에 무엇이 함축되어 있고, 그것을 기억하는 것이 에베소 교인들에게 어떤 효과를 가져다줄 것으로 기대되고 있는지는 내가 앞에서 이미 설명한 바 있다.

너희는 그 때에 육체로는 이방인이요 손으로 육체에 행한 할례를 받은 무리라 칭하는 자들로부터 할례를 받지 않은 무리라 칭함을 받는 자들이라. 바울은 먼저 에베소 교인들에게는 하나님의 백성임을 보여주는 증표들이 없었다는 것을 상기시킨다. 왜냐하면, 할례는 하나님의 백성이라는 것을 표시해 주고 그렇지 않은 자들로부터 구별해 주는 증표였고, 무할례는 하나님을 알지 못하는 속된 자라는 것을 보여주는 표시였기 때문이다. 그러므로 하나님께서는 통상적으로 자신의 은혜를 성례전들과 연결시키시기 때문에, 바울은 에베소 교인들에게 전에는 성례전들이 없었다는 사실로부터, 그들은 은혜에 참여하지 않은 자들이었다는 결론을 도출해 낸다. 물론, 이러한 논증은 하나님의 통상적인 경륜에는 적용되지만, 모든 경우에 언제나 적용되는 것은 아니다. 그런 까닭에, 우리는 성경에서 다음과 같은 말씀을 발견한다: "여호와 하나님이 이르시되 보라 이 사람이 선악을 아는 일에 우리 중 하나 같이 되었으니 그가 그의 손을 들어 생명 나무 열매도 따먹고 영생할까 하노라 하시고 여호와 하나님이 에덴 동산에서 그를 내보내어 그의 근원이 된 땅을 갈게 하시니라"(창 3:22-23). 만일 아담이 생명 나무 열매를 따먹었다고 할지라도, 단순히 그 열매를 따먹었음으로써 영생을 얻게 되지는 않았을 것이다. 그러나 하나님께서는 아담이 "증표"가 되는 생명 나무에 접근하는 길을 아예 원천적으로 차단하심으로써, "생명" 자체에 접근하는 것도 차단하셨다. 이렇게 바울은 에베소 교인들에게 그들의 무할례를 그들의 타락과 부패의 증표로 제시한다. 즉, 그는 하나님께서 에베소 교인들에게 거룩함의 증표를 차단함으로써, 그 증표가 나타내는 거룩함 자체도 박탈하신 것이라고 말한다. 어떤 이들은 여기에서 바울이 말하는 모든 것들은 외적인 할례를 폄하하기 위한 것이라고 주장하지만, 그러한 주장은 잘못된 것이다.

아울러, 나는 바울이 여기에서 "손으로 육체에 행한 할례"라는 표현을 사용함으로써 자기가 두 종류의 할례를 염두에 두고 있다는 것을 보여주면서, 한편으로는 유대인들이 어리석게도 문자 그대로의 할례, 즉 육체의 할례를 자랑하는 것에 몰두해서는 안 된다는 것을 가르쳐 주고, 다른 한편으로는 에베소 교인들은 이제 육체의 할례라는 외적인 징표가 상징하고 있던 참된 실체를 향유하고 있는 것이 그들에게 주어진 지극히 중요한 특권이라는 사실을 깨닫고서, 외적으로 할례를 받지 않은 것에 대하여 이제 더 이상 거리낌을 가져서는 안 된다는 것을 가르쳐 주고 있다는 것도 인정한다. 바울은 하나님의 부르심을 받기 이전에 있어서 에베소 교인들의 타락과 부패를 보여주는 증표를 "육체의 무할례"라고 부르지만, 이와 동시에 그들의 무할례가 그들이 그리스도로 말미암아 영적으로 할례를 받는 데 아무런 방해가 되지 않았다는 것을 보여준다.

"손으로 육체에 행한 할례"라는 어구는 이 어구 전체를 하나로 보아서 사람의 손으로 육체에 행한 할례라는 의미로 해석할 수도 있고, "손으로 행한 할례"는 사람의 손으로 행한 할례를 의미하고, "육체에 할례"는 육신적인 할례를 의미하는 것으로 따로따로 해석할 수도 있다. 이런 종류의 할례는 "그리스도의 할례"(골 2:11)라고도 불리는 성령의 할례 또는 마음의 할례(롬 2:29)와 대비된다.

"손으로 육체에 행한 할례를 받은 무리라 칭하는 자들로부터 할례를 받지 않은 무리라 칭함을 받는 자들이라"로 번역된 어구들은 직역하면 "손으로 육체에 행한 할례라 불리는 것에 의해서 무할례라 불리는 자들이라"가 된다. 여기에서 "할례"는 유대인들을 가리키는 집합명사로 볼 수도 있고, 문자 그대로 할례 자체를 가리키는 것으로 볼 수도 있다. 따라서 바울이 여기에서 말하고자 하는 것은 이방인들은 하나님의 백성임을 구별하는 표지인 거룩한 상징이 없었기 때문에 "무할례"라 불렸다는 것이다. "손으로 육체에 행한"이라는 수식어구는 그러한 해석을 지지한다. 하지만 어느 쪽으로 해석해도, 실질적인 논증의 흐름에는 별 영향을 미치지 않는다.

12. 그 때에 너희는 그리스도 밖에 있었고 이스라엘 나라 밖의 사람이라. 바울은 이제 에베소 교인들이 전에는 하나님의 백성임을 보여주는 외적인 표지로부터만 배제되어 있었던 것이 아니라, 인간의 구원과 복에 반드시 필요한 모든 것들로부터 배제되어 있었다고 선언한다. 그리고 그리스도는 구원의 소망과 모든 약속들의 토대이기 때문에, 그는 가장 먼저 그들이 "그리스도 밖에" 있었다고 말한다. 그리스도 밖에 있는 자에게는 오직 멸망만이 기다리고 있다. "이스라엘 나라"도 그리스도라는 토대 위에 세워져 있었다. "그리스도 안에서"가 아니면 누구 안에서 하나님의 백성이 한데 모이고 연합되어서 하나의 거룩한 몸을 이룰 수 있겠는가?

약속의 언약에 대하여는 외인이요. 우리는 하나님의 "약속의 조항들"(개역개정에는 "약속의 언약")과 관련해서도 똑같은 말을 할 수 있다. 하나님의 모든 약속들의 성취는 하나님이 아브라함에 주신 다음과 같은 하나의 지극히 중요한 약속에 달려 있었고, 그 약속 없이는 다른 모든 약속들은 그 효력이나 의미를 상실할 수밖에 없게 되어 있었다: "네 씨로 말미암아 천하 만민이 복을 받으리니"(창 22:18). 그래서 사도는 다른 곳에서 이렇게 말한다: "하나님의 약속은 얼마든지 그리스도 안에서 예가 되니 그런즉 그로 말미암아 우리가 아멘 하여 하나님께 영광을 돌리게 되느니라"(고후 1:20). 하나님의 모든 약속은 그리스도 안에서 성취되었다는 것이다. 구원 언약을 제거해 보라. 그러면, 그 어떤 소망도 남아 있지 않게 된다. 나는 여기에서 "언약"으로 번역된 헬라어 '톤 디아테콘'($\tau\tilde{\omega}\nu\ \delta\iota\alpha\theta\eta\kappa\tilde{\omega}\nu$)을 통상적인 법률 용어로 보고서 "조항들"로 이해하고서, 이 어구를 "약속의 조항들"로 번역하였다. 하나님께서는 엄숙한 의식을 통해서, 자기가 영원토록 그들의 하나님이 되실 것이라는 언약을 아브라함 및 그의 자손들과 맺으셨다(창 15:9). 이 언약의 조항들은 모세의 손에 의해서 확증된 후에, 이방인들이 아니라 이스라엘 백성에게 특별한 보화로 맡겨졌다. 그래서 바울은 이 "언약들"이 "이스라엘 사람"에게 속한 것이라고 말한다(롬 9:4).

세상에서 소망이 없고 하나님도 없는 자이더니. 에베소 교인들이나 그 밖의 다른 이방인들도 어느 시대에서든지 종교가 있었고 신을 섬겼다. 그런데도 왜 바울은 그들이 무신론자들이었던 것처럼 말하는 것인가? 왜냐하면, 엄밀하게 말해서, 무신론자들이라는 것은 하나님이 존재한다는 것을 믿지 않고, 신이라는 개념 자체를 터무니없는 것으로 여겨서 비웃는 자들이기 때문이다. 통상적으로 무신론자라는 명칭은 분명히 미신을 믿는 자들을 지칭하는 것이 아니라, 신은 존재하지 않고 종교는 거짓이라고 여기는 자들에 대하여 사용된다. 나의 대답은 바울이 그리스도를 믿기 이전의 에베소 교인들을 무신론자로 지칭한 것은 옳다는 것이다. 왜냐하면, 그는 사람들이 거짓 신들에 대하여 가지고 있는 모든 생각들은 진정으로 하나님의 존재를 믿는 것이라고 여기지 않았고, 그래서 경건한 자들이 모든 우상들을 "세상에 아무것도 아닌" 것으로 여기는 것(고전 8:4)은 지극히 합당하기 때문이다. 사람들이 온갖 신들을 섬기며, 그 신들에게 수많은 예배들을 지극정성으로 드린다고 할지라도, 참 하나님을 섬기지 않는다면, 그들은 "하나님이 없는 자들"이다. 그것은 그들 자신이 알지도 못하는 것을 섬기는 것일 뿐이다(행 17:23). 우리는 사람들이 디아고라스(Diagoras, 주전 5세기의 무신론자 철학자이자 시인) 같은 부류를 무신론자들이라고 부르는 바로 그런 의미로, 바울이 여기에서 그리스도를 믿기 이전의 에베소 교인들을 "하나님이 없는 자들"이었다고 말하고 있는 것이 아니라는 것을 유의하여야 한다. 도리어, 에베소 교인들은 전에 자신들이 섬기던 신을 지극정성으로 섬기는 자들로서 그들 자신을 신에 대한 신앙이 깊은 자들로 여겼었지만, 그는 그들을 "하나님이 없는 자들"이었다고 선언하고 있는 것이다. 왜냐하면, 우상은 사람들이 고안해 낸 가짜 신이고, 진정한 의미에서의 신은 아니었기 때문이다.

우리가 지금까지 말한 것으로부터 자연스럽게 도출되는 결론은 "그리스도 밖에 있는" 자들이 섬기는 것은 "하나님"일 수 없고, 모두 우상일 수밖에 없다는 것이다. 바울은 앞에서 "그리스도 밖에 있었던" 자들이라고 불렀던 자들을 이제 여기에서는 "하나님도 없는 자들"들이었다고 선언한다. 요한은 "아들을 부인하는 자에게는 또한 아버지가 없으되 아들을 시인하는 자에게는 아버지도 있느니라"(요일 2:23)고 말하고, "그리스도의 교훈 안에 거하지 아니하는 자는 다 하나님을 모시지 못하되 교훈 안에 거하는 그 사람은 아버지와 아들을 모시느니라"(요이 1:9)고 말한다. 그러므로 우리는 이 도를 지키지 않는 모든 자들은 참 하나님에게서 떠나 있는 자들이라는 것을 알아야 한다. 어떤 이들은 "하나님은 이방인들에게는 그 누구에게도 결코 자기 자신을 계시하시지 않으신 것인가?"라고 물을 것이다. 나의 대답은 그리스도가 없는 하나님은 이방인들 가운데서 계시된 적이 없을 뿐만 아니라 유대인들 가운데서도 없었다는 것이다. 우리 주님께서 "내가 길이요"라고 하신 말씀은 어느 한 시대나 한 민족에게만 적용되는 것이 아니다. 왜냐하면, 주님은 "나로 말미암지 않고는 아버지께로 올 자가 없느니라"는 말씀을 거기에 덧붙이시기 때문이다(요 14:6).

13. 이제는 전에 멀리 있던 너희가 그리스도 예수 안에서 그리스도의 피로 가까워졌느니라. "이제는 …… 그리스도 예수 안에서"라는 어구는 거기에 동사를 보충해 넣어서, "너희가 그리스도 예수 안에서 받아들여진 이제는"이라고 해석하거나, 이 어구를 "그리스도의 피로"와 연결시켜서 해석하여야 하는데, 후자로 해석하는 것이 훨씬 더 그 뜻이 분명해질 것이다. 어느 쪽으로 해석하더라도, 이 절의 의미는 전에는 하나님과 구원으로부터 멀리 있던 에베소 교인들이 이제는 그리스도로 말미암아 하나님과 화해하게 되었고 그리스도의 피로 말미암아 가까워졌다는 것이다. 왜냐하면, 그리스도의 피가 그들과 하나님 사이에 존재하였던 적대관계를 제거해서, 하나님의 원수들이었던 그들을 하나님의 자녀들이 되게 하였기 때문이다.

[14]그는 우리의 화평이신지라 둘로 하나를 만드사 원수 된 것 곧 중간에 막힌 담을 자기 육체로 허시고 [15]법조문으로 된 계명의 율법을 폐하셨으니 이는 이 둘로 자기 안에서 한 새 사람을 지어 화평하게 하시고 [16]또 십자가로 이 둘을 한 몸으로 하나님과 화목하게 하려 하심이라 원수 된 것을 십자가로 소멸하시고(2:14-16).

14. 그는 우리의 화평이신지라. 바울은 지금까지 이방인들이 하나님의 자녀들이 된 것에 대하여 말하다가, 이제 여기에서는 "화해"의 특권을 유대인들에게까지 넓혀서, 이방인들과 유대인들이 모두 한 분 그리스도로 말미암아 하나님과 연합된 것임을 보여준다. 그는 이렇게 말함으로써, 유대인들의 잘못된 자랑, 즉 그리스도의 은혜는 아랑곳하지 않고서, 자신들이 하나님의 거룩한 백성이고 하나님의 택하신 기업이라고 자랑한 유대인들의 거짓된 오만을 정면으로 반박한다. 왜냐하면, 그리

스도가 "우리의 화평"이시라면, 그리스도 밖에 있는 모든 자들은 하나님과 원수라는 결론이 나오기 때문이다. "하나님과 인간 사이의 화평"은 그리스도가 지니신 아름다운 직함이다. 우리는 그리스도 안에 거하는 자는 누구든지 하나님과 화해를 이룬 자라는 것을 의심하지 말아야 한다.

둘로 하나를 만드사. 바울은 특별히 그리스도께서 "둘로 하나를 만드셨다"는 것을 따로 언급하였는데, 그것은 유대인들이 이방인들과 교제하고 함께 하는 것을 하나님의 선민으로서의 자신들의 우월한 지위와 맞지 않는 것으로 여겼기 때문이었다. 그는 유대인들의 그러한 오만을 꺾어 놓기 위해서, 이제 유대인들과 이방인들은 서로 연합하여 한 몸이 되었다고 말한다. 이 모든 것들을 종합해 보면, 다음과 같은 삼단논법이 성립된다: 유대인들이 하나님과 화해하고자 한다면, 그들은 그리스도를 자신들의 중보자로 삼아야 한다. 그런데 그리스도께서는 오직 유대인들을 이방인들과 한 몸을 이루게 하는 방식으로만 그들의 "화평"이 되신다. 그러므로 유대인들이 이방인들과 교제하지 않는다면, 그들은 하나님과도 교제할 수 없게 될 것이다.

원수 된 것 곧 중간에 막힌 담을 자기 육체로 허시고. 이 구절을 이해하기 위해서는, 우리는 먼저 다음 두 가지를 주목하지 않으면 안 된다. 유대인들은 하나님의 정하심에 의해서 일정 기간 동안 이방인들과 분리되어 있었었다. 그리고 유대인들이 예법들을 지키는 것은 그러한 분리의 공개적이고 공인된 상징이었다. 하나님께서는 이방인들을 제쳐두시고서 유대인들을 택하셔서 자기 백성으로 삼으셨다. 이렇게 해서, 유대인들은 교회에 속한 "성도들과 동일한 시민이요 하나님의 권속"(엡 2:19)이 되었던 반면에, 이방인들은 "외인들"이 된 광범위한 구분이 생겨났다. 모세의 노래에서는 이것을 이렇게 말한다: "지극히 높으신 자가 민족들에게 기업을 주실 때에, 인종을 나누실 때에 이스라엘 자손의 수효대로 백성들의 경계를 정하셨도다 여호와의 분깃은 자기 백성이라 야곱은 그가 택하신 기업이로다"(신 32:8-9). 하나님께서는 이런 식으로 경계를 정하셔서, 한 민족을 그 밖의 다른 나머지 민족들로부터 구별하셨다. 거기로부터 여기에서 언급된 유대인과 이방인 간의 적대관계가 생겨났다. 왜냐하면, 하나님께서는 유대 민족을 택하셔서 거룩하게 하시고, 인류 전체를 물들이고 있던 타락과 부패로부터 그들을 건져 내심으로써, 유대인과 이방인이라는 분리와 구별이 존재하게 되었기 때문이다. 나중에, 하나님께서는 유대인들에게 율법을 주셔서 예법들을 지키게 하셨다. 이 예법들은 "담"처럼 하나님의 기업을 둘러싸서, 그 기업이 위험에 노출되거나 다른 것들과 혼합되는 것을 막기 위한 것이었다. 이렇게 해서, 이방인들은 하나님의 나라에서 배제되었다.

바울은 이제 그러한 적대관계가 이제 제거되었고, 그 "담"이 허물어졌다고 말한다. 그리스도께서는 하나님의 자녀가 되는 특권을 유대 땅의 경계 너머에까지 확대하심으로써, 이제 유대인이든 이방인이든 상관없이 우리 모두를 하나님의 자녀들이자 형제들이 되게 하셨다. 이렇게 해서, "하나님이 야벳을 창대하게 하사 셈의 장막에 거하게 하시고"(창 9:27)라는 예언이 이루어졌다.

바울이 여기에서 말하고자 하는 것은 분명하다. 즉, "중간에 막힌 담"은 그리스도께서 유대인들과 이방인들을 연합시켜서 한 몸이 되게 하시는 것을 방해하였기 때문에, 그리스도께서는 자신의 죽으심을 통해서 그 "담"을 허무셨다는 것이다. 바울은 그리스도께서 "자기 육체로" 그 담을 허무신 이유를 여기에 덧붙이는데, 그것은 원수 관계를 폐기하시기 위한 것이었다는 것이다. 하나님의 아들은 우리 모두와 같은 본성을 입으시고서는 자신의 몸으로 온전한 하나됨을 이루어내셨다.

15. 법조문으로 된 계명의 율법을 폐하셨으니. 바울은 앞에서 "담"이라는 표현을 통해서 비유적으로 말하였던 것을 이제 여기에서는 좀 더 직설적이고 분명하게 표현한다. 유대인과 이방인을 분명하게 구별해 주는 역할을 하였던 예법들은 그리스도로 말미암아 폐기되었다. 할례, 제사, 결례, 특정한 음식을 금하는 것은 거룩의 상징들로서, 유대인들에게 그들에게 주어진 사명이 다른 민족들의 사명과는 다르다는 것을 일깨워 주는 것들이 아니고 무엇이었겠는가? 그것은 백십자가와 적십자가가 오늘날의 프랑스와 부르군디 주민들을 서로 구별해 주는 상징들인 것과 같은 것이었다. 바울은 이방인들은 유대인들과 똑같이 은혜의 교제 속으로 받아들여졌을 뿐만 아니라, 둘을 구별하는 상징들이 제거되었기 때문에, 이제는 더 이상 이방인과 유대인의 구별은 존재하지 않는다고 선언한다. 왜냐하면, 예법들이 폐기되었기 때문이다. 서로 싸우던 두 민족이 한 명의 왕의 지배 아래 통합되었다면, 그 왕은 이 두 민족이 서로 사이좋게 살아가게 되기를 원할 뿐만 아니라, 두 민족 간의 적대관계를 상징하였던 이전의 표지들과 문장들을 당연히 제거할 것이다. 어떤 일을 하기로 약속하는 증서를 써두었다면, 거기에 기록된 일이 이루어진 경우에는, 그 증서를 폐기처분하게 되는데, 실제로 바울은 또 다른 서신에서 바로 그러한 비유를 사용해서 이 주제에 대하여 말한다(골 2:14, "우리를 거스르고 불리하게 하는 법조문으로 쓴 증서를 지우시고 제하여 버리사 십자가에 못 박으시고").

어떤 해석자들은 여기에서 "법조문으로 된"으로 번역된 어구를 "폐하셨으니"와 연결시켜서, 그리스도께서 "법조문"이라는 수단을 통해서 예법들을 폐기하신 것으로 이해하고자 하지만, 내 생각에는 잘못된 것으로 보인다. 하나님께서는 단지 유대인들에게 그들의 삶을 규율할 단순한 규범을 주셔서 지키라고 명하신 것이 아니라, 여러 가지 복잡한 "법조문들"과 예식들을 통해서 그들을 속박하시고 묶어 놓으셨기 때문에, 바울은 율법의 예법들을 지칭하는 데 통상적으로 이런 식의 표현을 사용한다. 또한, 바울이 여기에서 오로지 율법 중에서 예법만을 다루고 있다는 것도 분명하다. 왜냐하면, 도덕법은 유대인들과 이방인들을 나누어서 분리시키는 "담"이 아니라, 유대인들만이 아니라 이방인들과 깊이 관련되어 있는 가르침들을 규정하고 있기 때문이다. 어떤 이들은 할례를 비롯해서 율법에 규정된 모든 옛 예식들은 이방인들에게는 구속력이 없지만, 유대인들에게는 오늘날에도 여전히 유효하다고 주장하는데, 이 본문은 그런 자들의 잘못된 견해를 반박할 수 있는 근거를 제공해 준다. 그들의 논리를 따르면, 이방인들과 유대인들 사이에는 오늘날에도 여전히 "중간에 막힌 담"이 존재하는 것이 되는데, 그것은 이 본문에 비추어 보았을 때에 거짓임이 드러나기 때문이다.

이는 이 둘로 자기 안에서 한 새 사람을 지어 화평하게 하시고. 사도는 "자기 안에서"라고 말함으로써, 에베소 교인들로 하여금 유대인과 이방인이 서로 다르다는 것만을 생각하지 말고, 오직 그리스도 안에서 하나가 되기를 구하여야 한다는 것을 보여준다. 유대인과 이방인이 이전에는 아무리 달랐다고 할지라도, 이제 이 둘은 그리스도 안에서 하나가 되었다는 것이다. 그가 "한 새 사람"이라는 어구를 여기에 덧붙여서 강조하고 있는 것은 "할례나 무할례가 아무 것도 아니로되 오직 새로 지으심을 받는 것만이" 다른 그 무엇보다도 가장 "중요하다"(갈 6:15)는 것을 보여주기 위한 것이다(그는 또 다른 경우에 이것에 대해서 좀 더 자세하게 설명한다). 유대인들과 이방인들을 한데 단단히 묶어서 하나가 되게 해 주는 것은 영적인 중생이다. 그러므로 우리 모두는 그리스도로 말미암아 새롭게 되어 새 사람이 되는 것이기 때문에, 유대인들은 자신들이 이전에 누렸던 특권들을 자랑하는 것을 그치고, 그들 자신 안에서나 이방인들 안에서나 그리스도만이 "모든 것"이 되시게 하여야 한다(그는 다른 곳에서 실제로 그렇게 말한다).

16. 또 십자가로 이 둘을 한 몸으로 하나님과 화목하게 하려 하심이라. 바울은 지금까지 유대인들과 이방인들이 서로 화해를 이루어 한 몸이 되었다는 것을 설

명해 왔는데, 이것은 우리가 그리스도로 말미암아 누리게 된 은택의 전부가 아니고 일부일 뿐이며, 또 다른 은택은 우리가 하나님과 화목을 이루고 하나님의 은총을 회복하게 되었다는 것이다. 바울은 이렇게 말함으로써, 유대인들로 하여금 그들에게도 이방인들 못지 않게 중보자가 필요하다는 사실을 깊이 숙고하게 만든다. 그리스도라는 중보자 없이는, 율법이나 예법(의식)들이나 아브라함의 혈통이나 그 밖에 유대인들이 가진 온갖 눈부신 특권들은 아무 소용도 없게 되고 말 것이다. 우리는 모두 죄인들이고, 오직 그리스도의 은혜로 말미암지 않고 다른 식으로 죄 사함을 얻는 것은 불가능하다. 바울은 유대인들에게 그들이 이방인들과 연합하고 하나가 되고자 하는 것이 하나님이 기뻐하시는 일이라는 것을 알게 하기 위하여, 여기에 "한 몸으로"(또는, "한 몸 안에서")라는 말을 덧붙인다.

원수 된 것을 십자가로 소멸하시고. "십자가"라는 단어를 덧붙인 것은 그리스도께서 우리와 하나님 간의 "화해"를 위한 제사를 드리셨다는 것을 보여주기 위한 것이다. 죄는 하나님과 우리 간의 적대관계의 원인이다. 그리고 그 원인이 제거될 때까지는, 우리는 하나님의 은총을 회복할 수 없는데, 그것은 그리스도의 죽음에 의해서 제거되었다. 즉, 그리스도께서는 자기 자신을 속죄 제물로 아버지 하나님께 드리심으로써 하나님과 우리 사이를 가로막고 있던 죄를 해결하셨다. 또한, 바울이 여기에서 십자가를 언급한 이유가 또 있는데, 그것은 모든 예법들이 "십자가로 말미암아" 폐기되었기 때문이다. 그래서 그는 "원수 된 것을 그것으로 소멸하셨다"는 말을 덧붙이는데, 여기에서 남성 대명사 "그것"이 바로 앞에 나오는 남성 명사인 "십자가"를 받는다는 것은 의심의 여지가 없다. 하지만 이 구절은 두 가지 의미로 해석될 수 있다. 하나는 그리스도께서 자신의 죽으심으로 말미암아 우리에 대한 아버지 하나님의 진노를 우리에게서 제거하셨다는 것으로 해석하는 것이고, 다른 하나는 그리스도께서는 유대인들과 이방인들을 속량하셔서 한 무리가 되게 하셨다는 것으로 해석하는 것이다. 후자의 해석이 앞에서 "원수 된 것을 자기 육체로 허시고"(14절)라고 한 것과 잘 맞아떨어진다는 점에서 좀 더 유력한 해석인 것으로 보인다.

[17]또 오셔서 먼 데 있는 너희에게 평안을 전하시고 가까운 데 있는 자들에게 평안을 전하셨으니 [18]이는 그로 말미암아 우리 둘이 한 성령 안에서 아버지께 나아감을 얻게 하려 하심이라 [19]그러므로 이제부터 너희는 외인도 아니요 나그네도 아니요 오

직 성도들과 동일한 시민이요 하나님의 권속이라 ²⁰너희는 사도들과 선지자들의 터 위에 세우심을 입은 자라 그리스도 예수께서 친히 모퉁잇돌이 되셨느니라 ²¹그의 안에서 건물마다 서로 연결하여 주 안에서 성전이 되어 가고 ²²너희도 성령 안에서 하나님이 거하실 처소가 되기 위하여 그리스도 예수 안에서 함께 지어져 가느니라 (2:17-22).

17. 또 오셔서 먼 데 있는 너희에게 평안을 전하시고 가까운 데 있는 자들에게 평안을 전하셨으니. 그리스도께서 하나님과 우리를 화해시키는 데 필요한 모든 일들을 다 행하시고 이루셨지만, 만일 그것이 복음을 통해서 사람들에게 전파되지 않았다면, 그가 행하시고 이루신 모든 일들은 아무 소용이 없게 되었을 것이다. 그래서 바울은 이 "화평"의 열매가 이제 유대인들에게는 물론이고 이방인들에게도 전해졌다는 말을 여기에 덧붙인다. 이것으로부터 도출되는 결론은 그리스도께서는 유대인들은 물론이고 이방인들도 마찬가지로 구원하시기 위하여 "오셨다"는 것이다. 복음이 유대인들에게만이 아니라 이방인들에게도 아무런 차별 없이 전파되어서 도처에서 풍성한 열매를 맺은 사실이 그것을 잘 보여준다.

바울은 여기에서 이렇게 그리스도께서 이루신 대속과 화해 사역을 먼저 말한 후에, 그것이 복음을 통해서 전파된 것이라고 말하는데, 우리는 이 동일한 순서를 고린도후서에서도 볼 수 있다: "모든 것이 하나님께로서 났으며 그가 그리스도로 말미암아 우리를 자기와 화목하게 하시고 또 우리에게 화목하게 하는 직분을 주셨으니 곧 하나님께서 그리스도 안에 계시사 세상을 자기와 화목하게 하시며 그들의 죄를 그들에게 돌리지 아니하시고 화목하게 하는 말씀을 우리에게 부탁하셨느니라 그러므로 우리가 그리스도를 대신하여 사신이 되어 하나님이 우리를 통하여 너희를 권면하시는 것 같이 그리스도를 대신하여 간청하노니 너희는 하나님과 화목하라"(골 5:18-20). 이렇게 그는 그리스도의 죽으심으로 말미암은 구원을 먼저 설명하고, 그런 후에 나중에 그리스도께서 우리에게 자기 자신과 그의 죽으심으로 인한 은택을 전해 주신 방식에 대하여 설명한다. 그러나 여기에서 바울은 이방인들이 하나님의 나라에서 유대인들과 연합하여 하나가 된 상황을 주로 집중적으로 다룬다. 그는 그리스도께서 유대인들과 이방인들 둘 모두의 구주라는 것을 이미 설명하였기 때문에, 이제 여기에서는 유대인들과 이방인들이 복음 안에서 형제들이라는 것을 강조한다. 유대인들은 비록 율법을 소유하고 있었지만 복음도 필요로 하였다.

그리고 하나님께서는 이방인들에게도 동일한 은혜를 주셨다. 그러므로 "하나님이 짝지어 주신 것"을 사람이 나눌 수는 없다(마 19:6).

"먼 데 있는"과 "가까운 데 있는"이라는 어구들은 거리의 멀고 가까움을 의미하는 것이 아니다. 유대인들은 하나님이 그들에게 주신 "언약"으로 인해서 하나님과 "가까운 데" 있었던 반면에, 이방인들은 구원의 약속을 받지 못하고 하나님의 나라로부터 추방되어 있었다는 점에서 "먼 데" 있었다.

그리스도께서는 자신의 입이 아니라 사도들을 통해서 "평안을 전하셨다." 이방인들이 은혜의 교제로 부르심을 받기 위해서는, 그리스도께서 죽은 자 가운데서 다시 살아 나시는 것이 반드시 필요하였다. 그래서 우리 주님께서는 "나는 이스라엘 집의 잃어버린 양 외에는 다른 데로 브내심을 받지 아니하였노라"(마 15:24)고 말씀하셨고, 자신이 아직 이 세상에 계시는 동안에는, 자신의 사도들이 이방인들에게 복음을 전하는 것도 금하셨다: "예수께서 이 열둘을 내보내시며 명하여 이르시되 이방인의 길로도 가지 말고 사마리아인의 고을에도 들어가지 말고 오히려 이스라엘 집의 잃어버린 양에게로 가라"(마 10:5-6). 하지만 나중에는 사도들은 이방인들에게 복음을 전하는 나팔수들로 쓰임받았다. 그들은 단지 그리스도의 명령과 그 이름으로 그렇게 한 것이 아니라, 마치 그리스도께서 친히 전하시는 것처럼 그렇게 복음을 전한 것이었기 때문에, 바울이 그들이 한 것을 그리스도께서 하신 것으로 돌린 것은 합당하다. 그래서 그는 다른 곳에서 "우리가 그리스도를 대신하여 사신이 되어 하나님이 우리를 통하여 너희를 권면하시는 것 같이 그리스도를 대신하여 간청하노니 너희는 하나님과 화목하라"(고후 5:20)고 말한다. 만일 우리가 복음을 들으면서, 그 복음을 전하는 사람들만을 바라본다면, 그 복음으로 말미암아 갖게 된 우리의 믿음은 보잘것없는 것이 되그 말 것이다. 복음의 모든 권위는 복음을 전하는 자들을 하나님이 사용하시는 도구들로 보고, 우리는 그리스도께서 그들의 입을 통해서 우리에게 하시는 말씀을 듣는 것으로부터 온다. 우리가 주목해야 할 것은 바울은 여기에서 복음을 "평안"의 메시지라고 부르고 있다는 것이다. 즉, 복음은 하나님과 우리 사이에 화해가 이루어졌다는 사실을 선포하고, 우리에 대한 아버지 하나님의 사랑을 우리에게 알게 해 주는 것이라는 말이다. 복음을 제거해 보라. 그러면, 하나님과 인간 사이에는 적대관계와 전쟁이 계속해서 존재하게 된다. 다른 한편으로, 복음을 전하는 것이 "평안"을 전하는 것이라는 말은, 복음이 지닌 본래의 목적은 죄악으로 인해서 끔찍한 괴로움과 불안을 겪고 있는 우리의 양심에 "평안"과 잔잔함을 수여하는 것임을 보여준다.

18. 이는 그로 말미암아 우리 둘이 한 성령 안에서 아버지께 나아감을 얻게 하려 하심이라. 이것은 유대인이든 이방인이든 상관없이 "우리"가 하나님께 가까이 나아갈 수 있게 되었다는 사실, 즉 결과에 의거한 논증이다. "평안"의 복음이 우리에게 선포되고, 우리가 그 복음을 받아들일 때, 우리에게는 "평안"이 이루어지는데, 그 때에 이루어지는 "평안"은 바로 우리가 하나님께 가까이 나아갈 수 있게 된 것을 의미한다는 것이다. 왜냐하면, 불경건한 악인들은 죄악의 깊은 잠에 빠져서 아무것도 느끼지 못하는 까닭에, 마치 자기가 "평안"을 누리고 있는 것처럼 착각하기도 하고, 하나님으로부터 될 수 있는 대로 아주 멀리 떨어져서 하나님과 거리를 유지한 채로, 하나님의 심판을 망각하고 있는 동안에만 거짓 평안을 누릴 수 있기 때문이다. 그러므로 바울은 마비되어서 무감각하게 되어 버린 양심이나, 거짓된 자신감, 교만한 자랑이나 우리 자신의 비참함에 대한 무지와는 완전히 다른 복음적인 평안의 참된 본질을 설명할 필요가 있었다. 우리의 마음이 참된 평안을 얻어서 두려움이 없을 때에야, 우리는 두려워 떠는 것이 없이 하나님의 얼굴을 사모하고 구할 수 있게 된다. 그런데 우리에게 그러한 "평안"의 문을 열어 주시는 분, 아니 그 "문" 자체이신 분이 바로 그리스도이시다(요 10:9, "내가 문이니 누구든지 나로 말미암아 들어가면 구원을 받고 또는 들어가며 나오며 꼴을 얻으리라"). 이것은 유대인들과 이방인들이 둘 다 들어올 수 있도록 활짝 열려 있는 이중으로 된 "문"이기 때문에, 우리는 유대인이든 이방인이든 각자의 문을 통해서 하나님께서 아버지로서의 사랑을 우리에게 나타내시는 것을 볼 수 있게 된다.

바울은 "한 성령 안에서"라는 말을 덧붙인다. 성령은 우리를 그리스도께로 인도하고 안내한다. 그는 다른 곳에서 "너희는 다시 무서워하는 종의 영을 받지 아니하고 양자의 영을 받았으므로 우리가 아빠 아버지라고 부르짖느니라"(롬 8:15)고 말한다. 우리가 담대하게 아버지 하나님 앞에 가까이 나아갈 수 있는 이유가 거기에 있다. 유대인들에게는 하나님께 가까이 나아갈 수 있는 수단들이 여러 가지가 있었지만, 이제는 유대인들과 이방인들은 둘 다 오직 하나의 길을 통해서 아버지 하나님께 나아갈 수 있는데, 그것은 하나님의 성령의 인도하심을 받는 것이다.

19. 그러므로 이제부터 너희는 외인도 아니요 나그네도 아니요 오직 성도들과 동일한 시민이요 하나님의 권속이라. 이제 바울은 오직 에베소 교인들을 향하여 말하기 시작한다. 그들은 전에는 약속의 언약에 대하여 "외인들"이었다. 그러나 이

제 그들의 처지는 바뀌었다. 전에 그들은 "나그네들"이었다. 그러나 하나님께서는 그들을 자신의 교회의 "시민들"로 만드셨다. 바울은 하나님께서 자신의 뜻을 따라 그들에게 수여하신 존귀함이 얼마나 귀하고 소중한 것인지를 다양한 언어로 표현한다. 그는 먼저 그들을 "성도들과 동일한 시민들"이라고 부르고, 다음으로는 "하나님의 권속"이라고 부르며, 마지막으로는 하나님의 성전을 세우는 데 사용된 "돌들"이라고 부른다.

"시민들"이라는 첫 번째 호칭은 교회를 국가에 비유한 데서 나온 표현으로서, 이 비유는 성경에서 아주 흔히 등장한다. 이것은 전에는 속되고 부정해서 경건한 자들과 함께 어울릴 자격이 전혀 없었던 에베소 교인들이 이제는 아브라함을 비롯해서 모든 거룩한 족장들과 선지자들과 왕들, 그리고 천사들과도 동일한 반열에 올라서 그들과 동일한 나라의 구성원들이 되는 놀랍고 특별한 영예를 누릴 수 있게 될 정도로 높임을 받았다는 것이다. "하나님의 권속"이라는 두 번째 호칭도 마찬가지로 지극히 존귀하게 된 그들의 신분을 보여준다. 이 호칭은 하나님께서 그들을 자신의 가족으로 받아들이셨다는 것을 의미한다. 왜냐하면, 교회는 하나님의 집이기 때문이다.

20. 너희는 사도들과 선지자들의 터 위에 세우심을 입은 자라. 세 번째 비유는 에베소 교인들을 비롯해서 모든 그리스도인들이 "성도들과 동일한 시민들"이자 "하나님의 권속"이 되는 영광을 받게 된 방식을 보여준다. 즉, 그들은 "사도들과 선지자들"의 가르침의 "터" 위에 세워져 있다는 것이다. 이것은 우리가 참된 교회와 거짓된 교회를 어떻게 구별할 수 있는지를 보여준다. 이것은 대단히 중요하다. 왜냐하면, 오류로 이끌리는 경향성은 언제나 강력하고, 오류가 발생했을 때에 그 결과는 극도로 위험하기 때문이다. 거짓된 교회들일수록 자신들이 참된 교회라는 대단한 자부심을 가지고서 가장 목소리를 높이는 법인데, 이것은 우리 시대의 상황을 보면 잘 드러난다. 바울은 우리가 그러한 오류와 잘못을 범하지 않도록 하기 위해서, 여기에서 참된 교회의 표지가 무엇인지를 보여준다.

이 구절에서 말하는 "터"가 복음의 "가르침"을 의미한다는 것은 의심의 여지가 없다. 왜냐하면, 바울은 여기에서 족장들이나 경건한 왕들에 대해서는 언급하지 않고, 오직 하나님께서 자신의 교회를 세우기 위하여 임명하신 "가르치는 직분"을 맡은 자들만을 언급하고 있기 때문이다. 따라서 바울은 교회의 믿음은 사도들과 선지자들의 "가르침" 위에 세워져야 한다고 말하고 있는 것이다. 그렇다면, 전적으로 사람들이 고안해 낸 것들에만 의지하면서도, 하나님의 순전한 가르침을 받아들여서 고수하는 우리를 도리어 배교자로 낙인을 찍어 출교시키기를 서슴지 않는 자들을 우리는 어떻게 생각해야 마땅하겠는가? 그러나 우리는 교회가 어떤 "터" 위에 세워져 있는지를 좀 더 구체적으로 살펴볼 필요가 있다. 왜냐하면, 엄밀한 의미에서 교회의 "터"라고 할 때, "터"라는 용어는 오직 그리스도에게만 적용되기 때문이다. 오직 그리스도만이 온 교회를 떠받치고 계신다. 오직 그리스도만이 신앙의 규준이고 기준이다. 그러나 그리스도가 실제로 교회가 세워지는 "터"가 되는 것은 복음 전도 또는 복음의 가르침을 통해서 이루어진다. 이런 이유에서 선지자들과 사도들은 "건축자들"이라 불린다(고전 3:10, "내게 주신 하나님의 은혜를 따라 내가 지혜로운 건축자와 같이 터를 닦아 두매 다른 이가 그 위에 세우나 그러나 각각 어떻게 그 위에 세울까를 조심할지니라"). 그래서 바울은 선지자들과 사도들이 복음 전도를 통해서 하고자 한 일은 오로지 교회를 그리스도라는 "터" 위에 세우는 것이었고, 그 밖의 다른 것이 아니었다고 말한다.

우리가 모세로부터 시작한다면, 이것이 참되다는 것을 발견하게 될 것이다. 왜냐하면, 그리스도는 "율법의 마침"(롬 10:4)이시고, 복음의 요약 내지 총화이기 때문이다. 그러므로 우리가 명심해야 할 것은, 믿는 자들로 여겨지기를 원한다면 오직 그리스도만을 붙들어야 하고, 성경을 아는 지식에서 확실한 진보를 이루고자 한다면, 오직 그리스도만을 바라보아야 한다는 것이다. 우리가 선지자들과 사도들의 글들 속에 담겨 있는 하나님의 말씀을 살펴보면, 거기에서도 이 동일한 교훈을 우리에게 가르쳐 준다.

바울은 자기가 "사도들과 선지자들"이라는 두 부류를 한데 묶어서 제시한 이유를 우리에게 보여주기 위해서, 그들의 공통점을 설명해 준다. 즉, 그들은 공통의 "터" 위에 서 있고, 그 "터" 위에 하나님의 성전을 세우기 위하여 함께 수고하는 자들이라는 것이다. 우리의 교사가 되어서 우리를 가르친 사람들은 "사도들"이었지만, 그렇다고 해서 "선지자들"의 가르침이 쓸데없고 불필요하게 된 것은 아니었다. 왜냐하면, "사도들"과 "선지자들"은 둘 다 동일한 사역을 행하는 자들이기 때문이다.

내가 이런 말을 하게 된 것은, 고대에 마르키온주의자들이 이 본문에 "선지자들"이라는 단어가 나오는 것이 맞지 않다고 생각해서 여기에서 그 단어를 삭제해 버렸고, 오늘날에도 몇몇 광신자들이 마르키온주의자들의 발자취를 따라서, 복음은 율법과 선지자들의 권위를 끝내었기 때문에, 우리는 율법 및 선지자들과는 아무런 상관이 없다고 큰 소리로 떠들어 대고 있기 때문이다. 하지만 성령은 성경의 도처에서 자기가 "선지자들"의 입을 통해서 우리에게 말해 왔다고 선언하고 있고, 선지자들의 글들 속에서 성령의 음성을 들을 것을 우리에게 요구한다. 하나님의 모든 종들은 최초의 종으로부터 최후의 종에 이르기까지 너무도 완벽하게 동일한 말씀을 전하고 있기 때문에, 그들이 똑같은 것을 한결같이 전하고 있다는 사실은, 그 자체가 그들 모두를 통해서 말씀하시는 분은 한 분 하나님이시라는 것을 분명하게 보여 주는 확실한 증거라는 것이다. 이것은 우리의 신앙의 권위를 유지하는 데 대단히 중요하다. 우리의 신앙은 세상이 창조된 바로 그 때로부터 시작되었고, 창세로부터 지금까지 하나님이 자신의 모든 종들을 통해서 하신 말씀은 동일하고 한결같다. 그러므로 교황주의자들과 이슬람교도들과 그 밖의 다른 종파들이 자신들의 신앙이 오래된 것을 자랑해 보아야, 그것은 헛된 자랑일 뿐이다. 왜냐하면, 그들의 신앙은 참되고 순전한 신앙을 모방한 가짜에 불과한 것들이기 때문이다.

그리스도 예수께서 친히 모퉁잇돌이 되셨느니라. 이 영광을 베드로에게로 옮겨서, 교회가 베드로라는 터 위에 세워져 있다고 말하는 자들은 너무나 후안무치한 자들이어서, 이 구절을 증거 본문으로 인용해서 자신들의 오류를 정당화하고자 한다. 그들은 여기에서 바울이 그리스도를 "모퉁잇돌"이라고 부르는 것은, 자기가 앞에서 말한 "사도들과 선지자들"도 "돌들"이고, 바로 그 많은 "돌들" 위에 교회가 세워져 있다는 것을 말하고자 하는 것이라고 주장한다. 그러나 그러한 난점은 쉽게 해결된다. 즉, 사도들은 다양한 상황에 맞춰서 거기에 맞는 여러 가지 비유들을 사용하지만, 그들이 말하고자 하는 것은 동일하다는 것인데, 바로 그 동일한 것에 대해서 바울은 고린도 교인들에게 서신을 써서, "이 닦아 둔 것 외에 능히 다른 터를 닦아 둘 자가 없으니 이 터는 곧 예수 그리스도라"(고전 3:11)고, 그 누구도 이의를 제기할 수 없도록 확실하게 못을 박는다. 그러므로 그가 그리스도를 "모퉁잇돌"이라고 한 것은 그리스도는 단지 교회의 "터"를 이루는 많은 돌들 중에서 하나의 중요한 일부일 뿐이라고 말하고자 한 것이 아니다. 왜냐하면, 만일 그가 그런 의미로 그렇게 말한 것이라면, 그는 자기가 다른 곳에서 한 말(고전 3:11)과 모순된 말을 하고 있는 것이 되기 때문이다. 그렇다면, 그는 무엇을 말하기 위해서 그리스도를 "모퉁잇돌"이라고 한 것인가? 그가 말하고자 한 것은 유대인들과 이방인들은 두 개의 별개의 "벽들"이었지만, 그리스도께서는 자신이 그 둘을 잇는 "모퉁잇돌"이 되어서, 그 둘로 하여금 하나의 신령한 건물을 이룰 수 있게 하셨다는 것이다. 그리스도 는 유대인과 이방인이라는 두 개의 서로 다른 벽들을 잇기 위하여, 그 둘의 중간인 "모퉁이"에 놓여지셨다. 바울이 곧바로 이어서 덧붙이고 있는 내용들은 그가 그리스도를 이 건물의 오직 한 부분만을 차지하고 계시는 것으로 묘사하고 있는 것과는 거리가 한참이나 멀다는 것을 너무나 분명하게 보여준다.

21. 그의 안에서 건물마다 서로 연결하여 주 안에서 성전이 되어 가고. 이것이 사실이라면, 베드로는 어떻게 되는 것인가? 바울이 고린도 교인들에게 서신을 써서, 그리스도를 "터"라고 말했을 때, 그것은 교회가 그리스도에 의해서 시작되어서 그의 사역자들에 의해서 완성되었다는 의미가 아니고, 바울 자신이 한 수고와 다른 사역자들의 수고의 차이가 무엇인지를 설명하고자 한 것이다. 그가 해야 할 일은 고린도에 교회를 세우고, 그런 후에는 그 교회를 완성하는 일은 다른 사역자들에게 맡기는 것이었다: "내게 주신 하나님의 은혜를 따라 내가 지혜로운 건축자와 같이 터를 닦아 두매 다른 이가 그 위에 세우나"(고전 3:10).

이 절을 통해서 바울이 가르치고 있는 것은 그리스도 안에서 서로 합당하게 연합되어 있는 모든 자들은 "하나님의 성전"이라는 것이다. "하나님의 성전"이기 위해서 먼저 요구되는 것은 믿는 자들이 서로 간의 교제를 통해서 적절하게 연합되고 연결되어 있어야 한다는 것이다. 만일 그렇지 않다면, 그것은 건물이 아니라, 단지 잡동사니들이 뒤죽박죽 뒤섞인 덩어리일 뿐이다. 믿는 자들을 서로 연결해서 하나로 묶어 주는 주된 것은 하나의 동일한 "믿음"에 있다. 그것이 전제되어야만, "진보"가 있을 수 있고, 건물이 점점 더 온전하게 세워져 갈 수 있다. 믿음과 사랑 안에서 연합되고 하나가 되어 주 안에서 자라가지 않는 자들은 하나님의 성전과는 아무런 상관이 없는 속된 건물일 뿐이다.

바울은 다른 곳에서는 개별 신자들 한 사람 한 사람이 "성전"(고전 6:19, "성령의 전들"; 고후 6:16, "하나님의 성전들")이라고 부르지만 여기에서는 모든 신자들이 다 함께 "하나의 성전"을 이루고 있다고 말한다. 두 경우 모두에 있어서 각각의 비유는 합당하고 적절하다. 하나님께서는 우리 각자 안에 거하시기 때문에, 우리 각 사람이 하나님의 성전이기는 하지만, 우리 모두가 거룩한 연합을 이루어서 하나의 성전을 이루게 하시는 것이 하나님의 뜻이다. 그러므로 우리 각 사람은 우리 자체만으로는 "성전"이지만, 서로 결합되었을 때에는 하나의 성전의 "돌"이 된다. 바울이 여기에서 이렇게 말하고 있는 것은 우리 모두가 하나로 연합되는 것이 얼마나 중요한지를 보여주기 위한 것이다.

22. 너희도……하나님이 거하실 처소가 되기 위하여 그리스도 예수 안에서 함께 지어져 가느니라. 여기에서 "함께 지어져 가다"로 번역된 헬라어 동사 '쉰오이코도메이스테'(συνοικοδομεῖσθε)의 어미는 거기에 해당하는 라틴어 동사와 마찬가지로 명령법으로 해석될 수도 있고 직설법으로 해석될 수도 있기 때문에, 문법적으로는 어느 쪽으로 사용된 것인지를 결정하기 어렵고, 문맥상으로도 둘 모두가 허용될 수 있기는 하지만, 나는 직설법으로 해석하는 것을 택하고자 한다. 내 생각에는, 여기에서 바울은 에베소 교인들은 이미 그리스도를 믿는 믿음 위에 세워져 있는 자들이기 때문에, 그 믿음 안에서 점점 더 성장해서, 복음으로 말미암아 세상의 모든 곳에서 하나님에 의해서 세워져 가고 있는 저 새로운 "성전"의 일부가 되어야 한다고 그들에게 권면하고 있는 것으로 보인다.

성령 안에서. 바울이 앞의 18절에서 언급한 "성령 안에서"라는 말을 여기에서 다시 반복하고 있는 것은 두 가지 이유에서이다. 첫 번째는 인간적으로 아무리 노력하고 애를 쓴다고 할지라도, 성령의 역사 없이는, 하나님의 성전으로 세워져 가는 일은 절대로 이루어질 수 없다는 것을 에베소 교인들에게 상기시키기 위한 것이다. 두 번째는 이렇게 신령한 건물로 세워져 가는 것을 유대인들이 외적으로 지키는 모든 예법들과 대비시켜서, 전자가 후자보다 월등하게 귀한 일이라는 것을 보여주기 위한 것이다.

제3장

¹이러므로 그리스도 예수의 일로 너희 이방인을 위하여 갇힌 자 된 나 바울이 말하거니와 ²너희를 위하여 내게 주신 하나님의 그 은혜의 경륜을 너희가 들었을 터이라 ³곧 계시로 내게 비밀을 알게 하신 것은 내가 먼저 간단히 기록함과 같으니 ⁴그것을 읽으면 내가 그리스도의 비밀을 깨달은 것을 너희가 알 수 있으리라 ⁵이제 그의 거룩한 사도들과 선지자들에게 성령으로 나타내신 것 같이 다른 세대에서는 사람의 아들들에게 알리지 아니하셨으니 ⁶이는 이방인들이 복음으로 말미암아 그리스도 예수 안에서 함께 상속자가 되고 함께 지체가 되고 함께 약속에 참여하는 자가 됨이라(3:1-6).

1. 이러므로 그리스도 예수의 일로 너희 이방인을 위하여 갇힌 자 된 나 바울이 말하거니와. 바울이 감옥에 갇히게 된 것은 그의 사도직을 확증해 주는 증거로 여겨져야 마땅한 것이었는데도 불구하고, 그의 대적들은 정반대의 시각에서 그 일을 거론하며 그의 사도직을 공격하였다. 그래서 그는 에베소 교인들에게 자기가 감옥에 갇히게 된 이유는 오로지 이방인들에게 복음을 전하였기 때문이라고 말함으로써, 자기가 사슬에 매이게 된 것은 사도로서의 자신의 부르심을 증명해 주고 선언해 주는 것이라는 사실을 보여준다. 투옥되는 것조차도 개의치 않았던 그의 흔들림 없는 결연한 자세는 그가 자신의 사도직을 제대로 올바르게 수행해 왔다는 것을 확실하게 보여주는 추가적인 증거였다.

바울은 사도로서의 자신의 권위가 참된 것임을 한층 더 강조하고 역설하기 위해서, 자기가 감옥에 갇힌 것을 고상한 언어로 표현한다. 바울의 이러한 말은 세상과 악한 자들에게는 어리석은 자랑인 것처럼 보였을 것이지만, 경건한 자들에게는 고귀하고 충성된 말이었다. 왜냐하면, 그리스도의 영광을 위한 일이라면 그들에게는 사슬의 치욕조차도 치욕으로 느껴지지 않을 뿐만 아니라, 도리어 그 자체로는 욕되고 수치스러운 일일지라도, 그것이 그리스도의 영광을 위한 것이 되는 순간, 그 욕된 일을 겪는 것은 최고의 영광으로 바뀌기 때문이다. 만일 바울이 여기에서 단지

"갇힌 자 된 나 바울"이라고 말하였다면, 그것은 그가 그리스도의 대사로서 일하다
가 감옥에 갇히게 된 것이라는 의미를 전달해 주지 못하였을 것이다. 감옥에 갇히
는 것은 그 자체로는 결코 영광스러운 일이 아니라, 도리어 통상적으로는 악함과
범죄의 표시이다. 그러나 예수 그리스도를 위하여 "사슬"에 묶이고 "감옥"에 갇힌
것은 그 영광에 있어서 왕의 대사임을 보여주는 어떤 표시나 왕들의 면류관들 및
규들을 능가한다. 실제로 사람들의 눈에는 그렇게 보이지 않는다고 할지라도, 사실
과 진실을 보고 말하는 것은 우리의 소임이다. 그리스도의 이름은 우리 가운데서
지극히 공경을 받는 것이 마땅하기 때문에, 우리는 사람들이 최대의 수치라고 생각
하는 것을 최고의 영광으로 여기는 것이 마땅하다.

바울은 자기가 감옥에 갇힌 것과 관련해서 에베소 교인들이 반드시 알아야 할 또
한 가지 사실이 있다는 것을 분명히 해 두기 위해서 "너희 이방인들을 위하여"라는
말을 여기에 덧붙인다. 즉, 자기가 박해를 받아 옥에 갇히게 된 것은 다름 아닌 에
베소 교인들을 비롯한 "이방인들"을 위한 것이었고, 그가 온갖 환난들과 위험들을
감수해 온 것도 그들을 위한 것이었다는 것이다.

2. 너희를 위하여 내게 주신 하나님의 그 은혜의 경륜을 너희가 들었을 터이라.
바울은 에베소에 있었던 동안에는 이러한 것들에 대하여 아무 말도 하지 않았고,
자기가 그런 것들을 그들에게 반드시 말해야 할 어떤 필요성도 아직 생겨나지 않
았던 것으로 보인다. 왜냐하면, 그 때에는 그들 가운데서 하나님에 의한 이방인들
의 부르심이라는 문제를 놓고서 아직 논쟁이 벌어지지 않았기 때문이었다. 만일 그
때에 그가 그런 것들에 대해서 에베소 교인들에게 말하였다면, 그는 여기에서 "너
희가 들었을 터이라"고 말함으로써, 그들이 다른 사람들로부터 전해들은 소문들과
이 서신을 근거로 제시하지 않고, 자기가 그들에게 전에 했던 말들을 상기해 보라
고 말하였을 것이 틀림없다. 바울은 하나님에 의한 이방인들의 부르심과 관련된 논
쟁이 벌어지지 않은 상황에서 자기가 먼저 나서서 그 일을 언급하여 불필요한 논쟁
을 불러일으키고자 하지 않은 것이었다. 그는 자신의 대적들이 악한 의도로 그 문
제를 논란거리로 만들어서 그의 사도직을 공격하고 그의 사역을 무력화시키려고
했을 때에야 비로소 마지못해 자신의 사역의 정당성을 변호하는 일에 나서게 되었
을 뿐이었다. "경륜"(οικονομία - '오이코노미아')은 여기에서 하나님의 지시나 명
령을 의미하는데, 일반적으로 어떤 소임을 수여하는 것을 가리킨다.

3. 곧 계시로 내게 비밀을 알게 하신 것은. 당시에 사람들 중에는 바울이 제멋

대로 경솔하고 성급하게 사도의 직무를 수행하다가, 지금 그의 그러한 경솔함의 대가를 치르고 있는 것이라고 생각하는 사람들도 있었을 것이다. 그래서 그는 자기가 한 모든 일들을 자신의 생각을 따라서 행한 것이 아니라, 하나님의 계시와 지시를 따라 그렇게 한 것임을 강조하고 역설하지 않을 수 없었다. 바울이 사도가 되어 사역을 하게 된 것은 전례가 없는 너무나 특별하고 이례적인 일이었기 때문에, 그것을 인정하는 사람들은 거의 없었다. 그래서 그는 이 일을 "비밀"이라고 부른다. 이렇게 그는 이 일이 "비밀"이었고, 자기도 하나님의 계시로 알게 된 것임을 강조함으로써, 사람들이 이 일을 도저히 믿을 수 없다고 여겨서 반감과 편견을 갖는 것을 막고자 하였다. 그가 이렇게 자신의 사역의 정당성을 온 힘을 다해 변호하고자 한 것은 이 일과 관련된 자신의 이해관계를 지키기 위한 것이 아니라, 에베소 교인들을 보호하고 지키기 위한 것이었다. 왜냐하면, 그들은 하나님의 특별한 뜻에 따라 바울의 사역에 의해서 부르심을 받은 자들이었던 까닭에, 그들에게는 바울의 사도직의 정당성에 대한 확신이 절실히 필요하였기 때문이다. 사람들은 자신들이 잘 모르는 것에 대해서는 무턱대고 의심부터 하고 드는 경향이 있기 때문에, 바울은 그러한 의구심을 불식시키기 위해서, 당시에 세상에 널리 통용되고 있던 잘못되고 왜곡된 판단들 및 생각들과 반대되는 의미에서 "비밀"이라는 단어를 사용하여 자신의 사도직을 변호한다.

바울은 하나님께서 "계시로 내게 비밀을 알게" 하셨다고 말함으로써, 자신들이 생각해 낸 헛된 것들을 마치 하나님과 성령으로부터 받은 것들인 것처럼 말하였던 저 광신자들과 자신은 다르다고 선을 긋는다. 거짓 사도들은 자신들이 "계시들"을 받았다고 자랑하였지만, 그것은 거짓된 자랑이었다. 반면에, 바울은 자기가 하나님으로부터 받은 계시는 참된 것임을 확신하였고, 다른 사람들에게 그것을 증명할 수 있었으며, 그 어떤 의심도 있을 수 없는 확실한 사실로서 말할 수 있었다.

내가 먼저 간단히 기록함과 같으니. 이것은 바울이 이 서신의 2장에서 이 주제에 대하여 간단하게 살펴본 것을 가리키는 것일 수도 있고, 이 서신 이외의 또 다른 서신을 가리키는 것일 수도 있는데, 후자가 통설인 것으로 보인다. 전자의 해석을 채택하는 경우에는, 이 어구는 "내가 앞에서 간단히 기록함과 같으니"로 번역하는 것이 합당하다. 왜냐하면, 바울은 이 서신의 2장에서 이 주제를 지나가는 말로 간단히 언급한 것일 뿐이기 때문이다. 반면에, 내가 앞서 말했듯이 통설이기도 한 후자의 해석을 채택하는 경우에는, 이 어구는 "내가 얼마 전에 써 보낸 것과 같으니"로 번역하여야 하는데, 나는 후자의 해석을 선호한다. 왜냐하면, 에라스무스(Erasmus)가 "간단히"로 번역한 '엔 올리고'(ἐν ὀλίγῳ)라는 어구는 "시간"을 가리키는 것으로 보이기 때문이다. 이렇게 해석하는 경우에는, 바울의 이 말 속에는 에베소 교인들에게 현재의 서신과 얼마 전에 자기가 보낸 서신을 서로 비교해 보라는 암시가 함축되어 있는 것이 된다. 하지만 바울이 여기에서 이 두 서신을 "분량"이라는 측면에서 대비시키고 있다고 설명하는 것은 전혀 "사실"이 될 수 없다. 왜냐하면, 그는 이 서신의 2장에서 이 주제에 대하여 지나가는 말로 간단히 설명하였는데, 이전의 서신이 그것보다 더 "간단히" 기록된 것이라고 보는 것은 거의 불가능하기 때문이다. 바울이 여기에서 "얼마 전에"라는 어구를 사용한 것 속에는, 에베소 교인들에게 최근에 일어난 일을 상기시키기 위한 의도가 들어 있는 것으로 보인다. 하지만 나는 그 점을 고집하고자 하지는 않는다. 이 어구를 해석하는 것보다 더 어려운 난제는 다음 절에 있다.

4. 그것을 읽으면 …… 너희가 알 수 있으리라. 여기에서 "그것을 읽으면 …… 너희가 알 수 있으리라"로 번역된 헬라어 본문은 '프로스 호 뒤나스테 아나기노스콘테스 노에사이'인데, 에라스무스(Erasmus)는 이것을 이렇게 번역한다: "이것들로부터, 너희가 읽으면, 너희는 알 수 있으리라." 하지만 내 판단으로는, '아나기노스케인'(ἀναγινώσκειν)을 "읽다"로 번역하는 것은 헬라어 구문상으로 허용되지 않는다. 따라서 나는 이 단어가 "주목하다"를 의미하는 것으로 보는 것이 더 합당하다고 생각한다. 이렇게 해석하는 경우에는, 이 절의 처음에 나오는 전치사 '프로스'는 이 분사에 걸리는 것이 되어서, 이 어구는 "이것들을 주목한다면, 너희가 알 수 있으리라"로 번역될 수 있다. 반면에, 전치사 '프로스'가 분사 '아나기노스콘테스'에 걸리지 않고 서로 분리되어 있다고 보는 경우에는, 이 동사는 "읽다"를 의미하고, 따로 분리된 '프로스 호'라는 어구는 '카트 호'와 동일하게 "거기에 따라서"를 의미하는 것으로 보고서, 이 어구를 "너희는 읽음으로써 내가 쓴 것들에 따라서 알 수 있으리라"로 번역할 수 있다. 하지만 나는 이 어구에 대한 나의 해석을 확실한 것이 아니라 단지 하나의 추정으로 제시한 것이기 때문에, 어느 쪽으로 해석할 것인지에 대한 결정은 독자들의 판단에 맡기고자 한다.

우리가 거의 모든 사람들이 인정하는 견해, 즉 사도는 이 서신 이외에도 이전에 에베소 교인들에게 서신을 쓴 적이 있었다는 견해를 채택한다고 할지라도, 그 서신은 우리에게 전해지지 않은 유일한 서신인 것은 아니다. 하지만 불경건한 자들이 그러한 사실을 지적하면서, 성경의 가르침은 불구이고 온전하지 못하다며 공격하고 비웃는 것은 옳지 않다. 어떻게 해서든지 형제들을 기꺼이 적극적으로 돕고자 하였던 바울의 진지함과 열심과 열정, 늘 깨어서 형제들을 염려하고 걱정하였던 바울의 태도를 고려할 때, 우리는 그가 여러 곳들에 공적으로나 사적으로나 많은 서신들을 써 보냈을 가능성이 대단히 높다고 생각하게 된다. 그리고 하나님께서는 그러한 서신들 중에서 자신의 교회가 영원토록 기억할 필요가 있다고 판단하신 서신들만을 선택적으로 섭리를 통해서 보존하셨다. 우리는 하나님께서 우리에게 남겨 두신 것들만으로 충분하고, 남아 있는 것들이 아무리 얼마 되지 않는다고 하여도, 그것은 우연의 결과가 아니며, 우리에게 전해진 성경 전체는 하나님의 놀라우신 계획에 의해서 결정된 것임을 확신하여야 한다.

내가 …… 깨달은 것을. 바울이 자기는 하나님이 자기를 부르셨다는 것을 알고 있다는 것을 자주 반복해서 언급하는 것은, 사역자들 자신과 그 사역으로 인해서 유익을 얻는 사람들에게는 양쪽 다 사역자들이 하나님으로부터 부르심을 받았다는 것에 대한 확고한 믿음이 반드시 있어야 한다는 것을 보여준다. 그러나 바울이 이렇게 하는 것은 자기 자신보다는 다른 사람들을 더 위한 것이었다. 그는 실제로 유대인들과 이방인들에게 아무런 차별 없이 복음을 전함으로써 도처에서 심한 반대와 공격을 받았지만, 그가 주로 염려하고 걱정한 것은 자기가 자신의 대적들로부터 박해를 받는다는 사실이 아니라, 악한 자들의 비방과 중상모략에 넘어가서 적지 않은 신자들이 자신의 사도직을 의심하기 시작해서, 그 결과 그들의 믿음이 흔들리게 된 것이었다. 이것이 그로 하여금 에베소 교인들에게 자기는 자기를 사도직으로 부르신 하나님의 뜻과 명령을 알고 있다는 것을 이렇게 자주 상기시키게 만들었다.

그리스도의 비밀을. 바울은 하나님이 자기에게 계시해 주신 것들을 앞에서는 "비밀"이라고 간단하게 표현하였지만, 이제 여기에서는 "그리스도의 비밀"이라고 부르는데, 이것은 그리스도께서 오셔서 나타내실 때까지는 복음은 계속해서 감추어져 있어야 했기 때문이다. 이것은 그리스도의 나라와 관련된 예언들을 "그리스도의 예언들"이라고 부르는 것과 같다. 우리는 먼저 "비밀"이라는 단어를 설명하고, 그런 후에 바울은 왜 이 비밀이 모든 세대 동안에 알려져 있지 않았다고 말하고 있는 것인지를 살펴보아야 한다. 이 "비밀"은 "이방인들이 복음으로 말미암아 그리스도 예수 안에서 함께 상속자가 되고 함께 지체가 되고 함께 약속에 참여하는 자가 되는 것"(6절)에 관한 것이었다. "비밀"이라는 명칭이 복음에 적용될 때, 이 명칭은 현재의 본문에 적용되지 않는 그 밖의 다른 의미들을 지닌다. 하지만 여기에서는 "그리스도의 비밀"은 이방인들의 부르심을 의미한다. 하나님에 의해서 이방인들이 부르심을 받게 된 것은 그리스도의 통치 아래에서 이루어질 일이었기 때문에, 그것은 "그리스도의 비밀"이라 불린다.

5. 다른 세대에서는 사람의 아들들에게 알리지 아니하셨으니. 바울은 "그리스도의 비밀"이 옛 언약 아래에서 그토록 수많은 예언들의 주제였었는데도 불구하고, 여기에서 왜 그것이 전에는 알려져 있지 않았었다고 단정적으로 말하고 있는 것인가? 도처에서 선지자들은 사람들이 이 세상의 모든 민족으로부터 와서 하나님을 예배하게 될 것이고, 앗수르와 애굽에 하나님을 섬기는 제단이 세워질 것이며, 모든 사람들이 똑같이 "가나안 방언"(사 19:18)을 말하게 될 것이라고 선포하고 있다. 그러한 예언들은 참 하나님에 대한 예배와 동일한 신앙고백이 세상 모든 곳에 두루 퍼지게 될 것임을 보여준다. 또한, 선지자들은 메시야에 대해서도, 그가 동서남북의 모든 것을 통치하게 될 것이고, 모든 민족이 그를 섬기게 될 것이라고 예언한다(시 72:8, 11, "그가 바다에서부터 바다까지와 강에서부터 땅 끝까지 다스리리니……모든 왕이 그의 앞에 부복하며 모든 민족이 다 그를 섬기리로다"). 또한, 우리는 사도들이 그러한 취지의 많은 본문들을 후기 선지자들의 글들로부터만이 아니라 모세의 글들로부터도 인용하고 있는 것을 본다. "그리스도의 비밀"을 이렇게 많은 전령들이 이미 선포해 왔는데, 어떻게 그것이 감추어져 있었던 것이 될 수 있는가? 그리고 왜 바울은 전에는 한 사람의 예외도 없이 모든 사람이 다 그것에 대하여 무지하였다고 선언하고 있는 것인가? 우리는 선지자들이 자신들도 알지 못한 것들을 전하였고, 의미도 모르면서 목소리만 낸 것이라고 말해야 하는가?

나의 대답은 우리는 바울이 여기에서 "다른 세대에서는 사람의 아들들에게 알리지 아니하셨으니"라고 말한 것이 그리스도께서 오시기 전에는 이 일에 대해서 아무도 알지 못하였다는 것을 의미하는 것으로 이해해서는 안 된다는 것이다. 유대 민족 중에는 어느 시대에나, 메시야가 오시면 하나님의 은혜가 온 세상에 선포될 것임을 알고서, 그 때에 인류가 새로워질 것을 기대하며 대망하였던 사람들이 늘 있어 왔다. 선지자들은 하나님으로부터 받은 확실한 계시를 예언하였지만, 이 일이 어느 때에 어떤 방식으로 이루어질지에 대해서는 그들 자신도 알지 못하였기 때문에, 거기에 대해서는 구체적으로 예언하지 않았다. 그들은 장차 하나님의 은혜가 이방인들에게도 주어지게 될 것을 알았지만, 어느 때에 어떤 식으로 어떤 수단을 통해서 그 일이 이루어지게 될 것인지에 대해서는 전혀 알지 못하였다.

그러한 무지를 두드러지게 보여준 예가 바로 사도들이었다. 그들은 선지자들의 예언들을 통해서 그 일에 대하여 들었을 뿐만 아니라, 주님께서 "이 우리에 들지 아니한 다른 양들이 내게 있어 내가 인도하여야 할 터이니 그들도 내 음성을 듣고 한 무리가 되어 한 목자에게 있으리라"(요 10:16)고 하신 말씀을 똑똑히 들었으면서도, 이 일이 그들의 생각으로는 도무지 상상이 되지 않는 터무니없는 일처럼 여겨져서, 그것이 정확히 무엇을 의미하는지를 제대로 깨달을 수 없었다. 아니, 그들은 부활하신 주님으로부터 "너희는 온 천하에 다니며 만민에게 복음을 전파하라"(막 16:15)는 명령을 받고, "오직 성령이 너희에게 임하시면 너희가 권능을 받고 예루살렘과 온 유대와 사마리아와 땅 끝까지 이르러 내 증인이 되리라"(행 1:8)고 하신 말씀을 들은 후에도, 하나님이 이방인들을 부르셔서 교회로 들어오게 하시리라는 말씀을 절대적으로 기괴하고 알 수 없는 말씀으로 여기고서 두려워하고 꺼려하였다. 왜냐하면, 그런 일이 어떻게 이루어지게 될 것인지를 그들은 여전히 알지 못하였기 때문이다. 이렇게 그들은 이 일이 실제로 일어나기 전에는, 이 일에 대하여 그리스도께서 하신 말씀들을 깨닫지 못하였고, 단지 애매모호하고 혼란스러운 인식만을 지니고 있었다. 모세는 "이스라엘 자손들에게 장차 없어질 것의 결국을 주목하지 못하게 하려고 수건을 그 얼굴에" 썼는데(고후 3:13), 율법의 예법들은 바로 그 "수건"이었다. 그러므로 바울이 이 일을 "비밀"이라고 부르고, 이 일이 이전 세대들에서 감추어져 있었다고 말한 것은 의심할 여지 없이 지극히 합당하다. 왜냐하면, 이전 세대들에서 이 일은 유대인들에게 주어진 예법이라는 "수건" 아래 감추어져 있었고, 그들은 그리스도께서 오셔서 그 "수건"을 제거하실 때까지는, 이 일을 제대로 깨달을 수 없었기 때문이다.

이제 그의 거룩한 사도들과 선지자들에게 성령으로 나타내신 것 같이. 바울이 앞에서 족장들과 선지자들과 거룩한 왕들 중 그 어느 누구도 알지 못했던 것을 자기는 지금 알고 있다고 주장한 것은 에베소 교인들에게 얼마든지 교만하게 비칠 수 있었다. 혹시라도 있을 그러한 비난을 방지하기 위해서, 이제 여기에서 그는 먼저 그들에게 이 계시와 지식은 자기만 받은 것이 아니라, 교회의 가장 뛰어난 교사들도 받은 것임을 상기시키고, 다음으로는 그러한 계시와 지식은 그것을 자기가 기뻐하는 자들에게 줄 수 있는 권한을 지니신 "성령"의 선물이었다는 것을 상기시킨다. 왜냐하면, 그러한 계시와 지식은 성령이 우리에게 주실 때에만 우리가 가질 수 있는 것이기 때문이다.

바울은 하나님께서 이 일을 "그의 거룩한 사도들과 선지자들에게 성령으로 나타내셨다"고 말함으로써, 이방인들과 유대인들이 둘 다 똑같이 하나님의 부르심을 받아 그의 백성이 되어서 둘이 한 몸을 이루게 된다는 것을 다시 한 번 확증해 준다. 그는 이 일의 생소함으로 인해서 에베소 교인들이 거부감을 갖게 되는 것을 방지하기 위해서, 이 일은 "복음으로 말미암아"(6절) 이루어진 일이라고 말한다. 왜냐하면, 복음 자체도 분명히 지금까지 들어 본 적이 없는 생소하고 새로운 것이었기는 하지만, 그럼에도 불구하고 모든 경건한 자들은 복음이 하늘로부터 왔다는 것을 고백하였기 때문이다. 하나님께서 세상을 새롭게 하시기 위하여 지금까지 들어 본 적이 없는 방법을 사용하신다고 해서, 그것이 놀랍거나 이상한 일은 아니지 않겠는가?

7이 복음을 위하여 그의 능력이 역사하시는 대로 내게 주신 하나님의 은혜의 선물을 따라 내가 일꾼이 되었노라 8모든 성도 중에 지극히 작은 자보다 더 작은 나에게 이 은혜를 주신 것은 측량할 수 없는 그리스도의 풍성함을 이방인에게 전하게 하시고 9영원부터 만물을 창조하신 하나님 속에 감추어졌던 비밀의 경륜이 어떠한 것을 드러내게 하려 하심이라 10이는 이제 교회로 말미암아 하늘에 있는 통치자들과 권세들에게 하나님의 각종 지혜를 알게 하려 하심이니 11곧 영원부터 우리 주 그리스도 예수 안에서 예정하신 뜻대로 하신 것이라 12우리가 그 안에서 그를 믿음으로 말미암아 담대함과 확신을 가지고 하나님께 나아감을 얻느니라 13그러므로 너희에게 구하노니 너희를 위한 나의 여러 환난에 대하여 낙심하지 말라 이는 너희의 영광이니라(3:7-13).

7. 이 복음을 위하여 그의 능력이 역사하시는 대로 내게 주신 하나님의 은혜의 선물을 따라 내가 일꾼이 되었노라. 바울은 앞에서 하나님께서 자신의 은혜를 이방인들에게 베풀어 주시는 데 사용한 도구가 "복음"이었다고 선언한 후에, 이제 여기에서는 하나님께서 자기를 그 "복음"의 "일꾼"으로 삼으셨다는 말을 덧붙임으로써, 지금까지 자기가 일반적으로 한 모든 말들을 자기 자신에게 적용한다. 그러나 그는 자기 자신에 대하여 합당한 것 이상의 것을 주장하는 것을 피하기 위해서, 그것은 "하나님의 은혜의 선물"이었고, 그 선물은 하나님의 능력이 나타난 것이었

다고 밝힌다. 그는 이렇게 말한 것과 같다: "너희는 내가 과연 하나님으로부터 사도직을 수여받을 만한 자격이 있었는지를 따지려 들지 말라. 왜냐하면, 하나님께서는 내게 어떤 잘난 것이 있어서가 아니라, 전적으로 자신의 값없이 거저 주시는 은혜로 나를 이방인들의 사도로 삼으신 것이기 때문이다. 내가 전에 어떤 자였는지도 따지려 들지 말라. 아무것도 아닌 비천한 자를 높이 들어 쓰시는 것은 하나님에게 주어진 대권이기 때문이다." 아무것도 아닌 비천한 자를 높이셔서 지극히 존귀한 사도가 되게 하신 것 자체가 그것이 하나님의 능력의 역사라는 것을 증명해 준다.

8. 모든 성도 중에 지극히 작은 자보다 더 작은 나에게 이 은혜를 주신 것은 측량할 수 없는 그리스도의 풍성함을 이방인에게 전하게 하시고. 바울이 자기 자신과 자기에게 속한 모든 것을 이렇게 보잘것없고 미천한 것으로 낮추는 이유는 하나님의 은혜를 더 선명하게 드러내고 더 지극히 높이기 위한 것이다. 하지만 그가 이렇게 말하는 데에는 또 하나의 이유가 있는데, 그것은 자신의 대적들이 다음과 같이 반문하여 자기를 공격해 올 수도 있다는 것을 미리 예상하고서, 그들의 예상되는 반론에 대하여 답변하기 위한 것이었다: "이 사람이 누구이기에, 하나님께서 자기를 모든 형제들보다 더 높이셨다고 주장하는 것인가? 그가 다른 모든 형제들을 다 제치고 사도로 선택될 만큼, 그에게 무슨 뛰어나고 훌륭한 점이 있다는 것인가?" 바울은 자기는 "모든 성도 중에 지극히 작은 자보다 더 작은" 자라고 고백함으로써, 하나님이 개개인의 가치를 비교해서 그 중에서 뛰어난 자들을 사도로 삼으신 것이라는 개념 자체를 반박하고, 이것이 전적으로 하나님의 은혜로 된 것임을 다시 한 번 역설한다.

바울이 이렇게 자신을 낮추어 말하고 있는 것은 결코 가식적인 것이 아니다. 대부분의 사람들은 가식적으로 겸손을 위장하는 경우가 비일비재하다. 그들의 마음은 교만으로 잔뜩 부풀어 올라 있으면서도, 말로는 자기가 다른 모든 사람보다 한 참이나 모자란 사람이라는 것을 기꺼이 인정하는 체하지만, 사실 그들은 자신을 사람들 중에서 최고의 영예와 존귀를 받을 만한 자격이 있다고 생각하고, 실제로 사람들로부터 지극히 존경과 찬사를 받기를 원한다. 반면에, 바울이 여기에서 자신의 무가치함과 자기가 아무것도 아니라고 말하는 것은 한 치의 거짓도 없는 진심이다. 아니, 그는 다른 곳들에서는 자기 자신에 대하여 여기에서보다도 훨씬 더 폄하하는 언어로 묘사한다: "나는 사도 중에 가장 작은 자라 나는 하나님의 교회를 박해하였으므로 사도라 칭함 받기를 감당하지 못할 자니라"(고전 15:9); "미쁘다 모든 사람이 받을 만한 이 말이여 그리스도 예수께서 죄인을 구원하시려고 세상에 임하셨다 하였도다 죄인 중에 내가 괴수니라"(딤전 1:15).

하지만 우리가 여기에서 유의해야 할 것은, 바울이 자기 자신을 모든 사람 중에서 가장 미천한 자라고 말할 때, 그것은 어디까지나 하나님의 은혜와는 상관없이 자연인으로서의 자기 자신에 대하여 말하고 있는 것이고, 하나님의 은혜를 받은 상태에서의 자신에 대하여 말하고 있는 것이 아니라는 것이다. 그는 이렇게 말한 것과 같다: "나는 모든 사람들 중에서 가장 미천하고 무가치한 자였지만, 결코 그런 것이 하나님께서 다른 사람들을 놓아 두시고 나를 이방인들의 사도로 세우시는 것을 가로막는 장애물이 되지는 못하였다." 바울이 "내게 주신 하나님의 은혜"라고 표현함으로써, 이방인들의 사도가 되는 은혜는 특별히 자기가 받았다는 것을 강조한 것은, 자기가 하나님의 은혜로 이방인들의 사도가 된 것은, 다른 사람들이 하나님으로부터 이방인들을 전도하도록 명령을 받은 것에 비해서 특별한 것이었다는 사실을 나타내고자 한 것이다. 즉, 이방인들을 전도하는 일이 오직 그에게만 맡겨진 것은 아니었지만, 하나님께서는 그를 "이방인들의 교사들" 중에서 최고의 지위에 앉히셨다는 것이다. 실제로 바울은 다른 곳에서는 "이방인들의 교사"라는 직함이 자기에게 주어진 고유한 것이라고 말한다: "이를 위하여 내가 전파하는 자와 사도로 세움을 입은 것은 참말이요 거짓말이 아니니 믿음과 진리 안에서 내가 이방인의 스승이 되었노라"(딤전 2:7).

"측량할 수 없는 그리스도의 풍성함"은 하나님께서 이방인들에게 갑자기 기대하지도 않은 차고 넘치는 은혜를 물 붓듯이 무한정으로 부어 주신 것을 가리킨다. 바울은 에베소 교인들에게 그들이 하나님으로부터 어떠한 은혜를 받았는지를 상기시켜 줌으로써, 그들이 어떠한 열심과 간절함으로 복음을 꼭 붙드는 것이 마땅한 것인지, 그리고 그들이 복음을 얼마나 소중히 여기고 귀히 여기는 것이 마땅한지를 일깨워 준다. 나는 이 주제를 갈라디아서를 주석할 때에 충분히 다룬 바 있다(갈 1:15-16; 2:7, 9). 바울은 다른 사도들과 마찬가지로 동일한 사도직을 맡고 있었지만, 그가 이방인들의 사도로 세움을 받은 것은 오직 그에게만 주어진 고유한 영광이었다.

9. 비밀의 경륜이 어떠한 것을 드러내게 하려 하심이라. 바울은 복음이 전파되는 것을 "경륜"이라고 부르는데, 이것은 전에 감추어져 있던 하나님의 계획에 이제 사람들이 참여하게 하는 것이 하나님의 뜻이었기 때문이다. 그가 여기에서 '포티사

이 판타스’(φωτίσαι πάντας, “모든 사람에게 비추다,” 개역개정에는 “드러내게”)라는 비유를 사용한 것은 적절하다. 왜냐하면, 이 비유를 통해서 그는 자신의 사도직 속에서 하나님의 은혜가 그 찬란한 빛을 발하여 모든 사람들에게 비추고 있다는 것을 나타내고자 한 것이기 때문이다.

하나님 속에 감추어졌던. 바울이 이 말을 여기에 덧붙인 것은, 앞에서와 마찬가지로 여기에서도 생소한 것에 대한 사람들의 편견과 거부감을 없애기 위한 것이다. 즉, 사람들은 자신들이 잘 알지 못하는 것에 대해서는 경솔하게 무턱대고 반대하고 거부한다는 것을 잘 알고 있던 그는 그것을 미연에 방지하기 위하여 여기에서 자기가 앞에서 말한 “비밀의 경륜”은 아주 오래 전부터 “하나님 속에 감추어져” 있던 것이었다고 밝히고 있는 것이다. 하나님께서 자신이 세워 놓으신 계획을 사람들에게는 감추시고 오직 자신만이 알고 계시다가, 하나님이 생각하시기에 가장 적절한 때에 그 계획을 사람들에게 알리셨다고 해서, 그것이 무슨 문제가 될 수 있겠는가? 하나님이 우리 인간보다 더 지혜로우시다는 것을 인정하려고 하지 않는 것은 정말 주제넘고 오만방자한 짓일 뿐만 아니라 정신 나간 짓이다! 그러므로 우리는 하나님께서 그 무한하신 지혜로 모든 것들을 미리 아시고서 세워 놓으신 자신의 계획에 따라 가장 적절한 때에 가장 적절한 일을 행하실 때마다, 우리는 함부로 경솔하게 하나님이 행하시는 일들을 우리 기준에서 판단하여 반대하고 거부하는 일이 있어서는 안 된다는 것을 명심하여야 한다. 이것도 바울이 이 일을 “측량할 수 없는 그리스도의 풍성함”이라고 부른 이유이다. 즉, 이 일은 우리의 능력으로는 도저히 “측량할 수 없는” 일이고 이해가 되지 않는 일이라고 할지라도, 우리는 경외하고 공경하는 마음으로 이 일을 받는 것이 마땅하다는 것이다.

영원부터 만물을 창조하신. 바울이 여기에서 말하고 있는 “창조”는 첫 번째 창조를 가리키는 것이 아니라, 그렇게 창조된 만물을 영적으로 새롭게 하신 재창조를 가리키는 것으로 이해하는 것이 더 합당하다(칼빈이 사용한 본문에는 “예수 그리스도로 말미암아 만물을 창조하신”으로 되어 있어서, “영원부터”가 빠져 있고 “예수 그리스도로 말미암아”가 첨가되어 있다 - 역주). 만물이 하나님의 말씀으로 창조되었다는 것은 성경에서 자주 분명하게 선언하고 있는 의심할 여지 없이 확실한 사실이다. 그러나 이 어구의 전후 문맥은 우리로 하여금 이 어구가 “구속”의 복에 포함되어 있는 만물의 새로워짐을 가리키는 것으로 이해하지 않을 수 없게 만든다. 따라서 사도는 여기에서 첫 번째 창조를 근거로 삼아서 거기로부터 이 새로워짐에 대한 논증을 이끌어 내고 있는 것이라고 생각할 수 있다: "아버지 하나님께서는 태초에 하나님이신 그리스도로 말미암아 만물을 창조하셨다(요 1:3). 그렇다면, 그런 하나님께서 중보자이신 그리스도로 갈미암아 이제 모든 이방인들을 이끄셔서 유대인들과 함께 한 몸을 이루게 하셨다고 해도, 그것이 이상할 이유는 전혀 없지 않는가?" 나는 그러한 견해에 반대하지 않는다. 바울은 다른 서신에서도 여기에서와 비슷한 논증을 사용한다: "어두운 데에 빛이 비치라 말씀하셨던 그 하나님께서 예수 그리스도의 얼굴에 있는 하나님의 영광을 아는 빛을 우리 마음에 비추셨느니라"(고후 4:6). 바울은 하나님께서 세상을 처음 창조하실 때에 물리적이고 유형적으로 볼 수 있었던 "빛"을 어둠에 비치게 하셨던 것과 마찬가지로, 이제 그리스도의 나라를 건설하실 때에는 성령의 빛으로 만물을 새롭게 하고 계신다고 말한다.

10. 이는 이제 교회로 말미암아 하늘에 있는 통치자들과 권세들에게 하나님의 각종 지혜를 알게 하려 하심이니. 어떤 이들은 천사들은 하나님의 얼굴의 광채를 늘 보며 살아가는 자들이어서, 여기에서 말하고 있는 것처럼 "하나님의 각종 지혜"에 대하여 결코 무지한 존재들이 아니기 때문에, 여기에 언급된 "하늘에 있는 통치자들과 권세들"은 천사들을 가리키는 것이 될 수 없다는 견해를 피력한다. 따라서 그들은 이것들은 선한 천사들이 아닌 악한 천사들, 즉 마귀들을 가리키는 것이라고 주장한다. 하지만 그런 주장은 깊은 숙고를 거치지 않은 경솔하고 성급한 것이다. 왜냐하면, 그들의 주장대로라면, 사도는 여기에서 하나님께서 교회로 하여금 복음을 전파하고 이방인들을 부르셔서 교회 속으로 들어오게 하시는 것이 그 누구보다도 가장 먼저 마귀들에게 이 일을 알게 하기 위한 것이라고 말하고 있는 것이 되는데, 그런 논리는 너무나 이상하고 기괴하기 때문이다. 그러므로 우리는 그들의 주장과는 달리, 여기에서 바울은 이방인들을 향하신 하나님의 은혜와 자비, 그리고 복음의 가치가 이루 말할 수 없이 크다는 것을 가능한 가장 극대화해서 찬양하고자 애를 쓰고 있는 것으로 보아야 한다. 그리고 그는 그렇게 하기 위해서, 복음의 전파를 통해서 하나님의 각종 은혜가 드러났는데, 그러한 것들은 하늘에 있는 천사들조차도 전혀 알지 못했던 것들이었다는 것을 분명하게 밝힌다. 따라서 "복음의 경륜" 속에서 유대인들과 이방인들이 하나로 연합하게 된 것을 통해서 드러나게 된 "하나님의 지혜"는 사람들이 지극히 공경하는 마음으로 찬양하고 높이는 것이 마땅하다.

바울이 그러한 "복음의 경륜"을 '폴뤼포이킬론 소피안'($\pi o \lambda \upsilon \pi o i \kappa \iota \lambda o \nu \ \sigma o \phi i a \nu$,

"각종 지혜")이라고 부르는 이유는, 사람들은 거짓된 기준에 따라서 하나님의 이 지혜를 시험해서 어느 특정한 측면에만 한정해서 바라봄으로써 이 지혜 전체에 대한 너무나 부적절한 이해와 인식을 형성하는 까닭에, 이 일과 관련된 하나님의 지혜는 온갖 다양한 측면을 다 지니고 있어서, 어느 한 면만 보아서는 절대로 이해할 수 없고, 따라서 인간으로서 이 지혜를 이해하는 것은 불가능하며, 심지어 천사들조차 알지 못했던 것들도 거기에 포함되어 있다는 것을 강조하기 위한 것이다. 예를 들면, 유대인들은 오직 자신들이 잘 알고 있고 친숙하였던 "율법 아래에서의 경륜" 속에 나타나 있는 하나님의 지혜만을 볼 수 있었고, 거기에서 본 것들만을 하나님의 지혜라고 생각하였다. 그러나 하나님께서는 한 사람도 예외 없이 모든 사람에게 복음이 전파되게 하심으로써, 자신의 지혜가 오직 율법의 경륜 속에만 있는 것이 아니라, 복음의 경륜 속에도 있다는 것을 보여주시고, 하나님의 지혜는 피조물들이 감히 헤아릴 수 있는 것이 아니라는 것을 보여주셨다. "복음의 경륜"은 새로운 지혜가 아니었지만, 너무나 크고 다양한 면모들을 갖추고 있어서, 우리 인간의 제한된 능력을 훨씬 뛰어넘는 것이었고 도저히 깨달을 수 없는 것이었다. 그러므로 하나님의 지혜와 관련해서 우리가 얻은 지식이 무엇이든지 간에, 그 지식은 결국 아주 빈약한 지식밖에 되지 않는다는 것을 우리는 알아야 한다. 하나님께서 복음을 통해서 이방인들을 부르신 것이 하늘에 있는 천사들의 이목조차 집중시키고 하나님의 지혜에 대한 그들의 한없는 경외심을 불러일으키는 일이었다면, 땅 위에 있는 우리 인간이 그 일을 무시하거나 멸시한다면, 그것은 얼마나 부끄러운 일이겠는가!

어떤 이들이 이 본문을 근거로 해서, 우리가 모일 때에 거기에는 천사들도 임재해 있어서, 우리와 더불어서 하나님의 각종 지혜를 계속해서 더욱더 알아가게 되는 것이라고 추론하는 것은 아무런 근거 없는 사변일 뿐이다. 우리는 하나님께서 우리 가운데 말씀 사역자들을 두시고 자신의 말씀을 전하고 가르치게 하신 이유와 목적을 생각하여야 한다. 천사들은 하나님의 얼굴을 뵈옵는 가운데 이미 믿음으로 행하고 있기 때문에, 그들에게는 말씀의 외적인 사역이 필요하지 않다. 그러므로 복음 전도는 오직 인간들에게만 필요한 것이고, 오직 인간들 가운데서만 행해진다. 따라서 바울이 여기에서 말하고자 하는 것은 이런 것이다: "천사들은 유대인들과 이방인들로 이루어진 교회를 보면서, 그 속에서 그들이 이전에 알지 못했던 방식으로 드러난 하나님의 놀라우신 지혜에 경탄을 금치 못하게 된다. 그들은 자신들에게 새로운 하나님의 역사를 교회 속에서 보게 되는데, 그 이유는 그 역사가 지금까지는 하나님 안에 감추어져 있었기 때문이다. 이렇게 천사들은 교회에 모인 사람들의 입술을 통해서가 아니라, 교회를 통해서 드러난 하나님의 지혜를 깨달음으로써 진보를 이룬다.”

11. 곧 영원부터 우리 주 그리스도 예수 안에서 예정하신 뜻대로 하신 것이라. 바울은 “복음의 경륜”이 하나님의 계획이 수정되고 바뀌었음을 의미하는 것이라는 말이 사람들의 입에서 나오지 않도록 하기 위하여 아주 세심하게 신경을 써서, 여기에서 그것은 “영원부터” 하나님께서 예정해 두신 계획이었다고 분명하게 밝힌다. 그는 복음의 경륜과 관련된 계획은 영원부터 예정된 것으로 결코 중도에 바뀌거나 수정된 것이 결코 아니고, “우리 주 그리스도 예수 안에서” 계획된 것이기 때문에, “우리 주 그리스도 안에서” 성취될 것이었다는 것을 여기에서 세 번째로 반복해서 밝힌다. 이렇게 그는 하나님 안에 영원부터 감추어져 있던 이 계획은 그리스도의 나라가 개시될 때에 비로소 공표되게 되어 있었다고 분명하게 말한다. 이 어구를 문자 그대로 직역하면, “하나님이 우리 주 그리스도 예수 안에서 만드신($\H{\eta}\nu$ $\epsilon\pi o\iota\eta\sigma\epsilon\nu$ - ‘헨 에포이에센’) 영원한 계획에 따라”가 되지만, 나는 여기에서 “만드신”이라는 단어는 “작정하신”을 의미하는 것이라고 본다. 왜냐하면, 복음의 경륜에 대한 계획은 모든 세대 이전에 세워져서, 그리스도께서 이 땅에 나타나실 때까지는, 오직 하나님만이 알고 계신 것이기는 하지만, 바울이 여기에서 단지 그 계획이 실행된 것만을 다루고 있는 것이 아니라, 그 계획이 세워진 것을 다루고 있기 때문이다.

12. 우리가 그 안에서 그를 믿음으로 말미암아 담대함과 확신을 가지고 하나님께 나아감을 얻느니라. 바울은 여기에서 아버지 하나님을 온 세상과 화해시킨 공로와 그 영광은 그리스도께 돌려져야 한다는 것을 말하고자 한다. 그는 하나님께서 그리스도를 통해서 우리에게 베푸신 은혜가 우리에게 가져다준 결과를 통해서 그 은혜가 얼마나 대단한 것인지를 보여준다. 왜냐하면, 하나님께서는 유대인들이나 이방인들이나 모든 사람이 그리스도를 믿음으로 말미암아 자기에게 나아올 수 있게 하셨기 때문이다. 바울이 “그리스도로 말미암아”와 “그를 믿음으로 말미암아”라는 표현들을 “하나님”이라는 이름과 연결해서 사용할 때, 거기에는 언제나 그리스도를 믿는 믿음 이외의 다른 방식으로는 하나님께 나아갈 수 없다는 것, “그리스도” 이외의 다른 길로 하나님께 접근하고자 하는 모든 시도는 다 차단되어 있다는 것을 보여주는 암묵적인 대비가 존재한다. 이것을 통해서 그는 아주 중요하고

귀한 가르침을 전한다. 왜냐하면, 여기에서 그는 "믿음"의 참된 본질과 능력, 그리고 하나님의 이름을 진정으로 부르는 데 꼭 필요한 "확신"을 아름답고 우아하게 표현하고 있기 때문이다. 교황주의자들이 "믿음"의 효과들과 "믿음"이 행하는 일들에 대하여 우리가 말하는 것들을 그토록 심하게 트집을 잡고 시비를 거는 것은 이상한 일이 아니다. 왜냐하면, 그들은 거짓된 선입견들에 의해서 눈이 멀어서, 이 본문이 우리에게 가르쳐 주고 있는 "믿음"의 의미를 제대로 올바르게 이해할 수 없기 때문이다.

먼저, 바울은 "믿음"을 "그리스도의 믿음"(이것은 직역이고, 개역개정에는 "그를 믿음"으로 되어 있다 – 역주)으로 지칭하는데, 이것은 "믿음"이 바라보아야 하는 모든 것은 그리스도 안에서 우리에게 계시되었다는 것을 의미한다. 이것으로부터 도출되는 결론은 그리스도에 대한 헛되고 혼잡한 지식을 "믿음"으로 착각해서는 안 되고, 오직 우리로 하여금 그리스도 안에서 참된 하나님을 만날 수 있게 해 주는 "그리스도를 아는 지식"만이 "믿음"이라는 것이다. 그리고 그러한 "믿음"을 갖게 되는 것은, 오직 그리스도의 능력과 그리스도께서 하신 일들을 제대로 깨달을 때에만 가능하다. 이러한 참된 "믿음"은 "확신"을 낳고, "확신"은 이번에는 "담대함"을 낳는다. 이렇게 우리는 세 가지 단계를 거치게 된다. 첫 번째는 우리가 하나님의 약속들을 믿는 것이다. 두 번째는 우리가 그 약속들에 의지해서 "확신"을 얻게 되는 것인데, 거기에는 거룩함과 마음의 평안이 수반된다. 세 번째이자 마지막 단계는 우리가 "담대함"을 얻게 되는 것인데, 이 단계에 들어서면, 우리에게서는 두려움이 사라지게 되고, 우리는 그 어떤 두려움도 없이 담대한 마음으로 하나님 앞에 나아갈 수 있게 된다.

"믿음"으로부터 "확신"을 분리하고자 하는 것은 태양으로부터 열기와 빛을 제거하고자 하는 것과 같다. 물론, 나는 실제로 믿음의 분량에 따라서 "확신"이 어떤 사람들에게서는 작게 나타나고 어떤 사람들에게는 더 크게 나타난다는 것을 인정한다. 그러나 "확신"과 "담대함"이라는 효과들 또는 열매들을 수반하지 않는 "믿음"이라는 것은 결코 존재할 수 없다. 두려워 떨고 주저하고 망설이며 의심하는 양심은 언제나 불신앙의 확실한 증거이다. 반면에, 확고하고 변함없는 믿음은 지옥의 문 앞에서도 굴복하지 않는 불굴의 담대함과 확신을 드러내 보인다. 중보자이신 그리스도를 믿고 의지하며, 하늘에 계신 우리 아버지의 사랑을 확신하고 추호도 의심하지 않으며, 우리에게 약속된 영생을 굳게 믿고, 죽음이나 지옥 앞에서도 두려워

떨지 않는 것은, 흔히 하는 말로 "거룩한 당당함"이다.

"확신을 가지고 나아감"이라는 표현을 주목하라. 악한 자들은 하나님을 잊음으로써 안식하고자 하고, 하나님으로부터 가능한 한 가장 멀리 떨어져 있을 때가 아니면 결코 그 마음이 편할 수 없다. 하나님의 자녀들은 "하나님과 화평을 누리고" 있고(롬 5:1), 기쁘고 즐거운 마음으로 자원해서 하나님께 나아간다는 점에서 그런 자들과 다르다. 또한, 우리가 이 본문으로부터 얻을 수 있는 교훈은 하나님의 이름을 제대로 합당하게 부르기 위해서는 "확신"이 반드시 필요하고, 그러한 "확신"은 우리에게 천국 문을 열어 주는 열쇠라는 것이다. 하나님께서는 의심하고 주저하며 망설이는 자들의 기도를 결코 듣지 않으신다. 그래서 야고보는 "오직 믿음으로 구하고 조금도 의심하지 말라 의심하는 자는 마치 바람에 밀려 요동하는 바다 물결 같으니 이런 사람은 무엇이든지 주께 얻기를 생각하지 말라"(약 1:6-7)고 말한다. 소르본느의 궤변론자들이 사람들에게 하나님 앞에 나아가거나 하나님께 기도할 때에는 확신을 가지지 말고 어떻게 해야 할지를 모르겠다는 태도를 취하라고 명하고 있는 것은, 믿는 자들이 하나님의 이름을 부르는 것이 어떤 것인지를 그들이 알지 못하고 있다는 증거이다.

13. 그러므로 너희에게 구하노니 너희를 위한 나의 여러 환난에 대하여 낙심하지 말라 이는 너희의 영광이니라. 바울은 앞에서 자기가 감옥에 갇혔다는 것을 말한 이유를 이제 여기에서 밝힌다. 그것은 그들이 자기가 박해받고 있다는 소식을 들었을 때에 낙심하지 않도록 하기 위한 것이었다. 이 영웅적인 인물은 자신은 감옥에 갇혀서 죽음의 위험에 처해 있으면서도, 그 어떤 위험에도 처해 있지 않았던 자들을 도리어 위로하고 있다! 그는 자기가 에베소 교인들을 위하여 "여러 환난들"을 견딘 것은, 자기가 그렇게 하는 것이 모든 경건한 자들의 덕을 세우는 데 기여하고 도움이 되기 때문이라고 말한다. 목회자가 자신의 목숨을 바쳐서까지 자기가 전한 가르침을 인치는 데 주저하지 않을 때, 그 가르침을 받았던 사람들의 믿음은 얼마나 견고해지고 굳건해지겠는가! 그래서 그는 "이는 너희의 영광이니라"는 말을 덧붙인다. 바울은 자신의 가르침을 자신의 목숨으로 담보하고 보증하였기 때문에, 그에게서 가르침을 받은 모든 교회들은 자신들의 믿음은 모든 것 중에서 최고의 담보에 의해서 보증된 것이라고 자랑하는 데 그 어떤 부족함이 없었고, 그런 의미에서 그의 환난들은 그들의 영광이자 자랑이었다.

14이러므로 내가 하늘과 땅에 있는 각 족속에게 15이름을 주신 아버지 앞에 무릎을 꿇고 비노니 16그의 영광의 풍성함을 따라 그의 성령으로 말미암아 너희 속사람을 능력으로 강건하게 하시오며 17믿음으로 말미암아 그리스도께서 너희 마음에 계시게 하시옵고 너희가 사랑 가운데서 뿌리가 박히고 터가 굳어져서 18능히 모든 성도와 함께 지식에 넘치는 그리스도의 사랑을 알고 19그 너비와 길이와 높이와 깊이가 어떠함을 깨달아 하나님의 모든 충만하신 것으로 너희에게 충만하게 하시기를 구하노라(3:14-19).

14-15. 이러므로 …… 내가 무릎을 꿇고 비노니. 바울이 자기가 그들을 위하여 기도해 온 것을 여기에서 언급하는 것은 자기가 에베소 교인들을 얼마나 생각하는지를 증언하기 위한 것이기도 하지만, 그들로 하여금 자기가 기도하고 있는 것과 똑같은 내용을 기도하도록 권하기 위한 것이기도 하다. 왜냐하면, 말씀의 씨앗을 아무리 열심히 뿌리고 심는다고 할지라도, 하나님께서 그 씨앗들에 복을 주셔서 자라게 하시고 열매를 맺게 하시지 않으시면, 아무런 열매도 맺지 못하고 헛된 일이 되어 버리고 말기 때문이다. 바울의 이러한 모범은 목회자들에게 자신들에게 맡겨진 사람들을 경책하고 권면하는 데서 그쳐서는 안 되고, 하나님께서 그들의 수고에 복을 주셔서 열매를 맺게 해 주시기를 간구하여야 한다는 것을 가르쳐 준다. 하나님께서 복을 내려 주시지 않으시면, 그들의 수고와 땀은 아무런 결실도 보지 못하게 될 것이고, 그들이 밤낮으로 사람들을 열심히 돌보고 염려한 것도 결국은 아무런 소용도 없게 되고 말 것이다. 그들은 이것을 핑계 삼아서, 자신들이 아무리 열심히 사역을 해보아야, 모든 것은 하나님의 뜻에 달렸기 때문에, 자신들이 할 일은 없다고 생각해서, 자신들의 의무를 다하지 않고 나태함과 게으름에 빠져 드는 것은 잘못이다. 그것과는 정반대로, 그들은 한편으로는 열심으로 씨를 뿌리고 물을 주면서, 다른 한편으로는 그 씨앗들이 무럭무럭 잘 자라게 해 주시라고 하나님께 소망을 두고 간구하는 것이 마땅하다.

따라서 이 본문은, 펠라기우스주의자들과 교황주의자들이, 성령의 은혜가 우리 인간의 마음을 조명하여 복음에 순종하게 만드는 일 전체를 다하는 것이라면, 복음 사역자들이 나서서 사람들을 가르치는 것은 불필요하고 쓸데없는 일이 되고 말 것이라고 주장하면서, 우리의 구원과 관련된 모든 것이 전적으로 "은혜"로 이루어지고 인간의 공로는 조금도 허용되지 않는다는 가르침을 비방하고 중상모략하는 것을 우리로 하여금 반박할 수 있게 해 준다. 성령의 조명하고 새롭게 하는 역사들이 하는 일은, 복음 사역자들이 하나님의 말씀을 전하거나 가르칠 때, 그 말씀이 원래 지니고 있는 능력과 효력이 그 말씀을 듣는 사람들의 심령 속에서 나타날 수 있게 하여서, 사람들이 하늘의 빛을 보지 못하거나 진리의 음성을 듣지 못하는 일이 생기지 않게 하는 것일 뿐이다. 오직 하나님께서만이 우리에게 역사하실 수 있기는 하지만, 하나님은 자신이 사용하시는 도구들을 통해서 역사하신다. 그러므로 목회자들의 의무는 부지런히 가르치는 것이고, 배우는 자들의 의무는 열심으로 가르침과 교훈을 받는 것이지만, 그들이 애쓰고 힘쓰는 것이 힘만 들고 무익한 일이 되지 않게 하기 위해서, 하나님의 도우심을 바라고 간구하는 것이 양쪽 모두에게 요구된다.

바울은 여기에서 하나님 앞에 기도를 드린다는 것을 "무릎을 꿇는" 신체적인 자세로 나타낸다. 이것은 사람들이 기도할 때에 모든 경우에 무릎을 꿇는 것이 요구되기 때문이 아니라, 사람들은 기도할 때, 특히 잠깐 기도하는 것이 아니라 긴 시간 동안 진지하게 기도하는 경우에는 이렇게 무릎을 꿇음으로써 하나님을 공경하고 경외하는 자신의 마음을 표현하는 것이 보통이기 때문이다.

하늘과 땅에 있는 각 족속에게 이름을 주신 아버지 앞에. 관계대명사 '엑스후'(ἐξ οὗ)는 "아버지"를 받는 것일 수도 있고 "예수 그리스도"를 받는 것일 수도 있다(개역개정에는 "아버지"로 되어 있지만, 칼빈이 사용한 본문에는 "우리 주 예수 그리스도의 아버지"로 되어 있다 - 역주). 에라스무스(Erasmus)는 전자로 해석하지만, 나는 거기에 찬송하지 않고, 후자의 해석이 훨씬 더 유력한 것으로 본다. 그러나 어느 쪽을 선택할 것인지에 대한 권한은 독자들에게 있다. 왜냐하면, 사도는 여기에서 유대인들이 혈통상으로 그들 모두의 조상인 아브라함으로 말미암아 서로에 대하여 갖고 있던 저 관계를 염두에 두고서, 유대인들과 이방인들 간의 구별을 제거하기 위해서, 모든 사람은 "그리스도로 말미암아" 하나의 권속이자 하나의 인류가 되었다고 말할 뿐만 아니라, 거기에서 더 나아가서 심지어 천사들과도 하나의 "권속"이 되었다고 말하고 있는 것이기 때문이다.

하나님께서는 전에 이방인들을 간과하시고, 오직 유대인들만을 자신의 선민으로 택하셨다는 이 분명한 예외적인 일로 인해서, 모든 사람으로 하여금 하나의 권속이 되게 하신 것이 하나님이라고 말하기가 곤란하게 된다. 반면에, 우리가 그런 일을 그리스도께서 하신 것이라고 해석한다면, 바울이 이 어구에서 말하고 있는 모든 것은 사실과 부합하게 된다. 왜냐하면, 유대인이든 이방인이든 모든 사람을 한데 모아서 하나의 권속이 되게 하시고, 한 분 하나님을 그들의 아버지가 되게 하셔서, 그들 모두가 서로 형제가 되게 하신 것은 바로 그리스도이시기 때문이다. 그러므로 우리는 바울이 여기에서 그리스도의 중보 사역으로 말미암아 유대인들과 이방인들이 모두 하나로 연합되어서 하나님과 화해하게 되고 하나님을 "아버지"로 모시는 하나의 권속이 된 것에 대하여 말하고 있는 것으로 이해하여야 한다. 즉, 유대인들은 이제 더 이상 자신들이 아브라함의 자손이라거나 이 지파 또는 저 지파에 속해 있다고 자랑하면서, 다른 사람들을 속된 자들로 여겨서 멸시하고, 오로지 그들만이 하나님의 거룩한 백성이라고 자랑할 그 어떤 이유도 없게 되었다는 것이다. 하늘과 땅에서, 즉 천사들과 사람들 사이에서 우리가 고려하여야 할 관계는 오직 하나이고, 그것은 그리스도의 몸에 붙어 있느냐 하는 것이다. 왜냐하면, 그리스도 밖에서는 연합이라는 것은 존재하지 않고, 오직 흩어짐만이 존재하기 때문이다. 오직 그리스도만이 우리를 연합시키고 하나로 묶는 "끈"이다.

16. 그의 성령으로 말미암아 …… 능력으로 강건하게 하시오며. 여기에서 바울은 에베소 교인들이 "강건하게" 되기를 기원한다. 앞에서 그는 이미 그들의 경건에 대해서 꽤 칭찬하는 말을 했었다. 그러나 믿는 자들이 이제는 더 성장할 필요가 없다는 말을 들을 정도로 그 신앙이 진보하고 성숙한 경우는 있을 수 없다. 이 세상에서 최고로 온전하게 진보를 이룬 경건한 자들도 자신들이 더 진보하게 되기를 간절히 소원하게 된다. 바울은 이렇게 "강건하게" 되는 것이 성령의 역사라는 것을 우리에게 말해 준다. 따라서 강건하게 되는 것은 인간 자신의 능력에 의해서 이루어지는 일이 아니다. 우리 안에서 온갖 선한 것이 시작되거나 성장하는 것은 성령으로 말미암는다. 그것이 하나님의 은혜의 선물이라는 것은 "그가 …… 강건하게 되는 것을 너희에게 주시기를"(개역개정에는 "강건하게 하시오며")이라는 표현이 사용되고 있는 것으로부터 분명하게 드러난다. 그런데도 교황주의자들은 하나님의 첫 번째 은혜는 전적으로 믿음으로 말미암아 사람들에게 주어지지만, 그 후에는 사람들의 공로의 정도에 따라서 두 번째 은혜가 주어져서 성장해 나가게 된다고 말함으로써, "강건하게" 되는 것이 전적으로 하나님의 은혜의 선물이라는 것을 부인한다. 그러나 우리는 바울이 여기에서 하고 있는 말을 그대로 받아들여서, 우리가 처음에 바른 길로 들어서기 시작하는 것뿐만 아니라, 그 길에서 계속해서 바르게 달려가는 것도 "하나님의 은혜의 선물"이고, 우리가 거듭나게 된 것만이 아니라, 날마다 자

라가는 것도 "하나님의 은혜의 선물"이라는 것을 인정하여야 한다.

그의 영광의 풍성함을 따라. 바울이 이 말을 덧붙인 것은 이 일이 하나님의 은혜로 이루어지는 것이라는 가르침을 한층 더 강력하게 표현하기 위한 것이다. 이 어구는 두 가지로 설명될 수 있다. 하나는 히브리어 어법에 따라서 속격인 "영광의"를 형용사로 취급해서 "그의 영광스러운 풍성함을 따라"로 이해하는 것이고, 다른 하나는 "그의 부요하고 풍성한 영광을 따라"로 이해하는 것인데, 나는 후자의 설명을 선호한다. 여기에서 "영광"은, 그가 앞에서 "그의 은혜의 영광을 찬송하게 하려는 것이라"(엡 1:6)고 한 표현에서와 마찬가지로, "긍휼" 또는 "자비"를 의미한다.

너희 속사람을. 바울이 여기에서 "속사람"이라고 한 것은 "심령," 즉 사람의 "심령"의 영적인 삶과 관련되어 있는 모든 것을 가리킨다. 이것은 "겉사람"이 육신과 거기에 속한 모든 것, 즉 건강, 명예, 부, 활력, 아름다움을 비롯해서 그런 성격을 지닌 모든 것을 가리키는 것과 같다. 다른 곳에서 그는 "우리의 겉사람은 낡아지나 우리의 속사람은 날로 새로워지도다"(고후 4:16)라고 말하는데, 이것은 우리가 세상적인 일들에 있어서는 쇠락해 가지만, 우리의 영적인 삶은 점점 더 활기차진다는 것을 의미한다. 그러므로 바울이 여기에서 성도들이 "강건하게" 해 달라고 기도하는 것은, 그들이 이 세상에서 뛰어난 사람이 되고 형통하는 자가 되게 해 달라는 것이 아니라, 하나님의 나라와 관련해서 그들의 심령이 하나님의 능력으로 강건해지게 해 달라는 것이다.

17. 믿음으로 말미암아 그리스도께서 너희 마음에 계시게 하시옵고. 바울은 앞에서 에베소 교인들을 위하여 기도하면서, 그들의 "속사람을 강건하게" 해 주시라고 하나님께 간구하였는데, 여기에서는 "속사람이 강건하게" 된다는 것이 무엇을 의미하는 것인지를 설명한다. "아버지께서는 모든 충만으로 예수 안에 거하게" 하신 것처럼(골 1:19), 어떤 사람 속에 그리스도께서 계신다면, 그 사람은 그 어떤 것에서도 부족함이 없게 된다. 그리스도를 영접함이 없이도 성령을 받을 수 있다고 생각하는 자들은 잘못 생각하는 것이고, 성령의 역사 없이 그리스도를 영접할 수 있다고 생각하는 자들도 마찬가지로 어리석고 터무니없이 생각하는 자들이다. 그리스도와 성령은 늘 함께 움직인다는 것을 우리는 믿어야 한다. 우리는 그리스도와 교제하는 정도만큼 성령에 참여하는 자들이 된다. 왜냐하면, 그리스도 안에서가 아니면 그 어디에서도 성령은 발견되지 않기 때문이다. 그래서 성령은 그리스도 위에

머물러 있었다고 말한다. 그리스도와 그의 영인 성령은 서로 분리될 수 없다. 만일 이 둘이 서로 분리된다면, 그리스도는 말하자면 죽은 존재와 다름없이 될 것이고, 그의 능력도 제거되고 말 것이다. 그러므로 바울이 하나님에 의해서 영적인 능력을 수여받은 자들은 그리스도가 그들 안에 거하시는 자들이라고 단언한 것은 옳다. 그는 그리스도께서 그들의 "마음에" 계시게 해 달라고 구체적으로 기도하는데, 이것은 그리스도를 아는 지식이 그들의 혀나 머리에 있는 것으로는 충분하지 않다는 것을 보여주기 위한 것이다.

또한, 바울은 "믿음으로 말미암아"라는 말을 덧붙임으로써, 그리스도께서 마음에 계시게 되는 이토록 큰 은택을 받을 수 있는 방법이 무엇인지도 우리에게 말해 준다. 그가 여기에서 "믿음으로 말미암아" 하나님의 아들이 우리의 것이 되고, 우리 안에 거하시게 된다고 말하고 있는 것은, "믿음"에 대한 엄청난 찬사이다. "믿음으로 말미암아" 우리는 그리스도께서 우리를 대신하여 고난을 받으시고 죽은 자 가운데서 부활하셨다는 것을 인정할 뿐만 아니라, 그를 우리의 구주로 영접하여 향유하라는 그의 제안을 받아들인다. 우리는 이것을 세심하게 주목할 필요가 있다. 대부분의 사람들은 그리스도와 교제하는 것과 그리스도를 믿는 것을 동일한 것이라고 생각한다. 하지만 우리가 그리스도와 교제하게 되는 것은 "믿음"의 결과이다. 한 마디로 말해서, "믿음"은 그리스도를 멀리서 바라보는 것이 아니라 따뜻하게 껴안는 것이고, 이것을 통해서 그리스도께서는 우리 안에 거하시게 되고, 우리는 하나님의 성령으로 충만하게 된다.

너희가 사랑 가운데서 뿌리가 박히고 터가 굳어져서. 사도는 그리스도께서 우리 안에 거하시게 될 때에 맺어지는 열매들 중에서, 여기에서는 그리스도 안에서 우리에게 나타난 하나님의 은혜와 인자하심에 대한 "감사"와 "사랑"을 열거한다. 이것으로부터 도출되는 결론은 이 "사랑"과 "감사"는 진정으로 확실하게 최고로 탁월한 것이라는 것이다. 따라서 그는 성도들의 온전함에 대하여 말할 때마다, 그 온전함은 이 두 부분으로 이루어져 있다고 말한다. 바울은 여기에서 두 가지 비유를 사용해서, 우리의 "사랑"이 지녀야 하는 견고함과 불변함을 보여준다. 신자들 중에는 "사랑"이 전혀 없는 것은 아닌데, 그 뿌리가 깊지 않기 때문에 쉽게 제거되거나 흔들리는 사람들이 많다. 바울은 "사랑"이 우리의 마음속에 깊이 뿌리를 내리고 터가 튼튼하게 잘 닦여져서, 잘 세워진 건물이나 깊이 뿌리를 내린 나무처럼 그 어떤 경우에도 요동함이 없게 되기를 기도한다. 바울이 이 구절을 통해서 말하고자 하는 것은 우리는 "사랑" 안에 아주 깊이 뿌리를 내리고 터가 아주 견고하게 세워져서, 그 어떤 것도 우리를 흔들 수 없게 되어야 한다는 것이다. 이 본문을 근거로 해서, "사랑"은 우리의 구원의 터이자 뿌리라고 주장하는 것은 터무니없다. 누구나 다 알 수 있듯이, 바울은 여기에서 우리의 구원이 무엇 위에 세워져 있는지를 말하고자 하는 것이 아니라, 우리가 "사랑' 안에 얼마나 확고하게 튼튼하게 자리를 잡아야 하는지에 대하여 말하고자 하는 것이다.

18-19. 능히 모든 성도와 함께 …… 그 너비와 길이와 높이와 깊이가 어떠함을 깨달아. 두 번째 열매는 에베소 교인들이 인간에 대한 그리스도의 사랑이 얼마나 큰 것인지를 알게 된다는 것이다. 그러한 깨달음 또는 지식은 "믿음"으로부터 생겨난다. 바울은 그들이 모든 성도와 함께 그 사랑을 알게 해 달라고 기도함으로써, 그리스도의 사랑을 아는 것이야말로 그들이 현세의 삶 속에서 얻을 수 있는 가장 탁월한 최고의 복이고, 하나님의 모든 자녀들이 열망하는 최고의 지혜라는 것을 보여준다.

"그 너비와 길이와 높이와 깊이가 어떠함을 깨달아"라는 어구는 그 자체로도 충분히 분명하지만, 지금까지 다양한 해석들에 의해서 마치 모호한 것처럼 취급되어 왔다. 아우구스티누스(Augustinus)는 자기가 이 어구를 아주 훌륭하게 해석해 내었다고 생각해서 자신의 명민함에 대단한 만족을 표시하지만, 이 어구의 올바른 해석에 그가 기여한 것은 없다. 그는 이 구절 속에서 십자가에 대한 어떤 신비적인 암시를 발견해 내기 위하여, "너비"는 사랑, "높이"는 소망, "길이"는 인내, "깊이"는 겸손을 의미한다고 말한다. 이것은 대단히 독창적이고 흥미로운 해석이기는 하지만, 바울이 여기에서 말하고자 하는 것과는 아무런 상관이 없다. 그러한 해석은 암브로시우스(Ambrosius)가 이것은 구면체에 비유하고 있는 것이라고 말하고 있는 것보다 더 나은 것이 없다. 나는 다른 사람들의 견해를 소개하는 것은 그만두고, 모든 사람이 이 어구의 간단명료하면서도 자연스러운 의미라고 인정할 수 있는 해석을 말하고자 한다.

그리스도의 사랑을 알고. 바울이 "그 너비와 길이와 높이와 깊이가 어떠함을 깨달아"라고 말한 것은, 그가 그 직후에 말하고 있는 것, 즉 "그리스도의 사랑을 알고"를 의미한다. 그가 이러한 표현을 통해서 말하고자 하는 것은 "그리스도의 사랑"을 온전히 그리고 완전하게 아는 자는 모든 점에서 지혜로운 자라는 것이다. 그는 이렇게 말한 것과 같다: "사람들이 어느 방향에서 바라보든, 그들은 구원의 가르침 속에서 이 주제와 관련이 없는 것은 그 어떤 것도 발견하지 못할 것이다." 그리스도의 사랑은 그 자체 속에 모든 지혜를 담고 있다. 우리가 이 구절을 다음과 같이 의역해 본다면, 그 의미는 한층 더 분명해질 것이다: "너희가 너비와 길이와 깊이와 높이인 것, 즉 모든 지혜의 온전한 총화인 그리스도의 사랑을 깨닫게 되기를 구하노라." 이 비유는 각 부분들을 통해서 전체를 나타내는 수학(數學)으로부터 가져온 것이다. 거의 모든 사람들은 무익하고 쓸데없는 지식을 얻고자 하는 질병에 감염되어 있다. 그러므로 바울이 여기에서 우리가 꼭 알아야 할 것이 무엇인지, 그리고 하나님께서 우리가 전후와 좌우와 위아래로 무엇을 바라보기를 원하시는지를 우리에게 말해 주고 있는 것은 대단히 중요하고 유익하다. 그는 우리가 밤낮으로 묵상하고 전적으로 착념해야 할 주제가 "그리스도의 사랑"이라는 것을 우리에게 말해 준다: "그리스도의 사랑을 아는 자는 모든 것을 아는 자이다. 그리스도의 사랑을 아는 지식 이외에는 유익하고 참되며 확실하고 올바른 지식은 존재하지 않는다. 너희가 하늘과 땅과 바다를 다 둘러볼지라도, 참된 지혜는 이것밖에 없고, 이 지혜의 경계를 넘어서서 있는 다른 모든 지혜들은 거짓되고 악한 것들일 뿐이다."

지식에 넘치는. 이것과 비슷한 표현이 다른 서신에 나온다: "모든 지각에 뛰어난 하나님의 평강이 그리스도 예수 안에서 너희 마음과 생각을 지키시리라"(빌 4:7). 그 누구도 자기 자신을 뛰어넘고 세상을 뛰어넘지 않고서는 하나님께 가까이 나아갈 수 없다. 궤변론자들은 그것을 근거로 삼아서, 우리가 하나님의 은혜를 누리고 있다는 것을 확실하게 알 수 있다는 것을 인정하기를 거부한다. 왜냐하면, 그들은 육신적인 감각들의 지각을 통해서 "믿음"을 측량하기 때문이다. 반면에, 바울은 이 지혜는 우리의 모든 지식을 뛰어넘는다고 분명하게 말한다. 왜냐하면, 만일 인간이 지닌 능력으로 그 지혜에 도달할 수 있다면, 바울은 하나님께서 그 지혜를 에베소 교인들에게 수여해 주시라고 기도하는 것은 전혀 필요 없었을 것임에 틀림없기 때문이다. 그러므로 우리는 믿음의 확실성은 "지식"이지만, 우리 자신의 영민한 지성에 의해서가 아니라 성령의 가르침에 의해서 얻어진다는 것을 기억하여야 한다. 이 주제에 대해서 좀 더 자세하게 다룬 글을 보고자 하는 독자들은 「기독교 강요」를 참조하기 바란다.

하나님의 모든 충만하신 것으로 너희에게 충만하게 하시기를 구하노라. 바울은 자기가 앞에서 "너비와 길이와 높이와 깊이"라는 표현을 통해서 말하고자 한 것이 무엇인지를 이제 여기에서 한 마디로 압축해서 표현하는데, 그것은 그리스도를 가진 자는 하나님 안에서 온전하게 되는 데 필요한 모든 것을 가진 자라는 것이다. 왜냐하면, "하나님의 모든 충만하신 것"이라는 어구는 그런 의미이기 때문이다. 사람들은 그들 자신만으로 온전하다고 착각할 수 있는데, 그런 착각은 그들의 마음이 헛되고 쓸데없는 것들로 가득 차서 교만으로 부풀어 올랐을 때에만 생겨난다. 마치 사람이 하나님과 동등한 상태로 올라갈 수 있다는 듯이, 여기에서 바울이 말한 "하나님의 모든 충만하신 것"을 온전한 신성을 의미하는 것으로 이해하는 것은 어리석고 악한 해석일 뿐이다.

20우리 가운데서 역사하시는 능력대로 우리가 구하거나 생각하는 모든 것에 더 넘치도록 능히 하실 이에게 21교회 안에서와 그리스도 예수 안에서 영광이 대대로 영원무궁하기를 원하노라 아멘(3:20-21).

20-21. 능히 하실 이에게 교회 안에서와 그리스도 예수 안에서 영광이 대대로 영원무궁하기를 원하노라 아멘. 바울은 이제 하나님께 "감사"를 드리는데, 이것은 에베소 교인들에게 하나님의 은혜가 얼마나 소중한지를 더욱더 깊이 깨닫고서, 계속해서 그 은혜를 제대로 알아가기 위하여 끊임없이 애쓰는 가운데, "선한 소망"을 품고서 그들이 해야 할 일들을 해 나가도록 권면하는 추가적인 목적을 지닌다.

그가 "그리스도 예수 안에서" 하나님께 "영광이" 있으시기를 기원하는 것은 하나님의 은혜가 그리스도로 말미암아 이방인들에게 부어지기 때문이다. 또한, 그가 "교회 안에서"라는 말을 덧붙인 것은, 복음이 전파되어 교회가 생겨난 곳들마다 믿는 자들 가운데서는, 이방인들을 부르신 하나님의 은혜를 송축하는 것이 마땅하다는 것을 보여주고자 한 것이다. 또한, 그가 "대대로 영원무궁하기를 원하노라"고 말한 것은 이방인들에게 베푸시는 하나님의 그러한 은혜가 얼마나 큰 것인지를 더욱 강조하기 위한 것이다.

"능히 하실"이라는 어구는 미래를 가리키고, 이것은 우리가 소망에 대하여 가르침 받은 것과 일치한다. 사실 우리에 대한 하나님의 선하심이 영원무궁할 것이라고 확신하지 않는다면, 우리는 우리가 지금까지 받은 은혜들에 대하여 합당하거나 진실한 감사를 드릴 수 없다. 바울이 하나님을 "능히 하실 이"라고 말할 때, 그것은 실제의 행위와는 무관한 "능력"이 아니라, 실제로 행해지고 우리가 현실적으로 느낄 수 있는 그런 "능력"을 가리킨다. 믿는 자들은 자신들에게 주어진 약속들과 그들 자신의 구원이 당면한 주제로 다루어지고 있는 경우에는, 하나님의 "능력"을 언제나 하나님의 실제적인 "역사"와 연결시켜야 한다. 왜냐하면, 하나님께서 무엇이든지 하실 수 있으시다면, 자기가 약속하신 것들을 하시리라는 것은 의심의 여지가 없기 때문이다. 사도는 에베소 교인들 안에서 성령이 능력으로 역사한 이전 또는 현재의 여러 가지 일들을 통해서 그것을 증명한다.

우리 가운데서 역사하시는 능력대로 우리가 구하거나 생각하는 모든 것에 더 넘치도록. "우리 가운데서 역사하시는 능력대로"는 "우리가 우리 자신 안에서 성령의 역사로 느끼는 것들을 따라"라는 의미이다. 왜냐하면, 하나님이 우리에게 베푸시는 모든 은택들은 하나님의 은혜와 사랑과 능력이 나타난 것들이고, 우리는 그러한 것들로 인해서 미래에 대한 더 강력한 확신을 품게 되기 때문이다. "우리가 구하거나 생각하는 모든 것에 더 넘치도록"이라는 어구는 주목할 만한 표현으로서, 우리가 합당하고 참된 믿음 가운데서 구하거나 생각하는 것이 우리가 보기에는 불가능해 보이거나 지나친 것으로 보일지라도, 하나님께서 그렇게 생각하셔서 우리가 구하거나 생각하는 것들을 들어 주지 않으실 염려는 전혀 없기 때문에, 그런 격정은 하지 않아도 된다고 우리에게 명한다. 왜냐하면, 우리가 하나님께 그 어떤 복들을 구한다고 할지라도, 무한히 선하시고 후히 주시는 하나님께서는 늘 우리가 구하거나 생각하는 모든 것보다 더 넘치게 베풀어 주실 것이기 때문이다.

제4장

¹그러므로 주 안에서 갇힌 내가 너희를 권하노니 너희가 부르심을 받은 일에 합당하게 행하여 ²모든 겸손과 온유로 하고 오래 참음으로 사랑 가운데서 서로 용납하고 ³평안의 매는 줄로 성령이 하나 되게 하신 것을 힘써 지키라 ⁴몸이 하나요 성령도 한 분이시니 이와 같이 너희가 부르심의 한 소망 안에서 부르심을 받았느니라 ⁵주도 한 분이시요 믿음도 하나요 세례도 하나요 ⁶하나님도 한 분이시니 곧 만유의 아버지시라 만유 위에 계시고 만유를 통일하시고 만유 가운데 계시도다(4:1-6).

이제 남은 세 장(4-6장)은 전적으로 실제적이고 도덕적인 권면들로만 되어 있다. 그는 에베소 교인들에게 서로 하나가 되라고 권면하는 것으로 시작해서, 그 과정에서 하나님께서 우리 그리스도인들로 하여금 하나로 연합되게 하시기 위하여 정하신 교회의 치리에 대하여 다룬다.

1. 그러므로 주 안에서 갇힌 내가 너희를 권하노니. 우리가 이미 앞에서 살펴보았듯이, 바울은 얼마든지 사람들에게 자기를 멸시할 빌미를 제공해 주는 것이 될 가능성이 컸던 것, 즉 자기가 감옥에 갇힌 것을 이제 여기에서 사도로서의 자신의 권위를 확증해 주는 증거로 제시한다. 왜냐하면, 그가 감옥에 갇힌 것은 "주 안에서 갇힌" 것이고, 그것은 자기가 주님으로부터 보내심을 받았다는 것을 인쳐 주는 영광스러운 일이었기 때문이다. 그리스도께 속한 일들은 무엇이든지, 사람들의 눈에는 수치와 욕됨이 수반되는 것으로 보일 수 있지만, 우리는 그 일들을 지극히 공경하고 높이는 마음으로 바라보고 받아들이는 것이 마땅하다. 실제로 바울이 감옥에 갇힌 것은 왕들이 전쟁에서 승리하여 병거에 탄 채로 수많은 군사들을 이끌고 온갖 화려한 것들로 치장하고서 위풍당당하게 개선하는 행렬보다도 더 칭송받고 박수갈채를 받아야 마땅한 일이었다.

너희가 부르심을 받은 일에 합당하게 행하여. 이것은 바울이 이제부터 말하고자 하는 모든 것들을 전체적으로 집약해서 표현한 일종의 일반적인 서문으로서, 그가 앞으로 말할 모든 것들의 토대가 되고 있다. 그는 앞에서 그들이 하나님에 의해서 어떠한 부르심으로 부르심을 받았는지를 여러 가지 예들을 들어서 설명해 주었는데, 이제 여기에서는 그들이 그러한 놀랍고 특별한 은혜를 받은 자들답게 합당하게 행하기 위해서는, 하나님께 순종하는 삶을 살아가야 한다는 것을 그들에게 상기시켜 준다.

2. 모든 겸손과 온유로 하고. 바울은 이제 구체적인 내용으로 들어가서, 가장 먼저 "겸손"을 제시한다. 그 이유는 그는 이제부터 그리스도인들이 하나가 되어 연합해야 한다는 것에 대하여 말하려고 하는데, 그렇게 하려고 할 때에 "겸손"이 그 첫걸음이 되기 때문이었다. 또한, "겸손"은 "온유"를 낳는다. 우리 속에 "온유"가 있을 때에는, 우리는 우리 형제들은 너그럽게 용납하고 받아 줄 수 있기 때문에, 그러한 용납함이 없이는 하루에도 백 번은 더 박살이 날 수 있는 그리스도인들 간의 연합을 지켜 낼 수 있게 된다. 그러므로 우리는 그리스도인들 사이에서 형제 사랑이 더 깊어지게 하기 위해서는 먼저 "겸손"으로 시작하여야 한다는 것을 명심하여야 한다. 형제들에 대하여 무례하고 교만하며 무시하는 말들을 하는 것은 어디로부터 생겨나는 것인가? 형제들에게 시비를 걸고 말다툼을 하며 모욕하고 창피를 주는 말들을 하는 것은 어디로부터 생겨나는 것인가? 그런 것들은 우리 각 사람이 자기 자신을 지나치게 사랑하고, 자기 자신의 이익에 지나치게 집착하는 것으로부터 생겨나는 것이 아닌가? 자기 자신을 높이고 기쁘게 하려고 하는 오만방자함을 내려놓는다면, 우리는 온유하고 관용하는 자들이 될 것이고, 그러한 온유함과 관용함을 지닌 자들은, 형제들에게 많은 허물들이 있다고 할지라도, 그들의 허물들을 다 덮어 주고 참아 주며 용납해 주게 될 것이다. 우리는 바울이 여기에서 하고 있는 권면들의 순서와 배열을 주의 깊게 눈여겨 볼 필요가 있다. 우리가 사람들의 본성적인 사나움을 먼저 길들이고 바로잡지 않는다면, 그들에게 인내하고 관용하라고 아무리 명한다고 해도 아무 소용이 없게 될 것이다. 마찬가지로, 우리가 "겸손"으로부터 시작하지 않는다면, "온유"에 대하여 아무리 많은 말을 한다고 할지라도, 그것은 헛된 것이 되고 말 것이다.

오래 참음으로 사랑 가운데서 서로 용납하고. 이것은 바울이 다른 곳에서 "사랑은 오래 참고 온유하며"(고전 13:4)라고 말한 것과 일치한다. 사랑이 지배하여 강력하게 영향을 미치는 곳에서는, 사람들은 서로를 "오래 참음으로 용납하는" 일들이 무수히 행해지게 될 것이다.

3. 평안의 매는 줄로 성령이 하나 되게 하신 것을 힘써 지키라. 바울이 앞에

서 "오래 참음으로 용납하라"고 명하고서, 여기에서 그렇게 하는 것이 "성령이 하나 되게 하신 것"을 지키는 길이라고 말한 것은 지극히 옳다. 하루에도 무수히 많은 잘못들이 행해지고, 특히 우리가 인간의 본성이 지독하게 악하고 고집스러우며 편협하다는 사실을 고려하면, 그러한 잘못들로 인해서 수많은 다툼들이 생겨나는 것은 너무나 쉬운 일이다. 어떤 이들은 여기에서 "성령이 하나 되게 하신 것"으로 번역된 어구가 하나님의 성령에 의해서 우리 가운데서 생겨난 저 영적인 연합을 의미하는 것이라고 생각한다. 오직 성령만이 우리로 하여금 "마음을 같이하여……뜻을 합하며 한마음을" 품게 하여(빌 2:2) 하나가 되게 할 수 있다는 것은 의심의 여지가 없다. 하지만 나는 "성령이 하나 되게 하신 것"으로 번역된 어구는 믿는 자들이 성령으로 말미암아 마음과 생각이 하나가 된 것을 가리키는 것으로 이해하는 것이 더 자연스럽다고 본다. 바울은 그러한 연합 또는 하나됨이 "평안이라는 끈"에 의해서 유지된다고 말한다. 왜냐하면, 논쟁들과 말다툼들은 흔히 미움과 적대감을 생겨나게 하기 때문이다. 우리는 형제 사랑이 우리 가운데서 계속해서 유지되기를 바란다면, 서로 다투거나 싸우지 말고 화목하고 평화롭게 살아가지 않으면 안 된다.

4. 몸이 하나요 성령도 한 분이시니 이와 같이 너희가 부르심의 한 소망 안에서 부르심을 받았느니라. 바울은 그리스도인들이 하나로 연합되는 것이 얼마나 온전해야 하는지를 여기에서 좀 더 자세하고 분명하게 보여준다. 즉, 그러한 연합은 모든 부분에서 빠짐없이 골고루 이루어져서, 그 결과 우리가 함께 한 몸과 한 영으로 자라가는 것이 마땅하다는 것이다. 여기에서 바울이 "한 몸과 한 영"(개역개정에는 "몸이 하나요 성령도 한 분이시니")이라고 말한 것은 한 인간 전체, 즉 전인을 가리킨다. 따라서 그는 이렇게 말한 것과 같다: "우리는 단지 부분적으로가 아니라 몸과 영 모두에 있어서 하나가 되어야 한다." 그는 이것을 밑받침하기 위하여 하나의 강력한 논거를 제시하는데, 그것은 "너희가 부르심의 한 소망 안에서 부르심을 받았다"는 것이다. 즉, 우리는 "하나의 기업과 하나의 생명"으로 부르심을 받았다는 것이다. 이것으로부터 도출되는 결론은, 우리는 이 세상에서 서로 하나가 되어 화목하게 살아가지 않는다면 영원한 생명을 얻을 수 없다는 것이다. 그리스도인들은 모두 하나님에 의해서 동일한 "기업"으로 초대를 받은 자들이기 때문에, 그 기업을 얻기 위해서는, 동일한 신앙고백 안에서 서로 하나가 되어서 서로에 대하여 온갖 도움을 베푸는 것이 마땅하다는 것이다. 만일 우리가 천국이 나뉠 수 없는 것과 마찬가지로, 하나님의 자녀들 가운데서도 마음과 생각이 나뉘는 일은 있

을 수 없다는 이 법칙을 마음속 깊이 새기고 행한다면, 우리는 우리 가운데서 형제 사랑이 더 깊이 뿌리를 내리게 하기 위하여 온 힘을 다하여 애쓰게 될 것이 틀림없다! 또한, 우리가 형제들로부터 멀어지는 모든 자들은 하나님 나라로부터도 멀어지는 것임을 제대로 올바르게 묵상하기만 한다면, 우리는 형제들과 다투고 싸우는 것을 질색하고 꺼려하며 미워하게 되어서, 혹시라도 형제와 싸우게 되는 일이 일어나지 않게 하기 위하여 극히 조심하게 되지 않겠는가! 그런데도 현실에서 우리는 우리 자신이 형제들에 대하여 행하여야 할 도리들을 까맣게 잊어버리고 살아가면서도, 우리가 하나님의 자녀들이라고 계속해서 아무렇지도 않게 자처하며 살아가는 것은 너무나 이상한 일이다. 바울에게서 우리는 그리스도인들 사이에서 "한 몸과 한 영"으로 행하지 않는 자는 누구든지 그들에게 약속된 "기업"을 받기에 전혀 합당하지 않은 자들이라는 것을 배워야 한다.

5. 주도 한 분이시요 믿음도 하나요 세례도 하나요. 바울은 고린도전서 12장에서 단지 "주"라는 한 단어를 사용해서, 하나님의 다스리심을 나타낸다: "직분은 여러 가지나 주는 같으며"(고전 12:5, 칼빈은 이 본문이 여러 다양한 직분들을 통해서 이루어지는 하나님의 다스리심은 동일하다는 것을 의미하는 것으로 이해한다 – 역주). 여기에서 그는 조금 후에 6절에서 아버지 하나님에 대하여 명시적으로 언급하고 있기 때문에, 현재의 본문에 나오는 "주"라는 호칭은 엄밀하게 말해서 그리스도를 가리킨다. 그리스도께서는 아버지 하나님으로부터 우리의 "주"로 세우심을 받으신 분이고, 우리는 한 마음이 되지 않으면, 우리의 "주"이신 그리스도의 다스리심에 순복할 수 없다. 바울이 여기에서 "하나"라는 단어를 반복해서 사용하고 있는 것은 강조의 의미가 있다. 그는 이렇게 말한 것과 같다: "그리스도는 나뉠 수 없고, 믿음은 여러 갈래로 찢어질 수 없으며, 세례는 여러 가지가 있는 것이 아니라 모든 신자들이 공통적으로 받은 하나의 세례가 있을 뿐이다. 하나님이 여럿 있는 것도 아니다. 우리는 이렇게 '하나'인 믿음과 세례와 아버지 하나님과 주 예수 그리스도에 의해서 하나로 묶여서 한 몸이 되어 있는 것이기 때문에, 우리가 그 거룩한 하나됨을 지키기 위하여 애쓰는 것은 너무나 당연하다." 그리스도인들의 하나됨에 대한 이 모든 논거들은 우리가 깊이 묵상하는 것이 마땅하지만, 그것들을 말로 다 온전히 설명하는 것은 불가능하다. 나는 이것이 무엇을 의미하는지를 실제로 현장에서 보여주는 일은 복음 전도자들에게 맡기고, 여기에서는 단지 사도가 말하고자 하는 것이 무엇인지를 간단하게 살펴보는 것만으로 충분하다고 생각한다. 바울이 여

기에서 말하는 믿음의 하나됨은 그 믿음의 토대가 되고 있는 하나님의 영원한 진리가 하나라는 것에 의거해 있다.

바울이 여기에서 "세례도 하나요"라고 말한 것은 그리스도인들은 오직 한 번만 세례를 받아야 한다는 의미가 아니라, 모든 그리스도인들이 공통적으로 하나의 동일한 세례를 받는다는 의미이다. 이렇게 우리 모두는 하나의 동일한 세례를 받음으로써, "한 몸과 한 영"이 된다. 그러나 그러한 논거가 어떤 힘을 지니고 있다면, 아버지와 아들과 성령이 "한 하나님"을 이루고 계신다는 것은 그것보다 훨씬 더 강력한 논거가 될 것이다. 왜냐하면, 모든 그리스도인들이 동일하게 받는 "하나"인 세례는 성부와 성자와 성령의 이름으로 베풀어지는 세례이기 때문이다. 아리우스파나 사벨리우스파는 이러한 논거에 대하여 어떤 대답을 할 것인지가 궁금하다. 세례는 우리를 하나로 만드는 힘을 지니고 있고, 세례는 성부와 성자와 성령의 이름으로 베풀어진다. 그런데도 그들은 이 거룩하고 신비한 하나됨의 토대인 성부와 성자와 성령이 "한 분 하나님"을 이루고 계신다는 것을 부정하고자 하는 것인가? 우리는 "세례"라는 규례가 성부와 성자와 성령이 하나님으로서의 하나의 동일 본질 가운데 존재하신다는 것을 증명해 주고 있다는 것을 반드시 인정하지 않으면 안 된다.

6. 하나님도 한 분이시니 곧 만유의 아버지시라 만유 위에 계시고 만유를 통일하시고 만유 가운데 계시도다. 이것은 주된 논거이고, 이것으로부터 다른 모든 논거들이 나온다. 만일 아버지 하나님께서 우리 각자에게 자신의 은혜로우신 임재를 허락하셔서, 여러 방편들을 사용하여 우리를 자신에게로 이끌어서 모이게 하지 않으셨다면, 어떻게 우리가 믿음이나 세례, 심지어 그리스도의 다스리심을 통해서 하나로 연합되는 일이 일어날 수 있었겠는가? '에피 판톤 카이 디아 판톤'(ἐπὶ πάντων καὶ διὰ πάντων, 개역개정에는 "만유 위에 계시고 만유를 통일하시고")이라는 두 어구에 나오는 '판톤'은 "만유"를 가리키는 것일 수도 있고 "모든 사람"을 가리키는 것일 수도 있다. 어느 쪽으로 해석하더라도 의미는 충분히 잘 통한다. 아니, 어느 쪽으로 해석하든, 그 의미는 동일하다고 말하는 것이 더 옳을 것이다. 하나님께서는 만유를 자신의 능력으로 붙드시고 유지하시며 다스리시지만, 바울은 지금 여기에서 만유에 대해서가 아니라, 교회와 관련된 영적인 다스리심에 대하여 말하고 있다. 하나님은 성결의 영을 통해서 교회의 모든 지체들 속에 역사하시고, 자신의 다스리심 속에 모든 신자들을 아우르시고, 모든 신자들 속에 거하신다. 그런데

모든 신자들 가운데 거하셔서 역사하시는 하나님은 한 분 동일하신 하나님이시고 서로 다른 분이 아니시기 때문에, 우리 모든 신자들은 하나로 연합될 수밖에 없다.

우리 주님께서도 이러한 영적인 연합에 대하여 언급하셨다: "거룩하신 아버지여 내게 주신 아버지의 이름으로 그들을 보전하사 우리와 같이 그들도 하나가 되게 하옵소서"(요 17:11). 이것은 실제로 일반적인 의미에서 모든 사람에 대해서만이 아니라 모든 피조물에 대해서도 적용된다. 바울은 다른 곳에서 "우리가 그를 힘입어 살며 기동하며 존재하느니라"(행 17:28)고 말하고, 예레미야 선지자는 "여호와의 말씀이니라 사람이 내게 보이지 아니하려고 누가 자신을 은밀한 곳에 숨길 수 있겠느냐 여호와가 말하노라 나는 천지에 충만하지 아니하냐"(렘 23:24)고 말한다. 그러나 우리는 이 본문이 속해 있는 전후문맥을 주의 깊게 살펴보지 않으면 안 된다. 바울은 지금 믿는 자들 서로 간의 관계에 대하여 다루고 있고, 불경건한 자들이나 짐승들을 포함한 모든 피조물들, 즉 만유에 대해서 다루고 있는 것이 아니다. 따라서 우리는 바울이 여기에서 하나님의 다스리심과 임재에 대하여 말하고 있는 것을 오직 신자들 간의 상호관계에만 국한시켜서 적용하여야 한다. 바울이 여기에서 오직 그리스도의 지체들에게만 해당되는 "아버지"라는 표현을 사용하고 있는 것도 바로 그런 이유 때문이다.

[7]우리 각 사람에게 그리스도의 선물의 분량대로 은혜를 주셨나니 [8]그러므로 이르기를 그가 위로 올라가실 때에 사로잡혔던 자들을 사로잡으시고 사람들에게 선물을 주셨다 하였도다 [9]올라가셨다 하였은즉 땅 아래 낮은 곳으로 내리셨던 것이 아니면 무엇이냐 [10]내리셨던 그가 곧 모든 하늘 위에 오르신 자니 이는 만물을 충만하게 하려 하심이라(4:7-10).

7. 우리 각 사람에게 그리스도의 선물의 분량대로 은혜를 주셨나니. 바울은 이제 하나님께서 우리 믿는 자들을 어떤 식으로 하나로 연합시키고, 그러한 관계를 보존해 나가고 계시는지에 대하여 설명한다. 즉, 하나님께서는 그리스도의 몸에 속한 각각의 지체들이 혼자서도 얼마든지 온전하게 살아갈 수 있게 하신 것이 아니라, 서로의 도움이 없이는 각자에게 필요한 것들을 공급받을 수 없는 그런 방식으로 하나로 연합시키셨다는 것이다. 각각의 지체에게는 모든 것이 주어지는 것이 아니라 단지 특정한 "분량"이 배당되기 때문에, 모든 지체들이 그리스도의 몸 안에서

각자의 자리를 유지하는 데 필요한 것들을 누리기 위해서는, 오직 서로 간에 나누는 것 외에 다른 방법은 없다. 바울이 다른 서신에서 은사들의 다양성을 다룰 때에도, 그가 그 다양성을 강조하는 취지는 여기에서와 거의 동일하다: "은사는 여러 가지나 성령은 같고"(고전 12:4). 거기에서 그는 은사들의 그러한 다양성은 믿는 자들의 하나됨을 방해하기는커녕 도리어 촉진시키고 강화시키는 역할을 한다고 우리에게 가르친다.

우리는 이 절의 의미를 다음과 같이 요약해 볼 수 있을 것이다: "하나님께서는 어느 한 지체에게도 모든 것을 다 주지 않으셨고, 각각의 지체는 그 일부, 즉 자기에게 합당한 분량만을 받았다. 이렇게 해서, 하나님께서는 그들이 서로를 의지하지 않으면 안 되게 하셨기 때문에, 그들은 각자가 받은 은사들을 교회에 드려서, 각자의 은사들을 따라 교회와 모든 지체들을 섬김으로써, 서로가 도움을 받아, 온 교회가 함께 자라가야 한다는 것을 발견하게 된다."

"은혜"와 "선물"이라는 단어들은, 우리의 은사가 무엇이고, 우리가 우리에게 주어진 은사로 그 어떤 것들을 이루었든지 간에, 그 은사나 그 은사로 이룬 모든 것들은 다 하나님으로부터 전적인 은혜 가운데서 선물로 주어진 것들이기 때문에, 우리가 그러한 것들을 자랑할 이유는 전혀 없고, 도리어 더욱더 하나님께 감사할 이유만이 있다는 것을 우리에게 일깨워 준다. 바울은 이러한 복들을 "그리스도의 선물"이라고 말한다. 왜냐하면, 그가 앞에서 "아버지"라는 표현을 사용한 것에서 알 수 있고, 또한 앞으로 전개될 내용에서도 알 수 있듯이, 그는 우리 믿는 자들과 우리에게 있는 모든 것들이 다 "그리스도"로 수렴된다는 것을 보여주고자 하기 때문이다.

8. 그러므로 이르기를 그가 위로 올라가실 때에 사로잡혔던 자들을 사로잡으시고 사람들에게 선물을 주셨다 하였도다. 바울은 자신의 논증의 근거로 사용하기 위해서, 이 인용문의 원래의 의미를 조금도 왜곡하지 않았다. 악한 자들은 그가 성경을 부당하게 왜곡해서 악용하고 있다고 비난하고, 유대인들은 거기에서 한참을 더 나아가서, 그런 자들의 비난이 한층 더 그럴 듯하게 보이게 하기 위한 목적으로, 이 인용문의 본래의 의미를 악의적으로 왜곡한다. 이 본문은 하나님에 대하여 말하고 있는 것인데도, 그들은 마치 이것이 다윗이나 이스라엘 민족에 대한 것인 듯이 해석해서, 이 본문은 "다윗 또는 이스라엘 민족이 많은 승리들을 통해서 자신들의 대적보다 우월하게 된 것을 '위로 올라간' 것으로 표현하고 있는 것"이라고 말한다. 하지만 이 인용문의 출처인 원래의 시편을 주의 깊게 살펴보면, 독자들은

이 말씀이 엄밀하게 말해서 오직 하나님께만 적용될 수 있다는 것을 알게 될 것이다.

바울이 여기에서 인용한 시편 68편은 다윗이 하나님께서 자기에게 허락하신 승리들로 인해서 하나님 앞에서 노래한 승전가의 성격을 띠고 있다. 그러나 그는 하나님이 자신의 손을 통해서 이루신 승리들을 말하는 기회를 활용해서, 하나님께서 전에 자기 백성을 구원하셨던 놀랍고 경이로운 일들을 지나가는 말로 잠시 언급한다. 그가 그런 일들을 언급하는 목적은 교회 안에서 하나님이 나타내신 영광스러운 권능과 선하심을 보여주기 위한 것이다. 거기에서 그는 다른 그 무엇보다도 "주께서 높은 곳으로 오르시며"(시 68:18)라고 말한다. 하나님께서 자신의 심판들을 공개적으로 집행하지 않고 계실 때에는, 사람들은 하나님이 아무 일도 안 하시고 잠을 주무시고 계시는 것이라고 오해한다. 교회가 억압을 받고 있을 때에는, 사람들은 하나님이 낮아져 있다고 생각한다. 하지만 하나님께서 원수를 갚으시기 위하여 자신의 손을 펼치셔서 교회를 구원하실 때에는, 사람들은 하나님이 자신을 일으키셔서 그의 심판의 보좌에 오르신 것이라고 생각한다: "그 때에 주께서 잠에서 깨어난 것처럼, 포도주를 마시고 고함치는 용사처럼 일어나사 그의 대적들을 쳐 물리쳐서 영원히 그들에게 욕되게 하셨도다"(시 78:65-66). 이러한 표현방식은 너무나 흔하고 친숙하다. 요컨대, 이 시편에서 다윗은 하나님께서 교회를 구원하신 것을 하나님이 "높은 곳으로 오르신" 것으로 표현하고 있다는 것이다.

바울은 이 시편이 다윗이 하나님께서 자기 교회를 구원하시기 위하여 베푸신 온갖 승리들을 송축하는 승전가라는 것을 알았기 때문에, 하나님이 높은 곳으로 오르신 것을 "그리스도"에 적용한 것이었고, 이것은 지극히 합당한 것이었다. 하나님께서 지금까지 자신의 대적들을 무찌르시고서 얻으신 승리 중에서 가장 크고 중요한 승리는, 그리스도께서 죄를 굴복시키고 사망을 정복하며 사탄을 패퇴시키시고서 큰 위엄 중에 하늘로 오르셔서 영광 중에 하나님의 오른편에 앉으셔서 교회를 다스리시게 된 것이었다. 그렇기 때문에, 바울이 시편 기자의 의도와는 다른 방식으로 이 인용문을 왜곡시켜서 적용하였다고 반론을 제기하거나 비난하는 것은 아무런 근거가 없다. 다윗은 이 땅에 교회가 계속해서 존재하고 있는 것 속에서 하나님의 영광을 본다. 그러나 하나님께서 이렇게 자신의 교회를 괴롭히는 대적들을 무찌르시고 구원의 은혜를 교회에 베푸심으로써 "높은 곳으로 오르셔서" 자신의 영광을 드러내신 적이 무수히 많았지만, 그 중에서 최고의 승리이자 가장 기념해야 할 승리, 그리고 하나님의 영광이 가장 높이 빛났던 것은, 그리스도께서 죄와 사망의 권세, 그리고 모든 정사와 권세를 복속시키시고서 아버지 하나님의 오른편에 오르셔서, 교회의 영원한 수호자이자 보호자가 되실 때였다.

"사로잡혔던 자들을 사로잡으시고"라는 어구에서 "사로잡혔던 자들"로 번역된 단어는 "포로가 된 원수들"을 가리키는 집합명사이다. 따라서 바울이 이 어구를 통해서 말하고자 하는 것은 단지 하나님께서 자신의 원수들을 복속시키셨다는 것이다. 그리고 이것은 다른 어느 때보다도 그리스도 안에서 가장 온전히 이루어졌다. 그리스도께서는 사탄과 죄와 사망과 지옥 전체를 무너뜨리셨을 뿐만 아니라, 이제는 한편으로는 하나님을 반역하고 하나님의 원수가 되어 있던 우리의 육체의 완악함을 그의 말씀으로 다스리셔서 그의 순종하는 백성으로 삼으시는 일을 날마다 행하고 계시고, 다른 한편으로는 자신의 원수들, 즉 모든 불경건한 자들을 쇠사슬로 결박하셔서, 자신의 능력으로 그들의 광분함을 자신이 허용하시는 한도 내로 억제하고 계시는 일을 행하고 계신다.

"사람들에게 선물을 주셨다"는 구절을 해석하는 데에는 약간의 난점이 있다. 왜냐하면, 원래의 시편에는 "선물들을 사람들을 위하여 받으시며"(개역개정에는 "선물들을 사람들에게서 받으시며")로 되어 있는 반면에, 바울은 "사람들에게 선물을 주셨다"고 말함으로써, 정반대의 의미로 인용하고 있는 것처럼 보이기 때문이다. 그러나 실제로는 여기에는 합당하지 않은 것이 전혀 없다. 왜냐하면, 바울은 성경 본문들을 문자 그대로 정확히 인용하지 않고, 특정한 본문이 말하고자 하는 취지를 가져와서 표현하는 것으로 만족하는 것이 보통이기 때문이다. 다윗이 하나님께서 "선물들"을 받으셨다고 말할 때, 그것은 하나님 자신을 위해서가 아니라 자기 백성을 위하여 선물들을 받으신 것임은 너무나 분명하다. 다윗이 이 시편의 앞부분에서 이스라엘 족속들이 "탈취물을 나누는" 것에 대하여 말한 것(시 68:12)도 그런 취지에서였다. 이렇게 하나님께서 "선물들을 받으신" 것은 자기 백성에게 "선물들을 주시기" 위한 것이었다. 따라서 바울이 비록 원래의 표현을 바꾸어서 다른 표현을 사용한 것은 맞지만, 그것은 그 구절의 취지를 살려서 전달하고자 한 것이기 때문에, 그는 원래의 본문을 왜곡한 것이 전혀 아니었다.

아울러, 나는 바울이 이렇게 원래의 시편 본문을 바꾸어서 다른 표현을 사용한 것이 의도적인 것이었다고까지 생각한다. 즉, 그는 원래의 시편에서 말하고자 한 것을 자기가 현재 다루고 있는 주제에 맞추어서 표현하기 위하여, 원래의 시편 본문을 그대로 가져오지 않고, 그 표현을 바꾸어서 인용하였다는 것이다. 나의 생각은 바울은 그리스도께서 높이 오르신 것에 대하여 말하고 있는 시편 본문을 인용하면서, 더 중요한 것과 덜 중요한 것을 대비시키기 위한 목적으로, "선물들을 받으셨다"는 표현을 "선물들을 주셨다"는 자신의 언어로 바꾸어서 여기에 덧붙이고 있다는 것이다. 이렇게 함으로써, 바울은 하나님께서 옛적에 교회를 위하여 대적들을 무찌르시고 승리하셔서 높이 오르셨을 때에는 패배한 대적들로부터 탈취물들을 "받으셨던" 반면에, 이제 그리스도를 통해서 지금까지의 승리들과는 비교할 수 없을 정도로 이루 말할 수 없이 영광스러운 승리를 거두셨을 때에는 자기 백성들에게 자신의 선물들을 "나누어 주시는" 일을 하셨다는 것을 보여주고자 하였다.

어떤 이들은 그리스도께서 자기가 우리에게 나누어 주실 선물들을 아버지 하나님으로부터 받으신 것이라고 해석하지만, 그러한 해석은 억지스럽고, 사도의 의도와도 전혀 부합하지 않는다. 내가 생각하기에는, 앞에서 제시한 나의 해석이 이 구절과 관련된 난점을 해결하는 데 무리가 없는 해석으로 보인다.

바울은 시편으로부터 가져온 짤막한 인용문을 제시한 후에, 그 시편에는 나오지 않지만 그리스도와 관련해서 참된 진술을 자유롭게 덧붙이는데, 이 진술도 그리스도께서 높이 오르신 것이, 다윗이 그 시편에서 열거하고 있는 것들, 즉 저 옛적에 하나님의 영광이 나타난 일들보다 훨씬 더 영광스럽고 훨씬 더 높이 찬양해야 할 일이라는 것을 증명해 주는 역할을 한다.

9. 올라가셨다 하였은즉 땅 아래 낮은 곳으로 내리셨던 것이 아니면 무엇이냐. 여기에서도 또다시 비방하는 자들은 다음과 같이 주장하며, 바울의 추론이 형편없고 유치하다고 목소리를 높여서 비난한다: "다윗은 하나님의 영광이 나타난 것을 '높은 곳으로 오르신' 것으로 비유적으로 말하고 있는 것인데, 왜 여기에서 바울은 그 말씀을 그리스도께서 실제로 높은 곳으로 오르신 것에 적용하고 있는 것인가? '오르셨다'는 말이 비유적인 것이라는 것을 모를 사람이 누가 있는가? 그러므로 바울이 여기에서 '올라가셨다 하였은즉' 먼저 '땅 아래 낮은 곳으로 내리셨던 것이 아니면 무엇이냐'고 말하는 것은 터무니없다."

나의 대답은 바울은 여기에서 논리학자처럼 다윗이 그 시편에서 한 말 다음에는 반드시 어떤 말이 와야 하는지, 또는 그 말로부터 어떤 결론이 도출될 수 있는지를 따져서 자신의 논증을 전개해 나가고 있는 것이 아니라는 것이다. 그는 다윗이 하나님이 "높은 곳에 오르셨다"고 말하였을 때에 그것이 비유적인 말이라는 것을 알고 있었다. 하지만 다윗의 그러한 표현 속에는 하나님께서 그 이전에는 모종의 낮아지심 가운데 계셨다는 의미가 함축되어 있었다는 것은 부인할 수 없다. 바울은 하나님이 높은 곳으로 오르셨다는 다윗의 말로부터 추론해 낸 것은 바로 그러한 낮아지심이었고, 그러한 추론은 합당한 것이었다. 그리스도께서 "자기를 비워 종의 형체를 가지사 사람들과 같이 되셨을"(빌 2:7) 때 보다, 하나님께서 더 낮아지신 때가 언제 있었는가? 하나님께서 자신의 영광과 권능을 다 버리시고 나타나셨다가 지극히 큰 영광 중에 높은 곳으로 오르신 때가 있었다면, 그것은 그리스도께서 우리와 똑같은 가장 미천한 모습으로 이 땅에 오셨다가 죽으시고 부활하셔서 하늘의 영광 속으로 들어가신 때였다.

게다가, 바울은 또 다른 경우에, 즉 로마서 10:6(믿음으로 말미암는 의는 이같이 말하되 네 마음에 누가 하늘에 올라가겠느냐 하지 말라 하니 올라가겠느냐 함은 그리스도를 모셔내리려는 것이요)에서 모세의 글에 나오는 어떤 본문("내가 오늘 네게 명령한 이 명령은 네게 어려운 것도 아니요 먼 것도 아니라 하늘에 있는 것이 아니니 네가 이르기를 누가 우리를 위하여 하늘에 올라가 그의 명령을 우리에게로 가지고 와서 우리에게 들려 행하게 하랴 할 것이 아니요 이것이 바다 밖에 있는 것이 아니니 네가 이르기를 누가 우리를 위하여 바다를 건너가서 그의 명령을 우리에게로 가지고 와서 우리에게 들려 행하게 하랴 할 것도 아니라 오직 그 말씀이 네게 매우 가까워서 네 입에 있으며 네 마음에 있은즉 네가 이를 행할 수 있느니라," 신 30:11-14)을 그대로 인용한 것이 아니라, 단지 그 본문이 말하고자 한 취지만을 가져와서 자신이 다루는 주제에 맞춰서 "믿음으로 말미암는 의는 이같이 말하되 네 마음에 누가 하늘에 올라가겠느냐 하지 말라 하니 올라가겠느냐 함은 그리스도를 모셔 내리려는 것이요 혹은 누가 무저갱에 내려가겠느냐 하지 말라 하니 내려가겠느냐 함은 그리스도를 죽은 자 가운데서 모셔 올리려는 것이라"고 표현한다. 마찬가지로, 그는 여기에서도 단지 다윗이 그 시편에서 말하고 있는 취지만을 가져와서 사용하고 있는 것이기 때문에, 사실 우리는 굳이 그 시편 본문의 문자적인 의미가 무엇이었는지를 아주 세심하게 살펴볼 필요조차 없다.

이렇게 바울이 시편 68편의 본문을 그리스도에게 적용한 것이 결코 부적절하지 않다는 것은 말할 것도 없지만, 그 시편의 의도와 목적 자체도 다윗이 거기에서 말하고 있는 것이 그리스도의 나라에 대한 것임을 충분히 분명하게 보여준다. 왜냐하면, 다른 것들은 그만두고라도, 그 시편은 이방인들이 장차 하나님에 의해서 부르심을 받게 될 것에 관한 분명한 예언을 담고 있기 때문이다.

　"땅 아래 낮은 곳으로"라는 어구는 단지 바울이 이 세상에서의 삶을 나타내기 위하여 사용한 표현에 지나지 않기 때문에, 어떤 자들이 이것이 연옥이나 지옥을 가리키는 것이라고 억지주장을 하는 것은 너무나 어리석은 일이다. 그런 자들은 바울이 "땅으로"라고 말하지 않고 "땅 아래 낮은 곳으로"라고 말하고 있기 때문에, 이것은 이 땅이나 이 세상이 아니라 땅 아래에 있는 연옥이나 지옥을 가리키는 것이라는 논리를 펴는 것은 전혀 근거 없는 논증이다. 바울이 여기에서 "아래 낮은 곳"이라는 표현을 사용한 것은 땅보다 더 아래에 있는 더 낮은 곳을 가리키기 위한 것이 아니라, 땅을 하늘과 비교해서, 땅이 하늘 아래에 있는 더 낮은 곳이었기 때문에 그렇게 말한 것이었을 뿐이다. 그는 이렇게 말한 것과 같다: "그리스도께서는 저 높은 거처로부터 하늘 아래에 있는 이 낮고 낮은 곳으로 내려 오셨다."

　10. 내리셨던 그가 곧 모든 하늘 위에 오르신 자니. "모든 하늘 위에 오르셨다"는 것은 "이 피조된 세계 너머로 오르셨다"는 것이다. 성경에서 그리스도께서 하늘에 계신다고 말할 때, 우리는 그리스도께서 천체들 사이에서 별들 중의 하나로 거하시는 것으로 생각해서는 안 된다. "하늘"은 모든 천체들보다 더 높은 곳을 가리키고, 하나님의 아들은 부활 후에 그 "하늘"로 올라가셨다. "하늘"은 문자 그대로 피조세계 너머에 있는 곳이 아니지만, 우리는 우리의 통상적인 언어를 사용하지 않고는 하나님의 나라에 대하여 말할 수 없기 때문에, 그렇게 표현하는 것일 뿐이다. 어떤 이들은 "모든 하늘 위에 오르셨다"는 표현과 "하늘로 오르셨다"라는 표현을 동일한 의미라고 생각해서, 그리스도께서는 거리상으로 우리와 멀리 떨어져 계신 것이 아니라고 결론을 내린다. 그러나 그렇게 말하는 자들이 간과하고 있는 것이 한 가지가 있는데, 그것은 성경에서 그리스도께서 하늘들 위에, 또는 하늘들에 계신다고 말할 때, 땅을 둘러싸고 있는 모든 것들, 즉 해와 별들 아래에 있고 눈에 보이는 세계 전체 아래에 있는 모든 것들은 배제된다는 사실이다.

　이는 만물을 충만하게 하려 하심이라. "충만하게 하다"는 흔히 "완성하다"를 의미하는데, 여기에서도 그러한 의미로 사용된 것일 수 있다. 왜냐하면, 그리스도께서는 하늘로 올라가심으로써, 아버지 하나님이 그에게 주신 권세, 즉 만물을 다스리시고 통치하시는 권세를 얻게 되셨기 때문이다. 그러나 내 생각에는 겉보기에는 서로 모순되어 보이지만 사실은 완벽하게 양립하는 두 가지 의미를 서로 연결시킬 때, 좀 더 제대로 된 올바른 해석이 이루어질 수 있다고 본다. 우리는 그리스도께서 하늘에 오르셨다는 말을 들으면, 우리의 마음속에서는 그 즉시 그리스도께서 우리에게서 아주 멀리 떠나가셨다는 생각이 떠오르게 된다. 그리고 사실 그리스도께서는 그의 몸 및 인간으로서의 실존과 관련해서는 실제로 우리로부터 멀리 떨어져 계신다. 그러나 바울은 그리스도께서는 몸으로는 우리와 멀리 떨어져 계시기는 하지만, 자신의 영의 능력으로 "만물을 충만하게" 하고 계신다는 것을 우리에게 일깨워준다. 그리스도의 육신과 관련해서는, 베드로가 "하나님이 영원 전부터 거룩한 선지자들의 입을 통하여 말씀하신 바 만물을 회복하실 때까지는 하늘이 마땅히 그를 받아 두리라"(행 3:21)고 한 말이 옳지만, 하늘과 땅의 그 어디에나 미치는 하나님의 오른손이 나타나는 곳마다, 그리스도의 영적인 임재가 거기에 있고, 그리스도께서는 자신의 무한한 권능을 통해서 영적으로 거기에 임재해 계신다.

바울은 겉보기에 서로 모순되어 보이는 두 가지를 한데 결합시켜서 말함으로써, 자신의 언어에 장엄함과 숭고함을 더하였다: "그리스도께서는 하늘 위에 오르셨다. 그러나 그것은 전에 작은 공간의 테두리 속에 갇혀 지내셨던 그가 만물을 충만하게 하기 위한 것이었다." 여기에서 어떤 이들은 이렇게 반문할 수 있다: "그리스도께서는 이 땅에 오시기 이전에 이미 만물을 충만하게 하고 계시지 않으셨던가?" 그리스도께서는 자신의 신성 안에서는 실제로 그렇게 하셨다는 것을 나는 인정한다. 그러나 그 때에는 그리스도께서 자신의 나라를 소유하시게 된 지금과 같은 방식으로 자신의 영의 권능이나 자신의 임재를 나타내지는 않으셨다. 요한은 "예수께서 아직 영광을 받지 않으셨으므로 성령이 아직 그들에게 계시지 아니하시더라"(요 7:39)고 말하고, 주님께서도 친히 "내가 너희에게 실상을 말하노니 내가 떠나가는 것이 너희에게 유익이라 내가 떠나가지 아니하면 보혜사가 너희에게로 오시지 아니할 것이요 가면 내가 그를 너희에게로 보내리니"(요 16:7)라고 말씀하셨다. 한 마디로 말해서, 그리스도께서는 아버지 하나님의 오른편에 앉게 되셨을 때, 비로소 만물을 충만하게 하는 일을 시작하신 것이다.

[11]그가 어떤 사람은 사도로, 어떤 사람은 선지자로, 어떤 사람은 복음 전하는 자로, 어떤 사람은 목사와 교사로 삼으셨으니 [12]이는 성도를 온전하게 하여 봉사의 일을 하게 하며 그리스도의 몸을 세우려 하심이라 [13]우리가 다 하나님의 아들을 믿는 것과 아는 일에 하나가 되어 온전한 사람을 이루어 그리스도의 장성한 분량이 충만한 데까지 이르리니 [14]이는 우리가 이제부터 어린 아이가 되지 아니하여 사람의 속

입수와 간사한 유혹에 빠져 온갖 교훈의 풍조에 밀려 요동하지 않게 하려 함이라 (4:11-14).

바울은 이제 다시 주님께서 그리스도인들에게 은사들을 다양하게 나누어 주시는 것으로 돌아와서, 자기가 앞에서 약간 변죽만 울렸던 것, 즉 음악에서 여러 다양한 음들도 감미로운 화음을 만들어내는 것처럼, 이러한 은사의 다양성으로부터 교회 안에서의 하나됨이 생겨난다는 것을 좀 더 자세하게 보여준다. 그는 말씀의 외적인 사역이 여러 가지 유익들을 가져다준다고 말하면서 그러한 사역을 권장하는데, 이것과 관련해서 그가 하는 말의 취지를 요약해 보면, 복음은 말씀을 전하고 가르치는 직분으로 세움을 입은 특정한 사람들에 의해서 전파되고, 그것은 주님이 자신의 교회를 다스리셔서 이 세상에서 잘 보전하여 궁극적으로는 최고의 완성에 이르게 하고자 하실 때에 사용하시는 경륜이라는 것이다.

바울이 성령의 은사들을 논의의 주제로 삼고 있는 이 대목에서 "은사들"이 아니라 "직분들"을 열거하고 있는 것이 우리에게는 뜻밖의 일로 여겨질 수도 있는데, 나의 대답은 사람들이 하나님에 의해 부르심을 받을 때, "은사들"은 "직분들"과 필연적으로 연결된다는 것이다. 이것은 하나님께서는 사람들에게 단지 "사도" 또는 "목사"라는 직분만을 수여하시는 것이 아니라, 그 직분을 제대로 올바르게 수행하는 데 필요한 은사들도 동시에 수여하시기 때문이다. 하나님께서 "사도"로 세우신 자는 "사도"라는 허울 좋은 직함만을 지니고 있는 것이 아니라, 거기에는 사도직을 수행하라는 하나님의 명령과 그렇게 할 수 있는 능력도 수반된다. 이제 이 단락에 나오는 본문들을 좀 더 자세하게 살펴보기로 하자.

11. 그가 어떤 사람은 사도로, 어떤 사람은 선지자로, 어떤 사람은 복음 전하는 자로, 어떤 사람은 목사와 교사로 삼으셨으니. 바울이 무엇보다도 먼저 선언하고 있는 것은, 교회가 말씀 전파에 의해서 다스려지게 하신 것은 사람들이 제멋대로 고안해 내고 생각해 낸 것이 아니라, 그리스도께서 정하신 지극히 거룩한 규례라는 것이다. 사도들은 스스로 사도직을 맡겠다고 자처해서 사도가 된 사람들이 아니라, 그리스도께서 택하셔서 사도로 세우신 자들이다. 오늘날에도 참된 목회자들은 자기가 하고 싶다고 해서 제멋대로 경솔하게 목회 일에 뛰어든 자들이 아니라, 주님에 의해서 세움을 입은 자들이다. 요컨대, 말씀 사역을 통해서 교회가 다스려지게 하신 것은 사람들이 고안해 낸 것이 아니라 하나님의 아들이 정하신 규례라

는 것이다. 이것은 절대로 변경될 수 없는 주님의 법이기 때문에, 그것은 우리의 무조건적인 동의를 요구하기 때문에, 말씀 사역을 거부하거나 멸시하는 자들은 그러한 말씀 사역을 세우신 분이신 그리스도를 모욕하고 반역하는 것이다. 말씀 사역자들을 교회에 주신 분은 주님 자신이시다. 왜냐하면, 만일 주님이 그런 사역자들을 일으키지 않으신다면, 교회에는 말씀 사역자가 단 한 명도 없게 될 것이기 때문이다. 이것으로부터 우리가 도출해 낼 수 있는 또 하나의 결론은, 그리스도 자신의 손에 의해서 빚어지고 만들어져서 세움을 입은 자가 아니고는, 그토록 존귀한 직분을 맡기에 합당하거나 자격을 갖춘 자는 아무도 없다는 것이다. 말씀 사역에 꼭 필요한 자질들을 풍부하게 갖추고, 자신들에게 맡겨진 말씀 사역을 제대로 충성스럽게 수행해 나가는 복음 사역자들이 교회에 있게 된 것은 전적으로 그리스도로 말미암기 때문에, 이 모든 것은 다 그리스도의 선물이다.

바울은 주님께서 "어떤 사람"에게는 이런 직분을, "어떤 사람"에게는 저런 직분을 배정함으로써, 여러 다양한 지체들에게 여러 다양한 직분들을 주시는데, 주님께서 이렇게 하시는 목적은 그의 몸인 교회를 온전하게 하기 위한 것이라고 말함으로써, 직분들이 서로 다른 지체들이 서로를 시기하거나 질투하거나 야심을 가질 이유가 전혀 없다는 것을 보여준다. 각각의 지체들이 이기심을 드러내고, 다른 지체들보다 더 높이 되고자 하며, 교회 전체의 유익은 도외시하고 오로지 자신의 이익만을 추구하고, 무엇인가 사람들이 보기에 더 뛰어나고 멋있게 보이는 직분을 맡게 된 자들이 미천해 보이는 직분을 맡게 된 자들의 시기와 질투의 대상이 된다면, 거기에서는 은사들이 제대로 합당하게 사용되고 있지 못한 것이다. 그러므로 바울은 각각의 지체들에게 주어진 은사들은 단지 그들 각자의 개인적인 유익을 위해서 주어진 것이 아니라, 교회 전체의 유익을 위하여 사용되도록 주어진 것이라는 사실을 그들에게 일깨워 준다. 여기에 열거된 직분들에 대해서는, 우리가 이미 상당히 자세하게 설명한 바 있기 때문에, 여기에서는 본문을 주해하는 데 꼭 필요한 것만 말하면 될 것이다. 바울은 여기에서 다섯 종류의 직분자들에 대하여 언급하고 있는데, 나는 여기에 열거된 직분자의 종류가 몇 가지인지에 대해서도 이견이 있다는 것을 알고 있다. 어떤 이들은 마지막 두 직분, 즉 "목사와 교사"는 하나의 직분이라고 생각한다. 하지만 나는 다른 사람들의 견해를 소개하는 일은 생략하고, 나의 해석만을 계속해서 제시해 나가고자 한다.

나는 여기에 언급된 "사도들"은 이 단어의 어원이 말해 주는 그런 일반적인 의미가 아니라, 그리스도께서 친히 택하셔서 최고의 존귀를 수여하심으로써 놀랍도록 큰 은총을 입은 사람들을 가리키는 특별한 의미로 사용되고 있다고 본다. 그런 의미에서의 "사도들"은 열두 사람이었고, 나중에 거기에 바울이 더해졌다. 그들에게 맡겨진 직무는 온 세상에 복음의 교훈을 전파하여 교회들을 세우고 그리스도의 나라를 건설하는 것이었다. 주님께서 그들에게 명하신 것은 개교회들을 맡아서 목회를 하라는 것이 아니었고, 두루 돌아다니며 복음을 전파하라는 것이었다.

"복음 전하는 자들"은 직무의 성격에 있어서는 사도들과 아주 흡사하였지만, 교회 내에서의 직위라는 측면에서는 사도들 아래에 있는 사람들이었다. 디모데 같은 사람들이 이 부류에 속하였다. 왜냐하면, 바울은 자신의 서신들의 인사말들 속에서 자기 자신과 아울러서 그들을 언급할 때, 그들을 자신과 똑같은 사도들이라고 소개하지 않고, 사도라는 직분은 오직 자기 자신에게만 돌리기 때문이다. "복음 전하는 자들"의 직무는 사도들과 거의 비슷하였지만 지위에서는 그 아래였다는 사실이 보여주듯이, 주님께서는 그들을 사도들을 돕는 자들로 사용하셨다.

바울은 이 두 부류의 직분에 "선지자들"을 더한다. 어떤 이들은 여기에 언급된 "선지자들"은 장래에 일어날 사건들을 예언하는 은사를 지니고 있던 사람들을 가리키고, 그 한 예가 "아가보"라고 말한다(행 11:27-28, "그 때에 선지자들이 예루살렘에서 안디옥에 이르니 그 중에 아가보라 하는 한 사람이 일어나 성령으로 말하되 천하에 큰 흉년이 들리라 하더니 글라우디오 때에 그렇게 되니라"). 그러나 나는 바울이 여기에서 다루고 있는 주제가 말씀 사역이라는 것을 고려해서, 이전의 경우와 마찬가지로 여기에 언급된 "선지자들"도 예언들을 잘 해석하는 자들을 가리키는 것이라고 본다. 그들은 주님으로부터 예언들을 해석해서 그 계시를 드러내는 특별한 은사를 받은 자들이어서, 예언들을 구체적인 일들에 적용할 수 있었다. 그러나 나는 단순히 예언을 하는 은사만을 가진 자들이 아니라, 말씀을 가르치는 것과 결부된 예언의 은사를 가진 자들도 여기에서 말하는 "선지자들"에 속한다는 것을 부정하는 것은 아니다.

어떤 이들은 바울이 여기에서 다른 직분자들을 언급할 때와는 달리 "어떤 사람은 목사로, 어떤 사람은 교사로"라고 말하지 않고, "어떤 사람은 목사와 교사로"(τοὺς δέ πιμένας καί διδασκάλους - '투스 데 포이메나스 카이 디다스칼루스')라고 말하고 있다는 것을 들어서, "목사"와 "교사"는 하나의 직분을 가리키는 다른 명칭들이라고 생각한다. 크리소스토모스(Chrysostomus)와 아우구스티누스

(Augustinus)가 그러한 견해를 피력한다. 암브로시우스(Ambrosius)가 자신의 주석서들에서 이 주제에 대하여 말하고 있는 것들은 정말 유치하고 그답지 않은 내용들이다. 물론, 그들의 견해 속에는 내가 부분적으로 동의하는 것들도 있다. 예를 들면, 바울은 여기에서 목사들과 교사들에 대하여, 이 둘이 마치 하나의 동일한 직위인 것처럼, 아무런 구별이나 차별도 드지 않고 말하고 있다고 그들이 말한 것에 나는 동의한다. 또한, "교사"라는 명칭은 어느 정도 모든 "목사들"에게도 해당된다고 그들이 말한 것에 대해서도 나는 반대하지 않는다. 그러나 나는 그런 것들은 내가 보기에는 서로 다른 것이 분명한 두 직분을 하나의 동일한 직분이라고 이해하기 위한 충분한 이유가 되지 않는 것으로 보인다. 가르치는 일이 모든 "목사들"의 직무라는 것은 의심의 여지가 없다. 그러나 그것은 "목사"의 직무들 중의 일부일 뿐이다. 성경의 바른 가르침을 보전하기 위해서는 성경을 제대로 바르게 해석하는 특별한 은사가 요구되는데, 그런 은사는 있으면서도 설교하는 데에는 적합하지 않은 사람이 "교사"가 될 수 있다. 내 생각에는, "목사들"은 특정한 교회의 양 무리를 돌보는 책무를 담당한 자들을 가리킨다. 그런 책무를 담당한 목사들이 가르치는 일도 담당한다고 해서 "교사"라는 명칭으로 불렸다고 말한다면, 나는 거기에 반대할 생각이 없지만, 그것이 목사들을 교육하고 온 교회를 가르치는 일을 전체적으로 주관하는 "교사들"이라는 특별한 부류가 존재하였다는 것을 부정하는 근거가 되어서는 안 된다. 물론, 동일한 사람이 목사이자 교사인 경우도 종종 있었겠지만, 목사와 교사가 수행하는 직무는 완전히 달랐다.

또한 우리는 여기에 열거된 다섯 증류의 직분들 중에서 오직 "목사"와 "교사"만이 영속적인 직분들로 의도된 것임을 유념하여야 한다. 사도들과 복음 전하는 자들과 선지자들은 오직 한시적으로만 교회에 주어진 직분들이었다 — 물론, 신앙이 바닥으로 떨어졌을 때, 주님께서 교회어서 사라져 버린 순전한 가르침을 회복하시기 위하여 복음 전하는 자들을 특별히 일어나게 하시는 경우를 제외하고. 반면에, 목사들과 교사들이 없이는 교회는 다스려질 수 없다.

교황주의자들은 그들이 그토록 자랑하는 베드로와 교황의 수위성이 이 본문에서 공개적으로 모욕을 당하고 있다고 불평할 만한 이유가 있다. 이 본문에서 다루어지고 있는 주제는 교회의 하나됨이다. 바울은 앞에서 교회의 하나됨을 우리 가운데서 확고하게 해 주는 근거들만이 아니라, 교회의 하나됨을 촉진시켜 주는 표징들에 대해서도 자세하게 설명한 후에, 이제 여기에서는 교회의 치리에 대하여 다루기 시작한다. 따라서 만일 그가 주님께서 베드로와 그의 후계자들을 교회의 수장으로 세우신 것을 알고 있었다면, 그는 온 교회의 유익을 위해서, 주님께서 모든 지체들 위에 한 명의 수장을 세우시고서, 그의 치리 하에 모두가 한 몸으로 연합되게 하셨다는 것을 여기에서 분명히 밝히는 것이 마땅했을 것이다. 그러므로 우리는 바울이 교회의 하나됨 및 치리와 관련해서 가장 강력한 논거가 될 수 있는 것을 빼먹는 도저히 용서받을 수 없는 나태함과 어리석음을 보여주었다고 그에게 책임을 묻든지, 아니면 베드로와 그 후계자들의 수위성이라는 개념은 그리스도께서 정하신 것과 다른 것임을 인정하든지, 어느 한 쪽을 분명히 선택하여야 한다. 그런데 사실 여기에서 바울은 교회에서의 최고의 자리를 오직 그리스도께만 돌리고, 사도들과 모든 목사들이 그리스도 아래에서 서로가 대등한 자들인 것으로 묘사함으로써, 교황주의자들의 그러한 수위성 개념을 근거 없는 것으로 분명하게 배척하고 있다. 이 본문은 성경에 나오는 그 어느 본문보다도 더 완벽하게 이 땅의 교회에서 한 명의 우두머리를 정점으로 해서 서열화된 저 폭압 체제를 전복시키고 있다. 키프리아누스(Cyprianus)는 바울이 여기에서 설명한 것을 그대로 따라서, 교회에서 유일하게 합법적인 정치 체제가 무엇인지를 짧고 분명하게 정의한다: 교회에는 여러 부분들을 하나의 전체로 연합시키는 단 하나의 주교좌가 있는데, 그 주교좌는 오직 그리스도의 것으로서, 그리스도께서는 거기에 앉으셔서 모든 지체들에게 각각 합당한 은사들을 부여하시고 행하게 하셔서, 그 모든 것들이 하나로 합쳐져서 교회가 자라가게 하시고, 어느 한 지체가 다른 지체들보다 더 자기 자신을 높이는 것을 허용하지 않으신다.

12. 이는 성도를 온전하게 하며. 에라스무스(Erasmus)는 이 구절을 "이는 성도를 새롭게 하며"로 번역한다. 나는 그의 번역에 동의하지는 않지만, 독자들로 하여금 그의 번역과 불가타 및 나의 번역을 서로 비교해서 스스로 선택할 수 있게 하기 위하여 그의 번역을 여기에 소개한다. 불가타는 이 구절을 "이는 성도를 온전하게 하며"로 번역하고 있다. 바울이 여기에서 사용한 헬라어는 '카타르티스모스'(καταρτισμός)이고, 이것은 직역하면, 어떤 것들을 서로 균형과 비율을 맞추어서 전체적으로 조화롭게 만드는 것을 가리킨다. 인간의 몸에서 여러 지체들을 하나로 연합되게 해서 제대로 잘 작동하게 하는 것이 그 한 예이다. 따라서 이 단어는 "온전하게 하는 것"을 의미한다. 바울은 여기에서 이 단어를 통해서, 마치 한 나라 또는 지역에서 법이 제대로 잘 정착이 되어서 혼란이 사라지고 모든 것이 잘 돌아

가는 상태가 되는 것 같이, 교회에서 모든 지체들이 각자의 자리에서 자기에게 주어진 은사를 따라 행하게 됨으로써 모든 것이 제대로 잘 돌아가게 되는 것을 표현하고자 하는 것이기 때문에, 나는 단순히 "온전하게 하다"로 번역하는 것은 합당하지 않고, "제자리를 잡게 하다"로 번역하는 것이 좋다고 본다. 즉, 이 어구는 "이는 성도로 하여금 제자리를 잡게 하여"로 번역될 수 있다는 것이다.

봉사의 일을 하게 하며. 하나님께서는 마음만 먹는다면 얼마든지 교회에 필요한 모든 일들을 혼자 하실 수도 있으셨지만, 이 일을 사람들에게 맡기셨다. 바울은 "하나님께서는 사람들을 도구로 사용하지 않으시고는 교회를 제대로 올바르게 구성하시고 잘 돌아가게 하실 수 없으셨던 것인가?"라는 반론을 미리 예상하고서 이 말을 하고 있다. 즉, 그는 교회에 사람들의 사역이 필요한 이유는 그렇게 하는 것이 하나님의 뜻이기 때문이라고 천명하고 있는 것이다.

그리스도의 몸을 세우려 하심이라. "그리스도의 몸을 세우는 것"은 그가 앞에서 말한 것, 즉 "성도를 온전하게 하는 것" 또는 "성도로 하여금 제자리를 잡게 하는 것"과 동일하다. 왜냐하면, 우리가 진정으로 온전해지는 것은 우리가 그리스도의 한 몸 안에서 서로 연합되어 하나가 되는 데 있기 때문이다. 여기에서 바울은 말씀 사역을 통해서 그리스도의 몸이 세워진다고 말하고 있는데, 이것은 말씀 사역에 대한 최고의 찬사로서, 이 말보다 더한 찬사는 없을 것이다. 교회의 참된 온전함을 만들어 내는 것보다 더 대단하고 굉장한 일이 무엇이 있겠는가? 그런데 사도는 이토록 놀랍고 거룩한 일이 말씀의 외적인 사역에 의해서 이루어진다고 선언한다. 주님이 주신 이 수단을 소홀히 하는 자들이 그리스도 안에서 온전하게 되기를 소망한다면, 그것은 완전히 정신 나간 짓이다. 그런데도 한편으로는 성령의 은밀한 계시들을 받는 체하는 광신자들, 다른 한편으로는 성경을 사적으로 읽는 것만으로 충분하다고 생각하는 교만한 자들은, 교회의 통상적인 사역이 자신들에게는 필요하지 않다고 생각한다.

교회는 오직 그리스도에 의해서만 세워질 수 있기 때문에, 교회를 어떤 식으로 세워야 하는지를 정하는 것은 오직 그리스도만이 가지고 있는 권한이라는 것은 분명하다. 그런데 바울은 그리스도의 명령에 따라 외적인 말씀 사역에 의하지 않고서는 진정한 연합이나 온전함은 얻어질 수 없다고 명시적으로 밝힌다. 우리는 우리 자신이 주님으로부터 말씀 사역의 직분을 맡은 자들로부터 다스림과 가르침을 받는 것을 허용하여야 한다. 이것은 가장 높은 자에게나 가장 낮은 자에게나 동일하게 적용되는 보편적인 법이다. 교회는 모든 경건한 자들의 어머니로서, 왕들이든 농부들이든 신분이나 지위의 고하를 막론하고 모든 사람을 하나님의 자녀들로 낳아서 키우고 양육한다. 그리고 이 일은 말씀 사역을 통해서 이루어진다. 이러한 질서를 무시하거나 멸시하는 자들은 자기가 그리스도보다 더 지혜로운 자로 자처하는 자들이다. 그러한 자들의 교만에 화가 있을 것이다! 물론, 우리가 사람들의 도움 없이 오로지 하나님의 감화만으로 온전하게 되는 것이 이론상으로는 가능하다. 그러나 우리가 지금 다루고 있는 것은 하나님의 능력이 무엇을 하실 수 있는지에 대한 것이 아니라, 하나님의 뜻이 무엇이고 그리스도께서 정하신 것이 무엇인지에 대한 것이다. 하나님께서 사람들의 구원을 이루는 데 사람들을 도구로 사용하신 것은 사람들에게 이루 말할 수 없이 큰 은총을 베푸신 것이다. 교회에서 모든 지체들 간의 연합을 촉진시키는 가장 좋은 길은 우리의 "대장"이신 그리스도의 군기, 즉 복음의 가르침 아래 그들을 모으는 것이다.

13. 우리가 다 하나님의 아들을 믿는 것과 아는 일에 하나가 되어 온전한 사람을 이루어 그리스도의 장성한 분량이 충만한 데까지 이르리니. 바울은 이미 앞에서 하나님께서는 사람들의 사역을 통해서 교회에 질서를 세우시고 다스리셔서 최고의 온전함에 이르게 하셨다고 말하였는데, 이제 여기에서도 사람들의 사역에 대한 그러한 찬사를 계속해서 이어나간다. 교회에서 이루어지는 사람들의 사역은 잠깐 동안만 필요한 것이라고 생각하는 사람이 없게 하기 위해서, 그는 이 사역은 세상 끝날까지 계속 이어지게 될 것이라고 말한다. 좀 더 분명하게 말한다면, 바울은 하나님께서 사람들의 사역을 사용하시는 것은, 마치 어린 아이들이 한시적으로 학교에 다니는 것처럼(갈 3:24) 일시적인 것이 아니라, 교회가 이 세상에 존재하는 한 계속될 것임을 자신의 독자들에게 상기시킨다. 광신자들은 우리가 그리스도께로 인도함을 받게 된 순간, 사람들의 사역은 쓸데없게 된다는 망언을 서슴지 않는다. 분수에 넘치는 지식을 얻고자 하는 교만한 자들은 하나님께서 사람들의 사역을 통해서 베푸시는 가르침을 초보적이고 유치한 것으로 여기고 멸시한다. 그러나 바울은 우리에게 부족하고 결핍된 것들이 다 충족될 때까지 계속해서 이 가르침 속에 머물러 있어야 한다고 말한다. 즉, 우리는 죽을 때까지 오직 그리스도만을 우리의 선생으로 모시고서 계속해서 정진해 나가는 것이 마땅하고, 그리스도께서는 그러한 일을 교회에 맡기셨기 때문에, 평생 동안 교회의 제자가 되어 살아가는 것을 부끄러워해서는 안 된다는 것이다.

바울은 "우리가 다……믿는 것에 하나가 되어야" 한다고 말한다. 그러나 여기에 서 어떤 이들은 "믿는 것에 하나가 되는" 것은 처음부터 우리 가운데 존재하여야 하는 것이 아니냐고 반론을 제기할 수도 있다. 믿음으로 하나가 되는 것은 하나님 의 자녀들 가운데 처음부터 존재한다는 것을 나도 인정하지만, 우리 인간의 본성의 연약함으로 인해서, 그러한 하나됨은 그들을 온전히 연합시킬 정도는 되지 못한다. 따라서 우리는 날마다 조금씩 그리스도에게 좀 더 가까이 나아가고 우리의 지체들 에게 좀 더 가까이 나아가야 한다. "하나가 된다"는 것은 우리가 열망하는 가장 친 밀한 연합을 가리키는 것으로서, 우리는 무지와 불신앙이 여전히 많이 남아 있는 이 "육신"을 벗어버리게 될 때까지는 거기까지 결코 도달하지 못할 것이다.

"하나님의 아들을 아는 일"이라는 어구는 보충설명을 위하여 덧붙여진 것으로 보인다. 바울이 이 어구를 덧붙인 목적은 참된 믿음의 본질이 무엇이고, 그러한 믿 음은 무엇에 있는지를 설명하고자 하는 것이다. 즉, 참된 믿음은 하나님의 아들을 아는 데 있다는 것이다. "믿음"은 오직 하나님의 아들만을 바라보아야 하고, 하나 님의 아들만을 의지하여야 하며, 하나님의 아들 안에서만 안식하여야 하고, 하나님 의 아들이 모든 것의 종착지여야 한다. 거기에서 더 나아간다면, 그것은 더 이상 참 된 믿음이 아니고 거짓 믿음일 뿐이다. 참된 믿음은 오로지 전적으로 그리스도만을 바라보고, 그 밖의 다른 것들을 알거나 알려고 하지 않는다는 것을 우리는 명심하 여야 한다.

"온전한 사람을 이루어"라는 어구는 바로 앞에 나온 것과 직접적으로 연결시켜 서 읽어야 한다. 바울은 이렇게 말한 것과 같다: "그리스도인들의 최고의 온전함은 무엇인가? 그 온전함은 어떻게 얻어지는가?" "온전한 사람"은 그리스도 안에서 발 견된다. 어리석은 자들은 그리스도 안에서 올바른 방식으로 자신의 온전함을 추구 하지 않는다. 우리는 그리스도 밖에 있는 모든 것은 해롭고 파괴적인 것이라는 말 을 절대로 변할 수 없는 공리로 받아들여야 한다. 반면에, 그리스도 안에 있는 사람 은 누구든지 모든 면에서 "온전한 사람"이다.

"그리스도의 장성한 분량"이라는 어구에서 "장성하다"는 것은 온전히 성장하거 나 다 자랐다는 것을 의미한다. 바울은 나이가 많아야 한다거나 오랜 세월이 지나 야 한다고 말하지 않는다. 왜냐하면, 그리스도인의 진보에 있어서 "오래된 것"이 들어설 여지는 발견되지 않기 때문이다 무엇이든지 오래된 것은 낡아지는 경향을 보인다. 반면에, 그리스도인의 영적인 삶은 날이 갈수록 그 활력이 점점 커져 간다.

14. 이는 우리가 이제부터 어린 아이가 되지 아니하여. 바울은 앞에서 우리가 우리의 인생 전체에 걸쳐서 "온전한 사람"으로 성장해 나가야 한다고 말한 후에, 이제 여기에서는 그렇게 성장해 나가는 과정에서 "어린 아이"가 되어서는 안 된다는 것을 우리에게 상기시켜 준다. 이런 식으로 그는 이 땅에서의 우리의 삶은 우리가 "어린 아이"에서 "온전한 사람"으로 성장해 나가는 기간이라는 것을 보여준다. "어린 아이"라는 것은 주의 길로 아직 첫 걸음을 들여 놓지 않고, 어느 길로 가야 하는지를 결정하지 못해서, 어떤 때에는 이 길로 가보았다가 어떤 때에는 저 길로 가보는 등 늘 마음을 정하지 못하고 이리저리 흔들리며 의심하고 주저하는 자들을 가리킨다. 또한, 아직 온전하지는 않지만, 그리스도의 가르침에 견고하게 서서, 많은 지혜와 활력으로 올바른 길을 제대로 선택해서 꾸준히 전진해 나아가는 자들도 있다. 이렇게 신자들의 삶은 자신들이 궁극적으로 도달해야 할 목표에 변함없는 소원을 두고서 끊임없이 그 목표를 향하여 나아가는 삶이라는 점에서, 청년의 삶과 비슷하다. 우리는 이 세상에 사는 동안에는 결코 "온전한 사람"이 되지는 못한다. 그러나 그 말을 극단적으로 해석해서, 마치 우리가 이 땅에서 살아가는 동안에는 "어린 아이"를 벗어나서 그 이상으로 진보해 나아가는 것이 불가능한 것처럼 말하는 것은 잘못이다. 우리는 그리스도에 대하여 태어난 후에는 계속해서 자라가야 하고, "지혜에는 아이가 되지 말아야" 한다(고전 14:20). 그런데도 교황주의자들은 사람들을 어떻게 해서든지 유아 수준을 벗어나지 못하게 붙들어 두기 위하여 온 힘을 기울이는 것을 보면, 교황 체제 아래에서 기독교가 어떤 모습으로 변질되었는지가 여실히 드러난다.

밀려 요동하지 않게 하려 함이라. 바울은 하나님의 말씀을 절대적으로 의지하지 않는 자들이 수시로 이런저런 것들에 떠밀려서 요동하는 비참하고 괴로운 상태를 두 가지 주목할 만한 비유로 예시한다. 첫 번째 비유는 작은 배가 망망대해에서 거센 노도에 노출되어 무섭게 요동하고 흔들리는 가운데, 아무리 뛰어난 항해 기술로 제아무리 죽을 힘을 다해서 애를 써도 정해진 항로로 가지 못하고, 폭풍우에 휩쓸려서 정처 없이 어디론가 떠밀려 가는 모습으로부터 가져온 것이다. 두 번째 비유는 지푸라기나 아주 가벼운 물체가 바람이 부는 대로 거기에 휩쓸려서 이리저리 날리고 흔히 앞으로 갔다가 갑자기 뒤로 가는 등 걷잡을 수 없이 휘몰려 다니는 모습으로부터 가져온 것이다. 이 두 가지 비유는 하나님의 영원한 진리의 "터" 위에 세워지지 않은 모든 자들의 변덕스러움과 불안정함이 어떠한 것인지를 잘 보여준다. 그들의 그러한 모습은 그들이 하나님을 바라보지 않고 사람들을 바라본 것에 대한 합당한 벌이다. 그것과는 정반대로, 바울은 하나님의 말씀을 의지하는 "믿음"은 사탄의 온갖 공격들에 맞서서 조금도 요동하지 않고 견고하게 서 있는다고 선언한다.

온갖 교훈의 풍조에. 여기에서 바울은 아름다운 비유를 사용해서, 우리를 단순 명료한 복음으로부터 멀어지게 만드는 사람들의 온갖 교훈을 "바람들"이라고 부른다. 하나님께서는 우리에게 자신의 말씀을 주셨고, 우리가 그 말씀을 붙잡고 있는 한, 진리를 떠나서 요동하거나 흔들리는 일은 우리에게 일어날 수 없다. 반면에, 사람들이 고안해 낸 온갖 것들을 붙잡는 순간, 우리는 이리저리 정신 없이 온갖 어그러진 길들로 끌려다니게 된다.

사람의 속임수와 간사한 유혹에 빠져. 우리의 믿음을 교묘하게 공격하여 무너뜨리고자 하는 협잡꾼들은 늘 있기 마련이다. 그러나 우리가 하나님의 진리를 우리 안에 견고하게 세워서 그 요새 속에 더물러 있는 경우에는, 그들의 온갖 술수들은 아무 소용도 없게 될 것이다. 우리는 "사람의 속임수"라는 표현과 "간사한 유혹"이라는 표현을 둘 다 주의 깊게 살펴볼 필요가 있다. 새로운 분파들이 생겨나거나 악한 교리들을 가르친다면, 많은 사람들은 거기에 경계심을 가지고 말려들지 않을 것이다. 그러므로 사탄은 자신의 속임수들로 그리스도의 순전한 가르침을 교묘하게 변질시키려고 끊임없이 애를 쓰고, 하나님께서는 사탄의 그러한 거짓 술수들을 사용해서 우리의 믿음을 시험하고자 하신다. 하지만 우리는 그러한 온갖 오류를 막아 주는 최고의 방책은 우리가 그리스도와 그의 사도들로부터 배운 저 가르침을 붙잡는 것이라는 말을 들을 때, 그 말은 우리에게 진정으로 큰 위로가 된다.

그러므로 교황주의자들이 하나님의 말씀으로부터 모든 확실성을 제거해 버리고서, 믿음이 흔들림 없이 견고해지려면 사람들의 권위에 의존해야 한다고 주장하는 것은 정말 끔찍하게 악한 짓일 수밖에 없다. 그들은 누군가가 자신의 신앙에 있어서 어떤 의심이 있다면, 하나님의 말씀 속에서 도움을 구해 보아야 아무 소용이 없고, 자신들이 이미 처방해 놓은 것들을 붙들어야 한다고 가르친다. 그러나 율법과 선지자들과 복음을 받아들인 우리는 바울이 여기에서 선포한 열매를 먹게 될 것임을 의심하지 말아야 한다. 즉, 우리는 사람들의 온갖 속임수들과 간사한 유혹들이 우리를 해치지 못할 것임을 의심하지 달아야 한다. 그런 속임수들과 유혹들은 실제로 우리를 공격하겠지만, 우리를 해치지는 못할 것이다. 하나님께서 바른 교훈을 교회에 맡기셨기 때문에, 우리는 그 바른 교훈을 교회에서 찾아야 한다는 것은 나도 인정한다. 그러나 교황주의자들은 그들 자신을 "교회"라는 이름으로 위장하고서는 참되고 바른 교훈을 묻어 버리고 자신들이 고안해 낸 것들을 사람들에게 가르치고 있는데, 그것은 그들이 "마귀의 회당"이라는 것을 보여주는 충분한 증거이다.

내가 "간사한"으로 번역한 헬라어 '퀴베이아'(κυβεία)는 주사위로 도박을 할 때에 야바위꾼들이 온갖 속임수로 사람들을 속이는 것으로부터 유래한 단어이다. 바울은 거기에 '엔 파누르기아'(ἐν πανουργίᾳ, "유혹")라는 어구를 덧붙이는데, 이것은 사탄의 일꾼들이 속임수에 대단히 능하다는 것을 암시한다. 그는 여기에 그 사탄의 일꾼들이 사람들을 올무에 걸리게 하기 위하여 잠도 자지 않고 눈에 불을 켜고 매복해서 호시탐탐 노리고 있다는 어구를 덧붙인다. 이 모든 것은 우리가 원수들이 쳐 놓은 올무와 덫에 걸려들어서, 우리의 영적인 나태함에 대한 호된 벌을 받지 않으려면, 하나님의 말씀에 착념해서 거기로부터 유익을 얻는 일을 게을리하지 말고 정신을 바짝 차려서 부지런히 행하여야 한다는 것을 보여준다.

¹⁵오직 사랑 안에서 참된 것을 하여 범사에 그에게까지 자랄지라 그는 머리니 곧 그리스도라 ¹⁶그에게서 온 몸이 각 마디를 통하여 도움을 받음으로 연결되고 결합되어 각 지체의 분량대로 역사하여 그 몸을 자라게 하며 사랑 안에서 스스로 세우느니라(4:15-16).

15. 오직 사랑 안에서 참된 것을 하여 범사에 그에게까지 자랄지라 그는 머리니 곧 그리스도라. 바울은 이미 앞에서 우리가 이성과 판단력이 결핍된 "어린 아이"가 되어서는 안 된다고 말하였기 때문에, 이제 여기에서는 "진리" 안에서 자라가야 한다고 우리에게 명한다. 우리는 장성한 어른의 상태에 도달하지는 못했어도, 앞에서 이미 말하였듯이, 적어도 "어린 아이"의 상태에서는 벗어나야 한다. 하나님의 진리가 우리를 아주 굳게 붙잡고 있기만 한다면, 사탄의 모든 술수들과 공격들은 우리를 바른 길에서 벗어나게 하지 못할 것이다. 하지만 우리는 아직까지는 온전한 힘을 얻지 못하고 있기 때문에, 죽을 때까지 계속해서 진보해 나아가는 것이 마땅하다.

바울은 우리가 그렇게 진보하고 성장해 나아가야 하는 목적 또는 이유를 제시하면서, 그것은 그리스도께서 우리의 명실상부한 "머리"가 되시게 하고 "만물의 으뜸”이 되시게 하여(골 1:18), 우리가 오직 그리스도 안에서 생명력이나 키에 있어서 자라갈 수 있게 되기 위한 것이라고 갈한다. 여기에서도 우리는 또다시 이것과 관련해서 그 누구도 예외가 될 수 없다는 것을 본다. 모든 그리스도인들은 “머리”이신 그리스도께 순복하여, 그의 몸인 교회에 속하여 거기에서 자신에게 주어진 자리에서 모든 지체들과 함께 자라가야 한다.

그런데도 교황 체제가 한 사람 교황을 몸의 지체들 중의 하나로 여기지 않고, 도리어 교회의 참된 머리이신 그리스도와 경쟁하는 또 하나의 “머리”가 되어서 교회를 다스리는 지위에 올려놓음으로써, 하나님께서 정해 놓으신 교회의 균형 전체를 파괴하고, 교회를 왜곡된 기형적인 모습으로 변질시켜 놓고 있는 것에 대해서 우리는 무엇이라고 말해야 하는가? 교황주의자들은 우리의 그러한 설명을 인정하지 않고, 교황은 단지 사역에 있어서의 “머리”일 뿐이라고 주장한다. 하지만 그들은 그런 궤변으로는 자신들이 빠져 나갈 수 없다는 것을 깨닫고서, 자신들이 세운 우상의 폭정은 바울이 여기에서 말하고 있는 질서와 철저하게 상반되는 것임을 솔직하게 인정하는 것이 마땅하다. 한 마디로 말해서, 교회의 건강한 모습은 오직 그리스도만이 “흥하여야” 하고 다른 모든 자들은 “쇠하여야” 할 것을 요구한다(요 3:30). 우리 중에 어떤 영광 받을 만한 것이 있다면, 우리는 우리 자신의 위치에 머물러 있으면서, 그 모든 영광을 우리의 “머리”이신 그리스도께 돌려서 오직 그리스도만을 높이는 것이 마땅하다.

바울은 “사랑 안에서 참된 것”을 추구하라고 우리에게 명할 때, 히브리어 전치사 ‘베’(ㄱ, “~와 함께, ~로”)에 해당하는 헬라어 전치사 ‘엔’(ἐν, “안에”)을 사용한다. 즉, “사랑으로 진리를 추구하라”는 것이다. 각 사람이 오로지 자신의 이익만을 돌보지 않고 서로에게 유익되는 것들을 돌본다면, 교회는 전체적으로 바람직한 방향으로 성장하고 진보하게 될 것이다. 이렇게 바울은 교회의 연합은 바로 그러한 성격의 것이어야 하기 때문에, 우리는 진리의 말씀들을 잊어버리거나 무시하고서, 우리 자신의 생각을 따라 서로 연합하고 화합해서는 안 된다는 것을 우리에게 보여준다. 이것은 교황주의자들이 하나님의 말씀을 도외시한 채로, 우리에게 그들이 고안해 낸 것들을 받아들이고 그들이 원하고 결정한 것들을 행하라고 강요하는 것이 얼마나 악한 짓인지를 잘 증명해 준다.

16. 그에게서 온 몸이 각 마디를 통하여 도움을 받음으로 연결되고 결합되어 각 지체의 분량대로 역사하여 그 몸을 자라게 하며 사랑 안에서 스스로 세우느

니라. 우리의 모든 성장은 그리스도의 영광을 더욱 높이는 결과를 가져오는데, 바울은 이제 최고의 논증을 통해서 그것을 증명한다. 우리에게 모든 것을 공급해 주시는 분은 그리스도이시고, 그리스도의 보호하심 없이는 우리는 안전할 수 없다. 뿌리가 나무 전체에 수액을 공급해 주는 것과 마찬가지로, 우리에게 있는 모든 생명력은 그리스도로부터 우리에게 흘러 온다. 여기에서 우리가 주목해야 할 것은 세 가지이다. 첫 번째는 우리가 방금 말한 것으로서, 지체들에게 분배되어 주어지는 모든 생명력 또는 자양분은 머리로부터 나오는 것이기 때문에, 지체들은 종속적인 지위에 있다는 것이다. 두 번째는 각 지체에게 분배되는 것은 한정된 일부에 지나지 않기 때문에, 몸 전체가 성장하기 위해서는 모든 지체가 서로 교통하는 것이 절대적으로 필요하다는 것이다. 세 번째는 모든 지체들 서로 간의 사랑과 협력이 없이는 몸의 건강은 유지될 수 없다는 것이다. 몸이 성장하는 데 필요한 모든 자양분은 머리로부터 나와서 지체들을 통하여 전달되기 때문에, 지체들은 수로들과 같은 역할을 한다. 따라서 이러한 연결이 제대로 유지될 때, 모든 부분이 각자의 분량을 따라 제대로 잘 작동하기 때문에, 몸 전체는 생명력을 얻고 건강하게 자라갈 수 있게 되고, 각 지체들도 그 몸 안에서 다른 지체들로부터 자기에게 필요한 것들을 공급받아 잘 자라갈 수 있게 된다.

끝으로, 바울은 "온 몸이 사랑 안에서 스스로 세우느니라"고 말함으로써, 교회가 "사랑"을 통해서 세워져 가는 것임을 보여준다. 이것은 몸 전체에 속한 모든 지체들이 골고루 성장해 가는 것이 아니라면, 일부 특정한 지체들이 성장한다고 할지라도, 그 성장은 유익이 없다는 것을 의미한다. 따라서 자신만이 따로 독자적으로 성장해 나가고자 하는 사람은 잘못 생각하고 있는 것이다. 만일 다리나 팔이 거대하게 자라거나, 입만 엄청나게 크게 발달한다면, 그러한 일부 특정한 부분들의 기형적인 성장은 몸 전체에 얼마나 큰 해악을 끼치게 되겠는가? 마찬가지로, 우리가 진정으로 그리스도의 지체들이 되고자 한다면, 자기 자신만의 유익을 위하여 행하는 사람은 아무도 없어야 하고, 우리는 몸 전체의 유익과 서로의 유익을 위하여 우리가 어떻게 하여야 하는지를 생각해서 행하는 자들이 되어야 한다. 이것은 "사랑"에 의해서 이루어진다. "사랑"이 지배하지 않는 곳에서는 "세움"이라는 것은 존재할 수 없고, 오직 교회는 뿔뿔이 흩어지는 것만이 있게 될 뿐이다.

¹⁷그러므로 내가 이것을 말하며 주 안에서 증언하노니 이제부터 너희는 이방인이 그

마음의 허망한 것으로 행함 같이 행하지 말라 ¹⁸그들의 총명이 어두워지고 그들 가운데 있는 무지함과 그들의 마음이 굳어짐으로 말미암아 하나님의 생명에서 떠나 있도다 ¹⁹그들이 감각 없는 자가 되어 자신을 방탕에 방임하여 모든 더러운 것을 욕심으로 행하되(4:17-19).

17. 그러므로 내가 이것을 말하며 주 안에서 증언하노니 이제부터 너희는 이방인이 그 마음의 허망한 것으로 행함 같이 행하지 말라. 바울은 지금까지 그리스도께서 자신의 교회를 세우기 위하여 정하신 "치리"에 대하여 말해 왔기 때문에, 이제 여기에서는 복음의 가르침이 그리스도인들의 삶 속에서 어떠한 열매들을 맺는 것이 합당한지를 에베소 교인들에게 말해 준다. 또는, 우리는 여기에서 바울은 복음의 가르침에 합당한 "세움"의 성격을 자세하게 설명하기 시작하고 있다고 말할 수도 있을 것이다.

바울은 먼저 에베소 교인들에게 불신자들의 "허망한 것"은 그리스도인으로서의 그들의 현재의 신분과 전혀 부합하지 않다는 논리를 펴면서, 그러한 허망한 것을 버리라고 권면한다. 만일 그리스도의 학교에서 가르침을 받고 구원의 빛으로 조명을 받은 사람들이 헛된 것을 좇아서, 그 어떤 진리의 빛도 받은 적이 없는 눈먼 믿지 않는 자들과 그 어떤 점에서도 전혀 다르지 않은 삶을 살아간다면, 그것은 너무나 어리석고 어이없는 일이 될 것이다. 그러므로 바울이 그러한 논리를 근거로 해서, 그들에게 그들이 그리스도의 제자들이 헛되이 된 것이 아니라는 것을 그들의 삶을 통해서 나타내 보일 것을 요구하는 것은 지극히 합당하다. 그는 자신의 권면에 한층 더 큰 권위와 진지함을 더하기 위해서, 하나님의 이름으로 그들에게 부탁하는데("내가 주 안에서 증언하노니"), 이것은 그들이 자신의 이러한 권면과 가르침을 멸시하고 무시한다면, 그들은 언젠가는 하나님께 책임을 져야 할 것임을 상기시키는 역할을 한다.

바울이 여기에서 "이방인들"이라고 한 것은 아직 그리스도께로 회심하지 않은 자들을 의미한다. 그러나 이와 동시에 그가 "너희는 이방인이 그 마음의 허망한 것으로 행함 같이 행하지 말라"고 말하고 있는 것은, 에베소 교인들에게, 그들의 삶이 정죄를 받고서 멸망을 기다리고 있는 자들의 삶과 다를 것이 없다는 것에 대하여, 그들이 회개하여야 한다는 것을 상기시켜 주는 것이기도 하다. 그는 이렇게 말한 것과 같다: "하나님을 믿는 너희가 하나님을 믿지 않는 이방인들의 이러한 비참하고 참담하며 충격적인 삶과 별로 다를 것이 없는 삶을 살고 있다는 실상을 똑똑히 직시하고서 마음을 돌이켜 회개하는 것이 마땅하다." 바울은 믿는 자들과 믿지 않는 자들은 다르다는 것을 단언하고, 우리가 앞으로 보게 되겠지만, 그러한 차이가 생겨나는 원인들을 지적한다. 전자와 관련해서, 그는 믿지 않는 자들의 마음과 생각은 "허망하다"고 정죄한다. 우리는 여기에서 그가 그리스도의 성령에 의해서 거듭나지도 않았고 새롭게 되지도 않은 모든 자들에 대하여 일반적으로 말하고 있는 것임을 기억하여야 한다.

사람의 "마음"은 인간을 구성하고 있는 모든 것들 중에서 최고의 지위를 차지하고 있는 것으로서, "이성"이 자리 잡고 있는 곳이고, "의지"를 주관하고 죄악된 욕망들을 억제한다. 그래서 교황주의자들인 소르본느의 신학자들은 "마음"을 여왕이라고 부르곤 한다. 반면에, 바울은 사람의 "마음"을 "허망한 것"으로만 꽉 차 있는 것이라고 말한다. 그는 사람의 "마음"이 "허망한 것"으로 가득 차 있는 것일 뿐이라고 말한 것으로도, 자기가 말하고자 하는 것을 충분히 표현하지 못했다고 생각한 것처럼, 곧이어서 "마음"의 딸인 "총명"을 언급하면서, 그 총명에 좋은 점수를 주지 않고, 도리어 지독하게 나쁜 평가를 내린다. 나는 여기에서 바울이 사용하고 있는 '디아노이아'(διανοία, 개역개정에는 "총명")를 "총명, 명철, 지각"으로 번역한다. 왜냐하면, 이 단어는 통상적으로는 "생각"(cogitatio)을 의미하지만, 단수형으로 사용된 경우에는 생각하는 기능, 또는 사고력 자체를 가리키기 때문이다. 플라톤은 자신의 저서인 「국가」 제6권의 끝부분에서 '디아노이아'를 '노에시스'(νόησις)와 '피스티스'(πίστις) 중간에 배정하지만, 거기에서 그가 말한 것들은 단지 기하학과 관련된 주제들에만 국한된 것이어서, 이 본문에 적용하는 데에는 무리가 있다. 바울은 앞에서 사람들이 아무것도 보지 못한다고 말하였는데, 이제 여기에서는 가장 중요한 주제들과 관련해서도 그들의 사고력은 눈멀어 있다는 말을 덧붙인다.

사람들은 인간이 지닌 자유의지를 믿고 자랑하지만, 여기에서 바울은 자유의지의 인도와 지도를 받는 것은 눈먼 자의 인도를 받는 것과 같은 것이라고, 자유의지를 극도로 폄하하고 무시해 버린다. 그러나 사람들은 바울이 여기에서 말하는 것들은 자신들이 실제로 경험하는 것과 너무나 다르다고 말하고, 실제로 그들의 말이 옳아 보인다. 왜냐하면, 사람들은 아무것도 보지 못할 정도로 눈이 멀어 있는 것도 아니고, 그들의 총명이나 지각, 또는 사고력이 눈멀고 어두워서 아무런 판단도 하지 못하는 것이 아니기 때문이다. 나의 대답은 하나님의 나라 및 영적인 삶과 관련된 모든 것들에 있어서는 인간의 이성이 지니고 있는 빛은 "어둠"과 별 다를 것이 없다는 것이다. 왜냐하면, 인간의 이성의 빛은 너무나 희미해서 진리를 비추기도 전에 소멸되어서 캄캄한 어둠이 되어 버리고 참된 것에 도달하기도 전에 꺼져 버려서, 이성의 지각력은 거의 어둠이나 다름없기 때문이다. 진리의 원리들은 불꽃들과 같은데, 그 불꽃들은 제대로 타오르기도 전에 부패한 본성에 짓눌려서 질식되어 꺼져 버리고 만다. 예를 들면, 모든 사람들은 하나님이 계신다는 것과 우리는 그 하나님을 섬기는 것이 마땅하다는 것을 안다. 그러나 우리 안에서는 악과 무지가 지배하고 있기 때문에, 그 하나님에 대한 우리의 지식은 너무나 미약하고 혼란스러운 것이어서, 우리는 참된 하나님께로 나아가서 그 하나님을 섬기는 것이 아니라, 도리어 우상을 하나님이라고 생각해서 우상에게로 나아가 섬긴다. 그리고 설령 하나님을 섬기게 되었다고 할지라도, 우리는 특히 율법의 첫 번째 돌판에 기록된 계명들을 오해해서 잘못된 어그러진 길들로 빗나가고 만다.

우리 인간의 판단력은 결코 눈멀어 있지 않다는 두 번째 반론과 관련해서는, 단순히 외적인 행위들만을 놓고 보았을 때에는, 우리의 판단들은 하나님의 율법과 일치한다는 것은 맞다. 그러나 여기에서 우리가 간과하고 있는 것이 있는데, 그것은 모든 악의 근원인 "죄악된 욕망"이다. 즉, 우리 인간의 모든 판단들의 근저에는 "죄악된 욕망"이 자리잡고 있기 때문에, 그 판단들은 모두 잘못되고 눈먼 것들이 될 수밖에 없다는 것이다. 게다가, 바울은 단지 우리가 모태로부터 태어날 때에 가지고 나온 본성적인 눈멂에 대해서만 말하고 있는 것이 아니라, 나중에 보게 되겠지만, 우리는 태어난 후에 무수한 죄들을 짓게 되고, 하나님이 우리의 그러한 죄들로 인하여 우리에 대한 벌로 우리를 점점 더 눈멀게 하시는 것까지도 포함해서 말하고 있는 것임을 우리는 유념하여야 한다. 따라서 이것으로부터 우리가 도출해 낼 수 있는 결론은 인간이 소유하고 있는 "이성"과 "총명"은 사람들로 하여금 하나님이 계시다는 것과 그들이 하나님을 섬기며 살아가야 한다는 것을 가르쳐 주기 때문에, 하나님 앞에서 그들의 불신앙을 변명의 여지가 없는 것으로 만들어 버리지만, 그들이 자신들의 그러한 본성적인 이성과 총명을 따라 살아가는 한, 눈먼 것과 다름없이 어두운 그들의 이성과 총명으로 인해서 그들의 모든 생각들과 행위들은 잘못되고 어그러질 수밖에 없기 때문에, 그들은 끝없이 방황하고 미끄러지며 넘어질 수밖에 없다는 것이다. 이것은 "허망한 것"의 깊은 심연과 "무지"의 미로로부터 생겨나는 거짓된 예배가 하나님의 눈에 어떻게 보일 것인지, 그리고 하나님 앞에 어떤 평가를 받게 될 것인지를 분명하게 보여준다.

18. 하나님의 생명에서 떠나 있도다. "하나님의 생명"은, "그들은 사람의 영광을 하나님의 영광보다 더 사랑하였더라"(요 12:43)는 본문에서 말하고 있는 것처럼, 하나님이 생명으로 여기시는 것을 의미하는 것일 수도 있고, 하나님이 중생의 성령을 통해서 자신의 택하신 자들에게 수여하시는 생명을 의미하는 것일 수도 있다. 어느 쪽으로 해석하든 의미는 동일하다. 우리가 인간으로서 지니고 있는 통상적인 생명은 참된 생명의 알맹이는 빠진 빈껍데기일 뿐이다. 그것은 단지 그 생명은 신속하게 사라지기 때문만이 아니라, 우리가 살아 있는 동안에도 하나님께 붙어 있지 않은 우리의 영혼은 죽어 있는 것이기 때문이기도 하다. 이 세상에는 세 가지 종류의 생명이 존재한다. 첫 번째는 오직 움직이는 것과 육신적인 감각들만으로 이루어진 동물적인 생명인데, 이것은 우리 인간과 짐승들이 공통적으로 소유하고 있는 것이다. 두 번째는 우리가 아담의 자손들로서 가지고 있는 인간적인 생명이다. 세 번째는 오직 믿는 자들이 얻게 되는 초자연적인, 또는 본성을 뛰어넘는 생명이다. 그리고 이 모든 생명들은 하나님으로부터 오기 때문에, 이것들은 모두 다 "하나님의 생명"이라 불릴 수 있다. 첫 번째 생명과 관련해서, 바울은 아테네에서 행한 자신의 설교에서 "우리가 그를 힘입어 살며 기동하며 존재하느니라"(행 17:28)고 말하고, 시편 기자는 "주의 영을 보내어 그들을 창조하사 지면을 새롭게 하시나이다"(시 104:30)라고 말한다. 두 번째 생명에 대해서는, 욥은 "생명과 은혜를 내게 주시고 나를 보살피심으로 내 영을 지키셨나이다"(욥 10:12)라고 말한다.

그러나 바울이 여기에서 "하나님의 생명"이라고 부르고 있는 것은 특히 믿는 자들의 중생을 의미한다. 왜냐하면, 우리가 중생할 때에만, 하나님께서는 자신의 성령으로 우리를 다스리심으로써, 우리 안에 진정으로 살아 계시고, 우리는 하나님의 생명을 향유하고 누릴 수 있게 되기 때문이다. 이제 바울은 그리스도 안에서 새로운 피조물이 되지 않은 모든 사람들에게는 그러한 "생명"이 결여되어 있다고 선언한다. 그러므로 우리가 하나님을 떠나서 육신을 따라 단지 우리에게 주어진 인간적인 생명으로 살아갈 때, 우리의 처지는 얼마나 비참하고 참담한 것이겠는가! 이것은 우리로 하여금 사람들이 도덕적인 미덕들이라고 부르는 모든 것들이 사실은 어떤 것들인지를 제대로 올바르게 평가할 수 있게 해 준다. 왜냐하면, 바울이 하나님의 생명이 아니라고 선언하고 있는 다른 생명으로부터 나오는 모든 행위들이 어떤 종류의 행위들일지는 너무나 뻔하기 때문이다. 우리에게서 그 어떤 선한 것이 나오기 위해서는, 우리가 먼저 그리스도의 은혜로 말미암아 새로워져야 한다. 우리가 그렇게 새로워질 때에야, 비로소 참된 생명이 우리 안에서 시작되기 때문이다.

그들의 총명이 어두워지고 그들 가운데 있는 무지함과 그들의 마음이 굳어짐으로 말미암아. 바울은 여기에서 "이방인들," 즉 하나님을 믿지 않는 자들이 "하나님의 생명에서 떠나" 있게 된 원인을 우리에게 들려 주는데, 우리는 그가 여기에서 어떤 것을 원인으로 제시하고 있는지에 귀를 기울여야 한다. 왜냐하면, 그는 하나님을 아는 지식이 우리 영혼의 참된 생명인 것과 마찬가지로, 반대로 하나님에 대한 "무지"는 우리 영혼의 죽음이라고 말하고 있기 때문이다. 바울은 우리가 "무지"는 우리를 여러 가지 잘못들과 오해들로 이끈다는 점에서, 일차적이고 중대한 악이 아니라 단지 부수적인 작은 악일 뿐이라는 철학자들의 주장을 받아들이지 않게 하기 위해서, "무지"의 뿌리는 눈먼 마음에 있기 때문에, "무지"는 우리의 본성에 뿌리를 내리고 있는 것임을 보여준다. 그리고 사람들의 마음을 뒤덮고 있는 최초의 "눈멂"은 원죄에 대한 형벌이다. 왜냐하면, 아담이 최초로 하나님을 거역하고 반역을 저지른 후에 하나님의 참된 빛을 박탈당했고, 그 참된 빛이 그에게서 사라지게 되었을 때, 무시무시한 어둠만이 그를 지배하게 된 것이기 때문이다.

19. 그들이 감각 없는 자가 되어 자신을 방탕에 방임하여 모든 더러운 것을 욕심으로 행하되. 바울은 앞에서 본성적인 타락과 부패에 대하여 말하였기 때문에, 이제 여기에서는 사람들이 그러한 타락한 본성을 토대로 해서 스스로 악한 죄악들을 반복적으로 범함으로써 그들에게 초래된 최악의 결과를 설명하는데, 그것은 결국 그들의 마음의 "감각들"이 파괴되어서, 죄책감이나 죄의식을 느끼지 못하게 되어, 그들을 자신의 온갖 죄악들에 내던지게 되는 상황이 벌어지게 되었다는 것이다. 우리는 본성적으로 부패하고 타락해서 악에 끌리게 되어 있다. 아니, 우리는 본성적으로 오로지 전적으로 악에만 끌리는 그런 존재이다. 그리스도의 영이 없는 자들은 자신들이 하고 싶은 대로 행하는 "방탕"에 빠지게 되고, 악이 악을 낳는 식으로 끊임없이 새로운 죄악들을 범함으로써 결국에는 하나님의 진노를 자초하게 된다. 그들은 그들을 고소하는 양심을 통해서 여전히 계속해서 하나님의 음성을 듣기는 하지만, 그 음성에 순종해서 그들의 행실을 고치려고 하는 것이 아니라, 도리어 하나님이 그들의 양심을 통해서 권면하고 경고할수록 거기에 점점 더 심하게 반항하게 되기 때문에, 그들의 마음은 더욱더 딱딱하게 "굳어지게" 된다. 그리고 그러한 완악함으로 인해서, 그들은 하나님에 의해서 완전히 버림을 받아야 마땅한 지경

에까지 이른다.

그들이 이렇게 하나님에 의해서 버림받았음을 보여주는 통상적인 징후는, 바울이 여기에서 말하고 있듯이, "감각 없는 자," 즉 죄악을 저지르고도 고통을 느끼지 못하는 자가 되어 있는 것이다. 그들은 무수한 죄악들을 자행하여 하나님을 극도로 진노하시게 함으로써 하나님의 심판이 그들에게 다가오고 있는데도, 이미 무감각한 자들이 되어 있는 까닭에, 그런 것을 아랑곳하지 않고 계속해서 아무렇지도 않게 죄악들을 범하고, 죄의 쾌락들에 빠져서 살아가면서도 조금의 두려움이나 거리낌도 느끼지 못한다. 그들은 그 어떤 부끄러움도 느끼지 못하고, 자신들이 어떤 모습으로 살아가고 있는지에 대해서도 전혀 개의치 않는다. 양심이 죄책감 가운데서 하나님의 심판에 대한 두려움으로 인해서 몹시 고통스러워하고 신음하는 것은 지옥의 입구에 가까이 왔다는 것을 말해 주는 것이지만, 그들의 마음은 무감각하고 굳어져 있기 때문에, 폭포처럼 요란한 소리를 내며 떨어지는 양심의 모든 소리들은 그들의 마음에 전혀 들리지 않는다. 그래서 솔로몬은 "악한 자는 깊은 물 앞에 이르러도 그것을 멸시한다"(잠 18:3, 개역개정에는 "악한 자가 이를 때에는 멸시도 따라오고")고 말한다. 그러므로 바울이 "감각 없는 자"가 되는 것을 하나님의 보응하심의 무시무시한 예로 여기에서 제시하고 있는 것은 지극히 합당하다. 어떤 사람이 하나님에 의해서 버림받은 자가 되었을 때에는, 한 마디로 말해서 그는 "감각 없는 자"가 되기 때문에, 그의 양심은 잠을 자게 되고, 하나님의 심판에 대한 모든 두려움이 그에게서 사라져서, 자기 자신을 온갖 악에 스스럼없이 내던져서 온갖 흉악한 죄악들을 자행하게 된다. 이것은 보편적으로 적용되는 예는 아니다. 왜냐하면, 하나님께서는 무한히 선하셔서 이 세상이 절대적인 혼란 속으로 빠져 들어가는 것을 막으시기 위해서, 아무리 하나님으로부터 버림받아 멸망에 처해지게 될 자들이라고 할지라도, 그들 모두가 제멋대로 마음껏 죄악을 자행하도록 내버려두시지는 않으시고, 그들의 대다수를 일정한 한도 내에서 통제하시기 때문이다. 그 결과, 악인들을 통제하지 않았을 때에 그들에게서 나올 수 있는 절제되지 않은 무지막지한 죄악들이 모두 다 세상에 횡행하게 되는 일은 벌어지지 않는다. 하지만 우리는 하나님을 떠나 있는 일부 사람들의 삶과 행실 속에서 바울이 여기에서 말하고 있는 그러한 예를 보는 것만으로도, 우리에게도 그런 비슷한 일이 일어나지 않도록 경계하고 두려워하는 것이 마땅하고, 하나님께서도 일부 악인들의 예를 통해서 우리에게 그러한 교훈을 주시는 것으로 충분하다고 여기신다.

바울이 여기에서 말하는 "방탕"(ἀσελγεία - '아셀게이아')은 하나님의 성령에 의해서 통제를 받지 않은 육체가 제멋대로 자기가 하고 싶은 대로 무절제하게 행하는 것을 가리키는 것으로 보이고, "더러운 것"은 온갖 종류의 추악하고 난잡한 죄악들을 가리킨다. 바울은 여기에 "욕심으로"라는 말을 덧붙인다. "욕심"으로 번역된 헬라어 '플레오넥시아'(πλεονεξία)는 흔히 "탐심" 또는는 "탐욕"(눅 12:15; 벧후 2:14)을 가리키고, 어떤 이들은 이 본문에서도 그런 의미로 사용된 것이라고 설명한다. 그러나 나는 그러한 해석을 따를 수 없다. 부패하고 타락한 사악한 욕망들은 아무리 채워도 채워질 수 없는 욕망들이다. 그래서 바울은 "절제"와 반대되는 의미로, 즉 절제가 되지 않는 가운데 그런 욕망들을 끝도 없이 추구한다는 의미에서 이 단어를 여기에 덧붙인 것이다.

²⁰오직 **너희는** 그리스도를 그같이 배우지 아니하였느니라 ²¹진리가 예수 안에 있는 것 같이 너희가 참으로 그에게서 듣고 또한 그 안에서 가르침을 받았을진대 ²²너희는 유혹의 욕심을 따라 썩어져 가는 구습을 따르는 옛 사람을 벗어 버리고 ²³오직 너희의 심령이 새롭게 되어 ²⁴하나님을 따라 의와 진리의 거룩함으로 지으심을 받은 새 사람을 입으라(4:20-24).

20. 오직 너희는 그리스도를 그같이 배우지 아니하였느니라. 바울은 이제 그리스도인의 삶은 하나님을 떠나 살아가는 이방인들의 삶과 대비된다는 것을 보여 줌으로써, 경건한 자들이 아무 생각 없이, 또는 부주의하게 그들 자신을 이방인들의 가증스러운 행실들로 더럽히는 것은 그리스도인으로서의 그들의 신분과 전혀 부합하지 않고 도리어 반대되고 모순되는 것임을 분명히 한다. 이방인들은 어둠 속에서 행하기 때문에, 옳고 그른 것을 분별하지 못한다. 반면에, 하나님의 진리의 빛을 받아 선악을 분별할 수 있는 자들은 그런 자들과는 다른 삶을 살아가는 것이 마땅하다. 그 마음과 지각을 꽉 채우고 있는 "허망한 것"을 자신들의 삶의 규범으로 삼고 살아가는 자들이 부끄럽고 사악한 욕망들에 그들 자신을 내어 주어 온갖 죄악에 빠져 살아가게 되는 것은 이상한 일이 아니다. 그러나 그리스도의 가르침은 우리에게 우리의 본성과 그 본성에서 나오는 성품들을 버리라고 가르친다. 믿지 않는 자들과 별반 다를 것이 없는 삶을 살아가는 자들은 그리스도로부터 아무것도 배우지 않은 자들이다. 왜냐하면, 그리스도를 아는 지식은 "육체를 죽이는 것"과 분리

될 수 없기 때문이다.

21. 너희가 참으로 그에게서 듣고 또한 그 안에서 가르침을 받았을진대. 바울은 그들의 주의와 열심을 좀 더 불러일으키기 위해서, 단지 그들이 그리스도에게서 들었다고 말할 뿐만 아니라, "그 안에서 가르침을 받았다"는 한층 더 강력한 표현을 사용한다. 그는 이렇게 말한 것과 같다: "너희는 단지 그리스도에게서 지나가는 말로 어떤 말들을 들은 것이 아니라, 그리스도로부터 정식으로 가르침을 받고 자세하게 설명을 들었다."

진리가 예수 안에 있는 것 같이. 여기에는 많은 사람들이 복음이 그들에게 삶을 새롭게 할 것을 요구하고 있다는 것에 대해서는 전혀 알지 못하면서, 복음을 피상적으로 아는 것만으로 모든 것을 다 알았다고 생각해서 우쭐해하는 것에 대한 책망이 담겨 있다. 그들은 자신들이 지극히 지혜롭다고 생각하지만, 사도는 그들의 그런 생각은 잘못된 것이고 착각이라고 선언한다. 그리스도를 아는 지식에도 두 종류가 있는데, 하나는 참되고 진정한 지식이고, 다른 하나는 겉으로만 아는 것처럼 보일 뿐이고 실제로는 알지 못하는 가짜 지식이다. 엄밀하게 말하자면, 사실 두 가지 종류의 지식이 존재하는 것은 아니다. 단지 대다수의 사람들이 육신적인 것 외에는 아무것도 알지 못하면서도, 자신들이 그리스도를 알고 있다고 잘못 생각하고 있을 뿐이다. 바울은 다른 서신에서 "누구든지 그리스도 안에 있으면 새로운 피조물이라"(고후 5:17)고 말하고 있는 것처럼, 여기에서도 육체를 죽이는 것이 수반되지 않는 그리스도를 아는 지식은 참되고 진정한 지식일 수 없다고 단언한다.

22. 너희는 유혹의 욕심을 따라 썩어져 가는 구습을 따르는 옛 사람을 벗어 버리고. 바울은 그리스도인들에게 회개 또는 새로운 삶을 요구하는데, 이것은 자기 부인과 성령에 의한 중생에 있다고 말한다. 그는 우리에게 회개로부터 시작해서, 의복을 입거나 벗는 것과 관련된 비유를 사용하여, "옛 사람을 벗어 버리라"고 명한다. 이 비유에 대해서는 우리가 이미 설명할 기회를 가진 바 있다. 우리가 로마서 6장 및 다른 본문들을 설명할 때에 반복적으로 말하였듯이, "옛 사람"은 우리가 모태로부터 가지고 태어난 본성적인 성품을 의미한다. 그는 아담과 그리스도라는 두 인물을 통해서 두 본성이라고 부를 수 있는 것을 우리에게 설명한다. 우리가 먼저 아담으로부터 태어났을 때, 아담으로부터 오는 부패한 본성은 "옛 사람"이라 불린다. 그리고 우리가 그리스도 안에서 거듭나서, 그 죄악된 본성이 고침을 받게 되었을 때, 그렇게 새로워진 본성은 "새 사람"이라 불린다. 한 마디로 말해서, 옛 사람을

벗고자 하는 자는 자신의 본성을 버려야 한다. "옛"과 "새"라는 단어들에는 구약과 신약에 대한 암시가 담겨 있다고 생각하는 자들은 궤변을 늘어놓는 자들일 뿐이다.

바울은 에베소 교인들에 대한 이 권면이 쓸데없고 불필요한 것이 아니라는 것을 좀 더 분명히 하기 위해서, "구습을 따르는"이라는 말을 덧붙여서, 그들의 이전의 삶을 상기시킨다. 그는 이렇게 말한 것과 같다: "그리스도께서 자신을 너희의 심령에 나타내시기 전에는, 옛 사람이 너희를 지배하였다. 그러므로 너희가 옛 사람을 벗어버리고자 한다면, 너희의 이전의 삶을 버려야 한다."

바울은 "유혹의 욕심을 따라 썩어져 가는 옛 사람"이라고 말함으로써, "옛 사람"을 그 열매들에 의거해서 설명한다. "옛 사람"으로 살아갔을 때에 그들의 삶 속에 맺어진 열매들은 사람들을 유혹하여 멸망에 빠뜨리는 역할을 하는 사악한 욕망들이었다. "썩어 있는"(개역개정에는 "썩어져 가는")이라는 단어는 오래되어서 썩고 부패되었다는 것을 암시한다. 교황주의자들은 "유혹의 욕심들"이라는 어구는 일반적으로 악한 것으로 인정된 가시적인 중대한 욕심들만을 가리키는 것이라고 생각하지만, 우리는 그렇게 생각하지 않도록 조심하여야 한다. 이 단어는 사람들로부터 비난받기는커녕 도리어 박수갈채를 받는 것들, 즉 야심과 영리함 등과 같이 자기애 또는 하나님을 불신하는 것으로부터 나오는 모든 것도 포함한다.

23. 오직 너희의 심령이 새롭게 되어. 경건하고 거룩한 삶을 위한 규범의 두 번째 부분은 우리 자신의 영이 아니라 그리스도의 영으로 살아가는 것이다. 그렇다면, "너희 마음의 영"(개역개정에는 "너희의 심령")은 무엇을 의미하는가? 나는 바울이 여기에서 "너희의 심령에서 새롭게 되라"고 말한 것을 단순하게 해석해서, 그것은 우리가 누가 보아도 죄악된 것임이 명백한 열등한 욕망들이나 욕심들과 관련해서만이 아니라, 지극히 고귀하고 탁월한 것으로 여겨지는 "심령"과 관련해서도 새롭게 되어야 한다는 것을 말하고자 한 것이라고 본다. 여기에서도 그는 당시의 철학자들에게 거의 경배의 대상이 되어 있던 저 여왕, 즉 "마음"을 염두에 두고, 이 말을 하고 있는 것이다. 여기에는 우리의 "마음의 영"과 우리 안에서 또 다른 새로운 "마음"을 만들어 내는 하늘에 속한 신적인 "영" 간의 암묵적인 대비가 존재한다. 우리는 우리 안에 바르고 부패하지 않은 것이 얼마나 있는지를 이 구절로부터 쉽게 추론해낼 수 있다. 왜냐하면, 우리는 우리의 이성이나 마음에는 덕스럽고 칭찬할 만한 것들만이 있을 것이라고 생각하기 쉽지만, 이 구절은 우리에게 주로 바로 그 이성이나 마음을 고치고 바로잡으라고 경하고 있기 때문이다.

24. 하나님을 따라 의와 진리와 거룩함으로 지으심을 받은 새 사람을 입으라.
바울이 앞 절과 이 절을 통해서 말하고자 하는 것은 이런 것이다: "너희는 죄에 의해서 거의 오염되어 있지 않은 것처럼 보이는 '심령'으로부터 시작해서 내적으로 온전히 새롭게 됨으로써 '새 사람'이 되어야 한다." 그가 여기에 덧붙인 "지으심을 받은"이라는 단어는 인간의 첫 번째 창조를 가리키는 것일 수도 있고, 그리스도의 은혜로 말미암아 이루어지는 두 번째 창조를 가리키는 것일 수도 있는데, 어느 쪽으로 해석해도 무리가 없다. 아담은 처음에 하나님의 형상을 따라 지음을 받아서, 마치 거울처럼 하나님의 의를 반영하고 있었다. 그러나 그 형상은 죄에 의해서 지워지고 훼손되었기 때문에, 이제 그리스도 안에서 회복되어야 한다. 우리가 이미 앞에서 설명하였듯이, 사실 경건한 자들의 중생은 그들 안에 하나님의 형상이 다시 만들어지는 것일 뿐이고, 그 밖의 다른 것이 아니다. 첫 번째 창조보다도 이 두 번째 창조에서 하나님의 은혜가 훨씬 더 풍부하고 강력하게 나타난다는 것은 의심의 여지가 없지만, 성경에서는 우리의 최고의 온전함은 우리가 하나님을 닮는 것이고 하나님과 하나가 되는 것에 있다고 한결같이 말한다. 아담은 하나님에 의해서 처음으로 창조되었을 때에 받았던 "형상"을 잃어버렸기 때문에, 그 형상은 그리스도로 말미암아 우리에게 회복되는 것이 반드시 필요하게 되었다. 그리스도 안에서의 "중생"의 목적은 우리를 잘못된 모습으로부터 건져내서, 우리 인간이 원래 지음받은 목적으로 되돌리는 것이다.

여기에서 "의"가 올바른 것을 가리키는 일반적인 용어로 사용되고 있는 것으로 볼 수 있다면, "거룩함"은 그것보다 좀 더 고귀한 어떤 것, 또는 정결하고 순전하게 온 마음을 다해 하나님을 섬기는 것을 가리키는 것이라고 할 수 있을 것이다. 나는 그러한 설명이 잘못된 것이라고 생각하지는 않지만, 세례 요한의 아버지인 사가랴가 "우리가 …… 종신토록 주의 앞에서 성결과 의로 두려움이 없이 섬기게 하리라 하셨도다"(눅 1:74-75)라고 노래하였듯이, "거룩함"은 율법의 첫 번째 돌판에 기록된 계명들을 가리키고, "의"는 두 번째 돌판에 기록된 계명들을 가리키는 것이라고 보고 싶다. 플라톤은 이 둘을 정확하게 구별해서, "거룩함"(ὁσιότης - '호시오테스')은 하나님을 섬기는 것과 관련되어 있고, "의"(δικαιοσύνη - '디카이오쉬네')는 사람들을 대하는 것과 관련되어 있다고 말한다. "진리의"(τῆς ἀληθείας - '테스 알레테이아스')라는 속격 명사는 형용사 대신에 사용된 것으로서, "의"와 "거룩함" 둘 다에 걸린다. 따라서 이 어구는 직역하면 "진리의 의와 거룩함으로"가 되지만, 그 의미는 "참된 의와 거룩함으로"이다. 바울은 이 속격 명사를 덧붙임으로써, 우리가 상대하는 이는 그 어떤 속임수도 통하지 않는 하나님이기 때문에, 우리는 사람들을 대할 때나 하나님을 대할 때나 진정으로 진실하고 참되어야 한다고 우리에게 경고한다.

²⁵그런즉 거짓을 버리고 각각 그 이웃과 더불어 참된 것을 말하라 이는 우리가 서로 지체가 됨이라 ²⁶분을 내어도 죄를 짓지 말며 해가 지도록 분을 품지 말고 ²⁷마귀에게 틈을 주지 말라 ²⁸도둑질하는 자는 다시 도둑질하지 말고 돌이켜 가난한 자에게 구제할 수 있도록 자기 손으로 수고하여 선한 일을 하라(4:25-28).

25. 그런즉 거짓을 버리고 각각 그 이웃과 더불어 참된 것을 말하라. 앞 절에 나온 근원이 되는 가르침, 즉 "의와 거룩함"에 관한 가르침으로부터 모든 교훈들이 흘러나온다. 즉, 마치 하나의 샘으로부터 많은 물줄기들이 생겨나듯이, 새 사람의 "의"로부터 모든 경건한 권면들이 흘러나온다. 삶과 관련된 모든 계명들을 다 모아 놓는다고 하여도, 그 모든 것들을 하나로 묶는 원천인 "의"라는 원리가 거기에 존재하지 않는다면, 그 모든 계명들은 거의 쓸데없는 무익한 것들이 되고 말 것이다. 철학자들은 자신이 믿는 것을 자기 나름대로의 방식으로 제시하지만, 경건에 관한 가르침에 있어서는, "의"를 원리로 삼아서 거기로부터 도출되는 여러 계명들을 따르는 것 외에는, 경건한 삶을 규율해 나갈 수 있는 다른 길이 없다. 그래서 바울은 이제 "의"라는 일반적인 가르침으로부터 도출된 구체적인 권면들을 제시해 나간다. 먼저, 그는 복음이 참되다는 것으로부터, 그들의 "의와 거룩함"도 참되어야 한다고 결론을 이끌어 낸 후에, 일반적인 것으로부터 특수한 것으로 논증해 나가면서, "그러므로 그들이 서로에 대하여 진실해야 한다"고 말한다. 여기에서 "거짓"은 온갖 종류의 거짓과 위선 또는 교활함을 가리키고, "참된 것"은 정직하게 행하는 것을 가리킨다. 그는 그들 간의 온갖 교류가 다 진실할 것을 요구하고, 그런 후에 그 이유를 덧붙임으로써 그러한 요구를 한층 더 강화하는데, 그가 덧붙인 이유라는 것은 "우리가 서로 지체"라는 것이다. 왜냐하면, 지체들은 마음이나 생각이 달라서도 안 되는데, 하물며 서로를 속이며 기만적으로 행한다면, 그것은 도저히 용납될 수 없는 악이 될 것이기 때문이다.

26. 분을 내어도 죄를 짓지 말며. 바울이 시편 4편의 일부(4절)를 염두에 두고

이 말을 한 것인지의 여부는 확실하지 않다. 왜냐하면, 그가 여기에서 사용하고 있는 "분을 내어 죄를 짓지 말며"(ὀργίζεσθε καί μή ἀμαρτανετε - '오르기제스테 카이 메 하마르타네테,' 개역개정에는 이 시편 본문이 "너희는 떨며 범죄하지 말지어다"로 되어 있다)라는 구절이 헬라어 역본인 칠십인역에 나오기 때문이다(개역개정에는 "분을 내어도 죄를 짓지 말며"로 되어 있지만, 칼빈은 "분을 내어 죄를 짓지 말며"로 번역하고 있다 - 역주). 어떤 이들은 여기에서 "분을 내다"로 번역된 '오르기제스테'는 "떨다"를 의미한다고 생각한다. 거기에 해당하는 히브리어 동사 '라가즈'(רגז)는 "분노하다"를 의미하기도 하고 "떨다"를 의미하기도 한다. 시편 4편의 본문에서는 이 단어를 "떨다"로 번역하는 것이 훨씬 더 적절하다. 즉, 거기에서는 이렇게 말하고 있는 것이다: "정신나간 자들처럼 두려움도 모른 채로 경솔하게 천방지축으로 날뛰며 죄악을 밥 먹듯이 저지르는 삶을 살지 말고, 하나님을 생각하지 않고 멋대로 죄악을 저지르며 살아가는 무모한 자로 여김을 받지 않도록 늘 두려워 떠는 마음으로 살아가라." 이 단어는 종종 "다투다, 싸우다"를 의미하기도 하는데, 요셉이 "형들을 돌려보내며 그들에게 이르되 당신들은 길에서 다투지 말라 하였더라"고 한 창세기 45:24 본문이 그 예이다. 그러므로 바울은 그들이 화가 나더라도 속으로 삭이고, 그 분노를 겉으로 드러내어 분란을 이르켜서 죄를 짓게 되지 않기를 바란 것이다.

내 생각에는 바울은 단지 다음과 같은 이유로 이 시편 본문을 간접적으로 암시하고 있는 것으로 보인다. 우리가 분노함으로써 하나님께 죄를 짓게 되는 경우가 세 가지가 있다. 첫 번째로, 우리가 사소한 이유들로 인해서 분노하거나, 흔히 화를 낼 만 한 일이 아닌데도 화를 내거나, 또는 적어도 개인적으로 피해를 입거나 심기가 불편해서 분노하는 것은 죄를 짓는 것이다. 두 번째로, 우리가 적정선을 넘어서 지나치게 화를 내는 것은 죄를 짓는 것이다. 세 번째로, 우리 자신이나 죄악들에 대하여 분노하는 것이 마땅한데도, 우리의 형제들을 향하여 분노하는 것은 죄를 짓는 것이다.

그러므로 바울이 우리가 화를 내더라도 적정한 한계를 지켜야 한다는 것을 권면하기 위해서, 사람들에게 잘 알려져 있던 "분을 내어도 죄를 짓지 말라"는 시편 구절을 사용한 것은 지극히 합당하다. 우리가 우리의 분노의 대상을 다른 사람들이 아니라 우리 자신에게서 찾아서, 우리 자신의 잘못에 대하여 분노를 쏟아 붓는다면, 우리는 바울을 이 권면을 제대로 실천하고 있는 것이다. 다른 사람들에게 화를 널 때에는, 그 사람들에게가 아니라 그들의 잘못들에 대하여 화를 내는 것이 마땅하다. 또한, 우리는 개인적인 손해나 개인적으로 기분이 나쁘다는 이유로 화를 내서는 안 되고, 하나님의 영광을 위한 열심으로 말미암아 분노하여야 한다. 끝으로, 우리의 분노는 어느 정도의 시간이 흐른 뒤에는 진정될 수 있어야 하고, 그 분노의 앙금이 계속해서 남아 있어서 육신의 혈기와 결합되어 폭력적인 것으로 표출되게 해서는 안 된다.

해가 지도록 분을 품지 말고. 악한 것에 이끌리는 인간의 심령의 경향성은 너무나 강해서, 우리가 부적절하고 죄악된 분노를 종종 품게 되는 것은 거의 어쩔 수 없는 일이다. 그래서 바울은 두 번째 해결책을 제시하는데, 그것은 화가 나더라도 그 분노를 신속하게 제압해서, 시간을 오래 끌어서 힘이 모아져서 더욱더 강한 분노로 발전해 가는 것을 막아야 한다는 것이다. 첫 번째 해결책은 "분을 내어 죄를 짓지 말라"는 것이다. 그러나 인간의 본성은 너무나 연약해서, 아예 화를 내지 않는 것은 극히 어렵기 때문에, 그는 "분을 우리의 마음속에 너무 오랫동안 품지 말라," 또는 "분노에게 충분한 시간을 주어서 그 힘이 강해지게 하지 말라"는 것을 두 번째 해결책으로 제시한다. 이렇게 그는 "네가 분노하고 있는데 해가 지는 일이 없게 하라"고 명한다. 따라서 어느 때든지 우리가 화가 났다면, 우리는 해가 지기 전에 그 화를 풀려고 애써야 한다.

27. 마귀에게 틈을 주지 말라. 나는 어떤 이들이 이 구절을 어떻게 해석하고 있는지를 잘 알고 있다. 에라스무스(Erasmus)는 여기에서 바울이 사용한 '토 디아볼로'(τῷ διαβόλῳ, "마귀에게")가 악의적인 자들을 가리키는 것으로 이해해서, 이 구절을 "비방하는 자에게 빌미를 주지 말라"로 번역한다. 그러나 나는 바울이 여기에서 이 말을 하는 목적 또는 의도가, 사탄이 우리의 분노를 이용해서 우리의 마음을 사로잡고 우리의 요새인 이 마음을 장악해서 자기가 원하는 대로 우리를 조종하는 것을 막기 위한 것임을 의심하지 않는다. 우리는 오랫동안 지속되어 온 증오심을 치료하는 것은 불가능하다는 것, 또는 적어도 너무나 어렵다는 것을 날마다 실감하고 있다. 그렇다면, 그렇게 된 원인은 무엇인가? 그것은 우리가 마귀에게 대적하는 대신에, 도리어 우리의 분노로 인해서 우리의 마음을 마귀에게 내어 주어, 마귀로 하여금 우리의 마음을 장악할 수 있게 하였기 때문이다. 따라서 우리는 증오심이라는 독기가 우리의 마음속으로 진입해 들어와서 우리를 물들이기 전에, 우리의 마음으로부터 분노를 철저하게 몰아내지 않으면 안 된다.

28. 도둑질하는 자는 다시 도둑질하지 말고. 이것은 단지 인간의 법률로 처벌하는 범죄행위로서의 도둑질만을 의미하는 것이 아니라, 좀 더 은밀하게 이루어져서 사람들이 도둑질이라고 생각하지 않는 것들이지만, 사실은 다른 사람들의 소유를 훔쳐서 자신의 소유로 만들어 버리는 온갖 행위들을 의미한다. 그러나 여기에서 바울은 단지 우리에게 다른 사람들의 소유를 불의하거나 불법적인 방법으로 자신의 것으로 취하는 것을 금하는 것에서 그치지 않고, 우리의 힘이 닿는 대로 우리의 형제들을 도울 것을 명한다.

돌이켜 가난한 자에게 구제할 수 있도록 하기 위하여 자기 손으로 수고하여. 바울은 이렇게 말한다: "전에는 도둑질로 살아 왔던 자들은 이제 합법적이고 남에게 피해를 안 주는 일을 해서 자신의 생계를 꾸려나가야 하는 것은 물론이고, 그 뿐만 아니라 거기에서 더 나아가서 다른 사람들을 도울 수 있어야 한다." 먼저, 그는 "자기 손으로 수고하여," 형제들에게 폐를 끼치고 신세를 져서 자신에게 필요한 것들을 얻지 말고, 정직하게 일해서 먹고 살 것을 요구한다. 그러나 우리는 다른 사람들에게 "사랑"을 빚진 자들이기 때문에, 거기에서 그쳐서는 안 되고 한 걸음 더 나아가야 한다. 우리 중에는 다른 사람들은 살든 죽든 오직 우리 자신만 살면 된다고 생각하고, 그런 생각으로 살아가는 자가 있어서는 안 된다. 우리 모두는 서로가 필요한 것들을 공급해 주기 위하여 애써야 한다.

그러나 여기에서 한 가지 의문이 생겨난다: "바울은 모든 사람에게 자신의 손으로 일하고 수고하여야 한다는 의무를 부과하고 있는 것인가?" 만약 그런 것이라면, 그것은 너무 가혹한 처사가 될 것이다. 나의 대답은, 우리가 합리적으로 생각한다면, 바울이 무엇을 말하고자 하는 것인지는 분명하다는 것이다. 그는 모든 사람에게 도둑질을 금한다. 그러나 많은 사람들은 자신들은 궁핍해서 살아갈 수가 없다고 하소연한다. 그래서 그는 그들에게 "자기 손으로 수고하라"고 명함으로써, 그런 말은 핑계에 불과하다는 것을 보여준다. 그는 이렇게 말한 것과 같다: "다른 사람에게 해를 끼쳐서는 안 되고, 거기에서 한 걸음 더 나아가서 형제들의 궁핍을 돌아보아서 그들이 필요로 하는 것들을 도와주어야 할 의무를 면제받은 사람은 아무도 없는데, 아무리 힘들고 어려운 처지에 있는 사람이라고 해도 그것은 예외일 수 없다."

선한 일을 하라. 바울은 믿는 자들이 "선한 일"을 하여야 한다면, 도둑질 같은 악한 짓을 하지 말아야 한다는 것은 너무나 당연한 일이라는 식으로, 큰 것이 옳음을 증명하여 작은 것이 옳다는 것을 증명하는 논증을 전개해 나간다. 이러한 논증은 도둑질하지 말라는 그의 권면에 상당한 힘을 추가적으로 실어 준다. 생업들 중에는 사람들의 바른 삶에 도움이 되지 않는 것들이 많이 있기 때문에, 그는 다른 사람들에게 가장 큰 유익이 되는 그러한 생업을 선택해서 수고하라고 에베소 교인들에게 권면한다. 우리는 그가 이렇게 말하는 것을 이상하게 여길 필요가 없다. 키케로(Cicero)를 비롯한 이교도들도 사람들을 부도덕한 삶으로 이끄는 역할만을 하는 그런 직업들을 비난하고 규탄하였는데, 만일 그리스도의 사도가 그러한 직업들을 하나님의 합법적인 소명들에 속한 것으로 여긴다면, 그것은 얼마나 부끄럽고 수치스러운 일이겠는가?

29무릇 더러운 말은 너희 입 밖에도 내지 말고 오직 덕을 세우는 데 소용되는 대로 선한 말을 하여 듣는 자들에게 은혜를 끼치게 하라 30하나님의 성령을 근심하게 하지 말라 그 안에서 너희가 구원의 날까지 인치심을 받았느니라 31너희는 모든 악독과 노함과 분냄과 떠드는 것과 비방하는 것을 모든 악의와 함께 버리고(4:29-31).

29. 무릇 더러운 말은 너희 입 밖에도 내지 말고 오직 덕을 세우는 데 소용되는 대로 선한 말을 하여 듣는 자들에게 은혜를 끼치게 하라. 바울은 먼저 믿는 자들에게 그 어떤 "더러운 말"이라도 사용해서는 안 된다고 명하는데, "더러운 말" 속에는 사람들의 혈기나 정욕을 활활 타오르게 만들 목적으로 사용되곤 하는 모든 표현들이 포함된다. 그는 "더러운 말"르 말미암은 악을 제거하는 데서 만족하지 않고, 그들은 "덕을 세우는" 말을 해야 한다고 명한다. 다른 서신에서 그는 "너희 말을 항상 은혜 가운데서 소금으로 맛을 냄과 같이 하라"(골 4:6)고 말하였는데, 여기에서는 "오직 덕을 세우는 데 소용되는 대로 선한 말을 하라"는 다른 표현을 사용한다. 간단히 말하자면, 이것은 "유익이 되는" 말을 하라는 것이다. 여기에서 사용된 속격 명사 "유익의"는 히브리어 어법에 따라 형용사를 나타내는 것이 틀림없기 때문에, 직역하면 "유익의 덕 세움을 위하여"가 되는 '프로스 오이코도멘 토스 크레이아스'(πρὸς οἰκοδομὴν τῆς Χρείας, 개역개정에는 "덕을 세우는 데 소용되는 대로")는 "유익한 덕 세움을 위하여"를 의미하는 것이 될 수 있다. 하지만 "덕을 세운다"는 비유가 바울의 글들에 아주 자주 등장해서 대단히 폭넓은 의미로 사용되고 있다는 점을 고려할 때, 나는 이 어구를 "덕을 세우는 데 유익한"으로 해석하는 것이 더 낫다고 본다. 이렇게 "유익의 덕 세움"이라는 어구는 "우리의 덕 세움의 진

보”를 의미한다. 왜냐하면, “덕을 세운다”는 것은 “앞으로 나아가게 한다”는 것이기 때문이다. 여기에 바울은 어떻게 해야 덕을 세울 수 있는 것인지에 대하여 설명하기 위해서, 그러한 것은 “듣는 자들에게 은혜를 끼침”을 통해서 이루어진다는 말을 덧붙이는데, “은혜”라는 말은 위로와 조언을 비롯해서 영혼의 구원에 도움이 되는 모든 것을 의미한다.

30.하나님의 성령을 근심하게 하지 말라. 성령은 우리 안에 내주하시기 때문에, 우리의 영혼과 우리의 육신의 모든 부분들은 성령께 드려져야 한다. 그러나 우리가 우리 자신을 부정한 것에 내어 준다면, 우리는 그것을 성령이 우리 안에 계시지 못하도록 내모는 것이라고 말할 수 있다. 그리고 바울은 이것을 한층 더 알아듣기 쉽게 표현하기 위해서, 기쁨과 근심 같은 인간의 감정을 성령에게 돌려서, “성령을 근심하게 하지 말라”고 말한다. 즉, 우리가 성령께 즐겁고 기쁜 거처가 되어서, 성령께서 우리 안에 기쁜 마음으로 거하시게 하고, 성령을 근심하게 할 수 있는 일을 만들지 않기 위해서 애쓰라는 것이다. 어떤 이들은 이 구절을 전혀 다르게 해석해서, 바울은 여기에서 우리가 “더러운 말”로든, 아니면 다른 어떤 식으로든 하나님의 성령으로 인도함을 받는 경건한 형제들의 마음을 상하게 한다면(롬 8:14, “무릇 하나님의 영으로 인도함을 받는 사람은 곧 하나님의 아들이라”), 그것은 그들 안에 내주해 계시는 성령을 근심하게 하는 것이라고 말하고 있는 것으로 이해한다. 경건과 반대되는 말들은 무엇이든지 경건한 자들의 귀가 몹시 싫어할 뿐만 아니라, 그들의 마음속에 깊은 근심과 고통을 만들어 낸다. 그러나 바울이 여기에서 말하고자 하는 것이 그런 것이 아니라는 것은 이후에 이어지는 그의 말에 의해서 분명하게 드러난다.

그 안에서 너희가 구원의 날까지 인치심을 받았느니라. 하나님께서는 그의 성령으로 우리를 인치셨기 때문에, 우리가 성령의 인도하심을 따르지 않고, 악하고 불경건한 혈기와 감정으로 우리 자신을 오염시킬 때, 우리는 성령을 근심하게 한다. 이러한 엄중한 진리를 가장 적절하게 표현해 주고 있는 말은, 우리가 모든 일에서 성령께 순종하고, 순전하고 거룩한 것 외에는 그 어떤 것도 생각하지도 않고 말하지도 않을 때 성령은 우리로 인하여 기뻐하고 즐거워하며, 반대로 우리가 우리의 부르심에 합당하지 않은 것들만을 온통 우리의 마음속에서 생각하고 그대로 행할 때 성령은 근심한다는 것이다. 우리가 성령을 근심하게 하여, 결국 성령이 우리에게서 떠나지 않을 수 없게 만든다면, 그것이 얼마나 충격적인 악인지를 깊이 숙고

하여야 한다. 선지자 이사야도 비록 여기에서와는 다른 의미에서이기는 하지만 동일한 표현을 사용한다. 즉, 그는 우리가 어떤 사람의 마음을 화나게 하고 괴롭게 하였다고 말하는 것과 동일한 의미에서, "그들이 반역하여 주의 성령을 근심하게 하였으므로"(사 63:10)라고 말한다. 바울은 "성령으로 너희가 인치심을 받았다"고 말함으로써, 하나님께서 우리를 멸망받을 악인들과 구별하시고서, 우리가 그의 자녀들이라는 것을 보여주는 분명한 증거로서 우리의 마음에 도장을 찍으신 것이 "성령"이라는 것을 우리에게 가르쳐 준다.

바울은 여기에 "구원의 날까지"라는 어구를 덧붙이는데, 이것은 하나님께서 우리를 인도하셔서 우리에게 약속하신 기업을 우리로 하여금 실제로 향유하게 하실 때까지, 우리를 성령으로 인치시고 보증하셨다는 의미이다. 우리는 그 날에 마침내 우리의 모든 환난으로부터 건짐을 받게 될 것이기 때문에, 그 날은 통상적으로 "구원의 날" 또는 "속량의 날"로 불린다. 우리는 로마서 8:23과 고린도전서 1:30을 주석할 때에 이 "구원의 날"이라는 어구에 대하여 자세하게 살펴보았고, 거기에서 이미 말한 내용 외에 여기에서 특별히 더할 것은 없기 때문에, 이 어구에 대해서 더 설명할 필요는 없을 것이다. 이 본문에서 "인치심을 받았다"는 이 단어가 통상적으로 지니고 있는 것과는 다른 의미를 지닐 수 있다. 즉, 여기에서 이 단어는 하나님께서는 자신의 "표"인 성령을 우리에게 각인시키셨는데, 이것은 그 "표"를 받은 자들만을 자신의 자녀들로 여기시기 위한 것이라는 의미로 사용된 것일 수 있다는 것이다.

31. 너희는 모든 악독과 노함과 분냄과 떠드는 것과 비방하는 것을 모든 악의와 함께 버리고. 바울은 앞에서 "분노"를 정죄한 바 있는데(26절), 여기에서 또 다시 "분노"를 정죄한다. 하지만 그는 이번에는 소란하게 말다툼하고 비방하는 것 같이 "분노"에 통상적으로 수반되는 그런 행위들과 함께 싸잡아서 정죄한다. "노함"(θυμὸν – '튀몬')과 "분냄"(ὀργὴν, – '오르겐')은 그 의미에 있어서는 별 차이가 없지만, "노함"은 분노의 기운 또는 기세를 가리키고, "분냄"은 분노의 행위를 가리킨다는 점에서는 구별이 된다. 그러나 여기에서 이 둘 간의 유일한 차이는 "분냄"은 "노함"보다 좀 더 갑작스럽고 느닷없이 화를 내는 것을 가리킨다는 것이다. "분노"와 관련된 이 모든 악들을 제거하고 바로잡는 데는 "악의"를 버리는 것이 큰 도움이 된다. 바울이 여기에서 말하는 "악의"는 바른 인간성 및 공의와 반대되는 마음의 부패함과 타락을 가리키고, 이것은 통상적으로 "악의"라 불린다.

³²서로 친절하게 하며 불쌍히 여기며 서로 용서하기를 하나님이 그리스도 안에서 너희를 용서하심과 같이 하라(4:32).

32. 서로 친절하게 하며 불쌍히 여기며 서로 용서하기를 하나님이 그리스도 안에서 너희를 용서하심과 같이 하라. 바울은 여기에서 "인자함"(개역개정에는 "친절"), 또는 얼굴 표정과 언어와 태도에 있어서의 "온유함"을 말함으로써, 앞에서 말한 "악독"과 대비시킨다. 하지만 우리에게 다른 사람들을 "불쌍히 여기는 것"(συμπάθεια- '쉼파테이아')이 없다면, "인자함"이나 "온유함"도 우리에게 있을 수 없기 때문에, 그는 우리에게 다른 사람들을 "불쌍히 여길" 것을 권한다. 이렇게 "인자함"과 "불쌍히 여기는" 마음이 우리에게 있는 경우에는, 우리는 우리의 형제들이 겪는 환난들을 마치 우리 자신이 겪는 환난들처럼 여겨서 함께 아파해 줄 수 있게 될 뿐만 아니라, 그들에게 일어나는 모든 일들이 마치 우리 자신에게 일어나는 일들인 것처럼 함께 기뻐하고 함께 울어 주는 참된 인간성이 우리 안에서 활발하게 움직이게 될 것이다. 이것과 반대되는 것은 "냉혹함"이다. 냉혹한 마음을 지닌 자들은 그 마음이 쇠처럼 단단하고 야만적이어서, 다른 사람들의 아픔과 고통을 아랑곳하지 않고 전혀 관심을 갖지 않는다.

어떤 이들은 여기에서 "용서하다"로 번역된 헬라어 '카리조메노이'(χαριξόμενοι)를 "자선"을 의미하는 것으로 해석한다. 거기에 따라서 에라스무스(Erasmus)는 이 단어를 "후히 베풀다"로 번역한다. 이 단어가 그런 의미로 해석될 수 있는 것은 맞지만, 문맥에 비추어 볼 때, 내 생각에는 이 단어는 다른 사람들을 기꺼이 용서하라는 의미를 지닌 것으로 보인다. 왜냐하면, 인자하고 불쌍히 여기는 마음을 지닌 사람이라고 할지라도, 사람들로부터 부당한 대우를 받은 경우에는, 자신이 받은 상처들을 그렇게 쉽게 용서하지 않는 일이 종종 벌어지기 때문이다. 따라서 여기에서 바울은 평소에는 다른 사람들을 인자하게 대하고 불쌍히 여기던 사람들이 사람들의 배은망덕함을 볼 때에는 그들에 대한 인자한 마음과 그들을 불쌍히 여기는 마음을 거두어들이는 일이 얼마든지 일어날 수 있기 때문에, 그들이 그렇게 하지 않도록 하기 위하여, 그런 사람들을 기꺼이 용서하고 미움을 빨리 버려야 한다고 권면하고 있는 것이다.

바울은 자신의 그러한 권면에 더 큰 힘을 싣기 위해서, 하나님께서 우리에게 보여주신 모범을 제시한다. 즉, 하나님께서는 우리가 우리 형제를 용서하는 것과 비교할 수 없을 정도의 용서하심을 그리스도로 말미암아 우리에게 베푸셨다는 것을 우리는 기억하고 명심하여야 한다는 것이다.

제5장

¹그러므로 사랑을 받는 자녀 같이 너희는 하나님을 본받는 자가 되고 ²그리스도께서 너희를 사랑하신 것 같이 너희도 사랑 가운데서 행하라 그는 우리를 위하여 자신을 버리사 향기로운 제물과 희생제물로 하나님께 드리셨느니라(5:1-2).

1. 그러므로 사랑을 받는 자녀 같이 너희는 하나님을 본받는 자가 되고. 바울은 자녀들은 아버지를 본받아야 한다는 자명한 진리에 의거해서, 앞에서 자기가 에베소 교인들에게 한 권면을 그대로 따라 행할 것을 다시 한 번 역설한다. 그는 우리가 하나님의 자녀들이라는 것을 우리에게 상기시키면서, 그렇기 때문에 우리가 할 수 있는 한, 우리는 다른 사람들에게 인자하고 불쌍히 여기는 것과 관련해서 하나님을 본받아야 한다고 말한다. 이 절은 바울이 앞에서부터 다루어 온 주제의 일부로서 서로 아주 밀접하게 연결되어 있는데도, 동일한 주제에 대하여 말하고 있는 단락을 중간에 끊어서 서로 다른 장으로 나누어 버린 것이기 때문에, 이 부분에 있어서의 장절 구분에 대해서는 특히 더욱더 유감을 표하지 않을 수 없다. 여기에서 바울은 우리가 하나님의 자녀들이라면, 하나님을 본받아 행하는 자들이 되는 것이 마땅하다고 말하는데, 그리스도께서도 우리가 사랑 받을 자격이 없는 자들에게 인자함과 사랑을 베풀지 않는다면, 우리는 하늘에 계신 우리 아버지의 자녀들이 될 수 없다고 분명하게 말씀하신다: "나는 너희에게 이르노니 너희 원수를 사랑하며 너희를 박해하는 자를 위하여 기도하라 이같이 한즉 하늘에 계신 너희 아버지의 아들이 되리니 이는 하나님이 그 해를 악인과 선인에게 비추시며 비를 의로운 자와 불의한 자에게 내려주심이라"(마 5:44-45).

2. 그리스도께서 너희를 사랑하신 것 같이 너희도 사랑 가운데서 행하라. 바울은 앞에서는 우리에게 하나님을 본받으라고 명하였는데, 이제 여기에서는 우리에게 우리의 참된 모범이신 그리스도를 본받으라고 명한다. 우리는 그리스도께서 우리를 끌어안으실 때에 보여주신 바로 그 "사랑"으로 서로를 끌어안아야 한다. 왜냐하면 우리가 그리스도에게서 보는 것은 우리의 참된 규범이자 지침이기 때문이다.

그는 우리를 위하여 자신을 버리사. 이것은 최고의 사랑을 보여주는 주목할 만한 증거였다. 그리스도께서는 자기 자신은 전혀 돌보지 않으시고, 우리를 사망으로부터 속량하시기 위하여, 자신의 목숨을 아끼지 않고 내어 주셨다. 우리가 이 은택에 참여하는 자들이 되고자 한다면, 우리의 이웃들을 향하여 그것과 비슷한 마음을 가져야 한다. 우리 중에서 그 누구도 그리스도처럼 온전한 경지에 도달할 수는 없다고 할지라도, 우리 모두는 그렇게 되기 위하여, 각자에게 주어진 분량을 따라 온 힘을 다해 애써야 한다.

향기로운 제물과 희생제물로 하나님께 드리셨느니라. 바울은 그리스도께서 "우리를 위하여 자신을 버리셨다"고만 말하는 것이 아니라, 거기에 "향기로운 제물과 희생제물로" 자기 자신을 하나님께 드리셨다는 사실도 덧붙인다. 이것은 무엇보다도 먼저 그리스도께서 우리에게 베풀어 주신 은혜를 칭송하는 말이기는 하지만, 바울이 지금 다루고 있는 주제와도 직결되어 있다. 그리스도의 죽으심이 가져다준 결과들과 효력은 사실 그 어떤 말로도 온전히 다 표현할 수 없다. 그것은 우리가 하나님과 화해하고 화목하게 되기 위하여 유일하게 지불된 "속전"이었다. 즉, 오직 그리스도의 죽으심이라는 이 "속전"으로 말미암아 우리는 하나님과 화해할 수 있게 되었다는 것이다. 이 주제와 관련해서 "믿음"에 관한 가르침은 최고의 자리를 차지한다. 그러나 구속주께서 우리를 어떠한 사랑으로 사랑하였는지가 우리에게 드러나고, 그 사랑이 우리가 상상할 수 없는 그런 사랑이었다는 것이 드러날수록, 그리스도를 믿는 우리의 믿음과 그리스도를 섬기고자 하는 우리의 마음은 더욱더 강하고 견고해질 것임에 틀림없다. 게다가, 바울이 여기에서 하고 있는 말로부터, 우리는 우리가 서로를 사랑하지 않는다면, 우리가 하나님을 섬겨서 행하는 다른 모든 일들도 하나님 앞에 열납되지 못할 것이라는 결론을 도출해 낼 수 있다. 우리를 하나님과 화목하게 하고 화해시키기 위하여 그리스도께서 자신을 죽음에 내어 주신 것이 하나님께 "향기로운 제물과 희생제물"이었다면, 그 거룩한 "향기"가 우리에게 부어져서, 우리가 다른 사람들에게 그러한 향기를 발산한다면, 우리도 하나님 앞에서 "향기"가 될 것이다. 그래서 그리스도께서는 "예물을 제단 앞에 두고 먼저 가서 형제와 화목하고 그 후에 와서 예물을 드리라"(마 5:24)고 말씀하신다.

³음행과 온갖 더러운 것과 탐욕은 **너희** 중에서 그 이름조차도 부르지 말라 이는 성

도에게 마땅한 바니라 ⁴누추함과 어리석은 말이나 희롱의 말이 마땅치 아니하니 오히려 감사하는 말을 하라 ⁵너희도 정녕 이것을 알거니와 음행하는 자나 더러운 자나 탐하는 자 곧 우상 숭배자는 다 그리스도와 하나님의 나라에서 기업을 얻지 못하리니 ⁶누구든지 헛된 말로 너희를 속이지 못하게 하라 이로 말미암아 하나님의 진노가 불순종의 아들들에게 임하나니 ⁷그러므로 그들과 함께 하는 자가 되지 말라(5:3-7).

3. 음행과 온갖 더러운 것과 탐욕은 너희 중에서 그 이름조차도 부르지 말라 이는 성도에게 마땅한 바니라. 이 장과 골로새서 3장에는 많은 병행 본문들이 나오기 때문에, 독자들은 굳이 나의 도움을 받지 않고서도 별 무리 없이 쉽게 이 둘을 서로 비교해 볼 수 있을 것이다. 여기에서 바울은 그리스도인들이라면 입에 담지조차 않아야 할 정도로 혐오스러워 해야 할 것들, 즉 그리스도인들 가운데서는 이런 일들이 결코 있어서는 안 되는 몹시 가증스럽고 혐오스러운 것들로 세 가지를 열거한다. "온갖 더러운 것"은 모든 추잡하고 더러운 욕망들을 포괄해서 지칭하는 단어이고, "음행"은 그 중의 일부에 속하기 때문에, 이 둘은 서로 다르다. 바울이 세 번째로 언급하고 있는 "탐욕"은 도가 지나치게 이득을 얻고자 하는 욕망을 가리킨다. 그는 이 세 가지를 행해서는 안 된다고 명한 후에, 자기는 그들에게 "성도에게 마땅한" 것들만을 요구하고 있는 것이라고 권위를 가지고 선언하는 말을 덧붙이는데, 이것은 탐욕스러운 자들과 음행하는 자들과 온갖 더러운 짓을 일삼는 자들은 "성도"의 수와 교제에서 배제되어야 한다는 것을 보여준다.

4. 누추함과 어리석은 말이나 희롱의 말이 마땅치 아니하니. 바울은 앞에서 말한 세 가지에, 이제 여기에서는 다른 세 가지를 추가한다. "누추함"은 경건한 자들의 정숙함과 고결함에 어울리지 않는 품위 없고 버릇없고 상스러운 모든 것을 가리키고, "어리석은 말"은 그 어떤 유익도 없고 선한 열매를 거둘 수도 없어서 쓸데없고 무익할 뿐만 아니라, 심지어 불경건하고 해롭기까지 한 합당하지 않고 실없는 말을 가리킨다. 그러한 말들은 흔히 사람들을 즐겁게 해 주는 익살이나 해학이나 재치라는 미명으로 은폐되기 때문에, 바울은 "희롱의 말"을 명시적으로 언급해서 금하고 있다.

"희롱의 말"은 사람들을 웃기고 재미있게 해 주기 위하여 행해지는 말이기 때문에, 겉보기에는 칭찬 받을 만하고 바람직한 말처럼 보여서, 사람들은 그런 말을 하는 것이 악한 것임을 잘 알지 못하지만, 바울은 그런 "희롱의 말"은 "어리석은 말"의 일부라는 것을 보여주고, 여기에서 명시적으로 정죄한다. 흔히 이교 세계의 저술가들은 여기에서 "희롱의 말"로 번역된 헬라어 '유트라펠리아'(εὐτραπελία)를, 적절한 때에 상황에 맞는 말로 정곡을 찔러서 사람들을 즐겁게 해 주는 것이어서, 유능하고 똑똑한 사람들이라면 갖추어야 할 하나의 좋은 자질을 가리키는 것으로 평가한다. 그러나 어떤 것을 비꼬고 풍자하는 것이 없이 재치 있게, 그리고 해학적으로 말하기는 극히 어렵고, 익살이나 해학 자체는 경건한 사람의 성품과는 전혀 어울리지 않는 일정 정도의 속임수를 담고 있기 때문에, 바울이 여기에서 그런 말을 금하고 있는 것은 지극히 합당하다. 그는 여기에서 열거한 세 가지 악 모두에 대하여, 그것들은 "마땅치 않다"고 선언한다. 즉, 그러한 것들은 그리스도인들의 언행으로서 합당하지 않다는 것이다.

오히려 감사하는 말을 하라. 다른 이들은 이 어구를 이렇게 "감사하는 말을 하라"로 번역하지만, 나는 히에로니무스(Ieronimus)의 해석을 따라서 "오히려 은혜로운 말을 하라"로 번역하였다. 바울은 앞에서 그리스도인들이 다른 사람들에게 하지 말아야 할 여러 가지 악덕들을 열거하였기 때문에, 이제 여기에서는 그들이 사람들과 교류할 때에 전체적으로 어떤 모습을 보여야 할지를 말함으로써, 앞에서 말한 악덕들과 대비시키고 있는 것은 합당한 것이었다. 만일 바울이 여기에서 "사람들이 어리석은 말이나 독설을 하는 것에서 즐거움을 찾는다고 할지라도, 너희는 하나님께 감사하는 말을 하라"고 한 것이라면, 그러한 권면은 지나치게 제한적인 것이 될 것이다. 헬라어 '유카리스티아'(εὐχαριστία)는 통상적으로 "감사"를 의미하기는 하지만, "은혜"로 번역하는 것도 가능하다. 그렇게 해석하는 경우에는, 바울은 여기에서 이렇게 말하고자 한 것이 될 것이다: "우리의 모든 말들은 진정한 의미에서 마음을 즐겁게 해 주는 은혜로운 말들이 되게 하여야 한다. 그리고 우리가 영혼에 유익한 말들과 마음을 즐겁게 해 주는 말들을 섞어서 말한다면, 우리는 그러한 목적을 달성할 수 있게 될 것이다."

5. 너희도 정녕 이것을 알거니와 음행하는 자나 더러운 자나 탐하는 자 곧 우상 숭배자는 다 그리스도와 하나님의 나라에서 기업을 얻지 못하리니. 만약 이 서신의 독자들이 바울이 지금까지 열거한 저 악덕들의 유혹에 사로잡혀 있다면, 그들은 그의 권면이나 명령을 한 쪽 귀로 듣고 다른 쪽 귀로 흘려버리거나, 그의 권면이나 명령대로 행하기를 주저하게 될 것이 분명하였다. 그래서 바울은 그러한 악

덕들을 저지르는 자들은 하나님의 나라에 들어가지 못하게 될 것이라는 무시무시하고 중대한 경고를 통해서 그들에게 경각심을 일깨워 주기로 마음을 먹는다. 그는 이것은 그들 자신도 이미 알고 있는 것이라고 말함으로써, 이것이 의심할 여지 없이 틀림없는 사실이라는 것을 강조한다. 어떤 이들은 음행이나 탐욕의 죄를 범한 모든 자들이 하나님의 나라에서 기업을 얻지 못할 것이라고 말하는 것은 너무 가혹한 처사이고, 하나님의 선하심과도 부합하지 않는 것이라고 생각할 수 있다. 그러나 그러한 반론에 대하여 대답하기는 쉬운데, 그것은 여기에서 바울은 그러한 죄들에 빠졌다가 회개하고 그런 죄들을 이제는 저지르지 않는 자들이 죄 사함을 받을 수 없다고 말하고 있는 것이 아니라, 단지 그러한 죄들 자체에 대하여 그러한 선고를 내리고 있다는 것이다. 그는 고린도 교인들에게도 여기에서와 동일한 언어로 말한 후에, 다음과 같은 말을 덧붙인다: "너희 중에 이와 같은 자들이 있더니 주 예수 그리스도의 이름과 우리 하나님의 성령 안에서 씻음과 거룩함과 의롭다 하심을 받았느니라"(고전 6:11).

어떤 사람이 그런 죄들을 저질렀더라도 회개함으로써, 그가 하나님과 화목하게 되었음을 보여주는 증거를 나타내 보인다면, 그는 이제 더 이상 그런 죄들을 저지르던 이전의 그와 동일한 사람이 아니다. 그러나 모든 "음행하는 자나 더러운 자나 탐하는 자"는, 그들이 그런 일을 계속해 나가고 있는 한, 하나님과 교제할 수도 없고, 구원의 모든 소망도 박탈당한다는 것을 알아야 한다. 바울이 하나님의 나라를 "그리스도와 하나님의 나라"라고 부르는 이유는, 하나님께서 그 나라를 자기 아들에게 주셔서, 우리로 하여금 그리스도로 말미암아 그 나라에서 "기업"을 얻게 하셨기 때문이다.

여기에서 바울은 "탐하는 자 곧 우상 숭배자"라고 말함으로써, "탐하는 자"는 "우상 숭배자"라는 보충설명을 덧붙이고 있는데, 다른 서신에서는 "탐심은 우상 숭배니라"(골 3:5)라고 말한다. 하지만 이 "우상 숭배"는 성경에서 그토록 너무나 비일비재하게 정죄하고 있는 그런 "우상 숭배"를 가리키는 것이 아니라, 또 다른 의미에서의 "우상 숭배"를 가리킨다. 모든 탐욕스러운 자들은 오직 이득을 얻고자 하는 맹목적인 탐욕을 가지고서 온갖 수단과 방법을 동원해서 닥치는 대로 재물을 쌓고자 하기 때문에, 그들의 하나님은 참 하나님이 아니라 "재물"이 될 수밖에 없다. 그러나 다른 육신적인 욕심들을 행하는 자들도 마찬가지로 하나님을 진정으로 섬기는 것이 아니고, 자신들의 욕망을 섬기는 자들인데도 불구하고, 왜 그는 오직 "탐하는 자"만을 "우상 숭배자"라고 구체적으로 명시해서 말하고 있는 것인가? 어떤 점에서 "탐욕"이 우리의 헛된 꿈을 이루고자 하는 "야심"이나, 우리 자신을 헛되이 신뢰하여 자부심을 갖는 "자만"보다 더 "우상 숭배"라는 이 부끄러운 이름으로 불릴 만한 자격을 갖추고 있다는 것인가? 나의 대답은 "탐욕"이라는 질병은 널리 퍼져 있어서, 적지 않은 사람들이 이 질병에 감염되어 있는데도 불구하고, 질병으로 여겨지지 않고, 도리어 너무나 보편적으로 권장하고 칭찬 받을 만한 것으로 받아들여지고 있기 때문이라는 것이다. 이것은 "탐욕"에 대하여 바울이 이렇게 "우상 숭배"라고 엄중하게 경고한 이유를 설명해 준다. 즉, 그는 그러한 그릇된 견해가 우리에게 너무나 치명적이라고 생각해서, 우리는 탐욕에 대하여 절대로 그렇게 생각해서는 안 된다고 경고하기 위하여 이러한 엄중한 표현을 사용한 것이다.

6. 누구든지 헛된 말로 너희를 속이지 못하게 하라. 선지자들의 경고를 배척하고 웃음거리와 조롱거리로 삼는 불경건한 개들은 언제나 있어 왔다. 우리는 우리 시대에서도 그런 자들을 발견한다. 사실 사탄은 모든 시대에서 바울이 여기에서 말하는 그런 협잡꾼들을 일어나게 해서, 그들로 하여금 불경건한 논리들을 앞세워서 이런 것들에 대한 하나님의 심판 같은 것은 없고, 그런 말들은 다 헛소리라고 비웃고 조롱하게 하여서, 하나님을 경외하는 마음으로 충분히 견고하게 다져지지 않은 심령을 지닌 자들을 홀리고 속이는데, 그들은 다음과 같은 논리를 편다: "이것은 사소한 잘못일 뿐이다. 하나님은 음행을 가벼운 문제로 보신다. 은혜의 법 아래에서 하나님은 그렇게 엄하거나 냉정하지 않으시다. 하나님은 우리에게 사형선고를 내려서 죽이기 위하여 우리를 지으신 것이 아니다. 우리의 본성은 연약하고, 하나님도 그것을 아시기 때문에, 음행 같은 가벼운 잘못은 쉽게 용서된다." 반면에, 바울은 사람들의 양심을 덫에 걸리게 해서 파멸로 이끄는 그러한 궤변을 조심하여야 한다고 소리 높여 엄중하게 경고한다.

이로 말미암아 하나님의 진노가 불순종의 아들들에게 임하나니. 우리가 여기에서 사용된 현재 시제를 히브리어 어법에 따라서 미래를 가리키는 것으로 본다면, 바울이 여기에서 하고 있는 말은 최후의 심판에 대한 경고가 될 것이다. 그러나 어떤 이들은 "임한다"는 단어를 현재나 미래로 한정되지 않은 불특정한 의미로 이해해서, 바울은 여기에서 에베소 교인들의 눈앞에서 계속해서 집행되고 있는 하나님의 통상적인 심판들을 그들에게 상기시켜 주고 있는 것으로 해석하는데, 나도 그러한 해석에 동의한다. 우리가 눈이 멀고 게으르지만 않다면, 우리는 하나님께서 자신은 그러한 죄악들에 대하여 의롭게 보응하시는 분이심을 스스로 증언해 주고 계신다는 것을 충분히 알 수 있을 정도로 많은 예들을 도처에서 찾아볼 수 있는데, 하나님의 진노가 개개인들에게 사적으로 부어지고, 도시들과 왕들과 나라들에 공적으로 부어지는 예들이 바로 그런 것들이다.

우리는 바울이 "불순종의 아들들에게," 즉 "믿지 않는 자들에게" 또는 "반역하는 자들에게"라는 말을 덧붙이고 있는 것을 간과하지 말고 유념하여야 한다. 그는 지금 믿는 자들에게 말하고 있는 것이고, 그가 이렇게 말하는 목적은 그들이 지금 위험에 처해 있다는 것을 깨우쳐 주고서 경각심을 불러일으키기 위한 것이 아니라, 악한 자들에게 하나님의 심판이 어떻게 집행되고 있는지를 똑똑히 보고서, 그것을 타산지석으로 삼아서 하나님의 무시무시한 심판을 늘 염두에 두고 조심해서 행하여야 한다는 것을 일깨워 주기 위한 것이다. 하나님은 자신의 자녀들에게 자기가 무서운 존재라는 것을 보여주셔서, 그들로 하여금 그를 두려워하고 피하게 만드시는 분이 아니라, 도리어 모든 수단을 다 동원해서 "아버지"로서의 자신의 사랑을 그들에게 보여주시고 알게 하셔서 그들을 자기에게로 이끄시고자 하시는 분이시다.

마지막으로, 바울은 자기가 앞에서 한 모든 말들로부터 결론을 이끌어 내어서, 멸망당하게 될 것이 이미 뻔히 정해져 있는 그런 불경건한 자들과 어울려서 교제하는 것은 너무나 해롭고 위험하기 짝이 없기 때문에, 그런 자들과 함께 하는 일이 있어서는 결코 안 된다고 경고한다.

⁸너희가 전에는 어둠이더니 이제는 주 안에서 빛이라 빛의 자녀들처럼 행하라 ⁹빛의 열매는 모든 착함과 의로움과 진실함에 있느니라 ¹⁰주를 기쁘시게 할 것이 무엇인가 시험하여 보라 ¹¹너희는 열매 없는 어둠의 일에 참여하지 말고 도리어 책망하라 ¹²그들이 은밀히 행하는 것들은 말하기도 부끄러운 것들이라 ¹³그러나 책망을 받는 모든 것은 빛으로 말미암아 드러나나니 드러나는 것마다 빛이니라 ¹⁴그러므로 이르시기를 잠자는 자여 깨어서 죽은 자들 가운데서 일어나라 그리스도께서 너에게 비추이시리라 하셨느니라(5:8-14).

8. 너희가 전에는 어둠이더니 이제는 주 안에서 빛이라 빛의 자녀들처럼 행하라. 바울은 앞에서 말한 명령들에 무게를 더하기 위해서, 이제 여기에서는 그들이

그 명령들을 행하는 것이 얼마나 합당한 일인지를 확증하고 더욱 견고하게 하는 논증을 덧붙인다. 즉, 그는 앞에서 믿지 않는 자들에 대하여 말한 후에, 에베소 교인들에게 그런 자들이 저지르는 죄악들과 그들의 멸망에 동참하는 자들이 되어서는 안 된다고 경고한 후에, 여기에서는 추가적인 근거와 이유를 들어서, 삶과 행실에 있어서 그들은 그러한 불경건한 자들과는 완전히 달라야 한다는 것을 확증한다. 이와 동시에, 그는 에베소 교인들이 하나님에 대하여 배은망덕하게 행하지 않도록 하기 위해서, 그들의 이전의 삶을 또다시 새롭게 상기시킨다. 여기에서 그는 이렇게 말한다: "너희는 이전의 너희의 모습과는 완전히 다른 사람들이 되어야 한다. 왜냐하면, 하나님께서는 너희를 어둠으로부터 불러내셔서 빛이 되게 하셨기 때문이다." "어둠"은 여기에서 중생하기 이전의 사람의 본성 전체에 주어지는 명칭이다. 왜냐하면, 하나님의 빛이 비치지 않는 곳에는, 무시무시한 어둠만이 지배하기 때문이다. 마찬가지로, "빛"은 하나님의 성령으로 말미암아 조명을 받아서 "빛"을 얻게 된 자들에게 주어지는 명칭이다. 바울은 에베소 교인들을 "빛"이라고 말한 직후에, 동일한 의미에서 그들을 "빛의 자녀들"이라고 부르고, 그들은 하나님의 은혜로 말미암아 어둠으로부터 건져내진 자들이기 때문에, 이제는 빛 가운데서 행하는 것이 마땅하다는 결론을 이끌어 낸다. 우리는 바울이 여기에서 에베소 교인들을 "주 안에서 빛이라"고 말하고 있는 것을 주목하여야 한다. 왜냐하면, 그들은 그리스도 밖에 있을 때에는 사탄의 지배 아래 있었는데, 이 사탄은 "어둠"의 임금이기 때문이다.

9-10. 빛의 열매는 모든 착함과 의로움과 진실함에 있느니라 주를 기쁘시게 할 것이 무엇인가 시험하여 보라. 바울이 여기에 "빛의 열매는 모든 착함과 의로움과 진실함에 있느니라"는 삽입문을 둔 이유는 "빛의 자녀들"이 걸어가야 할 길을 제시하기 위한 것이다. 여기에서 그는 그 길을 자세하고 완벽하게 설명하지는 않고, 단지 거룩하고 경건한 삶을 구성하고 있는 몇몇 부분들을 예로 드는 방식으로 그 길을 제시한다.

바울은 "빛의 자녀들"이 어떻게 행하여야 하는지를 전체적으로 규정하는 것은 "하나님의 뜻"이라는 것을 보여주기 위해서, "주를 기쁘시게 할 것이 무엇인가 시험하여 보라"고 말한다. 그는 이렇게 말한 것과 같다: "잘못되고 어그러진 길로 갈 위험성을 없애고 올바르게 살아가고자 하는 사람은 누구나 하나님께 순종하는 삶을 살기로 결단하고, 하나님의 뜻을 자신의 삶의 규범으로 삼고서 행하여야 한다." 오직 하나님의 명령들에 의거해서만 살아가는 것은, 바울이 다른 서신에서 말하고 있는 것과 같이, "이치에 맞는 예배"(롬 12:1, 개역개정에는 "영적 예배")이고, 하나님의 감동을 받은 또 한 사람이 말한 것처럼 "제사보다" 나은 "순종"이다(삼상 15:22, "사무엘이 이르되 여호와께서 번제와 다른 제사를 그의 목소리를 청종하는 것을 좋아하심 같이 좋아하시겠나이까 순종이 제사보다 낫고 듣는 것이 숫양의 기름보다 나으니").

"빛의 자녀"라는 읽기가 문맥에 더 잘 부합하는데도 불구하고, 많은 헬라어 사본들에는 "빛의 자녀"가 "성령(πνεύματος - '프뉴마토스')의 자녀"로 되어 있는 것이 나는 의아하다. 물론, "성령의 자녀"로 읽는다고 해도, 여기에서 바울이 말하고자 하는 것이 달라지는 것은 아니다. 왜냐하면, 어느 쪽으로 읽든, 믿는 자들은 "빛의 자녀들"이기 때문에 빛 가운데서 행하여야 한다는 것이 바울이 말하고자 하는 요지이기 때문이다. 이것은 그들이 그들 자신의 뜻을 따라 살아가지 않고, 전적으로 하나님께 순종하여, 오직 하나님이 명하신 것들만을 행할 때에 이루어진다. 그리고 그러한 순종의 삶은 그 열매들인 "착함과 의로움과 진실함"에 의해서 증명된다.

11. 너희는 열매 없는 어둠의 일에 참여하지 말고 도리어 책망하라. "빛의 자녀들"은 어둠 가운데서, 달리 말하면 "흠이 있고 삐뚤어진 세대"(신 32:5) 또는 악하고 패역한 세대 가운데서 살아가기 때문에, 바울이 여기에서 그들에게 악한 일들에 연루되거나 휘말려 들어서는 안 된다고 경고하고 있는 것은 지극히 합당하다. 우리가 자발적으로 어떤 악한 일을 행하거나 뛰어들지 않는 것만으로는 충분하지 않고, 악을 행하는 자들과 어울리거나 그들을 돕는 일도 하지 않도록 조심하여야 한다. 요컨대, 우리는 어떤 식으로든 악한 일에 동의해서도 안 되고 조언해서도 안 되며 인정해서도 안 되며 도움을 주어서도 안 된다는 것이다. 왜냐하면, 그렇게 하는 것은 모두 악에 "참여하는" 것이 되기 때문이다. 바울은 우리가 악한 일에 가담하거나 동조하지 않는 것으로 우리의 의무를 다했다고 착각하지 않도록 하기 위해서, 우리에게 그런 악한 일들을 "책망하라"고 명시적으로 명한다. "책망하는" 것은 어떤 식으로든 악을 묵인하는 온갖 태도와 반대되는 태도이다. 하나님께서 공개적으로 모독을 당하실 때, 우리 모두는 우리 자신은 그렇게 하지 않았다고 말할 것이고, 실제로 그런 극악무도한 죄책으로부터 자유로울 수 있지만, 그것을 "책망하지" 않는 한, 우리는 은연중에 그것을 묵인하고 묵과하였다는 죄책으로부터는 자유로울 수 없다. 그러나 우리는 하나님의 진리가 견고하게 서지 못하게 되는 것보다는, 세상이 수백 번 멸망하는 편이 더 낫다는 것을 명심하여야 한다.

"책망하다"로 번역된 헬라어 '엘렌케인'(ἐλέγχειν)은 "어둠"이라는 비유와 대응된다. 왜냐하면, 이 단어는 문자적으로 직역하면 이전에 알려지지 않았던 것을 빛으로 끌어내는 것을 의미하기 때문이다. 불경건한 자들은 자신들이 저지르는 악들을 인정하지 않고서, 도리어 망상 속에서 자신들은 미덕들을 행하고 있는 것이기 때문에 잘하고 있다고 생각하거나, 자신들의 죄악이 드러나지 않고 은폐되기를 바라기 때문에(시 36:2, "그가 스스로 자랑하기를 자기의 죄악은 드러나지 아니하고 미워함을 받지도 아니하리라 함이로다"), 바울은 그런 자들을 "책망하라"고 명한다. 그는 어둠의 일들을 "열매 없는" 것들이라그 말하는데, 이것은 그런 일들은 유익한 열매를 맺지 못할 뿐만 아니라, 그 자체로 해로운 것들이기 때문이다.

12. 그들이 은밀히 행하는 것들은 말하기도 부끄러운 것들이라. 이것은 불경건한 자들을 "책망해야" 하는 이유와 그 유익을 보여준다. 그들은 사람들의 눈을 피할 수만 있다면, 그들이 자행하는 죄악들이 아무리 입에 담기조차 힘든 충격적인 죄악들이라고 할지라도, 어떤 죄악이라도 끊임없이 지속적으로 행해 나가고자 할 것이다. 사람들의 입에 자주 오르내리는 속담들 중에 "밤은 부끄러움을 모른다"는 속담이 있다. 밤이 부끄러움을 모르는 이유는 무엇인가? 그것은 "무지의 어둠" 속에서 행하는 자들은 그들 자신의 악을 보지 못할 뿐만 아니라, 하나님과 천사들도 그것을 보지 못할 것이라고 생각하기 때문이다. 그러나 그들의 어둠의 일들에 하나님의 말씀의 횃불을 들이대면, 그들의 눈은 그들이 저지르고 있는 악들을 볼 수 있게 되고, 그러면 그들은 얼굴을 붉히고 부끄러워하기 시작한다. 믿는 자들은 무지 가운데 빠져서 눈이 멀어 죄악을 행하고 있는 불신자들에게 하나님의 진리의 말씀으로 권면하고 책망함으로써 빛을 비춰 주어서, 그들의 은폐되어 있던 죄악들을 낮의 빛 가운데로 이끌어 내게 된다.

불신자들이 자신들의 집의 문들을 꼭꼭 닫아걸고서, 사람들이 보지 못하는 은밀한 곳에서 온갖 추악하고 추잡한 죄악들을 저지르며 방탕한 삶에 빠져 살아갈 때, 그들이 행하는 일들은 말하기조차 부끄러운 것들이다. 그들이 이렇게 모든 수치심을 내팽개치고서 자신들의 온갖 욕망들을 따라서 방탕하게 살게 된 것은, 어둠이 그들에게 담력을 주어서, 그들이 자신들이 하는 모든 일들은 다 은폐되어 있어서 절대로 벌 받을 일이 없을 것이라는 생각을 품었기 때문이 아니겠는가? 그러므로 우리가 그들을 책망해서, 그들이 저지르고 있는 일들을 다 빛으로 드러낸다면, 그들은 자신들이 한 추악한 짓들을 부끄러워하게 될 것이다. 자신이 한 짓이 추악한 짓이라는 것을 인정하는 데서 생겨나는 그러한 부끄러움은 회개를 향한 첫 발걸음이다. 그래서 바울은 고린도전서 14:24-25에서 이렇게 말한다: "믿지 아니하는 자들이나 알지 못하는 자들이 들어와서 모든 사람에게 책망을 들으며 모든 사람에게 판단을 받고 그 마음의 숨은 일들이 드러나게 되므로 엎드리어 하나님께 경배하며 하나님이 참으로 너희 가운데 계신다 전파하리라." 물론, 그가 고린도전서에서 말하고 있는 것은 단지 비유적인 말일 수도 있다. 에라스무스(Erasmus)는 "책망하다"라는 단어를 수정함으로써, 바울이 말하고자 하는 것을 왜곡시켜 버렸다. 하지만 바울이 이 말을 하는 목적은 믿지 않는 자들이 행하고 있는 일들을 책망한다면, 그것은 결코 헛되지 않을 것임을 보여주는 것이다.

13. 그러나 책망을 받는 모든 것은 빛으로 말미암아 드러나나니 드러나는 것마다 빛이니라. "드러나는 것마다 빛이니라"는 구절에서 "드러나다"로 번역된 분사 '파네루메논'(φανερούμενον)은 중간태여서, 수동의 의미나 능동의 의미 중에서 어느 쪽으로도 번역이 가능하기 때문에, "드러나다"로 번역할 수도 있고 "드러내다"로 번역할 수도 있다. 먼저 불가타 역본에서는 수동의 의미로 번역하는데, 그러한 번역을 따르면, "빛"이라는 단어는, 앞에서와 마찬가지로 "빛을 지닌 것"을 가리키는 것이 되고, 따라서 이 구절은 "은폐되었던 악한 일들이 하나님의 말씀에 의해서 책망을 받아 드러났을 때에는, 그 일들은 빛을 받아서 아주 분명하게 드러나게 될 것이다"라는 의미가 된다. 다음으로, 이 분사를 능동의 의미로 이해한다면, 이 구절은 두 가지로 해석될 수 있는데, 첫 번째는 "드러내는 것마다 빛이다"로 해석하는 것이고, 두 번째는 "어떤 것을 드러내는 것은 빛이다," 또는 여기에서 사용된 단수형이 복수형을 나타내는 것으로 보고서, "모든 것을 드러내는 것은 빛이다"로 해석하는 것이다.

에라스무스(Erasmus)는 여기에서 관사가 사용되고 있는 것을 꺼림칙하게 생각해서 그렇게 번역하는 것을 꺼렸지만(이 헬라어 본문에 나오는 '판'을 "드러내는"의 목적어로 해석해서 "모든 것을 드러내는 것이 빛이니라"로 번역하려면 일반적으로는 관사가 없어야 하기 때문에 - 역주), 사실 여기에 관사가 나오는 것은 아무런 문제가 없다. 왜냐하면, 사도들은 관사를 사용하는 것과 관련된 헬라어 문법을 아주 엄격하게 지키지 않았고, 심지어 헬라어에 정통한 저술가들의 글들에서조차도 이런 경우에 종종 관사를 사용하고 있기 때문이다.

문맥상으로 볼 때, 이 분사를 능동의 의미로 이해해서 해석하는 것이 바울이 말하고자 한 것을 정확히 나타내는 것임은 분명해 보인다. 그는 앞에서 에베소 교인들에게 믿지 않는 자들의 악한 일들을 책망해서 어둠으로부터 끌어낼 것을 권면한 후에, 이제 여기에서는 자기가 그들에게 명한 것은 "빛"이라면 의당 해야 할 본연의 책무라는 말을 덧붙인다. 즉, 모든 것을 드러내는 것이 바로 "빛"이라는 것이다. 이것으로부터 도출되는 결론은, 어둠 속에 있는 것들을 책망해서 빛으로 이끌어내어서 드러나게 하지 않는다면, 그것은 "빛의 자녀들"로 불릴 자격이 없다는 것이다.

14. 그러므로 이르시기를 잠자는 자여 깨어서 죽은 자들 가운데서 일어나라 …… 하셨느니라 성경 해석자들은 여기에서 바울이 성경의 어느 본문을 인용한 것처럼 보이기 때문에, 그 본문이 어디에 있는지를 찾아내기 위해서 애를 썼지만, 그런 본문은 그 어디에서도 찾을 수 없었다. 거기에 대해서 나는 내 생각을 밝히고자 한다. 여기에서 바울은 먼저 그리스도께서 자신의 사역자들을 통해서 말씀하고 계시는 것으로 묘사한다. 왜냐하면, 여기에 나와 있는 말씀은 우리가 복음을 전하는 자들로부터 매일 같이 듣고 있는 통상적인 메시지이기 때문이다. 그들이 복음을 전하는 목적은 "죽은 자들"을 살려내서 생명으로 인도하는 것 외에 그 어떤 다른 목적이 있겠는가? 그래서 주님께서도 "진실로 진실로 너희에게 이르노니 죽은 자들이 하나님의 아들의 음성을 들을 때가 오나니 곧 이 때라 듣는 자는 살아나리라"(요 5:25)고 말씀하신다.

이제 이 본문의 문맥에 주의를 기울여 보자. 바울은 앞에서 "빛의 자녀들은 믿지 않는 자들을 책망해서, 그들의 어둠의 일들을 빛으로 드러냄으로써, 그들로 하여금 자신들의 악을 인정하게 만들어야 한다"고 말한 바 있다. 그러므로 그는 이제 여기에서는 그리스도께서 자신의 사역자들로 하여금 복음을 전파하게 하심으로써, "잠자는 자여 깨어서 죽은 자들 가운데서 일어나라"는 음성을 사람들에게 끊임없이 들려 주고 계신다고 말한다. 나는 바울이 여기에서 이사야서에 나오는 것 같은 그리스도의 나라에 관한 예언들을 간접적으로 인용하고 있는 것이 틀림없다고 본다: "일어나라 빛을 발하라 이는 네 빛이 이르렀고 여호와의 영광이 네 위에 임하였음이니라"(사 60:1). 그렇기 때문에, 우리는 우리의 힘이 닿는 데까지 부지런히 잠자는 자들과 죽어 있는 자들을 깨어나게 하고 일어나게 해서 "그리스도의 빛"으로 인도하는 일에 힘쓰는 것이 마땅하다.

그리스도께서 너에게 비추이시리라. 이것은 우리가 사망에서 일어나서 생명으로 나아갔을 때, 그리스도의 빛이 우리 위에 비치기 시작하게 될 것이라는 의미가 아니다. 왜냐하면, 이 구절을 그런 의미로 이해하는 것은, 마치 우리가 먼저 우리의 힘으로 죽음에서 일어나서 생명으로 나아가야만, 그리스도의 은혜가 우리에게 주어지는 것처럼 생각하는 것이기 때문이다. 바울이 이 말을 하는 의도는, 그리스도께서 우리에게 빛을 비추실 때, 우리는 살아나서 사망으로부터 생명으로 옮겨가게 된다는 것을 보여줌으로써, 그가 앞에서 믿지 않는 자들이 구원을 받기 위해서는 먼저 그들의 눈먼 상태로부터 벗어나서 자신들의 참모습을 보아야 한다는 것을 확증하고자 하는 것이다. 일부 헬라어 사본들에는 "그리스도께서 비추이시리라"(ἐπιφαύσει - '에피파우세이')로 읽지 않고 "그리스도께서 만져 주시리라"(ἐφάψεται - '에팝세타이')로 읽고 있지만, 그러한 읽기는 명백한 오류이기 때문에, 더 이상 따져볼 것도 없이 배제되어야 한다.

[15]그런즉 너희가 어떻게 행할지를 자세히 주의하여 지혜 없는 자 같이 하지 말고 오직 지혜 있는 자 같이 하여 [16]세월을 아끼라 때가 악하니라 [17]그러므로 어리석은 자가 되지 말고 오직 주의 뜻이 무엇인가 이해하라 [18]술 취하지 말라 이는 방탕한 것이니 오직 성령으로 충만함을 받으라 [19]시와 찬송과 신령한 노래들로 서로 화답하며 너희의 마음으로 주께 노래하며 찬송하며 [20]범사에 우리 주 예수 그리스도의 이름으로 항상 아버지 하나님께 감사하며(5:15-20).

15. 그런즉 너희가 어떻게 행할지를 자세히 주의하여 지혜 없는 자 같이 하지 말고 오직 지혜 있는 자 같이 하여. 믿는 자들은 그들 자신이 지닌 "빛"으로 다른 사람들의 "어둠"을 몰아내는 일을 게을리 해서는 안 된다고 한다면, 그들 자신의 삶과 행실이 과연 빛 가운데 있는 것인지에 대하여 무지하고 눈멀어 있어서는 안 된다는 것은 두말할 필요도 없지 않겠는가? "의의 해"이신 그리스도께서 떠오르셔서 믿는 자들 위에 그 빛을 비추고 계시는데, 그러한 사람들이 어떻게 어둠 속에 있을 수 있겠는가? 그들은 하나님과 천사들이 뻔히 지켜보시는 가운데 살아가고 있는 것이기 때문에, 어둠 속에서 은밀하게 사는 것이 아니라, 모든 사람들이 다 그들을 지켜보고 있는 것처럼 생각하고 살아가는 것이 마땅하다. 하나님과 천사들은 그들의 눈에 전혀 보이지 않을지라도, 그들은 그러한 증인들을 두려워하는 마음으로 살아가야 한다. 여기에서 바울은 자기가 앞에서 사용해 왔던 어둠과 빛에 관한 비

유를 중단하고, 참된 지혜의 학교에서 주님으로부터 가르침을 받은 자들답게 "지혜 있는 자들"로서 그들의 삶을 규율허 나가야 할 것이라고 명한다. 이렇게 우리는 "지혜 있는 자들"처럼 행함으로써, 우리가 우리의 인도자이자 선생이신 하나님으로부터 그의 뜻을 가르침 받은 자들이라는 것을 증명해 보여야 한다.

16. 세월을 아끼라 때가 악하니라. 바울은 지금이 어떤 "때"인지를 상기시킴으로써 자신의 권면을 강화시킨다: "날들이 악하니라." 우리를 둘러싼 모든 것들이 부패하고 타락해서 우리를 잘못된 길로 이끌어 가려고 하기 때문에, 경건한 자들이 그토록 무수한 가시들 사이로 걸어가면서 다치지 않는 것은 어려운 일이다. 시대 전체가 그러한 부패와 타락으로 온통 오염되어 있기 때문에, 마귀는 시대 전체를 장악하고서 전횡을 일삼고 있는 것으로 보인다. 그러므로 어떤 식으로든 "속량함"이 없이는, "때"를 하나님께 봉헌하는 것은 불가능하다. 그렇다면, "때를 속량하기" 위해서는 어떻게 해야 하는가? 그것은 우리를 쉽게 악한 길로 이끌어 갈 수 있는 무수히 많은 유혹들을 피하고, 세상의 염려들과 쾌락들에 휘말려들지 않는 것, 즉 한 마디로 말해서 "빛의 자녀들"로 살아가는 것을 방해하는 모든 장애물들을 버리고 피하는 것이다. 우리는 "때"를 속량해서 앞으로 진보해 나아가는 데 온 힘을 기울여야 하고, 수많은 장애물들이 있고 어렵고 힘들다는 것을 변명으로 삼아서 뒤로 물러나 나태하게 살아가는 것이 아니라, 도리어 그럴수록 더욱더 정신을 바짝 차리고 깨어 있어야 한다.

17. 그러므로 어리석은 자가 되지 말고 오직 주의 뜻이 무엇인가 이해하라. "오직 여호와의 율법을 즐거워하여 그의 율법을 주야로 묵상하는"(시 1:2) 자들은 사탄이 그들의 진보를 가로막기 위해서 그들이 가는 길에 설치해 놓는 온갖 장애물들을 극복하고 전진해 나아가게 될 것이다. 따라서 우리 중에서 어떤 사람들은 이리저리 방황하고, 어떤 사람들은 넘어지며, 어떤 사람들은 반석에 부딪쳐서 깨지고, 어떤 사람들은 뒤로 물러나는 일이 벌어지는 것은, 우리는 끊임없이 하나님의 뜻을 기억하고 행해 나가는 것이 마땅한 데도, 사탄에 의해서 점점 더 눈이 멀어서 하나님의 뜻을 볼 수 없게 되기 때문이 아니면 무엇 때문이겠는가? 우리가 여기에서 주목할 것은, 바울은 자기가 앞에서 말한 "지혜"를 "주의 뜻이 무엇인가 이해하는" 것이라고 정의하고 있다는 것이다. 다윗은 "청년이 무엇으로 그의 행실을 깨끗하게 하리이까 주의 말씀만 지킬 따름이니이다"(시 119:9)라고 말한다. 그는 청년들에 대해서 그렇게 말하고 있지만, 이것은 나이 든 자들에게도 그대로 적용되기

때문에, 청년들이든 노인들이든 "지혜"는 동일하게 "주의 뜻이 무엇인지를 이해하는" 것이다.

18. 술 취하지 말라 이는 방탕한 것이니. 바울이 그들에게 술 취하지 말라고 명할 때, 그것은 어떤 종류의 술이든 지나치게 많이 무절제하게 술을 마시는 것을 금하는 것이다. 따라서 그는 이렇게 말한 것과 같다: "술을 마실 때에는 무절제하게 많이 마시지 말라." 이와 동시에, 그는 그들에게 술 취했을 때에 생겨나는 악에 대해서 경고하는데, 그 악을 '아소티아'($\dot{\alpha}\sigma\omega\tau\iota\alpha$, 개역개정에는 "방탕한 것")로 표현한다. 나는 여기에서 바울이 제멋대로 방종하게 살아가는 삶이라고 할 수 있는 모든 것을 이렇게 "방탕"으로 표현한 것이라고 생각한다. 만약 이 단어를 "사치"로 번역한다면, 그가 여기에서 말하고자 하는 의미는 크게 약화될 것이다. 그러므로 바울이 말하고자 하는 요지는, 사람이 술에 취하게 되면, 아주 신속하게 절제나 염치를 잃어버리고 무례하고 부끄러움을 모르는 자로 변하게 되고, 따라서 술 취함이 일상인 곳에서는, 자연스럽게 제멋대로 방종하게 살아가는 것이 사람들 가운데서 만연하게 되기 때문에, 절제하고 염치를 알며 정숙한 삶을 살고자 하는 모든 사람들은 술에 취하는 것을 피하고 혐오하는 것이 마땅하다는 것이다.

오직 성령으로 충만함을 받으라. 이 세상의 자녀들은 여러 가지 괴로운 일들과 고통들을 잊어버리고 그 마음을 즐겁게 하기 위하여 술을 찾고 술독에 깊이 빠져 살아가는 일이 흔하다. 그래서 여기에서 바울은 그렇게 육신적으로 마음을 즐겁게 하고 기분 좋게 하는 것을, 하나님의 성령이 원천이 되어서 거기로부터 나오는 저 거룩한 기쁨과 대비시킨다. "성령으로 충만함을 받은" 경우에는, 술에 취했을 때와는 완전히 정반대의 결과들이 생겨난다. 사람이 술에 취했을 때에는 어떤 결과가 생겨나는가? 그것은 무한정의 방탕이다. 술 취한 자들은 그 어떤 속박도 다 내던져 버리고 고삐가 풀린 채로 자신들의 온갖 더러운 욕망들을 충족시키는 방종을 행함으로써 거기에서 기쁨과 쾌락을 얻는다. 그렇다면, 우리가 성령으로 충만하였을 때는 어떠한 결과들이 생겨나는가? 그것은 우리를 신령한 기쁨으로 이끌어서, 우리로 하여금 다음과 같은 것들을 하게 만든다. 여기에서 "성령"은 "성령 안에서의 희락"을 의미한다(롬 14:17, "하나님의 나라는 먹는 것과 마시는 것이 아니요 오직 성령 안에 있는 의와 평강과 희락이라"). 또한, 바울은 "성령으로 충만함을 받으라"고 말함으로써, 술에 취해서 술에 충만하게 되는 것과 간접적으로 대비시키고 있다.

19. 시와 찬송과 신령한 노래들로 서로 화답하며 너희의 마음으로 주께 노래

하며 찬송하며. 이러한 것들은 참된 즐거움과 기쁨의 열매들이다. 여기에서 "서로 화답하며"는 이러한 것들이 그들의 호중에서 행해지는 것을 의미한다. 바울은 각 사람에게 혼자 속으로 그렇게 하라고 명하고 있는 것이 아니다. 왜냐하면, 그는 후반절에서 "너희의 마음으로"라는 어구를 덧붙이고 있지만, 그것은 "외식하는 자들처럼 단지 혀로만이 아니라 마음으로" 찬송하라고 말한 것과 같기 때문이다. "시와 찬송" 또는 "찬송과 신령한 노래들"이 서로 어떤 차이가 있는 것인지에 대해서는, 우리가 나중에 기회가 될 때에 조금 살펴보기는 하겠지만, 확실하게 말하기가 쉽지 않다. 바울이 이러한 "노래들"에 "신령한"이라는 수식어를 붙인 것은 아주 적절하다. 왜냐하면, "노래들"은 대부분의 경우에는 거의 언제나 속된 내용들을 주제로 삼는 까닭에, 고결하고 신령한 것과는 거리가 멀기 때문이다.

20. 범사에 우리 주 예수 그리스도의 이름으로 항상 아버지 하나님께 감사하며. 여기에서 바울은 하나님께 감사하는 것은 믿는 자들에게 주어진 기쁘고 즐거운 일들 중의 하나인데, 우리가 그 일을 의례적으로 행하여서 그 일에서 기쁨과 즐거움을 느끼지 못하여 싫증을 내고 지겨워하는 일이 있어서는 결코 안 된다고 말한다. 우리가 하나님으로부터 받는 무수한 은택들은 우리가 기쁨으로 하나님께 감사해야 할 이유를 우리에게 늘 새롭게 제공해 준다는 것이다. 이와 동시에, 그는 믿는 자들에게 그들이 하나님을 찬송하는 일에 자신들의 모든 삶을 다 바쳐서 늘 하나님께 감사하는 삶을 살아가지 않는다면, 그것은 불경건하고 부끄러운 나태함이 될 것이라고 경고한다.

21그리스도를 경외함으로 피차 복종하라 22아내들이여 자기 남편에게 복종하기를 주께 하듯 하라 23이는 남편이 아내의 머리 됨이 그리스도께서 교회의 머리 됨과 같음이니 그가 바로 몸의 구주시니라 24그러므로 교회가 그리스도에게 하듯 아내들도 범사에 자기 남편에게 복종할지니라 25남편들아 아내 사랑하기를 그리스도께서 교회를 사랑하시고 그 교회를 위하여 자신을 주심 같이 하라 26이는 곧 물로 씻어 말씀으로 깨끗하게 하사 거룩하게 하시고 27자기 앞에 영광스러운 교회로 세우사 티나 주름 잡힌 것이나 이런 것들이 없이 거룩하고 흠이 없게 하려 하심이라(5:21-27).

21. 그리스도를 경외함으로 피차 복종하라. 하나님께서는 우리 믿는 자들을 서

로 아주 강력하게 묶어 놓으셨기 때문에, 우리 중에서는 그 누구도 "피차 복종하는" 것을 피하려고 해서는 안 된다. 그리고 사랑이 지배하는 곳에서는, 자연스럽게 각 사람은 자원해서 다른 사람들의 종이 되어 섬기게 된다. 이것은 왕들과 관원들이라고 해서 예외가 될 수 없다. 하나님께서 그들에게 권세를 주신 것은 그들에게 맡겨진 공동체를 섬기게 하기 위한 것이기 때문이다. 따라서 바울이 우리 모두에게 서로에게 복종하라고 권면하고 있는 것은 지극히 합당하다.

그러나 남에게 복종하는 것은 누구에게나 몹시 하기 싫은 일이기 때문에, 바울은 그리스도를 경외하는 마음으로 그렇게 하라고 우리에게 명한다. 왜냐하면, 오직 그리스도만이 우리의 사나운 마음을 굴복시킬 수 있으시고 우리의 교만한 마음을 낮추실 수 있으신 분이실 뿐만 아니라, 우리도 남에게 복종하는 것이 그리스도를 경외하는 것이라면 굳이 그 멍에를 거부하고자 하지 않을 것이고, 우리의 이웃들을 섬기는 것을 부끄러워하지 않을 것이기 때문이다. 우리가 여기에서 "그리스도를 경외함"으로 번역된 어구를 능동의 의미로 이해해서, "우리는 그리스도를 경외하기 때문에 우리의 이웃들에게 복종하여야 한다"로 해석하든, 아니면 수동의 의미로 이해해서, "모든 경건한 자들은 그리스도의 다스리심 아래에서 경외하고 두려워하는 마음으로 지내는 것이 마땅하기 때문에 우리의 이웃들에게 복종하여야 한다"로 해석하든, 바울이 여기에서 말하고자 하는 것에는 별로 차이가 없다. 일부 헬라어 사본들에는 "하나님을 경외함으로"로 되어 있는데, 그것은 아마도 그 사본을 필사한 어떤 사람이 "그리스도를 경외함"이라는 어구가 실제로는 지극히 합당한 것인데도 불구하고, 약간 어색하고 거칠게 느껴진다고 생각해서 그런 식으로 수정을 행한 것으로 보인다.

22. 아내들이여 자기 남편에게 복종하기를 주께 하듯 하라. 이제 바울은 삶의 처지가 서로 다른 여러 부류의 사람들에게 구체적으로 권면하기 시작한다. 왜냐하면, 모든 사람은 다 한데 묶여 있어서 서로에게 복종하는 삶을 사는 것이 마땅하기는 하지만, 각자의 부르심에 따라서, 어떤 부류의 사람들은 다른 부류의 사람들보다도 더 긴밀하게 서로 묶여 있기 때문이다. 사회는 여러 부류의 집단들로 이루어져 있고, 동일한 집단에 속한 사람들은 동일한 멍에를 메고 있는 까닭에, 서로에 대하여 더 강력한 의무들을 지고 살아간다. 그러한 멍에들 중에서 우리가 가장 먼저 생각할 수 있는 것은 남편과 아내 간의 혼인이라는 멍에이고, 두 번째는 부모와 자녀를 묶고 있는 멍에이며, 세 번째는 주인과 종을 연결시켜 주고 있는 멍에이다. 이

렇게 같은 멍에를 멘 세 집단이 있고, 그 세 집단에 속한 사람들은 다시 여섯 부류로 나뉘는데, 여기에서 바울은 그 각각의 부류에 속한 사람들에게 특유한 도리와 의무들을 제시한다. 먼저, 그는 "아내들"에게 "주," 즉 그리스도께 복종하는 것과 똑같은 방식으로 자기 남편에게도 복종하라고 명하는 것으로 시작한다. 남편과 아내는 그 권위가 동등하지 않기 때문에, 아내는 자기 남편에게 복종하지 않는다면, 그리스도께도 복종할 수 없다.

23. 이는 남편이 아내의 머리 됨이 그리스도께서 교회의 머리 됨과 같음이니. 바울은 앞에서 아내들에게 자기 남편에게 복종하라고 명하고 나서, 이제 여기에서는 왜 그래야 하는지 그 이유를 설명하면서, 그리스도께서 남편과 아내의 관계를 자기 자신과 교회의 관계와 동일한 관계로 정하셨기 때문이라고 말한다. 이렇게 이두 관계가 동일한 관계라는 것을 근거로 해서 아내들에게 자기 남편에게 복종하라고 하는 것은, 단지 하나님께서는 아내들이 자기 남편에게 복종하도록 정하셨다고 말하는 것보다도 훨씬 더 강력한 것이다. 여기에서 바울은 이렇게 말함으로써, 두 가지를 말하고 있는 것이다. 하나는 하나님께서는 남편에게 아내를 주관하는 권세를 주셨다는 것이고, 다른 하나는 아내를 주관하는 남편의 권세는 교회의 머리이신 그리스도에게 발견되는 것과 같은 그러한 권세라는 것이다.

그가 바로 몸의 구주시니라. 여기에서 사용된 대명사 "그"를 어떤 이들은 그리스도를 가리키는 것이라고 생각하고, 어떤 이들은 남편을 가리키는 것이라고 생각한다. 내 생각에는 그리스도를 가리키는 것이라고 보는 것이 더 자연스러워 보이고, 게다가 현재 다루어지고 있는 주제를 고려한다면 더욱 그러하다. 따라서 바울은 다른 점들에서와 마찬가지로 이 점, 즉 "구원"과 관련해서도, 이 두 관계 간에는 유사성이 존재한다고 말하고자 하고 있는 것임에 틀림없다. 그리스도께서 교회를 주관하시는 것이 구원을 위한 것인 것과 마찬가지로, 하나님께서 남편으로 하여금 자기 아내를 주관하게 하신 것도 아내의 구원을 위한 것이기 때문에, 아내가 남편에게 복종하는 것은 아내에게 더할 나위 없는 유익이고 위로라는 것이다. 이렇게 아내들에게 자기 남편에게 복종하는 것은 아내들의 구원을 위한 수단이 되기 때문에, 그러한 복종을 거부하는 것은 곧 멸망을 선택하는 것이다.

24. 그러므로 교회가 그리스도에게 하듯 아내들도 범사에 자기 남편에게 복종할지니라. 이 절의 첫머리에는 역접을 나타내는 불변화사 '알라'($\dot{\alpha}\lambda\lambda\dot{\alpha}$, "그러나"; 개역개정에는 "그러므로")가 나오기 때문에, 어떤 사람들은 바울이 앞에서 "그리스

도가 몸의 구주시니라"고 말하고 나서, 거기에 대한 어떤 반대되는 내용을 여기에서 말하고자 하는 것이라고 생각한다. 즉, 그들의 견해에 의하면, 바울은 이렇게 말하고 있는 것이 된다: "오직 그리스도만이 교회의 구주로서 교회를 다스리시는 권세를 가지고 계신다는 것은 의심의 여지가 없다. 그러나 그럼에도 불구하고, 아내들은, 남편은 아내에 대하여 그리스도와 동등한 권세를 주장할 수는 없지만, 그리스도의 권세를 닮은 그런 권세를 아내에 대하여 가지고 있기 때문에, 교회가 그리스도께 복종하듯, 아내도 남편에게 복종하여야 한다는 것을 알아야 한다." 하지만 나는 앞 절에서 내가 제시한 해석을 따르고자 한다. 왜냐하면, 여기에서 사용된 불변화사 '알라'는 역접으로서의 의미를 뚜렷이 지니고 있지 않는 것으로 보이기 때문이다.

25. 남편들아 아내 사랑하기를 그리스도께서 교회를 사랑하시고. 바울은 이제 "남편들"을 거론하며, 그들에게 아내를 향한 "결코 통상적이지 않은" 사랑을 요구한다. 왜냐하면, 그는 아내에 대한 남편의 "사랑"과 관련해서도, 그리스도의 모범을 제시하며, 그리스도께서 교회를 사랑하셨던 그런 사랑으로 아내를 사랑하여야 한다고 말하고 있기 때문이다. 남편들이 그리스도의 형상을 지닌 자들이자, 어떤 의미에서는 그리스도를 대표하는 자들이라는 영광과 존귀를 누리고자 한다면, 아내에 대한 남편으로서의 도리에 있어서도 그리스도를 본받지 않으면 안 된다.

그 교회를 위하여 자신을 주심 같이 하라. 바울은 이 말을 하게 된 기회를 활용해서, 조금 후에 그리스도의 은혜를 찬양하는 말을 덧붙이고 있기는 하지만, 어쨌든 이 말을 하는 목적은 남편이 자기 아내를 어떠한 사랑으로 사랑해야 마땅한 것인지를 보여주기 위한 것이다. 그리스도께서는 자신의 교회를 위하여 자신을 내어주셔서 죽는 것을 조금도 주저하지 않으셨는데, 남편들은 아내를 사랑함에 있어서 그리스도의 그 점을 본받아야 한다. 하지만 그리스도께서 자신의 죽으심으로 말미암아 교회를 속량하시는 결과를 가져오신 것은 오직 그에게만 해당되는 것일 뿐이기 때문에, 바울은 아내에 대한 남편의 사랑도 그런 결과를 가져온다고 말하고 있는 것은 아니다.

26. 이는 곧 …… 거룩하게 하시고. 여기에서 "거룩하게 하시고"는 그리스도께서 교회를 자신의 소유로 구별하셨다는 것을 의미하는데, 나는 "거룩하게 하다"라는 단어가 그런 의미로 생각한다. 그리고 이것은 죄 사함과 성령으로 말미암은 중생에 의해서 이루어진다.

물로 씻어 …… 깨끗하게 하사. 바울은 앞에서 내적으로 은밀하게 이루어지는 "성별"에 대해서 말하였기 때문에, 이제 여기에서는 그러한 성별을 가시적으로 확증해 주는 "외적인 징표"를 덧붙인다. 그는 이렇게 말한 것과 같다: "그러한 성별에 대한 보증이자 담보로 우리에게는 세례가 주어진다." 여기에서 지금까지 흔히 그래 왔듯이, 사람들의 악한 미신으로 인해서 성례전이 우상으로 변질되지 않도록 하기 위해서, 우리는 올바르지 않은 해석을 경계할 필요가 있다. 바울이 우리가 세례를 통해서 "씻음"을 받는다고 말할 때, 그가 말하고자 하는 것은, 하나님께서는 우리가 씻음을 받았다는 것을 우리에게 선언하심과 동시에, 세례가 상징하는 것을 우리에게 베푸시기 위한 수단으로 세례를 사용하신다는 것이다. 만일 세례가 상징하는 "실체"가 세례와 결합되어 있지 않다면, 또는 같은 말이지만, 그러한 "실체의 나타남"이 세례와 결합되어 있지 않다면, 우리 영혼이 세례로 말미암아 씻음을 받는다고 말하는 것은 틀린 말이 되고 말 것이다. 이와 동시에, 우리는 오직 하나님께만 속한 것을 세례라는 징표 자체 또는 세례를 집례하는 자에게 돌리지 않도록 주의하여야 한다. 우리는 세례를 베푸는 자에 의해서 우리가 "씻음"을 받는다거나, 세례의 "물"이 우리 영혼의 더러운 것들을 씻어 깨끗하게 해 주는 것이라고 생각해서는 안 된다. 왜냐하면, 그런 것들을 이룰 수 있는 것은 오로지 "그리스도의 피"밖에 없기 때문이다. 요컨대, 우리는 우리를 죄로부터 깨끗하게 주는 권능을 조금이라도 세례나 세례를 구성하는 "요소"나 집례자에게 돌려서는 안 된다는 것이다. 왜냐하면, 우리를 곧바로 그리스도께로 인도해서 우리로 하여금 전적으로 오직 그리스도만을 의뢰하게 하는 것이 성례전의 고유하고 참된 용도이기 때문이다.

또한, 어떤 이들은 세례가 우리 영혼을 씻어서 깨끗하게 해 준다고 말하는 것은 "징표"에 너무 지나친 의미를 부여해서 그러한 징표를 과도하게 중시하는 것이라고 생각한다. 그들은 그런 염려에 의해 영향을 받아서, 여기에서 바울이 세례에 대하여 선언하고 있는 찬사의 의미를 어떻게든 축소시키려고 지나치게 애를 쓴다. 그러나 그들이 잘못 생각하고 있는 것임은 너무나 분명하다. 왜냐하면, 무엇보다도 먼저, 사도는 우리의 영혼을 씻어 깨끗하게 하는 것은 세례라는 징표라고 말하는 것이 아니라, 그것은 오로지 하나님이 하시는 일이라고 분명하게 선언하고 있기 때문이다. 우리의 영혼을 씻어 깨끗하게 하시는 이는 하나님이시기 때문에, 그 일을 행하시는 영광을 하나님에게서 빼앗아서 하나님이 사용하시는 수단에 불과한 "징표"에 돌리는 것은 옳지 않다. 하지만 하나님께서 세례라는 징표를 그러한 일을 하시기 위한 외적인 수단으로 사용하신다고 말하는 것은 잘못된 것이 전혀 아니다. 하나님의 권능은 그러한 외적인 징표에 의해서 제한을 받지 않으시기 때문에, 하나님께서는 얼마든지 그러한 징표를 사용하지 않으시고도 우리의 영혼을 씻어 깨끗하게 하시는 일을 하실 수 있으시지만, 이 일에 있어서 그러한 징표를 보조수단으로 사용하시는 이유는 우리의 연약함을 도우시기 위한 것일 뿐이다. 어떤 이들은 그런 말은 오직 성령의 역사라고 할 수 있는 것, 그리고 성경의 모든 곳에서 오직 성령에게 돌리고 있는 역할을 빼앗아서 외적인 징표에 주는 것이라고 생각해서, 그런 말에 반대한다. 그러나 그들이 그런 식으로 생각하는 것은 오해이다. 왜냐하면, 하나님께서는 성령을 배제한 채로 오직 징표를 통해서 그 일을 하시는 것이 아니라, 오직 전적으로 성령으로 하여금 그 징표를 통해서 역사하게 하셔서, 그 징표가 상징하는 일을 이루시는 것이기 때문이다. 따라서 "세례"라는 외적인 징표는 그 자체로는 아무 짝에도 쓸데없는 무익한 것이고, 오로지 외부의 어떤 원천으로부터 오는 권능을 힘입을 때에만, 즉 하나님에 의해서 성령으로 말미암는 역사가 있는 경우에만, 하나님이 그 징표에 부여한 일을 이룰 수 있는 "수단"으로서의 의미만을 지닐 뿐이다.

마찬가지로, 이러한 해석은 하나님의 자유를 제한하는 것이 될 것이라고 생각하는 자들의 염려도 전혀 근거가 없다. 하나님의 은혜와 권능은 징표에 한정되거나 묶여 있지 않다. 그렇기 때문에, 하나님께서는 얼마든지 그러한 징표라는 보조수단을 사용하지 않으시고도 은혜와 권능을 자유롭게 베푸실 수 있으시다. 게다가, 징표를 받은 사람들 중에는 실제로 은혜에는 참여하지 않은 사람들이 많다. 왜냐하면, 징표는 선한 자들이나 악한 자들이나 모두에게 공통적으로 주어지는 것이 현실이지만, 성령은 오직 택함 받은 자들에게만 수여되고, 우리가 앞에서 이미 말했듯이, 징표는 성령 없이는 그 어떤 효력도 지니지 못하기 때문이다. 헬라어 분사 '카타리사스'($\kappa\alpha\theta\alpha\rho\iota\sigma\alpha\varsigma$, "깨끗하게 하사")는 과거 시제로 되어 있기 때문에, 바울은 "깨끗하게 하신 후에"라고 말한 것이 된다. 그러나 라틴어에는 과거 시제로 된 능동분사가 없기 때문에, 나는 헬라어 분사가 나타내고 있는 과거 시제를 살려서 번역할 수 없었다. 그리고 그렇게 번역함으로써, 깨끗하게 하시는 역사가 오직 하나님께 속한다는 너무나 중요한 사실이 헬라어 본문에서는 드러나는 반면에 라틴어 번역문에서는 드러나지 않게 되게 되었다.

말씀으로. 바울이 여기에서 "말씀으로"라고 한 것은 쓸데없고 불필요한 말을 괜히 덧붙인 것이 결코 아니다. 왜냐하면, "말씀"을 제거해 버리면, 성례전들이 갖고 있는 모든 권능은 사라지고 말기 때문이다. 성례전들은 "말씀"을 인치는 것 외의 다른 것이 아니기 때문이다. 이 한 가지 사실을 명심하기만 한다면, 사람들은 성례전들과 관련된 그 어떤 미신에서도 벗어날 수 있다. 미신에 사로잡혀 있는 사람들이 성례전들이라는 "징표들"에 홀려서 끌려다니는 이유는, 그들의 마음이 그들을 하나님께로 인도해 줄 "말씀"을 향해 있지 않기 때문이 아니라면, 도대체 무엇 때문이겠는가? 우리가 "말씀" 이외의 다른 것들을 바라볼 때에는, 거기에는 올바른 것도 있을 수 없고 순전한 것도 있을 수 없다. 그러나 "말씀" 이외의 다른 것을 단 하나라도 붙잡게 되면, 그렇게 해서 생겨난 미신은 또 다른 미신을 낳게 된다. 그러한 과정이 계속 반복되다 보면, 사람들의 구원을 위하여 하나님의 권위에 의해서 세워지고 구별된 징표들인 성례전들은 마침내 망령된 것으로 변질되어 끔찍한 우상 숭배를 낳게 된다. 그러므로 경건한 자들의 성례전들과 믿지 않는 자들이 고안해 낸 가짜 성례전들의 유일한 차이는 "말씀"에서 발견된다.

여기에서 바울이 말하는 "말씀"은 징표들인 성례전들의 의미와 용도를 설명해 주는 하나님의 약속의 말씀을 의미한다. 이것으로부터 분명하게 드러나는 것은 교황주의자들은 징표들을 합당한 방식으로 지키고 있는 것이 전혀 아니라는 것이다. 그들은 "말씀"을 자랑하기는 하지만, '말씀'을 일종의 주문으로 여기는 것으로 보인다. 왜냐하면, 그들은 마치 살아 있는 사람들이 아니라 죽은 물체에 대고 말하는 것처럼, 사람들이 알아듣지 못하는 언어로 사람들이 알아들을 수 없게 낮은 목소리로 불명확하게 주문을 외듯이 "말씀"을 중얼거리기 때문이다. 또한, 그들은 사람들에게 성례전들의 신비에 대한 그 어떤 설명도 해 주지 않는다. 그렇기 때문에, 세례라는 성례전은 그 효력을 상실하게 되고, 세례에서 사용되는 물은 그저 죽은 물에 지나지 않게 된다. 여기에서 "말씀으로"로 번역된 어구는 직역하면 "말씀 안에서"이지만, 그 의미는 "말씀에 의해서"가 된다.

27. 자기 앞에 영광스러운 교회로 세우사 …… 거룩하고 흠이 없게 하려 하심이라. 바울은 "세례"와 우리의 "씻음"의 목적이 무엇인지를 여기에서 밝히면서, 그것은 우리로 하여금 하나님 앞에서 "거룩하고 흠이 없게" 살아가게 하기 위한 것이라고 말한다. 즉, 그리스도께서 우리를 씻어 깨끗하게 하시는 것은, 우리로 하여금 다시는 더러운 삶으로 되돌아가서 살지 않고, 우리가 한 번 받은 깨끗함을 평생토록 유지하며 살아가도록 하기 위한 것이라고 말하고 있는 것이다. 바울은 자신의

논증에 알맞은 비유적인 언어를 사용해서 이것을 설명한다.

티나 주름 잡힌 것이나 이런 것들이 없이. 남편이 아내를 사랑할 때에는, 아내를 아름다운 모습으로 치장해 주고 싶어 하는 것과 마찬가지로, 그리스도께서는 자신의 신부인 교회를 사랑한다는 증거로서 교회를 거룩함으로 치장해 주신다. 이 비유는 혼인에 대한 암시를 내포하고 있다. 그러나 그런 후에 바울은 바로 이 비유를 버리고서, 그리스도께서 교회를 자기와 화목하게 하신 것은 교회를 "거룩하고 흠이 없게" 하시기 위한 것이었다고 직설적으로 말한다. 교회의 참된 아름다움은 이러한 부부 간의 순결, 즉 거룩함과 순전함에 있다.

바울은 "세우다"(παραστήσῃ - '파라스테세')라는 단어를 사용함으로써, 교회는 단지 사람들의 눈에만 거룩하게 보이는 것이 아니라, 주님의 눈에 거룩하여야 한다는 것을 보여준다. 왜냐하면, 주님이 "자기 앞에 영광스러운 교회로 세우려고" 하신다는 것은, 비록 교회의 저 감추어진 은밀한 순전함의 열매들이 나중에는 외적인 행위들로 분명하게 드러나서 사람들이 교회의 영광스러운 모습을 보게 된다고 할지라도, 그것은 부차적인 것일 뿐이고, 주님은 교회의 그러한 모습을 자기 이외의 다른 사람들에게 보이기 위해서 교회를 거룩함으로 치장해 주시는 것이 아니라, 오직 교회가 자기 앞에 그런 모습으로 서게 하기 위한 것이 그 목적이라고 말하는 것이기 때문이다. 펠라기우스주의자들은 이 구절을 증거 본문으로 삼아서, 현세의 삶 속에서 사람들은 온전히 의로운 삶을 살 수 있다는 것을 증명하고자 했지만, 그들의 그러한 시도는 아우구스티누스에 의해서 성공적으로 반박되었다. 여기에서 바울은 교회가 무엇을 행하였는지에 대하여 말하고 있는 것이 아니라, 그리스도께서 어떤 목적으로 자신의 교회를 깨끗하게 하셨는지에 대하여 말하고 있는 것이다. 바울은 그리스도께서 자신의 교회를 깨끗하게 하심으로써, 교회가 흠이 없이 거룩하게 되기 위한 발판을 마련해 주셨다고 말하고 있는데, 어떤 사람들이 마치 교회가 이미 온전한 의를 이룬 것처럼 말한다면, 그것은 터무니없는 결론이 될 수밖에 없다. 물론, 우리는 교회의 거룩함이 이미 시작되었다는 것을 부정하지 않는다. 하지만 교회는 거룩함에 있어서 날마다 진보해 나아가고 있는 것일 뿐이고, 온전함이라는 것은 있을 수 없다.

²⁸이와 같이 남편들도 자기 아내 사랑하기를 자기 자신과 같이 할지니 자기 아내를 사랑하는 자는 자기를 사랑하는 것이라 ²⁹누구든지 언제나 자기 육체를 미워하지

않고 오직 양육하여 보호하기를 그리스도께서 교회에게 함과 같이 하나니 [30]우리는 그 몸의 지체임이라 [31]그러므로 사람이 부모를 떠나 그의 아내와 합하여 그 둘이 한 육체가 될지니 [32]이 비밀이 크도다 나는 그리스도와 교회에 대하여 말하노라 [33]그러나 너희도 각각 자기의 아내 사랑하기를 자신 같이 하고 아내도 자기 남편을 존경하라(5:28-33).

28. 이와 같이 남편들도 자기 아내 사랑하기를 자기 자신과 같이 할지니 자기 아내를 사랑하는 자는 자기를 사랑하는 것이라. 바울은 이제 "본성" 자체로부터 이끌어 낸 논증을 통해서, 남편이 아내를 사랑하는 것이 마땅하다는 것을 증명한다: "모든 사람은 본성적으로 자기 자신을 사랑한다. 그러나 자기 아내를 사랑하지 않는 자는 자기 자신을 사랑하는 것이 아니다. 그러므로 자기 아내를 사랑하지 않는 자는 괴물이다." 여기에서 바울은 '자기 아내를 사랑하지 않는 자는 자기 자신을 사랑하는 것이 아니다'라는 소전제가 참이라는 것을, 하나님께서 두 사람이 한 육체가 되어야 한다는 조건 위에서 혼인 제도를 제정하셨다는 사실에 의거해서 증명한다(31절). 그리고 거기에서 더 나아가, 남자와 여자의 이러한 연합이 거룩한 것임을 보여주기 위해서, 그는 남편과 아내의 관계는 그리스도와 그의 교회의 관계와 같다고 말한다. 이것이 그의 논증의 요지인데, 그의 이러한 논증은 일정 정도 인간 사회 전체에 보편적으로 적용된다. 이사야 선지자는 사람이 사람에 대하여 책임이 있다는 것을 보여주기 위해서, "주린 자에게 네 양식을 나누어 주며 유리하는 빈민을 집에 들이며 헐벗은 자를 보면 입히며 또 네 골육을 피하여 스스로 숨지 아니하는 것이 아니겠느냐"(사 58:7)고 말한다. 남편과 아내 간에는 그런 것보다 훨씬 더 밀접한 관계가 존재한다. 왜냐하면, 이 둘은 단지 같은 본성을 지니고 있다는 사실에 의해서 서로 연합되어 있을 뿐만 아니라, 혼인의 유대에 의해서 "한 육체," 또는 한 사람이 된 그런 관계에 있기 때문이다. 혼인의 목적을 진지하게 생각하는 사람은 누구든지 자기 아내를 사랑할 수밖에 없다.

29. 누구든지 언제나 자기 육체를 미워하지 않고 오직 양육하여 보호하기를 그리스도께서 교회에게 함과 같이 하나니. 바울은 혼인으로 말미암는 도리와 의무들을 강조하고 역설하기 위해서, 계속해서 그리스도와 그의 교회의 관계를 우리에게 제시한다. 왜냐하면, 혼인 관계에 있는 남편과 아내의 의무들을 보여줌에 있어서, 그 모범으로서 그것보다 더 강력한 것은 제시할 수 없기 때문이다. 남편이 자

기 아내에 대하여 품어야 하는 최고의 사랑은 이미 그리스도께서 친히 모범을 보여
주셨다. 바울은 혼인으로 인한 저 연합은 그리스도와 그의 교회 간에도 존재한다고
선언한다. 이것은 우리가 그리스도와 갖는 신비한 교제를 보여주는 주목할 만한 본
문이다.

30. 우리는 그 몸의 지체임이라. 바울은 우리가 그리스도의 몸, 그리스도의 육
체, 그리스도의 뼈들을 이루고 있는 지체들이라고 말한다. 첫째로, 이것은 결코 과
장이 아니고 엄연한 진리이다. 둘째로, 바울은 여기에서 단지 그리스도는 우리의
본성에 참여하신 분이라고만 말하고 있는 것이 아니라, 그것보다 더 깊고 심오한
어떤 것을 표현하고 있고, 그 어떤 것을 강조해서 표현하고 있다.

**31. 그러므로 사람이 부모를 떠나 그의 아내와 합하여 그 둘이 한 육체가 될지
니.** 이것은 모세의 글인 창세기 2:24("이러므로 남자가 부모를 떠나 그의 아내와 합하
여 둘이 한 몸을 이룰지로다")을 그대로 인용한 것이다. 그렇다면, 이것은 무엇을 의
미하는 것인가? 하와는 자신의 남편인 아담의 갈비뼈를 재료로 해서 지음을 받았
기 때문에 아담의 일부였다. 마찬가지로, 우리가 그리스도의 참된 지체들이라면, 우
리는 그리스도를 구성하고 있는 재료를 공유하고 있는 자들이기 때문에, 그리스도
와의 "교통"을 통해서 연합하여 "한 몸"이 되어 있다. 요컨대, 바울은 우리와 그리
스도의 연합에 대하여 말하고 있고, 이 연합의 상징이자 보증은 성찬에서 우리에게
주어진다. 어떤 이들은 바울은 여기에서 성찬에 대해서는 한 마디도 하지 않고 오
직 혼인에 대해서만 말하고 있는데도, 이 구절을 성찬과 결부시키는 것은 본문을
왜곡시키는 것이라고 주장하지만, 그런 주장은 대단히 잘못된 것이다. 그들은 신자
들은 성찬을 통해서 그리스도의 죽으심을 기념하는 것이라고 가르칠 뿐이고, 우리
가 그리스도의 말씀에 의거해서 단언하는 "교통" 같은 것은 인정하지 않는다. 하지
만 우리는 그들의 가르침을 반박하는 데 이 본문을 제시하고자 한다. 바울은 우리
가 그리스도의 육체와 그의 뼈들을 이루는 지체들이라고 말한다. 그렇다면, 성찬에
서 그리스도께서 우리에게 자신의 몸을 주셔서 우리로 하여금 향유하게 하시고 영
생을 위한 자양분을 얻게 하시는 것이라고 우리가 말한다고 해서, 그것이 이상할
것이 무엇이 있겠는가? 따라서 우리는 여기에서 바울은 성찬이 상징하고 있는 저
"연합"과 그 결과들을 말하고 있는 것이라고 보아야 한다.

바울은 이렇게 그리스도와 그의 교회의 관계와 혼인 관계라는 두 가지 주제를 한
데 결합시켜서 말하고 있다. 즉, 그는 그리스도와 그의 교회 간의 영적인 "연합"은

모세의 글로부터 인용된 본문이 말해 주고 있는 혼인에 관한 일반적인 법칙이 무엇을 의미하는지를 예시해 주는 것이라고 말한다. 그는 모세의 글에 나오는 그 말씀이 그리스도와 그의 교회의 관계 속에서 성취되었다는 말을 즉시 덧붙인다. 그는 언제나 모든 기회를 활용해서 그리스도께서 우리에게 베푸신 은택들과 그리스도에 대한 우리의 의무들을 선포하고자 하는데, 여기에서도 혼인 관계라는 현재의 주제에 맞춰서 그렇게 하고 있는 것이다. 여기에 인용된 말이 아담이 한 말인지, 아니면 모세가 하나님께서 아담과 하와를 지으신 과정을 보면서 거기에서 추론해서 결론적으로 한 말인지는 확실하지 않지간, 어느 쪽으로 이해해도, 이 말을 해석하는 데에는 차이가 없다. 왜냐하면, 어느 쪽으로 이해하든, 우리는 이 말은 남편이 자기 아내에게 해야 할 도리와 관련해서 하나님의 뜻이 무엇인지를 보여주는 것이라고 보아야 하기 때문이다.

바울은 "사람이 부모를 떠나 그의 아내와 합하여"라고 말하는데, 이것은 "아내와 합하기 위해서 부모를 떠나야 한다면, 비록 부모일지라도 떠나는 것이 옳다"고 말한 것과 같다. 혼인으로 인한 의무가 인간으로서의 다른 의무들을 배제하는 것도 아니고, 하나님의 계명들이 서로 모순되는 것도 아니기 때문에, 남자가 선하고 신실한 남편으로서의 역할을 하기 위해서, 자식으로서 부모를 봉양할 도리를 그만두어야 하는 것이 아니다. 그것은 어디까지나 정도의 문제이다. 모세가 이렇게 부모와 자식의 관계를 남편과 아내의 관계와 비교해서 말하고 있는 것은 남편과 아내 간에 존재하는 밀접하고 거룩한 연합을 좀 더 강조해서 표현하기 위한 것이다. 자식은 절대불가침의 자연법 또는 본성의 법에 의해서 부모에 대하여 자식으로서의 도리를 다하지 않으면 안 된다. 그럼에도 불구하고, 모세가 아내에 대한 남편으로서의 도리가 자식으로서의 도리보다 더 우선한다고 말하고 있는 것이기 때문에, 우리는 남편과 아내의 관계가 어떠한 것임을 더 잘 이해할 수 있게 된다. 선한 남편이 되고자 하는 자는 자기가 아버지의 아들이라는 사실을 잊지 않고 자식으로서의 도리도 다하고자 할 것이다. 그러나 그는 혼인 관계를 모든 관계 중에서 가장 거룩한 것으로 여기고서 가장 우선시할 것이다.

바울은 "그 둘이 한 육체가 될지니"라고 말하는데, 이것은 남편과 아내는 "한 사람"이 된다는 것이다. 즉, 우리가 흔히 하는 말로 "한 사람을 이루게" 된다는 것이다. 이것은 혼인 관계 이외의 다른 그 어떤 관계에도 적용될 수 없는 말이라는 것은 확실하다. 모든 것은 아내는 남편의 살과 뼈로 지음을 받았다는 사실을 토대로 한

374

다. 우리 믿는 자들은 그리스도에게 참여해서 그리스도께 속한 어떤 것으로 새롭게 지음 받은 자들이기 때문에, 우리와 그리스도 간의 연합도 그러한 성격을 지닌다. 우리가 그리스도의 "뼈 중의 뼈요 살 중의 살"(창 2:23)인 이유는, 그리스도께서 인성을 입으시고 우리와 같은 사람이 되셨기 때문이 아니라, 자신의 성령의 권능으로 우리를 그의 몸에 접붙이셔서, 우리로 하여금 그에게서 생명을 공급받게 하셨기 때문이다.

32. 이 비밀이 크도다 나는 그리스도와 교회에 대하여 말하노라. 바울은 그리스도와 교회 간의 영적인 연합을 경이로워하는 자신의 반응을 표현하는 것으로 이 주제에 대한 논의를 마무리한다. 그가 "이 비밀이 크도다"라고 말하는 것은 이 "연합"에 함축되어 있는 의미는 우리 인간의 언어로는 다 설명할 수 없다고 말하는 것이다. 사람이 육신의 판단을 따라서 이 연합의 방식과 성격을 이해하고자 아무리 애를 써도 소용없는 일이라는 것이다. 왜냐하면, 거기에서는 하나님의 성령의 무한한 권능이 역사하고 있기 때문이다. 이 주제와 관련해서 자기가 이해할 수 있는 범위를 뛰어넘는 어떤 것이 존재한다는 것을 인정하고자 하지 않는 자들은 어리석기 짝이 없는 자들이다. 우리는 성찬에서 그리스도의 살과 피가 우리에게 주어진다고 가르친다. 그러면, 그들은 "어떤 식으로 그런 일이 이루어지는지에 대한 구체적인 설명을 제시하지 않는다면, 너희는 우리를 설득할 수 없을 것이다"라고 말한다. 하지만 나는 이 "비밀"의 깊이에 압도되어서, 여기에서 바울이 그런 것처럼, 이 비밀을 경이로워하는 가운데 거기에 대한 나의 무지를 부끄러워하지 않고 기꺼이 인정하게 되는데, 이것이 나의 육신적인 판단을 따라서, 바울이 큰 비밀이라고 선언하고 있는 것을 폄하하는 것보다 백배는 더 낫지 않겠는가! 우리의 이성은 우리가 그런 일들에 있어서 어떻게 행하는 것이 마땅한지를 우리에게 가르쳐 준다. 왜냐하면, 초자연적인 일들은 무엇이든지 우리의 이해 범위를 뛰어넘는 일들이라는 것은 너무나 분명하기 때문이다. 그러므로 우리는 그리스도와 우리 간의 저 "교통함"의 성격을 발견해 내려고 하는 것보다는, 그리스도께서 우리 안에서 생생하게 살아 계시는 것을 느낄 수 있도록 하기 위하여, 그리스도와의 교통을 위하여 우리가 하여야 할 일들을 최선을 다해 행하고자 하여야 한다.

우리는 교황주의자들의 영악함에 혀를 내두르지 않을 수 없다. 왜냐하면, 그들은 이 본문에 나오는 "비밀"(μυστήριον - '뮈스테리온')이라는 단어를 빌미로 삼아 그것을 토대로 해서, 마치 자신들이 물을 포도주로 바꿀 수 있는 능력을 가지기라도 한 것처럼, 혼인을 일곱 성례전들("칠성사") 중의 하나로 둔갑시켜 버렸기 때문이다. 그리스도께서는 오직 두 가지 성례전만을 제정하셨는데도 불구하고, 그들은 성례전에는 일곱 가지가 있다고 말한다. 그리고 혼인이 일곱 성례전들 중의 하나라는 것을 증명해 주는 본문으로 이 구절을 제시한다. 그들은 무슨 근거로 그렇게 하고 있는 것인가? 그들은 바울은 여기에서 "비밀"이라는 단어를 사용하고 있는데, 불가타 역본에서 이 "비밀"이라는 헬라어를 라틴어로 '사크라멘툼'(sacramentum, "성례전"은 이 단어를 번역한 말임 - 역주)으로 번역하였다는 것을 그 근거로 든다. 하지만 라틴 저술가들의 글들에서 '사크라멘툼'은 "비밀"이라는 의미로 자주 사용되고 있고, 바울은 이 동일한 서신, 즉 에베소서에서 하나님이 이방인들을 부르신 것과 관련해서도 이 단어를 사용한 바 있다는 사실을 그들이 모를 리 없다. 어쨌든 이 문제의 본질은 하나님께서는 "세례"나 "성찬" 같이 어떤 영적인 것을 우리에게 나타내시기 위하여, "혼인"을 하나님의 은혜에 대한 거룩한 상징으로 제정하셨는가 하는 것이다. 한 마디로 말해서, 그들이 '사크라멘툼'이라는 라틴어의 의심스러운 의미에 의해서, 또는 헬라어에 대한 무지로 말미암아서 스스로 속은 것이 아니라면, 혼인을 성례전이라고 주장할 근거는 전혀 없다는 것이다. 정말 그들이 그렇게 속아서 그런 주장을 하는 것이 사실이라면, 바울이 사용한 단어는 "성례전"이 아니라 "비밀"이라는 단어였다는 아주 간단한 사실을 누군가가 그들에게 귀띔해 주기만 하였어도, 그런 엉터리 같은 주장은 생겨나지 않았을 것이라는 말이 된다.

그러므로 우리는 그들이 망치와 모르를 사용해서 막무가내로 이 성례전을 만들어 낸 것임을 알게 된다. 왜냐하면, 바울은 "이 비밀이 크도다"라고 말한 후에, 사람들이 자기가 혼인에 대하여 그런 말을 한 것이라고 오해하는 것을 막기 위해서, 즉시 "나는 그리스도와 교회에 대하여 말하노라"는 말을 덧붙이고 있는데도, 그들은 자신들이 고안해 낸 것을 밀어부치기 위하여 그 말을 무시하고 못 들은 체하였기 때문이다. 그는 자기가 "비밀"이라고 한 것을 혼인에 대한 것으로 오해해서는 안 된다고 명시적으로 경고하고자 하였기 때문에, 다른 해석의 여지를 조금도 남기지 않기 위해서, 자기가 앞에서 한 말이 무엇에 대한 것인지를 명시적으로 밝힌 것이다. 즉, 그리스도께서 교회에 자신의 생명과 능력을 불어 넣고 있다는 것, 바로 그것이 자기가 앞에서 말한 "큰 비밀"이라는 것이다. 그런데도 이 구절을 근거로 삼아서 혼인을 성례전이라고 주장하는 자들이 있다면, 우리는 그들의 그러한 말도 안 되는 터무니없는 주장은 극도의 무지로부터 생겨난 것이라고 말할 수밖에 없다.

33. 그러나 너희도 각각 자기의 아내 사랑하기를 자신 같이 하고 아내도 자기 남편을 존경하라. 바울은 혼인 관계에 있어서 남편과 아내의 도리에 대해서 말하다가 본론에서 조금 이탈해서 그리스도와 교회의 관계에 대하여 말하였지만, 이러한 이탈은 본론을 전개하는 데 도움이 되는 것이었다. 이제 그는 다시 본론으로 돌아와서, 여느 때와 마찬가지로 짤막한 금언 형식으로 남편과 아내의 의무를 요약해서 제시한다. 즉, 남편은 아내를 사랑해야 하고, 아내는 남편을 "두려워해야"(개역개정에는 "존경하다") 한다는 것이다. 여기에서 "두려워하다"를 의미하는 헬라어 '포베타이'(φοβῆται)는 공경하는 마음으로 순복하는 것을 의미한다. 왜냐하면, 공경함이 없는 곳에서는 자발적인 순복함도 있을 수 없기 때문이다.

제6장

¹자녀들아 주 안에서 **너희** 부모에게 순종하라 이것이 옳으니라 ²네 아버지와 어머니를 공경하라 이것은 약속이 있는 첫 계명이니 ³이로써 네가 잘되고 땅에서 장수하리라 ⁴또 아비들아 **너희** 자녀를 노엽게 하지 말고 오직 주의 교훈과 훈계로 양육하라 (6:1-4).

1. 자녀들아 …… 순종하라. 여기에서 바울은 왜 좀 더 폭넓은 의미를 지니는 "공경하라"는 단어를 사용하지 않고 "순종하라"는 단어를 사용하고 있는 것인가? 그것은 "순종"은 자녀들이 부모에게 합당한 "공경"을 드리고 있음을 보여주는 구체적인 증거인 까닭에, 더 부지런히 행하여야 하는 것이기 때문이다. 게다가, 인간의 마음은 "순종"이라고 하면 질색을 하고, 자신을 다른 사람들의 주관 아래 두는 것을 몹시 어려워하고 하고 난감해 하기 때문이다. 우리는 경험상으로 이 "순종"의 덕목을 지켜 행하는 자들이 아주 드물다는 것을 알고 있다. 왜냐하면, 부모에게 순종하는 자녀는 천 명 중에서 한 명이나 있을까 말까 하기 때문이다. 바울은 여기에서 부분을 사용해서 전체를 나타내는 제유법을 사용하고 있기는 하지만, "순종"은 "공경"의 가장 중요한 부분이기 때문에, 순종을 하게 되면, 그 밖의 다른 것들은 저절로 따라오게 되어 있다.

주 안에서. 바울은 자녀들이 부모에게 순종하는 것은 자연법에 의해서 모든 나라들이 다 명하고 있는 것일 뿐만 아니라, 하나님의 권위에 의해서 명령된 것임을 가르친다. 이것으로부터 도출되는 결론은, 부모를 순종하라는 명령은, 오직 그것보다 더 우선되어야 하는 하나님을 순종하는 것과 부합하는 경우에만 해당된다는 것이다. 자녀들이 부모에게 순종하여야 하는 것은 그것이 하나님의 명령이기 때문이다. 따라서 부모에게 순종하여야 한다는 이유로 하나님의 다른 명령들을 어기는 것은 어리석고 잘못된 일이다.

이것이 옳으니라. 우리가 이미 앞에서 말하였듯이, 거의 모든 사람들은 부모에게 순종하지 않는 것을 아주 자연스럽게 여기고 살아가기 때문에, 바울은 그들이 부모에게 순종하라는 자신의 명령에 대하여 반발하고 이의를 제기하는 것을 차단하기 위해서 이 말을 여기에 덧붙인다. 그는 하나님께서 자녀들에게 부모에게 순종할 것을 명하셨다는 것을 근거로 해서, 자녀들이 부모에게 순종하는 것이 옳다는 것을 증명한다. 왜냐하면, 하나님께서 자신의 뜻을 따라 정하신 것은 절대로 틀릴 수 없는 선하고 의로운 규범인 까닭에, 우리에게는 거기에 의문이나 반론을 제기할 권한이 없기 때문이다. 바울이 "순종"을 "공경"의 핵심으로 제시한 것은 이상한 일이 아니다. 왜냐하면, 말로만 공경하는 것은 하나님 앞에서는 아무런 가치도 없기 때문이다. "네 아버지와 어머니를 공경하라"는 명령은, 자녀들이 부모를 진심으로 사랑하고 존경하였을 때에 반드시 행하게 되어 있는 모든 도리들과 의무들을 다 포함한다.

2. 네 아버지와 어머니를 공경하라 이것은 약속이 있는 첫 계명이니. 하나님께서 여러 계명들을 주시면서 거기에 "약속들"을 덧붙여 놓으신 것은, 우리로 하여금 소망을 갖고서 그 계명들을 더욱더 자원해서 기쁜 마음으로 행하게 하기 위한 것이다. 그러므로 바울은 자녀들에게 부모를 공경하고 순종하라고 명한 후에, 자녀들로 하여금 더 자원해서 기쁜 마음으로 그렇게 행하도록 하기 위해서, 이 계명에 덧붙여진 "약속"을 여기에서 일종의 양념으로 활용한다. 그는 단지 하나님께서 자기 아버지와 어머니에게 순종하는 자에게 상을 주실 것이라고 말하는 것이 아니라, 하나님은 이 계명과 관련해서만 특별히 그러한 상을 약속하고 계신다고 말한다. 만일 각각의 계명들마다 다 약속이 주어져 있었다면, 이 계명에는 약속이 주어져 있다는 것을 굳이 강조할 이유는 없었을 것이다. 그렇기 때문에, 바울은 이 계명은 약속이 주어져 있는 첫 번째 계명이라는 것을 강조한다. 즉, 그는 하나님께서 이 계명에 중요한 약속을 덧붙이심으로써, 하나님이 이 계명을 얼마나 중시하고 계시는지를, 마치 인을 치시는 것처럼 확증하셨다고 우리에게 말한다. 하지만 여기에는 난점이 있다. 왜냐하면, 두 번째 계명에도 마찬가지로 약속이 덧붙여져 있기 때문이다: "나는 …… 네 하나님 여호와니라 …… 나를 사랑하고 내 계명을 지키는 자에게는 천 대까지 은혜를 베푸느니라"(출 20:2, 6). 그러나 이 약속은 율법을 지키는 모든 자들에게 차별 없이 적용되는 보편적인 것이어서, 특별히 이 두 번째 계명에 덧붙여진 약속이라고 할 수 없다. 따라서 자녀들에게 부모에게 순종하라고 명하는 이 계명만이 특별히 약속이 주어져 있고, 다른 계명들에게는 그러한 약속이 덧붙여져 있지 않다고 바울이 말한 것은 옳다.

3. 이로써 네가 잘되고. 하나님께서 이 계명에 덧붙이신 약속은 "장수"이다. 이것으로부터 우리는 현세에서의 삶과 관련된 하나님의 선물들도 멸시해서는 안 된다는 것을 깨닫게 된다. 이 주제 및 이것과 유사한 주제들에 대해서는 독자들은 「기독교 강요」를 참조하면 될 것이기 때문에, 여기에서는 하나님께서 자녀들이 부모에게 순종할 때에 상을 약속하신 것은 지극히 합당하다는 말을 하는 것으로 만족하고자 한다. 하나님께서는 자신들을 낳아 주신 부모를 공경하고 순종하는 자들은 현세의 삶 속에서 "잘될" 것이라고 약속하신다.

땅에서 장수하리라. 바울은 여기에서 "땅에서"라고 말하지만, 모세는 명시적으로 "가나안 땅"을 언급한다: "네 부모를 공경하라 그리하면 네 하나님 여호와가 네게 준 땅에서 네 생명이 길리라"(출 20 12). 왜냐하면, 유대인들은 가나안 땅 밖에서의 더 복되고 행복한 삶을 생각할 수 없었기 때문이다. 그러나 하나님의 이 동일한 복은 온 땅에 미치는 것이기 때문에, 바울이 그리스도께서 오실 때까지만 유효하였던 특별한 지명인 "가나안 땅"에 대한 언급을 빼고, 그 대신에 온 세상을 의미하는 "땅에서"라는 표현을 사용한 것은 합당한 것이었다.

4. 또 아비들아 너희 자녀를 노엽게 하지 말고 오직 주의 교훈과 훈계로 양육하라. 바울은 앞에서 부모에 대한 자녀들의 도리에 대하여 말하였기 때문에, 이제 여기에서는 부모들에게 권면하면서, 이치에 맞지 않게 엄하게 대함으로써 자녀들을 "노엽게" 해서는 안 된다고 말한다. "노엽게" 한다는 것은, 그 마음에 미움을 불러일으켜서, 멍에를 완전히 다 내팽가치게 만드는 것을 의미한다. 그래서 바울은 골로새서에서는 "낙심하지" 않도록 하라는 말을 덧붙인다(골 3:21, "아비들아 너희 자녀를 노엽게 하지 말지니 낙심할까 함이라"). 부모가 자녀들을 인자하고 너그럽게 대하면 자녀들은 부모를 공경하게 되고 기꺼이 즐거운 마음으로 부모에게 순종하게 되지만, 무자비하게 혹독하고 엄하게 대하면, 자녀들은 거기에 반발해서 완악하게 되고, 부모와 자식 간의 정마저 사라지게 된다.

그러나 바울은 계속해서 "따뜻하게 품으라"(개역개정에는 "양육하라")는 말을 덧붙인다. 내가 "양육하라"로 번역된 헬라어 '엑트레페테'(ἐκτρέφετε)를 "따뜻하게 품으라"고 의역한 이유는, 이 단어 속에는 의심할 여지 없이 온유함과 오래 참음이라는 뉘앙스가 들어 있기 때문이다. 하지만 바울은 부모가 온유함과 오래 참음으로 대할 때에 자녀들이 흔히 지나친 방종으로 빠지기 쉽기 때문에, 그러한 정반대의 악을 막기 위해서, "주의 교훈과 훈계로"라는 말을 덧붙임으로써, 앞서 느슨하게 풀어 주었던 고삐를 다시 한 번 바짝 조인다. 부모들이 자녀들을 인자하고 따뜻하게 대함으로써, 자녀들이 버릇이 없어지고 방종하게 되는 것은 하나님의 뜻이 아니다. 자녀들에 대한 부모의 태도는 온유하고 깊이 배려하는 것이어야 하지만, 그것은 어디까지나 자녀들을 인도하여 하나님을 경외하게 하고, 그들이 어그러진 잘못된 길로 나아갔을 때에 그들을 바로잡기 위한 것이어야 한다. 어른이 되기 이전의 청소년기에 있는 자녀들은 제멋대로 살아가기가 아주 쉽기 때문에, 자주 하나님의 교훈들로 경책하고 바로잡는 것이 꼭 필요하다.

5종들아 두려워하고 떨며 성실한 마음으로 육체의 상전에게 순종하기를 그리스도께 하듯 하라 6눈가림만 하여 사람을 기쁘게 하는 자처럼 하지 말고 그리스도의 종들처럼 마음으로 하나님의 뜻을 행하고 7기쁜 마음으로 섬기기를 주께 하듯 하고 사람들에게 하듯 하지 말라 8이는 각 사람이 무슨 선을 행하든지 종이나 자유인이나 주께로부터 그대로 받을 줄을 앎이라 9상전들아 너희도 그들에게 이와 같이 하고 위협을 그치라 이는 그들과 너희의 상전이 하늘에 계시고 그에게는 사람을 외모로 취하는 일이 없는 줄 너희가 앎이라(6:5-9).

5-7. 종들아 두려워하고 떨며 성실한 마음으로 육체의 상전에게 순종하기를 그리스도께 하듯 하라 눈가림만 하여 사람을 기쁘게 하는 자처럼 하지 말고 그리스도의 종들처럼 마음으로 하나님의 뜻을 행하고 기쁜 마음으로 섬기기를 주께 하듯 하고 사람들에게 하듯 하지 말라. 바울은 "종들"에게는 단순히 "순종하라"고 명하는 것이 아니라, "두려워하고 떨며 성실한 마음으로" 순종하라고, 아내들이나 자녀들의 경우보다도 훨씬 더 간곡하게 권하는데, 이것은 종으로 살아가야 하는 그들의 처지가 너무나 힘들고 괴로워서, "순종하는" 것이 다른 사람들의 경우보다 더 어렵기 때문이다. 그는 그들에게 단지 겉으로만 순종하라고 말하는 것이 아니라, 자원해서 공경하는 마음으로 "두려워하고 떨며" 순종할 것을 권면한다. 왜냐하면, 다른 사람이 시키는 대로 해야 하는 처지에 있으면서 "자원하는 마음으로" 그 모든 지시와 명령을 따라 행하는 것은 극히 어려운 일이기 때문이다. 바울이 여기에서 말하는 "종들"(δοῦλοι - '둘로이')은 오늘날처럼 삯을 주고 고용한 하인들이 아니었고, 노예들이었다. 고대 사회에서 노예들은 자신의 주인이 은혜를 베풀어서 자유를 얻게 된 경우를 제외하고는 평생 동안 노예로 살아가야 했고, 주인들은

노예들을 돈으로 사야 했기 때문에, 가장 힘들고 험하며 지저분한 일들을 노예들에게 시켰다. 또한, 주인들은 법의 전폭적인 보호를 받는 가운데 자신들의 소유인 노예들에 대하여 죽이고 살리는 권한을 행사하였다. 바울은 이런 처지에 있던 당시의 노예들이 복음으로 말미암아 자유를 얻었다고 해서, 그것이 마치 자신들이 육신적인 자유를 얻은 것인 것처럼 잘못 착각하지 않도록 하기 위해서, 이렇게 간곡하게 "육체의 상전에게 순종할" 것을 권면하고 있는 것이다.

따라서 꼭 그리스도인이 아닌 종들이라고 하더라도 주인에게 불순종할 경우에 자신들에게 가해질 벌이 두려워서 어쩔 수 없이 마지못해 주인에게 순종할 수밖에 없었기 때문에, 바울은 그리스도인 종들의 순종과 믿지 않는 종들의 순종이 어떻게 다른 것인지를 여기에서 설명하는데, 이 둘을 구별하고 가르는 기준은 그들이 "어떤 마음을 품고서" 순종하느냐 하는 것이라고 말한다. 즉, 믿지 않는 종들은 벌을 두려워하여 순종하는 반면에, 믿는 종들은 "두려워하고 떨며," 즉 주인을 공경하는 마음이 진정으로 우러나와서 무례함이나 방자함이 없이 정말 조심하는 태도로 순종한다는 것이 서로 다르다는 것이다.

하지만 주인들도 결국 사람에 지나지 않기 때문에, 사람보다 더 높은 권위를 지닌 분이 종들에게 주인을 공경하라고 명하지 않는다면, 종들이 주인을 진심으로 깊이 공경하게 되기를 기대하기는 어렵다. 그래서 바울은 종들이 주인에게 그렇게 공경하는 마음으로 순종하는 것은 "하나님의 뜻을 행하는"(6절) 것이라는 말을 덧붙인다. 이것으로부터 우리가 알 수 있는 것은 주인에 대한 종들의 순종은 사람들의 눈만을 만족시키는 것으로는 충분하지 않다는 것이다. 왜냐하면, 하나님께서는 겉모습을 보지 않으시고, "참되고 진실한 마음"으로 행할 것을 요구하시기 때문이다. 종들이 주인을 "성실한 마음으로" 섬길 때, 그 종들은 하나님을 섬기는 것이다. 따라서 바울은 여기에서 이렇게 말한 것과 같다: "종들아, 너희가 사람들의 판단에 의해서 노예로 내던져졌다고 생각하지 말라. 너희에게 그러한 무거운 짐을 메어 주시고, 너희를 너희 주인의 권세 아래 두신 분은 바로 하나님이시다. 따라서 자기 주인에게 마땅히 드려야 할 공경과 순종을 드리려고 온 힘을 다해 애쓰는 종들은 단지 사람인 주인에 대한 도리만을 다하는 것이 아니라, 하나님에 대한 그들의 도리도 다하는 것이다."

바울은 종들에게 "기쁜 마음으로 섬길"(7절) 것을 권면함으로써, 일반적으로 노예들이 마음에서 치밀어 오르는 분노를 억누르고 마지못해서 주인을 섬기는 것과 대비시킨다. 노예들은 벌이 두려워서, 주인에게 반발하는 마음을 공개적으로 표출하거나 그런 내색을 밖으로 내 보이는 것을 감히 하지는 못하지만, 자신들에게 행사되는 권위에 대하여 반발하고 미워하는 마음이 아주 강해서, 주인에게 순종하기는 하지만, 정말 하기 싫은 것을 어쩔 수 없이 마지못해 하는 것이 보통이기 때문이다.

고대 저술가들의 글들에 산재해 있는 당시 노예들의 성향과 행실에 관한 기록들을 읽어 본 사람들은 누구나 여기에서 바울이 종들에게 권면하고 있는 것들이 당시에 노예 사회에 널리 퍼져 있던 질병, 따라서 믿는 노예들이라면 반드시 고침을 받는 것이 마땅한 그런 질병들을 겨냥한 것임을 어렵지 않게 알 수 있게 된다. 그러나 이 동일한 권면들과 가르침들은 우리 시대의 남녀 하인들에게도 그대로 적용된다. 인간 사회의 모든 일들을 정하시고 안배하시며 규율하시는 분은 하나님이시다. 오늘날의 하인들의 처지는 고대 노예들의 처지보다 훨씬 더 나아졌기 때문에, 그들이 여기에 나오는 바울의 권면들을 모든 면에서 따르려고 애쓰지 않는다면, 그들에게는 변명의 여지가 있을 수 없다는 것을 명심하지 않으면 안 된다.

바울이 노예 주인들을 "육체의 상전"(5절)이라고 표현한 것은 노예로 살아가는 것의 가혹하고 힘든 현실을 완화시켜 주는 역할을 한다. 왜냐하면, 이것은 바울이 그리스도를 믿는 노예들에게 육신적인 자유보다 훨씬 더 귀하고 소중한 영적인 자유가 그들에게 여전히 아무런 훼손 없이 주어져 있다는 것을 상기시켜 주고 있는 것이기 때문이다.

바울이 여기에서 "눈가림"(ὀφθαλμοδουλεία - '옵탈모둘레이아')을 언급하며, "눈가림만 언급하여 사람을 기쁘게 하는 자처럼 하지 말라"고 말하는 것은, 거의 모든 종들이 주인 앞에서는 온갖 아부를 다 하다가도, 주인이 가고 나면 그 등 뒤에서는 주인을 비웃고 멸시하며 욕하는 것을 다반사로 하였기 때문이었다. 그래서 바울은 경건한 종들은 그러한 기만적이고 이중적인 태도를 멀리하는 것이 마땅하다고 명한다.

8. 이는 각 사람이 무슨 선을 행하든지 종이나 자유인이나 주께로부터 그대로 받을 줄을 앎이라. 이것은 종들에게 얼마나 강력한 위로가 되는 말인가! 종들이 바울이 여기에서 권하고 명한 대로 행한다면, 그들의 주인은 그들을 알아주지도 않고, 도리어 그들을 무시하고 괴롭히며 냉혹하게 대한다고 할지라도, 하나님께서는 그들이 자기에게 그렇게 행한 것으로 여기시고서, 그들의 그러한 선한 섬김들을 받

으시리라는 것이다. 종들은 자신들이 아무리 주인에게 잘하고 충성해도, 자기 주인이 그들을 알아주기는커녕 도리어 교만하고 오만하게 대하는 것을 보게 되면, 흔히 자신들의 수고가 아무 소용이 없다고 생각하고서, 바울이 여기에서 말한 주인에 대한 종의 의무들을 게을리하게 된다. 그래서 바울은 종들에게 그들이 행한 섬김들에 대해서는 하나님이 상을 주실 것이기 때문에, 자신들이 주인에게 아무리 충성을 다해도 알아주지 않으니, 자신들의 수고가 헛되다고 탄식하며 섭섭해 할 이유도 전혀 없고, 그들이 그런 이유를 들어서 주인에 대한 자신들의 도리와 의무들을 내팽개쳐서도 안 된다는 것을 깨우쳐 준다.

바울은 사람이 무슨 선을 행하든지 그 상을 하나님으로부터 받을 것이라는 진리는 "종이나 자유인이나" 아무런 차별 없이 적용될 것이라는 말을 덧붙인다. 세상은 노예들의 수고에 대해서는 별 가치를 부여하지 않는 것이 보통이지만, 하나님께서는 어떤 사람이 자신의 도리를 다한 경우에는, 그 사람이 종이든 왕이든 상관없이, 그 사람이 행한 선한 일을 높이 평가하신다. 즉, 하나님은 외적인 신분이나 지위는 전혀 보지 않으시고, 오로지 마음의 동기가 바른지만을 기준으로 해서 각 사람을 판단하신다는 것이다.

9. 상전들아 너희도. 인간의 법들은 노예 주인들에게 노예들을 다루는 것과 관련해서 광범위하고 엄청난 권세를 수여하였다. 그리고 많은 노예 주인들은 이렇게 자신들이 노예들을 다룰 때에 세상의 법에 의해서 인정된 모든 것들은 합법적인 것들이기 때문에 잘못된 것이 아니라 합당한 것이라고 여겼다. 이렇게 해서, 노예 주인들이 자신의 노예들을 자기 마음대로 지나치게 잔인하고 냉혹하게 다루는 일들이 벌어졌기 때문에, 로마 황제들은 노예들에 대한 주인들의 폭압을 제한하지 않으면 안 되는 지경까지 이르게 되었다. 그러나 노예들을 보호하기 위한 황제들의 칙령이 내려지지 않았다고 하더라도, 하나님께서는 노예 주인들에게 "사랑의 법"에 부합하지 않는 그런 권세는 허용하지 않으신다. 철학자들은 노예들을 지나치게 혹독하게 다루는 것을 억제하고 제한하기 위해서는 형평법을 최대한으로 적용해서, 주인들이 노예들을 삯을 주고 고용한 하인들과 대등하게 대우하게 해야 한다고 역설하였다. 그러나 그들이 그런 주장을 한 이유는 오직 노예들의 극심한 불만을 잠재워서 사회의 불안요인을 없애서 사회를 안정시키고 궁극적으로는 노예를 소유한 귀족 가문들의 이익을 지키기 위한 것일 뿐이었다. 반면에, 사도는 그런 동기와는 전혀 다른 원리 위에서 노예 주인들과 관련된 문제를 다루어 나간다. 그는 하나

님께서 정하신 바에 따라서 무엇이 합법적이고 합당한 것인지, 그리고 노예 주인들도 자신의 노예들에게 얼마나 많은 빚을 지고 있는 자들인지를 보여준다.

그들에게 이와 같이 하고. 먼저, 바울은 주인들에게 "그 동일한 것들을 종들에게 행하라"고 말한다. 나는 이 구절을 "상응하는 도리를 다하라"로 번역하였다. 왜냐하면, 그가 이 구절에서 "그 동일한 것들"(τὰ αὐτὰ - '타 아우타')이라고 부르고 있는 것은, 그의 다른 서신에서 "의와 공평"(τὸ δίκαιον καὶ την ἰσότητα - '토 디카이온 카이 텐 이소테타')이라고 부른 바로 그것이고(골 4:1, "상전들아 의와 공평을 종들에게 베풀지니 너희에게도 하늘에 상전이 계심을 알지어다"), "의와 공평"이라는 것은 종들이 지켜야 할 것들을 규정한 법에 "상응하는" 주인들이 지켜야 할 법을 규정한 것이기 때문이다. 주인들과 종들은 사실 동일한 위치에 있지 않지만, 그들 각자에게는 그들 간의 관계를 규율하는 법이 존재한다. 그리고 종들과 주인들은 각자의 신분과 처지에 맞춰서, 바로 그 법에 따라서 종들은 주인의 권위 아래 두어지고, 바로 그 동일한 법에 의해서 주인들은 자신의 종들에 대하여 어떤 일들을 행할 의무 아래 두어진다. 하지만 이러한 상응관계는 오직 유일하게 참된 기준인 "사랑의 법"을 따라야 하는데도 불구하고, 사람들은 "사랑의 법"을 따라 이 관계를 규율하려고 하지 않기 때문에, 거기에서 큰 오해와 왜곡이 생겨난다. 바울이 여기에서 "그 동일한 것들"이라고 말한 취지는 바로 그런 것이다. 왜냐하면, 우리는 모두 다른 사람들에게는 그들이 우리에게 마땅히 행해야 할 것들을 행하라고 요구하면서도, 우리 자신이 다른 사람들에게 마땅히 행해야 할 것들은 어떻게 해서든지 하지 않으려고 하기 때문이다. 하지만 이렇게 자신의 권리는 주장하고 자신의 의무는 이행하지 않으려고 하는 이러한 불의를 행하는 자들은 주로 권세 있고 지체 높은 자들이다.

위협을 그치라. 주인들의 교만으로부터 생겨나는 온갖 모욕적이고 멸시하는 언행들이 "위협들"이라는 이 한 단어에 다 포함되어 있다. 여기에서 바울은 주인들이 자신의 종들에 대하여 가지고 있는 거의 절대적인 권한을 이용해서, 종들에 대한 언행에 있어서 종들을 고압적이고 모멸감과 두려움을 느끼게 하는 태도로 대하는 것은, 자신들의 언행을 통해서 기회 있을 때마다 종들에게 해악을 끼치겠다고 끊임없이 위협하는 것이라고 책망한다. 바울이 여기에서 말하는 "위협들"과 온갖 종류의 야만적인 언행은 주인들이 자신의 노예들을 마치 오직 주인을 위해서 태어난 자들처럼 여기고, 가축이나 다름없는 존재로 여기는 데서 생겨난다. 따라서 바울은 "위협을 그치라"는 이 한 마디 말을 통해서, 주인들이 자신의 종들에게 온갖 종류의 모욕적이고 야만적인 언행을 일삼는 것을 금하고 있다.

이는 그들과 너희의 상전이 하늘에 계시고. 이것은 정말 꼭 필요한 경고이다. 종들이 자신의 주인의 부당한 대우에 대하여 저항할 힘도 없고, 그런 부당한 대우를 바로잡고 벌해 줄 자가 없다면, 즉 종들을 보호해 주고 그들의 하소연을 듣고서 그들의 처지를 딱하게 여겨서 그들의 원수를 갚아 줄 자가 그 어디에도 없다면, 주인들은 마음 놓고 제멋대로 자신의 종들에게 무슨 짓이든 하게 되지 않겠는가? 그래서 사람들의 입에 오르내리는 속담 중에는 "벌을 받지 않는 것은 방종의 어머니이다"라는 속담이 생겨난 것이 아니겠는가? 정말 아무런 벌을 받지 않는 것이 확실하다면, 사람들은 자기가 하고 싶은 대로 무슨 짓이든 하며 살아가게 된다는 것이다. 그래서 바울은 여기에서, 주인들은 자신의 종들에 대하여 막강한 권세를 소유하고 있기는 하지만, 주인들에게도 마찬가지로 하늘에 "상전"이 계시고, 주인들은 그 상전에게 책임을 져야 한다는 것을 일깨워 준다.

그에게는 사람을 외모로 취하는 일이 없는 줄 너희가 앎이라. 사람을 "외모로" 취할 때, 즉 어떤 사람의 사회적인 지위나 신분만을 보게 될 때, 우리의 눈은 멀게 되고, 거기에는 공의와 공평이라는 것이 들어설 여지가 없게 된다. 그런데 바울은 하나님께서는 "사람의 외모"를 전혀 보지 않으신다고 단언한다. 여기에서 바울이 말하는 "사람의 외모"라는 것은 어떤 사람의 진면목과는 아무 상관이 없는 것들인데도, 우리가 그 사람을 평가하고 판단할 때에 고려하게 되는 것들을 가리킨다. 이렇게 우리가 "사람의 외모"를 고려하게 될 때, 우리는 친척관계나 아름다움, 사회적 신분과 지위, 부와 재물, 친분관계 등과 같은 것들에 끌리게 되어서 그런 것들에 대해서는 호의를 보이게 되는 반면에, 정반대의 것들에 대해서는 멸시하고 때로는 미워하는 마음을 갖게 된다. "사람의 외모"로부터 생겨나는 이러한 잘못된 감정들은 우리의 판단에 지대한 영향을 미치기 때문에, 권세를 지닌 자들은 흔히 자신들을 괜찮은 자들인 듯이 여기고서, 하나님이 자신들의 잘못들을 눈감아 주실 것이라고 착각하기가 쉽다. 그래서 주인들은 자신의 종들에 대하여 잘못해 놓고서도, '그들은 하찮은 종들인데, 하나님께서 그들을 감싸고 그들의 이익을 옹호하시기 위하여, 지체 높은 나를 책망하시는 일이 어떻게 일어날 수 있겠는가'라고 생각하게 된다. 하지만 그들의 그런 생각과는 반대로, 바울은 종들이 주인들의 눈에 짐승 같이 하찮은 존재로 보인다고 해서, 하나님께서 종들을 그렇게 보실 것이라고 생각한다면, 그것은 오산이라고 주인들에게 경고한다. 왜냐하면, 하나님은 사람의 외모를 전혀 보지 않으시는 분이어서, 세상적으로 가장 비천한 자의 하소연이나 세상에서 가장 지위가 높은 왕의 하소연이나 조금도 차별 없이 둘 다 똑같이 경청하시고 들어주시기 때문이다(행 10:34-35, "베드로가 입을 열어 말하되 내가 참으로 하나님은 사람의 외모를 보지 아니하시고 각 나라 중 하나님을 경외하며 의를 행하는 사람은 다 받으시는 줄 깨달았도다").

[10]끝으로 너희가 주 안에서와 그 힘의 능력으로 강건하여지고 [11]마귀의 간계를 능히 대적하기 위하여 하나님의 전신 갑주를 입으라 [12]우리의 씨름은 혈과 육을 상대하는 것이 아니요 통치자들과 권세들과 이 어둠의 세상 주관자들과 하늘에 있는 악의 영들을 상대함이라 [13]그러므로 하나님의 전신 갑주를 취하라 이는 악한 날에 너희가 능히 대적하고 모든 일을 행한 후에 서기 위함이라(6:10-13).

10. 끝으로 너희가 주 안에서와 그 힘의 능력으로 강건하여지고. 여기에서 바울은 이제 자신의 일반적인 권면들을 재개하면서, 에베소 교인들에게 먼저 "강건하여질" 것을 명한다. 담력과 활력을 회복하라는 것이다. 왜냐하면, 우리를 연약하게 만드는 것들이 세상에는 항상 많고, 우리는 그런 것들에 저항하기에 역부족이기 때문이다. 그러나 만약 주께서 함께 하셔서 우리에게 도움의 손길을 뻗치지 않으시고, 우리에게 모든 능력을 공급해 주지 않으신다면, 바울이 우리의 연약함을 생각해서, 우리에게 이렇게 권면한 것도 아무 소용이 없게 될 것이다. 그래서 그는 "주 안에서"라는 말을 덧붙인다. 그는 이렇게 말한 것과 같다: "너희는 너희에게는 그럴 힘이 없다고 말해서는 안 된다. 왜냐하면, 나는 너희에게 너희의 힘과 노력으로 강건해질 것을 요구하는 것이 아니라, '주 안에서' 강건해질 것을 요구하는 것이기 때문이다." 그는 자기가 "주 안에서"라고 말한 것이 무슨 의미인지를 좀 더 자세하게 보충설명 하기 위해서 "그 힘의 능력으로"라는 어구를 덧붙이는데, 이것은 하나님은 믿는 자들에게 주목할 만한 도우심을 베푸시는 분이심을 보여주는 것이라는 점에서, 우리에게 더 큰 확신을 불어넣어 주는 역할을 한다. 주께서 그의 놀라운 능력으로 우리를 도우신다면, 우리는 우리에게 주어진 이 싸움을 주저할 이유가 전혀 없기 때문이다. 하지만 우리는 여기에서 이렇게 질문할 수 있다: "에베소 교인들은 스스로의 힘으로는 강건해질 수 없고 오직 하나님의 능력으로만 강건해질 수 있는데, 바울이 그들에게 강건해지라고 명하는 것이 무슨 소용이 있는 것인가?" 나의

대답은 우리는 그런 질문과 관련해서 두 가지를 고려하여야 한다는 것이다. 즉, 바울은 그들이 스스로의 힘으로 담대해질 수 없는데도 불구하고, 단지 담대해지라고 권면하고 있는 것이 아니라는 것이다. 그는 그들에게 담대해지라고 명함과 동시에, 그들에게는 스스로 담대해질 수 있는 힘이 없기 때문에, 하나님께 그 힘을 달라고 기도해야 한다는 것을 일깨워 주면서, 그들이 기도하기만 한다면, 하나님께서는 그들의 기도에 응답하셔서 그들에게 자신의 능력을 나타내실 것이라고 약속한다.

11. 마귀의 간계를 능히 대적하기 위하여 하나님의 전신 갑주를 입으라. 바울은 하나님께서는 이 싸움을 위하여 우리에게 온갖 다양한 방어용 무기들을 이미 공급해 주셨기 때문에, 우리가 영적으로 게을러서 그것들을 거절하지만 않는다면, 우리는 하나님의 능력으로 얼마든지 강건해지고 담대해질 수 있음을 보여준다. 그러나 우리는 거의 대부분 하나님께서 우리에게 주시는 그러한 은혜를 사용하는 데 별 관심도 없고, 그것을 사용하기를 주저하고 망설이는 잘못을 저지르는데, 그것은 마치 어떤 병사가 적과 싸우러 나가면서 투구는 착용하였는데 방패를 들고 나가는 것을 잊어버린 것과 같다. 이러한 안일함, 아니 나태함을 바로잡기 위해서, 바울은 전투에 관한 비유를 빌려 와서, 우리에게 "하나님의 전신 갑주를 입으라"고 명한다. 우리는 모든 면에서 완벽하게 준비를 해서, 그 어느 하나도 부족하거나 결여된 것이 없어야 한다. 하나님께서는 온갖 종류의 공격을 다 물리칠 수 있는 무기들을 우리에게 공급해 주시기 때문에, 이제 모든 것은 우리가 그 무기들을 벽에 걸어두기만 하고 사용하지 않느냐, 아니면 그 무기들을 실전에 사용하느냐에 달려 있다. 바울은 우리의 경각심을 일깨우고 방심하지 않게 하기 위해서, 우리는 단지 공개적인 전투에서만 싸워야 하는 것이 아니라는 것을 우리에게 상기시켜 준다. 즉, 우리의 대적은 아주 교활하고 음흉해서 은밀한 곳에 매복해 있다가 갑자기 기습하는 일이 비일비재하기 때문에, 항상 전신 갑주를 입은 채로 깨어 있어서 조심하지 않으면 안 된다는 것이다. 이것이 사도가 "마귀의 간계"(τὰς μεθοσείας - '타스 메토데이아스')라고 말한 것의 취지이다.

12. 우리의 씨름은 혈과 육을 상대하는 것이 아니요. 바울은 에베소 교인들에게 그들이 수행해야 하는 싸움은 얼마나 위험한 것임을 깨닫게 하여 한층 더 큰 경각심을 갖도록 하기 위하여, "우리의 씨름은 혈과 육을 상대하는 것이 아니요"라는 말로 시작되는 비교의 서술을 통해서, 그들의 대적의 본질, 즉 그들의 대적이 어떤 존재인지를 보여준다. 그가 여기에서 이 비교의 서술을 사용해서 말하고자 하는 취

지는 우리의 싸움은 우리가 사람들과 싸워야 하는 것보다 훨씬 더 그 위험이 크다는 것이다. 사람들과의 싸움에서는 사람들의 힘에 맞서는 것이고, 검과 검이 부딪치는 것이며, 사람과 사람이 싸우는 것이고, 힘 대 힘이 맞붙는 것이고, 전투력을 겨루는 것이다. 그러나 우리가 지금 싸워야 하는 싸움은 그런 것과는 판이하게 다르다. 한 마디로 말한다면, 우리가 지금 맞서 싸워야 하는 대적들은 사람의 힘으로는 절대로 이길 수 없는 존재들이라는 것이다. 여기에서 "혈과 육"은 사람들을 가리키는데, 사도가 사람들을 이렇게 지칭하는 이유는 영적인 대적들과 대비시키기 위한 것이다. 즉, 그는 이렇게 말한 것과 같다: "우리의 싸움은 육신적인 것이 아니다."

우리는 다른 사람들이 우리에게 해악을 끼친 경우에 화가 나서 그들에게 복수하고자 하는 마음이 들 때에 이것을 기억하여야 한다. 그럴 때에 우리는 본성적으로 그 사람들에게 우리의 모든 분노를 퍼붓고자 하게 되지만, 우리를 괴롭히고 화나게 한 그 사람들은 사탄의 손에 붙잡혀서 우리에게 쏘아진 화살들에 지나지 않는다는 사실을 기억하고서, 사람들에게 복수하고자 하는 어리석은 생각을 버려야 한다. 만약 우리가 사탄을 상대하지 않고 사람들을 상대로 그 화살들을 소멸하고자 하게 되면, 우리는 그 싸움에서 모든 곳에서 상처를 입어 만신창이가 되고 만다. "혈과 육"을 상대로 씨름하는 것은 아무 짝에도 쓸데없어서 무익할 뿐만 아니라, 무척 해롭고 위험하다. 우리는, 자신의 모습을 감추고서 활을 쏘고 검을 휘둘러서 우리를 공격하여 상처를 입히고, 우리가 그의 모습을 보기도 전에 그의 손에 죽임을 당하게 만들고자 하는 저 음흉한 대적에게로 곧장 나아가서 그 대적을 상대하여야 한다.

다시 바울에게로 되돌아가 보자. 그가 우리의 대적을 가공할 만한 적수로 묘사하는 이유는 우리로 하여금 잔뜩 겁을 집어먹고 움츠러들게 하기 위한 것이 아니라, 정신을 바짝 차리고서 늘 경계하는 가운데 진지하게 이 싸움에 임하게 하기 위한 것이다. 이 싸움에서 우리는 좌로나 우로나 치우치지 않는 길을 걸어가야 한다. 즉, 우리의 대적을 너무 두려워해서도 안 되고, 그렇다고 해서 너무 무시하고 방심해서도 안 된다는 것이다. 우리의 대적을 무시해 버리면, 이 대적은 우리를 나태하게 만들고 방심하게 만드는 데 온 힘을 기울이고, 그런 후에는 잔뜩 겁을 주어서 우리의 무장을 해제시켜서, 싸움을 해보기도 전에 항복하게 만들어 버린다. 여기에서 바울은 우리의 대적이 능력이 만만치 않다고 말함으로써, 우리로 하여금 계속해서 경각심을 갖고 임전태세를 갖추게 하기 위하여 애쓴다. 그는 앞에서 이미 우리의 대적을 "마귀"라고 불렀지만, 이제 여기에서는 이 대적은 우리가 만만하게 보고 무시해 버릴 수 있는 그런 적수가 아니라는 것을 우리에게 깨닫게 하기 위하여, 여러 가지 다양한 명칭들을 사용해서 이 대적을 부른다.

통치자들과 권세들과 이 어둠의 세상 주관자들과. 여기에서 바울은 "통치자들과 권세들" 등등의 이름들을 열거함으로써 우리를 놀라게 하지만, 앞에서 이미 말했듯이, 이것은 우리에게 겁을 주어 낙심하게 하기 위한 것이 아니라, 우리가 더욱 경계하고 분발해야 한다는 것을 깨우쳐 주기 위한 것이다. 그는 그들을 '코스모크라토라스'(κοσμοκράτορας), 즉 "세상 주관자들"이라고 부르지만, 거기에 "이 세대의 어둠의"라는 어구를 덧붙임으로써, 그들이 누구인지를 좀 더 구체적으로 설명한다. 마귀가 이 세상을 주관하고 다스릴 수 있는 이유는 이 세상이 "어둠" 외의 다른 것이 아니기 때문이다. 이것으로부터 우리가 알 수 있는 것은 이 세상의 타락과 부패가 마귀가 이 세상을 자신의 나라로 만들게 된 빌미가 되었다는 것이다. 왜냐하면, 마귀는 하나님의 순전하고 바른 피조세계 내에서는 거할 수 없기 때문이다. 따라서 이 모든 일은 인간의 죄악으로 인해 벌어지게 된 것이다. 바울이 여기에서 말하는 "어둠"은 하나님에 대한 불신앙과 무지, 그리고 그러한 불신앙과 무지의 결과들을 가리키는 것임은 굳이 여기에서 말할 필요조차 없을 것이다. 온 세상이 "어둠"으로 뒤덮여 있기 때문에, 마귀는 "이 세상의 임금"(요 14:30)이라 불린다.

하늘에 있는 악의 영들을 상대함이라. 바울은 그들을 "악의" 영들이라고 부름으로써, 마귀의 악의와 잔혹함을 보여주고, 이와 동시에 우리에게 마귀가 승리하지 못하게 하기 위해서는 극도의 주의와 경계심이 필요하다는 것을 일깨워 준다. 또한, 그는 동일한 이유에서 "영들"이라는 말을 덧붙인다. 왜냐하면, 우리의 대적이 눈에 보이지 않는 존재일 때, 우리의 위험은 더욱 커지기 때문이다. 그리고 "하늘에 있는"이라는 어구도 강조되어 있다. 왜냐하면, 우리의 대적이 우리보다 높은 곳에서 공격을 해 오면, 우리가 처하게 되는 어려움과 위험은 더욱더 커지기 때문이다. 이렇게 우리의 생명은 위로부터 위협을 당하고 있다.

마니교도들은 "두 원리"에 관한 그들의 황당한 교리를 밑받침해 주는 증거로 이 본문을 제시하지만, 우리는 그들의 그러한 논증을 쉽게 반박할 수 있다. 그들은 마귀를 의로우신 하나님이 큰 희생을 치르지 않고서는 굴복시킬 수 없는 또 하나의 경쟁적인 "신," 즉 하나님의 경쟁자이자 맞수인 "신"이라고 생각하였다. 하지만 바울이 여기에서 마귀들을 "통치자들"이라고 부르고 있는 것은, 그들이 하나님의 동의 없이, 아니 하나님의 반대에도 불구하고 어떤 무리들을 장악해서 통치권을 행사하고 있기 때문이 아니고, 성령이 도처에서 단언하고 있듯이, 하나님께서 자신의 의로우신 심판에 의거해서 악인들을 그들에게 넘겨주어 그들로 하여금 다스리게 하였기 때문이다. 여기에서 그는 그들이 하나님에 대항해서 어떤 권세를 지니고 있는지를 다루고 있는 것이 아니고, 단지 그들은 하나님의 허락 하에서 권세를 지닌 영적인 존재들이라는 사실을 우리에게 알게 해 줌으로써, 우리로 하여금 더욱 경계심과 경각심을 늦추지 않게 하고자 하는 것이다. 또한, 우리는 이 본문을 근거로 해서, 마귀가 "공중"이라는 중간 지대를 만들어서, 그 곳을 자신의 본거지로 삼아서 활동하고 있다고 주장하는 자들의 말을 조금이라도 받아들여서는 안 된다. 바울은 마귀들이 자신들의 나라라고 부를 수 있는 어떤 고정된 영토가 존재한다고 말하고 있는 것이 아니라, 단지 그들이 악한 영적인 존재들로서 이 땅보다 더 높은 곳으로부터 우리를 공격하고 있다는 사실만을 보여주고자 하는 것이다.

13. 그러므로 하나님의 전신 갑주를 취하라 이는 악한 날에 너희가 능히 대적하고 모든 일을 행한 후에 서기 위함이라. 바울은 앞에서 우리의 대적이 대단히 강력하다고 말하기는 하였지만, 그것은 그렇기 때문에 우리가 우리의 창검을 버리고 항복해야 한다고 말하기 위한 것이 아니라, 도리어 그런 대적과의 싸움을 위해서는 마음을 굳게 먹고 준비를 단단히 하여야 한다고 말하기 위한 것이다. 그가 "능히"라는 표현을 사용하고 있는 것은, 우리에게 그 대적과 싸우라고 하는 그의 명령 속에는, 그가 우리에게 명한 대로 하기만 하면 우리가 얼마든지 승리할 수 있다는 약속이 내포되어 있다는 것을 보여준다. 즉, 우리가 오직 "하나님의 전신 갑주"를 입고서 용감하게 끝까지 싸우기만 한다면, 우리는 반드시 승리하게 되리라는 것이다. 반면에, 우리가 그렇게 하지 않는다면, 우리는 많고 다양한 싸움들로 인해서 결국에는 낙심하고 무너지게 되고 말 것이다. 그래서 바울은 "악한 날에"와 "모든 일을 행한 후에"라는 말을 덧붙인다. 그가 "악한 날에"라고 말하는 것은, 그들이 안일함을 떨쳐내고 일어나서, 이 어렵고 고통스러우며 위험한 싸움들을 끝까지 해나갈 각오를 단단히 다져야 한다는 것을 보여주기 위한 것이고, "모든 일을 행한 후에"라고 말하는 것은 승리의 소망을 그들에게 불어넣어 주기 위한 것이다. 즉, 그들은 온갖 지극히 큰 위험들을 겪는 가운데서도, 결국에는 "모든 일을 해내고" 안전하게 서 있게 되리라는 것이다. 그는 이렇게 말함으로써, 그들이 일생 동안 계속해서 확신을 가지고 싸움을 해 나갈 수 있게 한다. 그들이 하나님의 능력으로 이 싸움을 수행해 나갈 때에 극복해 나갈 수 없는 위험도 없을 것이고, 그들이 하나님의 능력의

도우심을 힘입어 사탄을 대적하여 싸우는 날에 져서 넘어지는 일도 없으리라는 것이다.

[14]그런즉 서서 진리로 너희 허리 띠를 띠고 의의 호심경을 붙이고 [15]평안의 복음이 준비한 것으로 신을 신고 [16]모든 것 위에 믿음의 방패를 가지고 이로써 능히 악한 자의 모든 불화살을 소멸하고 [17]구원의 투구와 성령의 검 곧 하나님의 말씀을 가지라 [18]모든 기도와 간구를 하되 항상 성령 안에서 기도하고 이를 위하여 깨어 구하기를 항상 힘쓰며 여러 성도를 위하여 구하라 [19]또 나를 위하여 구할 것은 내게 말씀을 주사 나로 입을 열어 복음의 비밀을 담대히 알리게 하옵소서 할 것이니 [20]이 일을 위하여 내가 쇠사슬에 매인 사신이 된 것은 나로 이 일에 당연히 할 말을 담대히 하게 하려 하심이라(6:14-20).

14. 그런즉 서서 진리로 너희 허리 띠를 띠고 의의 호심경을 붙이고. 바울은 이제 자기가 앞에서 말한 "하나님의 전신 갑주"에 속한 무기들이 어떠한 것들인지를 설명해 나가기 시작한다. 하지만 우리는 각각의 단어가 지닌 의미를 너무 꼬치꼬치 캐물어서는 안 된다. 왜냐하면, 바울은 여기에서 단지 병사들이 완전무장을 할 때에 사용하는 무기들에 빗대어서, 믿는 자들에게는 어떠한 무기들이 있는지만을 말하고자 하는 것이기 때문이다. 어떤 이들은 바울이 "의"를 "허리 띠"가 아니라 "호심경"이라고 말한 이유를 어떻게든 찾아내기 위해서 온 힘을 기울여 연구하는 데 많은 시간을 바치는 것보다 더 쓸데없고 한심한 일은 아마도 없을 것 같다. 여기에서 바울의 의도는 자기가 앞에서 이미 사용한 비유, 즉 "전신 갑주"라는 비유에 맞추어서, 그리스도인들에게 요구되는 가장 중요한 것들을 소개하는 것이기 때문이다.

먼저, 바울은 "진리"를 "허리 띠"에 비유하는데, 여기에서 "진리"로 번역된 것은 진실한 마음을 가리킨다. "허리 띠"는 고대에서 군대 무기들 가운데서 가장 중요한 부분들 중의 하나였다. 이렇게 바울은 진실함의 원천에로 우리의 관심을 돌린다. 즉, 복음의 순전함은 우리에게 우리의 생각으로부터 모든 거짓을 제거하고 우리의 마음으로부터 모든 외식과 위선을 제거할 것을 요구한다는 것이다. 다음으로, 바울은 "의"를 "호심경"에 비유하는데, 이것은 믿는 자들에게 있어서는 "의"가 심장을 보호하는 "호심경"의 역할을 해야 한다고 말하고 있는 것이다. 어떤 이들은 바울이 여기에서 말하고 있는 "의"는 하나님이 값없이 거저 주신 "의," 즉 우리로 하여금 죄 사함을 얻게 해 준 전가된 "의"를 가리키는 것이라고 생각한다. 그러나 바울이 지금 여기에서 다루고 있는 것은 "흠 없는 삶"이라는 점에서, 내 생각에는 그러한 "칭의"가 여기에 끼어들 자리는 없는 것으로 보이기 때문에, 여기에 언급된 "의"는 칭의가 아니라고 보아야 한다. 여기에서 바울은 우리에게 첫째로는 거짓이나 가식이 없는 삶으로 단장하고, 둘째로는 경건하고 거룩한 삶으로 단장할 것을 명하고 있다.

15. 평안의 복음이 준비한 것으로 신을 신고. 내가 오해한 것이 아니라면, 바울이 여기에서 "신"이라고 한 것은 군대용 장화, 즉 군화를 가리킨다. 왜냐하면, 군화는 언제나 무기의 일부로 여겨졌고, 심지어 가정용으로도 사용되었기 때문이다. 병사들이 추위나 그 밖의 다른 해악들로부터 자신들의 다리와 발을 보호하기 위한 용도로 군화를 착용하였듯이, 우리 믿는 자들도 이 세상에서 해악을 입지 않고 살아가기 위해서는 "복음"이라는 군화를 신어야 한다. 바울은 복음을 "평안의 복음"이라고 부르는데, 우리 모두가 이미 잘 알고 있듯이, 복음을 그렇게 부르는 이유는 복음은 우리에게 "평안"을 가져다주기 때문이다. 복음은 우리와 하나님을 화해시켜 주는 메시지이고, 우리의 양심에 그 어떤 것도 줄 수 없는 평안을 준다.

그런데 바울은 왜 여기에서 "준비한 것"이라는 표현을 사용한 것이고, 그것이 의미하는 것은 무엇인가? 어떤 이들은 그것은 복음을 받을 준비를 하라는 명령이라고 설명한다. 그러나 나는 이 단어가 표현하고 있는 것도 "평안"의 경우와 마찬가지로 복음의 효과 또는 결과라고 생각한다. 성경은 우리에게 모든 장애물들과 방해물들을 제거하고, 이 순례길을 가는 동안에 있을 많은 싸움들을 수행할 준비를 갖추라고 명한다. 하지만 우리는 본성적으로 많은 수고를 하여 그렇게 준비하는 것을 싫어하고, 어떻게 해서든 빨리 길을 떠나고 싶어 한다. 그런데 정작 우리가 그 길로 들어서게 되면, 거친 길과 수많은 장애물들로 인해서 우리가 앞으로 전진해 나가는 것은 더뎌지고, 우리는 아주 작은 반대나 어려움에도 낙심하게 된다. 그런 이유 때문에, 여기에서 바울은 그 거칠고 험한 길을 가기 위한 최적의 수단은 복음이라는 것을 보여준다. 즉, 평안의 복음이라는 신을 신고서, 그 복음이 준비해 놓은 것을 따라 길을 가야만 제대로 그 길을 갈 수 있다는 것이다. 에라스무스(Erasmus)는 "너희가 준비되기 위하여"라고 의역하지만, 그러한 의역은 이 단어의 원래의 의미를 제대로 전해 주지 않는다.

16. 모든 것 위에 믿음의 방패를 가지고. "믿음"과 "하나님의 말씀"은 원래 하나이지만, 바울은 그 각각에 대하여 서로 다른 역할을 부여한다. 내가 이 둘이 원래 하나라고 말하는 것은, "말씀"은 "믿음"의 대상인 까닭에, 우리는 "믿음"으로 말미암지 않고는 "말씀"을 제대로 사용할 수 없고, "믿음"도 "말씀" 없이는 아무것도 아니고 아무것도 할 수 없기 때문이다. 바울은 여기에서는 그러한 미묘한 점을 무시하고, 이 둘을 각각 따로 군사용 무기들에 비유하지만, 데살로니가전서에서는 "믿음"과 "사랑"를 "호심경"이라는 하나의 무기에 비유한다: "우리는 낮에 속하였으니 정신을 차리고 믿음과 사랑의 호심경을 붙이고 구원의 소망의 투구를 쓰자"(살전 5:8). 그러므로 이 모든 것은, 바울이 여기에서 말하고자 하는 것은 단지 여기에 설명된 덕목들을 소유하고 있는 자들은 모든 면에서 방어용 장비를 잘 갖추고 있는 자들이기 때문에 이 싸움에서 안전하게 보호를 받게 된다는 것이다.

하지만 "하나님의 말씀"과 "믿음"을 각각 전쟁에서 가장 필수적인 무기들인 "검"과 "방패"에 비유하고 있는 데는 이유가 없지 않다. 영적인 전투에서 이 두 가지는 가장 중요한 최고의 무기들이다. 우리는 "믿음"이라는 무기를 사용해서 마귀의 모든 공격을 물리치고, "하나님의 말씀"이라는 무기를 사용해서 마귀를 죽인다. "하나님의 말씀"이 우리의 "믿음"으로 말미암아 우리에게 역사하게 되면, 우리는 우리의 대적을 대항해서 넉넉히 물리칠 수 있는 충분한 무장을 갖추게 된다. 그렇다면, 그리스도인들로부터 "하나님의 칼씀"을 빼앗아 버리는 자들에 대해서는 우리가 무엇이라고 말하여야 하는가? 그들은 그리스도인들로부터 싸움에 꼭 필요한 무기를 빼앗아 버려서, 마귀와 싸우다가 죽을 수밖에 없게 만드는 자들이 아니겠는가? 직분자들이든 평신도들이든 모든 그리스도인들은 한 사람도 빠짐없이 다 그리스도의 군사들인데, 검도 없고 무장도 하지 않은 채로 그들이 어떻게 싸움을 할 수 있겠는가?

이로써 능히 악한 자의 모든 불화살을 소멸하고. 바울이 여기에서 "소멸하다" 또는 "끄다"로 번역될 수 있는 단어를 사용한 것은 부적절한 것으로 보일 수 있다. 왜 그는 "소멸하다"라는 단어 대신에 "막다" 또는 "떨쳐내다" 같은 단어를 사용하지 않은 것인가? 하지만 "소멸하다"라는 단어는 훨씬 더 풍부한 의미를 지닌다. 왜냐하면, 이 단어는 "불화살"과 관련해서 거기에 맞춰서 사용되고 있기 때문이다. 즉, 그는 이렇게 말한 것과 같다: "사탄이 쏘는 화살들은 날카롭고 깊이 박히는 특성을 지니고 있지만, 그런 특성보다 훨씬 더 파괴적이고 위험한 것은 그것들이 불화살들이라는 것이다. 믿음은 그 화살들의 날카로운 촉들을 무디게 만들 뿐만 아니라, 그 화살들에 붙어 있는 불을 꺼버리는 역할도 한다.” 그래서 요한은 “무릇 하나님께로부터 난 자마다 세상을 이기느니라 세상을 이기는 승리는 이것이니 우리의 믿음이니라”(요일 5:4)라고 말한다.

17. 구원의 투구와 성령의 검 곧 하나님의 말씀을 가지라. 우리가 이미 앞에서 인용한 데살로니가전서 5:8에서는 “구원의 소망”을 “투구”에 비유하고 있지만, 나는 이 둘은 서로 동일한 의미라고 생각한다. 최고의 “투구”는 머리를 보호해 준다. 우리가 “소망”으로 고양되어서 하늘을 우러러서, 하나님이 약속하신 “구원”을 바라볼 때, 그것은 최고의 “투구”가 된다. 그러므로 “구원”이 “투구”가 되는 것은 오직 “구원”이 “소망”의 대상 되었을 때이다.

18. 모든 기도와 간구를 하되 항상 성령 안에서 기도하고. 바울은 에베소 교인들에게 완전무장을 하라고 명한 후에, 이제 여기에서는 그들에게 “기도”로 싸우라고 명한다. 이것은 진정으로 그리스도인들이 싸우는 방식이다. 하나님의 이름을 부르는 것은 믿음과 소망의 주된 행위이고, 우리는 이런 식으로 하나님으로부터 온갖 복을 얻게 된다. “간구”는 단지 “기도”의 한 종류라는 점만을 제외하면, “기도”와 “간구”는 서로 별로 차이가 없다.

이를 위하여 깨어 구하기를 항상 힘쓰며. 바울은 우리에게 꾸준히 기도해 나가라고 권면한다. 우리는 하나님이 우리에게 명하신 일들을 기쁜 마음으로 변함없이 행함으로써, 싫증이 나서 그만두고자 하는 우리의 모든 성향과 맞서 이겨야 한다. 우리는 우리가 구하는 것들을 즉시 얻지 못한다고 할지라도, 조금도 식지 않은 변함없는 열심으로 계속해서 기도하여야 한다. 어떤 이들은 이 어구를 “늘 꾸준히”(개역개정에는 “항상 힘쓰며”) 대신에 “정성을 다하여”라고 번역하기도 하는데, 나는 그렇게 번역하는 것에 대해서 반대할 생각이 없다.

하지만 여기에서 “늘”(개역개정에는 “항상”)은 무엇을 의미하는가? 바울은 앞에서 이미 “항상 기도하라”고 말했기 때문에, 여기에서 그 동일한 것을 다시 한 번 반복하고 있는 것인가? 나는 그렇게 생각하지 않는다. 사실 우리는 어떤 괴롭고 힘든 일이 있을 때에는 등 떠밀리다시피 어쩔 수 없어서 하나님 앞에 나아가 기도하게 되지만, 모든 일이 잘되고 형통하며, 우리의 마음도 편하고 기쁠 때에는, 기도하고자 하는 강력한 동기를 느끼지 못하고, 심지어 하나님을 의뢰하고자 하는 마음조차 들지 않게 된다. 그래서 바울은 우리에게 어떤 경우에도 기도를 소홀히 하거나 빼먹는 일이 있어서는 안 되고 늘 꾸준히 기도해야 한다는 것을 강조하고자 한 것이다. 그러므로 "늘 꾸준히" 기도하라는 것은 형통할 때나 역경에 처했을 때나 변함없이 기도하라는 것과 동일하다.

여러 성도를 위하여 구하라. 우리의 인생에는 우리로 하여금 기도하지 않을 수 없게 만드는 곤경이나 결핍 같은 것들이 없는 때는 단 한순간도 없기 때문에, 우리는 늘 기도하여야 한다. 하지만 우리에게는 늘 쉬지 않고 기도해야 할 또 다른 이유가 있는데, 그것은 우리에게는 우리 형제들의 곤경이나 결핍을 함께 아파하고 마음을 같이하여야 할 의무가 있다는 것이다. 그리고 교회의 지체들 중 누군가가 곤경과 궁핍을 겪지 않는 때는 없고, 따라서 우리의 도움을 필요로 하지 않는 때도 없다. 따라서 어느 때라도 우리의 사정이나 처지가 그리 절박하게 느껴지지 않아서 간절하게 기도하지 않게 되거나 기도 자체를 소홀히 하게 될 때에는, 그 즉시 우리는 우리의 얼마나 많은 형제들이 여러 가지 다양한 크고 중한 환난들로 힘들어 하고, 그런 일들에 짓눌려서 몹시 당혹해 하거나 극심한 고통과 괴로움 속에 빠져 있는지를 생각하여야 한다. 만약 그렇게 우리 형제들이 처한 어려움들을 생각하는데도, 우리의 나태함과 무기력을 떨쳐 내고 기도할 힘을 얻지 못한다면, 우리는 돌 같은 마음을 지니고 있는 것임에 틀림없다. 그렇다면, 우리는 오직 믿는 자들을 위해서만 기도하여야 하는가? 바울은 여기에서 특별히 믿는 자들을 위하여 기도하라고 명시적으로 말하고 있기는 하지만, 믿지 않는 자들을 위하여 기도하는 것을 배제하고 있는 것은 아니다. 하지만 구제 같은 다른 모든 선한 일들에서와 마찬가지로 기도에 있어서도, 우리가 먼저 관심을 가지고 살펴야 하는 것이 믿는 자들이어야 한다는 것은 의심의 여지가 없다.

19. 또 나를 위하여 구할 것은 내게 말씀을 주사 나로 입을 열어 복음의 비밀을 담대히 알리게 하옵소서 할 것이니. 바울은 자신과 관련된 구체적인 기도 제목을 제시하면서, 에베소 교인들에게 자기를 위해 기도해 줄 것을 부탁한다. 이것으로부터 우리가 알 수 있는 것은, 하나님으로부터 아무리 많은 은혜와 은사를 받은 사람들이라고 할지라도, 이 세상에서 살아가는 동안에는 형제들의 기도로 인한 도움을 필요로 하지 않는 사람은 없다는 것이다. 왜냐하면, 만일 그런 사람이 있다면, 바울이 그런 사람이어야 할텐데, 여기에서 그가 형제들에게 자기를 위해 구체적으로 기도할 것을 요청하고 있는 것은 그도 형제들의 중보기도가 필요한 사람이라는 것을 보여주는 것이기 때문이다. 그가 형제들에게 자기를 위한 기도를 부탁하고 있

는 것은, 실제로는 형제들의 중보기도가 필요하지도 않는데 짐짓 그런 것처럼 가장하고 있는 것이 아니라, 실제로 그들의 기도를 통한 도움이 간절했기 때문이었다.

그는 그들이 자기를 위해 어떻게 기도해 주기를 바라고 있는 것인가? 그는 형제들에게 하나님이 그에게 "말씀을 주시라"고 기도해 줄 것을 요청한다. "말씀을 주시라"는 것은, 해야 할 말들을 거리낌 없고 거침없이 하게 해 주시라는 의미이다. 그렇다면, 그는 평소에 말을 잘하지 못하거나 무엇인가가 두려워서, 복음을 담대하게 전파하지 못했다는 것인가? 결코 그렇지 않았다. 하지만 그는 지금까지는 두려움 없이 담대하게 복음을 전파해 왔지만, 장래에도 자기가 계속해서 그렇게 할 것이라는 보장은 없었기 때문에, 자기가 장래에도 그렇게 할 수 있도록 하나님께 기도해 줄 것을 형제들에게 부탁하고 있는 것이다. 게다가, 그는 복음을 선포하고자 하는 열심에 불타오르고 있어서, 자기가 지금 그렇게 하고 있는 것에 결코 만족하지 못하였고, 자신이 더욱더 담대하고 거침 없이 복음을 전하게 되기를 바랐기 때문에 이런 기도 부탁을 하게 된 것이었다. 사실 복음 전도라는 지극히 엄중한 사명을 생각하면, 우리는 모두 우리 자신이 아무리 열심으로 복음을 전파한다고 해도 여전히 부족함을 느끼고서, 우리가 마땅히 해야 한다고 생각하는 정도로 담대하게 복음을 전파하지 못하고 있다는 것을 인정할 수밖에 없다. 그래서 그는 다음 절에서 "당연히 할 말"이라는 표현을 덧붙인다.

20. 이 일을 위하여 내가 쇠사슬에 매인 사신이 된 것은 나로 이 일에 당연히 할 말을 담대히 하게 하려 하심이라. 여기에서 바울이 "당연히 할 말"이라는 어구를 덧붙인 것은, 우리에게 맡겨진 복음의 진리를 하나님이 원하시는 정도만큼 제대로 거침없고 담대하게 선포하는 것은 극히 어려운 일이라는 것을 보여주기 위한 것이다. 그가 여기에서 사용하고 있는 단어들은 하나하나 주의깊게 살펴볼 필요가 있다. 그는 앞에서 "나로 입을 열어 복음의 비밀을 담대히 알리게 하옵소서"(19절)라고 말한 후에, 여기에서도 "나로 이 일에 당연히 할 말을 담대히 하게 하려 하심이라"고 말함으로써, "담대히"라는 표현을 두 번이나 사용하고 있다. 복음 사역자들에게는 그 어떠한 속박이나 가식도 다 벗어 버리고서 그리스도를 전파할 것이 요구되는데도 불구하고, 우리는 두려움으로 인해서 거침 없이 담대하게 그리스도를 전하지 못하는 경우가 자주 있다. 바울은 하나님께서 자기에게 아주 기가 막힌 논증을 거침 없이 능숙하게 펼치는 능력을 주셔서, 자신의 대적들과의 논쟁에서 그럴 듯한 논리들로 그들을 압도하고 꼼짝 못하게 만들게 해 주시기를 요청하고 있는 것

이 아니라, 그 어떤 상황에서도 두려움 없이 입을 활짝 열어서 그리스도와 복음을 분명하게 강력하게 고백하고 전하게 해 주시기를 요청하고 있는 것이다. 왜냐하면, 입을 반만 열어서 말한다면, 거기에서는 잘 알아들을 수 없는 애매모호한 말들만이 나올 수밖에 없기 때문이다. 그러므로 "입을 열어"라는 말은 추호의 두려움도 없고 조금도 거침이 없는 상태에서 복음을 전하는 것을 의미한다.

그렇다면, 바울은 자기가 하나님께 그렇게 기도하면 될 일인 데도, 하나님의 신실하심을 의심하여, 형제들에게 자기를 위해서 하나님께 기도해 달라고 부탁하는 불신앙을 드러내고 있는 것은 아닌가? 결코 그런 것이 아니다. 그는 믿지 않는 불경건한 자들처럼 하나님의 뜻에 어긋나거나 하나님의 말씀에 부합하지 않는 치유책을 구하고 있는 것이 아니다. 그는 오직 하나님께서 약속하시고 인정하신 수단들을 통해서 도움을 요청하고 있는 것일 뿐이다. 왜냐하면, 믿는 자들이 서로를 위해 기도해야 한다는 것은 하나님의 명령이기 때문이다. 하나님께서 모든 믿는 자들에게 우리 각자의 구원을 위해서 기도하고 살필 것을 명하시고, 우리 각자를 위한 모든 믿는 자들의 중보기도를 들어 주시겠다고 약속하셨다는 것을 아는 것은 우리 각자에게 얼마나 큰 위로가 되는 것이겠는가! 그리고 하나님께서 친히 우리를 도우시기 위하여 준비해 놓으신 수단을 거절하고 사용하지 않는다면, 그것을 어떻게 합당한 태도라고 할 수 있겠는가? 우리 믿는 자들은 우리 각 사람이 기도하면 들어 주실 것이라고 하신 하나님의 약속만으로도 충분히 만족할 것임은 의심의 여지가 없다. 그러나 하나님께서 우리 믿는 자들에게 자신의 은혜를 차고 넘치게 베푸시기 위하여, 우리 각 사람의 기도를 들어 주시는 것은 물론이고, 거기에 더하여 다른 사람들이 우리 각자를 위하여 하는 기도도 기꺼이 들어 주실 것이라고 약속하시기를 기뻐하셨다면, 우리로서는 하나님이 우리에게 그런 식으로 차고 넘치게 은혜를 베푸시고자 하시는 것을 무시해 버리는 것은 합당하지 않고, 도리어 그렇게 베풀어 주신 은혜의 수단을 쌍수를 들어 환영하며 적극적으로 선용하는 것이 마땅하지 않겠는가?

그러므로 우리는 바울이 자기가 기도하는 것을 하나님이 들어 주지 않으실 것이라고 생각한 불신이나 의심 때문에, 자신의 형제들에게 자기를 위한 중보기도를 부탁한 것이 아니라는 것을 알아야 한다. 도리어, 형제들의 중보기도를 통해서 도움을 받고자 한 그의 간절한 마음은 하나님께서 자기에게 주신 특권이라면 그 어느 하나라도 결코 소홀히 하지 않고자 하는 마음으로부터 생겨난 것이었다. 따라서 교황주의자들이 바울의 모범을 근거로 해서, 믿는 자들은 죽은 자들에게 기도하여야 한다는 결론을 거기로부터 이끌어내고 있는 것은 너무나 어처구니없고 터무니없는 일이다! 바울은 에베소 교인들, 즉 자신의 마음을 생생하게 전할 수 있는 살아 있는 자들에게 기도 부탁을 한 것이었다. 그러나 우리가 죽은 자들과 어떤 소통을 할 수 있단 말인가? 만일 그들의 논리대로 우리 산 자들과 죽은 자들이 서로 소통할 수 있는 것이라면, 그들은 산 자들 간의 우애를 더욱 돈독하게 하기 위해서, 산 자들의 잔치나 모임에 천사들을 초대하여야 한다고 주장하는 것이 옳을 것이다.

[21]나의 사정 곧 내가 무엇을 하는지 너희에게도 알리려 하노니 사랑을 받은 형제요 주 안에서 진실한 일꾼인 두기고가 모든 일을 너희에게 알리리라 [22]우리 사정을 알리고 또 너희 마음을 위로하기 위하여 내가 특별히 그를 너희에게 보내었노라 [23]아버지 하나님과 주 예수 그리스도께로부터 평안과 믿음을 겸한 사랑이 형제들에게 있을지어다 [24]우리 주 예수 그리스도를 변함 없이 사랑하는 모든 자에게 은혜가 있을지어다(6:21-24).

21-22. 나의 사정 곧 내가 무엇을 하는지 너희에게도 알리려 하노니 사랑을 받은 형제요 주 안에서 진실한 일꾼인 두기고가 모든 일을 너희에게 알리리라 우리 사정을 알리고 또 너희 마음을 위로하기 위하여 내가 특별히 그를 너희에게 보내었노라. 정체불명의 불확실하거나 거짓된 소문들은 흔히 주로 연약한 심령들 속에 불안감과 의심을 불러일으키지만, 때로는 사려 깊고 견실한 사람들 속에서도 의구심을 불러일으킨다. 바울은 그러한 위험성을 미연에 방지하기 위해서, "두기고"를 에베소 교인들에게 보내서, 그들이 두기고로부터 자세한 얘기를 들을 수 있도록 조치를 취한다. 그는 다른 곳에서 "이 외의 일은 고사하고 아직도 날마다 내 속에 눌리는 일이 있으니 곧 모든 교회를 위하여 염려하는 것이라"(고후 11:28)고 말한 바 있는데, 여기에서 이렇게 두기고를 에베소 교회에 보낸 것은, 그가 모든 믿는 자들과 관련된 신앙 문제에 대해서 거룩한 염려를 가지고서 얼마나 노심초사하고 있는지를 분명하게 보여주는 증거였다. 그에게는 죽음의 위험이 늘 상존해 있었지만, 그의 마음을 온통 사로잡고 있었던 것은 죽음에 대한 두려움이나 자기 자신에 대한 걱정이 아니라, "모든 교회를 위하여 염려하는 것"이었기 때문에, 그는 아주 멀리 있는 교회들을 살피는 일을 한시도 그만두지 않았다. 바울이 처한 그런 상

황에서 다른 사람 같았으면 이렇게 말하였을 것이다: "지금 내게 닥친 일이 너무나 화급하고 절박해서, 나는 다른 데 신경 쓸 여유가 조금도 없기 때문에, 너희는 내게서 어떤 도움을 조금이라도 기대하기브다는, 너희 모두가 다 매달려서 나를 어떻게 하면 도울 수 있는지를 궁리하는 것이 마땅할 것이다." 하지만 바울의 태도는 판이하게 달랐다. 그는 자신이 세운 교회들을 견고하게 세우기 위해서 사방으로 사람들을 보낸다.

바울은 에베소 교인들이 자기가 보낼 두기고의 말을 좀 더 신뢰할 수 있도록 하기 위해서, 두기고가 어떤 사람인지를 소개하면서 그를 "진실한 일꾼"이라고 칭찬하는 말을 한다. 여기에서 "진실하다"는 것이 그가 교회의 공적인 사역과 관련해서 보여준 신실함을 의미하는 것인지, 아니면 두기고가 바울에게 보여준 개인적인 충성심을 의미하는 것인지를 말하기는 쉽지 않다. 이러한 불확실성은 바울이 "사랑을 받은 형제"라는 표현과 "주 안에서 진실한 일꾼"이라는 표현을 서로 연결시켜 놓은 데서 생겨난다. 왜냐하면, 바울은 두기고가 자기에게 충성된 인물인 까닭에, 교회의 공적인 일에서도 신실할 것이르고 생각한 것일 수도 있기 때문이다. 하지만 나는 두기고가 교회의 공적인 일에서 신실한 일꾼으로 검증된 인물이었던 것으로 보는 전자의 해석에 동의한다. 왜냐하면, 바울은 두기고가 교회에서 이미 상당한 명성을 얻고 있어서, 그를 보내면, 에베소 교인들이 마치 자신이 친히 간 것처럼 그를 영접해서, 에베소 교회의 문제들이 그의 주도 하에 해결될 수 있을 것이라고 기대하고서, 두기고를 거기로 보냈을 가능성이 대단히 높기 때문이다.

23. 아버지 하나님과 주 예수 그리스도께로부터 평안과 믿음을 겸한 사랑이 형제들에게 있을지어다. 나는 다른 서신들의 문안인사들에서와 마찬가지로 여기에서도 "평안"이라는 단어는 형통을 의미하는 것이라고 본다. 하지만 바울이 "평안"이라고 한 직후에 "사랑"에 대해서 언급하고 있다는 이유를 들어서, 독자들이 여기에서 "평안"은 화합을 의미하는 것으로 이해하고자 한다면, 나는 그러한 해석에 반대하지 않을 뿐만 아니라, 도리어 그러한 해석이 문맥에 더 잘 부합한다고 생각한다. 바울은 에베소 교인들이 서로 화합하는 가운데서 평안하게 지내기를 바란다. 그리고 그가 곧이어서 말하고 있듯이, 그러한 상태는 형제 사랑과 믿음의 일치에 의해서 얻어진다. 이 기도를 통해서 우리는 "평안"과 마찬가지로 "믿음"과 "사랑"도 하나님이 그리스도로 말미암아 우리에게 주시는 선물들이라는 것, 아니 그러한 것들은 단지 하나님으로부터 오는 것이 아니라, "아버지 하나님과 주 예수 그

리스도"로부터 오는 것임을 알게 된다.

24. 우리 주 예수 그리스도를 변함 없이 사랑하는 모든 자에게 은혜가 있을지어다. 바울이 여기에서 말하고자 하는 것은 "예수 그리스도를 순전한 양심으로 사랑하는 모든 자들에게 하나님께서 계속해서 자신의 은총을 베푸시기를 기원한다"는 것이다. 내가 에라스무스(Erasmus)를 따라 "진실함으로"(개역개정에는 "변함 없이")으로 번역한 헬라어 '엔 아프타르시아'(ἐν ἀφθαρσίᾳ)는 문자 그대로 직역하면 "부패하지 않음으로"를 의미한다. 바울이 사용한 이러한 비유는 아름답고 의미심장하기 때문에, 우리는 이 비유적인 표현을 주목할 필요가 있다. 이 비유적인 표현을 통해서 바울이 간접적으로 말하고자 하는 것은 사람의 마음이 모든 외식으로부터 자유로울 때에는 부패함으로부터도 자유롭게 되리라는 것이다. 그의 이 기도는 우리가 하나님의 얼굴의 빛을 향유할 수 있는 유일한 길은 우리에 대한 하나님의 사랑을 분명하게 보여주시고 확증해 주신 하나님의 아들을 진실하게 사랑하는 것이라는 가르침을 우리에게 전해 준다. 그러나 거기에는 그 어떤 외식이나 위선도 있어서는 안 된다. 왜냐하면, 대부분의 사람들은 그리스도를 믿는다고 신앙 고백을 하고서도, 그리스도를 너무나 하찮게 여기고서는, 그리스도를 진정으로가 아니라 말로만 공경하고 사랑한다고 고백하기 때문이다. 나는 "우리 주 예수 그리스도를 진실함으로 사랑하라"는 바울의 권면을 꼭 필요로 하는 사람들이 오늘날에는 별로 많지 않기만을 바랄 뿐이다.

빌립보서

서론

　빌립보는 트라키아(Thracia)의 경계에 위치해 있던 마게도냐 지방의 한 도시였다고 일반적으로 알려져 있는데, 트라키아 평원은 폼페이우스(Pompeius)가 카이사르(Caesar)에게 패한 곳이었고, 나중에는 브루투스(Brutus)와 카시우스(Cassius)가 안토니우스(Antonius)와 옥타비아누스(Octavianus)에 의해 패배당한 곳이었다. 이렇게 빌립보는 로마의 내전에서 두 번의 기념비적인 전투가 벌어진 곳으로 유명해졌다. 바울이 하나님의 계시를 받고 마게도냐로 가서 복음을 전하게 되었을 때, 그가 최초로 교회를 세운 곳이 바로 빌립보 성읍이었다(누가는 사도행전 16장에서 이러한 사실을 기록하고 있다). 빌립보 교회는 바울이 전해 준 믿음을 계속해서 확고하게 지켰을 뿐만 아니라, 이 서신이 증언해 주고 있듯이, 시간이 흐르면서 믿는 자들의 수도 늘어났고, 신앙의 깊이도 더해갔다.

　바울이 빌립보 교회에 서신을 쓰게 된 계기는 이런 것이었다. 그들은 당시에 감옥에 갇혀 있던 바울에게 생계를 유지하기 위한 통상적인 경비와 그 밖의 다른 필요한 것들을 빌립보 교회의 목회자였던 에바브로디도 편으로 보냈는데, 이 때에 에바브로디도는 그것들을 그에게 전하면서, 빌립보 교회의 전체적인 사정에 대하여 설명하는 한편, 그들이 그의 권면과 가르침을 받고자 한 여러 가지 일들도 함께 그에게 들려 주며 조언자로서의 역할을 해 줄 것을 부탁하였으리라는 것은 의심의 여지가 없다. 에바브로디도는 당시에 여기저기를 떠돌아다니며 복음의 바른 교훈을 왜곡하고 변질된 교설들을 퍼트리던 거짓 사도들이 빌립보 교회에 와서도 그런 시도들을 하였지만, 빌립보 교인들은 진리에 굳게 서서, 그런 교설들을 물리쳤다고 말하였고, 바울은 그 말을 듣고서, 그들이 그렇게 믿음에 굳게 서서 거짓 교설에 대항한 것을 이 서신에서 칭찬하고 있는 것으로 보인다. 하지만 그는 인간의 연약함을 고려해서, 그리고 아마도 시의적절한 권면과 가르침을 통해 빌립보 교인들의 믿음을 견고하게 붙잡아 주어서 이후로도 거짓 교설에 흔들리지 않게 해 줄 필요가 있다는 말을 에바브로디도에게서 듣고서, 그들에게 시의적절한 권면들을 이 서신에 덧붙인다.

먼저, 바울은 그들의 신뢰를 얻기 위해서, 자기가 그들을 얼마나 존중하고 사랑하는지를 분명하게 밝힌다. 그런 후에, 그는 그들이 자기가 감옥에 갇혀서 언제 죽을지 모르는 처지가 된 것을 보고서 낙심하지 않도록 하기 위해서, 자기 자신과 자기가 감옥에 갇히게 된 것에 대하여 설명해 나감으로써, 자기가 감옥에 갇히게 된 것이 복음의 영광을 가리는 일이 전혀 아니고, 도리어 복음의 진리를 확증해 주는 일이라는 것을 보여주고, 이와 동시에 그들도 자신의 모범을 보고서 그들에게 일어날 수 있는 온갖 일들을 대비하여 준비하고 각오하라고 격려한다. 끝으로, 그는 서로 연합하여 하나가 되고 인내하라는 짧막한 권면으로 제1장을 마무리한다.

하지만 "야심"은 거의 언제나 불화와 분쟁을 낳는 어머니이고, 야심으로 인해서 새롭고 이상한 교설들이 생겨나기 때문에, 바울은 제2장을 시작하면서 빌립보 교인들에게 "겸손"과 "겸양"을 최고의 덕목으로 여겨서, 온 힘을 다해서 진심으로 겸손하게 행할 것을 간곡하게 부탁한다. 그런 후에, 그는 여러 가지 다양한 논증들을 통해서, 그들이 겸손하게 행하여야 하는 이유를 설명한다. 그리고 그는 머지않아 디모데를 그들에게 보내서, 그들을 보살피게 하겠다고 약속한다. 아니, 그는 자기가 그들을 방문할 수 있게 되기를 바란다는 소망을 피력한다. 끝으로, 그는 에바브로디도가 그들에게 돌아가는 것이 늦어지게 된 이유를 설명한다.

제3장에 들어와서는, 바울은 거짓 사도들에 대하여 맹공을 퍼붓고, 그들의 헛된 자랑들과 그들이 역설한 할례에 관한 교설이 둘 다 잘못된 것임을 분명히 한다. 그는 그들이 고안해 낸 온갖 교설들과 그리스도의 단순명료한 바른 교훈을 대비시키고, 그들의 오만함과 그리스도인의 참된 경건의 귀감인 자신의 이전과 현재의 행실을 대비시킨다. 또한, 그는 우리 믿는 자들이 일생 동안 목표로 하여야 하는 최고의 온전함은 그리스도의 죽으심과 부활에 참여하는 것임을 보여주고, 자신의 모범을 통해서 그것을 확증한다.

바울은 구체적인 권면들로 제4장을 시작하지만, 나중에는 일반적인 성격의 권면들로 나아간다. 그런 후에, 그는 빌립보 교인들이 자기에게 필요한 것들을 공급해 주어서 자신의 어려움을 덜어 준 것이 혹시 잘못한 일인 것은 아닌가 하고 생각하지 않도록 하기 위해서, 그들에게 명시적으로 감사하다는 말을 하는 것으로 이 서신을 끝맺는다.

제1장

¹그리스도 예수의 종 바울과 디모데는 그리스도 예수 안에서 빌립보에 사는 모든 성도와 또한 감독들과 집사들에게 편지하노니 ²하나님 우리 아버지와 주 예수 그리스도로부터 은혜와 평강이 너희에게 있을지어다 ³내가 너희를 생각할 때마다 나의 하나님께 감사하며 ⁴간구할 때마다 너희 무리를 위하여 기쁨으로 항상 간구함은 ⁵너희가 첫날부터 이제까지 복음을 위한 일에 참여하고 있기 때문이라 ⁶너희 안에서 착한 일을 시작하신 이가 그리스도 예수의 날까지 이루실 줄을 우리는 확신하노라(1:1-6).

1. 그리스도 예수의 종 바울과 디모데는. 바울은 자신의 서신들의 서문에서 자기 자신과 자신의 사역에 대한 신뢰감을 심어 주기 위하여, 자기가 사도임을 밝힘과 동시에 거기에 여러 수식어들을 덧붙이는 것이 보통이지만, 빌립보 교인들은 이미 일찍부터 그가 그리스도의 참된 사도라는 것을 알고 있었고 지금도 여전히 그것을 추호의 의심도 없이 인정하고 있었기 때문에, 그들에게 보내는 이 서신에서는 자기를 그런 식으로 길게 소개할 필요가 없었다. 왜냐하면, 그들은 하나님의 부르심을 받은 후로 처음부터 지금까지 동일한 믿음을 조금도 흔들림 없이 견고하게 붙잡고 있었기 때문이었다.

그리스도 예수 안에서 빌립보에 사는 모든 성도와 또한 감독들과 집사들에게 편지하노니. 바울이 여기에서 "성도"라고 말한 후에 "감독들"과 "집사들"을 따로 언급한 것은 사역자들을 높이기 위한 것이다. 또한, 우리가 이것으로부터 알 수 있는 것은, 그가 "감독들"이라고 말한 것은 한 교회에 여러 감독들이 있었다는 것을 보여주는 것이라는 점에서, 당시에는 모든 말씀 사역자들을 "감독"이라는 호칭으로 불렀다는 것이다. 그러므로 "감독"이라는 직함과 "목사"라는 직함은 동일한 것이었다. 히에로니무스(Ieronimus)는 에바그리우스에게 보낸 자신의 서신과 자신의 디도서 강해에서 이것을 증명해 주는 본문들 중의 하나로 이 본문을 인용한다. 그러다가 나중에는 각 교회의 여러 장로들로 구성된 장로회의 수장을 맡게 된 인물만을 "감독"이라고 부르는 관행이 슬그머니 생겨났다. 하지만 그것은 인간의 관습에서 유래한 것일 뿐이고, 성경적인 권위에 의거한 것이 아니다. 물론, 나는 사람들의 사고방식과 행동거지는 아주 다양하고 각자 다르기 때문에, 비록 말씀의 사역자들이라고 해도, 어느 한 사람이 그들 모두를 주재하지 않고서는, 그들 가운데서 질서가 제대로 유지될 수 없다는 것을 인정한다. 하지만 그것은 세상 전체나 어느 한 지역 전체의 사역자들에 대해서가 아니라, 개교회 단위의 사역자들에 대해서만 인정되어야 한다. 우리는 단어 하나를 가지고 논쟁하고 다투어서는 안 되지만, 우리의 언어의 원천이신 성령이 우리에게 말씀하기 위하여 사용한 단어를 더 악한 쪽으로 수정하는 것보다는 그 단어를 그대로 사용하는 것이 더 나을 것이다. 왜냐하면, 앞에서 말한 대로 이 단어 하나를 왜곡하고 변질시켜서 사용함으로써, 모든 장로들은 동일한 직분으로 부르심을 받은 대등한 동료들임에도 불구하고, 성경의 용법과는 다르게 그들 중의 한 명의 장로에게 나머지 다른 장로들과 다른 명칭("감독")을 수여해서, 마치 그 한 장로가 다른 모든 장로들을 주관하는 지배권을 가진 것처럼 여기게 된 "악"이 생겨났기 때문이다.

바울이 여기에서 사용한 "집사들"이라는 용어는 두 가지 방식으로 해석될 수 있는데, 하나는 가난한 자들에게 구제를 베푸는 일을 총괄하는 직책을 가리키는 것으로 해석하는 것이고, 다른 하나는 성도들의 행실을 살피고 규율하는 일을 하기 위해 임명된 "장로들"을 가리키는 것으로 해석하는 것이다. 바울에게서는 이 용어를 전자의 의미로 사용하는 경우가 더 일반적이기 때문에, 나는 여기에서도 이 용어는 가난한 자들을 구제하는 일을 감독했던 "집사들"을 가리키는 것으로 이해한다. 이것과 관련해서 좀 더 자세한 내용에 대해서는 이미 나온 주석서들을 참조하라.

3. 내가 너희를 생각할 때마다 나의 하나님께 감사하며. 바울이 하나님께 "감사하는 것"으로 이 서신의 본론을 시작하는 이유는 두 가지인데, 하나는 이렇게 함으로써 빌립보 교인들에 대한 자신의 사랑을 보여주기 위한 것이고, 다른 하나는 그들이 지금까지 해 온 것에 대하여 그들을 칭찬함으로써, 이후의 장래에도 계속해서 그렇게 행하도록 권면하기 위한 것이다. 또한, 그는 그들에 대한 자신의 사랑을 보여주는 또 하나의 증거를 제시하는데, 그것은 자기가 그들을 생각하며 하나님께 기도하였다는 것이다. 우리가 여기에서 주목해야 할 것은 바울은 기쁜 일들을 언급할 때마다 그 즉시 하나님께 감사하였다는 것인데, 우리도 그러한 습관이 우리의 몸에 배게 하는 것이 마땅하다. 또한, 우리는 바울이 빌립보 교인들과 관련된 어떤

것들로 말미암아 하나님께 감사하고 있는지를 주목할 필요가 있다. 즉, 그는 빌립보 교인들이 처음부터 지금까지 그티스도의 복음에 변함없이 참여하고 있는 것에 대하여 하나님께 감사한다. 우리가 이것으로부터 알 수 있는 것은 그리스도의 복음에 참여하는 것은 하나님의 은혜에 돌려져야 한다는 것이다. 여기에서 "너희를 생각할 때마다"로 번역된 어구는 직역하면 "너희에 대한 모든 기억 속에서"인데, 이것은 "너희를 기억할 때마다"를 의미한다.

4. 간구할 때마다 너희 무리를 위하여 기쁨으로 항상 간구함은. 헬라어 본문에서는 이 구절이 "내가 너희 모두를 위하여 기도할 때마다 항상 기쁨으로 간구함은"으로 되어 있지만, 여기에 나오는 어구들은 다음과 같이 서로 연결되어 있다: "내가 기도할 때마다 너희 모두를 위하여 항상 기쁨으로 간구함은." 그는 앞에서 자기가 그들을 기억할 때마다 그것이 자기에게 기쁨이었다고 말했듯이, 이제 여기에서는 그가 기도할 때마다 그들을 생각하며 기도한다는 말을 덧붙인다. 즉, 자기는 그들을 기억할 때마다 기쁨이 생겨나고, 그 기쁨으로 그들을 위하여 간구하게 된다는 것이다. "기쁨"은 그에게 이미 생겨난 것이고, "기도"는 그런 후에 그가 행하는 것이다. 이것은 신앙에 있어서 그들이 좋은 출발을 보이고 있는 것에 대하여 그가 기뻐하였기 때문에, 그들로 하여금 장차 신앙에서 온전함을 이루게 하고자 하는 소원이 그에게서 생겨나서, 그들을 위하여 기도하고 있다는 것이다. 이렇게 우리는 우리가 하나님으로부터 받은 복들을 기뻐하는 것으로 그치지 말고, 그러한 기쁨이 생겨날 때마다 우리에게 여전히 부족한 것들을 생각해 내어서 하나님께 구하는 것을 잊지 않아야 한다는 것을 명심할 필요가 있다.

5. 너희가 첫날부터 이제까지 복음을 위한 일에 참여하고 있기 때문이라. 바울은 이제 자기가 빌립보 교인들을 위하여 어떤 것들을 간구하고 있는지에 대해서는 일단 건너뛰고서는, 그들을 생각할 때마다 자기에게 기쁨이 생겨나는 이유를 여기에서 밝히는데, 그것은 그들이 복음의 교제 속으로 들어오게 된 것, 즉 복음에 참여하는 자들이 된 것 때문이다. 우리가 잘 알고 있듯이, 이것은 오직 믿음을 통해서만 가능하다. 왜냐하면, 복음은 우리가 믿음으로 받을 때까지는 우리에게 아무것도 아닌 것으로 보이게 되고, 우리가 거기에 참여하여 복음의 은택들을 향유할 수도 없기 때문이다. 아울러, "복음 속으로의 너희의 교제"(개역개정에는 "너희가 복음을 위한 일에 참여하고 있기")라는 어구에서 "교제"는 성도들의 모임을 가리키는 것으로 볼 수 있는데, 그렇게 해석하는 경우에는 여기에서 바울은 이렇게 말한 것과 같

다: "그들은 복음을 믿는 믿음 안에서 하나님의 모든 자녀들과 함께 하게 되었다."

바울이 "첫날부터"라고 말한 것은, 자기가 빌립보 교인들에게 복음을 전한 "첫날부터," 그들이 즉시 아주 신속하게 복음을 받아들이는 모습을 보여준 것을 칭찬하기 위한 것이다. 그리고 그가 "이제까지"라고 말한 것은, 그들이 그렇게 첫날부터 믿음으로 기꺼이 복음을 받아들인 후에, 그들의 믿음이 계속해서 변하지 않았다는 것을 칭찬하기 위한 것이다. 여기에서 우리는 하나님이 우리를 부르실 때에 즉시 그 부르심을 받아들여서 끝까지 그 믿음을 변함없이 간직하는 것이 얼마나 훌륭하고 보기 드문 일인지를 알게 된다. 왜냐하면, 많은 사람들은 순종하기를 더디하고 주저할 뿐만 아니라, 그렇게 해서 믿음을 지니게 되었다고 하더라도, 굳건하지 못하고 변덕스러운 심성으로 인해서 믿음을 저버리는 사람은 더욱더 많기 때문이다.

6. 너희 안에서 착한 일을 시작하신 이가 …… 이루실 줄을 우리는 확신하노라. 바울은 여기에서 자신의 기쁨의 추가적인 이유를 제시하는데, 그것은 그들이 이후에도 계속해서 그런 모습을 변함없이 보여줄 것이라고 확신하기 때문이라고 말한다. 그러나 이것에 대해서 어떤 이들은 이렇게 반문할지도 모른다: "인간의 본성은 너무나 허약하기 짝이 없고, 무수히 많은 장애물들과 험난한 과정들과 위기들이 도처에 산재해 있는데, 인간이 어떻게 내일 일을 장담할 수 있단 말인가?" 나의 대답은 바울이 이러한 확신을 내보이게 된 것은, 빌립보 교인들이 변함없고 견실한 훌륭한 심성과 태도를 지니고 있어서 그들을 신뢰했기 때문이 아니라, 단지 하나님께서 빌립보 교인들에게 지금까지 자신의 변함없으신 사랑을 나타내 보여주셨다는 사실 때문이었다는 것이다.

그리고 하나님이 지난날에 우리에게 은택들을 베풀어 주셨다는 사실을 진정으로 인정하고 고백할 때, 우리는 자연스럽게 장래에도 하나님께서 그렇게 하실 것이라는 확신과 소망을 갖게 된다. 하나님이 지난날에 우리에게 베풀어 주신 은택들은 우리에 대한 그의 선하심과 아버지로서의 자애로우심을 증거해 주는 증표들인데, 그럼에도 불구하고 우리가 그러한 은택들에 의거해서 장래에 대한 소망과 담대함을 갖지 못한다면, 그것은 많은 증거들을 확인하고서도 여전히 하나님의 사랑을 의심하는 지독한 배은망덕일 수밖에 없다. 게다가, 하나님은 사람들과 같지 않으셔서, 우리에게 사랑을 베푸시는 일에 싫증을 내시거나 힘들어 하지 않으신다. 그러므로 믿는 자들은 하나님이 자신들에게 베푸신 은총들을 끊임없이 묵상해서, 다음과 같은 삼단논법을 늘 마음에 둠으로써, 장래에 대한 견고한 소망과 담대함을 잃

지 않아야 한다: "선지자가 증언하고 있듯이(시 138:8; 사 64:8), 하나님은 자기 손으로 시작하신 것을 중도에 포기하시는 법이 없으시다. 우리는 하나님이 그 손으로 친히 지으신 존재이다. 그러므로 하나님은 우리 안에서 시작한 일을 반드시 완성하실 것이다." 이 삼단논법에서 내가 "우리는 하나님이 그 손으로 친히 지으신 존재이다"라고 한 것은, 단지 우리 인간이 하나님에 의해서 지음 받은 것을 말하는 것이 아니라, 하나님이 우리를 부르셔서 자기 아들들로 삼으신 것을 말하는 것이다. 왜냐하면, 하나님께서 우리를 자신의 성령으로 말미암아 우리를 자기에게로 실효적으로 부르신 것은 우리가 하나님의 자녀들로 택함 받았다는 것을 보여주는 증거이기 때문이다.

하지만 바울은 여기에서 자기 자신이 아니라 빌립보 교인들에 대하여 말하고 있는 것이기 때문에, 우리는 다른 사람들의 구원에 대하여 확실하게 말할 수 있는 사람이 과연 있을 수 있는가 하고 질문하게 된다. 나의 대답은 한 개인이 자신의 구원에 관하여 지니는 확신은 다른 사람의 구원에 관하여 그가 갖는 확신과는 판이하게 다르다는 것이다. 왜냐하면, 하나님의 성령은 내가 부르심을 받았다는 사실을 내게 증언해 주고, 마찬가지로 택함 받은 각 사람에게도 각각 그렇게 증언해 주는 반면에, 다른 사람들의 경우에는 성령의 그러한 증언은 없고 오직 성령의 외적인 역사만을 보고 판단할 수밖에 없는 까닭에, 하나님의 은혜가 그들에게서 나타나는 한에서만, 우리는 다른 사람들이 구원받았는지의 여부를 알게 되기 때문이다. 이렇게 믿음의 확신은 그 사람 자신의 내면에만 있고 다른 사람들에게까지 밖으로 전달되지 않기 때문에, 자신의 구원을 확신하는 것과 다른 사람들이 구원받은 것을 아는 것은 큰 차이가 있게 된다. 그러나 어떤 사람들이 하나님의 택하심을 받았음을 보여주는 증표들이 밖으로 나타나서, 그것을 알게 되었을 때에는, 우리는 즉시 그들에 대한 선한 소망을 품는 것이 마땅한데, 이것은 우리가 한편으로는 그들을 악한 자들로 여겨서, 그들을 사랑하는 마음으로 바라보고서 공평하고 인도적인 판단을 하지 못하게 되는 일이 없게 하기 위한 것이고, 다른 한편으로는 하나님께 감사하기 위한 것이다. 하지만 우리 자신의 구원과 관련된 것이든 다른 사람들의 구원과 관련된 것이든, 둘 모두에 적용되는 일반적인 법칙은, 우리 자신의 힘을 의지하지 말고 오로지 전적으로 하나님만을 의지해야 한다는 것이다.

그리스도 예수의 날까지. 바울이 이 말을 통해서 전하고자 하는 주된 의미는 "이 싸움이 끝날 때까지"라는 것이고, 이 싸움은 한 사람의 죽음에 의해서 끝이 난다. 하지만 성령은 이런 식으로 "종말에 그리스도께서 다시 오실 때까지"라고 말하는 것이 보통이기 때문에, 우리는 여기에서도 그리스도의 은혜가 믿는 자들의 육체의 부활의 때까지 미치는 것을 나타내고자 한 것으로 이해하는 편이 더 나을 것이다. 왜냐하면, 죽을 몸으로부터 해방된 자들은 이제 더 이상 육체의 욕망들과 싸울 필요가 없고, 따라서 사탄이 쏘는 불화살이 미치는 범위 너머에 있게 되기는 하지만, 그들은 아직 자신들이 목표로 삼은 지점에 도달해서, 그들이 대망해 왔던 지극한 복과 영광을 누리고 있는 것은 아니기 때문에, 그들이 여전히 최종 목적지를 향하여 나아가고 있는 것으로 말하는 것은 전혀 무리가 없을 것이다. 요컨대, 소망 가운데 감추어져 있는 보화를 드러내 줄 날이 아직 동터 오지 않았다는 것이다. 그리고 사실 소망에 대해서 말할 때에는, 우리의 눈은 언제나 최종적인 목표인 저 복된 부활에 맞춰져 있는 것이 마땅하다.

⁷내가 너희 무리를 위하여 이와 같이 생각하는 것이 마땅하니 이는 너희가 내 마음에 있음이며 나의 매임과 복음을 변명함과 확정함에 너희가 다 나와 함께 은혜에 참여한 자가 됨이라 ⁸내가 예수 그리스도의 심장으로 너희 무리를 얼마나 사모하는지 하나님이 내 증인이시니라 ⁹내가 기도하노라 너희 사랑을 지식과 모든 총명으로 점점 더 풍성하게 하사 ¹⁰너희로 지극히 선한 것을 분별하며 또 진실하여 허물 없이 그리스도의 날까지 이르고 ¹¹예수 그리스도로 말미암아 의의 열매가 가득하여 하나님의 영광과 찬송이 되기를 원하노라(1:7-11).

7. 내가 너희 무리를 위하여 이와 같이 생각하는 것이 마땅하니 이는 너희가 내 마음에 있음이며 나의 매임과 복음을 변명함과 확정함에 너희가 다 나와 함께 은혜에 참여한 자가 됨이라. 만약 우리가 "양자의 영"이 자신을 드러내는 표들인 참된 경건의 증표들을 그 속에 갖고 있는 자들을 하나님의 자녀들로 여기지 않는다면, 그것은 우리가 하나님의 선물들을 제대로 평가하고 있지 못하고 있는 것이다. 따라서 바울은 빌립보 교인들이 자기와 마찬가지로 동일한 "은혜"에 참여하고 있는 것을 보기 때문에, 자기는 그들의 장래에 대하여 선한 소망을 품는 것이 공평하고 마땅하다고 말한다. 내가 이 구절을 에라스무스(Erasmus)와 다르게 번역한 것은 여러 가지를 합당하게 숙고한 결과인데, 현명한 독자들은 그것을 쉽게 알 수 있을 것이다. 왜냐하면, 나는 바울이 앞에서 자기가 빌립보 교인들에 대하여 선한 소

망을 품고 있다고 말하였는데, 이제 여기에서는 자기가 그들에 대하여 품고 있는 생각이 바로 그 선한 소망의 근거임을 밝히고 있는 것으로 이해하기 때문이다. 즉, 그는 그들이 그의 "매임과 복음을 변명함과 확정함에 다" 그와 "함께" 동일한 "은혜에 참여한 자들"이기 때문에, 자기는 그들의 장래에 대하여 선한 소망을 품고 있다고 말하고 있는 것이다.

바울이 "너희가 내 마음에 있다"고 말한 것은 그들이 그의 마음 깊은 곳에서부터 사랑하고 아끼는 자들이라는 의미이다. 그가 빌립보 교인들을 이렇게 여기게 된 것은, 그들은 언제나 그들의 힘이 닿는 데까지 그를 도와 왔고, 복음을 전파하고 가르치는 일에 있어서도 그들의 능력이 닿는 데까지 그의 동역자들이 되어 주었기 때문이었다. 이렇게 그들은 몸으로는 그와 함께 하지 못하였지만, 그들의 힘이 닿는 데까지 온갖 섬김을 통해서 그와 모든 것을 함께 하는 경건한 마음과 태도를 보여주었기 때문에, 그는 그들이 자기와 함께 "매임"에 참여하고 있는 것으로 인정한다. 그러므로 "너희가 내 마음에 있다"고 말한 것은 인사치레로 한 번 해 본 말인 것이 아니라, 추호의 거짓이나 위선이나 의심도 없는 진실한 것이었다. 그렇다면, 그들은 바울의 마음에 무엇으로 존재하는 것인가? 그들은 그의 마음에 동일한 "은혜에 참여한 자들"로 있다. 그렇다면, 그들은 어떻게 해서 그와 동일한 은혜에 참여한 자들이 된 것인가? 그들은 복음을 변명하기 위한 그의 "매임"에 참여함으로써 그와 동일한 은혜에 참여한 자들이 되었다. 이렇게 바울은 그들을 그런 자들로 인정하였기 때문에, 그가 그들에 대하여 선한 소망을 품게 된 것은 합당한 일이었다.

감옥에 갇히게 된 것을 하나님이 주신 "은혜"로 여기고 그렇게 말한다면, 세상 사람들은 어이없어 하고 비웃을 것이지만, 우리가 이 일을 제대로 올바르게 평가한다면, 우리가 하나님의 진리를 위하여 박해를 받게 되었다면, 그것은 하나님이 우리에게 수여하신 큰 영광이다. 왜냐하면, 주님께서 "나로 말미암아 너희를 욕하고 박해하고 거짓으로 너희를 거슬러 모든 악한 말을 할 때에는 너희에게 복이 있나니"(마 5:11)라고 하신 말씀은 결코 헛된 것이 아니기 때문이다. 그러므로 우리는 그리스도의 십자가에 참여하는 것을 하나님으로부터 주어진 특별한 은총으로 여기고서 자원하는 마음으로 기쁘게 받아들이는 것이 마땅하다는 것을 기억하여야 한다. 바울이 "매임"이라는 단어에 "복음을 변명함과 확정함"이라는 어구를 덧붙인 것은, 하나님께서 자신의 복음을 증거하시기 위하여 우리를 자신의 대적들과 맞서게 하신 것이 얼마나 영광스러운 일인지를 한층 더 분명하게 표현하기 위한 것이다. 왜냐하면, 그것은 하나님께서 자신의 복음을 변명하는 일을 우리에게 맡기신 것과 같기 때문이다. 실제로 순교자들은 바로 그러한 생각으로 무장되어 있었기 때문에, 기꺼이 악한 자들의 온갖 광분함을 멸시하고 온갖 고문을 이겨낼 수 있었다. 하나님의 부르심을 받고 신앙 고백을 한 모든 사람들은 그들이 그리스도에 의해서 그의 복음을 변명하는 변호사들로 택함 받았다는 사실을 늘 마음에 두어야 한다. 그러한 위로가 그들을 견고하게 붙잡고 있기만 한다면, 그들은 더 큰 담대함을 얻어서, 믿음을 버리고 쉽게 돌아서지 않게 될 것이다.

하지만 여기에서 누군가는 "복음을 확정함"이 사람들의 견실함 여부에 의해서 좌지우지되는 그런 것이냐고 반문할 것이다. 나의 대답은 하나님의 진리는 그 자체로 충분히 견고하기 때문에, 외부의 그 어떤 것에 의해서 지지를 받을 필요가 없다는 것이다. 왜냐하면, 우리는 모두 거짓말쟁이들로 발견된다고 할지라도, 하나님께서는 여전히 참되시기 때문이다(롬 3:4, "사람은 다 거짓되되 오직 하나님은 참되시다 할지어다 기록된 바 주께서 주의 말씀에 의롭다 함을 얻으시고 판단 받으실 때에 이기려 하심이라 함과 같으니라"). 그럼에도 불구하고, 약한 양심들은 그러한 보조수단들을 통해서 복음의 확증을 받는다고 말하는 것은 전혀 무리가 없다. 그러므로 우리가 우리 자신의 경험으로부터 알 수 있듯이, 바울이 여기에서 말하는 것과 같은 "확정함"은 사람들과 관련된 것이다. 그런 의미에서 수많은 순교자들의 죽음은 적어도 우리의 마음속에 복음이 참되다는 것을 인쳐 주는 무수한 "인"으로서의 역할을 하는 유익을 지녀 왔다. 그래서 테르툴리아누스(Tertullianus)는 "순교자들의 피는 교회의 씨이다"라고 말하였다. 나는 어떤 시에서 그가 한 말을 본떠서 이렇게 말한 적이 있다: "그러나 하나님의 영광을 드높이 알린 저 거룩한 피는 자녀들을 낳기 위한 씨가 될 것이다."

8. 내가 예수 그리스도의 심장으로 너희 무리를 얼마나 사모하는지 하나님이 내 증인이시니라. 바울은 이제 빌립보 교인들을 향한 자신의 사랑을 좀 더 명시적으로 선언하고, 그것이 참이라는 것을 증명하기 위해서 맹세의 형식을 사용하는데, 우리는 교회의 덕을 세우는 것이 하나님이 보시기에 얼마나 소중하고 귀한 일인지를 알기 때문에, 그가 하나님을 증인으로 내세워서 빌립보 교회에 대한 자신의 사랑이 참되다는 것을 맹세로써 확증한 것은 지극히 합당하다. 또한, 바울이 빌립보 교인들에 대한 자신의 사랑을 그들에게 제대로 철저하게 알게 하는 것은 무엇보다도 아주 중요한 일이었다. 왜냐하면, 가르침을 받는 자들은 자신들의 선생이 그들

을 진정으로 사랑한다는 것을 알면, 그 선생의 가르침을 신뢰하고 받아들이는 데 상당한 영향을 미치기 때문이다. 바울은 오직 하나님만이 진리이시라는 점에서, 하나님을 자신의 참됨을 증명해 줄 증인이라고 부르고, 오직 하나님만이 사람들의 마음을 살피시고 감찰하시는 분이라는 점에서, 하나님을 그들에 대한 자신의 사랑을 증명해 줄 증인이라고 부른다. 그가 "사모하다"라는 표현을 사용한 것은 전체를 나타내기 위해서 부분을 사용한 제유법에 해당한다. 왜냐하면, 우리가 우리에게 소중한 것들을 "사모하는" 것은 "사랑"의 증거이기 때문이다.

여기에서 바울은 "그리스도의 심장"과 육신적인 애정을 대비시킴으로써, 그들에 대한 자신의 사랑이 거룩하고 경건한 것임을 보여준다. 왜냐하면, 육신을 따라 사랑하는 자들은 자신의 이익을 위해서 사랑하는 것인 까닭에, 여러 가지 상황과 사정에 따라서 수시로 마음이 바뀔 수 있기 때문이다. 이와 동시에, 바울은 믿는 자들의 사랑은 어떠한 기준에 의해서 규율되어야 하는지를 우리에게 가르쳐 준다. 즉, 믿는 자들은 그들 자신의 뜻을 부인하고, 그리스도께서 그들의 심령의 조타석에 앉으셔서 그들을 다스리시고 인도하시게 하여야 한다는 것이다. 그리고 참된 사랑은 "그리스도의 심장" 이외의 다른 원천으로부터는 흘러 나올 수 없다는 것은 의심의 여지가 없기 때문에, "그리스도의 심장"이 가시채가 되어 우리를 찔러서 휘몰아감으로써, 우리 서로 간의 사랑이 "그리스도의 심장" 안에서 이루어지게 하는 것이 마땅하다.

9. 내가 기도하노라 너희 사랑을 지식과 모든 총명으로 점점 더 풍성하게 하사. 바울은 앞에서 자기가 빌립보 교인들을 위하여 "기도한다"는 말을 잠깐 비친 바 있는데, 이제 여기에서는 다시 그들을 위한 기도로 되돌아와서, 자기가 하나님 앞에서 그들을 위해 구해 온 것들이 무엇인지를 요약해서 제시한다. 그가 그렇게 하는 것은 그들도 자신의 모범을 따라 기도하는 것을 배우게 하고, 자기가 그들을 위하여 구하는 것들을 더욱 풍성하게 받아 누리고자 하는 열망을 그들 가운데서 불러 일으키기 위한 것이다. 어떤 이들은 백성들이 흔히 성직자를 "당신의 공경"이라고 부르고 귀족을 "당신의 통치"라고 부르곤 하듯이, 여기에서 "너희 사랑"은 빌립보 교인들을 지칭하는 것이라고 주장하지만, 그러한 견해는 터무니없다. 왜냐하면, 바울의 서신들에서는 그러한 용법의 표현이 단 한 번도 나오지 않고, 그런 식의 어리석은 용법도 전혀 사용되고 있지 않기 때문이다. 게다가, 그런 식으로 해석하게 되면, 이 문장 전체가 어색해지는 반면에, 문자 그대로 "너희 사랑"을 자연스럽고

단순하게 해석하는 경우에는 이 문장의 의미는 아주 잘 통하게 된다. 왜냐하면, 그리스도인들의 참된 성장은 그들이 "지식"과 "총명"에서 진보하고, 결국에는 "사랑"이 점점 더 풍성해질 때에 이루어지기 때문이다. 따라서 "지식과 총명 안에서"(개역개정에는 "지식과 총명으로")라는 어구에서 사용된 전치사 "안에서"는, 히브리어 어법에 따라, 내가 번역한 대로 수단을 나타내는 "~로"를 의미하거나, 도구 또는 형식적인 원인을 나타내는 "~에 의해서"를 의미하는 것으로 보아야 한다. 왜냐하면, 우리가 "지식"에서 더 큰 진보를 이룰 때, 우리의 "사랑"도 성장하게 될 것임에 틀림없기 때문이다. 그런 식으로 해석한다면, 이 구절의 의미는 이런 것이 될 것이다: "너희의 사랑이 지식의 분량에 따라 커갈 수 있도록 하여." 한편, "모든 총명"은 온전하고 완벽한 총명이 아니라, 모든 일들에 있어서의 총명을 뜻한다.

10. 너희로 지극히 선한 것을 분별하며. 여기에서 바울은 기독교적인 "지혜"를 정의하는데, 그것은 헛되고 교묘한 사변들로 마음을 고문하고 괴롭게 하는 것이 아니라, "지극히 선한 것을 아는" 것이다. 왜냐하면, 주께서는 자신의 믿는 자들이 무익한 것들을 배우는 일에 쓸데없이 시간을 허비하는 것을 원하지 않으시기 때문이다. 이것은 우리에게 소르본느 신학을 어떻게 평가하는 것이 마땅한지를 가르쳐 준다. 왜냐하면, 우리가 우리의 일생을 다 바쳐서 그 신학을 배운다고 하여도, 천국에 속한 삶에 대한 소망이나 영적인 유익과 관련해서, 유클리드(Euclid)가 자신의 기하학에서 증명해 놓은 것들보다 더 많은 것들을 결코 얻을 수 없을 것이기 때문이다. 설령 소르본느 신학이 거짓된 것들을 가르치지 않는다고 하여도, 영적인 가르침을 속되고 불경스러우며 해로운 교설로 바꾸어 놓고 있다는 점에서, 우리는 그러한 신학을 혐오스러운 것으로 여기는 것이 마땅하다. 왜냐하면, 바울은 디모데후서 3:16-17에서 "모든 성경은 하나님의 감동으로 된 것으로 교훈과 책망과 바르게 함과 의로 교육하기에 유익하니 이는 하나님의 사람으로 온전하게 하며 모든 선한 일을 행할 능력을 갖추게 하려 함이라"고 말하고 있는 반면에, 소르본느 신학에서는 차갑고 교묘한 말뿐인 논리만이 판을 치기 때문이다.

또 진실하여 허물 없이 그리스도의 날까지 이르고. 우리가 참된 "지식"으로부터 얻게 되는 유익은 "지식"이 있는 사람은 교묘하게 자신의 이익을 추구하지 않고, 하나님 앞에서 순전한 양심을 가지고 살아갈 수 있게 된다는 것이다. 바울은 "진실하여"라고 말한 후에, 거기에 "실족함이 없이"(개역개정에는 "허물 없이")라는 말을 덧붙인다. "실족함이 없이"로 번역된 헬라어 '아프로스코포이'(ἀπροσκοποι)

는 그 의미가 모호하다. 크리소스토모스(Chrysostomus)는 이 단어가 능동적인 의미("허물 없이")를 지닌다고 보고서, 바울은 방금 앞에서는 그들이 하나님 앞에서 순전하고 바르게 살아가기를 원하였고, 이제 여기에서는 그들이 어떤 악한 일들을 행하여 이웃들에게 해악을 끼치는 일이 없게 함으로써, 사람들 앞에서 존귀한 삶을 영위해 나가기를 바라고 있는 것이라고 설명한다. 나는 그러한 설명을 배척하지는 않지만, 내 생각에는 이 단어가 수동적인 의미를 지닌다고 보는 것이 문맥에 더 잘 부합하는 것으로 보인다. 왜냐하면, 바울이 그들에게 "지혜"가 있게 되기를 원한 것은, 그들로 하여금 그리스도의 날까지 흔들림 없는 발걸음으로 자신들의 부르심 안에서 앞으로 전진해 나아가게 하기 위한 것인데, 반면에 그들이 그러한 참된 지식과 지혜를 갖추지 못하는 경우에는 무지로 말미암아 자주 미끄러지고 넘어지며 곁길로 빗나가는 일이 일어나기 때문이다. 그리고 사탄이 우리의 가는 길을 완전히 차단하거나 방해하기 위해서 그 길에 시도 때도 없이 수많은 걸림돌들을 갖다 놓는다는 것은 우리 각 사람이 경험을 통해서 알고 있다.

11. 예수 그리스도로 말미암아 의의 열매가 가득하여 하나님의 영광과 찬송이 되기를 원하노라. 이것은 외적으로 나타나는 삶에 관한 것이다. 왜냐하면, 선한 양심은 행위들을 통해서 자신의 열매들을 산출해 내기 때문이다. 그래서 바울은 빌립보 교인들이 선한 행위들이라는 열매를 가득 맺어서 하나님께 영광을 돌리게 되기를 소망한다. 그는 그러한 열매들이 "예수 그리스도로 말미암아" 맺어지는 열매들이라고 말하는데, 이것은 그 열매들이 그리스도의 은혜로부터 흘러 나오기 때문이다. 우리가 그리스도의 영으로 거룩하게 될 때, 비로소 우리는 선한 행위를 시작할 수 있게 된다. 왜냐하면, 우리는 그리스도의 영으로 말미암아 그리스도의 "충만한 데서" 받을 수 있게 되기 때문이다(요 1:16, "우리가 다 그의 충만한 데서 받으니 은혜 위에 은혜러라"). 바울이 여기에서 나무의 비유를 사용하고 있듯이, 우리는 "돌감람나무들"이기 때문에, 그리스도에게 접붙인 바 될 때까지는 아무런 열매도 맺을 수 없다(롬 11:24). 그리스도께서는 "나는 포도나무요 너희는 가지라"(요 15:5)고 말씀하신 것처럼, 자신의 살아 있는 뿌리를 통해서 우리를 열매 맺는 가지들로 만드신다. 한편, 이와 동시에 바울은 우리가 열매를 많이 맺어야 하는 목적도 보여주는데, 그것은 우리가 하나님의 영광을 더 높이기 위한 것이라고 말한다. 왜냐하면, 그 어떤 살아 있는 것이 겉보기에 선한 열매들을 풍성히 맺고 있는 것처럼 보일지라도, 그 열매들이 하나님의 영광을 위한 것이 아닌 경우에는, 하나님 앞에서 부패하고

썩어서 고약한 냄새를 풍기는 것일 뿐이기 때문이다.

바울이 여기에서 "행위들"을 "의"로 지칭해서 말하고 있는 것은 믿음으로 말미암아 값없이 거저 주어지는 "의"와 전혀 모순되지 않는다. 왜냐하면, 사람이 율법을 온전하고 완벽하게 순종하지 않는다면 거기에는 하나님이 보시기에 "의"라는 것은 존재하지 않고, 실제로 그 어떤 성도도 율법을 완전하게 지켜 행할 수 없지만, 그럼에도 불구하고 하나님께서 성령의 중생을 통해서 우리 안에서 "의"를 시작하시고, 그 "의"의 부족한 것들은 죄 사함을 통해서 풍성하게 보충해 주심으로써, 믿음의 분량에 따라 우리가 선하고 좋은 "의"의 열매들을 맺게 된다고 할지라도, 그러한 "의"의 열매들이 있는 곳에 온전한 "의"가 존재하는 것은 전혀 아니고, 오로지 믿음으로 말미암는 "의"만이 존재하기 때문이다.

¹²형제들아 내가 당한 일이 도리어 복음 전파에 진전이 된 줄을 너희가 알기를 원하노라 ¹³이러므로 나의 매임이 그리스도 안에서 모든 시위대 안과 그 밖의 모든 사람에게 나타났으니 ¹⁴형제 중 다수가 나의 매임으로 말미암아 주 안에서 신뢰함으로 겁 없이 하나님의 말씀을 더욱 담대히 전하게 되었느니라 ¹⁵어떤 이들은 투기와 분쟁으로, 어떤 이들은 착한 뜻으로 그리스도를 전파하나니 ¹⁶이들은 내가 복음을 변증하기 위하여 세우심을 받은 줄 알고 사랑으로 하나 ¹⁷그들은 나의 매임에 괴로움을 더하게 할 줄로 생각하여 순수하지 못하게 다툼으로 그리스도를 전파하느니라(1:12-17).

12. 형제들아 내가 당한 일이 도리어 복음 전파에 진전이 된 줄을 너희가 알기를 원하노라. 우리 모두는 십자가의 비천함과 수치가 우리의 육체에 얼마나 큰 걸림돌이 되는지를 우리 자신의 경험으로부터 잘 알고 있다. 물론, 누군가가 우리에게 십자가에 못 박히신 그리스도를 전하면, 우리는 그것을 거부하지 않고 듣는다. 하지만 그리스도께서 십자가에 못 박히신 모습으로 우리 앞에 나타나면, 우리는 그 모습을 생전 처음 본다는 듯이 벼락 맞은 것처럼 충격을 받고서는, 그리스도를 피하거나 혐오감을 드러낸다. 우리는 단지 우리 자신이 십자가를 지는 것을 싫어할 뿐만 아니라, 우리에게 복음을 전하는 자들이 십자가를 지는 모습을 볼 때에도 혐오감을 드러낸다. 그런 일이 빌립보 교인들에게도 일어났던 것으로 보인다. 즉, 그들은 자신들에게 복음을 전해 주었던 사도 바울이 박해를 받아 감옥에 갇히게 된

것을 보고서는 적지 않은 충격을 받고 낙심하였다. 또한, 우리는 바울을 어떻게 해서든지 깎아내리기 위하여 아주 조그만 기회조차 놓치지 않으려고 호시탐탐 노리고 있던 저 악한 일꾼들이 이 거룩한 자의 재난을 보고서 의기양양해서, 바울만이 아니라 그가 전한 복음까지 잘못된 것으로 몰아 부쳤으리라는 것을 어렵지 않게 짐작할 수 있다. 하지만 그 악한 자들은 자신들의 그러한 시도가 성공을 거두지 못하자, 바울은 온 세상이 다 미워하는 자라는 것을 부각시켜서 그에 대한 비방과 중상모략을 일삼으며, 쓸데없이 그와 얽혔다가는 운 나쁘게 한 패로 몰려서 모든 사람들로부터 미움을 받는 처지가 될 수도 있다고 빌립보 교인들을 위협하였을 것이다. 왜냐하면, 그런 것들은 사탄의 전형적인 술수들이기 때문이다. 그래서 바울은 자기가 감옥에 갇힌 것이 도리어 복음 전파에 진전을 이루는 계기가 되었다는 사실을 밝힘으로써, 빌립보 교인들이 그 악한 자들의 술수에 넘어갈 위험성에 미리 대비한다. 따라서 바울이 여기에서 이렇게 말하는 의도는 빌립보 교인들에게 자신의 고난의 실체를 밝히고 격려하여, 그들로 하여금 자기가 겪고 있는 박해로 인해서 낙심하지 않도록 하기 위한 것이다.

13. 이러므로 나의 매임이 그리스도 안에서 모든 시위대 안과 그 밖의 모든 사람에게 나타났으니. 바울은 여기에서 "그리스도 안에서"라는 표현을 사용하는데, 이것은 "그리스도의 일과 관련해서" 또는 "그리스도의 복음을 인하여"를 의미한다. 왜냐하면, 그는 자신의 "매임"이 유명하게 되어서 그리스도의 영광을 드높이는 계기가 되었다는 것을 보여주고자 하는 것이기 때문이다. 어떤 이들은 이 어구를 "그리스도로 말미암아"로 번역하지만, 그러한 번역은 억지스럽다. 또한, 나는 "나타났다"는 번역보다는 "유명해졌다"는 번역을 선호한다. 왜냐하면, 여기에서 바울은 자신의 "매임"에 관한 소문이 널리 퍼짐으로써, 복음이 사람들 가운데서 널리 알려지고 유명해지게 되었다는 것을 말하고자 하는 것이기 때문이다. 그는 이렇게 말한 것과 같다: "사탄은 실제로 복음을 멸하기 위해서 이 일을 계획하였고, 악인들도 이 일로 인해서 결국 복음이 멸해지게 될 것이라고 내다보았었다. 그러나 하나님께서는 이 일을 통해서 사탄의 시도들과 악인들의 기대를 두 가지 측면에서 여지없이 좌절시켜 버리셨는데, 하나는 전에는 잘 알려져 있지 않았던 복음이 이제는 사람들 사이에서 잘 알려지게 하신 것이었고, 다른 하나는 복음이 로마의 성내에서만이 아니라 '시위대' 안에서도 유명해지게 하신 것이었다."

여기에서 "시위대"로 번역된 헬라어는 라틴어로는 '프라이토리움'(praetorium)인데, 나는 이 '프라이토리움'이 파비우스(Fabius)를 비롯해서 당대의 저술가들이 "아우구스투스 궁"이라고 불렀던 네로의 황궁을 가리키는 것이라고 본다. 왜냐하면, '프라이토르'(praetor)라는 명칭은 처음에는 최고의 지배권을 장악하고 있는 모든 통치자들을 지칭하는 일반적인 용어였던 까닭에(이러한 용법에 의거해서 독재자는 최고의 '프라이토르'로 불렸다), 전시에는 그 전쟁을 주재하는 총사령관의 장막을 가리키는 데 사용되고, 로마에서는 카이사르(Caesar)들이 황제로 재위해 있는 동안에는 카이사르의 황궁을 가리키는 데 사용되는 것이 관례가 되었기 때문이다. 이러한 용법과는 별개로, '프라이토르'가 앉는 곳도 '프라이토리움'으로 불렸다.

14. 형제 중 다수가 나의 매임으로 말미암아 주 안에서 신뢰함으로 겁 없이 하나님의 말씀을 더욱 담대히 전하게 되었느니라. 바울이 감옥에 갇히게 된 것이 가져온 이러한 결과는 성도들이 복음을 위하여 고난을 감당해 내면, 그것은 우리에게 담대함과 확신을 더해 준다는 것을 가르쳐 준다. 우리의 눈에 온통 박해자들의 잔혹함과 광분함만이 보이고, 다른 어떤 선한 것도 보이지 않는 상황에 처한다면, 그러한 끔찍하고 두려운 광경을 본 우리는 겁을 집어먹고 낙심하게 될 것이 분명하다. 하지만 이와 동시에 우리는 그런 상황 속에서 주의 손길이 나타나서 십자가의 연약함 아래에 있는 자기 백성을 붙들어 주어서 그들로 하여금 불굴의 용기로 그 모든 고난을 이겨 나가게 하시는 것을 보게 되기 때문에, 고난당하는 우리 형제들 속에서 우리의 승리에 대한 보증을 발견하고서는, 이전보다 더욱더 담대하게 복음을 위하여 싸워 나갈 수 있게 된다. 우리는 이것을 알기 때문에 모든 두려움을 이기고 온갖 위험들 속에서도 담대하게 복음을 전하게 된다.

15. 어떤 이들은 투기와 분쟁으로, 어떤 이들은 착한 뜻으로 그리스도를 전파하나니. 바울의 "매임"으로 인하여 맺어진 또 하나의 열매가 있었는데, 그것은 바울이 감옥에 갇힌 것이 도리어 복음 전파에 진전이 된 것을 보고서는 형제들이 더욱 확신을 얻어 분발해서 자신들에게 맡겨진 직분들에 더욱 충성하고 복음을 가르치는 일에 더욱더 열심을 내게 된 것 외에도, 바울에게 해악을 입히고자 하였던 자들조차도 또 다른 이유로 복음을 전하는 일에 더욱 분발하게 되었다는 것이다.

16-17. 그들은 나의 매임에 괴로움을 더하게 할 줄로 생각하여 순수하지 못하게 다툼으로 그리스도를 전파하느니라. 바울은 16절과 17절에 걸쳐서, 앞 절에서 한 말을 좀 더 자세하고 길게 보충해서 설명한다. 즉, 그는 자기가 감옥에 갇히게 되자 그리스도를 전파하는 일에 분발하게 된 두 부류의 사람들이 있는데, 한 부

류는 "투기와 분쟁"이라는 악한 감정에 사로잡혀서 그렇게 하는 자들이고, 다른 한 부류는 복음을 변증하는 일에 있어서 바울과 함께 하고자 하는 마음으로 경건한 열심을 가지고 그렇게 하는 자들이라는 것을 여기에서 다시 한 번 반복해서 말한다. 그의 말에 의하면, 전자는 올바른 열심으로 하는 것이 아니기 때문에 "순수한 동기에서" 그리스도를 전파하는 것이 아니다. 여기에서 그들이 "순수하지 못하게" 전파한다는 말은 그들이 전하는 복음이나 가르침이 순전하지 못하다는 의미가 아니다. 마음이 순수하지 못한 사람도 지극히 순전한 복음을 가르치는 것이 가능하기 때문이다. 그리고 우리는 복음을 전하는 그들의 의도는 순수하지 않았지만, 그들이 전한 복음 자체는 순전하였다는 것을 문맥으로부터 추론해 낼 수 있다. 왜냐하면, 만일 그들이 전한 복음이 변질되고 부패한 것이었다면, 바울은 분명히 그들이 복음을 전하는 것을 기뻐하지 않았을 것인데, 실제로 그는 그들이 순수하지 못한 동기로 복음을 전하고 있다고 하더라도, 그들이 전하는 순전한 복음이 널리 전파되는 것을 보고서 기뻐한다는 자신의 심정을 토로하고 있기 때문이다(18절).

　하지만 우리는 여기에서 그들이 순수하지 않은 동기로 순전한 복음을 전파하는 것이 어떻게 바울에게 해악을 끼치는 것이 되는 것인가 하는 의문이 생긴다. 나의 대답은, 우리는 당시의 상황을 알지 못하기 때문에, 많은 사정들이 우리에게 알려져 있지 않다는 것이다. 또한, 우리는 이렇게 물을 수 있다: "그들이 복음을 순전하게 전하였다면, 분명히 그들은 복음을 알고 있는 자들일텐데, 무슨 동기로 자신들이 옳다고 시인하는 복음을 전한 바울에게 해악을 끼치고자 한 것인가?" 나의 대답은 "야심"은 맹목적이어서, 광분한 짐승과 같다는 것이다. 그러므로 거짓 형제들이 복음으로부터 탈취한 무기를 사용해서 선하고 경건한 목회자들을 괴롭힌 것은 이상한 일이 아니다. 바울이 여기에서 말하고 있는 모든 것들은 내 자신이 직접 경험한 것들임이 분명하다. 왜냐하면, 과거로 갈 것도 없이 바로 이 날에도 오로지 경건한 목회자들을 박해함으로써 광분하는 악인들의 분노를 만족시키기 위한 목적으로만 복음을 전하는 자들이 멀쩡히 살아가고 있기 때문이다. 우리가 유념해야 할 것은 바울의 대적들은 유대인들이었을 것이고, 그에 대한 그들의 증오는 광기에 가까운 것이어서, 그들은 자신들이 무슨 이유로 그를 증오하는지조차 잊어버리고서 막무가내로 그를 증오하였다는 것이다. 그들은 바울을 죽음으로 몰아 넣는 것이 목표였기 때문에, 그에 대한 그들의 증오의 원인이었던 복음을 사람들 가운데 널리 퍼트려서 복음에 대한 사람들의 증오심을 부추기는 방법을 통해서, 그를 죽이고자 하는 자신들의 목표를 달성하고자 하였다. 이렇게 그들이 야심에 이끌리고 "투기"에 사로잡혀서 바울을 죽이고자 하는 자들이었다면, 우리는 그들의 사악한 시도들을 통해서 복된 결과들을 만들어 내신 하나님의 기이하고 놀라운 선하심을 고백하는 것이 마땅하다.

이들은 내가 복음을 변증하기 위하여 세우심을 받은 줄 알고 사랑으로 하나. 그리스도를 진정으로 사랑한 자들은, 바울이 복음을 전하다가 감옥에 갇힌 몸이 되었는데, 그의 동역자들인 자신들이 그와 마음을 같이하여 복음을 전하는 일에 더 큰 열심을 내지 않는 것은 큰 수치라고 생각하였다. 이렇게 우리도 어려움에 처한 그리스도의 종들을 보았을 때에는, 우리의 힘이 닿는 데까지 이런 식으로 행하여 그들을 돕는 손길이 되는 것이 마땅하다. 또한, 우리는 "복음을 변증하기 위하여"라는 표현을 다시 한 번 주목할 필요가 있다. 그리스도께서 우리에게 지극히 큰 영광과 존귀를 수여하셨는데도 불구하고, 우리가 그의 복음의 배신자들로 행하거나, 침묵으로써 복음을 배신한다면, 우리의 유일한 "대언자"이시고 변호인이신 그리스도께서 장차 다시 오셔서 아버지 하나님 앞에서 우리를 변호해 주시지 않으신다고 하여도(요일 2:1, "누가 죄를 범하여도 아버지 앞에서 우리에게 대언자가 있으니 곧 의로우신 예수 그리스도시라"), 우리가 무슨 말을 할 수 있겠는가?

[18]그러면 무엇이냐 겉치레로 하나 참으로 하나 무슨 방도로 하든지 전파되는 것은 그리스도니 이로써 나는 기뻐하고 또한 기뻐하리라 [19]이것이 너희의 간구와 예수 그리스도의 성령의 도우심으로 나를 구원에 이르게 할 줄 아는 고로 [20]나의 간절한 기대와 소망을 따라 아무 일에든지 부끄러워하지 아니하고 지금도 전과 같이 온전히 담대하여 살든지 죽든지 내 몸에서 그리스도가 존귀하게 되게 하려 하나니 [21]이는 내게 사는 것이 그리스도니 죽는 것도 유익함이라(1:18-21).

18. 그러면 무엇이냐 겉치레로 하나 참으로 하나 무슨 방도로 하든지 전파되는 것은 그리스도니 이로써 나는 기뻐하고 또한 기뻐하리라. 바울은 앞에서 어떤 자들은 불순한 동기와 의도를 가지고서 복음을 전한다고 말하였기 때문에, 사람들은 얼마든지 그들의 그러한 악한 성품으로 인해서 복음의 가르침이 훼손되었을 것이라고 우려할 수 있었다. 그래서 그는 여기에서 우리가 가장 중요하게 여겨야 할 것은 복음을 전하는 자들의 성품과 동기가 어떠한가 하는 것이 아니라, 그들이 전

하는 복음이 순전한 것이고, 그러한 순전한 복음이 널리 전파되고 있다는 사실이라고 말한다. 왜냐하면, 하나님께서는 종종 악하고 부패한 자들을 도구로 사용하셔서 놀라운 역사를 이루시기 때문이다. 따라서 그는 자기는 그리스도의 나라가 확장되는 것을 보는 것이 자신이 유일하게 기뻐하는 일이기 때문에, 비록 그들이 불순한 동기로 복음을 전하였다고 할지라도 순전한 복음이 널리 전파되는 복된 결과가 생겨나게 된 것을 기뻐한다고 말한다. 이것은 마치 우리가 저 불순한 개인 카롤루스(Carolus)가 아비뇽을 비롯한 여러 곳에 순전한 복음의 씨앗을 뿌리고 있다는 말을 듣고서, 저 지독하게 부도덕하고 두가치한 악당을 사용하셔서 자신의 영광을 드러내신 하나님께 감사한 것과 같다. 그리고 오늘날에도 우리는 다른 불순한 목적을 가진 많은 사람들에 의해서 복음이 널리 전파되고 있는 것에 대해서도 마찬가지로 기뻐한다.

이렇게 바울은 그런 불순한 자들에 의해서 복음 전파에 진전이 있는 것을 기뻐하긴 하였지만, 만일 자신이 모든 복음 사역자들을 직접 세울 수 있었더라면, 결코 그런 자들을 사역자들로 세우지는 않았을 것이다. 그러므로 우리는 하나님께서 악한 자들을 통해서 선한 일들을 이루시는 것을 기뻐하여야 하지만, 그렇다고 해서 그들이 그런 사역을 하는 것이 합당한 것드 아니고, 그런 자들을 그리스도의 합법적인 사역자들로 여겨서도 안 된다.

19. 이것이 …… 나를 구원에 이르게 할 줄 아는 고로. 바울은 앞에서 어떤 자들은 그에 대한 자신의 대적들의 증오심을 더욱 부추기고 더욱 광분하게 하여 그를 죽이고자 하는 일에 한층 더 박차를 가하도록 하기 위한 불순한 의도로 복음을 전파하고 있다고 말하였기 때문에, 이제 여기에서는 주께서 그들의 악한 시도를 사용하셔서 정반대의 선한 열매를 맺게 하실 것이기 때문에, 자기를 죽이고자 하는 그들의 시도는 그에게 아무런 해악도 되지 않을 것이라고 말한다. 즉, 그는 이렇게 말한 것과 같다: "그들은 나를 죽이려는 음모를 가지고 그렇게 하고 있지만, 나는 그들의 모든 시도는 그리스도께서 내 안에서 영광을 받으시는 결과만을 낳을 뿐이기 때문에, 그것이 도리어 내게 지극히 복된 일이 되리라는 것을 확신한다." 왜냐하면, 바울이 이후에 하고 있는 말들은 그가 자신의 육신의 안위에 대하여 말하고 있는 것이 아님을 분명히 보여주기 때문이다. 그렇다면, 바울의 이러한 확신은 도대체 어디로부터 온 것인가? 그러한 확신은 그가 다른 곳에서 가르치고 있는 것(롬 8:28, "우리가 알거니와 하나님을 사랑하는 자 곧 그의 뜻대로 부르심을 입은 자들에게는 모

든 것이 합력하여 선을 이루느니라"), 즉 하나님께서는 모든 일이 합력하여 하나님을 참되게 예배하는 모든 자들에게 선이 되게 하시기 때문에, 온 세상과 세상 임금인 마귀가 공모하여 그들을 멸하려 하여도, 그 모든 시도들은 다 결국에는 수포로 돌아가게 된다는 가르침으로부터 온 것이다.

너희의 간구와. 바울은 빌립보 교인들로 하여금 더욱더 간절하게 기도하는 일에 분발하게 하기 위해서, 하나님께서 그들의 기도에 응답해 주실 것임을 자기가 확신하고 있다고 분명하게 말한다. 그는 그들의 관심을 끌거나 예의상 짐짓 이렇게 말하고 있는 것이 아니다. 왜냐하면, 그는 하나님의 분명한 약속에 의거해서 성도들의 중보기도를 통해 도움을 받고자 하는 것이기 때문이다. 그렇다고 해도, 하나님의 은혜가 값없이 거저 주어지는 것이라는 사실에는 조금도 변함이 없다. 우리가 기도하는 것이나, 하나님이 우리의 기도에 대한 응답으로 어떤 것들을 베풀어 주시는 것도, 모두 하나님의 전적인 은혜로 말미암는 것이기 때문이다.

예수 그리스도의 성령의 도우심으로. 바울이 성도의 "간구"와 성령의 "도우심"을 한데 연결해서 결합시켜 놓고 있다고 해서, 우리는 이 둘을 서로 대등한 것으로 생각해서는 안 된다. 그러므로 우리는 이 절을 다음과 같이 이해하여야 한다: "나는 이 모든 것들이 성령의 역사로 말미암아 내게 유익이 될 것임을 알고 있는데, 너희도 기도로 이것을 돕고 있다." 이렇게 "성령의 도우심"은 실효적인 원인인 반면에, 성도들의 "간구"는 보조적인 도움이다. 또한, 우리는 여기에서 "도우심"으로 번역된 헬라어인 '에피코레기아'(ἐπιχορηγία)가 아주 적절하게 사용되고 있다는 사실도 주목하여야 한다. 왜냐하면, 이 헬라어는 부족하고 결핍된 것들을 공급해 준다는 의미를 지니기 때문이다. 즉, 하나님의 성령은 우리에게 결핍되어 있는 모든 것들을 부어 주신다는 것이다.

또한, 바울은 성령을 "예수 그리스도의 성령"이라고 부름으로써, 우리가 그리스도인들이라면, 우리 모두에게는 공통적으로 성령이 주어진다는 것을 보여준다. 그리스도께서는 자신의 충만함 가운데서 각 지체에게 합당한 은혜의 분량을 따라 우리 모두에게 성령을 부어 주신다.

20. 나의 간절한 기대와 소망을 따라. 누군가가 "당신의 그러한 지식은 어디로부터 온 것인가?"라고 반문할 것을 예상해서, 바울은 여기에서 "소망으로부터"라고 대답한다. 왜냐하면, 하나님께서는 결코 우리의 "소망"을 좌절시키지 않으실 것임이 분명한 까닭에, "소망" 그 자체는 흔들려서는 안 되기 때문이다. 그러므로 경

건한 독자들은 "~을 따라"로 번역된 전치사를 주목할 필요가 있다. 왜냐하면, 바울은 "나의 간절한 기대와 소망을 따라'라는 표현을 통해서, 우리의 "기대"가 하나님의 말씀에 토대를 둔 것이기만 하다면, 하나님께서는 우리의 그런 기대를 반드시 이루실 것이라는 온전한 확신을 피력하고 있는 것이기 때문이다. 우리가 언제라도 하나님의 이름을 고백하도록 부르심을 받은 때에는, 하나님은 우리의 온갖 고난들 속에서조차도 우리에게 그 어떤 것도 결핍되거나 부족한 것이 없게 하실 것이라고 약속하셨다. 그러므로 모든 경건한 자들은 바울의 모범을 따라 그러한 "소망"을 품는 것이 마땅하고, 그들의 그런 "소망"으로 인하여 수치를 당하는 일은 결코 일어나지 않을 것이다.

아무 일에든지 부끄러워하지 아니하고 지금도 전과 같이 온전히 담대하여 살든지 죽든지 내 몸에서 그리스도가 존귀하게 되게 하려 하나니. 여기에서 우리는 바울이 자기에게 "소망"이 있다고 해서 자신의 육신적인 욕망들에 면죄부를 주어 방탕하게 살아가고자 하는 것이 아니라, 자신의 소망을 하나님의 약속에 철저하게 종속시켜서, 하나님께서 그를 구원하시겠다고 하신 것은 그로 하여금 그 기회를 악용해서 방탕한 삶을 살게 하기 위한 것이 아니고 하나님의 영광을 위한 것임을 명심하고서, 하나님의 그러한 뜻에 따라 살아가고자 하는 것을 보게 된다. 그래서 그는 "살든지 죽든지 내 몸에서 그리스도가 존귀하게 되게 하려" 한다고 말한다. 이렇게 그는 "내 몸에서"라고 명시적으로 말함으로써, 현세의 삶 속에서의 모든 싸움이 결국 어떤 결과로 귀결되게 될지, 즉 이 모든 싸움으로 인해서 결국에는 그리스도께서 영광을 받게 되실 것임을 조금도 의심하지 않고 있다는 것을 보여준다. 왜냐하면, 그러한 확신은 하나님이 우리에게 주시는 것이기 때문이다. 따라서 우리도 바울이 지니고 있었던 것과 동일한 목표를 마음에 품고서, 우리의 삶 속에서 우리 자신을 하나님의 선하시고 기뻐하시는 뜻에 내어 맡긴다면, 우리는 우리의 삶이 어떤 모습이든 결국에는 형통한 결과를 낳게 될 것을 기대할 수 있기 때문에, 그 어떤 역경이나 고난이 우리에게 임한다고 할지라도, 이제 더 이상 두려워하지 않게 될 것이다. 왜냐하면, "우리가 살아도 주를 위하여 살고 죽어도 주를 위하여" 죽는다면, 우리는 "사나 죽으나 주의 것"이 될 것이기 때문이다(롬 14:8).

바울은 어떻게 하면 "그리스도가 존귀하게 되게" 할 수 있는지, 그 길을 보여주는데, 그것은 "온전한 확신"을 통해서이다. 이것으로부터 도출되는 결론은, 우리가 복음을 전하고 행하는 것과 관련해서 확신을 갖지 못하고 두려움으로 말미암아 뒤로 물러나는 경우에는, 그리스도께서는 사람들 사이에서 비천해지시고 무시를 당하게 되신다는 것이다. 그렇다면, 진리를 고백하도록 부르심을 받았을 때에 두려워서 떨면서도, 자신들이 그런 태도를 보이는 것을 별 것 아닌 일로 생각하는 자들은 부끄러워하는 것이 마땅하지 않겠는가? 또한, 고난이 두려워서 참된 복음과 그리스도를 부인하는 일까지 서슴지 않고 자행하고서도 뻔뻔스럽게도 전혀 부끄러움을 모르는 자들은 얼마나 더 부끄러워하는 것이 마땅하겠는가?

바울이 "전과 같이"라는 말을 덧붙인 것은 빌립보 교인들로 하여금 그들이 전에 경험한 하나님의 은혜를 기억하고서 자신들의 믿음에 더욱 견고히 서게 하기 위한 것이다. 그래서 그는 다른 곳에서 경험은 소망을 낳는다고 말한다(롬 5:4, "인내는 연단을, 연단은 소망을 이루는 줄 앎이로다").

21. 이는 내게 사는 것이 그리스도니 죽는 것도 유익함이라. 내 생각에는 해석자들이 지금까지 이 본문을 잘못 번역하고 주석한 것으로 보인다. 왜냐하면, 그들은 그리스도는 바울에게 생명이기 때문에, 죽음도 그에게 유익이라고 해석해 왔기 때문이다. 그러나 나는 전반절과 후반절에서 주어는 둘 다 "그리스도"라고 본다. 즉, 바울은 여기에서 자기가 사나 죽으나 그리스도가 자기에게 "유익"이라고 선언하고 있는 것이다. 왜냐하면, 헬라어에서는 '프로스'(πρός, "~과 관련해서")라는 전치사를 생략하는 일이 비일비재한 까닭에, 우리는 "사는 것"과 "죽는 것"이라는 어구들 앞에 이 전치사가 생략되어 있다고 보아서 "사나 죽으나"로 해석하여야 하기 때문이다. 또한, 이렇게 해석하는 것이 덜 억지스러울 뿐만 아니라, 바울이 앞에서 한 말과도 더 잘 부합하고, 이렇게 해서 좀 더 온전한 가르침이 주어지기 때문이다. 그는 자기에게는 그리스도가 계셔서, 살든지 죽든지 둘 다 유익이 되기 때문에, 사는 것과 죽는 것이 매한가지이고 차이가 없다고 선언한다. 우리가 죽든지 살든지 우리를 복되게 만들어 주시는 분은 오직 그리스도뿐이시라는 것은 분명하다. 믿지 않는 자들의 경우에는 죽어서도 비참하고 살아서도 죽는 것보다 더 행복하지 않기 때문에, 그리스도 밖에서는 사는 것과 죽는 것 중에서 어느 쪽이 더 유익인지를 결정하기가 어렵다. 반면에, 그리스도께서 우리와 함께 하시는 경우에는, 우리는 살아서든 죽어서든 복을 받게 될 것이기 때문에, 우리에게는 어느 쪽이든 복되고 좋은 것이 된다.

²²그러나 만일 육신으로 사는 이것이 내 일의 열매일진대 무엇을 택해야 할는지 나

는 알지 못하노라 ²³내가 그 둘 사이에 끼었으니 차라리 세상을 떠나서 그리스도와 함께 있는 것이 훨씬 더 좋은 일이라 그렇게 하고 싶으나 ²⁴내가 육신으로 있는 것이 너희를 위하여 더 유익하리라 ²⁵내가 살 것과 너희 믿음의 진보와 기쁨을 위하여 너희 무리와 함께 거할 이것을 확실히 아노니 ²⁶내가 다시 너희와 같이 있음으로 그리스도 예수 안에서 너희 자랑이 나로 말미암아 풍성하게 하려 함이라(1:22-26).

22. 그러나 만일 육신으로 사는 이것이 내 일의 열매일진대 무엇을 택해야 할는지 나는 알지 못하노라. 절망에 빠져 있는 사람들은 자신의 비참한 삶을 계속해서 이어가야 하는 것인지, 아니면 죽음으로써 이 모든 괴로움을 끝내야 하는 것인지를 놓고 혼란스러워하기 마련인데, 그들의 그런 모습과는 반대로, 바울은 믿는 자들은 살든지 죽든지 둘 다 복된 것이어서, 자기는 살아도 좋고 죽어도 좋기 때문에, 어느 쪽을 택해야 할지가 고민스럽다고 온전한 만족 가운데서 자신의 심정을 밝힌다.

바울이 "만일 육신으로 사는 이것이 내 일의 열매일진대"라고 말한 것은 다음과 같은 의미이다: "내가 죽는 것보다 사는 것이 더 큰 유익이 있을 것이라고 믿을 만한 근거가 있다면, 나는 어느 쪽을 택하여야 하는지를 알지 못하겠다." 여기에서 그는 이 세상에서 살아가는 삶을 내세에서의 더 나은 삶과 비교하고 있기 때문에, 현세에서의 삶에 대하여 "육신으로 사는" 것이라고 멸시하고 폄하하는 표현을 사용한다.

23. 내가 그 둘 사이에 끼었으니. 바울은 그리스도의 영광을 드높이고 형제들에게 유익을 끼치는 것 이외의 다른 목적으로는 이 땅에서 살아가고자 하지 않았다. 그래서 그는 자기가 살아가는 것이 지닌 유일한 가치는 형제들을 잘되게 하는 것이라고 여긴다. 그러나 개인적으로 자기 자신에게는 빨리 죽어서 그리스도와 함께 있게 되는 것이 "훨씬 더 좋은 일"이라는 것을 안다. 하지만 그는 형제들에 대한 자신의 사랑이 자기 가슴 속에서 얼마나 열렬하게 타오르고 있는지를 자신의 선택을 통해서 보여준다. 여기에서 바울이 "유익"이라고 말할 때, 그것은 세상적인 이익들과는 아무 상관이 없고, 오직 여러 가지 타당한 이유들로 인해서 경건한 자들이 이루 말할 수 없이 열망하는 영적인 은택들을 가리킨다. 하지만 바울은, 마치 자기가 빌립보 교인들의 유익보다 자신의 유익 쪽으로 더 기울어져서 마음이 흔들리는 일이 없게 하기 위해서, 자기 자신에 대해서는 잊어버린 듯이, 살든지 죽든지 어

느 쪽이라도 좋다고 말할 뿐만 아니라, 결국에는 그들을 생각해서 계속해서 살아가는 쪽으로 자신의 마음이 기운다고 결론을 내린다. 우리가 우리 자신의 뜻은 아랑곳하지 않고, 오직 그리스도께서 우리를 부르시는 쪽으로 달려간다면, 그것은 실제로 그리스도를 위하여 살고 죽는 것이 된다는 것은 분명하다.

차라리 세상을 떠나서 그리스도와 함께 있는 것이 훨씬 더 좋은 일이라 그렇게 하고 싶으나. 우리는 "세상을 떠나는" 것과 "그리스도와 함께 있는 것"을 서로 연결시켜서 읽어야 한다. 왜냐하면, 죽음 그 자체는 결코 바람직한 것이 아니고, 죽고자 하는 것은 우리의 본성적인 감정에 어긋나는 것이지만, 다른 어떤 특별한 이유 또는 목적으로 인해서 바람직한 것이 되기 때문이다. 절망 가운데 있는 사람들은 사는 것이 괴롭고 힘들어서 죽음을 택하는 반면에, 믿는 자들은 죽음이 죄의 속박으로부터 벗어나서 천국으로 들어가는 통로이기 때문에 자원해서 기꺼이 죽음을 향하여 내닫는다. 바울이 여기에서 말하고 있는 것은 이런 것이다: "나는 죽음을 통해서 그리스도와 하나되는 것에 도달할 것이기 때문에 죽기를 원한다." 믿는 자들도 본성적으로는 죽음을 두려운 것으로 여기는 것은 마찬가지이지만, 죽음 이후에 주어질 저 삶으로 눈을 돌리는 순간, 거기로부터 오는 위로로 말미암아 죽음에 대한 두려움을 쉽게 극복하게 된다. 그리스도를 믿는 자는 누구든지 죽음 앞에서 머리를 들고서 자신의 속량을 알리는 이 사자를 반갑게 맞이할 수 있을 정도로 담대하여야 한다는 것은 의심의 여지가 없다. 이것은 우리로 하여금 단지 이름뿐인 그리스도인들이 얼마나 많은지를 알게 해 준다. 왜냐하면, 그리스도인들 중에서 대다수는, 마치 자신들은 그리스도에 대해서는 단 한 마디도 들어 본 적이 없는 자들인 듯이, 죽음이라는 말만 듣고도 대경실색할 뿐만 아니라 공포에 휩싸여서 초죽음이 되는 모습을 보이기 때문이다. 그러므로 우리로 하여금 죽음 앞에서 두려움 없이 담대하게 설 수 있게 해 주는 선한 양심은 얼마나 소중하고 귀한 것인가! 그리고 선한 양심의 토대는 "믿음"이다. 아니, 믿음 자체가 양심의 선함이다.

우리가 여기에서 주목해야 할 것은 "세상을 떠나다"로 번역된 표현이다(이 헬라어는 "묶였던 것에서 풀려나서 떠나가다"를 뜻한다 - 역주). 세상 사람들은 죽음을 사람이 멸해져서 완전히 없어지는 것이라고 말한다. 하지만 바울은 여기에서 죽음은 영혼이 육신으로부터 분리되는 것임을 우리에게 상기시켜 준다. 그리고 그런 후에 곧바로 뒤이어서, 믿는 자들이 죽게 되면 그 후에 어떤 상태가 기다리고 있는지를 좀 더 자세하게 설명해 준다. 즉, 죽은 믿는 자들에게는 "그리스도와 함께 있는 것"

이 기다리고 있다는 것이다. 물론, 하나님의 나라가 우리 안에 있고(눅 17:21), 믿음으로 말미암아 그리스도께서 우리 안에 거하시며(엡 3:17), 세상 끝 날까지 우리와 함께 하시겠다고 약속하셨다는 점에서(마 28:20), 우리가 이 땅에 살아가는 동안에도, 우리는 그리스도와 함께 한다고 할 수 있다. 그러나 우리가 실제로 그리스도와 함께 있게 되는 것은 장래에 이루어질 일이고, 오직 소망의 대상일 뿐이다. 그래서 성경에서는 우리가 이 세상에서 살아가는 동안에는 그리스도와 떨어져 있는 것이라고 말한다(고후 5:6, "우리가 …… 몸으로 있을 때에는 주와 따로 있는 줄을 아노니"). 이 구절은 믿는 자들이 죽게 되면, 육신으로부터 분리된 영혼은 부활의 날까지 잠들어 있는 것이라고 잠꼬대 같은 소리를 하는 저 정신 나간 자들을 반박하는 데 유익한 본문이다. 왜냐하면, 바울은 여기에서 우리가 육신으로부터 풀려나서 자유롭게 된 후에는 그리스도와 함께 있게 될 것이라고 분명하게 선언하고 있기 때문이다.

25. 내가 살 것과 너희 믿음의 진보와 기쁨을 위하여 너희 무리와 함께 거할 이것을 확실히 아노니. 어떤 이들은 바울이 여기에서 자기가 감옥에서 풀려나게 될 것을 이렇게 확신하고 있는데, 하나님이 그 기대를 저버리시고 그로 하여금 실망하게 만드셨을 리가 없다고 생각해서, 그는 나중에 자유의 몸이 되어서 세상의 많은 나라들을 돌아다니며 복음을 전했음에 틀림없다고 말한다. 하지만 그런 자들의 염려는 전혀 근거가 없다. 왜냐하면, 성도들은 하나님의 말씀에 의거해서 기대를 갖고, 하나님이 약속하신 것 이상으로 기대하지 않기 때문이다. 따라서 그들은 오직 하나님의 뜻임이 분명하다는 것을 보여주는 확실한 증표가 있는 경우에만, 그 어떤 주저함도 없는 확신을 갖게 되고, 그 확신에 의거해서 기대를 갖게 된다. 그런 성격을 지니는 확신과 기대에 속하는 것으로는, 죄 사함의 효력이 영원하다는 것, 성령께서는 모든 믿는 자들을 도우셔서 끝까지 구원을 받게 하신다는 것, 육신의 부활 등이 있다. 또한, 선지자들이 자기가 한 예언들에 관하여 갖는 확신도 그런 종류에 속한다. 이런 것들을 제외한 다른 모든 것들에 대한 성도들의 소망은 무조건적인 것이 아니다. 그래서 그들은 그 모든 것들을 하나님의 섭리에 종속시킨다. 왜냐하면, 그들이 인정하듯이, 하나님은 어떤 일을 언제 어떻게 처리하시는 것이 가장 유익한 것인지를 그들보다 더 분명하게 아시는 분이시기 때문이다. 여기에서 "산다"는 것은 오랫동안 이 세상에 더무는 것을 의미하고, "거한다"는 것은 좀 더 짧은 기간 동안 머무는 것을 의미한다.

26. 내가 다시 너희와 같이 있음으로 그리스도 예수 안에서 너희 자랑이 나로 말미암아 풍성하게 하려 함이라. 바울이 여기에서 '엔 에모이'(ἐν ἐμόι, 개역개정 에는 "나로 말미암아")라는 표현을 사용하고 있는데, 이 전치사가 서로 다른 의미로 두 번 사용되고 있기 때문에, 나는 이 어구를 "나와 관련해서"로 번역하였다. 나의 그러한 번역이 바울의 마음을 충실하게 드러내고 있다는 것은 분명히 아무도 부인 하지 못할 것이다. 어떤 이들은 "그리스도 예수 안에서"를 "그리스도 예수로 말미 암아"로 번역하지만, 나는 그러한 번역에 동의하지 않는다. 왜냐하면, 여기에서 "그 리스도 예수 안에서"는 "그리스도 예수에 의거해서" 대신에 사용된 것으로서, 빌립 보 교인들의 자랑이 거룩한 자랑이라는 것을 나타내기 위한 것이기 때문이다. 만일 그렇지 않다면, 바울은 그들에게 "주 안에서" 또는 "하나님 안에서" 자랑하라고 명 하였을 것이다(고전 1:31, "기록된 바 자랑하는 자는 주 안에서 자랑하라 함과 같게 하 려 함이라"). 바울은 악의적인 자들이 "빌립보 교인들이 바울과 관련해서 자랑하는 것이 있을 수 있는 일인가?"라고 반론을 제기할 것을 예상해서, 그러한 비방을 미 리 차단하기 위해서, 다윗이 자기 자신을 외식하는 자들과 비교해서 자신의 의를 자랑한 것처럼(시 7:8, "여호와께서 만민에게 심판을 행하시오니 여호와여 나의 의와 나의 성실함을 따라 나를 심판하소서"), 빌립보 교인들에게 바울이라는 개인을 자랑 하는 것이 아니라, "그리스도 예수에 의거해서," 즉 그리스도의 영광과 그의 가르 침을 전하는 그리스도의 종으로서의 바울을 자랑하라고 말한다.

²⁷오직 너희는 그리스도의 복음에 합당하게 생활하라 이는 내가 너희에게 가 보나 떠나 있으나 너희가 한마음으로 서서 한 뜻으로 복음의 신앙을 위하여 협력하는 것 과 ²⁸무슨 일에든지 대적하는 자들 때문에 두려워하지 아니하는 이 일을 듣고자 함이라 이것이 그들에게는 멸망의 증거요 너희에게는 구원의 증거니 이는 하나님 께로부터 난 것이라 ²⁹그리스도를 위하여 너희에게 은혜를 주신 것은 다만 그를 믿 을 뿐 아니라 또한 그를 위하여 고난도 받게 하려 하심이라 ³⁰너희에게도 그와 같 은 싸움이 있으니 너희가 내 안에서 본 바요 이제도 내 안에서 듣는 바니라(1:27-30).

27. 오직 너희는 그리스도의 복음에 합당하게 생활하라. 우리는 새로운 주제 로 넘어가고자 할 때, "오직 너희는 ...... 하라"는 이러한 표현 형태를 사용한다. 즉,

그는 이렇게 말한 것과 같다: "나에 대해서 말할 것 같으면, 주께서 나와 관련된 일들은 다 알아서 이끌어 주실 것이다. 그러므로 너희에 대해서 말할 것 같으면, 내게 무슨 일이 생기든, 오직 너희는 복음을 따라 바른 길로 계속해서 행하는 것에만 신경을 써라." 그가 순전하고 존귀한 행실만이 복음에 합당한 것이라고 말한 것은, 뒤집어서 말한다면, 그런 삶을 살지 않는 자들은 복음에 해악을 끼치는 자들이라는 것이다.

이는 내가 너희에게 가 보나 떠나 있으나. 바울은 여기에서 생략법이 적용된 문장을 사용하고 있기 때문에, 나는 분사로 사용된 "보다"를 정동사로 번역하였다. 이것이 만족스러워 보이지 않는다면, 여러분은 "알다"라는 주동사를 보충해 넣어서 이 문장을 해석해도 좋을 것이다. 왜냐하면, 바울이 여기에서 말하고자 하는 것은 이런 것이기 때문이다: "너희의 사정을 내가 직접 가서 보든, 아니면 떠나 있어서 듣든, 나는 이렇게 두 가지 방식으로, 즉 내가 직접 너희에게 가서든, 아니면 다른 사람으로부터 들어서든, 너희가 한마음으로 서 있다는 것을 알 수 있다." 하지만 여기에서 바울이 무엇을 말하고자 하는 것인지는 분명하기 때문에, 우리는 단어들을 가지고 고민할 필요가 없다.

너희가 한마음으로 서서 한 뜻으로. 이것은 분명히 교회의 주된 속성들 중의 하나이기 때문에, 교회를 바르고 건강한 상태로 보전하는 데 꼭 필요한 것이다. 왜냐하면, 교회는 분열되었을 때에 무너지기 때문이다. 바울은 이러한 해독제를 통해서 새로운 이상한 교설들이 교회에 등장하는 것을 막고자 하였고, 그렇게 하기 위해서 이중적인 하나됨, 즉 교회 전체가 "영"과 "혼" 두 가지 측면에서 하나될 것을 요구한다. 먼저 "영"의 하나됨이라는 것은 같은 생각을 갖는 것이고, 다음으로 "혼"의 하나됨이라는 것은 같은 뜻을 갖는 것이다. 왜냐하면, 이 두 용어가 함께 결합되어 사용될 때에는, "영"은 생각과 지각을 가리키고, "혼"은 뜻과 의지를 가리키기 때문이다. 또한, 먼저 생각이 일치할 때, 거기에서 하나로 뜻을 모으는 것이 가능해진다.

복음의 신앙을 위하여 협력하는 것과. 우리는 동일한 군기 아래에서 함께 싸워야 하는 자들이라는 것은 우리를 하나로 연합시키는 가장 강력한 끈이다. 왜냐하면, 그것은 흔히 철천지원수들조차도 서로 화해하게 만드는 계기가 되어 왔기 때문이다. 그래서 바울은 빌립보 교인들 가운데 존재하였던 하나됨을 한층 더 견고히 하기 위해서, 그들은 공동의 원수에 맞서서 공동의 전쟁을 수행해야 하는 동료 병사들이기 때문에, 거룩한 동기를 따라 한마음과 한 뜻으로 서로 연합하는 것이 마땅하다는 것을 상기시킨다.

바울이 여기에서 사용한 '쉰아틀룬테스 테 피스테이'(συναθλοῦντες τῇ πίστει, 개역개정에는 "신앙을 위하여 협력하는 것")라는 어구는 그 의미가 모호하다. 불가타 역본에서는 "신앙으로 함께 수고하는 것"으로 번역하였다. 에라스무스는 그들이 자신들의 모든 힘을 다해서 전력으로 신앙에 도움을 주어야 한다는 의미로 바울이 이렇게 말한 것으로 이해해서, "신앙을 돕는 것"으로 번역한다. 하지만 헬라어에는 탈격이 없기 때문에 그 대신에 여격을 사용해서 도구의 탈격을 나타낸다는 것을 고려할 때, 나는 바울이 이 어구를 통해서 말하고자 하는 것은 이런 것이라는 데 아무런 의심도 없다: "특히 복음의 신앙은 너희 모두의 저 동일한 원수를 대적하기 위해서 필요한 무기이기 때문에, 너희는 복음의 신앙으로 하나로 연합되어야 한다." 따라서 내가 오해한 것이 아니라면, 나는 동사에 붙은 접두사인 '쉰'을 "신앙"과 결부시키는 어떤 이들의 해석과는 달리, 빌립보 교인들과 결부시켜서 해석하는 것이 훨씬 더 적절하다고 보는데, 그 이유는 다음과 같다. 첫 번째로는, 우리가 함께 싸워야 할 싸움이 있다는 것은 우리가 하나로 연합해야 할 아주 강력한 유인이라는 것은 누구나 다 알고 있다는 것이다. 두 번째로는, 우리는 영적인 전쟁에서 원수를 격퇴하기 위해서 "믿음의 방패"(엡 6:16)로 무장되어 있다는 것, 아니 믿음은 우리를 온전히 방어해 주는 갑옷과 투구일 뿐만 아니라, 우리로 하여금 승리하게 해 주는 공격용 무기라는 것을 안다는 것이다. 이렇게 바울이 이 어구를 덧붙인 것은 우리의 경건한 연합의 목적이 무엇인지를 보여주기 위한 것이다. 악인들도 악을 위해서 함께 공모하지만, 그들의 연합은 저주받은 것이다. 그러므로 우리는 "믿음"의 군기 아래에서 한마음으로 싸우는 것이 마땅하다.

28. 무슨 일에든지 대적하는 자들 때문에 두려워하지 아니하는 이 일을 듣고자 함이라. 바울이 빌립보 교인들에게 두 번째로 주문하는 것은 불굴의 담대함이다. 즉, 그들은 대적들의 광분함 때문에 겁을 집어먹고 우왕좌왕해서는 안 된다는 것이다. 당시에는 가장 지독하고 잔인한 박해들이 거의 도처에서 기승을 부렸는데, 이것은 복음의 초창기에 복음이 뿌리를 내리지 못하도록 하기 위해서 사탄이 자신의 온 힘을 다해서 기를 쓰고 방해공작을 벌였고, 그리스도께서 성령을 통해서 은혜를 물 붓듯이 부어 주시는 것에 비례해서 그것을 막기 위해서 더욱 혈안이 되어 있었기 때문이었다. 그래서 바울은 빌립보 교인들에게 그러한 박해들을 볼 때에 두려워하거나 놀라지 말고 의연하게 대처하라고 권면한다.

이것이 그들에게는 멸망의 증거요 너희에게는 구원의 증거니. 여기에서 사용된 헬라어는 "증거" 또는 "분명한 증표"로 번역하는 것이 옳기 때문에, 어떤 이들처럼, 이 단어를 "원인"으로 번역할 근거는 전혀 없다. 왜냐하면, 악인들이 하나님을 대항하여 싸움을 벌일 때, 이미 그 시험적인 싸움은 그들의 "멸망"의 증표로서의 역할을 하고, 그들이 경건한 자들을 맹렬하게 박해할수록, 그것은 그들의 "멸망"을 더욱 재촉하는 것이기 때문이다. 성경은 그 어디에서도 성도들이 악인들로부터 겪는 환난들이 그들의 구원의 "원인"이라고 가르치지 않는다는 것은 분명할 뿐만 아니라, 바울은 또 다른 경우에서도 비록 여기에서 사용하는 '엔데익신'(ἔνδειξιν)이 아니라 '엔데이그마'(ἔνδειγμα)라는 단어를 사용하고 있기는 하지만, 성도들에 대한 악인들의 박해를 "분명한 증표" 또는 "증거"라고 말한다(살후 1:4-5, "너희가 견디고 있는 모든 박해와 환난 중에서 너희 인내와 믿음으로 말미암아 하나님의 여러 교회에서 우리가 친히 자랑하노라 이는 하나님의 공의로운 심판의 표요 너희로 하여금 하나님의 나라에 합당한 자로 여김을 받게 하려 함이니 그 나라를 위하여 너희가 또한 고난을 받느니라").

그러므로 우리가 대적들의 공격을 받고 괴롭힘을 당할 때, 그것이 우리의 구원의 "표"라는 사실을 아는 것은 우리에게 대단한 위로가 된다. 하나님의 자녀들이 불굴의 담대함과 인내로 박해들을 잘 견디고 감당한다면, 그러한 박해들은 그들이 하나님의 자녀로 택하심을 받았음을 인쳐 주는 보증이 된다. 그리고 하나님의 자녀들을 박해하는 악인들은 장차 그들을 산산조각을 내어 가루로 만들어 버릴 "돌"에 걸려 넘어진 것이기 때문에(마 21:44, "이 돌 위에 떨어지는 자는 깨지겠고 이 돌이 사람 위에 떨어지면 그를 가루로 만들어 흩으리라"), 그러한 박해들은 그들에는 정죄와 멸망의 "표"가 된다.

이는 하나님께로부터 난 것이라. 이 구절은 바로 앞에 나온 "너희에게는 구원의 증거니"에만 걸린다. 즉, 바울은 빌립보 교인들이 박해 중에서도 하나님의 은혜를 맛봄으로써 십자가로 인한 괴로움을 덜 수 있다고 말한다. 사람은 그 누구도 본성적으로는 십자가가 구원의 "표" 또는 "증거"라고 생각하지 않는다. 왜냐하면, 십자가, 즉 박해 같은 고난들은 겉으로 보기에는 구원이 아니라 정반대로 멸망을 초래할 것처럼 보이기 때문이다. 그래서 바울은 빌립보 교인들에게 또 다른 사실, 즉 하나님께서는 우리 눈에는 우리를 멸망시킬 것처럼 보이는 비참하고 참담한 것 같은 일들을 우리에게 복이 되고 유익이 되는 일들로 바꾸실 것이라는 사실을 주목하여야 한다는 것을 환기시키려는 목적으로 여기에 "이는 하나님께로부터 나는 것이라"는 말을 덧붙인다. 그리고 그는 십자가를 참고 견디는 것 자체가 하나님의 선물이라는 것에 의거해서 그것을 증명한다(29절). 하나님의 모든 선물은 우리에게 복되고 유익한 것임은 의심의 여지가 없다. 바울은 하나님께서 우리에게 그런 은혜의 선물들을 주시는 이유는 "그리스도를 믿을 뿐 아니라" "그를 위하여 고난도 받게" 하기 위한 것이라고 말한다. 그러므로 심지어 고난 자체도 하나님의 은혜의 증거이자 "표"이다. 이렇게 고난 자체가 하나님의 선물이기 때문에, 빌립보 교인들이 박해를 받고 있다는 것은 그들의 구원의 증표가 된다. 오, 이러한 확신, 즉 박해가 하나님의 은택에 속한 것이라는 확신이 우리의 마음속에 견고하게 자리잡고 있기만 한다면, 우리는 경건의 가르침에서 얼마나 큰 진보를 이룰 수 있게 되겠는가! 하지만 더 확실한 것은 우리가 그리스도의 이름을 위하여 욕을 당하거나 감옥에 갇히거나 비참한 처지가 되거나 괴롭고 힘든 일들을 겪게 되거나 심지어 죽음에 이르게 되는 것 같은 고난을 당하는 것이야말로 하나님이 우리에게 은혜를 베푸셔서 수여하시는 최고의 영광이자 존귀라는 것이다. 왜냐하면, 그것은 하나님께서 우리에게 훈장을 달아 주시는 것이기 때문이다. 그런데도 십자가가 주어졌을 때, 그 십자가를 기꺼이 받아들이는 사람들보다는, 도리어 하나님과 그의 선물들을 물리치는 사람들이 더 많은 것이 현실이다. 우리의 어리석고 우둔함으로 인하여 우리에게 화가 있으리로다!

29. 그리스도를 위하여 너희에게 은혜를 주신 것은 다만 그를 믿을 뿐만 아니라 또한 그를 위하여 고난도 받게 하려 하심이라. 바울은 빌립보 교인들로 하여금 그들이 그리스도를 믿는 믿음으로 부르심을 받은 것은 그리스도를 위하여 박해를 견디고 감당하게 하기 위한 것임을 알게 하기 위하여, 여기에서 지혜롭게 "믿음"과 "십자가"를 서로 뗄래야 뗄 수 없을 정도로 한데 결합시킨다. 그는 이렇게 말한 것과 같다: "그들이 하나님의 자녀들이 된 것이 십자가를 지는 것과 분리될 수 없는 것은 그리스도께서 나뉘어서 여러 조각이 되실 수 없는 것과 마찬가지이다." 여기에서 바울은 "믿음"과 박해를 인내로써 감당하는 것은 둘 다 하나님이 우리에게 값없이 거저 주시는 선물이라는 것을 분명하게 증언하고 있다. 하나님을 아는 지식은 지극히 심오해서, 우리 자신의 영민함을 통해서 도달하기에는 불가능하다는 것은 분명하고, 하나님께서 잠시라도 자신의 손을 거두시면, 우리의 연약함은 우리의 일상적인 일들 속에서도 그대로 드러난다. 바울은 이 두 가지가 값없이 주

어지는 것임을 좀 더 분명하게 보여주기 위해서, 하나님께서 우리에게 은혜를 주시는 것은 "그리스도를 위한" 것이라고 명시적으로 밝힌다. 또는, 적어도 그는 이 표현을 통해서, 이런 것들은 그리스도의 은혜를 근거로 해서 우리에게 주어지는 것이라고 말함으로써, 우리의 "공로"라는 개념 자체가 추호도 들어설 여지가 없게 만든다.

소르본느의 궤변론자들은 첫 번째 은혜는 하나님에 의해서 우리에게 전적인 은혜로 주어지지만, 그 이후에 하나님이 우리에게 주시는 은혜의 선물들은 우리가 그 첫 번째 은혜를 바르게 사용해서 쌓은 우리의 공로에 대한 상으로 주어진다고 가르치지만, 그들의 그러한 가르침은 이 본문과 다르다. 물론, 우리가 하나님의 은혜의 선물들을 제대로 잘 사용하면, 거기에 대한 상으로 하나님께서는 우리에게 더욱더 많은 은혜들을 풍성하게 부어 주신다는 것은 맞고, 나도 그것을 부인하지 않지만, 단지 그럴 때에 하나님이 상으로 베풀어 주시는 은혜들조차도 우리의 공로로 말미암는 것이 아니라, 그리스도의 공로에 의거해서 값없이 후히 베풀어 주시는 것일 뿐이다.

30. 너희에게도 그와 같은 싸움이 있으니 너희가 내 안에서 본 바요 이제도 내 안에서 듣는 바니라. 바울은 여기에서도 자기가 지금까지 말한 것들을 자신의 모범을 통해서 확증하는데, 이것은 그의 가르침에 적지 않은 권위를 더해 준다. 아울러, 그는 빌립보 교인들이 자신의 싸움의 결과가 어떠한 것을 생각한다면, 자기가 감옥에 갇히게 되었다고 해서, 그 일로 인해 심난해 할 이유가 없다는 것을 보여준다.

제2장

¹그러므로 그리스도 안에 무슨 권면이나 사랑의 무슨 위로나 성령의 무슨 교제나 긍휼이나 자비가 있거든 ²마음을 같이하여 같은 사랑을 가지고 뜻을 합하며 한마음을 품어 ³아무 일에든지 다툼이나 허영으로 하지 말고 오직 겸손한 마음으로 각각 자기보다 남을 낫게 여기고 ⁴각각 자기 일을 돌볼뿐더러 또한 각각 다른 사람들의 일을 돌보아 나의 기쁨을 충만하게 하라(2:1-4).

1. 그러므로 그리스도 안에 무슨 권면이나 사랑의 무슨 위로나 성령의 무슨 교제나 긍휼이나 자비가 있거든. 바울은 여기에서 자애로움이 넘치는 권면을 통해서, 빌립보 교인들에게 무슨 일이 있어도 서로 간에 화목하게 지낼 것을 간곡하게 부탁하는데, 이것은 그들 가운데서 내분이 일어나서 서로 다투고 싸운다면, 거짓 사도들이 그 틈새를 파고 들어 온갖 사기 행각을 벌이지 못하게 하기 위한 것이었다. 왜냐하면, 믿는 자들 가운데서 생각이 서로 달라서 불화가 생기게 되면, 사탄은 여지없이 그 틈새를 노려서 그들 가운데 악한 가르침을 유포하게 되는 까닭에, 믿는 자들끼리 서로 한마음과 한 뜻이 되어 화목하게 되는 것이야말로 거짓된 사설들을 발붙이지 못하게 하는 최선의 방책이기 때문이다.

해석자들은 흔히 '파라클레세오스'(παρακλήσεως)를 "권면"을 의미하는 것으로 해석해서, 이 본문의 처음 부분을 다음과 같이 설명하곤 한다: "그리스도의 이름과 권위로 전달된 권면이 너희에게 조금이라도 무게를 지닌다면." 하지만 이 단어를 "권면"이 아니라 "위로"로 해석해서, 이 본문을 다음과 같은 의미로 설명하는 것이 문맥에 더 잘 부합한다: "너희가 너희 가운데 있는 그리스도의 어떤 위로로 나의 근심을 덜어 주고자 한다면, 그리고 너희가 내게 마땅히 보여주어야 할 사랑을 발휘하여 나를 위로하고자 한다면, 그리고 우리 모두를 하나로 만들어 주는 성령의 교제를 생각한다면, 그리고 너희 속에서 긍휼이나 자비의 마음이 발동하여 나의 고통과 괴로움을 덜어 주고자 한다면, 너희가 이러저러하게 행하여 나의 기쁨을 충만하게 하라."

이것으로부터 우리는 교회가 하나되는 것이 얼마나 큰 복인지, 그리고 목회자들이 얼마나 온 힘을 다해서 교회의 하나됨을 위하여 애써야 마땅한지를 알게 된다. 또한, 이와 동시에 우리는 바울은 빌립보 교인들에 대하여 영적인 아버지로서의 권위를 사용해서, 영적인 자녀들인 그들에게, 그들이 자기에게 마땅히 행해야 할 도리들을 요구하고 명할 수 있었음에도 불구하고, 자기 자신을 낮추고서 그들이 자기를 불쌍히 여겨 줄 것을 간곡하게 탄원하는 모습을 보이고 있다는 것도 주목하여야 한다. 그는 하나님이 그에게 주신 권위를 사용하는 것이 꼭 필요한 때에 어떻게 그 권위를 사용해야 하는지를 알고 있었지만, 지금 여기에서는 간곡하게 부탁하는 것이 그들의 마음을 얻는 데 더 적합할 것임을 알고 있었고, 또한 온순하고 말 잘 듣는 사람들을 어떻게 대해야 하는지도 알고 있었기 때문에, 이렇게 부탁하고 탄원하는 쪽을 택한 것이었다. 이렇게 목회자라면 모름지기 교회를 위해서 때에 따라 다르게 거기에 맞는 가장 합당하고 유익한 태도를 취할 줄 알아야 한다.

2-4. 나의 기쁨을 충만하게 하라. 여기에서도 우리는 바울이 자기 자신은 돌아보지 않고, 오직 그리스도의 교회가 잘되기만을 간절히 바라는 모습을 볼 수 있다. 지금 그는 감옥에 갇혀 있었고, 쇠사슬에 결박되어 있었다. 그는 사형에 해당하는 죄를 범한 자로 취급받아서, 그의 눈앞에는 고문들이 있었고, 사형집행인도 가까이 있었다. 하지만 이 모든 것들은 그가 교회들이 잘되어 가는 것을 보고서 온 마음으로 순수하게 기뻐하는 것을 막을 수 없었다. 그리고 그가 교회가 잘되고 형통하고 있음을 보여주는 가장 중요한 지표로 여긴 것은 모든 믿는 자들이 서로 형제들로서 한마음과 한 뜻이 되어 화목하게 지내는 것이었다. 그래서 시편 137편도 마찬가지로 우리의 최고의 기쁨은 "예루살렘을 기억하는" 것임을 우리에게 가르친다(6절, "내가 예루살렘을 기억하지 아니하거나 내가 가장 즐거워하는 것보다 더 즐거워하지 아니할진대 내 혀가 내 입천장에 붙을지로다"). 이렇게 믿는 자들이 서로 화목하게 지내는 것이 바울의 최고의 기쁨인데도, 빌립보 교인들이 서로 불화한다면, 그것은 이 거룩한 자의 마음을 이중으로 괴롭게 하는 것이기 때문에 그에게 너무나 가혹하고 잔인한 짓이 될 것이었다.

마음을 같이하여 같은 사랑을 가지고 뜻을 합하며 한마음을 품어. 바울이 여기에서 말하고자 하는 요지는 그들은 생각과 뜻에 있어서 서로 하나가 되어야 한다는 것이다. 왜냐하면, 그는 "가르침"과 "서로 사랑하는 것"에 있어서 하나가 되어야 한다고 말하고, 그런 후에 내 생각에는 동일한 내용을 다시 한 번 반복해서, 그들에게 "한 마음"과 "한 뜻"이 되어야 한다고 권면하고 있기 때문이다. "마음을 같이하여"로 번역된 어구는 직역하면 "동일한 것을 생각하고"가 되는데, 바울은 여기에서 "동일한 것"(τὸ αὐτὸ - '토 아우토')이라는 표현을 통해서, 그들의 생각이 서로 같아야 한다는 것을 강조한다. 따라서 생각이 동일한 것이 사랑의 시작이다. 그러나 그것만으로는 충분하지 않고, 거기에 더하여, 사람들이 서로를 아끼고 사랑함으로써, 정서적으로도 하나로 결합되어야 한다. 이 구절을 다음과 같이 번역해도 전혀 무리가 없다: "너희가 동일한 생각을 가짐으로써 서로 사랑하게 되어 생각도 하나가 되고 뜻도 하나가 되어." 왜냐하면, 분사들은 종종 부정사 대신에 사용되기 때문이다. 하지만 나는 내게 덜 억지스러워 보이는 쪽을 택해서 번역하였다.

아무 일에든지 다툼이나 허영으로 하지 말고. 교회의 화평을 어지럽히는 두 가지 아주 위험한 전염병이 있다. "다툼"은 각 사람이 자신의 생각이나 주장을 절대로 굽히려고 하지 않을 때에 생겨난다. 그리고 그런 식으로 촉발되기 시작한 "다툼"은 처음 시작된 방향을 따라서 평행선으로 내달리게 된다. "허영"이 사람들의 마음을 간지럽히게 되면, 각 사람은 자신이 고안해 낸 망상에 사로잡혀서, 그 망상을 만족시킴으로써 기쁨을 얻으려고 하게 된다. 따라서 불화와 분란을 막는 유일한 방법은 사려 깊게 화평을 가져다주는 방식으로 행하여 다툼을 피하고, 특히 야심에 의해 움직이지 않는 것이다. 야심은 온갖 다툼에 불을 붙이고 부채질하는 수단이다. "허영"은 육체를 자랑하는 것이다. 사람들이 헛된 것을 자랑하지 않는다면, 그들 자신에게는 자랑할 것이 전혀 없기 때문이다.

오직 겸손한 마음으로 각각 자기보다 남을 낫게 여기고. 바울은 앞에서 말한 두 가지 질병, 곧 "다툼"과 "허영"을 치료하기 위하여 한 가지 처방을 내놓는다. 그가 "겸손"을 치료책으로 제시한 데에는 그럴 만한 타당한 근거가 있다. 왜냐하면, "겸손"은 겸양의 어머니이고, 겸양의 결과는 우리 자신의 권리를 양보하고 다른 사람들의 권리를 우선시하며, 쉽게 화내거나 노여워하지 않는 것이기 때문이다. 여기에서 바울은 참된 겸손이 무엇인지를 정의한다. 즉, 각 사람이 자기보다 남들을 더 낮게 여기는 것이 바로 겸손이라는 것이다. 우리의 삶 전체에서 어려운 것이 있다면, 그것은 다른 무엇보다도 이러한 "겸손한 마음"을 갖는 것이다. 그러므로 겸손이 그토록 희귀한 덕목인 것은 전혀 이상한 일이 아니다. 누군가가 말한 것처럼, "각 사람은 자기 자신 속에 모든 것을 자기 뜻대로 하고자 하는 왕의 마음을 지니고 있다." 보라! 이것이 바로 교만이다! 어리석게도 우리 자신이 잘났다고 생각하게 되면, 거기로부터 형제들을 멸시하는 마음이 생겨나게 된다. 우리는 바울이 여기에서 명하고 있는 것과는 너무나 거리가 멀기 때문에, 다른 사람들이 자기와 어깨를 나란히 하는 것을 참을 수 없어 한다. 왜냐하면, 우리의 마음속에는 그 누구보다도 우리 자신이 우월하고자 하는 강력한 욕망이 자리잡고 있기 때문이다.

그러나 여기에서 이런 의문이 생길 수 있다: "진정으로 다른 사람들보다 더 뛰어난 사람이 자기보다 훨씬 못하다는 것을 뻔히 알고 있는 자들을 자기보다 더 낫다고 생각하는 것이 과연 가능한가?" 나의 대답은 이것은 전적으로 하나님의 선물들과 우리 자신의 연약함에 대한 올바른 평가에 달려 있다는 것이다. 왜냐하면, 어떤 사람이 하나님으로부터 아무리 대단한 은사들을 받아서 뛰어나고 훌륭한 사람이 되었다고 할지라도, 하나님께서 그러한 것들을 그에게 주신 것은, 그로 하여금 자기 자신을 높여서 대단하고 훌륭한 사람이라고 생각하여 자고해지게 하기 위한 것이 아니라는 것을 명심하는 것이 마땅하기 때문이다. 그런 사람은 그렇게 자고해지는 대신에, 도리어 자기 자신 속에서 결점들을 찾아내어 고치는 일에 힘쓰는 것이 마땅한데, 그렇게 할 때에 한편으로는 스스로를 낮추고 겸손해질 기회가 그에게 풍부하게 주어지게 되고, 다른 한편으로는 다른 사람들 속에서 뛰어나고 훌륭한 것들을 찾아내어 존경하게 될 뿐만 아니라, 다른 사람들의 결점을 사랑으로 감싸 주게 된다. 이렇게 행하는 자들은 자기보다 다른 사람들을 더 낮게 여기는 데 아무런 어려움도 느끼지 않을 것이다.

각각 자기 일을 돌볼뿐더러 또한 각각 다른 사람들의 일을 돌보아. 바울이 우리 각 사람이 자기 자신의 일만 돌보거나 자기 자신에게만 몰두해서는 안 되고, 우리의 이웃들을 돌보아야 한다는 말을 여기에 덧붙인 이유도 거기에 있다. 그러므로 경건한 사람이 자기가 훌륭하다는 것을 알고 있을지라도, 그럼에도 불구하고 다른 사람들이 더 존경 받아야 할 자들이라그 생각하는 것은 얼마든지 가능하다.

⁵너희 안에 이 마음을 품으라 곧 그리스도 예수의 마음이니 ⁶그는 근본 하나님의 본체시나 하나님과 동등됨을 취할 것으로 여기지 아니하시고 ⁷오히려 자기를 비워 종의 형체를 가지사 사람들과 같이 되셨고 ⁸사람의 모양으로 나타나사 자기를 낮추시고 죽기까지 복종하셨으니 곧 십자가에 죽으심이라 ⁹이러므로 하나님이 그를 지극히 높여 모든 이름 위에 뛰어난 이름을 주사 ¹⁰하늘에 있는 자들과 땅에 있는 자들과 땅 아래에 있는 자들로 모든 무릎을 예수의 이름에 꿇게 하시고 ¹¹모든 입

으로 예수 그리스도를 주라 시인하여 하나님 아버지께 영광을 돌리게 하셨느니라 (2:5-11).

5. 너희 안에 이 마음을 품으라 곧 그리스도 예수의 마음이니. 바울은 앞에서 빌립보 교인들에게 겸손할 것을 말로 권면하고 나서, 이제 여기에서는 그리스도의 모범을 들어서 겸손을 권면한다. 그리스도의 모범을 통한 권면은 두 부분으로 나뉘는데, 첫 번째 부분에서는 그리스도를 본받는 것이 그리스도인들의 삶의 규준이라는 이유를 들어서, 우리에게 그렇게 행할 것을 촉구하고, 두 번째 부분에서는 그것이 우리가 참된 영광을 얻는 길이라는 이유를 들어서, 우리를 그 길로 유인한다. 이런 이유로 바울은 우리 각 사람이 그리스도 안에 있었던 것과 같은 동일한 마음가짐을 가져야 한다고 권면한다. 나중에 그는 그리스도 안에서 겸손이 어떤 형태로 우리 앞에 나타났는지를 보여준다. 나는 헬라어 본문에 나오는 동사의 수동형을 그대로 살려서, 이 구절을 "그리스도 예수 안에 있던 그 마음이 너희 안에 있게 하라"로 번역하였지만, 그렇다고 해서 다른 해석자들이 이 수동형 동사를 능동으로 바꾸어서 번역한 것을 틀렸다고 말하는 것은 아니다. 왜냐하면, 어느 쪽으로 번역해도 의미는 아무런 차이가 없고, 나는 단지 바울이 사용한 형태의 표현을 독자들에게 그대로 보여주고 싶었을 뿐이기 때문이다.

6. 그는 근본 하나님의 본체시나 하나님과 동등됨을 취할 것으로 여기지 아니하시고. 바울은 그리스도의 겸손과 우리의 겸손을 비교해서 말하고자 하고 있지만, 이것은 비슷한 것들이 아니라 큰 것과 작은 것을 비교하고 있는 것이다. 그리스도의 겸손은 스스로를 낮추셔서 최고 정점의 영광의 자리에서 가장 비천한 치욕의 자리로 내려 오신 데 있었던 반면에, 우리의 겸손은 우리 자신에 대한 거짓된 평가에 의거해서 우리 자신을 높이는 것을 그만두는 데 있다. 그리스도께서는 자신의 권리를 포기하신 반면에, 우리에게 요구되는 모든 것은 단지 우리 자신에 대한 모든 거짓된 평가로 인해 생겨난 거품들을 다 제거하고서, 우리 자신을 있는 그대로 보는 것이다. 그래서 바울은 여기에서 이런 말로 시작한다: 그리스도는 "하나님의 모습으로" 계셨기 때문에, 그 모습 그대로 지니시고서 이 땅에 오셨어도 전혀 불법이 아니었을 것임에도 불구하고, "자기를 비우셨다." 이렇게 그리스도께서는 하나님의 아들이신데도 자신이 지니고 계셨던 최고의 영광을 버리신 모습으로 이 땅에 내려 오셨는데, 아무것도 아닌 존재인 우리가 스스로 자고하여 교만하게 행한다면,

그것은 얼마나 어처구니없는 일이겠는가!

여기에서 "하나님의 모습"(개역개정에는 "하나님의 본체")은 그리스도께서 지니고 계셨던 하나님으로서의 위엄을 의미한다. 왜냐하면, 우리가 어떤 사람의 신분이나 지위를 그의 외적인 모습이나 모양을 보고서 알듯이, 하나님 안에서 빛을 발하는 "위엄"은 원래 그리스도께서 지니고 계셨던 모습이었기 때문이다. 또는, 좀 더 적합한 비유를 들어서 말해 보자면, 왕의 "모습"은 왕에게 딸린 모든 사람들과 장비들, 그리고 왕이 보이는 장엄한 위세라고 말할 수도 있다. 즉, 왕이 손에 쥔 규, 머리에 쓴 면류관, 용포, 왕의 시종들, 왕의 심판의 보좌, 그 밖에 왕을 상징하는 여러 문장들이 바로 왕의 "모습"이다. 마찬가지로, 그 테두리가 자주색 실로 수 놓아진 긴 옷, 상아로 된 보좌, 홀과 손도끼를 들고 행차를 호위했던 릭토르 등은 로마 집정관의 "모습"이다. 요한복음 17:5("아버지여 창세 전에 내가 아버지와 함께 가졌던 영화로써 지금도 아버지와 함께 나를 영화롭게 하옵소서")에서 말하고 있듯이, 그리스도께서는 태초에 "아버지와 함께" 하나님으로서의 영광을 "가지고" 계셨기 때문에, 창세 전부터 "하나님의 모습으로" 계셨다. 하나님의 지혜이신 그리스도 안에는, 그가 육신을 입으시기 이전에는, 비천한 것이나 멸시할 만한 것은 아무것도 없었고, 그것과는 정반대로 오로지 하나님께 합당한 위엄만이 존재하였다. 따라서 그리스도께서는 원래 하나님이셨기 때문에, 만일 "하나님과 동등됨을 취하셨다"고 할지라도, 그것은 잘못한 것이 아니었을 것이고, 그 누구에게 해를 끼치는 일도 아니었을 것이다. 그러나 그리스도는 자신의 본래의 모습을 그대로 지니시고서 이 땅에 나타나신 것도 아니었고, 원래 처음부터 자기에게 속해 있었던 하나님으로서의 권리와 권능을 사람들 앞에서 공공연하게 드러내지도 않으셨다.

그리스도께서는 "하나님과 동등됨을 취하여서" 그런 모습으로 이 땅에 오셨어도, 그것은 전혀 잘못하신 것이 아니었을 것이다. 왜냐하면, 바울이 여기에서 "그는 …… 여기지 아니하시고"라고 말할 때, 그것은 "물론, 그는 그렇게 할지라도, 그것이 그에게 합법적이고 정당한 것임을 알고 계셨다"고 말한 것과 같기 때문이다. 따라서 이런 식으로 바울은 그리스도의 낮아지심이 꼭 그래야 하셨기 때문이 아니라, 그렇게 하지 않으셔도 되는데 스스로 자원해서 그렇게 하신 것임을 우리에게 알게 해 준다. 지금까지 후반절에 나오는 동사는 직설법으로 번역되어 왔지만("그는 여기지 아니하셨다"), 문맥상으로 볼 때에 가정법으로 해석하여야 한다. 바울은 가정법을 써야 할 곳에서 직설법 과거형을 사용하고, 독자들로 하여금 거기에 가능의 불변화사 '안'(ἄν)을 보충해 넣어서 해석하게 하는 것이 관례였다. 그래서 그는 로마서 9:3에서 "나의 형제 곧 골육의 친척을 위하여 내 자신이 저주를 받아 그리스도에게서 끊어질지라도 원하는 바로라"고 가정법으로 말해야 할 때에 미완료 과거 직설법인 '뉘코멘'(ηὐχόμην, "원하다")을 사용하고, 고린도전서 2:8에서 "이 지혜는 이 세대의 통치자들이 한 사람도 알지 못하였나니 만일 알았더라면 영광의 주를 십자가에 못 박지 아니하였으리라"고 말할 때에 가정법을 써야 할 "만일 알았더라면"이라는 대목에서 부정과거 직설법인 '에그노산'(ἔγνωσαν, "알았다")을 사용한다. 하지만 우리는 바울이 그리스도의 낮아지심이 얼마나 큰 겸손인지를 보여주기 위하여, 지금 여기에서는 그리스도의 영광에 대해서 말하고 있는 것임을 알아야 한다. 따라서 그는 그리스도께서 낮아지시기 위하여 행하셨던 것이 아니라, 그리스도께서 얼마든지 낮아지지 않으셔도 되었다는 사실을 말하고 있는 것이다.

아울러, 이 본문 속에 그리스도의 영원한 신성이 분명하게 제시되어 있다는 것을 알지 못하는 자들은 완전히 눈이 먼 자들이다. 또한, 에라스무스가 다른 비슷한 본문들과 마찬가지로 이 본문을 그의 궤변들로 적당히 어물쩍 설명하며 넘어가려고 하는 것은 온당하지 않다. 물론, 그는 자신의 글의 도처에서 그리스도가 하나님이라는 것을 인정한다. 그러나 그리스도가 하나님이라는 나의 믿음이 성경의 권위에 의해서 밑받침되지 않는다면, 그가 그런 정통적인 신앙고백을 아무리 많이 한다고 할지라도, 그것이 내게 무슨 도움이 되겠는가? 물론, 바울이 여기에서 그리스도가 지니신 하나님의 본질에 대하여 직접적으로 언급하고 있지 않다는 것은 사실이고, 나도 그것을 인정한다. 그러나 그렇다고 해서, 아리우스파가 그리스도를 피조된 하나님으로 보고서 아버지 하나님보다 열등한 존재라고 주장하며 아버지와 동일본질이라는 것을 부정하는 불경을 반박하는 데 이 본문으로 충분하지 않다고 말하는 것은 잘못이다. 만일 그리스도께서 하나님의 본질을 지니고 계시지 않다면, 그가 하나님과 동등됨을 취하였어도, 그것이 남의 것을 탈취하는 것이 되지 않았을 것이라고 말하는 것이 어떻게 가능했겠는가? 왜냐하면, 이사야 선지자를 통해서 "내 영광을 다른 자에게 주지 아니하리라"(사 48:11)고 선언하셨던 바로 그 하나님은 항상 동일하신 분이시기 때문이다.

바울이 여기에서 사용한 "모습"(개역개정에는 "본체")이라는 단어는 일반적으로 겉모습이나 형상을 의미한다. 이것도 나는 기꺼이 인정한다. 그러나 하나님의 경우를 제외하면, 거짓되거나 날조되지 않은 "모습"이라는 것은 존재하지 않는다. 그러므로 우리는 하나님의 탁월한 속성들이 나타난 것을 보면 거기에 하나님이 계신다는 것을 알게 되고, 하나님이 행하신 일들은 하나님의 "영원하신 신성"을 보여주는 증거들이 된다(롬 1:20, "창세로부터 그의 보이지 아니하는 것들 곧 그의 영원하신 능력과 신성이 그가 만드신 만물에 분명히 보여 알려졌나니 그러므로 그들이 핑계하지 못할지니라"). 따라서 그리스도의 위엄, 즉 그리스도께서 낮아지시기 전에 "하나님과 동등됨"을 지니고 계셨다는 사실은 그리스도가 지니신 하나님의 본질을 증명해 준다. 그리고 모든 마귀가 다 달려들어서 이 진리의 명제로부터 나를 떼어 놓으려고 해도, 결코 나를 이 명제로부터 떼어 놓지는 못할 것이다. 왜냐하면, 하나님의 영광과 하나님의 본질, 이 두 가지가 서로 절대로 분리될 수 없다는 것은 너무나 자명해서, 하나님의 영광이 존재하는 곳에는 반드시 하나님의 본질이 존재한다는 것은 절대적으로 참인 명제일 수밖에 없기 때문이다.

7. 오히려 자기를 비워 종의 형체를 가지사. 나중에 살펴보게 되겠지만, 여기에서 "비우셨다"는 것은 "낮아지셨다"는 것과 동일한 의미이다. 하지만 '유파티코테로스'(εὑφατικωτέρως, "비우다")라는 표현은 "아무것도 아니게 되는" 것을 나타내는 데 사용된다. 물론, 그리스도는 신성을 완전히 벗어버리실 수는 없으셨고, 단지 육체의 연약함 아래에 그 신성을 감추시고 드러내지 않으신 것이었다. 그러므로 그리스도께서는 사람들 앞에서 자신의 영광을 드러내지 않으셨지만, 그의 영광은 완전히 없어지거나 줄어든 것이 아니었고, 단지 감추어져 있었을 뿐이었다.

여기에서 우리는 이런 질문을 할 수 있다: "그리스도께서는 사람으로서 자기 자신을 비우신 것인가?" 이 질문에 대해서 에라스무스(Erasmus)는 그렇다고 대답한다. 그렇다면, 그리스도께서 사람이 되시기 전에 지니고 계셨던 "하나님의 모습"은 어떻게 된 것인가? 따라서 우리는 바울은 "육신으로 나타난 바 되신" 그리스도에 대해서 전인적으로 말하고 있는 것이지만(딤전 3:16), 이 "비움"은 오로지 그리스도의 인성에만 해당되는 것이라고 대답해야 한다. 이것은 내가 어떤 사람에 대해서, "그 사람은 세상적으로 볼 때에 감각이 전혀 없기 때문에 죽은 것이다"라고 말할 때, 나는 분명히 그 사람에 대하여 전인적으로 말하고 있는 것이지만, 그 사람이 죽었다고 한 나의 말은 오직 그 사람의 일부, 즉 그의 육신에만 해당되는 것과 같다. 그러므로 그리스도는 두 본성으로 이루어진 한 인격을 지니고 계시기 때문에, 바울이 하나님의 아들이셨고 실제로 하나님과 동등하셨던 그리스도께서 종의 형체를 가지시고 육체로 나타나셨을 때에 자신의 영광을 비우셨다고 말한 것은 지극히 합당하다.

여기에서 우리는 두 번째로 이렇게 질문할 수 있다: "그리스도께서는 사람이 되어 나타나셔서도, 이적들과 경이로운 역사들을 통해서 자신이 하나님의 아들이라는 것을 변함없이 증명하셨고, 요한이 증언하고 있듯이, 그리스도에게서는 늘 하나님의 아들에 합당한 영광이 드러났는데(요 1:14, '말씀이 육신이 되어 우리 가운데 거하시매 우리가 그의 영광을 보니 아버지의 독생자의 영광이요 은혜와 진리가 충만하더라'), 우리는 어떻게 그것을 그리스도께서 자신을 비우신 것이라고 말할 수 있는 것인가?" 나의 대답은 그리스도께서 육신을 입으시고 낮아지신 것은 하나님으로서의 그리스도의 위엄을 감춘 휘장과 같은 것이었다는 것이다. 그리스도가 부활 이전에는 자신의 영광의 모습을 공공연하게 드러내고자 하지 않으신 이유도 거기에 있었고(마 17:9), 자신이 죽을 때가 가까움을 아셨을 때에 "아버지여 때가 이르렀사오니 아들을 영화롭게 하사 아들로 아버지를 영화롭게 하게 하옵소서"(요 17:1)라고 말씀하신 이유도 거기에 있었다. 그래서 바울도 다른 곳에서 그리스도께서는 "죽은 자들 가운데서 부활하사 능력으로 하나님의 아들로 선포되셨다"고 가르치고(롬 1:4), 또 다른 곳에서는 그리스도께서 육신의 연약함으로 말미암아 고난을 받으셨다고 말한다(고후 13:4, "그리스도께서 약하심으로 십자가에 못 박히셨으나 하나님의 능력으로 살아 계시니"). 요컨대, 하나님의 형상은 그리스도 안에서 빛나고 있었지만, 이와 동시에 그리스도는 외적인 모습에 있어서 낮아져 있으셔서, 사람들이 보기에는 아무것도 아닌 존재였다는 것이다. 왜냐하면, 그는 종의 형체를 지니시고 우리의 본성을 입으심으로써, 아버지 하나님의 종, 아니 사람들의 종이 되셨기 때문이다. 바울은 그리스도를 "할례의 추종자"라고 부르고(롬 15:8, "그리스도께서 하나님의 진실하심을 위하여 할례의 추종자가 되셨으니"), 주님 자신도 자기가 "섬기려" 왔다고 증언하고 계시며(마 20:28, "인자가 온 것은 섬김을 받으려 함이 아니라 도리어 섬기려 하고 자기 목숨을 많은 사람의 대속물로 주려 함이니라"), 이사야 선지자도 아주 오래 전에 동일한 취지로 "내가 붙드는 나의 종, 내 마음에 기뻐하는 자 곧 내가 택한 사람을 보라 내가 나의 영을 그에게 주었은즉 그가 이방에 정의를 베풀리라"(사 42:1)고 예언하였다.

사람들과 같이 되셨고. '게노메노스'(γενόμενος, "되셨고")는 여기에서 "되었다" 또는 "세움을 입었다"라는 의미이다. 왜냐하면, 바울이 여기에서 말하고자 하는 것은 그리스도께서 사람의 수준으로 내려오심으로써, 겉보기에는 일반적인 사람들과 전혀 다름이 없는 "사람"이 되셨다는 것이기 때문이다. 마르키온주의자들은 바울이 이 본문에서 그리스도께서 "사람이 되셨다"고 하지 않고, "사람들과 같이 되셨다"고 말하고 있는 것을 꼬투리로 삼아 이 본문을 왜곡해서, 자신들의 터무니없는 주장인 가현설을 증명하고자 하였다. 하지만 여기에서 바울이 그리스도께서 "사람들과 같이 되셨다"고 말한 것은, 그리스도께서 이 땅에 나타나신 방식과 이 세상에서 행하실 때에 어떤 상태로 계셨는지에 대해서 말하고자 한 것이기 때문에, 우리는 이 본문을 근거로 한 그들의 주장을 별 어려움 없이 반박할 수 있다. 즉, 그리스도께서는 진정으로 사람이 되셨음에도 불구하고, 그 상태와 처지에 있어서 여느 사람들과 달라서 그들과 다르게 행하셨기 때문에, 바울은 그리스도가 "사람들과 같이 되셨다"고 말한 것이었다. 그리스도는 진정으로 사람이 되셨고, 마치 여느 사람들과 똑같은 것처럼 보이기는 하였지만, 여느 사람들과는 판이하게 다른 상태와 방식으로 이 땅에서 살아가셨다는 것이다. 그러므로 바울은 그리스도께서 참 사람이셨지만 이 땅에서 여느 사람들과는 완전히 다른 상태로 사셨다고 말한 것을 근거로 삼아서, 마르키온주의자들이 그리스도의 인성의 실체 자체를 부인하는 결론을 이끌어 낸 것은 유치하기 짝이 없는 것임이 드러난다.

8. 사람의 모양으로 나타나사. "나타나사"로 번역된 헬라어는 원래 "발견되었다"는 의미인데, 여기에서는 "알려졌다" 또는 "보였다"를 뜻한다. 즉, 바울은 사람으로 오신 그리스도에 대한 사람들의 평가를 다루고 있는 것이다. 달리 말하면, 그는 앞에서 그리스도가 아버지 하나님과 동등되신 참 하나님이시라는 것을 선언하였기 때문에, 이제 여기에서는 그리스도는 여느 사람들과 같이 비천한 모양으로 나타나셨다고 선언한다. 우리는 내가 방금 전에 말했던 것, 즉 그리스도의 그러한 낮아지심은 자원하신 것이었다는 사실을 늘 명심하여야 한다.

자기를 낮추시고 죽기까지 복종하셨으니 곧 십자가에 죽으심이라. "주"이신 그리스도께서 "종"이 되신 것도 큰 겸손이었지만, 바울은 그리스도께서 거기에서 더 나아가, 영원히 사시는 분이실 뿐만 아니라 생명과 사망의 "주"이시면서도, 죽으심을 감당하실 정도까지 아버지 하나님께 복종하시는 놀라운 겸손을 보여주셨다고 말한다. 우리가 특히 그리스도께서 어떠한 죽음을 죽으셨는지를 생각하면, 그것은 지극히 자기를 낮추신 것이었다. 바울은 그 점을 부각시키기 위하여 "십자가에 죽으심이라"는 말을 즉시 덧붙인다. 왜냐하면, 십자가에 죽으셨다는 것은 사람들 앞에서 수치와 욕을 뒤집어 쓰셨을 뿐만 아니라, 하나님에 의해서도 저주를 받으신 것을 의미하는 것이었기 때문이다. 바로 그것이 온 인류가 관심을 집중시켜야 마땅한 겸손의 모범이라는 것은 의심의 여지가 없지만, 그리스도께서 보여주신 이 겸손은 인간의 언어로는 제대로 설명하는 것이 불가능하다.

9. 이러므로 하나님이 그를 지극히 높여. 바울은 여기에서 위로가 되는 말을 덧붙임으로써, 사람의 마음이 싫어하는 겸손이나 "낮아짐"이 극히 바람직한 것임을 보여준다. 사실, 그가 우리에게 그리스도를 본받으라고 권면할 때, 그것이 우리에게 요구되는 합당한 것임을 인정하지 않는 사람은 아무도 없다. 하지만 그리스도의 형상을 닮는 것보다 우리에게 더 유익한 것은 없다는 말을 듣게 되면, 우리 속에서는 더욱 기쁜 마음으로 그리스도를 본받고자 하는 마음이 생겨나게 된다. 이제 바울은 그리스도처럼 자원해서 자기 자신을 낮추는 모든 사람들은 복된 자들이라는 것을 그리스도의 예를 들어서 보여준다. 왜냐하면, 그리스도께서는 지극히 비천한 상태에 계셨다가, 최고의 지위로 높아지셨기 때문이다. 그러므로 자기 자신을 낮추는 모든 사람은 마찬가지로 높임을 받게 될 것이다. 자기를 낮추고 겸손하게 행하면 천국의 영광이 주어진다는데, 누가 겸손하게 행하는 것을 주저하겠는가?

궤변론자들은 이 본문이 이렇게 말하고 있는 것을 빌미로 삼아서 이 본문을 악용하여, 그리스도께서 처음에는 자기 자신을 위하여, 그 후에는 다른 사람들을 위하여 공로를 쌓으신 것이라고 주장한다. 먼저, 설령 그들이 거짓된 것을 주장하는 것이 아니라고 할지라도, 그리스도께서 우리의 구원을 위한 목적 이외의 다른 이유로 이 땅에 오셨다고 생각하는 것은 그리스도의 은혜를 희석시키는 불경스러운 사변이기 때문에, 우리는 그러한 사변을 피하는 것이 마땅하다. 그리스도께서 십자가 위에서 죽으신 것은 자신의 행위의 공로를 통해서 자기가 기존에 소유하고 있지 않으셨던 것을 얻으시기 위한 것이라고 말하는 것은 사탄의 생각이라는 것을 모를 자가 누가 있겠는가? 왜냐하면, 우리로 하여금 그리스도의 죽으심 안에서 오직 하나님의 티 없이 순수한 선하심, 그리고 우리를 향하신 그리스도의 사랑, 즉 자기 자신은 생각하지 않으시고 오로지 우리를 위해서 자신과 자신의 목숨을 바치신 이루 헤아릴 수 없이 크신 사랑만을 보고 맛보며 묵상하고 느끼고 깨닫게 하는 것이 성령이 바라는 것이기 때문이다. 성경은 그리스도의 죽으심에 대하여 말할 때마다, 그 죽으심으로 인한 유익과 속전이 우리를 위한 것이었다고 말한다. 즉, 그리스도의 죽으심으로 말미암아 우리는 속량함을 받았고, 하나님과 화목을 이루게 되었으며, 의로 회복되었고, 우리의 더럽고 부패한 것들로부터 깨끗함을 받았으며, 우리가 영원한 생명을 얻게 되었고, 생명의 문이 우리에게 열렸다는 것이다. 그러므로 그 죽으심으로 말미암은 유익의 주된 부분은 그리스도 자신에게 돌아갔다는 것, 즉 그리스도께서는 우리와 관련된 유익보다는 자기 자신과 관련된 유익을 우선시하셔서, 우리의 구원을 위한 공로를 이루시기 전에 먼저 자기 자신의 영광을 위한 공로를 이루시고자 하셨다는 궤변론자들의 주장은 사탄의 부추김에 의한 것임을 누가 부인하겠는가?

더 나아가, 나는 그들이 주장하는 것이 맞다는 것을 부정하고, 그들은 자신들의 거짓된 주장을 합리화하기 위해서 바울이 한 말을 불경스럽게 왜곡하였다고 말한다. 왜냐하면, "이러므로"라는 추론의 어구는 이 구절이 이유나 원인이 아니라 결과라는 것을 보여주기 때문이다. 만일 그렇지 않다면, 사람은 하나님으로부터 오는 존귀와 영광은 물론이고 심지어 하나님의 보좌까지 공로를 통해서 얻을 수 있다는 결론을 내려야 하는데, 그러한 결론은 터무니없을 뿐만 아니라 입에 담기조차 두려운 것이라는 사실이 그것을 분명하게 보여준다. 바울은 여기에서 하나님이 그리스도를 어디까지 높이셨다고 말하고 있는가? 하나님께서 그리스도를 높이셔서 그에게 이루신 모든 것들은 선지자 이사야를 통해서 오로지 자기 자신만의 것이라고 말씀하신 그런 것들이다. 그러므로 만일 그리스도께서 자신의 공로를 통해서 이 모든 것들을 얻으신 것이라면, 사람은 자신의 행위의 공로에 대한 상으로 오직 하나님께만 속하고 다른 존재에게는 이전될 수 없는 하나님의 영광과 위엄을 수여받을 수 있다는 말이 될 것이다.

만약 그들이 바울이 사용한 표현 방식만을 고집하고, 그것을 고집하였을 경우에 도출되는 터무니없는 결론은 도외시하고자 한다면, 우리가 바울이 왜 그런 표현 방식을 사용하였는지, 그 이유를 말하는 것은 쉬운 일이다. 즉, 아버지 하나님께서는 그리스도의 삶 전체를 우리 앞에 놓여 있는 "거울"로 주셨다는 것이다. 거울은 밝은 광채를 지니고 있기는 하지만, 그것은 어디까지나 자기 자신을 위한 것이 아니라 다른 사람들의 유익을 위한 것임과 마찬가지로, 그리스도께서는 자기 자신을 위해서는 아무것도 구하거나 받지 않으셨고, 오직 모든 것을 우리를 위해 구하시거나 받으셨다. 그리스도는 아버지 하나님과 동등된 분이신데, 과연 또다시 새롭게 높아지실 필요가 있었겠는가 하고 나는 반문하고 싶다. 그러므로 경건한 독자들은 소르본느의 궤변론자들과 그들의 사악한 사변들을 혐오하는 것이 마땅하다.

모든 이름 위에 뛰어난 이름을 주사. 여기에서 "이름"은 존귀함을 나타낸다. 이러한 표현 방식은 모든 언어에서 공통적으로 풍부하게 발견된다. 예를 들면, 라틴어에서는 "그가 목이 없는 시체로 이름 없이 누워 있다"(Jacet sine nomine truncus)고 말하는데, 여기에서 "이름 없이"는 인간으로서의 그 어떤 존귀함도 없다는 것을 의미한다. 하지만 이러한 표현 방식은 성경에서 특히 비일비재하게 사용된다. 그러므로 이 구절의 의미는 하나님께서 그리스도에게 최고의 권세를 주셔서 최고로 존귀한 지위에 앉히셨기 때문에, 하늘이나 땅에서 그리스도께 주어진 것에 비견될 수 있는 그런 존귀함은 존재하지 않는다는 것이다. 따라서 이것으로부터 도출되는 결론은 하나님의 이름이 그리스도에게 주어졌다는 것이다. 또한, 바울은 이것을 이사야서에 나오는 말씀을 인용해서 설명한다. 거기에서 선지자는 하나님의 예배가 온 세상에 널리 전파될 것에 대하여 예언하면서, 하나님께서 이렇게 말씀하신 것으로 소개한다: "내가 나를 두고 맹세하기를 …… 내게 모든 무릎이 꿇겠고 모든 혀가 맹세하리라"(사 45:23). 이제 바울이 이 구절을 통해서 말하고자 하는 것이 무엇인지가 분명해진다. 그것은 오직 하나님께만 속한 "경배"가 그리스도께 드려지게 되었다는 것이다. 나는 어떤 자들이 "예수"라는 이름을 가지고 교묘한 궤변을 늘어 놓는 것을 알고 있는데, 그들은 예수라는 이름이 사람이 입에 담아서는 안 되는 "여호와"라는 이름으로부터 나온 것이라고 주장한다. 하지만 나는 그들이 제시하는 근거가 빈약하고 실체가 없는 것을 발견하기 때문에, 그런 헛되고 교묘한 궤변들에는 아무런 흥미도 느끼지 못하고, 이렇게 중요한 문제에 있어서 쓸데없는 궤변을 늘어 놓는 것은 위험한 일일 뿐이다. 게다가, 누가 여기에서 바울이 그리스도의 존귀함 전체에 대하여 말하고자 할 때에 두 음절로 된 그리스도의 이름에만 관심을 집중한 것이라고 말한다면, 그것이 참되고 자연스러운 해석이 아니라 억지스럽고 부자연스러운 해석이라는 것을 모를 사람이 누가 있겠는가? 그것은 마치 어떤 사람이 알렉산더 대왕이 이룬 위대한 업적의 실체를 알아내기 위해서 "알렉산더"라는 이름을 면밀하게 검토하고자 하는 것과 다를 바 없다. 그러므로 그들의 교묘한 궤변은 근거가 없고, 그들이 생각해 낸 해석은 바울의 의도에 낯설다. 그런데 거기에서 더 나아가서, 소르본느의 궤변론자들은 이 구절을 근거로 해서, 마치 예수라는 이름 속에 어떤 주술적인 힘이 들어 있기라도 한 것처럼, 예수라는 이름을 들을 때마다 우리는 무릎을 꿇는 것이 마땅하다는 결론을 이끌어 내는데, 우리는 그들의 그러한 행태에 실소를 금치 못하는 것은 물론이고 경악스럽기까지 하다. 그들의 주장과는 반대로, 바울은 우리는 우리의 귀에 들리는 예수라는 이름이 아니라 하나님의 아들에게 존귀함을 돌리고 경배하여야 한다고 말한다.

10. 모든 무릎을 예수의 이름에 꿇게 하시고. 우리는 사람들에게 예를 갖추고 공경심을 표할 때에도 이러한 자세를 취하기는 하지만, 그럼에도 불구하고 바울이 여기에서 말하고자 하는 것은 오직 하나님께만 드리는 경배이고, 그렇게 하나님께 경배를 드리는 것의 징표로서 "무릎을 꿇는" 것을 제시하고 있는 것임은 의심의 여지가 없다. 이것을 통해서 알아야 할 것은, 하나님께 합당한 경배를 드리고자 한다면, 우리는 단지 마음속으로만 경배하는 마음을 가지는 것으로는 부족하고, 그러한 마음을 외적인 형태로 표현해서 신앙을 고백하고 무릎을 꿇는 방식으로 하나님을 경배하는 것이 마땅하다는 것이다. 그래서 하나님께서는 그를 진정으로 경배하는 자들에 대하여 말씀하실 때, 그들이 바알 우상에게 "무릎을 꿇지 않았다"고 말씀하신다(왕상 19:18, "내가 이스라엘 가운데에 칠천 명을 남기리니 다 바알에게 무릎을 꿇지 아니하고 다 바알에게 입맞추지 아니한 자니라").

그러나 여기에서 한 가지 질문이 생겨난다: "이것은 그리스도의 신성에 적용되는 것인가, 아니면 그리스도의 인성에 적용되는 것인가? 왜냐하면, 그리스도의 신성에는 그 어떤 새로운 것도 주어질 수 없고, 그리스도의 인성은 그 자체로만 따로 떼어서 보았을 때에는 거기에 그러한 높아지심이 적용된다고 할 수 없는 까닭에 하나님으로서 경배받는 것이 합당하지 않다는 점에서, 이것을 어느 쪽에 적용하더라도 모순이 생기기 때문이다." 나의 대답은 이것도 다른 많은 것들과 마찬가지로 "육신으로 나타나신 하나님"(딤전 3:16)이신 그리스도의 인격 전체에 적용된다는 것이다. 왜냐하면, 그리스도께서는 오직 자신의 인성과 관련해서만, 또는 오직 자신의 신성과 관련해서만 낮아지신 것이 아니었고, 우리와 같은 육신을 입으시고서 그 연약함 속에 자기 자신을 숨기신 것이기 때문이다. 또한, 하나님께서는 이 세상에서 멸시를 받으시며 비천한 삶을 사셨던 "그 동일한 육신을 입으신" 자기 아들을 최고로 존귀한 지위로 높이셔서 자신의 오른편에 앉게 하신 것이었다.

하지만 바울은 다른 곳에서 자기가 한 말과 모순된 말을 하고 있는 것처럼 보일 수 있다. 왜냐하면, 그는 로마서 14:11에서는 그리스도께서 언젠가는 산 자와 죽은 자를 심판하실 심판주가 되실 것임을 증명하기 위한 목적으로 이 동일한 본문을 인용하고 있는데("기록되었으되 주께서 이르시되 내가 살았노니 모든 무릎이 내게 꿇을 것이요 모든 혀가 하나님께 자백하리라 하였느니라"), 그가 여기에서 선언하고 있듯이, 그것이 이미 이루어진 일이라면, 이 본문을 최후의 심판이라는 주제에 적용하는 것은 합당하지 않은 것이 될 것이기 때문이다. 나의 대답은 그리스도의 나라는 단번에 완성되는 것이 아니라 날마다 자라가고 진보해 나아가는 성격을 지니고 있기 때문에, 최후의 심판의 날에 이르기까지는 완성되지 않는다는 것이다. 그러므로 만물이 지금 그리스도께 복종하고 있다는 것과 그럼에도 불구하고 그러한 복종은 부활의 날까지는 완성되지 않으리라는 것은 둘 다 사실이다. 왜냐하면, 그리스도에 대한 만물의 복종은 이제 시작된 것일 뿐이고, 부활의 날에 가서야 완성될 것이기 때문이다. 따라서 그리스도의 통치에 대하여 말하는 다른 모든 예언들이 그 통치와 관련된 어느 특정한 때에 국한해서가 아니라 그 통치가 이루어지는 전 과정과 관련해서 예언하고 있듯이, 바울이 여기에서 인용한 예언이 서로 다른 때에 서로 다른 방식으로 적용되는 것은 불합리한 것이 전혀 아니다. 하지만 이것으로부터 우리가 알 수 있는 것은 그리스도는 이사야 선지자가 말한 바로 그 영원하신 하나님이시라는 것이다.

하늘에 있는 자들과 땅에 있는 자들과 땅 아래에 있는 자들로. 바울은 만유를 "하늘"과 "땅"과 "땅 아래"에 있는 자들로 나타내고 있고, 하나님께서 그 모든 존재들로 하여금 그리스도께 복종하게 하셨다고 말하고 있기 때문에, 교황주의자들이 이 구절로부터 "연옥"의 존재를 도출해 내는 것은 아무런 근거도 없는 유치하기 짝이 없는 일이다. 그들은 마귀들은 그리스도에게 무릎을 꿇기는커녕 도리어 모든 면에서 그리스도를 거슬러 반역을 일삼고 다른 존재들에게도 반역하라고 부추기고 있다고 주장한다. 하지만 성경에서는 마귀들이 하나님의 이름만 들어도 두려워서 벌벌 떤다고 말하고 있는 것을 그들은 전혀 모르는 모양이다(약 2:19, "네가 하나님은 한 분이신 줄을 믿느냐 잘하는도다 귀신들도 믿고 떠느니라"). 또한, 성경은 마귀들도 장차 그리스도의 심판대 앞에 불려나오게 되리라고 말하고 있는데, 이것은 또 무엇이란 말인가? 물론, 마귀들이 자발적으로 기쁜 마음으로 복종하고 순복하지 않고 있고, 앞으로도 그렇게 하지 않으리라는 것은 나도 인정한다. 그러나 바울은 여기에서 자발적인 복종에 대해서 말하고 있는 것이 아니다. 또한, 우리는 다음과 같이 그들의 논리를 그대로 적용해서 그들의 논리를 반박할 수도 있다: "그들의 주장에 의하면, 연옥의 불은 한시적이어서, 심판의 날이 도래하면 없어지게 될 것이다. 그런데 바울은 다른 곳에서 그리스도께서 심판을 위하여 나타나실 때까지는 이 예언이 성취되지 않을 것이라고 분명히 말하고 있기 때문에, 이 본문은 연옥에 대한 것으로 이해될 수 없다." 그러므로 그들이 이러한 역겨운 궤변을 늘어 놓는 것은 유치하기 짝이 없는 짓이라는 것을 모를 사람이 누가 있겠는가?

11. 모든 입으로 예수 그리스도를 주라 시인하여 하나님 아버지께 영광을 돌리게 하셨느니라. 불변화사 '에이스'(εἰς)는 흔히 '엔'(ἐν) 대신에 사용되기 때문에, 이 구절에 나오는 "영광으로"를 "영광 안에서"로 이해한다면, 이 구절은 "모든 입으로 하나님 아버지의 영광 안에서 예수를 주라 시인하게 하셨느니라"로 번역할수도 있다. 하지만 나는 나는 이 불변화사의 고유한 의미를 그대로 유지하는 것이더 낫다고 본다. 그런 경우에는, 여기에서 바울은 하나님의 위엄이 그리스도로 말미암아 사람들에게 나타나서 그리스도 안에서 빛을 발하게 됨으로써, 아버지 하나님께서는 아들 안에서 영광을 받으시고 계신다고 말하고 있는 것이 된다. 요한복음 5장과 7장을 보라. 여러분은 거기에서 이 구절에 대한 설명을 발견하게 될 것이다.

¹²그러므로 나의 사랑하는 자들아 너희가 나 있을 때뿐 아니라 더욱 지금 나 없을 때에도 항상 복종하여 두렵고 떨림으로 너희 구원을 이루라 ¹³너희 안에서 행하시는 이는 하나님이시니 자기의 기쁘신 뜻을 위하여 너희에게 소원을 두고 행하게 하시나니 ¹⁴모든 일을 원망과 시비가 없이 하라 ¹⁵이는 너희가 흠이 없고 순전하여 어그러지고 거스르는 세대 가운데서 하나님의 흠 없는 자녀로 세상에서 그들 가운데 빛들로 나타내며 ¹⁶생명의 말씀을 밝혀 나의 달음질이 헛되지 아니하고 수고도 헛되지 아니함으로 그리스도의 날에 내가 자랑할 것이 있게 하려 함이라(2:12-16).

12. 그러므로 나의 사랑하는 자들아 너희가 나 있을 때뿐 아니라 더욱 지금 나 없을 때에도 항상 복종하여 두렵고 떨림으로 너희 구원을 이루라. 바울은 앞에서 행한 모든 권면을 일반적인 말, 즉 그들은 주의 손 아래에서 그들 자신을 낮추어야한다는 말로 마무리한다. 왜냐하면, 그들은 그렇게 할 때에만, 모든 교만을 내려 놓고서, 서로에 대하여 온유하고 너그러운 자들이 되기가 수월해질 것이기 때문이었다. 사람의 마음이 온유함을 배울 수 있는 유일하게 적절한 길은, 자신 속에 숨어서 자기 자신만을 따로 보고서 자기만족에 빠지는 것이 아니라, 자기 자신을 하나님에비추어서 살펴보는 것이다.

바울은 그들로 하여금 앞으로도 더욱 분발하여 순종하도록 격려하기 위해서, 그들이 전에 순종하였다는 사실을 언급하며 그들을 칭찬한다. 하지만 외식하는 자들은 다른 사람들 앞에서는 잘 행하다가도, 사람들이 없는 곳에서는, 마치 경외함과 두려움을 가져야 할 이유가 모두 다 사라지고 제거되었다는 듯이, 제멋대로 방종하게 행하는 것이 특징이기 때문에, 그는 그들에게 단지 자기가 함께 있을 때만이 아니라, 자기가 없을 때에 더욱더 순종하는 모습을 보이라고 권면한다. 왜냐하면, 만일 자기가 그들과 함께 있다면, 그들에게 끊임없이 경고하고 경계함으로써 그들을 독려하고 강권할 수 있을 것이지만, 그들을 살펴서 독려할 사람이 그들에게서 멀리 떨어져 있을 때에는, 그들이 스스로 분발하는 수밖에는 없기 때문이다.

바울은 빌립보 교인들이 자신들을 낮추고 순복하는 모습을 보임으로써 자신들의 순종을 증명하기를 원한다. 겸손의 원천은 우리는 비참하기 짝이 없는 자들이라는 것과 우리에게는 선한 것이라고는 하나도 없다는 것을 아는 것이다. 바울은 "두렵고 떨림으로 너희 구원을 이루라"는 어구를 통해서, 그들에게 그런 것들을 알아야 한다고 말한다. 왜냐하면, 우리가 우리 자신을 괜찮은 사람으로 여기고서 자기 자신을 기뻐하며, 우리에게 훌륭한 것들이 있다고 믿고서 우쭐해졌을 때, 그러한 맹목적인 자만심에서 나오는 자기확신으로부터 "교만"이 생겨나서, 하나님의 은혜를 의지하지 않게 되기 때문이다. 그래서 바울은 그러한 악덕과 반대되는 것으로서 "두렵고 떨리는" 마음을 지닐 것을 그들에게 권면한다. 여기에서는 "두렵고 떨림으로 너희 구원을 이루라"는 권면이 가르침보다 앞서 나오기는 하지만, 가르침으로부터 권면이 나오기 때문에, 순서상으로는 가르침이 먼저이다. 따라서 나는 다음 절에 나오는 가르침을 먼저 살펴보고 나서, 이 권면에 대하여 설명하고자 한다.

13. 너희 안에서 행하시는 이는 하나님이시니. 이것은 모든 오만함을 무너뜨리는 진정한 병기이고, 이것은 모든 교만을 끝장내는 검이다. 왜냐하면, 이 구절을 통해서 바울은 우리는 하나님의 은혜로 말미암지 않고는 정말 아무것도 아니고 진정으로 아무것도 할 수 없다는 것을 우리에게 가르쳐 주기 때문이다. 내가 은혜라고 말하는 것은 중생의 영으로부터 오는 초자연적인 은혜를 가리킨다. 물론, 우리는 초자연적인 은혜를 받지 않은 상태에서도 이미 하나님 안에서 존재하고 살며 움직인다(행 17:28, "우리가 그를 힘입어 살며 기동하며 존재하느니라 너희 시인 중 어떤 사람들의 말과 같이 우리가 그의 소생이라 하니"). 그러나 바울은 여기에서 그러한 보편적인 것과는 다른 우리의 행위나 움직임에 대하여 말하고 있다. 우리는 우리의 그러한 행위나 움직임과 관련해서는 모든 것을 하나님께 돌리고, 우리에게는 아무것도 남겨 놓지 않고 있다는 것을 주목하여야 한다.

너희에게 소원을 두고 행하게 하시나니. 어떤 행위이든 두 가지 주된 부분으로 이루어지는데, 하나는 "뜻"이고, 다른 하나는 그 뜻을 실천에 옮길 수 있는 "힘"이다. 그런데 바울은 이 두 가지 모두를 온전히 하나님께 돌리고, 우리가 기여할 수 있는 것은 아무것도 남겨 놓지 않기 때문에, 우리에게는 그 행위에 있어서 자랑할 근거나 이유가 전혀 없게 된다. 바울이 이렇게 행위를 두 부분으로 나누어 말하고 있는 것은 행위 전체라고 말하고 있는 것과 같다. 왜냐하면, 행위에 있어서 "뜻"은 토대이고, 그 뜻을 이루는 것은 그 토대 위에 건물을 완성하는 것이기 때문이다. 그러므로 이것은 어떤 일의 시작부터 그 전 과정을 거쳐 끝에 이르기까지를 모두 다 하나님이 하시는 것이라고 말하는 것이기 때문에, 하나님은 어떤 일의 "시작"과 "끝"이라고 말하는 것보다 훨씬 더 많은 것을 말하고 있는 것이다. 만일 여기에서 바울이 하나님은 어떤 일의 "시작"과 끝"이라고 말하였다면, 소르본느의 궤변론자들은 바울이 시작과 끝 사이에 존재하는 모든 것은 사람이 해야 하는 일이라고 말하고 있다는 궤변을 늘어 놓았을 것이 뻔하다. 그러나 바울은 시작과 끝은 물론이고 그 중간에 존재하는 모든 과정조차도 다 하나님께서 행하시는 것이라고 말하고 있기 때문에, 나는 과연 그들이 무엇을 인간의 고유한 공로로 돌릴 것인지가 궁금하다. 그들은 학파를 이루어서 하나로 똘똘 뭉쳐서, "하나님의 은혜"와 "인간의 자유의지"를 조화시키기 위해서 진력하고 진땀을 뺀다. 그들이 생각하는 "자유의지"는 자신만의 독자적인 운동을 통해서 작용할 수 있고, 별개의 고유한 힘을 가지고서, 하나님의 은혜와 협력할 수 있는 그런 자유의지를 의미한다. 내가 문제삼고자 하는 것은 "자유의지"라는 명칭이 아니라 그 내용 자체이다. 그들은 자유의지를 은혜와 조화시키기 위하여, 이 과정을 두 단계로 나누어서, 하나님께서는 먼저 전적인 은혜로 우리 안에서 먼저 자유로운 선택을 할 수 있는 능력을 회복시키시고, 그런 후에 우리는 그렇게 회복된 자유의지를 가지고 올바르게 생각하고 행할 수 있다고 말한다. 이렇게 그들은 우리가 올바르게 생각하고 행할 수 있는 능력을 하나님으로부터 받는다는 것에 동의하고, 인간 속에 선한 의지가 내재되어 있다고 말하지는 않지만, 일단 인간 안에서 선한 의지가 회복된 후에는, 인간에게는 선을 원하고 행할 수 있는 능력이 존재하게 된다고 말한다.

반면에, 바울은 이 과정의 처음부터 마지막에 이르기까지 모든 것이 단 하나의 예외도 없이 하나님의 역사라고 선언한다. 왜냐하면, 그는 하나님께서 단지 우리의 마음을 바꾸어 놓으셔서 분발하게 하신다거나, 우리 안에 존재하는 선한 의지의 연약함을 도우셔서 온전하게 하신다고 말하는 것이 아니라, "선한 의지"와 관련된 모든 것이 전적으로 하나님의 역사라고 말하기 때문이다.

그런데도 그들은 우리가 사람들에게는 선한 것이 아무것도 없고, 모든 선한 일이 오로지 순전한 은혜로 말미암아 이루어진다고 가르침으로써, 사람들을 목석 같이 취급하고 있다고 비방하는데, 그들이 그런 식으로 말하는 것은 부끄러운 줄도 모르고 뻔뻔스럽게 우리를 중상모략하는 것일 뿐이다. 왜냐하면, 우리는 하나님께서 인간을 창조하셨을 때에는 인간 안에는 원래 선한 의지가 존재하였다는 것을 부정하는 것이 아니라, 원래부터 존재했던 선한 의지가 죄의 부패로 말미암아 타락하고 변질되어서, 오직 하나님에 의해서 새롭게 되었을 때에만 그 의지는 다시 선하게 되기 시작한다고 가르치는 것이기 때문이다. 또한, 우리는 사람이 그 어떤 선한 의지도 없이 단지 하나님의 역사로 말미암아 꼭두각시처럼 선을 행한다고 말하는 것이 아니라, 사람의 의지가 하나님의 성령의 다스리심을 받게 될 때에만 선한 의지로 선을 행할 수 있다고 말하는 것이다. 따라서 우리는 선한 의지를 가지는 것과 관련된 모든 것이 하나님의 역사라는 것을 알게 되고, 궤변론자들이 하나님의 은혜는 우리에게 늘 주어져 있기 때문에, 우리가 자유의지로 그 은혜를 선택하기만 하면, 그 은혜는 우리의 것이 된다고 가르치는 것은 실없고 천박한 것임을 알게 된다. 왜냐하면, 하나님의 은혜는 모든 사람에게 늘 주어져 있어서, 오직 사람이 선택하기만 하면 되는 것이 아니라, 오직 하나님께서 우리 안에 실효적으로 역사하신 경우에만, 우리는 하나님이 우리 안에 선한 의지를 만들어 내셨다고 말할 수 있기 때문이다.

선한 일을 행하는 것과 관련해서도, 우리는 동일하게 말하여야 한다. 바울은 "우리 안에서 역사하셔서(ὁ ἐνεργῶν, '호 에네르곤') 행하게 하시는(τὸ ἐνεργεῖν, '토 에네르게인') 이는 하나님이시다"라고 말한다. 그러므로 하나님께서는 우리 안에 선한 의지("소원")를 주실 뿐만 아니라, 그 선한 의지가 행위로 드러나서 온전하게 되게 하시는데, 이것은 선지자 에스겔을 통해서 "내 율례를 따르며 내 규례를 지켜 행하게 하리니"(겔 11:20)라고 약속하신 대로, 우리로 하여금 열매 없는 자들이 되지 않게 하시기 위한 것이다. 이것으로부터 우리가 알 수 있는 것은 우리로 하여금 죽을 때까지 계속해서 믿음으로 행하여 열매를 많이 맺게 하시는 것도 하나님의 전적인 선물이라는 것이다.

자기의 기쁘신 뜻을 위하여. 어떤 이들은 이 어구를 빌립보 교인들과 연결시켜서 그들의 "마음이 선한 의도"를 의미하는 것이라고 설명한다. 하지만 나는 이 어구는 하나님과 관련된 것으로서, 보통 "선하시고 기뻐하시는 뜻"이라 불리는 하나님의 선하신 성품을 가리키는 것으르 이해하는 것이 좋다고 본다. 왜냐하면, 여기에서 "기쁘신 뜻"으로 번역된 헬라어 '유도키아'(εὐδοκία)는 그런 의미로 사용되는 경우가 비일비재하고, 이 어구가 속혀 있는 문맥도 그러한 의미를 요구하기 때문이다("자기의 기쁘신 뜻을 위하여"라는 개역개정의 번역에서 "자기의"는 헬라어 본문에 나오지 않는다 - 역주). 따라서 바울은 선한 일과 관련된 "소원"과 "행함"이 우리 속에서 생겨나는 것이 둘 다 하나님의 역사라고 말하는 것에서 만족하지 않고, 이 두 가지 역사가 하나님이 우리에게 값없이 거저 베풀어 주시는 긍휼하심과 선하심으로 말미암는 것임을 강조하고 있는 것이다. 그는 이렇게 선한 일과 관련된 모든 것이 전적으로 하나님의 은혜와 긍휼하심으로 말미암는다는 사실을 말함에 있어서 조금의 빈 틈도 보이지 않음으로써, 하나님의 최초의 은혜는 값없이 주어지는 것인 반면에 후속적인 은혜는 최초의 은혜에 의거해서 사람이 공로를 쌓을 때에 거기에 대한 상으로 주어지는 것이라는 궤변을 늘어 놓는 교황주의자들의 입을 봉쇄해 버린다. 그러므로 여기에서 바울은 우리가 평생토록 선하고 바른 삶을 살게 되는 것은 하나님의 다스리심과 인도하심을 따를 때에 가능하고, 그것은 전적으로 하나님이 우리에게 값없이 거저 베풀어 주시는 은혜와 선하심으로 말미암는 것이라고 가르치고 있는 것이다.

두렵고 떨림으로. 바울은 13절에서 제시한 가르침을 토대로 해서, 12절에 나오는 빌립보 교인들에 대한 권면을 이끌어 내는데, 그것은 그들이 "두려움으로 그들 자신의 구원을 이루어 내어야 한다"는 것이다. 그는 "두려움"을 한층 더 강조해서 "진정으로 진지한 두려움"을 나타내기 위해서, 늘 그러하듯이 여기에서도 "두려움"과 "떨림"을 결합시켜서 사용한다. 이렇게 함으로써, 그는 그의 가르침을 들은 우리가 모든 것을 하나님이 다 알아서 은혜로 역사하실 것이라고 믿고서, 자만심에 빠지고 자고해져서 스스로 아무런 주의도 하지 않고 경솔하게 행해서는 안 된다는 것을 보여준다. 마찬가지로, 그는 "이루라"는 단어를 사용함으로써, 우리가 하나님이 다 해 주실 것이라고 믿고서 안일함에 빠져서 정신이 몽롱해서 조는 상태로 살아 가서는 안 되고, 만약 우리가 언제나 무사안일함만을 추구하며 나태하게 지내게 되면 반드시 책망을 받게 될 것임을 보여준다. 왜냐하면, 우리는 모든 것이 하나님의 은혜와 역사로 이루어진다는 바울의 가르침을 들었을 때, 우리가 해야 할 일은 없는 것으로 알고서는, 일할 생각은 하지 않고 무사안일하고 태평하게 지내도 되겠구나 하고 생각하기 쉽기 때문이다. 하지만 성령은 하나님께서는 우리에게 선한 일을 하고자 하는 "소원"을 주셔서, 우리로 하여금 하나님의 은혜를 의지해서 그 선한 소원을 열심으로 행하게 하시기 위하여 우리에게 역사하시는 것임을 가르쳐 주신다. 그리고 이와 동시에, 성령은 우리에게 그렇게 선한 소원을 따라 행할 때에 "두렵고 떨림으로" 행할 것을 주문함으로써, 우리가 하나님의 역사를 힘입어 행한다는 미명 하에 교만하고 자고해져서는 결코 안 된다고 경고한다.

우리는 여기에서 바울이 보여주는 추론과정을 주의깊게 눈여겨 살펴볼 필요가 있다. 그는 이렇게 말한다: "모든 선한 일과 관련해서 너희로부터 나오는 것은 아무것도 없고, 모든 것은 하나님으로부터 너희에게 주어진다. 그러므로 너희는 철저하게 낮아져서 두렵고 떨리는 마음으로 조심스럽게 행하여 하나님의 역사가 이루어지게 하여야 한다." 왜냐하면, 오직 하나님의 은혜를 붙들 때에만 우리는 설 수 있고, 하나님께서 조금이라도 그 은혜의 손길을 우리로부터 거두시면, 우리는 그 즉시 넘어질 수밖에 없다는 것을 아는 것만큼, 우리로 하여금 우리 자신을 낮추고 하나님을 경외하는 마음으로 모든 일에 임할 수 있게 해 주는 것은 없기 때문이다. 우리 안에 있는 자만심은 부주의함과 교만을 낳는다. 자신의 힘을 의지하는 자들은 모두 주제를 모르고 점점 더 오만방자해짐과 동시에, 조심하고 주의하는 것이 없어서 점점 잠에 빠져들어 모든 것에 무감각하게 된다는 것은 우리가 경험을 통해서 알고 있다. 이 두 가지 악, 즉 자만심과 나태함을 고치는 치료책은, 우리가 우리 자신을 의지하지 않고, 전적으로 오직 하나님만을 의지하는 것이다. 하나님의 은혜와 자기 자신의 연약함을 아는 지식에 있어서 결정적인 진보를 이룬 사람들은 부주의함으로부터 깨어나서 하나님의 도우심을 부지런히 구하게 된다는 것은 분명하다. 반면에, 자신의 힘을 믿고서 자만심에 빠져 자고해져 있는 사람들은 이와 동시에 반드시 안일함에 취해 있을 수밖에 없다.

그런 까닭에, 교황주의자들이 우리가 오로지 하나님의 은혜만을 높이고 자유의지를 폄하함으로써, 사람들을 무기력하게 만들고 있고, 사람들로부터 하나님을 경외하는 마음을 빼앗고 있으며, 하나님에 대한 모든 관심을 없애고 있다고 비난하는 것은 후안무치한 중상모략이다. 바울이 여기에서 권면하고 있는 내용은 교황주의자들의 가르침이 아니라 우리의 가르침과 부합한다는 것은 모든 독자들이 분명히 알 것이다. 왜냐하면, 바울이 말하고 있는 것은 "우리 안에서 모든 것을 역사하시는 분은 하나님이시기 때문에, 너희는 경외하는 마음으로 하나님께 복종하라"는 것이기 때문이다. 물론, 우리 안에는 선한 것이라고는 하나도 없다는 말을 듣게 되면, 많은 사람들이 자포자기의 심정으로 더욱 더 악들을 행하는 데 빠져든다는 것을 나도 부인하지 않는다. 하지만 그들이 그렇게 되는 것은 이 가르침이 잘못되었기 때문이 아니다. 도리어, 이 가르침을 제대로 받아들이기만 한다면, 우리는 우리의 행실을 더욱더 조심하고 더 깊은 주의를 기울이게 된다.

교황주의자들은 이 본문을 왜곡해서, 바울은 여기에서 "두렵고 떨림으로 구원을 이루라"고 가르치고 있기 때문에, 인간에게는 믿음이나 구원의 확신이라는 것이 있을 수 없다고 말함으로써, 성도들의 믿음과 구원의 확신을 흔들어 놓는다. 즉, 그들은 여기에 나오는 바울의 말을, 우리는 이 땅에 사는 동안에는 우리 자신의 구원과 관련해서 확신을 갖지 않아야 한다는 것을 의미하는 것으로 이해한다. 하지만 바울은 자신의 서신들 어디에서나 구원에 대한 온전한 확신을 말하고 있다는 점에서, 그가 앞뒤가 서로 안 맞는 모순된 말들을 하고 있는 것이 아니라면, 우리는 그가 여기에서 우리에게 구원의 확신을 가져서는 안 된다고 권면하고 있는 것이라고 보아서는 안 된다. 사실, 자신의 입장을 고집하거나 논쟁하고자 하는 마음이 없고, 오직 이 구절의 참된 의미만을 알고자 하는 사람이라면, 해법은 쉽고 간단한데, 그 해결의 핵심은 "두려움"에는 두 종류가 있다는 것이다. 하나는 겸손함과 조심함을 낳는 두려움이고, 다른 하나는 망설임과 주저함을 낳는 두려움이다. 전자는 교만함이나 부주의함, 또는 나태함과 반대되고, 후자는 믿음의 확신과 반대된다. 또한, 우리는 믿는 자들이 하나님의 은혜에 대한 확신으로 인해서 안식을 얻는 것과 마찬가지로, 자신의 연약함으로 눈을 돌릴 때에도, 결코 자포자기에 빠져서 부주의하게 되고 잠에 빠져드는 것이 아니라, 그 연약함으로 인한 위험들에 대한 두려움으로 말미암아 더욱더 기도에 힘을 쏟게 된다는 것을 알아야 한다. 그럼에도 불구하고, 이 두려움은 양심의 고요함을 어지럽히고 확신을 흔들어 놓기는커녕, 도리어 그러한 것들을 더욱 견고하게 만들어 준다. 왜냐하면, 우리 자신을 불신하여 의지하지 않게 되면, 우리는 더욱더 담대하게 하나님의 은혜를 의지하게 되기 때문이다. 그리고 이것이 바울이 여기에서 말하고자 하는 취지이다. 왜냐하면, 그는 빌립보 교인들에게, 그들이 진정으로 그들 자신을 부인하고서 온전히 하나님께 복종하게 되는 것 외에 다른 것을 요구하는 것이 아니기 때문이다.

너희 구원을 이루라. 옛적의 펠라기우스주의자들과 마찬가지로, 오늘날의 교황주의자들도 이 본문이 인간의 능력과 탁월함을 찬양하고 있는 것이라고, 교만한 주장을 서슴지 않는다. 구체적으로 말하자면, 바울은 13절에서 "너희 안에서 행하시는 이는 하나님이시니," 모든 것이 하나님의 역사로 이루어진다고 말함으로써, 그들의 주장을 여지없이 반박하였기 때문에, 그들은 바울이 "너희 구원을 이루라"(12절)고 말한 것을 방패로 삼아서 전면에 내세워서, 13절에서 바울이 한 말을 희석시켜 버린다. 즉, 바울은 여기에서 선한 역사를 하나님과 인간 둘 모두에게 돌림으로써, 하나님과 인간이 선한 역사에 반반씩 기여한다는 것을 보여주고 있다는 것이다. 요컨대, 그들은 "이루라"는 단어로부터는 자유의지라는 개념을 도출해 내고, "구원"이라는 단어로부터는 영생을 얻게 해 주는 공로라는 개념을 도출해 낸다.

나의 대답은 여기에서 "구원"은 우리의 부르심의 전체 과정을 의미하는 것으로 이해되어야 한다는 것이다. 따라서 "구원"이라는 단어는, 하나님께서 자신의 은혜로 말미암은 택정하심을 통해서 우리를 부르시기로 예정하시고서, 그 부르심을 온전히 이루시기 위하여 행하시는 모든 것들을 포함한다. 따라서 "구원을 이루라"는 것은 성령의 다스리심과 인도하심 아래에서 저 복된 삶을 열망하며 부지런히 달려가라는 것을 의미한다. 우리를 부르셔서 구원으로 초대하시는 분은 하나님이시고, 하나님이 주시는 것을 믿음으로 받아서, 하나님의 부르심에 응답하여 거기에 합당한 순종의 삶을 살아가는 것은 우리의 몫이다. 그러나 우리가 그렇게 행할 수 있는 능력은 우리 자신에게 존재하지 않는다. 그러므로 하나님께서 우리를 준비시키시고 능력을 주셔서 그렇게 행할 수 있게 하실 때에만, 우리가 그렇게 행하는 것이 가능해진다.

여기에서 "이루다"로 번역된 단어는 원래 "끝까지 계속해서 이루어 내다"를 의미한다. 그러나 우리는 앞에서 내가 말한 것, 즉 바울은 여기에서 우리의 능력이 어느 정도까지 미치느냐에 대해서 말하고자 하는 것이 아니라, 단지 하나님께서는 은밀한 감화와 감동을 통해서 우리 속에 소원을 주시는 것으로 그치지 않으시고, 거기에서 더 나아가 우리에게 계속 역사하셔서 우리로 하여금 가만히 있지 못하고 부지런히 행하게 하신다는 것을 가르치고자 하는 것이다.

14. 모든 일을 원망과 시비가 없이 하라. "원망"이 없는 것과 "시비"가 없는 것은 바울이 앞에서 빌립보 교인들에게 권면한 바 있는 저 "겸손"의 열매들이다. 왜냐하면, 모든 일에서 자기 자신을 주장하지 않고, 세심하게 주의를 기울여서 하나님께 복종하는 법을 배운 사람은 누구든지, 사람들 가운데서 불평이나 원망, 다툼이나 분란이 일어나지 않게 처신할 수 있게 되기 때문이다. 사람들이 자기 자신을

기쁘게 하는 것에 관심을 갖게 될 때, 두 가지 악이 생겨나서 만연하게 되는데, 하나는 서로를 비방하고 중상모략하는 것이고, 다른 하나는 서로 다투고 분쟁하게 되는 것이다. 따라서 이것은 첫째로는 마음속에 악의를 가지거나 은밀하게 앙심을 품는 것을 금지하는 것이고, 둘째로는 공개적으로 다투고 분란을 일으키는 것을 금지하는 것이다. 아울러, 그는 셋째로 다른 사람들로부터 불평이나 원망을 들을 만한 빌미를 주어서는 안 된다고 말하는데, 일반적으로 공평하지 못하고 지나치게 편협하게 행할 때에 남들로부터 불평이나 원망을 듣게 된다. 사람들로부터 미움받는 것을 무조건적으로 두려워해서는 안 되지만, 우리 자신의 잘못으로 인해서 미움을 받는 일이 없도록 조심해서, "그들이 까닭 없이 나를 미워하였다"는 말씀이 우리에게 이루어지게 하여야 한다(시 35:19).

하지만 이 구절을 좀 더 확대해서 해석하고자 하는 사람이 있다면, 나는 거기에 반대하지 않는다. 왜냐하면, 어떤 사람이 지나치게 자신의 이익을 목표로 해서 행함으로써 남들에게 불평할 빌미를 제공해 줄 때마다, 거기에서는 "원망"과 "시비"가 생겨나게 되기 때문이다. 또는, 이 구절을 능동적인 의미로 이해해서, "원망하여 문제를 일으키거나 시비를 걸고 다투지 말라"는 뜻으로 해석하는 것도 가능하다. 그리고 그러한 해석은 문맥에 비추어 보아서도 별 무리가 없다. 왜냐하면, 시비를 걸고 다투고자 하는 기질은 거의 모든 싸움과 비방의 씨앗이기 때문이다. 이러한 부패한 것들은 순전하고 깨끗한 마음으로부터는 결코 나올 수 없는 것들이기 때문에, 바울은 여기에 "순전하여"라는 말을 덧붙인다.

15. 이는 너희가 흠이 없고 순전하여 …… 하나님의 흠 없는 자녀로. 이 어구는 "너희가 하나님의 자녀들이기 때문에 책망할 것이 없어야 한다"로 번역되어야 한다. 왜냐하면, 하나님께서 우리를 자녀로 삼으신 것이, 우리가 "흠 없는" 삶을 살아서 아버지 하나님을 어느 정도 닮는 자들이 되어야 하는 동기가 되기 때문이다. 물론, 이 세상에서 우리 믿는 자들이 책망할 것이 아무것도 없을 정도로 온전한 자들이 되는 것은 불가능하지만, 그럼에도 불구하고 다른 곳에서 이미 살펴보았듯이, 조금도 책망할 것이 없는 자가 되는 것을 목표로 삼고서 거기에 온 마음을 다해 힘쓰는 것이 마땅하다.

어그러지고 거스르는 세대 가운데서. 믿는 자들이 악인들과 섞여서 이 땅에서 살아가고 있다는 것은 엄연한 사실이다. 그들은 동일한 공기를 숨쉬고 있고, 동일한 땅에서 나는 것을 먹고 살아가고 있다. 그리고 당시에는 하나의 경건한 가정이 사방으로 온통 불신자들에 의해 둘러싸여서 살아갈 수밖에 없었다는 점에서, 그들은 한층 더 뒤섞여서 살아가고 있었다고 말할 수 있다. 그래서 바울은 더욱더 빌립보 교인들에게 온갖 부패와 타락을 조심하고 주의하라고 촉구한다. 그러므로 그가 여기에서 말하고자 하는 것은 이런 것이다: "너희가 악인들에 의해 둘러싸이고 갇혀서 살아가고 있다는 것은 사실이다. 그럼에도 불구하고, 너희는 하나님의 자녀들로 택함 받은 자들로서 악인들로부터 구별되어 있다는 것을 명심하여야 한다. 아니, 너희의 환경이 그럴수록, 너희는 너희조차 온갖 악들과 더러움 속에 빠져서 살아가고 있는 이 어그러진 세대의 일부가 되지 않기 위해서, 경건하고 거룩한 삶을 살아가는 것을 목표로 삼아서 더욱 분발하는 것이 마땅하다."

바울이 당시의 사람들을 "어그러지고 거스르는 세대"라고 부르고 있는 것은 이 본문의 맥락과 부합한다. 왜냐하면, 그가 우리에게 더욱더 세심한 주의를 기울여서 살아가야 한다고 가르치는 이유는, 우리가 실족하여 넘어지는 많은 경우가 불신자들이 우리의 올바른 삶을 방해함으로써 일어나는데, 불신자들의 삶 전체가 온갖 다양하게 구부러지고 어그러진 길들로 이루어진 미로 같은 것이어서, 우리를 거기로 미혹하여 올바른 길에서 벗어나게 만들기 때문이다. "어그러지고 거스르는 세대"라는 이러한 표현은 모든 나라와 모든 시대의 불신자들의 특징을 잘 표현한 것으로서, 시대를 초월해서 모든 불신자들에게 다 적용된다. 왜냐하면, 인간의 마음은 "만물보다 거짓되고 심히 부패한 것"이고, 그 악하고 부패한 정도를 헤아릴 수 없을 정도인데(렘 17:9), 그러한 뿌리로부터 어떤 열매들이 맺어지게 될 것인지는 너무나 뻔한 일이기 때문이다. 그래서 성경에서는 인간이 하나님의 성령에 의해서 새롭게 될 때까지는, 인간의 삶 속에는 순전한 것이나 올바른 것은 전혀 존재하지 않는다고 가르친다.

세상에서 그들 가운데 빛들로 나타내며. 여기에서 사용된 헬라어 동사는 직설법과 명령법 중에서 어느 쪽으로도 해석할 수 있기 때문에, 직설법으로 보아서 "빛들로서 빛을 발하며"로 해석할 수도 있지만, 명령법으로 보고서 "빛들로서 빛을 발하라"로 해석하는 것이 권면의 성격에 더 잘 어울린다. 즉, 그는 믿는 자들이 세상의 어둠 가운데서 빛을 발하는 등불 같은 존재들이 되기를 권하고 있는 것이다. 그는 이렇게 말한 것과 같다: "불신자들은 밤의 자녀들이고, 이 세상에는 오직 어둠만이 존재한다는 것은 엄연한 사실이다. 그러나 하나님께서 너희에게 빛을 주신 것은 너희의 순전한 삶이 그 어둠 속에서 밝게 빛을 발하여, 하나님의 은혜가 더욱 뚜렷이 드러나게 하시기 위한 것이다." 그래서 선지자 이사야도 "보라 어둠이 땅을 덮을 것이며 캄캄함이 만민을 가리려니와 오직 여호와께서 네 위에 임하실 것이며 그의 영광이 네 위에 나타나리니"(사 60:2)라고 예언한 후에, 즉시 다음과 같은 예언을 덧붙인다: "나라들은 네 빛으로, 왕들은 비치는 네 광명으로 나아오리라"(3절). 이사야는 거기에서 말씀에 대하여 말하고 있는 반면에, 바울은 여기에서 모범이 되는 삶에 대하여 말하고 있는 것이기는 하지만, 그리스도께서는 다른 본문에서 말씀과 관련해서도 사도들을 세상의 빛이라고 명시적으로 지칭하신다(마 5:14, "너희는 세상의 빛이라 산 위에 있는 동네가 숨겨지지 못할 것이요").

16. 생명의 말씀을 밝혀. 믿는 자들이 "빛들"이 되어야 하는 이유는, 그들은 그들로 하여금 빛들이 되게 만들어 준 생명의 말씀을 지니고 있고, 그 말씀을 가지고 다른 사람들에게도 빛을 나누어 주어야 하기 때문이다. 여기에서 바울은 "심지"에 불을 붙여서 빛을 발하게 하는 "등불"과 관련된 비유를 사용해서, 우리를 그러한 등불들과 닮은 존재라고 말하고, 하나님의 말씀을 빛을 발하는 "심지"에 비유한다. 또는, 바울은 우리를 촛대에 비유하고, 복음의 가르침을 우리 안에 두어져서 사방에 빛을 발하는 초에 비유하고 있다고 말할 수도 있다. 요컨대, 그는 우리가 우리 안에 주어진 하나님의 말씀으로 하여금 빛을 발하여 우리의 순전한 삶으로 나타나게 하지 않는다면, 우리 속에서 하나님의 말씀이 제대로 역사하지 않고 있는 것이라고 말하고 있는 것이다. 또한, 이것은 그리스도께서 "사람이 등불을 켜서 말 아래에 두지 아니하고 등경 위에 두나니 이러므로 집 안 모든 사람에게 비치느니라"(마 5:15)고 말씀하신 취지이기도 하다. 바울은 우리에게 생명의 말씀을 높이 들라고 말하고 있지만, 그것은 우리가 생명의 말씀이라는 토대 위에서 서서 생명의 말씀에 의해 붙잡혀서 살아가는 것을 통해서 이루어진다. 즉, 그는 하나님께서 우리에게 자신의 말씀을 맡기신 이유는, 그 말씀의 빛을 억누르거나 꺼버리지 말고, 도리어 그 말씀이 우리 속에서 살아 움직여서 빛을 발하게 함으로써 그 빛이 다른 사람들에게도 비칠 수 있게 하기 위한 것이라고 말하고 있다. 여기에서 그가 말하고자 하는 요지는 이런 것이다: 하늘의 가르침으로 빛을 받은 모든 사람은 빛을 지니고 다니는 자들이기 때문에, 그들이 거룩함과 순전함 가운데서 행하지 않는 경우에는, 그 빛이 그들의 죄들을 밝히고 드러내게 된다. 그러나 하나님께서 이 빛을 그들에게 주신 것은, 단지 그들로 하여금 그 빛의 인도함을 받아서 바른 길로 가게 하시기 위한 것이 아니라, 그 빛을 다른 사람들에게도 비치게 하시기 위한 것이다.

나의 달음질이 헛되지 아니하고 수고도 헛되지 아니함으로 그리스도의 날에 내가 자랑할 것이 있게 하려 함이라. 바울은 빌립보 교인들로 하여금 자신의 권면을 따르도록 더욱더 격려하기 위해서, 자기가 그들 가운데서 수고한 것이 헛된 것이 되지 않는다면, 그것은 장차 자신의 "영광"이 될 것이라고 말한다. 충성되게 수고하였지만 성공하지 못한 사람들은, 자신들의 수고에 대한 상을 얻지 못한 것이어서 헛수고만 한 것이 되는 것은 결코 아니다. 하지만 우리의 사역의 성공은 하나님으로부터 오는 특별한 복이기 때문에, 하나님께서 자신의 다른 선물들보다도 그것을 최고의 선물로 삼으신다고 하여도, 그것은 결코 이상하거나 놀랄 일은 아니다. 그러므로 하나님께서 바울의 수고에 복을 주셔서 그리스도를 위하여 많은 교회들을 얻게 하신 것이 바울의 사도직에 영광과 존귀를 더하신 것과 마찬가지로, 그러한 승리의 전리품들이 그리스도의 나라에서 바울에게 영광이 되리라는 것은 의심의 여지가 없다. 그래서는 그는 나중에 그들을 "나의 면류관"이라고 말한다(빌 4:1, "나의 사랑하고 사모하는 형제들, 나의 기쁨이요 면류관인 사랑하는 자들아"). 또한, 전쟁에서 거둔 승리가 대단하면 할수록, 그 개선행차도 더욱 장엄하고 영광스러운 것이 되리라는 것은 의심의 여지가 없다.

누군가가 바울은 다른 곳에서는 우리에게 "주 안에서"가 아니면 그 어떤 것도 자랑하지 말라고 명하였는데(고전 1:31; 고후 10:17), 여기에서는 스스로 자신의 수고를 자랑하고 있는 것은 어떻게 된 일인가 하고 묻는다면, 거기에 대답은 쉽다. 즉, 우리가 이미 우리 자신과 우리가 가진 모든 것을 하나님 앞에 내어 놓고서 엎드려 있고, 우리의 모든 자랑의 근거를 그리스도 안에 두고 있는 경우에는, 고린도전서에서 이미 보았듯이, 우리는 그리스도로 말미암아 하나님의 은택들을 자랑할 수 있다는 것이다. 한편, 바울이 "그리스도의 날에"라는 표현을 사용한 것은, 빌립보 교인들에게 그들의 믿음에 대한 상을 받게 될 그리스도의 심판대가 그들의 눈앞에 있다는 것을 명심하고서 끝까지 믿음의 싸움을 싸워 나가라고 더욱 격려하기 위한 것이다.

17만일 너희 믿음의 제물과 섬김 위에 내가 나를 전제로 드릴지라도 나는 기뻐하고 너희 무리와 함께 기뻐하리니 18이와 같이 너희도 기뻐하고 나와 함께 기뻐하라 19내가 디모데를 속히 너희에게 보내기를 주 안에서 바람은 너희의 사정을 앎으로 안위를 받으려 함이니 20이는 뜻을 같이하여 너희 사정을 진실히 생각할 자가 이밖에 내게 없음이라 ²¹그들이 다 자기 일을 구하고 그리스도 예수의 일을 구하지 아니하되 ²²디모데의 연단을 너희가 아나니 자식이 아버지에게 함같이 나와 함께 복음을 위하여 수고하였느니라 ²³그러므로 내가 내 일이 어떻게 될지를 보아서 곧 이 사람을 보내기를 바라고 ²⁴나도 속히 가게 될 것을 주 안에서 확신하노라(2:17-24).

17. 만일 너희 믿음의 제물과 섬김 위에 내가 나를 전제로 드릴지라도 나는 기뻐하고 너희 무리와 함께 기뻐하리니. 여기에서 "드리다"로 번역된 헬라어는 '스펜도마이'(σπένδομαι)이기 때문에, 바울의 이 말 속에는 고대인들이 계약이나 조약을 맺을 때에 짐승들을 죽여서 그것을 확증하는 표로 삼았던 관행에 대한 암시가 들어 있는 것으로 보인다. 왜냐하면, 헬라인들은 조약의 확증을 위해서 희생된 짐승들을 가리키는 데 특히 '스폰다스'(σπονδάς)라는 용어를 사용하곤 하였기 때문이다. 따라서 여기에서 바울은 자신의 죽음을 빌립보 교인들의 믿음을 확증해 주는 것으로 부르고 있는 것이다. 그리고 이것은 분명히 사실일 것이었다. 하지만 그는 이 본문 전체의 의미를 좀 더 분명하게 하기 위해서, 자기가 복음으로 그들을 성별한 것은 하나님께 그들을 "제물"로 봉헌하여 드린 것이라고 말한다. 로마서 15:16에도 이것과 비슷한 말씀이 나온다("이 은혜는 곧 나로 이방인을 위하여 그리스도 예수의 일꾼이 되어 하나님의 복음의 제사장 직분을 하게 하사 이방인을 제물로 드리는 것이 성령 안에서 거룩하게 되어 받으실 만하게 하려 하심이라"). 즉, 거기에서도 그는 자기 자신을 복음을 통해서 이방인들을 하나님께 제물로 드리는 "제사장"으로 묘사한다. 그러므로 복음이 하나님께 드리기 위하여 희생제물들을 잡는 영적인 "검"이라고 한다면, 믿음은 자기 자신을 희생제물로 바쳐 드리는 것이다. 왜냐하면, 우리가 죽어서 제물로서 하나님께 드려지지 않는다면, 거기에는 믿음도 없는 것이기 때문이다.

바울은 "제물과 섬김"(θυσίαν καί λειτουργίαν – '뒤시안 카이 레이투르기안')이라는 용어들을 사용하는데, 전자는 하나님께 드려진 빌립보 교인들을 가리키는 것이고, 후자는 바울이 그들을 제물로 삼아서 하나님께 희생제사를 드리는 행위를 가리키는 것이다. "섬김"으로 번역된 단어는 어떤 것을 시행한다는 의미이기 때문에, 온갖 종류의 기능들과 직무들을 포함하지만, 여기에서는 하나님께 예배를 드리는 것이라는 아주 구체적인 의미를 지닌다. 라틴어에서도 이 "섬김"이라는 용어는 거룩한 예식들을 행하는 것을 가리키는 의미로 사용된다.

이제 바울은 빌립보 교인들이 이러한 성격의 희생제사를 하나님께 드리기만 한다면, 자기는 그들의 그러한 제사를 확증하고 견고하게 하기 위해서 자기 자신을 희생제물로 기꺼이 드릴 것이고, 그것을 기뻐할 것이라고 말한다. 우리가 가르치는 복음을 우리 자신의 피로써 기꺼이 확증할 준비가 되어 있다면, 그것은 우리의 진심에서 다른 사람들에게 복음을 가르치는 것이다.

우리는 이 본문으로부터 믿음의 본질에 대하여 유익한 교훈을 얻을 수 있는데, 그것은 믿음이라는 것은 실체가 없는 공허한 것이 아니라, 사람을 성별해서 하나님께 바쳐 드리는 성격을 지니고 있다는 것이다. 또한, 여기에서 바울이 복음 사역자들을 사람들을 희생제물로 삼아서 하나님께 바쳐 드리는 하나님의 제사장들이라고 부르고 있는 것은 복음 사역자들에게는 특별한 힘이 된다. 왜냐하면, 복음을 전하는 것이 하나님께서 받으시는 제사라는 것을 안다면, 복음 사역자들은 온 힘을 다해서 열심으로 복음을 전하게 될 수밖에 없기 때문이다! 저 한심한 교황주의자들은 복음 사역자들이 이런 종류의 희생제사를 드리는 제사장들이라는 것을 알지 못하기 때문에, 철저하게 하나님을 모독하는 또 다른 제사를 고안해 내어서 행하고 있다.

바울은 "내가 너희 무리와 함께 기뻐하리니"라고 말함으로써, 자기가 죽는 일이 발생한다면, 그들은 이 일이 그들의 유익을 위해서 일어난 일이라는 것을 알게 될 것이고, 자신의 죽음으로 인해서 그들이 유익을 얻게 될 것임을 보여준다.

18. 이와 같이 너희도 기뻐하고 나와 함께 기뻐하라. 바울은 이렇게 기꺼이 죽고자 하는 태도를 보여줌으로써, 자기를 비롯해서 믿는 자들의 죽음은 유익이 될 뿐이고 해가 되지 않을 것임을 분명히 하고, 이것을 통해서 빌립보 교인들에게서 기쁨 가운데서 의연하고 당당하게 죽음에 대처할 수 있는 마음을 불러일으킨다. 즉, 그는 앞에서는 자신의 죽음이 자기에게 유익이 될 것임을 그들에게 가르쳤던 반면에(빌 1:21, "이는 내게 사는 것이 그리스도니 죽는 것도 유익함이라"), 여기에서는 자신의 죽음으로 인해서 빌립보 교인들이 낙심하거나 당황해하지 않게 하는 데 주로 관심을 쏟고 있다. 따라서 이제 그는 자신의 죽음이 자신만이 아니라 그들에게도 유익을 가져다줄 것이기 때문에, 자기가 죽는다고 하여도, 그것은 그들에게 슬퍼해야 할 일이 아니라, 도리어 기뻐해야 할 일이 될 것이라고 선언한다. 왜냐하면, 바울 같은 복음의 교사를 잃는 것 자체는 큰 손실임에 분명하지만, 그의 피로 말미암아 복음이 확증된다면, 그것은 그 죽음에 대한 충분한 보상이 될 것이었기

때문이다. 한편, 바울은 자신의 죽음이 자기에게도 기쁜 일이 될 것임을 그들에게 알게 한다. 에라스무스(Erasmus)는 여기에서 사용된 동사를 현재 시제로 보고서 이 어구를 "너희가 기뻐한다"로 번역하고 있지만, 그것은 완전히 틀린 번역이다.

19. 내가 디모데를 속히 너희에게 보내기를 주 안에서 바람은 너희의 사정을 앎으로 안위를 받으려 함이니. 바울이 디모데를 거기로 속히 보내겠다고 약속하는 것은, 빌립보 교인들로 하여금 디모데가 오기를 기대함으로써 좀 더 담대하게 어려운 상황을 참아내고, 거짓 사도들이나 교사들에게 굴복하지 않게 하기 위한 것이다. 왜냐하면, 전쟁에서 원군이 올 것이라는 기대를 가지고 있는 병사들은 쉽게 적군에게 항복하지 않고 더욱 힘을 내어서 싸울 수 있는 것과 마찬가지로, 디모데가 와서 모든 것을 해결해 줄 것이라는 기대는 빌립보 교인들에게 큰 힘이 되어서, 그들로 하여금 다음과 같이 생각하게 해서, 상황이 어려워도 잘 견딜 수 있게 해 줄 것이 분명하였기 때문이다: "우리를 교란시키고 있는 원수들의 온갖 술수들을 다 물리쳐 줄 사람이 곧 오게 될 것이다." 그들이 디모데가 올 것을 기대하는 것만으로도 이 정도의 효과가 있다면, 디모데가 실제로 가서 그들과 함께 하게 될 때에는 그 효과는 훨씬 더 클 것이었다. 하지만 바울은 장래에 속한 일은 무엇이든지 다 하나님의 손 아래 있고, 하나님의 인도하심이 없이는 그 어떤 것도 결정할 수 없다는 것을 너무나 잘 알고 있었던 까닭에, 자기는 디모데를 빌립보 교회에 보내고 싶어도, 그 일은 전적으로 하나님의 섭리에 달려 있다는 것을 인정한다는 의미에서, 여기에 "주 안에서"라는 조건을 첨가한다.

또한, 바울은 "너희의 사정을 앎으로 안위를 받으려 함이니"라는 말을 덧붙임으로써, 그들에 대한 자신의 사랑이 얼마나 큰 것인지를 분명하게 보여준다. 왜냐하면, 그는 그들이 처해 있는 위험이 어느 정도인지, 그리고 그러한 위험 속에서 그들이 정말 안전한지에 대하여 지대한 관심을 갖고 있는 까닭에, 그것을 확인하기 전까지는, 자신의 마음이 결코 편안할 수 없다고 말하고 있는 것이기 때문이다.

20. 이는 뜻을 같이하여 너희 사정을 진실히 생각할 자가 이밖에 내게 없음이라. 어떤 이들은 이 구절을 다른 식으로 해석하지만, 나는 다음과 같이 해석한다: "너희에 대하여 나와 똑같은 심정을 가지고서 너희의 사정을 헤아리고 살필 자가 이 사람밖에는 내게는 없다." 왜냐하면, 내 생각에는 여기에서 바울은 빌립보 교인들에게 디모데가 얼마나 보기 드물게 훌륭한 사람인지를 보여줌으로써, 그들이 그를 더욱더 공경하는 마음으로 대하도록 하고자 하는 명시적인 의도를 가지고서, 디

모데를 자기가 아니라 다른 사람들과 비교하고 있는 것이기 때문이다.

21. 그들이 다 자기 일을 구하고 그리스도 예수의 일을 구하지 아니하되. 여기에서 바울은 신앙과 경건의 길을 공개적으로 포기하고 내팽개친 자들에 대해서가 아니라, 그가 형제들로 여기고 있는 자들, 심지어 자신과 친밀한 교제를 나누고 있는 자들에 대해서 이렇게 말하고 있는 것이다. 즉, 그들은 신앙과 경건을 추구하며 자신과도 친밀하게 교제하는 자들인데도, 그들 자신의 이익을 추구하는 데 열심일 뿐이고, 주의 일에는 냉랭한 합당치 않은 태도를 보이고 있다는 것이다. 우리 자신이 보기에는 우리 자신의 이익을 추구하는 것이 그렇게 큰 잘못이 아닌 것처럼 보일 수 있지만, 바울의 이 말은 그리스도의 종들이 그렇게 하는 것은 도저히 용납될 수 없는 일이고, 그렇게 행하는 자들은 주의 일에 전혀 쓸모없고 무익한 자들이 되어 버린다는 것을 분명하게 보여준다. 왜냐하면, 자기 자신의 일에 몰두하고 있는 자는 교회의 유익을 위해 일하는 것이 불가능하기 때문이다. 여기에서 우리는 다음과 같은 질문을 제기할 수 있다: "그렇다면, 지금까지 바울은 외식하는 신앙을 지닌 무가치한 자들을 양육하는 데 그토록 수고하였다는 말인가?" 나의 대답은 우리는 바울이 "그들이 다 자기 일을 구하고 그리스도 예수의 일을 구하지 아니한다"고 말한 것을, 그들이 오로지 전적으로 그들 자신의 이익을 추구하는 일에만 몰두하고, 교회는 전혀 돌보지 않았다는 의미가 아니라, 그들 자신의 개인적인 이익을 추구하느라고, 교회의 공적인 유익을 위한 일들을 일정 정도 소홀히 하고 있다는 것을 지적한 것으로 이해하여야 한다는 것이다. 왜냐하면, 이 두 가지 관심 중에서 어느 한쪽이 우리를 지배하고 있는 경우에는, 우리가 우리 자신에 대해서는 전혀 아랑곳하지 않고 오로지 그리스도와 그리스도께 속한 일들에만 몰두하게 되거나, 우리 자신의 이익을 추구하는 일에 지나치게 몰두해서 그리스도를 섬기는 일에서는 피상적으로 행하게 될 수밖에 없게 되기 때문이다.

이것은 자신의 이익을 추구하는 것이 그리스도의 사역자들에게 얼마나 큰 장애물인지를 보여준다. 또한, 다음과 같은 변명들은 아무런 소용이 없다: "나는 누구에게도 해를 끼치지 않았다"; "나는 내 자신의 유익도 생각하지 않을 수 없다"; "그렇다고 해서, 내가 모든 일을 내 자신의 이익을 추구한다는 동기로 행하는 것은 아니다." 왜냐하면, 우리가 우리의 의무를 다하고자 한다면, 우리는 우리 자신의 권리를 포기하여야 하는 까닭에, 우리 자신의 이익을 그리스도의 영광보다 우선해서도 안 되고, 심지어 동일선상에 두어서도 안 되기 때문이다. 그리스도께서 우리를 어디로 부르시든지 간에, 우리는 그 즉시 다른 모든 것을 버려두고서 거기로 가야 한다. 우리는 우리의 부르심을 가장 우선시해서, 그 부르심을 방해하는 것이 무엇이든지, 거기에 눈길을 주어서는 안 되고, 그 모든 것들로부터 돌아서야 한다. 우리에게 다른 곳에서 더 풍족하게 살 수 있는 능력이 있다고 할지라도, 하나님께서 우리를 교회에 묶어 두시고서 근근이 살아가게 하셨다면, 우리는 그 부르심에 순종하여야 한다. 우리에게 다른 곳에서 더 존귀하게 대우를 받으며 살아갈 수 있는 능력이 있다고 할지라도, 하나님께서 우리에게 비천하게 살도록 명하셨다면, 우리는 그렇게 살아가는 것이 마땅하다. 우리에게 훨씬 살기 좋은 다른 곳에서 살 수 있는 여건이 마련되어 있다고 할지라도, 하나님께서 우리를 열악한 곳에 두기로 하셨다면, 우리는 거기에서 살아가는 것이 마땅하다. 우리에게 좀 더 교양 있고 인심 좋은 사람들 사이에서 살아가고 싶은 마음이 있더라도, 하나님께서 우리를 배은망덕하거나 야만적이거나 교만한 자들을 상대하게 하셨다면, 우리는 그런 자들과 부대끼며 살아가는 것이 마땅하다. 요컨대, 우리는 성향이나 관습이 우리와는 전혀 다른 곳으로 부르심을 받았다고 할지라도, 거기에 맞지 않는 우리의 성향이나 관습과 싸워 이기고, 우리가 부르심 받은 그 곳을 소중히 품을 수 있어야 한다는 것이다. 왜냐하면, 우리는 우리 마음대로 자유롭게 행할 수 있는 자들이 아니기 때문이다. 한 마디로 말해서, 하나님을 섬기고자 한다면, 우리 자신을 잊어야 한다는 것이다.

바울이 교회의 유익보다는 그들 자신의 유익을 추구하는 데 더 큰 관심을 보이는 자들에 대해서도 이렇게 심하게 책망하고 있는 것을 감안한다면, 그들 자신의 일들에만 전적으로 몰두해서 교회의 덕을 세우는 일에는 전혀 관심을 갖지 않는 자들은 어떠한 책망을 받는 것이 마땅하겠는가? 그들이 지금은 아무렇지도 않다는 듯이 살아가고 있지만, 장차 하나님께서는 그들을 절대로 용서하지 않으실 것이다. 교회의 사역자들도 그리스도의 나라의 유익을 구하는 일에 방해가 되지 않는 경우에는, 그들 자신의 이익을 추구하는 것이 허용되어야 한다. 그러나 그런 경우에 우리는 그들이 자신의 이익을 추구하고 있다고 말하지 않을 것이다. 왜냐하면, 어떤 사람의 삶은 그가 무엇을 주된 목표로 삼고서 살아가느냐에 따라 평가되어야 하기 때문이다.

바울은 "그들이 다" 그렇다고 말하고 있기는 하지만, 우리는 이것이 한 사람의 예외도 없이 모두가 다 그렇다고 말한 것으로 이해해서는 안 된다. 왜냐하면, "에바브로디도" 같은 사람들도 있었기 때문이다. 하지만 그런 사람들은 극소수였기 때문에, 바울은 거의 대다수가 그런 사람들이라는 의미에서 "그들이 다"라는 표현을 사용한 것이다.

하지만 우리는 모든 미덕들이 번성하였던 저 황금기에도 신앙에 합당하게 행하는 자들이 극소수라고 바울이 탄식하고 있는 말을 듣고 있는 것이기 때문에, 오늘날 우리가 처해 있는 상황이 그 때와 같다고 하여도, 낙심할 필요는 없고, 단지 우리 자신이 그런 부류의 신자들에 속한 자들이 되지 않기 위해서 조심하는 것이 마땅하다. 여기에서 나는 교황주의자들이 나의 한 가지 질문에 대답해 주었으면 좋겠다: "당시에 베드로는 어디에 있었는가?" 왜냐하면, 그들이 말하는 것이 참이라면, 베드로는 로마에 있었을 것임에 틀림없기 때문이다. 그렇다면, 바울은 베드로에 대해서도 좋지 않게 말하고 유감을 표하고 있는 것이 되지 않겠는가! 그러므로 베드로가 당시에 로마에 있으면서 로마 교회를 주재한 것처럼 말하는 것은 모두가 다 꾸며낸 이야기에 불과할 뿐이다. 우리가 주목해야 할 것은 바울은 교회의 덕을 세우는 것을 "그리스도 예수의 일"이라고 표현하고 있다는 것이다. 왜냐하면, 우리가 그리스도의 포도원을 경작하는 데 수고할 때, 우리는 그리스도의 일에 진정으로 참여하고 있는 것이기 때문이다.

22. 디모데의 연단을 너희가 아나니 자식이 아버지에게 함같이 나와 함께 복음을 위하여 수고하였느니라. "알다"라는 동사를 명령법으로 이해해서 "디모데의 연단을 너희가 알라"로 해석하기는 힘들다는 점에서, 직설법으로 이해해서 "너희가 디모데의 연단을 안다"로 번역하는 것이 합당하다. 왜냐하면, 바울이 빌립보 교인들에게 디모데가 그들에게로 가면 그 짧은 시간 동안 그를 검증해 보라고 말한 것으로 보기는 힘들기 때문이다. 바울이 여기에서 주로 말하고자 하는 것은 디모데의 충성됨과 겸양은 이미 검증된 것임을 보여주는 것이다. 그는 디모데의 충성됨에 대한 증거로는, 그가 복음 안에서 자기를 섬겨 왔다는 사실을 든다. 왜냐하면, "복음 안에서" 바울을 섬겨 온 것은 디모데가 진실하고 충성된 사람임을 보여주는 증표였기 때문이다. 아울러, 그는 디모데의 겸양에 대한 증거로는, 그가 자식이 아버지에게 하듯 자기에게 복종한 것을 든다. "겸양"의 덕목은 모든 시대에서 아주 드문 것이었기 때문에, 바울이 디모데의 그런 모습을 명시적으로 칭찬하고 있는 것은 전혀 이상한 일이 아니다. 오늘날에도 아주 작은 일에서조차도 자기보다 나이 많은 연장자들에게 양보하는 젊은이는 눈을 씻고 찾아 보아도 찾아볼 수 없다. 그 정도로 무례함과 뻔뻔스러움이 우리 시대를 지배하고 있고 활개를 치고 있다. 다른 많

은 본문들에서와 마찬가지로 이 본문에서도, 우리는 바울이 경건한 사역자들을 높이고 존귀를 더하는 것에 큰 관심을 가지고 애쓰고 있는 것을 보게 되는데, 그가 그렇게 하는 이유는, 사역자들을 위한 것이라기보다는, 그런 사역자들이 성도들로부터 사랑과 공경을 받고 최고의 권위를 지니게 되면, 그것은 교회 전체에 유익하기 때문이었다.

24. 나도 속히 가게 될 것을 주 안에서 확신하노라. 바울이 이 말을 여기에 덧붙이고 있는 것은, 빌립보 교인들이 그에게 무슨 일이 일어나서, 전에는 자기가 직접 오겠다고 말했다가, 다시 마음을 바꾸어서 디모데를 보내려고 하는 것이 틀림없다고 오해하지 않게 하기 위한 것이다. 이와 동시에, 그는 언제나 그렇듯이 "주의 뜻이라면"이라는 조건을 덧붙인다. 왜냐하면, 그는 주께서 자기를 건져 주실 것을 기대하고 있지만, 그것은 명시적으로 주어진 약속이 아니었던 까닭에, 그 기대는 확정된 것이 아니었고, 하나님의 비밀스러운 계획에 따라 언제든지 달라질 수 있는 것이었기 때문이다.

²⁵그러나 에바브로디도를 너희에게 보내는 것이 필요한 줄로 생각하노니 그는 나의 형제요 함께 수고하고 함께 군사 된 자요 너희 사자로 내가 쓸 것을 돕는 자라 ²⁶그가 너희 무리를 간절히 사모하고 자기가 병든 것을 너희가 들은 줄을 알고 심히 근심한지라 ²⁷그가 병들어 죽게 되었으나 하나님이 그를 긍휼히 여기셨고 그뿐 아니라 또 나를 긍휼히 여기사 내 근심 위에 근심을 면하게 하셨느니라 ²⁸그러므로 내가 더욱 급히 그를 보낸 것은 너희로 그를 다시 보고 기뻐하게 하며 내 근심도 덜려 함이니라 ²⁹이러므로 너희가 주 안에서 모든 기쁨으로 그를 영접하고 또 이와 같은 자들을 존귀히 여기라 ³⁰그가 그리스도의 일을 위하여 죽기에 이르러도 자기 목숨을 돌보지 아니한 것은 나를 섬기는 너희의 일에 부족함을 채우려 함이니라 (2:25-30).

25. 그러나 에바브로디도를 너희에게 보내는 것이 필요한 줄로 생각하노니 그는 나의 형제요 함께 수고하고 함께 근사 된 자요. 바울은 자기가 디모데를 속히 보내고자 하고, 자기도 사정을 보아서 속히 가겠다고 약속함으로써 빌립보 교인들에게 힘을 더해 준 후에, 자신의 일이 어떻게 될지, 그 결과를 기다리는 동안에(이것이 그가 디모데를 보내는 것이 늦어지게 된 이유였다), 빌립보 교회의 일들을 돌보

고 적절하게 처리해 줄 목회자가 공백인 상황이 되지 않게 하기 위해서, 자기가 에바브로디도를 이미 그들에게 보냈다고 말함으로써 그들의 마음을 든든하게 해준다. 이제 그는 에바브로디도의 여러 훌륭한 점들을 들어서 그를 추천한다. 즉, 에바브로디도는 바울의 "형제"이고, 복음의 일에서 함께 수고한 조력자이며, 바울과 "함께 군사 된 자"이다. 우리는 "함께 군사 된 자"라는 표현 속에서, 복음 사역자들이 처한 상황이 어떤 것인지를 엿볼 수 있다. 즉, 그들은 끊임없는 전쟁과 싸움에 참여하고 있는 자들이라는 것이다. 왜냐하면, 사탄은 그들이 싸움 없이 복음의 진보를 이룰 수 있도록 가만 놓아두고자 하지 않기 때문이다. 그러므로 교회의 덕을 세우고자 하는 자들은, 그들에 대한 사탄의 선전포고가 이미 내려져 있고, 그들은 그 싸움에 대비하여야 한다는 것을 알아야 한다. 사실, 이것은 모든 그리스도인들에게 적용된다. 그들은 모두 그리스도의 진영에 속한 군사들이고, 사탄은 그들 모두의 원수이기 때문이다. 하지만 이것이 말씀의 사역자들에게 특히 더 적용되는 이유는, 그들은 그리스도의 군기를 들고서 가장 앞서서 전진해 나아가는 자들이기 때문이다. 그리고 바울은 누구보다도 더 앞장서서 모든 싸움의 최전선에서 믿기 힘든 싸움을 싸워 나가고 혁혁한 전과를 거둔 군사였기 때문에, 군사로서의 자신의 섬김을 특히 자랑할 만하였다. 따라서 바울이 에바브로디도가 자신의 그런 싸움들에서 자기와 "함께 군사 된 자"라고 말하는 것은 대단한 찬사이다.

너희 사자로 내가 쓸 것을 돕는 자라. 여기에서 "사자"로 번역된 단어는 다른 많은 본문들에서와 마찬가지로 일반적으로 복음 전도자를 가리키는 것으로 해석할 수도 있고, 빌립보 교인들이 보낸 "사자"를 뜻하는 것으로 이해할 수도 있으며, 이 두 가지 의미를 한데 결합시켜서, 빌립보 교인들이 바울을 섬기도록 보낸 "사자"인 복음 전도자를 가리키는 것일 수도 있다. 하지만 내 생각에는 전자의 의미, 즉 복음 전도자를 가리키는 것으로 보는 것이 더 적합해 보인다. 바울은 그가 감옥에 갇혀 있는 자신의 뒷바라지를 해 준 것을 특히 칭찬하는데, 이것에 대해서는 나중에 좀 더 자세하게 다루게 될 것이다.

26. 그가 너희 무리를 간절히 사모하고 자기가 병든 것을 너희가 들은 줄을 알고 심히 근심한지라. 에바브로디도가 빌립보 교회로부터 아주 멀리 떨어져 있었고, 감옥에 갇힌 바울을 돌보는 경건한 일 때문에 자원해서 한동안 거기로 다시 돌아가지 못한 것이었지만, 그럼에도 불구하고 자신의 양 무리를 간절히 사모하였고, 그 양 무리가 자기 때문에 걱정하고 있다는 것을 알고서는, 도리어 그들을 더욱 걱

정하는 모습을 보인 것은, 그가 참된 목회자라는 것을 보여주는 증표였다. 또한, 빌립보 교인들이 자신들의 목회자에 다하여 보여준 경건한 근심도 여기에 제시되어 있다.

27. 그가 병들어 죽게 되었으나 하나님이 그를 긍휼히 여기셨고. 바울은 에바브로디도가 병들었다가 회복된 일 속에서 나타난 하나님의 긍휼이 얼마나 큰 것이었는지를 좀 더 생생하고 분명하게 부각시키기 위해서, 그의 병이 얼마나 심각했었는지, 즉 그가 병들어서 살아날 가망이 없었다는 사실을 지적한다. 하지만 바울은 앞에서 자기는 사는 것보다는 죽는 것을 더 바란다고 선언해 놓고서는(빌 1:23, "차라리 세상을 떠나서 그리스도와 함께 있는 것이 훨씬 더 좋은 일이라 그렇게 하고 싶으나"), 여기에서는 에바브로디도가 죽을 병에서 회복되어 살아난 것을 하나님의 긍휼하심으로 돌리고 있는 것은 이상한 일로 보일 수 있다. 우리가 이 세상의 수많은 괴롭고 참담한 일들로부터 벗어나고, 바울이 다른 곳에서 자기는 "곤고한 자"(롬 7:24)라고 탄식할 정도로 괴롭고 힘든 죄의 속박으로부터 벗어나 하나님의 나라로 옮겨가서, 거기에서 하나님의 아들과 더불어서 성령이 준 저 자유를 온전히 누릴 수 있다면, 우리에게 그것보다 더 나은 것이 무엇이겠는가? 사는 것보다 죽는 것이 믿는 자들에게 더 낫고 바람직한 것임을 보여주는 모든 것들은 너무 많아서 열거하기조차 지루할 것이다. 그렇다면, 에바브로디도가 병에서 회복된 것은 그의 비참한 삶을 연장시키는 것 밖에는 되지 않는 것으로 보이는데, 거기에 하나님의 긍휼하심을 보여주는 어떤 증표가 존재한다는 것인가? 나의 대답은, 이 모든 것들이 믿는 자들에게는 죽는 것이 사는 것보다 더 낫다는 것을 보여준다고 하여도, 이 세상에서의 삶이 그 자체로 볼 때에는 하나님의 놀라운 선물이라는 사실은 변하지 않는다는 것이다. 게다가, 그리스도에 대하여 살아있는 자들은 이 땅에서도 하늘의 영광 속에서 복된 삶을 살아가고 있기 때문에, 우리가 조금 전에 살펴보았듯이, 이 땅에서 살아가는 것은 그들에게 해악이 되거나 무익하지 않고, 도리어 "유익"이 된다. 또한, 우리가 고려해야 할 것이 한 가지가 더 있는데, 그것은 우리가 이 땅에서 살아가는 동안에, 하나님께서 우리 안에서 자신의 영광을 나타내시는 것은 우리에게 주어지는 결코 작지 않은 영광이라는 것이다. 왜냐하면, 우리 믿는 자들은 사는 것 자체가 아니라 우리의 삶의 목적을 중시하는 것이 합당하기 때문이다.

또 나를 긍휼히 여기사 내 근심 위에 근심을 면하게 하셨느니라. 바울은 만일 에바브로디도가 병에 걸려 죽는 일이 일어났다면, 그것은 그에게 극심한 고통을 안겨 주었을 것이기 때문에, 그가 건강하게 회복된 것은 하나님이 자기에게 크신 긍휼을 베풀어 주신 것이라고 고백한다. 그는 스토아학파의 철학자들처럼 마치 목석 같은 인간이 되어서 인간의 모든 감정으로부터 초탈해서 초연해지는 것을 자신의 자랑으로 삼지 않는다. 어떤 사람들은 이렇게 말할 것이다: "그렇다면, 그 어떤 일에도 끄덕도 하지 않는 담대하고 강인한 마음은 어디로 간 것인가? 그 어떤 일에도 끝까지 참고 견디는 인내는 어디로 간 것인가?" 나의 대답은, 그리스도인의 인내는 철학적인 완고함과 판이하게 다르고, 스토아학파의 철학자들의 냉혹함과는 더더욱 완전히 다르다는 것이다. 아무런 고통도 없고 쓰라린 마음도 없이 십자가를 인내로써 감당한다면, 거기에 무슨 훌륭한 덕목이 존재하겠는가? 그러나 우리는 하나님의 위로로 말미암아 그러한 고통과 괴로움을 이기고서, 하나님이 지워 주시는 채찍을 "거역하지도 아니하며 뒤로 물러가지도 아니하고"(사 50:5), 우리의 등을 그 채찍에 내어 줌으로써, 하나님께 합당한 순종의 제사를 드리는 것이다. 따라서 바울은 자기가 감옥에 갇히게 된 것에서 어느 정도의 괴로움과 고통을 느꼈지만, 그리스도를 위하여 그것을 기쁜 마음으로 감당한 것이라고 고백한다. 마찬가지로, 그는 에바브로디도가 병으로 죽었다면, 그것은 그에게 감당하기 어려운 고통이었을 것이라고 고백한다. 하지만 만일 그런 일이 일어났다고 하더라도, 그는 에바브로디도를 데려 가신 하나님의 뜻을 한 치의 주저함도 없이 그대로 기꺼이 받아들이는 것이 무척 어려웠을 것이지만, 결국에는 그 뜻을 받아들여서 자신의 감정을 다스렸을 것이다. 왜냐하면, 우리의 잘못된 감정들에 재갈을 물려서 육신의 연약함을 다스릴 때에만, 우리는 우리의 순종의 증거를 보여주는 것이기 때문이다.

그러므로 우리가 주목해야 할 것은 두 가지이다. 첫 번째는 하나님이 원래 우리의 본성 속에 심어 두신 성품들은 부패한 본성에 내재된 악으로부터 생겨나는 것이 아니라, 창조주이신 하나님으로부터 오는 것들이기 때문에, 그 자체로는 악하지 않는데, 친구가 죽었을 때에 우리가 느끼는 슬픔이 그런 것에 속한다는 것이다. 두 번째는 에바브로디도가 죽었을 경우에 바울이 그 죽음을 애석하게 여겨서 슬퍼하고 근심해야 할 다른 여러 가지 이유들이 있었고, 그 이유들은 합당한 것들이었을 뿐만 아니라 꼭 필요한 것들이었다는 것이다. 모든 신자들은 누군가가 죽으면, 죄에 대한 하나님의 진노하심을 상기하는 것이 보통이지만, 바울은 선하고 충성된 목회자가 별로 없는 상황에서, 에바브로디도의 죽음으로 인해서 귀한 일꾼을 잃게 됨으로써 교회가 입게 될 손실을 무엇보다도 가장 먼저 생각하지 않을 수 없었다. 내가 말한 이러한 성품들과 감정들이 완전히 억눌러지고 박멸된 자들은 단지 목석 같은 자들인 것이 아니라, 냉혹하고 잔인한 자들이다. 하지만 우리의 본성이 부패해 있어서, 우리 안에 있는 모든 것도 타락해 있기 때문에, 우리의 마음이 어느 방향으로 향하든지, 우리의 감정은 언제나 적정한 한계를 넘어서게 된다. 그런 까닭에, 우리의 감정들 중에서 그 자체로 전혀 악에 오염되어 있지 않은 순전하거나 바른 것은 하나도 없다. 사실, 바울도 인간이기 때문에, 그의 감정 속에는 어느 정도의 인간적인 연약함이 있었을 것임을 나는 부인하지 않는다. 왜냐하면, 그는 완전한 사람이 었던 것이 아니라, 그 자신도 육신의 연약함에 종속되어 있어서, 끊임없이 시험을 받아야 하였고, 거기에 맞서서 믿음으로 싸움으로써 그러한 시험들을 이겨내야 하였을 것이기 때문이다.

28. 그러므로 내가 더욱 급히 그를 보낸 것은 너희로 그를 다시 보고 기뻐하게 하며 내 근심도 덜려 함이니라. 에바브로디도가 곁에 있는 것은 바울에게는 적지 않은 위로가 되는 일이었다. 하지만 그는 자신의 유익보다는 빌립보 교인들이 잘되기를 더 바랐기 때문에, 에바브로디도가 그들에게로 다시 돌아가게 된 것을 자기는 기쁘게 생각한다고 말한다. 왜냐하면, 바울은 에바브로디도가 자기 곁에 있는 것이 좋았지만, 자기로 인해서 그에게 맡겨진 양 무리로부터 떠나 있어야 해서, 자기에게나 에바브로디도에게나 그것이 늘 근심이 되었기 때문이었다. 그래서 그는 자기가 에바브로디도를 보내 놓고, 빌립보 교인들이 기뻐할 것을 생각하니 마음이 기쁘고 홀가분하다고 말한다.

29. 이러므로 너희가 주 안에서 모든 기쁨으로 그를 영접하고 또 이와 같은 자들을 존귀히 여기라. 바울이 "기쁨"에 "모든"을 덧붙여서 "모든 기쁨"이라고 한 것은 그 기쁨이 진실하고 차고 넘치는 기쁨이어야 한다는 것을 강조하기 위한 것이다. 또한, 그는 에바브로디도를 빌립보 교인들에게 다시 한 번 추천하면서, 그들이 그를 온 마음을 다해 영접하는 것이 얼마나 중요한지를 보여주기 위해서, 선하고 충성된 목회자들임이 입증된 모든 사람들을 최고로 공경하는 것이 마땅한 일임을 역설한다. 바울은 단지 에바브로디드라는 한 사람만이 아니라 그와 같은 목회자들은 누구나 다 존경받고 대접받는 것이 마땅하다고 말하고자 한다. 왜냐하면, 그런 자들은 하나님의 곳간으로부터 나온 귀한 진주들인데, 너무나 극소수여서, 더욱 더 존귀하게 대접 받는 것이 합당하기 때문이었다. 또한, 하나님께서 우리에게 주신 지극히 훌륭한 목회자들을 우리가 계속해서 멸시하고 홀대하는 경우에는, 흔히

우리에게서 선한 목회자들을 박탈하심으로써, 우리의 배은망덕함과 오만방자함을 벌하신다는 것도 의심의 여지가 없다. 그러므로 이리들의 권모술수와 공격으로부터 교회를 견고히 지키고자 하는 사람이라면 누구나 바울의 모범을 따라 선한 목회자들의 권위를 교회 내에서 굳건히 세우는 데 관심을 갖고 힘을 쏟아야 한다. 반면에, 마귀의 도구로 사용되는 자들이 다른 무엇보다도 더 열심을 내어 몰두하는 것은 자신의 힘이 닿는 데까지 모든 수단을 동원해서 선한 목회자의 권위를 훼손하는 일이다.

30. 그가 그리스도의 일을 위하여 죽기에 이르러도 자기 목숨을 돌보지 아니한 것은 나를 섬기는 너희의 일에 부족함을 채우려 함이니라. 나는 이것이 에바브로디도가 자신의 몸을 돌볼 틈도 없이 끊임없이 일을 하다가 죽을 병을 얻게 된 것을 언급하는 것이라고 생각한다. 그래서 바울은 에바브로디도가 걸린 병이 그의 뜨거운 열심을 분명하게 보여주는 증표였기 때문에, 그가 병에 걸려 죽을 뻔한 것을 그의 훌륭한 점들 중의 하나로 꼽는다. 병에 걸린 것 자체는 훌륭한 일이 아니지만, 우리가 그리스도를 섬기기 위하여 우리 자신을 아끼지 않다가 병에 걸린 것이라면, 그것은 훌륭한 일이다. 에바브로디도는 자기가 적정한 선을 넘어서 자신을 혹사했을 때에는 건강에 위험이 닥칠 것임을 느꼈지만, 자기에게 주어진 의무를 소홀히 하는 것보다는 자신의 건강을 소홀히 하는 쪽을 택한 것이었다. 그리고 바울은 에바브로디도의 그러한 헌신적인 섬김은, 빌립보 교인들이 멀리 떨어져 있어서, 로마에서 감옥에 갇혀 있던 그를 제대로 도울 수 없었기 때문에, 원래는 그들이 해야 마땅하였던 섬김을 대신해서 그 부족한 것을 채우는 것이었다고 말함으로써, 그들이 에바브로디도에게 더욱더 감사해야 한다는 것을 보여준다. 왜냐하면, 그러한 사정으로 인해서 빌립보 교회는 자신들의 목회자인 에바브로디도를 바울에게 보내어서 그들 대신에 그를 섬기게 한 것이었기 때문이다. 바울은 에바브로디도가 자기를 섬겨 일한 것들을 "그리스도의 일"이라고 지칭한다. 우리가 복음의 진리를 위하여 수고하는 하나님의 종들을 돕는 것보다 더 잘 하나님을 섬길 수 있는 일은 없다는 것은 분명하다.

제3장

¹끝으로 나의 형제들아 주 안에서 기뻐하라 너희에게 같은 말을 쓰는 것이 내게는 수고로움이 없고 너희에게는 안전하니라 ²개들을 삼가고 행악하는 자들을 삼가고 몸을 상해하는 일을 삼가라 ³하나님의 성령으로 봉사하며 그리스도 예수로 자랑하고 육체를 신뢰하지 아니하는 우리가 곧 할례파라 ⁴그러나 나도 육체를 신뢰할 만하며 만일 누구든지 다른 이가 육체를 신뢰할 것이 있는 줄로 생각하면 나는 더욱 그러하리니 ⁵나는 팔일 만에 할례를 받고 이스라엘 족속이요 베냐민 지파요 히브리인 중의 히브리인이요 율법으로는 바리새인이요 ⁶열심으로는 교회를 박해하고 율법의 의로는 흠이 없는 자라(3:1-6).

1. 끝으로 나의 형제들아 주 안에서 기뻐하라. 이것은 앞에서 말한 것의 결론이다. 왜냐하면, 사탄은 매일의 소문으로 그들을 괴롭히는 일을 결코 그치지 않았던 까닭에, 사도는 그들에게 염려에서 벗어나서 담대할 것을 주문하는 것이기 때문이다. 이런 식으로 그는 그들에게 흔들림 없는 태도를 견지해서 그들이 전에 받은 가르침에서 떨어져 나가지 말 것을 권면한다. 여기서 "끝으로"로 번역된 어구는 많은 방해물들 가운데서도 "이후로도 계속해서" 거룩한 기쁨을 견지해 나가는 것을 그치지 말라는 것을 뜻한다. 사탄이 괴로운 십자가를 통해 우리의 화를 북돋워서 하나님의 이름만 들어도 지겨워하게 만들려고 애쓸 때, 우리가 오직 하나님의 은혜를 맛봄으로써, 모든 힘들고 괴로운 일들과 염려들과 슬픔들을 달콤하게 여기는 것은 귀한 미덕이다.

너희에게 같은 말을 쓰는 것이 내게는 수고로움이 없고 너희에게는 안전하니라. 여기에서 사도는 거짓 사도들에 대해 말하기 시작하지만, 갈라디아서에서처럼 육박전을 벌이며 그들과 싸우는 것이 아니라, 몇 마디 따끔한 말로 그들의 정체를 드러내는 것으로 충분하였는데, 그것은 거짓 사도들이 당시에 빌립보 교인들에게 침투하지는 못했고, 단지 침투하려고 시도만 한 상태였던 까닭에, 빌립보 교인들이 경청하거나 따르지 않았던 그들의 오류들을 반박하기 위하여 굳이 정식으로 그들과 논쟁할 필요까지는 없었기 때문이었다. 그래서 그는 빌립보 교인들에게 거짓 사도들을 가려내서 그런 자들로부터 그들을 지키는 일에 부지런히 주의를 기울일 것을 당부하는 선에서 그치고 그 이상으로는 나아가지 않는다.

2. 개들을 삼가고 행악하는 자들을 삼가고 몸을 상해하는 일을 삼가라. 첫째로, 사도는 거짓 사도들을 "개들"이라고 부른다. 이 비유는 그들이 자신들의 배를 채우기 위해서 더러운 말들을 내뱉는 가운데 마구 짖어대는 방식으로 참된 가르침을 공격한 것에 토대를 둔 것이었다. 따라서 이것은 그들을 "부정하고 속된 자들"이라고 말한 것과 같다. 어떤 이들은 그들이 남들을 시기하거나 물어 뜯었기 때문에 그들을 그렇게 부른 것이라고 생각하지만, 나는 그런 견해에 동의하지 않는다.

둘째로, 사도는 그들을 "행악하는 자들"이라고 부르는데, 이것은 그들이 교회의 덕을 세운다는 미명 아래 오직 모든 것을 파괴하고 무너뜨리는 일 외에 아무 것도 하지 않았다는 것을 의미한다. 바쁘게 움직이며 분주하게 일하지만 차라리 가만히 있는 것이 더 나은 그런 사람들이 많다. 한 대중연설가가 아무 일도 안 하고 가만히 앉아 있는 것을 본 그라쿠스(Gracchus)가 그를 조롱하여 "당신은 무엇을 하고 있는 것인가?"라고 묻자, 그 연설가는 "그렇게 묻는 당신은 도대체 무엇을 하고 있는 거요?"라고 반문했다는 일화가 있다. 왜냐하면, 그라쿠스는 파국적인 선동을 일삼고 있던 우두머리였기 때문이었다. 그래서 사도는 신자들이 악한 일꾼들을 조심해야 하기 때문에 일꾼들을 분별해야 한다고 말한 것이다.

셋째로, 사도가 거짓 사도들을 설명하는 데 마지막으로 채택한 "몸을 상해하는 일"이라는 용어 속에는 고상한 단어 유희가 사용되고 있다. 왜냐하면, 그들은 자신들이 할례파라는 것을 자랑하였는데, 사도는 그들의 그런 자랑을 역이용해서, 그들이 교회의 하나 됨을 갈기갈기 찢어 놓는 자들이라는 의미에서, 그들을 "찢는 자"라고 부르고 있는 것이기 때문이다. 여기에서 우리는 성령이 자신이 사용하는 도구들 안에서 모든 경우에 재치와 유머를 피한 것은 아니지만, 이와 동시에 성령의 위엄에 합당하지 않은 그런 유희는 멀리했다는 것을 보여주는 한 예를 본다. 우리는 이런 예들이 예언서들, 특히 이사야서에 무수히 나오는 것을 보는데, 거기에는 유쾌한 단어유희와 비유적인 표현들이 세속의 어떤 작가의 글에서보다도 더 풍부하게 나온다. 하지만 바울이 거짓 사도들에 대해 맹렬한 공격을 퍼부으며 격렬하게 규탄하는 것을 우리가 그대로 따르는 것에 한층 더 신중을 기하여야 한다. 왜냐하면, 그러한 맹렬한 공격은 진정으로 열렬하고 경건한 열심이 수반될 때에만 합당한 것이 될 수 있기 때문이다. 그러나 우리의 경우에는 열심이라는 미명 아래 합당하지 않은 열심이나 과도한 분노가 개입되지 않도록 조심하는 것이 마땅하다.

사도가 "너희에게 같은 말을 쓰는 것이 내게는 수고로움이 없고"라고 말하는 것은 그가 전에 어떤 다른 기회에 빌립보 교인들에게 서신을 써보낸 적이 있었다는 것을 암시하는 것으로 볼 수도 있지만, 자기가 그들과 함께 있을 때에 자주 그들에게 들려 주었던 것들을 지금 이 서신을 통해 다시 그들에게 상기시켜 주고 있는 것이라는 의미로 이해해도 전혀 무리가 없다. 왜냐하면, 그가 그들과 함께 있을 때, 그들이 그러한 해충들을 조심하지 않으면 안 된다는 것을 기회 있을 때마다 자주 그들에게 말로 신신당부했을 것임은 의심의 여지가 없기 때문이다. 하지만 그는 자기가 이 문제에 대해 침묵했다가는 빌립보 교인들에게 위험이 닥칠 수도 있을 것이었기 때문에 이 문제를 다시 거론하는 것이 자기에게는 전혀 수고로운 일이 아니라고 말한다. 양들을 푸른 초장으로 인도하여 꼴을 먹이고 양들이 위험에 빠지지 않도록 잘 인도하는 것만이 아니라, 양 우리를 공격하려고 하는 이리들을 몰아내는 것은 물론이고, 이리들이 몰래 침입하지 않도록 늘 깨어서 지침 없이 살피는 것도 선한 목자의 일이라는 것은 의심의 여지가 없다. 왜냐하면, "절도"와 "강도"(요 10:8)는 교회를 파괴하기 위해서 끊임없이 노리고 있는데, 목자가 여러 번 그들을 담대하게 내쫓았다고 하더라도, 그들에게 아홉 번째나 열 번째 공격해서 성공할 기회를 주어 버린다면, 목자로서의 책무를 다했다고 변명할 여지가 없게 될 것은 너무나 뻔하기 때문이다.

또한, 사도는 자기가 이런 식으로 반복해서 말해 두는 것이 빌립보 교인들에게 유익이라고 말한다. 왜냐하면, 사람들은 아주 까다로운 성미를 지니고 있어서, 남에게서 같은 것을 반복해서 말하는 것을 들으면, 잔소리로 치부하여 무시해 버리기 쉬운데, 실제로 그런 일이 종종 일어나곤 하기 때문이다. 많은 사람들은 성미가 까다로워서 같은 말을 두 번 듣는 것을 참을 수 없어 하고, 자신들이 날마다 반복해서 들은 말은 십 년 후에도 그들의 기억 속에 어렵게나마 남아 있게 된다는 사실을 생각하지는 않는다. 바울의 이 권면을 경청하는 것이 빌립보 교인들이 이리들에 맞서서 자신들을 지키는 데 유익한 일이었다면, 교황주의자들이 자신들의 교리에 대해서 판단하는 것은 그 어떤 것도 허용하지 않는다고 말하는 것은 도대체 무엇을 의미하는 것인가? 바울은 "삼가라"고 말할 때, 교황주의자들이 판단할 권리가 있다고 인정하지 않은 사람들에게 그렇게 말하고 있는 것이다. 그리고 바로 그 사람들에 대해서 그리스도께서는 마찬가지로 "내 양은 내 음성을 들으며 …… 나를 따르느니라 …… 타인의 음성은 알지 못하는 고로 타인을 따르지 아니하고 도리어 도망하느니라"(요 10:5, 27)고 말씀하신다.

3. 하나님의 성령으로 봉사하며 그리스도 예수로 자랑하고 육체를 신뢰하지 아니하는 우리가 곧 할례파라. "우리가 할례파"라는 것은 우리가 할례라는 표에 의해 확증된 아브라함의 참된 자손이고 언약의 상속자들이라는 것이다. 왜냐하면, 참된 할례는 문자에 있지 않고 영에 있어서 마음에 내적으로 자리잡고 있는 까닭에 육신을 따라서는 눈에 보이지 않기 때문이다(롬 2:29, "오직 이면적 유대인이 유대인이며 할례는 마음에 할지니 영에 있고 율법 조문에 있지 아니한 것이라").

"성령으로 봉사하며"는 복음이 우리에게 명하는 영적 예배를 가리키는 것으로서, 하나님에 대한 신뢰, 하나님의 이름을 부르며 하나님께 구하는 것, 자기부인, 순전한 양심으로 이루어진다. 바울은 여기서 거짓 사도들이 빌립보 교인들에게 강요했던 율법적인 예배를 비난하면서 그것과 반대되는 것으로서 영적 예배를 제시하고 있음에 틀림없다. 따라서 사도는 이렇게 말하고 있는 것이다: "그들은 율법의 외적인 준수를 통해서 하나님을 예배하라고 명하는데, 그것은 율법의 예법들을 지킴으로써 그 잘못된 근거 위에서 자신들이 하나님의 백성이라고 자랑하고자 하는 것이다. 그러나 '영과 진리로' 하나님을 예배하는 우리야말로 진정으로 할례파이다"(요 4:23, "아버지께 참되게 예배하는 자들은 영과 진리로 예배할 때가 오나니 곧 이때라 아버지께서는 자기에게 이렇게 예배하는 자들을 찾으시느니라").

"그리스도 예수로 자랑하고"라는 말에서도 사도는 계속해서 거짓 사도들과의 대비를 이어간다: "그들은 표징들을 의지하는 반면에, 우리는 실재를 붙잡는다. 그들은 그림자를 바라보는 반면에, 우리는 실체를 본다." 이것은 사도가 대비를 위해 덧붙인 대구인 "육체를 신뢰하지 아니하는"과 아주 잘 들어맞는다. 그가 "육체"라는 말 아래 사람이 자랑하고자 하는 외적인 모든 것을 포함시키고 있다는 것은 문맥으로부터 분명하게 드러난다. 또는, 좀 더 간단하게 말하자면, 그는 그리스도와는 상관없는 모든 것을 "육체"라는 말로 표현하고 있다고도 할 수 있다. 이런 식으로 바울은 정도를 벗어나서 율법을 지나치게 열심으로 추종하는 자들을 호되게 책망한다. 왜냐하면, 그들은 그리스도에게 만족하지를 못해서 다른 곳으로 줄행랑쳐서 다른 자랑거리를 붙잡은 것이기 때문이다. 사도는 여기서 "자랑하다"와 "신뢰하다"를 동일한 것을 가리키는 데 사용하고 있다. 왜냐하면, 신뢰는 사람의 마음을 고양시키고, 거기에서 더 나아가 자랑으로까지 이어지는 것에서 볼 수 있듯이, 신뢰와 자랑은 서로 연결되어 있기 때문이다.

4. 그러나 나도 육체를 신뢰할 만하며. 사도는 자기도 "육체를 신뢰할" 만한 조건을 갖추고 있어서 실제로 육체를 신뢰하고 있다고 말하는 것이 아니라, 만일 자기도 그들의 어리석은 짓을 따라하고자 한다면 자기에게도 얼마든지 자랑할 근거가 있다고 말하는 것이다. 따라서 그가 말하고자 하는 것은 이런 것이다: "나의 자랑은 실제로는 그리스도 안에 있지만, 굳이 육체를 자랑하고자 한다면, 내게도 육체를 따라 자랑할 거리가 결코 없지 않다." 이것으로부터 우리는 그리스도와는 상관없는 것들을 자랑하는 자들의 교만을 어떤 식으로 책망해야 하는지를 배운다. 즉, 우리는 그들이 자랑하는 것들을 우리도 가지고 있다고 응수하면서, 그럼에도 불구하고 우리가 그런 것들을 자랑하지 않는 것은 그리스도를 자랑하지 않고 그런 것들을 자랑하는 것은 합당하지 않기 때문이라는 것을 보여줌으로써, 그들로 하여금 우리가 그들을 시기해서 그런 것들이 아무 가치가 없다고 말하는 것이 아니라, 그들이 대단한 가치를 두고 있는 그런 것들이 실제로는 아무 가치도 없는 것들이기 때문에 그렇게 말하는 것임을 깨닫게 해 주어야 한다는 것이다. 하지만 그 결론은 언제나 "육체를 신뢰하는" 것은 모두 다 헛되고 본말이 전도된 우스꽝스러운 것이라는 취지의 것이 되어야 한다.

만일 누구든지 다른 이가 육체를 신뢰할 것이 있는 줄로 생각하면 나는 더욱 그러하리니. 사도는 앞에서 육체를 신뢰하고자 한다면 자기는 거짓 사도들 중 어느 누구에 비해서도 뒤떨어지지 않는다고 말한 것으로 만족하지 않고, 거기에서 한 걸음 더 나아가 그런 것으로 따지자면 자기가 그들보다 "더욱" 자랑할 것이 많다고 말함으로써, 자기가 혹시라도 그들의 뛰어난 점들을 시기해서, 그리스도를 앞세우고 칭송해서 자신의 보잘것없고 초라한 모습을 조금이라도 감추어 보고자 하는 것이라고 의심하는 것은 절대로 가능하지 않다는 것을 보여준다. 그래서 그는 자기와 거짓 사도들 간에 논쟁이 되고 있는 것들, 즉 육체를 따라 자랑할 만한 것들로 따지자면 자기가 그들보다 더 우위에 있다고 말한다. 왜냐하면, 우리가 곧 보게 되겠지만, 그들이 가지고 있는 것들 중에서 사도가 가지고 있지 않은 것은 하나도 없었고, 게다가 어떤 것들에 있어서는 사도가 그들보다 훨씬 더 뛰어났기 때문이었다. 사도는 자기가 육체를 신뢰한다고 말하지 않고, "만일 누구든지 다른 이가 육체를 신뢰할 것이 있는 줄로 생각하면"이라고 말함으로써, 자기는 육체를 신뢰한다고 말하고자 하는 것이 아니라, 단지 다른 사람들이 그런 것들을 자랑한다면 자기에게도 그들 못지 않게 그런 자랑할 만한 것들이 있다고 말하고자 하는 것임을 보여준다.

5-6. 나는 팔일 만에 할례를 받고 이스라엘 족속이요 베냐민 지파요 히브리인 중의 히브리인이요. "팔일 만에 할례를 받고"는 문자 그대로 직역하면 "팔일째의 할례"이다. 하지만 의미에 있어서는 차이가 없다. 왜냐하면, 사도가 말하고자 하는 것은 자기가 율법이 정한 대로 정식으로 할례를 받았다는 것이기 때문이다. 그런데 팔일 만에 할례를 받았다는 것은 대단히 중요한 가치를 지닌 것으로 여겨졌고, 게다가 하나님의 선민 이스라엘 민족에 속하였다는 것을 증명해 주는 표시였는데, 사도는 이것을 바로 직후에 언급한다. 왜냐하면, 외국인들의 경우에는 사정이 달라서, 그들은 개종자가 된 후에 젊을 때나 어른이 되어서나, 심지어는 노년이 되어서야 할례를 받았기 때문이다. 따라서 사도는 자기가 "이스라엘 족속"에 속한 자라고 말할 뿐만 아니라, 자기가 속한 지파 이름까지 밝히는데, 나는 이것은 베냐민 지파가 다른 지파들보다 더 우월했기 때문이 아니라, 자기가 진정으로 이스라엘 사람이라는 것을 확증하기 위한 것이었다고 생각한다. 이스라엘 사람이라면 누구나 다 자기가 속한 지파가 있었고, 그것이 참된 이스라엘 사람임을 확증해 주는 것이었기 때문이다. 그리고 동일한 취지에서 그는 자기가 "히브리인 중의 히브리인"이라는 말을 덧붙인다. 이 이름은 이스라엘 민족을 가리키는 가장 오래된 것으로서, 모세가 아브라함을 지칭할 때에 사용한 명칭이었기 때문이다(창 14:13, "히브리 사람 아브람"). 따라서 사도가 말하고자 한 요지는 이런 것이다: "나는 아주 까마득하게 먼 옛날로부터 야곱의 자손에게서 태어났기 때문에, 조부와 증조부의 이름은 물론이고 그 이전으로 훨씬 거슬러 올라가서 자신의 먼 조상들의 이름까지도 다 델 수 있다."

율법으로는 바리새인이요. 사도는 자신의 혈통의 고귀함에 대하여 말한 후에, 이제 여기에서는 이른바 개인으로서의 특별한 자질에 대한 말을 이어간다. 바리새파는 그 거룩함과 가르침으로 명성이 자자해서 다른 유대교 분파들보다 뛰어난 분파였다는 것은 아주 널리 알려져 있었다. 그는 자기가 그 분파에 속한 자임을 밝힌다. 이 분파가 바리새파라고 불리게 된 것은 그들이 속된 것들로부터 "구별"을 중시했기 때문이고, 그 구별이라는 단어에서 그들에 대한 명칭이 유래하게 된 것이라는 것이 일반적인 견해이지만, 나는 내가 전에 거룩한 자로 알려진 카피토(Capito)에게서 들은 것, 즉 그들은 자신들이 성경을 해석하는 은사를 수여받았다고 자랑했기 때문에 바리새파라는 이름으로 불리게 된 것이라는 견해를 지지한다. 왜냐하면, '파라쉬'(פרש)라는 히브리어는 "해석"을 의미하기 때문이다. 다른 사람들은 자신들을 자유주의자들이라고 선언했던 반면에, 그들은 사람들이 자신들을 "바리새인들," 즉 옛 사람들의 해석을 고수하는 자들로 여겨 주는 것을 좋아하였다. 바리새인들은 옛 것을 고수한다는 미명 아래 자신들이 고안해 낸 교훈들로 성경 전체를 변질시켰다는 것은 두말할 필요도 없이 분명하지만, 이와 동시에 옛 사람들이 전해 준 올바른 해석들도 견지했기 때문에 사람들로부터 대단히 큰 존경을 받았다.

그렇다면 "율법으로는"이라는 어구는 무엇을 의미하는가? 분파들의 존재보다 더 하나님의 율법에 반대되는 것은 없다. 왜냐하면, 하나님의 율법은 모든 사람을 하나로 묶는 하나님의 진리를 전하기 때문이다. 이것 외에도 요세푸스(Josephus)는 자신이 쓴 「유대 고대사」 제13권에서 모든 분파는 요나단이 대제사장으로 재직하는 동안에 생겨났다는 것을 우리에게 갈해 준다. 오늘날 기독교가 교황주의에 의해 많이 변질되어 있는 것과 마찬가지로, 당시에도 종교적인 가르침이 많이 변질되어 있었지만, 바울은 여기서 "율법"이라는 용어를 엄밀한 의미에서의 하나님의 율법이 아니라 바로 그런 종교적인 가르침을 가리키는 데 사용한다.

열심으로는 교회를 박해하고. 하지만 바리새파에 속한 랍비들 중에는 율법을 잘 알지도 못하고 율법에 정통하지도 않은 자들도 많이 있었기 때문에, 사도는 자신의 "열심"에 대해서도 아울러 언급한다. 바울의 입장에서는 자기가 교회를 박해한 것은 너무나 흉악무도한 죄였지만, 그는 그리스도와 모세를 뒤섞어서 가르치면서도 율법에 대해 열심이 있는 체하였던 저 터무니없고 파렴치한 자들을 반박하기 위해서, 자기가 율법에 대해 얼마나 열렬하고 순수한 열심을 가지고 있었는지를 보여주기 위한 목적으로, 자기는 교회를 박해할 정도까지 열심이 있었다고 말한다.

율법의 의로는 흠이 없는 자라. 사도가 여기서 말하고자 하는 것은 자기는 율법의 의 전체에 비추어 보아서 아무런 흠이 없는 자였다는 것임은 의심의 여지가 없다. 왜냐하면, 여기서 "율법의 의"를 오로지 율법 중에서 예법과 예식에 관한 것으로만 이해하는 것은 지나치게 좁게 해석하는 것으로서 근거가 빈약하기 때문이다. 따라서 그가 말하고자 하는 것은 좀 더 일반적인 것, 즉 자기는 율법에 헌신한 사람에게 요구되는 흠 없는 삶을 추구해 왔다는 것이다. 여기서 하나님께서 보시기에 율법의 의가 완전하다는 것은 말이 되지 않는다는 반론이 제기된다. 즉, 율법의 요지는 사람이 하나님께 온전히 헌신해야 한다는 것이기 때문에, 그것 외에 완전함을 이루기 위해 다른 어떤 것을 추구하는 것은 있을 수 없다는 것이다. 나의 대답은 바울은 여기서 당시에 유대인들이 일반적으로 생각하고 있던 "의"에 대해 말하고 있다는 것이다. 왜냐하면, 그는 계속해서 율법과 그리스도를 분리해서 대비시켜서 말하고 있는 것이기 때문이다. 그리스도 없는 율법은 죽은 문자 외에 무엇이겠는가? 이 문제를 좀 더 분명하게 설명하자면, 율법의 의에도 두 종류가 있다는 것이다. 하나는 영적인 것으로서 하나님과 이웃에 대한 온전한 사랑이고, 이것은 율법의 가르침 속에 담겨 있지만 그 누구의 삶 속에서도 결코 존재한 적이 없었다. 다른 하나는 문자적인 것으로서 위선이 지배하는 사람들의 마음과 생각에 비추어 보았을 때에 율법의 의라고 생각되는 것이고, 이것은 하나님이 보시기에는 죄악 이외의 다른 것이 아니다. 이렇게 해서 율법에는 두 가지 측면이 있게 되는데, 하나는 하나님과 관련된 것이고, 다른 하나는 사람들과 관련된 것이다. 따라서 바울은 사람들의 판단에서는 거룩하고 모든 비난으로부터 벗어나 있는 인물이었고, 이것은 아주 희귀하고 사람들 가운데서 거의 유례가 없는 것으로서 칭송 받아 마땅한 일이었다. 그러나 우리는 그가 그것을 어떻게 보았고 어떤 것으로 여겼는지를 곧 보게 된다.

7그러나 무엇이든지 내게 유익하던 것을 내가 그리스도를 위하여 다 해로 여길뿐더러 8또한 모든 것을 해로 여김은 내 주 그리스도 예수를 아는 지식이 가장 고상하기 때문이라 내가 그를 위하여 모든 것을 잃어버리고 배설물로 여김은 그리스도를 얻고 9그 안에서 발견되려 함이니 내가 가진 의는 율법에서 난 것이 아니요 오직 그리스도를 믿음으로 말미암은 것이니 곧 믿음으로 하나님께로부터 난 의라 10내가 그리스도와 그 부활의 권능과 그 고난에 참여함을 알고자 하여 그의 죽으심을 본받아 11어떻게 해서든지 죽은 자 가운데서 부활에 이르려 하노니(3:7-11).

7. 그러나 무엇이든지 내게 유익하던 것을 내가 그리스도를 위하여 다 해로 여길뿐더러. 바울은 그런 것들은 자기가 그리스도를 알기 전에 자기에게 유익했던 것들이었다고 말한다. 왜냐하면, 우리가 헛된 자부심으로 교만해지는 유일한 이유는 그리스도에 대한 무지이기 때문이다. 따라서 어떤 사람이 자기가 훌륭하고 뛰어나다고 잘못 평가하거나, 어떤 사람에게서 교만함과 오만방자함이 있는 것을 본다면, 우리는 그 사람이 그리스도를 알지 못하는 자라는 것을 확신할 수 있다. 반면에, 그리스도께서 우리 안에서 빛을 발하자마자, 전에 거짓된 광채와 현란함으로 우리

의 눈을 현혹시켰던 모든 것들이 즉시 사라지거나 적어도 보잘것없어지게 된다. 그래서 바울은 이제 빛을 받고 보니, 전에 자기가 눈이 멀어 있었을 때에 자기에게 유익이었던 것들, 아니 그에게 유익이 되는 것으로 보였던 것들이 자기에게 해악들이었다는 것을 알게 되었다고 고백한다. 왜 해악들인가? 그것들은 그가 그리스도께로 나아가는 길을 방해하는 것들이었기 때문이다. 우리가 그리스도께로 가까이 나아가는 것을 방해하는 것보다 우리에게 더 해로운 것이 무엇이 있겠는가? 지금 바울이 주로 자신의 "의"에 대해 말하는 이유는, 우리가 우리 자신의 의를 벗어 버리고 벌거벗은 모습으로 나아가지 않으면, 그리스도께서는 우리를 받아 주지 않기 때문이다. 그래서 그는 자기가 자신의 의로 인해서 그리스도께로 나아갈 수 없었다는 점에서, 자신의 의야말로 자기에게 가장 해로운 것이었음을 인정하는 것이다.

8. 또한 모든 것을 해로 여김은. 사도가 앞에서 "해로 여겼다"고 완료 시제로 말한 후에(개역개정에는 현재 시제로 되어 있다), 여기에서 다시 한 번 "해로 여긴다"고 현재 시제로 말하는 이유는 자신의 생각이 그 때나 지금이나 동일하다는 것을 보여주고자 한 것이다. 왜냐하면, 사람들은 새로운 것을 접했을 때에는 처음에는 너무나 기뻐서 이전의 다른 모든 것을 다 하찮게 여기지만, 시간이 지나고 나면 생각이 달라져서 자기가 그렇게 한 것에 대해 후회하는 일이 종종 일어나기 때문이다. 그래서 바울은 그리스도를 얻기 위해서, 자기가 전에 자기에게 유익한 것들을 다 해악이라고 여겨서 버렸다고 말한 후에, 자신의 생각은 지금도 여전히 변함이 없다는 말을 여기서 덧붙인다.

내 주 그리스도 예수를 아는 지식이 가장 고상하기 때문이라. 사도는 우리를 속이는 성향을 지닌 그런 모든 생각이나 지식과 대비시켜서 복음을 칭송한다. 왜냐하면, 고상하고 훌륭한 모습을 지닌 많은 것들이 존재하지만, 그리스도를 아는 지식은 그 고상함에 있어서 다른 모든 것들을 훨씬 능가해서, 후자는 무엇이든지 전자에 비하면 멸시할 만하지 않은 것이 없기 때문이다. 그러므로 이것으로부터 우리는 오직 그리스도를 아는 지식에 우리의 모든 가치를 두는 것이 마땅하다는 것을 배우게 된다. 바울이 그리스도를 "내 주"라고 부르는 것은 자신의 강렬한 감정을 표현하기 위한 것이다.

내가 그를 위하여 모든 것을 잃어버리고. 여기서 사도는 자기가 앞서 했던 말에서 좀 더 나아간 자신의 감정을 표현하거나, 적어도 좀 더 분명하게 표현한다. "내가 그를 위하여 모든 것을 잃어버리고"는 선원들이 배가 좌초될 위험에 처했을 때에 배를 가볍게 해서 항구에 무사히 도착할 수 있도록 하기 위해 배 안에 실린 모든 짐을 바다 속으로 버리는 것에서 가져온 비유이다. 즉, 바울은 자기는 오직 그리스도만을 얻기 위해서 자기가 가진 다른 모든 것을 기꺼이 다 내던져 버렸다는 것이다.

그러나 여기서 한 가지 질문이 제기되는데, 그것은 우리가 그리스도에게 참여하는 자들이 되기 위해서는(히 3:14) 부와 명예와 고귀한 혈통, 심지어 외적인 의까지도 다 내버리는 것이 필수적인가 하는 것이다. 왜냐하면, 이 모든 것들은 하나님의 선물들이어서 그 자체로는 멸시할 필요가 없는 것들이기 때문이다. 나의 대답은 사도는 여기서 그런 것들 자체가 아니라 그런 것들이 지닌 특질이나 속성을 문제삼고 있다는 것이다. 사실 천국은 "극히 값진 진주" 같아서, 그것을 사기 위해서 자기가 가지고 있는 모든 것을 파는 것을 주저할 사람은 아무도 없다는 것은 사실이다(마 13:46). 하지만 그런 것들 자체와 그것들이 지닌 속성이나 특질은 서로 다르다. 바울은 자기가 그리스도인이 되기 위해서는 자신의 지파 및 아브라함의 족속과의 관계를 부정하고 외인이 되는 것이 아니라 단지 자신의 혈통을 의지하는 것을 거부하는 것이 필수적이라고 여긴 것이었다. 정숙한 자가 정숙하지 않은 자가 되는 것이나, 제정신인 자가 정신 나간 자가 되거나, 존경할 만하고 존귀한 삶을 살던 자가 방탕한 삶을 사는 자가 되는 것은 합당하지 않은 일이다. 오직 바울에게 필요했던 것은 자신의 의에 대한 잘못된 평가에서 벗어나서 그것을 멸시하고 버리는 일이었다. 우리는 믿음의 의에 대해 말할 때에도, 행위들 자체를 반대하는 것이 아니라, 궤변론자들이 사람은 그 행위들로 말미암아 의롭게 될 수 있다고 주장함으로서 그 행위들에 부여하는 잘못된 특질이나 속성에 반대한다. 마찬가지로, 바울도 행위들 자체를 부정한 것이 아니라, 마치 그 행위들이 사람에게 의를 가져다주는 것처럼 착각해서 그 행위들을 신뢰하여 자랑함으로써 교만해지는 것을 반대한 것이다.

부귀영화와 관련해서 그것들에 대한 집착을 버리게 되면, 우리는 주께서 우리에게 그것들 자체를 버릴 것을 요구하시는 경우에는 기꺼이 그렇게 하게 될 것이고, 또한 그렇게 하는 것이 마땅하다. 그리스도인이 되기 위해서는 가난한 자가 되어야 하는 것이 필수적인 것이 아님은 분명하다. 그러나 그렇게 하는 것이 주께서 기뻐하시는 일인 경우에는, 기꺼이 가난을 감내하고자 하는 것이 마땅하다. 요컨대, 그리스도인들이 그리스도 밖에 있는 어떤 것을 갖는 것은 합당하지 않다. 그런데 오직 그리스도만이 우리가 자랑해야 하는 분이고 우리를 전적으로 주관하셔야 할 분이기 때문에, 나는 그리스도를 따르는 데 방해가 되는 모든 것은 그리스도 밖에 있는 것이라고 생각한다.

배설물로 여김은. 여기서 사도는 자기가 앞서 했던 말이 단지 말로만이 그런 것이 아니라 실제의 삶 속에서도 그렇다는 것을 힘주어 강조한다. 왜냐하면, 바다에서 폭풍우를 만나 거기에서 무사히 빠져 나오기 위해 배에 실린 물건들을 다 바다 속으로 내던진다고 해도, 그것은 선원들이 부를 멸시해서가 아니라, 단지 가난하고 비참하게 살아가는 것이 부와 함께 바닷물에 빠져 익사하는 것보다는 더 낫다고 생각했기 때문이다. 그들은 마지못해 물건들을 바다 속으로 내던진 것이었고 못내 아쉬워하며 그렇게 한 것이기 때문에, 무사히 항구에 도착했을 때에는 자신들의 물건을 잃게 된 것을 억울해하며 통곡하게 된다. 반면에, 바울은 전에 자기에게 귀한 것으로 여겨졌던 것들을 버렸을 뿐만 아니라, 이제 그것들은 자기에게 사람들이 역거워하고 몹시 싫어하여 가까이 가기도 싫어하고 다시는 보기 싫다고 멀리 내던져 버리는 "배설물" 같은 것이라고 선언한다. 크리소스토모스(Chrysostomus)는 "배설물"로 번역된 단어를 "지푸라기들"로 번역한다. 하지만 문법학자들은 '스퀴발론'(σκύβαλον)은 "개들에게 던져 주는 것들"을 가리키는 '퀴시발론'(κυσίβαλον)과 같은 의미로 사용된다는 견해를 피력한다. 그리스도에게 반대되고 이질적인 모든 것들은 하나님이 보시기에 가증스러운 것들이기 때문에, 우리가 그것들을 역거워하고 혐오하는 것은 지극히 합당하다(눅 16:15). 또한, 그것들은 단지 아무런 근거도 없는 거짓된 허구들이라는 점에서도, 우리는 그것들을 역거워하고 멀리하는 것이 마땅하다.

그리스도를 얻고. 이 표현을 통해서 사도는 우리가 가진 모든 것을 잃지 않고서는 그리스도를 얻을 수 없다는 것을 암시한다. 왜냐하면, 그리스도는 우리가 오직 그의 은혜로만 부요하게 되고, 오직 자기만이 우리가 가진 복 전체가 되기를 원하시기 때문이다. 그런데 우리가 모든 것을 잃는 것이 무엇을 의미하는지는 앞에서 이미 살펴본 바 있는데, 그것은 우리가 오직 그리스도만을 믿고, 의지하는 것 외에 모든 것을 버리는 것이다. 바울은 이렇게 흠 없고 무죄한 삶을 살았음에도 불구하고, 자신의 의는 해로운 것이자 "배설물"일 뿐이라고 주저 없이 말하는데도, 오늘날의 바리새인들은 온갖 악으로 뒤덮여 있는 삶을 살면서, 그럼에도 불구하고 그리스도를 제쳐놓고 그들 자신의 공로를 높이고 찬양하는 데 여념이 없으면서도, 전혀 부끄러움을 느끼지 못하는 것은 무엇을 의미하는가?

9. 그 안에서 발견되려 함이니. 여기에서 사용된 "발견하다"라는 동사는 수동태로 되어 있어서, 다른 모든 이들은 이 어구를 "내가 그 안에서 발견되려 함이니"라고 번역해 왔다. 하지만 그렇게 번역한 이들은 마치 문맥이 아무런 의미도 없다는 듯이 문맥을 완전히 무시하고 간과하고 있는 것이다. 만일 이 어구를 수동태로 읽는다면, 우리는 바울이 자기가 그리스도 안에서 발견되기 전에는 상실한 상태에 있었다고 말함으로써, 그리스도를 알기 이전과 이후의 자신의 상태를 대비시키고 있는 것으로 이해해야 한다. 이것은 마치 부자 상인이 재물이 가득 실린 배가 그에게 있는 동안에는 상실한 자와 같았지만, 그 재물을 다 바다 속으로 내던진 후에는 자기는 발견된 자라고 말하는 것과 같다. 이렇게 말하는 것은 "모든 것을 잃지 않으면 나를 잃는다"는 격언과 기가 막히게 잘 맞아떨어지는 것처럼 보이기도 한다. 하지만 여기서 "발견되다"로 번역된 동사 '유리스코마이'(εύρίσκομαι)는 수동형 어미를 지니고 있기는 하지만 능동의 의미를 나타내는 것으로서, "자발적으로 버린 것들을 되찾다"를 의미하고, 기욤 뷔데(Guillaume Budé)는 여러 예들을 들어 그것을 보여주기 때문에, 나는 다른 사람들과 다른 견해를 주저 없이 택하였다. 왜냐하면, 이 동사를 능동으로 이해해서, 이 어구를 "바울이 그리스도 안에서 그것들을 되찾기 위해서 자기가 가진 모든 것을 버렸다"고 해석하는 것이 의미도 더 완벽하고 가르침도 더 풍부해지기 때문이다. 그리고 이런 해석은 그가 사용한 "유익"이라는 단어와도 더 잘 부합한다. 왜냐하면, 그리스도 안에는 모든 것이 들어 있다는 점에서, 그것은 결코 사소하거나 통상적인 유익이 아니라 이루 말할 수 없이 엄청난 유익이었다는 뜻이 거기에 담겨 있기 때문이다. 그리고 우리가 모든 것을 다 내버리고 아무것도 없는 상태로 그리스도께로 나아갈 때, 우리가 잃는 것은 아무것도 없다는 것은 의심의 여지가 없다. 왜냐하면, 우리가 전에 잘못된 근거들 위에서 우리가 가지고 있다고 생각했던 것들을 이제 그리스도 안에서는 진정으로 얻을 수 있게 되기 때문이다. 따라서 사도는 우리는 그리스도 안에서 모든 것을 얻고 발견할 수 있다는 점에서 그리스도의 부요함이 얼마나 큰 것인지를 좀 더 풍부하게 보여주고 있는 셈이다.

내가 가진 의는 율법에서 난 것이 아니요 오직 그리스도를 믿음으로 말미암은 것이니 곧 믿음으로 하나님께로부터 난 의라. 믿음의 의에 대한 구체적인 설명을 보고자 하고 그 참된 성격을 이해하고자 하는 사람에게 이 구절은 주목할 만한 것이다. 왜냐하면, 바울은 여기에서 두 종류의 의를 비교하기 때문이다. 하나는 그가 사람에게 속한 것이라고 말하는 것인데, 이와 동시에 그는 그것을 율법의 의라고도 부른다. 다른 하나는 그가 "하나님께로부터 난 의"라고 말하는 것으로서, 그리스도를 믿는 믿음에 의거해서 믿음으로 말미암아 얻게 되는 의이다. 사도는 이 두 종류의 의는 서로 정면으로 대립되기 때문에 양립할 수 없다고 설명한다. 따라서 우리가 여기에서 주목해서 보아야 할 것이 두 가지가 있다. 첫 번째는 믿음으로 말미암아 의롭게 되기 위해서는 율법의 의를 거부하고 버려야 한다는 것이고, 두 번째는 믿음의 의는 하나님께로부터 오고 인간에게 속한 것이 아니라는 것이다. 우리는 오늘날 이 두 가지를 놓고서 교황주의자들과 대판 논쟁을 벌이고 있다. 그들은 한편으로는 믿음의 의가 전적으로 하나님께로부터 온다는 것을 인정하지 않고 그 일부를 인간에게 돌리며, 다른 한편으로는 마치 이 두 종류의 의가 서로를 배제함이 없이 얼마든지 양립할 수 있다는 듯이, 이 둘을 함께 뒤섞기 때문이다. 따라서 우리는 바울에 의해서 사용된 몇몇 단어들을 세심하게 살펴볼 필요가 있다. 왜냐하면, 그는 그 단어들 하나하나를 모두 다 대단히 강조하고 있고 아주 중요한 의미를 담고 있기 때문이다.

바울은 믿는 자들에게는 그들 자신의 의라는 것은 전혀 없다고 말한다. 그런데 만일 행위의 의라는 것이 존재하는 것이라면, 우리에게 우리 자신의 의가 있다고 말하는 것이 옳을 것이다. 그래서 그는 행위의 의라는 것이 들어설 여지를 전혀 남겨 놓지 않는다. 그가 행위의 의를 "율법의 의"라고 부르는 이유는 로마서 10:5이 보여주는데, 그것은 "율법으로 말미암는 의를 행하는 사람은 그 의로 살리라"는 것이 율법의 선언이기 때문이다. 이렇게 율법은 율법에 규정되어 있는 모든 것을 지켜 행하는 자를 의롭다고 선언한다. 그런데 교황주의자들이 여기에서 율법을 예식법으로 국한시켜야 한다고 주장하는 것은 아무런 근거가 없다. 왜냐하면, 첫 번째는 사람이 오직 예식법을 지킴으로써 의롭게 될 수 있다고 바울이 단언했다고 보는 것은 어처구니없는 일이기 때문이고, 두 번째는 그는 여기서 두 종류의 의, 즉 인간에게서 나오는 의와 하나님께로부터 오는 의를 대비시키고 있는 것인 까닭에, 행위에 대한 상으로서의 의와 하나님의 거저 주시는 선물로서의 의를 대비시키고 있음이 분명하기 때문이다. 이렇게 그는 일반적인 방식으로 인간의 공로를 그리스도의 은혜와 대립시킨다. 왜냐하면, 율법은 행위를 요구하는 반면에, 믿음은 사람을 하나님 앞에 벌거벗은 모습으로 세워서 그리스도의 의로 옷 입게 하기 때문이다. 따라서 그가 믿음의 의는 하나님께로부터 온다고 선언한 것은 단지 믿음이 하나님의 선물이기 때문만이 아니라, 하나님이 자신의 선하심으로 말미암아 우리를 의롭다고 하고, 우리는 하나님이 우리에게 수여한 의를 믿음으로 받기 때문이다.

10-11. 내가 그리스도와 그 부활의 권능과 그 고난에 참여함을 알고자 하여 그의 죽으심을 본받아 어떻게 해서든지 죽은 자 가운데서 부활에 이르러 하노니. 사도는 믿음의 효력과 본질을 제시한다. 즉, 믿음은 그리스도를 아는 지식이다. 하지만 그 지식은 불분명하고 어렴풋이 그리스도를 아는 것이 아니라, 그리스도의 "부활의 권능"을 실제로 느끼는 방식으로 아는 것이다. 여기에서 그는 구속의 완성이라는 의미로 "부활"을 언급하는 것이기 때문에, 거기에는 그리스도의 죽으심이라는 개념이 아울러 내포되어 있다. 그러나 십자가에 못 박히고 죽은 자 가운데서 살아나신 그리스도를 안다고 해도, 우리가 그 열매를 경험하지 못한다면, 그런 지식으로는 충분하지 않기 때문에, 사도는 그 효력에 대해 명시적으로 말한다. 그러므로 우리가 그리스도의 죽으심과 부활이 얼마나 큰 권능으로 이루어진 것이고, 그 일들이 우리에게 미치는 효력이 얼마나 큰 것인지를 실제로 느낄 때에만, 우리는 그리스도를 제대로 올바르게 안다고 할 수 있다. 이제는 우리에게 모든 것, 즉 죄를 속하고 멸한 것, 정죄로부터의 자유, 대속, 사망에 대한 승리, 의의 성취, 복되고 영원한 삶에 대한 소망이 우리를 위해 마련되어 있다.

사도는 그리스도의 부활로 말미암아 우리를 위해 확보되고 믿음으로 말미암아 우리가 얻게 되는 거저 주시는 의에 대해 말한 후에, 곧바로 이어서 "그 고난에 참여함"과 "그의 죽으심을 본받는" 것에 대하여 말함으로써, 경건한 자들이 해야 할 일들을 다루는데, 이것은 자기가 전하는 것이 우리의 삶 속에서 아무런 효력도 낳지 못하는 무기력한 믿음이 아니라는 것을 보여주기 위한 것이다. 또한, 이것은 거짓 사도들은 하나님의 백성들에게 예식법과 관련된 쓸데없는 행위들을 강요하고 있지만, 하나님이 자기 백성에게 진정으로 원하는 것은 그들이 그리스도의 고난에 참여하고 그리스도의 죽으심을 본받는 것임을 간접적으로 보여주기 위한 것이기도 하다. 그러므로 믿음으로 말미암아 그리스도의 모든 은택에 참여하게 된 자들은 누구나 자신의 삶 전체를 바쳐서 그리스도의 죽음을 본받아야 하는 의무가 그들에게 부과되어 있다는 것을 알아야 한다.

하지만 그리스도의 죽으심을 본받고 참여하는 데에는 두 종류가 있다. 그 중 하나는 내적인 것으로서, 성경에서 육체를 죽이는 것 또는 옛 사람을 십자가에 못 박는 것이라고 표현하고, 바울이 로마서 6장에서 다루는 것이다. 다른 하나는 외적인 것으로서, 겉사람을 죽이는 것이라고 표현되는 것이고, 바울이 로마서 8장에서 다루는 십자가를 지고 감당하는 것인데, 내가 잘못 알고 있는 것이 아니라면 여기에서 다루는 것도 바로 후자이다. 왜냐하면, 그가 그리스도의 부활의 권능에 대해 말한 후에 십자가에 못 박히신 그리스도를 우리 앞에 제시한 것은, 우리가 그리스도를 따라 고난과 환난을 감당하여야 한다는 것을 보여주기 위한 것이고, "죽은 자 가운데서 부활에 이르려" 한다고 명시적으로 언급한 것은 우리가 살기 위해서는 먼저 죽어야 한다는 것을 알게 하기 위한 것이기 때문이다. 이것은 믿는 자들이 이 세상에서 순례길을 걸어가는 동안에는 늘 계속해서 묵상해야 할 주제이다.

하지만 우리가 우리의 온갖 비참한 상황들 속에서도 그리스도의 지체들로서 그리스도의 십자가에 참여하는 자들이 되어서, 우리가 겪는 환난들이 영원히 복된 삶으로 들어가는 통로라는 사실은 최고의 위로가 아닐 수 없다. 그래서 성경의 다른 곳에서는 "우리가 주와 함께 죽었으면 또한 함께 살 것이요 참으면 또한 함께 왕 노릇 할 것이요"(딤후 2:11-12)라고 말한다. 그러므로 그리스도의 삶이 죽음의 전주곡 외의 다른 것이 아니었던 것과 마찬가지로, 우리는 우리의 삶 전체가 죽음을 짊어지는 것 외의 다른 것이 아니라더라도 그것을 기꺼이 받아들일 준비가 되어 있어야 한다. 하지만 우리가 이 땅에서 그런 삶을 살아가더라도, 우리에게는 그 결국이 영원히 복된 삶이 될 것이라는 위로가 있다. 왜냐하면, 그리스도의 죽으심은 곧바로 부활과 연결되어 있기 때문이다. 그래서 바울은 자기가 "그의 죽으심을 본받아 어떻게 해서든지" 부활의 영광에 이르고자 한다고 말한다. "어떻게 해서든지"라는 어구는 의심을 나타내는 것이 아니라, 어려움을 나타내는 것으로서, 이것은 결코 쉽고 가벼운 일이 아니어서, 우리 앞에는 아주 어렵고 중대한 장애들이 무수히 널려 있지만, 그럼에도 불구하고 우리는 온 힘을 다해 싸워서 그 영광을 쟁취하는 것이 마땅하다는 것을 말함으로써 우리에게 용기를 북돋워 주고자 하는 것이다.

¹²내가 이미 얻었다 함도 아니요 온전히 이루었다 함도 아니라 오직 내가 그리스도 예수께 잡힌 바 된 그것을 잡으려고 달려가노라 ¹³형제들아 나는 아직 내가 잡은 줄로 여기지 아니하고 오직 한 일 즉 뒤에 있는 것은 잊어버리고 앞에 있는 것을 잡으려고 ¹⁴푯대를 향하여 그리스도 예수 안에서 하나님이 위에서 부르신 부름의 상을 위하여 달려가노라 ¹⁵그러므로 누구든지 우리 온전히 이룬 자들은 이렇게 생각할지니 만일 어떤 일에 너희가 달리 생각하면 하나님이 이것도 너희에게 나타내시리

라 ¹⁶오직 우리가 어디까지 이르렀든지 그대로 행할 것이라 ¹⁷형제들아 **너희는** 함께 나를 본받으라 그리고 너희가 우리를 본받은 것처럼 그와 같이 행하는 자들을 눈여겨 보라(3:12-17).

12. 내가 이미 얻었다 함도 아니요 온전히 이루었다 함도 아니라 오직 내가 그리스도 예수께 잡힌 바 된 그것을 잡으려고 달려가노라. 바울이 이것을 역설하는 이유는 자기는 오직 그리스도만을 생각할 뿐이고, 그 밖의 다른 것들은 알지도 못하고 원하지도 않으며, 자기 생각 속에는 오직 그리스도뿐이라는 것을 빌립보 교인들에게 확신시키기 위한 것이다. 따라서 여기서의 무게 중심은 그가 지금 덧붙이고 있는 것, 즉 자기는 모든 방해되는 것들을 다 버렸지만, 그럼에도 불구하고 자기가 목표로 하는 것에 아직 도달하지 못했기 때문에, 늘 거기에 도달하고자 하는 열망을 품고서 그 목표를 향하여 열심히 달려가고 있다고 말하는 것에 있다. 그렇다면 바울보다 한참이나 뒤처진 빌립보 교인들이 있는 힘을 다해서 그 목표를 향해 달려가야 한 것은 너무나 당연한 일이 아니겠는가?

하지만 우리는 여기서 바울이 자기가 아직 도달하지 못했다고 말하는 것이 무엇을 의미하는지를 묻게 된다. 왜냐하면, 우리가 믿음으로 말미암아 그리스도의 몸에 접붙임을 받게 되자마자, 우리는 이미 하나님의 나라에 들어간 것이고, 에베소서 2:6("또 함께 일으키사 그리스도 예수 안에서 함께 하늘에 앉히시니")에서 말하듯이 소망 가운데서 이미 하늘에 앉아 있는 것임은 의심의 여지가 없기 때문이다. 나의 대답은 우리의 구원은 아직 소망 가운데 있고, 우리가 장차 받게 될 유업은 안전하게 확보되어 있기는 하지만, 그럼에도 불구하고 우리는 아직 그것을 향유하고 있지는 않다는 것이다. 이와 동시에, 바울은 여기에서 그것과는 다른 무엇, 즉 그가 앞에서 언급한 바 있는 육체를 죽여서 믿음의 진보를 이루는 것을 바라보고 이 말을 하고 있다. 그는 앞에서 자기가 그리스도의 십자가에 참여하여 어떻게 해서든지 죽은 자 가운데서 부활에 이르려고 온 힘을 다해 애쓰고 있다고 말했었는데, 이제 여기에서는 그럼에도 불구하고 아직 그 목표에 도달하지는 못했다는 말을 덧붙인다. 그의 목표는 무엇이었는가? 그것은 그리스도의 고난에 온전히 참여하여 그리스도의 부활의 권능을 온전히 맛보고 그리스도를 온전히 알게 되는 것이었다. 따라서 그는 자신의 모범을 통해서 우리가 믿음의 진보를 이루어야 한다는 것, 그리스도를 아는 지식은 도달하기 어려운 목표이기 때문에, 거기에 모든 것을 다 바쳐서 진력하는 자들조차도 이 땅에서 살아가는 동안에는 그것을 온전히 이루지 못한다는 것을 가르쳐 준다. 하지만 이것은 바울의 가르침의 권위를 손상시키는 것이 전혀 아니다. 왜냐하면, 그는 자기에게 맡겨진 직분을 수행하는 데 충분할 정도로는 그 목표에 도달해 있었기 때문이다. 하지만 하나님은 자신이 친히 모든 사람의 교사로 세우신 그로 하여금 겸손 가운데 연단되어 자신의 직무를 감당하도록 하기 위해서는, 그가 계속해서 믿음의 진보를 이루어가도록 할 필요가 있었다.

사도가 "내가 그리스도 예수께 잡혀 있기 때문에"(개역개정에는 "내가 그리스도 예수께 잡힌 바 된")라는 구절을 여기에 삽입한 것은 앞에서 한 말을 바로잡기 위한 것이다. 즉, 그는 앞에서 자기가 "그것을 잡으려고 달려가노라"고 말하고 나서, 마치 그것이 자기 힘으로 그렇게 하는 것이라는 인상을 줄 것을 우려해서, 여기서는 자신의 그러한 모든 노력을 하나님의 은혜로 돌리고 있는 것이다. 이 구절을 "내가 그리스도 예수께 잡혀서"라고 번역해야 하느냐, 아니면 "잡혀 있기 때문에"로 번역해야 하느냐는 그리 중요한 문제가 아니다. 왜냐하면, 어느 쪽으로 번역해도 그 의미는 "바울은 그리스도에게 잡힌 상태로 그리스도를 잡으려고 하고 있다"는 것으로 동일하기 때문이다. 즉, 그는 자기는 그리스도의 감화와 인도하심 아래에서가 아니면 그 어떤 것도 하지 않았다는 것이다. 하지만 어느 쪽을 선택해도 문제가 없기 때문에, 나는 둘 중에서 좀 더 명확한 번역인 "잡혀 있기 때문에"를 선택하였다.

13-14. 형제들아 나는 아직 내가 잡은 줄로 여기지 아니하고 오직 한 일 즉 뒤에 있는 것은 잊어버리고 앞에 있는 것을 잡으려고 푯대를 향하여 그리스도 예수 안에서 하나님이 위에서 부르신 부름의 상을 위하여 달려가노라. 사도는 여기에서 마치 자기가 구원 받을지 어쩔지는 아직은 모르는 일이라는 듯이 자신의 구원의 확실성에 대해 의문을 제기하고 있는 것이 아니라, 자기가 앞에서 말했던 것, 즉 자기는 자신의 부르심의 목표를 아직 달성하지 못했기 때문에 지금도 계속해서 앞으로 나아가고 있는 것이라는 말을 되풀이하고 있는 것이다. 그는 이 말을 한 직후에 자기는 다른 모든 것을 다 버려둔 채로 오직 이 한 가지 일에 몰두하고 있다고 말함으로써, 그것을 보여준다.

이제 그는 우리의 삶을 달리기 경주에 비유해서, 하나님이 우리가 달려서 도달해야 할 목표지점을 우리에게 설정해 놓으셨다고 말한다. 왜냐하면, 경주자가 출발점을 떠난 후에 목표지점을 향해 달려가지 않는다면, 그가 아무리 열심히 달린다고 하여도, 그것은 다 무익하고 쓸데없는 일이 되고 마는 것과 마찬가지로, 우리도 죽을 때까지 우리의 부르심의 목표지점을 향해 달려가야 하고, 우리가 구하는 그 지점에 도달할 때까지는 결코 쉬어서는 안 되기 때문이다. 또한, 경주자가 방향을 잡지 못하고 이리저리 헤맨다면 쓸데없이 기력만 소진할 뿐이고 목표지점에는 도달하지 못할 것이기 때문에 목표지점으로 향하는 올바른 길을 택해서 달려가야 하는 것과 마찬가지로, 우리도 하나님이 우리 앞에 설정해 놓으신 목표를 향해 나아갈 때에 엉뚱한 길에서 헤매지 말고 올바른 길로 곧장 달려가야 하기 때문에, 하나님께서는 우리가 분별 없이 이리저리 헤매는 것을 허락하지 않으신다. 셋째로, 경주자가 달리기에 방해가 되는 것으로 말미암아 달리기를 멈추어서는 안 되기 때문에 그런 모든 것들로부터 자유로워서 쉼 없이 계속해서 달려가야 하고, 모든 장애를 극복하고서 목표지점에 도달해야 하는 것과 마찬가지로, 우리는 우리의 주의를 산만하게 할 수 있는 모든 것에 우리의 마음이나 생각을 기울여서는 안 되고, 도리어 정반대로 우리의 마음이나 생각을 빼앗을 수 있는 모든 것으로부터 벗어나서 오로지 우리의 온 마음을 하나님의 부르심에 치중하여야 한다. 바울은 이 세 가지를 이 한 가지 비유에 담아서 말한다.

그가 "뒤에 있는 모든 것은 다 잊어버리고," 오직 "이 한 가지 일"을 하고 있다고 말한 것은, 자기가 자신의 주의를 빼앗고 산만하게 하는 모든 것은 다 배제하고 이 한 가지 일에만 온 힘을 다해 진력하고 있다는 것을 보여주는 것이고, "앞에 있는 것을 잡으려고 푯대를 향하여 달려가노라"고 말한 것은, 자기가 그 길에서 이리저리 헤매고 있지 않다는 것을 보여주는 것이다. 그는 "뒤에 있는 것은 잊어버리고"라고 말할 때, 경주자들이 자기가 달려가야 할 길을 전속력으로 달려가고 결코 그 속도를 늦추지 않기 위해서, 어느 쪽으로든 한 눈을 팔지 않고, 특히 자기가 지금까지 얼마나 달려 왔는지를 알아보려고 뒤를 돌아보는 일은 더더욱 하지 않는 가운데, 오로지 앞에 있는 목표지점을 향하여 쉴 새 없이 걸음을 재촉하여 달려가는 모습을 염두에 두고 있다. 이렇게 바울은 자기가 지금까지 이룬 것이나 행한 것에 대해서는 생각하지 않고, 오로지 하나님이 정해 주신 목표지점을 향해 쉬지 않고 달렸고, 그것도 두 팔을 힘차게 뻗어서 온 힘을 다해 열심으로 달려가고 있다는 것을 우리에게 가르쳐 주는데, 그의 이러한 취지와 의도는 그가 사용한 분사 속에 함축되어 있다.

누군가는 여기에서 하나님이 우리에게 과거에 수여하신 은총들을 되돌아보는 것은 우리에게 소망을 품도록 용기를 북돋워 주고, 우리가 과거에 저지른 죄들은 우리의 현재의 삶을 바로잡고 고치는 데 유익한 교훈이 될 수 있기 때문에, 우리의 과거의 삶을 기억하고 되돌아보는 것은 우리에게 유익하다는 반론을 제기할지도 모른다. 나의 대답은 그런 성격을 지닌 생각들은 우리의 시야를 우리 앞에 놓여 있는 것에서 벗어나서 우리 뒤에 있는 것으로 돌려 놓는 것들이 아니고, 도리어 우리가 목표지점을 더욱 선명하게 분별하고 바라볼 수 있도록 돕는 역할을 하기 때문에, 바울은 여기에서 그런 것들을 말하는 것이 아니라, 경주자가 달리는 것을 방해하고 파괴적인 역할을 하는 그런 뒤돌아보는 행위들을 단죄한다는 것이다. 예를 들면, 어떤 사람이 자기가 지금까지 한 일들을 되돌아보고서는 자기는 이제 충분히 열심히 달렸고 아주 큰 진보를 이루었다고 생각해서 나태해지고 더 이상 앞으로 달려가는 것을 그만두어 버리거나, 자기가 지금까지 달려온 길에서 포기하거나 버린 것들을 생각하고서는 그런 것들에 대한 미련이 강하게 남아서 앞으로 달려가는 것에 온 마음을 쏟을 수 없게 되는 것이 바로 그런 경우들이다. 바울은 온 힘을 다해 그리스도의 부르심을 따라 달려가고자 한다면, 그런 성격의 생각들에 발목이 붙잡히는 일이 없게 하여야 한다고 말한다. 하지만 그는 여기에서 "푯대"를 향해 있는 힘을 다해 끝까지 참고 견디면서 달려가야 한다고 말했기 때문에, 혹시라도 누군가가 구원은 이런 것들, 즉 인간이 온 힘을 다해 노력하고 애쓰는 것으로 인해 주어지는 것이라고 생각할 수 있는 위험이 있었기 때문에, 구원을 비롯해서 그 푯대를 향하여 달려가는 것과 관련된 모든 것들이 하나의 원천에서 나온다는 것을 지적하기 위해서, "그리스도 예수 안에서"라는 어구를 여기에 덧붙인다.

15. 그러므로 누구든지 우리 온전히 이룬 자들은 이렇게 생각할지니. 사도는 어떤 사람들이 마치 자기가 그리스도 안에서 단지 어린 아이에 불과한 자들에게 단순하고 초보적인 일들을 설명하고 있는 것처럼, 이 말을 모든 사람들에 대한 것으로 이해하는 일이 없게 하기 위해서, 이것은 "온전히 이룬 자들"이 따라야 하는 준칙이라는 것을 분명하게 선언한다. 즉, 모든 온전한 자들은 다른 모든 것을 의지하는 마음을 버리고서, 오직 그리스도의 의만을 자랑하고 다른 모든 것보다 그 의를 우선시하며, 그리스도의 고난에 참여하여 부활의 권능을 알고자 열망해야 하는데, 그렇게 할 때에 그들은 저 복된 부활에 이르게 될 수 있다는 것이다. 수도사들이 꿈꾸는 저 완전함의 상태, 그리고 그 완전함에 도달하기 위해 그런 자들이 고안해 낸 온갖 황당한 생각들, 요컨대 허구적인 완전함 외의 다른 것이 아닌 교황주의자들이 세워 놓은 체계 전체가 바울의 이 준칙과 공통되는 것이 도대체 하나라도 있기는

한 것인가? "완전함"이라는 이 한 단어를 제대로 깨닫는 자라면 누구든지 의와 구원을 이루는 것과 관련해서 교황주의자들이 가르치는 모든 것이 악취 나는 배설물이라는 것을 분명하게 알게 될 것임은 의심의 여지가 없다.

만일 어떤 일에 너희가 달리 생각하면 하나님이 이것도 너희에게 나타내시리라. 사도는 이 말을 통해서 그들은 낮춤과 동시에 선한 소망으로 용기를 북돋워 준다. 즉, 그는 그들이 안다고 해서 교만해져서도 안 되고, 모른다고 해서 실망할 필요도 없다고 말한다. 왜냐하면, 이것을 안다면 그대로 하면 될 것이고, 모른다면 하나님의 계시를 기다리면 될 것이기 때문이다. 우리는 진리를 가로막는 최대의 장애물은 완악함 또는 완고함이라는 것을 안다. 그러므로 우리가 오류를 범하지 않고자 한다면, 그것을 막는 가장 좋은 대비는 유순한 마음으로 순종하고자 하는 마음을 갖는 것이다. 그래서 바울은 우리가 아직 우리 자신이 목표로 한 것에 도달하지 못했다면, 하나님의 계시를 기꺼이 받아들일 공간을 우리의 마음속에 만들어 놓는 것임을 간접적으로 가르친다. 또한, 그는 우리가 조금씩 진보해 나가야 한다고 가르침으로써, 중간에 주저앉거나 물러나서는 안 된다고 격려한다. 이와 동시에, 그는 자기와 다른 생각을 가진 사람들도 그들이 아직 알지 못하는 이것에 대해 하나님의 계시를 받게 될 것이라고 가르침으로써, 자기가 앞에서 가르친 것들은 논란의 여지 없이 확실한 것임을 다시 한 번 강조한다. 왜냐하면, 그것은 다음과 같이 말한 것과 같기 때문이다: "주께서는 언젠가는 너희에게 내가 지금까지 말한 것이 바로 참된 지식과 바른 삶의 온전한 준칙이라는 것을 보여주실 것이다." 그는 자신의 가르침이 옳고 정확하다는 것을 온전히 확신하지 않았다면, 이런 식으로 말할 수는 없었을 것이다. 또한, 우리가 이 본문으로부터 배워야 할 것은 우리 중에서 약한 형제들이 짧은 시간 동안에 우리와 전적으로 똑같은 마음과 생각을 갖기는 어렵기 때문에, 그들의 믿음이 진보할 때까지 그들의 무지를 용납하고 그들을 용서하여야 한다는 것이다. 바울은 자신의 가르침에 대해 확신하고 있었지만, 아직 그것을 받아들일 수 없는 자들에게는 그들의 믿음과 지식이 진보할 수 있는 시간을 허용하고, 그런 이유로 그들을 형제로 여기는 것을 중단하는 것이 아니라, 단지 그들이 자신들의 무지를 아무렇지 않게 여기고 고집해서는 안 된다는 것만을 경고한다. 여기에서 "나타내다"의 미래형 동사를 완료시제로 번역하는 것은 문맥에 맞지도 않고 부적절하기 때문에, 그러한 번역을 거부하는 것을 주저할 이유가 없다.

16. 오직 우리가 어디까지 이르렀든지 그대로 행할 것이라. 헬라어 사본들은

이 절에 나오는 구절들을 서로 다르게 나눈다. 왜냐하면, 어떤 사본들에서는 이 절이 두 개의 완전한 문장을 포함하는 것으로 보고서 그렇게 나누기 때문이다. 이 절을 그런 식으로 나누는 것을 선호한다면, 에라스무스(Erasmus)가 이 절을 번역한 것이 그 의미가 될 것이다. 하지만 나는 에라스무스와는 다른 읽기를 선호한다. 즉, 나는 여기에서 바울이 빌립보 교인들에게 자기를 본받아서 마침내 동일한 푯대에 도달하여 동일한 것을 생각하고 동일한 준칙에 따라 행하라고 권면하고 있는 것으로 본다. 왜냐하면, 바울 같이 그 안에서 진실한 마음이 존재하고 지배하는 사람이라면, 거룩하고 경건한 화합으로의 길은 쉽기 때문이다. 따라서 그들은 아직 참된 완전함이 무엇인지를 배우지 못했기 때문에, 바울은 그들로 하여금 거기에 도달하게 하기 위해서 그들이 자기를 본받는 자들이 되기를 바란다. 즉, 그들은 순전한 양심으로 하나님을 구하고(딤후 1:3), 그 어떤 것도 그들 자신의 공로로 돌리지 말며, 묵묵히 그들의 지각을 그리스도에게 복종시키기를 바란다. 왜냐하면, 바울을 본받고자 한다면, 순전한 열심, 하나님에 대한 경외, 겸손, 자기부인, 유순하고 순종하는 마음, 사랑, 화합하고자 하는 마음 같은 뛰어난 덕목들을 본받아야 하기 때문이다. 그는 그들 모두가 동시에 한 마음과 한 뜻으로 자기를 본받는 자들이 되라고 명령한다.

사도가 자신의 모범을 통해서 빌립브 교인들에게 제시하는 완전함의 푯대는 그들이 동일한 것을 생각하고 동일한 준칙에 따라 행하는 것임을 주목하라. 하지만 그는 그들이 받아들여야 할 가르침과 그들이 따라야 할 준칙에 첫 번째 자리를 배정한다.

17. 형제들아 너희는 함께 나를 본받으라 그리고 너희가 우리를 본받은 것처럼 그와 같이 행하는 자들을 눈여겨 보라. 사도는 여기에서 어떤 사람들이 자기가 본보기로 보여준 저 순전한 신앙을 따라 행하기만 한다면, 빌립보 교인들이 그런 사람들을 본받는 것은 얼마든지 좋은 일이고, 자기를 본받아야 하는지, 아니면 그 사람들을 본받아야 하는지는 하나도 중요하지 않다고 말한다. 그는 이렇게 말함으로써 자기가 야심으로 행하고 있다는 모든 의구심을 다 제거해 버린다. 왜냐하면, 자신의 이해관계에 몰두하는 자라면 사람들이 오직 자기만을 추종하기를 바라서 자신의 경쟁자를 허용하고자 하지 않기 때문이다. 이와 동시에, 사도는 그들에게 아무나 무차별적으로 본받아서는 안 된다고 경고한다. 그는 이것에 대해서는 나중에 좀 더 자세하게 설명한다.

¹⁸내가 여러 번 너희에게 말하였거니와 이제도 눈물을 흘리며 말하노니 여러 사람들이 그리스도의 십자가의 원수로 행하느니라 ¹⁹그들의 마침은 멸망이요 그들의 신은 배요 그 영광은 그들의 부끄러움에 있고 땅의 일을 생각하는 자라 ²⁰그러나 우리의 시민권은 하늘에 있는지라 거기로부터 구원하는 자 곧 주 예수 그리스도를 기다리노니 ²¹그는 만물을 자기에게 복종하게 하실 수 있는 자의 역사로 우리의 낮은 몸을 자기 영광의 몸의 형체와 같이 변하게 하시리라(3:18-21).

18. 여러 사람들이 …… 행하느니라. 사도는 "많은 사람들이 행하고 있다"는 아주 간단한 말로 이 절을 시작하는데, 내가 생각하기에는 이 말은 "땅의 일들을 생각하며 행하는 자들이 많다"는 것이다. 이것은 하나님의 나라의 권능을 알지 못하고 땅 위에서 기어다니는 자들이 많다는 것이다. 하지만 그는 이 말과 관련해서 누가 그런 사람들인지를 구별할 수 있게 하기 위해 그런 자들의 특징들을 언급하는데, 우리는 그것들을 차례로 살펴보게 될 것이다. 어떤 이들은 "땅의 일들"은 참된 경건을 망각하게 만드는 율법의 예식들과 세상의 외적인 요소들을 가리키는 것으로 이해하지만, 나는 그 어구는 육신적인 정욕을 가리키는 것으로 이해해서, "땅의 일들을 생각한다"는 것은 하나님의 성령으로 거듭나지 않은 자들이 오직 세상만을 생각하는 것을 가리키는 것으로 본다. 이것은 이후에서 사도가 말하는 것들을 통해서 더욱 분명하게 드러나게 될 것이다. 왜냐하면, 그는 "땅의 일들을 생각하는 자들"은 교회의 덕을 세우는 일에는 아무런 관심도 없고 오로지 자신들의 명예와 편안함과 이익만을 도모하는 자들이라는 것을 근거로 그런 자들을 가증스러운 자들로 규정하기 때문이다.

내가 여러 번 너희에게 말하였거니와 이제도 눈물을 흘리며 말하노니. 사도는 자기가 전에 빌립보 교인들과 함께 있을 때에 그들에게 말했던 것과 동일한 것을 지금 서신으로 상기시켜야 하는 상황이 벌어진 것을 볼 때, 그가 그들에게 자주 경고해 온 것이 타당한 근거가 없는 것이 아니었음을 보여준다. 또한, 그의 "눈물"은 그가 다른 사람들을 시기하거나 미워해서, 또는 그들을 비방하고 모욕하고자 하는 목적에서가 아니라, 교회가 그런 해충들에 의해 비참하게 무너지는 것을 보지 않고자 하는 경건한 열심에서 이런 말을 하고 있는 것임을 보여주는 증거가 된다. 참된 목회자들이 있어야 할 자리를 악하고 추잡한 자들이 차지하고 있는 것을 보았을 때, 우리가 교회에 닥친 재앙에 대해 깊이 근심하고 염려한다면, 적어도 우리의 탄식과 눈물이 그 증거가 될 것이기 때문에, 그런 식으로 반응하는 것이 우리에게 합당하다는 것은 분명하다.

또한, 바울이 어떤 자들에 대해서 그렇게 말하고 있는 것인지를 주목하는 것도 중요하다. 즉, 그는 참된 가르침을 훼손하고 무너뜨리겠다고 공공연하게 밝히는 공개된 원수들이 아니라, 신앙인으로 자처하면서도 그들 자신의 야심이나 배를 위해서 복음의 능력을 짓밟은 거짓되고 부도덕한 자들에 대해 그렇게 눈물을 흘리며 말하고 있다는 것이다. 자신들의 이익을 구하여 복음 사역의 능력을 약화시키는 그런 부류의 사람들이 어떤 때에는 그리스도를 공개적으로 대적하는 자들보다 더 위험하고 해롭다는 것은 의심의 여지가 없다. 그러므로 우리는 그런 자들을 가만 놓아 두거나 감싸서는 안 되고, 기회 있을 때마다 그런 자들을 지목하여 그들의 정체를 드러내어야 한다. 그들이 그런 우리에게 너무 심하다고 불평하고 욕한다면, 그렇게 하도록 내버려 두라. 왜냐하면, 그들이 우리의 그 어떤 잘못을 지적하며 욕한다고 할지라도, 우리가 여기에 나오는 바울의 모범을 근거로 해서 그 옳음을 증명하지 못할 것은 아무것도 없을 것이기 때문이다.

그리스도의 십자가의 원수로. 어떤 이들은 여기에서 "십자가"는 구속의 신비 전체를 가리키는 것으로 이해해서, 이 원수들은 율법을 전함으로써 그리스도의 죽으심의 은택을 무효로 만들고자 했기 때문에, 사도가 그들에 대해 이렇게 말하는 것이라고 설명한다. 하지만 어떤 이들은 이 원수들은 그리스도를 위하여 위험을 감수하고자 하지 않음으로써 십자가를 꺼려하고 피했기 때문에, 사도가 여기에서 그들을 "십자가의 원수들"로 규정한 것이라고 설명한다. 하지만 나는 이 어구를 좀 더 일반적으로 이해해서, 여기에서 사도는 그런 자들이 복음의 친구들인 체 가장하지만, 사실은 복음의 최악의 원수들이라는 것을 밝히고 있는 것이라고 본다. 왜냐하면, 바울이 복음의 가르침 전체를 가리키기 위해서 "십자가"라는 표현을 사용하는 것은 결코 이례적인 일이 아니기 때문이다. 예를 들면, 다른 곳에서 그는 "누구든지 그리스도 안에 있으면 새로운 피조물이라"(고후 5:17)고 말한다.

19. 그들의 마침은 멸망이요 …… 그 영광은 그들의 부끄러움에 있고 땅의 일을 생각하는 자라. 사도가 이 말을 덧붙이는 것은 빌립보 교인들에게 그런 자들이 얼마나 큰 위험에 빠져 있는 자들인지를 깨닫고 두려움과 경각심을 느끼고서 그런 자들과 연루되어서 함께 파멸하게 되는 일이 없도록 한층 더 조심하고 경계하도록 하게 하기 위한 것이다. 하지만 여기에서 묘사되고 있는 거짓되고 부도덕한 자들은

겉으로 보이는 모습과 다양한 술책들을 통해서 흔히 단순한 자들의 눈을 잠시 현혹시켜서, 그리스도의 가장 뛰어난 종들보다 더 공경을 받기 때문에, 사도는 그들이 지금 잠시 사람들로부터 영광을 받을지라도, 그 영광은 조만간에 "부끄러움"과 치욕으로 바뀌게 될 것이라고 아주 단호하게 선언한다.

그들의 신은 배요. 사도는 그들이 할례를 비롯한 여러 예법들을 지킬 것을 강요하지만, 그것은 그들이 율법에 대해 아주 큰 열심을 갖고 있어서가 아니라, 사람들이 좋아하는 것을 가르쳐서 사람들로부터 좋은 평판을 듣고 존경을 받음으로써, 성가신 일 없이 편안하게 살기 위한 것이라고 말한다. 왜냐하면, 그들은 유대인들이 바울을 비롯해서 그와 비슷한 자들에 대해 격분해서 살기가 등등한 것을 보았던 까닭에, 그리스도를 순수하게 전하는 경우에는 자신들에게도 똑같은 결과가 벌어지게 될 것을 알고서는, 자신들의 안위와 이익을 위해서 유대인들의 분노를 사지 않기 위해서 율법을 섞은 변질된 복음을 사람들에게 가르쳤기 때문이다.

20. 그러나 우리의 시민권은 하늘에 있는지라. 바울의 이 말은 복음의 일꾼인 체 가장한 자들이 자랑하는 온갖 헛된 겉모습들을 무너뜨린다. 왜냐하면, 여기에서 그는 땅 위로 날아올라서 하늘을 열망하지 않는 그들이 목표로 하는 모든 것들은 가증스러운 것들이라는 것을 간접적으로 선언하고 있는 것이기 때문이다. 그는 하나님의 영적인 나라 외에는 그 어떤 것도 가치 있는 것이 아니기 때문에, 믿는 자들은 이 세상에서 사는 동안에도 하늘에 속한 삶을 영위하는 것이 마땅하다는 것을 가르친다. 그는 이렇게 말한 것과 같다: "그들은 땅의 일들을 생각하는 자들이기 때문에, 하늘에 시민권이 있는 우리는 그들을 멀리하는 것이 합당하다." 이 땅에서 우리는 믿지 않는자들이나 외식하는 자들과 함께 섞여서 살아갈 수밖에 없다는 것은 사실이다. 아니, 겉으로 보기에는 진짜 알곡보다는 "겨"가 하나님의 곳간에 들어 있는 알곡처럼 보인다. 또한, 우리는 이 땅에서 살아가면서 많은 환난들을 당하고, 음식을 비롯해서 그 밖의 다른 생활필수품들이 필요하지만, 그럼에도 불구하고 하늘에 마음을 두고 살아가는 것이 마땅하다. 왜냐하면, 우리는 한편으로는 이 현세의 삶을 조용히 통과해야 하고, 다른 한편으로는 그리스도께서 우리 안에서 살게 하고, 우리도 그리스도에 대해 살아 있으려면, 우리가 세상에 대해 죽어야 하기 때문이다. 이 본문은 많은 권면들을 아주 풍성하게 담고 있는 원천이기 때문에, 누구라도 쉽게 이 본문으로부터 유익한 권면들을 이끌어 낼 수 있을 것이다.

거기로부터 구원하는 자 곧 주 예수 그리스도를 기다리노니. 사도는 우리와 그리스도 간의 연결관계에 의거해서, 우리의 시민권이 하늘에 있다는 것을 증명한다. 왜냐하면, 지체들이 자신들의 머리로부터 분리되어 있는 것은 합당하지 않기 때문이다. 따라서 그리스도께서 하늘에 계시기 때문에, 우리가 그와 결합하여 하나가 되기 위해서는, 비록 육신적으로는 이 세상에서 살아간다고 할지라도, 영적으로는 이 세상과 분리되어 거하는 것이 필수적이다. 게다가, 우리의 보물이 있는 그 곳에 우리의 마음도 있다(마 6:21). 우리의 복이자 영광이신 그리스도께서 하늘에 계시기 때문에, 우리의 심령도 높은 곳에 계신 그리스도와 함께 거하는 것이 마땅하다. 이런 이유에서 사도는 그리스도를 "구원하는 자"라고 명시적으로 부른다. 구원이 어디로부터 우리에게 오는가? 그리스도께서 "구원하는 자"로서 하늘로부터 우리에게 오실 것이다. 그러므로 우리가 이 땅에 붙잡혀 있는 것은 합당하지 않다. "구원하는 자"라는 이 명칭은 이 본문의 연결관계에 비추어 보았을 때에 아주 적절하다. 왜냐하면, 여기에서는 구원의 소망이 오직 하늘로부터 우리에게 온다는 사실에 의거해서, 우리가 하늘의 일들을 생각하는 자들이라고 말하는 것이기 때문이다. 그리스도의 오심은 악인들에게는 두려운 일이 될 것이기 때문에, 그것은 그들의 마음을 하늘로 이끌기보다는 하늘로부터 멀어지게 만든다. 왜냐하면, 그들은 장차 그리스도께서 심판주로서 자신들에게 오실 것이고, 그 때에 그들은 있는 힘을 다해 그리스도를 피하고자 할 것임을 알기 때문이다. 바울의 이 말은 경건한 자들에게 그리스도의 오심이 그들에게 구원을 가져다줄 것이어서 그들이 간절하게 사모해야 할 일이라는 것을 가르치기 때문에, 그들의 마음은 바울의 이 말로부터 지극히 달콤한 위로를 이끌어 낸다. 반면에, 이 말을 듣고 두려워 떠는 자들이 있다면, 그것은 그들이 그리스도를 믿지 않는다는 것을 보여주는 확실한 증표이다. 로마서 8장을 보라. 바울은 믿지 않는 자들이 헛된 욕망들을 만족시키기 위해 이리저리 분주히 헤매고 다닐지라도, 믿는 자들은 오직 그리스도 한 분만으로 만족해야 한다고 말한다.

또한, 이 본문으로부터 우리는 바울이 우리에게 하늘을 바라보고 그리스도를 구하라고 명하고 있다는 점에서, 땅에 속한 온갖 미천한 것들은 그리스도와는 상관없는 것들이라는 것을 알게 된다. 어떤 자들은 그리스도의 몸이 어느 곳에나 존재하고 하늘과 땅을 채우고 있다는 것을 증명하기 위해서, 그리스도는 하늘의 어느 구석에 갇혀 있거나 숨어 계시지 않는다는 교묘한 논리를 펴지만, 그런 말 속에는 부분적으로 참된 것이 포함되어 있기는 하지만, 그 말 전체가 참인 것은 아니다. 왜냐하면, 하늘 위로 올라가서, 이런저런 구역이 그리스도께서 머물러 계시거나 걸어다니시는 곳이라고 한정하는 것이 무모하고 어리석은 일인 것과 마찬가지로, 어떤 육신적인 의도를 가지고서 그리스도를 하늘로부터 끌어내려서 이 땅에 그리스도의 처소를 마련하는 것도 똑같이 어리석고 파괴적인 미친 짓이기 때문이다. 그러므로 우리는 우리의 마음을 하늘로 들어올려서 주와 함께 있게 하는 것이 마땅하다.

21. 그는 …… 우리의 낮은 몸을 자기 영광의 몸의 형체와 같이 변하게 하시리라. 사도는 이 논증을 통해서 우리가 지금 지니고 있는 몸은 우리의 영원한 거처가 아니라 잠시 후에 무로 환원될 보잘것없는 장막임을 보여줌으로써, 빌립보 교인들로 하여금 그들의 마음을 들어 하늘을 바라보도록 한층 더 그들을 고무시킨다. 또한, 우리의 몸은 수많은 비참한 일들과 너무나 많은 욕되고 연약한 것들에 노출되어 있기 때문에, 사도가 우리의 몸을 "낮은 몸," 즉 천한 것과 치욕으로 가득한 것이라고 말한 것은 옳다. 그렇다면, 우리는 우리의 몸의 회복이 어디로부터 일어나게 될 것을 소망하여야 하는가? 그것은 하늘로부터 그리스도께서 오실 때이다. 그러므로 우리를 구성하고 있는 부분들 중에서 하늘을 바라보고 열망하지 않아야 할 부분은 하나도 없기 때문에, 우리는 온 마음과 뜻을 다해서 하늘로부터 그리스도께서 임하시기를 기다리는 것이 마땅하다. 우리는 한편으로는 삶 속에서, 하지만 주로 죽음 속에서 우리의 지금의 몸의 비천함을 보는 데 익숙해져 있기 때문에, 장차 우리 몸이 그리스도의 몸과 같이 변하여 입게 될 영광을 상상하기 어렵다. 제자들도 주께서 그 영광을 변화산에서 조금 맛보게 해 주셨을 때에 감당이 되지 않아서 어쩔 줄 몰라했는데(마 17:6), 우리가 그 영광의 온전한 모습을 어떻게 상상할 수 있겠는가? 따라서 우리는 현재로서는 우리가 장차 우리의 기업의 부요함을 향유하게 될 때에야 비로소 그 영광을 알게 될 것임을 기대하고서, 우리의 양자됨의 증거로 만족하여야 한다.

만물을 자기에게 복종하게 하실 수 있는 자의 역사로. 육신적으로 생각으로는 부활보다 더 믿기 어려운 일은 없기 때문에, 바울은 그러한 모든 의심을 깡그리 다 없애 주기 위해서, 하나님의 무한한 능력을 우리 눈 앞에 펼쳐 놓는다. 왜냐하면, 불신이라는 것은 우리가 우리 자신의 좁은 이해에 의거해서 어떤 것을 헤아리고 평가하고자 할 때에 생겨나기 때문이다. 또한, 그는 단지 하나님의 능력에 대해서만 언급하지 않고, 그 능력이 구체적으로 발휘되어서 가져오는 결과에 대해서도 말한다. 무로부터 만물을 창조하신 하나님께서 땅과 바다를 비롯해서 그 밖의 다른 원소들에게 명하여 그들에게 맡겨 두었던 것들을 다시 돌려 받으실 수 있다는 것을 우리가 기억한다면, 우리의 마음은 그 즉시 들어올려져서 부활에 대한 확고한 소망을 갖게 되고, 더 나아가 영적으로 이미 부활을 볼 수 있게 된다.

그러나 우리가 여기에서 주목해야 할 중요한 다른 한 가지는, 사도는 죽은 자들을 다시 일으킬 뿐만 아니라 모든 것을 자신의 뜻대로 행할 수 있는 권한과 능력을 그리스도에게 돌리고 있다는 것인데, 이것은 그리스도께서 지니신 하나님으로서의 위엄을 뚜렷하게 드러내는 찬사이다. 아니, 거기에서 한 걸음 더 나아가서, 이것으로부터 우리는 세계가 그리스도에 의해 창조되었다는 것을 알게 된다. 왜냐하면, "만물을 자기에게 복종하게 하실 수 있는" 권세는 오직 창조주에게만 속해 있기 때문이다.

제4장

¹그러므로 나의 사랑하고 사모하는 형제들, 나의 기쁨이요 면류관인 사랑하는 자들아 이와 같이 주 안에 서라 ²내가 유오디아를 권하고 순두게를 권하노니 주 안에서 같은 마음을 품으라 ³또 참으로 나와 멍에를 같이한 네게 구하노니 복음에 나와 함께 힘쓰던 저 여인들을 돕고 또한 글레멘드와 그 외에 나의 동역자들을 도우라 그 이름들이 생명책에 있느니라(4:1-3).

1. 그러므로 나의 사랑하고 사모하는 형제들, 나의 기쁨이요 면류관인 사랑하는 자들아 이와 같이 주 안에 서라. 사도는 늘 그랬듯이 여기에서도 자신의 가르침을 가장 긴급한 권면들로 마무리하는데, 이것은 사람들의 마음속에 그것들을 한층 더 견고하게 각인시키기 위한 것이다. 아울러, 그는 애정이 듬뿍 담긴 호칭들로 빌립보 교인들을 부름으로써 그들의 정서에 호소하는데, 이것은 그들의 비위를 맞추어 환심을 사기 위한 것이 아니라, 그의 진솔한 감정이 담긴 것이었다. 그는 그들을 그의 "기쁨이요 면류관"이라고 부른다. 이것은 그가 자신의 수고를 통해서 얻은 사람들이 계속해서 믿음을 지켜 나가는 것을 보고 기뻐함과 동시에, 그들이 우리가 지금까지 말해 온 저 푯대에 도달함으로써, 자기가 주의 인도하심 아래에서 해 온 일들에 주께서 면류관을 씌워 주실 것을 소망하였기 때문이다.

사도가 그들에게 "이와 같이 주 안에 서라"고 명한 것은 그들의 현재의 상태가 그에 의해 인정받고 있다는 것을 내비친 것이다. 물론, 불변화사 "이와 같이"는 그가 앞에서 말한 가르침을 가리키는 것으로 해석할 수도 있지만, 방금 말한 견해, 즉 그가 그들의 현재의 상태를 칭찬하고 그 상태를 끝까지 이어가라고 권면한 것으로 보는 것이 더 적절하다. 사실 그들은 자신들이 변함없고 한결같은 믿음을 지녀 왔다는 증거를 이미 어느 정도 보여주었지만, 바울은 인간의 연약함을 잘 알고 있었기 때문에, 앞으로도 계속해서 견고하게 그 믿음을 지켜 나가라는 권면을 그들에게 해 줄 필요가 있다고 생각하였다.

**2. 내가 유오디아를 권하고 순두게를 권하노니 주 안에서 같은 마음을 품으

라. 바울이 이 말을 한 이유는 이 두 사람 사이에 벌어진 다툼 — 그것이 어떤 종류의 다툼인지는 모르지만 — 을 해결하기 위한 것이었다는 것이 거의 보편적으로 받아들여지고 있는 견해이다. 나는 그런 견해에 대해 다툴 마음이 없기는 하지만, 바울의 말은 그러한 추측에 충분한 근거를 제공해 주지 않기 때문에, 우리는 그런 일이 정말 있었는지에 대해 확신할 수 없다. 그가 이 두 사람에 대해 한 증언이 호의적이라는 사실은 그들이 아주 훌륭한 여자들이었다는 것을 보여준다. 왜냐하면, 그는 그들을 복음 안에서 함께 군사된 투녀들이라고 부름으로써 대단한 존귀를 그들에게 수여하고 있기 때문이다. 따라서 한편으로는 이 두 사람이 마음을 같이하는 것이 대단히 중요한 일이었지만, 다른 한편으로는 두 사람의 생각이 서로 다를 위험이 컸기 때문에, 사도는 여기에서 그들에게 특히 화합을 당부한다. 하지만 우리는 그가 마음을 같이하라고 말할 때마다 그러한 일치를 가능하게 해 주는 끈이 무엇인지를 보여주는 "주 안에서"라는 달을 덧붙인다는 것을 주목하여야 한다. 왜냐하면, 주를 떠나서 함께 하는 모든 연합은 반드시 저주를 받게 되어 있고, 그리스도 안에서 이루어져야 하는 연합을 나누어 놓아서는 안 되기 때문이다.

3. 또 참으로 나와 멍에를 같이한 네게 구하노니 복음에 나와 함께 힘쓰던 저 여인들을 돕고 또한 글레멘드와 그 외에 나의 동역자들을 도우라. 나는 "멍에를 같이한 자"라는 명사의 성이 남성인지 여성인지를 따져서, 사도가 여기에서 말한 "너"가 남자인지 여자인지를 밝히는 둔제에 대해서는 논쟁을 하고 싶지 않기 때문에, 그 문제를 미정인 채로 그냥 두고자 하지만, 에라스무스(Erasmus)의 주장에는 심각한 약점이 있다는 것을 지적해 두고자 한다. 왜냐하면, 그는 사도가 여기에서 다른 "여인들"에 대해 언급하고 있는 정황으로 보아서 "너"는 여자라고 주장하지만, 이것은 사도가 동일한 연장선 상에서 "글레멘드"의 이름을 즉시 덧붙이고 있는 것을 간과한 것이기 때문이다. 하지만 나는 그런 논쟁에 뛰어들고 싶지는 않고, 단지 바울이 "너"라는 호칭으로 지칭한 사람은 그의 아내는 아니라고 본다. "나와 멍에를 같이한 너"는 바울의 아내라고 주장하는 자들은 클레멘스(Clemens)와 이그나티우스(Ignatius)를 자신들의 주장을 증명해 주는 권위들로 인용한다. 사실 그들이 이 두 인물이 실제로 한 말들을 인용했다면, 나는 그런 뛰어난 인물들의 말을 분명히 무시하지 못했을 것이다. 그러나 에우세비우스(Eusebius)의 저작에서 제시한 그들의 저작들은 익명의 수도사들에 의해 만들어진 위작들이어서, 올바른 판단력을 지닌 독자들은 그것들을 신뢰하지 않는다.

따라서 우리는 사람들의 견해에 의거해서 어떤 거짓된 선입견을 갖지 말고, 이 문제를 그 자체로만 살펴볼 필요가 있다. 바울은 고린도전서를 쓸 때, 그 때에는 자기가 직접 말했듯이 결혼하지 않은 상태로 있었다. 그는 이렇게 말한다: "내가 결혼하지 아니한 자들과 과부들에게 이르노니 나와 같이 그냥 지내는 것이 좋으니라"(고전 7:8). 그는 에베소를 떠나고자 할 즈음에 거기에서 고린도전서를 썼고, 얼마 안 있어서 예루살렘으로 갔다가 투옥되어 로마로 보내졌다. 이 기간 동안에 그는 예루살렘으로 가는 길에 있었거나 감옥에 갇혀 있었기 때문에, 이 기간은 그가 아내를 얻어 결혼하기에는 부적절한 기간이었다는 것은 누구나 금방 알 수 있다. 아울러, 누가가 사도행전에 기록한 바에 의하면, 당시에 그는 스스로 증언하고 있듯이 자기가 박해를 당하고 투옥당하게 될 것을 예상하고 그럴 각오를 하고 있었다 (행 21:13, "바울이 대답하되 여러분이 어찌하여 울어 내 마음을 상하게 하느냐 나는 주 예수의 이름을 위하여 결박 당할 뿐 아니라 예루살렘에서 죽을 것도 각오하였노라 하니"). 또한, 나는 이러한 설명에 반대하여 통상적으로 어떤 반론이 제기되고 있는지도 잘 알고 있는데, 그것은 바울은 결혼을 하기는 했지만 부부관계는 하지 않았다는 것이다. 하지만 그가 고린도전서에서 한 말은 그런 것과는 전혀 다른 의미를 지니고 있다. 왜냐하면, 거기에서 그는 결혼하지 않은 사람들은 자기와 똑같이 그런 상태로 계속해서 지내기를 바라고 있기 때문이다. 그리고 그 상태는 독신의 상태가 아니라면 무엇이겠는가? 바울이 결혼했고 그에게 아내가 있었다는 것을 증명하기 위해서, "우리가 다른 사도들과 주의 형제들과 게바와 같이 믿음의 자매 된 아내를 데리고 다닐 권리가 없겠느냐"(고전 9:5)는 본문을 증거로 제시한다면, 그것은 너무나 어이가 없어서 반박할 가치조차 없다. 설령 바울이 결혼해서 아내가 있었다고 가정한다고 해도, 이 때에 그의 아내가 빌립보에 있었다는 것이 말이 되는가? 왜냐하면, 바울은 기껏해야 두세 번 빌립보를 방문했고 두 달 정도밖에 머물지 않았을 가능성이 큰데, 그런 곳에 자기 아내를 남겨 두었을 이유가 없기 때문이다. 요컨대, 그가 여기에서 말한 "너"는 자기 아내를 가리키는 것일 가능성은 거의 없다는 것이다. 또한, 내게는 그가 여기에서 어떤 여자에 대해 말하고 있을 가능성도 희박해 보인다. 하지만 나는 이 문제를 독자들의 판단에 맡기고자 한다. 바울이 여기에서 사용하고 있는 단어인 '쉴람바네스타이'(συλλάμβανεσθαι, "돕고")는 다른 사람들과 더불어서 어떤 일을 함께 해나간다는 것, 어떤 사람을 돕는다는 의미이다.

그 이름들이 생명책에 있느니라. "생명책"은 장차 영생으로 예정된 의인들의 이름을 기록해 놓은 두루마리로서, 므세의 글에서도 언급되고 있다(출 32:32, "원하건대 주께서 기록하신 책에서 내 이름을 지워 버려 주옵소서"). 하나님은 이 두루마리를 자기 곁에 두고 안전하게 지키고 계신다. 따라서 생명책은 하나님의 가슴 속에 새겨져 있는 그의 영원한 계획 이외의 다른 것이 아니다. 에스겔은 이 용어 대신에 "이스라엘 족속의 호적"(겔 13:9)이라는 표현을 사용한다. 시편에서는 동일한 취지로 "그들을 생명책에서 지우사 의인들과 함께 기록되지 말게 하소서"(시 69:28)라고 말한다. 즉, 하나님이 자기 교회와 나라의 경계 안으로 받아들이는 하나님의 택하신 자들의 수에 그들이 들어 있지 않게 해 달라는 것이다.

만일 누가 여기에서 바울은 오직 하나님만이 아는 비밀과 권리를 마치 자신의 것인 양 무모하게 찬탈하여 행하고 있는 것이라고 주장한다면, 나의 대답은 우리는 하나님이 자신의 택정과 관련해서 나타내 보여주는 증표에 의거해서 우리의 능력이 허용하는 한에서 거기에 대해 어느 정도 판단을 할 수 있다는 것이다. 따라서 우리는 생명책이 펴져서(계 20:12) 모든 것이 분명하게 드러나게 될 때까지는, 양자됨의 증표들을 밝게 드러내는 모든 사람들을 하나님의 자녀들로 간주하여야 한다. 물론, "자기 백성"인 자들을 알고 양들을 염소들로부터 구별해 내는 것은 오직 하나님뿐이라는 것은 사실이지만, 순종의 영을 받아서 목자이신 그리스도게 순복하여 그가 이끄시는 대로 그의 우리로 가서 거기에 변함없이 머무는 모든 사람들을 양들로 여기고, 성령이 하나님의 택하신 자들에게 수여하는 은사들을 소중히 여기고 눈여겨보고서, 그것들이 우리에게서 감추어져 있는 택정의 인침들로 여기는 것은 우리의 몫이다.

⁴주 안에서 항상 기뻐하라 내가 다시 말하노니 기뻐하라 ⁵너희 관용을 모든 사람에게 알게 하라 주께서 가까우시니라 ⁶아무 것도 염려하지 말고 다만 모든 일에 기도와 간구로, 너희 구할 것을 감사함으로 하나님께 아뢰라 ⁷그리하면 모든 지각에 뛰어난 하나님의 평강이 그리스도 예수 안에서 너희 마음과 생각을 지키시리라 ⁸끝으로 형제들아 무엇에든지 참되며 무엇에든지 경건하며 무엇에든지 옳으며 무엇에든지 정결하며 무엇에든지 사랑 받을 만하며 무엇에든지 칭찬 받을 만하며 무슨 덕이 있든지 무슨 기림이 있든지 이것들을 생각하라 ⁹너희는 내게 배우고 받고 듣고 본 바를 행하라 그리하면 평강의 하나님이 너희와 함께 계시리라(4:4-9).

4. 주 안에서 항상 기뻐하라 내가 다시 말하노니 기뻐하라. 이것은 시의적절한 권면이다. 경건한 자들이 지독한 환난들의 상태에 있어서, 사방에서 온갖 위험들이 그들을 위협하고 있을 때에는, 극심한 괴로움을 견디지 못하고 무너져 버릴 가능성이 있기 때문이다. 그래서 사도는 그들을 둘러싸고 극심한 증오와 소동이 벌어지고 있는 와중에서도 "주 안에서 항상 기뻐하라"고 그들에게 명한다. 왜냐하면, 주께서 이러한 영적인 위로들을 통해서 우리에게 새 힘과 기쁨을 주실 때, 온 세상이 나서서 우리를 절망에 빠뜨리려고 할지라도, 우리는 그들의 공격을 막아내고 설 수 있는 힘을 얻게 될 것임에 틀림없기 때문이다. 하지만 우리는 당시의 상황과 연결지어서, 바울의 말에서 이런 말이 나온 것에는 분명히 어떤 이유가 있었을 것이라고 생각하지 않을 수 없다. 즉, 당시에 빌립보 교인들로 하여금 특별히 슬퍼하고 근심하게 만들 만한 어떤 구체적인 일들이 있었을 것이라는 말이다. 왜냐하면, 그들이 박해나 투옥, 유형이나 죽음 같은 일들로 인해 크게 놀라고 두려워하고 있는 상황에서, 사도는 박해의 한복판에서 로마의 감옥에 투옥되어 있는 가운데 죽음을 목전에 두고 있는 상태에서 자기가 기뻐하고 있다는 것을 보여줌과 동시에, 빌립보 교인들에게도 기뻐하라고 명하고 있는 것이기 때문이다. 따라서 그가 말하고자 한 요지는, 믿는 자들은 무슨 일이 닥치든지 그들 곁에 주님께서 서 계시기 때문에, 그들에게는 기뻐해야 할 아주 충분한 이유가 있다는 것이다.

동일한 권면의 반복은 그 권면에 더욱더 큰 힘을 부여하는 데 기여한다. 그는 이렇게 말한 것과 같다: "어떤 상황에서도 변함없이 굳건하게 주 안에서 기뻐하라. 그리고 단지 일시적으로 기뻐하는 것이 아니라, 주 안에 있는 너희의 기쁨이 영원히 지속되게 하라." 왜냐하면, 주 안에서의 기쁨은 세상이 주는 기쁨과 다르다는 것은 의심의 여지가 없기 때문이다. 우리는 세상이 주는 기쁨은 속이는 것이고 금방 깨지고 사라지는 것임을 경험으로 알고, 그리스도께서도 그런 기쁨에 대해 저주를 선언하신다(눅 6:25, "화 있을진저 너희 지금 웃는 자여 너희가 애통하며 울리로다"). 반면에, 하나님 안에서 우리에게 주어지는 기쁨은 그 누구도 우리에게서 빼앗아갈 수 없는 그런 기쁨이다.

5. 너희 관용을 모든 사람에게 알게 하라. 이것은 두 가지로 설명될 수 있다. 하나는 이것을 사도가 빌립보 교인들에게 그 누구로부터 그들이 영악하다거나 지독하다고 불평할 빌미를 주는 것보다는 차라리 그들에게 보장된 권리를 포기하고 손해를 보는 쪽을 택하라고 명하는 것으로 이해하는 것이다: "너희와 상대하는 모든

사람이 너희의 공평함과 너그러움을 느끼게 하라.” 이런 식으로 이해한다면, 여기에서 “안다”는 것은 “경험하고 느끼는” 것을 의미하게 된다. 다른 하나는 사도가 빌립보 교인들에게 평정심을 유지한 채로 모든 일을 침착하게 감내하라고 권면하고 있는 것으로 이해하는 것이다. 나는 이 후자의 해석이 더 낫다고 본다. 왜냐하면, 여기에서 “관용”으로 번역된 단어는 헬라인들이 평정심이나 침착함을 가리키는 데 사용하기 때문이다. 즉, 그들은 남들로부터 어떤 해악들을 입고서도 쉽게 요동하지 않고, 역경이나 곤경에 처해서도 쉽게 화를 내지 않고 평정심을 그대로 유지하는 것을 나타내는 데 이 단어를 사용한다는 것이다. 키케로(Cicero)는 이 단어를 그런 의미로 사용해서 이렇게 말한다: “내 마음은 침착해서 모든 것을 제대로 보고 있다.” 사도는 여기에서 인내의 어머니인 그러한 평정심을 빌립보 교인들에게 요구할 뿐만 아니라, 기회 있을 때마다 그러한 평정심의 고유한 열매들을 모든 사람들에게 나타내 보일 것을 요구한다. 여기에서 이 단어를 “겸손”이나 “겸양”으로 이해하는 것은 적절하지 않아 보인다. 왜냐하면, 바울은 이 구절에서 그들의 오만방자하고 무례한 것에 대해 경고하는 것이 아니라, 다른 사람들로부터 어떤 해악이나 부당한 일을 당하더라도 그들 자신을 절제하고 참고 견디는 가운데 모든 일에서 화평을 추구하는 방식으로 처신하라고 명하는 것이기 때문이다.

주께서 가까우시니라. 사도는 자기가 한 말에 대해 어떤 반론이 제기될지를 예상하고서, 거기에 대해 여기에서 미리 선제적으로 대응하는 말을 한다. 왜냐하면, 육신적인 생각은 그가 앞에서 한 말을 반대하고 거부하는 것이 당연하기 때문이다. 믿는 자들인 우리가 온유하게 행할수록, 우리에 대한 악인들의 분노는 더욱더 활활 타오르게 되고, 우리가 그러한 해악들을 잘 감내하는 모습을 볼수록, 그들은 더욱더 큰 해악들을 우리에게 가하고자 하기 때문에, 우리는 인내 가운데서 우리의 마음을 지키기가 어렵게 된다(눅 21:19, ‘너희의 인내로 너희 영혼을 얻으리라”). 그래서 “이리들 가운데서는 이리 소리를 내야 한다”거나 “양처럼 행동하는 자들은 이리들에 의해 신속하게 잡아 먹히게 될 것이다”라는 속담들이 생겨났다. 그래서 우리는 악인들의 포악성에 대해서는 똑같이 폭력으로 대응해서 제압함으로써 우리를 함부로 포악하게 대하지 못하게 해야 한다는 결론을 내리게 된다. 여기에서 바울은 그런 생각과 고려들에 반대하고, 하나님의 섭리를 신뢰하여야 한다고 말한다. 그는 원수들의 후안무치하고 뻔뻔스러움을 이길 수 있는 권능을 가지고 계시고 그 선하심으로 그들의 악의를 이기실 수 있으신 “주께서 가까우시니라”고 대답한다.

그는 우리가 주의 명령에 순종한다면, 주께서 우리를 도우실 것이라고 약속한다. 세상의 모든 것들이 하나님의 명령에 따라 움직이는데, 오직 하나님의 손에 의한 보호하심을 받고자 하지 않을 사람이 누가 있겠는가?

이것은 대단히 아름다운 말씀이다. 이 말씀으로부터 우리는 무엇보다도 먼저 하나님의 섭리에 대한 무지가 모든 참지 못하는 것의 원인이고, 우리가 이런저런 사소한 이유들로 인해서 쉽게 혼란 속으로 빠져들게 되는 원인이라는 것을 알게 된다. 또한, 우리가 자주 낙심하는 이유도 주께서 우리를 돌보고 계신다는 사실을 깨닫지 못하기 때문이다. 다른 한편으로, 우리는 우리의 불안한 마음을 치료하고 우리의 마음을 평안하게 갖기 위한 유일한 해결책은, 우리가 제멋대로 움직이는 불안정한 운명이나 악인들의 변덕에 의해 좌지우지되는 것이 아니라, 아버지이신 하나님의 한결같은 돌보심 아래 있다는 것을 알고서, 하나님의 섭리적인 돌보심을 무조건적으로 신뢰하는 것임을 알게 된다. 요컨대, 하나님이 자기와 함께 한다는 이 진리를 아는 사람은 어떤 상황에서든지 평정심을 유지하고 평안하게 거할 수 있다는 것이다.

하지만 "주께서 가까우시니라"는 말씀은 두 가지로 이해될 수 있다. 하나는 주의 심판이 가까웠다는 의미일 수 있고, 다른 하나는 주는 자기 백성을 언제든지 도울 준비가 되어 있으시다는 의미일 수 있다. 여기에서 이 말씀은 후자의 의미로 사용되고 있고, 시편 145:18에서 "여호와께서는 자기에게 간구하는 모든 자 곧 진실하게 간구하는 모든 자에게 가까이 하시는도다"라고 말하고 있는 것도 그런 의미이다. 따라서 이 말의 요지는 이런 것이다: "만일 주께서 경건한 자들에게서 멀리 계신다면, 그들의 처지는 비참할 것이다. 그러나 실제로는 주께서는 그들을 받으셔서 자신의 보호하심과 후견 아래에 두시고서 어디에서나 자신의 손으로 그들을 지키시기 때문에, 그들은 그러한 사실을 명심하고서, 악인들의 광분함에 겁을 집어먹어서는 안 된다."

6. 아무 것도 염려하지 말고 다만 모든 일에 기도와 간구로, 너희 구할 것을 감사함으로 하나님께 아뢰라. "염려"가 하나님의 능력이나 도우심에 대한 불신으로부터 생겨난다는 것은 잘 알려져 있고, 이 단어는 흔히 그런 의미로 사용된다. 여기에서 바울이 사용하고 있는 "모든"이라는 단어는 단수 중성 형용사이고, "기도"와 "간구"는 여성 명사들이기 때문에, "모든"은 이 여성 명사들을 꾸미는 것이 아니라, "모든 것" 또는 "모든 일"을 의미한다. 다윗이 시편 55:22("네 짐을 여호와께

맡기라 그가 너를 붙드시고 의인의 요동함을 영원히 허락하지 아니하시리로다”)에서, 그리고 베드로가 베드로전서 5:7(“너희 염려를 다 주께 맡기라 이는 그가 너희를 돌보심이라”)에서 모든 경건한 자들에게 권면하고 있듯이, 이 구절에서 바울은 그들의 모든 염려를 주께 맡기라고 권면한다. 왜냐하면, 우리는 강철로 만들어진 것이 아니어서 온갖 시험들에 의해 얼마든지 흔들릴 수 있는 존재이기 때문이다. 하지만 우리에게 위로가 되는 것은 우리는 우리를 괴롭히는 모든 것을 하나님의 품에 맡길 수 있다는 것, 또는 좀 더 정확하게 말하자면 우리를 괴롭히는 모든 무거운 짐들을 하나님의 품에 다 풀어 놓을 수 있다는 것이다. 이렇게 믿고 맡기는 것이 우리의 마음에 평안을 가져다준다는 것은 사실이지만, 오직 우리가 기도 가운데서 하나님께 아뢸 때에 그런 일이 일어난다. 그러므로 우리는 시험을 당해 공격을 받을 때마다, 즉시 거룩한 도피성으로 달려가서 하나님께 기도하는 것이 마땅하다.

바울이 여기에서 사용한 “구할 것들”이라는 표현은 우리가 원하거나 바라는 것들을 가리킨다. 그는 우리 믿는 자들이 원하거나 바라는 것들이 있을 때에는, 하나님 앞으로 나아가서 기도와 간구를 통해서 그것들을 아뢰고 우리의 마음을 다 쏟아 놓음으로써, 우리 자신과 우리가 가진 모든 것을 하나님께 맡겨 드리기를 바란다. 세상의 헛된 위로들을 구하여 이곳저곳을 기웃거리는 자들은 어느 정도 위로를 받는 것처럼 보일 수 있지만, 오직 하나의 확실한 피난처가 있는데, 그것은 주를 의지하는 것이다.

많은 사람들이 흔히 마치 자신들이 하나님을 고소할 어떤 정당한 근거를 갖고 있기라도 한 것처럼, 불평이나 불만에 가득 차서 하나님께 기도하는 잘못을 범하고, 어떤 사람들은 하나님이 즉각적으로 자신들이 원하는 것들을 들어주시고 응답해 주지 않으시는 경우에는 기다리는 것을 참을 수 없어 하기 때문에, 바울은 여기에서 기도와 감사를 결합시켜서 “감사함으로 아뢰라”고 말한다. 그는 이렇게 말한 것과 같다: “우리는 우리에게 꼭 필요한 것들을 주께서 이루어 주실 것을 구하여야 하지만, 그럼에도 불구하고 우리의 생각과 감정을 주의 선하고 기뻐하시는 뜻에 종속시켜서, 감사함으로 기도와 간구를 드리는 것이 마땅하다.” 여기에서 “감사함으로 아뢴다”는 것은 하나님의 뜻이 우리가 원하는 모든 것임을 밝히고, 우리가 무엇을 원한다고 할지라도 온전히 하나님의 뜻을 따르고자 한다고 고백하는 의미를 지닌다는 것은 의심의 여지가 없다.

7. 그리하면 모든 지각에 뛰어난 하나님의 평강이 그리스도 예수 안에서 너희

마음과 생각을 지키시리라. 어떤 이들은 여기에 나오는 미래 시제를 희구법으로 이해해서 이 문장을 기도문으로 바꾸지만, 그렇게 하는 것은 합당한 근거가 없다. 왜냐하면, 이 구절은 우리가 하나님을 굳건하게 의지하고 하나님께 기도하고 간구할 때에 주어지는 은택이 무엇인지를 보여주는 약속의 말이기 때문이다. 즉, 사도는 "너희가 그렇게 한다면, 하나님의 평강이 너희의 마음과 생각을 지켜 주실 것이다"라고 말하고 있는 것이다. 성경은 사람의 심령을 그 연약함과 관련해서 "마음"과 "생각"이라는 두 부분으로 나누는 것이 보통이다. "마음"은 온갖 성향이나 경향성을 나타내고, "생각"은 이해하고 깨닫는 지각을 의미한다. 따라서 이 두 단어는 다음과 같은 의미에서 인간의 심령 전체를 포함한다: "하나님의 평강이 너희를 지켜 주어서, 너희가 악한 생각이나 욕구로 인해 하나님에게 등을 돌리는 것을 막아 줄 것이다."

우리가 기도와 간구로 하나님께 아뢸 때에 우리에게 임하는 것은 우리가 현재 처해 있는 상황이나 세상의 여러 가지 변화들과 부침들에 좌우되지 않고, 하나님의 견고하고 불변하는 말씀 위에 토대를 두고 있다는 점에서, 사도가 그것을 "하나님의 평강"이라고 부르는 것은 타당하다. 또한, 사도가 그것을 "모든 지각에 뛰어난" 것, 즉 인간이 이해하거나 생각할 수 있는 한계를 벗어나 있는 것이라고 말하는 것도 타당하다. 왜냐하면, 깊은 절망 속에서 소망을 품고, 극심한 가난 가운데서 부요함을 보며, 철저한 연약함 중에서 포기하지 않는 것, 요컨대 우리에게 모든 것이 결핍된 상황에서, 결국에는 우리가 그 어떤 것에서도 부족함이 없게 될 것이라는 소망을 품는 것보다 인간의 생각으로는 도무지 이해할 수 없고 낯선 것은 없기 때문이다. 이것은 오직 하나님의 은혜 안에 있을 때에만 가능한 것으로서, 세상으로 말미암아서는 도저히 알 수 없고, 성령의 내적 보증을 통해서만 알 수 있다.

8. 끝으로 형제들아 무엇에든지 참되며 무엇에든지 경건하며 무엇에든지 옳으며 무엇에든지 정결하며 무엇에든지 사랑 받을 만하며 무엇에든지 칭찬 받을 만하며 무슨 덕이 있든지 무슨 기림이 있든지 이것들을 생각하라. 여기서부터는 삶 전체와 관련된 일반적인 권면들이 이어진다. 먼저, 사도는 "참될" 것을 권한다. 참됨은 선한 양심과 그 열매들로 이루어지는 흠 없는 삶 이외의 다른 것이 아니다. 두 번째는 고결함 또는 거룩함이다(개역개정에는 "경건하며"). 왜냐하면, '셈논'(σεμνόν)은 우리가 우리의 부르심에 합당하게 행하여(엡 4:1) 모든 속되고 더러운 것을 멀리할 때에 그러한 삶에 존재하는 탁월성으로서의 고결함 또는 거룩함을

가리키기 때문이다. 세 번째는 사람들 상호 간의 교류와 관련된 "옳음"이다. 이것은 우리가 그 누구도 해롭게 하지 않고 속이지 않는 것이다. 네 번째는 "정결함"이다. 이것은 삶의 모든 부분에서의 순결함을 가리킨다. 하지만 바울은 이 모든 것들로 충분하다고 생각하지 않고, 이와 동시에 우리가 하나님이 인정하시는 방법으로 모든 사람에게 "사랑 받을 만해야" 하고, 사람들 가운데서 선한 평판을 얻어야 한다고 말한다. 나는 여기에서 "사랑 받을 만하며"로 번역된 단어를 그런 식으로 이해한다.

"무슨 기림이 있든지"는 "칭찬 받을 만한 어떤 것이 있다면"이라는 뜻이다. 왜냐하면, 사람들의 행실이 타락해 있는 상태에서는 그들의 판단도 지극히 타락해 있을 수밖에 없어서, 사람들은 원래는 책망해야 할 일들을 칭찬하는 경우가 흔한 까닭에, 오직 하나님 안에서만 자랑하고 자기 자신을 자랑하는 것은 금지되어 있는 그리스도인들이 사람들 가운데서 칭찬을 받고자 하는 것은 허용될 수 없는 일이기 때문이다(고전 1:31, "자랑하는 자는 주 안에서 자랑하라"). 그래서 바울은 빌립보 교인들에게 덕 있는 행위들을 통해서 사람들의 박수갈채나 칭찬을 얻고자 해서도 안 되고, 심지어 사람들의 판단에 맞춰서 자신들의 삶을 규율해 나가서도 안 된다고 말하기 때문에, 우리는 그가 이렇게 말한 것은 그리스도인들은 칭찬을 받을 만한 선한 일들을 행하는 데 마음을 써서, 악인들과 복음의 원수들이 그리스도인들을 비방하고 욕하며 조롱한다고 할지라도, 그리스도인들의 선한 행실만은 인정하지 않을 수 없게 해야 한다는 것을 의미하는 것이라고 보아야 한다. 헬리어에서 '로기제스타이'(λογίζεσθαι)는 라틴어의 '코기타레'(cogitare)처럼 사용되기 때문에 "깊이 생각하다"를 의미한다. 깊이 생각하는 것이 먼저이고, 그 후에 행동이 뒤따른다.

9. 너희는 내게 배우고 받고 듣고 본 바를 행하라. 여기에서 사도는 여러 단어들을 중첩적으로 사용해서, 자기가 이러한 것들을 빌립보 교인들에게 역설하기 위해서 얼마나 힘쓰고 애썼는지를 보여준다. 그는 이렇게 말한 것과 같다: "이것이 내가 너희 가운데서 베푼 나의 가르침이었고 나의 교훈이었으며 나의 강론이었다." 반면에, 외식하는 자들이 그들에게 역설했던 것은 오로지 예법들뿐이었다. 그들은 그 거룩한 가르침을 귀가 따갑도록 반복해서 들어 왔는데, 이제 와서 그렇게 그들의 몸에 배어 있는 저 거룩한 가르침을 버린다는 것은 부끄럽고 수치스러운 일이 될 수밖에 없었다.

많은 사람들에게 말씀을 선포하고 가르치는 자들이 해야 할 가장 중요한 일은,

단지 입으로만 전하고 가르치는 것이 아니라, 자신의 삶으로, 즉 말씀에 합당한 올바른 삶을 스스로 살아감으로써 자신이 가르친 것이 권위를 얻게 하는 것이다. 따라서 바울이 빌립보 교인들에게 베푼 가르침과 권면들이 권위를 가질 수 있었던 것은 그가 단지 입으로만 가르친 것이 아니라 그 가르침에 합당한 덕 있는 삶을 솔선수범해서 살았기 때문이었다.

그리하면 평강의 하나님이 너희와 함께 계시리라. 사도는 앞에서 이미 하나님의 평강에 대해 말한 바 있는데, 이제 여기에서는 평강의 원천이신 하나님이 그들과 함께 하실 것이라고 약속함으로써, 자기가 앞에서 했던 약속을 좀 더 구체적으로 확증한다. 왜냐하면, 하나님의 임재는 우리에게 온갖 종류의 복을 가져다주기 때문이다. 그는 이렇게 말한 것과 같다: "너희가 경건하고 거룩한 일들에 전념하기만 한다면, 너희는 하나님이 너희와 함께 하셔서 너희가 행하는 모든 일이 잘되고 형통하게 해 주신다는 것을 알게 될 것이다."

¹⁰내가 주 안에서 크게 기뻐함은 너희가 나를 생각하던 것이 이제 다시 싹이 남이니 너희가 또한 이를 위하여 생각은 하였으나 기회가 없었느니라 ¹¹내가 궁핍하므로 말하는 것이 아니니라 어떠한 형편에든지 나는 자족하기를 배웠노니 ¹²나는 비천에 처할 줄도 알고 풍부에 처할 줄도 알아 모든 일 곧 배부름과 배고픔과 풍부와 궁핍에도 처할 줄 아는 일체의 비결을 배웠노라 ¹³내게 능력 주시는 자 안에서 내가 모든 것을 할 수 있느니라 ¹⁴그러나 너희가 내 괴로움에 함께 참여하였으니 잘하였도다(4:10-14).

10. 내가 주 안에서 크게 기뻐함은 너희가 나를 생각하던 것이 이제 다시 싹이 남이니 너희가 또한 이를 위하여 생각은 하였으나 기회가 없었느니라. 사도는 이제 빌립보 교인들이 자기에게 호의를 베푼 것을 후회하지 않도록 하기 위해서, 그들에 대한 자신의 감사하는 마음을 밝힌다. 왜냐하면, 우리는 우리가 다른 사람들에게 베푼 호의가 무시당하거나 하찮게 여겨지는 경우에는, 그렇게 한 것을 후회하게 되는 것이 보통이기 때문이다. 빌립보 교인들은 바울의 어려운 형편을 돕기 위해서 필요한 것들을 에바브로디도 편에 그에게 보냈었는데, 그는 그들이 자기가 쓸 것들을 그렇게 보내준 것들이 자신의 마음을 기쁘게 했는데, 그들이 다시 그를 돌볼 생각을 한 것이 그에게는 특히 기쁜 일이었다고 말한다. 그가 여기에서 "이

제 다시 싹이 남이니"라고 말하면서 사용한 비유는 나무가 겨울 동안에는 동면해 있다가 봄이 되면 내부의 생명력이 다시 활동을 개시해서 싹을 틔워서 잎을 내는 것으로부터 빌려온 것이다. 그러나 사도는 자기가 그렇게 말한 것이 혹시라도 그들이 전에 자기를 소홀히 한 것을 은연중에 책망하는 말로 들릴 것을 우려해서, 그러한 우려를 불식시키기 위해 곧바로 자기가 한 말을 수정하고 바로잡는 말을 덧붙인다. 즉, 그는 그들이 전에도 자기에 대해 늘 관심을 가져 왔지만, 여러 가지 상황으로 인해서 그들이 자기에게 호의를 베풀어 자신의 어려운 처지를 살필 기회를 갖지 못한 것이라고 말한다. 이런 식으로 그는 빌립보 교인들이 이제까지 자기를 돌보지 못한 것은 그들의 잘못이 아니라 단지 기회가 없었기 때문으로 돌린다. 나는 '에프 호'(ἐφ᾽ ᾧ, 개역개정에는 "이를 위하여")라는 어구는 바울을 가리키는 것으로서 "나에 대하여"로 해석하는 것이 옳다고 본다. 왜냐하면, 그것이 이 어구의 원래의 의미이고, 바울이 말하고 있는 것의 전후 문맥에도 더 잘 부합하기 때문이다.

11. 내가 궁핍하므로 말하는 것이 아니니라 어떠한 형편에든지 나는 자족하기를 배웠노니. 여기에는 사도가 자신이 앞에서 한 말을 두 번째로 다시 바로잡는 말이 나오는데, 이것은 그가 겁많고 소심해서 여러 곤경들을 겪으면서 그의 정신이 무너진 것 아니냐는 의심에 대처하기 위한 것이다. 왜냐하면, 그의 삶은 빌립보 교인들이 본받아야 할 모범이었던 까닭에, 자기가 어떤 환경이나 처지에서도 한결같이 바른 삶을 견지하고 있다는 것을 그들에게 알게 해 주는 것은 중요한 일이었기 때문이다. 따라서 그는 그들이 자기를 생각해 주는 마음으로 인해서 자신은 마음으로 이미 풍족해져 있기 때문에, 앞으로 있을 그 어떤 궁핍과 곤경 속에서도 인내로써 잘 감당할 수 있다고 선언한다. 문제는 물질적인 궁핍이 아니라 마음의 궁핍이라는 것이다. 왜냐하면, 하나님이 자기에게 배정해 준 운명에 만족할 줄 아는 사람의 마음은 결코 궁핍할 수 없기 때문이다.

사도는 "내가 어떤 처지에 있든지, 나는 거기에 만족한다"고 말한다. 왜 그러한가? 성도들은 자신들이 그렇게 하는 것이 하나님을 기쁘시게 하는 것임을 알기 때문이다. 그들이 "만족"을 평가하는 기준은 물질적인 풍요가 아니라 하나님의 뜻이다. 즉, 그들이 어떤 것에 만족한다면, 그것이 그들을 부유하게 해 주기 때문이 아니라 하나님의 뜻이기 때문이다. 왜냐하면, 그들은 자신들에게 일어나는 모든 일이 하나님의 섭리와 선하신 뜻에 따라 일어난다는 것을 확신하기 때문이다.

12. 나는 비천에 처할 줄도 알고 풍부에 처할 줄도 알아 모든 일 곧 배부름

과 배고픔과 풍부와 궁핍에도 처할 줄 아는 일체의 비결을 배웠노라. 사도는 앞 절에 이어서 여기에서는 자기에게 닥친 어떤 형편과 처지도 다 감당할 자세가 되어 있다는 것을 보여주기 위해서, 여러 가지 서로 다른 형편과 처지를 거론한다. 형통함은 사람의 마음으로 하여금 분수를 모르고 교만하게 하고, 반대로 역경을 만나면 사람의 마음은 짓눌린다. 하지만 바울은 자기는 형통할 때든 역경을 만났을 때든 그런 각각의 부정적인 결과로부터 자유롭다고 선언한다. "나는 비천에 처할 줄도 알고"는 비천한 삶을 인내로써 잘 감당해 낼 수 있다는 뜻이다. '페릿슈에인'(περισσεύειν, 개역개정에는 "풍부에 처하다")이 두 번 사용되고 있지만, 첫 번째에서는 "비천에 처하는 것"과 반대되는 "귀인으로 살아가는 것"을 의미하고, 두 번째에서는 "궁핍하게 사는 것"과 반대되는 "풍요롭게 사는 것"을 의미한다. 사람이 현재의 부유함을 감사함으로 바르고 절제 있게 사용할 줄을 알아서, 자신의 힘이 닿는 데까지 형제들에게 베풀며, 교만해지지 않고 늘 겸손한 가운데, 하나님의 기뻐하시는 뜻에 따라 언제든지 자기가 가진 모든 것을 다 버릴 준비가 되어 있다면, 그는 "풍부에 처할 줄을 아는" 사람이다. 이것은 특히 뛰어나고 드물게 귀한 덕목으로서, 궁핍과 가난을 견디는 것보다 훨씬 더 대단한 것이다. 그리스도의 제자가 되고자 하는 모든 사람은 바울이 체득한 이것을 그들도 체득하려고 애써야 하지만, 먼저 궁핍을 제대로 잘 감당하는 법을 배워서, 자신들의 부와 재물을 빼앗기게 되었을 때, 궁핍이 그들에게 힘들고 괴로운 것으로 느껴지지 않게 되어야 한다.

13. 내게 능력 주시는 자 안에서 내가 모든 것을 할 수 있느니라. 사도는 앞에서 "일체의 비결"을 배워서 어떤 형편과 처지도 잘 감당할 수 있다고 자랑하였기 때문에, 이제 여기에서는 그것이 다른 사람들에게 교만이나 어리석은 자랑으로 비치는 것을 막기 위해서, 자기가 온갖 역경을 꿋꿋이 헤쳐나갈 수 있는 것은 오직 그리스도로 말미암은 것이라는 말을 덧붙인다. 그는 이렇게 말한다: "나는 모든 것을 할 수 있다. 하지만 그것은 내 자신의 힘이 아니라 그리스도 안에서만 가능한 일이다. 왜냐하면, 내게 그런 힘을 공급해 주는 분은 바로 그리스도이기 때문이다." 이것으로부터 우리가 알 수 있는 것은, 우리가 우리 자신의 연약함을 깨닫고서 오직 그리스도의 능력만을 의지하기만 한다면, 그리스도께서는 우리 안에서도 아주 강력한 무적의 능력으로 역사하신다는 것이다. 사도는 "모든 것"이라고 말하지만, 그것은 오직 그의 부르심에 속한 것들만을 의미한다.

14. 그러나 너희가 내 괴로움에 함께 참여하였으니 잘하였도다. 사도는 양쪽

방향을 주의깊게 두루 살펴서, 지나치게 어느 한 쪽으로 기울어지지 않도록 대단히 지혜롭고 조심스럽게 행한다. 앞에서 그는 자기가 어떤 형편과 처지에서도 한결같이 행한다는 것을 당당하게 역설함으로써, 빌립보 교인들이 그가 궁핍에 짓눌려서 무너져 버린 것은 아닌가 하고 의심의 눈초리로 바라보는 것을 차단하고자 하였는데, 이제 여기에서는 자기가 그런 식으로 호언장담하는 것이 자신에 대한 그들의 호의를 하찮은 것으로 치부하여 무시하는 것처럼 보이지 않기 위한 조치를 취한다. 왜냐하면, 그들의 호의를 그렇게 치부하여 무시하는 것은 냉혹하고 완악한 짓일 뿐만 아니라 오만방자한 짓이기도 할 것이었기 때문이다. 아울러, 그가 여기에서 그들에게 한 말 속에는, 그리스도의 종들 중에서 누구라도 그들의 도움을 필요로 하는 처지에 있게 된다면, 그들은 그를 돕는 일을 주저하지 말아야 한다는 의미도 담겨 있다.

[15]빌립보 사람들아 너희도 알거니와 복음의 시초에 내가 마게도냐를 떠날 때에 주고 받는 내 일에 참여한 교회가 너희 외에 아무도 없었느니라 [16]데살로니가에 있을 때에도 너희가 한 번뿐 아니라 두 번이나 나의 쓸 것을 보내었도다 [17]내가 선물을 구함이 아니요 오직 너희에게 유익하도록 풍성한 열매를 구함이라 [18]내게는 모든 것이 있고 또 풍부한지라 에바브로디도 편에 너희가 준 것을 받으므로 내가 풍족하니 이는 받으실 만한 향기로운 제물이요 하나님을 기쁘시게 한 것이라 [19]나의 하나님이 그리스도 예수 안에서 영광 가운데 그 풍성한 대로 너희 모든 쓸 것을 채우시리라 [20]하나님 곧 우리 아버지께 세세 무궁하도록 영광을 돌릴지어다 아멘 [21]그리스도 예수 안에 있는 성도에게 각각 문안하라 나와 함께 있는 형제들이 너희에게 문안하고 [22]모든 성도들이 너희에게 문안하되 특히 가이사의 집 사람들 중 몇이니라 [23]주 예수 그리스도의 은혜가 너희 심령에 있을지어다(4:15-23).

15-16. 빌립보 사람들아 너희도 알거니와 복음의 시초에 내가 마게도냐를 떠날 때에 주고 받는 내 일에 참여한 교회가 너희 외에 아무도 없었느니라 데살로니가에 있을 때에도 너희가 한 번뿐 아니라 두 번이나 나의 쓸 것을 보내었도다. 나는 사도가 자신이 빌립보 교인들로부터 종종 물질적인 도움을 받은 것에 대해 해명하기 위한 목적으로 여기에서 이 말을 덧붙인 것이라고 본다. 왜냐하면, 만일 그가 그들 외에 다른 교회들로부터도 물질적인 도움을 받았다면, 그것은 마치 그가

물질에 욕심이 있어서 그렇게 한 것처럼 보일 수 있었기 때문이었다. 그래서 그는 자기가 다른 교회들로부터는 물질적인 도움을 받은 적이 없다고 말함으로써, 자신에 대해 혹시라도 있을 수 있는 의혹이나 의심을 해명함과 동시에, 그들이 자기를 도운 것에 대해 칭찬한다. 하지만 그가 빌립보 교인들을 칭찬하고 있다고 해서, 다른 교회 사람들에 대해서는 잘못했다고 비난하는 것은 아니다. 우리도 바울의 이러한 모범을 본받아서, 경건한 자들은 다른 사람들로부터 물질적인 도움을 받으려고 하다가 탐욕스럽다는 말을 듣는 일이 벌어지지 않도록 조심하여야 한다. 그는 "너희도 알거니와"라고 말하는데, 이것은 "이 일은 너희 자신도 잘 아는 일이기 때문에, 내가 굳이 다른 증인들을 불러 세울 필요가 없을 것"이라고 말한 것이다. 어떤 사람이 다른 사람들로부터 도움을 받지 못하고 있다는 것을 알면, 그를 돕고자 하는 사람은 그 사람을 더 후하게 돕고자 하는 마음을 갖게 되는 것이 보통이고, 이렇게 해서 그 사람을 후하게 도운 일이 더욱 두드러지게 된다.

사도가 여기에서 말한 "주고 받는 일"은 주는 쪽과 받는 쪽, 이렇게 양 당사자가 있는 금전적인 문제를 가리키는데, 이런 문제에 있어서는 양 당사자가 각자에게 필요한 것을 공평하게 주고 받는 것이 옳다. 바울과 교회들 간의 계산은 이런 금전적인 문제와 비슷한 성격의 것이었다. 즉, 바울은 그들에게 복음을 전하는 일을 하였고, 그들에게는 그 보답으로 바울이 생계를 유지하는 데 필요한 것을 공급해 주어야 할 의무가 있었다. 그래서 그는 다른 곳에서 "우리가 너희에게 신령한 것을 뿌렸은즉 너희의 육적인 것을 거두기로 과하다 하겠느냐"(고전 9:11)라고 말한다. 만일 다른 교회들이 바울에게 필요한 것들을 공급해 주었다고 하더라도, 그것은 결코 거저 준 것이 아니라 단지 그들이 진 빚을 갚는 일이 될 것이었다. 왜냐하면, 그들은 복음과 관련해서 바울에게 빚을 졌다는 것을 스스로 인정하지 않을 수 없었을 것이기 때문이다. 하지만 그가 말하고 있듯이, 빌립보 교회를 제외한 다른 교회들은 그렇게 하지 않았고, 그와의 계산에서 자신들이 진 빚을 갚지 않았다. 이것은 그들이 바울에게 자신들의 힘으로는 도저히 갚을 수 없을 정도로 엄청난 빚을 졌다는 것을 알았으면서도, 사도를 그런 식으로 홀대한 것이었기 때문에, 너무나 볼썽사납고 비열한 배은망덕한 짓이었다! 반면에, 이 거룩한 사람의 오래참음이 얼마나 대단했는지를 보라. 그는 그들의 그러한 배은망덕함과 몰염치를 지극한 온유함과 관용함으로 감내한 채로, 그들을 비난하는 따끔한 말 한 마디도 하지 않는다.

17. 내가 선물을 구함이 아니요 오직 너희에게 유익하도록 풍성한 열매를 구

함이라. 또한, 여기에서 사도는 빌립보 교인들이 자기가 물질적인 도움 얘기를 장황하게 늘어 놓으면서 다른 교회들은 자기를 돕지 않았다고 말한 것을 오해해서, 그가 물질적으로 욕심이 많은 사람이어서, 자신들의 호의를 악용하여, 다른 교회들이 하지 못한 몫들까지도 다 그들이 책임지고 보충해야 한다고 간접적으로 압박하는 것으로 받아들이지 않게 하기 위하여, 혹시라도 있을 자신에 잘못된 선입견을 배제하려고 그 점에 대해 자신의 입장을 확실하게 해명한다. 그래서 그는 이 문제와 관련해서 자기가 신경을 쓴 것은 자신의 유익이 아니라 빌립보 교인들의 유익이었다는 것을 분명하게 밝힌다. 그는 이렇게 말한다: "내가 너희로부터 물질적인 도움을 받은 것이지만, 거기에 못지않게 너희 자신도 유익을 얻었다. 왜냐하면, 너희가 내게 준 것은 회계장부에 너희의 수입으로 기재되었기 때문이다." 이 말의 의미는 앞에서 사용된 금전적인 문제에 있어서 각자에게 필요한 것들을 서로 교환하는 것에 관한 비유와 연결되어 있다.

18. 내게는 모든 것이 있고 또 풍부한지라 에바브로디도 편에 너희가 준 것을 받으므로 내가 풍족하니 이는 받으실 만한 향기로운 제물이요 하나님을 기쁘시게 한 것이라. 사도는 지금 "내게는 모든 것이 있고 또 풍부한지라"고 말함으로써, 그들이 자기에게 준 것이 자기에게 얼마나 큰 도움이 되었는지를 보여줌으로써, 그들이 한 일이 정말 귀한 일이었다는 것을 좀 더 명시적인 표현을 사용해서 분명하게 말한다. 그들이 그에게 보내 준 것은 얼마 안 되는 것이었음에 틀림없지만, 그는 그 얼마 안 되는 것으로 인해서 자기가 풍족해져서 모든 것에서 부족함이 없게 되었다고 말한다. 하지만 그가 그들이 보내 준 "선물"에 대한 본격적인 찬사는 이 절의 후반에 나오는데, 거기에서 그는 그 선물을 하나님이 "받으실 만한 향기로운 제물"이라고 부른다. 우리가 베푼 행위가 하나님이 우리의 손에서 받으셔서 그 향기를 흠향하시고 기뻐하시는 거룩한 제물이라고 하는 것보다 더 큰 찬사가 어디 있겠는가? 그런 의미에서 그리스도께서도 "너희가 여기 내 형제 중에 지극히 작은 자 하나에게 한 것이 곧 내게 한 것이니라"(마 25:40)고 말씀한다.

하지만 빌립보 교인들이 바울에게 보내 준 물질적 도움을 제물에 비유한 것이 중요한 이유는, 하나님이 우리에게 명한 사랑을 행하는 것은 단지 사람에게 수여되는 혜택에서 그치는 것이 아니라, 하나님을 향해 행해진 영적이고 거룩한 제사이자 예배라는 것을 우리에게 가르쳐 주기 때문이다. 그래서 히브리서에서는 "오직 선을 행함과 서로 나누어 주기를 잊지 말라 하나님은 이같은 제사를 기뻐하시느니라"(히 13:16)고 말한다. 우리의 나태함과 무심함은 통탄스러운 일이다! 왜냐하면, 하나님께서는 우리에게 지극히 큰 은혜를 베푸셔서, 우리에게 제사장이라는 영광된 직분을 맡기셔서, 우리로 하나님께 드리는 제사를 직접 드릴 수 있게 해 주셨는데도 불구하고, 우리는 하나님께 제사 드리는 일에 관심이 없어서, 거룩한 제물로 성별되어 있는 것들을 속된 용도로 사용할 뿐만 아니라, 그것들을 악용해서 너무나 더럽고 추악한 일들에 사용하고 있기 때문이다. 우리가 우리의 재물을 제물로 삼아서 올려 드릴 곳, 즉 그 제물을 둘 제단들은 가난한 자들과 그리스도의 종들이다. 그런데도 사람들은 하나님께 드려야 할 제물들을 그런 사람들을 섬기는 데 사용하지 않고, 온갖 사치와 향락과 산해진미와 화려한 옷과 저택에 사용해서 악용하고 낭비한다.

19. 나의 하나님이 그리스도 예수 안에서 영광 가운데 그 풍성한 대로 너희 모든 쓸 것을 채우시리라. 어떤 이들은 여기에서 "채우시리라"로 번역된 동사를 희구법으로 이해해서 "채우시기를 바라노라"로 해석한다. 나는 그런 읽기를 거부하지는 않지만, 전자로 해석하는 것이 더 낫다고 본다. 사도가 여기에서 하나님을 "나의 하나님"이라고 명시적으로 말하는 것은 사람들이 하나님의 종들에게 베푼 모든 호의들은 하나님 자신에게 베푼 것임을 고백하고 인정하기 때문이다. 따라서 빌립보 교인들은 진정으로 하나님의 밭에 씨를 뿌린 것이기 때문에, 그 밭으로부터 확실하고 풍성한 수확을 거두게 될 것을 기대할 수 있었다. 사도는 단지 그들이 내세에서 거기에 걸맞은 상을 받게 될 것이라고 약속하는 것이 아니라, 현세의 삶에서 필요한 모든 것들에 있어서도 풍성한 보상을 받게 될 것이라고 약속한다. 그는 이렇게 말한 것과 같다: "너희는 너희가 내게 줌으로써 너희 자신이 빈곤해졌다고 생각해서는 안 된다. 왜냐하면, 내가 섬기는 하나님이 너희에게 필요한 모든 것으로 너희를 풍성하게 채워 주실 것이기 때문이다." "영광 가운데"라는 어구는 "영광스럽게"라는 부사를 대신해서 사용된 것이기 때문에, "훌륭하고 찬란하게" 또는 "멋지고 기가 막히게"라는 의미이다. 하지만 우리가 행하는 모든 것은 그리스도의 이름으로 드려질 때에만 하나님께 받아들여질 수 있기 때문에, 사도는 "그리스도 안에서"라는 어구를 덧붙인다.

20. 하나님 곧 우리 아버지께 세세 무궁하도록 영광을 돌릴지어다 아멘. 이것은 사도가 이 서신을 끝내면서 하나님께 드리는 일반적인 감사의 말로 해석될 수도 있고, 좀 더 구체적으로 빌립보 교인들이 바울에게 보여준 호의와 관련해서 하나님

게 감사하는 말로 해석될 수도 있다. 왜냐하면, 그들이 그에게 베풀어 준 도움과 관련해서, 그는 자기가 그들에게 빚졌다고 여기면서도, 동시에 이 도움이 하나님의 자비로 말미암아 이루어진 일임을 고백하는 것이 합당한 일이었기 때문이다.

21-22. 그리스도 예수 안에 있는 성도에게 각각 문안하라 나와 함께 있는 형제들이 너희에게 문안하고 모든 성도들이 너희에게 문안하되 특히 가이사의 집 사람들 중 몇이니라. 사도는 문안 인사에서 가장 먼저 자기와 함께 있는 모든 형제들의 문안 인사를 먼저 전하고, 그런 후에 "모든 성도들," 즉 로마에 있는 교회 전체의 문안 인사를 전하면서, 특히 "가이사의 집 사람들 중 몇" 사람의 문안인사를 전한다. 그가 마지막에 언급한 네로 황제의 집 사람들 중 몇몇 신자들에 대한 언급은 주목할 만한 가치가 있다. 왜냐하면, 복음이 온갖 범죄와 죄악들이 들끓고 있던 저 시궁창 같은 도시 속으로 들어가 자리를 잡았다는 것도 하나님의 엄청난 자비인데, 황제의 궁정에까지 성도들이 존재할 수 있었다는 것은 드문 일이고 더욱더 놀라운 일이기 때문이다. 어떤 이들은 사도가 여기에서 언급한 "가이사의 집 사람들 중 몇"이라고 말했을 때 세네카(Seneca)도 염두에 두었을 것이라고 추측하지만, 그런 추측은 근거가 있어 보이지는 않는다. 왜냐하면, 세네카는 자기가 그리스도인이라는 증거를 조금도 보여주지 않았을 뿐만 아니라, 게다가 "가이사의 집"에 속한 사람이 아니라 원로원 의원으로서 한때 집정관의 직책을 맡았을 뿐이기 때문이다.

골로새서

서론

바울이 이 서신에서 언급하고 있는 브루기아에는 라오디게아, 히에라폴리스, 골로새라는 세 개의 인접한 도시들이 있었고, 오로시우스(Orosius)가 우리에게 알려 준 바에 의하면, 이 도시들은 네로 황제 시대에 지진에 의해 무너졌다고 한다. 따라서 이 서신이 씌어진 지 얼마 되지 않아서, 아주 유명했던 세 교회가 애석하게도 끔찍한 재난으로 말미암아 사라지고 말았는데, 우리에게 볼 수 있는 눈이 있기만 하다면, 그것은 하나님의 심판임이 분명하였다. 골로새 교인들은 사실 바울이 아니라 에바브라를 비롯한 다른 사역자들을 통해서 복음으로 가르침 받았다. 하지만 그 직후에 사탄은 늘 그래 왔듯이 이번에도 변함없이 바른 신앙을 변질시켜 놓기 위해서 그 교회로 침투하여 "가라지들"을 심어 놓았다(마 13:25, "사람들이 잘 때에 그 원수가 와서 곡식 가운데 가라지를 덧뿌리고 갔더니").

어떤 이들은 골로새 교인들을 순수한 복음으로부터 멀어지게 하고자 애썼던 두 부류의 사람들이 있었다고 보는데, 한 부류는 별들과 관련해서 운명을 논하거나 그런 비슷한 성격의 것들을 주장한 철학자들이었고, 다른 한 부류는 율법의 예식들을 지켜야 한다고 주장하여 희뿌연 연막을 자욱하게 쳐서 그리스도를 뒷전으로 밀어내고자 했던 유대인들이었다는 것이다. 하지만 이런 주장을 하는 자들은 너무나 근거가 희박한 추정, 즉 바울이 이 서신에서 보좌들과 권세들과 하늘에 속한 피조물들을 언급하고 있다는 것을 근거로 한 추정을 토대로 하고 있다. 그들이 거기에 사도가 "원소들"(골 2:20, 개역개정에는 "세상의 초등학문")이라는 용어를 사용한 것까지 증거로 내세우는 것은 어처구니없기까지 하다. 하지만 다른 사람들의 견해를 반박하는 것이 나의 의도가 아니기 때문에, 나는 내가 보기에 진실인 것, 즉 올바른 이치를 따라 추론했을 때에 나올 수 있는 결론이 무엇인지를 말하는 데 집중하고자 한다.

먼저 바울의 말로부터 충분히 분명한 것은, 그러한 악한 자들이 노린 것은 그리스도와 모세를 뒤섞어서 복음과 함께 그림자에 불과한 율법을 그대로 유지하고자 했다는 것이다. 따라서 그들은 유대인이었을 가능성이 대단히 높다. 하지만 그들은 자신들의 잘못된 교설들에 그럴 듯한 외관으로 덧칠을 하였기 때문에, 바울은 그런 이유에서 그것을 헛된 철학이라고 부른다(골 2:8). 이와 동시에, 그는 그들이 즐겼던 교묘하면서도 무익하고 속된 사변들도 염두에 두고서 이 용어를 사용했다는 것이 나의 생각이다. 왜냐하면, 그들은 천사들을 통해 하나님께로 나아가는 길을 고안해 냈고, 디오니시우스(Dionysius)가 플라톤 학파에 속한 철학자들로부터 가져온 천상의 위계질서에 관한 내용들을 쓴 책들에 담겨 있는 그런 성격의 많은 사변들을 제시하였기 때문이다. 따라서 바울이 이 서신을 통해서 이루고자 했던 주된 목적은, 모든 것이 그리스도 안에 있기 때문에, 골로새 교인들은 오직 그리스도 한 분만으로 충분하고도 남음이 있다고 여겨야 한다는 것을 가르치는 것이었다.

하지만 그는 다음과 같은 순서를 따른다. 즉, 늘 그랬듯이 그는 먼저 인사말을 한 후에, 그들로 하여금 자신의 말을 좀 더 집중해서 경청할 수 있도록 하기 위해서 그들을 칭찬하는 말을 한다. 그런 다음에는, 모든 새롭고 이상하게 고안해 내는 것들을 막기 위한 목적으로, 그들이 전에 에바브라에게서 받았던 가르침이 옳다는 것을 증언한다. 그런 후에는, 주께서 그들의 믿음이 더욱 자라게 해 주시기를 간구함으로써, 그들에게는 여전히 부족한 것이 있다는 것을 암시해서, 그들에게 좀 더 확실한 가르침을 베풀 수 있는 길을 닦아 놓는다. 다른 한편으로, 그는 하나님이 그들에게 베푸신 은혜를 그들이 가볍게 여기지 않도록 하기 위해서, 적절한 찬사들을 통해 그 은혜를 찬양한다.

그런 후에 가르침이 뒤따르는데, 거기에서 그는 우리의 구원의 모든 부분들이 오직 그리스도 안에서 발견될 수 있다고 가르침으로써, 그들이 구원과 관련된 것을 조금이라도 다른 곳에서 찾고 구하는 것이 옳지 않다는 것을 보여주고, 그들로 하여금 끝까지 그리스도를 붙잡는 것을 자신들의 목표로 삼는 데 더 큰 주의를 기울일 수 있도록 하기 위해서, 그들이 지금 소유하고 있는 모든 복이 그리스도 안에서 얻은 것임을 그들에게 상기시킨다. 그리고 실제로 이 한 가지만으로도, 우리는 이 짧은 서신이 그 어느 것과도 비교할 수 없을 정도로 값진 보화라는 것을 충분히 확인할 수 있다. 왜냐하면, 하늘에 속한 가르침 전체 중에서, 우리로 하여금 그리스도의 권능과 직임, 그리스도로부터 우리에게 오는 온갖 열매들을 알게 하기 위해서, 우리의 삶과 관련해서 그리스도가 어떤 존재인지를 생생하게 묘사하고 설명하는 것보다 더 중요한 것은 없기 때문이다.

특히 이 점에서 우리는 교황주의자들과 다르다. 왜냐하면, 우리나 그들이나 그리스도인으로 불리고 그리스도를 믿는다고 고백하지만, 그들은 그리스도에게서 그의 직분과 온갖 탁월한 것들을 없애 버리고 벌거벗김으로써, 그리스도를 갈기갈기 찢어지고 왜곡되어 흉측하게 되어 버린 유령으로 묘사하는 반면에, 우리는 바울이 여기에서 묘사하고 있는 아름답고 탁월한 그리스도의 모습을 그대로 받아들이기 때문이다. 그러므로 이 서신이 말하는 것을 한 마디로 요약해서 표현하자면, 이 서신은 참된 그리스도를 허구적인 그리스도로부터 구별해서, 그리스도가 그 어떤 존재보다도 더 탁월하고 뛰어난 존재라는 것을 보여준다는 것이다. 1장의 끝부분에서 사도는 또다시 자기에게 주어진 직분을 근거로 해서 자신의 권위를 확보하고자 하고, 장엄한 표현들을 사용해서 복음의 고귀함을 찬양한다.

2장에서 바울은 자기가 이 서신을 쓰게 된 이유가 무엇인지를 앞에서보다 더 분명하게 밝힌다. 즉, 그는 자기가 골로서 교인들 위에 드리워진 급박한 위험을 보고서 그것을 미연에 방지하기 위해서 이 서신을 쓰게 된 것임을 밝히면서, 아울러 그들로 하여금 그들이 잘되는 것이 자신의 관심사이고 이 서신의 목적이라는 것을 알게 하기 위해서, 자기가 그들을 얼마나 소중히 여기고 사랑하는지에 대한 말도 거기에 덧붙인다. 그런 후에, 그는 권면으로 나아가서, 앞에서 말한 가르침을 그들의 현재의 상황에 적용하여, 그들에게 오직 그리스도 안에 머물라고 명하고, 그리스도 밖에 있는 모든 것은 헛된 것이라고 규정한다. 특히, 그는 할례와 특정한 음식들을 부정한 것으로 여겨 먹지 않는 것을 비롯한 외적인 예법들에 대해 말하는데, 이것은 그들이 그런 예법들을 지키는 것이 하나님을 섬기는 것으로 오해하고 있었기 때문이었다. 또한, 그는 그들이 그리스도를 대신하여 천사들을 숭배하는 어처구니없는 짓을 저지르고 있는 것에 대해서도 언급한다. 아울러, 그는 할례를 언급한 것을 기회로 삼아서, 예법의 본질이 무엇인지를 곁들여서 언급하고, 예법들이 그리스도에 의해 폐기되었다는 것을 단정적으로 선언한다. 이것들은 2장의 끝까지 다루어진다.

3장에서는 거짓 사도들이 믿는 자들을 저 헛된 예법들에 묶어 놓고자 하는 것에 반대해서, 바울은 하나님께서 우리에게 명한 참된 경건의 일들이 무엇인지를 언급한다. 그는 먼저 경건의 근본이 되는 것, 즉 육체를 죽이는 것과 새 생명 가운데서 살아가는 삶에 대한 얘기로 시작한다. 이것으로부터 그는 거기에서 흘러 나오는 여러 갈래들, 즉 구체적인 권면들로 나아가는데, 그 중의 어떤 것들은 모든 그리스도인들에게 똑같이 적용되는 것들이고, 어떤 것들은 각자의 부르심의 성격에 따라 특정한 개개인들에게 적용되는 좀 더 특별한 것들이다.

　4장의 첫 부분에서 그는 동일한 주제를 이어가다가 마친 후에, 자기를 위해 기도해 달라고 부탁하고, 많은 증표들을 통해서 자기가 그들을 얼마나 많이 사랑하고 그들이 잘되기를 얼마나 원하는지를 보여준다.

제1장

¹하나님의 뜻으로 말미암아 그리스도 예수의 사도 된 바울과 형제 디모데는 ²골로새에 있는 성도들 곧 그리스도 안에서 신실한 형제들에게 편지하노니 우리 아버지 하나님으로부터 은혜와 평강이 너희에게 있을지어다 ³우리가 너희를 위하여 기도할 때마다 하나님 곧 우리 주 예수 그리스도의 아버지께 감사하노라 ⁴이는 그리스도 예수 안에 너희의 믿음과 모든 성도에 대한 사랑을 들었음이요 ⁵너희를 위하여 하늘에 쌓아 둔 소망으로 말미암음이니 곧 너희가 전에 복음 진리의 말씀을 들은 것이라 ⁶이 복음이 이미 너희에게 이르매 너희가 듣고 참으로 하나님의 은혜를 깨달은 날부터 너희 중에서와 같이 또한 온 천하에서도 열매를 맺어 자라는도다 ⁷이와 같이 우리와 함께 종 된 사랑하는 에바브라에게 너희가 배웠나니 그는 너희를 위한 그리스도의 신실한 일꾼이요 ⁸성령 안에서 너희 사랑을 우리에게 알린 자니라 (1:1-8)

1-2. 하나님의 뜻으로 말미암아 그리스도 예수의 사도 된 바울과 형제 디모데는 골로새에 있는 성도들 곧 그리스도 안에서 신실한 형제들에게 편지하노니 우리 아버지 하나님으로부터 은혜와 평강이 너희에게 있을지어다. 나는 이미 여러 번에 걸쳐서 이러한 인사말의 의도가 무엇인지를 설명한 바 있다. 하지만 골로새 교인들은 바울을 대면해서 본 적이 한 번도 없었고, 그런 이유에서 자신의 이름만을 밝히는 것으로 충분할 정도로 그의 권위가 그들 가운데서 아직은 확고하게 정립되어 있지 않았기 때문에, 그는 이 서신의 첫 부분에서 자기를 "하나님의 뜻으로 말미암아" 따로 세움을 입은 "그리스도 예수의 사도"라고 소개한다. 이것으로부터 우리가 알 수 있는 것은 바울은 하나님이 그에게 맡기신 대사직을 수행하고 있는 것이라는 점에서, 자기가 한 번도 직접 대면해서 알지 못하는 사람들에게 서신을 보낸 것은 결코 경솔한 행동이 아니었다는 것이다. 왜냐하면, 그는 단지 한 교회를 맡은 목회자였던 것이 아니었고, 그의 사도직은 모든 교회에 미치는 것이었기 때문이다. 그가 골로새 교인들을 "성도들"이라고 부른 것이 그들을 "신실한 형제들"이라

고 부른 것보다 더 그들을 존귀하게 대한 것이라고 할 수 있지만, 후자는 그들로 하여금 그를 좀 더 친근하게 느끼고 그의 말을 기꺼이 경청하게 하기 위한 것이다. 다른 것들에 대한 설명은 우리가 이미 다룬 다른 서신들에서 찾아볼 수 있다.

3. 우리가 너희를 위하여 기도할 때마다 하나님 곧 우리 주 예수 그리스도의 아버지께 감사하노라. 사도는 골로새 교인들의 믿음과 사랑을 칭찬하는데, 이것은 그들로 하여금 자신들의 믿음을 변함없이 지켜 나가는 일에 더욱더 힘쓰도록 격려하기 위한 것이다. 나아가, 그는 자기가 그들에 대하여 그런 종류의 감정을 갖고 있다는 것을 보여줌으로써, 그들의 호의적인 태도를 확보하여, 그의 가르침에 좀 더 열린 마음으로 귀 기울이고 받아들여서 제대로 교훈을 받게 하기 위한 것이다. 우리는 바울이 언제나 축하하는 말 대신에 감사하는 말을 사용한다는 사실을 주목하여야 한다. 이것은 우리에게 기쁘고 즐거운 모든 일은 하나님이 주신 은혜라는 점에서, 우리의 모든 기쁨 중에서 우리가 하나님의 선하심을 기억하는 것이 마땅하다는 것을 우리에게 가르쳐 준다. 또한, 그는 우리가 하나님께서 우리에게 주신 은혜만이 아니라 다른 사람들에게 주신 은혜에 대해서도 감사하여야 한다는 것을 자신의 모범을 통해서 우리에게 가르쳐 준다.

사도는 무엇으로 말미암아서 하나님께 감사하는 것인가? 그것은 골로새 교인들의 믿음과 사랑으로 말미암아서다. 따라서 그는 이 두 가지가 하나님이 주신 것임을 인정하고 있는 것이다. 만일 그렇지 않다면, 이러한 감사는 위장된 것이 되고 말 것이다. 후하게 거저 주시는 하나님의 은혜가 아니고서는, 우리가 어디에서 그런 것들을 얻을 수 있겠는가? 아주 작은 은혜들조차도 오직 하나님으로부터만 올 수 있다면, 우리의 다른 모든 탁월하고 뛰어난 은혜들의 토대가 되는 이 두 가지 선물이 하나님으로부터 온 것임을 인정하고 감사하는 것은 너무나 마땅한 일이 아니겠는가?

헬라어 본문에는 "우리 주 예수 그리스도의 하나님 아버지"로 되어 있지만, 우리는 이 어구를 "우리 주 예수 그리스도의 아버지이신 하나님"으로 이해하여야 한다. 왜냐하면, 우리가 성자이신 그리스도 예수 안에서 우리에게 자신을 나타내신 하나님 이외의 다른 하나님을 인정하는 것은 합당하지 않기 때문이다. 우리가 참 하나님께로 나아가기를 원한다면, 그리스도 예수는 우리에게 그 문이 열릴 수 있게 해 주는 유일한 열쇠이다. 그런 이유에서 하나님은 자신의 독생자 안에서 우리를 받아 주셨고, 또한 그 독생자 안에서 우리에게 아버지로서의 은총을 베풀어 주시는 것이기 때문에, 우리에게도 "아버지"가 되신다.

어떤 이들은 이 구절을 "우리는 기도할 때마다 너희를 위하여 늘 지속적으로 하나님께 감사한다"는 의미로 해석하고, 어떤 이들은 "우리가 너희를 위하여 늘 지속적으로 기도할 때마다 하나님께 감사한다"는 의미로 해석한다. 또한, 이 구절은 "우리가 너희를 위하여 기도할 때마다, 우리는 그와 동시에 하나님께 감사한다"는 의미로 해석할 수도 있고, 아주 간단하게는 "우리는 너희를 위하여 늘 하나님께 감사함과 동시에 기도한다"로 해석할 수도 있다. 바울이 이 말을 통해서 암시하는 것은, 신자들의 상태는 이 세상에서는 결코 완전할 수 없고 언제나 무엇인가가 부족하고 결핍되어 있을 수밖에 없다는 것이다. 놀라울 정도로 그 시작이 좋았던 사람일지라도 하루에도 수백 번씩 부족함을 느끼는 것이 당연한 까닭에, 우리가 이 세상에서 순례길을 걷는 동안에는 늘 앞으로 진보해 나가야 한다. 그러므로 우리는 우리가 이미 받은 은총을 기뻐하고 하나님께 감사함과 동시에, 아울러 우리가 앞으로도 변함없이 믿음을 지켜 나가고 진보해 나갈 수 있도록 은혜를 베풀어 주시도록 기도하는 것이 마땅하다는 것을 명심하여야 한다.

4. 이는 그리스도 예수 안에 너희의 믿음과 모든 성도에 대한 사랑을 들었음이요. 사도는 골로새 교인들의 믿음과 사랑이 대단하다는 것을 들었을 때, 그들을 향한 사랑이 타올랐고 그들이 잘되기를 바라는 마음이 간절해졌다고 말한다. 우리가 어떤 사람들에게서 이토록 탁월하고 뛰어난 하나님의 은사들이 나타난 것을 볼 때마다, 그들에 대한 우리의 사랑이 타오르는 것은 너무나 당연하고, 마땅히 그래야 한다는 것은 의심의 여지가 없다. 그는 우리로 하여금 그리스도만이 우리의 믿음의 고유한 대상이라는 것을 늘 명심하도록 하기 위해서, 여기에서 "그리스도에 대한 믿음"(개역개정에는 "그리스도 예수 안에 너희의 믿음")이라는 표현을 사용한다.

그가 "모든 성도에 대한 사랑"이라는 표현을 사용한 것은, 다른 사람들을 사랑에서 배제하고자 한 것이 아니라, 하나님 안에서 우리와 연합되어 있는 사람들에 대해서 우리가 더욱더 특별한 관심과 사랑으로 살펴야 하기 때문이다. 그러므로 모든 사람은 우리의 혈육이고 다 하나님의 형상을 따라 창조되었기 때문에(창 9:6), 참된 사랑은 모든 사람에게 보편적으로 미쳐야 하지만, 순서상으로는 믿음의 권속에 속한 자들이 우선시된다(갈 6:10, "우리는 기회 있는 대로 모든 이에게 착한 일을 하되 더욱 믿음의 가정들에게 할지니라").

5. 너희를 위하여 하늘에 쌓아 둔 소망으로 말미암음이니. 우리 안에 영생에 대한 소망이 진정으로 존재한다면, 그 소망은 우리 안에서 반드시 사랑을 만들어 낸다. 왜냐하면, 자기를 위한 영생의 보화가 하늘에 준비되어 있다는 것을 온전히 확신하는 사람은 필연적으로 이 세상을 멸시하고 그 곳으로 가기를 열망하게 되고, 천국의 삶을 열망하고 묵상하게 되면, 하나님을 섬기는 일과 사랑을 행하는 일에 대한 열심이 우리의 심령 속에서 불타오르게 되기 때문이다. 궤변론자들은 이 본문을 왜곡해서, 마치 구원의 소망이 행위에 달려 있다는 듯이, 행위로 말미암는 공로를 칭송하기 위한 목적으로 이 본문을 악용한다. 하지만 그런 추론이나 논리는 허망한 것이다. 왜냐하면, 소망이 우리로 하여금 바른 삶을 사는 데 매진하고자 하는 동기를 제공한다고 할지라도, 그 소망은 행위를 토대로 하지 않고, 하나님이 거저 값없이 베풀어 주시는 선하심에 의거한 것이어서, 행위를 신뢰하는 모든 것을 깡그리 다 무너뜨리기 때문이다.

하지만 여기에서 "소망"은 믿는 자들이 소망하는 것을 가리킨다는 점에서, 이 단어를 사용한 것은 환유법의 한 예이다. 왜냐하면, 우리 마음속에 있는 소망은 우리가 하늘에서 기대하고 소망하는 영광이기 때문이다. 이와 동시에, 그가 "너희를 위하여 하늘에 쌓아 둔 소망"이라고 말할 때, 그의 의도는 믿는 자들이 마치 그 보화가 하늘의 어느 특정한 곳에 이미 쌓여져 있다는 듯이, 그들에게 약속된 영원한 복된 삶을 확신하는 것이 마땅하다는 것이다.

곧 너희가 전에 복음 진리의 말씀을 들은 것이라. 영원한 구원은 우리의 지각으로 이해할 수 있는 범위를 뛰어넘는 일이기 때문에, 사도는 골로새인들이 복음으로 말미암아 그것을 확신하게 된 것이라는 말을 덧붙인다. 이와 동시에, 그는 자기가 어떤 새로운 것을 그들에게 제시하고자 하는 것이 아니라, 단지 그들이 전에 받았던 가르침을 그들에게 재차 확인하고 확증해 주고자 하는 것임을 처음부터 밝히는 것이기도 하다. 에라스무스(Erasmus)는 여기에서 "복음 진리의 말씀"으로 번역된 어구를 "복음의 참된 말씀"으로 번역하였다. 물론, 나도 바울은 히브리어 어법에 따라서 흔히 형용사 대신에 명사의 속격을 사용한다는 것을 잘 알고 있다. 하지만 여기에서 사용된 그의 말은 보통 때보다 더 강조되어 있다. 왜냐하면, 여기에서 그는 "복음"에 존귀함을 부여하여, 골로새 교인들로 하여금 자신들이 복음으로부터 받은 계시를 한층 더 견고하고 변함없이 붙들게 하기 위해서, "복음"을 여느 때보다 더 강조해서 "진리의 말씀"으로 부르고 있는 것이기 때문이다. 그래서 그는

"복음"과 "진리의 말씀"을 동격으로 놓는다.

6. 이 복음이 이미 너희에게 이르매 …… 너희 중에서와 같이 또한 온 천하에서도 열매를 맺어 자라는도다. 바울의 이 말은 천하 각 곳에서 광범위하게 많은 사람들을 그리스도께로 모으는 복음의 능력을 보여주는 것이라는 점에서, 경건한 자들을 더욱 견고히 서게 해 줌과 동시에 큰 위로를 주는 내용을 담고 있다. 사실 복음에 대한 믿음은 복음의 성공 여부에 의거한 것이 아니다. 즉, 우리는 많은 사람들이 복음을 받아들여 믿고 있다는 이유로 복음을 믿는 것이 아니라는 말이다. 온 세상이 복음을 거부하고, 심지어 하늘에서조차도 복음을 거부한다고 할지라도, 복음의 토대가 되는 하나님은 그럼에도 불구하고 변함없이 참되시기 때문에, 경건한 사람의 양심은 요동하지 않는다. 하지만 그렇다고 해도 그리스도께로 나아오는 사람들의 수에 비례해서 하나님의 탁월하심이 더 큰 능력으로 드러나게 될 때, 우리는 거기에서 하나님의 권능을 깨닫게 되어서, 우리의 믿음이 더욱 견고해진다는 것은 여전히 사실이다.

거기에 더하여, 당시에 믿는 자들이 많아진 것은 그리스도의 통치가 동서남북으로 널리 뻗어 나갈 것이라고 한 예언들의 성취였다. 선지자들이 오래 전에 그리스도의 나라가 세상의 모든 나라들로 확장될 것이라고 예언한 것이 우리의 눈 앞에서 성취되는 것을 볼 때, 우리의 믿음이 더욱 견고해지고 확고해지는 것은 당연한 일이 아니겠는가? 믿는 자들이라면 내가 지금 말한 것을 자기 자신 속에서 경험하지 않는 사람은 아무도 없을 것이다. 그래서 바울은 골로새 교인들이 천하 곳곳에서 복음의 열매와 진보가 이루어지는 것을 보고서, 복음을 한층 더 뜨겁고 간절한 마음으로 붙잡을 수 있도록 하기 위해서, 이 말을 통해서 그들에게 힘을 북돋워 주고자 하였다. 내가 "전파된다"로 번역한 '아욱사노메논'($αὐξανόμενον$, 개역개정에는 "자라는도다")은 일부 사본들에는 나오지 않지만, 나는 이 단어가 있는 것이 더 문맥에 부합하기 때문에 이 단어를 생략하는 쪽을 택하지 않았다. 또한, 교부들의 주석서들은 이 읽기가 언제나 더 일반적으로 받아들여졌다는 것을 보여준다.

너희가 듣고 참으로 하나님의 은혜를 깨달은 날부터. 여기에서 사도는 골로새 교인들이 바른 교훈을 즉시 받아들였다는 이유에서 그들의 유순하고 순종하는 태도를 칭찬하고, 그들이 그후로도 계속해서 변함없이 믿음을 지켰다는 이유에서 그들의 한결같은 신앙을 칭찬한다. 또한, 복음에 대한 믿음을 하나님의 은혜를 아는 지식이라고 부른 것도 적절하다. 왜냐하면, 자기가 하나님과 화목하게 되었다는 것을 알고, 그리스도 안에서 이루어진 구원을 붙잡지 않은 사람은 누구든지 복음을 맛본 사람이 아니기 때문이다.

여기에서 "참으로"로 번역된 어구는 직역하면 "진리 안에서"이지만, 실제로는 "거짓 없이 진정으로"라는 의미이다. 사도는 앞에서 이 복음은 의심할 여지 없이 바른 진리라고 선언했듯이, 이제 여기에서는 그 복음이 에바브라에 의해서 그들에게 거짓 없이 순전하게 전해졌다는 말을 덧붙인다. 왜냐하면, 모든 사람이 자신들이 복음을 전한다고 자랑하지만, 악한 사역자들이 많이 존재하고(빌 3:2), 그들의 무지나 야심이나 탐욕으로 말미암아 복음의 순수성이 변질되고 왜곡되는 일이 벌어지는 까닭에, 신실한 사역자들을 정직하지 못한 사역자들로부터 구별하는 것은 대단히 중요하였기 때문이다.

7. 이와 같이 우리와 함께 종 된 사랑하는 에바브라에게 너희가 배웠나니 그는 너희를 위한 그리스도의 신실한 일꾼이요. 복음이라는 명칭을 사용한 가르침을 받아들이는 것으로는 충분하지 않고, 그것이 바울이나 에바브라가 전한 것 같은 참된 복음이라는 것을 반드시 확인하고 알아야 한다. 그래서 바울은 골로새 교인들로 하여금 에바브라에게서 들은 복음을 꼭 붙들고, 그 복음과 다른 이상하고 낯선 교설들을 그들에게 주입하고자 한 악한 자들을 멀리하게 하기 위해서, 에바브라가 전하고 그들이 받은 복음이 참된 것임을 확증해 준다. 이와 동시에, 그는 에바브라가 그들 가운데서 더 큰 권위를 가질 수 있도록 하기 위해서, 에바브라가 "그리스도의 신실한 일꾼"이라는 것을 단정적으로 밝힘으로써 그에게 존귀를 더해 준다. 바울은 어디에서나 그리스도를 신실하고 충성되게 섬기는 자들을 칭찬하고 천거하면서, 교회들에게 그런 자들을 귀히 여기고 존경하도록 권면하는 것을 늘 자신의 특별한 목표로 삼았던 반면에, 사탄의 일꾼들은 그런 신실하고 충성된 그리스도의 종들을 비방하고 중상모략함으로써 단순한 신자들의 마음이 그런 목회자들로부터 멀어지게 하고자 하는 일에 온 힘을 쏟는다.

8. 성령 안에서 너희 사랑을 우리에게 알린 자니라. 나는 앞에 나온 말들에 대한 크리소스토모스(Chrysostomus)의 해석에 동의하지 않지만, 여기에서 사도가 사용한 "성령 안에서 너희 사랑"으로 번역된 어구를 그가 "너희의 신령한 사랑"으로 해석한 것에 대해서는 동의한다. 신령한 사랑이라는 것은 세상적인 고려와는 아무 상관이 없고 내면에 뿌리에 둔 것으로서 오직 경건에 기여하는 것으로 구별된 그런 성격을 지닌 반면에, 육신적인 우의나 사랑은 외적인 이유들에 좌우된다.

⁹이로써 우리도 듣던 날부터 너희를 위하여 기도하기를 그치지 아니하고 구하노니 너희로 하여금 모든 신령한 지혜와 총명에 하나님의 뜻을 아는 것으로 채우게 하시고 ¹⁰주께 합당하게 행하여 범사에 기쁘시게 하고 모든 선한 일에 열매를 맺게 하시며 하나님을 아는 것에 자라게 하시고 ¹¹그의 영광의 힘을 따라 모든 능력으로 능하게 하시며 기쁨으로 모든 견딤과 오래 참음에 이르게 하시고(1:9-11).

9. 이로써 우리도 듣던 날부터 너희를 위하여 기도하기를 그치지 아니하고 구하노니 너희로 하여금 모든 신령한 지혜와 총명에 하나님의 뜻을 아는 것으로 채우게 하시고. 사도는 앞에서 하나님께 감사하는 것 속에서 골로새 교인들에 대한 자신의 사랑을 보여준 바 있는데, 기제 여기에서는 그들을 위하여 간절히 기도한다고 말함으로써, 그들에 대한 자신의 사랑이 얼마나 큰 것인지를 다시 한 번 보여준다. 어떤 사람들에게서 하나님의 은혜가 두드러지게 나타날수록, 우리는 거기에 비례해서 그들을 더욱더 사랑하고 공경하며, 그들이 잘되는 것에 더 큰 관심을 가지는 것이 마땅하다. 그러나 사도는 그들을 위해서 무엇을 기도해 왔는가? 그는 그들이 하나님을 좀 더 잘 알 수 있게 되도록 기도해 왔다고 말하는데, 이것을 통해서 그들에게 여전히 부족한 점이 있다는 것을 간접적으로 암시함으로써, 자기가 그들에게 가르침을 베풀 수 있는 길을 준비해 놓고, 그들로 하여금 자기가 지금부터 그들에게 가르치는 내용들에 좀 더 주의를 기울여서 경청할 수 있게 한다. 왜냐하면, 자기가 알아야 할 것들을 이미 다 알고 있다고 생각하는 자들은 누가 어떤 가르침을 베풀어도 그 가르침을 멸시하고 들으려고 하지 않는 법이기 때문이다. 그래서 그는 골로새 교인들이 기꺼이 앞으로 진보하고자 하고 그들에게서 시작된 일을 계속해서 완성시켜 나가고자 하는 마음을 갖는 것을 방해할 수 있는 그런 식의 사고를 그들에게서 제거하고자 한다. 그렇다면, 사도는 그들이 어떤 지식을 갖게 되기를 원한 것인가? 그는 그들이 하나님의 뜻을 아는 지식에 이르게 되기를 원하는데, 이 표현을 통해서 사람들이 머리로 고안해 낸 모든 것들, 즉 하나님의 말씀과 다른 온갖 사변들을 배제한다. 왜냐하면, 하나님의 뜻은 오직 하나님의 말씀 속에서 찾아야 하고, 그 밖의 다른 곳에서 찾아서는 안 되기 때문이다.

사도는 "모든 지혜 안에서"라는 어구를 덧붙임으로써, 자기가 앞에서 언급한 "하나님의 뜻"은 바른 지식의 유일한 규범이라는 것을 암시한다. 즉, 오직 어떤 것들이 하나님이 계시하신 기뻐하시는 뜻인지를 알고자 하는 자들만이 진정으로 지혜로운 것이 무엇인지를 정확히 아는 자들이라는 것이다. 우리가 그 계시하신 뜻을 넘어서 어떤 것을 알고자 한다면, 그것은 하나님이 정하신 합당한 경계를 지키지 못함으로써 어리석게 되는 길을 택한 것 외의 다른 것이 아니게 된다. 우리가 "총명"으로 번역한 '쉬네세오스'(συνέσεως)는 아는 것으로부터 생겨나는 분별력을 가리키는 것으로 나는 이해한다. 바울은 이러한 "지혜"와 "총명"을 둘 다 "신령한" 것이라고 부른다. 왜냐하면, 그것들은 성령의 인도하심을 통하지 않고서는 다른 방식으로는 얻어지지 않기 때문이다. 육신에 속한 사람은 하나님에게 속한 일들을 알지 못한다(고전 2:14, "육에 속한 사람은 하나님의 성령의 일들을 받지 아니하나니 이는 그것들이 그에게는 어리석게 보임이요, 또 그는 그것들을 알 수도 없나니 그러한 일은 영적으로 분별되기 때문이라"). 사람들이 자신의 육신적인 지각의 지배를 받는 한, 인간적인 지혜밖에 가질 수 없고, 그들이 그 지혜를 기뻐한다고 할지라도, 그 지혜는 단지 헛된 것일 뿐이다. 우리는 교황주의자들의 신학이 어떤 종류의 것이고, 철학자들의 책에 어떤 지혜가 담겨 있으며, 속된 사람들이 어떤 지혜를 높이 평가하는지를 안다. 하지만 우리는 바울이 유일하게 칭찬하는 지혜는 하나님의 뜻 속에서만 찾아질 수 있다는 것을 명심하여야 한다.

10. 주께 합당하게 행하여 범사에 기쁘시게 하고 모든 선한 일에 열매를 맺게 하시며. 사도는 먼저 신령한 지혜와 명철을 갖고자 하는 목적이 무엇이고, 우리가 하나님의 학교에서 그런 지혜와 명철에서 성장해야 하는 이유가 무엇인지를 가르친다. 즉, 우리로 하여금 하나님께 합당하게 행하게 하는 것, 즉 우리가 하나님으로부터 헛되이 가르침을 받지 않았다는 것을 우리의 삶 속에서 나타내게 하기 위한 것이 그 목적이라는 것이다. 이러한 목적을 정하고서 행하지 않는 자들은 누구든지 아무리 열심히 애쓰고 수고한다고 할지라도, 오직 끝없이 제자리걸음을 하거나 이리저리 방황하며 헤맬 뿐이고, 아무런 진보도 이룰 수 없다. 또한, 사도는 우리가 하나님께 합당하게 행하고자 한다면, 무엇보다도 먼저 우리 자신의 명철을 의지하지 말고, 우리의 육신이 원하는 모든 것들과 결별하고서, 우리의 삶 전체를 하나님의 뜻에 따라 규율해 나가는 데 주의를 기울여야 한다고 충고한다.

사도는 "범사에 기쁘시게 하고"라고 말함으로써, 그것을 다시 한 번 확증하는데, 이것은 "범사에 순종하여 하나님을 기쁘시게 한다"는 의미이다. 따라서 어떤 종류의 삶이 하나님께 합당한 삶이냐를 묻는다면, 우리는 언제나 바울의 이러한 정의를 명심하여야 한다. 즉, 그것은 사람의 생각을 버리고, 요컨대 육신이 원하는 모든 것을 버리고 오직 하나님께만 순복하여 살아가는 삶이다. 이것으로부터 알 수 있는 것은 하나님께서 우리에게 요구하는 열매들은 "모든 선한 일"이라는 것이다.

하나님을 아는 것에 자라게 하시고. 사도는 여기에서 또다시 그들이 더 이상의 성장을 필요로 하지 않을 만큼 완전한 상태에 도달한 것이 아니라는 것을 말한다. 이렇게 그는 이런 권면을 통해서 그들은 지금 진보와 성장에 열심을 보이는 것이 마땅하다는 것을 보여줌으로써, 그들로 하여금 자신의 가르침을 경청하고 잘 받아들일 수 있도록, 자신의 손으로 그들을 붙잡아 이끈다. 모든 믿는 자들은 사도가 여기에서 골로새 교인들에게 하는 말들을 자기에게 하는 말로 받아들여서, 그의 말로부터 우리는 죽을 때까지 언제나 경건의 가르침 안에서 진보를 보이는 것이 마땅하다는 공통된 권면을 이끌어 내야 한다.

11. 그의 영광의 힘을 따라 모든 능력으로 능하게 하시며 기쁨으로 모든 견딤과 오래 참음에 이르게 하시고. 앞에서 골로새 교인들이 바른 명철을 가지고 올바르게 사용하게 해 달라고 기도한 사도는 이제 여기에서는 그들이 담대함으로 끝까지 믿음을 지켜 나가게 해 달라고 기도한다. 이런 식으로 그는 그들에게 자신들의 연약한 부분이 무엇인지를 상기시킨다. 왜냐하면, 이것은 주의 도우심이 없이는 그들은 연약할 수밖에 없다고 말하는 것이기 때문이다. 아울러, 그는 이러한 은혜의 역사를 더욱 찬양하기 위하여 "그의 영광의 힘을 따라"라는 어구를 덧붙인다. 그는 이렇게 말한 것과 같다: "그 누구도 자신의 힘을 의지해서는 결코 설 수 없기 때문에, 우리의 연약함을 돕는 일에서 하나님의 능력은 현저하게 나타난다." 끝으로, 그는 믿는 자들의 힘이 어디에서 발휘되어야 하는지, 즉 "모든 견딤과 오래 참음"으로 나타나야 한다는 것을 보여준다. 왜냐하면, 그들은 이 세상에 사는 동안에는 끊임없이 십자가를 져야 하고 날마다 수많은 시험들을 맞닥뜨려야 하는데, 거기에서 그런 것들을 이기고 승리하지 못한다면, 하나님이 약속하신 것들을 아무것도 볼 수 없게 될 것이기 때문이다. 그러므로 그들은 놀라운 인내로써 스스로 무장함으로써, 이사야 선지자가 "잠잠하고 신뢰하여야 힘을 얻을 것이거늘"(사 30:15)이라고 말한 것이 이루어질 수 있도록 해야 한다. "기쁨으로"라는 어구는 "모든 견딤과 오래 참음에 이르게 하시고"에 걸리는 것으로 보는 것이 좋다. 왜냐하면, 라틴어 역본들에서는 다른 읽기를 더 흔히 만날 수 있기는 하지만, 이 읽기가 헬라어 사본들과 더 부합할 뿐만 아니라, 인내는 마음이 평안하고 기쁠 때가 아니면 유지되기 어렵고, 자신의 형편과 처지에 만족하지 않는 자는 끝까지 굳건하게 인내를 유지할 수 없기

때문이다.

[12]우리로 하여금 빛 가운데서 성도의 기업의 부분을 얻기에 합당하게 하신 아버지께 감사하게 하시기를 원하노라 [13]그가 우리를 흑암의 권세에서 건져내사 그의 사랑의 아들의 나라로 옮기셨으니 [14]그 아들 안에서 우리가 속량 곧 죄 사함을 얻었도다 [15]그는 보이지 아니하는 하나님의 형상이시요 모든 피조물보다 먼저 나신 이시니 [16]만물이 그에게서 창조되되 하늘과 땅에서 보이는 것들과 보이지 않는 것들과 혹은 왕권들이나 주권들이나 통치자들이나 권세들이나 만물이 다 그로 말미암고 그를 위하여 창조되었고 [17]또한 그가 만물보다 먼저 계시고 만물이 그 안에 함께 섰느니라(1:12-17).

12. 아버지께 감사하게 하시기를 원하노라. 사도는 여기에서 다시 감사로 돌아오는데, 그것은 이 감사를 기회로 삼아서 그리스도로 말미암아 하나님이 골로새 교인들에게 수여하신 복들을 열거함으로써, 그리스도에 대한 자세한 설명과 묘사로 들어가기 위한 정지작업을 하기 위한 것이다. 왜냐하면, 그리스도가 어떤 분이신지를 정확히 이해하는 것만이 골로새 교인들이 견고하게 서서 거짓 사도들이 그들을 사로잡기 위해 쳐 놓은 온갖 올무들을 물리칠 수 있는 유일한 해법이었기 때문이다. 우리가 너무나 많은 "다른 교훈"(히 13:9)에 휘둘리는 이유는 그리스도의 탁월하심을 제대로 알지 못하기 때문이 아니면 무엇이겠는가? 오직 그리스도 한 분을 제대로 알고 깨닫게 되면, 다른 모든 것들은 순식간에 사라지고 만다. 그래서 사탄이 가장 공을 들여서 이루고자 하는 것은 온갖 연무를 뿌려서 어떻게 해서든지 그리스도가 어떤 분이신지를 사람들이 알지 못하게 하는 것이다. 왜냐하면, 사탄은 바로 그렇게 할 때에만 온갖 거짓이 들어올 수 있는 길이 열린다는 것을 알기 때문이다. 그러므로 그리스도와 그로 말미암은 모든 복들을 사람들의 눈 앞에 똑똑히 보여주어서, 그리스도의 탁월하심을 제대로 깨닫게 해 주는 것만이 순수한 가르침을 유지하거나 회복하는 유일한 수단이다.

여기서의 문제는 명칭과 관련된 것이 아니다. 교황주의자들은 우리와 마찬가지로 한 분 동일하신 그리스도를 인정한다. 하지만 그리스도가 어떤 분이신지를 놓고는 그들과 우리 간에는 아주 큰 차이가 존재한다. 그들은 그리스도가 하나님의 아들이심을 고백한 후에는 그리스도의 탁월하심을 다른 존재들에게 이전하고 여기저기로 흩어 버려서, 결국 그리스도에게는 빈껍데기만 남아 있게 하거나 그의 영광 중에서 대부분을 박탈해 버리기 때문에, 그리스도는 그들에 의해서 말로는 하나님의 아들이라 불리기는 하지만, 그럼에도 불구하고 성부 하나님이 말씀하신 그런 하나님의 아들은 아니다. 교황주의자들이 이 장에 묘사된 그리스도를 진심으로 받아들인다면, 우리는 즉시 거기에 전적으로 동의할 것이다. 그러나 그들이 가르치는 그리스도는 그리스도에 대한 무지로 말미암아 생겨난 것이라고 말할 수밖에 없기 때문에, 교황주의의 교리 전체는 설 수 없고 오직 무너질 수밖에 없다. 이 서신의 첫 번째 장의 주된 명제를 깊이 묵상하기만 한다면, 누구라도 그것을 인정할 수밖에 없을 것임은 의심의 여지가 없다. 왜냐하면, 바울이 이 장에서 의도한 가장 중요한 목적은 우리로 하여금 그리스도는 처음이자 중간이며 끝이라는 것, 모든 것을 그리스도에게서 구하여야 한다는 것, 그리스도를 떠나서는 아무것도 얻을 수 없다는 것을 알게 하는 것이기 때문이다. 그러므로 이제 독자들은 바울이 여기에서 우리에게 구체적으로 그리스도를 어떤 분으로 묘사하고 있는지를 주의깊고 세심하게 살펴보아야 한다.

우리로 하여금 빛 가운데서 성도의 기업의 부분을 얻기에 합당하게 하신. 앞에서 "아버지"께 감사한다고 말한 사도는 계속해서 "아버지"에 대한 말을 이어간다. 왜냐하면, "아버지"는 우리의 구원의 시작이자 실효적 원인이시기 때문이다. "하나님"이라는 용어는 하나님이 지니신 위엄을 좀 더 분명하게 드러내는 표현이라고 한다면, "아버지"라는 용어는 하나님이 지니신 친근하고 인자한 성품을 강조하는 표현이다. 우리는 하나님 안에 존재하는 이 두 가지를 모두 묵상해서, 하나님의 위엄을 바라보고서는 두려워하고 경외하는 마음을 갖고, 아버지로서의 사랑을 바라보고서는 하나님의 인자하심을 신뢰하여 우리의 모든 것을 하나님에게 맡기는 것이 마땅하다. 따라서 우리가 옛 번역자가 따른 번역이자 몇몇 아주 오래된 헬라어 사본들과 일치하는 번역인 "하나님과 아버지"를 취한다면, 바울이 이 두 가지를 한데 결합시켜 놓은 것은 합당한 이유가 없지 않은 것이었다. 물론, 사도가 "아버지"라는 이 한 가지 용어로 만족하였다고 말한다고 해서, 그것이 틀렸다고 말하는 것은 아니다. 그는 "아버지"라는 용어를 통해서 하나님이 우리에게 베푸신 비할 데 없이 큰 은혜를 표현하는 것이 필수적이라고 생각하였고, 아울러 "하나님"이라는 용어를 통해서 하나님이 이렇게까지 자신을 낮추시고서 우리를 찾아 와 주신 것에 대하여 하나님의 지극히 크신 선하심을 찬양하는 마음을 우리의 마음속에 불러

일으키는 것도 마찬가지로 필수적이라고 생각하였다.

그렇다면, 사도는 하나님이 베푸신 어떤 인자하심에 대해서 하나님께 감사를 드리고 있는 것인가? 그것은 하나님이 그를 비롯한 모든 믿는 자들을 "성도의 기업"에 참여하는 자들이 되기에 합당한 자들로 만들어 주신 것에 대한 것이었다. 왜냐하면, 우리는 하나님의 나라에서 배제된 진노의 자녀들로 태어나는 까닭에, 오직 하나님이 우리를 자녀로 삼아 주실 때에만 우리는 그 나라에 합당한 자들이 될 수 있는데, 그러한 양자됨은 우리의 공로에 의거해서가 아니라 오직 값없이 거저 주시는 택정에 의해 이루어지기 때문이다. 그리고 중생의 성령은 그 양자됨을 인치는 것이다. 사도는 사탄의 나라의 어둠과 반대된다는 의미에서 "빛 가운데서"라는 어구를 덧붙인다.

13. 그가 우리를 흑암의 권세에서 건져내사. 우리가 주목할 것은 하나님이 우리를 우리가 빠져 있는 파멸의 깊은 구덩이에서 건져내실 때에 우리의 구원이 시작된다는 것이다. 왜냐하면, 이사야 60:2에서 "보라 어둠이 땅을 덮을 것이며 캄캄함이 만민을 가리려니와 오직 여호와께서 네 위에 임하실 것이며 그의 영광이 네 위에 나타나리니"라고 말하는 것처럼, 하나님의 은혜가 존재하지 않는 곳마다 거기에는 "흑암"이 존재하기 때문이다. 먼저 우리 자신이 흑암이라 불리고, 다음으로는 온 세상, 그리고 흑암의 임금인 사탄이 흑암이라 불린다. 우리는 그리스도의 손에 의해서 해방될 때까지는 사탄의 폭정 아래에서 노예로 잡혀 있다. 이것으로부터 알 수 있는 것은 온 세상과 세상에서 지혜와 의라고 하는 모든 것들은 하나님이 보시기에 흑암 외의 다른 것이 아니라는 것이다. 왜냐하면, 그리스도의 나라 밖에는 그 어떤 "빛"도 존재하지 않기 때문이다.

그의 사랑의 아들의 나라로 옮기셨으니. 우리가 그리스도의 나라로 옮겨졌을 때, 우리는 사망에서 생명으로 건너간 것이기 때문에, 우리의 복된 삶은 이미 시작된다(요일 3:14, "우리는 형제를 사랑함으로 사망에서 옮겨 생명으로 들어간 줄을 알거니와 사랑하지 아니하는 자는 사망에 머물러 있느니라"). 바울은 이것도 하나님의 은혜로 돌림으로써, 그 누구도 자신의 노력과 힘으로 이토록 큰 복을 얻을 수 있다고 생각하지 못하게 한다. 우리가 죄와 사망의 종살이에서 건짐을 받는 것이 하나님의 역사인 것과 마찬가지로, 우리가 그리스도의 나라로 들어가는 것도 하나님의 역사이다. 사도는 그리스도를 "그의 사랑의 아들," 즉 하나님 아버지께서 사랑하시는 아들이라고 부른다. 왜냐하면, 우리가 마태복음 17:5("이는 내 사랑하는 아들이요 내

기뻐하는 자니 너희는 그의 말을 들으라")에서 읽을 수 있는 것 같이, 하나님은 오직 자기 아들을 기뻐하고 사랑하며, 다른 모든 사람들은 오직 그의 아들 안에서 하나님의 사랑을 받기 때문이다. 따라서 우리는 그리스도로 말미암지 않고서 다른 식으로는 하나님께 받아들여질 수 없다는 것을 확고한 진리로 여겨서 굳게 붙잡는 것이 마땅하다. 또한, 여기에서 바울은 중보자이신 하나님의 아들 안에서 사랑이 빛을 발할 때까지는, 사람들과 하나님 사이에는 풀 수 없는 적대관계가 존재했다는 것을 간접적으로 시사하고자 하였다는 것도 의심할 여지가 없는 사실이다.

14. 그 아들 안에서 우리가 속량 곧 죄 사함을 얻었도다. 사도는 이제 우리의 구원의 모든 부분들이 그리스도 안에 담겨 있다는 것, 그리고 그리스도는 만물의 시작이자 끝이기 때문에 모든 피조물 위에 뛰어나서 빛을 발할 수밖에 없다는 것을 차례대로 설명해 나간다. 먼저, 그는 우리가 "속량"을 얻었다고 말하고, 그런 후에 곧바로 "속량"은 "죄 사함"을 의미한다는 설명을 덧붙인다. 이 두 가지는 동격으로 서로 결합되어 있다. 왜냐하면, 하나님이 우리의 죄를 사해 주실 때, 그것은 우리를 영원한 사망으로의 정죄를 면제해 주시는 것임은 의심의 여지가 없기 때문이다. 하나님이 우리의 죄를 우리에게 돌리지 않으신다는 것이 우리의 자유이고, 우리가 죽음에 직면했을 때에 우리의 자랑이다. 사도는 이 속량이 그리스도의 피로 말미암아 얻어진 것이라고 말한다. 그리스도의 죽음의 제사로 말미암아 세상의 모든 죄가 속함을 받았기 때문이다. 그러므로 우리는 우리와 하나님을 화목하게 만든 유일한 속전은 오직 그리스도의 죽음뿐이고, 교황주의자들이 속죄와 관련하여 주장하는 온갖 쓸데없는 것들은 신성모독이라는 것을 명심하여야 한다.

15. 그는 보이지 아니하는 하나님의 형상이시요. 사도는 좀 더 높이 올라가서 그리스도의 영광에 관한 강론을 전개해 나간다. 그는 그리스도를 "보이지 아니하는 하나님의 형상"이라고 부른다. 이것은 우리는 다른 방식으로는 하나님을 볼 수 없고, 하나님은 오직 그리스도 안에서 자신을 우리에게 나타내셨다는 것을 의미하는데, 요한복음 1:18에서 "본래 하나님을 본 사람이 없으되 아버지 품 속에 있는 독생하신 하나님이 나타내셨느니라"고 말하고 있는 것도 그런 의미이다. 나는 교부들이 이것을 어떤 식으로 설명하곤 했는지를 잘 알고 있다. 그들은 아리우스파에 맞서 싸우기 위해서 성자와 성부의 동등성과 동일본질을 역설하였지만, 이 문제에 있어서 아주 중요한 것, 즉 성부가 어떤 식으로 그리스도 안에서 자신을 우리에게 알게 하셨는가 하는 것에 대해서는 전혀 언급하지 않았다. 크리소스토모스

(Chrysostomus)가 자신의 변증의 모든 강조점을 "형상"이라는 용어에 두고서, 피조물은 창조주의 "형상"이라고 말할 수 없다고 주장한 것은 그 근거가 대단히 빈약하다. 왜냐하면, 그런 주장은 바울이 고린도전서 11:7에서 "남자는 하나님의 형상과 영광"이라고 말한 것에 의해서 쉽게 반박되기 때문이다.

그러므로 우리가 확실한 것 외에는 아무것도 받아들이고자 하지 않는다면, 우리는 사도가 여기에서 "형상"이라는 용어를 사용한 것은 그리스도의 본질과 관련된 것이 아니라 우리와 관련된 것임을 유념할 필요가 있다. 왜냐하면, 사도는 그리스도가 하나님을 우리의 눈으로 볼 수 있는 방식으로 우리에게 나타내셨다는 의미에서 그리스도를 "하나님의 형상"이라 부르고 있는 것이기 때문이다. 아울러 이것으로부터 우리는 성자와 성부가 동일본질이라는 것도 알 수 있다. 왜냐하면, 여기에서 그리스도가 우리에게 가시적인 형태로 볼 수 있게 해 준 하나님의 속성들은 피조물이 나타내 보여줄 수 있는 것들이 아니라, 그 어떤 피조물도 나타내 보여줄 수 없는 것들, 곧 하나님의 완전한 지혜와 선하심과 의와 능력이었다는 점에서, 만일 그리스도가 본질상 하나님의 말씀이 아니었다면, 하나님을 진정으로 우리에게 나타내 보이는 것은 불가능했을 것이기 때문이다. 따라서 "형상"이라는 용어는 아리우스파에 대항하는 데 강력한 무기임에는 틀림없지만, 그럼에도 불구하고 그 무기를 사용할 때에 우리는 오직 "본질"이라는 문제만을 역설해서는 안 되고, 반드시 내가 방금 말한 것으로부터 출발해서 본질의 문제로 나아가는 순서를 밟아야 한다. 사도가 여기에서 말하고자 하는 요지는 이런 것이다: 하나님의 있는 그대로의 모습은 사람들의 육신의 눈으로만이 아니라 사람들의 지각과 명철로도 볼 수 없지만, 하나님은 오직 그리스도 안에서 우리에게 자신을 나타내셔서, 우리로 하여금 마치 거울을 통해 보는 것처럼 하나님을 볼 수 있게 하셨다. 왜냐하면, 하나님은 그리스도 안에서 자신의 의와 선하심과 지혜와 능력, 요컨대 자기 자신 전체를 우리에게 보여주셨기 때문이다. 그러므로 우리는 그리스도 외의 다른 곳에서 하나님을 찾지 않도록 주의하여야 한다. 그리스도 외에는 하나님을 볼 수 있게 해 준다고 하는 모든 것들은 우상에 지나지 않는 것들이기 때문이다.

모든 피조물보다 먼저 나신 이시니. 사도는 자기가 그리스도를 이런 명칭으로 부르는 이유와 근거를 다음 절에서 곧바로 덧붙이는데, 그것은 "만물이 그에게서 창조되었기" 때문이라는 것이다. 이것은 동일한 의미에서 그가 나중에 18절에서 우리가 모두 그리스도로 말미암아 다시 살아나게 될 것이라는 사실에 의거해서, 그리스도를 "죽은 자들 가운데서 먼저 나신 이"라고 부르는 것과 같다. 따라서 그리스도가 "먼저 나신 이"라고 불리는 것은 단지 시간적으로 모든 피조물에 선행했기 때문이 아니라, 그리스도로 하여금 만물을 창조하여 만물의 실체 또는 토대가 되게 하기 위하여 성부 하나님이 그리스도를 낳았기 때문이었다. 그러므로 아리우스파가 이 구절을 근거로 삼아서 그리스도가 피조물이었다고 주장한 것은 어리석기 짝이 없는 일이었다. 왜냐하면, 여기에서 다루는 것은 그리스도가 그 자체로 어떤 존재인가 하는 것이 아니라, 그가 만물과 관련해서 무엇을 이루었는가 하는 것이기 때문이다.

16-17. 만물이 그에게서 창조되되 하늘과 땅에서 보이는 것들과 보이지 않는 것들과 혹은 왕권들이나 주권들이나 통치자들이나 권세들이나. "보이는 것들과 보이지 않는 것들"은 바로 앞에서 말한 하늘에 속한 것들과 땅에 속한 것들이라는 구별 속에 포함되어 있었지만, 바울은 주로 천사들을 언급하고자 했기 때문에, 이제 여기에서 "보이지 않는 것들"에 대해 언급한다. 따라서 우리의 눈으로 볼 수 있는 하늘에 속한 피조물들만이 아니라 영적인 피조물들도 하나님의 아들에 의해서 창조되었다. 사도가 곧바로 이어서 "혹은 왕권들이나 주권들이나 통치자들이나 권세들이나"라고 말한 것은 "그들이 어떤 이름으로 불리든지 간에"라고 말한 것과 같다.

어떤 이들은 "보좌들"(개역개정에는 "왕권들")은 천사들을 가리키는 것으로 이해하지만, 나는 하나님의 위엄이 있는 하늘의 궁정을 가리키는 것이라고 본다. 그 곳은 우리의 지각으로 알 수 있고 생각할 수 있는 것이 아니라고, 오직 하나님 자신에게만 속한 것이다. 우리는 해와 달을 비롯해서 하늘을 장식하고 있는 모든 것들을 볼 수 있지만, 하나님 나라는 영적인 것이고 하늘들 위에 있는 것이기 때문에, 그 영광은 우리의 지각으로부터 감추어져 있다. 요컨대, 우리는 "보좌들"은 모든 변화로부터 벗어나 있는 저 복된 불멸의 처소를 가리키는 것으로 이해해야 한다는 것이다.

그 밖에 사도가 여기에서 열거하고 있는 것들은 모두 천사들을 가리키는 것임에 틀림없다. 그가 천사들을 "주권들," "통치자들," "권세들"이라고 부르는 것은, 그들이 각각 어떤 별개의 나라들을 다스리거나 그런 권능을 수여받았기 때문이 아니라, 하나님의 권능과 통치권을 섬기는 사역자들이지만, 하나님이 천사들을 통해서 자신의 권능을 피조물들 가운데서 나타낼 때, 하나님께 속한 명칭들로 그 천사들을 부르는 것이 관행이었기 때문이다. 따라서 오직 하나님만이 "주"이자 "아버지"이시지만, 하나님이 그런 식으로 존귀를 더하신 자들도 주들과 아버지들이라 불린다. 그래서 천사들이나 위정자들이 신들이라 불리게 되었다. 이 구절에서도 천사들은 대단한 직함들로 지칭되지만, 그것은 그들이 하나님을 떠나서 스스로 할 수 있는 어떤 것을 보여주는 것이 아니라, 하나님이 그들을 통해서 행하시는 것과 그들에게 맡기신 역할들을 보여줄 뿐이다. 우리는 천사들을 부르는 데 사용된 이러한 칭호들을 하나님의 영광이 전혀 훼손되지 않고 오직 하나님께만 영광을 돌리는 방식으로 이해하는 것이 합당하다. 왜냐하면, 하나님은 자신의 권능을 천사들에게 나누어 주시지만 그 권능이 줄어드는 법이 없고, 천사들을 통해서 일하시지만 자신의 권능을 그들에게 이양하는 법이 없으며, 자신의 영광을 그들 속에서 드러나게 하시지만 그것으로 인해 자신의 영광이 가려지는 것을 원하지 않으시기 때문이다. 따라서 바울이 이런 식으로 대단한 직함이나 칭호들로 천사들의 위엄을 칭송한 것은 의도적인 것으로서, 천사들이 아무리 대단하다고 할지라도, 그들은 그리스도에 의해 창조된 존재들이기 때문에, 오직 그리스도는 그들 위에 우뚝 높이 솟아 있다는 것을 더욱 분명하게 보여줌으로써, 그리스도가 높임을 받는 데 그들이 방해가 될 수 없다는 것을 가르쳐 주기 위한 것이다. 그러므로 그는 양보의 방식으로 천사들에 대해 그런 칭호들을 사용한 것이기 때문에, 이렇게 말한 것과 같다: 설령 천사들이 아무리 존귀하고 대단한 칭호들로 불린다고 할지라도, 천사들의 그러한 탁월함이 그들을 창조하신 그리스도의 영광을 가리거나 훼손하는 것은 불가능하다.

어떤 이들은 여기에서 사도가 사용한 용어들을 지나치게 깊이 파고 들어 사변화해서 이 구절로부터 천사들의 위계질서를 이끌어내지만, 그런 것은 그들이 자신들이 만들어 낸 진수성찬으로 스스로 즐기는 것일 뿐이고, 바울의 의도와는 너무나 거리가 멀다는 것은 두말할 필요가 없다.

만물이 다 그로 말미암고 그를 위하여 창조되었고 또한 그가 만물보다 먼저 계시고 만물이 그 안에 함께 섰느니라. 사도는 천사들이 그리스도에게 종속되어 있다는 것을 네 가지 근거를 들어 증명함으로써, 천사들이 그리스도의 영광을 가릴 수 없다는 것을 보여준다. 첫 번째는 천사들이 그리스도에 의해서 창조되었다는 것이고, 두 번째는 천사들이 창조된 것은 그리스도와 관련이 있고, 그들의 궁극적인 목적은 그리스도라는 것이며, 세 번째는 그리스도는 천사들이 창조되기 이전에 영원 전부터 늘 계셨다는 것이고, 네 번째는 그리스도가 자신의 능력으로 그들을 붙들어 주기 때문에, 그들이 현재의 상태로 존재할 수 있다는 것이다. 이와 동시에, 사도는 이것을 단지 천사들과 관련해서만이 아니라 세계 전체와 관련해서도 단언한다. 이렇게 그는 하나님의 아들을 최고로 존귀한 자리에 앉혀 놓음으로써, 그리스도가 사람들과 천사들보다 뛰어나신 분으로서 하늘과 땅에 있는 모든 피조물들을 다스리시는 분임을 보여준다.

[18]그는 몸인 교회의 머리시라 그가 근본이시요 죽은 자들 가운데서 먼저 나신 이시니 이는 친히 만물의 으뜸이 되려 하심이요 [19]아버지께서는 모든 충만으로 예수 안에 거하게 하시고 [20]그의 십자가의 피로 화평을 이루사 만물 곧 땅에 있는 것들이나 하늘에 있는 것들이 그로 말미암아 자기와 화목하게 되기를 기뻐하심이라 (1:18-20).

18. 그는 몸인 교회의 머리시라. 사도는 그리스도의 탁월하심과 모든 피조물들을 다스리시는 그리스도의 주권적 통치에 대해서 일반적으로 강론한 후에, 이제 다시 좀 더 구체적으로 교회와 관련된 일들로 돌아온다. 어떤 이들은 "머리"라는 용어에는 많은 것들이 포함되어 있다고 생각한다. 그리고 앞으로 보게 되겠지만, 사도는 나중에 이 동일한 비유를 다음과 같은 의미로 사용하고 있다는 것은 의심의 여지가 없다. 즉, 인간의 몸에서 머리는 뿌리로서의 역할을 해서, 생명력이 거기로부터 나와서 모든 지체들을 거쳐서 몸 전체로 흘러 들어가는 것과 마찬가지로, 교회의 생명도 그리스도로부터 흘러 들어온다는 것이다(골 2:19, "온 몸이 머리로 말미암아 마디와 힘줄로 공급함을 받고 연합하여 하나님이 자라게 하시므로 자라느니라"). 하지만 나는 여기에서 사도가 주로 말하고자 하는 것은 통치에 대한 것이라고 생각한다. 따라서 이 구절에서 그는 오직 그리스도만이 교회를 다스릴 권세를 지니고 있기 때문에, 믿는 자들은 오직 그리스도만을 바라보아야 하고, 그리스도의 몸인 교회의 연합은 오직 그리스도로 말미암는다는 것을 보여주고 있는 것이다.

교황주의자들은 자신들의 우상의 폭정을 밑받침하기 위한 목적에서, 만일 교황이 교회의 머리로서 통치권을 행사하지 않는다면, 교회는 머리가 없게 될 것이라고 주장한다. 바울은 그러한 존귀와 영광을 천사들에게조차 허락하지 않지만, 그렇다고 해서 교회로부터 머리를 제거함으로써 교회를 불구로 만들지는 않는다. 왜냐하면, 그리스도께서는 친히 이 직함이 자신의 것이라고 말씀하실 뿐만 아니라, 실제로 그 직무를 수행하시기 때문이다. 나는 교황주의자들이 교황은 사역과 관련해서 머리라는 의미라고 주장함으로써, 사람들의 비방을 모면하고자 한다는 것도 잘 알고 있다. 하지만 "머리"라는 직함은 위엄 있고 존귀한 것이어서, 그 어떤 핑계 아래에서도 특히 그리스도의 명령 없이는 죽을 수밖에 없는 존재인 인간에게 돌리는 것은 옳지 않다. 그레고리우스는 자신의 네 번째 책에 수록된 92번째 서신에서 베드로는 교회의 주된 지체들 중의 하나였지만, 그를 비롯한 모든 사도들은 하나의 머리 아래에 있는 지체들이었다고 말함으로써 큰 겸손을 보여준다.

그가 근본이시요 죽은 자들 가운데서 먼저 나신 이시니. "근본"으로 번역된 헬라어 '아르케'(ἀρχή)는 모든 것들의 궁극적인 목적이라는 의미로 종종 사용되기 때문에, 우리는 여기에서도 사도는 그리스도는 그런 의미에서 궁극적인 목적이라고 말하고 있는 것으로 이해할 수 있을 것이다. 하지만 나는 바울의 이 말을 다음과 같이 설명하는 것이 더 낫다고 본다. 즉, 그리스도는 "죽은 자들 가운데서 먼저 나신 이"시라는 의미에서 "시작"이라는 것이다. 왜냐하면, 이것은 첫 번째로 창조된 세계는 최초의 인간의 타락으로 인해서 산산조각이 나고 말았는데, 이제 그리스도의 부활에서 만물의 회복이 시작되어서, 두 번째이자 새로운 창조가 개시되었다는 것을 말하고자 하는 것이기 때문이다. 따라서 그리스도는 부활을 통해서 하나님 나라가 시작되게 하였기 때문에, 그를 "시작"이라고 부르는 것은 합당하다. 또한, 우리는 그리스도 안에서 새로워져서 새로운 피조물들이 될 때에 하나님이 보시기에 진정으로 존재하기 시작한다. 사도가 그리스도를 "죽은 자들 가운데서 먼저 나신 이"라고 부르는 것은, 단지 그리스도가 가장 먼저 부활하신 분이었기 때문이 아니라, 다른 사람들에게 생명을 회복시켜 주었기 때문이다. 그래서 성경은 다른 곳에서 그리스도가 "죽은 자 가운데서 다시 살아나사 잠자는 자들의 첫 열매"(고전 15:20)가 되셨다고 말한다.

이는 친히 만물의 으뜸이 되려 하심이요. 이것으로부터 사도는 그리스도는 "만물의 으뜸"이라는 결론을 도출해 낸다. 왜냐하면, 그리스도가 만물의 원천이자 회복자이시라면, 그러한 존귀를 그리스도에게 드리는 것이 합당하다는 것은 명백하기 때문이다. 이와 동시에, "만물에서"(개역개정에는 "만물의")라는 어구는 두 가지로 해석될 수 있는데, 하나는 "모든 피조물 위에"로 해석하는 것이고, 다른 하나는 "모든 것에서"로 해석하는 것이다. 하지만 이것은 크게 중요하지 않다. 왜냐하면, 사도가 이 구절을 통해서 말하고자 하는 것은 모든 것이 그리스도의 통치에 종속되어 있다는 것이기 때문이다.

19. 아버지께서는 모든 충만으로 예수 안에 거하게 하시고. 사도는 자기가 앞에서 그리스도에 대하여 선언한 것을 확증하기 위해서, 이제 여기에서는 그것이 하나님의 섭리 안에서 그런 식으로 정해져 있었다는 말을 덧붙인다. 우리가 경외하는 마음으로 이 신비를 찬양하기 위해서는, 그 원천으로 거슬러 올라가 볼 필요가 있다는 것은 의심의 여지가 없다. 사도는 "모든 충만이 그리스도 안에 거하게 된 것은 하나님의 계획을 따른 것이었다"고 말한다. 거기에서 "모든 충만"은 의와 지혜와 능력과 모든 복의 충만을 의미한다. 왜냐하면, 요한복음 5:20에서 "아버지께서 아들을 사랑하사 자기가 행하시는 것을 다 아들에게 보이시고 또 그보다 더 큰 일을 보이사 너희로 놀랍게 여기게 하시리라"고 말한 것처럼, 하나님은 자기 아들 안에서 영광을 받으시기 위하여, 자기에게 있는 모든 것을 자기 아들에게 수여하셨기 때문이다. 아울러, 사도는 우리가 우리의 구원을 위하여 필요한 모든 선한 것을 그리스도의 충만으로부터 이끌어 와야 한다는 것을 보여준다. 왜냐하면, 하나님은 자기 자신이나 자신의 은사들을 오직 자기 아들을 통해서만 사람들에게 주시기로 작정하셨기 때문이다. 따라서 사도는 이렇게 말한 것과 같다: "그리스도는 우리에게 모든 것이다. 그리스도를 떠나서는 우리에게는 아무 것도 없다." 이것으로부터 우리는 그리스도를 훼손하거나 그의 탁월함을 손상시키거나 그의 직임들을 박탈하는 모든 것, 요컨대 그리스도의 충만을 조금이라도 제거하는 것은 하나님의 영원한 계획을 무너뜨리는 것임을 알게 된다.

20. 만물 …… 이 그로 말미암아 자기와 화목하게 되기를 기뻐하심이라. 우리가 그리스도로 말미암지 않고서는 다른 방식으로는 하나님과 화목하게 될 수 없다는 것도 그리스도에 대한 대단한 찬사이다. 먼저 우리가 생각할 것은 우리의 행복은 우리가 하나님께 꼭 붙어 있는 데 있고, 반면에 하나님으로부터 떨어져 있는 것보다 더 비참하고 불행한 것은 없다는 것이다. 따라서 사도는 그리스도는 우리와 하나님을 묶어 주는 끈이라는 점에서, 우리는 오직 그리스도로 말미암아 복을 받을 수 있는 반면에, 그리스도에게서 떠나 있는 경우에는 하나님으로부터 차단되어 있는 것이기 때문에 우리는 지극히 불행하고 비참할 수밖에 없다고 선언한다. 하지만 우리는 사도가 그리스도에게 돌리는 것은 오직 그리스도에게만 속한 것으로서, 그러한 찬사 중에서 극히 일부라도 다른 존재에게 돌릴 수 없다는 것을 명심하여야 한다. 그러므로 우리는 사도가 "하나님께서는 만물이 그리스도로 말미암아 자기와

화목하게 되기를 기뻐하셨다"고 말한 것을 일종의 대비로 이해해서, 이 일은 오직 그리스도의 대권에 속하기 때문에 천사들을 비롯한 다른 존재들에게는 속할 수 없다고 말한 것으로 해석해야 한다. 왜냐하면, 여기에서 사도가 그렇게 말한 의도는 인간에게는 천사들의 중재를 통해서 하나님께 나아갈 수 있는 길이 열려 있다고 주장하는 자들을 반박하기 위한 것이기 때문이다.

그의 십자가의 피로 화평을 이루사. 사도는 아버지 하나님이 그리스도의 피로 말미암아 자신의 피조물들과 화목하게 되었다고 말하면서, 그 피를 "십자가의 피"라고 부른다. 왜냐하면, 우리와 하나님 간의 화평을 이루어내기 위한 보증이자 속전인 그 피는 그리스도께서 십자가 위에서 흘리신 피였기 때문이다. 우리가 그리스도 안에서 하나님의 의가 되기 위해서는, 하나님의 아들이 속죄제물이 되어서 우리의 죄에 대한 형벌을 담당하지 않으면 안 되었다(고후 5:21, "하나님이 죄를 알지도 못하신 이를 우리를 대신하여 죄로 삼으신 것은 우리로 하여금 그 안에서 하나님의 의가 되게 하려 하심이라"). 그러므로 "십자가의 피"는 하나님의 진노를 풀어 드리기 위해 십자가 위에서 드려진 희생제물의 피를 의미한다.

사도가 "그로 말미암아"라는 어구를 덧붙인 것은 어떤 새로운 내용을 표현하려고 한 것이 아니라, 자기가 앞서 말했던 것, 즉 오직 그리스도만이 화목의 원천이시고 다른 모든 수단들은 거기에서 배제된다는 것을 다시 한 번 분명히 못 박아 둠으로써, 골로새 교인들의 마음에 한층 더 깊이 각인시키기 위한 것이다. 그리스도 외에 우리를 위해 십자가에 못 박힌 이는 없었기 때문에, 우리는 오직 "그로 말미암아" 하나님과의 화목을 이룰 수 있다.

곧 땅에 있는 것들이나 하늘에 있는 것들. 우리가 이 어구를 오직 이성을 지닌 피조물들만을 가리키는 것으로 이해한다면, 이것은 사람들과 천사들을 의미하는 것이 될 것이다. 이 어구가 만물 전체를 예외 없이 가리키는 것으로 이해한다고 해도, 사실 거기에는 아무런 무리가 없을 것이다. 하지만 후자로 이해하는 경우에는 지나치게 복잡한 사변화가 필요하게 될 것이기 때문에, 나는 그런 것을 피하기 위해, 이 어구는 천사들과 사람들을 가리키는 것으로 이해하고자 한다. 하나님이 보시기에 사람들의 경우에는 그들과 하나님을 화목하게 해 줄 중보자가 필요하다는 것은 누가 보아도 명백하다. 하지만 천사들의 경우에는 이 문제는 그렇게 쉽게 해결할 수 있는 것이 아니다. 왜냐하면, 불화나 미움이 존재하지 않는 곳에, 화해의 필요성이 존재하는지는 의문이기 때문이다. 많은 사람들은 그러한 문제점으로 인해서 우리 앞에 있는 구절을 다음과 같은 식으로 설명해 왔다. 즉, 천사들은 사람들과 화해하게 되었고, 그 결과 하늘에 속한 피조물들과 땅에 속한 피조물들 간에 화평이 회복되었다는 것이다. 하지만 바울은 하나님이 "자기와 화목하게 되기를 기뻐하셨다"고 분명하게 말하고 있기 때문에, 그러한 해석은 억지스럽다.

하지만 천사들과 사람들이 하나님과 화목하게 되는 것이 무엇인가 하는 문제는 여전히 남는다. 우리가 사람들이 하나님과 화목하게 되었다고 말하는 것은, 사람들이 전에는 죄로 말미암아 하나님을 떠나 있게 되어서, 만일 중보자의 은혜가 끼어들어 하나님의 진노를 풀어 드리지 않았다면, 심판주이신 하나님에 의해서 멸망을 당하게 되었을 것이기 때문이다. 따라서 하나님과 사람들 간에 이루어진 화평의 성격은, 둘 사이의 적대관계가 그리스도로 말미암아 폐기되고 해소되어서, 이제 하나님이 사람들에 대하여 심판주가 아니라 아버지가 되셨다는 것이다.

반면에, 하나님과 천사들 간의 문제는 그런 것과는 판이하게 다르다. 왜냐하면, 천사들 사이에서는 반역이나 죄가 없었고, 따라서 천사들이 하나님으로부터 떠나는 일도 벌어지지 않았기 때문이다. 하지만 천사들도 하나님과 화평을 이루는 것은 반드시 필요하였다. 왜냐하면, 천사들도 피조물인 까닭에, 그리스도의 은혜로 말미암은 견인이 그들에게 주어지지 않았다면, 넘어지고 타락하는 위험에서 벗어날 수 없었을 것이기 때문이다. 천사들이 하나님과의 화평을 지속적으로 유지하고, 확고하게 의에 서서, 타락이나 반역의 염려를 더 이상 하지 않기 위해서는, 그리스도의 은혜가 아주 중요하였다. 게다가, 천사들이 하나님께 드리는 순종 자체도 모든 면에서 하나님이 만족하실 수 있을 정도로 절대적으로 완전한 것이 아니었기 때문에, 그들에게도 죄 사함의 필요성이 없는 것은 아니었다. 욥기 4:18에서 "하나님은 그의 종이라도 그대로 믿지 아니하시며 그의 천사라도 미련하다 하시나니"라고 말하고 있는 것이 바로 그런 의미라는 것은 의심의 여지가 없다. 왜냐하면, 그 본문이 마귀에 대한 것이라고 한다면, 그 말은 아무런 의미도 없는 실없는 말이 되고 말 것이기 때문이다. 따라서 거기에서 성령은, 아무리 순전한 것이라고 할지라도 하나님의 의와 비교해 보게 되면 악한 것이 될 수밖에 없다고 선언하고 있는 것이다. 그러므로 우리는 천사들이 지닌 의도 하나님과 온전히 연합하기에 충분할 정도의 의는 아니기 때문에, 그들에게도 중보자로 말미암은 화평이 필요하고, 그들은 그 은혜를 의지해서 하나님과 온전히 연합될 수 있다는 결론을 내리지 않을 수 없게 된다. 그런 점에서 바울이 그리스도의 은혜가 오직 사람들에게만 필요했던 것이 아니라 천사들에게도 마찬가지로 필요하였고, 천사들이 중보자의 은혜로 말미암아 하나님과의 화평을 이루게 되었다고 선언한 것은 옳기 때문에, 그것은 결코 천사들을 부당하게 대우한 것이 아니었다.

여기에서 어떤 사람이 사도가 "만물"이라는 보편성을 나타내는 표현을 사용했다는 것을 구실로, 그 만물에는 마귀들도 포함되고, 그리스도가 마귀들에 대해서도 중보자로서의 역할을 한 것이라고 말할 수 있지 않겠느냐고 의문을 제기한다면, 나는 속량의 은택이 악인들에게는 제시되지만 마귀들에게는 제시되기조차 하지 않는다는 점에서는 이 둘 간에 서로 차이가 있기는 하지만, 그리스도는 마귀들만이 아니라 악인들의 중보자도 아니시라고 대답하고자 한다. 하지만 바울이 여기에서 한 말은 하나님과 조금이라도 연결되어 있는 모든 피조물들은 오직 그리스도로 말미암아 하나님께 붙어 있는 것이라는 내용 외에는 다른 것을 포함하고 있지 않다는 점에서, 그런 문제와는 아무 상관이 없다.

²¹전에 악한 행실로 멀리 떠나 마음으로 원수가 되었던 너희를 ²²이제는 그의 육체의 죽음으로 말미암아 화목하게 하사 너희를 거룩하고 흠 없고 책망할 것이 없는 자로 그 앞에 세우고자 하셨으니 ²³만일 너희가 믿음에 거하고 터 위에 굳게 서서 너희 들은 바 복음의 소망에서 흔들리지 아니하면 그리하리라 이 복음은 천하 만민에게 전파된 바요 나 바울은 이 복음의 일꾼이 되었노라(1:21-23).

21. 전에 …… 멀리 떠나 마음으로 원수가 되었던 너희를. 사도는 앞에서 제시했던 일반적인 가르침을 이제 구체적으로 골로새 교인들에게 적용하는데, 이것은 그들이 그리스도에게서 떠나서 거짓 사도들이 고안해 낸 새로운 교설들을 받아들인다면, 아주 지독한 배은망덕의 죄를 저지르는 것임을 알게 하기 위한 것이다. 우리는 권면에 있어서 사도가 택한 이러한 순서를 주의깊게 눈여겨볼 필요가 있다. 왜냐하면, 일반적인 가르침으로 끝내는 것보다는 그 가르침을 좀 더 구체적으로 적용하는 것이 사람들의 마음에 더 강력한 영향을 줄 수 있기 때문이다. 또한, 사도는 그들로 하여금 자기가 앞에서 말한 저 속량의 은택을 그들 자신 속에서 재확인하고 깨닫게 하기 위하여 그들 자신의 경험을 뒤돌아 보게 만든다. 그는 이렇게 말한 것과 같다: "바로 너희 자신이야말로 하나님이 그리스도로 말미암아 사람들에게 베풀어 주셨다고 내가 말한 저 은혜의 표본들이다. 왜냐하면, 너희는 전에는 하나님

으로부터 멀리 떠나 하나님의 원수였던 자들이었지만, 지금은 하나님의 은총 아래 있는 자들이 되었기 때문이다. 그렇다면 그 은총은 어떻게 해서 너희에게 오게 된 것인가? 그것은 그리스도의 죽음으로 말미암아 하나님의 진노가 풀려서, 하나님이 너희와 화목하게 되었기 때문이다." 아울러, 사도는 앞에서는 아버지 하나님을 주어로 해서 말해 왔었지만, 이제 이 구절에서는 그리스도를 주어로 내세워서 말하기 시작한다. 따라서 우리는 "그의 육신의 몸"(개역개정에는 "그의 육체")은 "자신의 육신의 몸"으로 해석하여야 한다.

나는 사도가 여기에서 '디아노이아스'(διανοίας, 개역개정에는 "마음")이라는 단어를 사용한 것은 강조를 위한 것이었다고 본다. 즉, 그는 이렇게 말한 것과 같다: "그들은 전인적으로, 곧 그들의 정신 체계까지 모두 하나님으로부터 멀어졌다." 이것은 철학자들이 단지 인간의 특정한 부분만이 하나님에게서 멀어졌다고 생각하거나, 교황주의 신학자들이 그것은 오직 인간의 열등한 부분에만 국한된 것이었다고 주장하지 못하도록 하기 위한 것이다. 바울은 "너희를 하나님 앞에서 가증스럽게 만든 바로 그것은 너희의 마음과 생각 전체를 사로잡고 장악해 버렸다"고 말한다. 요컨대, 그가 말하고자 하는 것은 타락한 인간은 어떤 존재이든지 간에 하나님과의 사이가 완전히 틀어져 버려서 하나님의 원수로 살아가고 있다는 것이다. 옛 해석자는 '디아노이아스'를 "지각"으로 번역하고, 에라스무스는 "정신"으로 번역하며, 나는 프랑스인들이 "의도"라고 부르는 것을 나타내기 위해서 라틴어로 '코기타티오'(cogitatio)로 번역하였다. 그것이 헬라어 '디아노이아스'의 의미이고, 바울이 여기에서 말하고자 하는 것과도 부합한다.

또한, "원수"라는 단어는 능동적인 의미와 수동적인 의미를 지니기 때문에, 그리스도에게서 멀리 떠나 있던 우리에게 두 가지 측면에서 잘 어울리는 단어이다. 왜냐하면, 우리는 진노의 자녀로 태어났고, 육신의 모든 생각은 하나님과 원수가 되기 때문이다(롬 8:7).

악한 행실로. 사도는 마음속에 감추어져 있는 내적인 증오를 그 결과들을 통해서 보여준다. 인간은 자신의 죄가 공개적으로 드러나게 될 때까지는 어떻게 해서든지 발뺌을 하려고 애쓰는 까닭에, 하나님은 그들의 외적인 행위들을 보여주심으로써 그들의 죄악과 불경건을 드러내시기 때문이다. 이것은 로마서 1:19("이는 하나님을 알 만한 것이 그들 속에 보임이라 하나님께서 이를 그들에게 보이셨느니라")에서 좀 더 자세하게 다루어진다. 여기에서 사도가 골로새 교인들에 대해 말해 주고 있는 것은 우리에게도 그대로 적용된다. 우리도 본성과 관련해서 그들과 다를 것이 없기 때문이다. 어떤 이들은 하나님이 모태로부터 부르셔서 그들의 악의가 표출되어서 공공연하게 열매로 맺히는 것을 미리 막으시는 반면에, 어떤 이들은 인생의 대부분을 방황으로 보낸 후에야 양의 우리로 돌아오게 된다는 차이만이 있을 뿐이고, 우리는 죄의 노예들이고, 죄가 있는 곳에는 하나님과 사람 간에 적대관계가 존재하기 때문에, 우리 모두에게는 우리와 하나님을 화목하게 하여 화평을 이루게 해줄 그리스도가 필요하다는 점에서는 차이가 없다.

22. 이제는 그의 육체의 죽음으로 말미암아 화목하게 하사. "그의 육신의 몸"(개역개정에는 "그의 육체")이라는 표현은 얼핏 보면 부자연스럽고 부조리해 보이지만, 하나님의 아들이 우리와 똑같이 지니고 계셨던 저 인간의 몸을 의미한다. 따라서 사도가 이 표현을 통해서 말하고자 한 것은, 하나님의 아들은 우리의 중보자가 되시기 위하여, 우리와 동일한 본성을 취하셨다는 것, 곧 많은 연약함들에 종속되어 있는 이 흙으로 만들어진 비천한 몸을 입으셨다는 것이다. 사도는 "죽음으로 말미암아"라는 어구를 덧붙임으로써 다시 한 번 우리에게 희생제사를 상기시킨다. 왜냐하면, 하나님의 아들은 우리의 형제가 되기 위해서는 사람이 되셔서 우리와 똑같은 육신을 입으시는 것이 필수적이었던 것과 마찬가지로, 하나님 아버지와 우리를 화목하게 하기 위해서는 스스로 희생제물이 되어 죽으시는 것이 필수적이었기 때문이다.

너희를 거룩하고 흠 없고 책망할 것이 없는 자로 그 앞에 세우고자 하셨으니. 여기에서 우리는 우리의 구원의 두 번째로 중요한 부분을 보는데, 그것은 새 생명의 삶이다. 왜냐하면, 속량의 복 전체는 주로 죄 사함과 영적인 중생, 이 두 가지에 있기 때문이다(렘 31:33, "그 날 후에 내가 이스라엘 집과 맺을 언약은 이러하니 곧 내가 나의 법을 그들의 속에 두며 그들의 마음에 기록하여 나는 그들의 하나님이 되고 그들은 내 백성이 될 것이라"). 사도가 앞에서 이미 말한 것, 즉 그리스도의 죽음으로 말미암아 우리를 위한 의가 확보되어서, 우리의 죄가 사함 받고, 우리가 하나님께 받아들여질 수 있게 되었다는 것은 대단히 중요한 일이었다. 하지만 이제 사도는 그것과 아울러서 마찬가지로 중요한 또 다른 은택, 즉 우리로 하여금 하나님의 형상을 따라 새롭게 되게 해 주는 성령의 선물이 있다는 것을 우리에게 가르쳐 준다. 이것은 의가 그리스도 안에서 우리에게 값없이 거저 주어짐과 동시에, 우리가 의의 순종을 위하여 성령으로 거듭나게 된다는 것을 보여준다고 말한다는 점에서 주목할 만한 본문이다. 사도는 다른 곳에서도 그리스도는 "우리에게 의로움과 거룩함이 되셨다"고 가르친다(고전 1:30). "의로움"은 우리가 믿음으로 받아들임으로써 값없이 거저 얻어지고, "거룩함"은 우리가 성령의 선물을 통해서 새로운 피조물이 될 때 얻어지지만, 은혜로 말미암은 이 두 가지 복 간에는 뗄레야 뗄 수 없는 연결 관계가 존재한다.

하지만 우리는 이 "거룩함"은 우리 안에서 시작되어서 날마다 진보하고 있기는 하지만, 그리스도께서 만물을 회복하기 위하여 나타나실 때까지는 완성되지 않는다는 것을 유념하여야 한다. 옛적에 코엘레스티우스주의자들(Coelestinians)과 펠라기우스주의자들은 이 본문을 왜곡해서 은혜로 말미암은 죄 사함의 은택을 차단하고자 하였다. 왜냐하면, 그들은 인간이 이 세상에서 하나님의 공의를 만족시킬 수 있는 완전한 삶을 살 수 있는 까닭에 은혜는 필요하지 않다고 주장했기 때문이다. 하지만 여기에서 바울은 완전한 의로움과 거룩함이 이 세상에서 이루어질 수 있다고 말하는 것이 결코 아니라, 우리의 부르심의 목적이 무엇이고, 그리스도께서 우리에게 어떤 복들을 가져다 주셨는지에 대해서 말하고 있는 것이다.

23. 만일 너희가 믿음에 거하고 터 위에 굳게 서서 …… 복음의 소망에서 흔들리지 아니하면 그리하리라. 여기에는 끝까지 믿음을 지키라는 견인에 대한 권면이 나온다. 사도는 골로새 교인들이 순전한 복음 안에서 끝까지 인내로써 믿음을 지키지 않는다면, 지금까지 그들에게 수여되었던 모든 은혜가 헛되이 되고 말 것이라고 경고한다. 이렇게 그는 그들은 여전히 진보해 나가고 있을 뿐이고, 아직 푯대에 도달한 것은 아니라는 것을 보여준다. 왜냐하면, 당시에 그들의 믿음은 거짓 사도들의 술수들로 말미암아 위험에 노출되어서 무너질 수도 있는 상황에 처해 있었기 때문이다. 그래서 바울은 골로새 교인들에게 믿음 위에 굳게 서서 흔들리지 말라고 명하면서, 확고부동한 믿음을 지닐 필요성을 생생한 필치로 묘사한다. 믿음은 이런저런 상황에 의해서 흔들리고 바뀔 수 있는 견해 같은 것이 아니고, 음부의 모든 술수들에도 굳건히 설 수 있는 견고함을 지니고 있는 것이기 때문이다. 반면에 교황주의 신학의 전 체계는 참된 믿음의 그러한 견고함을 조금도 보여주지 못한다. 왜냐하면, 그들은 우리는 우리가 끝까지 믿음을 지켜서 최종적으로 구원을 받게 될 것인지에 대해서만이 아니라 우리의 현재의 은혜의 상태에 대해서도 늘 의심해야 한다고 가르치고, 그런 교리를 기정사실로 전제하기 때문이다. 또한, 사도는 골로새 교인들이 "복음의 소망," 즉 복음을 통해서 우리에게 분명하게 드러난 소망

에서 "흔들리지" 않는 모습을 보여줄 때에만 그들의 믿음이 견고하게 될 것이라고 말함으로써, 믿음과 복음 간에 존재하는 관계에 대해서도 언급한다. 왜냐하면, 복음이 있는 곳에는 영원한 구원에 대한 소망도 존재하기 때문이다. 하지만 우리는 모든 것은 그리스도 안에 담겨 있다는 것을 명심하여야 한다. 그래서 여기에서 사도는 골로새 교인들에게 사람들의 마음을 그리스도에게서 떠나게 하여 다른 것에 관심을 갖게 만드는 온갖 교설들을 피하라고 명한다.

너희 들은 바……이 복음은 천하 만민에게 전파된 바요. 거짓 사도들은 그리스도를 갈기갈기 찢어 놓으면서도 교만하게도 복음이라는 명칭을 내세우며 자랑하곤 하였고, 복음이라는 미명 아래 거짓된 교설로 복음의 진리를 교란시키고 혼란스럽게 해서 사람들의 양심을 괴롭히는 것이 사탄의 통상적인 술수이기 때문에, 여기에서 바울은 "너희 들은 바"라는 어구를 덧붙여서, 골로새 교인들이 전에 에바브라에게서 들었던 복음이야말로 의심할 여지 없이 참된 복음이라고 명시적으로 선언함으로써, 그들이 그 복음과 다른 교설들에 귀를 기울이지 않아야 한다는 것을 강조한다. 아울러, 사도는 그것을 확증하기 위해서, 그들이 들은 복음이 자기가 온 세계를 돌아다니며 전파한 바로 그 복음이라는 말을 덧붙인다. 그들의 믿음이 온 세계의 모든 교회가 갖고 있는 믿음과 동일하다는 것이고, 사도들이 온 세계를 돌아다니며 전하고 천하 만민이 받아들인 바로 그것과 똑같은 가르침을 따르고 있다는 사실은 그 어떤 것보다도 더 분명하게 그들의 현재의 믿음을 견고하게 해 줄 수 있는 것이었다.

교황주의자들은 우리가 전하는 가르침이 모든 곳에서 인정을 받고 박수갈채를 받는 것이 아니고, 그 가르침에 동의하는 자들은 소수라는 것을 지적하면서 우리의 가르침을 공격하는 한편 자신들의 가르침을 자랑하는 것은 어처구니없는 짓이다. 그들이 아무리 우리에게 맹공을 퍼붓는다고 할지라도, 오늘날 우리가 옛적에 선지자들과 사도들이 전하였고, 성도들의 온 무리가 순종함으로 받아들였던 바로 그 복음 외에는 아무 것도 가르치고 있지 않다는 사실은 결코 달라지지 않는다. 왜냐하면, 여기에서 바울은 모든 사람이 인정하고 받아들여야만 참된 복음이고, 그렇지 않다면 참된 복음으로서의 권위를 지닐 수 없다고 말하고자 한 것이 결코 아니고, 반대로 "너희는 온 천하에 다니며 만민에게 복음을 전파하라"(막 16:15)는 그리스도의 명령을 염두에 두고서 이 말을 한 것이기 때문이다. 이 명령은 선지자들이 옛적에 한 수많은 예언들, 즉 장차 그리스도의 나라가 온 세상에 퍼져나가게 될 것이라고 한 예언들에 의거한 것이다. 따라서 여기에서 바울은 골로새 교인들도 예루살렘으로부터 솟아나서 온 세상으로 흘러 나갈 것이라고 예언된 바로 그 "생수"를 마시게 된 것이라고 말하고자 한 것이다(슥 14:8, "그 날에 생수가 예루살렘에서 솟아나서 절반은 동해로, 절반은 서해로 흐를 것이라 여름에도 겨울에도 그러하리라").

주의 명령을 따라 온 천하에 전파되어서, 모든 교회에 의해서 받아들여지고, 모든 경건한 자들이 거기에 따라 신앙 고백을 하고 살다가 죽은 바로 그 동일한 복음에 우리가 참여하고 있다는 것은 결코 헛된 자랑이 아니기 때문에 우리에게 큰 힘과 위로를 준다. 또한, 교회라는 영광스러운 이름으로 불릴 만한 자격이 있는 모든 교회가 한결같이 다 받아들여서 고백하고 있는 복음과 믿음에 우리가 동참하고 있다는 사실은 우리가 우리에 대한 수많은 공격들에 맞서 힘 있게 대적하는 데 큰 도움이 된다. 아우구스티누스는 도나투스파를 반박할 때, 특히 그들이 모든 교회들에서 들은 적도 없고 알지도 못하는 그런 복음을 말하고 있다는 논거를 사용한 것에 대해서, 우리는 진심으로 거기에 동의한다. 그가 그런 식의 논리를 편 것은 지극히 합당한 것이었다. 왜냐하면, 만일 참된 복음이 전파되고 있는데도, 교회가 그것을 참된 복음으로 인정하지 않는다면, 복음이 만 천하에 전파되어서, 모든 민족과 나라와 족속들 가운데서 하나님의 아들들이 나아와서 교회로 모이게 될 것이라고 한 예언들을 통해서 하나님이 한 수많은 약속들이 헛되고 거짓된 것이 되고 말 것이기 때문이다(호 1:10-11, "이스라엘 자손의 수가 바닷가의 모래 같이 되어서 헤아릴 수도 없고 셀 수도 없을 것이며 전에 그들에게 이르기를 너희는 내 백성이 아니라 한 그 곳에서 그들에게 이르기를 너희는 살아 계신 하나님의 아들들이라 할 것이라").

그런데 교황주의자들은 무슨 짓을 하고 있는가? 그들은 선지자들과 사도들에게 작별을 고하고 옛 교회를 무시한 채로 참된 복음에 반기를 들고서 자신들이 고안해 낸 교설을 보편 교회가 동의한 복음이라고 내세우고 있다. 참된 복음과 그들이 교설이 어디에서 일치한다는 것인가? 모든 교회의 동의와 관련해서 논란이 있는 경우에는, 바울이 여기에서 그렇게 하고 있듯이, 우리는 사도들과 그들이 전한 것으로 되돌아가야 한다. 한편, 사도가 여기에서 사용한 보편성을 나타내는 표현은 단지 복음이 도처에서 널리 전파되었다고 말하고자 하는 것일 뿐이기 때문에, 우리는 이것을 지나치게 엄격하게 해석해서는 안 된다.

나 바울은 이 복음의 일꾼이 되었노라. 여기에서 사도가 개인적으로 자기 자신에 대해서도 구체적으로 언급하고 있는 것은 그렇게 할 필요가 절실하였기 때문이다. 왜냐하면, 우리는 가르치는 직분으로 경솔하게 뛰어들지 않도록 언제나 주의를 해야 하는 까닭에, 사도는 자신의 사도직은 자기가 스스로 선택한 것이 아니라, 주께서 자기를 "복음의 일꾼"으로 삼으셨기 때문에 이 직분을 지니게 된 것이라고 밝힘으로써, 복음 전도자로서의 자신의 권위와 권한을 확보해야 했기 때문이다. 따라서 이 말을 통해서 그는 자신의 사도직과 골로새 교인들의 믿음을 서로 연결시켜서, 만일 그들이 자신의 가르침을 배척한다면, 그것은 그들이 이미 받아들인 복음을 버리는 것임을 보여준다.

[24]나는 이제 너희를 위하여 받는 괴로움을 기뻐하고 그리스도의 남은 고난을 그의 몸된 교회를 위하여 내 육체에 채우노라 [25]내가 교회의 일꾼 된 것은 하나님이 너희를 위하여 내게 주신 직분을 따라 하나님의 말씀을 이루려 함이니라 [26]이 비밀은 만세와 만대로부터 감추어졌던 것인데 이제는 그의 성도들에게 나타났고 [27]하나님이 그들로 하여금 이 비밀의 영광이 이방인 가운데 얼마나 풍성한지를 알게 하려 하심이라 이 비밀은 너희 안에 계신 그리스도시니 곧 영광의 소망이니라 [28]우리가 그를 전파하여 각 사람을 권하고 모든 지혜로 각 사람을 가르침은 각 사람을 그리스도 안에서 완전한 자로 세우려 함이니 [29]이를 위하여 나도 내 속에서 능력으로 역사하시는 이의 역사를 따라 힘을 다하여 수고하노라(1:24-29).

24. 나는 이제 너희를 위하여 받는 괴로움을 기뻐하고. 사도는 앞에서 자신의 부르심을 근거로 복음의 일꾼으로서의 권위를 주장하였지만, 이제 여기에서는 자신의 사도직으로 인해서 자기가 지금까지 영광과 존귀를 누린 것이 아니라 도리어 결박과 박해들을 겪어 왔고, 그런 것들을 복음을 위하여 기쁘게 감당해 왔으며 앞으로도 그렇게 할 것이라고 말한다. 왜냐하면, 사탄은 그런 것들을 사악하게 악용해서, 하나님의 종들이 사람들로부터 더 큰 멸시와 천대를 받게 하는 기회들로 삼기 때문이다. 아울러, 사도는 그들에게 자신의 모범을 따라서 박해들을 겁내지 말라고 격려하면서, 자신의 말이 더 큰 무게를 지닐 수 있도록 하기 위해서 자신의 열심을 그들 앞에 보여준다. 아니, 그는 자기는 그들을 위해서라면 자기에게 닥칠 수 있는 모든 환난들을 기꺼이 감수하겠노라고 선언함으로써, 비상한 다짐을 통해 그들을 향한 자신의 사랑에 대한 증거를 보여준다. 여기에서 "그 기쁨은 어디에서 생겨나는가?"라고 묻는 사람이 있을 것인데, 그 대답은 그가 자신이 온갖 고난을 겪

으면서 복음을 전하였을 때에 거기에서 생겨나는 열매를 보았기 때문이라는 것이다. 즉, 그는 이렇게 말한 것과 같다: "내가 너희를 위하여 감내하는 환난은 내게는 기쁜 일이다. 왜냐하면, 나의 고난은 결코 헛된 것이 아니기 때문이다." 사도는 데살로니가전서에서도 동일한 취지에서, "우리가 모든 궁핍과 환난 가운데서 너희 믿음으로 말미암아 너희에게 위로를 받았노라"(살전 3:6-7)고 말한다.

그리스도의 남은 고난을 그의 몸된 교회를 위하여 내 육체에 채우노라. 나는 여기에서 사용된 불변화사는 이유를 나타내는 절을 이끄는 접속사로 이해한다. 왜냐하면, 사도는 자기가 자신에게 닥친 고난들을 기뻐하는 이유를 제시하면서, 자기는 이 일에서 그리스도의 고난에 동참하는 것이고, 자기에게는 이러한 동참보다 더 행복한 일은 있을 수 없다는 것을 그 이유로 제시하기 때문이다. 이것은 믿는 자들이 복음을 위하여 겪는 모든 환난들은 그리스도의 십자가에 동참하는 것이어서, 장차 저 복된 부활에서 그리스도의 고난에 동참한 자들로 대우를 받을 것임을 보여 주는 것이라는 점에서 모든 경건한 자들에게 큰 위로가 된다.

아니, 거기에서 한 걸음 더 나아가서, 사도는 이것은 "그리스도의 남은 고난을 채우는" 것이라고 선언한다. 그래서 그는 로마서 8:29에서 "하나님이 미리 아신 자들을 또한 그 아들의 형상을 본받게 하기 위하여 미리 정하셨으니 이는 그로 많은 형제들 중에서 맏아들이 되게 하려 하심이니라"고 말한다. 또한, 우리는 그리스도와 그의 지체들 간에는 아주 긴밀한 연합이 존재하기 때문에, 고린도전서 12:12("몸은 하나인데 많은 지체가 있고 몸의 지체가 많으나 한 몸임과 같이 그리스도도 그러하니라")에서처럼 "그리스도"라는 이름이 몸 전체를 포함하는 경우도 종종 있다. 왜냐하면, 거기에서 사도는 교회에 대하여 말해 오다가 끝에 가서는, 인간의 몸에 해당하는 사실이 "그리스도"에게도 그대로 적용된다고 말함으로써, 그리스도의 몸을 그리스도로 표현하고 있기 때문이다. 따라서 이것은 그리스도께서 전에는 친히 고난을 겪으셨지만, 지금은 날마다 자신의 지체들 안에서 고난을 겪으심으로써, 아버지 하나님이 자신의 영원한 작정을 통해 그리스도와 그의 몸에 정하신 고난들을 채워가고 있다는 것이다. 여기에서 우리는 우리가 반드시 명심해야 하고 우리의 환난 중에 위로가 될 수 있는 두 번째 사실을 보게 되는데, 그것은 우리가 그리스도와 교제하는 가운데 그를 본받아 십자가를 짊어짐으로써 그리스도의 고난에 참여해야 하는 것은 하나님의 섭리에 의해서 결정되고 정해져 있는 일이라는 것이다.

또한, 사도는 세 번째 이유를 덧붙인다. 그것은 자신의 고난이 단지 소수의 사람들이 아니라 온 교회를 위해 유익하다는 것이다. 그는 앞에서 자기가 골로새 교인들을 위하여 고난을 기꺼이 받았다고 말했었는데, 이제 여기에서는 거기에서 한 걸음 더 나아가서, 자신의 고난으로 인한 유익은 온 교회에 미친 것이라고 선언한다. 빌립보서 1:12("형제들아 내가 당한 일이 도리어 복음 전파에 진전이 된 줄을 너희가 알기를 원하노라")이 이 유익에 대해 말하고 있다는 것은 우리가 이미 살펴보았다. 바울이 자기가 박해를 겪는 것을 기뻐한 이유는, 그가 고린도후서 4:10에서 "우리가 항상 예수의 죽음을 몸에 짊어짐은 예수의 생명이 또한 우리 몸에 나타나게 하려 함이라"고 밝히고 있듯이, 그리스도의 생명이 우리에게 나타나기 위해서는 우리가 그리스도의 죽음을 우리 몸에 지녀야 하기 때문이었다는 것이다. 이러한 설명보다 더 분명하고 자연스러우며 단순명료한 설명이 어디 있겠는가? 또한, 사도는 디모데후서 2:11-12에서 "우리가 주와 함께 죽었으면 또한 함께 살 것이요 참으면 또한 함께 왕 노릇 할 것이요"라고 말함으로써, 우리가 죽기를 각오하고 고난을 감당하면, 그 결과가 복되고 영광스러울 것임을 보여준다. 나아가, 그는 그리스도의 지체들은 "머리"와 함께 하는 것이 마땅하기 때문에, 하나님이 자신의 교회를 위하여 정해 주신 형편과 처지를 거부해서는 안 되고, 그 환난들은 복음의 가르침을 장식함으로써 모든 경건한 자들에게 유익이 되고 온 교회를 더 잘되게 하는 것이기 때문에, 우리가 그 환난들을 기쁜 마음으로 감당하는 것이 마땅하다고 말한다.

하지만 교황주의자들은 이 모든 것들을 무시하여 제쳐놓고서, 자신들의 면죄 체계를 정립하기 위해서 새로운 것을 고안해 내어서, 우리가 순교자들의 공로를 의지해서 면죄부를 얻어 형벌의 면제를 받을 수 있다고 가르친다. 즉, 그들은 값없이 거저 주어지는 죄 사함이라는 것은 존재할 수 없고, 우리의 죄들은 보속의 행위를 통해서 속함을 받을 수 있는데, 보속이 정해진 분량을 다 채우지 못한 경우에는, 순교자들의 피에 호소할 수 있고, 이 피는 그리스도의 피와 더불어서 하나님의 심판을 받지 않게 해 주는 효력을 지닌다고 가르친다. 그들은 자신들이 이렇게 혼잡하게 뒤섞어 놓은 것을 교회의 보화라고 부르고, 그 열쇠는 자신들이 합당하다고 생각하는 자들에게 맡기는 것이라고 말한다. 또한, 그들은 자신들의 그러한 참담한 신성모독을 밑받침하기 위해 이 본문을 왜곡해서, 바울이 여기에서 자신의 고난이 사람들의 죄를 속하는 효력을 지니고 있다고 단언한 것처럼 가르치면서도 전혀 부끄러워하지 않는다.

교황주의자들은 자신들의 교설을 밑받침하기 위하여, 바울이 그리스도께서 감당하신 고난만으로는 인간을 속량하기에 충분하지 않았다는 의미로 '휘스테레마타'(ὑστερήματα, "남은 것들")라는 표현을 사용한 것이라고 강변한다. 하지만 바울이 교회라는 몸이 온전하게 되고 그리스도의 지체들이 자신들의 머리를 닮아 가기 위해서는, 경건한 자들의 고난이 필수적이라는 의미에서 그런 식으로 말한 것임을 알지 못할 사람은 아무도 없을 것이다. 만약 내가 방금 말한 것 중에서 근거 없는 말이 하나도 없다는 것을 교황주의자들이 쓴 책들이 증언해 주고 있지 않다면, 나는 틀림없이 근거 없는 망언을 일삼고 있다는 비방을 받을 것임에 틀림없다. 또한, 그들은 여기에서 바울이 자기가 교회를 위하여 고난을 받고 있다고 말한 것에 대해서도 억지주장을 늘어 놓는다. 하지만 그들의 그런 훌륭한 해석이 교부들의 글 중에는 그 어디에도 나오지 않는다는 사실은 놀랍기만 하다. 즉, 교부들은 모두 우리와 마찬가지로, 성도들은 교회의 믿음을 견고하게 하기 위하여 교회를 위하여 고난을 받는 것이라고 해석한다. 반면에, 교황주의자들은 이 구절을 근거로 해서, 성도들은 죄를 속하기 위해 피를 흘린 것이기 때문에 구속자들이라고 가르친다. 하지만 독자들이 그들의 뻔뻔스러움을 좀 더 분명하게 알게 하기 위해서, 설령 그리스도와 순교자들이 똑같이 교회를 위해 고난받았다는 것을 인정할지라도, 그 성격은 서로 달랐다는 것을, 나는 나의 말이 아니라 아우구스티누스의 말을 빌려서 표현하고자 한다. 그는 요한복음에 대한 84번째 강론에서 이렇게 쓴다: "우리 형제들은 형제들을 위해 죽지만, 그 어떤 순교자의 피도 죄 사함을 위해 흘려지는 것은 결코 아닙니다. 우리를 위해 그렇게 하신 분은 오직 그리스도뿐입니다. 그리스도께서 그렇게 하신 것은 우리가 본받아야 할 일이 아니라 감사해야 할 일입니다." 또한, 그는 보니파키우스(Bonifacius)에게 헌정한 네 번째 책에서는 이렇게 말한다: "하나님의 독생자가 우리를 하나님의 아들들이 되게 하기 위하여 사람의 아들이 되신 것 같이, 우리로 하여금 아무 공로 없이 그로 말미암아 값없이 은혜를 받게 하기 위하여 스스로는 아무런 죄도 없으시면서 우리를 위하여 우리가 받아야 할 형벌을 대신 감당하신 분도 오직 그뿐이시다." 로마의 감독 레오(Leo)도 이것과 비슷한 말을 한다: "의인들은 면류관을 받는 자들일 뿐이고 주는 자들이 아니다. 믿는 자들이 꿋꿋하게 고난을 감당한 일들은 인내의 모범들일 뿐이고 사람들에게 의를 가져다주는 행위가 아니었다. 왜냐하면, 그들의 죽음들은 그들 자신을 위한 것이었고, 그 죽음들 중에서 다른 사람의 빚을 대신 갚아준 것은 하나도 없었기 때문이다."

이것이 바울이 여기에서 한 말의 의디라는 것은 문맥을 통해서 아주 분명하게 입증된다. 왜냐하면, 그는 나중에 자기에게 주어진 경륜을 따라 고난을 감당하는 것이라는 말을 덧붙이고 있기 때문이다. 우리는 그에게 맡겨진 일은 교회를 속량하는 일이 아니라 교회의 덕을 세우는 일이었다는 것을 안다. 그리고 그는 곧바로 그것을 친히 명시적으로 인정한다. 또한, 그가 디모데후서 2:10에서 "내가 택함 받은 자들을 위하여 모든 것을 참음은 그들도 그리스도 예수 안에 있는 구원을 …… 받게 하려 함이라"고 말한 것도 그런 의미이고, 고린도후서 1:4에서 "우리의 모든 환난 중에서 우리를 위로하사 우리로 하여금 하나님께 받는 위로로써 모든 환난 중에 있는 자들을 능히 위로하게 하시는 이시로다"라고 말한 것도 마찬가지이다. 그러므로 경건한 독자들은 자신들의 기만적인 교설들을 그럴 듯하게 포장하기 위해서 이렇게 의도적으로 성경을 왜곡하고 변질시키는 저 불경스러운 궤변론자들을 미워하고 혐오하는 것이 마땅하다.

25. 내가 교회의 일꾼 된 것은 하나님이 너희를 위하여 내게 주신 직분을 따라. 바울은 자기가 어떤 자격으로 교회를 위하여 고난을 감당하고 있다고 말하는지를 주목하라. 즉, 우리가 앞에서 이미 아우구스티누스가 아주 명쾌하고 경건하게 해명한 것을 보았듯이, 사도는 사람들을 속량하기 위한 속전을 지불하기 위한 일이 아니라 그리스도께서 이미 이루신 구속 사역을 선포하기 위한 일을 하는 "일꾼"으로서 고난을 감당하고 있다고 말한다. 하지만 이 경우에 그는 다른 곳에서는 자신을 "그리스도의 일꾼"(고전 4:1)이라고 불렀고, 바로 앞에서는 "복음의 일꾼"(골 1:23)이라고 불렀지만, 여기에서는 그런 것들과는 다른 근거 위에서 자신을 "교회의 일꾼"이라고 부른다. 왜냐하면, 사도들은 하나님과 그리스도의 영광을 더욱 드러내는 일을 한다는 점에서는 하나님과 그리스도의 일꾼이지만, 사람들의 구원을 위해 일한다는 점에서는 복음 자체의 일꾼이라고 할 수 있기 때문이다. 그러므로 이러한 표현들에서 강조되고 있는 사역은 서로 다르지만, 그것들은 모두 서로 연결되어 있어서, 어느 하나 없이는 다른 것들도 있을 수 없다. 사도가 "너희를 위하여"라는 말을 덧붙인 것은, 골로새 교인들로 하여금 자신의 직분이 그들과도 연결되어 있다는 것을 알게 하기 위한 것이다.

하나님의 말씀을 이루려 함이니라. 여기에서 사도는 자신의 직분의 목적을 밝히면서, 그것은 사람들이 하나님의 말씀을 받음으로써 그 말씀이 이루어져서 효력을 나타내게 하기 위한 것이라고 말한다. 왜냐하면, 복음의 탁월성은 "모든 믿는 자에게 구원을 주시는 하나님의 능력"(롬 1:16)이라는 점에 있기 때문이다. 이렇게 하나님은 사도들을 자신의 도구로 사용하셔서 자신의 말씀을 능력으로 이루신다. 전도 자체는 그 결과가 무엇이든지 간에 말씀을 이루는 것이기는 하지만, 말씀의 씨앗이 헛되이 뿌려진 것이 아니라는 것을 보여주는 것은 결국 열매이다.

26. 이 비밀은 만세와 만대로부터 감추어졌던 것인데. 여기에는 복음에 대한 찬사가 나온다. 즉, 복음은 하나님의 경이로운 "비밀"이라는 것이다. 바울이 이렇게 자주 자신이 할 수 있는 최고의 찬사들로 칭송함으로써 복음을 찬양하는 데에는 다 그럴 만한 이유가 있었다. 이것은 그는 복음이 유대인들에게는 "거리끼는 것"이고 이방인들에게는 "미련한 것"이라는 것을 알고 있었기 때문이었다(고전 1:23). 또한, 우리는 오늘날 외식하는 자들이 복음을 얼마나 미워하는지, 그리고 세상이 얼마나 오만하게 복음을 경멸하는지를 알고 있다. 그래서 바울은 복음에 대한 그러한 부당하고 왜곡된 선입견들과 판단들을 제거하기 위하여, 기회 있을 때마다 자주 본문의 연결관계에 따라 여러 가지 다양한 논거들과 장엄한 표현들을 사용해서 복음의 위엄을 칭송한다. 여기에서 사도는 복음을 "만세와 만대로부터," 즉 창세로부터 무수한 세대가 거듭되는 동안에 "감추어졌던" 고귀한 "비밀"이라고 부른다. 그가 말하고 있는 것이 복음에 대한 것임은 로마서 16:25("나의 복음과 예수 그리스도를 전파함은 영세 전부터 감추어졌다가")과 에베소서 3:9("영원부터 만물을 창조하신 하나님 속에 감추어졌던 비밀의 경륜이 어떠한 것을 드러내게 하려 하심이라")을 비롯한 여러 본문들을 통해 분명하게 드러난다.

하지만 사도가 복음을 왜 그런 식으로 "비밀"이라고 불렀는지, 그 이유는 설명을 요구한다. 어떤 이들은 27절에서 바울이 이방인들의 부르심을 명시적으로 언급한 것을 근거로 삼아서, 그가 복음을 비밀이라고 부른 유일한 이유는, 영원히 영생에 참여할 수 없을 것으로 보였던 이방인들에게 하나님이 어떤 의미에서는 모든 기대와는 반대로 갑자기 은혜를 부어 주셨기 때문이라고 생각한다. 하지만 이 본문 전체를 좀 더 면밀하게 살펴 보는 사람은 누구든지 그것은 유일한 이유가 아니라 세 번째 이유라는 것을 알게 될 것이다. 즉, 우리 앞에 있는 이 본문은 그 세 번째 이유를 말하고 있고, 다른 두 가지 이유는 내가 앞에서 언급한 로마서에 나온다는 말이다. 첫 번째 이유는 하나님은 그리스도께서 강림하기 이전에는 말씀들과 예법들이라는 어두운 덮개들 아래에서 자신의 교회를 다스려 오다가, 그리스도께서 강림하심으로써 복음의 가르침을 통해서 갑자기 모든 것을 대낮처럼 분명하게 드러내셨기 때문이다. 두 번째 이유는 사람들은 전에는 외적인 예표들 외에는 아무것도 볼 수 없었던 반면에, 그리스도께서 나타나셔서 지금까지 감추어져 있던 온전한 진리를 밝히 드러내셨기 때문이다. 세 번째 이유는 내가 방금 앞에서 말한 것, 즉 지금까지는 하나님으로부터 떠나 있던 온 세상이 구원의 소망으로 부르심을 받게 되고, 영생이라는 유업이 모든 사람에게 제시되었기 때문이다. 이 모든 것들을 주의깊게 살펴보면, 세상이 복음을 아무리 경멸하거나 조롱한다고 할지라도, 우리는 바울이 선포하는 이 신비를 경외하는 마음으로 바라보며 경배하지 않을 수 없게 된다.

이제는 그의 성도들에게 나타났고. 사도는 자기가 앞에서 말한 "비밀"이라는 용어를 누가 왜곡해서, 마치 자기가 지금도 여전히 비밀에 부쳐져 있고 사람들이 알지 못하는 어떤 것에 대해서 말하고 있는 것처럼 생각하지 않도록 하기 위해서, 그 비밀이 이제 마침내 드러나서 사람들이 알게 되었다는 말을 덧붙인다. 이렇게 해서 원래 비밀이었던 것이 하나님의 뜻으로 말미암아 사람들 가운데 나타나게 되었다. 따라서 하나님이 이 비밀을 나타내신 후에는, 우리는 마치 이 비밀이 여전히 감추어져 있는 것으로 생각해서 두려워할 이유가 전혀 없다. 하지만 사도는 "성도들에게"라는 말을 덧붙인다. 왜냐하면, 하나님의 팔은 모든 사람에게 나타나지도 않았고, 모든 사람이 하나님의 계획을 깨닫는 것도 아니기 때문이다(사 53:1, "우리가 전한 것을 누가 믿었느냐 여호와의 팔이 누구에게 나타났느냐").

27. 하나님이 그들로 하여금 이 비밀의 영광이 이방인 가운데 얼마나 풍성한지를 알게 하려 하심이라. 여기에서 사도는 사람들의 주제넘고 건방짐에 재갈을 물려서, 자신들이 지혜롭다고 하거나 합당한 것 이상으로 캐물어서는 안 되고, 하나님이 그들로 하여금 알게 하시기를 기뻐하신 이 한 가지만으로 만족하는 법을 배워야 한다는 것을 보여준다. 하지만 바울이 이렇게 말한 주된 목적은 하나님의 은혜를 찬송하기 위한 것이다. 왜냐하면, 여기에서 그는 하나님께서 스스로 기뻐하셔서 이 일을 독자적으로 하신 것이라고 가르침으로써, 하나님이 사람들로 하여금 이 "비밀"에 참여하는 자들이 되게 하실 때, 사람들에게 그럴 만한 자격이 있어서 그런 것이 아니라는 것을 보여주고 있기 때문이다. 이렇게 바울은 자주 하나님의 선하시고 기뻐하시는 뜻을 인간의 모든 공로나 외적인 원인들과 대립시킨다.

"얼마나 풍성한지"라는 표현을 통해서 우리가 늘 유념해야 할 것은 사도는 복음의 위엄을 지극히 장엄한 표현들로 말하고 있다는 것이다. 그는 인간의 배은망덕함이 너무나 극심해서, 이 보화는 이루 말할 수 없이 귀하고 거기에 담겨 있는 하나님의 은혜는 이루 말할 수 없이 큰 데도, 사람들은 이 보화를 멸시하거나 적어도 대수

롭지 않게 여긴다는 것을 잘 알고 있었다. 그래서 그는 "비밀"이라는 표현으로 만족하지 않고, 거기에 "영광"이라는 달을 덧붙일 뿐만 아니라, 그것이 그저 그렇거나 평범한 영광이 아니라 "풍성한" 영광이라는 것을 강조한다. 여기에서 "풍성한"으로 번역된 헬라어는 직역하면 "부유함"인데, 우리에게 잘 알려져 있듯이, 바울은 이 단어를 "풍성함"이라는 의미로 사용한다. 그는 좀 더 구체적으로 이 "풍성함"이 이방인들 가운데 나타났다고 말한다. 왜냐하면, 아주 오랜 세월 동안 죽음 속에 빠져 있어서 완전히 멸망한 것처럼 보였던 이방인들이 어느 날 갑자기 하나님의 자녀들로 여김을 받아 구원의 유업을 받기 된 것보다 더 놀랍고 경이로운 일은 없기 때문이다.

이 비밀은 너희 안에 계신 그리스도시니 곧 영광의 소망이니라. 사도는 먼저 이 비밀이 이방인들 가운데서 풍성하게 나타났다고 일반적으로 말한 후에, 이제 여기에서는 좀 더 구체적으로 골로새 고인들에게 그것을 적용함으로써, 그들이 받은 하나님의 은혜가 어떤 것인지를 더욱더 생생하고 실감나게 깨닫게 하여, 이전보다 더 큰 경외함으로 그 은혜를 소중히 여길 수 있게 한다. 그러므로 그가 "이 비밀은 그리스도니"라고 말한 것은, 자기가 방금 말한 이 "비밀" 전체가 그리스도 안에 담겨 있기 때문에, 그들 안에 지금 그리스도께서 계신다는 것은 그들이 하늘의 지혜의 온갖 "풍성함"을 다 얻어서 누리고 있다는 것을 의미한다는 것을 보여주기 위한 것이다. 우리는 그가 조금 후에 이것을 좀 더 공개적으로 언급하는 것을 보게 될 것이다. "너희 안에"라는 어구를 덧붙인 것은, 그들이 최근에는 그리스도를 많이 떠나기는 했지만, 어쨌든 지금 그들에게는 그리스도가 계신다는 것을 말하고자 한 것이다. 끝으로, 그가 그리스도를 "영광의 소망"이라고 부르는 것은, 그들로 하여금 그들에게 그리스도께서 계시기만 한다면, 온전히 복된 삶을 사는 데 필요한 것들 중에서 아무것도 그들에게 부족함이 없다는 것을 알게 하기 위한 것이다. 하지만 깨지기 쉬운 연약한 질그릇에 하늘의 영광의 소망이 담겨지게 된 것은 하나님의 기이한 역사이다(고후 4:7, "우리가 이 보배를 질그릇에 가졌으니 이는 심히 큰 능력은 하나님께 있고 우리에게 있지 아니함을 알게 하려 함이라").

28. 우리가 그를 전파하여 각 사람을 권하고 모든 지혜로 각 사람을 가르침은 각 사람을 그리스도 안에서 완전한 자로 세우려 함이니. 여기에서 사도는 자기가 앞에서 하나님의 경이롭고 흠모할 만한 비밀에 대하여 말한 모든 것을 이제 자신의 전도에 적용한다. 이런 식으로 그는 자기가 앞에서 이미 자기에게 맡겨진 경

륜에 대하여 짤막하게 말한 것을 자세하게 설명하고 있는 것이다. 왜냐하면, 그는 자신의 사도직이 어떤 것인지를 분명하게 보여주어서 자신의 가르침의 권위를 확립하고자 하는 의도를 지니고 있었기 때문이다. 그래서 그는 복음을 지극히 고상하고 장엄한 표현들로 찬양한 후에, 이제 자기가 전하고 가르치는 것이 바로 그 하나님의 "비밀"이라는 말을 덧붙인다. 하지만 그가 방금 전에 그리스도가 이 "비밀"의 총체라고 지적한 데에는 그럴 만한 이유가 있었는데, 그것은 골로새 교인들로 하여금 그리스도를 가르치는 것보다 더 완전한 가르침은 있을 수 없다는 것을 알게 하기 위한 것이었다.

계속해서 이어지는 표현들도 상당한 무게를 지닌다. 사도는 자신을 모든 사람의 교사로 소개한다. 이것은 "지혜"에 있어서 자기를 따라올 자는 아무도 없기 때문에, 자신은 사람들에게 가르침을 베풀 충분한 자격을 갖추고 있다는 것을 말하고자 한 것이다. 그는 이렇게 말한 것과 같다: "하나님께서는 나를 높은 직위에 앉히셔서 이 비밀을 널리 알릴 자로 삼으셨는데, 이것은 온 세상으로 하여금 한 사람도 예외 없이 나에게서 배우게 하기 위한 것이다."

사도가 자신이 "모든 지혜로" 가르친다고 말한 것은 자신의 가르침은 사람을 완전한 지혜로 이끌어서 아무것도 부족함이 없게 한다는 것을 단언한 것과 같다. 그리고 그것이 그가 곧바로 덧붙이는 말의 의미이다. 즉, 자신의 가르침을 받아서 그리스도를 받아들여 그의 참된 제자가 되는 자들은 누구든지 "온전한 자들"이 되리라는 것이다. 고린도전서 2장을 보라: "우리가 온전한 자들 중에서는 지혜를 말하노니 이는 이 세상의 지혜가 아니요 또 이 세상에서 없어질 통치자들의 지혜도 아니요 오직 은밀한 가운데 있는 하나님의 지혜를 말하는 것으로서 곧 감추어졌던 것인데 하나님이 우리의 영광을 위하여 만세 전에 미리 정하신 것이라"(고전 2:6-7). 우리가 원하는 것들 중에서 우리를 최고로 완전하게 만들어 주는 것보다 더 원할 수 있는 것이 무엇이겠는가? 사도가 "그리스도 안에서"라는 어구를 다시 한 번 되풀이하는 것은 골로새 교인들로 하여금 오직 그리스도 외에는 아무것도 알기를 원하지 않게 하기 위한 것이다. 또한, 이 구절로부터 우리는 참된 지혜에 대한 정의를 알 수 있다. 즉, 참된 지혜는 우리가 다른 어떤 곳에서가 아니라 그리스도 안에서 하나님이 보시기에 "온전한 자들"이 되게 해 주는 것이다.

29. 이를 위하여 나도 내 속에서 능력으로 역사하시는 이의 역사를 따라 힘을 다하여 수고하노라. 사도는 두 가지 사실을 통해서 자신의 사도직과 가르침의 영

광을 더욱 높인다. 먼저, 그는 자기가 온갖 어려움을 겪는 이유가 자신이 앞에서 말한 일을 하기 때문임을 밝힌다. 왜냐하면, 대체로 가장 뛰어난 일들은 가장 어려운 일들이기 때문이다. 두 번째 사실은 첫 번째보다 그의 사도직과 영광을 더 높여 주는 것으로서, 그는 하나님의 "능력"이 자신의 사역 속에서 나타나고 있다고 말한다. 하지만 이것은 단지 자신의 전도가 성공적이라는 것을 말하는 것이 아니라(물론 그것도 하나님의 복이 나타난 것이기는 하지만), 성령의 역사를 통해서 하나님이 자신을 분명하게 드러낸 것을 말하는 것이기도 하다. 그의 사역들은 인간의 한계를 훨씬 뛰어넘는 일이었기 때문에, 그는 자기가 애쓰고 수고한 모든 것이 "자기 속에서 능력으로 역사하신" 하나님의 "역사"를 따라 이루어진 것이라고 고백한다.

제2장

¹내가 너희와 라오디게아에 있는 자들과 무릇 내 육신의 얼굴을 보지 못한 자들을 위하여 얼마나 힘쓰는지를 너희가 알기를 원하노니 ²이는 그들로 마음에 위안을 받고 사랑 안에서 연합하여 확실한 이해의 모든 풍성함과 하나님의 비밀인 그리스도를 깨닫게 하려 함이니 ³그 안에는 지혜와 지식의 모든 보화가 감추어져 있느니라 ⁴내가 이것을 말함은 아무도 교묘한 말로 너희를 속이지 못하게 하려 함이니 ⁵이는 내가 육신으로는 떠나 있으나 심령으로는 너희와 함께 있어 너희가 질서 있게 행함과 그리스도를 믿는 너희 믿음이 굳건한 것을 기쁘게 봄이라(2:1-5).

1. 내가 너희와 라오디게아에 있는 자들과 무릇 내 육신의 얼굴을 보지 못한 자들을 위하여 얼마나 힘쓰는지를 너희가 알기를 원하노니. 사도는 골로새 교인들로 하여금 자기를 더 신뢰하고 자신의 권위를 더 인정하도록 하기 위해서 그들을 향한 자신의 사랑을 분명하게 밝힌다. 왜냐하면, 우리는 어떤 사람이 우리가 잘되기를 바라고 있다는 것을 알게 되면, 그 사람을 더욱 신뢰하고 믿게 되기 때문이다. 또한, 바울이 죽을 위험에 처해 있으면서도 그런 와중에 그들을 염려하고 걱정하였다는 것은 그들을 향한 그의 사랑이 얼마나 크고 대단한 것이었는지를 보여주는 증거이다. 그리고 그는 그들에 대한 자신의 사랑과 관심이 얼마나 큰지를 더욱 강조하기 위해서, 자신의 사랑을 "씨름"(개역개정에는 "힘쓰는지")이라고 부른다. 나는 에라스무스(Erasmus)가 이 단어를 "염려"라고 번역한 것에 대하여 시비를 걸 마음은 없지만, 아울러 이 헬라어가 지닌 의미도 고려하여야 한다고 생각한다. 왜냐하면, 헬라어 '아곤'(ἀγών)은 싸움이나 다툼 같은 것을 가리키는 데 사용되는 단어이기 때문이다. 이와 동시에, 사도는 이 말을 통해서 자신의 사역이 그들에 대한 것임을 확증한다. 그가 그들이 잘되기를 바라서 이토록 염려하고 애쓰는 이유가 자기를 모르는 자들에 대해서도 사랑과 관심을 보이는 것이 이방인의 사도로서의 자신의 의무에 속한 것이었기 때문이 아니라면 무엇 때문이겠는가? 하지만 일반적으로 서로 모르는 사람들 사이에서는 사랑이라는 것이 존재하지 않기 때문에, 사도는 "무

릇 내 육신의 얼굴을 보지 못한 자들'이라고 말함으로써, 직접 대면해서 안다는 것이 그렇게 중요하지 않다는 것을 보여준다. 왜냐하면, 하나님의 종들에게는 육신으로 알아야만 사랑이 싹트는 것이 아니고, 그런 것과는 다른 사랑이 존재하기 때문이다.

바울이 디모데전서를 라오디게아에서 썼다는 것이 거의 보편적으로 인정되고 있기 때문에, 어떤 이들은 그것을 근거로 삼아서 그가 여기에서 언급한 "라오디게아"는 갈라디아를 가리키는 것이라고 주장하고, 어떤 이들은 브루기아의 수도였던 파카티아나(Pacatiana)를 가리키는 것이라고 주장한다. 하지만 나는 여기에 언급된 "라오디게아"는 잘못 필사된 것일 가능성이 더 높다고 보는데, 이것에 대해서는 나중에 적절한 곳에서 살펴보게 될 것이다.

2. 이는 그들로 마음에 위안을 받고 사랑 안에서 연합하여. 사도는 이제 자기가 그들에게 원하는 것이 무엇인지를 말하고, 자신의 사랑이 진정으로 사도적인 사랑임을 보여준다. 왜냐하면, 그는 자기가 그들에게 바라는 것은 오직 그들이 믿음과 사랑 안에서 연합되는 것임을 분명하게 밝히기 때문이다. 따라서 그는 자기가 골로새 교인들을 비롯해서 앞에서 언급한 사람들에 대해 지대한 관심과 사랑을 갖게 된 것은 어떤 경우들처럼 이치에 맞는 그 어떤 이유도 없이 그렇게 된 것이 아니라 사도로서의 자신의 직분으로 말미암은 마땅한 도리이자 의무로 인한 것이었음을 보여준다.

사도가 여기에서 사용하고 있는 "위안"이라는 용어는 그들이 갖게 될 참된 평안을 가리킨다. 즉, 그는 그들이 사랑과 믿음 안에서 연합하게 된다면 결국에는 그러한 평안을 누리게 될 것이라고 분명하게 선언하고 있는 것이다. 이것은 최고의 선이 어디에 있고, 어떤 것들에 있는지를 보여준다. 우리가 한 믿음 안에서 서로 마음을 같이할 때, 우리는 서로 간의 사랑 안에서 연합하게 되는데, 이것이 경건한 심령이 갖게 되는 확실한 기쁨이고 복된 삶이다. 사도는 한편으로는 사랑이 경건한 자들의 마음을 참된 기쁨으로 충만하게 한다는 이유에서 그 결과들에 의거해서 사랑을 상찬하고, 다른 한편으로는 "이해의 모든 풍성함"이라는 표현을 통해서 사랑의 원인을 제시한다. 거룩한 연합의 끈도 하나님의 진리이다. 즉, 우리가 한 마음으로 하나님의 진리를 받아들일 때, 거기에서 거룩한 연합이 생겨난다. 왜냐하면, 평안과 사람들 간의 일치는 둘 다 동일한 원천인 하나님의 진리를 아는 것으로부터 생겨나기 때문이다.

확실한 이해의 모든 풍성함과. 많은 사람들이 하나님의 진리를 제대로 알지 못하고 조금 맛보는 것으로 만족함으로써 무슨 일에 직면할 때마다 혼란스러워하고 머지않아 그들이 가진 그 적은 지식도 사라지고 말기 때문에, 사도는 여기에서 "이해의 풍성함"에 대해 명시적으로 언급하는데, 이 어구는 온전하고 분명한 인식을 의미한다. 이와 동시에, 그는 "이해"의 정도에 따라서 그들이 사랑에서도 진보를 보여야 한다고 권면한다.

사도는 참된 믿음과 단순한 견해를 구별하기 위해서 "확실한"이라는 표현을 덧붙인다. 왜냐하면, 의심 속에서 요동하거나 이리저리 흔들리는 것이 아니라, 언제나 변함없이 견고한 확신 속에 굳건히 서 있는 자야말로 진정으로 주를 아는 자이기 때문이다. 그렇게 한결같고 변함없는 것을 바울은 흔히 '플레로포리안'(πληροφορίαν, "온전한 확신")이라고 부르는데, 그가 여기에서 사용하고 있는 것도 바로 그 단어이다. 그리고 그는 언제나 그것을 "믿음"과 연결시키는데, 열기나 햇빛이 해로부터 분리될 수 없듯이, 온전한 확신도 믿음과 분리될 수 없다는 것은 의심의 여지가 없기 때문이다. 그러므로 교황주의자들이 그러한 확신을 제거해 버리고서, 그것 대신에 도덕적 추정을 가르치는 것은 마귀적이다.

하나님의 비밀인 그리스도를 깨닫게 하려 함이니. 우리는 사도가 이 어구를 동격으로 여기에 덧붙인 것으로 읽어야 한다. 왜냐하면, 이 어구는 앞에서 그가 말한 저 지식, 즉 다름아닌 저 복음의 지식이 무엇인지를 설명하는 것이기 때문이다. 거짓 사도들은 "지혜"라는 미명 아래 자신들의 속임수들을 은폐하려고 애썼던 반면에, 바울은 하나님의 자녀들을 오로지 복음의 테두리 내에 잡아 두어서, 그들이 그리스도 외의 다른 것을 알기를 원하지 않게 하고자 하였다(고전 2:2, "내가 너희 중에서 예수 그리스도와 그가 십자가에 못 박히신 것 외에는 아무 것도 알지 아니하기로 작정하였음이라"). 왜 사도가 복음을 가리키는 데 "비밀"이라는 용어를 사용하는지에 대해서는 이미 앞에서 설명한 바 있다. 하지만 우리가 "비밀"이라는 표현을 통해서 알아야 할 것은, 복음은 오직 믿음으로 말미암아서만 이해할 수 있고, 우리 인간의 이성이나 명철이나 통찰력으로는 이해할 수 없다는 것이다. 왜냐하면, 복음은 믿음 이외의 다른 방식으로는 우리에게서 감추어져 있는 "비밀"이기 때문이다.

나는 여기에서 "하나님의 비밀"은 수동적인 의미로 이해해서 하나님이 어떤 분이신지를 계시하고 드러내 주는 것을 가리키는 것으로 해석해야 한다고 본다. 왜냐하면, 사도는 "하나님의 비밀" 바로 직후에 "그리스도"를 덧붙이는데, 이러한 표현을 통해서 그가 말하고자 하는 것은 한편으로는 그리스도 안에서가 아니면 다른 식으로는 하나님을 알 수 없다는 것이고, 다른 한편으로는 그리스도를 알게 되는 경우에는 아버지 하나님을 반드시 알게 된다는 것이기 때문이다. 요한은 이 두 가지를 다음과 같이 천명한다: "아들을 부인하는 자에게는 또한 아버지가 없으되 아들을 시인하는 자에게는 아버지도 있느니라"(요일 2:23). 그러므로 그리스도를 떠나서 하나님에 대해 조금이라도 안다고 생각하는 자들은 누구든지 자신들을 위해 하나님 대신에 우상을 만들어 놓고 섬기는 자들이다. 또한, 그리스도에 의해서 아버지께로 나아간 것도 아니고, 오로지 그리스도 안에서 하나님을 받아들인 것도 아닌 자들은 누구든지 그리스도를 모르는 자들이다. 한편, 이 구절은 그리스도의 신성 및 성부와의 동일본질을 증명해 주고 있다는 점에서 기억할 만한 본문이다. 왜냐하면, 사도는 앞에서 하나님의 지식에 대해서 말한 후에, 여기에서는 그 지식을 성부와 마찬가지로 성자에게도 적용하는데, 이것은 성자가 성부와 동일하게 하나님이시라는 것을 증명해 주는 것이기 때문이다.

3. 그 안에는 지혜와 지식의 모든 보화가 감추어져 있느니라. "그 안에는"이라는 어구는 사도가 앞에서 그 "비밀"을 깨닫는 것과 관련하여 말한 모든 것을 집합적으로 가리키는 것일 수도 있고, 오직 바로 앞에 나온 "그리스도"만을 가리키는 것일 수도 있다. 전자이든 후자이든 의미에 있어서는 별 차이가 없기는 하지만, 나는 후자의 견해를 선호하고, 좀 더 일반적으로 받아들여지고 있는 것도 후자의 해석이다. 따라서 이 구절을 통해서 사도가 말하고자 하는 것은 "지혜와 지식의 모든 보화"가 그리스도 안에 감추어져 있다는 것이다. 그가 이렇게 말하는 의도는, 우리가 그리스도를 진정으로 알기만 한다면, 우리는 지혜에서 완전해지기 때문에, 그리스도 외의 다른 것을 알고자 하는 것은 정신 나간 짓이라는 것이다. 왜냐하면, 아버지 하나님은 그리스도 안에서 자기 자신을 온전히 계시하셨는데도, 오직 그리스도만으로는 만족하지 못하는 자는 하나님을 떠나서 지혜롭고자 하는 자이기 때문이다. 누가 이것이 "비밀"을 가리키는 것으로 해석하고자 한다면, 그 구절은 하나님께서는 복음을 통해서 자기 아들 안에서 우리에게 자신을 계시하셨기 때문에, 경건한 자들의 모든 지혜는 복음 안에 담겨 있다는 의미가 될 것이다.

사도가 이 보화는 감추어져 있는 것이라고 말하는 이유는, 그것들은 눈부시게 빛나는 모습으로 누구나 보화라는 것을 알 수 있게 드러나 있는 것이 아니라, 십자가라는 멸시받을 만한 비천함과 소박함 아래 감추어져 있기 때문이다. 그가 고린도 교인들에게 말했듯이, "십자가의 도"는 언제나 세상이 보기에는 "미련한 것"이다 (고전 1:18). 나는 이 구절에서 사용된 "지혜"와 "지식"이 의미에 있어서 큰 차이가 있다고 보지 않는다. 왜냐하면, 사도가 이렇게 서로 다른 두 단어를 중첩해서 사용한 것은 단지 강조를 위한 것이기 때문이다. 따라서 그는 지혜나 지혜라고 불릴 수 있는 그 어떤 것도 그리스도 외의 다른 곳에서는 발견될 수 없다고 말한 것과 같다.

4. 내가 이것을 말함은 아무도 교묘한 말로 너희를 속이지 못하게 하려 함이니. 우리가 나중에 보게 되겠지만, 사람들이 고안해 낸 것들도 지혜의 겉모습을 지니고 있기 때문에, 경건한 자들은 그리스도를 아는 지식만으로 충분하고도 남음이 있다는 확신을 굳게 붙잡지 않으면 안 된다. 오직 이것만이 온갖 비열한 오류들이 들어오지 못하도록 문을 확실하게 잠글 수 있는 열쇠라는 것은 의심의 여지가 없다. 인류가 그토록 수많은 악한 생각들과 그토록 무수한 우상숭배와 그토록 많은 사변들에 몰두한 이유가 단순명료한 복음을 멸시하고 더 고상하다고 여겨지는 어떤 것들을 찾고자 했기 때문이 아니라면 무엇 때문이었겠는가? 따라서 교황주의 안에 있는 모든 오류들은, 그들의 배은망덕함, 즉 그들이 오직 그리스도만으로 만족하지 못하고서 온갖 이상하고 낯선 교설들에 몰두하였기 때문에 생겨난 것임에 틀림없다.

그러므로 사도가 히브리인들에게 서신을 보내서 믿는 자들에게 이상하거나 새로운 교설들에 휘둘려서 잘못될 길로 가서는 안 된다고 권면하고자 할 때, 무엇보다도 먼저 "예수 그리스도는 어제나 오늘이나 영원토록 동일하시니라"(히 13:8)는 가르침을 토대로 삼은 것은 지극히 합당한 것이었다. 왜냐하면, 그 말씀을 통해서 그는 그리스도 안에 머물러 있는 자들은 위험에서 벗어나 있는 자들이지만, 그리스도만으로 만족하지 못하는 자들은 온갖 오류들과 속임수들에 노출되어 있는 자들이라는 것을 말하고자 한 것이기 때문이다. 따라서 바울은 여기에서 그리스도인은 누구든지 그리스도 외에는 아무것도 알려고 하지 않는 것이 마땅하다는 이 원칙에 굳게 서야만 속아 넘어가지 않을 수 있다는 것을 말하고자 한다. 이 원칙에 서 있는 사람에게는, 아무리 그럴 듯하고 훌륭해 보이는 온갖 교설들일지라도 아무런 가치도 없는 것으로 들리게 될 것이다. 요컨대, 아무리 훌륭하고 설득력 있는 언변도 그리스도를 아는 확고한 지식에 서 있는 자들의 마음을 단 한 치도 요동하게 할 수 없다는 것이다. 이 본문은 우리가 특히 명심하고 귀히 여겨야 마땅한 본문임에 틀림없다. 왜냐하면, 사도는 그리스도 외에는 아무것도 알지 말라고 가르침으로써 온갖 악한 교설들을 막아낼 무기를 사람들에게 마련해 준 것과 마찬가지로, 우리도 오늘날 바로 그러한 가르침으로써 그리스도에 대한 무지 위에 세워진 것임에 분명한 교황주의 전체를 멸하는 것이 마땅하기 때문이다.

5. 이는 내가 육신으로는 떠나 있으나 심령으로는 너희와 함께 있어 너희가 질서 있게 행함과 그리스도를 믿는 너희 믿음이 굳건한 것을 기쁘게 봄이라. 사도는 이런 권면을 아주 멀리 떨어진 곳에서 하는 것은 부적절하다는 반론이 나오지 않도록 하기 위해서, 자기는 그들을 사랑하기 때문에, 비록 몸으로는 떨어져 있지만 "심령으로는" 그들과 함께 있어서, 마치 실제로 그들과 함께 있는 것처럼 무엇이 그들에게 유익할지를 생각해서 말하고 있는 것이라고 자신의 심경을 밝힌다. 또한, 그는 그들의 현재의 상태를 칭찬함으로써, 그들이 거기에서 물러나거나 벗어나지 말 것을 권면한다.

사도는 자기가 그들의 현재의 모습을 보고 있기 때문에 기뻐하는 것이라고 말한다. 왜냐하면, 이 접속사는 라틴어와 헬라어에서 흔히 이유를 나타내는 데 사용되기 때문이다. 따라서 그는 이렇게 말한 것과 같다: "너희가 시작한 그대로 계속해서 앞으로 나아가라. 왜냐하면, 나는 비록 멀리 떨어져 있지만 마음의 눈으로는 너희가 어떻게 행하고 있는지를 보아 와서, 지금까지 너희가 제대로 올바른 길을 걸어왔다는 것을 알기 때문이다."

또한, 사도는 교회가 온전하기 위해서 갖추어야 할 두 가지를 언급하면서, 그것은 "질서"와 그리스도를 믿는 "믿음"이라고 말한다. 그가 "질서"라고 말한 것은 여기에서 교회에서 마땅히 지켜야 할 규례들을 제대로 잘 지켜 행하는 것과 아울러서 일치를 의미하는 것이기도 하다. 그는 그들의 한결같고 변함없는 믿음을 칭찬하는데, 이것은 이런저런 교설들에 그 마음이 흔들리고 요동하는 믿음은 믿음으로 불리기는 하지만 실제로는 믿음이라고 할 수 없다는 것을 의미한다.

⁶그러므로 너희가 그리스도 예수를 주로 받았으니 그 안에서 행하되 ⁷그 안에 뿌리를 박으며 세움을 받아 교훈을 받은 대로 믿음에 굳게 서서 감사함을 넘치게 하라 (2:6-7).

6-7. 그러므로 너희가 그리스도 예수를 주로 받았으니 그 안에서 행하되 그 안에 뿌리를 박으며 세움을 받아. 사도는 먼저 칭찬을 한 후에 거기에 권면을 더

한다. 이 권면을 통해서 그는 그들이 비록 전에 그리스도를 받아들였다고 할지라도 계속해서 그리스도 안에 머물러 있지 않는다면 그들에게 아무런 유익도 없게 될 것이라고 가르친다. 거짓 사도들은 골로새 교인들을 속일 목적으로 그리스도의 이름을 들먹였기 때문에, 사도는 앞에서 그들에게 그들이 전에 가르침을 받은 그대로 계속해서 행하라고 권면하였지만, 여기에서 다시 한 번 그들이 그리스도를 받은 그대로 행하라는 권면을 덧붙임으로써, 이러한 두 번의 반복된 강조를 통해서 거짓 사도들의 교설들에 휘둘릴 위험성을 제거하고자 한다. 왜냐하면, 이 말을 통해서 그는 이사야 선지자가 "이것이 바른 길이니 이리로 가라"(사 30:21)고 말한 것처럼, 에바브라가 그들에게 전해 주고 그들이 받아들인 가르침을 변함없이 굳건하게 고수함으로써, 온갖 다른 거짓된 교설들과 거짓 믿음을 물리쳐야 한다고 권면하고 있는 것이기 때문이다. 그리고 우리는 사도가 말한 대로 행하여서, 우리가 전에 받은 복음의 진리가 우리로 하여금 온갖 거짓된 교설들에 빠지지 않게 막아 주는 놋 성벽이 될 수 있게 하는 것이 마땅하다.

이제 사도는 세 가지 비유를 통해서 자기가 그들에게 어떠한 견고한 믿음을 요구하는 것인지를 설명해 준다. 첫 번째 비유는 "행하라"는 단어에 있다. 그는 그들이 배운 복음의 순전한 가르침을 안전하고 확실한 길에 비유한다. 즉, 누구든지 그 길을 따라 벗어나지 않고 그대로 가기만 한다면, 잘못될 위험성은 전혀 없게 된다는 것이다. 따라서 사도는 그들이 잘못된 길로 가지 않고자 한다면, 그들이 처음에 들어섰던 바로 그 길을 벗어나지 말고 오직 그 길을 따라 가라고 그들에게 권면하고 있는 것이다.

두 번째 비유는 나무에서 가져온 것이다. 사도는 깊이 뿌리를 박은 나무가 바람과 폭풍우의 온갖 공격들 속에서도 충분히 견디고 지탱할 수 있는 것과 마찬가지로, 그리스도 안에 깊고 튼튼하게 뿌리를 내린 사람은 누구든지 사탄의 온갖 술수들을 넉넉히 이기고 조금도 요동함이 없이 자신의 원래의 자리를 지키며 쓰러지지 않게 된다고 말한다. 반면에, 그리스도 안에 깊이 뿌리를 내리지 않은 사람은 뿌리가 깊지 않은 나무가 강풍이 한 번 불면 뿌리가 뽑히고 쓰러지고 마는 것처럼 "온갖 교훈의 풍조에 밀려" 쉽게 "요동하게" 된다(엡 4:14).

세 번째 비유는 토대에 관한 것이다. 사도는 견고한 토대에 의해서 밑받침되지 않은 집은 금방 무너져 내리고 마는 것과 마찬가지로, 그리스도 외의 다른 토대를 의지하거나 그리스도라는 토대를 의지하기는 하지만 그 토대가 제대로 되어 있지 않고 부실한 것일 때에는 그 위에 세워진 믿음은 허공에 떠 있거나 약한 토대 위에 서 있는 것이어서 약하고 불안정해서 조금만 건드려도 무너질 수밖에 없다고 말한다.

우리가 사도의 이 말 속에서 주목허야 할 것이 두 가지가 있다. 첫 번째는 그리스도를 의지하는 자들은 아주 견고한 트대 위에 서 있어서 요동하지 않고, 그들이 가는 길은 안전하고 확실해서 결코 잘못될 수 없다는 것인데, 이것은 믿음이 만들어내는 결과들에 의거한 믿음에 대한 놀라운 찬사이다. 두 번째는 우리는 그리스도 안에 깊이 뿌리를 내리게 될 때까지 그리스도 안에서 계속해서 진보해 나아가야 한다는 것이다. 이것으로부터 우리가 쉽게 알 수 있는 것은 그리스도를 알지 못하는 자들은 오직 엉뚱한 길들에서 헤맬 수밖에 없고 불안정한 상태에서 이리저리 휘둘릴 수밖에 없다는 것이다.

교훈을 받은 대로 믿음에 굳게 서서. 이제 사도는 자기가 앞에서 바른 길과 깊은 뿌리와 견고한 토대라는 비유들을 통해서 말한 것과 동일한 것을 여기에서는 비유 없이 직설적으로 다시 한 번 되풀이해서 말한다. 우리가 주목할 것은 사도가 이렇게 말할 수 있는 것은 골로새 교인들이 전에 제대로 잘 가르침을 받았기 때문이라는 것이다. 그런 근거 위에서 그는 그들이 전에 배워서 알게 된 믿음이 옳다는 것을 확신하고서 그 믿음 위에 굳게 서 있기만 한다면, 그들은 안전할 수 있다고 말한다.

감사함을 넘치게 하라. 사도는 골로새 교인들이 단지 요동하지 않는 채로 머물러 있기만을 바란 것이 아니라, 날마다 더욱더 자라가기를 바란다. 그가 "감사함"이라는 말을 덧붙인 것은, 그들로 하여금 그들이 가진 믿음이 어떤 원천으로부터 오는지를 늘 명심해서, 주제넘게 교만해지지 않고, 도리어 두려워하는 마음으로 하나님의 은혜를 의지하게 하기 위한 것이다. 배은망덕함이야말로 우리가 복음의 빛을 비롯해서 하나님의 은총들을 잃어버리는 이유인 경우가 비일비재하다는 것은 의심의 여지가 없다.

⁸누가 철학과 헛된 속임수로 **너희**를 사로잡을까 주의하라 이것은 사람의 전통과 세상의 초등학문을 따름이요 그리스도를 따름이 아니니라 ⁹그 안에는 신성의 모든 충만이 육체로 거하시고 ¹⁰너희도 그 안에서 충만하여졌으니 그는 모든 통치자와 권세의 머리시라 ¹¹또 그 안에서 너희가 손으로 하지 아니한 할례를 받았으니 곧

육의 몸을 벗는 것이요 그리스도의 할례니라 ¹²너희가 세례로 그리스도와 함께 장사되고 또 죽은 자들 가운데서 그를 일으키신 하나님의 역사를 믿음으로 말미암아 그 안에서 함께 일으키심을 받았느니라(2:8-12).

8. 누가 …… 너희를 사로잡을까 주의하라. 사도는 앞에서 골로새 교인들을 위협하는 독을 없애기 위한 해독제를 말하고 나서, 이제 여기에서는 다시 한 번 그들에게 독이 되는 것이 무엇인지를 가르친다. 왜냐하면, 우리가 이미 앞에서 말하였듯이, 이 해독제는 마귀의 온갖 속임수들을 막아 주는 공통된 치료제이기는 하지만, 당시에 골로새 교인들을 위협하고 있던 독에 적용했을 때에 특별한 효험이 있는 것이었기 때문이다. 사도는 "누가 너희를 노략질하지 않도록 조심하라"고 말하는데, 이것은 대단히 적절한 표현을 사용한 것이었다. 왜냐하면, 그는 거짓된 교설들로 그들을 참된 가르침에서 벗어나게 하는 자들을, 폭력적인 방법으로 가축들을 끌고 갈 수 없는 경우에 속임수를 써서 그 일부를 노략질해 가는 자들에 비유한 것이기 때문이다. 이렇게 그는 그리스도의 교회를 양 우리에 비유하고, 복음의 순전한 가르침을 양 우리의 울타리에 비유한다. 따라서 그는 믿음의 연합을 유지하는 우리를 양 우리 안에서 안전하게 지내는 양들에 비유하고, 거짓 사도들을 우리를 양 우리에서 노략질하여 끌고 가는 자들에 비유하고 있는 것이다. 너희는 그리스도의 양 무리에 속하여 그의 양 우리에 남아 있고 싶은가? 그렇다면, 복음의 순전한 가르침에서 한 발자국도 벗어나지 말라. 왜냐하면, 우리가 낯선 자들의 음성을 거부하고 오직 그리스도의 음성만을 듣는다면, 그리스도께서는 틀림없이 선한 목자로서의 역할을 다하여 우리를 보호해 주실 것이기 때문이다. 요컨대, 요한복음 10장은 우리 앞에 있는 이 본문에 대한 강해인 셈이다.

철학과 헛된 속임수로. 많은 사람들이 여기에서 바울이 철학을 단죄하고 있다고 잘못 오해해 왔기 때문에, 우리는 그가 말한 "철학"이 무엇을 가리키는지를 살펴볼 필요가 있는데, 내 생각에는 여기에서 "철학"은 사람들이 그들 자신의 명철을 수단으로 해서 지혜롭고자 하여 이성이라는 허울 좋은 미명 하에 겉보기에 아주 그럴 듯해 보이도록 스스로 고안해 낸 모든 것을 가리킨다. 왜냐하면, 사람들이 고안해 낸 것들 중에서 아무런 매력도 없는 것을 거부하는 것은 어려운 일이 아니지만, 지혜라는 허울 좋은 거짓된 미명을 빌려서 사람들의 마음과 생각을 사로잡는 것들을 거부하는 것은 어려운 일이기 때문이다. 또는, 이것을 한 마디로 표현하는 것을 선호하는 사람들에게는, 여기에서 "철학"은 우아하고 그럴 듯한 논리들을 통해서 사람들의 마음을 사로잡는 설득력 있는 말들에 다름 아니라고 할 수도 있을 것이다. 하나님의 순전한 말씀에 그들 자신의 생각을 더하고자 하는 철학자들의 온갖 교묘한 말들이 그런 성격을 지닌다는 것을 나는 인정한다. 따라서 여기에서 "철학"은 사람들이 고안해 낸 것들을 그리스도와 함께 뒤섞어서 신령한 가르침을 변질시킨 것에 다름아니다. 하지만 우리는 바울이 "철학"이라는 말을 통해서 단지 인간의 머리에서 나온 그럴 듯해 보이고 이치에 맞는 것처럼 보이지만 사실은 거짓된 온갖 교설들을 정죄하였다는 것을 명심해야 한다. 한편, 나는 "철학" 뒤에 나오는 "헛된 속임수"는 동격관계로 덧붙여진 것이라고 보기 때문에, 이 구절은 "오직 헛된 속임수에 지나지 않는 것일 뿐인 철학을 조심하라"는 의미로 해석해야 한다고 생각한다.

이것은 사람의 전통과 세상의 초등학문을 따름이요 그리스도를 따름이 아니니라. 여기에서 사도는 자기가 어떤 종류의 철학을 단죄하고 있는 것인지를 좀 더 정확하게 제시함과 동시에, 두 가지 이유에서 그런 철학을 헛된 것으로 단죄하는데, 첫 번째는 그것은 그리스도를 따른 것이 아니라, 사람들의 기호를 따른 것이라는 것이고, 두 번째는 그것은 "세상의 초등학문"으로 구성되어 있다는 것이다. 하지만 우리가 주목해야 할 것은 사도는 그리스도를 "사람의 전통"과 마찬가지로 "세상의 초등학문"과도 대비하고 있다는 것이다. 이것은 사람의 머리에서 나온 것은 무엇이든지 아버지 하나님이 우리를 단순명료한 복음 안에 머물게 하시기 위하여 우리의 유일한 교사로 세우신 그리스도를 따르는 것이 아니라는 것을 보여주는 것이다. 그런데 이 복음은 인간의 전통이라는 아주 적은 분량의 누룩에 의해서도 쉽게 부패되어 버린다. 또한, 사도는 그리스도께서는 우리를 직접적으로 자기에게로 부르시기 때문에, 그리스도의 말씀을 따라 신령하게 드려져야 할 하나님의 예배를 세상의 초등학문들로 구성해서 그러한 무익하고 쓸데없는 것들로 사람들의 마음을 옭아매는 모든 교설들은 그리스도를 따르는 것이 아니라는 것을 보여준다.

그렇다면, "세상의 초등학문"이라는 어구는 무엇을 가리키는 것인가? 그것이 율법의 예법들을 가리킨다는 것은 의심의 여지가 없다. 왜냐하면, 사도는 바로 뒤에서 그것의 한 예로 "할례"를 들기 때문이다. 그가 예법들을 "세상의 초등학문"이라고 부르는 이유는 통상적으로 두 가지로 설명된다. 어떤 이들은 세상의 초등학문들은 어린아이들이 배우는 초보적인 것들이어서 성숙한 가르침이 될 수 없다는 의미에서, 사도는 이것을 비유로 사용하고 있는 것이라고 생각한다. 어떤 이들은 이것을 원래의 의미로 이해해서, 외적이고 부패할 수밖에 없는 것들이어서 하나님의 나라와 관련해서는 아무 짝에도 쓸모없는 것들을 가리키는 것으로 해석한다. 나는 갈라디아서 4:3("우리도 어렸을 때에 이 세상의 초등학문 아래에 있어서 종 노릇 하였더니")에서와 마찬가지로 여기에서도 "세상의 초등학문"이라는 어구는 전자를 가리키는 것으로 본다.

9. 그 안에는 신성의 모든 충만이 육체로 거하시고. 여기에서 사도는 사람들이 가르치는 "세상의 초등학문"이 그리스도를 따르는 것이 아닌 이유를 설명하는데, 그것은 그런 것들은 사람들이 말하듯이 결핍을 보충하기 위해 더해진 것들인 반면에, 그리스도 안에는 완전한 것이 존재하기 때문에, 거기에는 더해질 수 있는 것이 아무것도 없기 때문이다. 따라서 사람들이 스스로 고안해 낸 어떤 것을 그리스도와 뒤섞는 모든 행위는 그리스도를 불완전한 분으로 여기는 것이라는 점에서 그리스도를 욕보이는 것이다. 교황주의자들이 고안해 낸 모든 것들을 반박하는 데에는 이 한 가지 논거만으로도 충분하다. 왜냐하면, 그들이 그렇게 하는 것은 그리스도에 의해서 시작된 것이 불완전하고 부족하다고 여겨서 그것을 완전하게 하고자 하는 것이 그 목적이기 때문이다. 우리는 그리스도에 대한 그들의 그러한 무례와 모욕을 절대로 감수해서는 안 된다. 그들은 자신들이 복음에 더한 것들은 원래 기독교의 일부였다는 점에서, 자신들은 그리스도에게 그 어떤 것도 덧붙인 것도 아니라고 주장하지만, 그런 교묘한 핑계를 대고 빠져나가려고 해도 소용없다. 왜냐하면, 여기에서 바울은 허구적인 그리스도가 아니라, 자신이 전한 그리스도, 즉 분명한 가르침을 통해서 자기 자신을 나타내신 그리스도에 대해 말하고 있는 것이기 때문이다.

또한, 사도가 "신성의 모든 충만"이 그리스도 안에 거한다고 말한 것은 단지 그리스도 안에서는 하나님의 모든 것이 발견되기 때문에, 오직 그리스도만으로 만족하지 않는 자는 하나님보다 더 낫고 뛰어난 것을 원하는 것이라는 의미이다. 즉, 이 말의 요지는 하나님이 그리스도 안에서 자기 자신을 우리에게 온전히 그리고 완벽하게 나타내셨다는 것이다.

해석자들은 "육체로"라는 부사를 서로 다르게 설명한다. 나는 사도가 여기에서 이 단어를 문자 그대로의 엄격한 의미에서가 아니라 단지 "실체적으로"라는 의미로 사용한 것임을 의심하지 않는다. 왜냐하면, 그는 이렇게 하나님이 그리스도 안에서 자기 자신을 나타내신 것을 지금까지 하나님이 다른 방식으로 자신을 나타내신 것들과 대비시키고 있기 때문이다. 즉, 하나님께서는 과거에도 종종 자신을 사람들에게 나타내셨지만, 그것은 어디까지나 단지 부분적으로 자기를 나타내신 것이었던 반면에, 그리스도 안에서는 자신을 우리에게 온전히 나타내셨다는 것이다. 또한, 하나님은 다른 방식들로도 우리에게 자신을 나타내셨지만, 그것은 예표들을 통해서나 능력과 은혜를 통해서 자신을 나타내셨던 반면에, 그리스도 안에서는 본질적으로 우리에게 나타내셨다. 그래서 요한은 "아들이 있는 자에게는 또한 아버지도 있느니라"(요일 2:23, 개역개정에는 "아들을 시인하는 자에게는 아버지도 있느니라")고 말한다. 왜냐하면, 그리스도를 소유한 자는, 하나님이 진정으로 그에게 임재해 계시는 것이기 때문에, 하나님을 온전히 향유하고 있는 자이기 때문이다.

10. 너희도 그 안에서 충만하여졌으니. 사도는 그리스도 안에 있는 이러한 신성의 완전한 본질은 우리에게도 유익한데, 그것은 우리도 그리스도 안에서 완전하기 때문이라는 말을 덧붙인다. 그는 이렇게 말한 것과 같다: "그리스도 안에 하나님이 온전히 거하시는 것은 우리로 하여금 그리스도를 영접해서 그리스도 안에서 온전한 자가 되게 하기 위한 것이다." 그러므로 오직 그리스도만으로 만족하지 않는 자들은 두 가지 방식으로 하나님을 도욕하는 것이다. 하나는 하나님의 완전하심을 부정하고 다른 어떤 것을 원함으로써 하나님의 영광을 훼손하는 것이고, 다른 하나는 자신들이 그리스도 안에서 이미 가지고 있는 것들을 다른 곳에서 찾음으로써 배은망덕한 짓을 행하는 것이다. 하지만 바울은 그리스도의 완전하심이 우리에게로 그대로 주입된다고 말하는 것이 아니라, 우리는 그리스도 안에 있는 자원들을 통해서 충만해짐으로써 부족한 것이 없게 될 수 있다고 말하는 것이다.

그는 모든 통치자와 권세의 머리시라. 사도가 이 구절을 여기에 더한 것은 또다시 천사들 때문이다. 왜냐하면, 이 구절은 우리가 그리스도를 소유하기만 한다면, 천사들도 우리의 것이 된다는 의미이기 때문이다. 하지만 사도는 이 말을 여기에 덧붙이고 있기는 하지만, 지금은 우리의 믿음이 그리스도에게서 조금이라도 벗어나지 않도록 사방으로 말뚝을 박는 것이 중요하였기 때문에, 그 문제를 다루는 것은 나중으로 미룬다.

11. 또 그 안에서 너희가 손으로 하지 아니한 할례를 받았으니……그리스도의 할례니라 이것은 사도가 율법과 복음을 뒤섞어서 그리스도로 하여금 두 얼굴을 가지게 만든 거짓 사도들과 논쟁하고 있음을 보여주는데, 여기에서는 구체적으로 율법 중에서 할례를 하나의 예로 들어 말하면서, 모세의 할례는 불필요할 뿐만 아

니라, 그리스도의 영적 할례를 폐한다는 점에서 그리스도와 반대된다는 것을 증명한다. 왜냐하면, 할례는 장차 오게 될 것에 대한 예표로서 믿음의 조상들에게 주어진 것이었던 까닭에, 그리스도께서 오신 후에도 예표를 고집하는 자들은 그 예표가 지시하고 있던 것이 성취되었음을 부인하는 것이기 때문이다. 그러므로 우리는 여기에서 사도는 예표에 불과한 외적인 할례와 실체인 영적인 할례를 대비시키고 있는 것임을 명심해야 한다. 예표라는 것은 아직 존재하지 않는 것을 상징적으로 보여주는 것이기 때문에, 그 실체가 왔을 때에는 당연히 소멸되어야 한다. 바울이 여기에서 말하고자 하는 것은, 손으로 하는 할례가 나타내고 있던 것은 그리스도 안에서 이미 이루어졌기 때문에, 이제는 그런 할례는 그 어떤 유익도 없다는 것이다. 그러므로 그는 그림자에 불과한 예표는 실체가 없는 동안에는 자신의 역할이 있지만, 그 실체가 존재하게 되었을 때에는 사라지는 것이 당연하기 때문에, 마음에 하는 할례인 "그리스도의 할례"가 온 지금에 있어서는 외적인 할례는 필요하지 않다고 말하고 있는 것이다.

곧 육의 몸을 벗는 것이요. 사도는 온갖 악들로 이루어진 덩어리를 나타내기 위해서 "몸"이라는 우아한 비유를 사용한다. 즉, 우리는 몸에 의해서 둘러싸여 있듯이, 온갖 악들에 의해서 사방으로 둘러싸여 있다는 것이다. 그리고 몸이 여러 지체들로 이루어져 있어서, 각각의 지체들이 자신만의 행위와 역할을 지니고 있는 것과 마찬가지로, 부패와 타락의 덩어리에서 각각의 죄들도 그 덩어리의 지체들로서 자신만의 역할을 지니고 있다는 것이다. 로마서 6:13("너희 지체를 불의의 무기로 죄에게 내주지 말고")에도 비슷한 표현이 나온다.

사도는 부패한 본성을 나타내기 위해서, 흔히 그렇듯이 "육"이라는 용어를 사용한다. 따라서 "육"의 죄들의 "몸"은 옛 사람과 그 행위들이다. 단지 표현 방식에 있어서만 서로 차이가 있을 뿐이다. 왜냐하면, 여기에서 그는 부패한 본성으로부터 나오는 악들의 덩어리를 표현하는 것이 더 합당했기 때문이다. 사도는 우리가 육의 몸을 벗는 것은 그리스도로 말미암아 가능하다고 말한다. 따라서 온전한 중생이 그리스도의 은택이라는 것은 의심의 여지가 없다. 우리의 마음의 포피, 또는 달리 말하면 육신의 모든 정욕과 욕심들을 손으로가 아니라 자신의 성령으로 잘라내어 할례를 베푸시는 이는 그리스도이시다. 그런 까닭에 할례라는 예표의 실체는 그리스도 안에 존재한다.

12. 너희가 세례로 그리스도와 함께 장사되고. 여기에서 사도는 영적인 할례의

방식을 한층 더 분명하게 설명한다. 즉, 우리는 그리스도와 함께 장사됨으로써 그리스도의 죽으심에 참여하는 자들이 된다는 것이다. 그는 그리스도께서 다스리시고 계시는 지금에 있어서는 할례는 아무런 유익도 없다는 것을 좀 더 분명하게 보여주기 위해서, 우리가 "세례"를 통해서 영적인 할례를 받게 된다는 것을 명시적으로 선언한다. 왜냐하면, 만일 그런 설명을 해 주지 않으면, 다음과 같은 반론을 제기할 사람이 있을지도 모르기 때문이다: "왜 당신은 할례가 그리스도 안에서 성취되었다는 핑계로 할례를 폐하려고 하는가? 아브라함도 영적으로 할례를 받았지만, 실체에 대한 표징으로서의 육적 할례를 아울러 받지 않았던가? 그러므로 그리스도께서 내적인 할례를 베푸신다고 해도, 외적인 할례가 불필요한 것은 아니다." 바울은 그런 종류의 반론을 예상하고서 "세례"를 언급한다. 즉, 그는 그리스도께서는 모세 아래에서 시행되었던 저 옛적의 표징을 통해서가 아니라 "세례"를 통해서 우리 안에 영적인 할례를 베푸신다고 말하는 것이다. 그러므로 옛적에 실체가 아직 존재하지 않았을 때에 할례가 실체의 예표였던 반면에, 이제 실체가 온 후에는 세례가 그 실체의 표징이 되었다. 이러한 논증은 하나님이 정하신 경륜에 의거한 것이기 때문에, 아직도 할례를 그대로 유지하고자 하는 자들은 하나님이 정하신 것과는 다른 경륜을 따르고자 하는 것이다.

사도는 우리가 그리스도와 함께 장사되었다고 말하는데, 이것은 우리가 그리스도와 함께 십자가에 못 박혔다고 말하는 것 이상의 의미를 지닌다. 왜냐하면, "장사되었다"는 것은 우리 자신을 죽이는 지속적인 과정을 표현한 것이기 때문이다. 그가 로마서 6:4("우리가 그의 죽으심과 합하여 세례를 받음으로 그와 함께 장사되었나니")에서도 말하고 있듯이, 여기에서도 그런 일이 "세례"를 통해서 이루어진다고 말할 때, 그것은 다른 곳들에서와 마찬가지로 성례전에 효력을 돌림으로써, 성례전이라는 것이 아무 효력도 없는 상징적인 것에 불과한 것이 아니라는 것을 보여주기 위한 것이다. 그러므로 우리가 세례를 통해서 그리스도와 함께 장사될 수 있는 것은, 우리가 세례를 받는 바로 그 때에, 그리스도께서 거기에 역사하셔서 실제로 우리로 하여금 그리스도와 함께 죽게 하시기 때문이다. 이렇게 실체와 표징은 서로 결합되어 있다.

또 죽은 자들 가운데서 그를 일으키신 하나님의 역사를 믿음으로 말미암아 그 안에서 함께 일으키심을 받았느니라. 사도는 우리가 그리스도 안에서 얻게 되는 은혜는 할례를 훨씬 능가하는 것이라고 찬양한다. 그는 "우리는 단지 그리스도의 죽으심에 접붙임을 받는 것이 아니라, 새 생명으로 다시 일으키심을 받는다"고 말한다. 그런 점에서, 우리로 하여금 다시 할례를 받게 하고자 하는 자들은 그리스도를 더욱 모욕하고 욕보이는 것이다. 사도가 "믿음으로"라는 어구를 덧붙인 것은, 세례 안에서 우리에게 제시되는 것은 우리가 "믿음"을 통해서만 받을 수 있기 때문이라는 것은 의심의 여지가 없다. 그렇다면, 여기에서 "믿음"은 무엇인가? 그것은 하나님의 능력 또는 역사에 대한 믿음이다. 이것을 통해서 사도가 말하고자 하는 것은 "믿음"은 하나님의 능력에 토대를 두고 있다는 것이다. 하지만 믿음은 무턱대고 아무런 생각 없이 막연히 하나님의 능력을 믿는 것이 아니기 때문에, 사도는 우리가 어떤 능력을 믿어야 하는지, 즉 우리는 그리스도를 죽은 자 가운데서 다시 살리신 하나님의 능력을 믿어야 한다고 말한다. 사도는 믿는 자들이 그들의 머리와 분리되는 것을 불가능하기 때문에, 그리스도 안에서 나타났던 것과 동일한 하나님의 능력이 모든 믿는 자들 안에서 똑같이 역사한다는 것을 당연한 것으로 전제한다.

¹³또 범죄와 육체의 무할례로 죽었던 너희를 하나님이 그와 함께 살리시고 우리의 모든 죄를 사하시고 ¹⁴우리를 거스르고 불리하게 하는 법조문으로 쓴 증서를 지우시고 제하여 버리사 십자가에 못 박으시고 ¹⁵통치자들과 권세들을 무력화하여 드러내어 구경거리로 삼으시고 십자가로 그들을 이기셨느니라(2:13-15).

13. 또 범죄와 육체의 무할례로 죽었던 너희를 하나님이 그와 함께 살리시고. 사도는 골로새 교인들에게 자기가 지금까지 일반적인 방식으로 다루었던 내용이 그들 자신에게도 그대로 적용되는 것임을 알아야 한다고 말하는데, 이것은 대단히 효과적인 교수 방법이다. 또한, 그는 그들이 그리스도께로 회심하였을 때에 이방인들이었다는 사실을 근거로 들어서, 그런 그들이 이제 와서 그리스도를 버리고 모세의 예법들을 받아들이는 것이 얼마나 부조리하고 어이없는 일인지를 보여준다. 그는 "너희는 무할례 가운데서 죽은 자들이었다"고 말한다. 여기에서 우리는 "무할례"를 문자 그대로 원래의 의미로 이해할 수도 있고 비유적인 것으로 이해할 수도 있다. 원래의 의미로 이해하는 경우에는, 이 말의 의미는 다음과 같은 것이 될 것이다: "무할례는 하나님에게서 떠나 있다는 것을 보여주는 표시이다. 왜냐하면, 은혜의 언약이 존재하지 않는 곳에는 타락만이 존재하고, 따라서 거기에는 저주와 멸

망만이 존재하기 때문이다. 그러나 하나님께서는 이렇게 무할례 가운데 있던 너희, 즉 죽음 가운데 있던 너희를 자기에게로 부르셨다." 이런 식으로 사도는 "무할례"를 죽음의 이유가 아니라 하나님에게서 떠나 있었음을 보여주는 증표라고 말한다. 하지만 우리는 사람들이 유일하게 자신들의 생명인 하나님을 붙잡는 것 외의 다른 방식으로는 생명을 얻어 살 수 없다는 것을 안다. 이것으로부터 알 수 있는 것은, 모든 악인들은 아무리 번성하고 활기차게 살아가는 것처럼 보인다고 할지라도, 영적으로는 죽은 자들이라는 것이다. 이런 의미로 해석했을 때, 이 구절은 다음과 같이 말하고 있는 에베소 2:11-12과 일치한다: "그러므로 생각하라 너희는 그 때에 육체로는 이방인이요 손으로 육체에 행한 할례를 받은 무리라 칭하는 자들로부터 할례를 받지 않은 무리라 칭함을 받는 자들이라 그 때에 너희는 그리스도 밖에 있었고 이스라엘 나라 밖의 사람이라 약속의 언약들에 대하여는 외인이요 세상에서 소망이 없고 하나님도 없는 자이더니."

이것을 비유적인 것으로 해석한다면, "무할례"는 본성적인 무할례를 말하는 것이 될 것이다. 따라서 여기에서 바울은 하나님에게 반대하는 인간의 완악한 마음 및 부패한 정서들에 의해서 더러워져 있는 본성에 대해 말하고 있는 것이다. 나는 문맥에 더 잘 부합하는 전자의 해석을 선호한다. 왜냐하면, 바울은 무할례는 그들이 그리스도의 생명에 참여하는 자들이 되는 데 아무런 방해도 되지 않는다는 것을 선언하고 있는 것이기 때문이다. 이것으로부터 알 수 있는 것은 할례는 그들이 이미 받은 하나님의 은혜를 훼손한다는 것이다.

사도가 골로새 교인들이 "무할례로 죽었다"고 말하는 것은 무할례가 그들의 죽음의 원인이었기 때문이 아니라, 우리가 인용한 에베소서의 저 다른 본문에서와 마찬가지로, 무할례가 죽음의 표징이었기 때문이었다. 또한, 성경에서는 실체의 박탈을 표징의 박탈로 나타내는 것이 보통인데, 창세기 3:22에서 아담이 "생명나무 열매도 따먹고 영생할까 하노라"고 말하고 있는 것이 그 한 예이다. 즉, 생명나무가 생명을 수여하는 것은 아니었지만, 거기에서는 생명나무의 박탈은 죽음을 상징하는 것이었다. 따라서 바울은 여기에서 다음의 두 가지를 압축해서 짤막한 문장으로 표현한 것인데, 그 중 하나는 그들이 범죄로 말미암아 죽었다는 것이다. 즉, 범죄가 그들의 죽음의 원인이었다. 왜냐하면, 우리의 죄는 우리를 하나님으로부터 소외시키기 때문이다. 하나는 그들이 영적으로 죽었다는 것을 보여주는 증표로서 "육체의 무할례"로 표현한 것이다. 왜냐하면, 육체의 무할례는 그들의 외적인 타락과 부패를 나타내는 것이기 때문이다.

우리의 모든 죄를 사하시고. 하나님은 단지 죄 사함을 통해서만 우리를 살리시는 것이 아니지만, 사도가 여기에서 특히 이것을 언급하는 이유는 행위로 말미암는 의를 무너뜨리는 값없이 거저 주어지는 하나님과의 화목이 예법들의 폐기를 다루고 있는 현재의 맥락과 밀접하게 연결되어 있었기 때문이다. 그는 이 문제를 에베소서에서 좀 더 자세하게 다룬다. 왜냐하면, 그리스도께서는 골로새 교인들을 율법의 속박으로부터 해방시키셔서 이미 자유를 주셨는데, 지금 거짓 사도들은 그들에게 예법을 지킬 것을 강요함으로써 그들을 또다시 율법으로 묶고자 하였기 때문이다.

14. 우리를 거스르고 불리하게 하는 법조문으로 쓴 증서를 지우시고. 이제 바울은 거짓 사도들과 맞붙어서 육박전을 벌이며 치열하게 전투를 벌인다. 왜냐하면, 바울과 그들 간의 주된 쟁점은 그리스도가 다스리고 있는 이 때에 과연 예법을 지키는 것이 꼭 필요한 일인가 하는 문제였기 때문이다. 그는 예법들은 이미 폐기되었다고 주장하면서, 그것을 증명하기 위해서, 예법을 하나님이 우리로 하여금 우리의 범죄를 부인할 수 없도록 하기 위하여 수중에 쥐고 계셨던 "증서"에 비유한다. 이제 그는 하나님께서는 바로 그 증서를 없애 버리셔서, 우리의 범죄를 입증할 수 있는 증거는 더 이상 남아 있지 않기 때문에, 우리는 정죄함으로부터 완전히 해방되었다고 말한다. 왜냐하면, 우리는 증서가 남아 있는 한, 우리가 진 채무를 갚아야 할 의무는 여전히 유효하게 남아 있지만, 반대로 그 증서를 지워 버리거나 찢어 버린 경우에는 그 채무로부터 해방된다는 것을 알기 때문이다. 이것으로부터 알 수 있는 것은 아직도 예법의 준수를 주장하는 자들은 누구든지 우리가 그리스도로 말미암아 얻게 된 사면을 부정함으로써, 그리스도께서 우리에게 베푸신 은혜를 훼손하는 자들이라는 것이다. 왜냐하면, 그런 자들은 하나님께서 없애 버리신 증서를 다시 내밀며 우리를 다시 채무자로 만들어 속박하고자 하는 것이기 때문이다.

그러므로 이것은 예법이 폐기되었음을 증명해 주는 진정으로 신학적인 근거가 된다. 왜냐하면, 그리스도께서 우리를 정죄함으로부터 온전히 속량하셨다면, 우리의 양심이 하나님 앞에서 화평함과 평안함을 얻을 수 있도록 하기 위하여, 죄라는 채무에 대한 기억도 다 지우시고 없애 버렸을 것임에 틀림없는데, 이것은 이 두 가지는 서로 결합되어 있기 때문이다. 해석자들은 이 본문을 여러 가지로 해석하지만, 그것들 중에는 나를 만족시키는 것이 하나도 없다. 어떤 이들은 바울이 여기에서 율법 중에서 오직 도덕법에 대해서만 말하는 것이라고 생각하지만, 그렇게 볼 수 있는 근거는 전혀 없다. 왜냐하면, 바울은 율법 중에서 예법들로 이루어진 부분은 "계명"이나 "규례"라는 이름으로 부르는 것이 보통이기 때문이다. 우리는 이것을 조금 후에 볼 수 있고, 에베소서 2:15("법조문으로 된 계명의 율법을 폐하셨으니")에서도 확인할 수 있다(골 2:20, "어찌하여 세상에 사는 것과 같이 규례에 순종하느냐"). 특히 이 에베소서 본문은 바울이 여기에서 예법들에 대해 말하고 있다는 것을 분명하게 보여준다.

그러므로 이것을 예법들로만 국한시키는 자들의 견해가 더 낫지만, 그들도 그것이 "증서"로 불리는 이유를 제시하지 않거나, 참된 것과는 다른 이유를 대고 있고, 이 비유를 문맥에 적절한 방식으로 조용하고 있지 않다는 점에서는 잘못을 범하고 있다. 그것이 "증서"인 이유는 모세의 모든 예법들 속에는 죄책에 대한 모종의 인정이 들어 있어서, 예법들은 그것을 지키는 자들을 하나님의 심판에 더욱더 단단히 묶는 역할을 하기 때문이다. 예를 들면, 정결예법은 사람들의 부정함을 보여주는 증거가 아니면 무엇이겠는가? 사람들은 희생제사를 드릴 때마다, 그 옆에 서서 거기에서 희생제물로 드려진 짐승이 자신들이 죽어야 할 죽음을 대신 죽는 것을 보는 것이 아닌가? 따라서 사람들은 자기 대신에 무죄한 짐승이 죽는 것을 보면서, 자신들은 죽어 마땅한 자들이라고 고백하는 것이 아니겠는가? 요컨대, 모든 예법들은 사람들의 죄악됨을 드러내어서 그들이 죽음이라는 빚을 진 자들이라는 것을 나타내는 증서들이라는 것이다.

누가 예법들은 오늘날 우리가 지키는 세례와 성찬처럼 하나님의 은혜의 성례전들이었다는 반론을 제기한다면, 거기에 대한 대답은 쉽다. 옛적의 예법들과 관련해서 우리가 생각해야 할 것이 두 가지가 있는데, 하나는 그 예법들은 당시에 적합한 것이었다는 것이고, 다른 하나는 그 예법들은 사람들을 그리스도의 나라로 이끄는 것이었다는 것이다. 당시에 예법들이 행한 것은 사람들에게 의무를 보여주는 것뿐이었다. 어떤 의미에서 은혜는 그리스도께서 오실 때까지 보류되어 있었다. 물론, 믿음의 조상들이 은혜로부터 배제되어 있었던 것은 아니었지만, 예법들을 통해서 은혜가 현재적으로 나타난 것은 아니었다. 왜냐하면, 사람들은 희생제사에서는 오직 짐승들의 피만을 보았을 뿐이고, 곧례에서는 오직 물만을 보았을 뿐이기 때문이다. 따라서 예법들에는 오직 정죄함만이 존재하였다. 아니, 예법들 자체가 정죄함을 인치는 것이었다. 사도는 히브리서 전체를 통해서 그런 취지로 말한다. 왜냐하면,

거기에서 그는 그리스도를 예법들과 정면으로 대립시키기 때문이다. 그렇다면, 예법들은 지금 어떻게 된 것인가? 하나님의 아들은 자신의 죽음을 통해서 우리를 죽음의 정죄로부터 건지셨을 뿐만 아니라, 우리의 죄 사함을 좀 더 확실하게 하기 위해서, 그 예법들을 폐기함으로써, 우리의 죄가 다시는 기억되지 않게 하셨다. 이것은 온전한 자유이다. 왜냐하면, 그리스도께서는 자신의 피로 단지 우리의 죄를 지우신 것에서 그치지 않으시고, 우리가 하나님의 심판을 받아 마땅한 자들이라는 것을 똑똑히 보여주고 있던 모든 "증서"까지 다 지워 버리셨기 때문이다. 에라스무스(Erasmus)는 자신의 역본에서 이 구절을 "규례들을 통해서 우리를 거스르고 대적했던 증서"라고 번역함으로써, 바울이 말하고자 하는 논지의 흐름이 뒤엉키게 만들어 버렸기 때문에, 우리는 내가 앞에서 제시한 번역인 "우리를 거스르고 대적했던 규례들의 증서"(개역개정에는 "우리를 거스르고 불리하게 하는 법조문으로 쓴 증서")를 참되고 진정한 것으로 여기고 그대로 유지하여야 한다.

제하여 버리사 십자가에 못 박으시고. 여기에서 사도는 그리스도께서 그 증서를 어떤 식으로 지워 버리셨는지를 보여준다. 즉, 그리스도께서는 우리에 대한 저주와 우리의 죄들을 우리가 담당해야 마땅했던 형벌과 함께 십자가에 못 박으셨던 것처럼, 율법의 속박과 양심을 묶는 모든 것도 십자가에 못 박으셨다는 것이다. "십자가에 못 박았다"는 것은 그리스도께서 그 모든 것들을 혼자 담당하시고 짊어지심으로써, 그것들이 이제 다시는 우리에 대해 그 어떤 힘도 가질 수 없게 하셨다는 것이다.

15. 통치자들과 권세들을 무력화하여 드러내어 구경거리로 삼으시고. 여기에서 "통치자들과 권세들"은 성경이 우리를 하나님 앞에서 고소하는 역할을 하는 것으로 묘사하는 악한 천사들을 가리킨다는 것은 의심의 여지가 없다. 하지만 바울은 그들이 무장해제되어서, 우리를 해치는 그 어떤 것도 할 수 없고, 우리의 죄를 증언하는 일도 할 수 없다고 말한다. 여기에서 그가 이 말을 명시적으로 덧붙인 것은, 그리스도께서 자기 자신과 우리를 위하여 사탄에 대해 거두신 승리를 거짓 사도들이 왜곡해서, 우리를 다시 이전의 예법들로 되돌아가게 함으로써, 그 승리의 열매를 우리에게서 빼앗고자 하는 것임을 보여주기 위한 것이다. 왜냐하면, 우리의 자유는 그리스도께서 마귀에게 대하여 승리하시고서 얻으신 탈취물이라는 점에서, 우리를 다시 마귀의 종살이로 되돌아가게 하는 것은 우리로 하여금 그리스도께서 사탄에게서 거두어들이신 탈취물을 다시 사탄에게 돌려 주게 하는 것과 다름이 없

기 때문이다.

십자가로 그들을 이기셨느니라. 헬라어 본문에 비추어 보면, "그리스도 안에서"라는 읽기가 가능하고, 게다가 상당수의 헬라어 사본들이 '엔 하우토'(ἐν αὐτῷ)로 되어 있기도 하다. 하지만 이 본문의 전후 연결관계는 이 어구를 그것과는 다르게 읽을 것을 아주 강력하게 요구한다. 왜냐하면, "그리스도 안에서"라고 읽으면 부자연스럽고 어색하던 것이 "십자가 안에서"(개역개정에는 "십자가로")로 읽으면 놀랄 만큼 문맥에 잘 부합하는데, 이것은 사도가 앞에서 그리스도께서 자신의 원수들에 대하여 거두신 승리의 트로피 또는 표시로 "십자가"를 말한 것 같이, 여기에서는 그리스도께서 개선행렬의 가장 앞자리에서 많은 무리들이 보는 앞에서 아주 두드러진 모습으로 행진하시는 모습을 "십자가"로 묘사하고 있기 때문이다. 원래 십자가에는 저주 외에는 아무것도 존재하지 않았지만, 그 저주가 하나님의 능력에 의해 삼켜짐으로써 십자가는 새로운 성격을 띠게 되었다. 그리스도께서 십자가라는 사형대에서 죽음과 죽음의 왕 마귀를 복속시키고, 그것들을 자신의 발 아래 완전히 밟아 버렸기 때문에, 이제는 십자가단큼 장엄한 법정이나 위엄 있는 보좌, 눈부신 개선행렬이나 위풍당당한 병거는 존재하지 않게 되었다.

[16]그러므로 먹고 마시는 것과 절기나 초하루나 안식일을 이유로 누구든지 너희를 비판하지 못하게 하라 [17]이것들은 장래 일의 그림자이나 몸은 그리스도의 것이니라 [18]아무도 꾸며낸 겸손과 천사 숭배를 이유로 너희를 정죄하지 못하게 하라 그가 그 본 것에 의지하여 그 육신의 생각을 따라 헛되이 과장하고 [19]머리를 붙들지 아니하는지라 온 몸이 머리로 말미암아 마디와 힘줄로 공급함을 받고 연합하여 하나님이 자라게 하시므로 자라느니라(2:16-19).

16. 그러므로 먹고 마시는 것과 절기나 초하루나 안식일을 이유로 누구든지 너희를 비판하지 못하게 하라. 사도는 앞에서 할례에 대해 말했던 것을 이제 여기에서는 여러 가지 "먹고 마시는 것"과 온갖 성일들로 확대한다. 왜냐하면, 할례는 율법을 지킴에 있어서 최초의 관문이었고, 나머지 것들은 그 뒤에 따라오는 것들이었기 때문이다. 여기에서 "비판한다"는 것은 우리로 하여금 그런 것들을 지키지 않았을 때에 죄를 저지른 것으로 여기거나 양심의 거리낌을 느끼게 함으로써 그런 것들로부터 더 이상 자유롭지 못하게 하는 것을 의미한다. 그러므로 사도는 그리스도

께서 자신의 죽으심으로 말미암아 예법들을 폐기하시고 우리를 그 멍에로부터 건져내셨기 때문에, 그 예법들을 우리로 하여금 지키라고 강요하는 것은 인간의 권세에 속하지 않다고 말하면서, 우리는 그런 자들이 강요하는 것을 받아들여서 율법을 지킴으로써 우리 자신에게 족쇄를 채워서는 안 된다고 말하고 있는 것이다. 여기에서 그는 은연중에 그리스도를 모든 인간과 대립시켜서, 그 누구도 그리스도께서 사람들에게 주신 것을 자기 멋대로 제거해 버리고자 함으로써 감히 자기 자신을 그리스도보다 더 높이는 무모한 짓을 해서는 안 된다고 경고하고 있는 것이기도 하다.

어떤 이들은 '토 메로스'(τò μέρος)가 "부분"을 의미하는 것으로 본다(이렇게 보면, 개역개정에서 "절기"로 번역된 부분은 헬라어 본문에서는 직역하면 "절기의 일부"가 된다 – 역주). 그래서 크리소스토모스(Chrysostomus)는 사도가 "일부" 또는 "부분"을 의미하는 단어를 사용한 것은, 그들이 율법에 규정된 대로 모든 절기나 성일들을 엄격하게 지킨 것이 아니라 그 일부만을 지켰기 때문이라고 생각한다. 하지만 그것은 빈약한 해석일 뿐이다. 우리는 이 단어가 "구별" 또는 "분리"라는 의미로 사용된 것은 아닌지를 검토해 보는 것이 마땅하다. 왜냐하면, 날들을 구분하는 자들은 한 날을 다른 날과 구별하고 분리하기 때문이다. 유대인들은 율법에서 정한 날들을 다른 날들로부터 구별해서 종교예식을 행하기 위해서는 그러한 구분과 분리가 꼭 필요하였다. 하지만 그리스도인들 가운데서는 그러한 구분이나 구별은 폐기되었다.

그러나 어떤 사람들은 "우리도 여전히 어떤 면에서는 날들을 계속해서 지키고 있는 것이다"고 말할 것이다. 나의 대답은 우리는 마치 성일들 속에 어떤 거룩함이 존재하거나, 성일들에 일하는 것은 합당하지 않은 것처럼 날들을 지키는 것이 결코 아니라는 것이다. 우리는 단지 질서와 규례를 존중하는 것일 뿐이고, 날들을 지키는 것이 아니다. 이것이 사도가 다음 절에서 덧붙이고 있는 말의 취지이다.

17. 이것들은 장래 일의 그림자이나 몸은 그리스도의 것이니라. 사도가 그리스도인들을 예법들을 지키는 것으로부터 해방시키고자 하는 이유는, 그것들은 그리스도께서 어떤 의미에서 아직 계시지 않을 때에 "그림자들"로 주어진 것들이었기 때문이다. 그는 그림자들과 그리스도의 부재를 그리스도의 나타나심과 대비시킨다. 그러므로 여전히 그러한 그림자들에 집착하는 자들은, 어떤 사람이 직접 그들의 눈 앞에 나타났는데도, 그 사람의 그림자를 붙들고서 그 사람에 대해 이러쿵저러쿵 판단하는 자들처럼 행하는 것이다. 그리스도께서는 이미 우리 앞에 나타나

셨기 때문에, 우리는 그림자가 아니라 그리스도를 받아들여서 향유하는 것이 마땅하다.

　사도는 "몸은 그리스도에게 속한다"(개역개정에는 "몸은 그리스도의 것이니라"), 즉 "몸은 그리스도 안에" 있다고 말한다. 왜냐하면, 그리스도는 예법들이 장래에 올 것으로 지시해 보였던 모든 것을 자기 자신 속에 담고 있다는 의미에서, 예법들이 이전에 예표해 왔던 것들의 실체는 이제 우리의 눈 앞에 나타나서 "그리스도 안에" 있기 때문이다. 따라서 또다시 여법으로 되돌아가는 자들은 그리스도의 나타나심을 묻어 버리거나, 그리스도에게서 그의 탁월하심을 박탈해 버려서 그리스도를 허깨비로 만들어 버리는 자들이다. 따라서 이 문제에 있어서 우리 중 누구라도 스스로 심판자의 역할을 하려고 한다면, 그는 그리스도께 복종하고자 하지 않는 자이다. 왜냐하면, 유일하게 적법한 심판자이신 그리스도께서 우리를 예법들로부터 해방시켜 주셨기 때문이다. 사도가 "누구든지 너희를 비판하지 못하게 하라"고 말할 때, 이것은 거짓 사도들을 향해 말하는 것이 아니고, 골로새 교인들에게 아무도 이치에 맞지 않는 요구들로 그들에게 멍에를 지우게 하지 말라고 명하는 것이다. 돼지고기를 먹지 않는 것은 그 자체로는 해로운 일이 아니지만, 그렇게 행하는 것이 양심을 속박하는 것이 되면, 그것은 그리스도의 은혜를 헛되게 하는 것이기 때문에 해로운 일이 되고 만다.

　누군가는 이렇게 물을 것이다: "그렇다면 우리의 성례전들에 대해서는 어떻게 보아야 하는가? 그것들도 지금 여기 계시지 않는 그리스도를 우리에게 표상하는 것이 아닌가?" 나의 대답은 성례전들은 옛적의 예법들과는 판이하게 다르다는 것이다. 왜냐하면, 화가들은 초벌 그림에서는 자기가 그리고자 하는 것을 생생한 색깔로 아주 뚜렷하게 그려내지 않고, 처음에는 목탄으로 대충 선들로 윤곽만을 그리는 것과 마찬가지로, 율법 아래에 존재했던 그리스도에 대한 모형과 예표들은 대충 그려진 초벌 그림인 반면에, 우리의 성례전들은 우리에게 그리스도를 생생하게 나타내 보여주기 때문이다. 하지만 바울이 공허한 그림자와 확실한 실체("몸")를 대비시킨 것은 다른 목적을 염두에 둔 것이기도 한데, 그것은 확실한 실체를 만질 수 있는데도 공허한 그림자들을 붙잡는 것은 정신 나간 사람이나 하는 짓이라고 그들에게 경고하는 것이다. 또한, 우리의 성례전들은 장소적으로 우리에게서 멀리 떠나 있어서 우리가 볼 수 없는 그리스도를 우리에게 표상해서 보여주는 것이기는 하지만, 전에 나타나셨던 그리스도를 증언하고 우리 앞에 나타내 보여줌으로써, 우리로 하여금 그리스도를 향유할 수 있게 해 주는 것이다. 그러므로 성례전들은 전에 그리스도 안에서 우리에게 계시된 하나님의 모든 약속들에 대한 "예"이자 "아멘"을 담고 있다는 점에서(고후 1:20, "하나님의 약속은 얼마든지 그리스도 안에서 예가 되니 그런즉 그로 말미암아 우리가 아멘 하여 하나님께 영광을 돌리게 되느니라"), 단순한 그림자들이 아니라 그리스도의 임재의 상징들이다.

18. 아무도 …… 너희를 정죄하지 못하게 하라. 여기에서 사도는 경주자들이나 씨름하는 자들이 경기가 시작된 후에, 또는 경기 도중에 포기하지 않았을 때에 종려나무를 상으로 받았던 것을 염두에 두고서 말한다. 따라서 그는 골로새 교인들에게 거짓 사도들이 그들을 올바른 길에서 끌어내어 잘못된 길로 가게 하고자 하는 이유는 그들로 하여금 상을 받지 못하게 하기 위한 것이라고 경고하고 있는 것이다. 이것으로부터 알 수 있는 것은 거짓 사도들은 지극히 해로운 해충들이기 때문에 피하는 것이 상책이라는 것이다. 이렇게 이 본문은 우리를 그리스도에 대한 일편단심으로부터 끌어내어 다른 길로 가게 하고자 하는 자들은 모두 우리를 속여서 우리의 고귀한 부르심의 상을 받지 못하게 하고자 하는 것이라고 말하고 있다는 점에서(빌 3:14, "푯대를 향하여 그리스도 예수 안에서 하나님이 위에서 부르신 부름의 상을 위하여 달려가노라"), 우리는 이 본문에 세심한 주의를 기울일 필요가 있다.

꾸며낸 겸손과 천사 숭배를 이유로. 헬라어 본문에는 이 구절이 "꾸며낸 겸손과 천사 숭배에서"로 되어 있기 때문에, 우리가 이 구절을 제대로 이해하려면 생략된 것을 보충해 넣어서 "꾸며낸 겸손과 천사 숭배를 행하라고 함으로써"로 이해할 필요가 있다. 왜냐하면, 여기에서 사도는 골로새 교인들이 조심해야 할 필요가 있는 위험이 어떤 것들인지를 지적하고 있는 것이기 때문이다. 즉, 그는 이렇게 말한 것과 같다: "겸손을 핑계로 너희에게 천사 숭배를 권하는 자들은 모두 너희를 속여서 너희의 상을 빼앗고자 하는 자들이다. 왜냐하면, 그들의 목적은 너희로 하여금 유일한 푯대인 그리스도를 떠나서 길을 잃고 헤매게 하는 것이기 때문이다." 나는 "겸손"과 "천사 숭배"를 하나로 합쳐서 읽어야 한다고 본다. 왜냐하면, 이 둘은 연이어서 나올 뿐만 아니라, 오늘날 교황주의자들이 성인 숭배에 관한 논리를 전개할 때에도 이것과 동일한 핑계를 사용하기 때문이다. 즉, 그들은 인간이 미천하고 보잘것없는 존재이기 때문에, 우리는 하나님과 우리 사이에서 우리를 도와주고 중재해 줄 자들을 찾아야 한다고 주장한다. 그러나 바로 그런 이유에서 그리스도께서는 우리가 아무리 비참한 죄인들이라고 할지라도, 우리로 하여금 직접 그리스도를 의지하여 하나님께 나아갈 수 있도록 하기 위하여 자신을 낮추시고 이 땅에 오신 것임을 우리는 알아야 한다.

나는 많은 사람들이 "천사 숭배"를 다른 식으로 해석하고 있는 것을 알고 있는데, 그들은 마귀는 언제나 "천사"를 가장해서 자신의 속임수들로 사람들을 미혹시키고자 해 왔기 때문에, 여기에서 "천사 숭배"는 천사들이 사람들에게 전한 것들을 가리키는 것이라고 이해한다. 오늘날 교황도 자신이 고안해 낸 온갖 잡다한 것들로 하나님의 순전한 말씀을 변질시켜 놓고서도, 그 모든 것들이 계시였다고 자랑한다. 마찬가지로, 옛적의 이집트 신플라톤주의자들(Theurgians)도 자신들이 고안해 낸 온갖 미신들은 천사들로부터 직접 전해 받은 것이라고 주장하였다. 따라서 그들은 바울이 여기에서 천사들의 권위를 빌려서 제시되는 온갖 거짓되고 허구적인 예배를 단죄하고 있는 것이라고 생각한다. 그러나 나는 바울이 천사들을 숭배하는 것 자체를 단죄하고 있다고 생각한다. 그런 이유에서 그는 이 서신의 첫 부분에서 아주 의도적으로 천사들도 그리스도 아래 있다는 것을 강조하는 데 세심하게 신경을 씀으로써, 천사들이 그리스도의 영광을 가리지 못하게 한 것이었다. 요컨대, 사도는 이 서신의 1장에서부터 예법들의 폐기를 위한 길을 닦아 놓은 동시에, 우리를 이끌어서 그리스도에게서 멀어지게 하는 다른 모든 방해물들의 제거를 위한 길도 함께 닦아 놓았는데, 거기에는 천사 숭배도 포함되어 있었다.

미신적인 사람들은 처음부터 하나님께 자유롭게 접근하기 위한 수단으로 천사들을 숭배하였고, 플라톤주의자들도 기독교회를 이 오류로 물들여 놓았다. 아우구스티누스는 「하나님의 도성」 제10권에서 천사를 숭배하는 자들을 맹렬히 규탄하고, 천사 숭배를 옹호하는 자들이 제시한 모든 근거들을 아주 자세하게 단죄하였지만, 우리는 그럼에도 불구하고 어떤 일이 일어났었는지를 알고 있다. 플라톤의 저작들과 교황주의 신학을 비교해 보면, 교황주의자들이 천사 숭배를 옹호하기 위하여 지껄이는 모든 말들이 전적으로 플라톤에서 나온 것임을 알 수 있는데, 그 요지는 플라톤이 신들이라고 부른 천사들이 하나님과 사람 사이에서 상서로운 중재를 해 주도록 하기 위하여(Χάριν τῆς εὐφήμου διαπορείας - '카린 테스 유페무 디아포레이아스') 천사들을 공경하여야 한다는 것이다. 플라톤은 자신의 저작인 「에피노미스」에서 이런 사상을 제시한 후에, 「크라틸로스」를 비롯한 다른 많은 저서들에서 재확인한다. 교황주의자들이 이것과 어떤 점에서 다른가? 누군가는 "하지만 그들은 하나님의 아들이 중보자라는 것을 부정하지는 않는다"고 말할지도 모르겠다.

바울이 상대했던 거짓 사도들도 하나님의 아들이 중보자라는 것을 부정하지 않았다. 하지만 그들은 천사들의 도움을 받아서 하나님께 접근해야 한다고 생각했기 때문에, 천사들을 숭배하여야 한다고 주장함으로써, 그리스도의 자리에 천사들을 대신 앉히고 그리스도의 영광스러운 직분을 빼앗아서 천사들에게 주었다. 그러므로 우리는 바울은 여기에서 인간이 고안해 낸 모든 종류의 예배, 즉 그것이 천사들을 숭배하는 것이든 죽은 자들을 숭배하는 것이든, 사람들이 그리스도를 대신하거나 그리스도와 함께 중보자의 직무를 맡아 사람들을 돕는 존재로 여겨서 숭배하는 모든 것을 단죄하고 있는 것임을 알아야 한다. 왜냐하면, 우리가 그리스도께 속한 것들 중에서 아주 작은 부분이라도 다른 어떤 존재에게 이전한다면, 그것이 천사들이든 사람들이든 상관 없이, 우리는 온전한 중보자이신 그리스도를 신뢰하지 않고 버리는 것이기 때문이다.

그가 그 본 것에 의지하여. 바울은 여기에서 동사 '엠바튜에인'(ἐμβατεύειν)의 분사형을 사용하고 있는데, 이 동사는 여러 가지 의미로 사용된다. 에라스무스는 히에로니무스를 따라서 "교만하게 행하여"로 번역하였는데, 만일 어떤 유명한 저자의 글에서 이 단어를 그런 의미로 사용한 예가 있다고 한다면, 그런 번역이 여기에 어울리지 않는다고 말할 수는 없을 것이다. 왜냐하면, 우리는 무모하고 경솔한 자들이 자신들이 알지도 못하는 것들에 대해서 아주 자신만만하고 교만하게 자신의 견해를 강력하게 주장하는 모습을 매일 같이 보기 때문이다. 아니, 멀리 갈 것까지도 없이, 지금 여기에서 바울이 다루고 있는 바로 이 주제와 관련해서도, 우리는 그런 것을 아주 분명하게 보여주는 예를 제시할 수 있다. 왜냐하면, 교황주의 신학자들은 성인들이나 천사들의 중보기도에 관한 자신들의 어이없는 주장들을 제시할 때, 마치 그것들이 하나님으로부터 온 계시의 말씀인 것처럼, 죽은 자들은 하나님으로부터 오는 빛을 받아서 모든 것을 아는 까닭에 우리에게 무엇이 필요한지도 다 안다고 선언하기 때문이다. 하지만 그들의 그런 주장보다 더 불확실하고 모호하며 의심스러운 것이 어디 있겠는가? 그들은 신학박사들로서의 자신들의 권위와 자유를 악용해서, 그들이 알지 못할 뿐만 아니라 인간이 알 수 없는 것을 아무런 거리낌 없이 대담하게 단언한다.

따라서 이 동사의 그러한 의미가 통상적인 것이라면, 여기에서 그러한 해석은 적절할 것이다. 하지만 헬라어에서 이 동사는 단지 "행하다"를 의미할 뿐이고, 때로는 "묻다"를 의미하기도 한다. 우리가 이 구절에서 이 동사를 그런 의미로 이해하는 경우에는, 바울은 우리의 눈에 감추어져 있고 우리의 지각을 뛰어넘는 그런 모호한 일들을 캐묻고자 하는 어리석은 호기심을 책망하고 있는 것이 될 것이다. 하지만 나는 이 구절을 "그가 보지 않은 것들 속으로 침입해 들어가서"로 번역하였는데, 이것이 바울이 말하고자 하는 것을 정확히 포착한 번역이라고 본다. 왜냐하면, "상속에 들어가다, 소유하다, 어느 곳에 발을 들여 놓다"가 '엠바튜에인'이라는 동사의 통상적인 의미이기 때문이다. 따라서 부데(Budaeus)는 이 구절을 "그가 보지 않은 것들에 발을 들여 놓거나 점유하고서"라고 번역한다. 나는 기본적으로 그의 권위를 따랐지만, 좀 더 적절한 단어를 선택하였다. 왜냐하면, 실제로 그런 자들은 하나님이 우리에게 아직 계시하지 않은 은밀한 일들 속으로 막무가내로 침입해서 파헤치는 짓을 행하기 때문이다. 이 구절은 우리에게 허용된 것 이상으로 파헤치고자 하는 자들의 무모함과 경솔함을 책망하고 있다는 점에서, 우리가 유념하고 명심해야 할 본문이다.

그 육신의 생각을 따라 헛되이 과장하고. 여기에서 사도는 인간의 지성이 아무리 대단하고 명철해서 어떤 일들을 날카롭게 꿰뚫어 본다고 할지라도, 그것은 "육신의 생각"일 뿐이라고 말한다. 즉, 그는 "이를 네게 알게 한 이는 혈육이 아니요"(마 16:17)라는 말씀에 따라, "육신의 생각"을 하늘로부터 우리에게 계시되는 저 영적인 지혜와 대립시킨다. 그러므로 바울은 자신의 이성을 의지하는 자들은 누구든지 그들 안에서는 전적으로 오직 육신의 명철함만이 작동하고 있는 것이기 때문에, "헛된 교만"에 빠져 있는 자들이라고 선언한다. 실제로 사람들의 생각으로부터 나오는 모든 지혜는 단지 바람일 뿐이고, 하나님의 말씀과 성령의 조명 외에는 확실한 것은 아무것도 존재하지 않는다. 우리는 사도가 여기에서 겸손을 가장해서 자신들의 생각을 따라 행하는 자들은 교만한 자들이라고 말하고 있다는 것에 유의해야 한다. 왜냐하면, 아우구스티누스가 파울리누스에게 보낸 우아한 서신에서 말하고 있듯이, 사람이 공개적으로 교만한 때보다 겸손을 가장했을 때, 그 사람의 심령이 더 교만하게 되는 믿지 못할 일이 벌어지기 때문이다.

19. 머리를 붙들지 아니하는지라. 한 마디로 말하면, 여기에서 사도는 그리스도와 관계를 맺고 있지 않은 모든 것을 간죄하고 있는 것이다. 또한, 그는 모든 것이 그리스도로부터 흘러 나오고 그리스도에 의존되어 있다는 것을 근거로 제시하며 이 말을 확증한다. 따라서 어느 누가 우리를 그리스도 이외의 다른 곳으로 부른다면, 그자가 다른 점들에 있어서는 하늘과 땅만큼이나 대단한 자라고 할지라도, 그

런 자는 바람만 가득한 헛된 자일 뿐이다. 그러므로 우리는 다른 것을 생각하고 고려할 필요도 없이 그런 자와 결별하여야 한다. 하지만 우리가 유의할 것은 사도는 여기에서 그리스도를 공개적으로 배척하거나 부정하는 자들이 아니라, 그리스도의 직분과 권능을 정확히 제대로 이해하지 못하고서, 그리스도 안에 견고하게 뿌리를 내리지 않고, 자신들의 구원을 위해 다른 도움들과 수단들(그들은 흔히 이렇게 부른다)을 구하는 자들에 대해서 이렇게 말하고 있다는 것이다.

온 몸이 머리로 말미암아 마디와 힘줄로 공급함을 받고 연합하여 하나님이 자라게 하시므로 자라느니라. 사도가 여기에서 말하고자 하는 것은 교회는 "머리"이신 그리스도를 통해 모든 것을 공급받지 않으면 다른 식으로는 설 수 없기 때문에, 교회의 안전 전체는 그리스도에게 달려 있다는 것이다. 몸에는 신경들과 마디들과 힘줄들이 있지만, 이 모든 것들로 하여금 살아 움직이게 하는 동력은 오직 "머리"로부터 나오기 때문에, 이 모든 것들을 한데 묶는 것은 "머리"이다. 그렇다면 어떻게 해야 하는가? 모든 지체들이 필요로 하는 것들을 공급해 주는 역할을 하는 "머리"가 아무런 방해 없이 원활하게 행할 수 있게 될 때에만, 몸 전체가 정상적으로 올바르게 작동하는 것이 가능해진다. 바울은 교회가 자라는 것은 하나님이 자라게 하시기 때문이라고 말하는데, 이것은 하나님은 교회와 관련된 모든 성장을 다 인정하시는 것이 아니라, 오직 교회가 "머리"에 붙어 있어서 성장하는 것만을 인정하신다는 것을 의미한다. 왜냐하면, 교황의 왕국은 단지 높고 클 뿐만 아니라, 괴물 같이 거대하게 부풀어 올라 있지만, 우리는 바울이 여기에서 교회에 대해 요구하는 것을 거기에서 보지 못하기 때문이다. 따라서 우리는 그 왕국을 결국에는 저절로 산산조각이 나게 될 기형적인 몸이자 잡다한 무리라고 말할 수밖에 없다.

[20]너희가 세상의 초등학문에서 그리스도와 함께 죽었거든 어찌하여 세상에 사는 것과 같이 규례에 순종하느냐 [21](곧 붙잡지도 말고 맛보지도 말고 만지지도 말라 하는 것이니 [22]이 모든 것은 한때 쓰이고는 없어지리라) 사람의 명령과 가르침을 따르느냐 [23]이런 것들은 자의적 숭배와 겸손과 몸을 괴롭게 하는 데는 지혜 있는 모양이나 오직 육체 따르는 것을 금하는 데는 조금도 유익이 없느니라(2:20-23).

20. 너희가 세상의 초등학문에서 그리스도와 함께 죽었거든 어찌하여 세상에 사는 것과 같이 규례에 순종하느냐. 사도는 앞에서 하나님께서 "규례"를 그리스

도의 십자가에 못 박으셨다고 말했었는데(골 2:14), 이제 여기에서는 또 다른 비유를 사용해서, 우리가 "규례"에 대해 죽었다고 말한다. 그는 다른 곳에서도 우리가 "율법에 대하여 죽었고" 율법이 우리에 대하여 죽었다고 가르친다(갈 2:19). "죽었다"는 말은 "폐기되었다"는 것을 의미하지만, 좀 더 풍부하고 강조된 의미를 담고 있다. 따라서 사도는 골로새 교인들이 이제는 규례와는 아무 상관이 없다고 말하고 있는 것이다. 왜 그러한가? 그들은 그리스도와 함께 규례에 대해 죽었기 때문이다. 그들은 그리스도와 함께 죽고 거듭남으로써, 그리스도의 은혜로 말미암아 규례로부터 해방되었기 때문에, 이제 더 이상 규례의 지배를 받지 않게 되었다. 이것으로부터 사도는 골로새 교인들은 거짓 사도들이 그들에게 강요해서 지키게 하고자 하는 규례에 의한 속박을 결코 받아들여서는 안 된다고 결론을 내린다.

21. (곧 붙잡지도 말고 맛보지도 말고 만지지도 말라 하는 것이니. 여기에서 "붙잡다"로 번역된 단어는 지금까지 "손으로 다루다"로 번역되어 왔지만, 동일한 의미하는 다른 단어가 바로 뒤에 나오기 때문에, 그러한 번역이 얼마나 부적절한 것인지는 모두가 안다. 또한, 동사 헬라어 '합테스타이'(ἅπτεσθαι)는 여러 의미들 중에서 특히 내가 번역한 대로 "먹다"라는 의미로 사용된다. 플루타르코스(Plutarchus)는 카이사르의 전기에서 그의 병사들이 먹을 것이 없어서 전에는 음식으로 사용하지 않았던 짐승들을 "먹었다"고 말할 때에 이 단어를 사용한다. 이렇게 번역하는 것이 여러 가지 점에서 자연스럽고, 이 구절의 연결관계에도 가장 부합한다. 왜냐하면, 바울은 율법으로 골로새 교인들의 양심을 속박하고자 하는 자들의 자의적인 농단이 어디까지 미치고 있는지를, 그들이 한 말을 희화화하여, 그들은 처음부터 부당하게 엄격해서, 단지 어떤 것들을 먹는 것을 금하는 데서 그치지 않고, 심지어 약간 맛보는 것조차 금하고 있음을 보여주고자 하는 것이기 때문이다. 즉, 그들은 일단 자신들이 원하는 것을 얻은 후에는, 율법에서 금지하고 있는 것을 뛰어넘어서, 어떤 것들을 먹는 것만이 아니라 맛보는 것도 율법을 어기는 것이라고 선언하고, 그런 다음에는 결국 "만지는" 것조차도 범죄로 규정한다는 것이다. 요컨대, 그런 자들은 사람들의 영혼을 장악하고 지배하고 난 후에는, 그들을 지속적으로 자신들의 지배 하에 두기 위하여, 날마다 이전의 율법들에 새로운 율법들을 더하는 일을 끝없이 계속해 나가고, 시도 때도 없이 새로운 규례들을 추가한다는 것이다. 우리는 바로 그런 행태를 오늘날 교황주의 속에서 똑같이 본다! 그러므로 바울이 인간의 전통들은 사람들의 양심을 점점 더 단단하게 옭아매어서 옴싹달싹하

지 못하게 만드는 미궁과 같다고, 아니 일단 걸려 들기만 하면 시간이 갈수록 점점 더 조여서 결국에는 교살당하게 만드는 올무와 같다고 우리에게 경고한 것은 너무나 기가 막히게 정확하다.

22. 이 모든 것은 한때 쓰이고는 없어지리라) 사람의 명령과 가르침을 따르느냐. 사도는 자기가 앞에서 말한 규례들을 두 가지 근거 위에서 배척하는데, 하나는 그러한 규례들은 신앙을 영적인 하나님 나라와는 아무 상관이 없는 외적이고 연약한 것들 위에 세우고 있다는 것이고, 다른 하나는 그것들은 하나님으로부터 온 것이 아니라 사람들로부터 온 것이라는 것이다. 그는 첫 번째 근거에 대해서는 로마서 14:17에서 "하나님의 나라는 먹는 것과 마시는 것이 아니요"라고 말하고, 고린도전서 6:13에서 "음식은 배를 위하여 있고 배는 음식을 위하여 있으나 하나님은 이것 저것을 다 폐하시리라"고 말한다. 그리스도께서도 "입으로 들어가는 모든 것은 배로 들어가서 뒤로 내버려지기" 때문에 "입으로 들어가는 것이 사람을 더럽게 하는 것이 아니라"고 말씀한다(마 15:11, 17). 그 요지는 하나님에 대한 예배, 참된 경건, 그리스도인들의 거룩함은 결국에는 썩어 없어질 것들인 먹고 마시는 것과 입는 것에 있지 않다는 것이다. "한때 쓰이고는 없어지는" 것들을 경건과 거룩함에 쓰는 것은 악용이다. 따라서 먹고 마시는 것들에 대한 금령들을 통해서 양심을 속박하고자 하는 규례들은 무익하고 쓸데없다. 그러나 당신은 교황주의 속에서 그러한 썩어 없어질 것들에 대한 규례들을 지키는 것을 거룩함이라고 말하고 있기 때문에, 그것 외에 다른 거룩함을 거의 찾아볼 수 없을 것이다.

사도가 두 번째로 덧붙이고 있는 반박은 그러한 규례들은 사람들에게서 나온 것이고 하나님에게서 나온 것이 아니라는 것이다. 이 벼락을 통해서 그는 사람들의 모든 전통들을 단숨에 굴복시키고 삼켜 버린다. 왜 그러한가? 바울의 추론은 이런 것이다: "사람들의 양심을 속박해서 종으로 삼는 자들은 그리스도를 욕보이고 그의 죽으심을 무효로 만들어 버리는 자들이다. 왜냐하면, 양심을 속박하는 것들은 무엇이든지 다 사람들이 고안해 낸 것들이기 때문이다."

23. 이런 것들은 자의적 숭배와 겸손과 몸을 괴롭게 하는 데는 지혜 있는 모양이나. 여기에서 사도는 반론을 예상하고서 거기에 대해 선제적으로 대응한다. 즉, 그는 자신의 대적들이 그들이 만든 규례들이 유익하다고 주장하는 것을 인용한 후에, 그런 규례들은 전적으로 무가치한 것일 뿐이라고 단언한다. 그는 이렇게 말한 것과 같다: "나는 그 규례들이 지혜의 '모양'을 지니고 있다는 것은 인정한다. 하지

만 그것은 지혜의 '모양'일 뿐이고 참된 지혜와는 반대된다. 왜냐하면, '모양'이라는 것은 진짜가 아니면서도 닮은 겉모습을 이용해서 진짜인 것처럼 사람들을 속이는 것이기 때문이다."

바울은 이 "모양"이 어떤 위장들로 구성되어 있는지를 보여준다. 그는 스스로 고안해 낸 예배와 겸손과 몸을 괴롭게 하는 것, 이렇게 세 가지를 언급한다. 미신은 헬라어로 '에텔로브레스케이아'(ἐθελοβρησκεία)로 불리는데, 바울은 여기에서 이 용어를 사용하지만, 이 용어의 어원에 주목한다. 왜냐하면, '에텔로브레스케이아'는 문자 그대로 직역하면 하나님으로부터 그 어떤 인정도 받지 않은 채로 사람들이 자신들의 생각을 따라 마음대로 만들어 낸 자의적인 예배를 가리키기 때문이다. 인간의 전통들이 우리에게 좋아보이는 이유는 그것들의 개략이 이미 우리의 머리 속에 있어서 우리의 지각과 이해에 부합하기 때문이다. 이것이 사람들이 고안해 낸 규례들이 지혜 있어 보이는 이유이다.

두 번째로, 이 규례들은 하나님과 사람에게 순종하는 "겸손"으로 위장되어 있어서, 사람들은 그것들이 이치에 맞지 않는 무거운 짐들이라고 할지라도 감히 거부하지 못한다는 것이다. 이렇게 이런 종류의 전통들은 대부분 놀라운 겸손의 겉모습을 지니고 있다.

세 번째로, 이 규례들은 사실은 우리의 몸을 학대하고 괴롭히는 것인데도, 겉보기에는 육신을 죽이는 데 대단히 유용한 것 같은 모습을 하고 있다는 것이다. 그래서 바울은 이러한 위장된 것들에 작별을 고한다. 왜냐하면, 사람들 사이에서 높임을 받는 것들은 흔히 하나님이 보시기에는 가증스러운 것들이기 때문이다(눅 16:15). 또한, 사람들이 고안해 낸 것들에 하나님의 권위를 부여하여 순종하는 것은 기만적인 순종이고 사악하고 불경스러운 겸손이며, 몸을 괴롭게 하는 것은 하나님을 섬기는 일이라는 찬사를 받을 만한 가치가 있는 대단한 일이 아니다.

하지만 여기에서 바울이 그러한 가면들을 벗겨 내는 데 좀 더 힘을 쏟지 않는 것에 대해서 의외라는 반응을 보이는 사람도 있을 것이다. 그런 의구심에 대한 나의 대답은 그가 "모양"이라는 간단한 표현으로 만족한 것은 합당했다는 것이다. 먼저, 그가 이것과 반대되는 것으로 앞에서 제시한 바 있는 원리들은 논란의 여지가 없는 것들이어서, 그는 그런 것들로 충분하다고 여겼기 때문이다. 그 원리들 중 첫 번째는, 실체("몸")는 그리스도 안에 있기 때문에, 곤경에 빠져 있는 사람들 앞에 그런 규례들을 들이밀고 지키라고 강요하는 자들은 "그림자들"을 제시하는 것에 다름아니라는 것이다. 두 번째는 그들이 제시하는 연약하고 썩어질 수밖에 없는 것들로는 그리스도의 영적인 나라를 절대로 받을 수 없다는 것이다. 세 번째는 그들이 주장하는 그러한 규례들은 그리스도의 죽음으로 말미암아 이미 폐기되었기 때문에, 우리는 그런 것들과 아무 상관이 없다는 것이다. 네 번째는 하나님만이 우리의 유일한 입법자시라는 것이다(사 33:22, "대저 여호와는 우리 재판장이시요 여호와는 우리에게 율법을 세우신 이요 여호와는 우리의 왕이시니 그가 우리를 구원하실 것임이라"). 사람들이 아무리 그럴 듯하고 대단해 보이는 것들을 고안해 내어 제시한다고 할지라도, 그런 것들은 실체가 아니라 곧 사라 없어질 "모양"에 불과하다.

　다음으로, 그는 골로새 교인들이 거짓 사도들이 제시하는 헛된 것들에 속아 넘어가지 않도록 경고하는 것으로 충분하다고 여겨서, 그들을 책망하는 데 많은 지면을 할애할 필요는 없다고 생각하였다는 것이다. 왜냐하면, 하나님에 대한 예배는 우리의 관점에 따라 판단하지 않아야 하는 까닭에, 단지 우리의 마음에 들고 좋게 보인다는 이유만으로 어떤 예배가 합당한 것은 아니라는 것은 모든 경건한 자들 가운데서 이미 기정사실로 되어 있었기 때문이다. 또한, 우리는 하나님의 명령에 무조건적으로 순종하는 방식으로 하나님께 겸손하여야 하고, 우리 자신의 명철을 따라 겸손이라고 생각되는 것을 행하는 것은 참된 겸손이 아니며(잠 3:5), 사람들에 대한 진정한 겸손은 사랑 안에서 서로에게 복종하는 것이라는 것도 경건한 자들이 일반적으로 받아들이고 있는 사실이다. 거짓 사도들이 먹는 것을 금하는 금욕을 통해서 육신의 방자함을 억누를 수 있다고 주장한다면, 거기에 대한 대답은 쉽다. 즉, 우리가 하나님의 은사들을 올바르게 절제해서 사용하고, 너무 많이 먹고 마심으로써 방해를 받아서 하나님께 속한 일들을 잊어버리는 일이 없게 하기 위해서는, 우리는 어떤 특정한 음식을 부정한 것으로 규정하고서 먹지 말아야 하는 것이 아니라, 단지 먹는 것을 절제해서 먹어야 한다는 것이다. 이런 이유들로 인해서, 바울은 거짓 사도들이 규례들을 지켜야 하는 근거로 제시하는 것들이 사실은 거짓되고 위장된 핑계들이자 가면들이라고 말함으로써, 골로새 교인들로 하여금 그들을 경계하도록 경고하는 것으로 충분하다고 생각하였다.

　마찬가지로, 오늘날에도 교황주의자들은 그럴 듯한 핑계들을 대면서, 어떤 것들은 불경건하고 폭압적이며, 어떤 것들은 어리석고 쓸데없는 것들인 온갖 법령들과 규례들을 만들어 사람들에게 지키라고 강요한다. 하지만 우리가 그 모든 것들을 다 받아들인다고 할지라도, 그럼에도 불구하고 그들의 온갖 연막과 연무를 흩어서 없애버리기에 충분하고도 남음이 있는 바울의 이러한 반박은 여전히 건재하다. 그들이 고안해 낸 규례들은 바울이 여기에서 말하는 그럴 듯한 "모양"조차도 전혀 갖추고 있지 못하다. 오늘날 교황주의의 주된 거룩함은 수도원주의에 있는데, 수도원주의라는 것이 너무나 가증스럽고 고약하기 짝이 없어서, 그것이 어떤 성격을 지니고 있는 것인지에 대해서는 내가 입어 담기조차 부끄러워서 차마 말을 하지 못하겠다. 또한, 여기에서 인간의 마음과 생각이라는 것이 사람들이 고안해 낸 예배 방식에 얼마나 쉽게 끌리는지를 고려하는 것도 중요하다. 왜냐하면, 수도원은 그가 죽은 지 백 년 후에나 등장하였던 까닭에, 사도는 여기에서 수도원이라는 말을 단 한 마디도 하지 않았지만, 수도원 제도가 어떤 것인지를 마치 직접 본 것처럼 생생하게 묘사하고 설명하고 있기 때문이다. 미신에 대한 사람들의 열심은 상상을 초월할 정도로 엄청난 광기를 띠고 있어서, 하나님의 너무나 분명한 말씀으로도 그 열심을 막을 수 없다는 것은 역사 기록들이 증언해 주고 있다.

오직 육체 따르는 것을 금하는 데는 조금도 유익이 없느니라. 이 구절의 헬라어 본문은 직역하면 "육신을 충족시켜 주는 것에 대한 존중은 없느니라"가 된다. 히브리어 어법에 따르면, "존중"은 "돌봄"을 의미한다. 따라서 디모데전서 5:3에서 이 단어를 사용해서 "참 과부인 과부를 존대하라"고 말한 것은 그런 과부를 "돌보라"는 의미이다. 이제 바울은 그들이 몸을 돌보지 말라고 가르치는 것에 대해서 문제를 삼는다. 왜냐하면, 하나님께서는 우리에게 한편으로는 몸에 지나치게 탐닉하는 것을 금지하시지만, 다른 한편으로는 몸에 필요한 것들을 공급해서 잘 보양하라고 명하시기 때문이다. 그래서 바울은 로마서 13:14에서 "정욕을 위하여 육신의 일을 도모하지 말라"고 말함으로써, 몸을 돌보기는 하되 육신의 정욕을 채우는 일을 도모하지는 말라는 의미에서 정욕에 탐닉하는 것만을 단죄할 뿐이고, 몸을 돌보는 것 자체를 단죄하지 않는다. 그렇다면, 바울은 거짓 사도들이 제시하는 전통들 속에서 어떤 것들이 잘못이고 문제라고 지적하는 것인가? 그것은 그들이 육체에 필요한 것들을 공급해 줌으로써 육체를 잘 보양하는 일을 하지 않았다는 것이다. 왜냐하면, 여기에서 "충족시키다"는 본성에 꼭 필요한 것들만을 채워 주는 것을 의미하는 것으로서, 온갖 쾌락과 쓸데없는 산해진미로 육신의 정욕을 만족시켜 주는 것과 반대되기 때문이다. 본성은 적은 것으로 만족한다. 그런데도 육신의 생존을 유지하기 위해서 꼭 필요로 하는 것들을 육신에게 주기를 거부하는 것은 비인간적인 짓일 뿐만 아니라 경건과도 부합하지 않는다.

제3장

¹그러므로 너희가 그리스도와 함께 다시 살리심을 받았으면 위의 것을 찾으라 거기는 그리스도께서 하나님 우편에 앉아 계시느니라 ²위의 것을 생각하고 땅의 것을 생각하지 말라 ³이는 너희가 죽었고 너희 생명이 그리스도와 함께 하나님 안에 감추어졌음이라 ⁴우리 생명이신 그리스도께서 나타나실 그 때에 너희도 그와 함께 영광 중에 나타나리라(3:1-4).

이제 바울은 거짓 사도들이 마치 완전함이 그런 것들에 있는 것처럼 주장하며 강요한 저 열매 없고 쓸데없는 일들과 대비해서, 그리스도인들이 마땅히 행해야 할 참된 일들을 제시하는데, 이것은 현재 다루고 있는 문제와 밀접한 관계가 있다. 왜냐하면, 우리는 하나님이 우리에게 무엇을 행하라고 하시는지를 알 때, 사람들이 고안해 낸 것들을 쉽게 멸시할 수 있게 되기 때문이다. 또한, 우리는 하나님이 우리에게 권하시는 것들이 사람들이 가르치는 것들보다 훨씬 더 고상하고 뛰어난 것임을 알게 될 때, 사람들을 추종하기를 그만두고 하나님을 따르고자 하는 마음이 한층 더 강해진다. 바울은 여기에서 골로새 교인들에게 하늘에 속한 삶을 묵상하라고 권면한다. 그렇다면 그의 대적들은 무엇이라고 가르쳤는가? 그들은 자신들의 초보적이고 유치한 가르침들을 고수하고자 하였다. 따라서 여기에서의 바울의 가르침은 그들이 고수하는 예법들이 멸시할 만한 보잘것없는 것들이라는 것을 한층 더 분명하게 보여준다. 그러므로 바울이 이 단락을 통해서 행하는 권면은 자신의 앞서의 가르침을 확증하는 역할을 한다. 왜냐하면, 여기에서 그가 확실한 경건과 거룩한 삶을 설명하는 목적은 저 헛되고 위장된 인간의 전통들은 덧없이 사라지게 되어 있는 것들임을 보여주고자 하는 것이기 때문이다. 이와 동시에, 그는 거짓 사도들이 다음과 같은 반론을 펴며 자기를 공격하게 될 것을 예상하고서 거기에 미리 대답해 준다: "그렇다면, 도대체 어떻게 하겠다는 말인가? 그것이 예법들이든 무엇이든 사람들이 어떤 식으로든 신앙과 관련된 일들을 열심히 하는 것보다 아무것도 하지 않고 빈둥거리는 편이 더 낫다는 것인가?" 그래서 그는 그들의 그러한 비방의 소지를 아예 없애버리기 위해서, 그리스도인들이 열심으로 해야 할 훨씬 더 나은 일들이 있다고 말한다. 아니, 그는 그들이 주장하는 예법들은 사람들로 하여금 무가치한 일들에 분주하게 만들어서 경건한 자들이 바른 길로 나아가는 것을 방해한다는 점에서 가증스러운 일들이라고 단죄한다.

1. 그러므로 너희가 그리스도와 함께 다시 살리심을 받았으면 위의 것을 찾으라 거기는 그리스도께서 하나님 우편에 앉아 계시느니라. 부활 후에는 승천이 있다. 그러므로 우리가 그리스도의 지체들이라면, 하늘로 올라가야 한다. 왜냐하면, 그리스도께서는 죽은 자 가운데서 다시 일으키심을 받아서 하늘로 들어가셨는데, 이것은 우리를 거기로 끌어 올리셔서 자기와 함께 있게 하시기 위한 것이기 때문이다(막 16:19). 이제 우리는 마음으로 이 세상에서 진정으로 나그네들이어서 세상에 묶여 있지 않는 가운데 "위의 것들"을 찾는다. 여기에서 "찾으라"로 번역된 단어는 어떤 것을 온 힘을 다해 집요하게 추구하는 것을 나타낸다: "너희는 온통 이것을 생각하고, 너희의 지성과 생각을 여기에 쏟아 부으라." 이렇게 그리스도께서 하늘에 계시기 때문에, 우리가 하늘에 속한 것들 외에는 아무것도 생각해서는 안 되는 것이라면, 땅에서 그리스도를 찾는 것은 얼마나 합당하지 않은 것이겠는가. 그러므로 우리는 우리의 마음을 하늘로 끌어 올려서 우리로 하여금 그리스도를 찬송하고 우리의 마음이 그리스도와 함께 거할 수 있게 해 주는 것이야말로 그리스도에 대한 참되고 거룩한 생각이라는 것을 명심하여야 한다.

사도가 여기에서 "하나님의 우편"이라고 말했다고 해서, 그리스도께서 계시는 곳이 하늘로 국한되어 있는 것이 아니라, 그리스도께서는 온 세계를 채우고 계신다. 그런데도 그렇게 말한 것은 그리스도께서 자신의 능력으로 우리를 둘러싸고 계신다는 것을 보여줌으로써, 우리로 하여금 우리가 있는 곳과 그리스도께서 계신 곳이 너무나 멀리 떨어져 있어서 우리가 그리스도로부터 분리되어 있을 수밖에 없는 것이라고 생각하지 않게 하고, 아울러 그리스도의 위엄을 생각하고서 전적으로 그리스도를 경외하게 하기 위한 것이다.

2. 위의 것을 생각하고 땅의 것을 생각하지 말라. 사도가 말한 "땅의 것들"은, 조금 후에 직접 설명하고 있듯이, 땅에 속한 사람들을 지배하고 있는 부패한 욕망들을 의미하지도 않고, 우리가 사용해야 하긴 하지만 마치 사용하지 않는 것처럼 해야 하는(고전 7:30-31), 재물이나 밭이나 집을 비롯한 현세에 속한 것들을 의미하지도 않는다. 왜냐하면, 그는 여기에서도 계속해서 예법들에 관한 논의를 이어가면

서, 그 예법들은 우리를 옭아매어서 땅 위에서 기어다니게 만드는 것들로 묘사하는 것이기 때문이다. 그는 이렇게 말한다: "그리스도께서는 우리를 위에 계시는 자기에게로 부르시지만, 예법들은 우리를 아래로 끌어 내린다." 즉, 이것은 그가 앞에서 그리스도의 죽음으로 말미암아 예법들이 폐기되었다는 것에 대하여 말한 것을 결론적으로 다시 한 번 설명하고 있는 것이다. 그는 이렇게 말한 것과 같다: "그리스도의 죽으심으로 말미암아 예법들은 너희에 대하여 죽었고, 너희도 예법들에 대하여 죽었기 때문에, 그리스도와 함께 하늘로 다시 일으키심을 받은 너희는 오직 위에 있는 것들만을 생각하고, 땅에 속한 것들을 버려야 한다." 나는 나와 다른 생각을 가진 사람들과 다툴 마음이 없지만, 사도는 차례대로 단계를 밟아 나가면서, 먼저 무가치하고 쓸데없는 것들에 대한 전통들을 하늘에 속한 삶에 대한 묵상과 대비시키고, 다음으로는 앞으로 보게 되겠지만 거기에서 한 단계 더 나아간 말을 하고 있다는 것은 내게는 분명해 보인다.

3. 이는 너희가 죽었고 너희 생명이 그리스도와 함께 하나님 안에 감추어졌음이라. 먼저 그리스도와 함께 죽지 않는 자는 그리스도와 함께 다시 살아날 수 없다. 그래서 사도는 귀결절에 의거해서 전제절을 이끌어 내듯이, 우리가 다시 살아났다는 결과로부터 우리가 죽었다는 전제를 이끌어 내는데, 이것은 우리가 그리스도에 대하여 살기 위해서는 세상에 대하여 죽어야 한다는 것을 의미한다. 왜 사도는 우리가 위에 있는 것들을 찾아야 한다고 가르쳤는가? 그것은 경건한 자들의 생명이 위에 있기 때문이다. 왜 이제 그는 땅에 있는 것들을 버려야 한다고 가르치는가? 그들은 세상에 대하여 죽은 자들이기 때문이다. 그는 이렇게 말한 것과 같다: "내가 앞에서 말한 부활에는 죽음이 선행되게 되어 있다. 그러므로 이 두 가지가 너희에게 있어야 한다."

우리가 주목해야 할 것은 사도가 우리의 생명이 감추어져 있다고 말함으로써, 우리의 삶이 십자가의 수치와 온갖 환난들 아래 감추어져 있어서 죽음과 아무것도 다른 것이 없는 것에 대해 불평하거나 불만을 토로하지 말고, 우리의 생명이 나타나게 될 그 날을 인내로써 기다려야 한다는 것을 보여주고 있다는 것이다. 또한, 그는 우리의 기다림이 고통스럽지 않게 하기 위해서, "하나님 안에"와 "그리스도와 함께"라는 표현을 사용함으로써, 우리의 생명이 아직 나타나지는 않았지만 그 어떤 위험도 없이 아주 안전하게 보호되고 있다는 것을 보여준다. 왜냐하면, 첫째로 하나님은 신실하신 분이어서, 자기에게 맡겨진 것을 부정하지 않으실 것이고, 자기가 맡은 후견인의 직무와 관련해서 우리를 속이실 분도 아니기 때문이고(딤후 1:12, "내가 또 이 고난을 받되 부끄러워하지 아니함은 내가 믿는 자를 내가 알고 또한 내가 의탁한 것을 그 날까지 그가 능히 지키실 줄을 확신함이라"), 둘째로는 그리스도께서 거기에 함께 하신다는 사실은 한층 더 큰 안전을 보장해 주는 것이기 때문이다. 우리의 생명이 생명의 근원이신 분에게 맡겨져 있는데, 우리가 더 바랄 것이 무엇이 있겠는가. 그러므로 우리가 이 땅에서 사방을 둘러보아도 그 어디에서도 생명을 볼 수 없다고 해도 놀라거나 두려워할 이유는 전혀 없다. 왜냐하면, 우리는 소망으로 구원을 받은 것이고, 우리가 소망하는 것들은 지금 우리의 눈으로 볼 수 없는 것들이기 때문이다(롬 8:24, "우리가 소망으로 구원을 얻었으매 보이는 소망이 소망이 아니니 보는 것을 누가 바라리요"). 또한, 사도는 우리의 생명이 세상 사람들의 눈에만이 아니라 우리 자신의 눈에도 감추어져 있다고 가르친다. 왜냐하면, 우리가 사방으로 죽음에 둘러싸여 있는 가운데서 이 세상이 아닌 다른 곳에서 우리의 생명을 찾을 때, 우리의 소망은 진정으로 검증된 참된 소망이 될 수 있기 때문이다.

4. 우리 생명이신 그리스도께서 나타나실 그 때에 너희도 그와 함께 영광 중에 나타나리라. 그리스도께서 다시 오실 때에 우리의 생명이 나타나게 될 것이라는 사도의 말은 우리에게 최고의 위로이다. 이와 동시에, 이것은 우리가 그 날이 올 때까지 인내로써 모든 것을 감당하기를 거절한다면, 그것이 얼마나 이치에 맞지 않는 어리석은 짓이겠느냐고 반문하는 것이기도 하다. 왜냐하면, 우리의 생명이 그리스도 안에 있다면, 그가 나타나실 때까지는 감추어져 있는 것이 당연하기 때문이다.

⁵그러므로 땅에 있는 지체를 죽이라 곧 음란과 부정과 사욕과 악한 정욕과 탐심이니 탐심은 우상 숭배니라 ⁶이것들로 말미암아 하나님의 진노가 임하느니라 ⁷너희도 전에 그 가운데 살 때에는 그 가운데서 행하였으나 ⁸이제는 너희가 이 모든 것을 벗어 버리라 곧 분함과 노여움과 악의와 비방과 너희 입의 부끄러운 말이라(3:5-8).

5. 그러므로 땅에 있는 지체를 죽이라 곧 음란과 부정과 사욕과 악한 정욕과 탐심이니 탐심은 우상 숭배니라. 지금까지 사도는 세상을 멸시하여야 한다는 것에 대해 말해 왔었는데, 이제 여기에서는 한 걸음 더 나아가서 좀 더 높은 단계인

육신을 죽이는 일에 대해서 말하기 시작한다. 이것을 좀 더 잘 이해하기 위해서는, 우리가 죽여야 할 것에는 두 종류가 있다는 것을 알 필요가 있다. 하나는 우리 주변에 있는 것들과 관련된 것들인데, 이것에 대해서는 우리가 지금까지 다루어 왔다. 다른 하나는 내적인 것들, 우리의 지각과 의지를 비롯해서 우리의 부패한 본성 전체와 관련된 것들이다. 사도는 엄밀하게 정확한 것은 아니지만 우아한 표현인 "지체들"이라고 부르는 악들에 대해 언급한다. 왜냐하면, 그는 우리의 본성이 온갖 악들로 이루어진 덩어리라고 보는 까닭에, 그 악들은 마치 우리의 수족처럼 우리에게 꼭 붙어 있다는 점에서 "지체들"이라고 말할 수 있기 때문이다. 또한, 그는 자기가 앞에서 사용한 "땅의 것들"(2절)이라는 표현을 염두에 두고서, 그 악들을 앞에서와는 다른 의미로 "땅에 있는 지체들"이라고 부른다. 그는 이렇게 말한 것과 같다: "나는 앞에서 너희에게 땅의 것들을 버려야 한다고 경고하였다. 하지만 너희는 너희를 땅에 붙잡아 두고 있는 저 악들을 죽이는 것을 너희의 목표로 삼아야 한다." 이것은 육체의 악들이 우리 안에서 활개를 치고 있는 동안에는 우리는 땅에 속한 자들일 수밖에 없지만, 성령의 새롭게 하심을 통해서 우리는 하늘에 속한 자들이 된다고 말하고 있는 것이다.

사도는 먼저 "음란"을 말한 후에 "부정"을 언급하는데, "부정"은 음란하고 호색적인 자들이 온갖 종류의 방탕한 삶을 통해 그들 자신을 더럽히는 것을 가리킨다. 그런 후에, 그는 이것들에 '파토스'($\pi\acute{\alpha}\theta o\varsigma$, 개역개정에는 "사욕")를 덧붙이는데, 이것은 추악한 욕망을 부추기는 온갖 성향들을 지니고 있는 혈기를 가리킨다. 사실 이 단어는 다른 종류의 정신적인 혼돈 및 이성과 반대되는 어지러운 행동들을 가리키지만, 혈기는 이 단어에 대한 부적절한 번역이 아니다. 여기에서 "탐심"을 우상을 숭배하는 것이라고 말하는 이유에 대해서는 에베소서를 참조하면 될 것이기 때문에, 나는 똑같은 것을 또다시 반복해서 말하지는 않을 것이다.

6. 이것들로 말미암아 하나님의 진노가 임하느니라. 나는 에라스무스(Erasmus)가 "임하곤 한다"로 번역한 것에 대해 시비를 걸 생각이 없지만, 성경에서는 히브리어 어법에 따라 미래를 나타내기 위해서 현재 시제를 사용하는 경우가 종종 있다는 점에서 어느 쪽으로도 이해될 수 있기 때문에, 이 동사에 대한 번역은 미정인 채로 보류해 두고자 한다. 따라서 이것은 사도가 골로새 교인들에게 날마다 볼 수 있는 하나님의 통상적인 심판들에 대해서 경고한 것일 수도 있고, 하나님이 악인들에게 경고한 원수 갚으심, 즉 지금 그들 위에 걸려 있기는 하지만 마지막 날이 되어서

야 나타나게 될 심판에 대해 경고한 것일 수도 있다. 하지만 나는 전자의 해석, 즉 온 세계에 대한 영원한 심판주이신 하나님이 사도가 여기에서 언급한 범죄들에 대하여 수시로 벌하신다는 것을 기꺼이 인정한다.

하지만 사도는 하나님의 진노가 믿지 않는 자들이나 순종하지 않는 자들에게 임하곤 하거나 임할 것이라고 명시적으로 말하는 것이고, 그런 성격의 말로 그들에게 경고하는 것은 아니다. 왜냐하면, 하나님께서는 우리가 그러한 진노를 우리 자신 속에서 느끼는 것이 아니라, 그 진노가 버림 받은 자들에게 임하는 것을 보기를 원하시기 때문이다. 은혜의 약속들이 우리 앞에 주어질 때, 각각의 경건한 자들은 마치 그 약속들이 구체적으로 자기 자신을 위해 계획된 것인 양 그 약속들을 받아들여야 한다는 것은 사실이지만, 다른 한편으로 우리는 버림 받은 자들에게 주어지는 진노와 멸망의 경고들을 두려워하고 우리를 위한 타산지석으로 삼아 거기에서 교훈을 얻는 것이 마땅하다. 성경에서는 종종 하나님께서 자기 자녀들에 대해서조차 노하시고, 종종 그들의 죄로 인하여 그들을 심하게 징계하신다고 말한다. 하지만 바울은 여기에서 오직 버림 받은 자들에게서만 그 전조를 볼 수 있는 영원한 멸망에 대해서 말하고 있다. 요컨대, 그는 하나님께서 버림 받은 자들에게 벌을 내리실 때, 우리는 거기에서 하나님이 간접적으로 우리에게 경고하시는 것임을 깨닫고서, 자기가 말한 이런 죄들을 지어서는 안 된다는 것을 명심하여야 한다고 말하고 있다.

7. 너희도 전에 그 가운데 살 때에는 그 가운데서 행하였으나. 에라스무스는 "그 가운데"가 사람들을 가리키는 것으로 오해해서 "그들 가운데"로 번역한 것은 잘못이다. 왜냐하면, 여기에서 바울이 자기가 앞에서 말한 악들을 염두에 두고서, 골로새 교인들이 그 악들 가운데 살았던 동안에는 그 악들 가운데서 행하였다고 말하고 있다는 것은 의심의 여지가 없기 때문이다. "산다"는 것과 "행한다"는 것은 각각 잠재력과 행위를 가리키는 것으로서 서로 다르다. 갈라디아서 5:25에서 "만일 우리가 성령으로 살면 또한 성령으로 행할지니"라고 말한 것처럼, 사는 것이 먼저이고, 행하는 것은 그 뒤에 온다. 이 말을 통해서 사도는 골로새 교인들은 그리스도로 말미암아 이미 죽은 자들이기 때문에, 계속해서 그러한 악들을 행하여 살아가는 것은 합당하지 않다는 것을 보여준다. 로마서 6장을 보라. 이것은 원인이 제거된 것에 의거해서 결과가 제거되는 것이 마땅하다는 것을 이끌어 내고 있는 논증이다.

8. 이제는 너희가 이 모든 것을 벗어 버리라 곧 분함과 노여움과 악의와 비방

과 너희 입의 부끄러운 말이라. "이제는"은 지금은 골로새 교인들이 육신을 따라 살아가는 것에서 이미 벗어났다는 것을 가리킨다. 왜냐하면, 우리가 육체에 대해 죽게 되면, 우리 안에서 모든 부패하고 타락한 성정들이 소멸되어서, 그 후로는 죄가 전에 우리 안에서 맺곤 하였던 열매들을 이제는 맺을 수 없게 되기 때문이다. 내가 여기에서 "분함"(indignatio)으로 번역한 헬라어는 '튀모스'(θυμός)이고, 이 단어는 '오르게'(ὀργὴ, "진노")보다 좀 더 충동적으로 화를 내는 것을 가리킨다. 하지만 우리가 쉽게 알 수 있듯이, 여기에서 사도는 앞에서 이미 언급했던 것들과는 다른 형태의 악들을 열거한다.

[9]**너희가 서로 거짓말을 하지 말라 옛 사람과 그 행위를 벗어 버리고** [10]**새 사람을 입었으니 이는 자기를 창조하신 이의 형상을 따라 지식에까지 새롭게 하심을 입은 자니라** [11]**거기에는 헬라인이나 유대인이나 할례파나 무할례파나 야만인이나 스구디아인이나 종이나 자유인이 차별이 있을 수 없나니 오직 그리스도는 만유시요 만유 안에 계시니라** [12]**그러므로 너희는 하나님이 택하사 거룩하고 사랑 받는 자처럼 긍휼과 자비와 겸손과 온유와 오래 참음을 옷 입고** [13]**누가 누구에게 불만이 있거든 서로 용납하여 피차 용서하되 주께서 너희를 용서하신 것 같이 너희도 그리하고** (3:9-13).

9-10. 너희가 서로 거짓말을 하지 말라. 사도는 여기에서 거짓말하는 것을 금함으로써, 온갖 종류의 교활함과 속이기 위한 온갖 비열한 술수들을 단죄한다. 이렇게 나는 사도가 단지 비방과 중상모략만을 가리키기 위해서가 아니라, 전체적으로 정직하고 진실한 것과 반대되는 모든 것을 가리키기 위하여 "거짓말"이라는 용어를 사용한 것이라고 본다. 따라서 이 구절은 "서로 거짓말을 하지 말라"로 번역하는 것이 좀 더 간단하고 더 나은 번역이라는 것을 나는 확신한다. 사도는 믿는 자들이 그리스도의 죽으심과 부활에 참여하는 것에 관한 자신의 논증을 서로 다른 여러 가지 표현들을 사용해서 계속해서 이어간다.

옛 사람과 그 행위를 벗어 버리고 새 사람을 입었으니. "옛 사람"은 우리가 어머니의 태로부터 가져온 모든 것, 따라서 우리의 본성적인 모습과 관련된 모든 것을 가리킨다. 그리스도로 말미암아 새롭게 된 자들은 모두 "옛 사람"을 벗어 버린 자들이다. 반면에, 새 사람은 그리스도의 성령으로 말미암아 새롭게 되어서 의의 순종 가운데서 살아가는 존재, 또는 성령에 의해서 회복된 참되고 흠 없는 본성이다. 하지만 우리는 처음에 아담에게서 태어나고, 그런 후에 그리스도로 말미암아 거듭나기 때문에, 순서상으로 옛 사람이 먼저다. 우리가 아담에게서 받은 모든 것은 낡아져서 결국에는 소멸되고 마는 반면에, 우리가 그리스도로 말미암아 얻는 모든 것은 영원토록 남아 있어서, 부서져 없어지는 것이 아니라 도리어 영원히 멸망하지 않는다. 이 구절은 중생에 대한 정의를 담고 있다는 점에서 주목할 만하다. 왜냐하면, 중생은 두 부분, 즉 옛 사람을 벗어 버리는 것과 새 사람을 입는 것으로 이루어지는데, 바울은 여기에서 이 두 가지를 언급하고 있기 때문이다. 또한, 우리가 주목해야 할 것은 사도는 마치 열매를 보고 나무를 알 수 있듯이, "옛 사람"은 그 "행위들"에 의거해서 분별할 수 있다고 말하고 있다는 것이다. 이것은 여기에서 "옛 사람"이 우리 안에 선천적으로 내재되어 있는 부패함과 타락을 가리키는 것임을 보여준다.

이는 자기를 창조하신 이의 형상을 따라 지식에까지 새롭게 하심을 입은 자니라. 먼저, 사도는 새 생명은 "지식"에 있다는 것을 보여준다. 이 "지식"은 머리로 아는 단순한 지식이 아니라, 성령의 조경을 가리킨다. 왜냐하면, 성령의 실효적이고 생생한 조명은 성령이 진리의 빛으로 우리의 마음과 생각을 비쳐 주어서 진리를 깨닫게 해줄 뿐만 아니라 우리를 전인적으로 변화시키기 때문이다. 사도가 바로 뒤에서 우리가 "하나님의 형상을 따라 새롭게 하심을 입은 자"라고 덧붙이고 있는 것이 그런 의미이다. 왜냐하면, 우리의 이성만이 아니라 의지까지 새로워져서 바르게 되었을 때, 우리는 우리 영혼 전체가 하나님의 형상이 되었다고 말할 수 있기 때문이다. 또한, 이것으로부터 우리는 한편으로는 우리의 중생의 목적이 우리가 하나님을 닮게 되어서, 하나님의 영광이 우리 안에서 빛을 발하게 되는 것임을 알게 되고, 다른 한편으로는 모세가 창세기 9:6("이는 하나님이 자기 형상대로 사람을 지으셨음이니라")에서 언급한 "하나님의 형상"이라는 것이 우리의 영혼 전체가 바르고 흠 없이 되어서, 인간이 마치 거울처럼 하나님의 지혜와 의와 선하심을 반영하는 것임을 알게 된다. 사도는 에베소서 4:24('하나님을 따라 의와 진리의 거룩함으로 지으심을 받은 새 사람을 입으라')에서는 여기에서와 약간 다르게 말하지만, 그 의미는 동일하다. 이와 동시에, 바울은 하나님의 형상을 지니게 되는 것이야말로 우리의 최고의 완전함이자 복됨이라는 점에서, 골로새 교인들이 열망할 수 있는 것들 중에서 그것보다 더 훌륭하고 탁월한 것은 존재하지 않는다는 것을 가르친다.

11. 거기에는 헬라인이나 유대인이나 할례파나 무할례파나 야만인이나 스구디아인이나 종이나 자유인이 차별이 있을 수 없나니. 사도는 골로새 교인들로 하여금 예법들에서 다시 벗어날 수 있도록 하기 위해서 의도적으로 이 말을 여기에 덧붙인다. 왜냐하면, 이 말의 취지는 그리스도인의 완전함은 그러한 외적인 것들을 지키는 것에 있지 않다는 것, 아니 그러한 것들은 그리스도의 완전함과 철저하게 배치되는 것들이라는 것이기 때문이다. 사도는 제유법을 사용해서 "할례파나 무할례파" 또는 "헬라인이나 유대인"라는 구별을 통해서 모든 외적인 것들을 포함시킨 후에, 그것을 보강하기 위해서 "야만인이나 스구디아인이나 종이나 자유인" 같은 구별들을 추가한다.

오직 그리스도는 만유시요 만유 안에 계시니라. 이것은 오직 그리스도만이, 사람들이 흔히 하는 말로 뱃머리이자 배의 꼬리, 즉 처음이자 마지막이라는 것이다. 우리가 앞에서 이미 보았듯이, 예법들을 끝장내는 것은 그리스도의 영적인 의인데, 사도는 여기에서 바로 그 의를 "그리스도"로 표현한다. 그러므로 예법들은 믿는 자들이 참된 완전함을 이루기 위해서 불필요한 것들이다. 아니, 믿는 자들에게 예법들을 지키라고 말하는 것은 마치 그리스도의 의로는 불완전하기 때문에 그 결핍을 메우기 위해서는 예법들의 도움을 받는 것이 필수적이라고 말함으로써 그리스도를 욕보이는 것이라는 점에서, 예법들은 믿는 자들 사이에서 한 치도 용납되어서는 안 된다.

12-13. 그러므로 너희는 하나님이 택하사 거룩하고 사랑 받는 자처럼 긍휼과 자비와 겸손과 온유와 오래 참음을 옷 입고 누가 누구에게 불만이 있거든 서로 용납하여 피차 용서하되 주께서 너희를 용서하신 것 같이 너희도 그리하고. 사도는 앞에서 옛 사람의 몇몇 부분들을 열거한 것과 마찬가지로, 이제 여기에서는 새 사람의 몇몇 부분들을 열거한다. 그는 이렇게 말한다: "너희가 자비롭고 인자하게 행할 때, 너희가 그리스도로 말미암아 새롭게 된 자들이라는 것이 드러나게 될 것이다. 왜냐하면, 그런 것들은 새롭게 되었을 때에 나타나는 결과들이자 증거들이기 때문이다." 그러므로 이 권면은 그들이 이미 새롭게 된 자들이라는 사실에 토대를 둔 것이다. 따라서 사도는 "옷 입고"로 번역된 단어를 통해서 자기가 앞에서 사용한 비유를 계속해서 이어간다.

첫 번째로, 그는 "긍휼"을 언급하면서, "긍휼의 창자"라는 표현을 사용하는데, 그것은 믿는 자들이 사람들을 향해 갖는 "긍휼"은 창자가 끊어질 정도의 간절한 "긍휼"이어야 한다고 말하는 것이다. 그가 두 번째로 언급하는 '크레스토테타'(Χρηστότητα)는 우리를 사람들에게서 사랑 받을 수 있게 만들어 주는 "인자함"을 가리킨다. 거기에 그는 "겸손"을 더한다. 왜냐하면, 오만하고 높아진 마음을 내려 놓고서 자기는 아무것도 아니라고 여기고 겸손하게 행하는 사람만이 다른 사람들에 대하여 인자하고 온유할 수 있기 때문이다.

사도가 그 다음으로 언급하는 "온유"는 "인자"보다 더 넓은 의미를 지닌다. 왜냐하면, "인자"는 주로 표정 및 말과 관련된 것인 반면에, "온유"는 내적인 성품과도 관련되기 때문이다. 하지만 우리가 악하고 배은망덕한 자들과 접촉하게 될 때에는 인내를 필요로 하는 일이 자주 있기 때문에, 우리 안에 온유함도 있어야 한다. 사도는 자기가 말하는 "오래 참음"이 무엇을 의미하는지를 자세하게 설명한다. 즉, 오래 참는다는 것은 우리가 서로를 너그럽게 포용하고, 누가 우리에게 잘못한 것이 있을지라도 용서해 주는 것이라고 말한다. 하지만 그렇게 하는 것은 어렵고 힘든 일이기 때문에, 그는 그리스도의 모범을 들어서 이 가르침을 확증하고, 우리가 그토록 자주 중대한 잘못들을 범해 왔지만, 그리스도께서 우리를 용서하시고 받아주셨던 것처럼, 우리도 다른 사람들이 으리에게 저지른 잘못들을 용서함으로써 그들에 대한 우리의 인자함을 나타내 보이는 것이 우리에게 요구된다는 것을 가르친다. 그래서 사도는 "누가 누구에게 불만이 있거든"이라고 말한다. 이것은 사람들이 볼 때에 다툴 일인 경우에도 다투어서는 안 된다는 의미이다.

나는 여기에서 하나님이 "택하셨다"는 것은 하나님이 구별하셨다는 것을 의미하는 것이라고 본다. 즉, 그는 이렇게 말한 것과 같다: "하나님께서는 너희를 자신의 것으로 택하셔서 거룩하게 하셨고, 너희가 긍휼과 자비와 겸손과 온유와 오래 참음을 옷 입는다는 조건으로 자신의 사랑 속으로 너희를 받아들이셨다. 그러므로 이러한 뛰어난 덕목들을 지니지도 않은 사람이 자기는 하나님의 사랑을 받는 거룩한 자라고 자랑해 보아야 아무 소용이 없고, 자기가 믿는 자들의 수에 들어간다고 말해 보아야 아무 소용이 없다."

¹⁴이 모든 것 위에 사랑을 더하라 이는 온전하게 매는 띠니라 ¹⁵그리스도의 평강이 너희 마음을 주장하게 하라 너희는 평강을 위하여 한 몸으로 부르심을 받았나니 너희는 또한 감사하는 자가 되라 ¹⁶그리스도의 말씀이 너희 속에 풍성히 거하여 모든 지혜로 피차 가르치며 권면하고 시와 찬송과 신령한 노래를 부르며 감사하는

마음으로 하나님을 찬양하고 ¹⁷또 무엇을 하든지 말에나 일에나 다 주 예수의 이름 으로 하고 그를 힘입어 하나님 아버지께 감사하라(3:14-17).

14. 이 모든 것 위에 사랑을 더하라 이는 온전하게 매는 띠니라. 어떤 이들은 "이 모든 것 위에" 또는 "이 모든 것 외에"로 번역하지만, 내 생각에는 그런 번역 은 빈약하고, "이 모든 것에 앞서"로 번역하는 것이 더 적절한 것으로 보인다. 하지 만 나는 '에피'(ἐπί)라는 단어의 좀 더 통상적인 의미를 선택해서 "이 모든 것을 인 하여"로 번역하였다. 왜냐하면, 사도가 지금까지 열거한 모든 것들은 사랑으로부 터 흘러 나온다는 점에서, 그가 골로새 교인들에게 "이 모든 것을 인하여," 즉 그들 이 긍휼과 온유와 용서를 베푸는 자들이 되기 위해서 그들 가운데서 사랑을 품으라 고 권면하고 있는 것으로 보는 것이 합당하기 때문이다. 따라서 이것은 "너희가 오 직 사랑을 가질 때에만 그렇게 될 수 있다"고 말한 것과 같다. 그들에게 사랑이 결 여되어 있다면, 이 모든 것을 행하려고 애써도 소용이 없을 것이기 때문이다. 사도 는 사랑을 한층 더 강조하기 위해서, 그것을 "온전하게 매는 띠"라고 부르는데, 이 것은 온갖 수많은 미덕들이 사랑 아래 포섭된다는 것을 의미한다. "사랑"이 우리의 삶 전체와 모든 행위들의 준칙이기 때문에, 사랑에 따라 행해지지 않는 모든 것은, 다른 점들에서는 아무리 대단한 매력을 지니고 있다고 할지라도, 잘못된 것이다. 사도가 여기에서 사랑을 "완전함의 띠"라고 부르는 이유는, 우리의 삶 속에서 사랑 을 지향하지 않는 행위는 제대로 된 것이 있을 수 없고, 사랑이 없는 상태에서 우리 가 시도하는 모든 것은 단지 쓰레기에 지나지 않기 때문이다.

하지만 교황주의자들은 행위로 말미암는 칭의를 주장하기 위한 목적으로, 바울 의 이러한 선언을 악용하는 어처구니없는 짓을 자행한다. 그들은 이렇게 말한다: "사랑은 완전함의 띠이다. 그런데 완전함은 의이다. 그러므로 우리는 사랑으로 의 롭다 함을 얻는다." 그들의 그러한 논리에 대한 대답은 두 가지이다. 하나는 바울 은 여기에서 사람이 하나님 앞에서 완전하게 되는 방법에 대해서가 아니라, 사람들 사이에서 온전하게 살아가는 방법에 대해서 말하고 있다는 것이다. 이 본문에 대 한 제대로 된 설명은 사랑이 우리 가운데서 발휘되는 경우에만 우리의 삶에 있어서 다른 것들이 바람직한 상태에 놓이게 된다는 것이다. 설령 사랑이 의라는 것을 우 리가 인정한다고 할지라도, 그들이 그것을 이용해서, 우리는 사랑으로 의롭다 함을 얻는다고 주장하는 것은 근거 없고 유치한 일이다. 왜냐하면, 우리는 사람들에게서는 그 어디에서도 완전한 사랑을 발견할 수 없기 때문이다. 우리가 사람이 오직 믿음으로 의롭다 함을 얻는다고 말하는 것은 율법을 지키는 것이 의가 아니라는 것을 토대로 하는 것이 아니라, 우리는 모두 율법을 범한 자들이어서 우리 자신의 의가 결여되어 있는 까닭에 그리스도에게서 의를 빌려올 수밖에 없다는 사실을 토대로 한다. 그러므로 사람들에게서는 그 어디에서도 완전한 사랑을 발견할 수 없기 때문에, 오직 믿음의 의 외에는 그 어떤 의도 남아 있지 않다.

15. 그리스도의 평강이 너희 마음을 주장하게 하라 너희는 평강을 위하여 한 몸으로 부르심을 받았나니 너희는 또한 감사하는 자가 되라. 사도는 하나님이 우리 가운데 정립해 놓으신 것에 "하나님의 평강"이라는 이름을 붙이는데, 이것은 곧 이어지는 내용이 보여준다. 그는 이 "평강"이 우리의 마음을 주장하기를 바란다. 이것은 매우 적절한 비유를 사용하고 있는 것이다. 왜냐하면, 씨름 경기에서 다른 모든 선수들을 다 이긴 자에게는 승리의 표시로서 종려나무가 수여된 것과 마찬가지로, 하나님의 평강만이 우리를 흔히 다툼과 불화와 싸움과 은밀한 불평으로 이끄는 온갖 육정들을 이길 수 있기 때문이다. 따라서 사도는 우리가 그런 종류의 부패한 육정들이 판을 치게 내버려 두는 것을 금한다. 그는 육정들을 제어하고 다스리는 것이 어렵다고 할지라도, 치료책이 있다고 말한다. 왜냐하면, 하나님의 평강은 육정들에 재갈을 물려서 제어하는 역할을 해서 육정들에 대하여 승리를 거둘 수 있기 때문이다. 그래서 그는 하나님의 평강이 우리의 마음을 주장하게 하라고 말한다. "육체의 소욕은 성령을 거스르고 성령은 육체를 거스르기" 때문에(갈 5:17), 우리는 항상 우리의 마음속에 큰 갈등과 싸움이 있다는 것을 느끼기 때문이다.

"너희는 평강을 위하여 한 몸으로 부르심을 받았나니"라는 구절은 이것이 어떤 식의 평강인지를 보여준다. 즉, 하나님의 평강은 그리스도께서 자신의 다스리심 아래에서 우리 가운데 정립해 놓으신 저 하나됨이다. 왜냐하면, 하나님께서는 우리로 하여금 우리 사이에서 전적으로 화목하게 살도록 하시기 위해서, "그리스도로 말미암아 우리를 자기와 화목하게" 하신 것이기 때문이다(고후 5:18). 사도가 "한 몸으로"라는 어구를 덧붙인 것은 우리가 한 몸의 지체들로서 하나가 되지 않는다면 다른 식으로는 하나님과 하나가 될 수 없다는 것을 의미한다. 또한, 사도는 "너희는 감사하는 자가 되라"고 명한다. 나는 이것이 하나님이 우리에게 베풀어 주신 은총들을 기억하고 감사하라는 의미가 아니라, 우리 사이에서 각 사람은 늘 감사하는 마음으로 살아가야 한다는 의미라고 본다. 따라서 나는 모호함을 제거하기 위해서,

이 구절을 "너희는 사랑 받을 만한 자가 되라"로 번역하는 것을 선호한다. 이와 동시에, 감사하는 마음이 우리를 지배한다면, 우리는 반드시 서로를 사랑하는 마음을 품게 될 것이라고 나는 확신한다.

16. 그리스도의 말씀이 너희 속에 풍성히 거하여 모든 지혜로 피차 가르치며 권면하고. 사도는 골로새 교인들이 복음의 가르침을 아주 잘 알게 되기를 바란다. 이것으로부터 우리는 오늘날 잔인하게도 그리스도인들이 복음의 가르침을 사용하는 것을 금지하고, 평신도들이 자유롭게 성경을 읽는 것을 그 어떤 역병보다도 더 끔찍히 여기고 두려워해야 할 일이라는 듯이 불같이 격노하여 고함을 지르는 자들이 어떤 영에 의해서 움직이고 있는지를 알 수 있다. 왜냐하면, 바울은 여기에서 모든 신분과 지위에 있는 사람들에게 이 말을 하고 있고, 그들에게 단지 그리스도의 말씀을 조금 맛보기만 하라고 말하는 것이 아니라, 그 말씀이 그들 속에 거하여 완전히 자리를 잡아서 날이 갈수록 점점 더 많이 그들을 지배하게 되기를 바라고 있다는 것은 의심의 여지가 없기 때문이다. 하지만 많은 사람들이 잘못된 동기에서 성경을 배우고자 함으로써, 그들 자신의 야심이나 헛된 호기심이나 그 밖의 다른 요인으로 인해서 그리스도의 말씀을 왜곡하고 변질시키기 때문에, 사도는 여기에 "모든 지혜로"라는 말을 덧붙인다. 즉, 우리가 하나님 안에서 지혜롭게 되고자 하는 것이 그리스도의 말씀을 배우고자 하는 동기가 되어야 한다는 것이다.

또한, 사도는 이 지혜가 어떤 지혜인지에 대해 짤막하게 정의한다. 즉, 그것은 골로새 교인들이 서로를 가르치는 데 필요한 지혜여야 한다는 것이다. 여기에서 "가르치는" 것은, 로마서 12:7에서 "가르치는 자면 가르치는 일로"라고 말할 때에 "가르치는 일"과 같은 것으로서 교회의 덕을 세우기 위한 유익한 가르침을 베푸는 것을 의미한다. 동일한 의미에서, 디모데후서 3:16에서도 "모든 성경은 하나님의 감동으로 된 것으로 교훈과 책망과 바르게 함과 의로 교육하기에 유익하니"라고 말한다. 이것은 그리스도의 말씀의 참된 용도이다. 하지만 가르침은 종종 그 자체로는 냉정해서, 누가 말한 것처럼 단순히 무엇이 옳은지만을 보여줄 때에는, 미덕은 말로는 칭송받기는 하지만 실제로는 행해지지 않아서 고사되고 말 것이기 때문에, 이와 동시에 사도는 가르침을 확증하고 행하도록 격려하는 행위인 "권면하는" 것을 덧붙인다. 그리스도인들 각자가 그리스도의 말씀으로 혼자 유익을 얻는 것으로 그쳐서는 안 되고, 그 유익을 서로 공유하는 것이 마땅하기 때문에, 사도는 "피차 가르치며 권면할" 것을 요구한다.

시와 찬송과 신령한 노래를 부르며 감사하는 마음으로 하나님을 찬양하고. 사도는 "그리스도의 말씀"을 특정한 분야에 국한시키지 않고, 도리어 우리가 서로 교류하는 모든 것들이 덕을 세우는 데 초점이 맞춰져야 하며, 심지어 우리의 마음을 시원하게 해 주는 행위들조차도 헛된 것이 되어서는 안 된다고 말한다. 그는 이렇게 말한 것과 같다: "믿지 않는 자들은 무익하고 허망한 농담과 유머로 웃고 즐기는 어리석은 짓을 할지라도, 너희 가운데서의 모든 교류들은 단지 진지한 일들에서만이 아니라 웃고 즐기는 일들에 있어서도 유익한 것이 되어야 한다. 믿지 않는 자들이 음탕하거나 적어도 무익한 노래들을 부를 때, 너희는 하나님을 찬양하는 노래들을 부르는 것이 마땅하다." 사도는 하나님을 찬양하는 모든 노래들을 "시와 찬송과 노래"라는 세 가지 명칭으로 포괄한다. 이 세 가지는 통상적으로 다음과 같이 구별된다. "시"는 사람의 음성 외에 악기들을 사용해서 노래하는 것을 가리키고, "찬송"은 단지 사람의 음성만을 사용하든 아니면 악기들을 함께 사용하든 고유한 의미에서 하나님을 찬양하는 노래를 가리키며, "노래"는 단지 하나님을 찬양하는 내용만이 아니라 사람들을 권면하거나 교훈하는 것 같은 내용들도 포함하는 것을 가리킨다. 사도는 그리스도인들이 부르는 노래들이 쓸데없고 무익한 내용들로 채워져 있지 않은 "신령한" 것들이어야 한다고 말한다. 이것은 그가 지금 전개하고 있는 논증과 관련이 있다.

"은혜 가운데서"(개역개정에는 "감사하는")라는 어구를 크리소스토모스(Chrysostomus)는 여러 가지로 설명하지만, 나는 나중에 골로새서 4:6에서 "너희 말을 항상 은혜 가운데서 소금으로 맛을 냄과 같이 하라"고 말한 것과 동일한 의미로 해석한다. 즉, "은혜 가운데서"는 찬양을 듣는 사람들로 하여금 그 마음에 유익함과 기쁨을 얻을 수 있게 해 주는 방식으로를 뜻하는 것으로서, 사람들에게 속되고 무익하며 실없는 즐거움을 주는 것과 반대되는 개념이다.

"마음으로 노래하고"(개역개정에는 "마음으로 찬양하고")는 마음의 태도와 관련된 말이다. 왜냐하면, 우리는 단지 입으로만 소리를 내어 찬양해서는 안 되고 마음으로부터 우러나와서 진심으로 노래를 해야 하고, 그렇게 해서 다른 사람들에게 감동을 줄 수 있어야 하기 때문이다. 이와 동시에, 우리는 여기에서 사도가 마치 우리 각 사람이 마음속으로 찬양하여야 한다고 말한 것처럼 이해해서는 안 된다. 그는 단지 우리가 입으로 찬양하기에 앞서 우리의 내면에서 먼저 하나님을 찬양하고자 하는 마음이 존재함으로써, 입과 마음이 서로 하나로 결합되어 있어야 한다고 말하고 있는 것이다.

17. 또 무엇을 하든지 말에나 일에나 다 주 예수의 이름으로 하고 그를 힘입어 하나님 아버지께 감사하라. 에베소서에는 여기에서와 거의 동일한 단어들을 사용해서 이 분문과 똑같은 내용을 말하고 있는 구절이 나와서, 우리는 이 본문을 이미 거기에서 설명한 바 있다. 사도는 그리스도인의 삶의 여러 부분들과 관련된 가르침을 앞에서 이미 시작해서 여러 교훈들을 간단하게 다루었기 때문에, 그리스도인의 삶과 관련된 나머지 부분들을 일일이 다 다루는 것은 너무 지루한 일이 될 것이라고 생각해서, 여기에서는 결론적으로 우리가 무슨 말을 하거나 무엇을 행하든지 그 모든 것들은 그리스도의 권위에 의해서 전적으로 지배되어야 하고, 언제나 그리스도께 영광을 돌리는 것을 그 모든 것의 목표로 삼아야 한다고 요약해서 말한다. 왜냐하면, 우리는 사도가 여기에서 말한 것 속에는 다음과 같은 두 가지가 포함되어 있는 것으로 이해하는 것이 합당하기 때문이다. 하나는 우리가 말하거나 행하는 모든 것은 그리스도의 이름을 부르는 것으로 시작해야 하고, 다른 하나는 그리스도께 영광을 돌리는 것으로 끝나야 한다는 것이다. 그리스도의 이름을 부르면, 하나님이 우리에게 복을 주시고, 이것은 우리가 하나님께 감사할 제목이 되기 때문이다. 또한, 우리가 주목해야 할 것은 우리는 하나님이 우리에게 베풀어 주시는 모든 좋은 것들을 그리스도로 말미암아 얻기 때문에, 사도는 우리가 그리스도로 말미암아 하나님 아버지께 감사해야 한다고 가르친다는 것이다.

¹⁸아내들아 남편에게 복종하라 이는 주 안에서 마땅하니라 ¹⁹남편들아 아내를 사랑하며 괴롭게 하지 말라 ²⁰자녀들아 모든 일에 부모에게 순종하라 이는 주 안에서 기쁘게 하는 것이니라 ²¹아비들아 너희 자녀를 노엽게 하지 말지니 낙심할까 함이라 ²²종들아 모든 일에 육신의 상전들에게 순종하되 사람을 기쁘게 하는 자와 같이 눈가림만 하지 말고 오직 주를 두려워하여 성실한 마음으로 하라 ²³무슨 일을 하든지 마음을 다하여 주께 하듯 하고 사람에게 하듯 하지 말라 ²⁴이는 기업의 상을 주께 받을 줄 아나니 너희는 주 그리스도를 섬기느니라 ²⁵불의를 행하는 자는 불의의 보응을 받으리니 주는 사람을 외모로 취하심이 없느니라(3:18-25).

18-19. 아내들아 남편에게 복종하라 이는 주 안에서 마땅하니라 남편들아 아내를 사랑하며 괴롭게 하지 말라. 이제부터는 개개인의 부르심에 따른 구체적인

의무들이 나온다. 나는 에베소서에서 이미 이런 의무들과 관련해서 말해야 할 거의 모든 것들을 설명한 바 있기 때문에, 이것들에 대해서 여기에서 또다시 많은 말로 설명하는 것은 불필요할 것이다. 그래서 나는 단지 우리 앞에 있는 본문의 의미를 밝히는 데 좀 더 구체적으로 도움이 되는 것들만을 간단하게 덧붙이고자 한다.

사도는 아내들이 남편에게 "복종하야" 한다고 말한다. 이 말의 의미는 분명하지만, 뒤이어 나오는 "이는 주 안에서 마땅하니라"는 말의 의미가 불분명하다. 어떤 이들은 이 대목을 "아내들아 마땅한 바대로 주 안에서 남편에게 복종하라"로 읽기도 하기 때문이다. 하지만 나는 "아내들아 남편에게 복종하라 이는 주 안에서 마땅하니라"로 읽어야 한다고 본다. 왜냐하면, 여기에서 사도는 "주 안에서 마땅하다"는 어구를 주께서 정하신 것이라는 으미로 사용해서, 아내가 남편에게 복종하는 것을 하나님의 권위로 확증하고 있는 것이기 때문이다. 아울러, 사도는 이렇게 말했을 때에 남편들은 아내에 대한 자신들의 권위를 악용해서 아내를 포악하게 압제할 위험이 있었기 때문에, 남편들에게 아내에 대한 사랑을 요구하며, 아내를 "괴롭게 하지 말라"고 명한다.

20-21. 자녀들아 모든 일에 부모에게 순종하라 이는 주 안에서 기쁘게 하는 것이니라 아비들아 너희 자녀를 노엽게 하지 말지니 낙심할까 함이라. 사도는 자녀들에게 예외 없이 부모에게 순종하라고 명한다. 그러나 자녀들이 부모가 합당하지 않은 일을 자신들에게 강요한다고 느낀다면, 그런 경우에도 자녀들은 무조건적으로 부모에게 순종해야 하는가? 하나님과 그 계명들을 무시하고 사람의 권위를 따른다면, 그것은 불합리할 뿐만 아니라 있을 수 없는 일이 아니겠는가? 나의 대답은 우리는 사도가 여기에서는 "주 안에서"라는 말을 명시적으로 하고 있지 않지만, 다른 곳에서 "자녀들아 주 안에서 너희 부모에게 순종하라"(엡 6:1)고 말한 것처럼, 그 말이 전제되어 있다고 이해해야 한다는 것이다. 하지만 사도는 무슨 목적으로 여기에서 "모든 일에"라고 보편성을 지닌 표현을 사용하고 있는 것인가? 나는 그것은 단지 옳은 명령들만이 아니라 부당한 명령들에도 순종해야 한다는 것을 보여주기 위한 것이라고 본다. 왜냐하면, 많은 사람들이 자기 마음에 들거나 행하기가 별로 어렵지 않다고 여길 때에만 부모가 바라거나 명하는 것에 순종하는 경향을 보이기 때문이다. 그러나 자녀들이 명심해야 할 것이 한 가지가 있는데, 그것은 자신들의 부모가 어떤 사람이든지 간에, 하나님께서는 섭리에 의해서 그들을 그런 부모에게 주셨고, 하나님의 정하심에 따라 그들은 자신들의 부모에게 종속된 자들이 되

었다는 것이다.

따라서 자녀들은 힘들거나 마음에 들지 않는 일이라고 해서 거부하지 말아야 한다는 의미에서 "모든 일에" 순종하여야 하고, 가치중립적인 일들에서 부모가 차지하고 있는 지위를 존중해야 한다는 의미에서 "모든 일에" 순종하여야 하며, 마치 부모와 동등한 위치에 있는 것처럼 문제나 이의를 제기하고 논쟁을 벌이며 그렇게 하면서도 양심에 전혀 거리낌을 갖지 않는 자들이 되어서는 안 된다는 의미에서 "모든 일에" 순종하여야 한다.

부모들을 향해서는 사도는 자녀들이 낙심해서 부모를 공경하는 마음을 잃어버리고 훈육을 받지 않으려고 하는 일이 벌어지지 않도록 하기 위해서 자녀들을 지나치게 엄하거나 가혹하게 대해서는 안 된다고 말한다. 왜냐하면, 우리는 매일의 경험을 통해서 너그러운 마음으로 관용 가운데서 교육하는 것이 유익하다는 것을 보기 때문이다.

22-25. 종들아 모든 일에 육신의 상전들에게 순종하되 사람을 기쁘게 하는 자와 같이 눈가림만 하지 말고 오직 주를 두려워하여 성실한 마음으로 하라 무슨 일을 하든지 마음을 다하여 주께 하듯 하고 사람에게 하듯 하지 말라 이는 기업의 상을 주께 받을 줄 아나니 너희는 주 그리스도를 섬기느니라 불의를 행하는 자는 불의의 보응을 받으리니 주는 사람을 외모로 취하심이 없느니라. 여기에서 종들에 대하여 말하고 있는 것들은, "너희는 주 그리스도를 섬기느니라"와 "불의를 행하는 자는 불의의 보응을 받으리니"라는 두 구절을 제외하면, 내가 에베소서 6:5-8을 다룰 때에 이미 설명한 바 있기 때문에, 더 이상의 설명을 필요로 하지 않는다.

사도가 "너희는 주 그리스도를 섬기느니라"고 말할 때, 그것은 그리스도께서 최고의 통치권을 지니신 최고의 "주인"이시라는 마음과 태도로 사람들을 섬기라는 의미이다. 이것은 종들이 자신들의 주인을 제대로 잘 섬긴다면, 그리스도께서는 마치 그들이 자기를 섬긴 것처럼 그들의 섬김을 받으실 것임을 알게 해주고 있다는 점에서, 다른 사람들에게 종속되어 있는 모든 사람들에게 최고의 위로의 말씀이다. 이것으로부터 바울은 그들이 그리스도에게서 상을 받게 될 것이라고 결론을 내린다. 그러나 그가 이 상을 "기업의 상"이라고 말한 것은 그들은 자신들의 섬김이라는 행위로 말미암아 상을 받는 것이기는 하지만, 그 상은 어디까지나 하나님에 의해서 그들에게 값없이 거저 주어지는 상이라는 의미이다. 왜냐하면, "기업"은 양자

됨으로 말미암기 때문이다.

"불의를 행하는 자는 불의의 보응을 받으리니"라는 말을 통해서도 사도는 종들을 위로한다. 왜냐하면, 이것은 종들이 자신의 주인들에게 부당하게 압제와 학대를 당하는 경우에는, "사람을 외모로 취하심이 없는" 하나님께서는 친히 그들이 당한 불의에 대해 보응해 주실 것이고, 그들이 종들이라는 이유로 그들에게 가해진 해악들을 그냥 넘어가지 않으실 것이라는 의미이기 때문이다. 만일 종들이 하나님도 사람을 외모로 보실 것이고, 자신들은 종들이기 때문에, 하나님께서는 그들에 대해 아무런 관심이 없으시거나 그리 큰 관심을 갖지 않으실 것이라고 생각한다면, 그들의 불행과 참상에 대해서도 관심을 갖지 않으실 것이라고 생각하게 될 것이고, 그렇게 되면 그들은 크게 낙심하게 될 것이고, 심지어 스스로 나서서 주인들의 박해와 압제에 맞서 원수를 갚으려고 하는 일까지 벌어지게 된다. 그래서 사도는 종들에게 하나님의 심판을 인내로써 기다리라고 권면함으로써, 그들이 그런 악을 행하는 것을 미연에 방지한다.

제4장

¹상전들아 의와 공평을 종들에게 베풀지니 너희에게도 하늘에 상전이 계심을 알지어다 ²기도를 계속하고 기도에 감사함으로 깨어 있으라 ³또한 우리를 위하여 기도하되 하나님이 전도할 문을 우리에게 열어 주사 그리스도의 비밀을 말하게 하시기를 구하라 내가 이 일 때문에 매임을 당하였노라 ⁴그리하면 내가 마땅히 할 말로써 이 비밀을 나타내리라(4:1-4).

1. 상전들아 의와 공평을 종들에게 베풀지니 너희에게도 하늘에 상전이 계심을 알지어다. 사도는 먼저 "의"를 언급하는데, 여기에서 "의"는 그가 에베소서 6:8("이는 각 사람이 무슨 선을 행하든지 종이나 자유인이나 주께로부터 그대로 받을 줄을 앎이라")에서 말한 인자하고 인도적인 대우를 가리킨다. 주인들은 높은 곳에서 내려다 보는 위치에 있어서 자신들은 그 어떤 법에 의해서도 속박을 받지 않는다고 생각하고서, 종들의 처지를 멸시하기 쉽기 때문에, 바울은 종이나 주인이나 똑같이 하나님의 권위 아래 종속되어 있다는 것을 상기시킴으로써, 주인들을 통제하고 제어한다. 이것이 그가 말하는 "공평"의 의미이다.

어떤 이들은 "공평"을 다른 식으로 이해하지만, 나는 바울이 에베소서 6:8에서 '타 아우타'(τὰ αὐτὰ, 개역개정에는 "그대로")라고 말한 각자의 권리를 나타내기 위해서 '이소테타'(ἰσότητα, "공평")라는 단어를 사용한 것임을 의심하지 않는다. 왜냐하면, 각 사람에게는 그가 어떤 신분과 지위에 있든지 간에 자신의 고유한 권리가 있는 까닭에, 주인이 종들에 대한 자신의 의무를 다하지 않으면서 일반적으로 종들에게 그들의 의무를 다하라고 강요한 것은 공평한 일이 아니기 때문이다.

2. 기도를 계속하고 기도에 감사함으로 깨어 있으라. 여기에서 사도는 다시 일반적인 권면들로 되돌아오지만, 우리는 이 권면들에서 어떤 정확한 순서를 기대해서는 안 된다. 왜냐하면, 그는 어떤 순서를 염두에 두고서 먼저 기도에 대해 말하고 있는 것이 아니기 때문이다. 또한, 그는 기도와 관련해서 두 가지를 당부하는데, 하나는 꾸준함이고, 다른 하나는 간절한 마음으로 온 힘을 다하는 것이다. 왜냐하면,

그가 기도를 "계속하고" "깨어 있으라"고 말할 때, 그것은 마지못해서 냉랭한 마음으로 형식적으로 기도하는 것이 아니라, 정신을 바짝 차리고서 간절한 기도를 계속해 나가라고 권면하는 것이기 때문이다.

사도가 "감사함으로"라는 말을 덧붙인 것은, 우리는 우리에게 지금 필요한 것들을 하나님께 간절하게 구하여야 하지만, 한편으로는 하나님이 우리에게 이미 베푸신 은총들을 잊어서는 안 되기 때문이고, 또한 하나님께서 우리가 구한 것들을 즉시 채워 주시지 않는다고 하여도, 거기에 대해서 불평해서는 안 되고, 도리어 더욱 더 끈질기게 기도해야 하고, 하나님이 우리에게 주시는 것으로 만족하여야 하기 때문이다. 이렇게 두 측면에서 감사하는 것이 우리에게는 반드시 필요하다. 이것에 대해서도 나는 빌립보서 4:6("아무 것도 염려하지 말고 다만 모든 일에 기도와 간구로, 너희 구할 것을 감사함으로 하나님께 아뢰라")을 다룰 때에 이미 말한 바 있다.

3. 또한 우리를 위하여 기도하되 하나님이 전도할 문을 우리에게 열어 주사 그리스도의 비밀을 말하게 하시기를 구하라 내가 이 일 때문에 매임을 당하였노라. 여기에서 사도는 예의상 기도 요청을 한 것이 아니라, 절박한 처지에 놓여 있는 자신의 상황을 잘 알고 있는 상태에서, 그들의 기도가 자기에게 유익이 될 것임을 확신하였기 때문에, 그들의 기도에 의한 도움을 간절히 원하였다. 이렇게 바울은 자신을 위한 형제들의 중보기도가 곤경에 처해 있는 자기에게 필요하다고 공개적으로 밝히고 있는데도, 오늘날 그런 형제들의 중보기도를 대놓고 멸시하는 자들은 도대체 무엇이란 말인가? 하나님께서 우리가 서로를 위해 기도함으로써 서로에 대하여 사랑을 표현하도록 정하신 것이 결코 헛된 일이 아니라는 것은 의심의 여지가 없다. 그러므로 우리 각자는 우리의 형제들을 위하여 기도해야 할 뿐만 아니라, 기회가 있을 때마다 다른 형제들에게 우리를 위해 중보기도 해 줄 것을 부지런히 요청하여야 한다. 하지만 교황주의자들이 이 본문을 근거로 삼아서, 우리는 죽은 자들에게 우리를 위해 기도해 줄 것을 탄원해야 한다고 가르치는 것은 유치하기 짝이 없다. 바울이 여기에서 말하고 있는 기도와 그들이 주장하는 죽은 자들의 기도 사이에 도대체 무슨 상관이 있단 말인가? 그는 하나님의 명령을 따라 믿는 자들이 서로를 위해 기도해 주는 것을 통해서 교제할 수 있다는 것을 알기 때문에, 형제들에게 자기를 위해 기도해 달라고 부탁하는 것인데, 죽은 자들과 산 자들 사이에 그런 교제가 성립할 수 없다는 것은 누가 보아도 분명하지 않는가? 그러므로 우리는 교황주의자들의 그런 어처구니없는 교설들을 버리고 바울에게로 돌아가야 한다.

우리는 바울이 다른 사람들에게 기도를 통한 도움을 요청하는 것에서, 한편으로는 그의 겸손의 두드러진 예를 보지만, 다른 한편으로는 특히 위험이 압박해 오는 상황에서 변함없이 복음을 변호하는 일을 계속해 나가는 것이 얼마나 어려운 일인지도 알게 된다. 왜냐하면, 교회들이 이 일에서 그를 도와 주기를 그가 원하고 요청한 데에는 분명히 그럴만한 이유가 있었을 것이기 때문이다. 아울러, 우리는 복음에 대한 그의 놀랍고 뜨거운 열심을 주목하여야 한다. 그는 자신의 안위에 대해서는 신경을 쓰지 않는다. 왜냐하면, 그는 자기를 위해서 교회들에게 자기가 죽음의 위험에서 벗어날 수 있도록 기도해 달라고 요청하지 않고, 오직 이 한 가지, 즉 자기가 그 어떤 것에도 굴하거나 두려워하지 않고 계속해서 복음을 고백하고 전할 수 있도록 기도해 달라고 요청하는 것으로 만족하기 때문이다. 이렇게 그는 그리스도의 영광과 복음의 전파를 위해서라면 자신의 목숨까지도 부차적인 것으로 여기고, 죽기를 두려워하지 않는다.

여기에서 "전도할 문"으로 번역된 어구는 그가 에베소서 6:19("나를 위하여 구할 것은 내게 말씀을 주사 나로 입을 열어 복음의 비밀을 담대히 알리게 하옵소서 할 것이니")에서 "입을 열어"라고 말한 것, 그리고 그리스도께서 누가복음 21:15("내가 너희의 모든 대적이 능히 대항하거나 변박할 수 없는 구변과 지혜를 너희에게 주리라")에서 말씀하신 "구변과 지혜"를 의미한다. 왜냐하면, 사도가 여기에서 이 우아한 비유를 사용해서 말하고자 한 것은, 그리스도께서 친히 "말하는 이는 너희가 아니라 너희 속에서 말씀하시는 이 곧 너희 아버지의 성령이시니라"(마 10:20)고 말씀하신 것처럼, 복음 전도는 사실 하나님이 하시는 일인 까닭에, 복음을 담대하게 전하는 것은 빗장이 걸려 있는 문을 부수는 것만큼이나 어렵다는 것이라는 점에서, 이 표현들은 서로 형태만 다를 뿐이고 그 의미는 조금도 다르지 않기 때문이다. 따라서 그는 이렇게 복음 전도의 어려움을 제시하면서, 주께서 자신의 혀를 인도하지 않으시면, 자기가 복음을 제대로 전하는 것은 불가능하다고 밝힘으로써, 골로새 교인들이 중보기도로써 자기를 도와 주는 것이 절실하다고 호소하고 있는 것이다. 둘째로, 사도는 복음을 "그리스도의 비밀"이라고 부름으로써, 이 일이 얼마나 존귀하고 위엄 있는 일인지를 보여주면서 기도 부탁을 한다. 왜냐하면, 이 일이 이토록 중차대한 일이라는 것을 알면서도 이 일을 위해 기도하는 것을 소홀히 할 사람은 없고, 도리어 온 힘을 다해 기도할 것이기 때문이다. 셋째로, 사도는 자기가 어떤 위험에 처해 있는지에 대해서도 언급한다.

4. 그리하면 내가 마땅히 할 말로써 이 비밀을 나타내리라. 이 구절은 복음을 전하는 것이 보통 일이 아니라는 것을 암시함으로써 복음 전도의 어려움을 한층 더 강력하게 제시한다. 사도는 에베소서 6:20에서는 "담대히 하게 하려"(ἵνα παρρησιάσωμαι - '히나 파르레시아소마이')라는 말을 덧붙이는데, 이것은 그가 복음의 위엄에 걸맞는 불굴의 담대함이 자기에게 있게 되기를 원했다는 것을 보여 준다. 또한, 바울은 여기에서 자신의 직분을 감당하는 데 필요한 은혜가 자기에게 주어지는 것 외의 다른 것을 원하지 않았다. 따라서 우리도 마찬가지로 우리의 대적들의 광분함에 굴복하지 말고 죽기를 각오하고서 복음을 전파하는 것이 하나님께서 우리에게 명하시는 것임을 명심하여야 한다. 하지만 복음 전도는 우리의 힘을 넘어서는 일이기 때문에, 우리는 주께서 우리를 내버려 두지 마시고 우리에게 담대함의 영을 부어 주셔서 담대하게 입을 벌려 복음을 전할 수 있게 해 달라는 기도를 계속해 나가야 한다.

⁵외인에게 대해서는 지혜로 행하여 세월을 아끼라 ⁶너희 말을 항상 은혜 가운데서 소금으로 맛을 냄과 같이 하라 그리하면 각 사람에게 마땅히 대답할 것을 알리라 ⁷두기고가 내 사정을 다 너희에게 알려 주리니 그는 사랑 받는 형제요 신실한 일꾼이요 주 안에서 함께 종이 된 자니라 ⁸내가 그를 특별히 너희에게 보내는 것은 너희로 우리 사정을 알게 하고 너희 마음을 위로하게 하려 함이라 ⁹신실하고 사랑을 받는 형제 오네시모를 함께 보내노니 그는 너희에게서 온 사람이라 그들이 여기 일을 다 너희에게 알려 주리라(4:5-9).

5. 외인에게 대해서는 지혜로 행하여 세월을 아끼라. 여기에서 사도는 "믿음의 가정들"(갈 6:10)에 속한 자들과 반대되는 "외인들"에 대해 언급한다. 교회는 모든 믿는 자들이 상호관계에 의해서 서로 연결되어 있는 한 성의 주민들과 같아서, 믿지 않는 자들은 그 성 밖에 거하는 외인들이다. 그렇다면, 왜 사도는 믿는 자들이 아니라 그런 외인들에 대하여 신경을 쓰는 것인가? 세 가지 이유가 있다. 첫 번째는 "맹인 앞에 장애물을 놓지 말아야" 하기 때문이다(레 19:14). 우리의 경솔한 언행으로 인해서 믿지 않는 자들이 마음에 상처를 받고 우리에 대해 점점 더 악감정을 갖게 되고 결국에는 우리의 신앙을 혐오하게 되는 일이 비일비재하게 일어난다. 두 번째는 믿지 않는 자들이 복음을 폄하하고 그리스도의 이름을 조롱하며 믿는 자들

에 대해 적대감을 갖고 핍박과 박해를 일으킬 빌미를 주지 않아야 하기 때문이다. 세 번째는 우리가 음식을 먹는다든가 이런저런 일들로 인해서 믿지 않는 자들과 섞이게 되면서 그들의 더러운 언행에 의해서 더럽혀져서 조금씩 속되고 불경건하게 되는 일이 일어나지 않게 하기 위한 것이다.

그 다음에 이어지는 "세월을 아끼라"는 말도 동일한 취지이다. 즉, 사도가 이 말을 하는 이유도 외인들과의 접촉이나 교류가 위험하기 때문이라는 말이다. 에베소서 5:16에서 사도는 여기에서와 마찬가지로 "세월을 아끼라"고 말한 후에, 그 이유를 "때가 악하니라"고 말한다. 그는 이렇게 말한 것과 같다: "이 세상에 만연되어 있는 너무나 큰 부패와 타락 가운데서 우리는 선을 행할 기회들을 포착해야 하고, 방해물들과 맞서 싸워야 한다." 그러므로 우리의 길이 수많은 걸림돌들로 막혀 있을수록, 우리는 거기에 우리의 발이 걸려서 넘어지거나 나태함으로 말미암아 멈춰서는 일이 없도록 더욱더 주의를 기울여야 한다.

6. 너희 말을 항상 은혜 가운데서 소금으로 맛을 냄과 같이 하라. 사도는 말을 할 때에는 듣는 자들에게 유익이 되는 말을 온유하고 상냥한 태도로 해 줌으로써 사람들로 하여금 그들의 말을 귀 기울여 들을 수 있게 해야 한다고 골로새 교인들에게 권면한다. 왜냐하면, 그는 단지 공개적으로 악하거나 불경건한 말들만이 아니라 무가치하고 쓸데없는 말들도 단죄하기 때문이다. 그래서 그는 그들이 하는 말들이 "소금으로 맛을 낸 것" 같기를 바란다. 속된 자들도 나름대로 맛깔나게 말을 하지만, 사도는 그들의 그런 말들을 칭찬하는 것이 결코 아니다. 아니, 그들의 기지가 번득이고 재기 넘치는 말들은 대체로 사람들을 미혹하거나 비위를 맞추기 위한 것이라는 점에서, 여기에서 그는 믿는 자들이 그런 화법을 사용하는 것을 간접적으로 금하고 있는 것이다. 왜냐하면, 그는 덕을 세우는 데 유익하지 않은 모든 말들을 맛이 없는 말들이라고 말하고 있기 때문이다. 동일한 의미에서 사도는 "은혜"라는 표현도 수다스럽고 조롱하는 말들을 포함해서 온갖 해롭거나 헛되며 쓸데없는 말들과 반대되는 것으로 사용하고 있다.

그리하면 각 사람에게 마땅히 대답할 것을 알리라. 수다스럽게 지껄여대는 자들은 시도 때도 없이 말실수를 해서 구설수에 오르지만, 신중하고 조심스럽게 말하는 것이 몸에 배어 있는 사람은 그런 일이 거의 없고, 도리어 언제 어디서든 시의적절하고 합당한 대답들을 할 수 있는 노련함을 얻게 된다. 반면에, 어리석게 떠들어대는 자들은 다른 사람들로부터 질문을 받을 때마다 그 자신을 조롱에 노출시키는 그런 대답들을 할 수밖에 없다. 그 점에서 그런 자들은 자신들의 어리석은 수다에 대한 합당한 벌을 받고 있는 것이다. 이렇게 "소금으로 맛을 냄과 같이" 말하는 사람은 무엇을 말해야 하는지만을 아는 것이 아니라, 모든 사람들에게 무차별적으로 말하지 않고 각 사람에게 맞추어서 어떻게 대답해야 할지도 안다. 왜냐하면, 한 사람 한 사람을 존중하고 배려해서 각 사람에게 합당한 대답을 하는 것은 지혜로움과 사려분별의 중요한 부분이기 때문이다.

7-8. 두기고가 내 사정을 다 너희에게 알려 주리니 그는 사랑 받는 형제요 신실한 일꾼이요 주 안에서 함께 종이 된 자니라 내가 그를 특별히 너희에게 보내는 것은 너희로 우리 사정을 알게 하고 너희 마음을 위로하게 하려 함이라. 사도는 골로새 교인들에 대한 자신의 관심이 얼마나 지대한지를 그들에게 알게 하기 위해서, 그들에게 일종의 보증 또는 담보를 보냄으로써 그들의 믿음을 더욱 견고하게 하고자 한다. 왜냐하면, 그는 감옥에 있었고 죽을 위험에 처해 있었는데도, 자신을 돌보는 일은 뒷전으로 밀어두고서, 자신의 시중을 들고 있던 두기고를 그들에게 보내어 그들의 일을 살피게 하겠다고 말하고 있기 때문이다. 이 말 속에서는 거룩한 사도의 사려깊음과 아울러서 복음과 교회를 위한 대단한 열심이 빛을 발한다. 왜냐하면, 그가 복음으로 말미암아 감옥에 갇힌 자가 되어서 언제 죽을지 모르는 처지임에도 불구하고, 복음의 진보와 모든 교회를 돌보는 일을 그치지 않고 있는 것은 결코 작은 일이 아니기 때문이다. 이렇게 그의 몸은 갇혀 있었지만, 그의 마음은 온갖 선을 행하고자 하는 열심으로 천하를 두루 다니고 있었다. 그가 골로새 교인들을 견고히 세우는 데 꼭 필요한 지혜로운 사람을 그들에게 보내어서, 저 교활한 거짓 사도들의 술수를 무너뜨리고자 한 것, 그리고 골로새 교인들이 자신들이 전에 에바브라에게서 배운 것과 동일한 내용을 두기고로부터 듣고서, 모든 참된 교사들의 가르침이 무엇이고 그 가르침들이 얼마나 서로 일치하는지를 알게 될 때까지, 에바브라를 자기 곁에 두고자 한 것 속에서는 사도의 지혜로움과 사려깊음이 돋보인다. 우리는 사도가 보여준 이러한 모범들을 주의깊게 묵상해서, 똑같은 일이 벌어졌을 때에 사도를 본받아 그렇게 행하는 것이 마땅하다.

9. 신실하고 사랑을 받는 형제 오네시모를 함께 보내노니 그는 너희에게서 온 사람이라 그들이 여기 일을 다 너희에게 알려 주리라. 사도는 자기가 보내는 사절단이 더 큰 무게를 갖게 하기 위해서, 그들에게 두기고와 함께 "오네시모"를 보내겠다고 말한다. 하지만 이 오네시모가 누구였는지는 불확실하다. 빌레몬의 종 오

네시모는 도둑이었고 도망노예여서 사람들로부터 비난을 받기 쉬운 인물이었기 때문에, 여기에서 사도가 말한 "오네시모"였을 것이라고 믿기는 어렵기 때문이다. 사도는 두기고와 오네시모를 여러 가지 존귀한 명칭들로 부르며 높이는데, 이것은 골로새 교인들로 하여금 그들을 더욱 존귀하게 대하게 하고, 특히 그들에 대하여 교사의 직무를 행하게 될 두기고를 더욱 존중하게 하기 위한 것이다.

[10]나와 함께 갇힌 아리스다고와 바나바의 생질 마가와 (이 마가에 대하여 너희가 명을 받았으매 그가 이르거든 영접하라) [11]유스도라 하는 예수도 너희에게 문안하느니라 그들은 할례파이나 이들만은 하나님의 나라를 위하여 함께 역사하는 자들이니 이런 사람들이 나의 위로가 되었느니라 [12]그리스도 예수의 종인 너희에게서 온 에바브라가 너희에게 문안하느니라 그가 항상 너희를 위하여 애써 기도하여 너희로 하나님의 모든 뜻 가운데서 완전하고 확신 있게 서기를 구하나니 [13]그가 너희와 라오디게아에 있는 자들과 히에라볼리에 있는 자들을 위하여 많이 수고하는 것을 내가 증언하노라(4:10-13).

10-11. 나와 함께 갇힌 아리스다고와 바나바의 생질 마가와 (이 마가에 대하여 너희가 명을 받았으매 그가 이르거든 영접하라) 유스도라 하는 예수도 너희에게 문안하느니라. 이것은 바울이 로마로 호송된 후에도 그와 함께 한 사람들이 있었다는 것을 보여준다. 대적들은 처음에 모든 경건한 사람들에게도 모두 다 잡아 넣어 버리겠다고 위협하면서 바울을 돕는 일을 하지 못하게 방해하는 데 온 힘을 기울였고, 그 결과 한동안 그들이 바란 대로 되었지만, 시간이 흐르면서 나중에는 몇몇 사람들이 위해를 가하겠다는 온갖 위협과 경고에도 불구하고 용기를 내어서 바울 곁에 모여든 것으로 보인다.

"영접하다"가 몇몇 사본들에는 명령법으로 되어 있지만, 그것은 오류이다. 왜냐하면, 여기에서 사도는 골로새 교인들이 받았던 부탁의 성격을 표현하고 있고, 그것은 바나바 또는 마가를 추천하는 것이었기 때문이다. 이것은 바나바가 아니라 마가를 추천하는 말이었을 가능성이 크다. 헬라어 본문에서 "영접하다"는 부정사로 되어 있고, 그것은 내가 번역한 방식으로 번역될 수 있다. 우리가 주목해야 할 것은 사도와 골로새 교인들은 선한 형제들을 수많은 외식하는 자들이나 협잡꾼들이나 떠돌이들 같은 거짓 형제들로부터 구별하기 위해 추천이라는 방식을 사용해서 신중을 기하였다는 것이다. 오늘날에는 선한 교사들은 냉대를 받고, 감언이설에 쉽게 속아 넘어가는 어리석은 사람들이 협잡꾼들에게는 너무나 쉽게 마음을 내어주어서 속아 넘어가고 있기 때문에, 그와 같은 분별이 한층 더 절실하게 필요하다.

그들은 할례파이나 이들만은 하나님의 나라를 위하여 함께 역사하는 자들이니 이런 사람들이 나의 위로가 되었느니라. 사도는 여기에 "할례파"를 언급한다. 왜냐하면, 그가 나중에 언급하는 이름들은 무할례파에 속한 사람들이었기 때문이다. 따라서 그가 말하고자 하는 것은 로마에 있는 유대인들 중에서 복음의 조력자가 된 자들은 극소수라는 것, 아니 유대 민족 전체가 그리스도를 대적하고 있다는 것이다. 아울러, "역사하는 자들"은 복음의 진보를 위해 일하는 데 필요한 은사들을 수여받은 자들만을 가리킨다. 그렇다면 당시에 베드로는 어디에 있었는가? 만일 베드로가 당시에 로마에 있었다고 주장하는 자들이 거짓말을 하는 것이 아니라면, 바울은 여기에서 베드로를 언급할 가치가 없다고 생각했거나 실수로 언급하지 않은 것이 될 것이다. 또한, 사도가 복음을 "하나님의 나라"라고 부르는 것은, 하나님께서는 복음이라는 규를 통해서 우리를 다스리시고, 복음을 통해서 우리를 택하셔서 영생으로 이끄시기 때문이다. 이 표현에 대해서는 우리가 다른 곳에서 좀 더 자세하게 다룰 것이다.

12-13. 그리스도 예수의 종인 너희에게서 온 에바브라가 너희에게 문안하느니라 그가 항상 너희를 위하여 애써 기도하여 너희로 하나님의 모든 뜻 가운데서 완전하고 확신 있게 서기를 구하나니 그가 너희와 라오디게아에 있는 자들과 히에라볼리에 있는 자들을 위하여 많이 수고하는 것을 내가 증언하노라. 여기에서 우리는 선한 목회자의 모범을 본다. 에바브라는 바다를 건너 자신의 교회를 멀리 떠나 왔으면서도 그 교회를 잊지 못해서, 늘 골로새 교회를 생각하며 돌보는 일에 노심초사하였다. 또한, 우리는 "애써 기도하여"라는 표현 속에서, 그가 얼마나 간절하게 골로새 교회를 위하여 기도하였는지를 읽을 수 있다. 사도는 여기에서 골로새 교회를 향한 에바브라의 사랑이 얼마나 큰지를 표현하고자 한 것이기는 하지만, 이와 동시에 그들에게 그들의 목회자의 기도를 쓸데없는 것으로 여기지 말고, 오히려 그 기도가 그들에게 큰 도움이 되고 있다는 것을 알아야 한다고 말하고 있는 것이기도 하다. 끝으로, 바울의 말로부터 우리가 알 수 있는 것은 그리스도인들의 완전함은 온전히 하나님의 뜻 가운데 서는 것에 있기 때문에, 우리의 인생을 다른 어떤 것에 걸어서는 안 된다는 것이다.

¹⁴사랑을 받는 의사 누가와 또 데마가 너희에게 문안하느니라 ¹⁵라오디게아에 있는 형제들과 눔바와 그 여자의 집에 있는 교회에 문안하고 ¹⁶이 편지를 너희에게서 읽은 후에 라오디게아인의 교회에서도 읽게 하고 또 라오디게아로부터 오는 편지를 너희도 읽으라 ¹⁷아킵보에게 이르기를 주 안에서 받은 직분을 삼가 이루라고 하라 ¹⁸나 바울은 친필로 문안하노니 내가 매인 것을 생각하라 은혜가 너희에게 있을지어다(4:14-18).

14. 사랑을 받는 의사 누가와 또 데마가 너희에게 문안하느니라. 나는 사도가 언급한 "사랑을 받는 의사 누가"가 복음서 기자인 누가와 동일인물이라고 보는 견해에 동의하지 않는다. 왜냐하면, 나는 만일 여기에서 사도가 복음서 기자인 누가를 지칭하는 것이었다면, 그는 아주 잘 알려져 있는 인물이었던 까닭에, 굳이 그를 "사랑을 받는 의사"라고 소개할 필요가 없었을 것이고, 좀 더 존귀한 찬사를 그에게 붙이는 것이 적절했을 것이라고 생각하기 때문이다. 즉, 사도는 그를 자신의 동역자라거나, 적어도 자신의 신실한 동료이자 자신의 고난에 함께 참여한 자라고 불렀을 것이 틀림없다. 나의 추측으로는, 당시에 누가는 사도의 곁에 없었고, 사도는 여기에서 복음서 기자인 누가와 구별하기 위하여 동명이인인 그를 "의사"라고 소개한 것이다. 사도가 언급하고 있는 "데마"는 나중에 자기를 버리고 떠났다고 탄식한 바로 그 인물이었을 것임에 틀림없다(딤후 4:10, "데마는 이 세상을 사랑하여 나를 버리고 데살로니가로 갔고").

15. 라오디게아에 있는 형제들과 눔바와 그 여자의 집에 있는 교회에 문안하고. 사도가 "눔바"의 집에 있는 "교회"에 대해 말할 때, 우리는 이것이 한 가정의 예를 들어서 모든 그리스도인 가정들은 수많은 작은 교회들이라는 원칙을 천명한 것임을 명심하여야 한다. 그러므로 각각의 그리스도인들은 이 명령이 자신에게 주어진 것임을 알고서, 자신의 가정을 가르쳐서 하나님을 경외하게 하고 거룩한 훈육을 통해 그러한 상태를 유지해 나가게 해야 할 책무, 즉 자신의 가정이 하나의 교회와 같은 모습을 지닐 수 있도록 해야 할 책무가 각자에게 있음을 유념해야 한다.

16. 이 편지를 너희에게서 읽은 후에 라오디게아인의 교회에서도 읽게 하고 또 라오디게아로부터 오는 편지를 너희도 읽으라. 이 편지는 사도가 골로새 교인들에게 보낸 것이었지만, 다른 교회들도 이 편지를 통해서 유익을 얻게 할 필요가 있었다. 이것은 다른 모든 서신들에도 적용되어야 한다. 그 편지들은 일차적으로는

특정한 교회에 보내졌지만, 모든 시대의 모든 사람들에게 늘 유익이 되고 유효한 가르침들을 담고 있었기 때문에, 각 서신의 제목과는 상관없이, 그 내용은 우리 모두에게 적용된다. 바울이 여기에서 언급하고 있는 또 다른 편지를 그가 썼다고 생각하는 것은 근거 없는 추측일 뿐이고, 게다가 그것은 바울이 라오디게아 교인들에게 써 보낸 편지였다고 생각한다면, 이중으로 오류를 범하는 것이다. 나는 그것이 라오디게아 교인들이 바울에게 보낸 편지였다는 것을 의심하지 않는다. 골로새와 라오디게아는 서로 인접한 도시들로서 많은 문제들에 있어서 공통점이 있었기 때문에, 사도는 그 편지를 골로새 교인들도 읽어 보는 것이 유익할 것이라고 판단했던 것 같다. 이런 상황에서 그가 누구인지는 내가 모르지만, 어떤 몹쓸 작자가 대담하게도 이 구절을 구실로 삼아서 바울이 라오디게아 교회에 보낸 편지를 날조하는 희대의 사기극을 벌였는데, 그 편지는 바울의 영과는 너무나 이질적이고 낯설며 진부하기 짝이 없는 것이었다.

17-18. 아킵보에게 이르기를 주 안에서 받은 직분을 삼가 이루라고 하라 나 바울은 친필로 문안하노니 내가 매인 것을 생각하라 은혜가 너희에게 있을지어다. 나의 추측으로는, 아킵보는 에바브라가 없는 동안에 골로새 교회에서 목회자의 직분을 수행하고 있던 인물이었던 것으로 보인다. 하지만 그는 스스로는 충분히 부지런하고 성실하게 그 직분을 감당할 만한 그런 성정의 사람은 아니어서, 옆에서 그를 자주 격려하고 권면해 줄 필요가 있었던 것 같다. 그래서 바울은 골로새 교회 전체가 아킵보를 권면해서 그로 하여금 더욱 부지런히 자신의 직무를 감당할 수 있게 해 주기를 바랐다. 사도는 자신의 이름으로 개인적으로 그를 권면할 수도 있었지만, 그렇게 하지 않고 골로새 교인들에게 이렇게 당부를 한 것은, 그들로 하여금 자신들의 목회자의 열심이 식은 것을 보면 재빨리 나서서 그를 격려하고 권면함으로써 열심으로 목회자의 직무를 감당하게 해야 하고, 아킵보 자신도 교회의 권면을 거부하지 말아야 한다는 것을 공개적으로 알게 하기 위한 것이었다. 왜냐하면, 말씀 사역자들은 한편으로는 권위를 수여받고 있기는 하지만, 다른 한편으로는 그렇다고 해서 교회의 규례들로부터 면제되어 있는 것은 아닌 까닭에, 다른 사람들을 제대로 가르치려면 솔선수범해서 스스로 교회의 가르침을 잘 받아들이는 모습을 보이는 것이 마땅하기 때문이다.

바울이 자신의 "매인 것"을 다시 골로새 교인들에게 상기시키는 것은 자기가 적지 않은 고통과 괴로움을 겪고 있다는 것을 암시하기 위한 것이다. 그가 모든 경건한 자들에게 자신이 겪고 있는 고통과 괴로움을 유념해 줄 것을 당부하고 있는 것을 보면, 이 때에 그는 인간의 연약함을 절감하고 있었고, 자기 자신 속에서 그 연약함으로 인한 극심한 고통을 느끼고 있었음에 틀림없다. 하지만 그가 하나님께서 그에게 정해 주신 도움들을 사방으로 요청한 것이 불신의 증거인 것은 아니다. 사도가 "친필로" 문안한다고 말하며 자신의 필체로 직접 글을 쓴 것은, 우리가 다른 곳들에서도 보았듯이, 당시에 가짜 편지들이 나돌고 있어서 위조를 방지할 필요가 있었기 때문이었다.

● **독자 여러분들께 알립니다!**

'CH북스'는 기존 '크리스천다이제스트'의 영문명 앞 2글자와
도서를 의미하는 '북스'를 결합한 출판사의 새로운 이름입니다.

칼빈주석22 갈라디아서 · 에베소서 · 빌립보서 · 골로새서

1판 1쇄 발행 2026년 4월 28일

지은이 요한 칼빈
옮긴이 박문재
발행인 박명곤 **CEO** 박지성 **CFO** 김영은
기획편집1팀 채대광, 백환희, 이상지, 김진호
기획편집2팀 박일귀, 이은빈, 강민형, 박고은
기획편집3팀 이승미, 김윤아, 김수진
디자인팀 구경표, 유채민, 윤신혜, 권지혜
마케팅팀 임우열, 김은지, 전상미, 이호, 최고은

펴낸곳 CH북스
출판등록 제406-1999-000038호
전화 070-4917-2074 **팩스** 0303-3444-2136
주소 서울시 강서구 마곡중앙6로 40, 장흥빌딩 10층
홈페이지 www.hdjisung.com **이메일(문의/제휴)** support@hdjisung.com
제작처 영신사